汽车建模原理

QICHE JIANMO YUANLI

喻云龙　林和平　主编

U0314239

化学工业出版社
·北京·

内容简介

本书详细介绍了以矩阵为基础的汽车建模全过程，是一本研究汽车控制基本算法的书，主要包含基础理论、运动方程推导、运动方程求解、计算机仿真、系统优化5个过程。书中大部分对比图都用MATLAB脚本绘制，相关脚本请见本书配套电子资源，供读者借鉴参考。

本书可作为汽车、机械类相关专业师生的教学参考用书，可用于课程设计和毕业设计。对于汽车专业人士而言，本书也可作为一本基础性工具书使用。

图书在版编目（CIP）数据

汽车建模原理/喻云龙，林和平主编．—北京：化学工业出版社，2023.7

ISBN 978-7-122-43374-9

Ⅰ．①汽…　Ⅱ．①喻…　②林…　Ⅲ．①汽车-系统建模
Ⅳ．①U469

中国国家版本馆CIP数据核字（2023）第074962号

责任编辑：张海丽　　　　装帧设计：刘丽华
责任校对：张茜越

出版发行：化学工业出版社
（北京市东城区青年湖南街13号　邮政编码100011）
印　　刷：北京云浩印刷有限责任公司
装　　订：三河市振勇印装有限公司
787mm×1092mm　1/16　印张41¼　字数1090千字
2023年10月北京第1版第1次印刷

购书咨询：010-64518888
售后服务：010-64518899
网　　址：http://www.cip.com.cn
凡购买本书，如有缺损质量问题，本社销售中心负责调换。

定　　价：288.00元　　

序

FOREWORD

2006年，我参与研制全军后勤重大项目“大型特种车驾驶模拟训练系统”；2008年，主持研制全军后勤重点课题“RTKGPS 驾驶员训练考核系统”，都遇到了车辆的动力学和运动学建模难题，然而市面上可供选择的书籍少之又少。随着国内外汽车制造产业的迅猛发展，特别是新能源汽车和无人驾驶汽车的出现，越来越离不开对车辆动力学、运动学模型的分析以及全局坐标系和道路坐标系的模型表达。正是在这样的背景下，《汽车建模原理》这本书应运而生。

汽车建模，用通俗的话来讲就是数字化，如何将一辆复杂的汽车以数学方程的形式表达出来，其涉及知识面广，推导过程繁复，具有一定的难度，但是一旦这个过程走完，将会使得我们对汽车的认识与理解加深一个层次。因此，汽车建模是每个汽车专业学生应该掌握的基本功，是理解、认识、研究、分析车辆各项性能的出发点，是改进、优化、设计车辆的基本依据。

本书主编喻云龙工程师是我二十多年前的优秀学生，是我当年主导的实验创新小组的首届成员。毕业后到祖国大西北边防某部，在工作闲暇之余，收集国内外资料，并进行了大量的验算、MATLAB 仿真。可以说，《汽车建模原理》这本书凝聚了作者十余年的心血。

本书分为基础篇、入门篇、提高篇，共13章，从内容上看，列举的案例相关问题均已圆满解决。本书可以作为汽车系、机械系学生的学习参考用书，也可以作为从事智能车辆、无人驾驶、汽车设计人士的工具书。

最后，预祝广大读者阅读愉快，学有所得，借用一句流行语：你若安好，便是晴天！

贺秀良

陆军军事交通学院教授

前言
PREFACE

汽车建模是将车辆数字化的过程，是用数学模型（数学方程）表示出汽车这个复杂系统，可普遍用于汽车仿真、研发、设计和分析。能否正确使用线性矩阵来建立车辆模型，是汽车专业和非汽车专业的分水岭。本书详细介绍了如何使用线性矩阵来建立车辆模型，并由此来研究汽车行驶过程中的各种运动状态，从而最终达到由计算机仿真模拟汽车各种工况的目的。

建模过程是一个由简入繁、逐渐递进的过程。我们可以根据研究的不同方向提出不同的前提假设，从而得到不同的数学模型。模型建立得好不好，需要通过人们对汽车的现有认知进行检验。

本书既是一本汽车建模计算的工具书， 又是一本介绍汽车发展脉络的历史书。它的理论基础为微积分、线性代数、理论力学、C 语言。

汽车建模的意义在于:

① 加深人们对车辆的认知深度。由感性认识上升到理性认识，也就是说，从知道每个部件叫什么，到知道各部件具体尺寸对车辆性能的具体影响。

② 用于车辆仿真软件的开发。在国外，通过车辆试验建立大数据库，以数据为实验基础，以数学模型为理论基础，已经可以在计算机上模拟仿真出各种车辆处于不同道路、不同风向、不同工况下的实验情景，由此节约大量设计研究经费和时间。国外现已有较为成熟的软件，如 Bikesim、Carsim 以及 Trucksim 等。国内类似软件还有待进一步发展。

③ 掌握每个车辆模型的假设前提条件。目前情况下，大家在写论文时，常常引用各种车辆模型，可存在的问题是：对这些模型往往是拿来主义，既不知道其出处，也不知道用在研究中是否合适，更别说根据研究问题的不同，通过调整改变假设前提从而改变车辆模型，进而找到最适合的模型了。前提条件决定模型的用途和范围，对前提条件的取舍与研究，是知其然更知其所以然的必然要求，这也是本书的重点内容。

④ 加强实践，增强大学生对所学知识的应用能力。在当前环境下，大学生普遍存在一个问题，那就是对自己所学知识如何应用往往非常迷茫。笔者认为，并不是我们所学无用，而是不会用。通过对本书内容的深入学习，就能发现：用高中知识就可以建立初级车辆模型，讨论汽车直线行驶的加速与制动性能等问题；用大学知识就可以建立中级车辆模型，讨论汽车转向、行驶路径等复杂问题；加入振动学知识就可以建立高级车辆模型，讨论汽车行驶中的侧翻、振动、平顺性、

悬架优化等综合性问题。

⑤ 赶超国外相关汽车设计方面的需要。相对而言，国外对汽车建模方面的研究已经很成熟，相关资料和书籍都比较多，在车辆设计、仿真赛车、自动导航等方面多有应用。国内则起步较晚，专门研究此类问题的书籍较少，就笔者了解而言，只有在个别书籍中的个别章节会涉及本书的部分内容。

总而言之，编写这本书的目的就是让每位读者能有所得。真心希望汽车和机械专业的学生能在二十五岁前读到这本书，学有所成，为中华民族伟大复兴添砖加瓦。

编　者

扫码获取脚本文件

脚本目录

扫码获取脚本文件

第 10 章

脚本 26（斜面拖车模型，无图）
脚本 27（倾斜路面横向停车，图 10.14）
脚本 28（驱动力与制动力优化曲线，图 10.15、图 10.16）
脚本 29（波峰车辆模型，图 10.23～图 10.25）
脚本 30（波谷车辆模型）

第 11 章

脚本 31（不足转向两轮模型，图 11.15～图 11.18）
脚本 32（过度转向两轮模型，图 11.19～图 11.22）
脚本 33（转向，图 11.23～图 11.30，图 11.32～图 11.34）
（注意：图 11.23 和图 11.24 是一张图，图 11.33 和图 11.34 是一张图）
脚本 34（解方程）
脚本 35（解方程）
脚本 36（两轮模型解方程，图 11.35～图 11.39）
脚本 37（备用调取函数）
脚本 38（侧倾两轮模型自由响应（通解求法），时间响应（带特解求法）对比程序，图 11.49～图 11.57）
脚本 39（超车测试手算开方程及出图程序，图 11.59～图 11.62）
脚本 40（备用调取函数）
脚本 41（备用调取函数）
脚本 42（备用调取函数）
脚本 43（超车测试机算开方程及出图程序，图 11.59～图 11.62）
脚本 44（超车测试 2 机算开方程及出图程序，图 11.63～图 11.66）
脚本 45（图 11.67～图 11.70）

第 12 章

脚本 46（图 12.2～图 12.4）
脚本 47（图 12.5～图 12.9）
脚本 48（图 12.12～图 12.14）
脚本 49（图12.15～图12.24）
脚本 50（最优化曲线出图程序，图12.25、图12.35、图12.37、图12.39。该脚本运行时间较长，约90分钟）
脚本 51（图 12.29～图 12.31）
脚本 52（图 12.41～图 12.43）
脚本 53（无图）
脚本 54（图 12.45、图 12.46）

第 13 章

脚本 55（图 13.12，优化曲线图需要约 40 分钟）
脚本 56（图 13.22～图 13.24）
脚本 57（图 13.26）
脚本 58（图 13.28）
脚本 59（图 13.29）
脚本 60（图 13.30）

目录

CONTENTS

第三部分 提高篇

序　　章

在开始系统学习对一个复杂事物进行建模之前，本章先讨论一下建模的必要性以及不同模型对结论的影响。

首先来看4个案例，给大家一个建模直观的印象。

案例1　老王卖瓜的故事。

从前有个叫老王的瓜农卖西瓜，卖的时间长了就做了一个小实验，实验结果大致如下：当他以2角/斤去卖时一天能卖出去100斤，以5角/斤去卖时一天能卖出去10斤。问定价多少能使他获得利润最大？假设西瓜成本为1.5角/斤。

解法一：首先要搞清定价与卖出西瓜量之间的关系。假设定价为x角时能够卖出的西瓜为y斤，此时可以根据题目中已知的平面上的两点来确定x与y之间的关系。当然，其中最简单也最容易想到的关系当属线性关系，如图0.1所示。那么，x与y的模型就有了：

$$y = ax + b \tag{0-1}$$

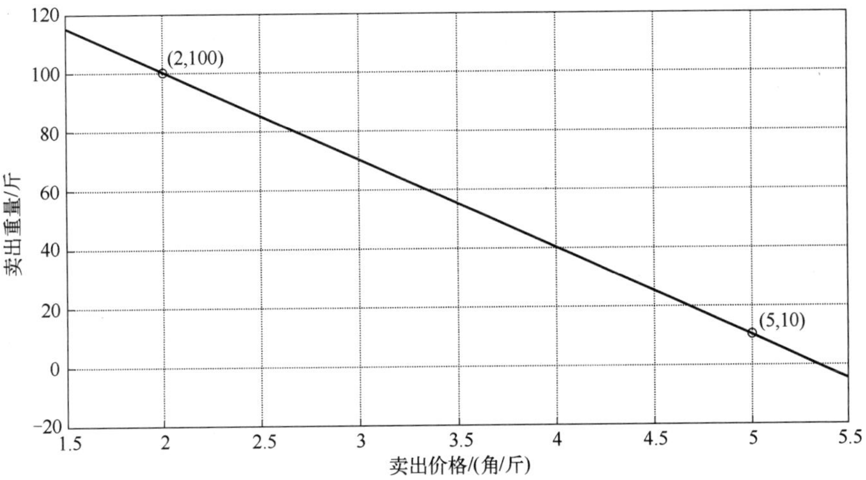

图0.1　两点线性拟合

代入两点可得：

$$\begin{cases} 100 = 2a + b \\ 10 = 5a + b \end{cases} \tag{0-2}$$

从而求得：

$$\begin{cases} a = -30 \\ b = 160 \end{cases} \tag{0-3}$$

即：

$$y = -30x + 160 \tag{0-4}$$

设利润的目标函数为 $f(x)$：

$$f(x) = (x-1.5)y = (x-1.5)(-30x+160) = 5(2x-3)(16-3x) = 5(-6x^2+41x-48) \tag{0-5}$$

由图 0.2 可知，当 $x = -\dfrac{41}{2\times(-6)} = 3.42$ 时，利润可取得最大化。也就是说，老王将价格定为 3.42 角/斤时，其利润是最大的。

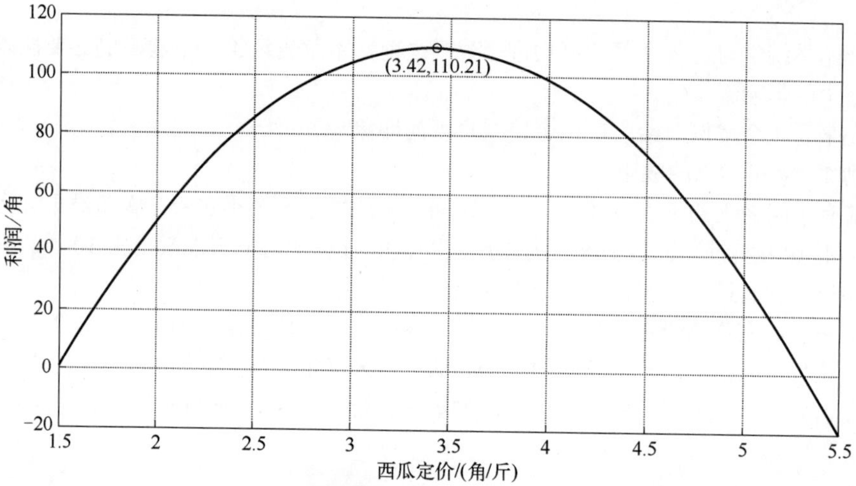

图 0.2 利润目标函数 1

解法二：如果再仔细考虑一下，当价格在 2 角/斤附近时人们对价格不是很敏感，适当增加价格对销量的影响不大，但是当价格在 5 角/斤附近时人们对价格就会变得很敏感，适当增加价格就会对销量产生较大影响。那么，如果将这种复杂情况考虑进去，两点之间就不再是线性关系，而是在 x=2 附近斜率要小，在 x=5 附近斜率要大一些，借此联想到的最简单的函数就会是二次函数。如图 0.3 所示，那么两个已知点、两个未知数，得到的二次函数模型为：

$$y = -ax^2 + b \text{ 或 } y = -x^2 + ax + b \tag{0-6}$$

由于是求极大值，用的是倒二次函数模型，也就是说 x^2 前的负号不能丢。下面以第一个方程为例进行计算，对第二个方程感兴趣的读者可以自行计算。

代入两点得：

$$\begin{cases} 100 = -4a + b \\ 10 = -25a + b \end{cases} \tag{0-7}$$

可得：

$$\begin{cases} a = 4.2856 \\ b = 117.14 \end{cases} \tag{0-8}$$

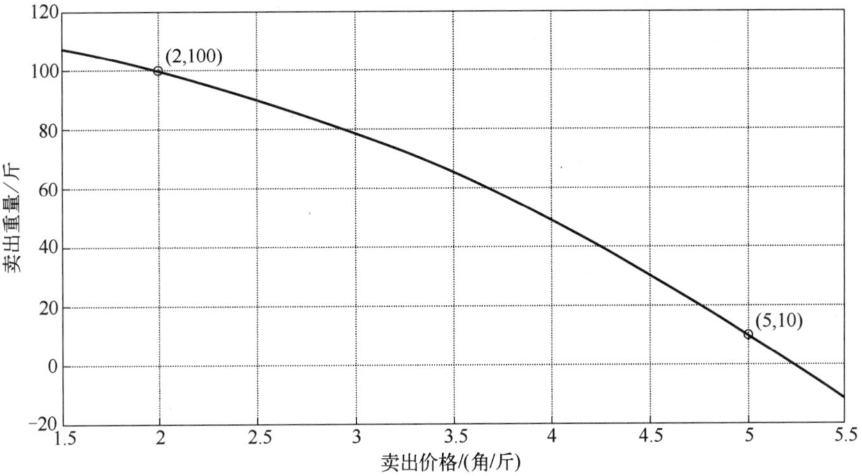

图 0.3 二次函数拟合

可得两者关系为：

$$y = -4.2856x^2 + 117.14 \quad (0\text{-}9)$$

利润目标函数为：

$$f(x) = (x-1.5)y = (x-1.5)(-4.2856x^2 + 117.14) \quad (0\text{-}10)$$

整理得：

$$f(x) = -4.2856x^3 + 6.4284x^2 + 117.14x - 175.71 \quad (0\text{-}11)$$

如图 0.4 所示，求导找极值点：

$$f'(x) = -12.8568x^2 + 12.8568x + 117.14 = -12.8568(x^2 - x - 9.111) \quad (0\text{-}12)$$

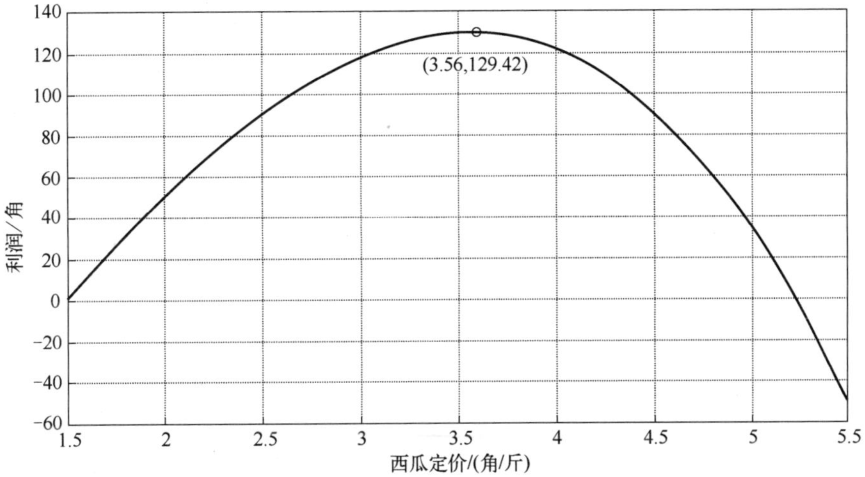

图 0.4 利润目标函数 2

由此可知，极值点出现在：

$$x = \frac{1 \pm \sqrt{1 + 4 \times 9.111}}{2} \quad (0\text{-}13)$$

根据题意可知，x 的取值区间是 $(1.5, \infty)$，借此去掉一个不合理的解，得到：

$$x = 3.5595 \approx 3.56 \tag{0-14}$$

也就是说，在定价为 3.56 角/斤时老王获利最大。

结论：从两个模型不难看出，第一种解法较为简单，第二种解法更加精确。第二种解法只是在第一种解法的基础上考虑得更全面一点，由此导致整个模型改变，从而改变了最终结果。尽管从最终结果来看，一个定价 3.42 角/斤，另一个定价 3.56 角/斤，小数点后第二位是无用的，导致两种方法最后的定价肯定都是每斤 3 角 5 分钱，没有任何区别。但是就一些复杂问题而言，第二种解法肯定考虑得更全面，并且优于第一种解法，结果也更贴近实际一些。由此案例可以看出，有时对模型加入细微的改变将会导致结果的彻底变化。如这一案例中一个结果小于 3.5 角，一个结果大于 3.5 角。如果就此形成争论，不妨回到两个模型的起点去查找原因。这也证明了模型的好坏不仅取决于计算的复杂程度，还取决于问题本身，是否要考虑得那么细致，对结果有多大影响等方面。

案例 2 理想气体模型。

理想气体的假设有 4 点：

① 分子本身的大小相对于分子之间的平均距离可以忽略不计。

② 除碰撞瞬间外，理想气体分子不受任何作用力。

③ 分子与分子之间以及分子与容器壁之间发生频繁碰撞，这些碰撞都是完全弹性碰撞。

④ 分子的运动遵从牛顿运动定律。

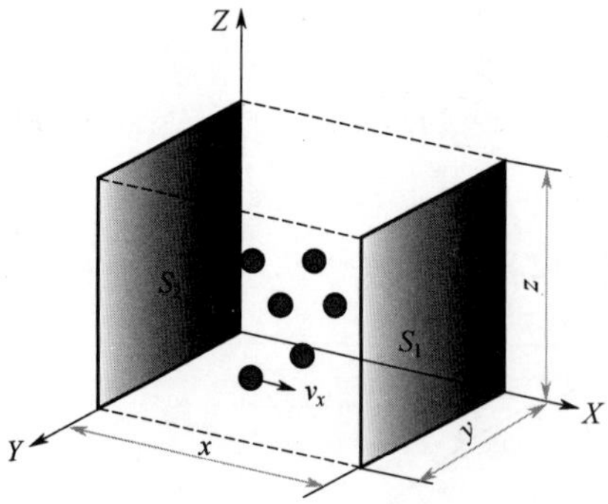

图 0.5 理想气体模型

看到这 4 点不知道读者能联想到一些什么。笔者首先解释一下这 4 点：①是忽略理想气体分子的体积，将其看作一个有质量无体积（简称有质无体）的质点；②是不考虑分子之间的万有引力，即不考虑分子之间的势能，只考虑动能，忽略势能，忽略外力干扰和作用（如地球引力）；③是碰撞不会使动能损失，即一定数量的理想气体的内能（动能+势能）是一定不变的；④是理想气体分子在发生碰撞前和碰撞后都是匀速直线运动，符合牛顿三大运动定律。

这 4 点已经解释清楚，那么读者能否将其变为数学模型了呢？大家可以试一试，参考图 0.5。

① 理想气体的密度是一定的：

$$n = \frac{N}{V} \tag{0-15}$$

式中，N 表示一定体积 V 内理想气体的分子个数。

② 将一个理想气体分子放到坐标系中，这个坐标系是三维坐标系，那么：

$$\boldsymbol{v}_i = \boldsymbol{v}_x + \boldsymbol{v}_y + \boldsymbol{v}_z \tag{0-16}$$

式中，$\boldsymbol{v}_i$ 表示这些理想气体分子中第 i 个气体分子的速度矢量，它可以分解成沿 x 轴方向的 $\boldsymbol{v}_x$，沿 y 轴方向的 $\boldsymbol{v}_y$，沿 z 轴方向的 $\boldsymbol{v}_z$。如果再考虑动能就很容易得到：

$$\frac{1}{2}m_i v_i^2 = \frac{1}{2}m_i v_x^2 + \frac{1}{2}m_i v_y^2 + \frac{1}{2}m_i v_z^2 \tag{0-17}$$

即：

$$v_i^2 = v_x^2 + v_y^2 + v_z^2 \tag{0-18}$$

在此，假设沿 x、y、z 三个方向上的统计平均动能是相等的。

也就是说：

$$v_i^2 = 3v_x^2 \tag{0-19}$$

或

$$v_x^2 = \frac{1}{3}v_i^2 \tag{0-20}$$

那么，在 x 轴方向上的压强又是多少呢？如图 0.5 所示，要算气体压强，首先要从微观入手，算出理想空气分子对 S_1 这个假想容器壁的冲量是多少。

所有分子在 Δt 时间内对容器壁 S_1 冲量的总量为：

$$I = N(2mv_x)\frac{v_x}{2x}\Delta t \tag{0-21}$$

式中，N 表示该空间内分子个数，$2mv_x$ 为单个分子撞击 S_1 容器壁时分子产生的冲量，$\frac{v_x}{2x}$ 表示单个分子冲击 S_1 容器壁的频率，如图 0.6 所示。

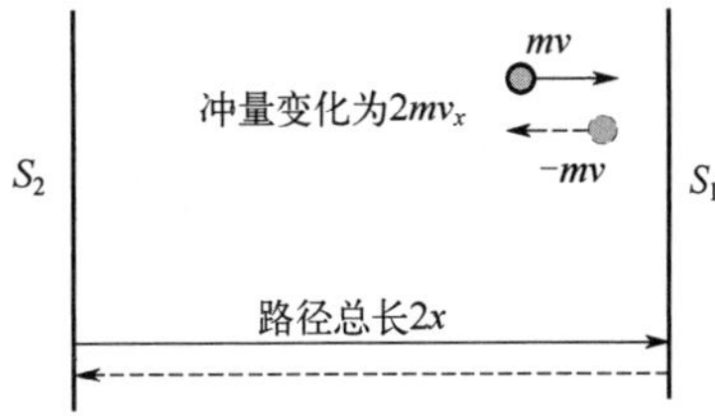

图 0.6 两壁之间做直线运动的分子

因此可得：

$$I = \frac{Nmv_x^2}{x}\Delta t = F\Delta t \tag{0-22}$$

且

$$F = PS_1 \tag{0-23}$$

式中，P 表示理想空气压强；S_1 表示容器壁的面积；F 为冲击力；Δt 为冲击时间。

最终得到：

$$P = \frac{F}{S_1} = \frac{F}{yz} = \frac{Nmv_x^2}{xyz} = \frac{N}{V}mv_x^2 \tag{0-24}$$

可得：

$$P = \frac{2}{3}\times\frac{N}{V}\times\frac{1}{2}mv^2 \tag{0-25}$$

式中，$\frac{N}{V}$ 表示单位体积内分子的个数，用 n 表示；$\frac{1}{2}mv^2$ 表示理想气体平均动能，用 $\overline{\varepsilon}$ 表示。

式（0-25）就可以变换成：

$$P = \frac{2}{3}n\overline{\varepsilon} \tag{0-26}$$

假设理想气体的温度为 T，因而理想气体的状态方程又可写为：

$$P = nkT \tag{0-27}$$

联立可得：

$$\overline{\varepsilon} = \frac{3}{2}kT \tag{0-28}$$

式中，k 为玻尔兹曼常数，它与克拉伯龙方程中的热力学常数 R 之间的关系为：

$$R = N_A k \tag{0-29}$$

式中，N_A 为阿伏伽德罗常数。

$$R = 8.31\text{J}/(\text{mol} \cdot \text{K}) \tag{0-30}$$

$$N_A = 6.02 \times 10^{23} \tag{0-31}$$

$$k = 1.38 \times 10^{-23} \tag{0-32}$$

至此，就将高中所学的气体相关知识全部串联起来了。

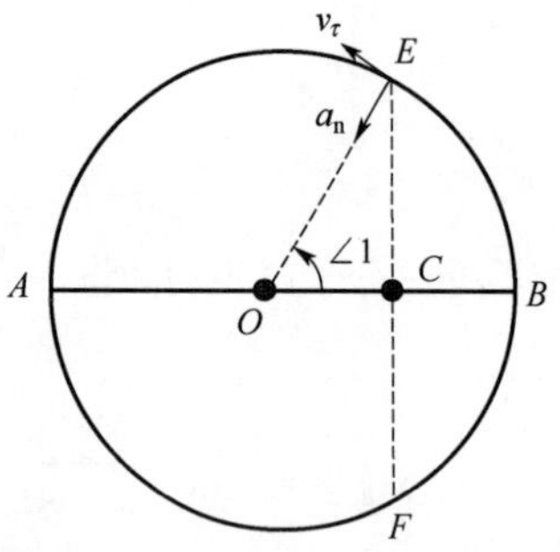

图 0.7　简谐运动与匀速圆周运动的关系

结论：理想气体的内能只包含气体的平均动能，它只和气体的温度成正比。理想气体的压强在混合气体的平衡状态下（两个不同温度的气体混合后变为同一温度后）只和混合后分子个数有关，即两种气体分子个数之和。如果在高中时老师给同学们深入探讨过理想气体模型，那么高中所有气体相关的题目都会迎刃而解，可见对其模型的理解是根本问题所在。

案例 3　匀速圆周运动与简谐运动的关系。

如图 0.7 所示，假设有一物体在 A、B 间做简谐振动，O 为平衡位置，求该物体在 OB 中点 C 处的速度以及加速度。

假设该物体的简谐振动为一般式：

$$X = A_0 \sin(\omega t + \varphi_0) \tag{0-33}$$

解法一：根据大学的知识易得其速度及加速度为：

$$X' = V = A_0 \omega \cos(\omega t + \varphi_0) \tag{0-34}$$

$$X'' = a = -A_0 \omega^2 \sin(\omega t + \varphi_0) \tag{0-35}$$

那么，所求的 X_c 为：

$$X_c = \frac{1}{2} A_0 = A_0 \sin(\omega t_c + \varphi_0) \tag{0-36}$$

可得：

$$\sin(\omega t_c + \varphi_0) = \frac{1}{2} \tag{0-37}$$

$$\cos(\omega t_c + \varphi_0) = \pm \frac{\sqrt{3}}{2} \tag{0-38}$$

从而得到：

$$V_C = A_0 \omega \cos(\omega t_c + \varphi_0) = \pm \frac{\sqrt{3}}{2} A_0 \omega \tag{0-39}$$

$$a_C = -A_0 \omega^2 \sin(\omega t_c + \varphi_0) = -\frac{1}{2} A_0 \omega^2 \tag{0-40}$$

解法二　从简谐振动和匀速圆周运动的关系入手：

① 在 C 点的速度与初始相位 φ_0 无关。

② 简谐运动可以看作匀速圆周运动在直径上的投影。

③ 不用大学的求导来计算案例中的问题，最后和解法一相互验证。

由简谐运动方程可知：

$$V_{\max} = V_O = V_\tau = A_0\omega \tag{0-41}$$

对于该简谐运动所对应的逆时针匀速圆周运动的半径为 A_0，其匀速就一定为 $A_0\omega$。值得说明的是，匀速圆周运动的 ω 等于简谐运动的 ω 以保证两个运动的周期一致。

当简谐运动运动到 C 点时，其垂线对应的匀速圆周运动的点为 E、F 两点，分别对应物体向 O 运动和向 B 运动这两种情况。又因为 C 点为 OB 的一半，由此可知 $\angle 1$ 为 $\frac{\pi}{3}$ 或 $60°$。

在 E 点的速度为：$V_\tau = A_0\omega$，沿匀速圆周运动的切线方向，在水平方向上的投影为：

$$V_{Ex} = -V_\tau \sin\frac{\pi}{3} = -\frac{\sqrt{3}}{2}A_0\omega = V_C \tag{0-42}$$

同理可得，在 F 点的速度为：

$$V_{Fx} = V_\tau \sin\frac{\pi}{3} = \frac{\sqrt{3}}{2}A_0\omega = V_C \tag{0-43}$$

得到：

$$V_C = \pm\frac{\sqrt{3}}{2}A_0\omega \tag{0-44}$$

这与前面求导结果相同。

同法可得，在 E 点的加速度为指向圆心 O 的法向加速度：

$$a_{\mathrm{n}} = A_0\omega^2 \tag{0-45}$$

在水平方向上的投影为：

$$a_{Ex} = -a_n \cos\frac{\pi}{3} = -\frac{1}{2}A_0\omega^2 \tag{0-46}$$

同理可得，F 点的向心加速度在水平方向上的投影为：

$$a_{Fx} = -\frac{1}{2}A_0\omega^2 \tag{0-47}$$

综合可知：

$$a_C = -\frac{1}{2}A_0\omega^2 \tag{0-48}$$

这与前面解法一的结果一致。

结论：通过匀速圆周运动来看简谐运动往往会使问题简化不少，让一个 C 点变成匀速圆周运动上的两个点 E、F，分别对应物体向平衡点运动与背离平衡点两种情况，则问题简单化。于是复杂的求导运算变成高中生可求的投影运算，大大降低难度。可见模型建得好，有时会改变我们对一个问题的看法和角度，让问题的本质更清晰地展现在众人面前。

案例 4 追击问题。

序章最后的这个问题比较难，但非常有趣，一起来看看。

首先问题是这样的：第二次世界大战时期，一艘潜艇 A 和敌方的驱逐舰 B 在海上相遇，并且通过雷达和声呐相互发现了对方，此时，潜艇立刻下潜并逃跑，驱逐舰进行追击，问驱逐舰要如何才能追上潜艇？已知它们之间的距离为 ρ_0，驱逐舰的最大速度为 V_1，潜艇的最大速度为V_2（需要说明的是，潜艇下潜后，驱逐舰只有在其正上方时用声呐系统才能探测到潜艇的存在），具体情况如图 0.8 所示。

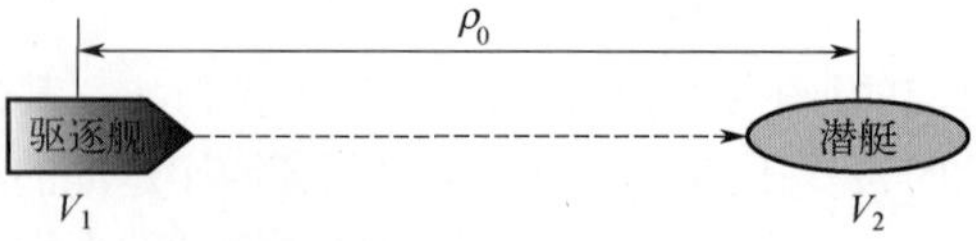

图 0.8 驱逐舰追逐潜艇问题

这个模型就显得尤为复杂，为了将其抽像或转化成具体的数学问题，假设：

① 驱逐舰和潜艇为质点，不考虑其长度。

② 追逐过程中，驱逐舰和潜艇以最大航速行驶。

③ 追逐过程中，潜艇行驶方向不变。

有的读者就要问了，潜艇逃跑的方向都不知道如何去追呢？此题无解。这是高中生的想法，作为大学生应该还是有办法的。提示是驱逐舰应该边搜索边追逐，采用螺旋线的路径去追。大家可以先不看解答自己试试。

首先这个问题还是太复杂，先做一个这样的假设：驱逐舰和潜艇从同一点出发，驱逐舰沿曲线前进，潜艇沿直线前进，两者再相遇的情况如图 0.9 所示。

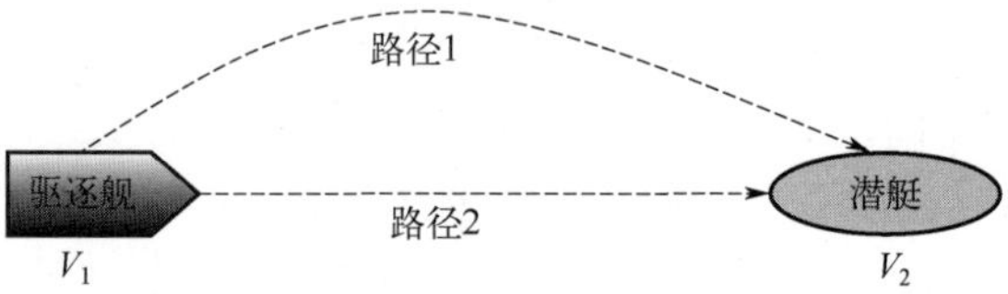

图 0.9 同点追逐问题

也就是说，假设驱逐舰和潜艇一开始都在图 0.9 中驱逐舰的位置，终点都位于潜艇的位置，驱逐舰是沿着路径 1 行驶，边搜寻边追逐，潜艇则是沿着路径 2 直线逃跑。再将它们放到极坐标中去，如图 0.10 所示。

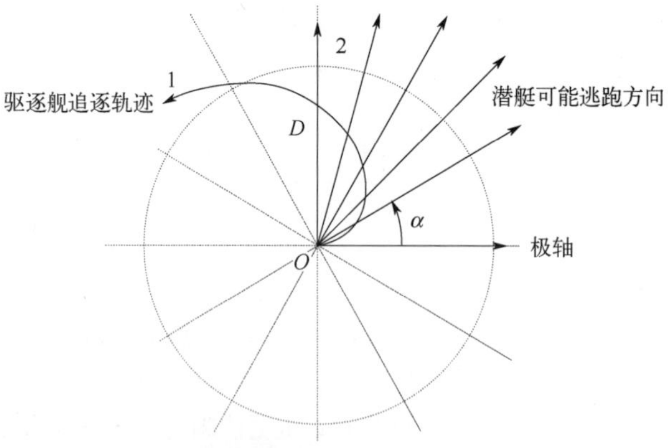

图 0.10 潜艇追逐问题 1

那么，假设极坐标原点为O，潜艇逃跑方向与极轴的夹角为α，驱逐舰和潜艇再相遇的点为D，潜艇行进的长度为直线$S_{\overline{OD}}$，驱逐舰行进的长度为曲线$S_{\widehat{OD}}$。相遇即代表时间相同，于是可得：

$$\frac{S_{\overline{OD}}}{V_2}=\frac{S_{\widetilde{OD}}}{V_1} \tag{0-49}$$

很明显：

$$S_{\widetilde{OD}}>S_{\overline{OD}} \tag{0-50}$$

那么，必须有：

$$V_1>V_2 \tag{0-51}$$

也就是说驱逐舰的速度必须大于潜艇的速度才能再相遇。

又因为在极坐标中：

$$S_{\overline{OD}}=\rho_{(\alpha)} \tag{0-52}$$

$$S_{\widetilde{OD}}=\int_0^{\theta}\sqrt{\rho_{(\theta)}^2+\rho_{(\theta)}'^2}\,\mathrm{d}\theta \tag{0-53}$$

注意：原本的潜艇路径方程为在α方向上的：

$$\rho_{(\alpha)}=V_2 t \tag{0-54}$$

但是，此处的$S_{\overline{OD}}$考虑的是潜艇与驱逐舰相遇时所行驶的路径长度，那么在相遇点上的$S_{\overline{OD}}$都与驱逐舰路径重合，即相遇轨迹应该是驱逐舰路径。由此可得：

$$S_{\overline{OD}}=\rho_{(\alpha)}=\rho_{(\theta)} \tag{0-55}$$

这一点笔者想了很久，如果搞错，结果会出现如下偏差：

$$\rho_{(\alpha)}=V_2 t=V_2\frac{\theta}{\omega}=V_2\frac{\theta}{V_1/\rho_{(\theta)}}=\frac{V_2}{V_1}\theta\rho_{(\theta)} \tag{0-56}$$

$$\frac{\rho_{(\theta)}}{V_2}=\frac{\theta\int_0^{\theta}\sqrt{\rho_{(\theta)}^2+\rho'^2_{(\theta)}}\,\mathrm{d}\theta}{V_1} \tag{0-57}$$

最终结果为：

$$\rho(\theta)=\frac{1}{1-\theta^2} \tag{0-58}$$

（这个结果与题意相差甚远）

回到原思路，多方程联立可得：

$$\frac{\rho_{(\theta)}}{V_2}=\frac{\int_0^{\theta}\sqrt{\rho_{(\theta)}^2+\rho'^2_{(\theta)}}\,\mathrm{d}\theta}{V_1} \tag{0-59}$$

整理得：

$$\int_0^{\theta}\sqrt{\rho_{(\theta)}^2+\rho_{(\theta)}'^2}\,\mathrm{d}\theta=\frac{V_1}{V_2}\rho(\theta) \tag{0-60}$$

两边求导可得：

$$\sqrt{\rho_{(\theta)}^2+\rho_{(\theta)}'^2}=\frac{V_1}{V_2}\rho'_{(\theta)} \tag{0-61}$$

解得：

$$\rho(\theta)=\sqrt{\frac{V_1^2}{V_2^2}-1}\times\rho'_{(\theta)} \tag{0-62}$$

解出：

$$\rho(\theta)=Ce^{\frac{V^2}{\sqrt{V_1^2-V_2^2}}\theta} \tag{0-63}$$

由此也可以看出，要使方程有意义，必须有：

$$V_1>V_2 \tag{0-64}$$

前面系数C应该根据初始条件来确定。

接着回到题目中的情况，两者相距ρ_0时的情况来考虑。相距ρ_0的情况要如何变成上面所求的情况呢？

最简单的方法当然是驱逐舰和潜艇相向而行，假设两者相遇在一点E，以此为起始时刻驱逐舰绕潜艇起始位置O做螺旋运动，就可以捕获潜艇。

注意：此时的想法很简单，先排除潜艇向驱逐舰逃跑的情况，即0°的情况，在E点相遇时，潜艇所在位置的可能性是一个圆，然后接下来排除潜艇沿1°方向逃跑的情况，这时这个圆可能会大点，接下来是2°的情况，以此类推，当搜索完360°时，驱逐舰必定和潜艇相遇。换句话说，潜艇可能存在的位置其实是一个阿基米德螺旋线，0°的圆最小，1°圆稍大，2°圆再大一点，3°圆更大，以此类推到360°的情况。这里0°的情况对应的是潜艇和驱逐舰相向而行的情况。再一点点往外扩展就会得到阿基米德螺旋线。

图0.11给出放大的1°线和2°线驱逐舰的轨迹应该是沿着曲线$\widetilde{EBC}$方向路径边搜寻边追逐，根据前面所讲可知：

$$\frac{S_{\overline{DB}}}{V_2}=\frac{S_{\widetilde{EB}}}{V_1} \tag{0-65}$$

且：

$$\frac{S_{\overline{FC}}}{V_2}=\frac{S_{\widetilde{BC}}}{V_1} \tag{0-66}$$

因此，该螺旋线沿半径方向的速度为常数V_2。

做圆周运动的角速度ω不为常数。

在B点时：

$$\omega_B=\frac{V_1}{\overline{OB}} \tag{0-67}$$

在C点时：

$$\omega_C=\frac{V_1}{\overline{OC}} \tag{0-68}$$

V_1的方向与曲线$\widetilde{EBC}$相切，在B点或C点分别与半径$\overline{OB}$或$\overline{OC}$相垂直。

此时易得，驱逐舰行驶的距离为：

$$S_{驱}=\frac{\rho_0}{V_1+V_2}V_1 \tag{0-69}$$

潜艇行驶的距离即距离原点的距离为：

$$S_{潜}=\frac{\rho_0}{V_1+V_2}V_2 \tag{0-70}$$

将其代入初始条件可得：

$$\frac{\rho_0}{V_1+V_2}V_2 = Ce^{\frac{V_2}{\sqrt{V_1^2-V_2^2}}\theta} \tag{0-71}$$

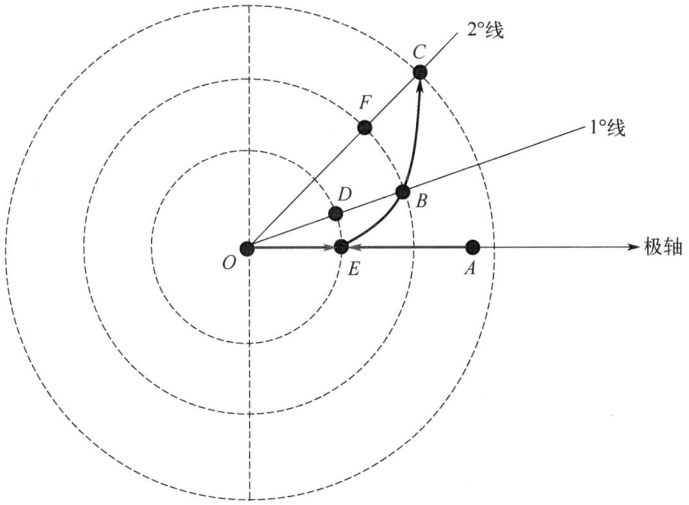

图 0.11 潜艇追逐问题 2

其中，$\theta=0$，由此可得：

$$C = \frac{\rho_0}{V_1+V_2}V_2 \tag{0-72}$$

综上所述，驱逐舰的运行轨迹如下。

首先，向潜艇方向做直线运动，运动距离为：

$$S_{驱} = \frac{\rho_0}{V_1+V_2}V_1 \tag{0-73}$$

然后，以发现潜艇位置为圆心 O，做螺旋运动，其轨迹方程为：

$$\rho(\theta) = \frac{\rho_0 V_2}{V_1+V_2}e^{\frac{V_2}{\sqrt{V_1^2-V_2^2}}\theta} \tag{0-74}$$

最后假设：

$$V_1 = 3V_2 \tag{0-75}$$

$$\rho_0 = 4\ (海里^{❶}) \tag{0-76}$$

就可以得到驱逐舰先向潜艇做直线行驶，行驶 3 海里。然后在距离发现潜艇位置 1 海里处开始做螺旋线运动，边搜寻边追逐潜艇，其螺旋线方程为：

$$\rho_{(\theta)} = e^{\frac{\theta}{2\sqrt{2}}} \tag{0-77}$$

在已知条件下，驱逐舰按照图 0.12 曲线搜索潜艇，必然会在 $[0, 2\pi]$ 这个区间上再次位于

❶ 1 海里≈1.852km。

潜艇的正上方。

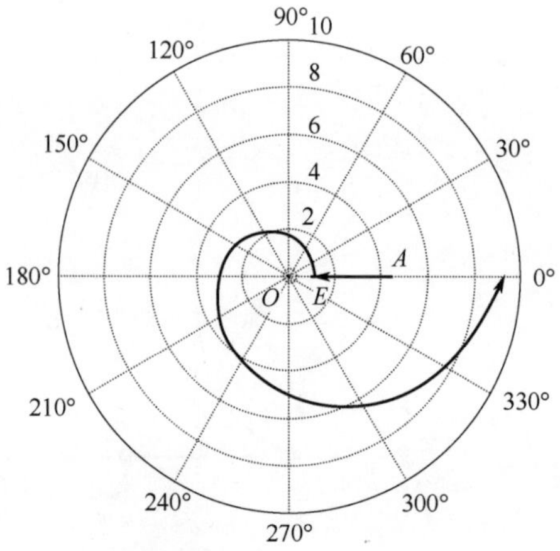

图 0.12 驱逐舰搜索曲线

结论：

① 从解题过程可以看出，解题思路主要还是源于微分的思想，搜寻过程是一个 360°连续查找的过程。那么，就从 0°开始，1°、2°以此类推去搜。

② 特殊情况出现在 0°，即初始情况下的搜寻是直线搜寻，接下来就是螺旋线搜寻。实际解题过程中一定要考虑初始情况、中间情况和极值情况。

③ 极值情况出现在求导为无穷或零的情况，很多时候需要拿出来单独讨论。

④ 由此题看出，如果潜艇逃跑方向确定，就是小学生都能解的追击问题，但是如果追击方向不确定，那就是需要大学生建模的复杂问题。

⑤ 从实际情况来说，一般非常复杂，当考虑的因素越多时，所建立的模型一般就越复杂，花费的时间越多，需要的知识越多，也会更加符合实践要求。

第一部分

基础篇

第 1 章 两个坐标系

扫码获取脚本文件

本章内容是全书的核心基础入门。在初学物理时首先学习的是物体的运动，对于单个物体的平移运动，位移、速度以及加速度是关键的物理量。到了大学开始学习单个物体的旋转运动，旋转中心、转动惯量、旋转的角度、旋转的角速度、旋转的角加速度变成关键的物理量，而其中的转动惯量往往需要通过微积分才能求出。再往后学习就应该是两个物体之间的相对运动，即这一章需要讨论的问题，所需要的数学基础是矩阵、线性代数。既然是讨论两个物体之间的相对运动，那么可以在这两个物体上分别建立坐标系，这两个物体有大有小，有主有次。例如，在地球上行驶的车辆，显然地球是大是主，而车辆是小是次。又如行驶的车辆和它的转向轮，显然车辆是大是主，而转向轮是小是次。我们将大的主要的坐标系简称主坐标系，用大写字母 A 来表示；而小的次要的坐标系简称次坐标系，用大写字母 B 来表示。由此得到两个相互关联的坐标系。

1.1 绕主坐标系旋转

先讨论最简单的情况，将两个坐标系的原点重合，即将主坐标系 A(*OXYZ*)原点固定在一个刚体质心上，同时与它相关联的次坐标系 B 相对于 A 而言，具有相同的原点 *O*。注意这里和后面所说的所有坐标系，都是右旋坐标系(即当伸出右手时，将右手平展，四指方向为 *x* 轴方向，大拇指方向为 *z* 轴方向，四指卷曲方向为 *y* 轴负方向)。正是由于两个坐标系共用一个原点，也可以将次坐标系 B 看成主坐标系 A 绕原点旋转一定角度所得到的新坐标系。如图 1.1 所示，一个次坐标系 B 相对于主坐标系 A 绕原点旋转了一个角度。

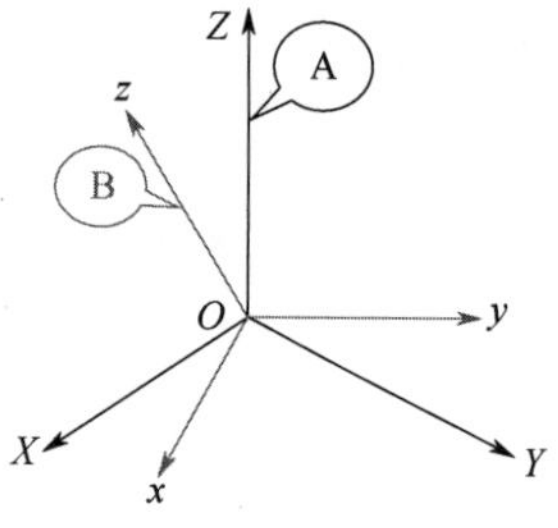

图 1.1 两个坐标系相对旋转

首先假设两个坐标系 A 和 B 初始状态重合，接下来次坐标系 B 相对于主坐标系 *Z*-轴旋转的角度为 α，然后如果主坐标系内有任意一点 *P*，在次坐标系旋转的过程中也一同旋转，且 *P* 在次坐标系的坐标保持不变，那么，*P* 点在主坐标系和次坐标系之间的相对关系可以用以下矩阵方程来表达：

$$^{\mathrm{A}}\boldsymbol{r} = (\boldsymbol{R}_{Z,\alpha})^{\mathrm{B}}\boldsymbol{r} \tag{1-1}$$

其中

$$\boldsymbol{R}_{Z,\alpha} = \begin{bmatrix} \cos\alpha & -\sin\alpha & 0 \\ \sin\alpha & \cos\alpha & 0 \\ 0 & 0 & 1 \end{bmatrix} \tag{1-2}$$

且有：

$$ {}^{\mathrm{A}}\boldsymbol{r}=\begin{bmatrix} X \\ Y \\ Z \end{bmatrix} \tag{1-3}$$

$$ {}^{\mathrm{B}}\boldsymbol{r}=\begin{bmatrix} x \\ y \\ z \end{bmatrix} \tag{1-4}$$

相类似地，可以得到绕 Y-轴旋转角度 β，以及绕 X-轴旋转角度 γ 时，P 点的主坐标系和次坐标系坐标关系的等式如下：

$$ {}^{\mathrm{A}}\boldsymbol{r}=(\boldsymbol{R}_{Y,\beta})\,{}^{\mathrm{B}}\boldsymbol{r} \tag{1-5}$$

$$ {}^{\mathrm{A}}\boldsymbol{r}=(\boldsymbol{R}_{X,\gamma})\,{}^{\mathrm{B}}\boldsymbol{r} \tag{1-6}$$

其中

$$ \boldsymbol{R}_{Y,\beta}=\begin{bmatrix} \cos\beta & 0 & \sin\beta \\ 0 & 1 & 0 \\ -\sin\beta & 0 & \cos\beta \end{bmatrix} \tag{1-7}$$

$$ \boldsymbol{R}_{X,\gamma}=\begin{bmatrix} 1 & 0 & 0 \\ 0 & \cos\gamma & -\sin\gamma \\ 0 & \sin\gamma & \cos\gamma \end{bmatrix} \tag{1-8}$$

证明 1：假设(**i**, **j**, **k**)和(**I**, **J**, **K**)是分别沿次坐标系 $Oxyz$ 和主坐标系 $OXYZ$ 轴方向独立的单位矢量。刚体的固定点为 O，这也是主次坐标系的共同原点。图 1.2 所示的虚线部分表示出从 z-轴顶部看到的坐标系初始位置。

刚体上任意点 P 的初始位置用 P_1 表示，P_1 的位置矢量 $\boldsymbol{r}_1$ 在主次坐标系里可分别表示为：

$$ {}^{\mathrm{B}}\boldsymbol{r}_1=x_1\mathbf{i}+y_1\mathbf{j}+z_1\mathbf{k} \tag{1-9}$$

$$ {}^{\mathrm{A}}\boldsymbol{r}_1=X_1\mathbf{I}+Y_1\mathbf{J}+Z_1\mathbf{K} \tag{1-10}$$

式中，${}^{\mathrm{B}}\boldsymbol{r}_1$ 表示位置矢量 $\boldsymbol{r}_1$ 在次坐标系 B 中的坐标，${}^{\mathrm{A}}\boldsymbol{r}_1$ 表示位置矢量 $\boldsymbol{r}_1$ 在主坐标系 A 中的坐标。

$$ {}^{\mathrm{A}}\boldsymbol{r}_1={}^{\mathrm{B}}\boldsymbol{r}_1 \tag{1-11}$$

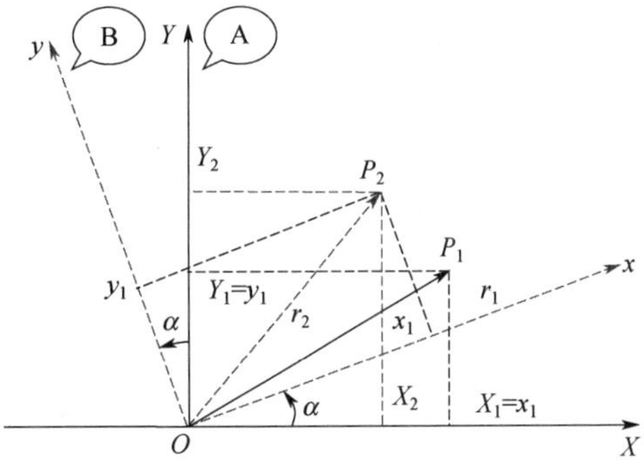

图 1.2　次坐标系绕主坐标系 Z-轴旋转

如果刚体经过绕 Z-轴旋转一个角度 α 后，那么次坐标系 $Oxyz$ 以及点 P 将会出现在如图 1.2 中虚线所示的位置上。此时，点 P_2 的位置矢量 $\boldsymbol{r}_2$ 在主次坐标系中的坐标可以分别表达为：

$$ {}^{\mathrm{B}}\boldsymbol{r}_2=x_2\mathbf{i}+y_2\mathbf{j}+z_2\mathbf{k} \tag{1-12}$$

$$ {}^{\mathrm{A}}\boldsymbol{r}_2=X_2\mathbf{I}+Y_2\mathbf{J}+Z_2\mathbf{K} \tag{1-13}$$

由图 1.2 可知：

$$ {}^{\mathrm{B}}\boldsymbol{r}_1 = {}^{\mathrm{B}}\boldsymbol{r}_2 \tag{1-14} $$

这就表示点 P 在次坐标系的位置没有发生改变，即图中的黑色坐标为老坐标，是相等的三个矢量坐标，新坐标为灰色，结合式（1-11）和式（1-14）可知：

$$ {}^{\mathrm{A}}\boldsymbol{r}_1 = {}^{\mathrm{B}}\boldsymbol{r}_1 = {}^{\mathrm{B}}\boldsymbol{r}_2 \tag{1-15} $$

将 ${}^{\mathrm{B}}\boldsymbol{r}_2$ 对坐标系 $OXYZ$ 的三轴方向上进行投影。再根据内乘的定义可以写出：

$$ X_2 = \mathbf{I} \bullet {}^{\mathrm{B}}\boldsymbol{r}_2 = \mathbf{I} \bullet x_2\mathbf{i} + \mathbf{I} \bullet y_2\mathbf{j} + \mathbf{I} \bullet z_2\mathbf{k} \tag{1-16} $$

$$ Y_2 = \mathbf{J} \bullet {}^{\mathrm{B}}\boldsymbol{r}_2 = \mathbf{J} \bullet x_2\mathbf{i} + \mathbf{J} \bullet y_2\mathbf{j} + \mathbf{J} \bullet z_2\mathbf{k} \tag{1-17} $$

$$ Z_2 = \mathbf{K} \bullet {}^{\mathrm{B}}\boldsymbol{r}_2 = \mathbf{K} \bullet x_2\mathbf{i} + \mathbf{K} \bullet y_2\mathbf{j} + \mathbf{K} \bullet z_2\mathbf{k} \tag{1-18} $$

根据点乘交换律将联立方程组化简，以矩阵方程的形式表达为：

$$ \begin{bmatrix} X_2 \\ Y_2 \\ Z_2 \end{bmatrix} = \begin{bmatrix} \mathbf{I}\bullet\mathbf{i} & \mathbf{I}\bullet\mathbf{j} & \mathbf{I}\bullet\mathbf{k} \\ \mathbf{J}\bullet\mathbf{i} & \mathbf{J}\bullet\mathbf{j} & \mathbf{J}\bullet\mathbf{k} \\ \mathbf{K}\bullet\mathbf{i} & \mathbf{K}\bullet\mathbf{j} & \mathbf{K}\bullet\mathbf{k} \end{bmatrix} \begin{bmatrix} x_2 \\ y_2 \\ z_2 \end{bmatrix} \tag{1-19} $$

图 1.2 展示出了从上往下看，矢量 $\boldsymbol{r}$ 在主次坐标系里的初始位置和终点位置以及坐标的表达。对图 1.2 解析后可得到：

$$ \begin{bmatrix} \mathbf{I}\bullet\mathbf{i} = \cos\alpha & \mathbf{I}\bullet\mathbf{j} = \cos\left(\dfrac{\pi}{2}+\alpha\right) & \mathbf{I}\bullet\mathbf{k} = 0 \\ \mathbf{J}\bullet\mathbf{i} = \cos\left(\dfrac{\pi}{2}-\alpha\right) & \mathbf{J}\bullet\mathbf{j} = \cos\alpha & \mathbf{J}\bullet\mathbf{k} = 0 \\ \mathbf{K}\bullet\mathbf{i} = 0 & \mathbf{K}\bullet\mathbf{j} = 0 & \mathbf{K}\bullet\mathbf{k} = 1 \end{bmatrix} = \begin{bmatrix} \cos\alpha & -\sin\alpha & 0 \\ \sin\alpha & \cos\alpha & 0 \\ 0 & 0 & 1 \end{bmatrix} \tag{1-20} $$

另一种表达方式为：

$$ \begin{bmatrix} X_2 & Y_2 & Z_2 \end{bmatrix} = \begin{bmatrix} x_2 & y_2 & z_2 \end{bmatrix} \begin{bmatrix} \mathbf{I}\bullet\mathbf{i} & \mathbf{J}\bullet\mathbf{i} & \mathbf{K}\bullet\mathbf{i} \\ \mathbf{I}\bullet\mathbf{j} & \mathbf{J}\bullet\mathbf{j} & \mathbf{K}\bullet\mathbf{j} \\ \mathbf{I}\bullet\mathbf{k} & \mathbf{J}\bullet\mathbf{k} & \mathbf{K}\bullet\mathbf{k} \end{bmatrix} \tag{1-21} $$

其中：

$$ \begin{bmatrix} \mathbf{I}\bullet\mathbf{i} & \mathbf{J}\bullet\mathbf{i} & \mathbf{K}\bullet\mathbf{i} \\ \mathbf{I}\bullet\mathbf{j} & \mathbf{J}\bullet\mathbf{j} & \mathbf{K}\bullet\mathbf{j} \\ \mathbf{I}\bullet\mathbf{k} & \mathbf{J}\bullet\mathbf{k} & \mathbf{K}\bullet\mathbf{k} \end{bmatrix} = \begin{bmatrix} \cos\alpha & \sin\alpha & 0 \\ -\sin\alpha & \cos\alpha & 0 \\ 0 & 0 & 1 \end{bmatrix} \tag{1-22} $$

因此，可以有：

$$ \begin{bmatrix} X_2 & Y_2 & Z_2 \end{bmatrix} \begin{bmatrix} X_2 \\ Y_2 \\ Z_2 \end{bmatrix} = \begin{bmatrix} x_2 & y_2 & z_2 \end{bmatrix} \begin{bmatrix} \cos\alpha & \sin\alpha & 0 \\ -\sin\alpha & \cos\alpha & 0 \\ 0 & 0 & 1 \end{bmatrix} \begin{bmatrix} \cos\alpha & -\sin\alpha & 0 \\ \sin\alpha & \cos\alpha & 0 \\ 0 & 0 & 1 \end{bmatrix} \begin{bmatrix} x_2 \\ y_2 \\ z_2 \end{bmatrix} \tag{1-23} $$

继而可得：

$$ \begin{bmatrix} X_2 & Y_2 & Z_2 \end{bmatrix} \begin{bmatrix} X_2 \\ Y_2 \\ Z_2 \end{bmatrix} = \begin{bmatrix} x_2 & y_2 & z_2 \end{bmatrix} \begin{bmatrix} x_2 \\ y_2 \\ z_2 \end{bmatrix} = x_2^2 + y_2^2 + z_2^2 = \left|{}^{\mathrm{B}}\boldsymbol{r}_2\right|^2 \tag{1-24} $$

从而验证了式（1-20）和式（1-22）都是正确的。

需要强调的是，这里的旋转矩阵$\begin{bmatrix}\cos\alpha & -\sin\alpha & 0\\ \sin\alpha & \cos\alpha & 0\\ 0 & 0 & 1\end{bmatrix}$为正交矩阵。

注意，正交矩阵定义为：若矩阵 $\boldsymbol{A}$ 的转置矩阵和矩阵 $\boldsymbol{A}$ 的逆相等，则 $\boldsymbol{A}$ 为正交矩阵。根据定义易得：

$$\boldsymbol{A}^{\mathrm{T}} = \boldsymbol{A}^{-1} \tag{1-25}$$

或

$$\mathbf{E} = \boldsymbol{A}\boldsymbol{A}^{\mathrm{T}} = \boldsymbol{A}\boldsymbol{A}^{-1} \tag{1-26}$$

式中，$\mathbf{E}$ 为单位矩阵。

若将绕 Z-轴旋转得到的矩阵 $R_{Z,\alpha}$ 做如下定义：

$$\boldsymbol{R}_{Z,\alpha} = \begin{bmatrix}\mathbf{I}\cdot\mathbf{i} & \mathbf{I}\cdot\mathbf{j} & \mathbf{I}\cdot\mathbf{k}\\ \mathbf{J}\cdot\mathbf{i} & \mathbf{J}\cdot\mathbf{j} & \mathbf{J}\cdot\mathbf{k}\\ \mathbf{K}\cdot\mathbf{i} & \mathbf{K}\cdot\mathbf{j} & \mathbf{K}\cdot\mathbf{k}\end{bmatrix} = \begin{bmatrix}\cos\alpha & -\sin\alpha & 0\\ \sin\alpha & \cos\alpha & 0\\ 0 & 0 & 1\end{bmatrix} \tag{1-27}$$

代入式（1-19）可得：

$$\begin{bmatrix}X_2\\ Y_2\\ Z_2\end{bmatrix} = \begin{bmatrix}\cos\alpha & -\sin\alpha & 0\\ \sin\alpha & \cos\alpha & 0\\ 0 & 0 & 1\end{bmatrix}\begin{bmatrix}x_2\\ y_2\\ z_2\end{bmatrix} \tag{1-28}$$

可以用矢量形式将其记为：

$$^{\mathrm{A}}\boldsymbol{r}_2 = (\boldsymbol{R}_{Z,\alpha})\,^{\mathrm{B}}\boldsymbol{r}_2 \tag{1-29}$$

其中：

$$\boldsymbol{R}_{Z,\alpha} = \begin{bmatrix}\cos\alpha & -\sin\alpha & 0\\ \sin\alpha & \cos\alpha & 0\\ 0 & 0 & 1\end{bmatrix} \tag{1-30}$$

式(1-29)表示出，矢量 $\boldsymbol{r}$ 在第二个位置的主坐标系坐标等于其在次坐标系坐标的 $R_{Z,\alpha}$ 倍。因此，我们能通过一个点在次坐标系的坐标，在它绕主坐标系 Z-轴旋转一定角度后，找到其在主坐标系的坐标。

同理可得，绕 Y-轴旋转一个角度 β 以及绕 X-轴旋转一个角度 γ 的基础旋转矩阵 $\boldsymbol{R}_{Y,\beta}$ 和 $\boldsymbol{R}_{X,\gamma}$ 分别为：

$$\boldsymbol{R}_{Y,\beta} = \begin{bmatrix}\cos\beta & 0 & \sin\beta\\ 0 & 1 & 0\\ -\sin\beta & 0 & \cos\beta\end{bmatrix} \tag{1-31}$$

$$\boldsymbol{R}_{X,\gamma} = \begin{bmatrix}1 & 0 & 0\\ 0 & \cos\gamma & -\sin\gamma\\ 0 & \sin\gamma & \cos\gamma\end{bmatrix} \tag{1-32}$$

旋转矩阵 $\boldsymbol{R}_{Z,\alpha}$、$\boldsymbol{R}_{Y,\beta}$ 和 $\boldsymbol{R}_{X,\gamma}$ 称为绕主坐标旋转的基础矩阵，也可以按先后顺序分别称之为绕主坐标系轴旋转 α、β和γ 后的主垂旋、侧旋和侧倾的基础矩阵。

下面用两个案例来看看实际计算过程。

案例 5 已知 P 点初始位置坐标为（1，2，3），经过绕 Z-轴旋转 30°，再绕 X-轴旋转 60°，再绕 Y-轴旋转 30°而到达终点位置。求终点位置坐标为多少？

解法一：首先，通过旋转矩阵 $\boldsymbol{R}_{Z,30}$ 找到第一次旋转后的 P 点主坐标：

$$\begin{bmatrix} X_2 \\ Y_2 \\ Z_2 \end{bmatrix} = \begin{bmatrix} \cos 30^\circ & -\sin 30^\circ & 0 \\ \sin 30^\circ & \cos 30^\circ & 0 \\ 0 & 0 & 1 \end{bmatrix} \begin{bmatrix} 1 \\ 2 \\ 3 \end{bmatrix} = \begin{bmatrix} -0.134 \\ 2.2321 \\ 3 \end{bmatrix} \tag{1-33}$$

再通过旋转矩阵 $\boldsymbol{R}_{X,60}$ 找到第二次旋转后的 P 点主坐标：

$$\begin{bmatrix} X_3 \\ Y_3 \\ Z_3 \end{bmatrix} = \begin{bmatrix} 1 & 0 & 0 \\ 0 & \cos 60^\circ & -\sin 60^\circ \\ 0 & \sin 60^\circ & \cos 60^\circ \end{bmatrix} \begin{bmatrix} -0.134 \\ 2.2321 \\ 3 \end{bmatrix} = \begin{bmatrix} -0.134 \\ -1.4821 \\ 3.4330 \end{bmatrix} \tag{1-34}$$

再通过旋转矩阵 $\boldsymbol{R}_{Y,30}$ 找到第三次旋转后的 P 点主坐标：

$$\begin{bmatrix} X_4 \\ Y_4 \\ Z_4 \end{bmatrix} = \begin{bmatrix} \cos 30^\circ & 0 & \sin 30^\circ \\ 0 & 1 & 0 \\ -\sin 30^\circ & 0 & \cos 30^\circ \end{bmatrix} \begin{bmatrix} -0.134 \\ -1.4821 \\ 3.4330 \end{bmatrix} = \begin{bmatrix} 1.6005 \\ -1.4821 \\ 3.0401 \end{bmatrix} \tag{1-35}$$

解法二：也可以将其简化一次写出：

$$\begin{bmatrix} X_4 \\ Y_4 \\ Z_4 \end{bmatrix} = \begin{bmatrix} \cos 30^\circ & 0 & \sin 30^\circ \\ 0 & 1 & 0 \\ -\sin 30^\circ & 0 & \cos 30^\circ \end{bmatrix} \begin{bmatrix} 1 & 0 & 0 \\ 0 & \cos 60^\circ & -\sin 60^\circ \\ 0 & \sin 60^\circ & \cos 60^\circ \end{bmatrix} \begin{bmatrix} \cos 30^\circ & -\sin 30^\circ & 0 \\ \sin 30^\circ & \cos 30^\circ & 0 \\ 0 & 0 & 1 \end{bmatrix} \begin{bmatrix} 1 \\ 2 \\ 3 \end{bmatrix} \tag{1-36}$$

$$\begin{bmatrix} X_4 \\ Y_4 \\ Z_4 \end{bmatrix} = \begin{bmatrix} 0.9665 & -0.0580 & 0.2500 \\ 0.2500 & 0.4330 & -0.8660 \\ -0.0580 & 0.8995 & 0.4330 \end{bmatrix} \begin{bmatrix} 1 \\ 2 \\ 3 \end{bmatrix} = \begin{bmatrix} 1.6005 \\ -1.4821 \\ 3.0401 \end{bmatrix} \tag{1-37}$$

在此再讨论一下表达式（1-36）中间的连乘矩阵是否是正交矩阵，设：

$$\boldsymbol{R} = \begin{bmatrix} 0.9665 & -0.0580 & 0.2500 \\ 0.2500 & 0.4330 & -0.8660 \\ -0.0580 & 0.8995 & 0.4330 \end{bmatrix} \tag{1-38}$$

那么：

$$\boldsymbol{R}^{\mathrm{T}} = \begin{bmatrix} 0.9665 & 0.2500 & -0.0580 \\ -0.0580 & 0.4330 & 0.8995 \\ 0.2500 & -0.8660 & 0.4330 \end{bmatrix} \tag{1-39}$$

得：

$$\boldsymbol{R}\boldsymbol{R}^{\mathrm{T}} = \begin{bmatrix} 0.9665 & -0.0580 & 0.2500 \\ 0.2500 & 0.4330 & -0.8660 \\ -0.0580 & 0.8995 & 0.4330 \end{bmatrix} \begin{bmatrix} 0.9665 & 0.2500 & -0.0580 \\ -0.0580 & 0.4330 & 0.8995 \\ 0.2500 & -0.8660 & 0.4330 \end{bmatrix} \approx \mathbf{E} \tag{1-40}$$

此时的约等于是由于前面连乘过程中取小数点后三到四位有效数字过程中而造成的。那么就证明了：

$$\boldsymbol{R}^{\mathrm{T}} = \boldsymbol{R}^{-1} \tag{1-41}$$

也就是说，矩阵 $\boldsymbol{R}$ 为正交矩阵。

案例 6　已知：如果一个点绕 Z-轴旋转 30° 后，运动到 ${}^{A}\boldsymbol{r}_2=\begin{bmatrix}3 & 2 & 1\end{bmatrix}^{T}$ 位置，那么它在次坐标系的坐标是多少呢？

$$ {}^{B}\boldsymbol{r}_2 = \boldsymbol{R}_{Z,30}^{-1}\,{}^{A}\boldsymbol{r}_2 \tag{1-42}$$

$$\begin{bmatrix} X_2 \\ Y_2 \\ Z_2 \end{bmatrix} = \begin{bmatrix} \cos 30^\circ & -\sin 30^\circ & 0 \\ \sin 30^\circ & \cos 30^\circ & 0 \\ 0 & 0 & 1 \end{bmatrix}^{-1} \begin{bmatrix} 3 \\ 2 \\ 1 \end{bmatrix} = \begin{bmatrix} 3.5981 \\ 0.2321 \\ 1 \end{bmatrix} \tag{1-43}$$

主次坐标系在旋转之前是一致的，因此，P 点在旋转之前的主坐标系坐标为：

$$ {}^{A}\boldsymbol{r}_2 = \begin{bmatrix}3.5981 & 0.2321 & 1\end{bmatrix}^{T} \tag{1-44}$$

案例 7　已知：刚体 B 上的一点 P 拥有位置矢量 $\boldsymbol{r}$，在经过一系列绕主坐标系轴旋转 R_1，R_2，R_3，…，R_n 后，最终的全球坐标位置可以通过以下计算式找到：

$$ {}^{A}\boldsymbol{r} = {}^{A}\boldsymbol{R}_{B}\,{}^{B}\boldsymbol{r} \tag{1-45}$$

其中：

$$ {}^{A}\boldsymbol{R}_{B} = \boldsymbol{R}_n \cdots \boldsymbol{R}_3 \boldsymbol{R}_2 \boldsymbol{R}_1 \tag{1-46}$$

${}^{A}\boldsymbol{r}$ 和 ${}^{B}\boldsymbol{r}$ 分别表示位置矢量 $\boldsymbol{r}$ 在主坐标系和次坐标系中的坐标。${}^{A}\boldsymbol{R}_{B}$ 称为绕主轴旋转矩阵，它反映出次坐标系和主坐标系的一致性。又因为矩阵乘法不具有交换性，所以代表一系列旋转的旋转矩阵顺序不能颠倒。

如果一个矩阵是正交的，那么这个矩阵的倒置矩阵 $\boldsymbol{R}^{T}$ 和逆矩阵 $\boldsymbol{R}^{-1}$ 是相等的：

$$\boldsymbol{R}^{T} = \boldsymbol{R}^{-1} \tag{1-47}$$

案例 8　已知：经过旋转 $\boldsymbol{R}_{Z,\alpha}$，接着旋转 $\boldsymbol{R}_{Y,\beta}$，再接着旋转 $\boldsymbol{R}_{X,\gamma}$ 后的主坐标旋转矩阵为：

$$\begin{aligned} {}^{A}\boldsymbol{R}_{B} &= \boldsymbol{R}_{X,\gamma}\boldsymbol{R}_{Y,\beta}\boldsymbol{R}_{Z,\alpha} \\ &= \begin{bmatrix} \cos\alpha\cos\beta & -\cos\beta\sin\alpha & \sin\beta \\ \cos\gamma\sin\alpha+\cos\alpha\sin\beta\sin\gamma & \cos\alpha\cos\gamma-\sin\alpha\sin\beta\sin\gamma & -\cos\beta\sin\gamma \\ \sin\alpha\sin\gamma-\cos\alpha\cos\gamma\sin\beta & \cos\alpha\sin\gamma+\cos\gamma\sin\alpha\sin\beta & \cos\beta\cos\gamma \end{bmatrix} \end{aligned} \tag{1-48}$$

此处还可以简单做一个拓展验证：

$$ {}^{A}\boldsymbol{R}_{B}^{T} = \begin{bmatrix} \cos\alpha\cos\beta & \cos\gamma\sin\alpha+\cos\alpha\sin\beta\sin\gamma & \sin\alpha\sin\gamma-\cos\alpha\cos\gamma \\ -\cos\beta\sin\alpha & \cos\alpha\cos\gamma-\sin\alpha\sin\beta\sin\gamma & \cos\alpha\sin\gamma+\cos\gamma\sin\alpha\sin\beta \\ \sin\beta & -\cos\beta\sin\gamma & \cos\beta\cos\gamma \end{bmatrix} \tag{1-49}$$

那么：

$$ {}^{A}\boldsymbol{R}_{B}\,{}^{A}\boldsymbol{R}_{B}^{T} = \mathbf{E} = \begin{bmatrix} 1 & 0 & 0 \\ 0 & 1 & 0 \\ 0 & 0 & 1 \end{bmatrix} \tag{1-50}$$

即：

$$ {}^{A}\boldsymbol{R}_{B}^{T} = {}^{A}\boldsymbol{R}_{B}^{-1} \tag{1-51}$$

也就是说，前面所提及的旋转矩阵以及旋转矩阵的乘积一般是正交矩阵。当然也有不是正交矩阵的，什么时候不是正交矩阵将在 1.3 节中讨论。正交矩阵的概念对 1.1 节和 1.2 节中涉及的旋转矩阵都是有效的。

案例 9 次坐标系内的一点 P 相对于主坐标系原点 O 的位置是：

$$\begin{bmatrix} X_1 \\ Y_1 \\ Z_1 \end{bmatrix} = \begin{bmatrix} 0.12 \\ 0.72 \\ 0.36 \end{bmatrix} \tag{1-52}$$

在绕 X-轴旋转 130°后，接着绕 Z-轴旋转−56°，再接着绕 X-轴旋转 60°后的主坐标系坐标是多少？

主坐标旋转矩阵为：

$$^{A}\boldsymbol{R}_{B} = \boldsymbol{R}_{X,60}\boldsymbol{R}_{Z,-56}\boldsymbol{R}_{X,130}$$

$$= \begin{bmatrix} 1 & 0 & 0 \\ 0 & \cos 60° & -\sin 60° \\ 0 & \sin 60° & \cos 60° \end{bmatrix} \begin{bmatrix} \cos(-56°) & -\sin(-56°) & 0 \\ \sin(-56°) & \cos(-56°) & 0 \\ 0 & 0 & 1 \end{bmatrix} \begin{bmatrix} 1 & 0 & 0 \\ 0 & \cos 130° & -\sin 130° \\ 0 & \sin 130° & \cos 130° \end{bmatrix}$$

$$= \begin{bmatrix} 0.5592 & -0.5329 & -0.6351 \\ -0.4145 & -0.8431 & 0.3425 \\ -0.7180 & 0.0717 & -0.6924 \end{bmatrix} \tag{1-53}$$

可得新的主坐标位置是在：

$$\begin{bmatrix} X_2 \\ Y_2 \\ Z_2 \end{bmatrix} = \begin{bmatrix} 0.5592 & -0.5329 & -0.6351 \\ -0.4145 & -0.8431 & 0.3425 \\ -0.7180 & 0.0717 & -0.6924 \end{bmatrix} \begin{bmatrix} 0.12 \\ 0.72 \\ 0.36 \end{bmatrix} = \begin{bmatrix} -0.5452 \\ -0.5335 \\ -0.2838 \end{bmatrix} \tag{1-54}$$

案例 10 已知刚体 B 上的一点 P 的位置为 $^{B}\boldsymbol{r}_P = [5,\ 6,\ 7]^{T}$，在绕 Y-轴旋转 45°，再绕 X-轴旋转 30°后的主坐标系的位置为：

$$(^{A}\boldsymbol{R}_P)_1 = \boldsymbol{R}_{X,30}\boldsymbol{R}_{Y,45}\ {}^{B}\boldsymbol{r}_P = \begin{bmatrix} 0.7071 & 0 & 0.7071 \\ 0.3536 & 0.8660 & -0.3536 \\ -0.6124 & 0.5 & 0.6124 \end{bmatrix} \begin{bmatrix} 5 \\ 6 \\ 7 \end{bmatrix} = \begin{bmatrix} 8.4853 \\ 4.4890 \\ 4.2247 \end{bmatrix} \tag{1-55}$$

如果改变一下旋转顺序，那么位置将会在：

$$(^{A}\boldsymbol{R}_P)_2 = \boldsymbol{R}_{Y,45}\boldsymbol{R}_{X,30}\ {}^{B}\boldsymbol{r}_P = \begin{bmatrix} 0.7071 & 0.3536 & 0.6124 \\ 0 & 0.8660 & -0.5 \\ -0.7071 & -0.3536 & 0.6124 \end{bmatrix} \begin{bmatrix} 5 \\ 6 \\ 7 \end{bmatrix} = \begin{bmatrix} 9.9435 \\ 1.6962 \\ 2.8724 \end{bmatrix} \tag{1-56}$$

两个终点相距为：

$$d = \left| (^{A}\boldsymbol{R}_P)_1 - (^{A}\boldsymbol{R}_P)_2 \right| = 3.4285 \tag{1-57}$$

这也就说明，如果改变了主坐标旋转矩阵的顺序，就等价于改变了旋转的顺序，也就改变了终点位置。

案例 11 如果假设绕主坐标系 X-轴的旋转角度称为侧倾角，绕主坐标系 Y-轴的旋转角度称为前倾角，绕主坐标系 Z-轴的旋转角度称为转向角，那么绕主坐标系旋转的侧倾-前倾-转向旋转矩阵为：

$$^{A}\boldsymbol{R}_{B} = \boldsymbol{R}_{Z,\gamma}\boldsymbol{R}_{Y,\beta}\boldsymbol{R}_{X,\alpha}$$

$$= \begin{bmatrix} \cos\beta\cos\gamma & -\cos\alpha\sin\gamma + \cos\gamma\sin\alpha\sin\beta & \sin\alpha\sin\gamma + \cos\alpha\cos\gamma\sin\beta \\ \cos\beta\sin\gamma & \cos\alpha\cos\gamma - \sin\alpha\sin\beta\sin\gamma & -\cos\gamma\sin\alpha + \cos\alpha\sin\beta\sin\gamma \\ -\sin\beta & \cos\beta\sin\alpha & \cos\alpha\cos\beta \end{bmatrix} \tag{1-58}$$

也就是说，一旦给出侧倾角、前倾角以及转向角，就能用以上等式计算出整个旋转矩阵。相反，如果已知整个旋转矩阵，那么也能计算出侧倾角、前倾角以及转向角。假设用 r_{ij} 表示主坐标系的侧倾-前倾-转向旋转矩阵的第 i 行第 j 列的值，那么侧倾角为：

$$\alpha = \arctan\left(\frac{r_{32}}{r_{33}}\right) \tag{1-59}$$

前倾角为：

$$\beta = -\arcsin(r_{31}) \tag{1-60}$$

转向角为：

$$\gamma = \arctan\left(\frac{r_{21}}{r_{11}}\right) \tag{1-61}$$

当然，这一切的前提条件是 $\cos\beta \neq 0$。

1.2 绕次坐标系旋转

假设主坐标系内有一个固定点 O 和固定点 P。初始时刻情况下，主坐标系 A($OXYZ$)和次坐标系 B($Oxyz$)重合，原点都位于 O 点。如果次坐标系绕 z-轴旋转一个角度 ψ，如图 1.3 顶视图所示，那么主坐标系上任意一点 P 的次坐标系矢量与主坐标系矢量之间的关系用等式可以表达为：

$$^{\mathrm{B}}\boldsymbol{r} = (\boldsymbol{R}_{z,\psi})^{\mathrm{A}}\boldsymbol{r} \tag{1-62}$$

式中，矢量 $^{\mathrm{A}}\boldsymbol{r}$ 和 $^{\mathrm{B}}\boldsymbol{r}$ 分别表示该点的主坐标系和次坐标系位置矢量。

$$^{\mathrm{A}}\boldsymbol{r} = \begin{bmatrix} X & Y & Z \end{bmatrix}^{\mathrm{T}} \tag{1-63}$$

$$^{\mathrm{B}}\boldsymbol{r} = \begin{bmatrix} x & y & z \end{bmatrix}^{\mathrm{T}} \tag{1-64}$$

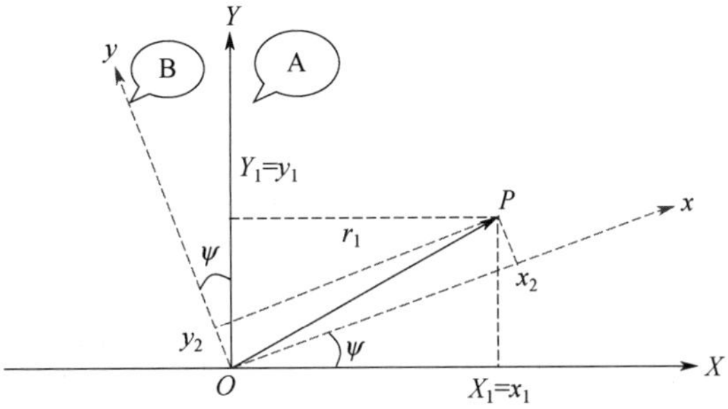

图1.3　绕次坐标系 z-轴旋转

$\boldsymbol{R}_{z,\psi}$ 为绕 z-轴旋转矩阵：

$$\boldsymbol{R}_{z,\psi} = \begin{bmatrix} \cos\psi & \sin\psi & 0 \\ -\sin\psi & \cos\psi & 0 \\ 0 & 0 & 1 \end{bmatrix} \tag{1-65}$$

同法可得，绕 y-轴旋转 θ 角度和绕 x-轴旋转 φ 角度的 y-轴旋转矩阵 $\boldsymbol{R}_{y,\theta}$ 和 x-轴旋转矩阵 $\boldsymbol{R}_{x,\varphi}$ 分别为：

$$\boldsymbol{R}_{y,\theta} = \begin{bmatrix} \cos\theta & 0 & -\sin\theta \\ 0 & 1 & 0 \\ \sin\theta & 0 & \cos\theta \end{bmatrix} \tag{1-66}$$

$$\boldsymbol{R}_{x,\varphi}=\begin{bmatrix}1 & 0 & 0\\ 0 & \cos\varphi & \sin\varphi\\ 0 & -\sin\varphi & \cos\varphi\end{bmatrix} \tag{1-67}$$

证明 2：主坐标系上的一点 P 位置矢量由 $\boldsymbol{r}$ 表示。假设($\mathbf{i},\mathbf{j},\mathbf{k}$)和($\mathbf{I},\mathbf{J},\mathbf{K}$)分别是沿次坐标系 B($Oxyz$)和主坐标系 A($OXYZ$)轴方向独立的单位矢量。初始位置矢量 $\boldsymbol{r}_1$ 以及终点位置矢量 $\boldsymbol{r}_2$ 在两个坐标系的坐标可以表达为：

$$^{\mathrm{B}}\boldsymbol{r}_1=x_1\mathbf{i}+y_1\mathbf{j}+z_1\mathbf{k} \tag{1-68}$$

$$^{\mathrm{A}}\boldsymbol{r}_1=X_1\mathbf{I}+Y_1\mathbf{J}+Z_1\mathbf{K} \tag{1-69}$$

$$^{\mathrm{B}}\boldsymbol{r}_2=x_2\mathbf{i}+y_2\mathbf{j}+z_2\mathbf{k} \tag{1-70}$$

$$^{\mathrm{A}}\boldsymbol{r}_2=X_2\mathbf{I}+Y_2\mathbf{J}+Z_2\mathbf{K} \tag{1-71}$$

矢量 $^{\mathrm{B}}\boldsymbol{r}_1$ 和 $^{\mathrm{B}}\boldsymbol{r}_2$ 分别表示矢量 $\boldsymbol{r}$ 在次坐标系 $Oxyz$ 中的初始和终点位置矢量，矢量 $^{\mathrm{A}}\boldsymbol{r}_1$ 和 $^{\mathrm{A}}\boldsymbol{r}_2$ 分别表示矢量 $\boldsymbol{r}$ 在主坐标系 $OXYZ$ 中的初始和终点位置矢量。根据题意此处的隐藏条件为：

$$^{\mathrm{B}}\boldsymbol{r}_1={}^{\mathrm{A}}\boldsymbol{r}_1={}^{\mathrm{A}}\boldsymbol{r}_2 \tag{1-72}$$

其含义有两层：一是主坐标系和次坐标系在初始时刻时是相互重合的；二是这点 P 在主坐标系的位置始终保持不变。

如果知道了 $^{\mathrm{A}}\boldsymbol{r}_1$ 的坐标值，那么就能求出 $^{\mathrm{B}}\boldsymbol{r}_2$ 的坐标值。利用式（1-71）以及内乘的定义，可以得到：

$$x_2=\mathbf{i}\cdot\boldsymbol{r}_2=\mathbf{i}\cdot X_2\mathbf{I}+\mathbf{i}\cdot Y_2\mathbf{J}+\mathbf{i}\cdot Z_2\mathbf{K} \tag{1-73}$$

$$y_2=\mathbf{j}\cdot\boldsymbol{r}_2=\mathbf{j}\cdot X_2\mathbf{I}+\mathbf{j}\cdot Y_2\mathbf{J}+\mathbf{j}\cdot Z_2\mathbf{K} \tag{1-74}$$

$$z_2=\mathbf{k}\cdot\boldsymbol{r}_2=\mathbf{k}\cdot X_2\mathbf{I}+\mathbf{k}\cdot Y_2\mathbf{J}+\mathbf{k}\cdot Z_2\mathbf{K} \tag{1-75}$$

将式（1-73）～式（1-75）等价变换为矩阵形式可得：

$$\begin{bmatrix}x_2\\ y_2\\ z_2\end{bmatrix}=\begin{bmatrix}\mathbf{i}\cdot\mathbf{I} & \mathbf{i}\cdot\mathbf{J} & \mathbf{i}\cdot\mathbf{K}\\ \mathbf{j}\cdot\mathbf{I} & \mathbf{j}\cdot\mathbf{J} & \mathbf{j}\cdot\mathbf{K}\\ \mathbf{k}\cdot\mathbf{I} & \mathbf{k}\cdot\mathbf{J} & \mathbf{k}\cdot\mathbf{K}\end{bmatrix}\begin{bmatrix}X_2\\ Y_2\\ Z_2\end{bmatrix} \tag{1-76}$$

这就是绕 z-轴旋转的基础矩阵 $\boldsymbol{R}_{z,\psi}$，也可以看作 $^{\mathrm{A}}\boldsymbol{r}_2$ 相对于 $Oxyz$ 的各方向上的余弦投影。因此，旋转矩阵的值解析后可得到：

$$\begin{bmatrix}\mathbf{i}\cdot\mathbf{I}=\cos\psi & \mathbf{i}\cdot\mathbf{J}=\cos\left(\dfrac{\pi}{2}-\psi\right)=\sin\psi & \mathbf{i}\cdot\mathbf{K}=0\\ \mathbf{j}\cdot\mathbf{I}=\cos\left(\dfrac{\pi}{2}+\psi\right)=-\sin\psi & \mathbf{j}\cdot\mathbf{J}=\cos\psi & \mathbf{j}\cdot\mathbf{K}=0\\ \mathbf{k}\cdot\mathbf{I}=0 & \mathbf{k}\cdot\mathbf{J}=0 & \mathbf{k}\cdot\mathbf{K}=1\end{bmatrix} \tag{1-77}$$

因此，将两者合并后可得：

$$\begin{bmatrix}x_2\\ y_2\\ z_2\end{bmatrix}=\begin{bmatrix}\cos\psi & \sin\psi & 0\\ -\sin\psi & \cos\psi & 0\\ 0 & 0 & 1\end{bmatrix}\begin{bmatrix}X_2\\ Y_2\\ Z_2\end{bmatrix} \tag{1-78}$$

可以将其记为矩阵方程形式：

$$^{\mathrm{B}}\boldsymbol{r}_2=\boldsymbol{R}_{z,\psi}\,{}^{\mathrm{A}}\boldsymbol{r}_2 \tag{1-79}$$

其中：

$$\boldsymbol{R}_{z,\psi}=\begin{bmatrix}\cos\psi & \sin\psi & 0\\ -\sin\psi & \cos\psi & 0\\ 0 & 0 & 1\end{bmatrix}\tag{1-80}$$

式(1-79)表示出，矢量 $\boldsymbol{r}$ 在第二个位置的次坐标系坐标等于其在主坐标系坐标的 $R_{z,\psi}$ 倍。因此，能通过在主坐标系固定点的坐标，在次坐标绕次坐标系的 z-轴旋转一定角度后，找到其在次坐标系的新坐标。

同理可得，绕 y-轴旋转一个角度 θ 以及绕 x-轴旋转一个角度 φ 的基础旋转矩阵 $\boldsymbol{R}_{y,\theta}$ 和 $\boldsymbol{R}_{x,\varphi}$ 分别为：

$$\boldsymbol{R}_{y,\theta}=\begin{bmatrix}\cos\theta & 0 & -\sin\theta\\ 0 & 1 & 0\\ \sin\theta & 0 & \cos\theta\end{bmatrix}\tag{1-81}$$

$$\boldsymbol{R}_{x,\varphi}=\begin{bmatrix}1 & 0 & 0\\ 0 & \cos\varphi & \sin\varphi\\ 0 & -\sin\varphi & \cos\varphi\end{bmatrix}\tag{1-82}$$

通常称绕次坐标系轴旋转 ψ、θ和 φ 后的矩阵分别为次甲、乙和丙旋转矩阵。

下面用 4 个案例来看看实际计算过程。

案例 12　如果次坐标系 $Oxyz$ 绕 z-轴旋转 30° 后，P 点在主坐标系 $OXYZ$ 的坐标为（5，6，7），那么，它在次坐标系的坐标为：

$$\begin{bmatrix}x\\ y\\ z\end{bmatrix}=\begin{bmatrix}\cos 30^\circ & \sin 30^\circ & 0\\ -\sin 30^\circ & \cos 30^\circ & 0\\ 0 & 0 & 1\end{bmatrix}\begin{bmatrix}5\\ 6\\ 7\end{bmatrix}=\begin{bmatrix}7.3301\\ 2.6962\\ 7.0\end{bmatrix}\tag{1-83}$$

案例 13　绕副轴旋转，求主坐标。

如果次坐标系 $Oxyz$ 绕 z-轴旋转 30° 后，P 点在次坐标系 $Oxyz$ 的坐标为（5，6，7），那么，它在主坐标系的坐标为：

$$\begin{bmatrix}X\\ Y\\ Z\end{bmatrix}=\begin{bmatrix}\cos 30^\circ & \sin 30^\circ & 0\\ -\sin 30^\circ & \cos 30^\circ & 0\\ 0 & 0 & 1\end{bmatrix}^{-1}\begin{bmatrix}5\\ 6\\ 7\end{bmatrix}=\begin{bmatrix}1.3301\\ 7.6962\\ 7.0\end{bmatrix}\tag{1-84}$$

案例 14　绕副轴连续旋转，求主坐标。

首先让刚体绕 y-轴旋转 −60°，再绕 x-轴旋转 30° ，这时刚体上的一点 P 的次坐标系坐标为 ${}^{\mathrm{B}}\boldsymbol{r}_P=\begin{bmatrix}2.7 & 5.4 & -3.6\end{bmatrix}^{\mathrm{T}}$，那么它的主坐标系坐标为：

$${}^{\mathrm{A}}\boldsymbol{r}_2=\left[\boldsymbol{R}_{x,30}\boldsymbol{R}_{y,-60}\right]^{-1}\,{}^{\mathrm{B}}\boldsymbol{r}_P=\boldsymbol{R}_{y,-60}^{-1}\boldsymbol{R}_{x,30}^{-1}\,{}^{\mathrm{B}}\boldsymbol{r}_P=\boldsymbol{R}_{y,-60}^{\mathrm{T}}\boldsymbol{R}_{x,30}^{\mathrm{T}}\,{}^{\mathrm{B}}\boldsymbol{r}_P\tag{1-85}$$

$${}^{\mathrm{A}}\boldsymbol{r}_2=\begin{bmatrix}\cos(-60^\circ) & 0 & -\sin(-60^\circ)\\ 0 & 1 & 0\\ \sin(-60^\circ) & 0 & \cos(-60^\circ)\end{bmatrix}^{\mathrm{T}}\begin{bmatrix}1 & 0 & 0\\ 0 & \cos 30^\circ & \sin 30^\circ\\ 0 & -\sin 30^\circ & \cos 30^\circ\end{bmatrix}^{\mathrm{T}}\begin{bmatrix}2.7\\ 5.4\\ -3.6\end{bmatrix}=\begin{bmatrix}1.7117\\ 6.4765\\ 2.1294\end{bmatrix}\tag{1-86}$$

案例 15　主坐标位置和后乘旋转矩阵。

绕 z-轴旋转 30°后，刚体上的一点 P 的次坐标矢量为 ${}^{\mathrm{B}}\boldsymbol{r}=\begin{bmatrix}4 & 5 & 6\end{bmatrix}^{\mathrm{T}}$ 。旋转矩阵为：

$${}^{\mathrm{B}}\boldsymbol{R}_{z,\psi}=\begin{bmatrix}\cos\psi & \sin\psi & 0\\ -\sin\psi & \cos\psi & 0\\ 0 & 0 & 1\end{bmatrix}=\begin{bmatrix}\cos 30^\circ & \sin 30^\circ & 0\\ -\sin 30^\circ & \cos 30^\circ & 0\\ 0 & 0 & 1\end{bmatrix}\tag{1-87}$$

那么就可以得到主坐标位置矢量 ${}^{A}\boldsymbol{r}$ 通过 ${}^{B}\boldsymbol{R}_{z,\psi}$ 后乘次坐标位置矢量 ${}^{B}\boldsymbol{r}^{T}$：

$$
{}^{A}\boldsymbol{r}^{T}={}^{B}\boldsymbol{r}^{T}\ {}^{B}\boldsymbol{R}_{z,\psi}=\begin{bmatrix}4 & 5 & 6\end{bmatrix}\begin{bmatrix}\cos 30^{\circ} & \sin 30^{\circ} & 0\\ -\sin 30^{\circ} & \cos 30^{\circ} & 0\\ 0 & 0 & 1\end{bmatrix}=\begin{bmatrix}0.9641 & 2.3301 & 6.0\end{bmatrix} \tag{1-88}
$$

相对于此，也可以通过 ${}^{B}\boldsymbol{R}_{z,\psi}^{-1}$ 先乘次坐标位置矢量 ${}^{B}\boldsymbol{r}$：

$$
{}^{A}\boldsymbol{r}={}^{B}\boldsymbol{R}_{z,\psi}^{-1}\ {}^{B}\boldsymbol{r}=\begin{bmatrix}\cos 30^{\circ} & -\sin 30^{\circ} & 0\\ \sin 30^{\circ} & \cos 30^{\circ} & 0\\ 0 & 0 & 1\end{bmatrix}\begin{bmatrix}4\\ 5\\ 6\end{bmatrix}=\begin{bmatrix}0.9641\\ 2.3301\\ 6.0\end{bmatrix} \tag{1-89}
$$

案例 16 绕次坐标系坐标轴的连续旋转。

绕 x-轴旋转又称为侧倾或倾斜旋转，绕 y-轴旋转又称为前倾或姿态旋转，绕 z-轴旋转又称为偏航、转弯或转头旋转。绕次坐标系坐标轴的侧倾-前倾-转向角如图 1.4 所示。

绕次坐标轴的侧倾-前倾-转向旋转矩阵为：

$$
\begin{aligned}
{}^{B}\boldsymbol{R}_{A}&=\boldsymbol{R}_{z,\psi}\boldsymbol{R}_{y,\theta}\boldsymbol{R}_{x,\varphi}\\
&=\begin{bmatrix}\cos\theta\cos\psi & \cos\varphi\sin\psi+\cos\psi\sin\theta\sin\varphi & \sin\psi\sin\varphi-\cos\varphi\cos\psi\sin\theta\\ -\cos\theta\sin\psi & \cos\varphi\cos\psi-\sin\psi\sin\theta\sin\varphi & \cos\psi\sin\varphi+\cos\varphi\sin\psi\sin\theta\\ \sin\theta & -\cos\theta\sin\varphi & \cos\theta\cos\varphi\end{bmatrix}
\end{aligned} \tag{1-90}
$$

注意区分侧倾-前倾-转向角和欧拉角，因为此处都是使用符号 φ、θ、ψ。

图 1.4　车辆的侧倾-前倾-转向角

1.3 欧拉角和欧拉频率

如果将绕主坐标系 Z-轴旋转称为大垂旋，绕 x-轴旋转称为小纵旋，绕 z-轴旋转称为小垂旋，那么假设有这样的一组连续旋转，小垂旋-小纵旋-小垂旋的角度被简称为欧拉角，此旋转顺序一般记为 zxz（注意欧拉角的旋转顺序一般是可以改变的，不同的学科旋转的顺序会有所不同，但是不能同时绕一个轴连续旋转两次。而且一般只是用次坐标系旋转三次，不用主坐标系旋转，那么这种连续旋转顺序有 12 种，常用的一般有三四种）。基于欧拉角的旋转矩阵已经应用在刚体旋转运动中。为了找到从主坐标系 A（$OXYZ$）到次坐标系 B（$Oxyz$）的欧拉角 zxz 的旋转矩阵，假设两个坐标系初始位置一致，主坐标系经过第一次旋转后得到次坐标系 $B_1(Ox_1y_1z_1)$，如图 1.5 所示，次坐标系绕 z-轴旋转角度为 ψ_1。

$$ {}^{B_1}\boldsymbol{r} = {}^{B_1}\boldsymbol{R}_A \ {}^{A}\boldsymbol{r} \tag{1-91} $$

$$ {}^{B_1}\boldsymbol{R}_A = \boldsymbol{R}_{z,\psi_1} = \begin{bmatrix} \cos\psi_1 & \sin\psi_1 & 0 \\ -\sin\psi_1 & \cos\psi_1 & 0 \\ 0 & 0 & 1 \end{bmatrix} \tag{1-92} $$

接下来，将 $B_1(Ox_1y_1z_1)$ 坐标系再进行第二次旋转，绕 x_1-轴旋转一个 φ 角，如图 1.6 所示，旋转后的坐标系为 $B_2(Ox_2y_2z_2)$，它与旋转前坐标的关系为：

$$ {}^{B_2}\boldsymbol{r} = {}^{B_2}\boldsymbol{R}_{B_1} \ {}^{B_1}\boldsymbol{r} \tag{1-93} $$

$$ {}^{B_2}\boldsymbol{R}_{B_1} = \boldsymbol{R}_{x,\varphi} = \begin{bmatrix} 1 & 0 & 0 \\ 0 & \cos\varphi & \sin\varphi \\ 0 & -\sin\varphi & \cos\varphi \end{bmatrix} \tag{1-94} $$

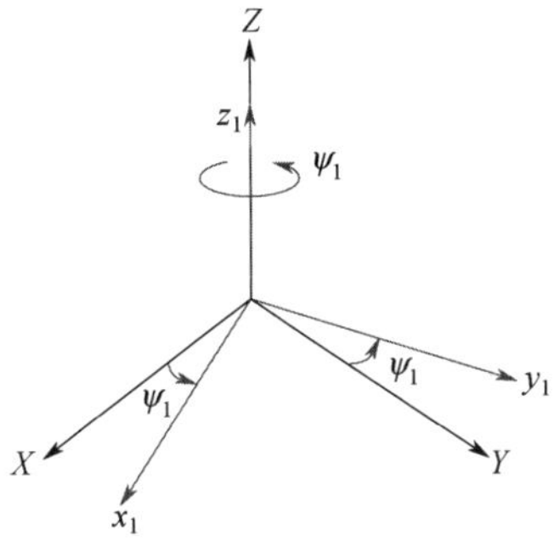

图 1.5　第一次旋转欧拉角 ψ_1

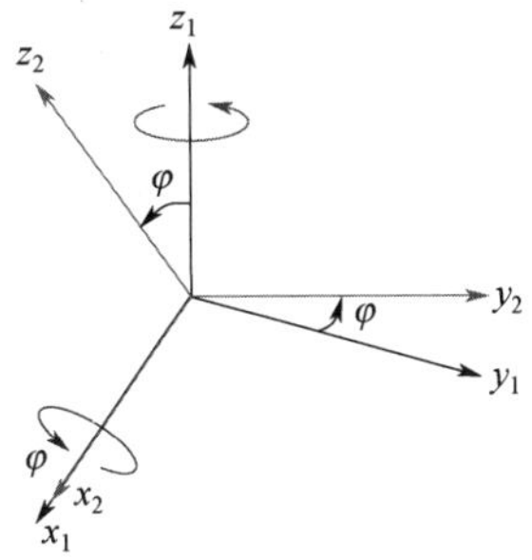

图 1.6　第二次旋转欧拉角 φ

最后，将 $B_2(Ox_2y_2z_2)$ 坐标系进行第三次旋转，绕 z''-轴旋转一个 ψ_2 角，如图 1.7 所示，旋转结果与最终坐标系 B(Oxyz)一致，它也就是图 1.7 中的 $B_3(Ox_3y_3z_3)$。从 $B_2(Ox_2y_2z_2)$ 到 $B_3(Ox_3y_3z_3)$ 的转换为：

$$ {}^{B}\boldsymbol{r} = {}^{B}\boldsymbol{R}_{B_2} \ {}^{B_2}\boldsymbol{r} \tag{1-95} $$

$$ {}^{B}\boldsymbol{R}_{B_2} = \boldsymbol{R}_{z,\psi_2} = \begin{bmatrix} \cos\psi_2 & \sin\psi_2 & 0 \\ -\sin\psi_2 & \cos\psi_2 & 0 \\ 0 & 0 & 1 \end{bmatrix} \tag{1-96} $$

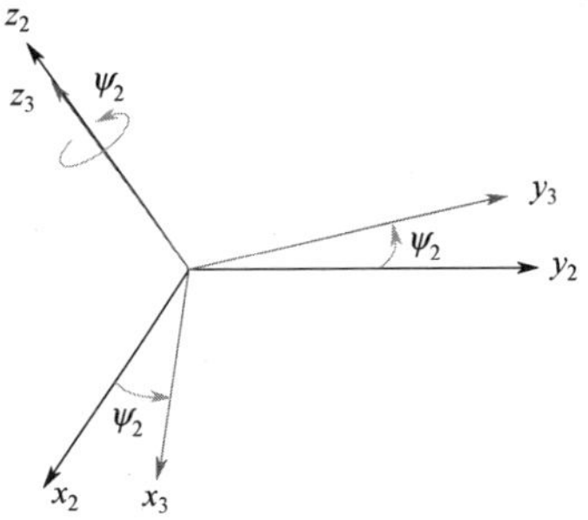

图 1.7　第三次旋转欧拉角 ψ_2

根据以上旋转顺序，可以将坐标系 A(OXYZ)转换到 B(Oxyz)写成：

$$ {}^{B}\boldsymbol{r} = {}^{B}\boldsymbol{R}_A \ {}^{A}\boldsymbol{r} \tag{1-97} $$

其中：

$$ {}^{B}\boldsymbol{R}_A = \boldsymbol{R}_{z,\psi_2}\boldsymbol{R}_{x,\varphi}\boldsymbol{R}_{z,\psi_1} = \begin{bmatrix} \cos\psi_1\cos\psi_2 - \cos\varphi\sin\psi_2\sin\psi_1 & \sin\psi_1\cos\psi_2 + \cos\varphi\cos\psi_1\sin\psi_2 & \sin\varphi\sin\psi_2 \\ -\cos\psi_1\sin\psi_2 - \cos\varphi\cos\psi_2\sin\psi_1 & -\sin\psi_1\sin\psi_2 + \cos\varphi\cos\psi_1\cos\psi_2 & \sin\varphi\cos\psi_2 \\ \sin\varphi\sin\psi_1 & -\cos\psi_1\sin\varphi & \cos\varphi \end{bmatrix} \tag{1-98} $$

因此，有：

$$
{}^{\mathrm{B}}\boldsymbol{R}_{\mathrm{A}}^{-1} = {}^{\mathrm{B}}\boldsymbol{R}_{\mathrm{A}}^{\mathrm{T}} = {}^{\mathrm{A}}\boldsymbol{R}_{\mathrm{B}} = \left[\boldsymbol{R}_{z,\psi_2}\,\boldsymbol{R}_{x,\varphi}\,\boldsymbol{R}_{z,\psi_1}\right]^{\mathrm{T}}
$$

$$
= \begin{bmatrix} \cos\psi_1\cos\psi_2 - \cos\varphi\sin\psi_2\sin\psi_1 & -\cos\psi_1\sin\psi_2 - \cos\varphi\cos\psi_2\sin\psi_1 & \sin\varphi\sin\psi_1 \\ \sin\psi_1\cos\psi_2 + \cos\varphi\cos\psi_1\sin\psi_2 & -\sin\psi_1\sin\psi_2 + \cos\varphi\cos\psi_1\cos\psi_2 & -\cos\psi_1\sin\varphi \\ \sin\varphi\sin\psi_2 & \sin\varphi\cos\psi_2 & \cos\varphi \end{bmatrix} \tag{1-99}
$$

当小垂旋角ψ_1、小纵旋角φ、小垂旋角ψ_2给定后，就可以利用式（1-98）计算出整个旋转矩阵。相反，如果整个旋转矩阵已经给出，可以计算出等价的小垂旋角ψ_1、小纵旋角φ、小垂旋角ψ_2。

假设r_{ij}表示欧拉角 zxz 的旋转矩阵第 i 行第 j 列的元素，那么：

$$
\varphi = \arccos(r_{33}) \tag{1-100}
$$

$$
\psi_1 = -\arctan\left(\frac{r_{31}}{r_{32}}\right) \tag{1-101}
$$

$$
\psi_2 = \arctan\left(\frac{r_{13}}{r_{23}}\right) \tag{1-102}
$$

这一切的前提是$\sin\varphi \neq 0$ 。

下面看看 3 个实际计算的案例。

案例 17 欧拉角 zxz 旋转矩阵的三个角度分别为：$\psi_1 = 23.15°$， $\varphi = -81.23°$，$\psi_2 = 46.95°$，将这些值代入式（1-98）中去，可以得到：

$$
{}^{\mathrm{B}}\boldsymbol{R}_{\mathrm{A}} = \boldsymbol{R}_{z,23.15}\boldsymbol{R}_{x,-81.23}\boldsymbol{R}_{z,46.95} = \begin{bmatrix} 0.5839 & 0.3708 & -0.7222 \\ -0.7128 & -0.1916 & -0.6747 \\ -0.3885 & 0.9087 & 0.1525 \end{bmatrix} \tag{1-103}
$$

案例 18 绕 z-轴旋转 45°，再绕 x-轴旋转 45°，最后绕 y-轴旋转 45°，该次旋转的旋转矩阵为：

$$
{}^{\mathrm{B}}\boldsymbol{R}_{\mathrm{A}} = \boldsymbol{R}_{y,45}\boldsymbol{R}_{x,45}\boldsymbol{R}_{z,45} = \begin{bmatrix} 0.1464 & 0.8536 & -0.5000 \\ -0.5000 & 0.5000 & 0.7071 \\ 0.8536 & 0.1464 & 0.5000 \end{bmatrix} \tag{1-104}
$$

一个点主坐标系坐标为：X=6，Y=8，Z=10，其次坐标系坐标为：

$$
\begin{bmatrix} x \\ y \\ z \end{bmatrix} = \begin{bmatrix} 0.1464 & 0.8536 & -0.5000 \\ -0.5000 & 0.5000 & 0.7071 \\ 0.8536 & 0.1464 & 0.5000 \end{bmatrix} \begin{bmatrix} 6 \\ 8 \\ 10 \end{bmatrix} = \begin{bmatrix} 2.7071 \\ 8.0711 \\ 11.2929 \end{bmatrix} \tag{1-105}
$$

相对应的欧拉角 zxz 旋转矩阵对应的 3 个欧拉角为：

$$
\varphi = \arccos(0.5) = 60° \tag{1-106}
$$

$$
\psi_1 = -\arctan\left(\frac{0.8536}{0.1464}\right) = -80.2680° \tag{1-107}
$$

$$
\psi_2 = \arctan\left(\frac{-0.5000}{0.7071}\right) = -35.2646° \tag{1-108}
$$

因此，$\boldsymbol{R}_{y,45}\boldsymbol{R}_{x,45}\boldsymbol{R}_{z,45} = \boldsymbol{R}_{z,\psi_2}\boldsymbol{R}_{x,\varphi}\boldsymbol{R}_{z,\psi_1}$，当$\psi_1 = -80.2680°$，$\varphi = 60°$ 时，$\psi_2 = -35.2646°$ 。

换个说法，附着在主坐标系的刚体，在次坐标系经过相对于 z、x 和 z-轴分别做三个连续旋转（$\varphi=60°$，$\psi_1=-80.2680°$，$\psi_2=-35.2646°$）后得到的次坐标系坐标，也可以通过次坐标系相对于 z、x 和 y-轴分别做三个连续旋转（45°，45°，45°）后得到。也就是说，两种旋转后得到的次坐标系坐标相同，即次坐标系经历两种不同旋转运动所到达的最终位置相同。

案例 19　假设一个刚体 B_1 旋转的欧拉角为 $\psi_1=10°$，$\varphi=20°$，$\psi_2=-30°$，另一个刚体 B_2 旋转的欧拉角为 $\psi_1=-40°$，$\varphi=50°$，$\psi_2=60°$，它们都和主坐标系相关联。为了找到相对旋转矩阵 ${}^{B_1}\boldsymbol{R}_{B_2}$ 以便从第二个坐标系 B_2 的坐标找到第一个坐标系 B_1 坐标，需要分别先找到各自的旋转矩阵：

$$ {}^{B_1}\boldsymbol{R}_A=\boldsymbol{R}_{z,-30}\boldsymbol{R}_{x,20}\boldsymbol{R}_{z,10}=\begin{bmatrix}0.9345 & -0.3123 & -0.1710\\ 0.3511 & 0.8883 & 0.2962\\ 0.0594 & -0.3368 & 0.9397\end{bmatrix} \tag{1-109}$$

$$ {}^{B_2}\boldsymbol{R}_A=\boldsymbol{R}_{z,60}\boldsymbol{R}_{x,50}\boldsymbol{R}_{z,-40}=\begin{bmatrix}0.7408 & 0.1050 & 0.6634\\ -0.4568 & 0.8029 & 0.3830\\ -0.4924 & -0.5868 & 0.6428\end{bmatrix} \tag{1-110}$$

所需要的旋转矩阵 ${}^{B_1}\boldsymbol{R}_{B_2}$ 可以通过以下等式计算得到：

$$ {}^{B_1}\boldsymbol{R}_{B_2}={}^{B_1}\boldsymbol{R}_A\ {}^{B_2}\boldsymbol{R}_A^{T}=\begin{bmatrix}0.5460 & -0.7431 & -0.3868\\ 0.5499 & 0.6662 & -0.5037\\ 0.6320 & 0.0624 & 0.7724\end{bmatrix} \tag{1-111}$$

案例20　欧拉角旋转矩阵 ${}^{B}\boldsymbol{R}_A=\boldsymbol{R}_{z,\psi_2}\boldsymbol{R}_{x,\varphi}\boldsymbol{R}_{z,\psi_1}$，假设其中的旋转角度 ψ_1、φ、ψ_2 都是很小的角度，那么旋转矩阵约等于：

$$ {}^{B}\boldsymbol{R}_A=\begin{bmatrix}1 & \psi_1+\psi_2 & 0\\ -(\psi_1+\psi_2) & 1 & \varphi\\ 0 & -\varphi & 1\end{bmatrix}=\begin{bmatrix}1 & \gamma & 0\\ -\gamma & 1 & \varphi\\ 0 & -\varphi & 1\end{bmatrix} \tag{1-112}$$

其中：

$$ \gamma=\psi_1+\psi_2 \tag{1-113}$$

因此，当旋转的角度很小时，角度 ψ_1 和 ψ_2 往往难以区分。

案例 21　如果 $\varphi\to 0$，欧拉旋转矩阵 ${}^{B}\boldsymbol{R}_A=\boldsymbol{R}_{z,\psi_1}\boldsymbol{R}_{x,\varphi}\boldsymbol{R}_{z,\psi_2}$ 约等于：

$$ \begin{aligned}{}^{B}\boldsymbol{R}_A&=\begin{bmatrix}\cos\psi_1\cos\psi_2-\sin\psi_1\sin\psi_2 & \cos\psi_2\sin\psi_1+\cos\psi_1\sin\psi_2 & 0\\ -\cos\psi_1\sin\psi_2-\cos\psi_1\sin\psi_2 & -\sin\psi_1\sin\psi_2+\cos\psi_1\cos\psi_2 & 0\\ 0 & 0 & 1\end{bmatrix}\\ &=\begin{bmatrix}\cos(\psi_1+\psi_2) & \sin(\psi_1+\psi_2) & 0\\ -\sin(\psi_1+\psi_2) & \cos(\psi_1+\psi_2) & 0\\ 0 & 0 & 1\end{bmatrix}\end{aligned} \tag{1-114}$$

由此可以看出，即使 ψ_1 和 ψ_2 都不是小角度，它们同样是难以区分的。因此，当 $\varphi=0$ 时，根据欧拉角设定的旋转矩阵不唯一。换句话说，在定义欧拉角时有一条是不能绕一个轴旋转两次，如果 $\varphi=0$，那么说明第二次没有旋转，也就是说连续绕 z-轴旋转两次，就不符合欧拉角的定义了，因此，欧拉角设定的旋转矩阵就不唯一了。

案例 22 欧拉角速度也是一个经常使用的概念。

欧拉坐标系 $E(O,\mathbf{e}_{\psi_1},\mathbf{e}_{\varphi},\mathbf{e}_{\psi_2})$ 首先需要按照图 1.8 所示定义单位矢量 $\mathbf{e}_{\psi_1}$、$\mathbf{e}_{\varphi}$、$\mathbf{e}_{\psi_2}$。虽然欧拉坐标系不一定是正交坐标系，但是它对于刚体动力学分析非常有用。

次坐标系 B(*Oxyz*) 中的角速度矢量 ${}_{\mathrm{A}}^{\mathrm{B}}\boldsymbol{\omega}_{\mathrm{B}}$ 与主坐标系 A(*OXYZ*) 相关联，将其写在欧拉坐标系 E 中，以三个欧拉角导数之和的形式：

$$ {}_{\mathrm{A}}^{\mathrm{E}}\boldsymbol{\omega}_{\mathrm{B}}=\dot{\psi}_1\mathbf{e}_{\psi_1}+\dot{\varphi}\mathbf{e}_{\varphi}+\dot{\psi}_2\mathbf{e}_{\psi_2} \tag{1-115}$$

其中，欧拉角的导数 $\dot{\psi}_1$、$\dot{\varphi}$ 和 $\dot{\psi}_2$ 被称为欧拉角速度。

为了找到次坐标系中的 ${}_{\mathrm{A}}^{\mathrm{B}}\boldsymbol{\omega}_{B}$，必须在次坐标系中表示出如图 1.8 所示的单位矢量 $\mathbf{e}_{\psi_1}$、$\mathbf{e}_{\varphi}$、$\mathbf{e}_{\psi_2}$。单位矢量 $\mathbf{e}_{\psi_1}=\begin{bmatrix}0 & 0 & 1\end{bmatrix}^{\mathrm{T}}=\mathbf{k}$，这是次坐标系 *z*-轴单位方向矢量，经过三次旋转后可以转换到次坐标系：

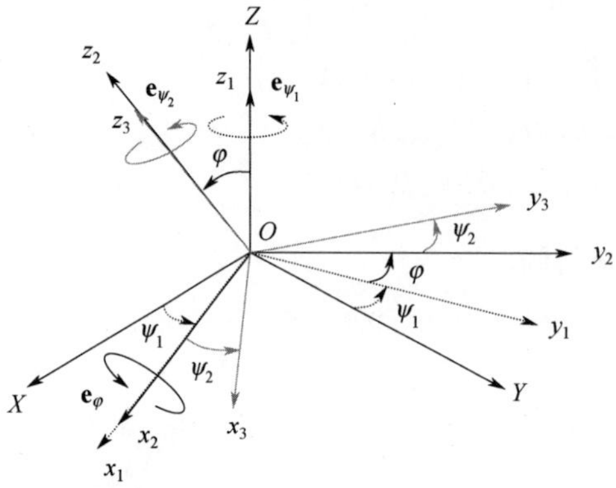

图 1.8 欧拉角坐标系 $\mathbf{e}_{\psi_1}$、$\mathbf{e}_{\varphi}$、$\mathbf{e}_{\psi_2}$

$$ {}^{\mathrm{B}}\mathbf{e}_{\psi_1}={}^{\mathrm{B}}\boldsymbol{R}_{\mathrm{A}}\mathbf{k}=\boldsymbol{R}_{z,\psi_2}\boldsymbol{R}_{x,\varphi}\boldsymbol{R}_{z,\psi_1}\mathbf{k}=\begin{bmatrix}\sin\varphi\sin\psi_2\\ \sin\varphi\cos\psi_2\\ \cos\varphi\end{bmatrix} \tag{1-116}$$

单位矢量 $\mathbf{e}_{\varphi}=\begin{bmatrix}1 & 0 & 0\end{bmatrix}^{\mathrm{T}}=\mathbf{i}$，这时中间坐标系 $\mathrm{O}(x'y'z')$ 的坐标需要经过两次旋转 $\boldsymbol{R}_{x,\varphi}$、$\boldsymbol{R}_{z,\psi_2}$ 以达到最终的次坐标系。

$$ {}^{\mathrm{B}}\mathbf{e}_{\varphi}={}^{\mathrm{B}}\boldsymbol{R}_{Ox'y'z'}\mathbf{i}=\boldsymbol{R}_{z,\psi_2}\boldsymbol{R}_{x,\varphi}\mathbf{i}=\begin{bmatrix}\cos\psi_2\\ -\sin\psi_2\\ 0\end{bmatrix} \tag{1-117}$$

单位向量 $\mathbf{e}_{\psi_2}=\begin{bmatrix}0 & 0 & 1\end{bmatrix}^{\mathrm{T}}=\mathbf{k}$ 已经在最终的坐标系中了，不需要变换。当然也可以记作：

$$ \mathbf{e}_{\psi_2}={}^{\mathrm{B}}\boldsymbol{R}_{Ox''y''z''}\mathbf{k}=\boldsymbol{R}_{z,\psi_2}\mathbf{k}=\begin{bmatrix}0\\ 0\\ 1\end{bmatrix} \tag{1-118}$$

因此，${}_{\mathrm{A}}^{\mathrm{B}}\boldsymbol{\omega}_{\mathrm{B}}$ 在最终的次坐标系可以写成：

$$ \begin{aligned} {}_{\mathrm{A}}^{\mathrm{B}}\boldsymbol{\omega}_{\mathrm{B}}&=\dot{\psi}_1\begin{bmatrix}\sin\varphi\sin\psi_2\\ \sin\varphi\cos\psi_2\\ \cos\varphi\end{bmatrix}+\dot{\varphi}\begin{bmatrix}\cos\psi_2\\ -\sin\psi_2\\ 0\end{bmatrix}+\dot{\psi}_2\begin{bmatrix}0\\ 0\\ 1\end{bmatrix}\\ &=(\dot{\psi}_1\sin\varphi\sin\psi_2+\dot{\varphi}\cos\psi_2)\mathbf{i}+(\dot{\psi}_1\sin\varphi\cos\psi_2-\dot{\psi}_1\sin\psi_2)\mathbf{j}+(\dot{\psi}_1\cos\theta+\dot{\psi}_2)\mathbf{k}\end{aligned} \tag{1-119}$$

因此，${}_{\mathrm{A}}^{\mathrm{B}}\boldsymbol{\omega}_{\mathrm{B}}$ 在次坐标系坐标和欧拉角坐标系的转换关系如下：

$$ {}_{\mathrm{A}}^{\mathrm{B}}\boldsymbol{\omega}_{\mathrm{B}}={}^{\mathrm{B}}\boldsymbol{R}_{\mathrm{E}}\,{}_{\mathrm{A}}^{\mathrm{E}}\boldsymbol{\omega}_{\mathrm{B}} \tag{1-120}$$

$$ \begin{bmatrix}\omega_x\\ \omega_y\\ \omega_z\end{bmatrix}=\begin{bmatrix}\sin\varphi\sin\psi_2 & \cos\psi_2 & 0\\ \sin\varphi\cos\psi_2 & -\sin\psi_2 & 0\\ \cos\varphi & 0 & 1\end{bmatrix}\begin{bmatrix}\dot{\psi}_1\\ \dot{\varphi}\\ \dot{\psi}_2\end{bmatrix}=\begin{bmatrix}\dot{\psi}_1\sin\varphi\sin\psi_2+\dot{\varphi}\cos\psi\\ \dot{\psi}_1\sin\varphi\cos\psi_2-\dot{\varphi}\sin\psi\\ \dot{\psi}_1\cos\varphi+\psi_2\end{bmatrix} \tag{1-121}$$

接下来，${}_{\mathrm{A}}^{\mathrm{B}}\boldsymbol{\omega}_{\mathrm{B}}$ 可以利用欧拉旋转矩阵的逆矩阵将其从次坐标系转换到主坐标系：

$$
\begin{aligned}
{}_{\mathrm{A}}^{\mathrm{A}}\boldsymbol{\omega}_{\mathrm{B}} &= {}^{\mathrm{B}}\boldsymbol{R}_{\mathrm{A}}^{-1}\,{}_{\mathrm{A}}^{\mathrm{B}}\boldsymbol{\omega}_{\mathrm{B}} = {}^{\mathrm{B}}\boldsymbol{R}_{\mathrm{A}}^{-1}\begin{bmatrix}\sin\varphi\sin\psi_2 & \cos\psi_2 & 0\\ \sin\varphi\cos\psi_2 & -\sin\psi_2 & 0\\ \cos\varphi & 0 & 1\end{bmatrix}\begin{bmatrix}\dot\psi_1\\ \dot\varphi\\ \dot\psi_2\end{bmatrix}\\
&= (\dot\varphi\cos\psi_1+\dot\psi_2\sin\varphi\sin\psi_1)\mathbf{I}+(\dot\varphi\sin\psi_1-\dot\psi_2\sin\varphi\cos\psi_1)\mathbf{J}+(\dot\psi_1+\dot\psi_2\cos\varphi)\mathbf{K} \qquad (1\text{-}122)\\
&= \dot\psi_1\begin{bmatrix}0\\0\\1\end{bmatrix}+\dot\varphi\begin{bmatrix}\cos\psi_1\\ \sin\psi_1\\ 0\end{bmatrix}+\dot\psi_2\begin{bmatrix}\sin\varphi\sin\psi_1\\ -\sin\varphi\cos\psi_1\\ \cos\varphi\end{bmatrix}
\end{aligned}
$$

式(1-122)中的${}^{\mathrm{B}}\boldsymbol{R}_{\mathrm{A}}^{-1}$可参见式(1-99)，计算比较烦琐，可用MATLAB辅助计算。(MATLAB实现程序详见脚本1)

因此，类似地可以得出相应的${}_{\mathrm{A}}^{\mathrm{A}}\boldsymbol{\omega}_{\mathrm{B}}$在主坐标系坐标和欧拉角坐标系的转换关系如下：

$$
{}_{\mathrm{A}}^{\mathrm{A}}\boldsymbol{\omega}_{\mathrm{B}} = {}_{\mathrm{A}}\boldsymbol{\omega}_{\mathrm{B}} = {}^{\mathrm{A}}\boldsymbol{R}_{\mathrm{E}}\,{}_{\mathrm{A}}^{\mathrm{E}}\boldsymbol{\omega}_{\mathrm{B}} \tag{1-123}
$$

$$
\begin{bmatrix}\omega_X\\ \omega_Y\\ \omega_Z\end{bmatrix}=\begin{bmatrix}0 & \cos\psi_1 & \sin\varphi\sin\psi_1\\ 0 & \sin\psi_1 & -\sin\varphi\cos\psi_1\\ 1 & 0 & \cos\varphi\end{bmatrix}\begin{bmatrix}\dot\psi_1\\ \dot\varphi\\ \dot\psi_2\end{bmatrix} \tag{1-124}
$$

矢量${}_{\mathrm{A}}^{\mathrm{B}}\boldsymbol{\omega}_{\mathrm{B}}$表示刚体B相对于主坐标系A的角速度写成次坐标系坐标形式，它与欧拉角速度的关系为：

$$
{}_{\mathrm{A}}^{\mathrm{B}}\boldsymbol{\omega}_{\mathrm{B}} = {}^{\mathrm{B}}\boldsymbol{R}_{\mathrm{E}}\,{}_{\mathrm{A}}^{\mathrm{E}}\boldsymbol{\omega}_{\mathrm{B}} \tag{1-125}
$$

$$
{}_{\mathrm{A}}^{\mathrm{B}}\boldsymbol{\omega}_{\mathrm{B}}=\begin{bmatrix}\omega_x\\ \omega_y\\ \omega_z\end{bmatrix}=\begin{bmatrix}\sin\varphi\sin\psi_2 & \cos\psi_2 & 0\\ \sin\varphi\cos\psi_2 & -\sin\psi_2 & 0\\ \cos\varphi & 0 & 1\end{bmatrix}\begin{bmatrix}\dot\psi_1\\ \dot\varphi\\ \dot\psi_2\end{bmatrix} \tag{1-126}
$$

由于这个地方的矩阵系数为：

$$
{}^{\mathrm{B}}\boldsymbol{R}_{\mathrm{E}}^{\mathrm{T}} \neq {}^{\mathrm{B}}\boldsymbol{R}_{\mathrm{E}}^{-1} \tag{1-127}
$$

因此，该矩阵不是正交矩阵：

$$
{}^{\mathrm{B}}\boldsymbol{R}_{\mathrm{E}}^{\mathrm{T}}=\begin{bmatrix}\sin\varphi\sin\psi_2 & \sin\varphi\cos\psi_2 & \cos\varphi\\ \cos\psi_2 & -\sin\psi_2 & 0\\ 0 & 0 & 1\end{bmatrix} \tag{1-128}
$$

$$
{}^{\mathrm{B}}\boldsymbol{R}_{\mathrm{E}}^{-1}=\frac{1}{\sin\varphi}\begin{bmatrix}\sin\psi_2 & \cos\psi_2 & 0\\ \sin\varphi\cos\psi_2 & -\sin\varphi\cos\psi_2 & 0\\ -\cos\varphi\sin\psi_2 & -\cos\varphi\cos\psi_2 & 1\end{bmatrix} \tag{1-129}
$$

这是由于欧拉坐标系$\mathrm{E}(O,\mathbf{e}_{\psi_1},\mathbf{e}_{\varphi},\mathbf{e}_{\psi_2})$的坐标轴不是相互垂直的坐标系。

同样的原因，${}_{\mathrm{A}}\boldsymbol{\omega}_{\mathrm{B}}$各分量相对于欧拉频率的系数矩阵也不是正交矩阵：

$$
{}_{\mathrm{A}}\boldsymbol{\omega}_{\mathrm{B}} = {}^{\mathrm{A}}\boldsymbol{R}_{\mathrm{E}}\,{}_{\mathrm{A}}^{\mathrm{E}}\boldsymbol{\omega}_{\mathrm{B}} \tag{1-130}
$$

$$
{}_{\mathrm{A}}\boldsymbol{\omega}_{\mathrm{B}}=\begin{bmatrix}\omega_X\\ \omega_Y\\ \omega_Z\end{bmatrix}=\begin{bmatrix}0 & \cos\psi_1 & \sin\varphi\sin\psi_1\\ 0 & \sin\psi_1 & -\sin\varphi\cos\psi_1\\ 1 & 0 & \cos\varphi\end{bmatrix}\begin{bmatrix}\dot\psi_1\\ \dot\varphi\\ \dot\psi_2\end{bmatrix} \tag{1-131}
$$

因此，如果要通过主次坐标分量去寻找欧拉频率，只能利用系数矩阵的逆矩阵：

$$ {}_{\mathrm{A}}^{\mathrm{E}}\boldsymbol{\omega}_{\mathrm{B}} = {}^{\mathrm{B}}\boldsymbol{R}_{\mathrm{E}}^{-1}\ {}_{\mathrm{A}}^{\mathrm{B}}\boldsymbol{\omega}_{\mathrm{B}} \tag{1-132} $$

$$ \begin{bmatrix} \dot{\psi}_1 \\ \dot{\varphi} \\ \dot{\psi}_2 \end{bmatrix} = \frac{1}{\sin\theta}\begin{bmatrix} \sin\psi_2 & \cos\psi_2 & 0 \\ \sin\varphi\cos\psi_2 & -\sin\varphi\cos\psi_2 & 0 \\ -\cos\varphi\sin\psi_2 & -\cos\varphi\cos\psi_2 & 1 \end{bmatrix}\begin{bmatrix} \omega_x \\ \omega_y \\ \omega_z \end{bmatrix} \tag{1-133} $$

$$ {}_{\mathrm{A}}^{\mathrm{E}}\boldsymbol{\omega}_{\mathrm{B}} = {}^{\mathrm{A}}\boldsymbol{R}_{\mathrm{E}}^{-1}\ {}_{\mathrm{A}}\boldsymbol{\omega}_{\mathrm{B}} \tag{1-134} $$

$$ \begin{bmatrix} \dot{\psi}_1 \\ \dot{\varphi} \\ \dot{\psi}_2 \end{bmatrix} = \frac{1}{\sin\varphi}\begin{bmatrix} -\cos\varphi\sin\psi_1 & \cos\varphi\cos\psi_1 & 1 \\ \sin\varphi\cos\psi_1 & \sin\varphi\sin\psi_1 & 0 \\ \sin\psi_1 & -\cos\psi_1 & 0 \end{bmatrix}\begin{bmatrix} \omega_X \\ \omega_Y \\ \omega_Z \end{bmatrix} \tag{1-135} $$

利用式（1-132）和式（1-134），可以证明转换矩阵 ${}^{\mathrm{B}}\boldsymbol{R}_{\mathrm{A}} = {}^{\mathrm{B}}\boldsymbol{\omega}_{\mathrm{E}}\ {}^{\mathrm{A}}\boldsymbol{R}_{\mathrm{E}}^{-1}$ 和欧拉转换矩阵（1-98）一样。

角速度矢量可以表示为：

$$ {}_{\mathrm{A}}\boldsymbol{\omega}_{\mathrm{B}} = \begin{bmatrix} \mathbf{i} & \mathbf{j} & \mathbf{k} \end{bmatrix}\begin{bmatrix} \omega_x \\ \omega_y \\ \omega_z \end{bmatrix} = \begin{bmatrix} \mathbf{I} & \mathbf{J} & \mathbf{K} \end{bmatrix}\begin{bmatrix} \omega_X \\ \omega_Y \\ \omega_Z \end{bmatrix} = \begin{bmatrix} \mathbf{k} & \mathbf{e}_\theta & \mathbf{k} \end{bmatrix}\begin{bmatrix} \dot{\psi}_1 \\ \dot{\varphi} \\ \dot{\psi}_2 \end{bmatrix} \tag{1-136} $$

案例 23 求欧拉角 xyz 角速度：

$$ {}_{\mathrm{A}}\boldsymbol{\omega}_{\mathrm{B}} = \omega_x\mathbf{i} + \omega_y\mathbf{j} + \omega_z\mathbf{k} = \dot{\varphi}\mathbf{e}_\varphi + \dot{\theta}\mathbf{e}_\theta + \dot{\psi}\mathbf{e}_\psi \tag{1-137} $$

${}_{\mathrm{A}}\boldsymbol{\omega}_{\mathrm{B}}$ 次坐标系和欧拉角 xyz 分量之间的关系可以通过将侧翻单位矢量 $\mathbf{e}_\varphi$ 和前倾单位矢量 $\mathbf{e}_\theta$ 转换到次坐标系而找到。侧倾矢量 $\mathbf{e}_\varphi = [1\quad 0\quad 0]^{\mathrm{T}}$ 。

要转换到最终的次坐标系需要经过旋转角 θ ，再旋转角度 ψ 而得到：

$$ {}^{\mathrm{B}}\mathbf{e}_\varphi = \boldsymbol{R}_{z,\psi}\boldsymbol{R}_{y,\theta}\boldsymbol{R}_{x,\varphi}\begin{bmatrix} 1 \\ 0 \\ 0 \end{bmatrix} = \begin{bmatrix} \cos\theta\cos\psi \\ -\cos\theta\sin\psi \\ \sin\theta \end{bmatrix} \tag{1-138} $$

前倾单位矢量 $\mathbf{e}_\theta = [0\quad 1\quad 0]^{\mathrm{T}}$ 转换到最终的次坐标系，需要经过旋转角度 ψ 而得到：

$$ {}^{\mathrm{B}}\mathbf{e}_\theta = \boldsymbol{R}_{z,\psi}\boldsymbol{R}_{y,\theta}\begin{bmatrix} 0 \\ 1 \\ 0 \end{bmatrix} = \begin{bmatrix} \sin\psi \\ \cos\psi \\ 0 \end{bmatrix} \tag{1-139} $$

转向单位矢量 $\mathbf{e}_\psi = [0\quad 0\quad 1]^{\mathrm{T}}$ 已经在最终的次坐标系，因此，${}_{\mathrm{A}}\boldsymbol{\omega}_{\mathrm{B}}$ 在次坐标系 $Oxyz$ 可以表示为：

$$ {}_{\mathrm{A}}^{\mathrm{B}}\boldsymbol{\omega}_{\mathrm{B}} = \begin{bmatrix} \omega_x \\ \omega_y \\ \omega_z \end{bmatrix} = \dot{\varphi}\begin{bmatrix} \cos\theta\cos\psi \\ -\cos\theta\sin\psi \\ \cos\theta \end{bmatrix} + \dot{\theta}\begin{bmatrix} \sin\psi \\ \cos\psi \\ 0 \end{bmatrix} + \dot{\psi}\begin{bmatrix} 0 \\ 0 \\ 1 \end{bmatrix} \tag{1-140} $$

$$ {}_{\mathrm{A}}^{\mathrm{B}}\boldsymbol{\omega}_{\mathrm{B}} = \begin{bmatrix} \cos\theta\cos\psi & \sin\psi & 0 \\ -\cos\theta\sin\psi & \cos\psi & 0 \\ \cos\theta & 0 & 1 \end{bmatrix}\begin{bmatrix} \dot{\varphi} \\ \dot{\theta} \\ \dot{\psi} \end{bmatrix} \tag{1-141} $$

同理，${}_{\mathrm{A}}\boldsymbol{\omega}_{\mathrm{B}}$ 在主坐标系 $OXYZ$ 由侧倾-前倾-转向后频率表示为：

$$
{}^{A}_{A}\boldsymbol{\omega}_{B}=\begin{bmatrix}\omega_X\\\omega_Y\\\omega_Z\end{bmatrix}={}^{B}\boldsymbol{R}_{A}^{-1}\begin{bmatrix}\omega_x\\\omega_y\\\omega_z\end{bmatrix}={}^{A}\boldsymbol{R}_{E}^{-1}\begin{bmatrix}\dot{\theta}\sin\psi+\dot{\varphi}\cos\theta\cos\psi\\\dot{\theta}\cos\psi-\dot{\varphi}\cos\theta\sin\psi\\\dot{\psi}+\dot{\varphi}\cos\theta\end{bmatrix}
$$
$$
=\begin{bmatrix}\dot{\varphi}+\dot{\psi}\sin\theta\\\dot{\theta}\cos\varphi-\dot{\psi}\cos\theta\sin\varphi\\\dot{\theta}\sin\varphi+\dot{\psi}\cos\theta\cos\varphi\end{bmatrix}=\begin{bmatrix}1&0&\sin\theta\\0&\cos\varphi&-\cos\theta\sin\varphi\\0&\sin\varphi&\cos\theta\cos\varphi\end{bmatrix}\begin{bmatrix}\dot{\varphi}\\\dot{\theta}\\\dot{\psi}\end{bmatrix}\tag{1-142}
$$

（MATLAB 实现程序详见脚本 2）

1.4 单位矢量变换

接下来将讨论一下在两个有共同原点的坐标系 A(*OXYZ*) 和 B(*Oxyz*) 中同一个矢量 $\boldsymbol{r}$ 的坐标值分量表达之间的关系。通过前面的讨论可知，在它们之间的转换往往离不开转换矩阵 ${}^{A}\boldsymbol{R}_{B}$，有了转换矩阵，就可以将参考坐标系 B(*Oxyz*) 中的矢量 $\boldsymbol{r}$ 的坐标值表示成参考系 A(*OXYZ*) 中的坐标值：

$$
{}^{A}\boldsymbol{r}={}^{A}\boldsymbol{R}_{B}\,{}^{B}\boldsymbol{r}\tag{1-143}
$$

相反，表达为：${}^{B}\boldsymbol{r}={}^{A}\boldsymbol{R}_{B}^{-1}\,{}^{A}\boldsymbol{r}$，同样可以用 ${}^{B}\boldsymbol{R}_{A}$ 来表达：

$$
{}^{B}\boldsymbol{r}={}^{B}\boldsymbol{R}_{A}\,{}^{A}\boldsymbol{r}\tag{1-144}
$$

其中：

$$
\left|{}^{A}\boldsymbol{R}_{B}\right|=\left|{}^{B}\boldsymbol{R}_{A}\right|=1\tag{1-145}
$$

并且：

$$
{}^{B}\boldsymbol{R}_{A}={}^{A}\boldsymbol{R}_{B}^{-1}={}^{A}\boldsymbol{R}_{B}^{T}\tag{1-146}
$$

证明 3：根据单位坐标的定义可知，在主坐标系 A(*OXYZ*) 和次坐标系 B(*Oxyz*) 中：

$$
\mathbf{i}\cdot\mathbf{i}+\mathbf{j}\cdot\mathbf{j}+\mathbf{k}\cdot\mathbf{k}=\mathbf{i}^2+\mathbf{j}^2+\mathbf{k}^2=1\tag{1-147}
$$

$$
\mathbf{I}\cdot\mathbf{I}+\mathbf{J}\cdot\mathbf{J}+\mathbf{K}\cdot\mathbf{K}=\mathbf{I}^2+\mathbf{J}^2+\mathbf{K}^2=1\tag{1-148}
$$

将 A(*OXYZ*) 中的单位矢量沿着 B(*Oxyz*) 坐标轴方向分解可得：

$$
\mathbf{I}=\mathbf{I}\cdot\left[\mathbf{i}^2+\mathbf{j}^2+\mathbf{k}^2\right]=(\mathbf{I}\cdot\mathbf{i})\mathbf{i}+(\mathbf{I}\cdot\mathbf{j})\mathbf{j}+(\mathbf{I}\cdot\mathbf{k})\mathbf{k}\tag{1-149}
$$

$$
\mathbf{J}=\mathbf{J}\cdot\left[\mathbf{i}^2+\mathbf{j}^2+\mathbf{k}^2\right]=(\mathbf{J}\cdot\mathbf{i})\mathbf{i}+(\mathbf{J}\cdot\mathbf{j})\mathbf{j}+(\mathbf{J}\cdot\mathbf{k})\mathbf{k}\tag{1-150}
$$

$$
\mathbf{K}=\mathbf{K}\cdot\left[\mathbf{i}^2+\mathbf{j}^2+\mathbf{k}^2\right]=(\mathbf{K}\cdot\mathbf{i})\mathbf{i}+(\mathbf{K}\cdot\mathbf{j})\mathbf{j}+(\mathbf{K}\cdot\mathbf{k})\mathbf{k}\tag{1-151}
$$

将式（1-149）～式（1-151）化为矩阵形式，从次坐标系到主坐标系转换矩阵 ${}^{A}\boldsymbol{R}_{B}$ 前面介绍过：

$$
\begin{bmatrix}\mathbf{I}\\\mathbf{J}\\\mathbf{K}\end{bmatrix}=\begin{bmatrix}\mathbf{I}\cdot\mathbf{i}&\mathbf{I}\cdot\mathbf{j}&\mathbf{I}\cdot\mathbf{k}\\\mathbf{J}\cdot\mathbf{i}&\mathbf{J}\cdot\mathbf{j}&\mathbf{J}\cdot\mathbf{k}\\\mathbf{K}\cdot\mathbf{i}&\mathbf{K}\cdot\mathbf{j}&\mathbf{K}\cdot\mathbf{k}\end{bmatrix}\begin{bmatrix}\mathbf{i}\\\mathbf{j}\\\mathbf{k}\end{bmatrix}={}^{A}\boldsymbol{R}_{B}\begin{bmatrix}\mathbf{i}\\\mathbf{j}\\\mathbf{k}\end{bmatrix}\tag{1-152}
$$

其中：

$$ {}^{\mathrm{A}}\boldsymbol{R}_{\mathrm{B}}=\begin{bmatrix}\mathbf{I}\cdot\mathbf{i} & \mathbf{I}\cdot\mathbf{j} & \mathbf{I}\cdot\mathbf{k}\\ \mathbf{J}\cdot\mathbf{i} & \mathbf{J}\cdot\mathbf{j} & \mathbf{J}\cdot\mathbf{k}\\ \mathbf{K}\cdot\mathbf{i} & \mathbf{K}\cdot\mathbf{j} & \mathbf{K}\cdot\mathbf{k}\end{bmatrix}=\begin{bmatrix}\cos(\mathbf{I}\cdot\mathbf{i}) & \cos(\mathbf{I}\cdot\mathbf{j}) & \cos(\mathbf{I}\cdot\mathbf{k})\\ \cos(\mathbf{J}\cdot\mathbf{i}) & \cos(\mathbf{J}\cdot\mathbf{j}) & \cos(\mathbf{J}\cdot\mathbf{k})\\ \cos(\mathbf{K}\cdot\mathbf{i}) & \cos(\mathbf{K}\cdot\mathbf{j}) & \cos(\mathbf{K}\cdot\mathbf{k})\end{bmatrix} \tag{1-153} $$

${}^{\mathrm{A}}\boldsymbol{R}_{\mathrm{B}}$ 中的元素分别表示主坐标系 A($OXYZ$) 和次坐标系 B($Oxyz$) 中坐标轴方向之间的余弦关系。定下这 9 个余弦的值，那么主坐标系 A($OXYZ$) 和次坐标系 B($Oxyz$) 的方向位置关系也就确定下来了，这时也就可以将任意一点坐标 (x,y,z) 转换为对应的坐标 (X,Y,Z)。

另一种方法是，利用单位矢量分解的方法来对矩阵 ${}^{\mathrm{B}}\boldsymbol{R}_{\mathrm{A}}$ 进行变换导出想要的结果：

$$ {}^{\mathrm{B}}\boldsymbol{r}={}^{\mathrm{B}}\boldsymbol{R}_{\mathrm{A}}\ {}^{\mathrm{A}}\boldsymbol{r}={}^{\mathrm{A}}\boldsymbol{R}_{\mathrm{B}}^{-1}\ {}^{\mathrm{A}}\boldsymbol{r} \tag{1-154} $$

$$ {}^{\mathrm{B}}\boldsymbol{R}_{\mathrm{A}}=\begin{bmatrix}\mathbf{i}\cdot\mathbf{I} & \mathbf{i}\cdot\mathbf{J} & \mathbf{i}\cdot\mathbf{K}\\ \mathbf{j}\cdot\mathbf{I} & \mathbf{j}\cdot\mathbf{J} & \mathbf{j}\cdot\mathbf{K}\\ \mathbf{k}\cdot\mathbf{I} & \mathbf{k}\cdot\mathbf{J} & \mathbf{k}\cdot\mathbf{K}\end{bmatrix}=\begin{bmatrix}\cos(\mathbf{i}\cdot\mathbf{I}) & \cos(\mathbf{i}\cdot\mathbf{J}) & \cos(\mathbf{i}\cdot\mathbf{K})\\ \cos(\mathbf{j}\cdot\mathbf{I}) & \cos(\mathbf{j}\cdot\mathbf{J}) & \cos(\mathbf{j}\cdot\mathbf{K})\\ \cos(\mathbf{k}\cdot\mathbf{I}) & \cos(\mathbf{k}\cdot\mathbf{J}) & \cos(\mathbf{k}\cdot\mathbf{K})\end{bmatrix} \tag{1-155} $$

由此可以看出转换矩阵的逆和转换矩阵的转置是相等的：

$$ {}^{\mathrm{A}}\boldsymbol{R}_{\mathrm{B}}^{-1}={}^{\mathrm{A}}\boldsymbol{R}_{\mathrm{B}}^{\mathrm{T}} \tag{1-156} $$

矩阵的以上关系称为正交。矩阵 $\boldsymbol{R}$ 的正交关系来源于相关的两个坐标系中坐标轴两两相互垂直关系的事实。

转换矩阵 $\boldsymbol{R}$ 有三个相互独立向量，它们之间的约束关系可以通过正交矩阵的定义找到：

$$ {}^{\mathrm{A}}\boldsymbol{R}_{\mathrm{B}}\ {}^{\mathrm{A}}\boldsymbol{R}_{\mathrm{B}}^{-1}={}^{\mathrm{A}}\boldsymbol{R}_{\mathrm{B}}\ {}^{\mathrm{A}}\boldsymbol{R}_{\mathrm{B}}^{\mathrm{T}}=1 \tag{1-157} $$

$$ \begin{bmatrix}r_{11} & \mathrm{r}_{12} & \mathrm{r}_{13}\\ \mathrm{r}_{21} & \mathrm{r}_{22} & \mathrm{r}_{23}\\ \mathrm{r}_{31} & \mathrm{r}_{32} & \mathrm{r}_{33}\end{bmatrix}\begin{bmatrix}r_{11} & r_{21} & r_{31}\\ r_{12} & r_{22} & r_{32}\\ r_{13} & r_{23} & r_{33}\end{bmatrix}=\begin{bmatrix}1 & 0 & 0\\ 0 & 1 & 0\\ 0 & 0 & 1\end{bmatrix} \tag{1-158} $$

因此，不同行相乘的结果是 0，相同行相乘的结果是 1，具体表示为：

$$ r_{11}^2+r_{12}^2+r_{13}^2=1 \tag{1-159} $$

$$ r_{21}^2+r_{22}^2+r_{23}^2=1 \tag{1-160} $$

$$ r_{31}^2+r_{32}^2+r_{33}^2=1 \tag{1-161} $$

$$ r_{11}r_{21}+r_{12}r_{22}+r_{13}r_{23}=0 \tag{1-162} $$

$$ r_{11}r_{31}+r_{12}r_{32}+r_{13}r_{33}=0 \tag{1-163} $$

$$ r_{21}r_{11}+r_{22}r_{12}+r_{23}r_{13}=0 \tag{1-164} $$

$$ r_{21}r_{31}+r_{22}r_{32}+r_{23}r_{33}=0 \tag{1-165} $$

$$ r_{31}r_{11}+r_{32}r_{12}+r_{33}r_{13}=0 \tag{1-166} $$

$$ r_{31}r_{21}+r_{32}r_{22}+r_{33}r_{23}=0 \tag{1-167} $$

这 9 个式子中，式（1-162）和式（1-164），式（1-163）和式（1-166），式（1-165）和式（1-167）是完全一样的。这也是旋转矩阵是正交矩阵（或者说对称矩阵）所决定的。也就是说，这里的 9 个方程其实只有 6 个方程，后面会用到。

这种关系对于矩阵 ${}^{\mathrm{A}}\boldsymbol{R}_{\mathrm{B}}$ 的列向量来说也是成立的，显然对于矩阵 ${}^{\mathrm{B}}\boldsymbol{R}_{\mathrm{A}}$ 的行向量和列向量来说也还是成立的。因此，正交矩阵的条件可以用以下数学表达式总结出来：

$$\boldsymbol{r}_{\mathrm{H}_i} \bullet \boldsymbol{r}_{\mathrm{H}_j} = \boldsymbol{r}_{\mathrm{H}_i}^{\mathrm{T}} \boldsymbol{r}_{\mathrm{H}_j} = \sum_{i=1}^{3} r_{ij} r_{ik} = \delta_{jk} \quad (j,k=1,2,3) \tag{1-168}$$

式中，$\boldsymbol{r}_{\mathrm{H}_i}$ 表示矩阵中第 i 列的向量，$\boldsymbol{r}_{\mathrm{H}_j}$ 表示第 j 列的向量。式（1-168）中第一个式子的点乘其实就是数乘，第二个式子则是矢量乘法的表达形式。

这里的 r_{ij} 表示的是转换矩阵 $\boldsymbol{R}$ 第 i 行和第 j 列的元素，δ_{jk} 是克罗内克（Kronecker）的德尔塔：

$$\text{如果 } j=k\text{，那么 } \delta_{jk}=1\text{；如果 } j \neq k\text{，那么 } \delta_{jk}=0 \tag{1-169}$$

式（1-168）给出了满足 9 个方向上余弦的 6 个独立关系。这表示它有三个独立的方向余弦向量。显然矩阵 $\boldsymbol{R}$ 中这些相互独立的向量不能是同一行或者列，或者是任意对角。

转换矩阵的行列式值为 1：

$$\left|{}^{\mathrm{A}}\boldsymbol{R}_{\mathrm{B}}\right| = 1 \tag{1-170}$$

证明 4：由于转换矩阵是正交矩阵：

$$\left|{}^{\mathrm{A}}\boldsymbol{R}_{\mathrm{B}} \bullet {}^{\mathrm{A}}\boldsymbol{R}_{\mathrm{B}}^{-1}\right| = |\mathrm{I}| = 1 \tag{1-171}$$

$$\left|{}^{\mathrm{A}}\boldsymbol{R}_{\mathrm{B}} \bullet {}^{\mathrm{A}}\boldsymbol{R}_{\mathrm{B}}^{\mathrm{T}}\right| = \left|{}^{\mathrm{A}}\boldsymbol{R}_{\mathrm{B}}\right| \bullet \left|{}^{\mathrm{A}}\boldsymbol{R}_{\mathrm{B}}^{\mathrm{T}}\right| = \left|{}^{\mathrm{A}}\boldsymbol{R}_{\mathrm{B}}\right| \bullet \left|{}^{\mathrm{A}}\boldsymbol{R}_{\mathrm{B}}\right| = \left|{}^{\mathrm{A}}\boldsymbol{R}_{\mathrm{B}}\right|^2 \tag{1-172}$$

且：

$$\left|{}^{\mathrm{A}}\boldsymbol{R}_{\mathrm{B}} \bullet {}^{\mathrm{A}}\boldsymbol{R}_{\mathrm{B}}^{\mathrm{T}}\right| = \left|{}^{\mathrm{A}}\boldsymbol{R}_{\mathrm{B}} \bullet {}^{\mathrm{A}}\boldsymbol{R}_{\mathrm{B}}^{-1}\right| = \left|{}^{\mathrm{A}}\boldsymbol{R}_{\mathrm{B}}\right|^2 = 1 \tag{1-173}$$

所以：

$$\left|{}^{\mathrm{A}}\boldsymbol{R}_{\mathrm{B}}\right| = 1 \tag{1-174}$$

另一种方法证明为：

利用线性代数的知识，将旋转矩阵 ${}^{\mathrm{A}}\boldsymbol{R}_{\mathrm{B}}$ 看作三个列向量 $\boldsymbol{r}_{\mathrm{H}_1}$、$\boldsymbol{r}_{\mathrm{H}_2}$ 和 $\boldsymbol{r}_{\mathrm{H}_3}$。知道有：

$$ {}^{\mathrm{A}}\boldsymbol{R}_{\mathrm{B}} = \boldsymbol{r}_{\mathrm{H}_1}^{\mathrm{T}} \bullet (\boldsymbol{r}_{\mathrm{H}_2} \times \boldsymbol{r}_{\mathrm{H}_3})$$

$$\left|{}^{\mathrm{A}}\boldsymbol{R}_{\mathrm{B}}\right| = \left|\boldsymbol{r}_{\mathrm{H}_1}^{\mathrm{T}} \bullet (\boldsymbol{r}_{\mathrm{H}_2} \times \boldsymbol{r}_{\mathrm{H}_3})\right| \tag{1-175}$$

由于坐标系是右手坐标系，满足右手定则。因此，根据叉乘定义可得：$\boldsymbol{r}_{\mathrm{H}_2} \times \boldsymbol{r}_{\mathrm{H}_3} = \boldsymbol{r}_{\mathrm{H}_1}$，那么：

$$\left|{}^{\mathrm{A}}\boldsymbol{R}_{\mathrm{B}}\right| = \boldsymbol{r}_{\mathrm{H}_1}^{\mathrm{T}} \bullet \boldsymbol{r}_{\mathrm{H}_1} = 1 \tag{1-176}$$

案例 24 在主坐标系 A($OXYZ$) 和次坐标系 B($Oxyz$) 里的一点 P，其位置矢量为 $\boldsymbol{r}$。如果 ${}^{\mathrm{A}}\boldsymbol{r} = 30\mathbf{I} + 40\mathbf{J} - 50\mathbf{K}$，那么要找它在次坐标系 $Oxyz$ 的位置，就必须先找到旋转矩阵 ${}^{\mathrm{B}}\boldsymbol{R}_{\mathrm{A}}$，$x$-轴在 XZ 平面内与 X-轴夹角为 60°，并且 y-轴与 Y-轴夹角为 30°。

${}^{\mathrm{B}}\boldsymbol{R}_{\mathrm{A}}$ 的行向量是 $Oxyz$ 坐标轴与 $OXYZ$ 坐标系的方向余弦，因此可得：

$$ {}^{\mathrm{B}}\boldsymbol{R}_{\mathrm{A}} = \begin{bmatrix} \mathbf{i}\bullet\mathbf{I} & \mathbf{i}\bullet\mathbf{J} & \mathbf{i}\bullet\mathbf{K} \\ \mathbf{j}\bullet\mathbf{I} & \mathbf{j}\bullet\mathbf{J} & \mathbf{j}\bullet\mathbf{K} \\ \mathbf{k}\bullet\mathbf{I} & \mathbf{k}\bullet\mathbf{J} & \mathbf{k}\bullet\mathbf{K} \end{bmatrix} = \begin{bmatrix} \cos 60^\circ & 0 & \cos 30^\circ \\ \mathbf{j}\bullet\mathbf{I} & \cos 30^\circ & \mathbf{j}\bullet\mathbf{K} \\ \mathbf{k}\bullet\mathbf{I} & \mathbf{k}\bullet\mathbf{J} & \mathbf{k}\bullet\mathbf{K} \end{bmatrix} \tag{1-177}$$

$$ {}^{\mathrm{B}}\boldsymbol{R}_{\mathrm{A}} = \begin{bmatrix} 0.5 & 0 & 0.8660 \\ \mathbf{j}\bullet\mathbf{I} & 0.8660 & \mathbf{j}\bullet\mathbf{K} \\ \mathbf{k}\bullet\mathbf{I} & \mathbf{k}\bullet\mathbf{J} & \mathbf{k}\bullet\mathbf{K} \end{bmatrix} \tag{1-178}$$

利用 ${}^{\mathrm{B}}\boldsymbol{R}_{\mathrm{A}}{}^{\mathrm{A}}\boldsymbol{R}_{\mathrm{B}} = {}^{\mathrm{B}}\boldsymbol{R}_{\mathrm{A}} \cdot {}^{\mathrm{B}}\boldsymbol{R}_{\mathrm{A}}^{\mathrm{T}} = \boldsymbol{I}$ 得：

$$\begin{bmatrix} 0.5 & 0 & 0.8660 \\ r_{21} & 0.8660 & r_{23} \\ r_{31} & r_{32} & r_{33} \end{bmatrix} \begin{bmatrix} 0.5 & r_{21} & r_{31} \\ 0 & 0.8660 & r_{32} \\ 0.8660 & r_{23} & r_{33} \end{bmatrix} = \begin{bmatrix} 1 & 0 & 0 \\ 0 & 1 & 0 \\ 0 & 0 & 1 \end{bmatrix} \tag{1-179}$$

$$r_{21}^2 + r_{23}^2 + 0.75 = 1 \tag{1-180}$$

$$r_{31}^2 + r_{32}^2 + r_{33}^2 = 1 \tag{1-181}$$

$$0.5r_{21} + 0.866r_{23} = 0 \tag{1-182}$$

$$0.5r_{31} + 0.866r_{33} = 0 \tag{1-183}$$

$$r_{21}r_{31} + 0.866r_{32} + r_{23}r_{33} = 0 \tag{1-184}$$

解出各个元素可得到以下转换矩阵：

$${}^{\mathrm{B}}\boldsymbol{R}_{\mathrm{A}} = \begin{bmatrix} 0.5 & 0 & 0.8660 \\ -0.4330 & 0.8660 & 0.25 \\ -0.75 & -0.5 & 0.4330 \end{bmatrix} \tag{1-185}$$

以此可以得到 ${}^{\mathrm{B}}\boldsymbol{r}$ 坐标值：

$${}^{\mathrm{B}}\boldsymbol{r} = {}^{\mathrm{B}}\boldsymbol{R}_{\mathrm{A}}\ {}^{\mathrm{A}}\boldsymbol{r} = \begin{bmatrix} 0.5 & 0 & 0.8660 \\ -0.4330 & 0.8660 & 0.25 \\ -0.75 & -0.5 & 0.4330 \end{bmatrix} \begin{bmatrix} 30 \\ 40 \\ -50 \end{bmatrix} = \begin{bmatrix} -28.3 \\ 9.15 \\ -64.15 \end{bmatrix} \tag{1-186}$$

注意：此题很难。难点一：读懂题意 x-轴在 XZ 平面内与 X-轴夹角为 60°，夹角 60°且在 XZ 平面内的角有两个（60°，−60°），此处取 60°的情况，如图 1.9 所示。难点二：y-轴与 Y-轴夹角为 30°，这里的隐藏条件是 Y-轴与 XZ 平面相互垂直，根据题意，如图 1.9 所示的圆锥形都是符合条件的 y-轴方向，但是 x-轴与 y-轴垂直且与 Y-轴垂直，可知 x-轴与 y-Y 平面垂直，所剩的可能性就是 y-轴方向和 y'-轴方向，其中 y-轴方向为 30°，y'-轴方向为−30°，舍弃 y'-轴方向。再根据右手定则确定 z-轴方向，题目才是唯一确定的。难点三：根据方程（1-180）和方程（1-182）可求出（r_{21}、r_{23}）的两组解：$\left(\frac{\sqrt{3}}{4}, \frac{1}{4}\right)$ 和 $\left(-\frac{\sqrt{3}}{4}, \frac{1}{4}\right)$。根据图 1.9，可见 y-轴与 Z-轴夹角小于 90°，取 r_{23}>0的答案，即 $\left(-\frac{\sqrt{3}}{4}, \frac{1}{4}\right)$ 为答案。难点四：根据方程（1-181）、方程（1-183）和方程（1-184）可求出（r_{31}, r_{32}, r_{33}）的两组解：$\left(\frac{3}{4}, \frac{1}{2}, -\frac{\sqrt{3}}{4}\right)$ 和 $\left(-\frac{3}{4}, -\frac{1}{2}, \frac{\sqrt{3}}{4}\right)$，根据图 1.9，可见 X-轴与 z-轴夹角大于 90°，取 r_{31}<0 的答案，即 $\left(-\frac{3}{4}, -\frac{1}{2}, \frac{\sqrt{3}}{4}\right)$ 为答案。此题难点总结为从数值上来说是正负号的判断，从图形上来说是上下两种方向上的取舍，以及对坐标系右手定则的理解。不然可以解出 4 组解，对错难辨，必须结合图 1.9 才能找到唯一正确的解 $\left(-\frac{\sqrt{3}}{4}, \frac{1}{4}, -\frac{3}{4}, -\frac{1}{2}, \frac{\sqrt{3}}{4}\right)$。

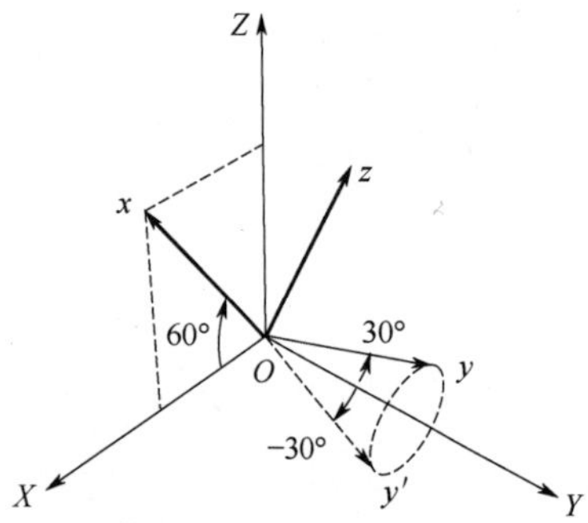

图 1.9 已知方向求旋转矩阵

可能的 4 组代数解为：

$$(r_{21}, r_{23}, r_{31}, r_{32}, r_{33}) = \begin{cases} \left(-\dfrac{\sqrt{3}}{4}, \dfrac{1}{4}, \dfrac{3}{4}, \dfrac{1}{2}, -\dfrac{\sqrt{3}}{4}\right) \\ \left(-\dfrac{\sqrt{3}}{4}, \dfrac{1}{4}, -\dfrac{3}{4}, -\dfrac{1}{2}, \dfrac{\sqrt{3}}{4}\right) \\ \left(\dfrac{\sqrt{3}}{4}, -\dfrac{1}{4}, \dfrac{3}{4}, \dfrac{1}{2}, -\dfrac{\sqrt{3}}{4}\right) \\ \left(\dfrac{\sqrt{3}}{4}, -\dfrac{1}{4}, -\dfrac{3}{4}, -\dfrac{1}{2}, \dfrac{\sqrt{3}}{4}\right) \end{cases} \tag{1-187}$$

追问：可否用 MATLAB 求解上述转换矩阵呢？

案例 25　一点 P 的位置矢量 $\boldsymbol{r}$ 能够要么在主坐标系 A($OXYZ$)，要么在次坐标系 B($Oxyz$) 表示出来。如果 ${}^{\mathrm{B}}\boldsymbol{r} = 30\mathbf{i} + 40\mathbf{j} - 50\mathbf{k}$，则 ${}^{\mathrm{B}}\boldsymbol{R}_{\mathrm{A}}$ 是将位置矢量 ${}^{\mathrm{A}}\boldsymbol{r}$ 变换到位置矢量 ${}^{\mathrm{B}}\boldsymbol{r}$ 的转换矩阵。

$${}^{\mathrm{B}}\boldsymbol{r} = {}^{\mathrm{B}}\boldsymbol{R}_{\mathrm{A}}\,{}^{\mathrm{A}}\boldsymbol{r} = \begin{bmatrix} 0.5 & 0 & 0.8660 \\ -0.4330 & 0.8660 & 0.25 \\ -0.75 & -0.5 & 0.4330 \end{bmatrix} {}^{\mathrm{A}}\boldsymbol{r} \tag{1-188}$$

由此可知：

$${}^{\mathrm{A}}\boldsymbol{r} = {}^{\mathrm{A}}\boldsymbol{R}_{\mathrm{B}}\,{}^{\mathrm{B}}\boldsymbol{r} = {}^{\mathrm{B}}\boldsymbol{R}_{\mathrm{A}}^{\mathrm{T}}\,{}^{\mathrm{B}}\boldsymbol{r} = \begin{bmatrix} 0.5 & 0.4330 & -0.75 \\ 0 & 0.8660 & -0.5 \\ 0.866 & 0.25 & 0.4330 \end{bmatrix} \begin{bmatrix} 30 \\ 40 \\ -50 \end{bmatrix} = \begin{bmatrix} 35.18 \\ 59.64 \\ 14.33 \end{bmatrix} \tag{1-189}$$

案例 26　主坐标系中的两点 P_1 和 P_2 的位置矢量分别为：

$${}^{\mathrm{A}}\boldsymbol{r}_{P_1} = \begin{bmatrix} 1.414 \\ 1.732 \\ 2.345 \end{bmatrix} \tag{1-190}$$

$${}^{\mathrm{A}}\boldsymbol{r}_{P_2} = \begin{bmatrix} 3.142 \\ -2.536 \\ 2.718 \end{bmatrix} \tag{1-191}$$

假设这两点分别落在次坐标系 B（$Oxyz$）的 x-轴和 y-轴上，求 ${}^{\mathrm{A}}\boldsymbol{R}_{\mathrm{B}}$。为此先应该找到单位坐标矢量 ${}^{\mathrm{A}}\mathbf{i}$ 和 ${}^{\mathrm{A}}\mathbf{j}$。

$${}^{\mathrm{A}}\mathbf{i} = \frac{{}^{\mathrm{A}}\boldsymbol{r}_{P_1}}{\left|{}^{\mathrm{A}}\boldsymbol{r}_{P_1}\right|} = \begin{bmatrix} 0.1347 \\ 0.1650 \\ 0.2234 \end{bmatrix} \tag{1-192}$$

$${}^{\mathrm{A}}\mathbf{j} = \frac{{}^{\mathrm{A}}\boldsymbol{r}_{P_2}}{\left|{}^{\mathrm{A}}\boldsymbol{r}_{P_2}\right|} = \begin{bmatrix} 0.1326 \\ -0.1070 \\ 0.1147 \end{bmatrix} \tag{1-193}$$

由此就可以找到 ${}^{\mathrm{A}}\mathbf{k}$：

$${}^{\mathrm{A}}\mathbf{k} = \mathbf{i} \times \mathbf{j} = \tilde{\mathbf{i}}\mathbf{j} = \begin{bmatrix} 0 & -0.2234 & 0.1650 \\ 0.2234 & 0 & -0.1347 \\ -0.1650 & 0.1347 & 0 \end{bmatrix} \begin{bmatrix} 0.1326 \\ -0.1070 \\ 0.1147 \end{bmatrix} = \begin{bmatrix} 0.0428 \\ 0.0142 \\ -0.0363 \end{bmatrix} \tag{1-194}$$

式中，$\tilde{\mathbf{i}}$ 是 $\mathbf{i}$ 相对应的斜交对称矩阵，而 $\tilde{\mathbf{i}}\mathbf{j}$ 是 $\mathbf{i}\times\mathbf{j}$ 的另一种表达方式。

因此，可以得到坐标系中的两点 ${}^{\mathrm{A}}\boldsymbol{r}_{P_1}$ 和 ${}^{\mathrm{A}}\boldsymbol{r}_{P_2}$ 的坐标系转换矩阵为：

$$
{}^{\mathrm{A}}\boldsymbol{R}_{\mathrm{B}}=\begin{bmatrix}{}^{\mathrm{A}}\mathbf{i} & {}^{\mathrm{A}}\mathbf{j} & {}^{\mathrm{A}}\mathbf{k}\end{bmatrix}=\begin{bmatrix}0.1347 & 0.1326 & 0.0428\\ 0.1650 & -0.1070 & 0.0142\\ 0.2234 & 0.1147 & -0.0363\end{bmatrix} \tag{1-195}
$$

案例 27 尽管在主坐标系和次坐标系中表示一个矢量的方式不同，但是不会影响该矢量的长度以及矢量的方向特性。因此，矢量的长度是一个常量：

$$
|\boldsymbol{r}|=\left|{}^{\mathrm{A}}\boldsymbol{r}\right|=\left|{}^{\mathrm{B}}\boldsymbol{r}\right| \tag{1-196}
$$

长度为常数的特性可以用数学表达式表达为：

$$
|\boldsymbol{r}|^2={}^{\mathrm{A}}\boldsymbol{r}^{\mathrm{T}}\ {}^{\mathrm{A}}\boldsymbol{r}=\left[{}^{\mathrm{A}}\boldsymbol{R}_{\mathrm{B}}\ {}^{\mathrm{B}}\boldsymbol{r}\right]^{\mathrm{T}}\ {}^{\mathrm{A}}\boldsymbol{R}_{\mathrm{B}}\ {}^{\mathrm{B}}\boldsymbol{r}={}^{\mathrm{B}}\boldsymbol{r}^{\mathrm{T}}\ {}^{\mathrm{A}}\boldsymbol{R}_{\mathrm{B}}^{\mathrm{T}}\ {}^{\mathrm{A}}\boldsymbol{R}_{\mathrm{B}}\ {}^{\mathrm{B}}\boldsymbol{r}={}^{\mathrm{B}}\boldsymbol{r}^{\mathrm{T}}\ {}^{\mathrm{B}}\boldsymbol{r} \tag{1-197}
$$

案例 28 与矢量 $\boldsymbol{a}$ 相对应的斜交矩阵 $\tilde{\boldsymbol{a}}$ 定义为：

$$
\tilde{\boldsymbol{a}}=\begin{bmatrix}0 & -a_3 & a_2\\ a_3 & 0 & -a_1\\ -a_2 & a_1 & 0\end{bmatrix} \tag{1-198}
$$

因此：

$$
\tilde{\mathbf{i}}=\begin{bmatrix}0 & 0 & 0\\ 0 & 0 & -1\\ 0 & 1 & 0\end{bmatrix} \tag{1-199}
$$

$$
\tilde{\mathbf{j}}=\begin{bmatrix}0 & 0 & 1\\ 0 & 0 & 0\\ -1 & 0 & 0\end{bmatrix} \tag{1-200}
$$

$$
\tilde{\mathbf{k}}=\begin{bmatrix}0 & -1 & 0\\ 1 & 0 & 0\\ 0 & 0 & 0\end{bmatrix} \tag{1-201}
$$

案例 29 欧拉角 *zxz* 旋转矩阵的转置，小垂旋角-小纵旋角-小垂旋角的旋转矩阵为：

$$
\begin{aligned}
{}^{\mathrm{B}}\boldsymbol{R}_{\mathrm{A}}&=\boldsymbol{R}_{z,\psi_2}\boldsymbol{R}_{x,\varphi}\boldsymbol{R}_{z,\psi_1}\\
&=\begin{bmatrix}\cos\psi_1\cos\psi_2-\cos\varphi\sin\psi_2\sin\psi_1 & \sin\psi_1\cos\psi_2+\cos\varphi\cos\psi_1\sin\psi_2 & \sin\varphi\sin\psi_2\\ -\cos\psi_1\sin\psi_2-\cos\varphi\cos\psi_2\sin\psi_1 & -\sin\psi_1\sin\psi_2+\cos\varphi\cos\psi_1\cos\psi_2 & \sin\varphi\cos\psi_2\\ \sin\varphi\sin\psi_1 & -\cos\psi_1\sin\varphi & \cos\varphi\end{bmatrix}
\end{aligned} \tag{1-202}
$$

将其转置或求逆以得到从次坐标系坐标到主坐标系坐标的转换矩阵如下：

$$
\begin{aligned}
{}^{\mathrm{B}}\boldsymbol{R}_{\mathrm{A}}^{-1}&={}^{\mathrm{B}}\boldsymbol{R}_{\mathrm{A}}^{\mathrm{T}}={}^{\mathrm{A}}\boldsymbol{R}_{\mathrm{B}}=\left[\boldsymbol{R}_{z,\psi_2}\boldsymbol{R}_{x,\varphi}\boldsymbol{R}_{z,\psi_1}\right]^{\mathrm{T}}\\
&=\begin{bmatrix}\cos\psi_1\cos\psi_2-\cos\varphi\sin\psi_2\sin\psi_1 & -\cos\psi_1\sin\psi_2-\cos\varphi\cos\psi_2\sin\psi_1 & \sin\varphi\sin\psi_1\\ \sin\psi_1\cos\psi_2+\cos\varphi\cos\psi_1\sin\psi_2 & -\sin\psi_1\sin\psi_2+\cos\varphi\cos\psi_1\cos\psi_2 & -\cos\psi_1\sin\varphi\\ \sin\varphi\sin\psi_2 & \sin\varphi\cos\psi_2 & \cos\varphi\end{bmatrix}
\end{aligned} \tag{1-203}
$$

式（1-202）被称为副欧拉坐标旋转矩阵，而式（1-203）被称为主欧拉坐标旋转矩阵。

案例 30　根据单位向量的定义可知：

$$\begin{bmatrix}\mathbf{i} & \mathbf{j} & \mathbf{k}\end{bmatrix}\begin{bmatrix}\mathbf{i}\\ \mathbf{j}\\ \mathbf{k}\end{bmatrix}=1 \tag{1-204}$$

因此，可得：

$$\begin{bmatrix}\mathbf{I}\\ \mathbf{J}\\ \mathbf{K}\end{bmatrix}=\begin{bmatrix}\mathbf{I}\\ \mathbf{J}\\ \mathbf{K}\end{bmatrix}\begin{bmatrix}\mathbf{i} & \mathbf{j} & \mathbf{k}\end{bmatrix}\begin{bmatrix}\mathbf{i}\\ \mathbf{j}\\ \mathbf{k}\end{bmatrix} \tag{1-205}$$

由于矩阵连乘有结合律，将前两项先乘起来可得：

$$\begin{bmatrix}\mathbf{I}\\ \mathbf{J}\\ \mathbf{K}\end{bmatrix}=\begin{bmatrix}\mathbf{I}\cdot\mathbf{i} & \mathbf{I}\cdot\mathbf{j} & \mathbf{I}\cdot\mathbf{k}\\ \mathbf{J}\cdot\mathbf{i} & \mathbf{J}\cdot\mathbf{j} & \mathbf{J}\cdot\mathbf{k}\\ \mathbf{K}\cdot\mathbf{i} & \mathbf{K}\cdot\mathbf{j} & \mathbf{K}\cdot\mathbf{k}\end{bmatrix}\begin{bmatrix}\mathbf{i}\\ \mathbf{j}\\ \mathbf{k}\end{bmatrix}={}^{\mathrm{A}}\boldsymbol{R}_{\mathrm{B}}\begin{bmatrix}\mathbf{i}\\ \mathbf{j}\\ \mathbf{k}\end{bmatrix} \tag{1-206}$$

其中：

$${}^{\mathrm{A}}\boldsymbol{R}_{\mathrm{B}}=\begin{bmatrix}\mathbf{I}\\ \mathbf{J}\\ \mathbf{K}\end{bmatrix}\begin{bmatrix}\mathbf{i} & \mathbf{j} & \mathbf{k}\end{bmatrix} \tag{1-207}$$

同法可得：

$${}^{\mathrm{B}}\boldsymbol{R}_{\mathrm{A}}=\begin{bmatrix}\mathbf{i}\\ \mathbf{j}\\ \mathbf{k}\end{bmatrix}\begin{bmatrix}\mathbf{I} & \mathbf{J} & \mathbf{K}\end{bmatrix} \tag{1-208}$$

1.5 对旋转矩阵求导

对于图 1.2 中所涉及的两个坐标系的旋转得到的旋转矩阵（1-20），将矩阵中的 α 看作时间函数 $\alpha(t)$，就可以让两边对时间进行求导：

$${}^{\mathrm{A}}\dot{\boldsymbol{R}}_{\mathrm{B}}=\dot{\boldsymbol{R}}_{Z,\alpha}=\begin{bmatrix}\cos\alpha & -\sin\alpha & 0\\ \sin\alpha & \cos\alpha & 0\\ 0 & 0 & 1\end{bmatrix}'=\alpha'\begin{bmatrix}-\sin\alpha & -\cos\alpha & 0\\ \cos\alpha & -\sin\alpha & 0\\ 0 & 0 & 0\end{bmatrix} \tag{1-209}$$

这样就把静态的两个矢量变成了动态矢量旋转变化的过程，就有了旋转角速度 $\boldsymbol{\omega}$。

假设次坐标系 B($Oxyz$) 和主坐标系 A($OXYZ$) 有共同的原点 O，且初始位置相同，经过一段时间以后，次坐标系带着其内的固定点 P 绕着主坐标系旋转到如图 1.9 所示位置。

次坐标系的运动可以用一个带有时间变量的旋转矩阵来表示，这样就可以将次坐标系 B 中的任意一点 P 的瞬态坐标在主坐标系 A 中表示出来：

$${}^{\mathrm{A}}\boldsymbol{r}(t)={}^{\mathrm{A}}\boldsymbol{R}_{\mathrm{B}}(t)\,{}^{\mathrm{B}}\boldsymbol{r} \tag{1-210}$$

次坐标系中的该点在主坐标系中的速度为：

$$ {}^{A}\dot{\boldsymbol{r}}(t) = {}^{A}\boldsymbol{v}(t) = {}^{A}\dot{\boldsymbol{R}}_{B}(t)\ {}^{B}\boldsymbol{r} = {}_{A}\tilde{\omega}_{B}\ {}^{A}\boldsymbol{r}(t) = {}_{A}\boldsymbol{\omega}_{B} \times {}^{A}\boldsymbol{r}(t) \tag{1-211} $$

式中，${}_{A}\boldsymbol{\omega}_{B}$ 是次坐标系相对于主坐标系而言的角速度矢量。它等于以一个旋转的角速度速率 $\dot{\phi}$ 绕着瞬态转动轴 **u** 旋转。

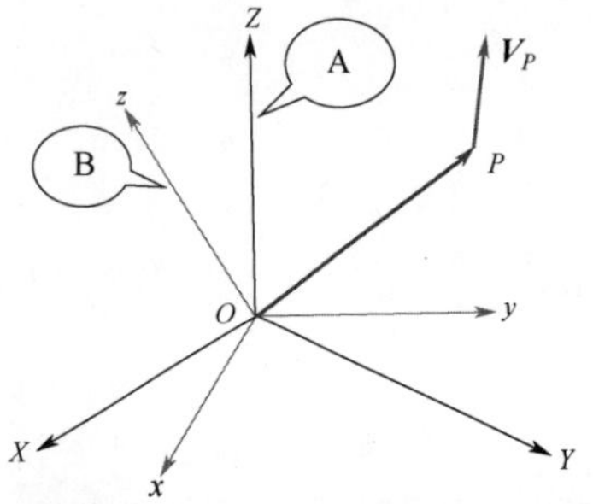

图 1.10 主次坐标系相对旋转情况下 *P* 点的速度矢量

$$ \boldsymbol{\omega} = \begin{bmatrix} \omega_1 \\ \omega_2 \\ \omega_3 \end{bmatrix} = \dot{\phi}\mathbf{u} \tag{1-212} $$

角速度矩阵所对应的斜交对称矩阵（后文简称斜交矩阵）${}_{A}\tilde{\omega}_{B}$ 称为角速度矩阵：

$$ \tilde{\boldsymbol{\omega}} = \begin{bmatrix} 0 & -\omega_3 & \omega_2 \\ \omega_3 & 0 & -\omega_1 \\ -\omega_2 & \omega_1 & 0 \end{bmatrix} \tag{1-213} $$

其中

$$ {}_{A}\tilde{\omega}_{B} = {}_{A}^{A}\tilde{\omega}_{B} = {}^{A}\dot{\boldsymbol{R}}_{B}\,{}^{A}\boldsymbol{R}_{B}^{T} = \dot{\phi}\tilde{\boldsymbol{u}} \tag{1-214} $$

证明 5：如图 1.10 所示，假设次坐标系内有一点 *P* 随次坐标系一起旋转。次坐标系 B 和主坐标系 A 初始位置一致。因此，刚体上的一点 *P* 的位置矢量在主坐标系是随时间的变量，在次坐标系则是一个恒定矢量，又因为主次坐标系在初始时刻一致，因此有：

$$ {}^{A}\boldsymbol{r}(t_0) == {}^{B}\boldsymbol{r} \tag{1-215} $$

在主坐标系内对矢量 ${}^{A}\boldsymbol{r}$ 求导可得：

$$ {}^{A}\boldsymbol{v} = {}^{A}\dot{\boldsymbol{r}} = \frac{{}^{A}\mathrm{d}}{\mathrm{d}t}\,{}^{A}\boldsymbol{r}(t) = \frac{{}^{A}\mathrm{d}}{\mathrm{d}t}\left[{}^{A}\boldsymbol{R}_{B}(t)\ {}^{B}\boldsymbol{r}\right] = \frac{{}^{A}\mathrm{d}}{\mathrm{d}t}\left[{}^{A}\boldsymbol{R}_{B}(t)\ {}^{A}\boldsymbol{r}(t_0)\right] = {}^{A}\dot{\boldsymbol{R}}_{B}(t)\ {}^{B}\boldsymbol{r} \tag{1-216} $$

式中，${}^{A}\boldsymbol{r}(t_0)$ 为常量，导数为零。

$$ \frac{{}^{A}\mathrm{d}}{\mathrm{d}t}\left[{}^{A}\boldsymbol{R}_{B}(t)\ {}^{A}\boldsymbol{r}(t_0)\right] = \frac{{}^{A}\mathrm{d}}{\mathrm{d}t}\left[{}^{A}\boldsymbol{R}_{B}(t)\right]^{A}\boldsymbol{r}(t_0) + {}^{A}\boldsymbol{R}_{B}(t)\frac{{}^{A}\mathrm{d}}{\mathrm{d}t}\left[{}^{A}\boldsymbol{r}(t_0)\right] = \frac{{}^{A}\mathrm{d}}{\mathrm{d}t}\left[{}^{A}\boldsymbol{R}_{B}(t)\right]^{A}\boldsymbol{r}(t_0) = {}^{A}\dot{\boldsymbol{R}}_{B}(t)\ {}^{B}\boldsymbol{r} \tag{1-217} $$

根据前面的

$$ {}^{A}\boldsymbol{r}(t) = {}^{A}\boldsymbol{R}_{B}(t)\ {}^{B}\boldsymbol{r} \tag{1-218} $$

可得：

$$ {}^{B}\boldsymbol{r} = {}^{A}\boldsymbol{R}_{B}^{T}(t)\ {}^{A}\boldsymbol{r}(t) \tag{1-219} $$

因此，有：

$$ {}^{A}\boldsymbol{v} = {}^{A}\dot{\boldsymbol{R}}_{B}(t)\ {}^{B}\boldsymbol{r} = {}^{A}\dot{\boldsymbol{R}}_{B}(t)\,{}^{A}\boldsymbol{R}_{B}^{T}(t)\ {}^{A}\boldsymbol{r}(t) \tag{1-220} $$

用 $\tilde{\omega}$ 表示出 ${}^{A}\boldsymbol{r}$(t) 前面的系数：

$$ {}_{A}^{A}\tilde{\omega}_{B} = {}^{A}\dot{\boldsymbol{R}}_{B}\ {}^{A}\boldsymbol{R}_{B}^{T} = {}^{A}\dot{\boldsymbol{R}}_{B}\ {}^{B}\boldsymbol{R}_{A} \tag{1-221} $$

可得：

$$ {}^{A}\boldsymbol{v} = {}_{A}^{A}\tilde{\boldsymbol{\omega}}_{B}\ {}^{A}\boldsymbol{r}(t) \tag{1-222} $$

或写成矢量形式：

$$ {}^{A}\boldsymbol{v} = {}^{A}_{A}\boldsymbol{\omega}_{B} \times {}^{A}\boldsymbol{r}(t) \tag{1-223}$$

对正交条件 ${}^{A}\boldsymbol{R}_{B}{}^{A}\boldsymbol{R}_{B}^{T} = \boldsymbol{I}$ 进行时间求导，可以得到一个重要结论：

$$ {}^{A}\dot{\boldsymbol{R}}_{B}\ {}^{A}\boldsymbol{R}_{B}^{T} + {}^{A}\boldsymbol{R}_{B}\ {}^{A}\dot{\boldsymbol{R}}_{B}^{T} = 0 \tag{1-224}$$

并且其中还有一层隐藏关系，根据转置性质有另一个重要结论：

$$ {}^{A}\boldsymbol{R}_{B}\ {}^{A}\dot{\boldsymbol{R}}_{B}^{T} = \left[{}^{A}\dot{\boldsymbol{R}}_{B}\ {}^{A}\boldsymbol{R}_{B}^{T} \right]^{T} \tag{1-225}$$

这两个结论可以用来定义 ${}_{A}\tilde{\omega}_{B} = \left[{}^{A}\dot{\boldsymbol{R}}_{B}\ {}^{A}\boldsymbol{R}_{B}^{T} \right]$ 是一个斜交对称矩阵。

下面找个特例验证一下该结论。

假设：

$$ {}^{A}\boldsymbol{R}_{B} = \begin{bmatrix} \cos\alpha & -\sin\alpha & 0 \\ \sin\alpha & \cos\alpha & 0 \\ 0 & 0 & 1 \end{bmatrix} \tag{1-226}$$

那么：

$$ {}^{A}\boldsymbol{R}_{B}^{T} = \begin{bmatrix} \cos\alpha & \sin\alpha & 0 \\ -\sin\alpha & \cos\alpha & 0 \\ 0 & 0 & 1 \end{bmatrix} \tag{1-227}$$

易得：

$$ {}^{A}\boldsymbol{R}_{B}\ {}^{A}\boldsymbol{R}_{B}^{T} = \begin{bmatrix} \cos\alpha & -\sin\alpha & 0 \\ \sin\alpha & \cos\alpha & 0 \\ 0 & 0 & 1 \end{bmatrix} \begin{bmatrix} \cos\alpha & \sin\alpha & 0 \\ -\sin\alpha & \cos\alpha & 0 \\ 0 & 0 & 1 \end{bmatrix} = \begin{bmatrix} 1 & 0 & 0 \\ 0 & 1 & 0 \\ 0 & 0 & 1 \end{bmatrix} = \mathbf{E} \tag{1-228}$$

对其求导：

$$ {}^{A}\dot{\boldsymbol{R}}_{B} = \alpha' \begin{bmatrix} -\sin\alpha & -\cos\alpha & 0 \\ \cos\alpha & -\sin\alpha & 0 \\ 0 & 0 & 0 \end{bmatrix} \tag{1-229}$$

$$ {}^{A}\dot{\boldsymbol{R}}_{B}^{T} = \alpha' \begin{bmatrix} -\sin\alpha & \cos\alpha & 0 \\ -\cos\alpha & -\sin\alpha & 0 \\ 0 & 0 & 0 \end{bmatrix} \tag{1-230}$$

继续计算有：

$$ {}^{A}\dot{\boldsymbol{R}}_{B}\ {}^{A}\boldsymbol{R}_{B}^{T} = \alpha' \begin{bmatrix} 0 & -1 & 0 \\ 1 & 0 & 0 \\ 0 & 0 & 0 \end{bmatrix} \tag{1-231}$$

$$ {}^{A}\boldsymbol{R}_{B}\ {}^{A}\dot{\boldsymbol{R}}_{B}^{T} = \alpha' \begin{bmatrix} 0 & 1 & 0 \\ -1 & 0 & 0 \\ 0 & 0 & 0 \end{bmatrix} \tag{1-232}$$

可得两个结论：

结论一：

$$ {}^{\mathrm{A}}\dot{\boldsymbol{R}}_{\mathrm{B}}\ {}^{\mathrm{A}}\boldsymbol{R}_{\mathrm{B}}^{\mathrm{T}} + {}^{\mathrm{A}}\boldsymbol{R}_{\mathrm{B}}\ {}^{\mathrm{A}}\dot{\boldsymbol{R}}_{\mathrm{B}}^{\mathrm{T}} = \alpha'\begin{bmatrix}0 & -1 & 0\\ 1 & 0 & 0\\ 0 & 0 & 0\end{bmatrix} + \alpha'\begin{bmatrix}0 & 1 & 0\\ -1 & 0 & 0\\ 0 & 0 & 0\end{bmatrix} = \alpha'\begin{bmatrix}0 & 0 & 0\\ 0 & 0 & 0\\ 0 & 0 & 0\end{bmatrix} = 0 \tag{1-233} $$

结论二：

$$ {}_{\mathrm{A}}\tilde{\omega}_{\mathrm{B}} = {}^{\mathrm{A}}\boldsymbol{R}_{\mathrm{B}}\ {}^{\mathrm{A}}\dot{\boldsymbol{R}}_{\mathrm{B}}^{\mathrm{T}} = \left[{}^{\mathrm{A}}\dot{\boldsymbol{R}}_{\mathrm{B}}\ {}^{\mathrm{A}}\boldsymbol{R}_{\mathrm{B}}^{\mathrm{T}}\right]^{\mathrm{T}} = \alpha'\begin{bmatrix}0 & 1 & 0\\ -1 & 0 & 0\\ 0 & 0 & 0\end{bmatrix} \tag{1-234} $$

矢量${}_{\mathrm{A}}^{\mathrm{A}}\boldsymbol{\omega}_{\mathrm{B}}$称为从主坐标系 A 看次坐标系 B 相对于主坐标系 A 的瞬态角速度。

由于一个矢量的等式可以在任意坐标系中表达出来，可以用以下任意表达式标示出刚体上一点在次坐标系或主坐标系的速度：

$$ {}_{\mathrm{A}}^{\mathrm{A}}\boldsymbol{v}_P = {}_{\mathrm{A}}^{\mathrm{A}}\boldsymbol{\omega}_P \times {}^{\mathrm{A}}\boldsymbol{r}_P = {}_{\mathrm{A}}^{\mathrm{A}}\tilde{\omega}_{\mathrm{B}}\ {}^{\mathrm{A}}\boldsymbol{r}(t) \tag{1-235} $$

$$ {}_{\mathrm{A}}^{\mathrm{B}}\boldsymbol{v}_P = {}_{\mathrm{A}}^{\mathrm{B}}\boldsymbol{\omega}_P \times {}^{\mathrm{B}}\boldsymbol{r}_P = {}_{\mathrm{A}}^{\mathrm{B}}\tilde{\omega}_{\mathrm{B}}\ {}^{\mathrm{B}}\boldsymbol{r}(t) \tag{1-236} $$

式中，${}_{\mathrm{A}}^{\mathrm{A}}\boldsymbol{v}_P$是点 P 在主坐标系表达的主坐标系的速度，而${}_{\mathrm{A}}^{\mathrm{B}}\boldsymbol{v}_P$是点 P 在次坐标系表达的主坐标系的速度。

$$ {}_{\mathrm{A}}^{\mathrm{A}}\boldsymbol{v}_P = {}^{\mathrm{A}}\boldsymbol{R}_{\mathrm{B}}\ {}_{\mathrm{A}}^{\mathrm{B}}\boldsymbol{v}_P = {}^{\mathrm{A}}\boldsymbol{R}_{\mathrm{B}}({}_{\mathrm{A}}^{\mathrm{B}}\boldsymbol{\omega}_P \times {}^{\mathrm{B}}\boldsymbol{r}_P) \tag{1-237} $$

${}_{\mathrm{A}}^{\mathrm{A}}\boldsymbol{v}_P$和${}_{\mathrm{A}}^{\mathrm{B}}\boldsymbol{v}_P$可以通过旋转矩阵相互转换：

$$ {}_{\mathrm{A}}^{\mathrm{B}}\boldsymbol{v}_P = {}^{\mathrm{A}}\boldsymbol{R}_{\mathrm{B}}^{\mathrm{T}}\ {}_{\mathrm{A}}^{\mathrm{A}}\boldsymbol{v}_P = {}^{\mathrm{A}}\boldsymbol{R}_{\mathrm{B}}^{\mathrm{T}}\ {}_{\mathrm{A}}^{\mathrm{A}}\tilde{\omega}_{\mathrm{B}}\ {}^{\mathrm{A}}\boldsymbol{r}_P = {}^{\mathrm{A}}\boldsymbol{R}_{\mathrm{B}}^{\mathrm{T}}\ {}^{\mathrm{A}}\dot{\boldsymbol{R}}_{\mathrm{B}}\ {}^{\mathrm{A}}\boldsymbol{R}_{\mathrm{B}}^{\mathrm{T}}\ {}^{\mathrm{A}}\boldsymbol{r}_P = {}^{\mathrm{A}}\boldsymbol{R}_{\mathrm{B}}^{\mathrm{T}}\ {}^{\mathrm{A}}\dot{\boldsymbol{R}}_{\mathrm{B}}\ {}^{\mathrm{B}}\boldsymbol{r}_P \tag{1-238} $$

由此可知：

$$ {}_{\mathrm{A}}^{\mathrm{B}}\tilde{\omega}_{\mathrm{B}} = {}^{\mathrm{A}}\boldsymbol{R}_{\mathrm{B}}^{\mathrm{T}}\ {}^{\mathrm{A}}\dot{\boldsymbol{R}}_{\mathrm{B}} \tag{1-239} $$

这称为从次坐标系 B 来看次坐标系 B 相对于主坐标系 A 的相对角速度。结合前面的式(1-221)可以写出${}_{\mathrm{A}}^{\mathrm{A}}\tilde{\omega}_{\mathrm{B}}$和${}_{\mathrm{A}}^{\mathrm{B}}\tilde{\omega}_{\mathrm{B}}$两个角速度矩阵转换关系：

$$ {}_{\mathrm{A}}^{\mathrm{A}}\tilde{\omega}_{\mathrm{B}} = {}^{\mathrm{A}}\boldsymbol{R}_{\mathrm{B}}\ {}_{\mathrm{A}}^{\mathrm{B}}\tilde{\omega}_{\mathrm{B}}\ {}^{\mathrm{A}}\boldsymbol{R}_{\mathrm{B}}^{\mathrm{T}} \tag{1-240} $$

$$ {}_{\mathrm{A}}^{\mathrm{B}}\tilde{\omega}_{\mathrm{B}} = {}^{\mathrm{A}}\boldsymbol{R}_{\mathrm{B}}^{\mathrm{T}}\ {}_{\mathrm{A}}^{\mathrm{A}}\tilde{\omega}_{\mathrm{B}}\ {}^{\mathrm{A}}\boldsymbol{R}_{\mathrm{B}} \tag{1-241} $$

或是写为：

$$ {}^{\mathrm{A}}\dot{\boldsymbol{R}}_{\mathrm{B}} = {}_{\mathrm{A}}^{\mathrm{A}}\tilde{\omega}_{\mathrm{B}}\ {}^{\mathrm{A}}\boldsymbol{R}_{\mathrm{B}} \tag{1-242} $$

$$ {}^{\mathrm{A}}\dot{\boldsymbol{R}}_{\mathrm{B}} = {}^{\mathrm{A}}\boldsymbol{R}_{\mathrm{B}}\ {}_{\mathrm{A}}^{\mathrm{B}}\tilde{\omega}_{\mathrm{B}} \tag{1-243} $$

即：

$$ {}_{\mathrm{A}}^{\mathrm{A}}\tilde{\omega}_{\mathrm{B}}\,{}^{\mathrm{A}}\boldsymbol{R}_{\mathrm{B}} = {}^{\mathrm{A}}\boldsymbol{R}_{\mathrm{B}}\ {}_{\mathrm{A}}^{\mathrm{B}}\tilde{\omega}_{\mathrm{B}} \tag{1-244} $$

主坐标系 A 中的次坐标系 B 的角速度是负的次坐标系 B 中的主坐标系 A 的角速度，如果它们在同一个坐标系里表达的话，有：

$$ {}_{\mathrm{A}}^{\mathrm{A}}\tilde{\omega}_{\mathrm{B}} = -{}_{\mathrm{B}}^{\mathrm{A}}\tilde{\omega}_{\mathrm{A}} \tag{1-245} $$

$$ {}_{\mathrm{B}}^{\mathrm{B}}\tilde{\omega}_{\mathrm{A}} = -{}_{\mathrm{A}}^{\mathrm{B}}\tilde{\omega}_{\mathrm{B}} \tag{1-246} $$

${}_{\mathrm{A}}\boldsymbol{\omega}_{\mathrm{B}}$通常被表达为以下形式：

$$ {}_{\mathrm{A}}\boldsymbol{\omega}_{\mathrm{B}} = \boldsymbol{\omega}\mathbf{u} \tag{1-247} $$

式中，$\mathbf{u}$ 是平行于 ${}_{\mathrm{A}}\boldsymbol{\omega}_{\mathrm{B}}$ 的单位矢量，表示瞬间旋转轴。

下面来看两个实际案例。

案例 31 假设有一个刚体以 $\dot{\alpha}=30°/\mathrm{s}$ 绕 Z-轴旋转，刚体上一点 $P(10,20,30)$ 在刚体转动 45°时，在主坐标系中的速度为：

$$\begin{aligned}{}^{\mathrm{A}}\boldsymbol{v}_P &= {}^{\mathrm{A}}\dot{\boldsymbol{R}}_{\mathrm{B}}(t)\;{}^{\mathrm{B}}\boldsymbol{r}_P = \frac{{}^{\mathrm{A}}\mathrm{d}}{\mathrm{d}t}\left(\begin{bmatrix}\cos\alpha & -\sin\alpha & 0\\ \sin\alpha & \cos\alpha & 0\\ 0 & 0 & 1\end{bmatrix}\right)\begin{bmatrix}10\\20\\30\end{bmatrix}\\ &= \dot{\alpha}\begin{bmatrix}-\sin\alpha & -\cos\alpha & 0\\ \cos\alpha & -\sin\alpha & 0\\ 0 & 0 & 0\end{bmatrix}\begin{bmatrix}10\\20\\30\end{bmatrix} = \frac{30\pi}{180}\begin{bmatrix}-\sin\frac{\pi}{4} & -\cos\frac{\pi}{4} & 0\\ \cos\frac{\pi}{4} & -\sin\frac{\pi}{4} & 0\\ 0 & 0 & 0\end{bmatrix}\begin{bmatrix}10\\20\\30\end{bmatrix} = \begin{bmatrix}-11.1072\\-3.7024\\0\end{bmatrix}\end{aligned} \tag{1-248}$$

这一刻，点 P 位置在：

$${}^{\mathrm{A}}\boldsymbol{r}_P = {}^{\mathrm{A}}\boldsymbol{R}_{\mathrm{B}}\;{}^{\mathrm{B}}\boldsymbol{r}_P = \begin{bmatrix}\cos\frac{\pi}{4} & -\sin\frac{\pi}{4} & 0\\ \sin\frac{\pi}{4} & \cos\frac{\pi}{4} & 0\\ 0 & 0 & 1\end{bmatrix}\begin{bmatrix}10\\20\\30\end{bmatrix} = \begin{bmatrix}-7.0711\\21.2132\\30\end{bmatrix} \tag{1-249}$$

案例 32 刚体上的一点为：${}^{\mathrm{B}}\boldsymbol{r}_P=\begin{bmatrix}10 & 20 & 30\end{bmatrix}^{\mathrm{T}}$。当它绕 Z-轴旋转 $\alpha=45°$，P 点的主坐标位置为：

$${}^{\mathrm{A}}\boldsymbol{r}_P = {}^{\mathrm{A}}\boldsymbol{R}_{\mathrm{B}}\;{}^{\mathrm{B}}\boldsymbol{r}_P = \begin{bmatrix}\cos\frac{\pi}{4} & -\sin\frac{\pi}{4} & 0\\ \sin\frac{\pi}{4} & \cos\frac{\pi}{4} & 0\\ 0 & 0 & 1\end{bmatrix}\begin{bmatrix}10\\20\\30\end{bmatrix} = \begin{bmatrix}-7.0711\\21.2132\\30\end{bmatrix} \tag{1-250}$$

如果刚体的旋转速度为 $\dot{\alpha}=30°/\mathrm{s}$，$P$ 点的主坐标速度为：

$$\begin{aligned}{}^{\mathrm{A}}\boldsymbol{v}_P &= {}^{\mathrm{A}}\dot{\boldsymbol{R}}_{\mathrm{B}}(t)\;{}^{\mathrm{A}}\boldsymbol{R}_{\mathrm{B}}^{\mathrm{T}}\;{}^{\mathrm{A}}\boldsymbol{r}_P\\ &= \frac{30\pi}{180}\begin{bmatrix}-\sin\frac{\pi}{4} & -\cos\frac{\pi}{4} & 0\\ \cos\frac{\pi}{4} & -\sin\frac{\pi}{4} & 0\\ 0 & 0 & 0\end{bmatrix}\begin{bmatrix}\cos\frac{\pi}{4} & -\sin\frac{\pi}{4} & 0\\ \sin\frac{\pi}{4} & \cos\frac{\pi}{4} & 0\\ 0 & 0 & 1\end{bmatrix}^{\mathrm{T}}\begin{bmatrix}-7.0711\\21.2132\\30\end{bmatrix} = \begin{bmatrix}-11.1072\\-3.7024\\0\end{bmatrix}\end{aligned} \tag{1-251}$$

主角速度是我们在对主旋转矩阵求导时提出的一个概念。主旋转矩阵是绕 X、Y 和 Z 轴的旋转矩阵：

$$\boldsymbol{R}_{X,\gamma} = \begin{bmatrix}1 & 0 & 0\\ 0 & \cos\gamma & -\sin\gamma\\ 0 & \sin\gamma & \cos\gamma\end{bmatrix} \tag{1-252}$$

$$\boldsymbol{R}_{Y,\beta} = \begin{bmatrix}\cos\beta & 0 & \sin\beta\\ 0 & 1 & 0\\ -\sin\beta & 0 & \cos\beta\end{bmatrix} \tag{1-253}$$

$$\boldsymbol{R}_{Z,\alpha}=\begin{bmatrix}\cos\alpha & -\sin\alpha & 0\\ \sin\alpha & \cos\alpha & 0\\ 0 & 0 & 1\end{bmatrix} \tag{1-254}$$

因此，它们的时间导数为：

$$\dot{\boldsymbol{R}}_{X,\gamma}=\dot{\gamma}\begin{bmatrix}0 & 0 & 0\\ 0 & -\sin\gamma & -\cos\gamma\\ 0 & \cos\gamma & -\sin\gamma\end{bmatrix} \tag{1-255}$$

$$\dot{\boldsymbol{R}}_{Y,\beta}=\dot{\beta}\begin{bmatrix}-\sin\beta & 0 & \cos\beta\\ 0 & 0 & 0\\ -\cos\beta & 0 & -\sin\beta\end{bmatrix} \tag{1-256}$$

$$\dot{\boldsymbol{R}}_{Z,\alpha}=\dot{\alpha}\begin{bmatrix}-\sin\alpha & -\cos\alpha & 0\\ \cos\alpha & -\sin\alpha & 0\\ 0 & 0 & 0\end{bmatrix} \tag{1-257}$$

因此，对于 X、Y 和 Z 轴主角速度矩阵分别为：

$$_{\mathrm{A}}\tilde{\omega}_X=\dot{\boldsymbol{R}}_{X,\gamma}\boldsymbol{R}_{X,\gamma}^{\mathrm{T}}=\dot{\gamma}\begin{bmatrix}0 & 0 & 0\\ 0 & -\sin\gamma & -\cos\gamma\\ 0 & \cos\gamma & -\sin\gamma\end{bmatrix}\begin{bmatrix}1 & 0 & 0\\ 0 & \cos\gamma & \sin\gamma\\ 0 & -\sin\gamma & \cos\gamma\end{bmatrix} \tag{1-258}$$

$$_{\mathrm{A}}\tilde{\omega}_X=\dot{\gamma}\begin{bmatrix}0 & 0 & 0\\ 0 & 0 & -1\\ 0 & 1 & 0\end{bmatrix} \tag{1-259}$$

$$_{\mathrm{A}}\tilde{\omega}_Y=\dot{\beta}\begin{bmatrix}0 & 0 & 1\\ 0 & 0 & 0\\ -1 & 0 & 0\end{bmatrix} \tag{1-260}$$

$$_{\mathrm{A}}\tilde{\omega}_Z=\dot{\alpha}\begin{bmatrix}0 & -1 & 0\\ 1 & 0 & 0\\ 0 & 0 & 0\end{bmatrix} \tag{1-261}$$

式（1-259）～式（1-261）也就等价于：

$$_{\mathrm{A}}\tilde{\omega}_X=\dot{\gamma}\tilde{\mathbf{I}} \tag{1-262}$$

$$_{\mathrm{A}}\tilde{\omega}_Y=\dot{\beta}\tilde{\mathbf{J}} \tag{1-263}$$

$$_{\mathrm{A}}\tilde{\omega}_Z=\dot{\alpha}\tilde{\mathbf{K}} \tag{1-264}$$

因此，主角速度矢量为：

$$_{\mathrm{A}}\boldsymbol{\omega}_X=\boldsymbol{\omega}_X\mathbf{I}=\dot{\gamma}\mathbf{I}=\dot{\gamma}\begin{bmatrix}1\\ 0\\ 0\end{bmatrix} \tag{1-265}$$

$$_{\mathrm{A}}\boldsymbol{\omega}_Y=\boldsymbol{\omega}_Y\mathbf{J}=\dot{\beta}\mathbf{J}=\dot{\gamma}\begin{bmatrix}0\\ 1\\ 0\end{bmatrix} \tag{1-266}$$

$$
{}_{\mathrm{A}}\boldsymbol{\omega}_Z=\omega_Z\mathbf{K}=\dot{\alpha}\mathbf{K}=\dot{\alpha}\begin{bmatrix}0\\0\\1\end{bmatrix} \tag{1-267}
$$

利用同样的方法，可以得到以下绕次坐标轴旋转的主角速度矩阵：

$$
{}_{\mathrm{A}}^{\mathrm{B}}\tilde{\omega}_x=\boldsymbol{R}_{x,\varphi}^{\mathrm{T}}\dot{\boldsymbol{R}}_{x,\varphi}=\dot{\varphi}\begin{bmatrix}0&0&0\\0&0&-1\\0&1&0\end{bmatrix}=\dot{\varphi}\tilde{\mathbf{i}} \tag{1-268}
$$

$$
{}_{\mathrm{A}}^{\mathrm{B}}\tilde{\omega}_y=\boldsymbol{R}_{y,\theta}^{\mathrm{T}}\dot{\boldsymbol{R}}_{y,\theta}=\dot{\theta}\begin{bmatrix}0&0&1\\0&0&0\\-1&0&0\end{bmatrix}=\dot{\theta}\tilde{\mathbf{J}} \tag{1-269}
$$

$$
{}_{\mathrm{A}}^{\mathrm{B}}\tilde{\omega}_z=\boldsymbol{R}_{z,\psi}^{\mathrm{T}}\dot{\boldsymbol{R}}_{z,\psi}=\dot{\psi}\begin{bmatrix}0&-1&0\\1&0&0\\0&0&0\end{bmatrix}=\dot{\psi}\tilde{\mathbf{k}} \tag{1-270}
$$

案例 33　每一个角速度矢量可以被分解为三个首要角速度矢量：

$$
\begin{aligned}
{}_{\mathrm{A}}\boldsymbol{\omega}_{\mathrm{B}}&=({}_{\mathrm{A}}\boldsymbol{\omega}_{\mathrm{B}}\cdot\mathbf{I})\mathbf{I}+({}_{\mathrm{A}}\boldsymbol{\omega}_{\mathrm{B}}\cdot\mathbf{J})\mathbf{J}+({}_{\mathrm{A}}\boldsymbol{\omega}_{\mathrm{B}}\cdot\mathbf{K})\mathbf{K}\\
&=\omega_X\mathbf{I}+\omega_Y\mathbf{J}+\omega_Z\mathbf{K}=\dot{\gamma}\mathbf{I}+\dot{\beta}\mathbf{J}+\dot{\alpha}\mathbf{K}=\boldsymbol{\omega}_X+\boldsymbol{\omega}_Y+\boldsymbol{\omega}_Z
\end{aligned} \tag{1-271}
$$

案例 34　首先看一个旋转矩阵的合并：

$$
{}^{0}\boldsymbol{R}_2={}^{0}\boldsymbol{R}_1\,{}^{1}\boldsymbol{R}_2 \tag{1-272}
$$

对等式的两边求时间导数可得：

$$
{}^{0}\dot{\boldsymbol{R}}_2={}^{0}\dot{\boldsymbol{R}}_1\,{}^{1}\boldsymbol{R}_2+{}^{0}\boldsymbol{R}_1\,{}^{1}\dot{\boldsymbol{R}}_2 \tag{1-273}
$$

接着，用旋转矩阵的导数代入就有：

$$
{}^{0}\dot{\boldsymbol{R}}_2={}_{0}\tilde{\omega}_2\,{}^{0}\boldsymbol{R}_2 \tag{1-274}
$$

$$
{}^{0}\dot{\boldsymbol{R}}_1={}_{0}\tilde{\omega}_1\,{}^{0}\boldsymbol{R}_1 \tag{1-275}
$$

$$
{}^{1}\dot{\boldsymbol{R}}_2={}_{1}\tilde{\omega}_2\,{}^{1}\boldsymbol{R}_2 \tag{1-276}
$$

$$
\begin{aligned}
{}^{0}\dot{\boldsymbol{R}}_2&={}_{0}\tilde{\omega}_2\,{}^{0}\boldsymbol{R}_2={}_{0}\tilde{\omega}_1\,{}^{0}\boldsymbol{R}_1\,{}^{1}\boldsymbol{R}_2+{}^{0}\boldsymbol{R}_1\,{}_{1}\tilde{\omega}_2\,{}^{1}\boldsymbol{R}_2={}_{0}\tilde{\omega}_1\,{}^{0}\boldsymbol{R}_2+({}^{0}\boldsymbol{R}_1\,{}_{1}\tilde{\omega}_2\,{}^{0}\boldsymbol{R}_1^{\mathrm{T}})({}^{0}\boldsymbol{R}_1\,{}^{1}\boldsymbol{R}_2)\\
&={}_{0}\tilde{\omega}_1\,{}^{0}\boldsymbol{R}_2+{}_{1}^{0}\tilde{\omega}_2\,{}^{0}\boldsymbol{R}_2=({}_{0}\tilde{\omega}_1+{}_{1}^{0}\tilde{\omega}_2)\,{}^{0}\boldsymbol{R}_2
\end{aligned} \tag{1-277}
$$

其中：

$$
{}^{0}\boldsymbol{R}_1\,{}_{1}\tilde{\omega}_2\,{}^{0}\boldsymbol{R}_1^{\mathrm{T}}={}_{1}^{0}\tilde{\omega}_2 \tag{1-278}
$$

方程（1-278）的证明可见案例 37。

可得：

$$
{}_{0}\tilde{\omega}_2={}_{0}\tilde{\omega}_1+{}_{1}^{0}\tilde{\omega}_2 \tag{1-279}
$$

因此响应的角速度有以下相加的关系：

$$
{}_{0}\boldsymbol{\omega}_2={}_{0}\boldsymbol{\omega}_1+{}_{1}^{0}\boldsymbol{\omega}_2 \tag{1-280}
$$

以此类推，可以得到：

$$
{}_{0}\boldsymbol{\omega}_n={}_{0}\boldsymbol{\omega}_1+{}_{1}^{0}\boldsymbol{\omega}_2+{}_{2}^{0}\boldsymbol{\omega}_3+\cdots+{}_{n-1}^{0}\boldsymbol{\omega}_n=\sum_{i=1}^{n}{}_{i-1}^{0}\boldsymbol{\omega}_i \tag{1-281}
$$

案例 35 欧拉角 *zxz* 角速度矢量同样也可以用频率表示出来，因此：

$$
\begin{aligned}
{}_{\mathrm{A}}^{\mathrm{B}}\boldsymbol{\omega}_{\mathrm{B}} &= \omega_x\mathbf{i}+\omega_y\mathbf{j}+\omega_z\mathbf{k}=\dot{\psi}_1\mathbf{e}_{\psi_1}+\dot{\varphi}\mathbf{e}_{\varphi}+\dot{\psi}_2\mathbf{e}_{\psi_2} \\
&=\dot{\psi}_1\begin{bmatrix}\sin\varphi\sin\psi_2\\ \sin\varphi\cos\psi_2\\ \cos\varphi\end{bmatrix}+\dot{\varphi}\begin{bmatrix}\cos\psi_2\\ -\sin\psi_2\\ 0\end{bmatrix}+\dot{\psi}_2\begin{bmatrix}0\\0\\1\end{bmatrix}=\begin{bmatrix}\sin\varphi\sin\psi_2 & \cos\psi_2 & 0\\ \sin\varphi\cos\psi_2 & -\sin\psi_2 & 0\\ \cos\varphi & 0 & 1\end{bmatrix}\begin{bmatrix}\dot{\psi}_1\\ \dot{\varphi}\\ \dot{\psi}_2\end{bmatrix}
\end{aligned}
\tag{1-282}
$$

并且：

$$
\begin{aligned}
{}_{\mathrm{A}}\boldsymbol{\omega}_{\mathrm{B}} &= {}_{\mathrm{A}}^{\mathrm{A}}\boldsymbol{\omega}_{\mathrm{B}}={}^{\mathrm{B}}\boldsymbol{R}_{\mathrm{A}}^{-1}\,{}_{\mathrm{A}}^{\mathrm{B}}\boldsymbol{\omega}_{\mathrm{B}} \\
&={}^{\mathrm{B}}\boldsymbol{R}_{\mathrm{A}}^{-1}\begin{bmatrix}\sin\varphi\sin\psi_2 & \cos\psi_2 & 0\\ \sin\varphi\cos\psi_2 & -\sin\psi_2 & 0\\ \cos\varphi & 0 & 1\end{bmatrix}\begin{bmatrix}\dot{\psi}_1\\ \dot{\varphi}\\ \dot{\psi}_2\end{bmatrix}=\dot{\psi}_1\begin{bmatrix}0\\0\\1\end{bmatrix}+\dot{\varphi}\begin{bmatrix}\cos\psi_1\\ \sin\psi_1\\ 0\end{bmatrix}+\dot{\psi}_2\begin{bmatrix}\sin\varphi\sin\psi_1\\ -\sin\varphi\cos\psi_1\\ \cos\varphi\end{bmatrix}
\end{aligned}
\tag{1-283}
$$

其中，转换矩阵的逆为：

$$
\begin{aligned}
{}^{\mathrm{B}}\boldsymbol{R}_{\mathrm{A}}^{-1} &= {}^{\mathrm{A}}\boldsymbol{R}_{\mathrm{B}} \\
&=\begin{bmatrix}\cos\psi_1\cos\psi_2-\cos\varphi\sin\psi_2\sin\psi_1 & -\cos\psi_1\sin\psi_2-\cos\varphi\cos\psi_2\sin\psi_1 & \sin\varphi\sin\psi_1\\ \sin\psi_1\cos\psi_2+\cos\varphi\cos\psi_1\sin\psi_2 & -\sin\psi_1\sin\psi_2+\cos\varphi\cos\psi_1\cos\psi_2 & -\cos\psi_1\sin\varphi\\ \sin\varphi\sin\psi_2 & \sin\varphi\cos\psi_2 & \cos\varphi\end{bmatrix}
\end{aligned}
\tag{1-284}
$$

案例 36 欧拉角 *zxz* 的转换矩阵为：

$$
\begin{aligned}
{}^{\mathrm{B}}\boldsymbol{R}_{\mathrm{A}} &= \boldsymbol{R}_{z,\psi_2}\boldsymbol{R}_{x,\varphi}\boldsymbol{R}_{z,\psi_1} \\
&=\begin{bmatrix}\cos\psi_1\cos\psi_2-\cos\varphi\sin\psi_2\sin\psi_1 & \sin\psi_1\cos\psi_2+\cos\varphi\cos\psi_1\sin\psi_2 & \sin\varphi\sin\psi_2\\ -\cos\psi_1\sin\psi_2-\cos\varphi\cos\psi_2\sin\psi_1 & -\sin\psi_1\sin\psi_2+\cos\varphi\cos\psi_1\cos\psi_2 & \sin\varphi\cos\psi_2\\ \sin\varphi\sin\psi_1 & -\cos\psi_1\sin\varphi & \cos\varphi\end{bmatrix}
\end{aligned}
\tag{1-285}
$$

由此可知，角速度矩阵等于：

$$
\begin{aligned}
{}_{\mathrm{B}}\tilde{\omega}_{\mathrm{A}} &= {}^{\mathrm{B}}\dot{\boldsymbol{R}}_{\mathrm{A}}\;{}^{\mathrm{B}}\boldsymbol{R}_{\mathrm{A}}^{\mathrm{T}} \\
&=\left(\dot{\psi}_1\boldsymbol{R}_{z,\psi_2}\boldsymbol{R}_{x,\varphi}\frac{\mathrm{d}\boldsymbol{R}_{z},\psi_1}{\mathrm{d}t}+\dot{\varphi}\boldsymbol{R}_{z,\psi_2}\frac{\mathrm{d}\boldsymbol{R}_{x,\varphi}}{\mathrm{d}t}\boldsymbol{R}_{z,\psi_1}+\dot{\psi}_2\frac{\mathrm{d}\boldsymbol{R}_{z,\psi_2}}{\mathrm{d}t}\boldsymbol{R}_{x,\varphi}\boldsymbol{R}_{z,\psi_1}\right)\times(\boldsymbol{R}_{z,\psi_2}\boldsymbol{R}_{x,\varphi}\boldsymbol{R}_{z,\psi_1})^{\mathrm{T}} \\
&=\dot{\psi}_1\boldsymbol{R}_{z,\psi_2}\boldsymbol{R}_{x,\varphi}\frac{\mathrm{d}\boldsymbol{R}_{z,\psi 1}}{\mathrm{d}t}\boldsymbol{R}_{z,\psi_1}^{\mathrm{T}}\boldsymbol{R}_{x,\varphi}^{\mathrm{T}}\boldsymbol{R}_{z,\psi_2}^{\mathrm{T}}+\dot{\varphi}\boldsymbol{R}_{z,\psi_2}\frac{\mathrm{d}\boldsymbol{R}_{x,\varphi}}{\mathrm{d}t}\boldsymbol{R}_{x,\varphi}^{\mathrm{T}}\boldsymbol{R}_{z,\psi_2}^{\mathrm{T}}+\dot{\psi}_2\frac{\mathrm{d}\boldsymbol{R}_{x,\psi_2}}{\mathrm{d}t}\boldsymbol{R}_{z,\psi_2}^{\mathrm{T}} \\
&=\dot{\psi}_1\begin{bmatrix}0 & \cos\varphi & -\sin\varphi\cos\psi_2\\ -\cos\varphi & 0 & \sin\varphi\sin\psi_2\\ \sin\varphi\cos\psi_2 & -\sin\varphi\sin\psi_2 & 0\end{bmatrix}+\dot{\varphi}\begin{bmatrix}0 & 0 & \sin\psi_2\\ 0 & 0 & \cos\psi_2\\ -\sin\psi_2 & -\cos\psi_2 & 0\end{bmatrix}+\dot{\psi}_2\begin{bmatrix}0 & 1 & 0\\ -1 & 0 & 0\\ 0 & 0 & 0\end{bmatrix}
\end{aligned}
\tag{1-286}
$$

经整理可得：

$$
{}_{\mathrm{B}}\tilde{\omega}_{\mathrm{A}}=\begin{bmatrix}0 & \dot{\psi}_2+\dot{\psi}_1\cos\varphi & \dot{\varphi}\sin\psi_2-\dot{\psi}_1\sin\varphi\cos\psi_2\\ -\dot{\psi}_2-\dot{\psi}_1\cos\varphi & 0 & \dot{\varphi}\cos\psi_2+\dot{\psi}_1\sin\varphi\sin\psi_2\\ -\dot{\varphi}\sin\psi_2+\dot{\psi}_1\sin\varphi\cos\psi & -\dot{\varphi}\cos\psi_2-\dot{\psi}_1\sin\varphi\sin\psi_2 & 0\end{bmatrix}
\tag{1-287}
$$

与其相对应的角速度矢量为：

$$
{}_{\mathrm{B}}\boldsymbol{\omega}_{\mathrm{A}}=-\begin{bmatrix}\dot{\varphi}\cos\psi_2+\dot{\psi}_1\sin\varphi\sin\psi_2\\-\dot{\varphi}\sin\psi_2+\dot{\psi}_1\sin\varphi\cos\psi_2\\\dot{\psi}_2+\dot{\psi}_1\cos\varphi\end{bmatrix}=-\begin{bmatrix}\sin\varphi\sin\psi_2 & \cos\psi_2 & 0\\\sin\varphi\cos\psi_2 & -\sin\psi_2 & 0\\\cos\varphi & 0 & 1\end{bmatrix}\begin{bmatrix}\dot{\psi}_1\\\dot{\varphi}\\\dot{\psi}_2\end{bmatrix} \tag{1-288}
$$

又因为：

$$
{}_{\mathrm{B}}^{\mathrm{B}}\tilde{\omega}_{\mathrm{A}}=-{}_{\mathrm{A}}^{\mathrm{B}}\tilde{\omega}_{\mathrm{B}} \tag{1-289}
$$

$$
{}_{\mathrm{B}}^{\mathrm{B}}\boldsymbol{\omega}_{\mathrm{A}}=-{}_{\mathrm{A}}^{\mathrm{B}}\boldsymbol{\omega}_{\mathrm{B}} \tag{1-290}
$$

所以：

$$
{}_{\mathrm{A}}^{\mathrm{B}}\boldsymbol{\omega}_{\mathrm{B}}=\begin{bmatrix}\sin\varphi\sin\psi_2 & \cos\psi_2 & 0\\\sin\varphi\cos\psi_2 & -\sin\psi_2 & 0\\\cos\varphi & 0 & 1\end{bmatrix}\begin{bmatrix}\dot{\psi}_1\\\dot{\varphi}\\\dot{\psi}_2\end{bmatrix} \tag{1-291}
$$

案例 37 角速度的坐标变换。

角速度${}_1^1\boldsymbol{\omega}_2$表示在坐标系$B_1$中表示出坐标系$B_2$相对于坐标系$B_1$的旋转角速度。其在坐标系$B_0$中的表示方法为：

$$
{}^0\boldsymbol{R}_1\,{}_1\tilde{\omega}_2\;{}^0\boldsymbol{R}_1^{\mathrm{T}}={}_1^0\,\tilde{\omega}_2 \tag{1-292}
$$

为证明以上等式，先在左边乘以一个${}^0\boldsymbol{r}$可得：

$$
\begin{aligned}{}^0\boldsymbol{R}_1\,{}_1\tilde{\omega}_2\;{}^0\boldsymbol{R}_1^{\mathrm{T}}\;{}^0\boldsymbol{r}&={}^0\boldsymbol{R}_1\,{}_1\tilde{\omega}_2\;{}^1\boldsymbol{R}_0\;{}^0\boldsymbol{r}={}^0\boldsymbol{R}_1\,{}_1\tilde{\omega}_2\;{}^1\boldsymbol{r}\\&={}^0\boldsymbol{R}_1({}_1\boldsymbol{\omega}_2\times{}^1\boldsymbol{r})={}^0\boldsymbol{R}_1\,{}_1\boldsymbol{\omega}_2\times{}^0\boldsymbol{R}_1\,{}^1\boldsymbol{r}={}_1^0\boldsymbol{\omega}_2\times{}^0\boldsymbol{r}\end{aligned} \tag{1-293}
$$

因此，可得：

$$
{}_1^0\tilde{\omega}_2\;{}^0\boldsymbol{r}={}_1^0\boldsymbol{\omega}_2\times{}^0\boldsymbol{r} \tag{1-294}
$$

由此可见，等式两边相等。

案例 38 单位矢量的时间导数。

利用方程（1-271）可以定义在主坐标系$A(\mathbf{I},\mathbf{J},\mathbf{K})$中旋转的次坐标系$B(\mathbf{i},\mathbf{j},\mathbf{k})$单位矢量的时间导数：

$$
\frac{{}^{\mathrm{A}}\mathrm{d}\mathbf{i}}{\mathrm{d}t}={}_{\mathrm{A}}^{\mathrm{B}}\boldsymbol{\omega}_{\mathrm{B}}\times\mathbf{i} \tag{1-295}
$$

$$
\frac{{}^{\mathrm{A}}\mathrm{d}\mathbf{j}}{\mathrm{d}t}={}_{\mathrm{A}}^{\mathrm{B}}\boldsymbol{\omega}_{\mathrm{B}}\times\mathbf{j} \tag{1-296}
$$

$$
\frac{{}^{\mathrm{A}}\mathrm{d}\mathbf{k}}{\mathrm{d}t}={}_{\mathrm{A}}^{\mathrm{B}}\boldsymbol{\omega}_{\mathrm{B}}\times\mathbf{k} \tag{1-297}
$$

案例 39 角速度矩阵元素的数学表示。

利用置换符号：

$$
\varepsilon_{ijk}=\frac{1}{2}(i-j)(j-k)(k-i)\,,\,i,j,k\text{=}1,\,2,\,3 \tag{1-298}
$$

当角速度矢量$\boldsymbol{\omega}=\begin{bmatrix}\omega_1 & \omega_2 & \omega_3\end{bmatrix}^{\mathrm{T}}$已知时，那么角速度矩阵$\tilde{\omega}$也就确定下来了：

$$
\tilde{\omega}_{ij}=\varepsilon_{ijk}\omega_k \tag{1-299}
$$

还可以证明置换符号ε_{ijk}和前面所提到的克罗内克（Kronecker）的德尔塔δ_{mn}之间有以下

关系：

$$\varepsilon_{ijk}\epsilon_{imn} = \delta_{jm}\delta_{kn} - \delta_{jn}\delta_{km} \tag{1-300}$$

1.6 时间导数和坐标系

一个矢量的时间导数取决于在什么坐标系内求导。一个矢量 $\boldsymbol{r}$ 在主坐标系的时间导数称为 A-导数，表示如下：

$$\frac{{}^{\mathrm{A}}\mathrm{d}}{\mathrm{d}t}\boldsymbol{r} \tag{1-301}$$

而在次坐标系矢量的时间导数称为 B-导数，表示如下：

$$\frac{{}^{\mathrm{B}}\mathrm{d}}{\mathrm{d}t}\boldsymbol{r} \tag{1-302}$$

在求导符号左上方的标记表示出求导所发生的坐标系，同时，该坐标系的单位矢量被认为是常数。

如果矢量表达的坐标系和求导的坐标系一致，那么时间导数就会比较简单。因为单位矢量是常数并且标量系数中只有时间这一个变量。在次坐标系 B 中的矢量 ${}^{\mathrm{B}}\boldsymbol{r}_P$ 的 B-导数，以及在主坐标系 A 中的矢量 ${}^{\mathrm{A}}\boldsymbol{r}_P$ 的 A-导数为：

$$\frac{{}^{\mathrm{B}}\mathrm{d}}{\mathrm{d}t}\,{}^{\mathrm{B}}\boldsymbol{r}_P = {}^{\mathrm{B}}\dot{\boldsymbol{r}}_P = {}^{\mathrm{B}}\boldsymbol{v}_P = \dot{x}\mathbf{i} + \dot{y}\mathbf{j} + \dot{z}\mathbf{k} \tag{1-303}$$

$$\frac{{}^{\mathrm{A}}\mathrm{d}}{\mathrm{d}t}\,{}^{\mathrm{A}}\boldsymbol{r}_P = {}^{\mathrm{A}}\dot{\boldsymbol{r}}_P = {}^{\mathrm{A}}\boldsymbol{v}_P = \dot{X}\mathbf{I} + \dot{Y}\mathbf{J} + \dot{Z}\mathbf{K} \tag{1-304}$$

同样可以找到向量 ${}^{\mathrm{B}}\boldsymbol{r}_P$ 的 A-导数，以及 ${}^{\mathrm{A}}\boldsymbol{r}_P$ 的 B-导数，表示方法如下：

$${}_{\mathrm{A}}^{\mathrm{B}}\boldsymbol{v}_P = \frac{{}^{\mathrm{A}}\mathrm{d}}{\mathrm{d}t}\,{}^{\mathrm{B}}\boldsymbol{r}_P \tag{1-305}$$

$${}_{\mathrm{B}}^{\mathrm{A}}\boldsymbol{v}_P = \frac{{}^{\mathrm{B}}\mathrm{d}}{\mathrm{d}t}\,{}^{\mathrm{A}}\boldsymbol{r}_P \tag{1-306}$$

当点 P 在坐标系 B 中移动，而 B 在 A 里旋转，矢量 ${}^{\mathrm{B}}\boldsymbol{r}_P(t)$ 的 A-导数定义为：

$$\frac{{}^{\mathrm{A}}\mathrm{d}}{\mathrm{d}t}\,{}^{\mathrm{B}}\boldsymbol{r}_P(t) = {}^{\mathrm{B}}\dot{\boldsymbol{r}}_P + {}_{\mathrm{A}}^{\mathrm{B}}\boldsymbol{\omega}_{\mathrm{B}} \times {}^{\mathrm{B}}\boldsymbol{r}_P = {}_{\mathrm{A}}^{\mathrm{B}}\dot{\boldsymbol{r}}_P \tag{1-307}$$

同理，矢量 ${}^{\mathrm{A}}\boldsymbol{r}_P(t)$ 的 B-导数定义为：

$$\frac{{}^{\mathrm{B}}\mathrm{d}}{\mathrm{d}t}\,{}^{\mathrm{A}}\boldsymbol{r}_P(t) = {}^{\mathrm{A}}\dot{\boldsymbol{r}}_P - {}_{\mathrm{A}}\boldsymbol{\omega}_{\mathrm{B}} \times {}^{\mathrm{A}}\boldsymbol{r}_P = {}_{\mathrm{B}}^{\mathrm{A}}\dot{\boldsymbol{r}}_P \tag{1-308}$$

证明 6：假设有一主坐标系 A($OXYZ$) 中的单位向量为 **I**、**J** 和 **K**，次坐标系 B($Oxyz$) 中的单位向量为 **i**、**j** 和 **k**。移动点 P 的位置矢量如图 1.11 所示，在两个坐标系中分别表达为：

$${}^{\mathrm{B}}\boldsymbol{r}_P(t) = x(t)\mathbf{i} + y(t)\mathbf{j} + z(t)\mathbf{k} \tag{1-309}$$

$${}^{\mathrm{A}}\boldsymbol{r}_P(t) = X(t)\mathbf{I} + Y(t)\mathbf{J} + Z(t)\mathbf{K} \tag{1-310}$$

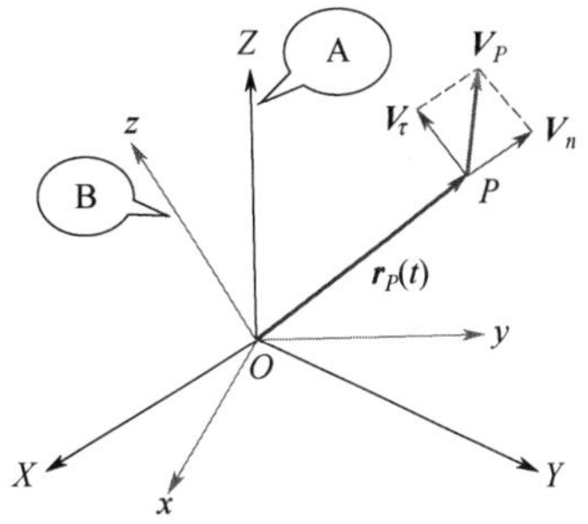

图 1.11 在旋转次坐标系内的一平移点 P 的速度矢量分解

矢量 $^{\mathrm{B}}\boldsymbol{r}_P$ 的 B-导数，以及矢量 $^{\mathrm{A}}\boldsymbol{r}_P$ 的 A-导数分别为：

$$\frac{{}^{\mathrm{B}}\mathrm{d}}{\mathrm{d}t}\,{}^{\mathrm{B}}\boldsymbol{r}_P={}^{\mathrm{B}}\dot{\boldsymbol{r}}_P={}^{\mathrm{B}}\boldsymbol{v}_P=\dot{x}\mathbf{i}+\dot{y}\mathbf{j}+\dot{z}\mathbf{k} \tag{1-311}$$

$$\frac{{}^{\mathrm{A}}\mathrm{d}}{\mathrm{d}t}\,{}^{\mathrm{A}}\boldsymbol{r}_P={}^{\mathrm{A}}\dot{\boldsymbol{r}}_P={}^{\mathrm{A}}\boldsymbol{v}_P=\dot{X}\mathbf{I}+\dot{Y}\mathbf{J}+\dot{Z}\mathbf{K} \tag{1-312}$$

将式（1-309）中的次坐标系 B 的单位矢量，以及式（1-310）中的主坐标系 A 的单位矢量都看作常数。

利用式（1-236）可以得到主坐标系中刚体内固定点 P 的速度，在次坐标系中表示为：

$${}_{\mathrm{A}}^{\mathrm{B}}\boldsymbol{v}_P=\frac{{}^{\mathrm{A}}\mathrm{d}}{\mathrm{d}t}\,{}^{\mathrm{B}}\boldsymbol{r}_P={}_{\mathrm{A}}^{\mathrm{B}}\boldsymbol{\omega}_P\times{}^{\mathrm{B}}\boldsymbol{r}_P \tag{1-313}$$

根据定义，可以找到移动点位置矢量 $^{\mathrm{B}}\boldsymbol{r}_P$ 的 A-导数为：

$$\begin{aligned}\frac{{}^{\mathrm{A}}\mathrm{d}}{\mathrm{d}t}\,{}^{\mathrm{B}}\boldsymbol{r}_P&=\frac{{}^{A}\mathrm{d}}{\mathrm{d}t}(x\mathbf{i}+y\mathbf{j}+z\mathbf{k})=\dot{x}\mathbf{i}+\dot{y}\mathbf{j}+\dot{z}\mathbf{k}+x\frac{{}^{\mathrm{A}}\mathrm{d}\mathbf{i}}{\mathrm{d}t}+y\frac{{}^{\mathrm{A}}\mathrm{d}\mathbf{j}}{\mathrm{d}t}+z\frac{{}^{\mathrm{A}}\mathrm{d}\mathbf{k}}{\mathrm{d}t}\\&={}^{\mathrm{B}}\dot{\boldsymbol{r}}_P+x\,{}_{\mathrm{A}}^{\mathrm{B}}\boldsymbol{\omega}_{\mathrm{B}}\times\mathbf{i}+y\,{}_{\mathrm{A}}^{\mathrm{B}}\boldsymbol{\omega}_{\mathrm{B}}\times\mathbf{j}+z\,{}_{\mathrm{A}}^{\mathrm{B}}\boldsymbol{\omega}_{\mathrm{B}}\times\mathbf{k}={}^{\mathrm{B}}\dot{\boldsymbol{r}}_P+{}_{\mathrm{A}}^{\mathrm{B}}\boldsymbol{\omega}_{\mathrm{B}}\times(x\mathbf{i}+y\mathbf{j}+z\mathbf{k})\\&={}^{\mathrm{B}}\dot{\boldsymbol{r}}_P+{}_{\mathrm{A}}^{\mathrm{B}}\boldsymbol{\omega}_{\mathrm{B}}\times{}^{\mathrm{B}}\boldsymbol{r}_P=\frac{{}^{\mathrm{B}}\mathrm{d}}{\mathrm{d}t}\,{}^{\mathrm{B}}\boldsymbol{r}_P+{}_{\mathrm{A}}^{\mathrm{B}}\boldsymbol{\omega}_{\mathrm{B}}\times{}^{\mathrm{B}}\boldsymbol{r}_P=V_n+V_\tau\end{aligned} \tag{1-314}$$

得到这个结果是因为 $^{\mathrm{B}}\boldsymbol{r}_P$ 在 x-轴、y-轴和 z-轴的分量是变量。这个矢量变量的导数就是 P 点的平移速度。

但是如果 $^{\mathrm{B}}\boldsymbol{r}_P$ 在 x-轴、y-轴和 z-轴的分量是常数，那么这个矢量向量的分量就是个恒定值，那么它的导数就和坐标系无关，有以下关系式：

$$\frac{{}^{\mathrm{A}}\mathrm{d}}{\mathrm{d}t}x=\frac{{}^{\mathrm{B}}\mathrm{d}}{\mathrm{d}t}x=\dot{x} \tag{1-315}$$

同法可以得到 $^{\mathrm{A}}\boldsymbol{r}_P$ 的 B-导数：

$$\begin{aligned}\frac{{}^{\mathrm{B}}\mathrm{d}}{\mathrm{d}t}\,{}^{\mathrm{A}}\boldsymbol{r}_P&=\frac{{}^{\mathrm{B}}\mathrm{d}}{\mathrm{d}t}(X\mathbf{I}+Y\mathbf{J}+Z\mathbf{K})=\dot{X}\mathbf{I}+\dot{Y}\mathbf{J}+\dot{Z}\mathbf{K}+X\frac{{}^{\mathrm{B}}\mathrm{d}\mathbf{I}}{\mathrm{d}t}+Y\frac{{}^{\mathrm{B}}\mathrm{d}\mathbf{J}}{\mathrm{d}t}+Z\frac{{}^{\mathrm{B}}\mathrm{d}\mathbf{K}}{\mathrm{d}t}\\&={}^{\mathrm{A}}\dot{\boldsymbol{r}}_P+X\,{}_{\mathrm{A}}^{\mathrm{B}}\boldsymbol{\omega}_{\mathrm{B}}\times\mathbf{I}+Y\,{}_{\mathrm{A}}^{\mathrm{B}}\boldsymbol{\omega}_{\mathrm{B}}\times\mathbf{J}+Z\,{}_{\mathrm{A}}^{\mathrm{B}}\boldsymbol{\omega}_{\mathrm{B}}\times\mathbf{K}={}^{\mathrm{A}}\dot{\boldsymbol{r}}_P+{}_{\mathrm{B}}^{\mathrm{A}}\boldsymbol{\omega}_{\mathrm{A}}\times(X\mathbf{I}+Y\mathbf{J}+Z\mathbf{K})\\&={}^{\mathrm{A}}\dot{\boldsymbol{r}}_P+{}_{\mathrm{B}}^{\mathrm{A}}\boldsymbol{\omega}_{\mathrm{A}}\times{}^{\mathrm{A}}\boldsymbol{r}_P={}^{\mathrm{A}}\dot{\boldsymbol{r}}_P-{}_{\mathrm{A}}\boldsymbol{\omega}_{\mathrm{B}}\times{}^{\mathrm{A}}\boldsymbol{r}_P\end{aligned} \tag{1-316}$$

因此可得：

$$\frac{{}^{\mathrm{B}}\mathrm{d}}{\mathrm{d}t}\,{}^{\mathrm{A}}\boldsymbol{r}_P={}^{\mathrm{A}}\dot{\boldsymbol{r}}_P-{}_{\mathrm{A}}\boldsymbol{\omega}_{\mathrm{B}}\times{}^{\mathrm{A}}\boldsymbol{r}_P=V_n+V_\tau \tag{1-317}$$

B 相对于 A 的角速度是一个数量矢量，并且可以在任何坐标系中表示出来：

$${}_{\mathrm{A}}\boldsymbol{\omega}_{\mathrm{B}}={}_{\mathrm{A}}^{\mathrm{A}}\boldsymbol{\omega}_{\mathrm{B}}=\omega_X\mathbf{I}+\omega_Y\mathbf{J}+\omega_Z\mathbf{K} \tag{1-318}$$

$${}_{\mathrm{A}}^{\mathrm{B}}\boldsymbol{\omega}_{\mathrm{B}}=\omega_x\mathbf{i}+\omega_y\mathbf{j}+\omega_z\mathbf{k} \tag{1-319}$$

式（1-314）和式（1-317）第一部分是平移的法向速度，第二部分是旋转的切向速度，法向速度是位移矢量的导数，切向速度等于旋转角速度叉乘旋转半径（即位移矢量）。这一部分在学习理论力学时已经非常熟悉。可见式（1-311）和式（1-312）是只讨论 P 点平移时求导的公式，不讨论两个坐标系之间的旋转运动；式（1-313）是只讨论 P 点在随次坐标系绕主坐标系旋转的情况；式（1-314）和式（1-317）是将 P 点的平移和随次坐标系绕主坐标系旋转的两个情况综合讨论的结果。因此，对位移矢量的求导过程得到了三组不同的方程。

案例 40 次坐标系 B 中的移动点的时间导数。

假设次坐标系 B 绕主坐标系的 Z-轴以 $\dot{\alpha}$ 角速度旋转，有一个移动点在 ${}^{\mathrm{B}}\boldsymbol{r}_P(t)=t\mathbf{i}$，因此：

$$
{}^{\mathrm{A}}\boldsymbol{r}_P={}^{\mathrm{A}}\boldsymbol{R}_{\mathrm{B}}\ {}^{\mathrm{B}}\boldsymbol{r}_P=\boldsymbol{R}_{Z,\alpha}(t)\ {}^{\mathrm{B}}\boldsymbol{r}_P=\begin{bmatrix}\cos\alpha & -\sin\alpha & 0\\ \sin\alpha & \cos\alpha & 0\\ 0 & 0 & 1\end{bmatrix}\begin{bmatrix}t\\0\\0\end{bmatrix}=t\cos\alpha\mathbf{I}+t\sin\alpha\mathbf{J} \tag{1-320}
$$

角速度矩阵为：

$$
{}_{\mathrm{A}}\tilde{\omega}_{\mathrm{B}}={}^{\mathrm{A}}\dot{\boldsymbol{R}}_{\mathrm{B}}\ {}^{\mathrm{A}}\boldsymbol{R}_{\mathrm{B}}^{\mathrm{T}}=\dot{\alpha}\tilde{\mathbf{K}}=\dot{\alpha}\begin{bmatrix}0 & -1 & 0\\ 1 & 0 & 0\\ 0 & 0 & 0\end{bmatrix} \tag{1-321}
$$

这也就等价于：

$$
{}_{\mathrm{A}}\boldsymbol{\omega}_{\mathrm{B}}=\dot{\alpha}\mathbf{K}=\dot{\alpha}\begin{bmatrix}0\\0\\1\end{bmatrix} \tag{1-322}
$$

还可以得到：

$$
{}_{\mathrm{A}}^{\mathrm{B}}\tilde{\omega}_{\mathrm{B}}={}^{\mathrm{A}}\boldsymbol{R}_{\mathrm{B}}^{\mathrm{T}}\ {}_{\mathrm{A}}^{\mathrm{A}}\tilde{\omega}_{\mathrm{B}}\ \ {}^{\mathrm{A}}\boldsymbol{R}_{\mathrm{B}}=\dot{\alpha}\tilde{\mathbf{k}}=\dot{\alpha}\begin{bmatrix}0 & -1 & 0\\ 1 & 0 & 0\\ 0 & 0 & 0\end{bmatrix} \tag{1-323}
$$

因此：

$$
{}_{\mathrm{A}}^{\mathrm{B}}\boldsymbol{\omega}_{\mathrm{B}}=\dot{\alpha}\mathbf{k}=\dot{\alpha}\begin{bmatrix}0\\0\\1\end{bmatrix} \tag{1-324}
$$

这里请注意，同样的角速度在主坐标系的表达和在次坐标系表达上的不同，或者说从不同坐标系看，同样的角速度在表达方式上的差异，但是写出来又都是一样的。读者们可对比一下，思考一下两者的区别。

因此，根据题意可得到以下导数值：

$$
\frac{{}^{\mathrm{B}}\mathrm{d}}{\mathrm{d}t}\ {}^{\mathrm{B}}\boldsymbol{r}_P={}^{\mathrm{B}}\dot{\boldsymbol{r}}_P=\mathbf{i} \tag{1-325}
$$

$$
\frac{{}^{\mathrm{A}}\mathrm{d}}{\mathrm{d}t}\ {}^{\mathrm{A}}\boldsymbol{r}_P={}^{\mathrm{A}}\dot{\boldsymbol{r}}_P=(\cos\alpha-t\dot{\alpha}\sin\alpha)\mathbf{I}+(\sin\alpha+t\dot{\alpha}\cos\alpha)\mathbf{J} \tag{1-326}
$$

还可以求出混合导数值：

$$
\frac{{}^{\mathrm{A}}\mathrm{d}}{\mathrm{d}t}\ {}^{\mathrm{B}}\boldsymbol{r}_P={}^{\mathrm{B}}\dot{\boldsymbol{r}}_P+{}_{\mathrm{A}}^{\mathrm{B}}\boldsymbol{\omega}_{\mathrm{B}}\times{}^{\mathrm{B}}\boldsymbol{r}_P=\begin{bmatrix}1\\0\\0\end{bmatrix}+\dot{\alpha}\begin{bmatrix}0\\0\\1\end{bmatrix}\times\begin{bmatrix}t\\0\\0\end{bmatrix}=\begin{bmatrix}1\\t\dot{\alpha}\\0\end{bmatrix}=\mathbf{i}+t\dot{\alpha}\mathbf{j}={}_{\mathrm{A}}^{\mathrm{B}}\dot{\boldsymbol{r}}_P \tag{1-327}
$$

这就是 P 点的主坐标的速度在次坐标系 B 的表达方式。还可以将 ${}_{\mathrm{A}}^{\mathrm{B}}\dot{\boldsymbol{r}}_P$ 转换到主坐标系，找到主坐标系的表达方式：

$$
{}^{\mathrm{A}}\dot{\boldsymbol{r}}_{\mathrm{P}}={}^{\mathrm{A}}\boldsymbol{R}_{\mathrm{B}}\ {}_{\mathrm{A}}^{\mathrm{B}}\dot{\boldsymbol{r}}_P=\begin{bmatrix}\cos\alpha & -\sin\alpha & 0\\ \sin\alpha & \cos\alpha & 0\\ 0 & 0 & 1\end{bmatrix}\begin{bmatrix}1\\t\dot{\alpha}\\0\end{bmatrix}=\begin{bmatrix}\cos\alpha-t\dot{\alpha}\sin\alpha\\ \sin\alpha+t\dot{\alpha}\cos\alpha\\ 0\end{bmatrix}
$$

$$=(\cos\alpha - t\dot{\alpha}\sin\alpha)\mathbf{I}+(\sin\alpha+\mathrm{t}\dot{\alpha}\cos\alpha)\mathbf{J} \tag{1-328}$$

同法可得：

$$\frac{{}^{\mathrm{B}}\mathrm{d}}{\mathrm{d}t}{}^{\mathrm{A}}\boldsymbol{r}_P={}^{\mathrm{A}}\dot{\boldsymbol{r}}_P-{}_{\mathrm{A}}\boldsymbol{\omega}_{\mathrm{B}}\times{}^{\mathrm{A}}\boldsymbol{r}_P$$

$$=\begin{bmatrix}\cos\alpha-t\dot{\alpha}\sin\alpha\\ \sin\alpha+t\dot{\alpha}\cos\alpha\\ 0\end{bmatrix}-\dot{\alpha}\begin{bmatrix}0\\0\\1\end{bmatrix}\times\begin{bmatrix}t\cos\alpha\\ t\sin\alpha\\ 0\end{bmatrix}=\begin{bmatrix}\cos\alpha\\ \sin\alpha\\ 0\end{bmatrix}=(\cos\alpha)\mathbf{i}+(\sin\alpha)\mathbf{j}={}^{\mathrm{A}}_{\mathrm{B}}\dot{\boldsymbol{r}}_P \tag{1-329}$$

这就是 P 点的次坐标系 B 的速度在主坐标系 A 的表达方式。将这个速度转换到次坐标系，找到其在次坐标系中的表达方式：

$${}^{\mathrm{B}}\dot{\boldsymbol{r}}_P={}^{\mathrm{A}}\boldsymbol{R}_{\mathrm{B}}^{\mathrm{T}}\,{}^{\mathrm{A}}_{\mathrm{B}}\dot{\boldsymbol{r}}_P=\begin{bmatrix}\cos\alpha & -\sin\alpha & 0\\ \sin\alpha & \cos\alpha & 0\\ 0 & 0 & 1\end{bmatrix}^{\mathrm{T}}\begin{bmatrix}\cos\alpha\\ \sin\alpha\\ 0\end{bmatrix}=\begin{bmatrix}1\\0\\0\end{bmatrix}=\mathbf{i} \tag{1-330}$$

由此可以看出，如果先将矢量在同一个坐标系求导，再转换到所需坐标系，这样求出的混合导数会更加方便，如下所示：

$$\frac{{}^{\mathrm{B}}\mathrm{d}}{\mathrm{d}t}{}^{\mathrm{A}}\boldsymbol{r}_P={}^{\mathrm{A}}\boldsymbol{R}_{\mathrm{B}}\frac{{}^{\mathrm{B}}\mathrm{d}}{\mathrm{d}t}{}^{\mathrm{B}}\boldsymbol{r}_P=\begin{bmatrix}\cos\alpha & -\sin\alpha & 0\\ \sin\alpha & \cos\alpha & 0\\ 0 & 0 & 1\end{bmatrix}\begin{bmatrix}1\\0\\0\end{bmatrix}=\begin{bmatrix}\cos\alpha\\ \sin\alpha\\ 0\end{bmatrix}={}^{\mathrm{A}}_{\mathrm{B}}\dot{\boldsymbol{r}}_P \tag{1-331}$$

$$\frac{{}^{\mathrm{A}}\mathrm{d}}{\mathrm{d}t}{}^{\mathrm{B}}\boldsymbol{r}_P={}^{\mathrm{A}}\boldsymbol{R}_{\mathrm{B}}^{\mathrm{T}}\frac{{}^{\mathrm{A}}\mathrm{d}}{\mathrm{d}t}{}^{\mathrm{A}}\boldsymbol{r}_P=\begin{bmatrix}\cos\alpha & \sin\alpha & 0\\ -\sin\alpha & \cos\alpha & 0\\ 0 & 0 & 1\end{bmatrix}\begin{bmatrix}\cos\alpha-t\dot{\alpha}\sin\alpha\\ \sin\alpha+t\dot{\alpha}\cos\alpha\\ 0\end{bmatrix}=\begin{bmatrix}1\\ t\dot{\alpha}\\ 0\end{bmatrix}={}^{\mathrm{B}}_{\mathrm{A}}\dot{\boldsymbol{r}}_P \tag{1-332}$$

案例 41　位置矢量和速度矢量的正交。

如果在主坐标系中刚体上一点的位置矢量表示为 $\boldsymbol{r}$，那么速度矢量和它正交的条件为：

$$\frac{\mathrm{d}\boldsymbol{r}}{\mathrm{d}t}\bullet\boldsymbol{r}=0 \tag{1-333}$$

该条件求导前原函数为：

$$\boldsymbol{r}\bullet\boldsymbol{r}=r^2 \tag{1-334}$$

将式（1-334）求导可得：

$$\frac{\mathrm{d}}{\mathrm{d}t}(\boldsymbol{r}\bullet\boldsymbol{r})=\frac{\mathrm{d}\boldsymbol{r}}{\mathrm{d}t}\bullet\boldsymbol{r}+\boldsymbol{r}\bullet\frac{\mathrm{d}\boldsymbol{r}}{\mathrm{d}t}=2\frac{\mathrm{d}\boldsymbol{r}}{\mathrm{d}t}\bullet\boldsymbol{r}=\mathbf{0} \tag{1-335}$$

式（1-333）这个正交条件对于任何坐标系或是任何长度的矢量都是成立的，只要矢量和求导是在同一个坐标系。

案例 42　求导转换公式。

如果有一个在次坐标系 B($Oxyz$) 的固定点，其主坐标速度可以通过式（1-313）求出。现在假设在次坐标系 B($Oxyz$) 中的一移动点 P，在这个情况下，它的位置矢量 ${}^{\mathrm{B}}\boldsymbol{r}_P$ 不是常数，因此，该点的主坐标中的速度在次坐标系 B 中表达为：

$$\frac{{}^{\mathrm{A}}\mathrm{d}}{\mathrm{d}t}{}^{\mathrm{B}}\boldsymbol{r}_P(t)={}^{\mathrm{B}}\dot{\boldsymbol{r}}_P+{}^{\mathrm{B}}_{\mathrm{A}}\boldsymbol{\omega}_{\mathrm{B}}\times{}^{\mathrm{B}}\boldsymbol{r}_P={}^{\mathrm{B}}_{\mathrm{A}}\dot{\boldsymbol{r}}_P \tag{1-336}$$

这个结果常用来将需要求导的对象从次坐标系转换到主坐标系。形成常用公式如下所示：

$$\frac{{}^{\mathrm{A}}\mathrm{d}}{\mathrm{d}t}\blacksquare=\frac{{}^{\mathrm{B}}\mathrm{d}}{\mathrm{d}t}\blacksquare+{}_{\mathrm{A}}^{\mathrm{B}}\boldsymbol{\omega}_{\mathrm{B}}\times{}^{\mathrm{B}}\blacksquare={}_{\mathrm{A}}^{\mathrm{B}}\dot{\blacksquare} \tag{1-337}$$

式中，■为任意矢量。要特别注意，矢量■的坐标系以及最终结果的表达方式。最终结果${}_{\mathrm{A}}^{\mathrm{B}}\dot{\blacksquare}$表示了该结果是在次坐标系 B 中表达的且是在主坐标系 A 中求的导。这里的矢量■可以是任何矢量，如位置、速度、角速度、动量，甚至是一个随时间变化的力的矢量都可以。

式（1-337）称为求导转换公式，它可以将一个矢量的主坐标 A 时间导数转换成在次坐标 B 的时间导数。求导转换公式还可以被运用到其他类似的情形中去，如任意矢量在两个相对运动的坐标系之间的导数转换。

如已知公式：

$$\frac{{}^{\mathrm{B}}\mathrm{d}}{\mathrm{d}t}{}^{\mathrm{A}}\boldsymbol{r}_P={}^{\mathrm{A}}\dot{\boldsymbol{r}}_P-{}_{\mathrm{A}}\boldsymbol{\omega}_{\mathrm{B}}\times{}^{\mathrm{A}}\boldsymbol{r}_P={}_{\mathrm{B}}^{\mathrm{A}}\dot{\boldsymbol{r}}_P \tag{1-338}$$

将式（1-337）的 A、B 对换，将${}^{\mathrm{A}}\boldsymbol{r}_P$代入，得：

$$\frac{{}^{\mathrm{B}}\mathrm{d}}{\mathrm{d}t}\blacksquare=\frac{{}^{\mathrm{A}}\mathrm{d}}{\mathrm{d}t}\blacksquare+{}_{\mathrm{B}}^{\mathrm{A}}\boldsymbol{\omega}_{\mathrm{A}}\times{}^{\mathrm{A}}\blacksquare={}_{\mathrm{B}}^{\mathrm{A}}\dot{\blacksquare} \tag{1-339}$$

可得到：

$$\frac{{}^{\mathrm{B}}\mathrm{d}}{\mathrm{d}t}{}^{\mathrm{A}}\boldsymbol{r}_P=\frac{{}^{\mathrm{A}}\mathrm{d}}{\mathrm{d}t}{}^{\mathrm{A}}\boldsymbol{r}_P+{}_{\mathrm{B}}^{\mathrm{A}}\boldsymbol{\omega}_{\mathrm{A}}\times{}^{\mathrm{A}}\boldsymbol{r}_P={}_{\mathrm{B}}^{\mathrm{A}}\dot{\boldsymbol{r}}_P \tag{1-340}$$

又有：

$${}_{\mathrm{B}}^{\mathrm{A}}\boldsymbol{\omega}_{\mathrm{A}}=-{}_{\mathrm{A}}^{\mathrm{A}}\boldsymbol{\omega}_{\mathrm{B}}=-{}_{\mathrm{A}}\boldsymbol{\omega}_{\mathrm{B}} \tag{1-341}$$

所以有：

$$\frac{{}^{\mathrm{B}}\mathrm{d}}{\mathrm{d}t}{}^{\mathrm{A}}\boldsymbol{r}_P={}^{\mathrm{A}}\dot{\boldsymbol{r}}_P-{}_{\mathrm{A}}\boldsymbol{\omega}_{\mathrm{B}}\times{}^{\mathrm{A}}\boldsymbol{r}_P={}_{\mathrm{B}}^{\mathrm{A}}\dot{\boldsymbol{r}}_P \tag{1-342}$$

因此，求导公式的第二种形式为：

$$\frac{{}^{\mathrm{B}}\mathrm{d}}{\mathrm{d}t}\blacksquare=\frac{{}^{\mathrm{A}}\mathrm{d}}{\mathrm{d}t}\blacksquare-{}_{\mathrm{A}}\boldsymbol{\omega}_{\mathrm{B}}\times{}^{\mathrm{A}}\blacksquare={}_{\mathrm{B}}^{\mathrm{A}}\dot{\blacksquare} \tag{1-343}$$

案例 43 旋转矩阵的求导等式。

式（1-214）为角速度矩阵的定义，可以将其换一个写法，写成一阶导数方程形式：

$$\frac{\mathrm{d}}{\mathrm{d}t}{}^{\mathrm{A}}\boldsymbol{R}_{\mathrm{B}}-{}_{\mathrm{A}}\tilde{\omega}_{\mathrm{B}}\,{}^{\mathrm{A}}\boldsymbol{R}_{\mathrm{B}}=0 \tag{1-344}$$

可以得到方程的解为：

$${}^{\mathrm{A}}\boldsymbol{R}_{\mathrm{B}}=\mathbf{e}^{\tilde{\omega}t} \tag{1-345}$$

$$\tilde{\omega}t=\dot{\phi}\tilde{u}=\ln({}^{\mathrm{A}}\boldsymbol{R}_{\mathrm{B}}) \tag{1-346}$$

案例 44 刚体上一点在主坐标中的加速度。

刚体 B($Oxyz$) 上一点在主坐标系 A($OXYZ$) 中的加速度矢量表示为${}_{\mathrm{A}}\boldsymbol{\alpha}_{\mathrm{B}}$，它的定义为${}_{\mathrm{A}}\boldsymbol{\omega}_{\mathrm{B}}$在主坐标系的时间导数。定义式为：

$${}_{\mathrm{A}}\boldsymbol{\alpha}_{\mathrm{B}}=\frac{{}^{\mathrm{A}}\mathrm{d}}{\mathrm{d}t}{}_{\mathrm{A}}\boldsymbol{\omega}_{\mathrm{B}} \tag{1-347}$$

利用这个定义，刚体上的固定点在主坐标系的加速度为：

$$ {}^{\mathrm{A}}\boldsymbol{\alpha}_P = \frac{{}^{\mathrm{A}}\mathrm{d}}{\mathrm{d}t}({}_{\mathrm{A}}\boldsymbol{\omega}_{\mathrm{B}} \times {}^{\mathrm{A}}\boldsymbol{r}_P) = {}_{\mathrm{A}}\boldsymbol{\alpha}_{\mathrm{B}} \times {}^{\mathrm{A}}\boldsymbol{r}_P + {}_{\mathrm{A}}\boldsymbol{\omega}_{\mathrm{B}} \times ({}_{\mathrm{A}}\boldsymbol{\omega}_{\mathrm{B}} \times {}^{\mathrm{A}}\boldsymbol{r}_P) \tag{1-348} $$

案例 45　角速度矢量的定义。

一个次坐标系 B($\mathbf{i},\mathbf{j},\mathbf{k}$) 在主坐标系 A($\mathbf{I},\mathbf{J},\mathbf{K}$) 中的角速度矢量也可以定义为：

$$ {}_{\mathrm{A}}^{\mathrm{B}}\boldsymbol{\omega}_{\mathrm{B}} = \mathbf{i}\left(\frac{{}^{\mathrm{A}}\mathrm{d}\mathbf{j}}{\mathrm{d}t}\cdot\mathbf{k}\right) + \mathbf{j}\left(\frac{{}^{\mathrm{A}}\mathrm{d}\mathbf{k}}{\mathrm{d}t}\cdot\mathbf{i}\right) + \mathbf{k}\left(\frac{{}^{\mathrm{A}}\mathrm{d}\mathbf{i}}{\mathrm{d}t}\cdot\mathbf{j}\right) \tag{1-349} $$

证明 7：假设次坐标系 B 在主坐标系 A 内运动，次坐标系原点 O 为固定点不动并与主坐标系原点 O 重合，如图 1.12 所示。用 $\boldsymbol{r}_P$ 表示刚体上的一点 P，那么 ${}^{\mathrm{B}}\boldsymbol{r}_P$ 为带有三个参数分量的一个矢量。

$$ {}^{\mathrm{B}}\boldsymbol{r}_P = x\mathbf{i} + y\mathbf{j} + z\mathbf{k} \tag{1-350} $$

当刚体运动极小一段距离后，只有单位矢量 $\mathbf{i}$、$\mathbf{j}$、$\mathbf{k}$ 对主坐标系有变化。因此，位置矢量的微分方程为：

$$ \mathrm{d}\boldsymbol{r}_P = x\mathrm{d}\mathbf{i} + y\mathrm{d}\mathbf{j} + z\mathrm{d}\mathbf{k} \tag{1-351} $$

$$ \mathrm{d}\boldsymbol{r}_P = (\mathrm{d}\boldsymbol{r}_P\cdot\mathbf{i})\mathbf{i} + (\mathrm{d}\boldsymbol{r}_P\cdot\mathbf{j})\mathbf{j} + (\mathrm{d}\boldsymbol{r}_P\cdot\mathbf{k})\mathbf{k} \tag{1-352} $$

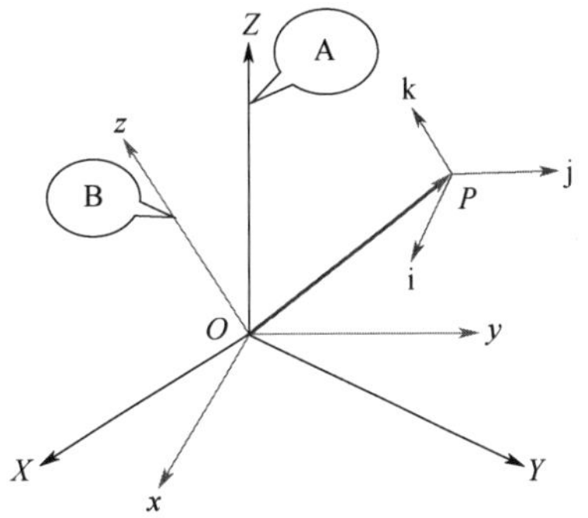

图 1.12　两个相对转动坐标系内角速度的定义

迭代后可得：

$$ \mathrm{d}\boldsymbol{r}_P = (x\mathbf{i}\cdot\mathrm{d}\mathbf{i} + y\mathbf{i}\cdot\mathrm{d}\mathbf{j} + z\mathbf{i}\cdot\mathrm{d}\mathbf{k})\mathbf{i} + (x\mathbf{j}\cdot\mathrm{d}\mathbf{i} + y\mathbf{j}\cdot\mathrm{d}\mathbf{j} + z\mathbf{j}\cdot\mathrm{d}\mathbf{k})\mathbf{j} + (x\mathbf{k}\cdot\mathrm{d}\mathbf{i} + y\mathbf{k}\cdot\mathrm{d}\mathbf{j} + z\mathbf{k}\cdot\mathrm{d}\mathbf{k})\mathbf{k} \tag{1-353} $$

利用单位矢量之间的关系：

$$ \mathbf{j}\cdot\mathrm{d}\mathbf{i} = -\mathbf{i}\cdot\mathrm{d}\mathbf{j} \tag{1-354} $$

$$ \mathbf{k}\cdot\mathrm{d}\mathbf{j} = -\mathbf{j}\cdot\mathrm{d}\mathbf{k} \tag{1-355} $$

$$ \mathbf{i}\cdot\mathrm{d}\mathbf{k} = -\mathbf{k}\cdot\mathrm{d}\mathbf{i} \tag{1-356} $$

$$ \mathbf{i}\cdot\mathrm{d}\mathbf{i} = \mathbf{j}\cdot\mathrm{d}\mathbf{j} = \mathbf{k}\cdot\mathrm{d}\mathbf{k} = 0 \tag{1-357} $$

$$ \mathbf{i}\cdot\mathbf{j} = \mathbf{j}\cdot\mathbf{k} = \mathbf{k}\cdot\mathbf{i} = 0 \tag{1-358} $$

化简后可得：

$$ \mathrm{d}\boldsymbol{r}_P = (z\mathbf{i}\cdot\mathrm{d}\mathbf{k} - y\mathbf{j}\cdot\mathrm{d}\mathbf{i})\mathbf{i} + (x\mathbf{j}\cdot\mathrm{d}\mathbf{i} - z\mathbf{k}\cdot\mathrm{d}\mathbf{j})\mathbf{j} + (y\mathbf{k}\cdot\mathrm{d}\mathbf{j} - x\mathbf{i}\cdot\mathrm{d}\mathbf{k})\mathbf{k} \tag{1-359} $$

$$ \mathrm{d}\boldsymbol{r}_P = \begin{vmatrix} i & j & k \\ \mathbf{k}\cdot\mathrm{d}\mathbf{j} & \mathbf{i}\cdot\mathrm{d}\mathbf{k} & \mathbf{j}\cdot\mathrm{d}\mathbf{i} \\ x & y & z \end{vmatrix} = -\begin{vmatrix} i & j & k \\ x & y & z \\ \mathbf{k}\cdot\mathrm{d}\mathbf{j} & \mathbf{i}\cdot\mathrm{d}\mathbf{k} & \mathbf{j}\cdot\mathrm{d}\mathbf{i} \end{vmatrix} $$

$$ \mathrm{d}\boldsymbol{r}_P = [(\mathbf{k}\cdot\mathrm{d}\mathbf{j})\mathbf{i} + (\mathbf{i}\cdot\mathrm{d}\mathbf{k})\mathbf{j} + (\mathbf{j}\cdot\mathrm{d}\mathbf{i})\mathbf{k}] \times (x\mathbf{i} + y\mathbf{j} + z\mathbf{k}) \tag{1-360} $$

两边同时除以 $\mathrm{d}t$ 可得：

$$ {}_{\mathrm{A}}^{\mathrm{B}}\dot{\boldsymbol{r}}_P = \left[\left(\frac{{}^{\mathrm{A}}\mathrm{d}\mathbf{j}}{\mathrm{d}t}\cdot\mathbf{k}\right)\mathbf{i} + \left(\frac{{}^{\mathrm{A}}\mathrm{d}\mathbf{k}}{\mathrm{d}t}\cdot\mathbf{i}\right)\mathbf{j} + \left(\frac{{}^{\mathrm{A}}\mathrm{d}\mathbf{i}}{\mathrm{d}t}\cdot\mathbf{j}\right)\mathbf{k}\right] \times (x\mathbf{i} + y\mathbf{j} + z\mathbf{k}) \tag{1-361} $$

对比前面：

$$ {}_{\mathrm{A}}^{\mathrm{B}}\boldsymbol{v}_P = {}_{\mathrm{A}}^{\mathrm{B}}\boldsymbol{r}_P = \frac{{}^{\mathrm{A}}\mathrm{d}}{\mathrm{d}t}\,{}^{\mathrm{B}}\boldsymbol{r}_P = {}_{\mathrm{A}}^{\mathrm{B}}\boldsymbol{\omega}_P \times {}^{\mathrm{B}}\boldsymbol{r}_P \tag{1-362} $$

可得：

$$ {}_{\mathrm{A}}^{\mathrm{B}}\omega_B = \mathbf{i}\left(\frac{{}^{\mathrm{A}}\mathrm{d}\mathbf{j}}{\mathrm{d}t}\cdot\mathbf{k}\right)+\mathbf{j}\left(\frac{{}^{\mathrm{A}}\mathrm{d}\mathbf{k}}{\mathrm{d}t}\cdot\mathbf{i}\right)+\mathbf{k}\left(\frac{{}^{\mathrm{A}}\mathrm{d}\mathbf{i}}{\mathrm{d}t}\cdot\mathbf{j}\right) \tag{1-363} $$

对于式（1-354）～式（1-357）这 4 个定理的证明如下所示：

证明 8：因为：

$$ \mathbf{i}\cdot\mathbf{j} = |\mathbf{i}||\mathbf{j}|\cos\frac{\pi}{2} = 0 \tag{1-364} $$

所以有：

$$ \mathbf{i}\cdot\mathbf{j} = \mathbf{j}\cdot\mathbf{k} = \mathbf{k}\cdot\mathbf{i} = 0 \tag{1-365} $$

对式（1-365）两边求导可得：

$$ \mathbf{i}\cdot\frac{\mathrm{d}\mathbf{j}}{\mathrm{d}t}+\frac{\mathrm{d}\mathbf{i}}{\mathrm{d}t}\cdot\mathbf{j}=0 \tag{1-366} $$

所以：

$$ \mathbf{i}\cdot\mathrm{d}\mathbf{j}+\mathrm{d}\mathbf{i}\cdot\mathbf{j}=0 \tag{1-367} $$

即：

$$ \mathbf{j}\cdot\mathrm{d}\mathbf{i} = -\mathbf{i}\cdot\mathrm{d}\mathbf{j} \tag{1-368} $$

同理可得：

$$ \mathbf{k}\cdot\mathrm{d}\mathbf{j} = -\mathbf{j}\cdot\mathrm{d}\mathbf{k} \tag{1-369} $$

$$ \mathbf{i}\cdot\mathrm{d}\mathbf{k} = -\mathbf{k}\cdot\mathrm{d}\mathbf{i} \tag{1-370} $$

最后因为单位矢量的性质可知：

$$ \mathbf{i}^2+\mathbf{j}^2+\mathbf{k}^2=1 \tag{1-371} $$

两边对时间求导：

$$ 2\mathbf{i}\cdot\frac{\mathrm{d}\mathbf{i}}{\mathrm{d}t}+2\mathbf{j}\cdot\frac{\mathrm{d}\mathbf{j}}{\mathrm{d}t}+2\mathbf{k}\cdot\frac{\mathrm{d}\mathbf{k}}{\mathrm{d}t}=0 \tag{1-372} $$

$$ \mathbf{i}\cdot\mathrm{d}\mathbf{i}+\mathbf{j}\cdot\mathrm{d}\mathbf{j}+\mathbf{k}\cdot\mathrm{d}\mathbf{k}=0 \tag{1-373} $$

根据 **i**、**j**、**k** 的对称性和互换性，可得：

$$ \mathbf{i}\cdot\mathrm{d}\mathbf{i}=\mathbf{j}\cdot\mathrm{d}\mathbf{j}=\mathbf{k}\cdot\mathrm{d}\mathbf{k} \tag{1-374} $$

综合式（1-373）和式（1-374）可得：

$$ \mathbf{i}\cdot\mathrm{d}\mathbf{i}=\mathbf{j}\cdot\mathrm{d}\mathbf{j}=\mathbf{k}\cdot\mathrm{d}\mathbf{k}=0 \tag{1-375} $$

这 4 个方程后面还会变化着用，希望大家记住。

第二种证明方法：上面所证明的角速度定义式也可以通过直接计算角速度矩阵 ${}_{\mathrm{A}}^{\mathrm{B}}\tilde{\omega}_{\mathrm{B}}$ 定义里的转换矩阵 ${}^{\mathrm{A}}\boldsymbol{R}_{\mathrm{B}}$ 而得到：

$$ {}_{\mathrm{A}}^{\mathrm{B}}\tilde{\omega}_{\mathrm{B}} = {}^{\mathrm{A}}\boldsymbol{R}_{\mathrm{B}}^{\mathrm{T}}\ {}^{\mathrm{A}}\dot{\boldsymbol{R}}_{\mathrm{B}} \tag{1-376} $$

因此：

$$
\begin{aligned}
{}^{\mathrm{B}}_{\mathrm{A}}\tilde{\omega}_{\mathrm{B}} &= \begin{bmatrix} \mathbf{i}\bullet\mathbf{I} & \mathbf{i}\bullet\mathbf{J} & \mathbf{i}\bullet\mathbf{K} \\ \mathbf{j}\bullet\mathbf{I} & \mathbf{j}\bullet\mathbf{J} & \mathbf{j}\bullet\mathbf{K} \\ \mathbf{K}\bullet\mathbf{I} & \mathbf{k}\bullet\mathbf{J} & \mathbf{k}\bullet\mathbf{K} \end{bmatrix} \bullet \frac{{}^{\mathrm{A}}\mathrm{d}}{\mathrm{d}t} \begin{bmatrix} \mathbf{I}\bullet\mathbf{i} & \mathbf{I}\bullet\mathbf{j} & \mathbf{I}\bullet\mathbf{k} \\ \mathbf{J}\bullet\mathbf{i} & \mathbf{J}\bullet\mathbf{j} & \mathbf{J}\bullet\mathbf{k} \\ \mathbf{K}\bullet\mathbf{i} & \mathbf{K}\bullet\mathbf{j} & \mathbf{K}\bullet\mathbf{k} \end{bmatrix} \\
&= \begin{bmatrix} \mathbf{i}\bullet\mathbf{I} & \mathbf{i}\bullet\mathbf{J} & \mathbf{i}\bullet\mathbf{K} \\ \mathbf{j}\bullet\mathbf{I} & \mathbf{j}\bullet\mathbf{J} & \mathbf{j}\bullet\mathbf{K} \\ \mathbf{k}\bullet\mathbf{I} & \mathbf{k}\bullet\mathbf{J} & \mathbf{k}\bullet\mathbf{K} \end{bmatrix} \bullet \begin{bmatrix} \frac{{}^{\mathrm{A}}\mathrm{d}\mathbf{I}}{\mathrm{d}t}\bullet\mathbf{i}+\mathbf{I}\bullet\frac{{}^{\mathrm{A}}\mathrm{d}\mathbf{i}}{\mathrm{d}t} & \frac{{}^{\mathrm{A}}\mathrm{d}\mathbf{I}}{\mathrm{d}t}\bullet\mathbf{j}+\mathbf{I}\bullet\frac{{}^{\mathrm{A}}\mathrm{d}\mathbf{j}}{\mathrm{d}t} & \frac{{}^{\mathrm{A}}\mathrm{d}\mathbf{I}}{\mathrm{d}t}\bullet\mathbf{k}+\mathbf{I}\bullet\frac{{}^{\mathrm{A}}\mathrm{d}\mathbf{k}}{\mathrm{d}t} \\ \frac{{}^{\mathrm{A}}\mathrm{d}\mathbf{J}}{\mathrm{d}t}\bullet\mathbf{i}+\mathbf{J}\bullet\frac{{}^{\mathrm{A}}\mathrm{d}\mathbf{i}}{\mathrm{d}t} & \frac{{}^{\mathrm{A}}\mathrm{d}\mathbf{J}}{\mathrm{d}t}\bullet\mathbf{j}+\mathbf{J}\bullet\frac{{}^{\mathrm{A}}\mathrm{d}\mathbf{j}}{\mathrm{d}t} & \frac{{}^{\mathrm{A}}\mathrm{d}\mathbf{J}}{\mathrm{d}t}\bullet\mathbf{k}+\mathbf{J}\bullet\frac{{}^{\mathrm{A}}\mathrm{d}\mathbf{k}}{\mathrm{d}t} \\ \frac{{}^{\mathrm{A}}\mathrm{d}\mathbf{K}}{\mathrm{d}t}\bullet\mathbf{i}+\mathbf{K}\bullet\frac{{}^{\mathrm{A}}\mathrm{d}\mathbf{i}}{\mathrm{d}t} & \frac{{}^{\mathrm{A}}\mathrm{d}\mathbf{K}}{\mathrm{d}t}\bullet\mathbf{j}+\mathbf{K}\bullet\frac{{}^{\mathrm{A}}\mathrm{d}\mathbf{J}}{\mathrm{d}t} & \frac{{}^{\mathrm{A}}\mathrm{d}\mathbf{K}}{\mathrm{d}t}\bullet\mathbf{k}+\mathbf{K}\bullet\frac{{}^{\mathrm{A}}\mathrm{d}\mathbf{k}}{\mathrm{d}t} \end{bmatrix} \\
&= (I^2+J^2+K^2)\begin{bmatrix} \left(\mathbf{i}\bullet\frac{{}^{\mathrm{A}}\mathrm{d}\mathbf{i}}{\mathrm{d}t}\right) & \left(\mathbf{i}\bullet\frac{{}^{\mathrm{A}}\mathrm{d}\mathbf{j}}{\mathrm{d}t}\right) & \left(\mathbf{i}\bullet\frac{{}^{\mathrm{A}}\mathrm{d}\mathbf{k}}{\mathrm{d}t}\right) \\ \left(\mathbf{j}\bullet\frac{{}^{\mathrm{A}}\mathrm{d}\mathbf{i}}{\mathrm{d}t}\right) & \left(\mathbf{j}\bullet\frac{{}^{\mathrm{A}}\mathrm{d}\mathbf{j}}{\mathrm{d}t}\right) & \left(\mathbf{j}\bullet\frac{{}^{\mathrm{A}}\mathrm{d}\mathbf{k}}{\mathrm{d}t}\right) \\ \left(\mathbf{k}\bullet\frac{{}^{\mathrm{A}}\mathrm{d}\mathbf{i}}{\mathrm{d}t}\right) & \left(\mathbf{k}\bullet\frac{{}^{\mathrm{A}}\mathrm{d}\mathbf{j}}{\mathrm{d}t}\right) & \left(\mathbf{k}\bullet\frac{{}^{\mathrm{A}}\mathrm{d}\mathbf{k}}{\mathrm{d}t}\right) \end{bmatrix} = \begin{bmatrix} \left(\mathbf{i}\bullet\frac{{}^{\mathrm{A}}\mathrm{d}\mathbf{i}}{\mathrm{d}t}\right) & \left(\mathbf{i}\bullet\frac{{}^{\mathrm{A}}\mathrm{d}\mathbf{j}}{\mathrm{d}t}\right) & \left(\mathbf{i}\bullet\frac{{}^{\mathrm{A}}\mathrm{d}\mathbf{k}}{\mathrm{d}t}\right) \\ \left(\mathbf{j}\bullet\frac{{}^{\mathrm{A}}\mathrm{d}\mathbf{i}}{\mathrm{d}t}\right) & \left(\mathbf{j}\bullet\frac{{}^{\mathrm{A}}\mathrm{d}\mathbf{j}}{\mathrm{d}t}\right) & \left(\mathbf{j}\bullet\frac{{}^{\mathrm{A}}\mathrm{d}\mathbf{k}}{\mathrm{d}t}\right) \\ \left(\mathbf{k}\bullet\frac{{}^{\mathrm{A}}\mathrm{d}\mathbf{i}}{\mathrm{d}t}\right) & \left(\mathbf{k}\bullet\frac{{}^{\mathrm{A}}\mathrm{d}\mathbf{j}}{\mathrm{d}t}\right) & \left(\mathbf{k}\bullet\frac{{}^{\mathrm{A}}\mathrm{d}\mathbf{k}}{\mathrm{d}t}\right) \end{bmatrix} \\
&= \begin{bmatrix} 0 & \left(\mathbf{i}\bullet\frac{{}^{\mathrm{A}}\mathrm{d}\mathbf{j}}{\mathrm{d}t}\right) & \left(\mathbf{i}\bullet\frac{{}^{\mathrm{A}}\mathrm{d}\mathbf{k}}{\mathrm{d}t}\right) \\ \left(\mathbf{j}\bullet\frac{{}^{\mathrm{A}}\mathrm{d}\mathbf{i}}{\mathrm{d}t}\right) & 0 & \left(\mathbf{j}\bullet\frac{{}^{\mathrm{A}}\mathrm{d}\mathbf{k}}{\mathrm{d}t}\right) \\ \left(\mathbf{k}\bullet\frac{{}^{\mathrm{A}}\mathrm{d}\mathbf{i}}{\mathrm{d}t}\right) & \left(\mathbf{k}\bullet\frac{{}^{\mathrm{A}}\mathrm{d}\mathbf{j}}{\mathrm{d}t}\right) & 0 \end{bmatrix} = \begin{bmatrix} 0 & \left(-\mathbf{j}\bullet\frac{{}^{\mathrm{A}}\mathrm{d}\mathbf{i}}{\mathrm{d}t}\right) & \left(\mathbf{i}\bullet\frac{{}^{\mathrm{A}}\mathrm{d}\mathbf{k}}{\mathrm{d}t}\right) \\ \left(\mathbf{j}\bullet\frac{{}^{\mathrm{A}}\mathrm{d}\mathbf{i}}{\mathrm{d}t}\right) & 0 & \left(-\mathbf{k}\bullet\frac{{}^{\mathrm{A}}\mathrm{d}\mathbf{j}}{\mathrm{d}t}\right) \\ \left(-\mathbf{i}\bullet\frac{{}^{\mathrm{A}}\mathrm{d}\mathbf{k}}{\mathrm{d}t}\right) & \left(\mathbf{k}\bullet\frac{{}^{\mathrm{A}}\mathrm{d}\mathbf{j}}{\mathrm{d}t}\right) & 0 \end{bmatrix}
\end{aligned}
\tag{1-377}
$$

计算过程中需要用到：

$$\mathbf{I}\bullet\frac{{}^{\mathrm{A}}\mathrm{d}\mathbf{I}}{\mathrm{d}t}=\mathbf{J}\bullet\frac{{}^{\mathrm{A}}\mathrm{d}\mathbf{J}}{\mathrm{d}t}=\mathbf{K}\bullet\frac{{}^{\mathrm{A}}\mathrm{d}\mathbf{K}}{\mathrm{d}t}=0 \tag{1-378}$$

$$\mathbf{i}\bullet\frac{{}^{\mathrm{A}}\mathrm{d}\mathbf{i}}{\mathrm{d}t}=\mathbf{j}\bullet\frac{{}^{\mathrm{A}}\mathrm{d}\mathbf{j}}{\mathrm{d}t}=\mathbf{k}\bullet\frac{{}^{\mathrm{A}}\mathrm{d}\mathbf{k}}{\mathrm{d}t}=0 \tag{1-379}$$

$$\mathbf{j}\bullet\frac{{}^{\mathrm{A}}\mathrm{d}\mathbf{i}}{\mathrm{d}t}=-\mathbf{i}\bullet\frac{{}^{\mathrm{A}}\mathrm{d}\mathbf{j}}{\mathrm{d}t} \tag{1-380}$$

$$\mathbf{i}\bullet\frac{{}^{\mathrm{A}}\mathrm{d}\mathbf{k}}{\mathrm{d}t}=-\mathbf{k}\bullet\frac{{}^{\mathrm{A}}\mathrm{d}\mathbf{i}}{\mathrm{d}t} \tag{1-381}$$

$$\mathbf{k}\bullet\frac{{}^{\mathrm{A}}\mathrm{d}\mathbf{j}}{\mathrm{d}t}=-\mathbf{j}\bullet\frac{{}^{\mathrm{A}}\mathrm{d}\mathbf{k}}{\mathrm{d}t} \tag{1-382}$$

式（1-378）～式（1-382）和前面式（1-354）～式（1-358）等价。

最终可得：

$${}^{\mathrm{B}}_{\mathrm{A}}\boldsymbol{\omega}_{\mathrm{B}}=\begin{bmatrix} \mathbf{k}\bullet\frac{{}^{\mathrm{A}}\mathrm{d}\mathbf{j}}{\mathrm{d}t} \\ \mathbf{i}\bullet\frac{{}^{\mathrm{A}}\mathrm{d}\mathbf{k}}{\mathrm{d}t} \\ \mathbf{j}\bullet\frac{{}^{\mathrm{A}}\mathrm{d}\mathbf{i}}{\mathrm{d}t} \end{bmatrix}=\begin{bmatrix} \frac{{}^{\mathrm{A}}\mathrm{d}\mathbf{j}}{\mathrm{d}t}\bullet\mathbf{k} \\ \frac{{}^{\mathrm{A}}\mathrm{d}\mathbf{k}}{\mathrm{d}t}\bullet\mathbf{i} \\ \frac{{}^{\mathrm{A}}\mathrm{d}\mathbf{i}}{\mathrm{d}t}\bullet\mathbf{j} \end{bmatrix} \tag{1-383}$$

案例 46 两次求导。

一般来说，${}^{\mathrm{A}}\mathrm{d}\boldsymbol{r}/\mathrm{d}t$ 是一个主坐标系 A($OXYZ$) 变量矢量，或是在其他坐标系，如次坐标系 B($Oxyz$) 也是这样。因此，它在主坐标系 A 和次坐标系 B 都可以被微分。但是，这个微分或者说是求导的顺序十分重要，一般来说：

$$\frac{{}^{\mathrm{B}}\mathrm{d}}{\mathrm{d}t}\left(\frac{{}^{\mathrm{A}}\mathrm{d}\boldsymbol{r}}{\mathrm{d}t}\right) \neq \frac{{}^{\mathrm{A}}\mathrm{d}}{\mathrm{d}t}\left(\frac{{}^{\mathrm{B}}\mathrm{d}\boldsymbol{r}}{\mathrm{d}t}\right) \tag{1-384}$$

例如，假设一个绕 Z-轴旋转的刚体，刚体上的一个变化矢量为：

$${}^{\mathrm{A}}\boldsymbol{r} = t\mathbf{I} \tag{1-385}$$

因此：

$$\frac{{}^{\mathrm{A}}\mathrm{d}\boldsymbol{r}}{\mathrm{d}t} = {}^{\mathrm{A}}\dot{\boldsymbol{r}} = \mathbf{I} \tag{1-386}$$

可得：

$${}^{\mathrm{B}}\left(\frac{{}^{\mathrm{A}}\mathrm{d}\boldsymbol{r}}{\mathrm{d}t}\right) = {}^{\mathrm{B}}_{\mathrm{A}}\dot{\boldsymbol{r}} = \boldsymbol{R}_{Z,\varphi}^{\mathrm{T}}[\mathbf{I}] = \begin{bmatrix} \cos\varphi & \sin\varphi & 0 \\ -\sin\varphi & \cos\varphi & 0 \\ 0 & 0 & 1 \end{bmatrix}\begin{bmatrix} 1 \\ 0 \\ 0 \end{bmatrix} = \cos\varphi\mathbf{i} - \sin\varphi\mathbf{j} \tag{1-387}$$

$$\frac{{}^{\mathrm{B}}\mathrm{d}}{\mathrm{d}t}\left(\frac{{}^{\mathrm{A}}\mathrm{d}\boldsymbol{r}}{\mathrm{d}t}\right) = -\dot{\varphi}\sin\varphi\mathbf{i} - \dot{\varphi}\cos\varphi\mathbf{j} \tag{1-388}$$

$${}^{\mathrm{A}}\left[\frac{{}^{\mathrm{A}}\mathrm{d}}{\mathrm{d}t}\left(\frac{{}^{\mathrm{B}}\mathrm{d}\boldsymbol{r}}{\mathrm{d}t}\right)\right] = \boldsymbol{R}_{Z,\varphi}\left[\frac{{}^{\mathrm{B}}\mathrm{d}}{\mathrm{d}t}\left(\frac{{}^{\mathrm{A}}\mathrm{d}\boldsymbol{r}}{\mathrm{d}t}\right)\right] = -\dot{\varphi}\begin{bmatrix} \cos\varphi & -\sin\varphi & 0 \\ \sin\varphi & \cos\varphi & 0 \\ 0 & 0 & 1 \end{bmatrix}\begin{bmatrix} \sin\varphi \\ \cos\varphi \\ 0 \end{bmatrix} = -\dot{\varphi}\mathbf{J} \tag{1-389}$$

再求另一个：

$${}^{\mathrm{B}}\boldsymbol{r} = \boldsymbol{R}_{Z,\varphi}^{\mathrm{T}}[t\mathbf{I}] = t\cos\varphi\mathbf{i} - t\sin\varphi\mathbf{j} \tag{1-390}$$

可得：

$$\frac{{}^{\mathrm{B}}\mathrm{d}\boldsymbol{r}}{\mathrm{d}t} = (-t\dot{\varphi}\sin\varphi + \cos\varphi)\mathbf{i} - (\sin\varphi + t\dot{\varphi}\cos\varphi)\mathbf{j} \tag{1-391}$$

$$\begin{aligned} {}^{\mathrm{A}}\left(\frac{{}^{\mathrm{B}}\mathrm{d}\boldsymbol{r}}{\mathrm{d}t}\right) &= {}^{\mathrm{A}}_{\mathrm{B}}\dot{\boldsymbol{r}} = \boldsymbol{R}_{Z,\varphi}[(-t\dot{\varphi}\sin\varphi + \cos\varphi)\mathbf{i} - (\sin\varphi + t\dot{\varphi}\cos\varphi)\mathbf{j}] \\ &= \begin{bmatrix} \cos\varphi & -\sin\varphi & 0 \\ \sin\varphi & \cos\varphi & 0 \\ 0 & 0 & 1 \end{bmatrix}\begin{bmatrix} -t\dot{\varphi}\sin\varphi + \cos\varphi \\ -\sin\varphi - t\dot{\varphi}\cos\varphi \\ 0 \end{bmatrix} = \mathbf{I} - t\dot{\varphi}\mathbf{J} \end{aligned} \tag{1-392}$$

可得：

$$\frac{{}^{\mathrm{A}}\mathrm{d}}{\mathrm{d}t}\left(\frac{{}^{\mathrm{B}}\mathrm{d}\boldsymbol{r}}{\mathrm{d}t}\right) = -(\dot{\varphi} + t\ddot{\varphi})\mathbf{J} \neq {}^{\mathrm{A}}\left[\frac{{}^{\mathrm{A}}\mathrm{d}}{\mathrm{d}t}\left(\frac{{}^{\mathrm{B}}\mathrm{d}\boldsymbol{r}}{\mathrm{d}t}\right)\right] = -\dot{\varphi}\mathbf{J} \tag{1-393}$$

1.7 点的速度、角加速度和加速度

如图 1.13 所示，在主坐标系 A($OXYZ$) 内有一次坐标系 B($Oxyz$)。次坐标系相对于主坐标系有旋转有平移。此时，次坐标系内的一点 P 的主坐标与次坐标的相对关系可以用以下方程表示：

$$ {}^{\mathrm{A}}\boldsymbol{r}_P = {}^{\mathrm{A}}\boldsymbol{R}_{\mathrm{B}}\,{}^{\mathrm{B}}\boldsymbol{r}_P + {}^{\mathrm{A}}\boldsymbol{d}_{\mathrm{B}} \tag{1-394} $$

式中，${}^{\mathrm{A}}\boldsymbol{d}_{\mathrm{B}}$ 表示次坐标系原点 O 相对于主坐标系原点 O 的位移。

注意，${}^{\mathrm{A}}\boldsymbol{r}_P \neq {}^{\mathrm{B}}\boldsymbol{r}_P + {}^{\mathrm{A}}\boldsymbol{d}_{\mathrm{B}}$。

从图 1.13 看好像有 ${}^{\mathrm{A}}\boldsymbol{r}_P = {}^{\mathrm{B}}\boldsymbol{r}_P + {}^{\mathrm{A}}\boldsymbol{d}_{\mathrm{B}}$，但是从方程上来看，左上角上标不一致，也就是说 3 个矢量不在同一个坐标系，这时是不能直接相加的。因此，${}^{\mathrm{A}}\boldsymbol{r}_P = {}^{\mathrm{A}}\boldsymbol{R}_{\mathrm{B}}\,{}^{\mathrm{B}}\boldsymbol{r}_P + {}^{\mathrm{A}}\boldsymbol{d}_{\mathrm{B}}$，关系如图 1.13 黑色平行四边形所示。

点 P 在 A 中的速度为：

$$ \begin{aligned} {}^{\mathrm{A}}\boldsymbol{v}_P &= {}^{\mathrm{A}}\dot{\boldsymbol{r}}_P = {}^{\mathrm{A}}\dot{\boldsymbol{R}}_{\mathrm{B}}\,{}^{\mathrm{B}}\boldsymbol{r}_P + {}^{\mathrm{A}}\dot{\boldsymbol{d}}_{\mathrm{B}} = ({}^{\mathrm{A}}\dot{\boldsymbol{R}}_{\mathrm{B}}\,{}^{\mathrm{A}}\boldsymbol{R}_{\mathrm{B}}^{\mathrm{T}})({}^{\mathrm{A}}\boldsymbol{R}_{\mathrm{B}}\,{}^{\mathrm{B}}\boldsymbol{r}_P) + {}^{\mathrm{A}}\dot{\boldsymbol{d}}_{\mathrm{B}} = {}_{\mathrm{A}}\tilde{\omega}_{\mathrm{B}}({}^{\mathrm{A}}\boldsymbol{R}_{\mathrm{B}}\,{}^{\mathrm{B}}\boldsymbol{r}_P) + {}^{\mathrm{A}}\dot{\boldsymbol{d}}_{\mathrm{B}} \\ &= {}_{\mathrm{A}}\tilde{\omega}_{\mathrm{B}}({}^{\mathrm{A}}\boldsymbol{r}_P - {}^{\mathrm{A}}\boldsymbol{d}_{\mathrm{B}}) + {}^{\mathrm{A}}\dot{\boldsymbol{d}}_{\mathrm{B}} = {}_{\mathrm{A}}\boldsymbol{\omega}_{\mathrm{B}} \times ({}^{\mathrm{A}}\boldsymbol{r}_P - {}^{\mathrm{A}}\boldsymbol{d}_{\mathrm{B}}) + {}^{\mathrm{A}}\dot{\boldsymbol{d}}_{\mathrm{B}} \end{aligned} \tag{1-395} $$

证明 9：将速度直接用微分表达可得：

$$ {}^{\mathrm{A}}\boldsymbol{v}_P = \frac{{}^{\mathrm{A}}\mathrm{d}}{\mathrm{d}t}\,{}^{\mathrm{A}}\boldsymbol{r}_P = {}^{\mathrm{A}}\dot{\boldsymbol{r}}_P = \frac{{}^{\mathrm{A}}\mathrm{d}}{\mathrm{d}t}({}^{\mathrm{A}}\boldsymbol{R}_{\mathrm{B}}\,{}^{\mathrm{B}}\boldsymbol{r}_P + {}^{\mathrm{A}}\boldsymbol{d}_{\mathrm{B}}) = {}^{\mathrm{A}}\dot{\boldsymbol{R}}_{\mathrm{B}}\,{}^{\mathrm{B}}\boldsymbol{r}_P + {}^{\mathrm{A}}\boldsymbol{d}_{\mathrm{B}} \tag{1-396} $$

次坐标系中的位置矢量 ${}^{\mathrm{B}}\boldsymbol{r}_P$ 可以通过式（1-323）代入而得到：

$$ \begin{aligned} {}^{\mathrm{A}}\boldsymbol{v}_P &= {}^{\mathrm{A}}\dot{\boldsymbol{r}}_P = {}^{\mathrm{A}}\dot{\boldsymbol{R}}_{\mathrm{B}}\,{}^{\mathrm{B}}\boldsymbol{r}_P + {}^{\mathrm{A}}\dot{\boldsymbol{d}}_{\mathrm{B}} = ({}^{\mathrm{A}}\dot{\boldsymbol{R}}_{\mathrm{B}}\,{}^{\mathrm{A}}\boldsymbol{R}_{\mathrm{B}}^{\mathrm{T}})({}^{\mathrm{A}}\boldsymbol{R}_{\mathrm{B}}\,{}^{\mathrm{B}}\boldsymbol{r}_P) + {}^{\mathrm{A}}\dot{\boldsymbol{d}}_{\mathrm{B}} \\ &= {}_{\mathrm{A}}\tilde{\omega}_{\mathrm{B}}({}^{\mathrm{A}}\boldsymbol{r}_P - {}^{\mathrm{A}}\boldsymbol{d}_{\mathrm{B}}) + {}^{\mathrm{A}}\dot{\boldsymbol{d}}_{\mathrm{B}} = {}_{\mathrm{A}}\boldsymbol{\omega}_{\mathrm{B}} \times ({}^{\mathrm{A}}\boldsymbol{r}_P - {}^{\mathrm{A}}\boldsymbol{d}_{\mathrm{B}}) + {}^{\mathrm{A}}\boldsymbol{d}_{\mathrm{B}} \end{aligned} \tag{1-397} $$

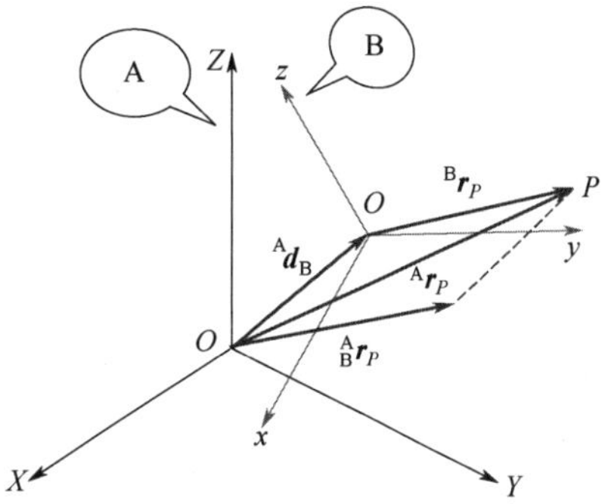

图 1.13　当次坐标系相对于主坐标系有相对位移时 P 点的速度

其中：

$$ {}^{\mathrm{A}}\boldsymbol{r}_P = {}^{\mathrm{A}}\boldsymbol{R}_{\mathrm{B}}\,{}^{\mathrm{B}}\boldsymbol{r}_P + {}^{\mathrm{A}}\boldsymbol{d}_{\mathrm{B}} \tag{1-398} $$

如果将 ${}^{\mathrm{A}}_{\mathrm{B}}\boldsymbol{r}_P$ 定义为：

$$ {}^{\mathrm{A}}_{\mathrm{B}}\boldsymbol{r}_P = {}^{\mathrm{A}}\boldsymbol{R}_{\mathrm{B}}\,{}^{\mathrm{B}}\boldsymbol{r}_P = {}^{\mathrm{A}}\boldsymbol{r}_P - {}^{\mathrm{A}}\boldsymbol{d}_{\mathrm{B}} \tag{1-399} $$

也可以用相对位移矢量将式（1-399）写成：

$$ {}^{\mathrm{A}}\boldsymbol{v}_P = {}_{\mathrm{A}}\boldsymbol{\omega}_{\mathrm{B}} \times {}^{\mathrm{A}}_{\mathrm{B}}\boldsymbol{r}_P + {}^{\mathrm{A}}\dot{\boldsymbol{d}}_{\mathrm{B}} \tag{1-400} $$

案例 47　P 点速度的物理学解释。

从图 1.14 来看，图中给出了次坐标系上的一固定点 P，通过前面的证明可知 P 点在主坐标系中的速度为：

$$ {}^{\mathrm{A}}\boldsymbol{v}_P = {}_{\mathrm{A}}\boldsymbol{\omega}_{\mathrm{B}} \times {}^{\mathrm{A}}_{\mathrm{B}}\boldsymbol{r}_P + {}^{\mathrm{A}}\dot{\boldsymbol{d}}_{\mathrm{B}} \tag{1-401} $$

从图 1.14 可以看到，次坐标系和主坐标系原点不同，并且次坐标系相对于主坐标系而言有相对位移和转动，相对转动轴为 $\boldsymbol{e}$，转动角速度为 $\boldsymbol{\omega}$，平移速度为 ${}^{\mathrm{A}}\dot{\boldsymbol{d}}_{\mathrm{B}}$。这时，平移速度 ${}^{\mathrm{A}}\dot{\boldsymbol{d}}_{\mathrm{B}}$ 是次坐标系上所有点的共同属性，而旋转速度 ${}_{\mathrm{A}}\boldsymbol{\omega}_{\mathrm{B}} \times {}^{\mathrm{A}}_{\mathrm{B}}\boldsymbol{r}_P$ 对于次坐标系上的不同位置的点而言却不一定是相同的。

案例 48　次坐标系内运动点的速度。

假设图 1.13 中的点 P 在坐标系 B 中运动，也就是说，P 点的位置矢量是一个随时间变化的矢量，可记为 ${}^{\mathrm{B}}\boldsymbol{r}_P(t)$。点 P 在坐标系 A 中的速度是点 P 在 B 中相对于 A 的速度，加上 B

相对于 A 的旋转速度，以及 B 相对于 A 的平移速度的矢量和。

$$\frac{{}^{\mathrm{A}}\mathrm{d}}{\mathrm{d}t}{}^{\mathrm{A}}\boldsymbol{r}_P=\frac{{}^{\mathrm{A}}\mathrm{d}}{\mathrm{d}t}({}^{\mathrm{A}}\boldsymbol{R}_{\mathrm{B}}\,{}^{\mathrm{B}}\boldsymbol{r}_P+{}^{\mathrm{A}}\boldsymbol{d}_{\mathrm{B}})={}^{\mathrm{A}}\dot{\boldsymbol{R}}_{\mathrm{B}}\,{}^{\mathrm{B}}\boldsymbol{r}_P+{}^{\mathrm{A}}\boldsymbol{R}_{\mathrm{B}}\,{}^{\mathrm{B}}\dot{\boldsymbol{r}}_P+{}^{\mathrm{A}}\dot{\boldsymbol{d}}_{\mathrm{B}}={}_{\mathrm{A}}\boldsymbol{\omega}_{\mathrm{B}}\times{}_{\mathrm{B}}^{\mathrm{A}}\boldsymbol{r}_P+{}_{\mathrm{B}}^{\mathrm{A}}\dot{\boldsymbol{r}}_P+{}^{\mathrm{A}}\dot{\boldsymbol{d}}_{\mathrm{B}} \quad (1\text{-}402)$$

案例 49　多个坐标系里点的速度。

假设有三个坐标系：B_0、B_1 和 B_2，如图 1.15 所示。P 点的速度可以在一个坐标系中测量和表示出来。如果它在一个坐标系中静止，如 B_2，那么 ${}^{2}\boldsymbol{r}_P$ 的时间导数为零。如果 B_2 相对于坐标系 B_1 是不断运动的，而 ${}^{1}\boldsymbol{r}_P$ 的时间导数表示的是坐标系 B_2 相对于坐标系 B_1 旋转速度和平移速度的矢量和。

一般情况下，希望速度能够在主坐标系 B_0 中表示出来。因此，固定点 P 在主坐标系 B_0 中的速度要整合 B_2 相对于坐标系 B_1 的速度以及 B_1 相对于坐标系 B_0 的速度。

固定点 P 在主坐标系中表达为：

$${}^{0}\boldsymbol{r}_P={}^{0}\boldsymbol{d}_1+{}_{1}^{0}\boldsymbol{d}_2+{}_{2}^{0}\boldsymbol{r}_P={}^{0}\boldsymbol{d}_1+{}^{0}\boldsymbol{R}_1\,{}^{1}\boldsymbol{d}_2+{}^{0}\boldsymbol{R}_2\,{}^{2}\boldsymbol{r}_P \quad (1\text{-}403)$$

因此，固定点 P 的速度可以通过式（1-403）求出：

$${}^{0}\dot{\boldsymbol{r}}_P={}^{0}\dot{\boldsymbol{d}}_1+({}^{0}\dot{\boldsymbol{R}}_1\,{}^{1}\boldsymbol{d}_2+{}^{0}\boldsymbol{R}_1\,{}^{1}\dot{\boldsymbol{d}}_2)+{}^{0}\dot{\boldsymbol{R}}_2\,{}^{2}\boldsymbol{r}_p={}^{0}\dot{\boldsymbol{d}}_1+{}_{0}^{0}\boldsymbol{\omega}_1\times{}_{1}^{0}\boldsymbol{d}_2+{}^{0}\boldsymbol{R}_1\,{}^{1}\dot{\boldsymbol{d}}_2+{}_{0}^{0}\boldsymbol{\omega}_2\times{}_{2}^{0}\boldsymbol{r}_p \quad (1\text{-}404)$$

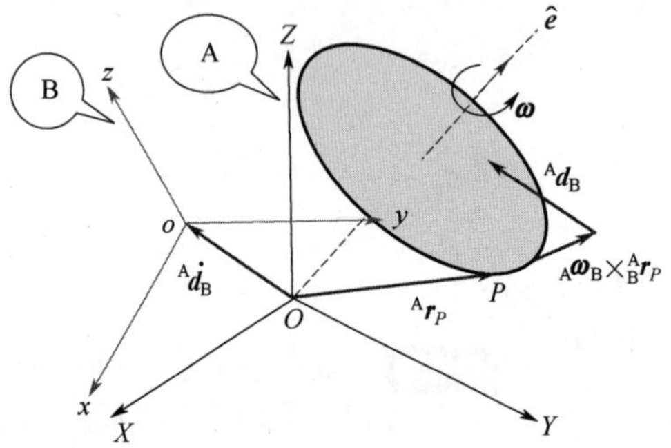

图 1.14　当次坐标系相对于主坐标系既有平移又有旋转时，其上一点 P 的主坐标速度

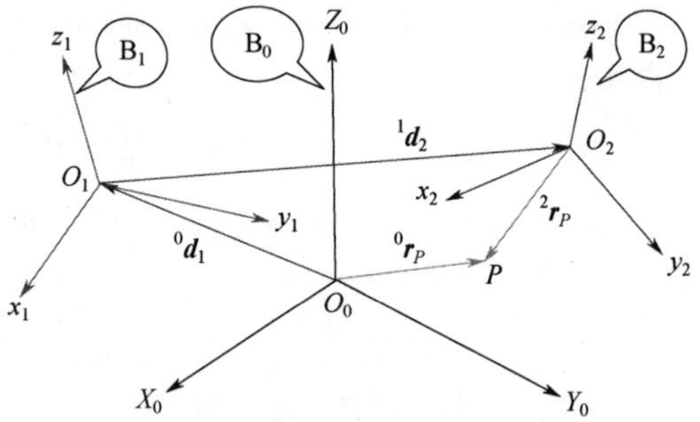

图 1.15　当研究 3 个坐标系相对运动时的情况示意图

一般情况下，用相对速度的方式能更好地表达出式（1-403）：

$${}_{0}^{0}\boldsymbol{v}_P={}_{0}^{0}\boldsymbol{v}_1+{}_{1}^{0}\boldsymbol{v}_2+{}_{2}^{0}\boldsymbol{v}_P \quad (1\text{-}405)$$

其中：

$${}_{0}^{0}\boldsymbol{v}_1={}^{0}\dot{\boldsymbol{d}}_1 \quad (1\text{-}406)$$

$${}_{1}^{0}\boldsymbol{v}_2={}_{0}^{0}\boldsymbol{\omega}_1\times{}_{1}^{0}\boldsymbol{d}_2+{}^{0}\boldsymbol{R}_1\,{}^{1}\dot{\boldsymbol{d}}_2 \quad (1\text{-}407)$$

$${}_{2}^{0}\boldsymbol{v}_P={}_{0}^{0}\boldsymbol{\omega}_2\times{}_{2}^{0}\boldsymbol{r}_P \quad (1\text{-}408)$$

总之：

$${}^{0}\dot{\boldsymbol{r}}_P={}^{0}\dot{\boldsymbol{d}}_1+{}_{0}^{0}\boldsymbol{\omega}_1\times{}_{1}^{0}\boldsymbol{d}_2+{}^{0}\boldsymbol{R}_1\,{}^{1}\dot{\boldsymbol{d}}_2+{}_{0}^{0}\boldsymbol{\omega}_2\times{}_{2}^{0}\boldsymbol{r}_P \quad (1\text{-}409)$$

案例 50　速度矢量是自由矢量，所以当让它们在不同的坐标系之间转换时，仅仅需要在它们前面乘一个旋转矩阵。因此，假设 ${}_{j}^{k}\boldsymbol{v}_i$ 表示坐标系 B_i 相对于另一坐标系 B_j 的速度在坐标系 B_k 中表达出来。根据前面内容可知：

$${}_{j}^{k}\boldsymbol{v}_i=-{}_{i}^{k}\boldsymbol{v}_j \quad (1\text{-}410)$$

$$ {}_j^k\boldsymbol{v}_i = {}^k\boldsymbol{R}_m \; {}_j^m\boldsymbol{v}_i \tag{1-411}$$

因此有：

$$ \frac{{}^i\mathrm{d}}{\mathrm{d}t}({}_i^i\boldsymbol{r}_P) = {}^i\boldsymbol{v}_P = {}_j^i\boldsymbol{v}_P + {}_i^i\boldsymbol{\omega}_j \times {}_j^i\boldsymbol{r}_P \tag{1-412}$$

案例 51　速度零点。

可以利用式（1-324），找到任何时候速度都为零的一点，也就是将方程直接等于零求解。

$$ {}^{\mathrm{A}}\boldsymbol{v}_P = {}_{\mathrm{A}}\tilde{\omega}_{\mathrm{B}}({}^{\mathrm{A}}\boldsymbol{r}_0 - {}^{\mathrm{A}}\boldsymbol{d}_{\mathrm{B}}) + {}^{\mathrm{A}}\dot{\boldsymbol{d}}_{\mathrm{B}} = 0 \tag{1-413}$$

由此，可以找到速度零点：

$$ {}^{\mathrm{A}}\boldsymbol{r}_0 = {}^{\mathrm{A}}\boldsymbol{d}_{\mathrm{B}} - {}_{\mathrm{A}}\tilde{\omega}_{\mathrm{B}}^{-1} \; {}^{\mathrm{A}}\dot{\boldsymbol{d}}_{\mathrm{B}} \tag{1-414}$$

然而，斜交矩阵 ${}_{\mathrm{A}}\tilde{\omega}_{\mathrm{B}}$ 是一个奇异矩阵，没有逆矩阵存在。换句话说，式（1-414）没有一般的解。

如果给自己加强条件，将式（1-414）变为平面内求解的话。例如 XY-平面，此时的 ${}_{\mathrm{A}}\boldsymbol{\omega}_{\mathrm{B}} = \omega\mathbf{k}$ ，而且有 ${}_{\mathrm{A}}\tilde{\omega}_{\mathrm{B}}^{-1} = 1/\omega$ 。因此，对于二维平面来说，总是存在一个点在任何时候速度都为零，该点的位置在 ${}^{\mathrm{A}}\boldsymbol{r}_0(t)$：

$$ {}^{\mathrm{A}}\boldsymbol{r}_0(t) = {}^{\mathrm{A}}\boldsymbol{d}_{\mathrm{B}}(t) - \frac{1}{\omega}\,{}^{\mathrm{A}}\dot{\boldsymbol{d}}_{\mathrm{B}}(t) \tag{1-415}$$

速度零点称为极点或者瞬时旋转中心，简称瞬心。瞬心的位置往往是随着时间改变的函数，它的运动路径称为一条瞬心轨迹。

说明，一般情况下：

$$ {}_{\mathrm{A}}\tilde{\omega}_{\mathrm{B}} = \begin{bmatrix} 0 & -\omega_3 & \omega_2 \\ \omega_3 & 0 & -\omega_1 \\ -\omega_2 & \omega_1 & 0 \end{bmatrix} \tag{1-416}$$

$$ \left|{}_{\mathrm{A}}\tilde{\omega}_{\mathrm{B}}\right| = \begin{vmatrix} 0 & -\omega_3 & \omega_2 \\ \omega_3 & 0 & -\omega_1 \\ -\omega_2 & \omega_1 & 0 \end{vmatrix} = 0 \tag{1-417}$$

也就是说，${}_{\mathrm{A}}\tilde{\omega}_{\mathrm{B}}$ 是一个奇异矩阵，没有逆矩阵存在。

但是如果仅仅是在 XY-平面内讨论，可以将 ${}_{\mathrm{A}}\tilde{\omega}_{\mathrm{B}}$ 进行化简：

$$ {}_{\mathrm{A}}\tilde{\omega}_{\mathrm{B}} = \begin{bmatrix} 0 & -\omega_3 & 0 \\ \omega_3 & 0 & 0 \\ 0 & 0 & 0 \end{bmatrix} \tag{1-418}$$

将三维问题降为二维问题的话，有：

$$ {}_{\mathrm{A}}\tilde{\omega}_{\mathrm{B}} = \begin{bmatrix} 0 & -\omega_3 \\ \omega_3 & 0 \end{bmatrix} = \omega_3\begin{bmatrix} 0 & -1 \\ 1 & 0 \end{bmatrix} \tag{1-419}$$

那么它的逆矩阵就可以找到了：

$$
{}_{\mathrm{A}}\tilde{\omega}_{\mathrm{B}}^{-1}=\begin{bmatrix}0 & \dfrac{1}{\omega_3}\\ -\dfrac{1}{\omega_3} & 0\end{bmatrix}=\frac{1}{\omega_3}\begin{bmatrix}0 & 1\\ -1 & 0\end{bmatrix} \tag{1-420}
$$

因此，式（1-415）有解，速度为零的瞬心位置可求。

案例 52 欧拉视角和拉格朗日视角的瞬心轨迹。

当一个变量在静态的主坐标系中被测量，我们称之为绝对的或拉格朗日的视角。相对应的是，当变量在动态的次坐标系中被测量，我们称之为相对的或欧拉的视角。

在二维平面运动的坐标系，总是存在一个瞬心，它的位置已经讨论过，是在：

$$
{}^{\mathrm{A}}\boldsymbol{r}_0={}^{\mathrm{A}}\boldsymbol{d}_{\mathrm{B}}-\frac{1}{\omega}\ {}^{\mathrm{A}}\dot{\boldsymbol{d}}_{\mathrm{B}} \tag{1-421}
$$

在次坐标系中瞬心的位置可以通过将 ${}^{\mathrm{A}}\boldsymbol{r}_0$ 替换后得到：

$$
{}^{\mathrm{A}}\boldsymbol{r}_0={}^{\mathrm{A}}\boldsymbol{R}_{\mathrm{B}}\ {}^{\mathrm{B}}\boldsymbol{r}_0+{}^{\mathrm{A}}\boldsymbol{d}_{\mathrm{B}}={}^{\mathrm{A}}\boldsymbol{d}_{\mathrm{B}}-{}_{\mathrm{A}}\tilde{\omega}_{\mathrm{B}}^{-1}\ {}^{\mathrm{A}}\dot{\boldsymbol{d}}_{\mathrm{B}} \tag{1-422}
$$

解出式（1-422）中的 ${}^{\mathrm{B}}\boldsymbol{r}_0$ 可得到：

$$
\begin{aligned}
{}^{\mathrm{B}}\boldsymbol{r}_0&=-{}^{\mathrm{A}}\boldsymbol{R}_{\mathrm{B}}^{\mathrm{T}}\ {}_{\mathrm{A}}\tilde{\omega}_{\mathrm{B}}^{-1}\ {}^{\mathrm{A}}\dot{\boldsymbol{d}}_{\mathrm{B}}=-{}^{\mathrm{A}}\boldsymbol{R}_{\mathrm{B}}^{\mathrm{T}}\left[{}^{\mathrm{A}}\dot{\boldsymbol{R}}_{\mathrm{B}}\ {}^{\mathrm{A}}\boldsymbol{R}_{\mathrm{B}}^{\mathrm{T}}\right]^{-1}\ {}^{\mathrm{A}}\dot{\boldsymbol{d}}_{\mathrm{B}}\\
&=-{}^{\mathrm{A}}\boldsymbol{R}_{\mathrm{B}}^{\mathrm{T}}\left[{}^{\mathrm{A}}\boldsymbol{R}_{\mathrm{B}}\ {}^{\mathrm{A}}\dot{\boldsymbol{R}}_{\mathrm{B}}^{-1}\right]{}^{\mathrm{A}}\dot{\boldsymbol{d}}_{\mathrm{B}}=-{}^{\mathrm{A}}\dot{\boldsymbol{R}}_{\mathrm{B}}^{-1}\ {}^{\mathrm{A}}\dot{\boldsymbol{d}}_{\mathrm{B}}
\end{aligned} \tag{1-423}
$$

因此，${}^{\mathrm{A}}\boldsymbol{r}_0$ 表示在主坐标系中瞬心运动轨迹，而 ${}^{\mathrm{B}}\boldsymbol{r}_0$ 表示在次坐标系中瞬心运动轨迹。${}^{\mathrm{A}}\boldsymbol{r}_0$ 表示拉格朗日瞬心轨迹，而 ${}^{\mathrm{B}}\boldsymbol{r}_0$ 表示欧拉瞬心轨迹。

接下来研究角加速度。

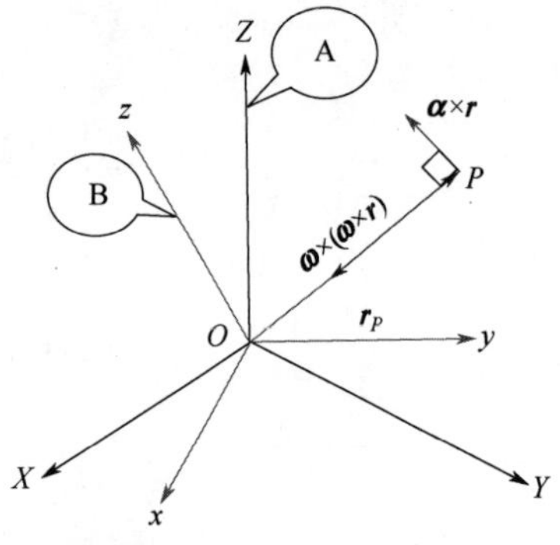

图 1.16 次坐标系统主坐标系旋转时 P 点的角加速度

假设一个次坐标系 B($Oxyz$) 和主坐标系 A($OXYZ$) 有共同原点 O，同时次坐标系绕主坐标系旋转，如图 1.16 所示。

式（1-424）表示了原点固定的次坐标系中一点的速度矢量，不考虑平移只考虑旋转：

$$
{}^{\mathrm{A}}\dot{\boldsymbol{r}}(t)={}^{\mathrm{A}}\boldsymbol{v}(t)={}_{\mathrm{A}}\tilde{\omega}_{\mathrm{B}}\ {}^{\mathrm{A}}\boldsymbol{r}(t)={}_{\mathrm{A}}\boldsymbol{\omega}_{\mathrm{B}}\times{}^{\mathrm{A}}\boldsymbol{r}(t) \tag{1-424}
$$

对其进一步求导可以得到该点的加速度矢量：

$$
\begin{aligned}
{}^{\mathrm{A}}\ddot{\boldsymbol{r}}(t)&=\frac{{}^{\mathrm{A}}\mathrm{d}}{\mathrm{d}t}\ {}^{\mathrm{A}}\dot{\boldsymbol{r}}(t)={}_{\mathrm{A}}\boldsymbol{\alpha}_{\mathrm{B}}\times{}^{\mathrm{A}}\boldsymbol{r}+{}_{\mathrm{A}}\boldsymbol{\omega}_{\mathrm{B}}\times\left({}_{\mathrm{A}}\boldsymbol{\omega}_{\mathrm{B}}\times{}^{\mathrm{A}}\boldsymbol{r}\right)\\
&=(\ddot{\phi}\boldsymbol{u}+\dot{\phi}\dot{\boldsymbol{u}})\times{}^{\mathrm{A}}\boldsymbol{r}+\dot{\phi}^2\boldsymbol{u}\times\left(\boldsymbol{u}\times{}^{\mathrm{A}}\boldsymbol{r}\right)
\end{aligned} \tag{1-425}
$$

式中，${}_{\mathrm{A}}\boldsymbol{\alpha}_{\mathrm{B}}$ 表示次坐标系 B 相对于主坐标系 A 的角加速度。

$$
{}_{\mathrm{A}}\boldsymbol{\alpha}_{\mathrm{B}}=\frac{{}^{\mathrm{A}}\mathrm{d}}{\mathrm{d}t}\ {}_{\mathrm{A}}\boldsymbol{\omega}_{\mathrm{B}} \tag{1-426}
$$

证明 10：根据微分定理可得：

$$
{}^{\mathrm{A}}\ddot{\boldsymbol{r}}={}_{\mathrm{A}}\dot{\boldsymbol{\omega}}_{\mathrm{B}}\times{}^{\mathrm{A}}\boldsymbol{r}+{}_{\mathrm{A}}\boldsymbol{\omega}_{\mathrm{B}}\times{}^{\mathrm{A}}\dot{\boldsymbol{r}}={}_{\mathrm{A}}\boldsymbol{\alpha}_{\mathrm{B}}\times{}^{\mathrm{A}}\boldsymbol{r}+{}_{\mathrm{A}}\boldsymbol{\omega}_{\mathrm{B}}\times({}_{\mathrm{A}}\boldsymbol{\omega}_{\mathrm{B}}\times{}^{\mathrm{A}}\boldsymbol{r}) \tag{1-427}
$$

又因为：

$$
\boldsymbol{\omega}=\dot{\phi}\boldsymbol{u} \tag{1-428}
$$

$$
\boldsymbol{\alpha}=\ddot{\phi}\boldsymbol{u}+\dot{\phi}\dot{\boldsymbol{u}} \tag{1-429}
$$

代入式（1-427）后可得：

$$ {}^{\mathrm{A}}\ddot{\boldsymbol{r}}(t)=(\ddot{\phi}\boldsymbol{u}+\dot{\phi}\dot{\boldsymbol{u}})\times{}^{\mathrm{A}}\boldsymbol{r}+\dot{\phi}^{2}\boldsymbol{u}\times(\boldsymbol{u}\times{}^{\mathrm{A}}\boldsymbol{r}) \tag{1-430}$$

将次坐标系内一点 P 的位置、速度和加速度写在一起可得：

$$ {}^{\mathrm{B}}\boldsymbol{r}_{P}=x\mathbf{i}+y\mathbf{j}+z\mathbf{k} \tag{1-431}$$

$$ {}^{\mathrm{A}}\boldsymbol{v}_{P}={}^{\mathrm{B}}_{\mathrm{A}}\dot{\boldsymbol{r}}_{P}=\frac{{}^{\mathrm{A}}\mathrm{d}}{\mathrm{d}t}\,{}^{\mathrm{B}}\boldsymbol{r}_{P}={}_{\mathrm{A}}\boldsymbol{\omega}_{\mathrm{B}}\times{}^{\mathrm{A}}\boldsymbol{r} \tag{1-432}$$

$$ {}^{\mathrm{A}}\boldsymbol{\alpha}_{P}={}^{\mathrm{A}}\dot{\boldsymbol{v}}_{P}={}^{\mathrm{A}}\ddot{\boldsymbol{r}}=\frac{{}^{\mathrm{A}}\mathrm{d}^{2}}{\mathrm{d}t^{2}}\,{}^{\mathrm{B}}\boldsymbol{r}_{P}={}_{\mathrm{A}}\boldsymbol{\alpha}_{\mathrm{B}}\times{}^{\mathrm{A}}\boldsymbol{r}+{}_{\mathrm{A}}\boldsymbol{\omega}_{\mathrm{B}}\times({}_{\mathrm{A}}\boldsymbol{\omega}_{\mathrm{B}}\times{}^{\mathrm{A}}\boldsymbol{r}) \tag{1-433}$$

次坐标系中表达角加速度就是将角加速度矢量在次坐标系中求导。在此，用到万能求导转换式（1-343）如下：

$$ {}^{\mathrm{B}}_{\mathrm{A}}\boldsymbol{\alpha}_{\mathrm{B}}=\frac{{}^{\mathrm{A}}\mathrm{d}}{\mathrm{d}t}\,{}^{\mathrm{B}}_{\mathrm{A}}\boldsymbol{\omega}_{\mathrm{B}}=\frac{{}^{\mathrm{B}}\mathrm{d}}{\mathrm{d}t}\,{}^{\mathrm{B}}_{\mathrm{A}}\boldsymbol{\omega}_{\mathrm{B}}+{}^{\mathrm{B}}_{\mathrm{A}}\boldsymbol{\omega}_{\mathrm{B}}\times{}^{\mathrm{B}}_{\mathrm{A}}\boldsymbol{\omega}_{\mathrm{B}}=\frac{{}^{\mathrm{B}}\mathrm{d}}{\mathrm{d}t}\,{}^{\mathrm{B}}_{\mathrm{A}}\boldsymbol{\omega}_{\mathrm{B}}={}^{\mathrm{B}}_{\mathrm{A}}\dot{\boldsymbol{\omega}}_{\mathrm{B}} \tag{1-434}$$

次坐标系相对于主坐标系的角加速度通常表示为：

$$ {}_{\mathrm{A}}\boldsymbol{\alpha}_{\mathrm{B}}={}_{\mathrm{A}}\alpha_{\mathrm{B}}\boldsymbol{u}_{\alpha} \tag{1-435}$$

式中，$\boldsymbol{u}_{\alpha}$ 是平行于 ${}_{\mathrm{A}}\boldsymbol{\alpha}_{\mathrm{B}}$ 的单位向量。一般来说，角速度和角加速度矢量不是相互平行的，因此：

$$ \boldsymbol{u}_{\alpha}\neq\boldsymbol{u}_{\omega} \tag{1-436}$$

$$ {}_{\mathrm{A}}\boldsymbol{\alpha}_{\mathrm{B}}\neq{}_{\mathrm{A}}\dot{\boldsymbol{\omega}}_{\mathrm{B}} \tag{1-437}$$

但是也有一种特殊情况，当旋转轴在主次坐标系都是固定点，这时有：

$$ {}_{\mathrm{A}}\boldsymbol{\alpha}_{\mathrm{B}}=\alpha\boldsymbol{u}=\dot{\omega}\boldsymbol{u}=\ddot{\phi}\boldsymbol{u} \tag{1-438}$$

下面来看两个具体案例。

案例 53 单摆的速度和加速度。

一个质点固结于无质量棒下端，棒的上端连接一旋转铰链节点称为单摆。如图 1.17 所示，次坐标系 B 固结于单摆上在主坐标系 A 中旋转。钟摆的位置矢量和角速度矢量 ${}_{\mathrm{A}}\boldsymbol{\omega}_{\mathrm{B}}$ 为：

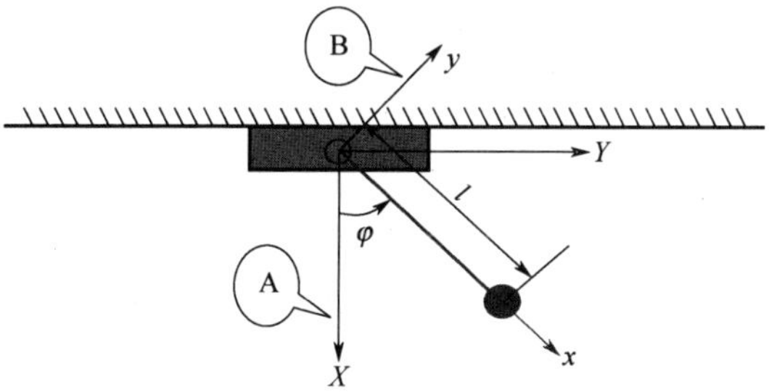

图 1.17 单摆的速度和加速度

$$ {}^{\mathrm{B}}\boldsymbol{r}=l\mathbf{i} \tag{1-439}$$

$$ {}^{\mathrm{A}}\boldsymbol{r}={}^{\mathrm{A}}\boldsymbol{R}_{\mathrm{B}}\,{}^{\mathrm{B}}\boldsymbol{r}=\begin{bmatrix} l\cos\varphi \\ l\sin\varphi \\ 0 \end{bmatrix} \tag{1-440}$$

$$ {}_{\mathrm{A}}^{\mathrm{B}}\boldsymbol{\omega}_{\mathrm{B}}=\dot{\varphi}\mathbf{k} \tag{1-441}$$

$$ {}_{\mathrm{A}}\boldsymbol{\omega}_{\mathrm{B}}={}^{\mathrm{A}}\boldsymbol{R}_{\mathrm{B}}\ {}_{\mathrm{A}}^{\mathrm{B}}\boldsymbol{\omega}_{\mathrm{B}}=\dot{\varphi}\mathbf{K} \tag{1-442}$$

$$ {}^{\mathrm{A}}\boldsymbol{R}_{\mathrm{B}}=\begin{bmatrix}\cos\varphi & -\sin\varphi & 0\\ \sin\varphi & \cos\varphi & 0\\ 0 & 0 & 1\end{bmatrix} \tag{1-443}$$

速度可以根据求导转换公式求得：

$$ {}_{\mathrm{A}}^{\mathrm{B}}\boldsymbol{v}={}^{\mathrm{B}}\dot{\boldsymbol{r}}+{}_{\mathrm{A}}^{\mathrm{B}}\boldsymbol{\omega}_{\mathrm{B}}\times{}_{\mathrm{A}}^{\mathrm{B}}\boldsymbol{r}=0+\dot{\varphi}\mathbf{k}\times l\mathbf{i}=l\dot{\varphi}\mathbf{j} \tag{1-444}$$

$$ {}^{\mathrm{A}}\boldsymbol{v}={}^{\mathrm{A}}\boldsymbol{R}_{\mathrm{B}}\ {}_{\mathrm{A}}^{\mathrm{B}}\boldsymbol{v}=\begin{bmatrix}-l\dot{\varphi}\sin\varphi\\ l\dot{\varphi}\cos\varphi\\ 0\end{bmatrix} \tag{1-445}$$

钟摆的加速度为：

$$ {}_{\mathrm{A}}^{\mathrm{B}}\boldsymbol{\alpha}={}_{\mathrm{A}}^{\mathrm{B}}\dot{\boldsymbol{v}}+{}_{\mathrm{A}}^{\mathrm{B}}\boldsymbol{\omega}_{\mathrm{B}}\times{}_{\mathrm{A}}^{\mathrm{B}}\boldsymbol{v}=l\ddot{\varphi}\mathbf{j}+\dot{\varphi}\mathbf{k}\times l\dot{\varphi}\mathbf{j}=l\ddot{\varphi}\mathbf{j}-l\dot{\varphi}^2\mathbf{i}=\begin{bmatrix}-l\dot{\varphi}^2\\ l\ddot{\varphi}\\ 0\end{bmatrix} \tag{1-446}$$

$$ {}^{\mathrm{A}}\boldsymbol{\alpha}={}^{\mathrm{A}}\boldsymbol{R}_{\mathrm{B}}\ {}_{\mathrm{A}}^{\mathrm{B}}\boldsymbol{\alpha}=\begin{bmatrix}-l\dot{\varphi}^2\cos\varphi-l\ddot{\varphi}\sin\varphi\\ -l\dot{\varphi}^2\sin\varphi+l\ddot{\varphi}\cos\varphi\\ 0\end{bmatrix} \tag{1-447}$$

案例 54 假设有一辆在地球上运动的车辆在北纬 45°，如图 1.18 所示。车辆的速度 $v={}_{\mathrm{E}}^{\mathrm{B}}\dot{r}=60\mathrm{km/h}=16.67\mathrm{m/s}$，并且加速度为 $\alpha={}_{\mathrm{E}}^{\mathrm{B}}\ddot{r}=0.05\mathrm{m/s^2}$，这都是相对于地面的值，地球的半径为 R。此时，将题目中已知条件用方程表示出来为：

$$ {}_{\mathrm{A}}^{\mathrm{B}}\boldsymbol{r}={}_{\mathrm{E}}^{\mathrm{B}}\boldsymbol{r}=R\mathbf{k}(\mathrm{m}) \tag{1-448}$$

$$ {}_{\mathrm{E}}^{\mathrm{B}}\dot{\boldsymbol{r}}=16.67\mathbf{i}(\mathrm{m/s}) \tag{1-449}$$

$$ {}_{\mathrm{E}}^{\mathrm{B}}\ddot{\boldsymbol{r}}=0.05\mathbf{i}(\mathrm{m/s^2}) \tag{1-450}$$

$$ \dot{\theta}=\frac{v}{R}(\mathrm{rad/s}) \tag{1-451}$$

$$ \ddot{\theta}=\frac{\alpha}{R}(\mathrm{rad/s}) \tag{1-452}$$

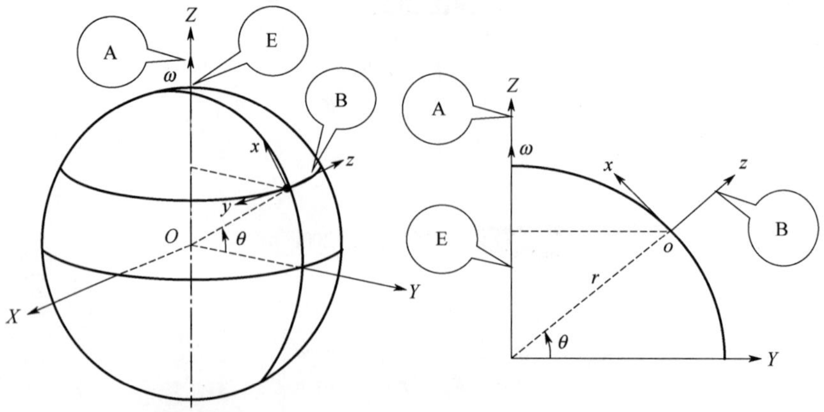

图 1.18 地球上行驶车辆的速度、角速度以及加速度

这里要考虑 3 个坐标系：次坐标系 B 和车辆固结在一起，如图 1.18 所示；主坐标系 A 在地球的中心建立；另一个坐标系为地球坐标系 E 原点和主坐标系重合，和地球一起真实地旋转。假设初始时刻地球坐标系 E 和主坐标系 A 重合。B 的角速度矢量为：

根据前面所求出的一般公式，代入具体的坐标系可得：

$$ {}_0\boldsymbol{\omega}_2 = {}_0\boldsymbol{\omega}_1 + {}_1^0\boldsymbol{\omega}_2 \tag{1-453}$$

$$ {}_{\mathrm{A}}\boldsymbol{\omega}_{\mathrm{B}} = {}_{\mathrm{A}}\boldsymbol{\omega}_{\mathrm{E}} + {}_{\mathrm{E}}^{\mathrm{A}}\boldsymbol{\omega}_{\mathrm{B}} \tag{1-454}$$

$$ {}_{\mathrm{A}}^{\mathrm{B}}\boldsymbol{\omega}_{\mathrm{B}} = {}^{\mathrm{B}}\boldsymbol{R}_{\mathrm{A}}\ {}_{\mathrm{A}}\boldsymbol{\omega}_{\mathrm{B}} = {}^{\mathrm{B}}\boldsymbol{R}_{\mathrm{A}}({}_{\mathrm{A}}\boldsymbol{\omega}_{\mathrm{E}} + {}_{\mathrm{E}}^{\mathrm{A}}\boldsymbol{\omega}_{\mathrm{B}}) = {}^{\mathrm{B}}\boldsymbol{R}_{\mathrm{A}}(\omega_{\mathrm{E}}\mathbf{K} + \dot{\theta}\mathbf{I}) \tag{1-455}$$

其中，${}^{\mathrm{B}}\boldsymbol{R}_{\mathrm{A}}$ 是假设主坐标系和次坐标系位置重合，然后，次坐标系从主坐标系旋转到图 1.18 所示位置时所经过的旋转：

$$ {}^{\mathrm{B}}\boldsymbol{R}_{\mathrm{A}} = R_{z,-\frac{\pi}{2}} R_{x,-\left(\frac{\pi}{2}-\theta\right)} = \begin{bmatrix} \cos\frac{\pi}{2} & -\sin\frac{\pi}{2} & 0 \\ \sin\frac{\pi}{2} & \cos\frac{\pi}{2} & 0 \\ 0 & 0 & 1 \end{bmatrix} \begin{bmatrix} 1 & 0 & 0 \\ 0 & \cos\left(\frac{\pi}{2}-\theta\right) & -\sin\left(\frac{\pi}{2}-\theta\right) \\ 0 & \sin\left(\frac{\pi}{2}-\theta\right) & \cos\left(\frac{\pi}{2}-\theta\right) \end{bmatrix} \tag{1-456}$$

$$ {}^{\mathrm{B}}\boldsymbol{R}_{\mathrm{A}} = \begin{bmatrix} 0 & -1 & 0 \\ 1 & 0 & 0 \\ 0 & 0 & 1 \end{bmatrix} \begin{bmatrix} 1 & 0 & 0 \\ 0 & \sin\theta & -\cos\theta \\ 0 & \cos\theta & \sin\theta \end{bmatrix} = \begin{bmatrix} 0 & -\sin\theta & \cos\theta \\ 1 & 0 & 0 \\ 0 & \cos\theta & \sin\theta \end{bmatrix} \tag{1-457}$$

$$ {}_{\mathrm{A}}^{\mathrm{B}}\boldsymbol{\omega}_{\mathrm{B}} = {}^{\mathrm{B}}\boldsymbol{R}_{\mathrm{A}}(\omega_{\mathrm{E}}\mathbf{K} + \dot{\theta}\mathbf{I}) = \begin{bmatrix} 0 & -\sin\theta & \cos\theta \\ 1 & 0 & 0 \\ 0 & \cos\theta & \sin\theta \end{bmatrix} \begin{bmatrix} \dot{\theta} \\ 0 \\ \omega_{\mathrm{E}} \end{bmatrix} = \begin{bmatrix} \omega_{\mathrm{E}}\cos\theta \\ \dot{\theta} \\ \omega_{\mathrm{E}}\sin\theta \end{bmatrix} \tag{1-458}$$

$$ {}_{\mathrm{A}}^{\mathrm{B}}\boldsymbol{\omega}_{\mathrm{B}} = \omega_{\mathrm{E}}\cos\theta\mathbf{i} + \dot{\theta}\mathbf{j} + \omega_{\mathrm{E}}\sin\theta\mathbf{k} \tag{1-459}$$

利用求导转换公式：

$$ {}_{\mathrm{A}}^{\mathrm{B}}\boldsymbol{v} = {}^{\mathrm{B}}\dot{\boldsymbol{r}} + {}_{\mathrm{A}}^{\mathrm{B}}\boldsymbol{\omega}_{\mathrm{B}} \times {}_{\mathrm{A}}^{\mathrm{B}}\boldsymbol{r} = 0 + {}_{\mathrm{A}}^{\mathrm{B}}\boldsymbol{\omega}_{\mathrm{B}} \times R\mathbf{k} = \begin{bmatrix} \omega_{\mathrm{E}}\cos\theta \\ v/R \\ \omega_{\mathrm{E}}\sin\theta \end{bmatrix} \times \begin{bmatrix} 0 \\ 0 \\ R \end{bmatrix} = \begin{bmatrix} v \\ -R\omega_{\mathrm{E}}\cos\theta \\ 0 \end{bmatrix} \tag{1-460}$$

$$ {}_{\mathrm{A}}^{\mathrm{B}}\boldsymbol{a} = {}_{\mathrm{A}}^{\mathrm{B}}\dot{\boldsymbol{v}} + {}_{\mathrm{A}}^{\mathrm{B}}\boldsymbol{\omega}_{\mathrm{B}} \times {}_{\mathrm{A}}^{\mathrm{B}}\boldsymbol{v} = \begin{bmatrix} \alpha \\ R\omega_{\mathrm{E}}\dot{\theta}\sin\theta \\ 0 \end{bmatrix} + \begin{bmatrix} \omega_{\mathrm{E}}\cos\theta \\ v/R \\ \omega_{\mathrm{E}}\sin\theta \end{bmatrix} \times \begin{bmatrix} v \\ -R\omega_{\mathrm{E}}\cos\theta \\ 0 \end{bmatrix} \tag{1-461}$$

$$ {}_{\mathrm{A}}^{\mathrm{B}}\boldsymbol{a} = \alpha\mathbf{i} + (R\omega_{\mathrm{E}}\dot{\theta}\sin\theta)\mathbf{j} + \begin{bmatrix} R\omega_{\mathrm{E}}^2\sin\theta\cos\theta \\ v\omega_{\mathrm{E}}\sin\theta \\ -\dfrac{v^2}{R} - R\omega_{\mathrm{E}}^2\cos^2\theta \end{bmatrix} = \begin{bmatrix} \alpha + R\omega_{\mathrm{E}}^2\sin\theta\cos\theta \\ 2v\omega_{\mathrm{E}}\sin\theta \\ -\dfrac{v^2}{R} - R\omega_{\mathrm{E}}^2\cos^2\theta \end{bmatrix} \tag{1-462}$$

式中，$\alpha\mathbf{i}$ 是相对于地面的加速度，$(2v\omega_{\mathrm{E}}\sin\theta)\mathbf{j}$ 是科氏加速度，$\left(-\dfrac{v^2}{R}\right)\mathbf{k}$ 是由于车辆做圆周运动而产生的向心加速度，$(-R\omega_{\mathrm{E}}^2\cos^2\theta)\mathbf{k}$ 是由于地球自转产生的向心加速度。

代入具体速度，$R = 6.3677\times10^6\,\mathrm{m}$ 可以得到：

$$ {}_{\rm A}^{\rm B}\boldsymbol{v}=\begin{bmatrix}16.67\\-6.3677\times10^{6}\left(\dfrac{2\pi}{24\times3600}\dfrac{366.25}{365.25}\right)\cos\dfrac{\pi}{4}\\0\end{bmatrix}=\begin{bmatrix}16.67\\-328.3380\\0\end{bmatrix}(\mathrm{m/s}) \tag{1-463}$$

$$ {}_{\rm A}^{\rm B}\boldsymbol{\alpha}=\begin{bmatrix}0.0669\\0.0017\\-0.0170\end{bmatrix}(\mathrm{m/s^2}) \tag{1-464}$$

案例 55 角加速度合并公式。

前面已经证明了一系列相对相互旋转的角速度关系如式（1-281）所示：

$$ {}_0\boldsymbol{\omega}_n={}_0\boldsymbol{\omega}_1+{}_1^0\boldsymbol{\omega}_2+{}_2^0\boldsymbol{\omega}_3+\cdots+{}_{n-1}^{\;\;0}\boldsymbol{\omega}_n \tag{1-465}$$

那么，一般来说，相对应的角加速度的合并公式却不能写成：

$$ {}_0\boldsymbol{\alpha}_n\neq{}_0\boldsymbol{\alpha}_1+{}_1^0\boldsymbol{\alpha}_2+{}_2^0\boldsymbol{\alpha}_3+\cdots+{}_{n-1}^{\;\;0}\boldsymbol{\alpha}_n \tag{1-466}$$

为了说明式（1-466），假设一对旋转节点为刚性连接，这个连接的角速度为：

$$ {}_0\boldsymbol{\omega}_1=\dot{\theta}_1\,{}^0\mathbf{k}_0 \tag{1-467}$$

$$ {}_1^0\boldsymbol{\omega}_2=\dot{\theta}_2\,{}^0\mathbf{k}_1 \tag{1-468}$$

$$ {}_0\boldsymbol{\omega}_2={}_0\boldsymbol{\omega}_1+{}_1^0\boldsymbol{\omega}_2=\dot{\theta}_1\,{}^0\mathbf{k}_0+\dot{\theta}_2\,{}^0\mathbf{k}_1=\dot{\theta}_1\,{}^0\mathbf{k}_0+\dot{\theta}_2\,{}^0\boldsymbol{R}_1\,{}^1\mathbf{k}_1 \tag{1-469}$$

而角加速度根据定义可得：

$$ {}_0\boldsymbol{\alpha}_1=\frac{{}^0\mathrm{d}}{\mathrm{d}t}\,{}_0\boldsymbol{\omega}_1={}_0\dot{\omega}_1\,{}^0\mathbf{k}_0 \tag{1-470}$$

$$\begin{aligned}{}_0\boldsymbol{\alpha}_2&=\frac{{}^0\mathrm{d}}{\mathrm{d}t}\,{}_0\boldsymbol{\omega}_2=\frac{{}^0\mathrm{d}}{\mathrm{d}t}(\dot{\theta}_1\,{}^0\mathbf{k}_0+\dot{\theta}_2\,{}^0\boldsymbol{R}_1\,{}^1\mathbf{k}_1)\\&=\ddot{\theta}_1\,{}^0\mathbf{k}_0+\ddot{\theta}_2\,{}^0\boldsymbol{R}_1\,{}^1\mathbf{k}_1+{}_0\boldsymbol{\omega}_1\times\dot{\theta}_2\,{}^0\boldsymbol{R}_1\,{}^1\mathbf{k}_1\\&=\ddot{\theta}_1\,{}^0\mathbf{k}_0+\ddot{\theta}_2\,{}^0\mathbf{k}_1+\dot{\theta}_1\dot{\theta}_2\,{}^0\mathbf{k}_0\times{}^0\mathbf{k}_1\\&={}_0\boldsymbol{\alpha}_2+{}_1^0\boldsymbol{\alpha}_2+{}_0\boldsymbol{\omega}_1\times{}_1^0\boldsymbol{\omega}_2\end{aligned} \tag{1-471}$$

其中：

$$ {}^0\dot{\boldsymbol{R}}_1={}^0\dot{\boldsymbol{R}}_1\,{}^0\boldsymbol{R}_1^{\mathrm{T}}\,{}^0\boldsymbol{R}_1={}_0\tilde{\omega}_1\,{}^0\boldsymbol{R}_1={}_0\boldsymbol{\omega}_1\times{}^0\boldsymbol{R}_1 \tag{1-472}$$

因此：

$$ {}_0\boldsymbol{\alpha}_2\neq{}_0\boldsymbol{\alpha}_1+{}_1^0\boldsymbol{\alpha}_2 \tag{1-473}$$

式（1-471）是相对加速度合并公式，表示出被连接在一起的刚体相对加速度之间的关系。

案例 56 角加速度和欧拉角 *xyz*。

基于欧拉角 *xyz* 的角速度 ${}_{\rm A}^{\rm A}\boldsymbol{\omega}_{\rm B}$ 为：

$$ {}_{\rm A}^{\rm A}\boldsymbol{\omega}_{\rm B}=\begin{bmatrix}\omega_X\\\omega_Y\\\omega_Z\end{bmatrix}=\begin{bmatrix}0&\cos\psi_1&\sin\varphi\sin\psi_1\\0&\sin\psi_1&-\sin\varphi\cos\psi_1\\1&0&\cos\varphi\end{bmatrix}=\begin{bmatrix}\dot{\varphi}\cos\psi_1+\dot{\psi}_2\sin\varphi\sin\psi_1\\\dot{\varphi}\sin\psi_1-\dot{\psi}_2\sin\varphi\cos\psi_1\\\dot{\psi}_1+\dot{\psi}_2\cos\psi_1\end{bmatrix} \tag{1-474}$$

角加速度为：

$$ {}_{A}^{A}\boldsymbol{\alpha}_{B}=\frac{{}^{A}\mathrm{d}}{\mathrm{d}x}{}_{A}^{A}\boldsymbol{\omega}_{B}=\begin{bmatrix}\cos\psi_1(\ddot{\varphi}+\dot{\psi}_1\dot{\psi}_2\sin\varphi)+\sin\psi_1(-\dot{\varphi}\dot{\psi}_1+\ddot{\psi}_2\sin\varphi+\dot{\varphi}\dot{\psi}_2\cos\varphi)\\ \sin\psi_1(\ddot{\varphi}+\dot{\psi}_1\dot{\psi}_2\sin\varphi)+\cos\psi_1(\dot{\varphi}\dot{\psi}_1-\ddot{\psi}_2\sin\varphi-\dot{\varphi}\dot{\psi}_2\cos\varphi)\\ \ddot{\psi}_1+\ddot{\psi}_2\cos\varphi-\dot{\varphi}\dot{\psi}_2\sin\varphi\end{bmatrix} \tag{1-475}$$

在次坐标系中的角加速度为：

$$ \begin{aligned}{}_{A}^{B}\boldsymbol{\alpha}_{B}&={}^{A}\boldsymbol{R}_{B}^{T}\,{}_{A}^{A}\boldsymbol{\alpha}_{B}\\ &=\begin{bmatrix}\cos\psi_1\cos\psi_2-\cos\varphi\sin\psi_1\sin\psi_2 & \cos\psi_2\sin\psi_1+\cos\varphi\cos\psi_1\sin\psi_2 & \sin\varphi\sin\psi_2\\ -\cos\psi_1\sin\psi_2-\cos\varphi\cos\psi_2\sin\psi_1 & -\sin\psi_2\sin\psi_1+\cos\varphi\cos\psi_1\cos\psi_2 & \sin\varphi\cos\psi_2\\ \sin\varphi\sin\psi_1 & -\cos\psi_1\sin\varphi & \cos\varphi\end{bmatrix}{}_{A}^{A}\boldsymbol{\alpha}_{B}\\ &=\begin{bmatrix}\sin\psi_2(\ddot{\psi}_1\sin\varphi+\dot{\varphi}\dot{\psi}_1\cos\varphi-\dot{\varphi}\dot{\psi}_1)+\cos\psi_2(\ddot{\varphi}+\dot{\psi}_1\dot{\psi}_2\sin\varphi)\\ \cos\psi_2(\ddot{\psi}_1\sin\varphi+\dot{\varphi}\dot{\psi}_1\cos\varphi-\dot{\varphi}\dot{\psi}_1)-\sin\psi_2(\ddot{\varphi}+\dot{\psi}_1\dot{\psi}_2\sin\varphi)\\ \ddot{\psi}_1\cos\varphi-\ddot{\psi}_2-\dot{\varphi}\dot{\psi}_1\sin\varphi\end{bmatrix}\end{aligned} \tag{1-476}$$

假设有一个次坐标系 B($Oxyz$) 在固定的主坐标系 A($OXYZ$) 内自由移动。次坐标系可以在主坐标系内转动，而且次坐标系 B 的原点可以相对于主坐标系 A 的原点做平行移动。坐标系内的一点 P 如图 1.19 所示，其主次坐标系坐标之间的关系可以用以下等式表示：

$$ {}^{A}\boldsymbol{r}_{P}={}^{A}\boldsymbol{R}_{B}\,{}^{B}\boldsymbol{r}_{P}+{}^{A}\boldsymbol{d}_{B} \tag{1-477}$$

式中，${}^{A}\boldsymbol{d}_{B}$ 表示移动的原点 O 相对于原点 O 的位置矢量。P 点在 A 中的加速度为：

$$ {}^{A}\boldsymbol{\alpha}_{P}={}^{A}\dot{\boldsymbol{v}}_{P}={}^{A}\ddot{\boldsymbol{r}}_{P}={}_{A}\boldsymbol{\alpha}_{B}\times({}^{A}\boldsymbol{r}_{P}-{}^{A}\boldsymbol{d}_{B})+{}_{A}\boldsymbol{\omega}_{B}\times\left[{}_{A}\boldsymbol{\omega}_{B}\times({}^{A}\boldsymbol{r}_{P}-{}^{A}\boldsymbol{d}_{B})\right]+{}^{A}\ddot{\boldsymbol{d}}_{B} \tag{1-478}$$

证明 11：点 P 的加速度是其速度求导的结果：

$$ \begin{aligned}{}^{A}\boldsymbol{a}_{P}&=\frac{{}^{A}\mathrm{d}}{\mathrm{d}t}{}^{A}\boldsymbol{v}_{P}={}_{A}\boldsymbol{\alpha}_{B}\times{}_{B}^{A}\boldsymbol{r}_{P}+{}_{A}\boldsymbol{\omega}_{B}\times{}_{B}^{A}\dot{\boldsymbol{r}}_{P}+{}^{A}\ddot{\boldsymbol{d}}_{B}\\ &={}_{A}\boldsymbol{\alpha}_{B}\times{}_{B}^{A}\boldsymbol{r}_{P}+{}_{A}\boldsymbol{\omega}_{B}\times({}_{A}\boldsymbol{\omega}_{B}\times{}_{B}^{A}\boldsymbol{r}_{P})+{}^{A}\ddot{\boldsymbol{d}}_{B}=\boldsymbol{\alpha}_{\tau}+\boldsymbol{\alpha}_{n}+{}^{A}\ddot{\boldsymbol{d}}_{B}\\ &={}_{A}\boldsymbol{\alpha}_{B}\times({}^{A}\boldsymbol{r}_{P}-{}^{A}\boldsymbol{d}_{B})+{}_{A}\boldsymbol{\omega}_{B}\times\left[{}_{A}\boldsymbol{\omega}_{B}\times({}^{A}\boldsymbol{r}_{P}-{}^{A}\boldsymbol{d}_{B})\right]+{}^{A}\ddot{\boldsymbol{d}}_{B}\end{aligned} \tag{1-479}$$

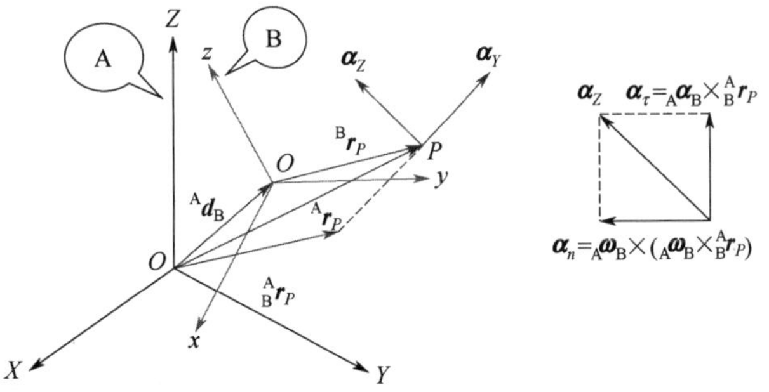

图 1.19 当次坐标系相对于主坐标系既有转动又有平移时 P 点的加速度

式中，${}_{A}\boldsymbol{\omega}_{B}\times({}_{A}\boldsymbol{\omega}_{B}\times{}_{B}^{A}\boldsymbol{r}_{P})$ 称为向心加速度，用 $\boldsymbol{\alpha}_{n}$ 表示，它相对于角速度是独立的；${}_{A}\boldsymbol{\alpha}_{B}\times{}_{B}^{A}\boldsymbol{r}_{P}$ 被称为切向加速度，用 $\boldsymbol{\alpha}_{\tau}$ 表示，它与矢量 ${}_{B}^{A}\boldsymbol{r}_{P}$ 相互垂直。这两个合起来就是旋转角加速度 $\boldsymbol{\alpha}_{Z}$，再加上次坐标系的平移速度 $\boldsymbol{\alpha}_{Y}={}^{A}\ddot{\boldsymbol{d}}_{B}$，就可以合成 P 点的加速度 ${}^{A}\boldsymbol{\alpha}_{P}$ 了。这里还需要注意，虽然 $\boldsymbol{\alpha}_{Z}$ 和 $\boldsymbol{\alpha}_{Y}$ 是两个方向矢量，但是它们之间不能做矢量和的平行四边形法则。它们一个是

旋转矢量一个是平移矢量，是两种不同的运动，虽然都能用矢量表示，但是不能叠加。

下面看一个具体案例。

案例 57 一个 2*R* 平面的手肘机构如图 1.20 所示，它的肘部节点处加速度如何求呢？

首先，由图 1.20 可知，其肘部节点绕基座点做圆周运动，因此可得：

$$ {}_0\boldsymbol{\omega}_1 = \dot{\theta}_1\ {}^0\mathbf{k}_0 \tag{1-480}$$

角加速度可以写成：

$$ {}_0\boldsymbol{\alpha}_1 = {}_0\dot{\boldsymbol{\omega}}_1 = \ddot{\theta}_1\ {}^0\mathbf{k}_0 \tag{1-481}$$

$$ {}_0\dot{\boldsymbol{\omega}}_1 \times {}^0\boldsymbol{r}_1 = \ddot{\theta}_1 {}^0\mathbf{k}_0 \times {}^0\boldsymbol{r}_1 = \ddot{\theta}_1 \boldsymbol{R}_{Z,\theta+90^\circ}\ {}^0\boldsymbol{r}_1 \tag{1-482}$$

$$ {}_0\boldsymbol{\omega}_1 \times ({}_0\boldsymbol{\omega}_1 \times {}^0\boldsymbol{r}_1) = -\dot{\theta}_1^2\ {}^0\boldsymbol{r}_1 \tag{1-483}$$

可以计算出肘节点的加速度为：

$$ {}^0\ddot{\boldsymbol{r}}_1 = \ddot{\theta}_1 \boldsymbol{R}_{Z,\theta+90^\circ} {}^0\boldsymbol{r}_1 - \dot{\theta}_1^2\ {}^0\boldsymbol{r}_1 \tag{1-484}$$

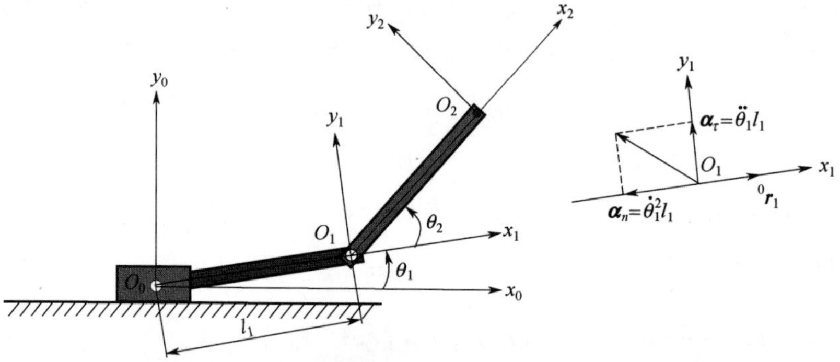

图 1.20 手肘机构

这是一个非常有意思的结果，仔细分析一下：从肘部节点来看，它的加速度应该是由切向加速度 $\boldsymbol{\alpha}_\tau$ 和向心加速度 $\boldsymbol{\alpha}_n$ 两部分组成。${}^0\ddot{\boldsymbol{r}}_1$ 这个加速度的切向加速度 $\boldsymbol{\alpha}_\tau$ 为：$\ddot{\theta}_1 \boldsymbol{R}_{Z,\theta+90^\circ} {}^0\boldsymbol{r}_1$，其中的 $\ddot{\theta}_1$ 为常数或者看作一个系数，对结果而言只影响大小不影响方向；${}^0\boldsymbol{r}_1$ 表示矢量方向为 x_1 方向，前面乘以旋转矩阵 $\boldsymbol{R}_{Z,\theta+90^\circ}$ 调方向，调整后的方向为 y_1 方向，正好是我们要的切向加速度方向。而方程 ${}^0\mathbf{k}_0 \times {}^0\boldsymbol{r}_1$ 中的 ${}^0\mathbf{k}_0$ 表示垂直纸面向上的方向矢量，叉乘的结果就是调方向，结果既垂直于 ${}^0\mathbf{k}_0$ 又垂直于 ${}^0\boldsymbol{r}_1$。根据右手法则，求出其方向为 y_1 方向。因此有 ${}^0\mathbf{k}_0 \times {}^0\boldsymbol{r}_1 = \boldsymbol{R}_{Z,\theta+90^\circ} {}^0\boldsymbol{r}_1$。再看看切向加速度 $\boldsymbol{\alpha}_\tau$ 的大小，其实就是 $\ddot{\theta}_1 l_1 = \alpha l_1$，也就是角加速度乘以半径，而 l_1 刚好就是矢量 ${}^0\boldsymbol{r}_1$ 的大小，大小和方向都求出来那么 $\boldsymbol{\alpha}_\tau$ 也就求完了。

同理，对于向心加速度 $\boldsymbol{\alpha}_n = {}_0\boldsymbol{\omega}_1 \times ({}_0\boldsymbol{\omega}_1 \times {}^0\boldsymbol{r}_1)$，同样使用两次右手法则，求出其方向为$-x_1$ 方向，也就是 x_1 方向的反方向或者说是矢量 ${}^0\boldsymbol{r}_1$ 的反方向，所以结果是 $-\dot{\theta}_1^2\ {}^0\boldsymbol{r}_1$，当然也可以写成 $\dot{\theta}_1^2 \boldsymbol{R}_{Z,\theta+180^\circ} {}^0\boldsymbol{r}_1$，再看看切向加速度 $\boldsymbol{\alpha}_\tau$ 的大小，其实就是 $\dot{\theta}_1^2 l_1 = \omega^2 l_1$，即角加速度平方乘以半径，而 l_1 刚好就是矢量 ${}^0\boldsymbol{r}_1$ 的大小，大小和方向都求出来，那么 $\boldsymbol{\alpha}_n$ 也就求出了。

接着看两个公式推导。

案例 58 在运动坐标系内运动的点的加速度。

假设一点 P 如图 1.19 所示，用时间变量的位置矢量表示为 ${}^B\boldsymbol{r}_P(t)$。那么，P 点的速度和加速度可以通过求导转换公式（1-343）求出：

$$ {}^{A}\boldsymbol{v}_P = {}^{A}\dot{\boldsymbol{d}}_P + {}^{A}\dot{\boldsymbol{r}}_P + {}^{A}\boldsymbol{\omega}_P \times {}^{A}\boldsymbol{r}_P = {}^{A}\dot{\boldsymbol{d}}_P + {}^{A}\boldsymbol{v}_P + {}^{A}\boldsymbol{\omega}_P \times {}^{A}\boldsymbol{r}_P \tag{1-485} $$

$$ \begin{aligned} {}^{A}\boldsymbol{\alpha}_P &= {}^{A}\ddot{\boldsymbol{d}}_P + {}^{A}\ddot{\boldsymbol{r}}_P + {}_{A}^{B}\boldsymbol{\omega}_B \times {}^{B}\dot{\boldsymbol{r}}_P + {}_{A}^{B}\dot{\boldsymbol{\omega}}_B \times {}^{B}\boldsymbol{r}_P + {}_{A}^{B}\boldsymbol{\omega}_B \times ({}^{B}\dot{\boldsymbol{r}}_P + {}_{A}^{B}\boldsymbol{\omega}_B \times {}^{B}\boldsymbol{r}_P) \\ &= {}^{A}\ddot{\boldsymbol{d}}_P + {}^{A}\boldsymbol{\alpha}_P + 2{}_{A}^{B}\boldsymbol{\omega}_B \times {}^{B}\boldsymbol{v}_P + {}_{A}^{B}\dot{\boldsymbol{\omega}}_B \times {}^{B}\boldsymbol{r}_P + {}_{A}^{B}\boldsymbol{\omega}_B \times ({}_{A}^{B}\boldsymbol{\omega}_B \times {}^{B}\boldsymbol{r}_P) \end{aligned} \tag{1-486} $$

还可以通过对式（1-394）求导，并假设 ${}^{B}\dot{\boldsymbol{r}}_P \neq 0$ 从而找到 P 点的加速度。

$$ {}^{A}\boldsymbol{r}_P = {}^{A}\boldsymbol{R}_B\ {}^{B}\boldsymbol{r}_P + {}^{A}\boldsymbol{d}_B \tag{1-487} $$

$$ {}^{A}\dot{\boldsymbol{r}}_P = {}^{A}\dot{\boldsymbol{R}}_B\ {}^{B}\boldsymbol{r}_P + {}^{A}\boldsymbol{R}_B\ {}^{B}\dot{\boldsymbol{r}}_P + {}^{A}\dot{\boldsymbol{d}}_B = {}_{A}\boldsymbol{\omega}_B \times {}^{A}\boldsymbol{R}_B\ {}^{B}\boldsymbol{r}_P + {}^{A}\boldsymbol{R}_B\ {}^{B}\dot{\boldsymbol{r}}_P + {}^{A}\dot{\boldsymbol{d}}_B \tag{1-488} $$

$$ \begin{aligned} {}^{A}\ddot{\boldsymbol{r}}_P &= {}_{A}\dot{\boldsymbol{\omega}}_B \times {}^{A}\boldsymbol{R}_B\ {}^{B}\boldsymbol{r}_P + {}_{A}^{B}\boldsymbol{\omega}_B \times {}^{A}\dot{\boldsymbol{R}}_B\ {}^{B}\boldsymbol{r}_P + {}_{A}\boldsymbol{\omega}_B \times {}^{A}\boldsymbol{R}_B\ {}^{B}\dot{\boldsymbol{r}}_P + {}^{A}\dot{\boldsymbol{R}}_B\ {}^{B}\dot{\boldsymbol{r}}_P + {}^{A}\boldsymbol{R}_B\ {}^{B}\ddot{\boldsymbol{r}}_P + {}^{A}\ddot{\boldsymbol{d}}_P \\ &= {}_{A}\dot{\boldsymbol{\omega}}_B \times {}_{B}^{A}\boldsymbol{r}_P + {}_{A}\boldsymbol{\omega}_B \times ({}_{A}\boldsymbol{\omega}_B \times {}^{A}\boldsymbol{r}_P) + 2{}_{A}\boldsymbol{\omega}_B \times {}_{B}^{A}\dot{\boldsymbol{r}}_P + + {}_{B}^{A}\ddot{\boldsymbol{r}}_P + {}^{A}\ddot{\boldsymbol{d}}_B \end{aligned} \tag{1-489} $$

等式右边的第三部分被称为科氏加速度，它的方向与 ${}_{A}\boldsymbol{\omega}_B$ 以及 ${}^{B}\dot{\boldsymbol{r}}_P$ 两个向量方向垂直。

案例 59　假设有一个刚体在主坐标系内移动并旋转，那么刚体上一点的加速度可以通过对其位置矢量进行两次求导而得到：

$$ {}^{A}\boldsymbol{r}_P = {}^{A}\boldsymbol{R}_B\ {}^{B}\boldsymbol{r}_P + {}^{A}\boldsymbol{d}_B \tag{1-490} $$

$$ {}^{A}\dot{\boldsymbol{r}}_P = {}^{A}\dot{\boldsymbol{R}}_B\ {}^{B}\boldsymbol{r}_P + {}^{A}\dot{\boldsymbol{d}}_B \tag{1-491} $$

$$ {}^{A}\ddot{\boldsymbol{r}}_P = {}^{A}\ddot{\boldsymbol{R}}_B\ {}^{B}\boldsymbol{r}_P + {}^{A}\ddot{\boldsymbol{d}}_B = {}^{A}\ddot{\boldsymbol{R}}_B\ {}^{A}\boldsymbol{R}_B^{T}({}^{A}\boldsymbol{r}_P - {}^{A}\boldsymbol{d}_B) + {}^{A}\ddot{\boldsymbol{d}}_B \tag{1-492} $$

对角速度矩阵求导可以得到：

$$ {}_{A}\tilde{\omega}_B = {}^{A}\dot{\boldsymbol{R}}_B\ {}^{A}\boldsymbol{R}_B^{T} \tag{1-493} $$

$$ {}_{A}\dot{\omega}_B = \frac{{}^{A}\mathrm{d}}{\mathrm{d}t}\,{}_{A}\tilde{\omega}_B = {}^{A}\ddot{\boldsymbol{R}}_B\ {}^{A}\boldsymbol{R}_B^{T} + {}^{A}\dot{\boldsymbol{R}}_B\ {}^{A}\dot{\boldsymbol{R}}_B^{T} = {}^{A}\ddot{\boldsymbol{R}}_B\ {}^{A}\boldsymbol{R}_B^{T} + {}_{A}\tilde{\omega}_B\ {}_{A}\tilde{\omega}_B^{T} \tag{1-494} $$

因此：

$$ {}^{A}\ddot{\boldsymbol{R}}_B\ {}^{A}\boldsymbol{R}_B^{T} = {}_{A}\dot{\tilde{\omega}}_B - {}_{A}\tilde{\omega}_B\ {}_{A}\tilde{\omega}_B^{T} \tag{1-495} $$

刚体的加速度矢量就可以表示为：

$$ {}^{A}\ddot{\boldsymbol{r}}_P = ({}_{A}\dot{\tilde{\omega}}_B - {}_{A}\tilde{\omega}_B\ {}_{A}\tilde{\omega}_B^{T})({}^{A}\boldsymbol{r}_P - {}^{A}\boldsymbol{d}_B) + {}^{A}\ddot{\boldsymbol{d}}_B \tag{1-496} $$

其中：

$$ {}_{A}\dot{\tilde{\omega}}_B = {}_{A}\tilde{\alpha}_B = \begin{bmatrix} 0 & -\dot{\omega}_3 & \dot{\omega}_2 \\ \dot{\omega}_3 & 0 & -\dot{\omega}_1 \\ -\dot{\omega}_2 & \dot{\omega}_1 & 0 \end{bmatrix} \tag{1-497} $$

$$ {}_{A}\tilde{\omega}_B\ {}_{A}\tilde{\omega}_B^{T} = \begin{bmatrix} \omega_2^2 + \omega_3^2 & -\omega_1\omega_2 & -\omega_1\omega_3 \\ -\omega_1\omega_2 & \omega_1^2 + \omega_3^2 & -\omega_2\omega_3 \\ -\omega_1\omega_3 & -\omega_2\omega_3 & \omega_1^2 + \omega_2^2 \end{bmatrix} \tag{1-498} $$

1.8 原点处的任意旋转

当次坐标系绕过原点的任意轴旋转时，需要两个参数来定义该旋转，一个是通过原点的轴的方向，另一个参数是次坐标系绕旋转轴旋转的角度。假设次坐标系 B(*Oxyz*) 绕一个单位矢量为 **u** 的轴旋转了 ϕ 的角度，单位矢量 **u** 的方向余弦分别为 u_1、u_2、u_3，那么：

$$\mathbf{u}=u_1\mathbf{I}+u_2\mathbf{J}+u_3\mathbf{K} \tag{1-499}$$

$$\sqrt{u_1^2+u_2^2+u_3^2}=1 \tag{1-500}$$

用这个方法表示任意旋转称为轴-角法代表任意的旋转。

一个转换矩阵 ${}^{\mathrm{A}}\boldsymbol{R}_{\mathrm{B}}$ 可以表示出一个矢量从次坐标系 B($Oxyz$) 到主坐标系 A($OXYZ$) 的坐标转换关系：

$$^{\mathrm{A}}\boldsymbol{r}={}^{\mathrm{A}}\boldsymbol{R}_{\mathrm{B}}\ {}^{\mathrm{B}}\boldsymbol{r} \tag{1-501}$$

其中，转换矩阵为：

$$^{\mathrm{A}}\boldsymbol{R}_{\mathrm{B}}=\boldsymbol{R}_{\mathbf{u},\phi}=\mathbf{I}\cos\phi+\mathbf{u}\mathbf{u}^{\mathrm{T}}(1-\cos\phi)+\tilde{u}\sin\phi \tag{1-502}$$

假设：

$$\operatorname{vers}\phi=1-\cos\phi=2\sin^2\frac{\phi}{2} \tag{1-503}$$

那么：

$$^{\mathrm{A}}\boldsymbol{R}_{\mathrm{B}}=\boldsymbol{R}_{\mathbf{u},\phi}=\mathbf{I}\cos\phi+\mathbf{u}\mathbf{u}^{\mathrm{T}}\ \operatorname{vers}\phi+\tilde{u}\sin\phi \tag{1-504}$$

$$^{\mathrm{A}}\boldsymbol{R}_{\mathrm{B}}=\begin{bmatrix} u_1^2\ \operatorname{vers}\phi+\cos\phi & u_1u_2\ \operatorname{vers}\phi-u_3\sin\phi & u_1u_3\ \operatorname{vers}\phi+u_2\sin\phi \\ u_1u_2\ \operatorname{vers}\phi+u_3\sin\phi & u_2^2\ \operatorname{vers}\phi+\cos\phi & u_2u_3\ \operatorname{vers}\phi-u_1\sin\phi \\ u_1u_3\ \operatorname{vers}\phi-u_2\sin\phi & u_2u_3\ \operatorname{vers}\phi+u_1\sin\phi & u_3^2\ \operatorname{vers}\phi+\cos\phi \end{bmatrix} \tag{1-505}$$

式中，$\tilde{u}$ 表示单位方向矢量 $\mathbf{u}$ 所对应的斜交矩阵：

$$\tilde{u}=\begin{bmatrix} 0 & -u_3 & u_2 \\ u_3 & 0 & -u_1 \\ -u_2 & u_1 & 0 \end{bmatrix} \tag{1-506}$$

转换矩阵（1-505）是次坐标系相对于主坐标系更一般的表达式。如果式（1-506）中的旋转轴与主坐标系的坐标轴一致，那么就可以得到式（1-30）～式（1-32）。

证明 12：有趣的是，绕任意轴 $\mathbf{u}$ 旋转 ϕ 的角度，可以将其等价于一系列在次坐标系中绕次坐标轴的旋转，可以通过旋转将一个坐标轴和 $\mathbf{u}$ 的方向保持一致，再绕该轴旋转一个角度 ϕ，然后再将该过程逆转回到原坐标系。

图 1.21 表示绕 $\mathbf{u}=u_1\mathbf{I}+u_2\mathbf{J}+u_3\mathbf{K}$ 轴旋转，在主坐标系 A($OXYZ$) 中，让次坐标系 B($Oxyz$) 旋转，使其 z-轴和单位向量 $\mathbf{u}$ 一致。基于图 1.21，次坐标系 B($Oxyz$) 经过一系列旋转，绕 z-轴旋转 φ 角，绕 y-轴旋转 θ 角，使得次坐标系的 z-轴与旋转轴 $\mathbf{u}$ 的方向一致，接下来，绕 $\mathbf{u}$ 旋转角度 ϕ，再将其转回原坐标系。因此得到经过绕 $\mathbf{u}$ 旋转角度 ϕ 后，将次坐标系中的坐标转换到主坐标系坐标的旋转矩阵 ${}^{\mathrm{A}}\boldsymbol{R}_{\mathrm{B}}$ 为：

$$^{\mathrm{A}}\boldsymbol{R}_{\mathrm{B}}={}^{\mathrm{B}}\boldsymbol{R}_{\mathrm{A}}^{-1}={}^{\mathrm{B}}\boldsymbol{R}_{\mathrm{A}}^{\mathrm{T}}=\boldsymbol{R}_{\mathbf{u},\phi}=\left[\boldsymbol{R}_{z,-\varphi}\boldsymbol{R}_{y,-\theta}\boldsymbol{R}_{z,\phi}\boldsymbol{R}_{y,\theta}\boldsymbol{R}_{z,\varphi}\right]^{\mathrm{T}}=\boldsymbol{R}_{z,\varphi}^{\mathrm{T}}\boldsymbol{R}_{y,\theta}^{\mathrm{T}}\boldsymbol{R}_{z,\phi}^{\mathrm{T}}\boldsymbol{R}_{y,-\theta}^{\mathrm{T}}\boldsymbol{R}_{z,-\varphi}^{\mathrm{T}} \tag{1-507}$$

还可以设计：

$$\sin\varphi=\frac{u_2}{\sqrt{u_1^2+u_2^2}} \tag{1-508}$$

$$\cos\varphi=\frac{u_1}{\sqrt{u_1^2+u_2^2}} \tag{1-509}$$

满足隐藏条件：

$$\sin^2\varphi+\cos^2\varphi=1$$

继续设计：

$$\sin\theta=\sqrt{u_1^2+u_2^2} \tag{1-510}$$

$$\cos\theta=u_3 \tag{1-511}$$

满足隐藏条件：

$$\sin^2\theta+\cos^2\theta=\sqrt{u_1^2+u_2^2+u_3^2}=1$$

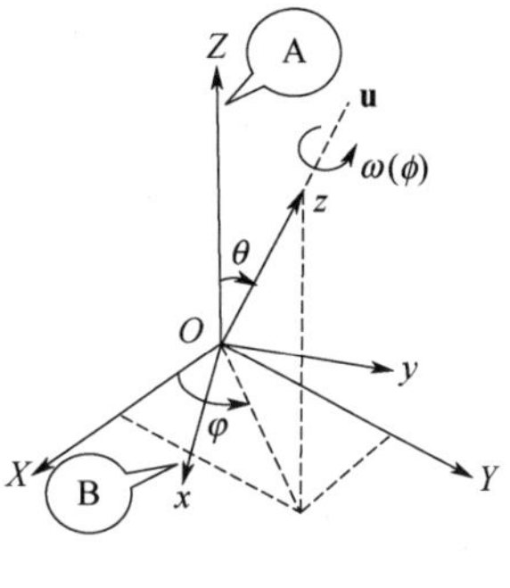

图 1.21　原点处的任意旋转

根据设计可得：

$$\sin\theta\sin\varphi=u_2 \tag{1-512}$$

$$\sin\theta\sin\varphi=u_1 \tag{1-513}$$

因此：

$${}^{\mathrm{A}}\boldsymbol{R}_{\mathrm{B}}=\boldsymbol{R}_{\mathbf{u},\phi} \tag{1-514}$$

$${}^{\mathrm{A}}\boldsymbol{R}_{\mathrm{B}}=\begin{bmatrix} u_1^2\ \text{vers}\ \phi+\cos\phi & u_1u_2\ \text{vers}\ \phi-u_3\sin\phi & u_1u_3\ \text{vers}\ \phi+u_2\sin\phi \\ u_1u_2\ \text{vers}\ \phi+u_3\sin\phi & u_2^2\ \text{vers}\ \phi+\cos\phi & u_2u_3\ \text{vers}\ \phi-u_1\sin\phi \\ u_1u_3\ \text{vers}\ \phi-u_2\sin\phi & u_2u_3\ \text{vers}\ \phi+u_1\sin\phi & u_3^2\ \text{vers}\ \phi+\cos\phi \end{bmatrix} \tag{1-515}$$

也可以将其分解为：

$$\boldsymbol{R}_{\mathbf{u},\phi}=\cos\phi\begin{bmatrix}1&0&0\\0&1&0\\0&0&1\end{bmatrix}+(1-\cos\phi)\begin{bmatrix}u_1\\u_2\\u_3\end{bmatrix}\begin{bmatrix}u_1&u_2&u_3\end{bmatrix}+\sin\phi\begin{bmatrix}0&-u_3&u_2\\u_3&0&-u_1\\-u_2&u_1&0\end{bmatrix} \tag{1-516}$$

也就等于

$${}^{\mathrm{A}}\boldsymbol{R}_{\mathrm{B}}=\boldsymbol{R}_{\mathbf{u},\phi}=\mathbf{I}\cos\phi+\mathbf{u}\mathbf{u}^{\mathrm{T}}\ \text{vers}\ \phi+\tilde{u}\sin\phi \tag{1-517}$$

式（1-517）称为罗德里格斯（Rodrigues）旋转公式或欧拉-雷克斯尔-罗德里格斯（Euler-Lexell-Rodrigues）公式。在其他文献中，它还有以下形式：

$$\boldsymbol{R}_{\mathbf{u},\phi}=\mathbf{I}+(\sin\phi)\tilde{u}+(\text{vers}\ \phi)\tilde{u}^2 \tag{1-518}$$

$$\boldsymbol{R}_{\mathbf{u},\phi}=(\mathbf{I}-\mathbf{u}\mathbf{u}^{\mathrm{T}})\cos\phi+\tilde{u}\sin\phi+\mathbf{u}\mathbf{u}^{\mathrm{T}} \tag{1-519}$$

$$\boldsymbol{R}_{\mathbf{u},\phi}=-\tilde{u}^2\cos\phi+\tilde{u}\sin\phi+\tilde{u}^2+\mathbf{I} \tag{1-520}$$

它的逆矩阵或者说是反向旋转矩阵为：

$${}^{\mathrm{B}}\boldsymbol{R}_{\mathrm{A}}={}^{\mathrm{A}}\boldsymbol{R}_{\mathrm{B}}^{\mathrm{T}}=\boldsymbol{R}_{\hat{u},-\phi}=\mathbf{I}\cos\phi+\mathbf{u}\mathbf{u}^{\mathrm{T}}\ \text{vers}\ \phi-\tilde{u}\sin\phi \tag{1-521}$$

B 在 A 中绕轴 **u** 旋转 ϕ 角的情况，和 A 在 B 中绕轴 **u** 旋转 $-\phi$ 角的情况是一样的，可以证明：

$$\tilde{u}\mathbf{u}=0 \tag{1-522}$$

$$\mathbf{I}-\mathbf{u}\mathbf{u}^{\mathrm{T}}=\tilde{u}^2 \tag{1-523}$$

$$\boldsymbol{r}^{\mathrm{T}}\tilde{u}\boldsymbol{r}=0 \tag{1-524}$$

$$\mathbf{u}\times\boldsymbol{r}=\tilde{u}\boldsymbol{r}=-\tilde{r}\mathbf{u}=-\boldsymbol{r}\times\mathbf{u} \tag{1-525}$$

案例 60 当 $\mathbf{u}=\mathbf{K}$ 时的轴-角旋转。

如果次坐标系 B($Oxyz$) 绕 Z-轴旋转，当 $\mathbf{u}=\mathbf{K}$ 时，$u_1=0$，$u_2=0$，$u_3=1$，由式（1-515）可知，转换矩阵可以写成：

$$
{}^{\mathrm{A}}\boldsymbol{R}_{\mathrm{B}}=\begin{bmatrix} 0\ \mathrm{vers}\ \phi+\cos\phi & 0\ \mathrm{vers}\ \phi-1\sin\phi & 0\ \mathrm{vers}\ \phi+0\sin\phi \\ 0\ \mathrm{vers}\ \phi+1\sin\phi & 0\ \mathrm{vers}\ \phi+\cos\phi & 0\ \mathrm{vers}\ \phi-0\sin\phi \\ 0\ \mathrm{vers}\ \phi-0\sin\phi & 0\ \mathrm{vers}\ \phi+0\sin\phi & 1\ \mathrm{vers}\ \phi+\cos\phi \end{bmatrix}=\begin{bmatrix} \cos\phi & -\sin\phi & 0 \\ \sin\phi & \cos\phi & 0 \\ 0 & 0 & 1 \end{bmatrix} \tag{1-526}
$$

这就等价于绕 Z-轴旋转的旋转矩阵（1-30）。

案例 61 绕次坐标轴旋转。

如果次坐标系 B($Oxyz$) 绕主坐标轴 Z-轴旋转一个角度 φ 后，x-轴的方向为：

$$
\mathbf{u}_x={}^{\mathrm{A}}\boldsymbol{R}_{Z,\varphi}\mathbf{i}=\begin{bmatrix} \cos\varphi & -\sin\varphi & 0 \\ \sin\varphi & \cos\varphi & 0 \\ 0 & 0 & 1 \end{bmatrix}\begin{bmatrix} 1 \\ 0 \\ 0 \end{bmatrix}=\begin{bmatrix} \cos\varphi \\ \sin\varphi \\ 0 \end{bmatrix} \tag{1-527}
$$

接着绕 $\mathbf{u}_x=(\cos\varphi)\mathbf{I}+(\sin\varphi)\mathbf{J}$ 轴旋转一个角度 θ，根据罗德里格斯公式可得：

$$
{}^{\mathrm{A}}\boldsymbol{R}_{\mathbf{u}_x,\theta}=\begin{bmatrix} \cos^2\varphi\ \mathrm{vers}\ \theta+\cos\theta & \cos\varphi\sin\varphi\ \mathrm{vers}\ \theta & \sin\varphi\sin\theta \\ \cos\varphi\sin\varphi\ \mathrm{vers}\ \theta & \sin^2\varphi\ \mathrm{vers}\ \theta+\cos\theta & -\cos\varphi\sin\theta \\ -\sin\varphi\sin\theta & \cos\varphi\sin\theta & \cos\theta \end{bmatrix} \tag{1-528}
$$

现在，绕主坐标系 Z-轴旋转角度 φ，接着再绕 x-轴旋转角度 θ，它的旋转矩阵为：

$$
{}^{\mathrm{A}}\boldsymbol{R}_{\mathrm{B}}={}^{\mathrm{A}}\boldsymbol{R}_{\mathbf{u}_x,\theta}\,{}^{\mathrm{A}}\boldsymbol{R}_{Z,\varphi}=\begin{bmatrix} \cos\varphi & -\cos\theta\sin\varphi & \sin\theta\sin\varphi \\ \sin\varphi & \cos\theta\cos\varphi & -\cos\varphi\sin\theta \\ 0 & \sin\theta & \cos\theta \end{bmatrix} \tag{1-529}
$$

同时，肯定会有以下方程成立：

$$
\left[\boldsymbol{R}_{x,\theta}\boldsymbol{R}_{z,\varphi}\right]^{-1}=\boldsymbol{R}_{z,\varphi}^{\mathrm{T}}\boldsymbol{R}_{x,\theta}^{\mathrm{T}} \tag{1-530}
$$

案例 62 旋转的轴和角度。

给出一个旋转矩阵 ${}^{\mathrm{A}}\boldsymbol{R}_{\mathrm{B}}$，就可以通过以下等式，找到旋转的轴 $\mathbf{u}$ 和角度 ϕ。

$$
\tilde{u}=\frac{1}{2\sin\phi}\left({}^{\mathrm{A}}\boldsymbol{R}_{\mathrm{B}}-{}^{\mathrm{A}}\boldsymbol{R}_{\mathrm{B}}^{\mathrm{T}}\right) \tag{1-531}
$$

$$
\cos\phi=\frac{1}{2}\left[\mathrm{tr}\left({}^{\mathrm{A}}\boldsymbol{R}_{\mathrm{B}}\right)-1\right] \tag{1-532}
$$

由于：

$$
{}^{\mathrm{A}}\boldsymbol{R}_{\mathrm{B}}-{}^{\mathrm{A}}\boldsymbol{R}_{\mathrm{B}}^{\mathrm{T}}=\begin{bmatrix} 0 & -2u_3\sin\phi & 2u_2\sin\phi \\ 2u_3\sin\phi & 0 & -2u_1\sin\phi \\ -2u_2\sin\phi & 2u_1\sin\phi & 0 \end{bmatrix}
$$

$$
=2\sin\phi\begin{bmatrix} 0 & -u_3 & u_2 \\ u_3 & 0 & -u_1 \\ -u_2 & u_1 & 0 \end{bmatrix}=2\tilde{u}\sin\phi \tag{1-533}
$$

而且：

$$
\mathrm{tr}\left({}^{\mathrm{A}}\boldsymbol{R}_{\mathrm{B}}\right)=r_{11}+r_{22}+r_{33}=3\cos\phi+u_1^2(1-\cos\phi)+u_2^2(1-\cos\phi)+u_3^2(1-\cos\phi)
$$

$$=3\cos\phi+(u_1^2+u_2^2+u_3^2)(1-\cos\phi)=3\cos\phi+1-\cos\phi=2\cos\phi+1 \tag{1-534}$$

此时，应该注意到式（1-531）中 $\sin\phi$ 为分母，一旦等于零就毫无意义。也就是说，当 $\phi=n\pi$ 时，$\tilde{u}$ 求不出，其中 $n\in Z$。这个情况后面讨论。

案例 63　一个旋转矩阵的旋转轴和角度。

一个次坐标系 B 在主坐标系 A 内经过三次欧拉旋转 $(\psi_1,\varphi,\psi_2)=(60°,45°,30°)=\left(\frac{\pi}{3},\frac{\pi}{4},\frac{\pi}{6}\right)$。从坐标系 B 到 A 的旋转矩阵为：

$$^{A}\boldsymbol{R}_{B}={}^{B}\boldsymbol{R}_{A}^{T}=\left[\boldsymbol{R}_{z,\psi_2},\boldsymbol{R}_{x,\varphi}\boldsymbol{R}_{z,\psi_1}\right]^{T}=\boldsymbol{R}_{z,\psi_1}^{T},\boldsymbol{R}_{x,\varphi}^{T}\boldsymbol{R}_{z,\psi_2}^{T}=\begin{bmatrix}0.12683 & -0.78033 & 0.61237\\ 0.92678 & -0.12683 & -0.35355\\ 0.35355 & 0.61237 & 0.70711\end{bmatrix} \tag{1-535}$$

可以将其看作一次旋转的结果，那么它的唯一旋转轴和角度为：

$$\phi=\cos^{-1}\left\{\frac{1}{2}\left[\operatorname{tr}(^{A}\boldsymbol{R}_{B})-1\right]\right\}=\arccos(-0.14645)=98.42° \tag{1-536}$$

$$\tilde{u}=\frac{1}{2\sin\phi}(^{A}\boldsymbol{R}_{B}-{}^{A}\boldsymbol{R}_{B}^{T})=\begin{bmatrix}0 & -0.86285 & 0.13082\\ 0.86285 & 0 & -0.48822\\ -0.13082 & 0.48822 & 0\end{bmatrix} \tag{1-537}$$

$$\mathbf{u}=\begin{bmatrix}0.48822\\ 0.13082\\ 0.86285\end{bmatrix} \tag{1-538}$$

下面再做一个双重检验，将角度和旋转轴代入罗德里格斯旋转公式，看是否可以得到同样的旋转矩阵：

$$^{A}\boldsymbol{R}_{B}=\boldsymbol{R}_{\mathbf{u},\phi}=\mathbf{I}\cos\phi+\mathbf{u}\mathbf{u}^{T}\ \operatorname{vers}\phi+\tilde{u}\sin\phi=\begin{bmatrix}0.12683 & -0.78033 & 0.61237\\ 0.92678 & -0.12683 & -0.35355\\ 0.35355 & 0.61237 & 0.70711\end{bmatrix} \tag{1-539}$$

1.9　螺旋运动

任何刚体的运动都可以由一个沿轴向的平移运动和另一个绕该轴旋转的运动组合而成。这称为沙勒定理。这种运动称为螺旋运动，如图 1.22 所示。点 P 绕螺旋轴 **u** 旋转，同时沿轴线方向做平移运动。因此该定理可解释为：任意一点要么在这个螺旋轴上做平移运动，要么绕这个轴做螺旋运动。

（MATLAB 出图程序详见脚本 3）

一个刚体作带有角速度的螺旋运动称为旋转。螺旋运动的坡度用 p 表示，它是平移的高度为 h 时旋转角度 ϕ 的比率，数学表达式如下：

$$p=\frac{h}{\phi} \tag{1-540}$$

因此，坡度是刚体在螺旋运动时，旋转一周后，两点间平行于螺旋轴的直线距离。如果 $p>0$，这个螺旋称为右螺旋；如果 $p<0$，这个螺旋称为左螺旋。

一个螺旋运动可以用数学式$\breve{s}(h,\phi,\mathbf{u},\boldsymbol{s})$表示，其中的$\mathbf{u}$是一个单位矢量，$\boldsymbol{s}$是位置矢量，$\phi$是旋转角度，$h$（或者$p$）表示平移的距离。位置矢量$\boldsymbol{s}$表示螺旋轴上的一点在主坐标系中的位置、旋转角度$\phi$、旋转轴$\mathbf{u}$、坡度或螺距$p$（或者用平移距离$h$表示），它们都是螺旋运动的参数。

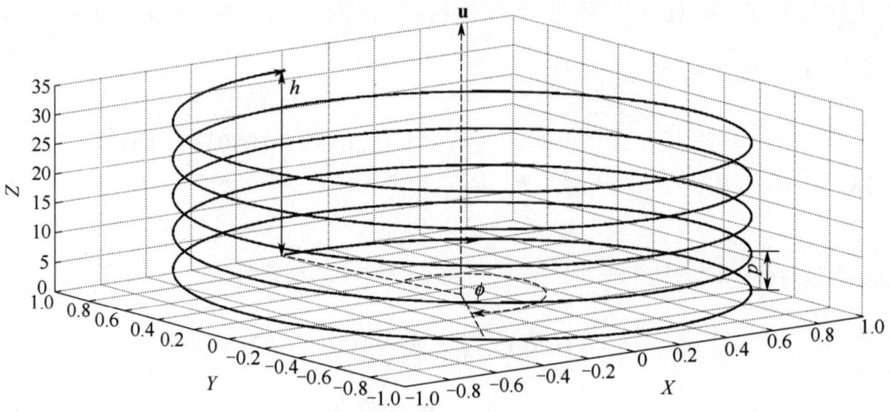

图 1.22 螺旋运动

螺旋运动是描述刚体运动的另一种表达方式。沿轴线的直线运动加上沿这条轴的角位移出现在车辆转向动力学中。如果${}^{\mathrm{B}}\boldsymbol{r}_P$表示刚体上一点的位置矢量，那么在主坐标系中它进行螺旋运动后的位置矢量为：

$${}^{\mathrm{A}}\boldsymbol{r}_P=\breve{s}(h,\phi,\mathbf{u},\boldsymbol{s})\,{}^{\mathrm{B}}\boldsymbol{r}_P \tag{1-541}$$

这就等价于带有旋转${}^{\mathrm{A}}\boldsymbol{R}_{\mathrm{B}}$的平移${}^{\mathrm{A}}\boldsymbol{d}_{\mathrm{B}}$：

$${}^{\mathrm{A}}\boldsymbol{r}_P={}^{\mathrm{A}}\boldsymbol{R}_{\mathrm{B}}\,{}^{\mathrm{B}}\boldsymbol{r}_P+{}^{\mathrm{A}}\boldsymbol{d}_{\mathrm{B}} \tag{1-542}$$

下面介绍一下4×4的矩阵$[\boldsymbol{T}]$，它被称为齐次矩阵：

$${}^{\mathrm{A}}\boldsymbol{T}_{\mathrm{B}}=\begin{bmatrix}{}^{\mathrm{A}}\boldsymbol{R}_{\mathrm{B}} & {}^{\mathrm{A}}\boldsymbol{d}\\ 0 & 1\end{bmatrix} \tag{1-543}$$

将平移和旋转的组合运动用一个矩阵乘法来表示：

$${}^{\mathrm{A}}\boldsymbol{r}_P={}^{\mathrm{A}}\boldsymbol{T}_{\mathrm{B}}\,{}^{\mathrm{B}}\boldsymbol{r}_p \tag{1-544}$$

其中，${}^{\mathrm{A}}\boldsymbol{r}_P$和${}^{\mathrm{B}}\boldsymbol{r}_P$都用零进行一定拓展，使其与$4\times4$的矩阵$[\boldsymbol{T}]$保持一致：

$${}^{\mathrm{A}}\boldsymbol{r}_P=\begin{bmatrix}X\\Y\\Z\\0\end{bmatrix} \tag{1-545}$$

$${}^{\mathrm{B}}\boldsymbol{r}_P=\begin{bmatrix}x\\y\\z\\0\end{bmatrix} \tag{1-546}$$

齐次矩阵的表达方式可以用来表示螺旋运动，这个运动既有螺旋的旋转也有螺旋的平移，且二者的螺旋轴一致。如果螺旋轴$\mathbf{u}$通过坐标系的原点，那么$\boldsymbol{s}=0$，并且这样的螺旋运动被称为中心螺旋$\breve{s}(h,\phi,\mathbf{u})$。对于一个中心螺旋，有：

$$^{A}\breve{s}_{B}(h,\phi,\mathbf{u})=\boldsymbol{D}_{\mathbf{u},h}\boldsymbol{R}_{\mathbf{u},\phi}={}^{A}\boldsymbol{T}_{B} \tag{1-547}$$

其中：

$$\boldsymbol{D}_{\mathbf{u},h}=\begin{bmatrix}1 & 0 & 0 & hu_1\\0 & 1 & 0 & hu_2\\0 & 0 & 1 & hu_3\\0 & 0 & 0 & 1\end{bmatrix} \tag{1-548}$$

$$\boldsymbol{R}_{\mathbf{u},\phi}=\begin{bmatrix}u_1^2\ \text{vers}\ \phi+\cos\phi & u_1u_2\ \text{vers}\ \phi-u_3\sin\phi & u_1u_3\ \text{vers}\ \phi+u_2\sin\phi & 0\\u_1u_2\ \text{vers}\ \phi+u_3\sin\phi & u_2^2\ \text{vers}\ \phi+\cos\phi & u_2u_3\ \text{vers}\ \phi-u_1\sin\phi & 0\\u_1u_3\ \text{vers}\ \phi-u_2\sin\phi & u_2u_3\ \text{vers}\ \phi+\mathrm{u}_1\sin\phi & u_3^2\ \text{vers}\ \phi+\cos\phi & 0\\0 & 0 & 0 & 1\end{bmatrix} \tag{1-549}$$

因此：

$$^{A}\breve{s}_{B}(h,\phi,\mathbf{u})=\boldsymbol{D}_{\mathbf{u},h}\boldsymbol{R}_{\mathbf{u},\phi}=\begin{bmatrix}^{A}\boldsymbol{R}_{B} & ^{A}\boldsymbol{d}\\0 & 1\end{bmatrix}$$

$$=\begin{bmatrix}u_1^2\ \text{vers}\ \phi+\cos\phi & u_1u_2\ \text{vers}\ \phi-u_3\sin\phi & u_1u_3\ \text{vers}\ \phi+u_2\sin\phi & hu_1\\u_1u_2\ \text{vers}\ \phi+u_3\sin\phi & u_2^2\ \text{vers}\ \phi+\cos\phi & u_2u_3\ \text{vers}\ \phi-u_1\sin\phi & hu_2\\u_1u_3\ \text{vers}\ \phi-u_2\sin\phi & u_2u_3\ \text{vers}\ \phi+u_1\sin\phi & u_3^2\ \text{vers}\ \phi+\cos\phi & hu_3\\0 & 0 & 0 & 1\end{bmatrix} \tag{1-550}$$

结果，中心螺旋转换矩阵包含了平移和旋转，作为特殊情况而言，仅有平移意味着 $\phi=0$，而纯的旋转意味着 $h=0$（或$p=0$）。

当螺旋运动不是中心螺旋运动时，意味着螺旋轴 $\mathbf{u}$ 没有经过原点，螺旋运动 P 运动变为 $\boldsymbol{p}''$ 表示为：

$$\boldsymbol{p}''=(\boldsymbol{p}-\boldsymbol{s})\cos\phi+[\mathbf{u}\cdot(\boldsymbol{p}-\boldsymbol{s})]\mathbf{u}\ \text{vers}\ \phi+[\mathbf{u}\times(\boldsymbol{p}-\boldsymbol{s})]\sin\phi+\boldsymbol{s}+h\mathbf{u} \tag{1-551}$$

或者写成：

$$\boldsymbol{p}''={}^{A}\boldsymbol{R}_{B}(\boldsymbol{p}-\boldsymbol{s})+\boldsymbol{s}+h\mathbf{u}={}^{A}\boldsymbol{R}_{B}\boldsymbol{p}+\boldsymbol{s}-{}^{A}\boldsymbol{R}_{B}\boldsymbol{s}+h\mathbf{u} \tag{1-552}$$

因此有：

$$\boldsymbol{p}''=\breve{\mathrm{s}}(h,\phi,\mathbf{u},\boldsymbol{s})\boldsymbol{p}=\boldsymbol{T}\boldsymbol{p} \tag{1-553}$$

其中：

$$\boldsymbol{T}=\begin{bmatrix}^{A}\boldsymbol{R}_{B} & ^{A}\boldsymbol{s}-{}^{A}\boldsymbol{R}_{B}{}^{A}\boldsymbol{s}+h\mathbf{u}\\0 & 1\end{bmatrix}=\begin{bmatrix}^{A}\boldsymbol{R}_{B} & ^{A}\boldsymbol{d}\\0 & 1\end{bmatrix} \tag{1-554}$$

矢量 $^{A}\boldsymbol{s}$ 称为位置矢量，是次坐标系在做螺旋运动前相对于主坐标系的位置，也就是原点之间的相对位置。矢量 $\boldsymbol{p}''$ 和 P'' 分别表示 P 点在主坐标系中做螺旋运动前后的位置，如图 1.23 所示。

螺旋运动的轴用单位矢量 $\mathbf{u}$ 表示。现在刚体上的一点 P 由第一个位置移动到第二个位置 P'，这个过程经历了绕螺旋轴 $\mathbf{u}$ 旋转。紧接着它运动到 P'' 位置，这个过程经历了平行于螺旋轴 $\mathbf{u}$ 的平移。初始位置 P 和最终位置 P'' 分别用矢量 $\boldsymbol{p}$ 和 $\boldsymbol{p}''$ 表示。

螺旋运动是有 4 个变量的函数 $\breve{s}(h,\phi,\mathbf{u},\boldsymbol{s})$。也就是说，螺旋运动有一个螺旋轴 $\mathbf{u}$，它的位置在 $^{A}\boldsymbol{s}$，有一个旋转角度 ϕ，有一个平移距离 h。

尽管发现瞬态螺旋运动的螺旋轴被归功于沙勒（1793—1880），但是真正第一个使用者却是莫齐（1730—1813），他在1763年使用了它。

证明13：如图1.23所示，角-轴旋转式（1-517）给出了$\boldsymbol{r}'$和$\boldsymbol{r}$之间的关系，它们分别表示了P点在绕轴$\mathbf{u}$旋转ϕ角度过程的前后位置矢量。当$\boldsymbol{s}=0$，$h=0$时，有：

$$\boldsymbol{r}'=\boldsymbol{r}\cos\phi+(\mathbf{u}\cdot\boldsymbol{r})\mathbf{u}\ \text{vers}\ \phi+(\mathbf{u}\times\boldsymbol{r})\sin\phi \tag{1-555}$$

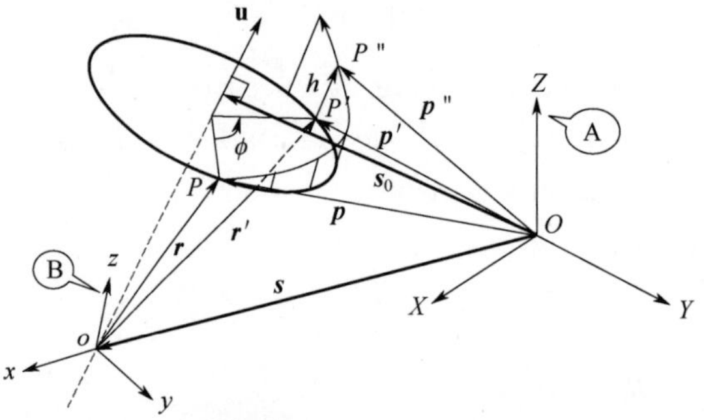

图1.23 刚体的螺旋运动

然而，当螺旋轴没有经过主坐标系A($OXYZ$)的原点时，这时$\boldsymbol{r}'$和$\boldsymbol{r}$要用下式代替：

$$\boldsymbol{r}=\boldsymbol{p}-\boldsymbol{s} \tag{1-556}$$

$$\boldsymbol{r}'=\boldsymbol{p}''-\boldsymbol{s}-h\mathbf{u} \tag{1-557}$$

这里的$\boldsymbol{r}'$是旋转后的矢量，因此在主坐标系A中；而$\boldsymbol{r}$是旋转前的矢量，因此在次坐标系B中。因此，P点在螺旋运动后新老位置之间的关系为：

$$\boldsymbol{p}''=(\boldsymbol{p}-\boldsymbol{s})\cos\phi+[\mathbf{u}\cdot(\boldsymbol{p}-\boldsymbol{s})]\mathbf{u}\ \text{vers}\ \phi+[\mathbf{u}\times(\boldsymbol{p}-\boldsymbol{s})]\sin\phi+\boldsymbol{s}+h\mathbf{u} \tag{1-558}$$

式（1-558）被称为罗德里格斯公式，它用于最一般的刚体运动。再定义一下新的符号${}^{\mathrm{A}}\boldsymbol{p}=\boldsymbol{p}''$以及${}^{\mathrm{B}}\boldsymbol{p}=\boldsymbol{p}$，还可以发现$\boldsymbol{s}$表示该点在旋转轴上所对应的位置，旋转对$\boldsymbol{s}$没有影响。将${}^{\mathrm{B}}\boldsymbol{p}$提出来，可以将罗德里格斯公式写成以下形式：

$${}^{\mathrm{A}}\boldsymbol{p}=(\mathbf{I}\cos\phi+\mathbf{u}\mathbf{u}^{\mathrm{T}}\ \text{vers}\ \phi+\tilde{u}\sin\phi)\,{}^{\mathrm{B}}\boldsymbol{p}-(\mathbf{I}\cos\phi+\mathbf{u}\mathbf{u}^{\mathrm{T}}\ \text{vers}\ \phi+\tilde{u}\sin\phi)\,{}^{\mathrm{A}}\boldsymbol{s}+{}^{\mathrm{A}}\boldsymbol{s}+h\mathbf{u} \tag{1-559}$$

将其重新整理可得到由齐次转换矩阵表达的螺旋运动公式：

$${}^{\mathrm{A}}\boldsymbol{p}={}^{\mathrm{A}}\boldsymbol{R}_{\mathrm{B}}\,{}^{\mathrm{B}}\boldsymbol{p}-{}^{\mathrm{A}}\boldsymbol{R}_{\mathrm{B}}\,{}^{\mathrm{A}}\boldsymbol{s}+{}^{\mathrm{A}}\boldsymbol{s}+h\mathbf{u}={}^{\mathrm{A}}\boldsymbol{R}_{\mathrm{B}}\,{}^{\mathrm{B}}\boldsymbol{p}+{}^{\mathrm{A}}\boldsymbol{d}={}^{\mathrm{A}}\boldsymbol{T}_{\mathrm{B}}\,{}^{\mathrm{B}}\boldsymbol{p} \tag{1-560}$$

$${}^{\mathrm{A}}\boldsymbol{T}_{\mathrm{B}}=\begin{bmatrix}{}^{\mathrm{A}}\boldsymbol{R}_{\mathrm{B}} & {}^{\mathrm{A}}\boldsymbol{s}-{}^{\mathrm{A}}\boldsymbol{R}_{\mathrm{B}}\,{}^{\mathrm{A}}\boldsymbol{s}+h\mathbf{u}\\ 0 & 1\end{bmatrix}=\begin{bmatrix}{}^{\mathrm{A}}\boldsymbol{R}_{\mathrm{B}} & {}^{\mathrm{A}}\boldsymbol{d}\\ 0 & 1\end{bmatrix} \tag{1-561}$$

其中：

$${}^{\mathrm{A}}\boldsymbol{R}_{\mathrm{B}}=\mathbf{I}\cos\phi+\mathbf{u}\mathbf{u}^{\mathrm{T}}\ \text{vers}\ \phi+\tilde{u}\sin\phi \tag{1-562}$$

$${}^{\mathrm{A}}\boldsymbol{d}={}^{\mathrm{A}}\boldsymbol{s}-{}^{\mathrm{A}}\boldsymbol{R}_{\mathrm{B}}\,{}^{\mathrm{A}}\boldsymbol{s}+h\mathbf{u} \tag{1-563}$$

将值直接代入可得：

$${}^{\mathrm{A}}\boldsymbol{R}_{\mathrm{B}}=\begin{bmatrix}u_1^2\ \text{vers}\ \phi+\cos\phi & u_1u_2\ \text{vers}\ \phi-u_3\sin\phi & u_1u_3\ \text{vers}\ \phi+u_2\sin\phi\\ u_1u_2\ \text{vers}\ \phi+u_3\sin\phi & u_2^2\ \text{vers}\ \phi+\cos\phi & u_2u_3\ \text{vers}\ \phi-u_1\sin\phi\\ u_1u_3\ \text{vers}\ \phi-u_2\sin\phi & u_2u_3\ \text{vers}\ \phi+u_1\sin\phi & u_3^2\ \text{vers}\ \phi+\cos\phi\end{bmatrix} \tag{1-564}$$

$$
{}^{\mathrm{A}}\boldsymbol{d}=\begin{bmatrix} hu_1+\left[s_1-u_1(s_3u_3+s_2u_2+s_1u_1)\right]\ \mathrm{vers}\ \phi+(s_2u_3-s_3u_2)\sin\phi \\ hu_2+\left[s_2-u_2(s_3u_3+s_2u_2+s_1u_1)\right]\ \mathrm{vers}\ \phi+(s_3u_1-s_1u_3)\sin\phi \\ hu_3+\left[s_3-u_3(s_3u_3+s_2u_2+s_1u_1)\right]\ \mathrm{vers}\ \phi+(s_1u_2-s_2u_1)\sin\phi \end{bmatrix} \tag{1-565}
$$

对于用这种方法表达刚体运动，需要 6 个独立变量，它们分别为：一个转动角度ϕ，一个平移量h，旋转轴 $\mathbf{u}$ 有两个变量，位置矢量${}^{\mathrm{A}}\boldsymbol{s}$有两个参数。这是由于旋转轴三个分量之间需要满足一定关系：

$$
\mathbf{u}^{\mathrm{T}}\mathbf{u}=1 \tag{1-566}
$$

而位置矢量${}^{\mathrm{A}}\boldsymbol{s}$可以是旋转轴上的任意一点。为了方便说明，选择从原点 O 到轴线 $\mathbf{u}$ 的垂直最短距离定义${}^{\mathrm{A}}\boldsymbol{s}$，这个最短位置矢量用${}^{\mathrm{A}}\boldsymbol{s}_0$表示，这样就可以找到约束条件为：

$$
{}^{\mathrm{A}}\boldsymbol{s}_0^{\mathrm{T}}\mathbf{u}=0 \tag{1-567}
$$

如果$\boldsymbol{s}=0$，那么螺旋轴通过主坐标系 A 的原点，式（1-550）可以化简为式（1-561）。

螺旋运动参数ϕ和 h，以及旋转轴 $\mathbf{u}$ 和位置矢量${}^{\mathrm{A}}\boldsymbol{s}$，都是定义为一个刚体次坐标系 $\mathrm{B}(Oxyz)$ 运动在主坐标系 $\mathrm{A}(OXYZ)$。当有了螺旋运动的参数和螺旋轴，就能通过式（1-564）和式（1-565）求出转换矩阵。相反，如果已知转换矩阵${}^{\mathrm{A}}\boldsymbol{T}_{\mathrm{B}}$，也就可以找到螺旋运动的角度和螺旋轴，通过以下等式：

$$
\cos\phi=\frac{1}{2}\left[\mathrm{tr}\,({}^{\mathrm{A}}\boldsymbol{R}_{\mathrm{B}})-1\right]=\frac{1}{2}\left[\mathrm{tr}\,({}^{\mathrm{A}}\boldsymbol{T}_{\mathrm{B}})-2\right]=\frac{1}{2}\left[r_{11}+r_{22}+r_{33}-1\right] \tag{1-568}
$$

$$
\tilde{u}=\frac{1}{2\sin\phi}({}^{\mathrm{A}}\boldsymbol{R}_{\mathrm{B}}-{}^{\mathrm{A}}\boldsymbol{R}_{\mathrm{B}}^{\mathrm{T}}) \tag{1-569}
$$

因此：

$$
\mathbf{u}=\frac{1}{2\sin\phi}\begin{bmatrix} r_{32}-r_{23} \\ r_{13}-r_{31} \\ r_{21}-r_{12} \end{bmatrix} \tag{1-570}
$$

为了找到所有必需的螺旋运动参数，还必须找到h以及坐标系中旋转轴上的一点。由于这点在旋转轴上不随旋转变化，就可以得到：

$$
\begin{bmatrix} r_{11} & r_{12} & r_{13} & r_{14} \\ r_{21} & r_{22} & r_{23} & r_{24} \\ r_{31} & r_{32} & r_{33} & r_{34} \\ 0 & 0 & 0 & 1 \end{bmatrix}\begin{bmatrix} X \\ Y \\ Z \\ 1 \end{bmatrix}=\begin{bmatrix} 1 & 0 & 0 & hu_1 \\ 0 & 1 & 0 & hu_2 \\ 0 & 0 & 1 & hu_3 \\ 0 & 0 & 0 & 1 \end{bmatrix}\begin{bmatrix} X \\ Y \\ Z \\ 1 \end{bmatrix} \tag{1-571}
$$

式中，(X,Y,Z)为坐标系旋转轴上一点。

为了更加简便，可以加强条件，假设这一点为旋转轴与 YZ-平面的交点，也就是说$X_{\mathrm{s}}=0$，所需找到的点变为：$\boldsymbol{s}=\left[0,\quad Y_{\mathrm{s}},\quad Z_{\mathrm{s}}\right]^{\mathrm{T}}$。因此有：

$$
\begin{bmatrix} r_{11}-1 & r_{12} & r_{13} & r_{14}-hu_1 \\ r_{21} & r_{22}-1 & r_{23} & r_{24}-hu_2 \\ r_{31} & r_{32} & r_{33}-1 & r_{34}-hu_3 \\ 0 & 0 & 0 & 0 \end{bmatrix}\begin{bmatrix} 0 \\ Y_{\mathrm{s}} \\ Z_{\mathrm{s}} \\ 1 \end{bmatrix}=\begin{bmatrix} 0 \\ 0 \\ 0 \\ 0 \end{bmatrix} \tag{1-572}
$$

三个方程三个未知数，可以求出Y_{s}、Z_{s}以及h：

$$\begin{bmatrix} h \\ Y_s \\ Z_s \end{bmatrix} = \begin{bmatrix} u_1 & -r_{12} & -r_{13} \\ u_2 & 1-r_{22} & -r_{23} \\ u_3 & -r_{32} & 1-r_{33} \end{bmatrix}^{-1} \begin{bmatrix} r_{14} \\ r_{24} \\ r_{34} \end{bmatrix} \tag{1-573}$$

这样就可以找到最短位置矢量 ${}^{\mathrm{A}}\boldsymbol{s}_0$：

$$ {}^{\mathrm{A}}\boldsymbol{s}_0 = \boldsymbol{s} - (\boldsymbol{s} \cdot \mathbf{u})\mathbf{u} \tag{1-574}$$

下面来看两个案例。

案例 64　中心螺旋运动转换后的位置矢量。

假设两个坐标系 B($Oxyz$) 和 A($OXYZ$) 在初始时刻一致。刚体开始沿 X-轴方向做螺旋运动，其参数 $h=4$ 以及 $\phi = 45°$。刚体的一点 $\begin{bmatrix} 0, & 0, & 1, & 1 \end{bmatrix}^{\mathrm{T}}$ 旋转后的位置可以通过中心螺旋运动转换被找到：

$$\breve{s}(h,\phi,\mathbf{u}) = \breve{s}\left(4,\frac{\pi}{4},\mathbf{I}\right) = \boldsymbol{D}(4,\mathbf{I})\boldsymbol{R}\left(\mathbf{I},\frac{\pi}{4}\right)$$

$$= \begin{bmatrix} 1 & 0 & 0 & 4 \\ 0 & 1 & 0 & 0 \\ 0 & 0 & 1 & 0 \\ 0 & 0 & 0 & 1 \end{bmatrix} \begin{bmatrix} 1 & -0.707 & 0 & 0 \\ 0 & 0.707 & -0.707 & 0 \\ 0 & 0.707 & 0.707 & 0 \\ 0 & 0 & 0 & 1 \end{bmatrix} = \begin{bmatrix} 1 & -0.707 & 0 & 4 \\ 0 & 0.707 & -0.707 & 0 \\ 0 & 0.707 & 0.707 & 0 \\ 0 & 0 & 0 & 1 \end{bmatrix} \tag{1-575}$$

因此：

$$ {}^{\mathrm{A}}\mathbf{i} = \breve{s}\left(2,\frac{\pi}{2},\mathbf{J}\right) {}^{\mathrm{B}}\mathbf{i} = \begin{bmatrix} 1 & -0.707 & 0 & 4 \\ 0 & 0.707 & -0.707 & 0 \\ 0 & 0.707 & 0.707 & 0 \\ 0 & 0 & 0 & 1 \end{bmatrix} \begin{bmatrix} 0 \\ 0 \\ 1 \\ 1 \end{bmatrix} = \begin{bmatrix} 4 \\ -0.707 \\ 0.707 \\ 1 \end{bmatrix} \tag{1-576}$$

该螺旋运动的坡度为：

$$p = \frac{h}{\phi} = \frac{4}{\pi/4} = \frac{16}{\pi} = 5.093 \tag{1-577}$$

案例 65　一点的螺旋运动转换。

假设两个坐标系 B($Oxyz$) 和 A($OXYZ$) 在初始时刻一致。刚体做螺旋运动，螺旋轴为 $Y=3$ 平行于 Z-轴，且已知 $h=4$ 和 $\phi = 45°$。因此，刚体原点坐标为 $\boldsymbol{s} = \begin{bmatrix} 0 & 3 & 0 \end{bmatrix}^{\mathrm{T}}$，刚体上的一点 ${}^{\mathrm{B}}\boldsymbol{r} = \begin{bmatrix} 0 & 0 & 5 & 1 \end{bmatrix}^{\mathrm{T}}$ 经过螺旋运动后的位置可以通过下式找到：

$$\mathbf{u} = \begin{bmatrix} u_1 \\ u_2 \\ u_3 \end{bmatrix} = \begin{bmatrix} 0 \\ 0 \\ 1 \end{bmatrix} \tag{1-578}$$

$$ {}^{\mathrm{A}}\boldsymbol{R}_{\mathrm{B}} = \begin{bmatrix} u_1^2 \operatorname{vers}\phi + \cos\phi & u_1 u_2 \operatorname{vers}\phi - u_3 \sin\phi & u_1 u_3 \operatorname{vers}\phi + u_2 \sin\phi \\ u_1 u_2 \operatorname{vers}\phi + u_3 \sin\phi & u_2^2 \operatorname{vers}\phi + \cos\phi & u_2 u_3 \operatorname{vers}\phi - u_1 \sin\phi \\ u_1 u_3 \operatorname{vers}\phi - u_2 \sin\phi & u_2 u_3 \operatorname{vers}\phi + u_1 \sin\phi & u_3^2 \operatorname{vers}\phi + \cos\phi \end{bmatrix} \tag{1-579}$$

$$ {}^{\mathrm{A}}\boldsymbol{R}_{\mathrm{B}} = \begin{bmatrix} 0.707 & -0.707 & 0 \\ 0.707 & 0.707 & 0 \\ 0 & 0 & 1 \end{bmatrix} \tag{1-580}$$

$$ {}^{A}\boldsymbol{s}=\boldsymbol{s}=\begin{bmatrix}0\\3\\0\end{bmatrix} \tag{1-581}$$

$$ {}^{A}\boldsymbol{s}-{}^{A}\boldsymbol{R}_{B}\ {}^{A}\boldsymbol{s}+h\mathbf{u}=\begin{bmatrix}2.1213\\0.8787\\4\end{bmatrix} \tag{1-582}$$

$$ {}^{A}\boldsymbol{T}_{B}=\begin{bmatrix}{}^{A}\boldsymbol{R}_{B} & {}^{A}\boldsymbol{s}-{}^{A}\boldsymbol{R}_{B}\ {}^{A}\boldsymbol{s}+h\mathbf{u}\\0 & 1\end{bmatrix}=\begin{bmatrix}0.707 & -0.707 & 0 & 2.1213\\0.707 & 0.707 & 0 & 0.8787\\0 & 0 & 1 & 4\\0 & 0 & 0 & 1\end{bmatrix} \tag{1-583}$$

因此，位置矢量 ${}^{A}\boldsymbol{r}$ 为：

$$ {}^{A}\boldsymbol{r}={}^{A}\boldsymbol{T}_{B}\ {}^{B}\boldsymbol{r}=\begin{bmatrix}0.707 & -0.707 & 0 & 2.1213\\0.707 & 0.707 & 0 & 0.8787\\0 & 0 & 1 & 4\\0 & 0 & 0 & 1\end{bmatrix}\begin{bmatrix}0\\0\\5\\1\end{bmatrix}=\begin{bmatrix}2.1213\\0.8787\\9\\1\end{bmatrix} \tag{1-584}$$

案例 66　如图 1.24 所示，转换方程 ${}^{A}\boldsymbol{r}={}^{A}\boldsymbol{R}_{B}\ {}^{B}\boldsymbol{r}$ 与罗德里格斯旋转式（1-502）描述了刚体上所有矢量的旋转情况。然而，基于螺旋运动方程，次坐标系内固定两点的矢量可以如此方便地转换。

假设次坐标系内有两点 P_1 和 P_2，可以分别用矢量 $\boldsymbol{r}_1$ 和 $\boldsymbol{r}_2$ 表示出来，矢量 $\overline{P_1P_2}$ 表示次坐标系内随次坐标系旋转的一条形刚体。这个矢量在主坐标系和次坐标系的转换公式可以写为：

$$ {}^{A}(\boldsymbol{r}_2-\boldsymbol{r}_1)={}^{A}\boldsymbol{R}_{B}\ {}^{B}(\boldsymbol{r}_2-\boldsymbol{r}_1) \tag{1-585}$$

假设固定点 P_1 沿着旋转轴的方向做螺旋运动前后的起始位置和终点位置已知，且 P_2 点起始位置已知，那么式（1-495）可以简化成一种便于计算点 P_2 的新坐标的转换矩阵形式：

$$ {}^{A}\boldsymbol{r}_2={}^{A}\boldsymbol{R}_{B}\ {}^{B}(\boldsymbol{r}_2-\boldsymbol{r}_1)+{}^{A}\boldsymbol{r}_1={}^{A}\boldsymbol{R}_{B}\ {}^{B}\boldsymbol{r}_2+{}^{A}\boldsymbol{r}_1-{}^{A}\boldsymbol{R}_{B}\ {}^{B}\boldsymbol{r}_1={}^{A}\boldsymbol{T}_{B}\ {}^{B}\boldsymbol{r}_2 \tag{1-586}$$

其中：

$$ {}^{A}\boldsymbol{T}_{B}=\begin{bmatrix}{}^{A}\boldsymbol{R}_{B} & {}^{A}\boldsymbol{r}_1-{}^{A}\boldsymbol{R}_{B}\ {}^{B}\boldsymbol{r}_1\\0 & 1\end{bmatrix} \tag{1-587}$$

这是当 $h=0$ 时螺旋运动式（1-561）的一种特殊情况。

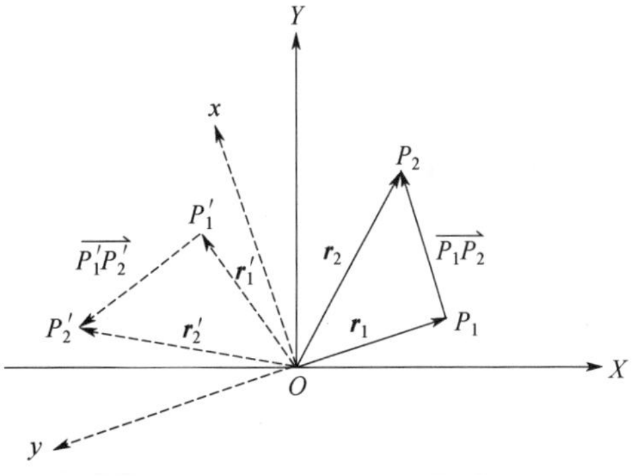

图 1.24　两点之间的罗德里格斯旋转公式

案例 67　螺旋运动的特殊情况。

有两种特殊的螺旋运动，第一种出现在当 $\boldsymbol{r}_{11}=\boldsymbol{r}_{22}=\boldsymbol{r}_{33}=1$ 时，那么 $\phi=0$，即这时的运动是只做平移不做旋转，此时：

$$ r_{11}=u_1^2\ \text{vers}\ \phi+\cos\phi=1$$

$$ r_{22}=u_2^2\ \text{vers}\ \phi+\cos\phi=1$$

$$ r_{33}=u_3^2\ \text{vers}\ \phi+\cos\phi=1$$

$$ \mathbf{u}=\frac{r_{14}-s_1}{h}\mathbf{I}+\frac{r_{24}-s_2}{h}\mathbf{J}+\frac{r_{34}-s_3}{h}\mathbf{K} \tag{1-588}$$

因此，这种螺旋运动的螺旋轴不唯一，无法找到在螺旋轴上的点，那么s_1、s_2、s_3就可以是任意数值，$\mathbf{u}$ 也就毫无意义。

第二种情况发生在当$\phi = 180°$时，此时：

$$r_{11} = u_1^2 \text{ vers } \phi + \cos\phi = 2u_1^2 - 1$$
$$r_{22} = u_2^2 \text{ vers } \phi + \cos\phi = 2u_2^2 - 1$$
$$r_{33} = u_3^2 \text{ vers } \phi + \cos\phi = 2u_3^2 - 1$$

因此：

$$\mathbf{u} = \begin{bmatrix} \sqrt{\frac{1}{2}(r_{11}+1)} \\ \sqrt{\frac{1}{2}(r_{22}+1)} \\ \sqrt{\frac{1}{2}(r_{33}+1)} \end{bmatrix} \tag{1-589}$$

但是这时可以通过式（1-573）计算出h和(X,Y,Z)。

接下来看两个平面内旋转和平移的案例。

案例 68 假设一个平面如图 1.25 所示，从位置 1 移动到位置 2，Q_2的新坐标系为：

$$\boldsymbol{r}_{Q_2} = {}^2\boldsymbol{R}_1(\boldsymbol{r}_{Q_1} - \boldsymbol{r}_{P_1}) + \boldsymbol{r}_{P_2} = \begin{bmatrix} \cos(-79°) & -\sin(-79°) & 0 \\ \sin(-79°) & \cos(-79°) & 0 \\ 0 & 0 & 1 \end{bmatrix}\left(\begin{bmatrix} 2 \\ 4 \\ 0 \end{bmatrix} - \begin{bmatrix} 2 \\ 1 \\ 0 \end{bmatrix}\right) + \begin{bmatrix} 4 \\ 3 \\ 0 \end{bmatrix}$$
$$= \begin{bmatrix} 2.9449 \\ 0.5724 \\ 0 \end{bmatrix} + \begin{bmatrix} 4 \\ 3 \\ 0 \end{bmatrix} = \begin{bmatrix} 6.9449 \\ 3.5724 \\ 0 \end{bmatrix} \tag{1-590}$$

$$\boldsymbol{r}_{Q_2} = {}^2\boldsymbol{T}_1\boldsymbol{r}_{Q_1} = \begin{bmatrix} {}^2\boldsymbol{R}_1 & \boldsymbol{r}_{P_2} - {}^2\boldsymbol{R}_1\boldsymbol{r}_{P_1} \\ 0 & 1 \end{bmatrix}\boldsymbol{r}_{Q_1}$$
$$= \begin{bmatrix} \cos(-79°) & -\sin(-79°) & 0 & 2.6368 \\ \sin(-79°) & \cos(-79°) & 0 & 4.7724 \\ 0 & 0 & 1 & 0 \\ 0 & 0 & 0 & 1 \end{bmatrix}\begin{bmatrix} 2 \\ 4 \\ 0 \\ 1 \end{bmatrix} = \begin{bmatrix} 6.9449 \\ 3.5724 \\ 0 \\ 1 \end{bmatrix} \tag{1-591}$$

案例 69 平面运动的瞬心。

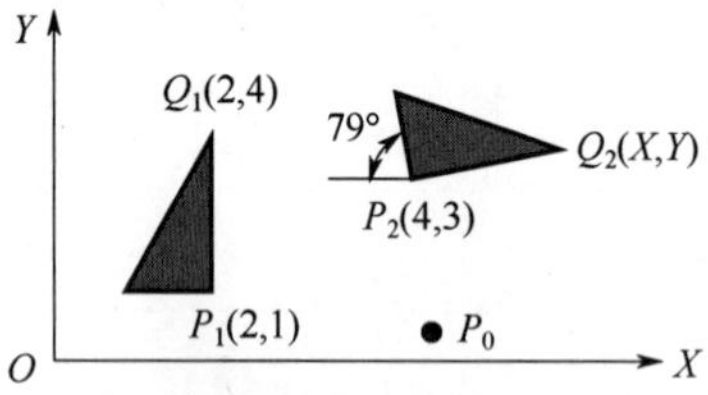

图 1.25 平面运动

刚体的平面运动，从位置 1 移动到位置 2，在该平面内总是存在着一点，运动过程中它的位置不会改变。因此，刚体可以被认为是围绕着该点做旋转，它就是人们常说的有限旋转中心，即瞬心。我们可以从旋转矩阵里找到该瞬心。如图 1.25 显示了一个三角形的平面运动，为了找到运动的瞬心，需要做一个平面运动，使用如图 1.25 所示的数据可知：

$${}^2\boldsymbol{T}_1 = \begin{bmatrix} {}^2\boldsymbol{R}_1 & \boldsymbol{r}_{P_2} - {}^2\boldsymbol{R}_1\boldsymbol{r}_{P_1} \\ 0 & 1 \end{bmatrix} = \begin{bmatrix} \cos\alpha & -\sin\alpha & 0 & -2\cos\alpha + \sin\alpha + 4 \\ \sin\alpha & \cos\alpha & 0 & -\cos\alpha - 2\sin\alpha + 3 \\ 0 & 0 & 1 & 0 \\ 0 & 0 & 0 & 1 \end{bmatrix} \tag{1-592}$$

瞬心在该运动过程中是存在的，根据定义可知：

$$\boldsymbol{r}_{P_0} = {}^2\boldsymbol{T}_1 \boldsymbol{r}_{P_0} \tag{1-593}$$

$$\begin{bmatrix} X_0 \\ Y_0 \\ 0 \\ 1 \end{bmatrix} = \begin{bmatrix} 0.1908 & 0.9816 & 0 & 2.6368 \\ -0.9816 & 0.1908 & 0 & 4.7724 \\ 0 & 0 & 1 & 0 \\ 0 & 0 & 0 & 1 \end{bmatrix} \begin{bmatrix} X_0 \\ Y_0 \\ 0 \\ 1 \end{bmatrix} \tag{1-594}$$

代入 $\alpha = -79°$ 可解出：

$$X_0 = 4.2131 \tag{1-595}$$

$$Y_0 = 0.7870 \tag{1-596}$$

接下来给出 6 个纯理论推导。

案例 70　确定螺旋运动的参数。

当已知刚体上三个不在一条直线上点的初始位置和终点位置时，可以求出螺旋运动的参数。假设 $\boldsymbol{p}_0$、$\boldsymbol{q}_0$ 和 $\boldsymbol{r}_0$ 分别表示刚体上的三点 P、Q、R 在螺旋运动前的初始位置，而 $\boldsymbol{p}_1$、$\boldsymbol{q}_1$ 和 $\boldsymbol{r}_1$ 分别表示它们在螺旋运动后的终点位置。

为了找到螺旋运动参数 ϕ、$\mathbf{u}$、h和$\boldsymbol{s}$，需要先解出下列三个联立的罗德里格斯方程：

$$\boldsymbol{p}_1 - \boldsymbol{p}_0 = \tan\frac{\phi}{2}\mathbf{u} \times (\boldsymbol{p}_1 + \boldsymbol{p}_0 - 2\boldsymbol{s}) + h\mathbf{u} \tag{1-597}$$

$$\boldsymbol{q}_1 - \boldsymbol{q}_0 = \tan\frac{\phi}{2}\mathbf{u} \times (\boldsymbol{q}_1 + \boldsymbol{q}_0 - 2\boldsymbol{s}) + h\mathbf{u} \tag{1-598}$$

$$\boldsymbol{r}_1 - \boldsymbol{r}_0 = \tan\frac{\phi}{2}\mathbf{u} \times (\boldsymbol{r}_1 + \boldsymbol{r}_0 - 2\boldsymbol{s}) + h\mathbf{u} \tag{1-599}$$

将式（1-597）～式（1-599）互减可得：

$$(\boldsymbol{p}_1 - \boldsymbol{p}_0) - (\boldsymbol{r}_1 - \boldsymbol{r}_0) = \tan\frac{\phi}{2}\mathbf{u} \times \left[(\boldsymbol{p}_1 + \boldsymbol{p}_0) - (\boldsymbol{r}_1 + \boldsymbol{r}_0)\right] \tag{1-600}$$

$$(\boldsymbol{q}_1 - \boldsymbol{q}_0) - (\boldsymbol{r}_1 - \boldsymbol{r}_0) = \tan\frac{\phi}{2}\mathbf{u} \times \left[(\boldsymbol{q}_1 + \boldsymbol{q}_0) - (\boldsymbol{r}_1 + \boldsymbol{r}_0)\right] \tag{1-601}$$

等式两边同时乘以矢量 $\left[(\boldsymbol{q}_1 - \boldsymbol{q}_0) - (\boldsymbol{r}_1 - \boldsymbol{r}_0)\right]$ 可得：

$$\begin{aligned} &\left[(\boldsymbol{q}_1 - \boldsymbol{q}_0) - (\boldsymbol{r}_1 - \boldsymbol{r}_0)\right] \times \left[(\boldsymbol{p}_1 - \boldsymbol{p}_0) - (\boldsymbol{r}_1 - \boldsymbol{r}_0)\right] \\ &= \tan\frac{\phi}{2}\left[(\boldsymbol{q}_1 - \boldsymbol{q}_0) - (\boldsymbol{r}_1 - \boldsymbol{r}_0)\right] \times \left\{\mathbf{u} \times \left[(\boldsymbol{p}_1 + \boldsymbol{p}_0) - (\boldsymbol{r}_1 + \boldsymbol{r}_0)\right]\right\} \end{aligned} \tag{1-602}$$

式中，$\tan\frac{\phi}{2}$ 表示一个数，将其提到整个公式的前面作为系数。

矢量 $\left[(\boldsymbol{q}_1 - \boldsymbol{q}_0) - (\boldsymbol{r}_1 - \boldsymbol{r}_0)\right]$ 和 $\left[(\boldsymbol{p}_1 + \boldsymbol{p}_0) - (\boldsymbol{r}_1 + \boldsymbol{r}_0)\right]$ 都与旋转轴 $\mathbf{u}$ 垂直，因此可得：

$$\begin{aligned} &\left[(\boldsymbol{q}_1 - \boldsymbol{q}_0) - (\boldsymbol{r}_1 - \boldsymbol{r}_0)\right] \times \left[(\boldsymbol{p}_1 - \boldsymbol{p}_0) - (\boldsymbol{r}_1 + \boldsymbol{r}_0)\right] \\ &= \tan\frac{\phi}{2}\left[(\boldsymbol{q}_1 - \boldsymbol{q}_0) - (\boldsymbol{r}_1 - \boldsymbol{r}_0)\right] \bullet \left[(\boldsymbol{p}_1 + \boldsymbol{p}_0) - (\boldsymbol{r}_1 + \boldsymbol{r}_0)\right]\mathbf{u} \end{aligned} \tag{1-603}$$

因此，旋转角度可以通过 $\tan\frac{\phi}{2}$ 的值而被找到，并且右边的标准形式如下：

$$\tan\frac{\phi}{2}\mathbf{u} = \frac{\left[(\boldsymbol{q}_1 - \boldsymbol{q}_0) - (\boldsymbol{r}_1 - \boldsymbol{r}_0)\right] \times \left[(\boldsymbol{p}_1 - \boldsymbol{p}_0) - (\boldsymbol{r}_1 + \boldsymbol{r}_0)\right]}{\left[(\boldsymbol{q}_1 - \boldsymbol{q}_0) - (\boldsymbol{r}_1 - \boldsymbol{r}_0)\right] \bullet \left[(\boldsymbol{p}_1 + \boldsymbol{p}_0) - (\boldsymbol{r}_1 + \boldsymbol{r}_0)\right]} \tag{1-604}$$

接下来求 $\boldsymbol{s}$，首先对式（1-597）两边叉乘单位矢量 $\mathbf{u}$ 得：

$$\mathbf{u}\times(\boldsymbol{p}_1-\boldsymbol{p}_0)=\mathbf{u}\times\left[\tan\frac{\phi}{2}\mathbf{u}\times(\boldsymbol{p}_1+\boldsymbol{p}_0-2\boldsymbol{s})+h\mathbf{u}\right] \tag{1-605}$$

$$=\tan\frac{\phi}{2}\{[\mathbf{u}\cdot(\boldsymbol{p}_1+\boldsymbol{p}_0)]\mathbf{u}-(\boldsymbol{p}_1+\boldsymbol{p}_0)+2[\boldsymbol{s}-(\mathbf{u}\cdot\mathbf{s})\mathbf{u}]\} \tag{1-606}$$

值得关注的是，$\boldsymbol{s}-(\mathbf{u}\cdot\boldsymbol{s})\mathbf{u}$ 所代表的矢量群 $\boldsymbol{s}$ 中有一个垂直于 $\mathbf{u}$ 的矢量，其中的矢量群 $\boldsymbol{s}$ 表示从主坐标系 A($OXYZ$) 的原点到螺旋轴任意一点的矢量群。这众多矢量中间有一个矢量的垂直关系，暗示着从原点 O 到旋转轴 $\mathbf{u}$ 做垂线的矢量，它有着 O 到 $\mathbf{u}$ 的最短距离。假设将所有矢量群 $\boldsymbol{s}$ 中最短的一根命名为 $\boldsymbol{s}_0$，因此有：

$$\boldsymbol{s}_0=\boldsymbol{s}-(\mathbf{u}\cdot\boldsymbol{s})\mathbf{u}=\frac{1}{2}\left[\frac{\mathbf{u}\times(\boldsymbol{p}_1-\boldsymbol{p}_0)}{\tan\frac{\phi}{2}}-[\mathbf{u}\cdot(\boldsymbol{p}_1+\boldsymbol{p}_0)\mathbf{u}-(\boldsymbol{p}_1+\boldsymbol{p}_0)]\right] \tag{1-607}$$

最后的螺旋参数是螺距 h，它可以从三个联立等式：式（1-597）、式（1-598）和式（1-599）中的任意一个求出：

$$h=\mathbf{u}\cdot(\boldsymbol{p}_1-\boldsymbol{p}_0)=\mathbf{u}\cdot(\boldsymbol{q}_1-\boldsymbol{q}_0)=\mathbf{u}\cdot(\boldsymbol{r}_1-\boldsymbol{r}_0) \tag{1-608}$$

案例 71　另一种导出螺旋运动转换矩阵的方法。

假设螺旋轴没有经过主坐标系原点，如果 ${}^{\mathrm{A}}\boldsymbol{s}$ 表示螺旋轴 $\mathbf{u}$ 上的点的位置矢量，那么可以通过先平移螺旋轴到原点，再利用中心螺旋运动方程，最后将螺旋轴移回原位的方法，导出表示螺旋运动的矩阵 $\breve{s}(h,\phi,\mathbf{u},\boldsymbol{s})$。

$$\breve{s}(h,\phi,\mathbf{u},\boldsymbol{s})=\boldsymbol{D}({}^{\mathrm{A}}\boldsymbol{s})\breve{s}(h,\phi,\mathbf{u})\boldsymbol{D}(-{}^{\mathrm{A}}\boldsymbol{s})=\boldsymbol{D}({}^{\mathrm{A}}\boldsymbol{s})\boldsymbol{D}(h\mathbf{u})\boldsymbol{R}(\mathbf{u},\phi)\boldsymbol{D}(-{}^{\mathrm{A}}\boldsymbol{s})$$

$$=\begin{bmatrix}\mathbf{I} & {}^{\mathrm{A}}\boldsymbol{s}\\ 0 & 1\end{bmatrix}\begin{bmatrix}{}^{\mathrm{A}}\boldsymbol{R}_{\mathrm{B}} & h\mathbf{u}\\ 0 & 1\end{bmatrix}\begin{bmatrix}\mathbf{I} & -{}^{\mathrm{A}}\boldsymbol{s}\\ 0 & 1\end{bmatrix}=\begin{bmatrix}{}^{\mathrm{A}}\boldsymbol{R}_{\mathrm{B}} & {}^{\mathrm{A}}\boldsymbol{s}-{}^{\mathrm{A}}\boldsymbol{R}_{\mathrm{B}}\,{}^{\mathrm{A}}\boldsymbol{s}+h\mathbf{u}\\ 0 & 1\end{bmatrix} \tag{1-609}$$

案例 72　一个刚体的旋转围绕旋转轴 $\mathbf{u}$ 并且轴上有一点的位置为 ${}^{\mathrm{A}}\boldsymbol{s}$，如果 ${}^{\mathrm{A}}\boldsymbol{s}\times\mathbf{u}\neq 0$，那么该旋转为偏心轴的旋转。偏心旋转的转换矩阵可以通过螺旋运动的转换矩阵，将 $h=0$ 而得到。因此，一个偏心旋转的矩阵为：

$${}^{\mathrm{A}}\boldsymbol{T}_{\mathrm{B}}=\begin{bmatrix}{}^{\mathrm{A}}\boldsymbol{R}_{\mathrm{B}} & {}^{\mathrm{A}}\boldsymbol{s}-{}^{\mathrm{A}}\boldsymbol{R}_{\mathrm{B}}\,{}^{\mathrm{A}}\boldsymbol{s}\\ 0 & 1\end{bmatrix} \tag{1-610}$$

案例 73　基础中心螺旋运动。

有三个基础的中心螺旋运动，它们分别被命名为：X-轴螺旋运动、Y-轴螺旋运动和 Z-轴螺旋运动，它们的转换矩阵分别为：

$$\breve{s}(h_Z,\alpha,\mathbf{K})=\begin{bmatrix}\cos\alpha & -\sin\alpha & 0 & 0\\ \sin\alpha & \cos\alpha & 0 & 0\\ 0 & 0 & 1 & p_Z\alpha\\ 0 & 0 & 0 & 1\end{bmatrix} \tag{1-611}$$

$$\breve{s}(h_Y,\beta,\mathbf{J})=\begin{bmatrix}\cos\beta & 0 & \sin\beta & 0\\ 0 & 1 & 0 & p_Y\beta\\ -\sin\beta & 0 & \cos\beta & 0\\ 0 & 0 & 0 & 1\end{bmatrix} \tag{1-612}$$

$$\breve{s}(h_X,\gamma,\mathbf{I})=\begin{bmatrix}1 & 0 & 0 & p_X\gamma\\ 0 & \cos\gamma & -\sin\gamma & 0\\ 0 & \sin\gamma & \cos\gamma & 0\\ 0 & 0 & 0 & 1\end{bmatrix} \tag{1-613}$$

证明 14：设$[T]$为任意空间位移，并且将其分解成绕轴 $\mathbf{u}$ 的旋转$[R]$和平移$[D]$：

$$[T]=[D][R] \tag{1-614}$$

再将平移$[D]$分解为两部分，一部分与轴 $\mathbf{u}$ 平行$\left[D_{//}\right]$，一部分与其垂直$\left[D_{\perp}\right]$：

$$[T]=\left[D_{//}\right]\left[D_{\perp}\right][R] \tag{1-615}$$

此时，$\left[D_{\perp}\right][R]$是平面运动，因此其和运动为某个旋转运动$\left[R'\right]=\left[D_{\perp}\right][R]$，该旋转的轴平行于轴 $\mathbf{u}$。由此原式可变为$[T]=\left[D_{//}\right][R']$。这种分解方法给出了完美的证明，因为$\left[\mathrm{D}_{//}\right]$的轴为 $\mathbf{u}$。

如图 1.26 所示，轮胎的运动很好地诠释了平面内平动与转动的叠加，如果将次坐标系固定于轮胎中心处，x-轴表示轮胎前进方向，y-轴表示垂直于地面方向，z-轴表示轮胎旋转轴，曲线表示轮胎上任意一点（或者说是次坐标内任意一点）的运动轨迹为摆线。从次坐标系原点来看，该运动就是一个旋转运动。

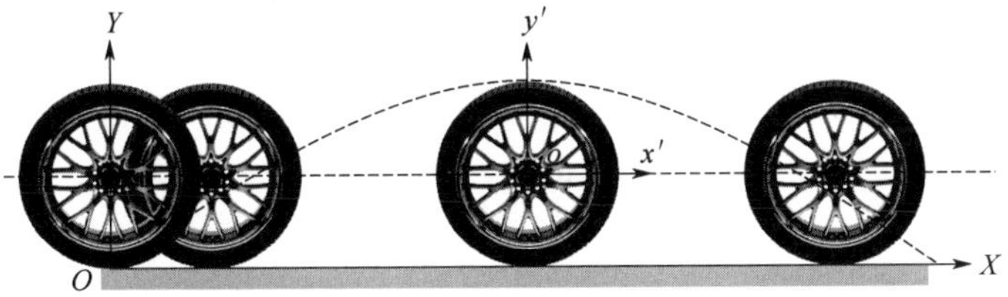

图 1-26　轮胎上点的运动是平面内的平动与转动叠加

案例 74　接下来利用式（1-394）求一下摆线方程。

假设轮胎上一点在初始位置与主坐标系原点位置 O 重合，如图 1.26 左侧第一个轮胎所示，次坐标原点 o 初始位置位于第一个轮胎圆心位置。假设轮胎半径为 a，轮胎旋转速度为 ω，且轮胎与地面之间作纯滚动。那么轮胎随着时间 t 的转角 $\theta=\omega t$，轮胎的平移速度为 $v_o=\omega a$。

那么，由于绕次坐标轴 z-轴旋转：

$$^{\mathrm{A}}\boldsymbol{R}_{\mathrm{B}}=\begin{bmatrix}\cos\theta & \sin\theta & 0\\ -\sin\theta & \cos\theta & 0\\ 0 & 0 & 1\end{bmatrix} \tag{1-616}$$

$$^{\mathrm{B}}\boldsymbol{r}_P=\begin{bmatrix}0\\ -a\\ 0\end{bmatrix} \tag{1-617}$$

$$^{\mathrm{A}}\boldsymbol{d}_{\mathrm{B}}=\begin{bmatrix}0\\ a\\ 0\end{bmatrix}+\begin{bmatrix}v_o t\\ 0\\ 0\end{bmatrix}=\begin{bmatrix}\omega at\\ a\\ 0\end{bmatrix} \tag{1-618}$$

$$ {}^{A}\boldsymbol{r}_P = {}^{A}\boldsymbol{R}_B\,{}^{B}\boldsymbol{r}_P + {}^{A}\boldsymbol{d}_B = \begin{bmatrix} \cos\theta & \sin\theta & 0 \\ -\sin\theta & \cos\theta & 0 \\ 0 & 0 & 1 \end{bmatrix}\begin{bmatrix} 0 \\ -a \\ 0 \end{bmatrix} + \begin{bmatrix} \theta a \\ a \\ 0 \end{bmatrix} = \begin{bmatrix} \theta a - a\sin\theta \\ a - a\cos\theta \\ 0 \end{bmatrix} = a\begin{bmatrix} \theta - \sin\theta \\ 1-\cos\theta \\ 0 \end{bmatrix} \tag{1-619} $$

由此，可以写出 XY-平面内的摆线方程：

$$ \begin{cases} x = a(\theta - \sin\theta) \\ y = a(1-\cos\theta) \end{cases} \tag{1-620} $$

案例 75 任何刚体运动都是一种螺旋运动。

为了展示任何合适的刚体运动都可以作为一种螺旋运动，首先来看看齐次转换矩阵：

$$ {}^{A}\boldsymbol{T}_B = \begin{bmatrix} {}^{A}\boldsymbol{R}_B & {}^{A}\boldsymbol{d} \\ 0 & 1 \end{bmatrix} \tag{1-621} $$

也可以写成另一种形式：

$$ {}^{A}\boldsymbol{T}_B = \begin{bmatrix} {}^{A}\boldsymbol{R}_B & (\mathbf{I} - {}^{A}\boldsymbol{R}_B)\boldsymbol{s} + h\mathbf{u} \\ 0 & 1 \end{bmatrix} \tag{1-622} $$

这个问题也就等价于，从下面的等式中找出 h 和 $\mathbf{u}$：

$$ {}^{A}\boldsymbol{d} = (\mathbf{I} - {}^{A}\boldsymbol{R}_B)\mathbf{s} + h\mathbf{u} \tag{1-623} $$

矩阵 $\left[\mathbf{I} - {}^{A}\boldsymbol{R}_B\right]$ 是一个奇异矩阵，因为 ${}^{A}\boldsymbol{R}_B$ 一般总是以 1 为特征值。该特征值所对应的特征向量为 $\mathbf{u}$。因此，根据特征值定义有：

$$ \left[\mathbf{I} - {}^{A}\boldsymbol{R}_B\right]\mathbf{u} = \left[\mathbf{I} - {}^{A}\boldsymbol{R}_B^{T}\right]\mathbf{u} = 0 \tag{1-624} $$

在原等式两边内乘 $\mathbf{u}$ 为：

$$ \mathbf{u}\cdot{}^{A}\boldsymbol{d} = \mathbf{u}\cdot\left[\mathbf{I} - {}^{A}\boldsymbol{R}_B\right]\boldsymbol{s} + \mathbf{u}\cdot h\mathbf{u} = \left[\mathbf{I} - {}^{A}\boldsymbol{R}_B\right]\mathbf{u}\cdot\boldsymbol{s} + \mathbf{u}\cdot h\mathbf{u} = 0 + h\cdot\mathbf{u}^2 = h \tag{1-625} $$

也就可以导出：

$$ h = \mathbf{u}\cdot{}^{A}\boldsymbol{d} \tag{1-626} $$

借此，就可以找出 $\boldsymbol{s}$：

$$ \boldsymbol{s} = \left[\mathbf{I} - {}^{A}\boldsymbol{R}_B\right]^{-1}({}^{A}\boldsymbol{d} - h\boldsymbol{u}) \tag{1-627} $$

式中，$\mathbf{u}$ 相当于单位矢量 (i, j, k)，属于已知量。

1.10 小结

为了分析刚体的相对运动，在每个刚体的质心位置建立一个次坐标系。刚体间的相互运动可以被表示成坐标系之间的相互运动。

一点在两个共原点的笛卡儿坐标系内的坐标可以相互转换，这种转换基于一个坐标系相对于另一个坐标系三个轴 9 个方向余弦的位置表达。两个坐标系的坐标变换等价于矩阵变换，如下式所示：

$$^{\mathrm{A}}\boldsymbol{r} = {}^{\mathrm{A}}\boldsymbol{R}_{\mathrm{B}}\ {}^{\mathrm{A}}\boldsymbol{r} \tag{1-628}$$

$$\begin{bmatrix} X_2 \\ Y_2 \\ Z_2 \end{bmatrix} = \begin{bmatrix} \mathbf{I}\cdot\mathbf{i} & \mathbf{I}\cdot\mathbf{j} & \mathbf{I}\cdot\mathbf{k} \\ \mathbf{J}\cdot\mathbf{i} & \mathbf{J}\cdot\mathbf{j} & \mathbf{J}\cdot\mathbf{k} \\ \mathbf{K}\cdot\mathbf{i} & \mathbf{K}\cdot\mathbf{j} & \mathbf{K}\cdot\mathbf{k} \end{bmatrix} \begin{bmatrix} x_2 \\ y_2 \\ z_2 \end{bmatrix} \tag{1-629}$$

其中：

$$^{\mathrm{A}}\boldsymbol{R}_{\mathrm{B}} = \begin{bmatrix} \cos(\mathbf{I},\mathbf{i}) & \cos(\mathbf{I},\mathbf{j}) & \cos(\mathbf{I},\mathbf{k}) \\ \cos(\mathbf{J},\mathbf{i}) & \cos(\mathbf{J},\mathbf{j}) & \cos(\mathbf{J},\mathbf{k}) \\ \cos(\mathbf{K},\mathbf{i}) & \cos(\mathbf{K},\mathbf{j}) & \cos(\mathbf{K},\mathbf{k}) \end{bmatrix} \tag{1-630}$$

转换矩阵 $^{\mathrm{A}}\boldsymbol{R}_{\mathrm{B}}$ 是正交矩阵，这也就意味着其逆矩阵等于其转置矩阵：

$$^{\mathrm{A}}\boldsymbol{R}_{\mathrm{B}}^{-1} = {}^{\mathrm{A}}\boldsymbol{R}_{\mathrm{B}}^{\mathrm{T}} \tag{1-631}$$

当一个次坐标系 B 和一个主坐标系 A 有一个共同的原点，并且坐标系 B 相对于坐标系 A 做连续旋转，这时的旋转矩阵 $^{\mathrm{A}}\boldsymbol{R}_{\mathrm{B}}$ 是与旋转顺序和时间有关的矩阵之积：

$$^{\mathrm{A}}\boldsymbol{r}(t) = {}^{\mathrm{A}}\boldsymbol{R}_{\mathrm{B}}(t)\ {}^{\mathrm{B}}\boldsymbol{r} \tag{1-632}$$

那么，次坐标系 B 中一点的主坐标系速度为：

$$^{\mathrm{A}}\dot{\boldsymbol{r}}(t) = {}^{\mathrm{A}}\boldsymbol{v}(t) = {}^{\mathrm{A}}\dot{\boldsymbol{R}}_{\mathrm{B}}(t)\ {}^{\mathrm{B}}\boldsymbol{r} = {}_{\mathrm{A}}\tilde{\omega}_{\mathrm{B}}\ {}^{\mathrm{A}}\boldsymbol{r}(t) \tag{1-633}$$

式中，${}_{\mathrm{A}}\tilde{\omega}_{\mathrm{B}}$ 为斜交角速度矩阵：

$${}_{\mathrm{A}}\tilde{\omega}_{\mathrm{B}} = {}^{\mathrm{A}}\dot{\boldsymbol{R}}_{\mathrm{B}}\ {}^{\mathrm{A}}\boldsymbol{R}_{\mathrm{B}}^{\mathrm{T}} \tag{1-634}$$

$${}_{\mathrm{A}}\tilde{\omega}_{\mathrm{B}} = \begin{bmatrix} 0 & -\omega_3 & \omega_2 \\ \omega_3 & 0 & -\omega_1 \\ -\omega_2 & \omega_1 & 0 \end{bmatrix} \tag{1-635}$$

和矩阵 ${}_{\mathrm{A}}\tilde{\omega}_{\mathrm{B}}$ 相关联的是角速度矢量 ${}_{\mathrm{A}}\boldsymbol{\omega}_{\mathrm{B}} = \dot{\phi}\mathbf{u}$，它等价于以一个角速度率 $\dot{\phi}$ 相对于即时旋转轴 $\mathbf{u}$ 旋转。

与刚体相连的角速度可以连加起来以便找到第 n 个刚体在基础坐标系的相对角速度。

$${}_0\boldsymbol{\omega}_n = {}_0\boldsymbol{\omega}_1 + {}_1^0\boldsymbol{\omega}_2 + {}_2^0\boldsymbol{\omega}_3 + \cdots + {}_{n-1}^{0}\boldsymbol{\omega}_n = \sum_{i=1}^{n} {}_{i-1}\boldsymbol{\omega}_i \tag{1-636}$$

连在坐标系上的一个移动的刚体，在主坐标系和次坐标系之间的相对时间导数，必须根据下列原则求出：

$$\frac{^{\mathrm{B}}\mathrm{d}}{\mathrm{d}t}\ {}^{\mathrm{B}}\boldsymbol{r}_P = {}^{\mathrm{B}}\dot{\boldsymbol{r}}_P = {}^{\mathrm{B}}\boldsymbol{v}_P = \dot{x}\mathbf{i} + \dot{y}\mathbf{j} + \dot{z}\mathbf{k} \tag{1-637}$$

$$\frac{^{\mathrm{A}}\mathrm{d}}{\mathrm{d}t}\ {}^{\mathrm{A}}\boldsymbol{r}_P = {}^{\mathrm{A}}\dot{\boldsymbol{r}}_P = {}^{\mathrm{B}}\boldsymbol{v}_P = \dot{X}\mathbf{I} + \dot{Y}\mathbf{J} + \dot{Z}\mathbf{K} \tag{1-638}$$

$$\frac{^{\mathrm{A}}\mathrm{d}}{\mathrm{d}t}\ {}^{\mathrm{B}}\boldsymbol{r}_P(t) = {}^{\mathrm{B}}\dot{\boldsymbol{r}}_P + {}_{\mathrm{A}}^{\mathrm{B}}\boldsymbol{\omega}_{\mathrm{B}} \times {}^{\mathrm{B}}\boldsymbol{r}_P = {}_{\mathrm{A}}^{\mathrm{B}}\dot{\boldsymbol{r}}_P \tag{1-639}$$

$$\frac{^{\mathrm{B}}\mathrm{d}}{\mathrm{d}t}\ {}^{\mathrm{A}}\boldsymbol{r}_P(t) = {}^{\mathrm{A}}\dot{\boldsymbol{r}}_P - {}_{\mathrm{A}}\boldsymbol{\omega}_{\mathrm{B}} \times {}^{\mathrm{A}}\boldsymbol{r}_P = {}_{\mathrm{B}}^{\mathrm{A}}\dot{\boldsymbol{r}}_P \tag{1-640}$$

一个移动的次坐标系 B 中的一点 P 的主坐标为：

$$ {}^{\mathrm{A}}\boldsymbol{r}_P = {}^{\mathrm{A}}\boldsymbol{R}_{\mathrm{B}}\, {}^{\mathrm{B}}\boldsymbol{r}_P + {}^{\mathrm{A}}\boldsymbol{d}_{\mathrm{B}} \tag{1-641} $$

因此有：

$$ {}^{\mathrm{A}}\boldsymbol{v}_P = {}^{\mathrm{A}}\dot{\boldsymbol{r}}_P = {}_{\mathrm{A}}\tilde{\omega}_{\mathrm{B}}({}^{\mathrm{A}}\boldsymbol{r}_P - {}^{\mathrm{A}}\boldsymbol{d}_{\mathrm{B}}) + {}^{\mathrm{A}}\dot{\boldsymbol{d}}_{\mathrm{B}} = {}_{\mathrm{A}}\boldsymbol{\omega}_{\mathrm{B}} \times ({}^{\mathrm{A}}\boldsymbol{r}_P - {}^{\mathrm{A}}\boldsymbol{d}_{\mathrm{B}}) + {}^{\mathrm{A}}\dot{\boldsymbol{d}}_{\mathrm{B}} \tag{1-642} $$

当次坐标系 B 和主坐标系 A 有共同的原点时，坐标系 B 中的一点 P 的主坐标系加速度为：

$$ {}^{\mathrm{A}}\ddot{\boldsymbol{r}} = \frac{{}^{\mathrm{A}}\mathrm{d}}{\mathrm{d}t}\, {}^{\mathrm{A}}\boldsymbol{v}_P = {}_{\mathrm{A}}\boldsymbol{\alpha}_{\mathrm{B}} \times {}^{\mathrm{A}}\boldsymbol{r} + {}_{\mathrm{A}}\boldsymbol{\omega}_{\mathrm{B}} \times ({}_{\mathrm{A}}\boldsymbol{\omega}_{\mathrm{B}} \times {}^{\mathrm{A}}\boldsymbol{r}) \tag{1-643} $$

式中，${}_{\mathrm{A}}\boldsymbol{\alpha}_{\mathrm{B}}$ 是坐标系 B 相对于主坐标系 A 的角加速度。

$$ {}_{\mathrm{A}}\boldsymbol{\alpha}_{\mathrm{B}} = \frac{{}^{\mathrm{A}}\mathrm{d}}{\mathrm{d}t}\, {}_{\mathrm{A}}\boldsymbol{\omega}_{\mathrm{B}} \tag{1-644} $$

然而，当次坐标系 B 有一个相对于 A 的刚体运动时，那么：

$$ {}^{\mathrm{A}}\boldsymbol{a}_P = \frac{{}^{\mathrm{A}}\mathrm{d}}{\mathrm{d}t}\, {}^{\mathrm{A}}\boldsymbol{v}_P = {}_{\mathrm{A}}\boldsymbol{\alpha}_{\mathrm{B}} \times ({}^{\mathrm{A}}\boldsymbol{r}_P - {}^{\mathrm{A}}\boldsymbol{d}_{\mathrm{B}}) + {}_{\mathrm{A}}\boldsymbol{\omega}_{\mathrm{B}} \times \left[{}_{\mathrm{A}}\boldsymbol{\omega}_{\mathrm{B}} \times ({}^{\mathrm{A}}\boldsymbol{r}_{\mathrm{P}} - {}^{\mathrm{A}}\boldsymbol{d}_{\mathrm{B}}) \right] + {}^{\mathrm{A}}\ddot{\boldsymbol{d}}_{\mathrm{B}} \tag{1-645} $$

式中，${}^{\mathrm{A}}\boldsymbol{d}_{\mathrm{B}}$ 表示坐标系 B 原点相对于坐标系 A 原点的位置。

两个相关联刚体间角加速度的关系为：

$$ {}_0\boldsymbol{\alpha}_2 = {}_0\boldsymbol{\alpha}_1 + {}_1^0\boldsymbol{\alpha}_2 + {}_0\boldsymbol{\omega}_1 \times {}_1^0\boldsymbol{\omega}_2 \tag{1-646} $$

第 2 章 平动与转动运动方程

扫码获取脚本文件

刚体车辆的运动可以看作次坐标系相对于主坐标系的运动。本章将分别用牛顿和欧拉运动方程来描述刚体平动和转动。平动的描述用一般的数学方程就可以计算，而转动的计算往往要牵扯到转动惯量，实体的转动惯量往往是一个三维矩阵。由此可知，线性代数知识对于转动计算是必不可少的重要工具。学会对转动的计算才能对一个复杂机构进行建模，本章内容也是为后面内容做铺垫。

2.1 力和力矩

在牛顿力学里，力作用在一个有若干相关联刚体的系统中，可以分为内力和外力两种。内力是指相连的刚体之间的作用力，而外力是指外部系统作用在该系统的力。外力可以是接触力，如驱动轮轮胎印记处所产生的牵引力，还可以是重力，如车身所受的地球引力。

外力和力矩被称为负载，这样一系列的力和力矩作用于刚体上，如图 2.1 所示，称为一个力的系统。合力或总力 $\boldsymbol{F}$ 为所有作用在刚体上的外力之和，而合力矩或总力矩 $\boldsymbol{M}$ 为所有外力矩之和：

$$\boldsymbol{F}=\sum_{i} F_i \tag{2-1}$$

$$\boldsymbol{M}=\sum_{i} M_i \tag{2-2}$$

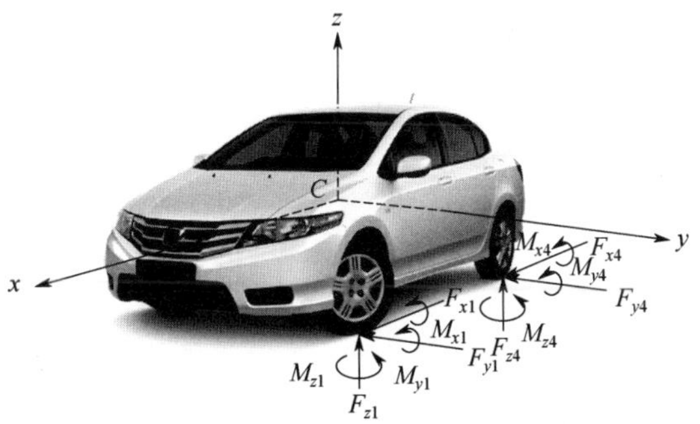

图 2.1 汽车轮胎与地面接触处的力系

假设力 $\boldsymbol{F}$ 作用于点 P 位于 $\boldsymbol{r}_P$ 位置，那么它相对于过原点的方向直线 l 的力矩为：

$$\boldsymbol{M}_l = l\mathbf{u}\cdot(\boldsymbol{r}_P\times\boldsymbol{F}) \tag{2-3}$$

式中，$\mathbf{u}$ 为 l 方向上的单位矢量。

力 $\boldsymbol{F}$ 相对于位于 $\boldsymbol{r}_Q$ 位置的 Q 点的力矩为：

$$\boldsymbol{M}_Q=(\boldsymbol{r}_P-\boldsymbol{r}_Q)\times\boldsymbol{F} \tag{2-4}$$

因此，力 $\boldsymbol{F}$ 相对于原点的力矩为：

$$\boldsymbol{M}_Q=\boldsymbol{r}_P\times\boldsymbol{F} \tag{2-5}$$

力所产生的矩又称为扭矩或力矩。

力系对系统的影响可以等价于合力和合力矩对系统的影响。任意两个力系，如果它们的合力和合力矩相等，那么它们相互等价。如果力系的合力为零，合力矩相对于坐标原点是独立的，这样的合力矩被称为力偶。

当力系相对于参考点 P 可以简化为合力 $\boldsymbol{F}_P$ 和合力矩 $\boldsymbol{M}_P$ 时，那么对于另一个参考点 Q 可以得到一个新的结果为：

$$\boldsymbol{F}_Q=\boldsymbol{F}_P \tag{2-6}$$

$$\boldsymbol{M}_Q=\boldsymbol{M}_P+(\boldsymbol{r}_P-\boldsymbol{r}_Q)\times\boldsymbol{F}_\text{P}=\boldsymbol{M}_P+{}_Q\boldsymbol{r}_P\times\boldsymbol{F}_P \tag{2-7}$$

一个运动刚体的动量是一个矢量值，它等于刚体的总质量乘以刚体质心的平移速度：

$$\boldsymbol{p}=m\boldsymbol{v} \tag{2-8}$$

动量 $\boldsymbol{p}$ 又称为平移动量或线性动量。

假设一个刚体拥有动量 $\boldsymbol{p}$，那么它沿过原点的方向直线 l 的动量矩为：

$$\boldsymbol{L}_l=l\mathbf{u}\cdot(\boldsymbol{r}_C\times\boldsymbol{p}) \tag{2-9}$$

式中，$\mathbf{u}$ 为沿方向导线的单位矢量，$\boldsymbol{r}_C$ 表示质心 C 的位置矢量。由此可得，相对于原点的动量矩为：

$$\boldsymbol{L}=\boldsymbol{r}_C\times\boldsymbol{p} \tag{2-10}$$

动量矩又可以称为角动量。

一个有界限的矢量是指一个矢量固定于空间内的某一点。一个滑动或线性矢量是指一个矢量可以沿其作用线自由滑动。一个自由矢量是指一个矢量可以移动到任意一点，只要其方向保持不变。力是一个滑动矢量，力偶是一个自由矢量。但是，一个力产生的力矩的大小取决于坐标系原点与力的作用点连线距离的长短。

力系的应用主要是在牛顿第二运动定理和第三运动定理上。牛顿第二运动定理又称为牛顿运动方程，它描述了线性动量的全球变化率和全球作用力之间的比例关系，可将其表达为：

$${}^{\text{A}}\boldsymbol{F}=\frac{{}^{\text{A}}\text{d}}{\text{d}t}\,{}^{\text{A}}\boldsymbol{P}=\frac{{}^{\text{A}}\text{d}}{\text{d}t}(m\,{}^{\text{A}}\boldsymbol{v}) \tag{2-11}$$

牛顿第三运动定理表述为两个物体之间的作用力与反作用力大小相等，方向相反。

牛顿第二运动定理还可以扩展到旋转运动。因此，牛顿第二运动定理也可以表述为角动量的全球变化率与全球作用力矩成正比：

$${}^{\text{A}}\boldsymbol{M}=\frac{{}^{\text{A}}\text{d}}{\text{d}t}\,{}^{\text{A}}\boldsymbol{L} \tag{2-12}$$

证明 15：角动量的微分为：

$$\frac{{}^{\text{A}}\text{d}}{\text{d}t}\,{}^{\text{A}}\boldsymbol{L}=\frac{{}^{\text{A}}\text{d}}{\text{d}t}\,{}^{\text{A}}(\boldsymbol{r}_C\times\boldsymbol{p})=\frac{{}^{\text{A}}\text{d}\boldsymbol{r}_C}{\text{d}t}\times\boldsymbol{p}+\boldsymbol{r}_C\times\frac{{}^{\text{A}}\text{d}\boldsymbol{p}}{\text{d}t}={}^{\text{A}}\boldsymbol{r}_C\times\frac{{}^{\text{A}}\text{d}\boldsymbol{p}}{\text{d}t}={}^{\text{A}}\boldsymbol{r}_C\times{}^{\text{A}}\boldsymbol{F}={}^{\text{A}}\boldsymbol{M} \tag{2-13}$$

一个运动刚体在点 P 处的质量为 m，位置矢量为 ${}^{A}\boldsymbol{r}_P$，其速度为 ${}^{A}\boldsymbol{v}_P$，那么它的动能 K 为：

$$K=\frac{1}{2}m\ {}^{A}\boldsymbol{v}_P^2=\frac{1}{2}m({}^{A}\dot{\boldsymbol{d}}_B+{}^{B}\boldsymbol{v}_P+{}^{B}_{A}\boldsymbol{\omega}_B\times{}^{B}\boldsymbol{r}_P)^2 \tag{2-14}$$

作用力 ${}^{A}\boldsymbol{F}$ 作用在质量 m 上使其沿一定路径，从点 1 运动到点 2，该路径用矢量 ${}^{A}\boldsymbol{r}$ 表示，此时作用力所做的功为：

$${}_1W_2=\int_1^2 {}^{A}\boldsymbol{F}\cdot \mathrm{d}{}^{A}\boldsymbol{r} \tag{2-15}$$

因此：

$$\int_1^2 {}^{A}\boldsymbol{F}\cdot \mathrm{d}{}^{A}\boldsymbol{r}=m\int_1^2\frac{{}^{A}\mathrm{d}}{\mathrm{d}t}{}^{A}\boldsymbol{v}\cdot{}^{A}\boldsymbol{v}\mathrm{d}t=\frac{1}{2}m\int_1^2\frac{\mathrm{d}}{\mathrm{d}t}v^2\mathrm{d}t=\frac{1}{2}m\left(v_2^2-v_1^2\right)=K_2-K_1 \tag{2-16}$$

也就是说，${}_1W_2$ 等于初始点处动能和终止点处动能之差。

$${}_1W_2=K_2-K_1 \tag{2-17}$$

式（2-17）称为做功与动能原理。

2.2 质心位置

刚体质心位置在坐标系中可以用 ${}^{B}\boldsymbol{r}_C$ 表示，并且通常是在次坐标系中测定其位置。

$${}^{B}\boldsymbol{r}_C=\frac{1}{m}\int_B {}^{B}\boldsymbol{r}\ \mathrm{d}m \tag{2-18}$$

$$\begin{bmatrix} x_C\\ y_C\\ z_C\end{bmatrix}=\begin{bmatrix}\frac{1}{m}\int_B x\mathrm{d}m\\ \frac{1}{m}\int_B y\mathrm{d}m\\ \frac{1}{m}\int_B z\mathrm{d}m\end{bmatrix} \tag{2-19}$$

案例 76　对一个 L-型截面如图 2.2 所示，它的密度处处均匀，即 $\rho=1$，求该截面质心的位置。那么 C 点的 x 位置为：

$$x_C=\frac{1}{m}\int_B x\mathrm{d}m=\frac{1}{A}\int_B x\mathrm{d}A \tag{2-20}$$

其中：

$$m=\int_0^a b\mathrm{d}x+\int_a^b a\mathrm{d}x=ab+a(b-a)=2ab-a^2 \tag{2-21}$$

可得：

$$x_C=\frac{\int_0^a bx\mathrm{d}x+\int_a^b ax\mathrm{d}x}{2ab-a^2}=\frac{\frac{1}{2}\left[b(a^2-0)+a(b^2-a^2)\right]}{2ab-a^2}=\frac{b^2+ab-a^2}{4b-2a} \tag{2-22}$$

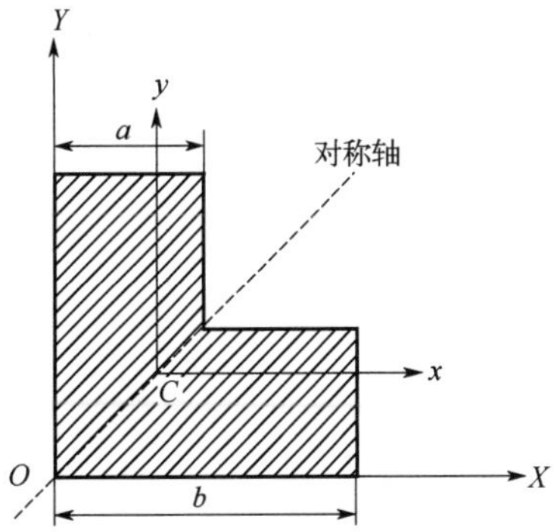

图 2.2　L-型截面的质心位置

$$y_C = \frac{\int_0^a by\,\mathrm{d}y + \int_a^b ay\,\mathrm{d}y}{2ab - a^2} = \frac{\frac{1}{2}\left[ba^2 + a(b^2 - a^2)\right]}{2ab - a^2} = \frac{b^2 + ab - a^2}{4b - 2a} \tag{2-23}$$

或由对称性可知：

$$y_C = x_C = \frac{b^2 + ab - a^2}{4b - 2a} \tag{2-24}$$

当 $a = b$ 时，C 的位置可以简化为：

$$y_C = x_C = \frac{1}{2}b \tag{2-25}$$

2.3 转动惯量

案例 77 相对于质心的转动惯量。

在分析刚体运动的过程中出现了对刚体几何学上的两种积分：第一种积分定义出质心，它在研究刚体平动过程中地位十分重要；第二种积分定义出转动惯量，它在研究刚体转动过程中地位十分重要。转动惯量又称为离心力矩或偏差力矩。每个刚体都有一个 3×3 的转动惯量矩阵 $\boldsymbol{I}$，它可以表示为：

$$\boldsymbol{I} = \begin{bmatrix} I_{xx} & I_{xy} & I_{xz} \\ I_{yx} & I_{yy} & I_{yz} \\ I_{zx} & I_{zy} & I_{zz} \end{bmatrix} \tag{2-26}$$

对角线上的元素 I_{ij}（$i = j$）称为转动惯量轴线（主转动惯量）：

$$I_{xx} = I_x = \int_{\mathrm{B}} (y^2 + z^2)\mathrm{d}m \tag{2-27}$$

$$I_{yy} = I_y = \int_{\mathrm{B}} (z^2 + x^2)\mathrm{d}m \tag{2-28}$$

$$I_{zz} = I_z = \int_{\mathrm{B}} (x^2 + y^2)\mathrm{d}m \tag{2-29}$$

而非对角线元素 I_{ij}（$i \neq j$）称为转动惯量副单元（副转动惯量）：

$$I_{xy} = I_{yx} = -\int_{\mathrm{B}} xy\mathrm{d}m \tag{2-30}$$

$$I_{yz} = I_{zy} = -\int_{\mathrm{B}} yz\mathrm{d}m \tag{2-31}$$

$$I_{zx} = I_{xz} = -\int_{B} zx\mathrm{d}m \tag{2-32}$$

刚体转动惯量 $\boldsymbol{I}$ 中的元素，作为离散型的质量点可以通过后文式（2-153）进行定义。

$\boldsymbol{I}$ 中的元素是根据附着在质心处的次坐标系计算出来的，因此，$\boldsymbol{I}$ 的值对坐标系具有依赖性，必须写清楚到底是在哪个坐标系中算出来的转动惯量，如 ${}^{\mathrm{B}}\boldsymbol{I}$：

$${}^{\mathrm{B}}\boldsymbol{I} = \int_{\mathrm{B}} \begin{bmatrix} y^2 + z^2 & -xy & -zx \\ -xy & z^2 + x^2 & -yz \\ -zx & -yz & x^2 + y^2 \end{bmatrix} \mathrm{d}m = \int_{\mathrm{B}} (r^2\boldsymbol{I} - \boldsymbol{r}\boldsymbol{r}^{\mathrm{T}})\mathrm{d}m = \int_{\mathrm{B}} -\tilde{r}\tilde{r}\mathrm{d}m \tag{2-33}$$

转动惯量可以从一个坐标系 B_1 转换到另一个坐标系 B_2，这两个坐标系都是建立在刚体的质心处，根据第 1 章旋转轴理论，可以得到：

$$^{B_2}\boldsymbol{I} = {}^{B_2}\boldsymbol{R}_{B_1}\ {}^{B_1}\boldsymbol{I}\ {}^{B_2}\boldsymbol{R}_{B_1}^{T} \tag{2-34}$$

将转动惯量从位于 $^{B_2}\boldsymbol{r}_C$ 处的中心坐标系 B_1 移动到另一个坐标系 B_2，如果两个坐标系的轴是相互平行的，那么根据坐标轴平行理论，有：

$$^{B_2}\boldsymbol{I} = {}^{B_1}\boldsymbol{I} + m\tilde{r}_C\tilde{r}_C^{T} \tag{2-35}$$

如果次坐标系 $Oxyz$ 被重新布置在一个位置，使得副转动惯量都变为零，那么这时的次坐标系称为质心坐标系，并且其中相关的转动惯量被称为主转动惯量。质心坐标系的轴和转动惯量可以通过解下列方程找到：

$$\begin{vmatrix} I_{xx}-I & I_{xy} & I_{xz} \\ I_{yx} & I_{yy}-I & I_{yz} \\ I_{zx} & I_{zy} & I_{zz}-I \end{vmatrix} = 0 \tag{2-36}$$

$$\det\left(\left[I_{ij}\right]-\left[\delta_{ij}\right]\right)=0 \tag{2-37}$$

由于式（2-36）是一个关于 I 的三元方程，可以得到三个特征值：

$$I_1 = I_x,\ I_2 = I_y,\ I_3 = I_z \tag{2-38}$$

它们就是需要求的主转动惯量。

证明 16　两个坐标系在刚体的质心位置有一个共同的原点，如图 2.3 所示。将刚体的角速度和角动量从坐标系 B_1 变到坐标系 B_2 通过矢量转换规则得到：

$$^{B_2}\boldsymbol{\omega} = {}^{B_2}\boldsymbol{R}_{B_1}\ {}^{B_1}\boldsymbol{\omega} \tag{2-39}$$

$$^{B_2}\boldsymbol{L} = {}^{B_2}\boldsymbol{R}_{B_1}\ {}^{B_1}\boldsymbol{L} \tag{2-40}$$

然而，$\boldsymbol{L}$ 和 $\boldsymbol{\omega}$ 之间又是通过式（2-41）相互联系着。

$$^{B_1}\boldsymbol{L} = {}^{B_1}\boldsymbol{I}\ {}^{B_1}\boldsymbol{\omega} \tag{2-41}$$

因此：

$$^{B_2}\boldsymbol{L} = {}^{B_2}\boldsymbol{R}_{B_1}\ {}^{B_1}\boldsymbol{I}\ {}^{B_2}\boldsymbol{R}_{B_1}^{T}\ {}^{B_2}\boldsymbol{\omega} \tag{2-42}$$

这也就展示出如何将转换矩阵从坐标系 B_1 变到另一个旋转的坐标系 B_2。

$$^{B_2}\boldsymbol{I} = {}^{B_2}\boldsymbol{R}_{B_1}\ {}^{B_1}\boldsymbol{I}\ {}^{B_2}\boldsymbol{R}_{B_1}^{T} \tag{2-43}$$

现在假设一个质心坐标系 B_1，如图 2.4 所示，所在位置为 $^{B_2}\boldsymbol{r}_C$，坐标系 B_1 绕坐标系 B_2 旋转，且两个坐标系的坐标轴始终保持平行。那么可以通过以下方程，将刚体的角速度和角动量从坐标系 B_1 变换到坐标系 B_2：

$$^{B_2}\boldsymbol{\omega} = {}^{B_1}\boldsymbol{\omega} \tag{2-44}$$

$$^{B_2}\boldsymbol{L} = {}^{B_1}\boldsymbol{L} + \boldsymbol{r}_C \times m\boldsymbol{v}_C \tag{2-45}$$

因此：

$$^{B_2}\boldsymbol{L} = {}^{B_1}\boldsymbol{L} + m\ {}^{B_2}\boldsymbol{r}_C \times ({}^{B_2}\boldsymbol{\omega} \times {}^{B_2}\boldsymbol{r}_C) = {}^{B_1}\boldsymbol{L} + (m\ {}^{B_2}\tilde{r}_C\ {}^{B_2}\tilde{r}_C^{T})\,{}^{B_2}\boldsymbol{\omega} \tag{2-46}$$

$$^{B_2}\boldsymbol{L} = ({}^{B_1}\boldsymbol{I} + m\ {}^{B_2}\tilde{r}_C\ {}^{B_2}\tilde{r}_C^{T})\,{}^{B_2}\boldsymbol{\omega} \tag{2-47}$$

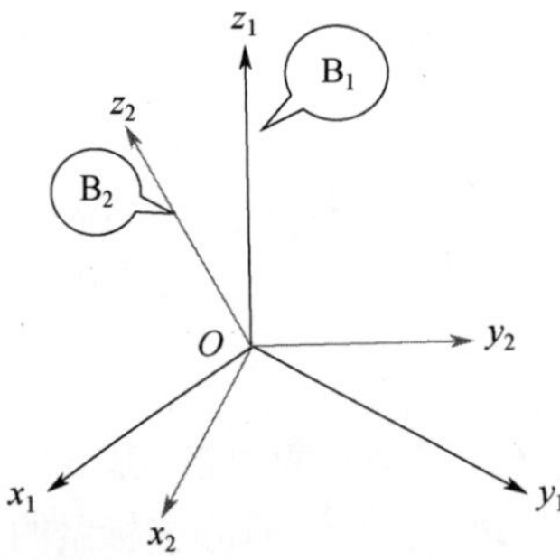

图 2.3 刚体质心处两个坐标系

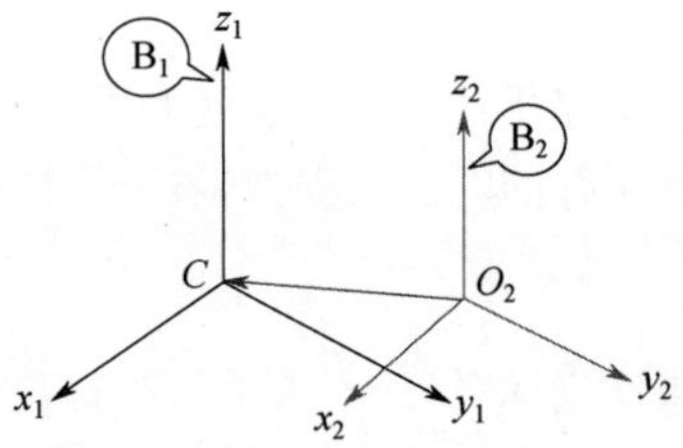

图 2.4 旋转坐标系 B_2 和质心坐标系 B_1

这也就展示了如何将转动惯量从坐标系 B_1 变换到另一个平行坐标系 B_2。

$$ {}^{B_2}\boldsymbol{I} = {}^{B_1}\boldsymbol{I} + m\,{}^{B_2}\tilde{r}_C\,{}^{B_2}\tilde{r}_C^{\mathrm{T}} \tag{2-48}$$

平行移动理论又称为惠更斯-斯坦纳理论。

对于式（2-48），将转动惯量变换到另一个旋转坐标系，通常找到一个坐标系使得 ${}^{B_2}\boldsymbol{I}$ 为斜对角矩阵，对于这样的坐标系，有：

$$ {}^{B_2}\boldsymbol{R}_{B_1}\,{}^{B_1}\boldsymbol{I} = {}^{B_2}\boldsymbol{I}\,{}^{B_2}\boldsymbol{R}_{B_1} \tag{2-49}$$

或

$$\begin{bmatrix} r_{11} & r_{12} & r_{13} \\ r_{21} & r_{22} & r_{23} \\ r_{31} & r_{32} & r_{33} \end{bmatrix}\begin{bmatrix} I_{xx} & I_{xy} & I_{xz} \\ I_{yx} & I_{yy} & I_{yz} \\ I_{zx} & I_{zy} & I_{zz} \end{bmatrix} = \begin{bmatrix} I_1 & 0 & 0 \\ 0 & I_2 & 0 \\ 0 & 0 & I_3 \end{bmatrix}\begin{bmatrix} r_{11} & r_{12} & r_{13} \\ r_{21} & r_{22} & r_{23} \\ r_{31} & r_{32} & r_{33} \end{bmatrix} \tag{2-50}$$

式中，I_1、I_2、I_3 为转动惯量 ${}^{B_1}\boldsymbol{I}$ 的特征值。这些特征值可以通过解出下面方程的 λ 而得到：

$$\begin{vmatrix} I_{xx}-\lambda & I_{xy} & I_{xz} \\ I_{yx} & I_{yy}-\lambda & I_{yz} \\ I_{zx} & I_{zy} & I_{zz}-\lambda \end{vmatrix} = 0 \tag{2-51}$$

特征值 I_1、I_2、I_3 为主转动惯量，与它们相对应的特征向量被称为主方向。由特征向量所组成的坐标系称为主次坐标系。在主坐标系中，刚体角动量为：

$$\begin{bmatrix} L_1 \\ L_2 \\ L_3 \end{bmatrix} = \begin{bmatrix} I_1 & 0 & 0 \\ 0 & I_2 & 0 \\ 0 & 0 & I_3 \end{bmatrix}\begin{bmatrix} \omega_1 \\ \omega_2 \\ \omega_3 \end{bmatrix} \tag{2-52}$$

案例 78 主转动惯量。

假设一个转动惯量矩阵 $\boldsymbol{I}$：

$$\boldsymbol{I} = \begin{bmatrix} 1 & 2 & 3 \\ 2 & 4 & 5 \\ 3 & 5 & 6 \end{bmatrix} \tag{2-53}$$

建立如下行列式：

$$\begin{vmatrix} 1-\lambda & 2 & 3 \\ 2 & 4-\lambda & 5 \\ 3 & 5 & 6-\lambda \end{vmatrix} = 0 \tag{2-54}$$

导出下面的特征方程：

$$(1-\lambda)(4-\lambda)(6-\lambda)+38\lambda-25=0 \tag{2-55}$$

解出矩阵的特征值：

$$I_1=-0.5157,\quad I_2=0.1709,\quad I_3=11.3448 \tag{2-56}$$

因此，主转动惯量矩阵为：

$$\boldsymbol{I}_{\text{tz}}=\begin{bmatrix}-0.5157 & 0 & 0\\ 0 & 0.1709 & 0\\ 0 & 0 & 11.3448\end{bmatrix} \tag{2-57}$$

案例 79 主坐标系求法（MATLAB 程序详见脚本 4）。

假设一个转动惯量 $\boldsymbol{I}$ 为：

$$\boldsymbol{I}=\begin{bmatrix}1 & 2 & 3\\ 2 & 4 & 5\\ 3 & 5 & 6\end{bmatrix} \tag{2-58}$$

质心坐标系的 x_i 坐标轴的方向可以通过解下列方程得到：

$$\begin{bmatrix}I_{xx}-I_i & I_{xy} & I_{xz}\\ I_{yx} & I_{yy}-I_i & I_{yz}\\ I_{zx} & I_{zy} & I_{zz}-I_i\end{bmatrix}\begin{bmatrix}\cos\alpha_i\\ \cos\beta_i\\ \cos\gamma_i\end{bmatrix}=\begin{bmatrix}0\\0\\0\end{bmatrix} \tag{2-59}$$

对于方向余弦还应该满足：

$$\cos^2\alpha_i+\cos^2\beta_i+\cos^2\gamma_i=1 \tag{2-60}$$

可以求出式（2-58）的特征值矩阵（特值矩阵或是主转动惯量矩阵）为：

$$\boldsymbol{I}_{\text{tz}}=\begin{bmatrix}-0.5157 & 0 & 0\\ 0 & 0.1709 & 0\\ 0 & 0 & 11.3448\end{bmatrix} \tag{2-61}$$

相对应的特征向量矩阵（特向矩阵）为：

$$\boldsymbol{I}_{\text{tzxl}}=\begin{bmatrix}0.7370 & 0.5910 & 0.3280\\ 0.3280 & -0.7370 & 0.5910\\ -0.5910 & 0.3280 & 0.7370\end{bmatrix} \tag{2-62}$$

再求出相对应的角度矩阵：

$$\boldsymbol{I}_{\text{tzjd}}=\begin{bmatrix}42.5255 & 53.7714 & 70.8535\\ 70.8535 & 137.4745 & 53.7714\\ 126.2286 & 70.8535 & 42.5255\end{bmatrix} \tag{2-63}$$

对于第一个主转动惯量 $I_1=-0.5157$，可以得到第一个质心坐标系轴的方向：

$$\alpha_1=42.5° \tag{2-64}$$

$$\beta_1=70.9° \tag{2-65}$$

$$\gamma_1=126.2° \tag{2-66}$$

利用 $I_2=0.1709$ 求第二个质心坐标系轴的方向：

$$\alpha_2 = 53.8° \tag{2-67}$$

$$\beta_2 = 137.5° \tag{2-68}$$

$$\gamma_2 = 70.9° \tag{2-69}$$

利用 $I_3 = 11.3448$ 求第三个质心坐标系轴的方向：

$$\alpha_3 = 70.9° \tag{2-70}$$

$$\beta_3 = 53.8° \tag{2-71}$$

$$\gamma_3 = 42.5° \tag{2-72}$$

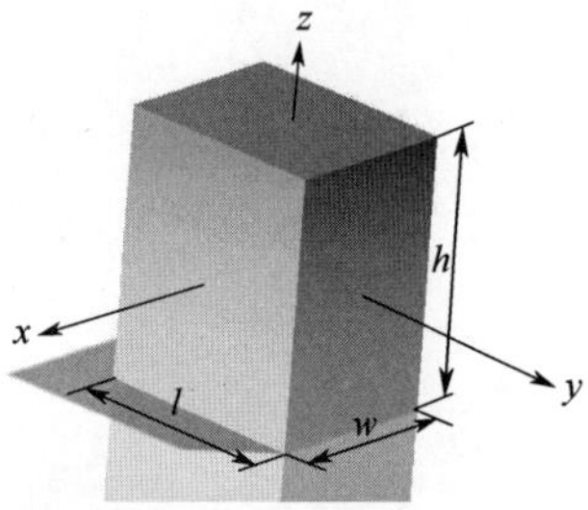

图 2.5　质地均匀的标准长方体

还可以证明式（2-62）特向矩阵的三个列向量是相互垂直的，即这三个方向刚好可以组成一个坐标系。

案例 80　标准矩形刚体的转动惯量。

假设一个均匀的矩形连接件的质量为 m，长为 l，宽为 w，高为 h，如图 2.5 所示。

将次坐标系的原点设置在它的质心处，连接件的转动惯量矩阵可以通过积分求得。先计算 I_{xx}：

$$\begin{aligned} I_{xx} &= \int_{\mathrm{B}}(y^2+z^2)\mathrm{d}m = \int_v (y^2+z^2)\rho \mathrm{d}v = \frac{m}{lwh}\int_v (y^2+z^2)\mathrm{d}v \\ &= \frac{m}{lwh}\int_{-h/2}^{h/2}\int_{-l/2}^{l/2}\int_{-w/2}^{w/2}(y^2+z^2)\,\mathrm{d}x\mathrm{d}y\mathrm{d}z = \frac{m}{12}(h^2+l^2) \end{aligned} \tag{2-73}$$

同法可得：

$$I_{yy} = \frac{m}{12}(w^2+h^2) \tag{2-74}$$

$$I_{zz} = \frac{m}{12}(l^2+w^2) \tag{2-75}$$

由于坐标系的原点在其几何中心处，因此副转动惯量都为零，为此，检验一下 I_{xy}：

$$I_{xy} = I_{yx} = -\int_{\mathrm{B}} xy\mathrm{d}m = \int_v xy\rho\mathrm{d}v = \frac{m}{lwh}\int_{-h/2}^{h/2}\int_{-w/2}^{w/2}\int_{-l/2}^{l/2} xy\,\mathrm{d}x\mathrm{d}y\mathrm{d}z = 0 \tag{2-76}$$

因此，这个长方体在质心坐标系中的转动惯量为：

$$\boldsymbol{I} = \begin{bmatrix} \frac{m}{12}(h^2+l^2) & 0 & 0 \\ 0 & \frac{m}{12}(w^2+h^2) & 0 \\ 0 & 0 & \frac{m}{12}(l^2+w^2) \end{bmatrix} \tag{2-77}$$

案例 81　转动惯量变换。

如图 2.6 所示，质心坐标系 B($Oxyz$) 中刚体的转动惯量已经求出，如式（2-77）所示。在非质心坐标系 B′($O'x'y'z'$) 中的刚体转动惯量可以通过平行轴转换式找到：

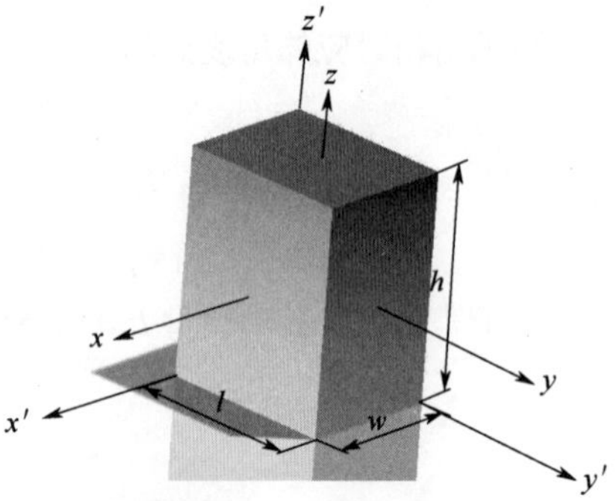

图 2.6　长方体转动惯量变换

$$ {}^{B'}\boldsymbol{I} = {}^{B}\boldsymbol{I} + m\,{}^{B'}\tilde{r}_C\,{}^{B'}\tilde{r}_C^{\mathrm{T}} \tag{2-78} $$

质心的位置位于：

$$ {}^{B'}\boldsymbol{r}_C = \frac{1}{2}\begin{bmatrix} w \\ l \\ h \end{bmatrix} \tag{2-79} $$

因此：

$$ {}^{B'}\tilde{r}_C = \frac{1}{2}\begin{bmatrix} 0 & -h & l \\ h & 0 & -w \\ -l & w & 0 \end{bmatrix} \tag{2-80} $$

代入后可以得到：

$$ {}^{B'}\boldsymbol{I} = m\begin{bmatrix} \frac{1}{3}h^2 + \frac{1}{3}l^2 & -\frac{1}{4}lw & -\frac{1}{4}hw \\ -\frac{1}{4}lw & \frac{1}{3}h^2 + \frac{1}{3}w^2 & -\frac{1}{4}hl \\ -\frac{1}{4}hw & -\frac{1}{4}hl & \frac{1}{3}l^2 + \frac{1}{3}w^2 \end{bmatrix} \tag{2-81} $$

案例 82　主旋转矩阵。

假设一个刚体的转动惯量为：

$$ \boldsymbol{I} = \begin{bmatrix} 2/3 & -1/2 & -1/2 \\ -1/2 & 5/3 & -1/4 \\ -1/2 & -1/4 & 5/3 \end{bmatrix} \tag{2-82} $$

那么，$\boldsymbol{I}$ 的主转动惯量矩阵（特征值矩阵）为：

$$ \boldsymbol{I} = \begin{bmatrix} 0.2413 & 0 & 0 \\ 0 & 1.8421 & 0 \\ 0 & 0 & 1.9167 \end{bmatrix} \tag{2-83} $$

对应的特征向量矩阵为：

$$ \boldsymbol{I} = \begin{bmatrix} 0.8569 & -0.5155 & 0.0 \\ 0.3645 & 0.6059 & -0.7071 \\ 0.3645 & 0.6059 & 0.7071 \end{bmatrix} \tag{2-84} $$

案例 83　斜对角转动惯量之间的相互关系。

利用转动惯量的定义式（2-27）～式（2-29），可以看出转动惯量是斜对称的，并且：

$$ \int_{B}(x^2 + y^2 + z^2)\mathrm{d}m = \frac{1}{2}(I_{xx} + I_{yy} + I_{zz}) \tag{2-85} $$

并且：

$$ I_{xx} + I_{yy} \geqslant I_{zz} \tag{2-86} $$

$$ I_{yy} + I_{zz} \geqslant I_{xx} \tag{2-87} $$

$$ I_{zz} + I_{xx} \geqslant I_{yy} \tag{2-88} $$

又因为：

$$ (y - z)^2 \geqslant 0 \tag{2-89} $$

那么：

$$y^2 + z^2 \geqslant 2yz \tag{2-90}$$

所以：

$$I_{xx} \geqslant 2I_{yz} \tag{2-91}$$

同理：

$$I_{yy} \geqslant 2I_{zx} \tag{2-92}$$

$$I_{zz} \geqslant 2I_{xy} \tag{2-93}$$

案例 84 特征方程系数。

由行列式（2-51）可知：

$$\begin{vmatrix} I_{xx}-\lambda & I_{xy} & I_{xz} \\ I_{yx} & I_{yy}-\lambda & I_{yz} \\ I_{zx} & I_{zy} & I_{zz}-\lambda \end{vmatrix} = 0 \tag{2-94}$$

可以用来计算矩阵特征值即主转动惯量，它导出一个关于 λ 的三阶方程，被称为特征方程。

$$\lambda^3 - a_1\lambda^2 + a_2\lambda - a_3 = 0 \tag{2-95}$$

特征方程的系数被称为 $[\boldsymbol{I}]$ 的主不变量。特征方程的系数可以直接从下列方程中找到：

$$a_1 = I_{xx} + I_{yy} + I_{zz} = \operatorname{tr}[\boldsymbol{I}] \tag{2-96}$$

$$\begin{aligned} a_2 &= I_{xx}I_{yy} + I_{yy} + I_{zz} - I_{xy}^2 - I_{yz}^2 - I_{xz}^2 \\ &= \begin{vmatrix} I_{xx} & I_{xy} \\ I_{yx} & I_{yy} \end{vmatrix} + \begin{vmatrix} I_{yy} & I_{yz} \\ I_{zy} & I_{zz} \end{vmatrix} + \begin{vmatrix} I_{xx} & I_{xz} \\ I_{zx} & I_{zz} \end{vmatrix} = \frac{1}{2}\left(a_1^2 - \operatorname{tr}\left[\boldsymbol{I}^2\right]\right) \end{aligned} \tag{2-97}$$

$$\begin{aligned} a_3 &= I_{xx}I_{yy}I_{zz} + I_{xy}I_{yz}I_{zx} + I_{zy}I_{yx}I_{xz} - (I_{xx}I_{yz}I_{zy} + I_{yy}I_{zx}I_{xz} + I_{zz}I_{xy}I_{yx}) \\ &= I_{xx}I_{yy}I_{zz} + 2I_{xy}I_{yz}I_{zx} - (I_{xx}I_{yz}^2 + I_{yy}I_{zx}^2 + I_{zz}I_{xy}^2) = \det[\boldsymbol{I}] \end{aligned} \tag{2-98}$$

案例 85 主转动惯量是坐标常量。

转动惯量特征方程的根是主转动惯量，它们都是实数但不一定都不相等。主转动惯量是惯性力矩的极限情况。也就是说，主转动惯量决定了 I_{ii} 的最大值和最小值。由于 I_{ii} 的最大值和最小值不依赖于所选的坐标系，解特征方程也不依赖于坐标系。

换句话说，如果 I_1、I_2 和 I_3 是 ${}^{B_1}\boldsymbol{I}$ 的主转动惯量，那么，当 ${}^{B_2}\boldsymbol{I} = {}^{B_2}\boldsymbol{R}_{B_1}\ {}^{B_1}\boldsymbol{I}\ {}^{B_2}\boldsymbol{R}_{B_1}^{\mathrm{T}}$ 时，${}^{B_2}\boldsymbol{I}$ 的首要转动惯量也是 I_1、I_2 和 I_3。

可以断定 I_1、I_2 和 I_3 是矩阵 $[\boldsymbol{I}]$ 的坐标常量，因此任何依赖于 I_1、I_2 和 I_3 的量都是坐标常量。矩阵 $[\boldsymbol{I}]$ 拥有三个不变量而每个其他的不变量都可以表达为 I_1、I_2 和 I_3 的组合形式。

因此，I_1、I_2 和 I_3 是特征方程的解，那么还可以将特征方程写成以下形式：

$$(\lambda - I_1)(\lambda - I_2)(\lambda - I_3) = 0 \tag{2-99}$$

方程展开后可得：

$$\lambda^3 - (I_1 + I_2 + I_3)\lambda^2 + (I_1I_2 + I_2I_3 + I_3I_1)\lambda - I_1I_2I_3 = 0 \tag{2-100}$$

对比前面的式（2-95）和式（2-100）可以得到结论：

$$a_1 = I_{xx} + I_{yy} + I_{zz} = I_1 + I_2 + I_3 \tag{2-101}$$

$$a_2 = I_{xx}I_{yy} + I_{yy}I_{zz} + I_{zz}I_{xx} - I_{xy}^2 - I_{yz}^2 - I_{zx}^2 = I_1I_2 + I_2I_3 + I_3I_1 \tag{2-102}$$

$$a_3 = I_{xx}I_{yy}I_{zz} + 2I_{xy}I_{yz}I_{zx} - (I_{xx}I_{yz}^2 + I_{yy}I_{zx}^2 + I_{zz}I_{xy}^2) = I_1I_2I_3 \tag{2-103}$$

由此看出，系数 a_1、a_2 和 a_3 可以表达为 I_1、I_2 和 I_3 的组成形式，那么特征方程的系数也就是不依赖于坐标系的常数。

案例 86　转动惯量元素的简略表达。

利用克罗内克德尔塔式（1-169）可以将转动惯量的元素 I_{ij} 写成简略表达形式：

$$I_{ij} = \int_B \left[(x_1^2 + x_2^2 + x_3^2)\delta_{ij} - x_i x_j\right] dm \tag{2-104}$$

$$I_{ij} = \int_B (r^2\delta_{ij} - x_i x_j) dm \tag{2-105}$$

$$I_{ij} = \int_B \left(\sum_{k=1}^{3} x_k^2 \delta_{ij} - x_i x_j\right) dm \tag{2-106}$$

这里利用了以下关系：

$$x_1 = x，\ x_2 = y，\ x_3 = z \tag{2-107}$$

案例 87　相对于一个平面、一条线或是一个点的转动惯量。

系统的转动惯量的对象可以是一个平面、一条线或是一个点，对微量到这个平面、这条线或是这个点的垂直距离的平方进行求和就可以得到转动惯量。对于一个连续的刚体，这个求和的过程就是一个对刚体微量积分的过程。

相对于 xy、yz 和 zx 平面的转动惯量为：

$$I_{z^2} = \int_B z^2 dm \tag{2-108}$$

$$I_{y^2} = \int_B y^2 dm \tag{2-109}$$

$$I_{x^2} = \int_B x^2 dm \tag{2-110}$$

相对于 x、y 和 z-轴的转动惯量为：

$$I_x = \int_B (y^2 + z^2) dm \tag{2-111}$$

$$I_y = \int_B (z^2 + x^2) dm \tag{2-112}$$

$$I_z = \int_B (x^2 + y^2) dm \tag{2-113}$$

因此，可知：

$$I_x = I_{y^2} + I_{z^2} \tag{2-114}$$

$$I_y = I_{z^2} + I_{x^2} \tag{2-115}$$

$$I_z = I_{x^2} + I_{y^2} \tag{2-116}$$

相对于原点的转动惯量为：

$$I_O = \int_B (x^2 + y^2 + z^2) dm = I_{x^2} + I_{y^2} + I_{z^2} = \frac{1}{2}(I_x + I_y + I_z) \tag{2-117}$$

由于选择坐标系是任意的，可以说相对的一条线的转动惯量是相对的两个相交平面的转动惯量之和，这两个平面的交线就是相对的一条直线。同样，可以将相对的一点定义为三个相交平面的交点，那么相对于它的转动惯量，就是相对这三个相交平面转动惯量之和。

2.4 潘索定理

潘索定理表述为：一个任意力系都等价于一个力加上一个与该力平行的力矩。假设 $\boldsymbol{F}$ 和 $\boldsymbol{M}$ 为力系的合力和合力矩。可以将力矩分解成平行和垂直于力的轴线的两个部分，将其分别标记为 $\boldsymbol{M}_{//}$ 和 $\boldsymbol{M}_{\perp}$。力 $\boldsymbol{F}$ 可以和垂直力矩 $\boldsymbol{M}_{\perp}$ 合并为一个力 $\boldsymbol{F}'$，它与原来的力 $\boldsymbol{F}$ 相平行。因此，力系可以化简为一个力 $\boldsymbol{F}'$ 和一个与之相平行的力矩 $\boldsymbol{M}_{//}$。像这样的力和力矩有着相同的力轴线称为力旋量。

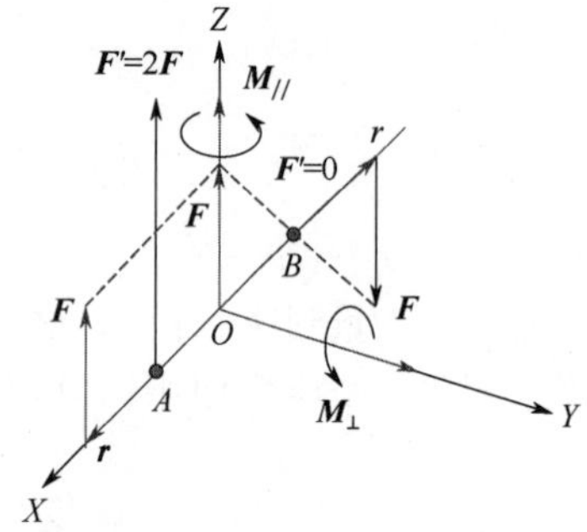

图 2.7　力 F 可以和垂直力矩 $M_{\perp}$ 合并为一个力 F'

整个过程如图 2.7 所示，第一步：将 $\boldsymbol{M}_{\perp}$ 化成两个矢量 $\boldsymbol{F}$ 和 $\boldsymbol{r}$，其中 $\boldsymbol{F}$ 的作用点位于 X-轴上，方向与 Z-轴平行，大小等于 F；$\boldsymbol{r}$ 起点位于原点 O，方向位于 X-轴上，大小满足条件 $\boldsymbol{M}_{\perp}=\boldsymbol{F}\times\boldsymbol{r}$。满足这样条件的情况有两个，如图 2.7 所示。第二步，取矢量 $\boldsymbol{r}$ 的中点 A 和 B，用于力与力矩合成。第三步，如果将 $\boldsymbol{F}$ 和 $\boldsymbol{M}_{\perp}$ 在 A 点处合成 $\boldsymbol{F}'$，力的大小变为 $2F$，方向平行于 Z-轴；如果将 $\boldsymbol{F}$ 和 $\boldsymbol{M}_{\perp}$ 在 B 点处合成 $\boldsymbol{F}'$，力的大小变为 0。第四步，将 $\boldsymbol{M}_{//}$ 移至点 A 或 B 处，形成力旋量。$\boldsymbol{M}_{//}$ 是力矩，没有向力一样的作用点，可以在 XY 平面内任意移动。

潘索定理和沙勒定理有着极其相似的描述：任何一种刚体运动都等价于一个螺旋运动，这种运动就是一个平移加上绕着平移轴的旋转运动。

$$\boldsymbol{M}_{\perp}=\boldsymbol{F}\times\boldsymbol{r} \tag{2-118}$$

案例 88　一个点在运动的次坐标系中的运动。

如图 1.14 所示，一个运动点 P 的速度和加速度在前面已经给出：

$$ {}^{A}\boldsymbol{v}_P={}^{A}\dot{\boldsymbol{d}}_B+{}^{A}\boldsymbol{R}_B({}^{B}\boldsymbol{v}_P+{}_{A}^{B}\boldsymbol{\omega}_B\times{}^{B}\boldsymbol{r}_P) \tag{2-119}$$

$$ {}^{A}\boldsymbol{a}_P={}^{A}\ddot{\boldsymbol{d}}_B+{}^{A}\boldsymbol{R}_B({}^{B}\boldsymbol{a}_P+2\,{}_{A}^{B}\boldsymbol{\omega}_B\times{}^{B}\boldsymbol{v}_P+{}_{A}^{B}\dot{\boldsymbol{\omega}}_B\times{}^{B}\boldsymbol{r}_P)+{}^{A}\boldsymbol{R}_B\left[{}_{A}^{B}\boldsymbol{\omega}_B\times({}_{A}^{B}\boldsymbol{\omega}_B\times{}^{B}\boldsymbol{r}_P)\right] \tag{2-120}$$

因此，点 P 处质量块的运动方程为：

$$ {}^{A}\boldsymbol{F}=m{}^{A}\boldsymbol{a}_P=m\left\{{}^{A}\ddot{\boldsymbol{d}}_B+{}^{A}\boldsymbol{R}_B({}^{B}\boldsymbol{a}_P+2\,{}_{A}^{B}\boldsymbol{\omega}_B\times{}^{B}\boldsymbol{v}_P+{}_{A}^{B}\dot{\boldsymbol{\omega}}_B\times{}^{B}\boldsymbol{r}_P)\ +{}^{A}\boldsymbol{R}_B\left[{}_{A}^{B}\boldsymbol{\omega}_B\times({}_{A}^{B}\boldsymbol{\omega}_B\times{}^{B}\boldsymbol{r}_P)\right]\right\} \tag{2-121}$$

案例 89　旋转坐标系中的牛顿方程。

假设一个球形的刚体，如地球，它绕着一个固定点以一定的角速度旋转。再假设球上有一个运动的刚体，如汽车，它的运动方程可以在假定 ${}^{A}\ddot{\boldsymbol{d}}_B={}_{A}^{B}\dot{\boldsymbol{\omega}}_B={}^{B}\boldsymbol{a}_P=0$ 的基础上找到，这个运动方程是一个在运动坐标系里运动的点的运动方程。

$$ {}^{B}\boldsymbol{F}=m\,{}^{B}\boldsymbol{a}_P+m\,{}_{A}^{B}\boldsymbol{\omega}_B\times({}_{A}^{B}\boldsymbol{\omega}_B\times{}^{B}\boldsymbol{r}_P)+2m\,{}_{A}^{B}\boldsymbol{\omega}_B\times{}^{B}\dot{\boldsymbol{r}}_p\neq m\,{}^{B}\boldsymbol{a}_P \tag{2-122}$$

这也就说明了牛顿运动方程 $\boldsymbol{F}=m\boldsymbol{a}$ 在旋转坐标系中需要做一定的修改。

2.5 科里奥利力（以下简称科氏力）

如图 2.8 所示，地球表面运动的车辆作为一个点，它的运动方程为：

$$ {}^{\mathrm{B}}\boldsymbol{F} = m\,{}^{\mathrm{B}}\boldsymbol{a}_P + m\,{}_{\mathrm{A}}^{\mathrm{B}}\boldsymbol{\omega}_{\mathrm{B}} \times \left({}_{\mathrm{A}}^{\mathrm{B}}\boldsymbol{\omega}_{\mathrm{B}} \times {}^{\mathrm{B}}\boldsymbol{r}_P\right) + 2m\,{}_{\mathrm{A}}^{\mathrm{B}}\boldsymbol{\omega}_{\mathrm{B}} \times {}^{\mathrm{B}}\dot{\boldsymbol{r}}_P \tag{2-123} $$

将其简单变形为：

$$ {}^{\mathrm{B}}\boldsymbol{F} - m\,{}_{\mathrm{A}}^{\mathrm{B}}\boldsymbol{\omega}_{\mathrm{B}} \times \left({}_{\mathrm{A}}^{\mathrm{B}}\boldsymbol{\omega}_{\mathrm{B}} \times {}^{\mathrm{B}}\boldsymbol{r}_P\right) - 2m\,{}_{\mathrm{A}}^{\mathrm{B}}\boldsymbol{\omega}_{\mathrm{B}} \times {}^{\mathrm{B}}\dot{\boldsymbol{r}}_P = m\,{}^{\mathrm{B}}\boldsymbol{a}_P \tag{2-124} $$

式（2-124）为旋转坐标系内得到的运动方程。方程左边部分被称为等效力，记为 $\boldsymbol{F}_{\mathrm{eff}}$：

$$ \boldsymbol{F}_{\mathrm{eff}} = {}^{\mathrm{B}}\boldsymbol{F} - m\,{}_{\mathrm{A}}^{\mathrm{B}}\boldsymbol{\omega}_{\mathrm{B}} \times \left({}_{\mathrm{A}}^{\mathrm{B}}\boldsymbol{\omega}_{\mathrm{B}} \times {}^{\mathrm{B}}\boldsymbol{r}_P\right) - 2m\,{}_{\mathrm{A}}^{\mathrm{B}}\boldsymbol{\omega}_{\mathrm{B}} \times {}^{\mathrm{B}}\dot{\boldsymbol{r}}_P \tag{2-125} $$

因此，实际中车辆作为极小的质点在考虑地球旋转的情况下，应该是在这个力的作用下运动。方程右侧第二部分是负的离心力，指向与地心相反的外侧。这个力的最大值出现在赤道附近（因为地球是两极略扁的球形，两极的半径稍短）。

$$ r\omega^2 = 6378.388\times10^3\times\left(\frac{2\pi}{24\times3600}\times\frac{366.25}{365.25}\right)^2 = 3.3917\times10^{-2}(\mathrm{m/s^2}) \tag{2-126} $$

该值大约是地球重力加速度的 0.346%。如果再考虑由于地球半径从两极处的 $R = 6356912\mathrm{m}$ 到赤道处的 $R = 6378388\mathrm{m}$ 的变化，而产生的重力加速度的变化，两极处重力加速度约为 $9.832\mathrm{m/s^2}$，在赤道处的重力加速度约为 $9.780\mathrm{m/s^2}$，那么重力加速度的变化值约为 0.53%。因此，一般来说，对于运动员而言，如撑杆跳运动员，他们在赤道的竞赛成绩比在北极竞赛成绩要好一些。

式（2-125）等号右边第三部分称为科氏力或者科氏效应，记为 $\boldsymbol{F}_{\mathrm{C}}$，它与 $\boldsymbol{\omega}$ 以及 ${}^{\mathrm{B}}\boldsymbol{v}_P$ 相互垂直。对于一个质量为 m 的物体在北半球纬度为 θ 的地方向赤道移动，需要施加一个向东的侧向力去平衡科氏效应产生的力，以此保证该物体相对于地面的方向。

$$ \begin{aligned} \boldsymbol{F}_{\mathrm{C}} &= 2m\,{}_{\mathrm{A}}^{\mathrm{B}}\boldsymbol{\omega}_{\mathrm{B}} \times {}^{\mathrm{B}}\boldsymbol{v}_m \\ &= 1.4584\times10^{-4}\ {}^{\mathrm{B}}\boldsymbol{p}_m\sin(\pi-\theta) = 1.4584\times10^{-4}\ {}^{\mathrm{B}}\boldsymbol{p}_m\sin\theta(\mathrm{kg\cdot m/s^2}) \end{aligned} \tag{2-127} $$

$$ {}_{\mathrm{A}}^{\mathrm{B}}\boldsymbol{\omega}_{\mathrm{B}} = \frac{2\pi}{24\times3600}\times\frac{366.25}{365.25} = 7.2921\times10^{-5}(\mathrm{rad/s}) \tag{2-128} $$

关于科氏力的方向，可以对比向心力和离心力来考虑科氏力正反两个方向。

如图 2.9 所示，假如黑色表示地球，灰色表示太阳，在地球绕太阳作匀速圆周运动的过程中，$\boldsymbol{F}_{向}$ 是实际存在的地球受力，用实线表示，它一般由万有引力提供，用以维持地球绕太阳的旋转运动。而 $\boldsymbol{F}_{离}$ 则是假想力，用虚线表示，因为匀速圆周运动是一个稳态，假想出向心力反向力（离心力）使得地球受力平衡。如果没有了向心力，地球将会沿轨道的切线方向飞出。这个向心力与地球速度方向垂直，只改变匀速圆周运动速度的方向而不改变速度的大小。

如图 2.10 所示，在地球的北半球，如果一个物体向北运动，如图 2.10（a）所示，它只有受到一个向西的科氏力才能维持向北直线行驶，否则就会向东跑偏。如果一个物体向南运动，如图 2.10（b）所示，它只有受到一个向东的科氏力才能维持向南直线行驶，否则就会向西跑偏。如果一个物体向东运动，如图 2.10（c）所示，它只有受到一个向北的科氏力分力才能维持向东直线行驶，而另一个指向地心竖直向下的科氏分力可以由重力提供，我们暂不考虑，否则就会向南跑偏。如果一个物体向西运动，如图 2.10（d）所示，它只有受到一个向南的科氏力分力才能维持向西直线行驶，而另一个竖直向上的科氏分力可以由地面支撑力提供，我们暂不考虑，否则就会向北跑偏。综合这 4 种情况，一般来讲，在北半球运动的物体，沿运动方向看去，必须给它一个向左的科氏力才能维持其直线行驶，否则它将会向右跑偏。自由落体的情况如图 2.10（e）和（f）所示，一般来讲，在没有主动向西的科氏力的情况下，它是向东跑偏。图 2.10（f）还说明随着自由落体下降速度增加，科氏力也在增加，也就是说，维持竖直向下运动所需向西的力也在增加，如果没有，其向东跑偏的速度会逐渐增加。

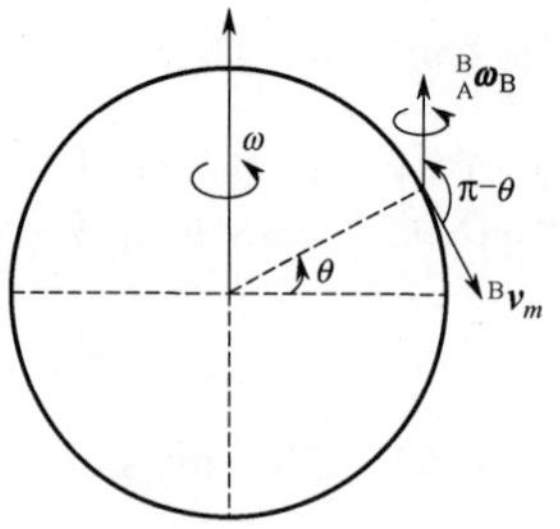

图 2.8 科里奥利力

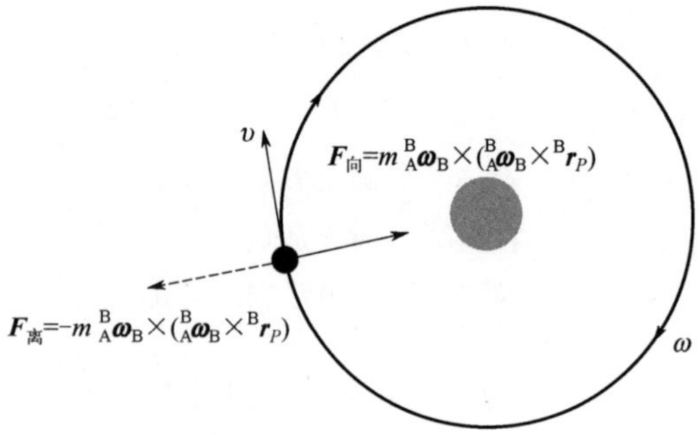

图 2.9 向心力与离心力

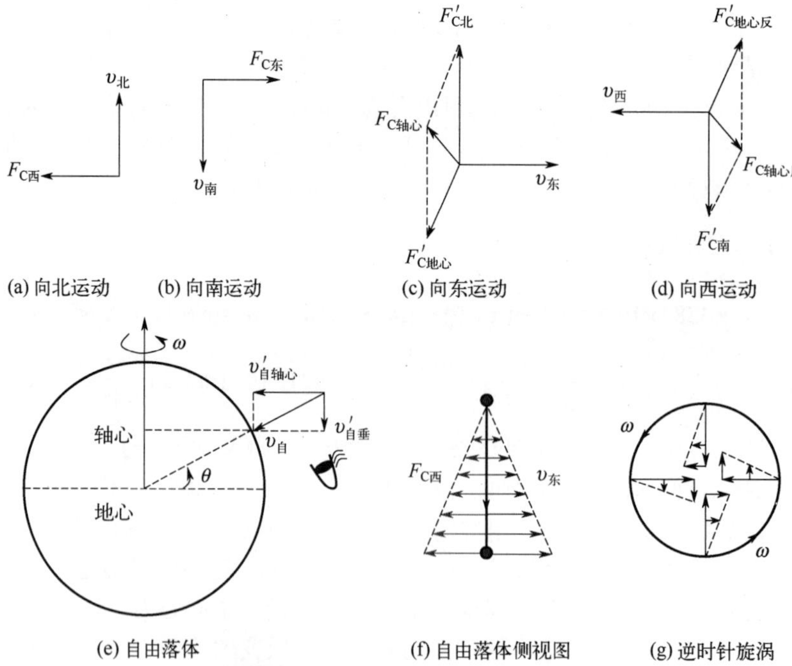

图 2.10 北半球科氏加速度方向探究

当然，对于不同的运动物体而言，科氏力的效果也是不相同的。

情况一：运动的车辆，即行驶中的车辆如果想要维持直线行驶，地面必须给车辆一个向左的科氏力，以维持直线行驶，而且这个力随着速度的增长而增长。当车速超过一定极限，所有的抓地力全部用以直线行驶，车辆就会失去转向能力，不受控制地向右跑偏。其前兆为方向发飘，方向盘开始左右摇晃，且这种振动会越来越大直至车辆彻底失控。我们在骑非专业自行车时，将车速提到最高，这种感觉会非常明显，直至摔倒。

情况二：河流与风，河流在运动的过程中，沿运动方向看去，它有向右跑偏的趋势，即它需要河道的右岸给河水一个向左的科氏力以维持河水的直线流动。那么右侧的河岸是受冲击河岸，往往比左侧河岸受到的侵蚀严重一些。风的情况可以参考地理上所学的季风带，由于没有主动施加科氏力作用给风，它一般会向右偏转形成季风带。

情况三：北半球旋涡，水或者气体在从四周向中间运动的过程中向右偏转形成旋涡，那么此情况如图2.10（g）所示，形成逆时针旋转的旋涡。同样的道理，南半球的情况刚好与北半球情况相反，大家可以自行验证。

案例90　不考虑运动方向的功、力以及动能。

一辆车的质量为$m=2000\text{kg}$，它的初始动能为$K=8000\text{J}$。它在外力$\boldsymbol{F}=F\mathbf{I}=3000\mathbf{I}$的作用下，从$X(0)=0$运动到$X(t_{\text{f}})=500\text{m}$，终了时刻为$t_{\text{f}}$。这个运动过程中外力做的功为：

$$W=\int_{\boldsymbol{r}(0)}^{\boldsymbol{r}(t_{\text{f}})}\boldsymbol{F}\cdot\mathrm{d}\boldsymbol{r}=\int_{0}^{500}3000\mathrm{d}X=1.5\times10^{6}(\text{N}\cdot\text{m})=1.5(\text{MJ}) \tag{2-129}$$

终了时刻，它的动能为：

$$K(t_{\text{f}})=W+K(0)=1508000(\text{J}) \tag{2-130}$$

那么，它的终了速度为：

$$v_2=\sqrt{\frac{2K(t_{\text{f}})}{m}}\approx38.8(\text{m/s}) \tag{2-131}$$

案例91　带方向的运动。

当外力是随时间变化的，且变化函数已知时，那么：

$$\boldsymbol{F}(t)=m\ddot{\boldsymbol{r}} \tag{2-132}$$

该运动方程一般解可以通过积分得到：

$$\dot{\boldsymbol{r}}(t)=\dot{\boldsymbol{r}}(t_0)+\frac{1}{m}\int_{t_0}^{t}\boldsymbol{F}(t)\mathrm{d}t \tag{2-133}$$

$$\boldsymbol{r}(t)=\boldsymbol{r}(t_0)+\dot{\boldsymbol{r}}(t_0)(t-t_0)+\frac{1}{m}\int_{t_0}^{t}\int_{t_0}^{t}\boldsymbol{F}(t)\mathrm{d}t\mathrm{d}t \tag{2-134}$$

这类问题称为带方向的运动。

2.6 刚体平移运动

图2.11描述了一个次坐标系B内的一点P在主坐标系A中的位置。假设次坐标系附着在刚体的质心处。点P代表一个无限小的钢球，它可以用极小质量dm表示其微分量。作用在该质量dm上的是无穷小的力d$\boldsymbol{f}$，它本身还拥有一个全球坐标系中的速度${}^{\text{A}}\boldsymbol{v}_P$。

根据牛顿运动定理可得：

$$\mathrm{d}\boldsymbol{f}={}^{\text{A}}\boldsymbol{a}_P\mathrm{d}m \tag{2-135}$$

但是，整个刚体在主坐标系中的运动方程为：

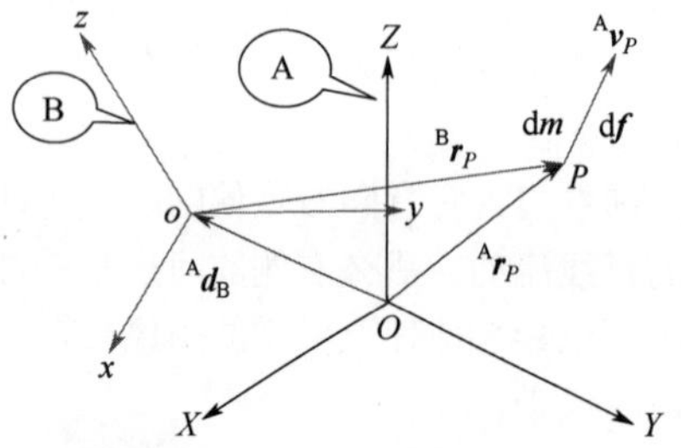

图 2.11 次坐标系绕主坐标系旋转时 P 点的角加速度

$$^{A}\boldsymbol{F} = m\,^{A}\boldsymbol{a}_{B} \tag{2-136}$$

这在次坐标系中可以表达为：

$$^{B}\boldsymbol{F} = m\,{}_{A}^{B}\boldsymbol{a}_{B} + m\,{}_{A}^{B}\boldsymbol{\omega}_{B} \times {}^{B}\boldsymbol{v}_{B} \tag{2-137}$$

$$\begin{bmatrix} F_x \\ F_y \\ F_z \end{bmatrix} = \begin{bmatrix} ma_x + m\left(\omega_y v_z - \omega_z v_y\right) \\ ma_y + m\left(\omega_z v_x - \omega_x v_z\right) \\ ma_z + m\left(\omega_x v_y - \omega_y v_x\right) \end{bmatrix} \tag{2-138}$$

方程中的 $^{A}\boldsymbol{a}_{B}$ 表示刚体质心在主坐标系中的加速度，$\boldsymbol{m}$ 为刚体的总质量，$\boldsymbol{F}$ 为外力之和作用于刚体的质心 C 点。

证明 17：原点固定于刚体质心的坐标系被称为中心坐标系。如果次坐标系 B 为中心坐标系，那么质心 C 可以定义为：

$$\int_{B}^{B}\boldsymbol{r}_{dm}\mathrm{d}m = 0 \tag{2-139}$$

矢量 dm 的主坐标系位置矢量相与它的次坐标系位置矢量之间的关系为：

$$^{A}\boldsymbol{r}_{dm} = {}^{A}\boldsymbol{d}_{B} + {}^{A}\boldsymbol{R}_{B}\,{}^{B}\boldsymbol{r}_{dm} \tag{2-140}$$

式中，$^{A}\boldsymbol{d}_{B}$ 为在次坐标系中的主坐标位置矢量。因此，两边同时积分可得：

$$\int_{B}^{A}\boldsymbol{r}_{dm}\mathrm{d}m = \int_{B}^{A}\boldsymbol{d}_{B}\mathrm{d}m + {}^{A}\boldsymbol{R}_{B}\int_{B}^{B}\boldsymbol{r}_{dm}\mathrm{d}m = \int_{B}^{A}\boldsymbol{d}_{B}\mathrm{d}m = {}^{A}\boldsymbol{d}_{B}\int_{B}\mathrm{d}m = m\,^{A}\boldsymbol{d}_{B} \tag{2-141}$$

两边同时求导可得：

$$m\,^{A}\dot{\boldsymbol{d}}_{B} = m\,^{A}\boldsymbol{v}_{B} = \int_{B}^{A}\dot{\boldsymbol{r}}_{dm}\mathrm{d}m = \int_{B}^{A}\boldsymbol{v}_{dm}\mathrm{d}m \tag{2-142}$$

再求一次导为：

$$m\,^{A}\dot{\boldsymbol{v}}_{B} = m\,^{A}\boldsymbol{a}_{B} = \int_{B}^{A}\dot{\boldsymbol{v}}_{dm}\mathrm{d}m \tag{2-143}$$

并且还有：$\mathrm{d}\boldsymbol{f} = {}^{A}\dot{\boldsymbol{v}}_{P}\mathrm{d}m$，因此：

$$m\,^{A}\boldsymbol{a}_{B} = \int_{B}\mathrm{d}\boldsymbol{f} \tag{2-144}$$

方程右边的积分表示作用在刚体上的所有外力之和，从外面看内力相互之间抵消了。因此，最终的结果是这个矢量 $\boldsymbol{F}$ 是所有外部力之和：

$$^{A}\boldsymbol{F} = m\,^{A}\boldsymbol{a}_{B} = m\,^{A}\dot{\boldsymbol{v}}_{B} \tag{2-145}$$

在次坐标系中有：

$$^{B}\boldsymbol{F} = {}^{B}\boldsymbol{R}_{A}\,{}^{A}\boldsymbol{F} = m\,{}^{B}\boldsymbol{R}_{A}\,{}^{A}\boldsymbol{a}_{B} = m\,{}_{A}^{B}\boldsymbol{a}_{B} = m({}^{B}\boldsymbol{a}_{B} + {}_{A}^{B}\boldsymbol{\omega}_{B} \times {}^{B}\boldsymbol{v}_{B}) \tag{2-146}$$

由此，在刚体坐标系中展开牛顿方程为：

$$^{B}\boldsymbol{F} = m({}^{B}\boldsymbol{a}_{B} + {}_{A}^{B}\boldsymbol{\omega}_{B} \times {}^{B}\boldsymbol{v}_{B}) \tag{2-147}$$

$$\begin{bmatrix} F_x \\ F_y \\ F_z \end{bmatrix} = m\begin{bmatrix} a_x \\ a_y \\ a_z \end{bmatrix} + m\begin{bmatrix} \omega_x \\ \omega_y \\ \omega_z \end{bmatrix} \times \begin{bmatrix} v_x \\ v_y \\ v_z \end{bmatrix} = m\begin{bmatrix} a_x \\ a_y \\ a_z \end{bmatrix} + m\begin{bmatrix} 0 & -\omega_z & \omega_y \\ \omega_z & 0 & -\omega_x \\ -\omega_y & \omega_x & 0 \end{bmatrix} \cdot \begin{bmatrix} v_x \\ v_y \\ v_z \end{bmatrix} \tag{2-148}$$

$$\begin{bmatrix} F_x \\ F_y \\ F_z \end{bmatrix} = \begin{bmatrix} ma_x + m\left(\omega_y v_z - \omega_z v_y\right) \\ ma_y + m\left(\omega_z v_x - \omega_x v_z\right) \\ ma_z + m\left(\omega_x v_y - \omega_y v_x\right) \end{bmatrix} = m\begin{bmatrix} a_x + \omega_y v_z - \omega_z v_y \\ a_y + \omega_z v_x - \omega_x v_z \\ a_z + \omega_x v_y - \omega_y v_x \end{bmatrix} \tag{2-149}$$

2.7 刚体旋转运动

刚体转动运动方程为欧拉方程：

$$^{\mathrm{B}}\boldsymbol{M} = \frac{^{\mathrm{A}}\mathrm{d}}{\mathrm{d}t}\,{}^{\mathrm{B}}\boldsymbol{L} = {}^{\mathrm{B}}\dot{\boldsymbol{L}} + {}^{\mathrm{B}}_{\mathrm{A}}\boldsymbol{\omega}_{\mathrm{B}} \times {}^{\mathrm{B}}\boldsymbol{L} = {}^{\mathrm{B}}\boldsymbol{I}\,{}^{\mathrm{B}}_{\mathrm{A}}\dot{\boldsymbol{\omega}}_{\mathrm{B}} + {}^{\mathrm{B}}_{\mathrm{A}}\boldsymbol{\omega}_{\mathrm{B}} \times \left({}^{\mathrm{B}}\boldsymbol{I}\,{}^{\mathrm{B}}_{\mathrm{A}}\boldsymbol{\omega}_{\mathrm{B}}\right) \tag{2-150}$$

式中，$\boldsymbol{L}$ 为角动量。

$$^{\mathrm{B}}\boldsymbol{L} = {}^{\mathrm{B}}\boldsymbol{I}\,{}^{\mathrm{B}}_{\mathrm{A}}\boldsymbol{\omega}_{\mathrm{B}} \tag{2-151}$$

另外，$\boldsymbol{I}$ 为刚体的转动惯量：

$$\boldsymbol{I} = \begin{bmatrix} I_{xx} & I_{xy} & I_{xz} \\ I_{yx} & I_{yy} & I_{yz} \\ I_{zx} & I_{zy} & I_{zz} \end{bmatrix} \tag{2-152}$$

$\boldsymbol{I}$ 矩阵中的元素表示刚体质量分布函数，可以定义为：

$$I_{ij} = \int_{\mathrm{B}}\left(r_i^2\delta_{ij} - x_{im}x_{jn}\right)\mathrm{d}m,\ \ i,j = 1,2,3 \tag{2-153}$$

式中，δ_{ij} 为克罗内克德尔塔。

$$\delta_{mn} = \begin{cases} 1, & m = n \\ 0, & m \neq n \end{cases} \tag{2-154}$$

将欧拉方程（2-150）展开后可以得到：

$$M_x = I_{xx}\dot{\omega}_x + I_{xy}\dot{\omega}_y + I_{xz}\dot{\omega}_z - (I_{yy} - I_{zz})\omega_y\omega_z - I_{yz}(\omega_z^2 - \omega_y^2) - \omega_x(\omega_z I_{xy} - \omega_y I_{xz}) \tag{2-155}$$

$$M_y = I_{yx}\dot{\omega}_x + I_{yy}\dot{\omega}_y + I_{yz}\dot{\omega}_z - (I_{zz} - I_{xx})\omega_z\omega_x - I_{xz}(\omega_x^2 - \omega_z^2) - \omega_y(\omega_x I_{yz} - \omega_z I_{xy}) \tag{2-156}$$

$$M_z = I_{zx}\dot{\omega}_x + I_{zy}\dot{\omega}_y + I_{zz}\dot{\omega}_z - (I_{xx} - I_{yy})\omega_x\omega_y - I_{xy}(\omega_y^2 - \omega_x^2) - \omega_z(\omega_y I_{xz} - \omega_x I_{yz}) \tag{2-157}$$

可以将上面式（2-155）～式（2-157）简化为：

$$M_1 = I_1\dot{\omega}_1 - (I_2 - I_3)\omega_2\omega_3 \tag{2-158}$$

$$M_2 = I_2\dot{\omega}_2 - (I_3 - I_1)\omega_3\omega_1 \tag{2-159}$$

$$M_3 = I_3\dot{\omega}_3 - (I_1 - I_2)\omega_1\omega_2 \tag{2-160}$$

这个结果在质心坐标系（一个特殊笛卡儿坐标系）中才成立，在质心坐标系中用数字 1、2、3 分别代表第一、第二和第三质心坐标系的坐标轴。在质心坐标系中，参数 I_{ij} 在 $i \neq j$ 的情况下为零。刚体坐标系和质心坐标系的原点都位于质心 C 点。

旋转刚体的动能为：

$$K = \frac{1}{2}(I_{xx}\omega_x^2 + I_{yy}\omega_y^2 + I_{zz}\omega_z^2) - I_{xy}\omega_x\omega_y - I_{yz}\omega_y\omega_z - I_{zx}\omega_z\omega_x = \frac{1}{2}\boldsymbol{\omega}\cdot\boldsymbol{L} = \frac{1}{2}\boldsymbol{\omega}^{\mathrm{T}}\boldsymbol{I}\boldsymbol{\omega} \tag{2-161}$$

同样，在质心坐标系中可以将其化简为：

$$K=\frac{1}{2}(I_1\omega_1^2+I_2\omega_2^2+I_3\omega_3^2) \tag{2-162}$$

证明 18：假设 m_i 表示刚体 B 上的第 i 个特殊的质量块，而刚体 B 由 n 个这样的特殊质量块组成。接下来将其坐标表示为：

$$\boldsymbol{r}_i={}^{\mathrm{B}}\boldsymbol{r}_i=\begin{bmatrix}x_i & y_i & z_i\end{bmatrix}^{\mathrm{T}} \tag{2-163}$$

该坐标为 m_i 在中心刚体固定坐标系 $Oxyz$ 中的笛卡儿坐标矢量。进一步假设：

$$\boldsymbol{\omega}={}_{\mathrm{A}}^{\mathrm{B}}\boldsymbol{\omega}_{\mathrm{B}}=\begin{bmatrix}\omega_x & \omega_y & \omega_z\end{bmatrix}^{\mathrm{T}} \tag{2-164}$$

为刚体相对于地面的角速度在刚体坐标系中的表达式。

m_i 的角动量为：

$$\begin{aligned}\boldsymbol{L}_i&=\boldsymbol{r}_i\times m_i\dot{\boldsymbol{r}}_i=m_i\left[\boldsymbol{r}_i\times(\boldsymbol{\omega}\times\boldsymbol{r}_i)\right]\\&=m_i\left[(\boldsymbol{r}_i\cdot\boldsymbol{r}_i)\boldsymbol{\omega}-(\boldsymbol{r}_i\cdot\boldsymbol{\omega})\boldsymbol{r}_i\right]=m_ir_i^2\boldsymbol{\omega}-m_i(\boldsymbol{r}_i\cdot\boldsymbol{\omega})\boldsymbol{r}_i\end{aligned} \tag{2-165}$$

因此，刚体的角动量为：

$$\boldsymbol{L}=\boldsymbol{\omega}\sum_{i=1}^{n}m_i\boldsymbol{r}_i^2-\sum_{i=1}^{n}m_i(\boldsymbol{r}_i\cdot\boldsymbol{\omega})\boldsymbol{r}_i \tag{2-166}$$

代入假设的 $\boldsymbol{r}_i$ 和 $\boldsymbol{\omega}$ 的具体值有：

$$\begin{aligned}\boldsymbol{L}=&(\omega_x\mathbf{i}+\omega_y\mathbf{j}+\omega_z\mathbf{k})\sum_{i=1}^{n}m_i(x_i^2+y_i^2+z_i^2)-\\&\sum_{i=1}^{n}m_i(x_i\omega_x+y_i\omega_y+z_i\omega_z)\cdot(x_i\mathbf{i}+y_i\mathbf{j}+z_i\mathbf{k})\end{aligned} \tag{2-167}$$

因此：

$$\begin{aligned}\boldsymbol{L}=&\sum_{i=1}^{n}m_i(x_i^2+y_i^2+z_i^2)\omega_x\mathbf{i}+\sum_{i=1}^{n}m_i(x_i^2+y_i^2+z_i^2)\omega_y\mathbf{j}+\sum_{i=1}^{n}m_i(x_i^2+y_i^2+z_i^2)\omega_z\mathbf{k}-\\&\sum_{i=1}^{n}m_i(x_i\omega_x+y_i\omega_y+z_i\omega_z)x_i\mathbf{i}-\sum_{i=1}^{n}m_i(x_i\omega_x+y_i\omega_y+z_i\omega_z)y_i\mathbf{j}-\\&\sum_{i=1}^{n}m_i(x_i\omega_x+y_i\omega_y+z_i\omega_z)z_i\mathbf{k}\end{aligned} \tag{2-168}$$

或

$$\begin{aligned}\boldsymbol{L}=&\sum_{i=1}^{n}m_i\left[(x_i^2+y_i^2+z_i^2)\omega_x-(x_i\omega_x+y_i\omega_y+z_i\omega_z)x_i\right]\mathbf{i}+\\&\sum_{i=1}^{n}m_i\left[(x_i^2+y_i^2+z_i^2)\omega_y-(x_i\omega_x+y_i\omega_y+z_i\omega_z)y_i\right]\mathbf{j}+\\&\sum_{i=1}^{n}m_i\left[(x_i^2+y_i^2+z_i^2)\omega_z-(x_i\omega_x+y_i\omega_y+z_i\omega_z)z_{\mathrm{i}}\right]\mathbf{k}\end{aligned} \tag{2-169}$$

将其进行进一步整理可得：

$$
\begin{aligned}
\boldsymbol{L}=&\sum_{i=1}^{n}\left[m_i(y_i^2+z_i^2)\right]\omega_x\mathbf{i}+\sum_{i=1}^{n}\left[m_i(z_i^2+x_i^2)\right]\omega_y\mathbf{j}+\sum_{i=1}^{n}\left[m_i(x_i^2+y_i^2)\right]\omega_z\mathbf{k}-\\
&\left(\sum_{i=1}^{n}(m_ix_iy_i)\omega_y+\sum_{i=1}^{n}(m_ix_iz_i)\omega_z\right)\mathbf{i}-\left(\sum_{i=1}^{n}(m_iy_iz_i)\omega_z+\sum_{i=1}^{n}(m_iy_ix_i)\omega_x\right)\mathbf{j}-\\
&\left(\sum_{i=1}^{n}(m_iz_ix_i)\omega_x+\sum_{i=1}^{n}(m_iz_iy_i)\omega_y\right)\mathbf{k}
\end{aligned}
\tag{2-170}
$$

接下来定义转动惯量 $\boldsymbol{I}$ 的各个元素：

$$I_{xx}=\sum_{i=1}^{n}\left[m_i(y_i^2+z_i^2)\right] \tag{2-171}$$

$$I_{yy}=\sum_{i=1}^{n}\left[m_i(z_i^2+x_i^2)\right] \tag{2-172}$$

$$I_{zz}=\sum_{i=1}^{n}\left[m_i(x_i^2+y_i^2)\right] \tag{2-173}$$

$$I_{xy}=I_{xx}=-\sum_{i=1}^{n}(m_ix_iy_i) \tag{2-174}$$

$$I_{yz}=I_{zy}=-\sum_{i=1}^{n}(m_iy_iz_i) \tag{2-175}$$

$$I_{zx}=I_{xz}=-\sum_{i=1}^{n}(m_iz_ix_i) \tag{2-176}$$

由此，可以对角动量 $\boldsymbol{L}$ 进一步化简：

$$L_x=I_{xx}\omega_x+I_{xy}\omega_y+I_{xz}\omega_z \tag{2-177}$$

$$L_y=I_{yx}\omega_x+I_{yy}\omega_y+I_{yz}\omega_z \tag{2-178}$$

$$L_z=I_{zz}\omega_x+I_{zy}\omega_y+I_{zz}\omega_z \tag{2-179}$$

或是表达为矩阵形式：

$$\boldsymbol{L}=\boldsymbol{I}\cdot\boldsymbol{\omega} \tag{2-180}$$

$$\begin{bmatrix}L_x\\L_y\\L_z\end{bmatrix}=\begin{bmatrix}I_{xx}&I_{xy}&I_{xz}\\I_{yx}&I_{yy}&I_{yz}\\I_{zx}&I_{zy}&I_{zz}\end{bmatrix}\begin{bmatrix}\omega_x\\\omega_y\\\omega_z\end{bmatrix} \tag{2-181}$$

刚体是一个连续的固体，相加求和的表述必须转变成积分求和的式（2-153）的形式。

刚体的欧拉运动方程为：

$${}^{\mathrm{B}}\boldsymbol{M}=\frac{{}^{\mathrm{A}}\mathrm{d}}{\mathrm{d}t}\,{}^{\mathrm{B}}\boldsymbol{L} \tag{2-182}$$

这里的 ${}^{\mathrm{B}}\boldsymbol{M}$ 为作用在刚体上的外力矩之和。角动量 ${}^{\mathrm{B}}\boldsymbol{L}$ 为一个次坐标系中的矢量，因此，它在主坐标系中的时间导数为：

$$\frac{{}^{\mathrm{A}}\mathrm{d}}{\mathrm{d}t}\,{}^{\mathrm{B}}\boldsymbol{L}={}^{\mathrm{B}}\dot{\boldsymbol{L}}+{}_{\mathrm{A}}^{\mathrm{B}}\boldsymbol{\omega}_{\mathrm{B}}\times{}^{\mathrm{B}}\boldsymbol{L} \tag{2-183}$$

因此：

$$^{\mathrm{B}}\boldsymbol{M}=\frac{\mathrm{d}\boldsymbol{L}}{\mathrm{d}t}=\dot{\boldsymbol{L}}+\boldsymbol{\omega}\times\boldsymbol{L}=\boldsymbol{I}\dot{\boldsymbol{\omega}}+\boldsymbol{\omega}\times(\boldsymbol{I}\boldsymbol{\omega}) \tag{2-184}$$

根据定义将其展开来，可表示为：

$$\begin{aligned}^{\mathrm{B}}\boldsymbol{M}=&(I_{xx}\dot{\omega}_x+I_{xy}\dot{\omega}_y+I_{xz}\dot{\omega}_z)\mathbf{i}+(I_{yx}\dot{\omega}_x+I_{yy}\dot{\omega}_y+I_{yz}\dot{\omega}_z)\mathbf{j}+(I_{zx}\dot{\omega}_x+I_{zy}\dot{\omega}_y+I_{zz}\dot{\omega}_z)\mathbf{k}+\\&\omega_y(I_{xz}\omega_x+I_{yz}\omega_y+I_{zz}\omega_z)\mathbf{i}-\omega_z(I_{yx}\omega_x+I_{yy}\omega_y+I_{yz}\omega_z)\mathbf{i}+\\&\omega_z(I_{xx}\omega_x+I_{xy}\omega_y+I_{xz}\omega_z)\mathbf{j}-\omega_x(I_{xz}\omega_x+I_{yz}\omega_y+I_{zz}\omega_z)\mathbf{j}+\\&\omega_x(I_{yx}\omega_x+I_{yy}\omega_y+I_{yz}\omega_z)\mathbf{k}-\omega_y(I_{xx}\omega_x+I_{xy}\omega_y+I_{xz}\omega_z)\mathbf{k}\end{aligned} \tag{2-185}$$

因此，一个刚体在次坐标系（其原点附着在质心 C）中的欧拉运动方程最一般的形式为：

$$M_x=I_{xx}\dot{\omega}_x+I_{xy}\dot{\omega}_y+I_{xz}\dot{\omega}_z-(I_{yy}-I_{zz})\omega_y\omega_z-I_{yz}(\omega_z^2-\omega_y^2)-\omega_x(\omega_zI_{xy}-\omega_yI_{xz}) \tag{2-186}$$

$$M_y=I_{yx}\dot{\omega}_x+I_{yy}\dot{\omega}_y+I_{yz}\dot{\omega}_z-(I_{zz}-I_{xx})\omega_z\omega_x-I_{xz}(\omega_x^2-\omega_z^2)-\omega_y(\omega_xI_{yz}-\omega_zI_{xy}) \tag{2-187}$$

$$M_z=I_{zx}\dot{\omega}_x+I_{zy}\dot{\omega}_y+I_{zz}\dot{\omega}_z-(I_{xx}-I_{yy})\omega_x\omega_y-I_{xy}(\omega_y^2-\omega_x^2)-\omega_z(\omega_yI_{xz}-\omega_xI_{yz}) \tag{2-188}$$

假设可以将次坐标系对原点旋转，从而找到方向使得当 $i\neq j$ 时，有 $I_{ij}=0$。这样的坐标系一般位于物体的质心处，又被称为质心坐标系，此时有：

$$\begin{bmatrix}I_{xx}&I_{xy}&I_{xz}\\I_{yx}&I_{yy}&I_{yz}\\I_{zx}&I_{zy}&I_{zz}\end{bmatrix}=\begin{bmatrix}I_1&0&0\\0&I_2&0\\0&0&I_3\end{bmatrix} \tag{2-189}$$

$$\begin{bmatrix}\omega_x\\\omega_y\\\omega_z\end{bmatrix}=\begin{bmatrix}\omega_1\\\omega_2\\\omega_3\end{bmatrix} \tag{2-190}$$

欧拉运动方程就可以简化为：

$$M_1=I_1\dot{\omega}_1-(I_2-I_3)\omega_2\omega_3 \tag{2-191}$$

$$M_2=I_2\dot{\omega}_2-(I_3-I_1)\omega_3\omega_1 \tag{2-192}$$

$$M_3=I_3\dot{\omega}_3-(I_1-I_2)\omega_1\omega_2 \tag{2-193}$$

刚体的动能可以通过对微质量 dm 的动能进行积分得到，整个刚体的动能为：

$$\begin{aligned}K&=\frac{1}{2}\int_{\mathrm{B}}\dot{\boldsymbol{v}}^2\mathrm{d}m=\frac{1}{2}\int_{\mathrm{B}}(\boldsymbol{\omega}\times\boldsymbol{r})\boldsymbol{\cdot}(\boldsymbol{\omega}\times\boldsymbol{r})\mathrm{d}m\\&=\frac{\omega_x^2}{2}\int_{\mathrm{B}}(y^2+z^2)\mathrm{d}m+\frac{\omega_y^2}{2}\int_{\mathrm{B}}(z^2+x^2)\mathrm{d}m+\frac{\omega_z^2}{2}\int_{\mathrm{B}}(x^2+y^2)\mathrm{d}m-\\&\quad\omega_x\omega_y\int_{\mathrm{B}}xy\mathrm{d}m-\omega_y\omega_z\int_{\mathrm{B}}yz\mathrm{d}m-\omega_z\omega_x\int_{\mathrm{B}}zx\mathrm{d}m\\&=\frac{1}{2}(I_{xx}\omega_x^2+I_{yy}\omega_y^2+I_{zz}\omega_z^2)-I_{xy}\omega_x\omega_y-I_{yz}\omega_y\omega_z-I_{zx}\omega_z\omega_x\end{aligned} \tag{2-194}$$

动能还可以写成矩阵相乘的形式：

$$K=\frac{1}{2}\boldsymbol{\omega}^{\mathrm{T}}\boldsymbol{I}\boldsymbol{\omega}=\frac{1}{2}\boldsymbol{\omega}\boldsymbol{\cdot}\boldsymbol{L} \tag{2-195}$$

当次坐标系为质心坐标系时，动能就可以简化为：

$$K = \frac{1}{2}(I_1\omega_1^2 + I_2\omega_2^2 + I_3\omega_3^2) \tag{2-196}$$

案例 92　图 2.12 给出了一个斜盘，半径为 r，质量为 m，安装在一个无质量轴上，轴以固定角速度 ω 旋转。斜盘与轴的夹角为 θ。由于这个角度 θ，装在 A 和 B 处的轴承必须提供一个旋转的力。

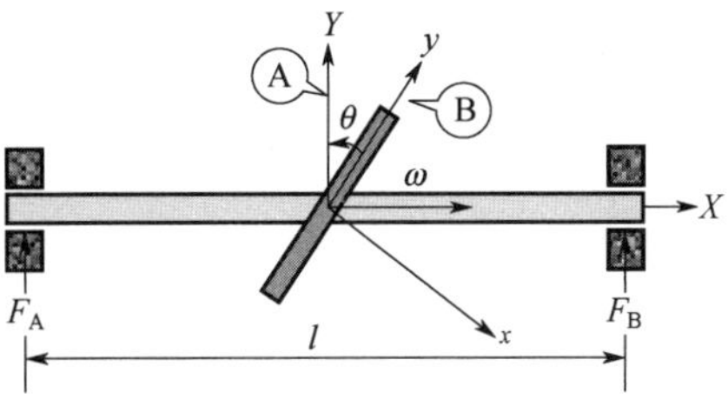

图 2.12　汽车空压机里的斜盘机构

在斜盘的中心处建立一个质心次坐标系，如图 2.12 所示。次坐标系中的角速度矢量为：

$$ {}_{A}^{B}\boldsymbol{\omega}_{B} = \omega\cos\theta\mathbf{i} + \omega\sin\theta\mathbf{j} \tag{2-197}$$

该斜盘的旋转惯量矩阵为：

$$ {}^{B}\boldsymbol{I} = \begin{bmatrix} \frac{mr^2}{2} & 0 & 0 \\ 0 & \frac{mr^2}{4} & 0 \\ 0 & 0 & \frac{mr^2}{4} \end{bmatrix} \tag{2-198}$$

将式（2-197）和式（2-198）代入式（2-191）～式（2-193）中，其中 $1 \equiv x$，$2 \equiv y$，$3 \equiv z$，得到：

$$M_x = 0 \tag{2-199}$$

$$M_y = 0 \tag{2-200}$$

$$M_z = -\frac{mr^2}{4}\omega^2\cos\theta\sin\theta \tag{2-201}$$

注意：

$$\dot{\theta} = \omega(\text{常数}) \tag{2-202}$$

$$\dot{\omega} = 0 \tag{2-203}$$

因此，轴承上的作用力 F_A 和 F_B 为：

$$F_A = -F_B = -\frac{M_z}{l} = \frac{mr^2}{4l}\omega^2\cos\theta\sin\theta \tag{2-204}$$

案例 93　一个自由旋转刚体的稳定旋转。

刚体的牛顿-欧拉运动方程为：

$$ {}^{A}\boldsymbol{F} = m\,{}^{A}\dot{\boldsymbol{v}} \tag{2-205}$$

$$ {}^{B}\boldsymbol{M} = \boldsymbol{I}\,{}_{A}^{B}\dot{\boldsymbol{\omega}}_{B} + {}_{A}^{B}\boldsymbol{\omega}_{B} \times {}^{B}\boldsymbol{L} \tag{2-206}$$

假设一种情况，作用在刚体上的外力和外力矩都为零：

$$ {}^{A}\boldsymbol{F} = {}^{B}\boldsymbol{F} = 0 \tag{2-207}$$

$$ {}^{A}\boldsymbol{M} = {}^{B}\boldsymbol{M} = 0 \tag{2-208}$$

基于牛顿方程，质心速度在全球坐标系中将会是一个常数。但是，欧拉方程却简化为：

$$\dot{\omega}_1=\frac{I_2-I_3}{I_1}\omega_2\omega_3 \tag{2-209}$$

$$\dot{\omega}_2=\frac{I_3-I_1}{I_2}\omega_3\omega_1 \tag{2-210}$$

$$\dot{\omega}_3=\frac{I_1-I_2}{I_3}\omega_1\omega_2 \tag{2-211}$$

该方程组显示出，角速度为常数的条件是：

$$I_1=I_2=I_3 \tag{2-212}$$

或者是两个质心转动惯量，I_1和I_2为零，第三个角速度ω_3初始值为零或这个角速度矢量初始时与一个质心坐标系轴线平行。

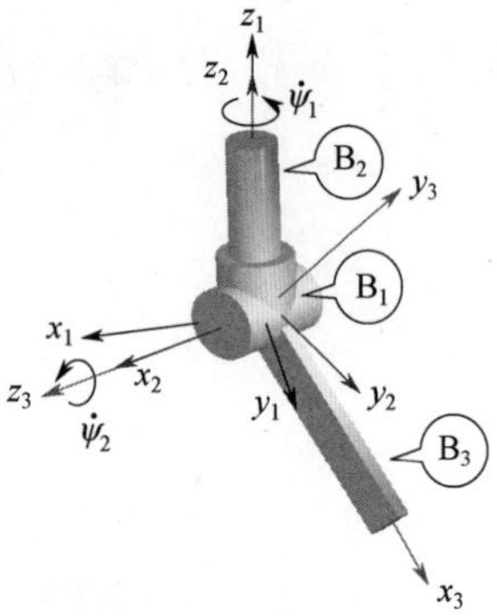

图 2.13　双连杆操纵机构

案例 94　双连杆操纵器的角动量。

一个双连杆操纵机构如图 2.13 所示。连杆 B_2 以角速度$\dot{\psi}_1$绕坐标系的z_2-轴旋转。连杆 B_3 与连杆 B_1 粘连在一起，其角速度为$\dot{\psi}_2$，相对于 B_2 的x_2-轴旋转。假设坐标系 B_1 和 B_2 在$\psi_1=0$时是一致的，因此，B_1 到 B_2 之间的旋转矩阵为：

$$ {}^{B_1}\boldsymbol{R}_{B_2}=\begin{bmatrix}\cos\psi_1(t) & -\sin\psi_1(t) & 0\\ \sin\psi_1(t) & \cos\psi_1(t) & 0\\ 0 & 0 & 1\end{bmatrix} \tag{2-213}$$

坐标系 B_3 相对于坐标系 B_2 的欧拉角为：$\psi_1=\frac{\pi}{2}$，$\varphi=\frac{\pi}{2}$，ψ_2，有：

$$\begin{aligned} {}^{B_2}\boldsymbol{R}_{B_3}&=\begin{bmatrix}\cos\frac{\pi}{2}\cos\psi_2-\cos\frac{\pi}{2}\sin\frac{\pi}{2}\sin\psi_2 & -\cos\frac{\pi}{2}\sin\psi_2-\cos\frac{\pi}{2}\cos\psi_2\sin\frac{\pi}{2} & \sin\frac{\pi}{2}\sin\frac{\pi}{2}\\ \cos\psi_2\sin\frac{\pi}{2}+\cos\frac{\pi}{2}\cos\frac{\pi}{2}\sin\psi_2 & -\sin\frac{\pi}{2}\sin\psi_2+\cos\frac{\pi}{2}\cos\frac{\pi}{2}\cos\psi_2 & -\cos\frac{\pi}{2}\sin\frac{\pi}{2}\\ \sin\frac{\pi}{2}\sin\psi_2 & \sin\frac{\pi}{2}\cos\psi_2 & \cos\frac{\pi}{2}\end{bmatrix}\\ &=\begin{bmatrix}0 & 0 & 1\\ \cos\psi_2 & -\sin\psi_2 & 0\\ \sin\psi_2 & \cos\psi_2 & 0\end{bmatrix}\end{aligned} \tag{2-214}$$

因此：

$$\begin{aligned} {}^{B_1}\boldsymbol{R}_{B_3}={}^{B_1}\boldsymbol{R}_{B_2}\ {}^{B_2}\boldsymbol{R}_{B_3}&=\begin{bmatrix}\cos\psi_1 & -\sin\psi_1 & 0\\ \sin\psi_1 & \cos\psi_1 & 0\\ 0 & 0 & 1\end{bmatrix}\begin{bmatrix}0 & 0 & 1\\ \cos\psi_2 & -\sin\psi_2 & 0\\ \sin\psi_2 & \cos\psi_2 & 0\end{bmatrix}\\ &=\begin{bmatrix}-\sin\psi_1\cos\psi_2 & \sin\psi_1\sin\psi_2 & \cos\psi_1\\ \cos\psi_1\cos\psi_2 & -\cos\psi_1\sin\psi_2 & \sin\psi_1\\ \sin\psi_2 & \cos\psi_2 & 0\end{bmatrix}\end{aligned} \tag{2-215}$$

B_2 在 B_1 中的角速度，以及 B_3 在 B_2 中的角速度分别为：

$$ {}_{B_1}\boldsymbol{\omega}_{B_2} = \dot{\psi}_1 \mathbf{K} \tag{2-216} $$

$$ {}_{B_2}\boldsymbol{\omega}_{B_3} = \dot{\psi}_2 \mathbf{i}_A \tag{2-217} $$

操纵臂 B_2 和 B_3 的转动惯量矩阵分别定义为：

$$ {}^{B_2}\boldsymbol{I}_{B_2} = \begin{bmatrix} I_{B_2 1} & 0 & 0 \\ 0 & I_{B_2 2} & 0 \\ 0 & 0 & I_{B_2 3} \end{bmatrix} \tag{2-218} $$

$$ {}^{B_3}\boldsymbol{I}_{B_3} = \begin{bmatrix} I_{B_3 1} & 0 & 0 \\ 0 & I_{B_3 2} & 0 \\ 0 & 0 & I_{B_3 3} \end{bmatrix} \tag{2-219} $$

这些转动惯量必须转换到 B_1 坐标系中：

$$ {}^{B_1}\boldsymbol{I}_{B_2} = {}^{B_1}\boldsymbol{R}_{B_2}\ {}^{B_2}\boldsymbol{I}_{B_2}\ {}^{B_1}\boldsymbol{R}_{B_2}^{\mathrm{T}} \tag{2-220} $$

$$ {}^{B_1}\boldsymbol{I}_{B_3} = {}^{B_1}\boldsymbol{R}_{B_3}\ {}^{B_3}\boldsymbol{I}_{B_3}\ {}^{B_1}\boldsymbol{R}_{B_3}^{\mathrm{T}} \tag{2-221} $$

操纵器总的角动量为：

$$ {}^{B_1}\boldsymbol{L} = {}^{B_1}\boldsymbol{L}_{B_2} + {}^{B_1}\boldsymbol{L}_{B_3} \tag{2-222} $$

其中：

$$ {}^{B_1}\boldsymbol{L}_{B_2} = {}^{B_1}\boldsymbol{I}_{B_2}\ {}_{B_1}\boldsymbol{\omega}_{B_2} \tag{2-223} $$

$$ {}^{B_1}\boldsymbol{L}_{B_3} = {}^{B_1}\boldsymbol{I}_{B_3}\ {}_{B_1}\boldsymbol{\omega}_{B_3} = {}^{B_1}\boldsymbol{I}_{B_3}\left({}^{B_1}_{B_2}\boldsymbol{\omega}_{B_3} + {}_{B_1}\boldsymbol{\omega}_{B_2}\right) \tag{2-224} $$

案例 95　泊松结构。

假设一个自由旋转的刚体，在其质心处建立一个质心坐标系，此时如果外力矩 $M=0$，那么它的运动特点是角动量为常数以及动能为常数：

$$ L = \boldsymbol{I\omega} = 常数 \tag{2-225} $$

$$ K = \frac{1}{2}\boldsymbol{\omega}^{\mathrm{T}}\boldsymbol{I\omega} = 常数 \tag{2-226} $$

由于角动量的矢量长度一定，则有方程：

$$ L^2 = \boldsymbol{L}\cdot\boldsymbol{L} = L_x^2 + L_y^2 + L_z^2 = I_1^2\omega_1^2 + I_2^2\omega_2^2 + I_3^2\omega_3^2 = 常数 \tag{2-227} $$

下面介绍一个椭圆形球体，它在（$\omega_1, \omega_2, \omega_3$）所在的坐标系中，被称为角动量椭球体。所有可能的角速度矢量的尖端构成了动量椭球体的表面。动能也被定义成一个能量椭球体在同样的坐标系中，因此，角速度矢量的尖端必须也位于它的表面上。

$$ K = \frac{1}{2}(I_1\omega_1^2 + I_2\omega_2^2 + I_3\omega_3^2) \tag{2-228} $$

换句话说，刚体在没有外力矩作用下的力学特征是它对应的角速度同时满足式（2-227）以及式（2-228）。因此，它位于动量椭球体和能量椭球体的交点位置。

为了清楚地表达以上概念，用（L_x, L_y, L_z）坐标系统来定义该椭球体：

$$ L_x^2 + L_y^2 + L_z^2 = L^2 \tag{2-229} $$

$$\frac{L_x^2}{2I_1K}+\frac{L_y^2}{2I_2K}+\frac{L_z^2}{2I_3K}=1 \tag{2-230}$$

注意，式（2-230）中对于特定的刚体而言有：

$$I_1=常数 \tag{2-231}$$

$$I_2=常数 \tag{2-232}$$

$$I_3=常数 \tag{2-233}$$

式（2-229）为一个球体，而式（2-230）定义了一个椭圆球体，它的半轴分别为$\sqrt{2I_iK}$。作为有意义的运动，两种形状必须有交点。交点形成了一定的轨道，如图 2.14 所示。

还可以进一步假设角动量有具体值的情况，那么就可以找到最大和最小可能存在的动能。假设：

$$I_1>I_2>I_3 \tag{2-234}$$

那么动能的极限为：

$$K_{\min}=\frac{L^2}{2I_1} \tag{2-235}$$

$$K_{\max}=\frac{L^2}{2I_3} \tag{2-236}$$

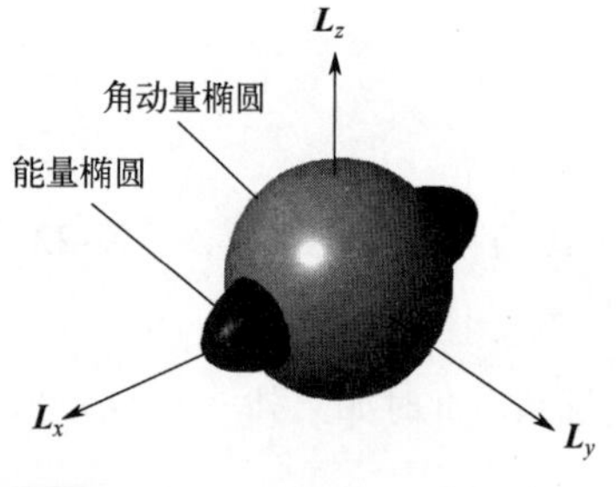

图 2.14　角动量椭圆和能量椭圆对比

这两种情况分别对应的是绕轴I_1和I_3旋转的情况。

案例 96　另一种推导欧拉运动方程的方法。

假设一个很小的力 d$\boldsymbol{f}$ 产生的力矩为 d$\boldsymbol{m}$，力作用的极小质量单元为 dm，那么：

$$\mathrm{d}\boldsymbol{m}={}^{\mathrm{A}}\boldsymbol{r}_{\mathrm{d}m}\times\mathrm{d}\boldsymbol{f}={}^{\mathrm{A}}\boldsymbol{r}_{\mathrm{d}m}\times{}^{\mathrm{A}}\dot{\boldsymbol{v}}_{\mathrm{d}m}\mathrm{d}m \tag{2-237}$$

主坐标中的质量单元 dm 的角动量 d$\boldsymbol{l}$ 等于：

$$\mathrm{d}\boldsymbol{l}={}^{\mathrm{A}}\boldsymbol{r}_{\mathrm{d}m}\times{}^{\mathrm{A}}\boldsymbol{v}_{\mathrm{d}m}\mathrm{d}m \tag{2-238}$$

根据式（2-12）有：

$$\mathrm{d}\boldsymbol{m}=\frac{{}^{\mathrm{A}}\mathrm{d}}{\mathrm{d}t}\mathrm{d}\boldsymbol{l} \tag{2-239}$$

$${}^{\mathrm{A}}\boldsymbol{r}_{\mathrm{d}m}\times\mathrm{d}\boldsymbol{f}=\frac{{}^{\mathrm{A}}\mathrm{d}}{\mathrm{d}t}({}^{\mathrm{A}}\boldsymbol{r}_{\mathrm{d}m}\times{}^{\mathrm{A}}\boldsymbol{v}_{\mathrm{d}m}\mathrm{d}m) \tag{2-240}$$

对两边同时积分可得：

$$\int_{\mathrm{B}}{}^{\mathrm{A}}\boldsymbol{r}_{\mathrm{d}m}\times\mathrm{d}\boldsymbol{f}=\int_{\mathrm{B}}\frac{{}^{\mathrm{A}}\mathrm{d}}{\mathrm{d}t}({}^{\mathrm{A}}\boldsymbol{r}_{\mathrm{d}m}\times{}^{\mathrm{A}}\boldsymbol{v}_{\mathrm{d}m}\,\mathrm{d}m)=\frac{{}^{\mathrm{A}}\mathrm{d}}{\mathrm{d}t}\int_{\mathrm{B}}({}^{\mathrm{A}}\boldsymbol{r}_{\mathrm{d}m}\times{}^{\mathrm{A}}\boldsymbol{v}_{\mathrm{d}m}\,\mathrm{d}m) \tag{2-241}$$

接下来利用：

$${}^{\mathrm{A}}\boldsymbol{r}_{\mathrm{d}m}={}^{\mathrm{A}}\boldsymbol{d}_{\mathrm{B}}+{}^{\mathrm{A}}\boldsymbol{R}_{\mathrm{B}}\,{}^{\mathrm{B}}\boldsymbol{r}_{\mathrm{d}m} \tag{2-242}$$

式中，${}^{\mathrm{A}}\boldsymbol{d}_{\mathrm{B}}$为质心坐标系原点在全球位置矢量，将其代入式（2-241）左边的式子中，那么：

$$\begin{aligned}\int_{\mathrm{B}}^{\mathrm{A}}\boldsymbol{r}_{\mathrm{d}m}\times\mathrm{d}\boldsymbol{f}&=\int_{\mathrm{B}}({}^{\mathrm{A}}\boldsymbol{d}_{\mathrm{B}}+{}^{\mathrm{A}}\boldsymbol{R}_{\mathrm{B}}\,{}^{\mathrm{B}}\boldsymbol{r}_{\mathrm{d}m})\times\mathrm{d}\boldsymbol{f}\\&=\int_{\mathrm{B}}{}^{\mathrm{A}}\boldsymbol{d}_{\mathrm{B}}\times\mathrm{d}\boldsymbol{f}+\int_{\mathrm{B}}{}^{\mathrm{A}}_{\mathrm{B}}\boldsymbol{r}_{\mathrm{d}m}\times\mathrm{d}\boldsymbol{f}={}^{\mathrm{A}}\boldsymbol{d}_{\mathrm{B}}\times{}^{\mathrm{A}}\boldsymbol{F}+{}^{\mathrm{A}}\boldsymbol{M}_C\end{aligned} \tag{2-243}$$

式中，${}^{\mathrm{A}}\boldsymbol{M}_C$ 表示作用在刚体质心处的合外力矩。

式（2-241）的右边为：

$$\begin{aligned}\frac{{}^{\mathrm{A}}\mathrm{d}}{\mathrm{d}t}\int_{\mathrm{B}}({}^{\mathrm{A}}\boldsymbol{r}_{\mathrm{d}m}\times{}^{\mathrm{A}}\boldsymbol{v}_{\mathrm{d}m}\,\mathrm{d}m)&=\frac{{}^{\mathrm{A}}\mathrm{d}}{\mathrm{d}t}\int_{\mathrm{B}}\left[({}^{\mathrm{A}}\boldsymbol{d}_{\mathrm{B}}+{}^{\mathrm{A}}\boldsymbol{R}_{\mathrm{B}}\,{}^{\mathrm{B}}\boldsymbol{r}_{\mathrm{d}m})\times{}^{\mathrm{A}}\boldsymbol{v}_{\mathrm{d}m}\mathrm{d}m\right]\\&=\frac{{}^{\mathrm{A}}\mathrm{d}}{\mathrm{d}t}\int_{\mathrm{B}}({}^{\mathrm{A}}\boldsymbol{d}_{\mathrm{B}}\times{}^{\mathrm{A}}\boldsymbol{v}_{\mathrm{d}m})\mathrm{d}m+\frac{{}^{\mathrm{A}}\mathrm{d}}{\mathrm{d}t}\int_{\mathrm{B}}({}^{\mathrm{A}}_{\mathrm{B}}\boldsymbol{r}_{\mathrm{d}m}\times{}^{\mathrm{A}}\boldsymbol{v}_{\mathrm{d}m})\mathrm{d}m\\&=\frac{{}^{\mathrm{A}}\mathrm{d}}{\mathrm{d}t}\left({}^{\mathrm{A}}\boldsymbol{d}_{\mathrm{B}}\times\int_{\mathrm{B}}{}^{\mathrm{A}}\boldsymbol{v}_{\mathrm{d}m}\mathrm{d}m\right)+\frac{{}^{\mathrm{A}}\mathrm{d}}{\mathrm{d}t}\boldsymbol{L}_C\\&={}^{\mathrm{A}}\dot{\boldsymbol{d}}_{\mathrm{B}}\times\int_{\mathrm{B}}{}^{\mathrm{A}}\boldsymbol{v}_{\mathrm{d}m}\mathrm{d}m+{}^{\mathrm{A}}\boldsymbol{d}_{\mathrm{B}}\times\int_{\mathrm{B}}{}^{\mathrm{A}}\dot{\boldsymbol{v}}_{\mathrm{d}m}\mathrm{d}m+\frac{{}^{\mathrm{A}}\mathrm{d}}{\mathrm{d}t}\boldsymbol{L}_C\end{aligned}\tag{2-244}$$

式中，$\boldsymbol{L}_C$ 表示刚体质心处的角动量。由于次坐标系位于质心处，有：

$$\int_{\mathrm{B}}{}^{\mathrm{A}}\boldsymbol{r}_{\mathrm{d}m}\mathrm{d}m=m^{\mathrm{A}}\boldsymbol{d}_{\mathrm{B}}=m^{\mathrm{A}}\boldsymbol{r}_C\tag{2-245}$$

$$\int_{\mathrm{B}}{}^{\mathrm{A}}\boldsymbol{v}_{\mathrm{d}m}\mathrm{d}m=m^{\mathrm{A}}\dot{\boldsymbol{d}}_{\mathrm{B}}=m^{\mathrm{A}}\boldsymbol{v}_C\tag{2-246}$$

$$\int_{\mathrm{B}}{}^{\mathrm{A}}\dot{\boldsymbol{v}}_{\mathrm{d}m}\mathrm{d}m=m^{\mathrm{A}}\ddot{\boldsymbol{d}}_{\mathrm{B}}=m^{\mathrm{A}}\boldsymbol{a}_C\tag{2-247}$$

因此：

$$\frac{{}^{\mathrm{A}}\mathrm{d}}{\mathrm{d}t}\int_{\mathrm{B}}({}^{\mathrm{A}}\boldsymbol{r}_{\mathrm{d}m}\times{}^{\mathrm{A}}\boldsymbol{v}_{\mathrm{d}m}\mathrm{d}m)={}^{\mathrm{A}}\boldsymbol{d}_{\mathrm{B}}\times{}^{\mathrm{A}}\boldsymbol{F}+\frac{{}^{\mathrm{A}}\mathrm{d}}{\mathrm{d}t}\,{}^{\mathrm{A}}\boldsymbol{L}_C\tag{2-248}$$

将式（2-243）和式（2-248）代入式（2-241）就可以得到主坐标系欧拉运动方程。它代表了作用在质心处的合力矩等于角动量的主坐标导数。

$${}^{\mathrm{A}}\boldsymbol{M}_C=\frac{{}^{\mathrm{A}}\mathrm{d}}{\mathrm{d}t}\,{}^{\mathrm{A}}\boldsymbol{L}_C\tag{2-249}$$

欧拉方程在次坐标系中的变形形式有：

$${}^{\mathrm{B}}\boldsymbol{M}_{\mathrm{C}}={}^{\mathrm{A}}\boldsymbol{R}_{\mathrm{B}}^{\mathrm{T}}\,{}^{\mathrm{A}}\boldsymbol{M}_{\mathrm{C}}={}^{\mathrm{A}}\boldsymbol{R}_{\mathrm{B}}^{\mathrm{T}}\frac{{}^{\mathrm{A}}\mathrm{d}}{\mathrm{d}t}\,{}^{\mathrm{A}}\boldsymbol{L}_C=\frac{{}^{\mathrm{A}}\mathrm{d}}{\mathrm{d}t}\,{}^{\mathrm{A}}\boldsymbol{R}_{\mathrm{B}}^{\mathrm{T}}\,{}^{\mathrm{A}}\boldsymbol{L}_C=\frac{{}^{\mathrm{A}}\mathrm{d}}{\mathrm{d}t}\,{}^{\mathrm{B}}\boldsymbol{L}_C\tag{2-250}$$

$${}^{\mathrm{B}}\boldsymbol{M}_C={}^{\mathrm{B}}\dot{\boldsymbol{L}}_C+{}^{\mathrm{B}}_{\mathrm{A}}\boldsymbol{\omega}_{\mathrm{B}}\times{}^{\mathrm{B}}\boldsymbol{L}_C\tag{2-251}$$

2.8 牛顿运动方程的拉格朗日形式

牛顿的运动方程可以转换成：

$$\frac{\mathrm{d}}{\mathrm{d}t}\left(\frac{\partial K}{\partial\dot{q}_r}\right)-\frac{\partial K}{\partial q_r}=F_r,\quad r=1,2,\cdots,n\tag{2-252}$$

其中：

$$F_r=\sum_{i=1}^{n}\left(F_{ix}\frac{\partial f_i}{\partial q_r}+F_{iy}\frac{\partial g_i}{\partial q_r}+F_{iz}\frac{\partial h_i}{\partial q_r}\right)\tag{2-253}$$

式(2-252)被称为拉格朗日运动方程，其中，K 为 n 维自由度系统的动能，q_r $(r=1,2,\cdots,n)$ 为广义坐标系统，作用在第 i 个系统的外力用 $\boldsymbol{F}=\left[F_{ix}\quad F_{iy}\quad F_{iz}\right]^{\mathrm{T}}$ 表示，而 F_r 是表示与 q_r 相

关联的广义力。

证明 19 假设m_i表示系统的部分质量，而$(x_i,\ y_i,\ z_i)$为它的笛卡儿坐标在一个主坐标系中。假设坐标的每个部分都是由另外一系列广义坐标$q_1,q_2,\cdots,q_n$以及可能的时间t组成的函数：

$$x_i = f_i(q_1,q_2,\ldots,q_n,t) \tag{2-254}$$

$$y_i = g_i(q_1,q_2,\ldots,q_n,t) \tag{2-255}$$

$$z_i = h_i(q_1,q_2,\ldots,q_n,t) \tag{2-256}$$

如果F_{xi}、F_{yi}、F_{zi}表示部分质量m_i所受总力的分量，那么对这部分质量牛顿运动方程为：

$$F_{xi} = m_i\ddot{x}_i \tag{2-257}$$

$$F_{yi} = m_i\ddot{y}_i \tag{2-258}$$

$$F_{zi} = m_i\ddot{z}_i \tag{2-259}$$

将两边同时分别乘以$\left(\dfrac{\partial f_i}{\partial q_r}\quad \dfrac{\partial g_i}{\partial q_r}\quad \dfrac{\partial h_i}{\partial q_r}\right)$再求和，最后将所有这样的小质量块加起来，有：

$$\sum_{i=1}^{n} m_i\left(\ddot{x}_i\frac{\partial f_i}{\partial q_r}+\ddot{y}_i\frac{\partial g_i}{\partial q_r}+\ddot{z}_i\frac{\partial h_i}{\partial q_r}\right)=\sum_{i=1}^{n}\left(F_{xi}\frac{\partial f_i}{\partial q_r}+F_{yi}\frac{\partial g_i}{\partial q_r}+F_{zi}\frac{\partial h_i}{\partial q_r}\right) \tag{2-260}$$

式中，n表示小质量部分的总个数。

对式（2-245）求时间导数：

$$\dot{x}_i = \frac{\partial f_i}{\partial q_1}\dot{q}_1+\frac{\partial f_i}{\partial q_2}\dot{q}_2+\cdots+\frac{\partial f_i}{\partial q_n}\dot{q}_n+\frac{\partial f_i}{\partial t} \tag{2-261}$$

得到：

$$\begin{aligned}\frac{\partial \dot{x}_i}{\partial \dot{q}_r} &= \frac{\partial}{\partial \dot{q}_r}\left(\frac{\partial f_i}{\partial q_1}\dot{q}_1+\frac{\partial f_i}{\partial q_2}\dot{q}_2+\cdots+\frac{\partial f_i}{\partial q_n}\dot{q}_n+\frac{\partial f_i}{\partial t}\right)\\ &= \frac{\partial f_i}{\partial q_1}+\frac{\partial f_i}{\partial q_2}+\cdots+\frac{\partial f_i}{\partial q_n}=\frac{\partial f_i}{\partial q_r}=\frac{\partial x_i}{\partial q_r}\end{aligned} \tag{2-262}$$

式（2-260）是这个证明中最难理解的部分，为了进行说明，需首先搞清楚4件事情：

① 微分的概念和偏微分的概念之间的区别。偏对应的是全，一般来讲，$\dfrac{\partial \dot{x}_i}{\partial \dot{q}_r}$表示上面函数在下面函数的方向上的微分，这是偏微分的定义。如果是$\dfrac{\mathrm{d}\dot{x}_i}{\mathrm{d}\dot{q}_r}$，表示上面函数是光滑曲面上的一点，在任意方向上都有偏微分，表示出函数的连续性，函数不存在断点、跳跃点的情况。

② 偏微分$\dfrac{\partial \dot{x}_i}{\partial \dot{q}_r}$上下是一个整体不可分割，$\dfrac{\mathrm{d}\dot{x}_i}{\mathrm{d}\dot{q}_r}$是可分割的，例如方程两边同时乘以下半部分，同时除以上半部分都是可以的。

③ 由于

$$\dot{x}_i = \frac{\partial f_i}{\partial q_1}\dot{q}_1+\frac{\partial f_i}{\partial q_2}\dot{q}_2+\cdots+\frac{\partial f_i}{\partial q_n}\dot{q}_n+\frac{\partial f_i}{\partial t} \tag{2-263}$$

说明 $\dot{x}_i$ 是可微的，在全方向上可微分，即 $\dfrac{\mathrm{d}\dot{x}_i}{\mathrm{d}\dot{q}_r}$ 存在，而且有 $\dfrac{\mathrm{d}\dot{x}_i}{\mathrm{d}\dot{q}_r}=\dfrac{\partial \dot{x}_\mathrm{i}}{\partial \dot{q}_r}$ 。

④ 同理可知，由于 q_r 是广义方向向量也表示全方向，那么就有：$\dfrac{\mathrm{d}x_i}{\mathrm{d}q_r}=\dfrac{\partial x_i}{\partial q_r}$

$$\frac{\partial \dot{x}_i}{\partial \dot{q}_r}=\frac{\mathrm{d}\dot{x}_i}{\mathrm{d}\dot{q}_r}=\frac{\mathrm{d}\left(\dfrac{\mathrm{d}x_i}{\mathrm{d}t}\right)}{\mathrm{d}\left(\dfrac{\mathrm{d}q_r}{\mathrm{d}t}\right)}=\frac{\mathrm{d}x_i}{\mathrm{d}q_r}=\frac{\partial x_i}{\partial q_r} \tag{2-264}$$

因此：

$$\ddot{x}_i\frac{\partial f_i}{\partial q_r}=\ddot{x}_i\frac{\partial \dot{x}_i}{\partial \dot{q}_r}=\frac{\mathrm{d}}{\mathrm{d}t}\left(\dot{x}_i\frac{\partial \dot{x}_i}{\partial \dot{q}_r}\right)-\dot{x}_i\frac{\mathrm{d}}{\mathrm{d}t}\left(\frac{\partial \dot{x}_i}{\partial \dot{q}_r}\right) \tag{2-265}$$

其中：

$$\begin{aligned}\dot{x}_i\frac{\mathrm{d}}{\mathrm{d}t}\left(\frac{\partial \dot{x}_i}{\partial \dot{q}_r}\right)&=\dot{x}_i\frac{\mathrm{d}}{\mathrm{d}t}\left(\frac{\partial f_i}{\partial q_r}\right)=\dot{x}_i\left(\frac{\partial^2 f_i}{\partial q_1\partial q_r}\dot{q}_1+\frac{\partial^2 f_i}{\partial q_2\partial q_r}\dot{q}_2+\cdots+\frac{\partial^2 f_i}{\partial q_n\partial q_r}\dot{q}_n+\frac{\partial^2 f_i}{\partial t\partial q_r}\right)\\&=\dot{x}_i\frac{\partial}{\partial q_r}\left(\frac{\partial f_i}{\partial q_1}\dot{q}_1+\frac{\partial f_i}{\partial q_2}\dot{q}_2+\cdots+\frac{\partial f_i}{\partial q_n}\dot{q}_n+\frac{\partial f_i}{\partial t}\right)=\dot{x}_i\frac{\partial \dot{x}_i}{\partial q_r}\end{aligned} \tag{2-266}$$

因此：

$$\ddot{x}_i\frac{\partial \dot{x}_i}{\partial \dot{q}_r}=\frac{\mathrm{d}}{\mathrm{d}t}\left(\dot{x}_i\frac{\partial \dot{x}_i}{\partial \dot{q}_r}\right)-\dot{x}_i\frac{\partial \dot{x}_i}{\partial \dot{q}_r} \tag{2-267}$$

它又等价于：

$$\ddot{x}_i\frac{\partial f_i}{\partial q_r}=\frac{\mathrm{d}}{\mathrm{d}t}\left[\frac{\partial}{\partial \dot{q}_r}\left(\frac{1}{2}\dot{x}_i^2\right)\right]-\frac{\partial}{\partial \dot{q}_r}\left(\frac{1}{2}\dot{x}_i^2\right) \tag{2-268}$$

再将式（2-265）和式（2-268）代入式（2-260）左边，得出：

$$\begin{aligned}&\sum_{i=1}^{n}m_i\left(\ddot{x}_i\frac{\partial f_i}{\partial q_r}+\ddot{y}_i\frac{\partial g_i}{\partial q_r}+\ddot{z}_i\frac{\partial h_i}{\partial q_r}\right)\\&=\sum_{i=1}^{n}m_i\frac{\mathrm{d}}{\mathrm{d}t}\left[\frac{\partial}{\partial \dot{q}_r}\left(\frac{1}{2}\dot{x}_i^2+\frac{1}{2}\dot{y}_i^2+\frac{1}{2}\dot{z}_i^2\right)\right]-\sum_{i=1}^{n}m_i\frac{\partial}{\partial \dot{q}_r}\left(\frac{1}{2}\dot{x}_i^2+\frac{1}{2}\dot{y}_i^2+\frac{1}{2}\dot{z}_i^2\right)\\&=\frac{1}{2}\sum_{i=1}^{n}m_i\frac{\mathrm{d}}{\mathrm{d}t}\left[\frac{\partial}{\partial \dot{q}_r}(\dot{x}_i^2+\dot{y}_i^2+\dot{z}_i^2)\right]-\frac{1}{2}\sum_{i=1}^{n}m_i\frac{\partial}{\partial \dot{q}_r}(\dot{x}_i^2+\dot{y}_i^2+\dot{z}_i^2)\end{aligned} \tag{2-269}$$

这里的：

$$\frac{1}{2}\sum_{i=1}^{n}m_i(\dot{x}_i^2+\dot{y}_i^2+\dot{z}_i^2)=K \tag{2-270}$$

表示系统的动能。因此，牛顿运动方程式（2-257）～式（2-259）综合起来就可以写成：

$$\frac{\mathrm{d}}{\mathrm{d}t}\left(\frac{\partial K}{\partial \dot{q}_r}\right)-\frac{\partial K}{\partial q_r}=\sum_{i=1}^{n}\left(F_{xi}\frac{\partial f_i}{\partial q_r}+F_{yi}\frac{\partial g_i}{\partial q_r}+F_{zi}\frac{\partial h_i}{\partial q_r}\right) \tag{2-271}$$

由于式（2-254）～式（2-256），动能变成了关于 q_1，q_2，…，q_n 以及时间 t 的函数。

式（2-271）的左边包含了整个系统的动能，而右边为一个广义的力，它展示了坐标系从 x_i 变到 q_j 所受的外力。接下来假设坐标系从 q_r 变到 $q_r+\delta q_r$，而另一个坐标系 q_1，q_2，…，q_{r-1}，q_{r+1}，…，q_n 以及时间 t 都不变。那么，m_i 的坐标变为：

$$x_i+\frac{\partial f_i}{\partial q_r}\delta q_r \tag{2-272}$$

$$y_i+\frac{\partial g_i}{\partial q_r}\delta q_r \tag{2-273}$$

$$z_i+\frac{\partial h_i}{\partial q_r}\delta q_r \tag{2-274}$$

这样的位移被称为虚位移。所有的力作用在这部分系统通过虚位移所做的功为：

$$\delta W=\sum_{i=1}^{n}\left(F_{xi}\frac{\partial f_i}{\partial q_r}+F_{yi}\frac{\partial g_i}{\partial q_r}+F_{zi}\frac{\partial h_i}{\partial q_r}\right)\delta q_r \tag{2-275}$$

又因为内力成对出现，大小相等，方向相反，所以它们所做的功为零，那么这个功就只剩下所有外力所做的功，依然反映在式（2-275）中。那么，还可以将虚位移所做的功表示为：

$$\delta W=F_r\left(q_1,q_2,\cdots,q_n,t\right)\delta q_r \tag{2-276}$$

最后，就有：

$$\frac{\mathrm{d}}{\mathrm{d}t}\left(\frac{\partial K}{\partial \dot{q}_r}\right)-\frac{\partial K}{\partial q_r}=F_r \tag{2-277}$$

其中：

$$F_r=\sum_{i=1}^{n}\left(F_{xi}\frac{\partial f_i}{\partial q_r}+F_{yi}\frac{\partial g_i}{\partial q_r}+F_{zi}\frac{\partial h_i}{\partial q_r}\right) \tag{2-278}$$

式（2-277）就是运动方程的拉格朗日形式。当 r 的取值范围在 1 到 n 之间时，这个方程总是成立的。因此，可以获得 n 个二阶微分方程，它又包含了 $q_1,q_2,\cdots,q_n$ 这些相关变量以及 t 这个独立变量。坐标 $q_1,q_2,\cdots,q_n$ 被称为广义坐标，是可测量的参数，与系统的结构有关。方程的数量和独立参数的数量是相等的，因此，从理论上来说，这个方程决定了所有 m_i 的运动。

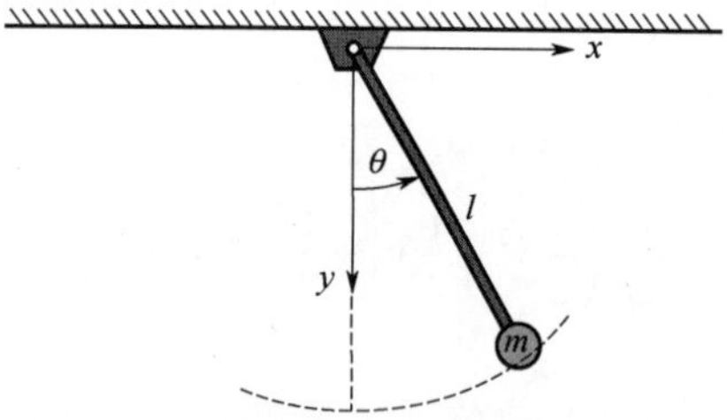

图 2.15 单摆机构

案例 97 单摆的运动方程。

一个单摆如图 2.15 所示。利用 x 和 y 这两个笛卡儿坐标来标记质量 m 的位置，并且利用 $\theta=q$ 这个广义坐标，有：

$$x=f(\theta)=l\sin\theta \tag{2-279}$$

$$y=g(\theta)=l\cos\theta \tag{2-280}$$

$$K=\frac{1}{2}m(\dot{x}^2+\dot{y}^2)=\frac{1}{2}ml^2\dot{\theta}^2 \tag{2-281}$$

因此：

$$\frac{\mathrm{d}}{\mathrm{d}t}\left(\frac{\partial K}{\partial \dot{\theta}}\right)-\frac{\partial K}{\partial \theta}=\frac{\mathrm{d}}{\mathrm{d}t}(ml^2\dot{\theta})=ml^2\ddot{\theta} \tag{2-282}$$

作用在 m 上的外力分量为：

$$F_x = 0 \tag{2-283}$$

$$F_y = mg \tag{2-284}$$

因此：

$$F_\theta = F_x \frac{\partial f}{\partial \theta} + F_y \frac{\partial g}{\partial \theta} = -mgl\sin\theta \tag{2-285}$$

注意：

$$\dot{y} = \frac{\mathrm{d}y}{\mathrm{d}t} = -l\sin\theta \frac{\mathrm{d}\theta}{\mathrm{d}t} = -l\dot{\theta}\sin\theta = -\omega l\sin\theta \tag{2-286}$$

$$\frac{\partial g}{\partial \theta} = \frac{\partial y}{\partial \theta} = -l\sin\theta \neq \dot{y} \tag{2-287}$$

因此，单摆的运动方程为：

$$ml^2\ddot{\theta} = -mgl\sin\theta \tag{2-288}$$

化简以后得：

$$\ddot{\theta} = -\frac{g}{l}\sin\theta \tag{2-289}$$

案例 98　在振荡滑块上安装的单摆。

图 2.16 给出了一个振动的物块，并且在下面悬挂一个单摆，如果设计合理，单摆可以作为振动吸收器（减振器）。

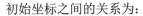

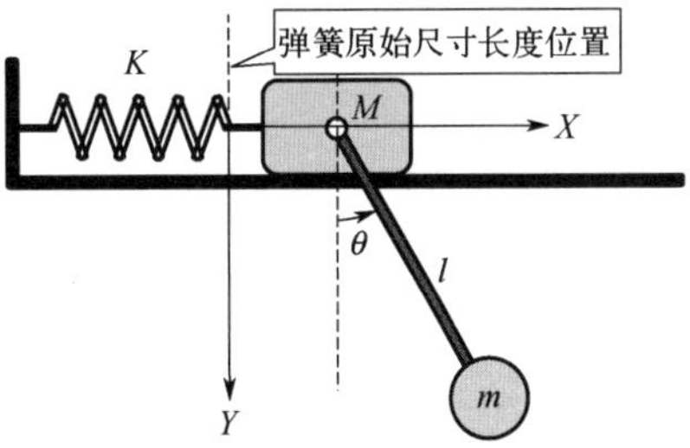

图 2.16　简谐运动加单摆运动合成机构

初始坐标之间的关系为：

$$x_M = f_M = x \tag{2-290}$$

$$y_M = g_M = 0 \tag{2-291}$$

$$x_m = f_m = x + l\sin\theta \tag{2-292}$$

$$y_m = g_m = l\cos\theta \tag{2-293}$$

利用广义坐标 x 和 θ 得到系统的动能：

$$\dot{x}_m = \dot{x} + l\dot{\theta}\cos\theta \tag{2-294}$$

$$\dot{y}_m = -l\dot{\theta}\sin\theta \tag{2-295}$$

$$K = \frac{1}{2}M(\dot{x}_M^2 + \dot{y}_M^2) + \frac{1}{2}m(\dot{x}_m^2 + \dot{y}_m^2) = \frac{1}{2}M\dot{x}^2 + \frac{1}{2}m(\dot{x}^2 + l^2\dot{\theta}^2 + 2l\dot{x}\dot{\theta}\cos\theta) \tag{2-296}$$

那么，拉格朗日方程的左边就可以求出：

$$\frac{\mathrm{d}}{\mathrm{d}t}\left(\frac{\partial K}{\partial \dot{x}}\right) - \frac{\partial K}{\partial x} = (M+m)\ddot{x} + ml\ddot{x}\cos\theta - ml\dot{\theta}^2\sin\theta \tag{2-297}$$

$$\frac{\mathrm{d}}{\mathrm{d}t}\left(\frac{\partial K}{\partial \dot{\theta}}\right) - \frac{\partial K}{\partial \theta} = ml^2\ddot{\theta} + ml\ddot{x}\cos\theta - ml\dot{x}\dot{\theta}\sin\theta \tag{2-298}$$

以上两个公式一会儿求偏导，一会儿求时间导数，极易犯错，大家小心。更应该注意到 x、θ、$\dot{x}$、$\dot{\theta}$ 都是可以求时间导数的。

作用在 M 和 m 上的外力为：

$$F_{x_M} = -kx \tag{2-299}$$

$$F_{y_M} = 0 \tag{2-300}$$

$$F_{x_m} = 0 \tag{2-301}$$

$$F_{y_m} = mg \tag{2-302}$$

因此，广义的力为：

$$F_x = F_{x_M}\frac{\partial f_M}{\partial x} + F_{y_M}\frac{\partial g_M}{\partial x} + F_{x_m}\frac{\partial f_m}{\partial x} + F_{y_m}\frac{\partial g_m}{\partial x} = -kx \tag{2-303}$$

$$F_\theta = F_{x_M}\frac{\partial f_M}{\partial \theta} + F_{y_M}\frac{\partial g_M}{\partial \theta} + F_{x_m}\frac{\partial f_m}{\partial \theta} + F_{y_m}\frac{\partial g_m}{\partial \theta} = -mgl\sin\theta \tag{2-304}$$

最终，拉格朗日运动方程可以写为：

$$(M+m)\ddot{x} + ml\ddot{\theta}\cos\theta - \mathrm{ml}\dot{\theta}^2\sin\theta = -kx \tag{2-305}$$

$$ml^2\ddot{\theta} + ml\ddot{x}\cos\theta - ml\dot{x}\dot{\theta}\sin\theta = -mgl\sin\theta \tag{2-306}$$

注意：在拉格朗日运动方程中有两个广义坐标 x 和 θ，最后得到的运动方程也是两个。两个方程，两个未知数，方程组可解。如果不用拉格朗日方程，用牛顿力学分析求这个复杂系统的运动方程，难度较大，结果还容易出错。拉格朗日方程对于复杂系统的优势在于不用画受力分析而直接通过公式运算求解，大大简化了复杂系统的力学分析，从运算层面考虑复杂机构运动方程。这种思路很像初中时利用方程求解应用题，一般不用太过深入了解题意，而是只通过题意列出方程组，直接求方程组的解，然后根据题意排除不符合的解，自然就得到了最终结果。

案例 99 地球的动能。

地球大致上可以看作是绕固定轴旋转的刚体。它有两个运动，一个是绕着太阳做公转，另一个是绕着自身固定轴做自转。假设其都为匀速圆周运动，那它们的角速度都容易求。

地球自转的动能为：

$$\begin{aligned}K_1 &= \frac{1}{2}I\omega_1^2 = \frac{1}{2}\times\frac{2}{5}\times(5.9742\times10^{24})\times\left(\frac{6356912+6378388}{2}\right)^2\times\left(\frac{2\pi}{24\times3600}\times\frac{366.25}{365.25}\right)^2\\ &= 2.5762\times10^{29}(\mathrm{J})\end{aligned} \tag{2-307}$$

地球公转的动能为：

$$\begin{aligned}K_2 &= \frac{1}{2}M\omega_2^2r^2 = \frac{1}{2}\times(5.9742\times10^{24})\times\left(\frac{2\pi}{24\times3600}\times\frac{1}{365.25}\right)^2\times\left(1.49475\times10^{11}\right)^2\\ &= 2.6457\times10^{33}(\mathrm{J})\end{aligned} \tag{2-308}$$

式中，r 表示距离太阳的距离，ω_2 表示公转的角速度。地球的总动能为 $K = K_1 + K_2$。公转和自转动能的比为：

$$\frac{K_2}{K_1} = \frac{2.6457\times10^{33}}{2.5762\times10^{29}} \approx 10000 \tag{2-309}$$

案例 100　拉格朗日方程的清晰式。

假设每个部分的坐标函数只包含 $q_1, q_2, \ldots, q_n$ 而不包含时间 t，那么，由 n 个大量的部分组成的系统的动能就可以写成：

$$K = \frac{1}{2}\sum_{i=1}^{n} m_i(\dot{x}_i^2 + \dot{y}_i^2 + \dot{z}_i^2) = \frac{1}{2}\sum_{j=1}^{n}\sum_{k=1}^{n} a_{jk}\dot{q}_j\dot{q}_k \tag{2-310}$$

式中，系数 a_{jk} 为 $q_1, q_2, \cdots, q_n$ 的函数，并且

$$a_{jk} = a_{kj} \tag{2-311}$$

拉格朗日运动方程：

$$\frac{\mathrm{d}}{\mathrm{d}t}\left(\frac{\partial K}{\partial \dot{q}_r}\right) - \frac{\partial K}{\partial q_r} = F_r,\quad r = 1, 2, \cdots, n \tag{2-312}$$

就等价于：

$$\frac{\mathrm{d}}{\mathrm{d}t}\sum_{m=1}^{n} a_{mr}\dot{q}_m - \frac{1}{2}\sum_{j=1}^{n}\sum_{k=1}^{n}\frac{\partial a_{jk}}{\partial q_r}\dot{q}_j\dot{q}_k = F_r \tag{2-313}$$

或是：

$$\sum_{m=1}^{n} a_{mr}\ddot{q}_m + \sum_{j=1}^{n}\sum_{k=1}^{n}\Gamma_{k,n}^{r}\dot{q}_j\dot{q}_k = F_r \tag{2-314}$$

式中，$\Gamma_{j,k}^{i}$ 被称为克里斯多夫算子：

$$\Gamma_{j,k}^{i} = \frac{1}{2}\left(\frac{\partial a_{ij}}{\partial q_k} + \frac{\partial a_{ik}}{\partial q_j} - \frac{\partial a_{kj}}{\partial q_i}\right) \tag{2-315}$$

2.9 拉格朗日力学

假设一些力可以写成 $\boldsymbol{F} = \begin{bmatrix} F_{ix} & F_{iy} & F_{iz} \end{bmatrix}^{\mathrm{T}}$ 形式，函数 V 被称为潜在能量或势能，这些力源自 V：

$$F = -\nabla V \tag{2-316}$$

这样的力被称为潜在的或保守的力。那么，当拉格朗日运动方程可以写成以下形式：

$$\frac{\mathrm{d}}{\mathrm{d}t}\left(\frac{\partial \mathcal{L}}{\partial \dot{q}_r}\right) - \frac{\partial \mathcal{L}}{\partial q_r} = Q_r,\quad r = 1, 2, \cdots, n \tag{2-317}$$

$$\mathcal{L} = K - V \tag{2-318}$$

式中，$\mathcal{L}$ 表示系统的拉格朗日函数，Q_r 表示非保守广义力。

证明 20　假设外力 $\boldsymbol{F} = \begin{bmatrix} F_{ix} & F_{iy} & F_{iz} \end{bmatrix}^{\mathrm{T}}$ 作用在系统上是保守的：

$$F = -\nabla V \tag{2-319}$$

这些力所做的功用任意的虚位移 δq_1，δq_2，…，δq_n 来表示：

$$\partial W = -\frac{\partial V}{\partial q_1}\delta q_1 - \frac{\partial V}{\partial q_2}\delta q_2 - \cdots - \frac{\partial V}{\partial q_n}\delta q_n \tag{2-320}$$

那么，拉格朗日方程就变成：

$$\frac{\mathrm{d}}{\mathrm{d}t}\left(\frac{\partial K}{\partial \dot{q}_r}\right)-\frac{\partial K}{\partial q_r}=-\frac{\partial V}{\partial q_r},\ r=1,2,\cdots,n \tag{2-321}$$

将拉格朗日函数 $\mathcal{L}=K-V$ 引入，拉格朗日方程就变为：

$$\frac{\mathrm{d}}{\mathrm{d}t}\left(\frac{\partial \mathcal{L}}{\partial \dot{q}_r}\right)-\frac{\partial \mathcal{L}}{\partial q_r}=0,\ r=1,2,\cdots,n \tag{2-322}$$

一般来说，式（2-322）比式（2-321）求解的过程要简单得多。

对于一个保守系统而言，拉格朗日函数又称为运动势能。如果这个力不是保守的，那么它所做的虚功为：

$$\delta W=\sum_{i=1}^{n}\left(F_{xi}\frac{\partial f_i}{\partial q_r}+F_{yi}\frac{\partial q_i}{\partial q_r}+F_{zi}\frac{\partial h_i}{\partial q_r}\right)\delta q_r=Q_r\delta q_r \tag{2-323}$$

这就使得运动方程变为：

$$\frac{\mathrm{d}}{\mathrm{d}t}\left(\frac{\partial \mathcal{L}}{\partial \dot{q}_r}\right)-\frac{\partial \mathcal{L}}{\partial q_r}=Q_r,\ r=1,2,\cdots,n \tag{2-324}$$

式中，Q_r 表示在第 r 个广义坐标系 q_r 的一端虚位移上非保守广义力所做的功。

注意：拉格朗日力学的亮点在于变矢量为标量，矢量解题的关键点在于搞清受力的关系，所以在使用牛顿力学解题的过程就是分析各种受力关系、方向关系、画图解题的一个过程。标量解题的好处在于不考虑方向，只考虑大小。例如，在高中学的用能量守恒定律和动量守恒定律列方程组解决碰撞问题，用碰撞理解式（2-322）可以看作，理想碰撞情况下，$Q_r=0$，非理想情况下，$Q_r\neq 0$。那么，从牛顿力学到拉格朗日力学就必然有一个过渡过程。这个过渡过程又是什么呢？关键点主要有以下两个方面：

① 共线矢量的点乘是标量。这样的例子有很多，例如为什么要将一个空间矢量化成坐标三个方向分析考虑，最终的目标就是将需要相乘的矢量变为同方向或反方向的点乘形式，反方向点乘也就多了一个负号，这个大家都容易理解。下面举几个例子看看：

$$W=\boldsymbol{F}\cdot\boldsymbol{S} \tag{2-325}$$

方程左边为力所做的功，为标量，只有大小没有方向，而方程的右边是两个矢量，一个是力，一个是位移，当 $\boldsymbol{F}$ 与 $\boldsymbol{S}$ 共线时，两者的大小相乘再乘以夹角的余弦值($\cos 0°=1$或是$\cos 180°=-1$)，得到一个只有大小没有方向的功。当 $\boldsymbol{F}$ 与 $\boldsymbol{S}$ 都是任意方向时：

$$W=\boldsymbol{F}\cdot\boldsymbol{S}=\begin{bmatrix}F_X & F_Y & F_Z\end{bmatrix}\cdot\begin{bmatrix}S_X\\ S_Y\\ S_Z\end{bmatrix}=F_X S_X+F_Y S_Y+F_Y S_Y=\text{常数} \tag{2-326}$$

这时就不需要再考虑方向问题了。

② 相同矢量的点乘方向肯定相同。点乘的余弦值自然是 1，两个方向矢量就只考虑其大小问题了。

$$K=\frac{1}{2}mv^2 \tag{2-327}$$

$$\frac{\partial K}{\partial \boldsymbol{v}}=\frac{\partial K}{\partial \dot{s}}=m\boldsymbol{v}=m\dot{s}=\boldsymbol{p} \tag{2-328}$$

将标量动能对矢量速度求偏导就能得到动量矢量。这也为矢量问题转换成标量问题提供了桥梁。

案例 101　球形的单摆。

单摆常常被用来作为许多动力学问题的类比分析。图 2.17 给出了一个球形单摆，它的质量为 m，长度为 l。用角度 φ 和 θ 来描述它在系统坐标系中的位置。

单摆摆体的笛卡儿坐标用广义坐标的函数表示出来就是：

$$\begin{bmatrix} X \\ Y \\ Z \end{bmatrix} = \begin{bmatrix} l\cos\theta\cos\varphi \\ l\cos\theta\sin\varphi \\ l\sin\theta \end{bmatrix} \tag{2-329}$$

因此，单摆的动能和势能分别为：

$$K = \frac{1}{2}m(l^2\dot{\theta}^2 + l^2\dot{\varphi}^2\cos^2\theta) \tag{2-330}$$

$$V = -mgl\sin\theta \tag{2-331}$$

系统的拉格朗日函数就为：

$$\mathcal{L} = \frac{1}{2}m(l^2\dot{\theta}^2 + l^2\dot{\varphi}^2\cos^2\theta) + mgl\sin\theta \tag{2-332}$$

代入方程：

$$\frac{\mathrm{d}}{\mathrm{d}t}\left(\frac{\partial\mathcal{L}}{\partial\dot{q}_r}\right) - \frac{\partial\mathcal{L}}{\partial q_r} = 0,\ \ r = 1,2,\cdots,n \tag{2-333}$$

由此，可以导出下列运动方程：

$$\ddot{\theta} - \dot{\varphi}^2\sin\theta\cos\theta - \frac{g}{l}\sin\theta = 0 \tag{2-334}$$

$$\ddot{\varphi}\cos^2\theta - 2\dot{\varphi}\dot{\theta}\sin\theta\cos\theta = 0 \tag{2-335}$$

案例 102　受控合成单摆。

一个质量不可忽略的单摆臂安装在天花板扭转节点 O 上，如图 2.18 所示。假设在节点处有黏性摩擦并安装有一个理想电机提供了扭矩 Q 使得摆臂运动。同时假设电机为理想转子，没有转动惯量。

该操纵机构的动能和势能分别为：

$$K = \frac{1}{2}I\dot{\theta}^2 = \frac{1}{2}(I_C + ml^2)\dot{\theta}^2 \tag{2-336}$$

$$V = -mgl\cos\theta \tag{2-337}$$

式中，m 表示质量，I 表示单摆相对于 O 点的转动惯量。操纵器的拉格朗日能量为：

$$\mathcal{L} = K - V = \frac{1}{2}I\dot{\theta}^2 + mgl\cos\theta \tag{2-338}$$

因此，单摆的运动方程为：

$$M = \frac{\mathrm{d}}{\mathrm{d}t}\left(\frac{\partial\mathcal{L}}{\partial\dot{\theta}}\right) - \frac{\partial\mathcal{L}}{\partial\theta} = I\ddot{\theta} + mgl\sin\theta \tag{2-339}$$

广义力 M 是由电机力矩 Q 和黏性摩擦力矩 $-c\dot{\theta}$（其中 c 表示黏性摩擦系数）组成的。

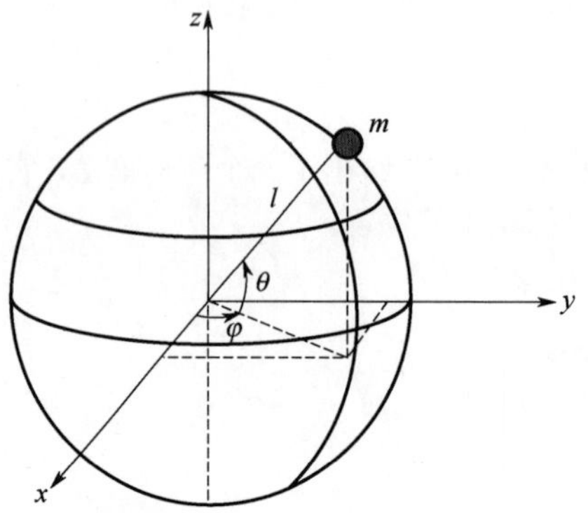

图 2.17　位于球心的单摆机构

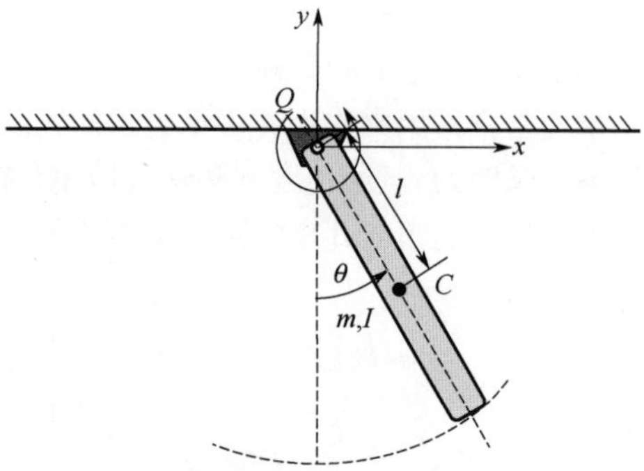

图 2.18　受控单摆机构

因此，操纵器的运动方程为：

$$Q = I\ddot{\theta} + c\dot{\theta} + mgl\sin\theta \tag{2-340}$$

案例 103　理想平面双节臂操纵器动力学。

一个理想的平面双节臂操纵器如图 2.19 所示，它之所以被称为理想的，是因为我们假设连杆没有质量，且连接件之间没有摩擦。物块的质量分别为 m_1 和 m_2，且分别位于两个连杆的末端。用绝对角度 θ_1 和相对角度 θ_2 作为广义坐标，用以描述操纵器的结构状态。物块 m_1 和 m_2 的位置坐标为：

$$\begin{bmatrix} X_1 \\ Y_1 \end{bmatrix} = \begin{bmatrix} l_1\cos\theta_1 \\ l_1\sin\theta_1 \end{bmatrix} \tag{2-341}$$

$$\begin{bmatrix} X_2 \\ Y_2 \end{bmatrix} = \begin{bmatrix} l_1\cos\theta_1 + l_2\cos(\theta_1+\theta_2) \\ l_1\sin\theta_1 + l_2\sin(\theta_1+\theta_2) \end{bmatrix} \tag{2-342}$$

因此，物块的速度为：

$$\begin{bmatrix} \dot{X}_1 \\ \dot{Y}_1 \end{bmatrix} = \begin{bmatrix} -l_1\dot{\theta}_1\sin\theta_1 \\ l_1\dot{\theta}_1\cos\theta_1 \end{bmatrix} \tag{2-343}$$

$$\begin{bmatrix} \dot{X}_2 \\ \dot{Y}_2 \end{bmatrix} = \begin{bmatrix} -l_1\dot{\theta}_1\sin\theta_1 - l_2(\dot{\theta}_1+\dot{\theta}_2)\sin(\theta_1+\theta_2) \\ l_1\dot{\theta}_1\cos\theta_1 + l_2(\dot{\theta}_1+\dot{\theta}_2)\cos(\theta_1+\theta_2) \end{bmatrix} \tag{2-344}$$

操纵器的动能为：

$$\begin{aligned} K &= K_1 + K_2 = \frac{1}{2}m_1(\dot{X}_1^2+\dot{Y}_1^2) + \frac{1}{2}m_2(\dot{X}_2^2+\dot{Y}_2^2) \\ &= \frac{1}{2}m_1 l_1^2\dot{\theta}_1^2 + \frac{1}{2}m_2\left[l_1^2\dot{\theta}_1^2 + l_2^2(\dot{\theta}_1+\dot{\theta}_2)^2 + 2l_1l_2\dot{\theta}_1(\dot{\theta}_1+\dot{\theta}_2)\cos\theta_2\right] \end{aligned} \tag{2-345}$$

操纵器的势能为：

$$\begin{aligned} V &= V_1 + V_2 = m_1gY_1 + m_2gY_2 \\ &= m_1gl_1\sin\theta_1 + m_2g\left[l_1\sin\theta_1 + l_2\sin(\theta_1+\theta_2)\right] \end{aligned} \tag{2-346}$$

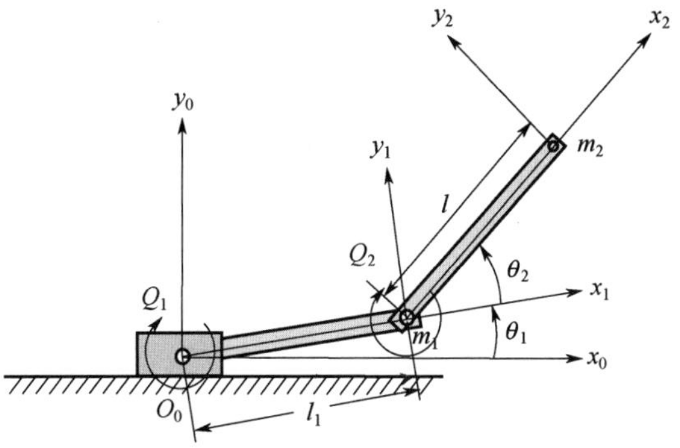

图 2.19　平面双节臂操纵器

拉格朗日函数也就可以通过式（2-345）和式（2-346）得到：

$$\begin{aligned}\mathcal{L} &= K - V \\ &= \frac{1}{2}m_1 l_1^2 \dot{\theta}_1^2 + \frac{1}{2}m_2\left[l_1^2\dot{\theta}_1^2 + l_2^2(\dot{\theta}_1+\dot{\theta}_2)^2 + 2l_1l_2\dot{\theta}_1\left(\dot{\theta}_1+\dot{\theta}_2\right)\cos\theta_2\right] - \\ &\quad m_1 g l_1\sin\theta_1 - m_2 g\left[l_1\sin\theta_1 + l_2\sin(\theta_1+\theta_2)\right]\end{aligned} \tag{2-347}$$

所要求的偏微分形式为：

$$\frac{\partial\mathcal{L}}{\partial\theta_1} = -(m_1+m_2)gl_1\cos\theta_1 - m_2 g l_2\cos(\theta_1+\theta_2) \tag{2-348}$$

$$\frac{\partial\mathcal{L}}{\partial\dot{\theta}_1} = (m_1+m_2)l_1^2\dot{\theta}_1 + m_2 l_2^2(\dot{\theta}_1+\dot{\theta}_2) + m_2 l_1 l_2(2\dot{\theta}_1+\dot{\theta}_2)\cos\theta_2 \tag{2-349}$$

$$\begin{aligned}\frac{\mathrm{d}}{\mathrm{d}t}\left(\frac{\partial\mathcal{L}}{\partial\dot{\theta}_1}\right) &= (m_1+m_2)l_1^2\ddot{\theta}_1 + m_2 l_2^2(\ddot{\theta}_1+\ddot{\theta}_2) + \\ &\quad m_2 l_1 l_2(2\ddot{\theta}_1+\ddot{\theta}_2)\cos\theta_2 - m_2 l_1 l_2\dot{\theta}_2(2\dot{\theta}_1+\dot{\theta}_2)\sin\theta_2\end{aligned} \tag{2-350}$$

$$\frac{\partial\mathcal{L}}{\partial\theta_2} = -m_2 l_1 l_2\dot{\theta}_1(\dot{\theta}_1+\dot{\theta}_2)\sin\theta_2 - m_2 g l_2\cos(\theta_1+\theta_2) \tag{2-351}$$

$$\frac{\partial\mathcal{L}}{\partial\dot{\theta}_2} = m_2 l_2^2(\dot{\theta}_1+\dot{\theta}_2) + m_2 l_1 l_2\dot{\theta}_1\cos\theta_2 \tag{2-352}$$

$$\frac{\mathrm{d}}{\mathrm{d}t}\left(\frac{\partial\mathcal{L}}{\partial\dot{\theta}_2}\right) = m_2 l_2^2(\ddot{\theta}_1+\ddot{\theta}_2) + m_2 l_1 l_2\ddot{\theta}_1\cos\theta_2 - m_2 l_1 l_2\dot{\theta}_1\dot{\theta}_2\sin\theta_2 \tag{2-353}$$

因此，双节臂操纵器的运动方程为：

$$\begin{aligned}Q_1 &= \frac{\mathrm{d}}{\mathrm{d}t}\left(\frac{\partial\mathcal{L}}{\partial\dot{\theta}_1}\right) - \frac{\partial\mathcal{L}}{\partial\theta_1} \\ &= (m_1+m_2)l_1^2\ddot{\theta}_1 + m_2 l_2^2(\ddot{\theta}_1+\ddot{\theta}_2) + m_2 l_1 l_2(2\ddot{\theta}_1+\ddot{\theta}_2)\cos\theta_2 - \\ &\quad m_2 l_1 l_2\dot{\theta}_2(2\dot{\theta}_1+\dot{\theta}_2)\sin\theta_2 + (m_1+m_2)gl_1\cos\theta_1 + m_2 g l_2\cos(\theta_1+\theta_2)\end{aligned} \tag{2-354}$$

$$Q_2 = \frac{\mathrm{d}}{\mathrm{d}t}\left(\frac{\partial\mathcal{L}}{\partial\dot{\theta}_2}\right) - \frac{\partial\mathcal{L}}{\partial\theta_2}$$

$$= m_2 l_2^2 (\ddot{\theta}_1 + \ddot{\theta}_2) + m_2 l_1 l_2 \ddot{\theta}_1 \cos\theta_2 - m_2 l_1 l_2 \dot{\theta}_1 \dot{\theta}_2 \sin\theta_2 +$$

$$m_2 l_1 l_2 \dot{\theta}_1 (\dot{\theta}_1 + \dot{\theta}_2) \sin\theta_2 + m_2 g l_2 \cos(\theta_1 + \theta_2) \tag{2-355}$$

广义力Q_1和Q_2就是所要求的力，用以驱动广义坐标。因此，Q_1是在基点电机的扭力，Q_2是在m_1处电机的扭力。

运动方程还可以写成更对称的形式：

$$Q_1 = (m_1 + m_2) l_1^2 \ddot{\theta}_1 + m_2 l_2 (l_2 + 2 l_1 \cos\theta_2) \ddot{\theta}_1 + m_2 l_2 (l_2 + l_1 \cos\theta_2) \ddot{\theta}_2 - 2 m_2 l_1 l_2 \dot{\theta}_1 \dot{\theta}_2 \sin\theta_2 -$$

$$m_2 l_1 l_2 \dot{\theta}_2^2 \sin\theta_2 + (m_1 + m_2) g l_1 \cos\theta_1 + m_2 g l_2 \cos(\theta_1 + \theta_2) \tag{2-356}$$

$$Q_2 = m_2 l_2 (l_2 + l_1 \cos\theta_2) \ddot{\theta}_1 - m_2 l_2^2 \ddot{\theta}_2 + m_2 l_1 l_2 \dot{\theta}_1^2 \sin\theta_2 + m_2 g l_2 \cos(\theta_1 + \theta_2) \tag{2-357}$$

2.10 机械能

如果一个系统的部分质量块m_i在保守场内运动，则有：

$$\boldsymbol{F}_{m_i} = -\nabla_i V \tag{2-358}$$

它们的牛顿运动方程将会是：

$$m_i \ddot{\boldsymbol{r}}_i = -\nabla_i V \tag{2-359}$$

在式（2-359）的两边内乘矢量$\dot{\boldsymbol{r}}_i$，再求和可得：

$$\sum_{i=1}^{n} m_i \dot{\boldsymbol{r}}_i \cdot \ddot{\boldsymbol{r}}_i = -\sum_{i=1}^{n} \dot{\boldsymbol{r}}_i \cdot \nabla_i V \tag{2-360}$$

两边同时积分可得：

$$\frac{1}{2}\sum_{i=1}^{n} m_i \dot{\boldsymbol{r}}_i \cdot \dot{\boldsymbol{r}}_i = -\int \sum_{i=1}^{n} \boldsymbol{r}_i \cdot \nabla_i V \tag{2-361}$$

注意：$\frac{1}{2}(\dot{\boldsymbol{r}}_i \cdot \dot{\boldsymbol{r}}_i)' = \frac{1}{2}(\ddot{\boldsymbol{r}}_i \cdot \dot{\boldsymbol{r}}_i + \dot{\boldsymbol{r}}_i \cdot \ddot{\boldsymbol{r}}_i) = \dot{\boldsymbol{r}}_i \cdot \ddot{\boldsymbol{r}}_i$。

显然：

$$K = -\int \sum_{i=1}^{n} \left(\frac{\partial V}{\partial x_i} x_i + \frac{\partial V}{\partial y_i} y_i + \frac{\partial V}{\partial z_i} z_i \right) = -V + E \tag{2-362}$$

式中，E为定常积分。E被称为系统的机械能并且等于动能加上势能：

$$E = K + V \tag{2-363}$$

案例 104 滚落的车轮。

图 2.20 给出了一个做纯滚动的车轮，在一个凸形半圆柱上。可以利用保守场的机械能找到车轮离开半圆柱的角度。

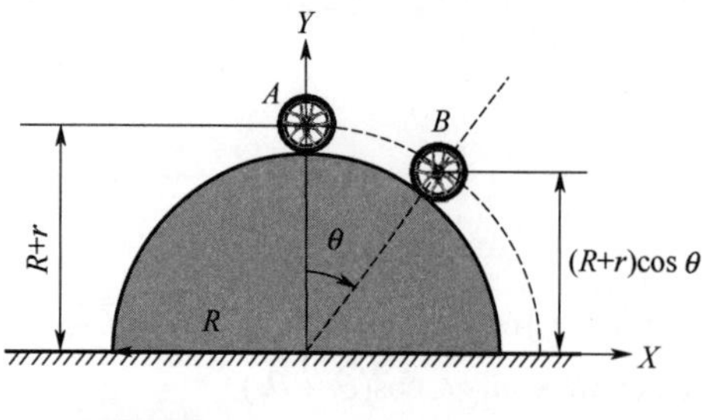

图 2.20 凸形半圆柱上轮胎滚落情况

在初始时刻，车轮在点A处。假设初始的动能和势能，此时，机械能为零。当车轮在半圆柱上开始滚动时，它的角速度ω为：

$$\omega=\frac{v}{r} \tag{2-364}$$

式中，v 为车轮中心的速度。在其中一个点 B 处时，车轮得到一些动能，损失了一些势能。在一定角度时，当重力的法向分量全部用以提供向心力的临界条件，有方程：

$$mg\cos\theta=\frac{mv^2}{R+r} \tag{2-365}$$

车轮开始脱离表面。利用保守场的能量，有：

$$E_A=E_B \tag{2-366}$$

$$K_A+V_A=K_B+V_B \tag{2-367}$$

在分离点的动能和势能分别为：

$$K_B=\frac{1}{2}mv^2+\frac{1}{2}I_C\omega^2 \tag{2-368}$$

$$V_B=-mg(R+r)(1-\cos\theta) \tag{2-369}$$

式中，I_C 表示车轮质心处的转动惯量，因此：

$$\frac{1}{2}mv^2+\frac{1}{2}I_C\omega^2=mg(R+r)(1-\cos\theta) \tag{2-370}$$

将式（2-364）和式（2-365）代入其中可得：

$$\left(1+\frac{I_C}{mr^2}\right)(R+r)g\cos\theta=2g(R+r)(1-\cos\theta) \tag{2-371}$$

可以解出：

$$\theta=\arccos\frac{2mr^2}{I_C+3mr^2} \tag{2-372}$$

为了检验上式的正确性，假设轮胎是一个圆盘，那么：

$$I_C=\frac{1}{2}mr^2 \tag{2-373}$$

然后就可以找到分离的角度：

$$\theta=\arccos\frac{4}{7}\approx 0.96\text{rad}\approx 55.15° \tag{2-374}$$

案例 105　滚动车轮上台阶。

图 2.21 给出了一个车轮，半径为 R，滚动的速度为 v，地面有一台阶，其高度为 $H<R$。可以利用保守场能量的原理，找到上了台阶后轮胎的速度。利用保守场能量，有：

$$E_A=E_B \tag{2-375}$$

$$K_A+V_A=K_B+V_B \tag{2-376}$$

$$\frac{1}{2}mv_1^2+\frac{1}{2}I_C\omega_1^2+0=\frac{1}{2}mv_2^2+\frac{1}{2}I_C\omega_2^2+mgH \tag{2-377}$$

$$\left(m+\frac{I_C}{R^2}\right)v_1^2=\left(m+\frac{I_C}{R^2}\right)v_2^2+2mgH \tag{2-378}$$

因此：

$$v_2 = \sqrt{v_1^2 - \frac{2gH}{1+\frac{I_C}{mR^2}}} \tag{2-379}$$

其中，v_2 必须是实数，因此有：

$$v_1 > \sqrt{\frac{2gH}{1+\frac{I_C}{mR^2}}} \tag{2-380}$$

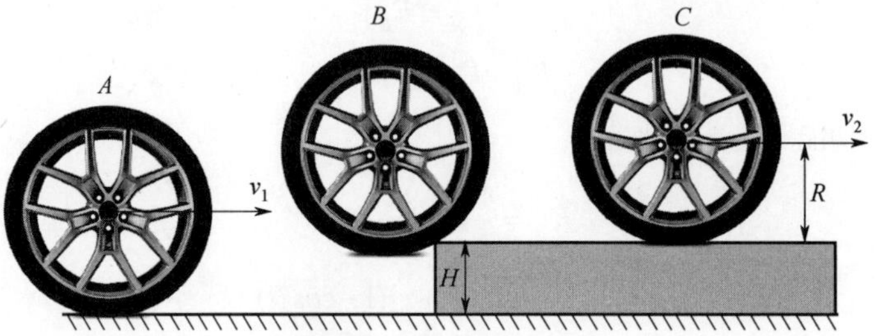

图 2.21　滚动轮胎上台阶

假设轮胎是一个圆盘，也就是说 $I_C = \frac{1}{2}mR^2$，将式（2-379）和式（2-380）化简可得：

$$v_2 = \sqrt{v_1^2 - \frac{4}{3}gH} \tag{2-381}$$

$$v_1 > \sqrt{\frac{4}{3}gH} \tag{2-382}$$

案例 106　投石车。

如图 2.22 所示，投石车是战争用的发射型武器，垂直的巨大的平衡重质量为 m_1，长臂 AB 可以相对底盘旋转并且被分为不等长的两段 A 和 B。

图 2.22 中给出的投石车位于初始结构。全球坐标系的原点位于旋转枢纽中心处。平衡质量 m_1 的坐标在（x_1, y_1）并通过铰链安装在较短臂的一侧，距离末端 B 的距离为 c。抛射的质量为 m_2，安装在无质量吊索的尾端，吊索的长度为 l，固装在长臂 AB 的另一端。三个独立角度变量 α、θ 和 γ 用以描述装置的运动。假定参数 a、b、c、d、l、m_1 以及 m_2 为常数。用拉格朗日方法确定其运动方程。

图 2.23 给出了投石车的运动状态。物块 m_1 和 m_2 的坐标位置为：

$$x_1 = b\sin\beta - c\sin(\beta+\gamma) \tag{2-383}$$

$$y_1 = -b\cos\beta + c\cos(\beta+\gamma) \tag{2-384}$$

$$x_2 = -a\sin\beta - l\sin(-\beta+\alpha) \tag{2-385}$$

$$y_2 = a\cos\beta - l\cos(-\beta+\alpha) \tag{2-386}$$

对它们求时间导数，得到速度分量：

$$\dot{x}_1 = b\dot{\beta}\cos\beta - c(\dot{\beta}+\dot{\gamma})\cos(\beta+\gamma) \tag{2-387}$$

$$\dot{y}_1 = b\dot{\beta}\sin\beta - c(\dot{\beta}+\dot{\gamma})\sin(\beta+\gamma) \tag{2-388}$$

$$\dot{x}_2 = -a\dot{\beta}\cos\beta + l(\dot{\beta}-\dot{\alpha})\cos(\alpha-\beta) \tag{2-389}$$

$$\dot{y}_2 = -a\dot{\beta}\sin\beta - l(\dot{\beta}-\dot{\alpha})\sin(\alpha-\beta) \tag{2-390}$$

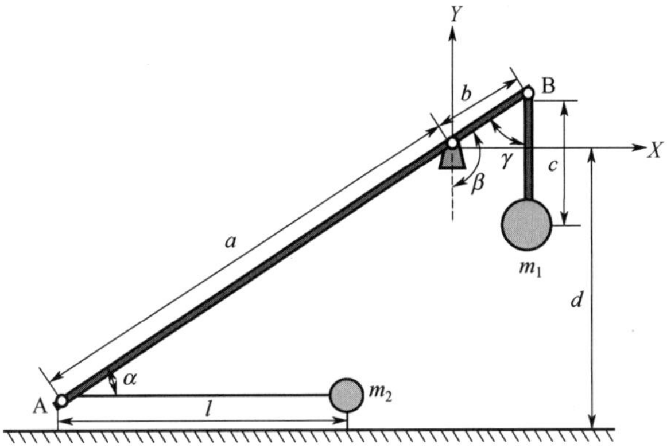

图 2.22　投石车处于起始位置

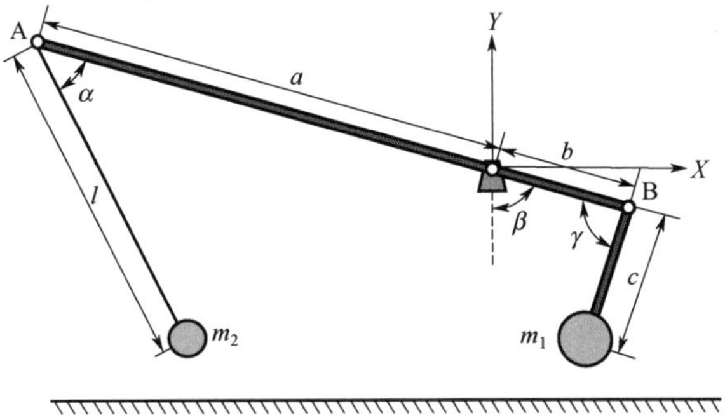

图 2.23　投石车处于运动位置

系统的动能为：

$$\begin{aligned} K &= \frac{1}{2}m_1 v_1^2 + \frac{1}{2}m_2 v_2^2 = \frac{1}{2}m_1(\dot{x}_1^2+\dot{y}_1^2) + \frac{1}{2}m_2(\dot{x}_2^2+\dot{y}_2^2) \\ &= \frac{1}{2}m_1\left[(b^2+c^2)\dot{\beta}^2 + c^2\dot{\gamma}^2 + 2c^2\dot{\beta}\dot{\gamma}\right] - m_1 bc\dot{\beta}(\dot{\beta}+\dot{\gamma})\cos\gamma + \\ &\quad \frac{1}{2}m_2\left[(a^2+l^2)\dot{\beta}^2 + l^2\dot{\alpha}^2 - 2l^2\dot{\beta}\dot{\alpha}\right] - m_2 al\dot{\beta}(\dot{\beta}-\dot{\alpha})\cos\alpha \end{aligned} \tag{2-391}$$

系统的势能为：

$$\begin{aligned} V &= m_1 g y_1 + m_2 g y_2 \\ &= m_1 g[-b\cos\beta + c\cos(\beta+\gamma)] + m_2 g[a\cos\beta - l\cos(-\beta+\alpha)] \end{aligned} \tag{2-392}$$

有了能量 K 和 V，就可以得到拉格朗日函数 $\mathcal{L}$：

$$\mathcal{L} = K - V \tag{2-393}$$

利用拉格朗日函数就可以找到三个运动方程：

$$\frac{\mathrm{d}}{\mathrm{d}t}\left(\frac{\partial\mathcal{L}}{\partial\dot{\beta}}\right) - \frac{\partial\mathcal{L}}{\partial\beta} = 0 \tag{2-394}$$

$$\frac{\mathrm{d}}{\mathrm{d}t}\left(\frac{\partial\mathcal{L}}{\partial\dot{\alpha}}\right) - \frac{\partial\mathcal{L}}{\partial\alpha} = 0 \tag{2-395}$$

$$\frac{\mathrm{d}}{\mathrm{d}t}\left(\frac{\partial \mathcal{L}}{\partial \dot{\gamma}}\right)-\frac{\partial \mathcal{L}}{\partial \gamma}=0 \tag{2-396}$$

可计算出投石车的运动方程为：

$$\begin{aligned}&m_1\left[\ddot{\beta}b^2+(\ddot{\beta}+\ddot{\gamma})c^2-bc(2\ddot{\beta}+\ddot{\gamma})\cos\gamma+bc(2\dot{\beta}+\dot{\gamma})\dot{\gamma}\sin\gamma\right]+\\&m_2\left[\ddot{\beta}a^2+(\ddot{\beta}-\ddot{\alpha})l^2-al(2\ddot{\beta}-\ddot{\alpha})\cos\alpha+al(2\dot{\beta}-\dot{\alpha})\dot{\alpha}\sin\alpha\right]+\\&m_1g[b\sin\beta-c\sin(\beta+\gamma)]+m_2g[-a\sin\beta-l\sin(\alpha-\beta)]=0\end{aligned} \tag{2-397}$$

$$(\ddot{\alpha}-\ddot{\beta})l^2+al\ddot{\beta}\cos\alpha-al\dot{\alpha}\dot{\beta}\sin\alpha-al\dot{\beta}(\dot{\beta}-\dot{\alpha})\sin\alpha+gl\sin(\alpha-\beta)=0 \tag{2-398}$$

$$(\ddot{\beta}+\ddot{\gamma})c^2-bc\ddot{\beta}\cos\gamma+bc\dot{\gamma}\dot{\beta}\sin\gamma-bc\dot{\beta}(\dot{\beta}+\dot{\gamma})\sin\gamma-gc\sin(\beta+\gamma)=0 \tag{2-399}$$

2.11 小结

刚体的平动和转动方程，在全球坐标系中的表达方式为：

$${}^{\mathrm{A}}\boldsymbol{F}=\frac{{}^{\mathrm{A}}\mathrm{d}}{\mathrm{d}t}\,{}^{\mathrm{A}}\boldsymbol{p} \tag{2-400}$$

$${}^{\mathrm{A}}\boldsymbol{M}=\frac{{}^{\mathrm{A}}\mathrm{d}}{\mathrm{d}t}\,{}^{\mathrm{A}}\boldsymbol{L} \tag{2-401}$$

式中，${}^{\mathrm{A}}\boldsymbol{F}$ 和 ${}^{\mathrm{A}}\boldsymbol{M}$ 表示在质心 C 处测得的，作用在刚体上的合力和合力矩；${}^{\mathrm{A}}\boldsymbol{p}$ 和 ${}^{\mathrm{A}}\boldsymbol{L}$ 分别表示刚体在 C 处的动量和角动量。

$$\boldsymbol{p}=m\boldsymbol{v} \tag{2-402}$$

$$\boldsymbol{L}=\boldsymbol{r}_C\times\boldsymbol{p} \tag{2-403}$$

在次坐标系中表示出的运动方程为：

$${}^{\mathrm{B}}\boldsymbol{F}={}^{\mathrm{A}}\dot{\boldsymbol{p}}+{}_{\mathrm{A}}^{\mathrm{B}}\boldsymbol{\omega}_{\mathrm{B}}\times{}^{\mathrm{B}}\boldsymbol{p}=m\,{}^{\mathrm{B}}\boldsymbol{a}_{\mathrm{B}}+m\,{}_{\mathrm{A}}^{\mathrm{B}}\boldsymbol{\omega}_{\mathrm{B}}\times{}^{\mathrm{B}}\boldsymbol{v}_{\mathrm{B}} \tag{2-404}$$

$${}^{\mathrm{B}}\boldsymbol{M}={}^{\mathrm{A}}\dot{\boldsymbol{L}}+{}_{\mathrm{A}}^{\mathrm{B}}\boldsymbol{\omega}_{\mathrm{B}}\times{}^{\mathrm{B}}\boldsymbol{L}={}^{\mathrm{B}}\boldsymbol{I}\,{}_{\mathrm{A}}^{\mathrm{B}}\boldsymbol{\omega}_{\mathrm{B}}+{}_{\mathrm{A}}^{\mathrm{B}}\boldsymbol{\omega}_{\mathrm{B}}\times({}^{\mathrm{B}}\boldsymbol{I}\,{}_{\mathrm{A}}^{\mathrm{B}}\boldsymbol{\omega}_{\mathrm{B}}) \tag{2-405}$$

式中，$\boldsymbol{I}$ 表示刚体的转动惯量：

$$\boldsymbol{I}=\begin{bmatrix}I_{xx}&I_{xy}&I_{xz}\\I_{yx}&I_{yy}&I_{yz}\\I_{zx}&I_{zy}&I_{zz}\end{bmatrix} \tag{2-406}$$

$\boldsymbol{I}$ 中的元素是刚体质量的分布函数，定义为：

$$I_{ij}=\int_{\mathrm{B}}(r_i^2\delta_{ij}-x_{im}x_{jn})\mathrm{d}m,\ \ i,j=1,2,3 \tag{2-407}$$

式中，δ_{ij} 为克罗内克德尔塔。

每个刚体都有一个质心坐标系，在该坐标系中的转动惯量形式为：

$${}^{\mathrm{B}}\boldsymbol{I}=\begin{bmatrix}I_1&0&0\\0&I_2&0\\0&0&I_3\end{bmatrix} \tag{2-408}$$

质心坐标系的旋转运动方程化简后可得：

$$M_1 = I_1\dot{\omega}_1 - (I_2 - I_3)\omega_2\omega_3 \tag{2-409}$$

$$M_2 = I_2\dot{\omega}_2 - (I_3 - I_1)\omega_3\omega_1 \tag{2-410}$$

$$M_3 = I_3\dot{\omega}_3 - (I_1 - I_2)\omega_1\omega_2 \tag{2-411}$$

对一个机械系统的运动方程而言，如果它有 n 个自由度，那么它就可以找到 n 个拉格朗日方程。

$$\frac{\mathrm{d}}{\mathrm{d}t}\left(\frac{\partial \mathcal{L}}{\partial \dot{q}_r}\right) - \frac{\partial \mathcal{L}}{\partial q_r} = Q_r, \quad r = 1, 2, \cdots, n \tag{2-412}$$

$$\mathcal{L} = K - V \tag{2-413}$$

式中，$\mathcal{L}$ 表示系统的拉格朗日函数，K 表示动能，V 表示势能，而 Q_r 表示非保守广义力。

$$Q_r = \sum_{i=1}^{n}\left(Q_{xi}\frac{\partial f_i}{\partial q_r} + Q_{yi}\frac{\partial g_i}{\partial q_r} + Q_{zi}\frac{\partial h_i}{\partial q_r}\right) \tag{2-414}$$

参数 q_r $(r = 1, 2, \cdots, n)$ 表示系统的广义坐标。$\boldsymbol{Q}$ 表示作用在系统第 i 部分的外力，$\boldsymbol{Q} = \begin{bmatrix} Q_{ix} & Q_{iy} & Q_{iz} \end{bmatrix}^{\mathrm{T}}$，而 Q_r 是与 q_r 相对应的广义力。当 $(x_i \quad y_i \quad z_i)$ 表示部分质量 m_i 的全球固定坐标系的笛卡儿坐标时，那么它的坐标可以表示成另一组广义坐标及时间的函数，用方程表示为：

$$x_i = f_i(q_1, q_2, \cdots, q_n, t) \tag{2-415}$$

$$y_i = q_i(q_1, q_2, \cdots, q_n, t) \tag{2-416}$$

$$z_i = h_i(q_1, q_2, \cdots, q_n, t) \tag{2-417}$$

第 3 章 运动机构

扫码获取脚本文件

绝大部分车辆的子系统都是由四连杆构成的，如双 A 臂独立悬架系统和梯形转向机构。本章将介绍这些机构及其设计方法。

3.1 四连杆机构

一个单独的可以有相对于其他部件运动的刚体部件称为连接部件。连接部件也可以称为一个杆、臂、轴或是节点。任何两个或者两个以上的连接部件连在一起，如果它们之间没有相对运动发生，那么它们都被视为一个连接部件。

两个连接件之间通过一个点产生相对运动，可以通过一个单独坐标系表达出来。这样的点连接典型的有圆形孔-轴连接（旋转）和方形孔-轴连接（平移）两种形式。图 3.1 给出了这样的连接形式，一个是圆形孔-轴连接，另一个是方形孔-轴连接。一个圆形孔-轴连接正如一个铰链连接那样只允许两个连接件之间做相对旋转运动。一个方形孔-轴连接只允许两个连接件之间做相对平移运动。

两个连接件之间依赖旋转节点或平移节点做相对转动或平移运动，这样的节点往往是一条直线，称为节点轴线。用于描述两个连接件相对运动位置的在节点处的坐标系称为节点坐标系，用于描述位置的单一变量为节点变量。如果这个节点是一个圆孔连接，那么这个变量为角度；如果这个节点是一个方孔连接，那么这个变量为位移。

为了某种功能而将一些连接件连接起来称为机构。连杆机构由可动杆和固定杆两种杆连接而成。固定杆与地面、车身或车梁保持不动，可以称之为地杆。一般有两种连杆机构，一种是闭环形式如平行四边形，另一种是开环形式如一系列串联杆。车辆子系统通常使用的是闭环连杆机构，而机器人系统通常使用的是开环连杆机构，这种开环连杆机构将执行器装在每个节点处以控制节点变量。

一个四连杆机构如图 3.2 所示，1 号连杆 *MN* 为地杆。地杆为基础，用以作为参照杆件。所有的测量值都是相对于地杆的变量。2 号连杆 *MA* 通常为输入杆，它通过输入角 θ_2 来控制整个机构；4 号连杆 *NB* 通常为输出杆，输出变量为角位移 θ_4；3 号连杆 *AB* 称为耦合杆，它的位置由角位移 θ_3 表示，主要用于将输入杆和输出杆连接起来。

输出杆和耦合杆的角位移 θ_4 和 θ_3 都是由连杆长度和输入变量 θ_2 所组成的函数。角度 θ_4 和 θ_3 可以通过下面的函数计算：

$$\theta_4 = 2\arctan\frac{-B \pm \sqrt{B^2 - 4AC}}{2A} \tag{3-1}$$

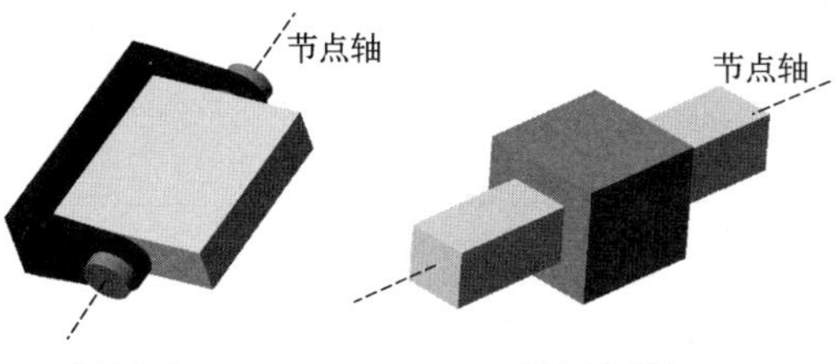

图 3.1　旋转节点和平移节点

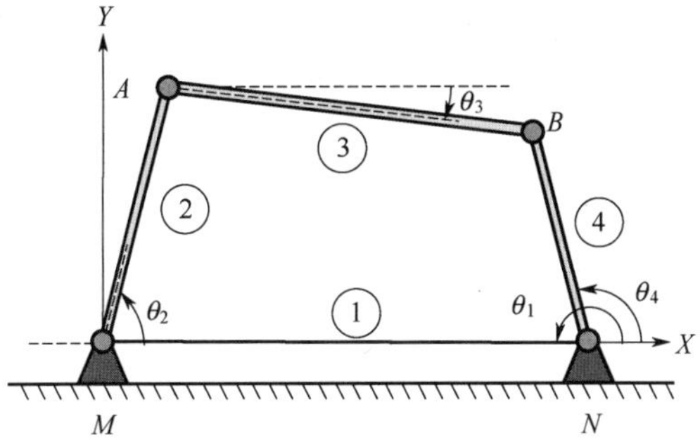

图 3.2　四连杆机构（1）

$$\theta_3 = 2\arctan\frac{-E \pm \sqrt{E^2 - 4DF}}{2D} \tag{3-2}$$

式中，A、B、C、D、E、F 分别为：

$$A = J_3 - J_1 + (1 - J_2)\cos\theta_2 \tag{3-3}$$

$$B = -2\sin\theta_2 \tag{3-4}$$

$$C = J_1 + J_3 - (1 + J_2)\cos\theta_2 \tag{3-5}$$

$$D = J_5 - J_1 + (1 + J_4)\cos\theta_2 \tag{3-6}$$

$$E = -2\sin\theta_2 \tag{3-7}$$

$$F = J_5 + J_1 - (1 - J_4)\cos\theta_2 \tag{3-8}$$

其中：

$$J_1 = \frac{d}{a} \tag{3-9}$$

$$J_2 = \frac{d}{c} \tag{3-10}$$

$$J_3 = \frac{a^2 - b^2 + c^2 + d^2}{2ac} \tag{3-11}$$

$$J_4 = \frac{d}{b} \tag{3-12}$$

$$J_5 = \frac{c^2 - a^2 - b^2 - d^2}{2ab} \tag{3-13}$$

证明 21：假设一个闭环四连杆机构如图 3.3 所示，闭环的连杆用一个矢量环表示，每个矢量的方向都是任意的。但是，每个矢量的角度都可以通过其与 X-轴夹角来表示。它们的值如表 3.1 所示。

这个矢量循环在主坐标系 A 中表示为：

$$ {}^{A}\boldsymbol{r}_1 + {}^{A}\boldsymbol{r}_2 + {}^{A}\boldsymbol{r}_3 + {}^{A}\boldsymbol{r}_4 = 0 \tag{3-14}$$

$$ {}^{A}\boldsymbol{r}_1 = -d\mathbf{i} \tag{3-15}$$

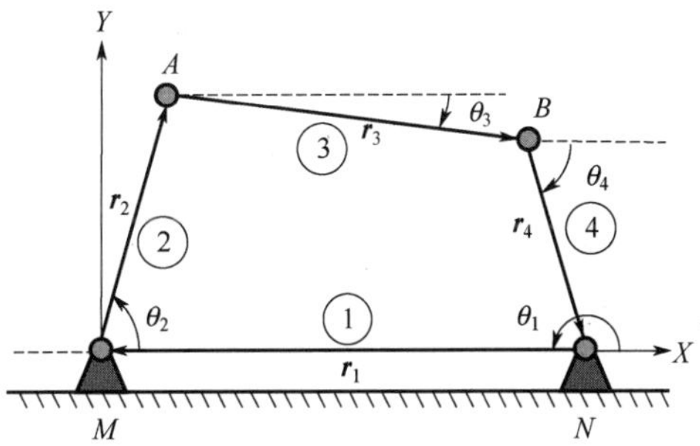

图 3.3　四连杆机构（2）

$$^{A}\boldsymbol{r}_2 = a(\cos\theta_2\mathbf{i} + \sin\theta_2\mathbf{j}) \tag{3-16}$$

$$^{A}\boldsymbol{r}_3 = b(\cos\theta_3\mathbf{i} + \sin\theta_3\mathbf{j}) \tag{3-17}$$

$$^{A}\boldsymbol{r}_4 = c(-\cos\theta_4\mathbf{i} - \sin\theta_4\mathbf{j}) = -c(\cos\theta_4\mathbf{i} + \sin\theta_4\mathbf{j}) \tag{3-18}$$

表 3.1　图 3.3 中四连杆机构矢量含义

连杆标号	名称	矢量	长度	角度	变量值
1	地杆	$\boldsymbol{r}_1$	d	$\theta_1 = 180°$	无
2	输入杆	$\boldsymbol{r}_2$	a	θ_2	θ_2
3	耦合杆	$\boldsymbol{r}_3$	b	θ_3	θ_3
4	输出杆	$\boldsymbol{r}_4$	c	θ_4	θ_4

图 3.3 左侧的上悬 A 提示了这些矢量都是在全球坐标系中表示出来的。将这些矢量表达式代入式（3-14）可得到如下结果：

$$-d\mathbf{i} + a(\cos\theta_2\mathbf{i} + \sin\theta_2\mathbf{j}) + b(\cos\theta_3\mathbf{i} + \sin\theta_3\mathbf{j}) - c(\cos\theta_4\mathbf{i} + \sin\theta_4\mathbf{j}) = 0 \tag{3-19}$$

将其分解为两个方程为：

$$a\sin\theta_2 + b\sin\theta_3 - c\sin\theta_4 = 0 \tag{3-20}$$

$$-d + a\cos\theta_2 + b\cos\theta_3 - c\cos\theta_4 = 0 \tag{3-21}$$

为了找到输入角 θ_2 和输出角 θ_4 之间的关系，首先要消去中间的耦合角 θ_3。将含有 θ_3 的部分移动到一边，再将两边平方可以得到：

$$(b\sin\theta_3)^2 = (a\sin\theta_2 - c\sin\theta_4)^2 \tag{3-22}$$

$$(b\cos\theta_3)^2 = (a\cos\theta_2 - c\cos\theta_4 - d)^2 \tag{3-23}$$

相加后可得到：

$$J_1\cos\theta_4 - J_2\cos\theta_2 + J_3 = \cos(\theta_4 - \theta_2) \tag{3-24}$$

其中：

$$J_1 = \frac{d}{a} \tag{3-25}$$

$$J_2 = \frac{d}{c} \tag{3-26}$$

$$J_3 = \frac{a^2 - b^2 + c^2 + d^2}{2ac} \tag{3-27}$$

式（3-24）被称为弗罗伊登施泰因方程，它可以通过万能公式来变换：

$$\sin\theta_4 = \frac{2\tan\frac{\theta_4}{2}}{1 + \tan^2\frac{\theta_4}{2}} \tag{3-28}$$

$$\cos\theta_4 = \frac{1 - \tan^2\frac{\theta_4}{2}}{1 + \tan^2\frac{\theta_4}{2}} \tag{3-29}$$

代入后可得：

$$A\tan^2\frac{\theta_4}{2}+B\tan\frac{\theta_4}{2}+C=0 \tag{3-30}$$

式中，A、B 和 C 都是输入角的函数。

$$A=J_3-J_1+(1-J_2)\cos\theta_2 \tag{3-31}$$

$$B=-2\sin\theta_2 \tag{3-32}$$

$$C=J_3+J_1-(1+J_2)\cos\theta_2 \tag{3-33}$$

式（3-30）为关于 $\tan(\theta_4/2)$ 的二次方程，由此可以找到输出角 θ_4。

$$\theta_4=2\arctan\frac{-B\pm\sqrt{B^2-4AC}}{2A} \tag{3-34}$$

为了找到输入角 θ_2 和耦合角 θ_3 之间的关系，首先要消去中间的输出角 θ_4。将含有 θ_4 的部分移动到一边，再将两边平方可以得到：

$$(c\sin\theta_4)^2=(a\sin\theta_2+b\sin\theta_3)^2 \tag{3-35}$$

$$(c\cos\theta_4)^2=(a\cos\theta_2+b\cos\theta_3-d)^2 \tag{3-36}$$

相加后可得到：

$$J_1\cos\theta_3-J_4\cos\theta_2+J_5=\cos(\theta_3-\theta_2) \tag{3-37}$$

其中：

$$J_4=\frac{d}{b} \tag{3-38}$$

$$J_5=\frac{c^2-a^2-b^2-d^2}{2ab} \tag{3-39}$$

式（3-37）可以通过万能公式变换为：

$$D\tan^2\frac{\theta_3}{2}+E\tan\frac{\theta_3}{2}+F=0 \tag{3-40}$$

式中，D、E 和 F 都是输入角的函数。

$$D=J_5-J_1+(1+J_4)\cos\theta_2 \tag{3-41}$$

$$E=-2\sin\theta_2 \tag{3-42}$$

$$F=J_5+J_1-(1-J_4)\cos\theta_2 \tag{3-43}$$

式（3-40）为关于 $\tan(\theta_3/2)$ 的二次方程，由此可以找到输出角 θ_3：

$$\theta_3=2\arctan\frac{-E\pm\sqrt{E^2-4DF}}{2D} \tag{3-44}$$

式（3-34）和式（3-44）可以用来计算输出角 θ_4 和耦合角 θ_3，它们都是关于输入角 θ_2 的函数，四连杆的长度 a、b、c 和 d 都是已知量。

案例 107　四连杆机构的两种可能情况。

对于任意的角度 θ_2 并且调整合适的 a、b、c 和 d 的取值，式（3-1）和式（3-2）给出了输出角 θ_4 和耦合角 θ_3 的值。这两个解都是与输入角 θ_2 相对应的两种可能的不同情况。

假设有一组数使得（a, b, c, d）配置合理，即使式（3-1）和式（3-2）有实数解。

例如，假设四连杆机构的杆长分别如下所示：

$$a=1 \tag{3-45}$$

$$b=2 \tag{3-46}$$

$$c=3 \tag{3-47}$$

$$d=4 \tag{3-48}$$

J_i 为连杆长度的函数，其中 $i=1, 2, 3, 4, 5$ 。

$$J_1=\frac{d}{a}=4 \tag{3-49}$$

$$J_2=\frac{d}{c}=1.3333 \tag{3-50}$$

$$J_3=\frac{a^2-b^2+c^2+d^2}{2ac}=3.6667 \tag{3-51}$$

$$J_4=\frac{d}{b}=2 \tag{3-52}$$

$$J_5=\frac{c^2-a^2-b^2-d^2}{2ab}=-3 \tag{3-53}$$

$$A=-0.5 \tag{3-54}$$

$$B=-1.732 \tag{3-55}$$

$$C=6.5 \tag{3-56}$$

$$D=-5.5 \tag{3-57}$$

$$E=-1.732 \tag{3-58}$$

$$F=1.5 \tag{3-59}$$

假设输入角 $\theta_2=\pi/3\text{rad}=60°$ ，那么利用式（3-44）中的负号，可以得到以下输出角和耦合角的值：

$$\theta_4 \approx 2.3110\text{rad} \approx 132.41° \tag{3-60}$$

$$\theta_3 \approx 0.7402\text{rad} \approx 42.41° \tag{3-61}$$

利用式（3-44）中的正号，它们将变为：

$$\theta_4 \approx -2.7962\text{rad} \approx -160.21° \tag{3-62}$$

$$\theta_3 \approx -1.2254\text{rad} \approx -70.21° \tag{3-63}$$

图 3.4 描述了在输入角 $\theta_2=60°$ 时，四连杆机构可能出现的两种情况。图 3.4 中黑色连杆所示位置被称为凸形、非交叉或是上弯肘形状，图 3.4 中浅灰色连杆所示位置被称为凹形、交叉或是下弯肘形状。

案例 108 四连杆机构的速度分析。

对四连杆机构的速度分析，首先就是要对式（3-20）和式（3-21）求时间导数。

$$\frac{\mathrm{d}}{\mathrm{d}t}(a\sin\theta_2+b\sin\theta_3-c\sin\theta_4)=a\omega_2\cos\theta_2+b\omega_3\cos\theta_3-c\omega_4\cos\theta_4=0 \tag{3-64}$$

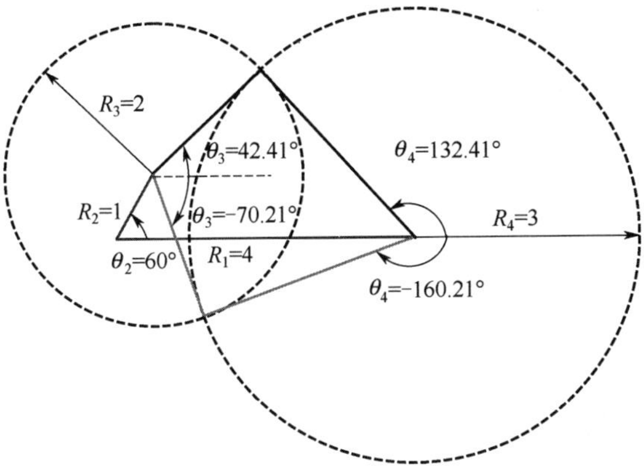

图 3.4　在同一个输入角情况下可能出现的两种情况

$$\frac{\mathrm{d}}{\mathrm{d}t}(a\cos\theta_2 + b\cos\theta_3 - c\cos\theta_4 - d) = -a\omega_2\sin\theta_2 - b\omega_3\sin\theta_3 + c\omega_4\sin\theta_4 = 0 \tag{3-65}$$

其中：

$$\omega_2 = \dot{\theta}_2 \tag{3-66}$$

$$\omega_3 = \dot{\theta}_3 \tag{3-67}$$

$$\omega_4 = \dot{\theta}_4 \tag{3-68}$$

假设方程中的 θ_2 和 ω_2 是已知量，而 θ_3 和 θ_4 已通过式（3-1）和式（3-2）求出，那么可以解出 ω_3 和 ω_4：

$$\omega_3 = \frac{a\sin(\theta_2 - \theta_4)}{b\sin(\theta_4 - \theta_3)}\omega_2 \tag{3-69}$$

$$\omega_4 = \frac{a\sin(\theta_2 - \theta_3)}{c\sin(\theta_4 - \theta_3)}\omega_2 \tag{3-70}$$

案例 109　四连杆机构节点的速度。

前面已经求出 θ_2、θ_3、θ_4 以及 ω_2、ω_3、ω_4，接下来就可以求出节点 A 和 B 的绝对速度和相对速度，如图 3.3 所示。绝对速度是相对地杆而言，而相对速度是相对于一个运动点而言。

A 点和 B 点的绝对速度为：

$$^{\mathrm{A}}\boldsymbol{v}_2 = {}_{\mathrm{A}}\boldsymbol{\omega}_2 \times {}^{\mathrm{A}}\boldsymbol{r}_2 = \begin{bmatrix} 0 \\ 0 \\ \omega_2 \end{bmatrix} \times \begin{bmatrix} a\cos\theta_2 \\ a\sin\theta_2 \\ 0 \end{bmatrix} = \begin{bmatrix} -a\omega_2\sin\theta_2 \\ a\omega_2\cos\theta_2 \\ 0 \end{bmatrix} \tag{3-71}$$

$$^{\mathrm{A}}\boldsymbol{v}_4 = {}_{\mathrm{A}}\boldsymbol{\omega}_4 \times {}^{\mathrm{A}}\boldsymbol{r}_4 = \begin{bmatrix} 0 \\ 0 \\ \omega_4 \end{bmatrix} \times \begin{bmatrix} c\cos\theta_4 \\ c\sin\theta_4 \\ 0 \end{bmatrix} = \begin{bmatrix} -c\omega_4\sin\theta_4 \\ c\omega_4\cos\theta_4 \\ 0 \end{bmatrix} \tag{3-72}$$

B 点相对于 A 点的速度为：

$$^{\mathrm{A}}\boldsymbol{v}_{4/2} = {}^{\mathrm{A}}\boldsymbol{v}_4 - {}^{\mathrm{A}}\boldsymbol{v}_2 = \begin{bmatrix} -c\omega_4\sin\theta_4 \\ c\omega_4\cos\theta_4 \\ 0 \end{bmatrix} - \begin{bmatrix} -a\omega_2\sin\theta_2 \\ a\omega_2\cos\theta_2 \\ 0 \end{bmatrix} = \begin{bmatrix} a\omega_2\sin\theta_2 - c\omega_4\sin\theta_4 \\ c\omega_4\cos\theta_4 - a\omega_2\cos\theta_2 \\ 0 \end{bmatrix} \tag{3-73}$$

$$
{}^{\mathrm{A}}\boldsymbol{v}_{4/2} = {}^{\mathrm{A}}R_2 \ {}^2\boldsymbol{v}_4 = {}^{\mathrm{A}}R_2({}_2\boldsymbol{\omega}_3 \times {}^2\boldsymbol{r}_3) = {}_{\mathrm{A}}\boldsymbol{\omega}_3 \times {}^{\mathrm{A}}\boldsymbol{r}_3 = \begin{bmatrix} 0 \\ 0 \\ \omega_3 \end{bmatrix} \times \begin{bmatrix} b\cos\theta_3 \\ b\sin\theta_3 \\ 0 \end{bmatrix} = \begin{bmatrix} -b\omega_3\sin\theta_3 \\ b\omega_3\cos\theta_3 \\ 0 \end{bmatrix} \tag{3-74}
$$

式（3-73）和式（3-74）都是正确的，并且可以相互印证。

案例 110 四连杆机构的加速度分析。

要对四连杆机构进行加速度分析，就是要对式（3-64）和式（3-65）求时间导数：

$$
\begin{aligned}
&\frac{\mathrm{d}}{\mathrm{d}t}(a\omega_2\cos\theta_2 + b\omega_3\cos\theta_3 - c\omega_4\cos\theta_4) \\
&= a\alpha_2\cos\theta_2 + b\alpha_3\cos\theta_3 - c\alpha_4\cos\theta_4 - a\omega_2^2\sin\theta_2 - b\omega_3^2\sin\theta_3 + c\omega_4^2\sin\theta_4 = 0
\end{aligned} \tag{3-75}
$$

$$
\begin{aligned}
&\frac{\mathrm{d}}{\mathrm{d}t}(-a\omega_2\sin\theta_2 - b\omega_3\sin\theta_3 + c\omega_4\sin\theta_4) \\
&= -a\alpha_2\sin\theta_2 - b\alpha_3\sin\theta_3 + c\alpha_4\sin\theta_4 - a\omega_2^2\cos\theta_2 - b\omega_3^2\cos\theta_3 + c\omega_4^2\cos\theta_4 = 0
\end{aligned} \tag{3-76}
$$

其中：

$$\alpha_2 = \dot{\omega}_2 \tag{3-77}$$

$$\alpha_3 = \dot{\omega}_3 \tag{3-78}$$

$$\alpha_4 = \dot{\omega}_4 \tag{3-79}$$

假设θ_2、ω_2、α_2是输入杆的参数为已知量，θ_3、θ_4通过式（3-1）和式（3-2）可以求得，ω_3、ω_4可以通过式（3-69）和式（3-70）求得，由此可以通过式（3-75）和式（3-76）求出α_3和α_4：

$$\alpha_4 = \frac{C_3C_5 - C_2C_6}{C_1C_5 - C_2C_4} \tag{3-80}$$

$$\alpha_3 = \frac{C_3C_4 - C_1C_6}{C_2C_4 - C_1C_5} \tag{3-81}$$

其中：

$$C_1 = c\sin\theta_4 \tag{3-82}$$

$$C_2 = -b\sin\theta_3 \tag{3-83}$$

$$C_3 = a\alpha_2\sin\theta_2 + a\omega_2^2\cos\theta_2 + b\omega_3^2\cos\theta_3 - c\omega_4^2\cos\theta_4 \tag{3-84}$$

$$C_4 = -c\cos\theta_4 \tag{3-85}$$

$$C_5 = b\cos\theta_3 \tag{3-86}$$

$$C_6 = -a\alpha_2\cos\theta_2 + a\omega_2^2\sin\theta_2 + b\omega_3^2\sin\theta_3 - c\omega_4^2\sin\theta_4 \tag{3-87}$$

案例 111 四连杆机构节点加速度。

前面已经求出θ_2、θ_3、θ_4以及ω_2、ω_3、ω_4、α_2，接下来就可以求出节点 *A* 和 *B* 的绝对加速度和相对加速度，如图 3.3 所示。绝对加速度是相对地杆而言，而相对加速度是相对于一个运动点而言。

A 点和 *B* 点的绝对加速度为：

$$
{}^{\mathrm{A}}\boldsymbol{\alpha}_2 = {}_{\mathrm{A}}\boldsymbol{\alpha}_2 \times {}^{\mathrm{A}}\boldsymbol{r}_2 + {}_{\mathrm{A}}\boldsymbol{\omega}_2 \times ({}_{\mathrm{A}}\boldsymbol{\omega}_2 \times {}^{\mathrm{A}}\boldsymbol{r}_2) = \begin{bmatrix} -a\alpha_2\sin\theta_2 - a\omega_2^2\cos\theta_2 \\ a\alpha_2\cos\theta_2 - a\omega_2^2\sin\theta_2 \\ 0 \end{bmatrix} \tag{3-88}
$$

$$^{A}\boldsymbol{\alpha}_4 = {}_{A}\boldsymbol{\alpha}_4 \times {}^{A}\boldsymbol{r}_4 + {}_{A}\boldsymbol{\omega}_4 \times ({}_{A}\boldsymbol{\omega}_4 \times {}^{A}\boldsymbol{r}_4) = \begin{bmatrix} -c\alpha_4 \sin\theta_4 - c\omega_4^2 \cos\theta_4 \\ c\alpha_4 \cos\theta_4 - c\omega_4^2 \sin\theta_4 \\ 0 \end{bmatrix} \tag{3-89}$$

其中：

$$^{A}\boldsymbol{r}_2 = \begin{bmatrix} a\cos\theta_2 \\ a\sin\theta_2 \\ 0 \end{bmatrix} \tag{3-90}$$

$$^{A}\boldsymbol{r}_4 = \begin{bmatrix} c\cos\theta_4 \\ c\sin\theta_4 \\ 0 \end{bmatrix} \tag{3-91}$$

$${}_{A}\boldsymbol{\omega}_2 = \begin{bmatrix} 0 \\ 0 \\ \omega_2 \end{bmatrix} \tag{3-92}$$

$${}_{A}\boldsymbol{\omega}_4 = \begin{bmatrix} 0 \\ 0 \\ \omega_4 \end{bmatrix} \tag{3-93}$$

$${}_{A}\boldsymbol{\alpha}_2 = \begin{bmatrix} 0 \\ 0 \\ \alpha_2 \end{bmatrix} \tag{3-94}$$

$${}_{A}\boldsymbol{\alpha}_4 = \begin{bmatrix} 0 \\ 0 \\ \alpha_4 \end{bmatrix} \tag{3-95}$$

B 点相对于 A 点的加速度为：

$$^{A}\boldsymbol{\alpha}_{4/2} = {}_{A}\boldsymbol{\alpha}_3 \times {}^{A}\boldsymbol{r}_3 + {}_{A}\boldsymbol{\omega}_3 \times ({}_{A}\boldsymbol{\omega}_3 \times {}^{A}\boldsymbol{r}_3) = \begin{bmatrix} -b\alpha_3 \sin\theta_3 - b\omega_3^2 \cos\theta_3 \\ b\alpha_3 \cos\theta_3 - b\omega_3^2 \sin\theta_3 \\ 0 \end{bmatrix} \tag{3-96}$$

其中：

$$^{A}\boldsymbol{r}_3 = \begin{bmatrix} b\cos\theta_3 \\ b\sin\theta_3 \\ 0 \end{bmatrix} \tag{3-97}$$

$${}_{A}\boldsymbol{\omega}_3 = \begin{bmatrix} 0 \\ 0 \\ \omega_3 \end{bmatrix} \tag{3-98}$$

$${}_{A}\boldsymbol{\alpha}_3 = \begin{bmatrix} 0 \\ 0 \\ \alpha_3 \end{bmatrix} \tag{3-99}$$

案例 112 格拉斯霍夫准则。

一个四连杆机构能否有一个可以旋转一周的连杆（旋转曲柄）取决于格拉斯霍夫准则。假设 4 个连杆的长度分别为 s、l、p 和 q，那么，l 表示最长的连杆，s 表示最短的连杆，p 和 q 则表示剩下的两根连杆。

格拉斯霍夫准则可表述为，如果四连杆机构满足条件：

$$l+s<p+q \tag{3-100}$$

那么该机构含有一个曲柄。

格拉斯霍夫准则可继续细分为：

① 最短的连杆为输入杆时，该机构为曲柄-摇杆机构。

② 最短的连杆为地杆时，该机构为双曲柄机构。

③ 其他情况，该机构为双摇杆机构。

双曲柄机构又被称为传送带机构。

案例 113 四连杆机构的顶点位置。

当输入连杆和耦合连杆共线时，将其称为四连杆机构的顶点位置。它出现在输入杆和耦合杆夹角为 180° 或 360° 的位置。在没有任何限制的情况下，极限位置由设计者确定，因此，设计者一定要保证其设计合理。四连杆机构的极限位置如图 3.5 所示。

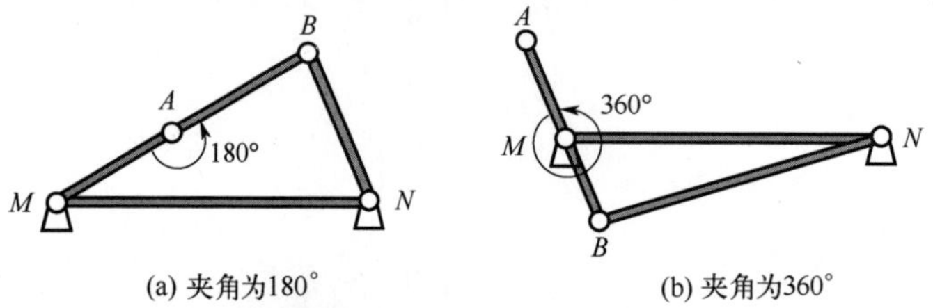

图 3.5 四连杆机构的极限位置

假设四连杆机构处于顶点位置时，输入角为 $\theta_{2_{L1}}$、$\theta_{2_{L2}}$，对应的输出角为 $\theta_{4_{L1}}$、$\theta_{4_{L2}}$。它们可以通过三角形余弦定理进行计算：

$$\theta_{2_{L_1}}=\arccos\frac{(a+b)^2+d^2-c^2}{2d(a+b)} \tag{3-101}$$

$$\theta_{4_{L_1}}=\arccos\frac{(a+b)^2-d^2-c^2}{2cd} \tag{3-102}$$

或

$$\theta_{2_{L_2}}=\arccos\frac{(b-a)^2+d^2-c^2}{2d(b-a)} \tag{3-103}$$

$$\theta_{4_{L_2}}=\arccos\frac{(b-a)^2-d^2-c^2}{2cd} \tag{3-104}$$

输出连杆扫过的角度为：

$$\phi=\theta_{4_{L_2}}-\theta_{4_{L_1}} \tag{3-105}$$

案例 114 四连杆机构死点位置。

当输出杆和耦合杆共线时，将其称为四连杆机构的死点位置。它出现在输出杆和耦合杆夹角为180° 或360° 的位置。在没有任何限制的情况下，极限位置由设计者确定，因此，设计者一定要保证其不在死点位置卡死。四连杆机构的死点位置如图 3.6 所示。

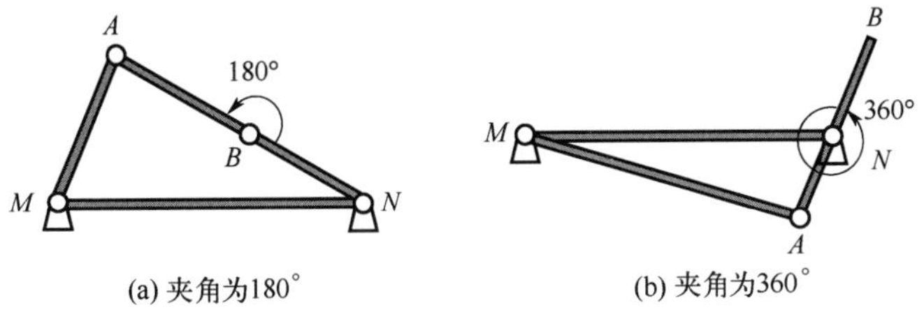

图 3.6 四连杆机构的死点位置

假设四连杆机构处于极限位置时，输入角为$\theta_{2_{D_1}}$、$\theta_{2_{D_2}}$，对应的输出角为$\theta_{4_{D_1}}$、$\theta_{4_{D_2}}$。它们可以通过以下方程计算：

$$\theta_{2_{D_1}} = \arccos\frac{a^2+d^2-(b+c)^2}{2ad} \tag{3-106}$$

$$\theta_{4_{D_1}} = \arccos\frac{a^2-d^2-(b+c)^2}{2(b+c)d} \tag{3-107}$$

或

$$\theta_{2_{D_2}} = \arccos\frac{a^2+d^2-(b-c)^2}{2ad} \tag{3-108}$$

$$\theta_{4_{D_2}} = \arccos\frac{a^2-d^2-(b-c)^2}{2(b-c)d} \tag{3-109}$$

3.2 四连杆机构设计

案例 115 利用弗罗伊登施泰因方程设计一个四连杆机构。

设计一个四连杆机构往往需要确定的是各连杆的长度，而长度的确定又需要根据完成任务的特殊性来确定。

弗罗伊登施泰因方程式（3-24）为：

$$J_1\cos\theta_4 - J_2\cos\theta_2 + J_3 = \cos(\theta_4-\theta_2) \tag{3-110}$$

$$J_1 = \frac{d}{a} \tag{3-111}$$

$$J_2 = \frac{d}{c} \tag{3-112}$$

$$J_3 = \frac{a^2-b^2+c^2+d^2}{2ac} \tag{3-113}$$

以此来确定四连杆机构的输入输出关系，需要知道三组相关联的输入输出角度之间的关系。

图 3.7 所示为常见的 4 种雨刮器系统，其中双摇臂平行机构用得最为广泛，在乘用车上的使用率达到 90%以上。反双摇臂机构从 20 世纪就开始出现，但是使用的客户十分有限。单摇臂机构效率不高，因此中央控制单摇臂机构被设计出来，使其扫过的面积最大化。

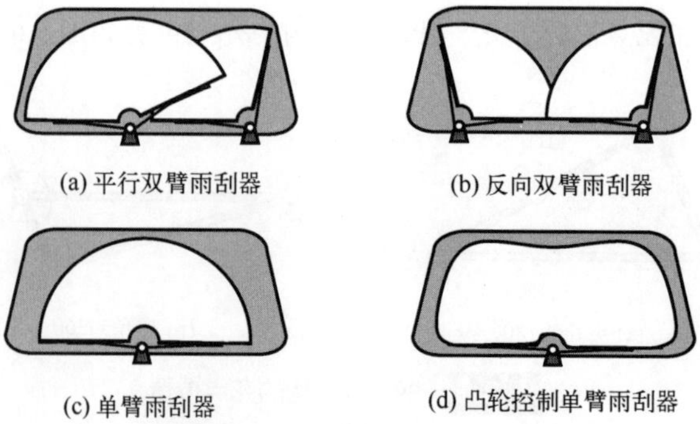

图 3.7 常见的 4 种雨刮器系统

雨刮器可用于挡风玻璃和前照灯。图 3.8 给出了一个双摇臂平行机构雨刮器的例子。这个四连杆机构主要是要适应左右雨刮器的角度位置。两根连杆连在驱动电机上，以带动主四连杆机构将电机的旋转运动转换为雨刮器的来回摆动。

四连杆机构输入杆和输出杆的三个主要不同位置如图 3.9 所示。将输入杆的起始位置和结束位置的角度分别用 θ_{21} 和 θ_{23} 来表示，输出杆的起始位置和结束位置角度分别表示为 θ_{41} 和 θ_{43}。为了设计出这套机构，还必须在起始位置和结束位置之间找一个中间位置。将此中间位置大致定位在起始位置和结束位置的中部，这三组数据如表 3.2 所示。

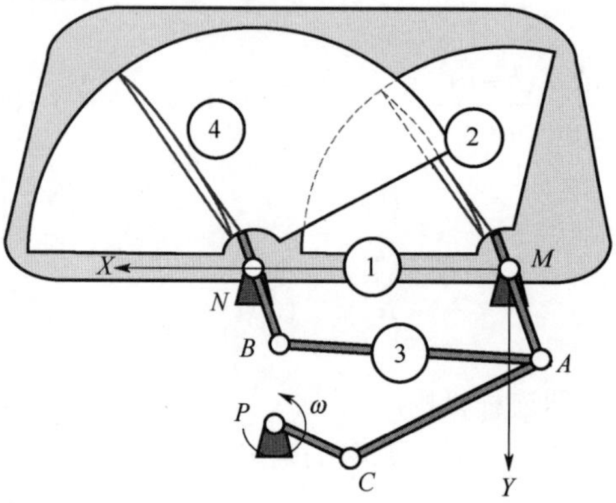

图 3.8 双摇臂平行机构雨刮器

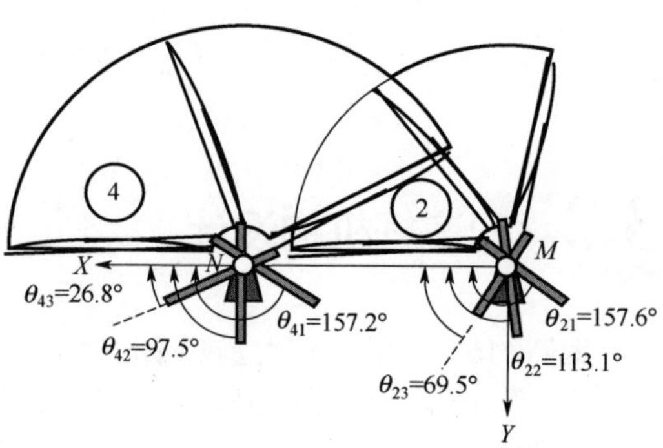

图 3.9 雨刮器控制机构设计所需的输入杆与输出杆的三个角度位置

表 3.2 平行双臂雨刮器设计所需的三个位置（1）

位置标识	输入杆	输出杆
1	$\theta_{21}=157.6°$	$\theta_{41}=157.2°$
2	$\theta_{22}=113.1°$	$\theta_{42}=97.5°$
3	$\theta_{23}=69.5°$	$\theta_{43}=26.8°$

将这三组输入输出角度代入弗罗伊登施泰因方程式（3-24）中：

$$J_1\cos\theta_{41}-J_2\cos\theta_{21}+J_3=\cos(\theta_{41}-\theta_{21}) \tag{3-114}$$

$$J_1\cos\theta_{42}-J_2\cos\theta_{22}+J_3=\cos(\theta_{42}-\theta_{22}) \tag{3-115}$$

$$J_1\cos\theta_{43}-J_2\cos\theta_{23}+J_3=\cos(\theta_{43}-\theta_{23}) \tag{3-116}$$

将这三组数据代入方程中可得：

$$J_1\cos157.2°-J_2\cos157.6°+J_3=\cos(157.2°-157.6°) \tag{3-117}$$

$$J_1\cos97.5°-J_2\cos113.1°+J_3=\cos(97.5°-113.1°) \tag{3-118}$$

$$J_1\cos26.8°-J_2\cos69.5°+J_3=\cos(26.8°-69.5°) \tag{3-119}$$

三个方程三个未知数 J_1、J_2 和 J_3，解此方程组：

$$\begin{bmatrix}-0.9219 & 0.9245 & 1\\ -0.1305 & 0.3923 & 1\\ 0.8926 & -0.3502 & 1\end{bmatrix}\begin{bmatrix}J_1\\ J_2\\ J_3\end{bmatrix}=\begin{bmatrix}1\\ 0.9632\\ 0.7349\end{bmatrix} \tag{3-120}$$

得：

$$\begin{bmatrix}J_1\\ J_2\\ J_3\end{bmatrix}=\begin{bmatrix}2.1846\\ 3.3174\\ -0.0532\end{bmatrix} \tag{3-121}$$

由此可得四连杆机构的连杆长度。

$$J_1=\frac{d}{a} \tag{3-122}$$

$$J_2=\frac{d}{c} \tag{3-123}$$

$$J_3=\frac{a^2-b^2+c^2+d^2}{2ac} \tag{3-124}$$

由三个方程求四个未知数，必须先给定一个连杆长度，当然这个长度应该在实际情况允许之内。通常利用 $a=1$，借此找到其他连杆长度。然后，可以通过成倍放大或缩小这组连杆长度值以适应实际的需要。在此案例中，可以得到：

$$a=1 \tag{3-125}$$

$$b=2.5052 \tag{3-126}$$

$$c=0.6585 \tag{3-127}$$

$$d=2.1846 \tag{3-128}$$

假设实际情况中 $d=0.75\text{m}$ 的一辆乘用车需要配这样的一副雨刮器，也就是说该车的两个固定点 M 和 N 之间距离确定后，通过系数放大可以找到以下参数：

$$a=343(\text{mm}) \tag{3-129}$$

$$b=860(\text{mm}) \tag{3-130}$$

$$c=226(\text{mm}) \tag{3-131}$$

$$d=750(\text{mm}) \tag{3-132}$$

这样的机构在初始位置的情况如图 3.10 所示。此设计过程可以通过计算机编程实现。在脚本 5 中可以改变其参数，从而完成后面的设计及优化。

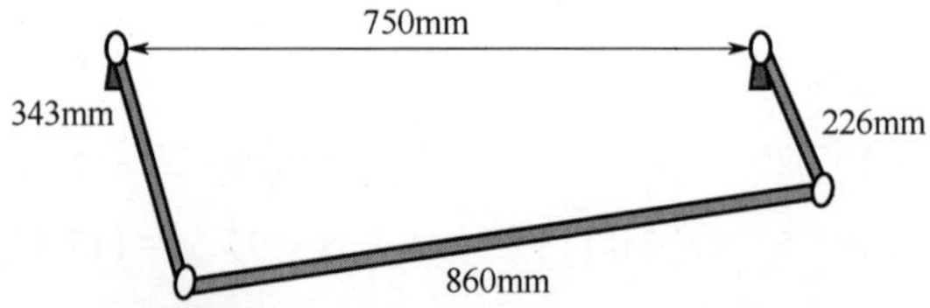

图 3.10 初步设计雨刮器初始位置的情况

案例 116 输入杆与输出杆扫过角度相等的情况。

在案例 115 中，如果将中间一组数据都换成初始位置和终点位置的中间位置，那么：

$$\theta_{22} = \frac{157.6° + 69.5°}{2} = 113.55° \tag{3-133}$$

$$\theta_{42} = \frac{157.2° + 26.8°}{2} = 92° \tag{3-134}$$

这样的两点匹配后，左右两边雨刮器的扫角相同。虽然这并不能保证左右两边的雨刮器角速度比率为常量，但是它会使雨刮器看起来更协调一些。

这样需要知道的四连杆机构的三组数据如表 3.3 所示。

表 3.3 平行双臂雨刮器设计所需的三个位置（2）

位置标识	输入杆	输出杆
1	$\theta_{21} = 157.6°$	$\theta_{41} = 157.2°$
2	$\theta_{22} = 113.55°$	$\theta_{42} = 92°$
3	$\theta_{23} = 69.5°$	$\theta_{43} = 26.8°$

将这三组输入输出角度代入弗罗伊登施泰因方程式（3-24）中：

$$J_1 \cos 157.2° - J_2 \cos 157.6° + J_3 = \cos(157.2° - 157.6°) \tag{3-135}$$

$$J_1 \cos 92° - J_2 \cos 113.55° + J_3 = \cos(92° - 113.55°) \tag{3-136}$$

$$J_1 \cos 26.8° - J_2 \cos 69.5° + J_3 = \cos(26.8° - 69.5°) \tag{3-137}$$

将其化为矩阵形式可得：

$$\begin{bmatrix} -0.9219 & 0.9245 & 1 \\ -0.0349 & 0.3995 & 1 \\ 0.8926 & -0.3502 & 1 \end{bmatrix} \begin{bmatrix} J_1 \\ J_2 \\ J_3 \end{bmatrix} = \begin{bmatrix} 1.0 \\ 0.9301 \\ 0.7349 \end{bmatrix} \tag{3-138}$$

解出：

$$\begin{bmatrix} J_1 \\ J_2 \\ J_3 \end{bmatrix} = \begin{bmatrix} 0.2812 \\ 0.6082 \\ 0.6969 \end{bmatrix} \tag{3-139}$$

利用 $a = 1$ 以及 J_1、J_2 和 J_3 的值与连杆长度的关系：

$$J_1 = \frac{d}{a} \tag{3-140}$$

$$J_2 = \frac{d}{c} \tag{3-141}$$

$$J_3 = \frac{a^2 - b^2 + c^2 + d^2}{2ac} \tag{3-142}$$

可以得到：

$$a = 1 \tag{3-143}$$

$$b = 0.8052 \tag{3-144}$$

$$c = 0.4624 \tag{3-145}$$

$$d = 0.2812 \tag{3-146}$$

假设实际情况中 $d = 75\text{cm}$，也就是说该车的两个固定点 M 和 N 之间距离确定后，通过系数放大可以找到以下参数：

$$a = 2667\text{mm} \tag{3-147}$$

$$b = 2147\text{mm} \tag{3-148}$$

$$c = 1233\text{mm} \tag{3-149}$$

$$d = 750\text{mm} \tag{3-150}$$

这组参数显然是不合适的，这些连杆的长度已经超过车宽。由此可知，该机构的设计对中间匹配点的依赖性很高。换句话说，要设计好这个四连杆机构，中间匹配点的选择非常重要。

案例 117 第二匹配点和连杆长度。

为了找到案例 115 中合适的第二匹配点，先固定 θ_{22}：

$$\theta_{22} = \frac{157.6° + 69.5°}{2} = 113.55° \approx 1.982\text{rad} \tag{3-151}$$

将 θ_{42} 作为变量，这样需要知道的四连杆机构的三组数据如表 3.4 所示。

表 3.4 平行双臂雨刮器设计所需的中间位置如果是变量时的参数

位置标识	输入杆	输出杆
1	$\theta_{21} = 157.6° \approx 2.751$	$\theta_{41} = 157.2° \approx 2.744$
2	$\theta_{22} = 113.55° \approx 1.982$	θ_{42}
3	$\theta_{23} = 69.5° \approx 1.213$	$\theta_{43} = 26.8° \approx 0.468$

将这三组输入输出角度代入弗罗伊登施泰因方程式（3-24）中：

$$J_1 \cos 2.744 - J_2 \cos 2.751 + J_3 = \cos(2.744 - 2.751) \tag{3-152}$$

$$J_1 \cos\theta_{42} - J_2 \cos 1.982 + J_3 = \cos(\theta_{42} - 1.982) \tag{3-153}$$

$$J_1 \cos 0.468 - J_2 \cos 1.213 + J_3 = \cos(0.468 - 1.213) \tag{3-154}$$

解出：

$$J_1 = \frac{\cos(\theta_{42} - 1.982) - 0.8907}{\cos\theta_{42} + 0.1741} \tag{3-155}$$

$$J_2 = \frac{1.4243\cos(\theta_{42} - 1.982) + 0.2081\cos\theta_{42} - 1.2324}{\cos\theta_{42} + 0.1741} \tag{3-156}$$

$$J_3 = \frac{-0.3949\cos(\theta_{42} - 1.982) + 0.8076\cos\theta_{42} + 0.4924}{\cos\theta_{42} + 0.1741} \tag{3-157}$$

又因为 $d = 75\text{cm}$ 以及 J_1、J_2 和 J_3 的值与连杆长度的关系：

$$J_1 = \frac{d}{a} \tag{3-158}$$

$$J_2 = \frac{d}{c} \tag{3-159}$$

$$J_3 = \frac{a^2 - b^2 + c^2 + d^2}{2ac} \tag{3-160}$$

可以得到 a、b 和 c 作为 θ_{42} 函数的表达式。图 3.11 给出了 θ_{42} 对连杆长度的影响。

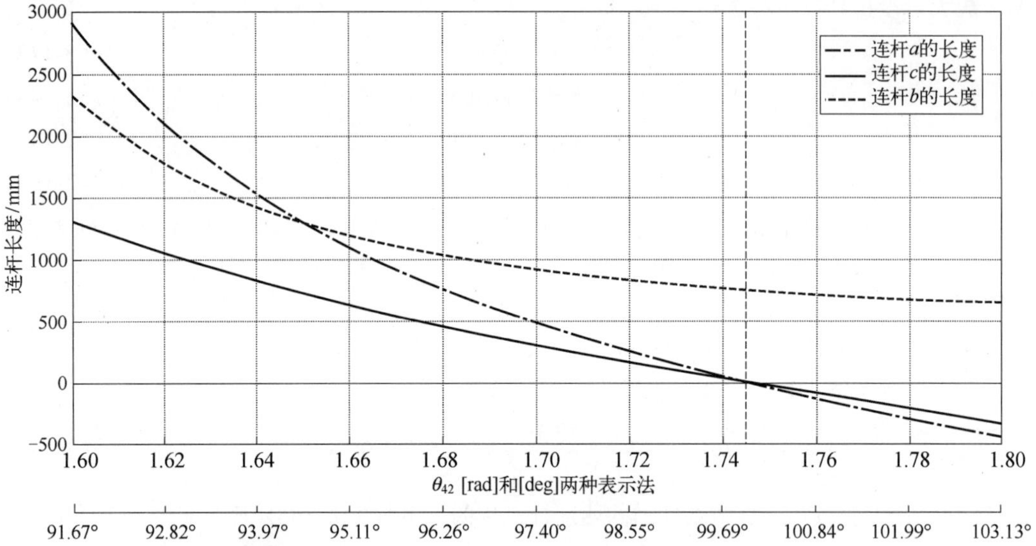

图 3.11 将 a、b、c 长度作为 θ_{42} 的函数（程序见脚本 6）

应该注意以下 4 个问题：

① 注意 θ_{42} 的取值范围，应将 θ_{42} 看作 θ_{22} 的对应变量，而不能将其作为自由变量看待，因为 θ_{42} 应看作杆 2 在中间位置时，杆 4 所在中间位置的表达。其取值范围在起始点之间的 92°附近是比较合适的，大家也可以通过改变脚本 6 中 θ_{42} 的取值范围来观察图形变化，确定适合连杆设计的优化图。

② 注意 θ_{42} 取角度和还是取弧度好。θ_{42} 取角度还是取弧度各有优劣，取角度会比较直接反映出角度的大小，弧度则不一定能够在第一时间形成多大角度的印象。但是当将 θ_{42} 作为函数自变量作图时最好还是取弧度，这样能够省去计算和编程过程中的很多麻烦。这也是在前两个连杆设计时使用角度，在本次设计作图优化设计过程中使用弧度的原因。

③ 注意图 3.11 中 a 和 c 对应的线随着角度的增长是有可能跨过零度线，走到黑实线下方去的，当然也可以用绝对值的方法将其折上来。但是对其取负值的意义大家可以思考一下，其实就是将连杆或者说 a、c 调到 MN 上方即实际中的车窗上，这明显不可取，不符合题意。b 对应的线不会出现负值是说，无论 a、c 是在 MN 上方还是下方，对 B 杆长度方向影响都不大。

④ 注意合适的优化区间，从图 3.11 可见，在 θ_{42} 为 1.7rad 以前，a、b、c 的长度急剧下

降，到 θ_{42} 为 1.74rad 左右，a、b、c 长度进入合理区间，到 θ_{42} 为 1.742rad 以后，a、b、c 长度又进入不合理区间，所以中间角 θ_{42} 取值范围应该还是很小的。但是注意，a、c 的长度也不能太短，如果短到不满足刚度强度要求，则设计失败。

为了使该机构能够隐藏在引擎盖下狭小的空间内，需要 a 和 c 的长度尽可能小。根据图 3.11，可以解得满足该要求的点在 $\theta_{42}=100°$ 附近。

为了使 a 和 c 的长度小于100mm，可以选择 $\theta_{42}=99.52°$ 代入脚本 5 求出 J_1、J_2 和 J_3 为：

$$\begin{bmatrix} J_1 \\ J_2 \\ J_3 \end{bmatrix} = \begin{bmatrix} 8.6208 \\ 12.4786 \\ -2.5898 \end{bmatrix} \tag{3-161}$$

当 $d=75\text{cm}$ 时，其他连杆长度为：

$$a = 87\text{mm} \tag{3-162}$$

$$b = 775\text{mm} \tag{3-163}$$

$$c = 60\text{mm} \tag{3-164}$$

$$d = 750\text{mm} \tag{3-165}$$

这些值会使该机构既紧凑又合理。图 3.12 给出了最终设计的四连杆雨刮器机构在初始位置时的情况，详见脚本 5。

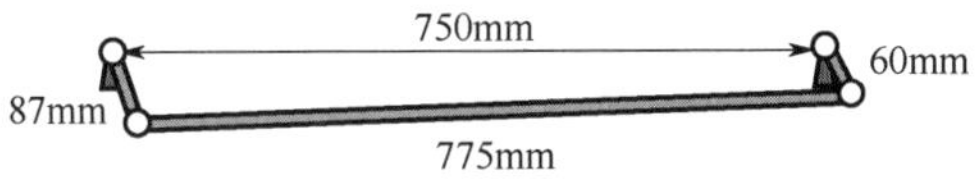

图 3.12　最终设计雨刮器初始位置的情况（1）

最后大家可以将 $\theta_{42}=100°$ 代入脚本 5 看看结果会如何，是否合理。

案例 118　与电机相连的双连杆设计。

雨刮器的主四连杆机构是双摇臂机构，这是由它的输入杆和输出杆必须在两个特殊极限位置之间来回摆动所决定的。为了使这样的雨刮器在极限位置停住，还需要设计双连杆机构对其进行控制。首先应该根据实际情况设置旋转电机安装的位置。假设该点设置在点 P，如图 3.13 所示，电机装在这里驱动整个机构。接下来要选择输入杆上的一点与双连杆机构连接起来。虽然点 B 一般来说是最佳的选择，但是我们选了输入杆延长线上的一点 D 作为连接点。在点 D 和点 P 之间的双连杆长度分别为 p 和 q。初始位置定于点 D 距离点 P 最远的位置，那么终点位置就是在点 D 距离点 P 最近的位置。假设两点最远距离为 l，最近位置为 s。

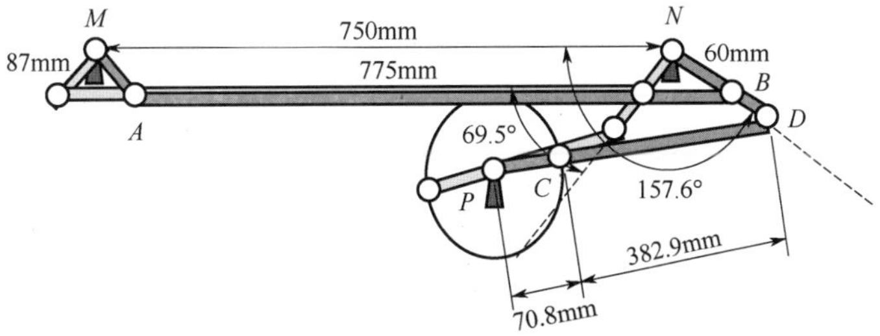

图 3.13　最终设计雨刮器初始位置的情况（2）

在两点位置最远时，双连杆成一条直线；在最近位置时，双连杆相互重叠。因此有：

$$l = q + p \tag{3-166}$$

$$s = q - p \tag{3-167}$$

这里的 p 为双连杆中的短杆，q 为双连杆中的长杆。解出上面的两个方程易得：

$$p = \frac{l - s}{2} \tag{3-168}$$

$$q = \frac{l + s}{2} \tag{3-169}$$

在此案例中测得：

$$l = 453.8(\mathrm{mm}) \tag{3-170}$$

$$s = 312.1(\mathrm{mm}) \tag{3-171}$$

可计算出 p 和 q 分别为：

$$p = 70.8(\mathrm{mm}) \tag{3-172}$$

$$q = 382.9(\mathrm{mm}) \tag{3-173}$$

最终设计的雨刮器机构以及驱动电机在初始位置和终点位置的情形如图 3.13 所示。双连杆中的短杆 p 也就是驱动杆，和电机在 P 点相连，长杆和短杆在 C 点连接。电机让短杆旋转起来，PC 以角速度 ω 不断旋转，而长杆 CD 将带动雨刮器在设计好的初始位置和终点位置之间不停摆动。

案例 119 四连杆机构在汽车上的应用。

双 A 臂悬架在独立悬架的汽车上是非常流行的机构。图 3.14 给出了双 A 臂悬架及其等效的动力学模型。悬架与车轮的耦合点在 C。该悬架又称为双叉臂悬架。

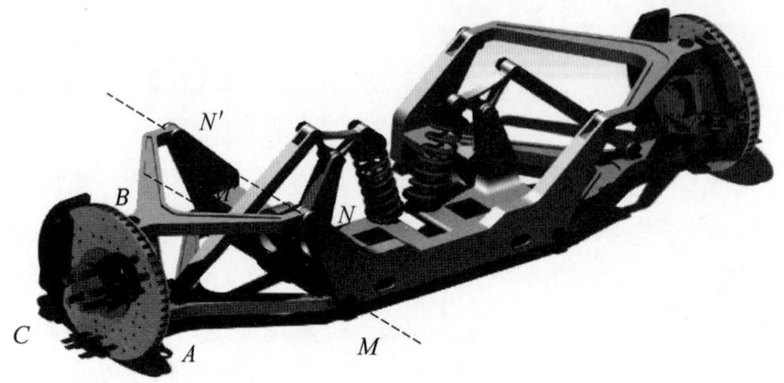

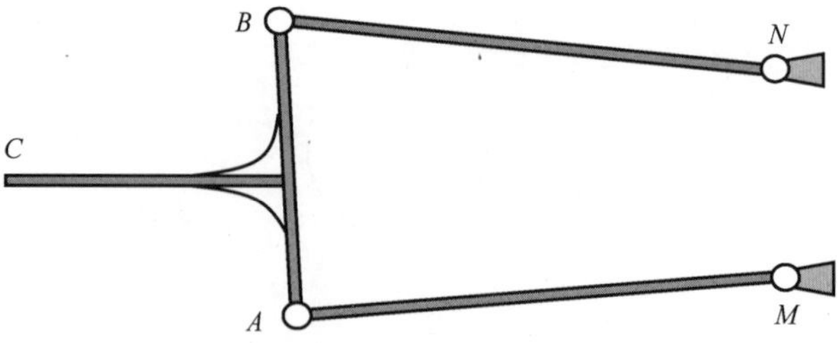

图 3.14 双 A 臂悬架简化为四连杆机构示意图

3.3 曲柄-滑块机构

一个曲柄-滑块机构如图 3.15 所示，它也是一个四连杆机构。连接件 1 为地，是固定参照物。连杆 2 为 MA，是输入杆，它通过输入角 θ_2 来控制整个机构的运转。连杆 4 为滑块，通常被看作输出杆。输出变量为滑块到固定点 M 的水平距离 s，如果滑块在一个平面上运动，定义水平为过 M 点平行于平面表面的一条直线。连杆 3 为 AB，是耦合杆，用于连接输入杆和输出杆，它的位置用角度 θ_3 来表示。这样的机构被称为曲柄-滑块杆机构，在实际应用中输入杆往往可以做 360° 旋转，输出则为滑块。

输出滑块的位置为位移 s，耦合杆的位置为角度 θ_3，都是由连杆长度以及输入变量 θ_2 所组成的函数。它们分别为：

$$s=\frac{-G\pm\sqrt{G^2-4H}}{2} \tag{3-174}$$

$$\theta_3=\arcsin\frac{a\sin\theta_2-e}{b} \tag{3-175}$$

其中：

$$G=-2a\cos\theta_2 \tag{3-176}$$

$$H=a^2+e^2-b^2-2ae\sin\theta_2 \tag{3-177}$$

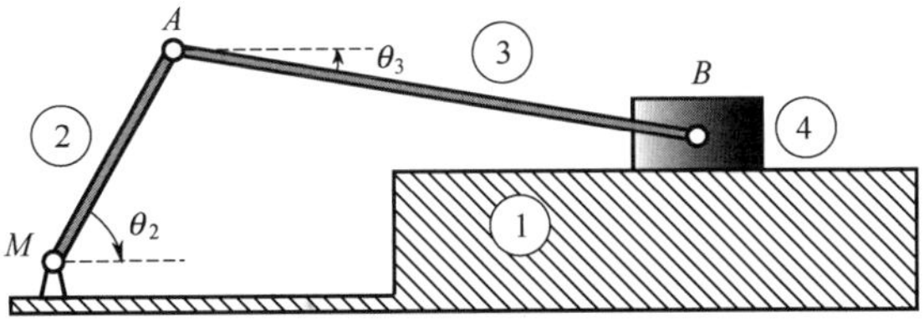

图 3.15 曲柄-滑块机构

证明 22：用矢量环来表示该曲柄-滑块机构，如图 3.16 所示。每个矢量的方向都是任意的，但是表示它们位置的角度都是其方向与 x-轴正方向之间的夹角。连杆及其表达矢量如表 3.5 所示。

矢量环为：

$${}^{A}\boldsymbol{r}_1+{}^{A}\boldsymbol{r}_2+{}^{A}\boldsymbol{r}_3+{}^{A}\boldsymbol{r}_4=0 \tag{3-178}$$

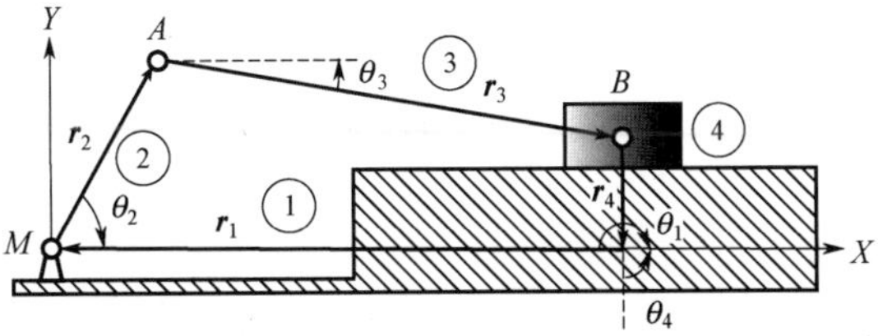

图 3.16 用矢量环表示曲柄-滑块机构

将这些矢量做水平和垂直分解可得：

$$a\sin\theta_2-b\sin\theta_3-e=0 \tag{3-179}$$

$$a\cos\theta_2 + b\cos\theta_3 - s = 0 \tag{3-180}$$

表 3.5 图 3.16 所示曲柄-滑块机构矢量含义

连杆标号	矢量	长度	角度	变量值
1	$\boldsymbol{r}_1$	s	$\theta_1 = 180°$	s
2	$\boldsymbol{r}_2$	a	θ_2	θ_2
3	$\boldsymbol{r}_3$	b	θ_3	θ_3
4	$\boldsymbol{r}_4$	e	90°	无

为了求出输入角 θ_2 和输出位移 s 之间的关系，要消去式（3-179）和式（3-180）中的耦合角 θ_3。将含有 θ_3 的部分放到等式的一边，再两边平方可以得到：

$$(b\sin\theta_3)^2 = (a\sin\theta_2 - e)^2 \tag{3-181}$$

$$(b\cos\theta_3)^2 = (a\cos\theta_2 - s)^2 \tag{3-182}$$

将两边相加得：

$$s^2 - 2as\cos\theta_2 + a^2 + e^2 - b^2 - 2ae\sin\theta_2 = 0 \tag{3-183}$$

$$s^2 + Gs + H = 0 \tag{3-184}$$

其中：

$$G = -2a\cos\theta_2 \tag{3-185}$$

$$H = a^2 + e^2 - b^2 - 2ae\sin\theta_2 \tag{3-186}$$

方程为关于 s 的二元一次方程，其解为：

$$s = \frac{-G \pm \sqrt{G^2 - 4H}}{2} \tag{3-187}$$

为了找到输入角 θ_2 和耦合角 θ_3 之间的关系，可以利用式（3-179）和式（3-180）解出 θ_3。

$$\theta_3 = \arcsin\frac{a\sin\theta_2 - e}{b} \tag{3-188}$$

$$\theta_3 = \arccos\frac{a\cos\theta_2 - s}{b} \tag{3-189}$$

当已知长度 a、b 和 e 以及输入角 θ_2 时，可以根据式（3-181）和式（3-182）来计算输出位移 s 和耦合角 θ_3。

案例 120 曲柄-滑块机构两种可能的配置。

对于任意的 θ_2，如果有合适的 a、b 和 e 的值，那么式（3-187）将给出两个输出变量 s 的值。这两个解给出了同样在输出角 θ_2 该机构符合条件的两种可能配置方式。合适的 a、b、e 是指这三个值能让式（3-187）有实数解。

例如，一个曲柄-滑块机构在 $\theta_2 = \pi/6\text{rad} = 30°$ 时，连杆长度分别为：

$$a = 2 \tag{3-190}$$

$$b = 3 \tag{3-191}$$

$$e = 1 \tag{3-192}$$

为了解出可能的配置，首先要计算出二元一次方程（3-184）的系数：

$$G = -2a\cos\theta_2 = -3.4641 \tag{3-193}$$

$$H = a^2 + e^2 - b^2 - 2ae\sin\theta_2 = -6 \tag{3-194}$$

代入式（3-187）得到：

$$s = \frac{-G \pm \sqrt{G^2 - 4H}}{2} = \begin{cases} 4.732 \\ -1.268 \end{cases} \tag{3-195}$$

耦合角 θ_3 可以通过式（3-188）或式（3-189）得到：

$$\theta_3 = \arcsin\frac{a\sin\theta_2 - e}{b} = \arccos\frac{a\cos\theta_2 - s}{b} \approx \begin{cases} -1, & \text{rad} \approx 180° \\ 1, & \text{rad} \approx 0° \end{cases} \tag{3-196}$$

图 3.17 描述了机构在 $\theta_2 = 30°$ 可能的两个配置位置。

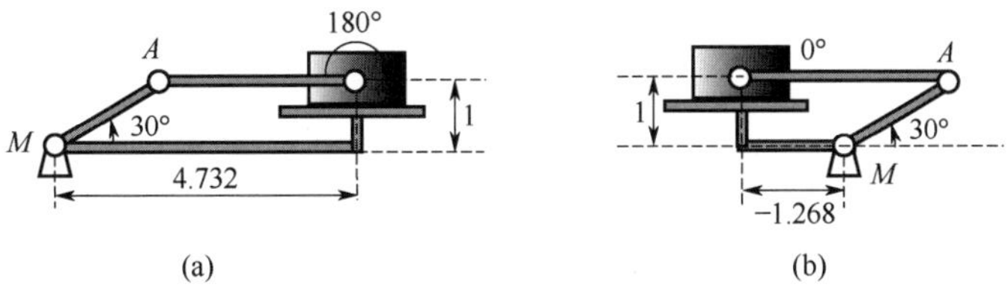

图 3.17　四连杆机构的死点位置

案例 121　曲柄-滑块机构速度分析。

曲柄-滑块机构的速度分析首先要对式（3-179）和式（3-180）求时间导数：

$$\frac{\mathrm{d}}{\mathrm{d}t}(a\sin\theta_2 - b\sin\theta_3 - e) = a\omega_2\cos\theta_2 - b\omega_3\cos\theta_3 = 0 \tag{3-197}$$

$$\frac{\mathrm{d}}{\mathrm{d}t}(a\cos\theta_2 + b\cos\theta_3 - s) = -a\omega_2\sin\theta_2 - b\omega_3\sin\theta_3 - \dot{s} = 0 \tag{3-198}$$

其中：

$$\omega_2 = \dot{\theta}_2 \tag{3-199}$$

$$\omega_3 = \dot{\theta}_3 \tag{3-200}$$

假设 θ_2 和 ω_2 为已知量，s 和 θ_3 可以通过式（3-174）和式（3-175）求得，可以通过式（3-197）和式（3-198）求得 $\dot{s}$ 和 ω_3：

$$\dot{s} = -\frac{\sin(\theta_3 + \theta_2)}{\cos\theta_3}a\omega_2 \tag{3-201}$$

$$\omega_3 = \frac{a\cos\theta_2}{b\cos\theta_3}\omega_2 \tag{3-202}$$

案例 122　曲柄-滑块机构节点的速度。

得到 θ_2、θ_3、s 以及速度 ω_3、ω_3、$\dot{s}$，就可以计算节点 A 和 B 的绝对速度和相对速度，如图 3.17 所示。节点 A 和 B 的绝对速度为：

$$^{\mathrm{A}}\boldsymbol{v}_A = {}_{\mathrm{A}}\boldsymbol{\omega}_2 \times {}^{\mathrm{A}}\boldsymbol{r}_2 = \begin{bmatrix} 0 \\ 0 \\ \omega_2 \end{bmatrix} \times \begin{bmatrix} a\cos\theta_2 \\ a\sin\theta_2 \\ 0 \end{bmatrix} = \begin{bmatrix} -a\omega_2\sin\theta_2 \\ a\omega_2\cos\theta_2 \\ 0 \end{bmatrix} \tag{3-203}$$

$$
{}^{A}\boldsymbol{v}_B = \dot{s}i = \begin{bmatrix} a\omega_2 \dfrac{\sin(\theta_3 - \theta_2)}{\cos\theta_3} \\ 0 \\ 0 \end{bmatrix} \tag{3-204}
$$

B 点相对于 *A* 点的速度为：

$$
{}^{A}\boldsymbol{v}_{B/A} = {}^{A}\boldsymbol{v}_B - {}^{A}\boldsymbol{v}_A = \begin{bmatrix} a\omega_2 \dfrac{\sin(\theta_3 - \theta_2)}{\cos\theta_3} \\ 0 \\ 0 \end{bmatrix} - \begin{bmatrix} -a\omega_2 \sin\theta_2 \\ a\omega_2 \cos\theta_2 \\ 0 \end{bmatrix} = \begin{bmatrix} a\omega_2 \sin\theta_2 + a\omega_2 \dfrac{\sin(\theta_3 - \theta_2)}{\cos\theta_3} \\ -a\omega_2 \cos\theta_2 \\ 0 \end{bmatrix} \tag{3-205}
$$

B 点对 *A* 点的速度也可以通过下式来求：

$$
{}^{A}\boldsymbol{v}_{B/A} = {}^{A}R_2\, {}^{2}\boldsymbol{v}_B = {}^{A}R_2({}_2\boldsymbol{\omega}_3 \times {}^{2}\boldsymbol{r}_3) = {}_{A}\boldsymbol{\omega}_3 \times {}^{A}\boldsymbol{r}_3 = \begin{bmatrix} 0 \\ 0 \\ \omega_3 \end{bmatrix} \times \begin{bmatrix} b\cos\theta_3 \\ b\sin\theta_3 \\ 0 \end{bmatrix} = \begin{bmatrix} -b\omega_3 \sin\theta_3 \\ b\omega_3 \cos\theta_3 \\ 0 \end{bmatrix} \tag{3-206}
$$

式（3-205）和式（3-206）都是正确的，并且可以相互印证。

案例 123 曲柄-滑块机构的加速度分析。

要对曲柄-滑块机构进行加速度分析，就是要对式（3-197）和式（3-198）求时间导数：

$$
\frac{\mathrm{d}}{\mathrm{d}t}(a\omega_2 \cos\theta_2 - b\omega_3 \cos\theta_3) = a\alpha_2 \cos\theta_2 - b\alpha_3 \cos\theta_3 - a\omega_2^2 \sin\theta_2 + b\omega_3^2 \sin\theta_3 = 0 \tag{3-207}
$$

$$
\frac{\mathrm{d}}{\mathrm{d}t}(-a\omega_2 \sin\theta_2 - b\omega_3 \sin\theta_3 - \dot{s}) = -a\alpha_2 \sin\theta_2 - b\alpha_3 \sin\theta_3 - a\omega_2^2 \cos\theta_2 - b\omega_3^2 \cos\theta_3 - \ddot{s} = 0 \tag{3-208}
$$

其中：

$$
\alpha_2 = \dot{\omega}_2 \tag{3-209}
$$

$$
\alpha_3 = \dot{\omega}_3 \tag{3-210}
$$

假设 θ_2、ω_2、α_2 是输入杆的参数为已知量，s、θ_3 通过式（3-174）和式（3-175）可以求得，$\dot{s}$、ω_3 可以通过式（3-201）和式（3-202）求得，由此可以通过式（3-207）和式（3-208）求出 $\ddot{s}$ 和 α_3：

$$
\alpha_3 = \frac{a\alpha_2 \cos\theta_2 - a\omega_2^2 \sin\theta_2 + b\omega_3^2 \sin\theta_3}{b\cos\theta_3} \tag{3-211}
$$

$$
\ddot{s} = \frac{b\omega_3^2 - a\alpha_2 \sin(\theta_2 + \theta_3) - a\omega_2^2 \cos(\theta_2 + \theta_3)}{\cos\theta_3} \tag{3-212}
$$

案例 124 曲柄-滑块机构节点加速度。

前面已经求出 θ_2、θ_3、s 和速度 ω_2、ω_3、$\dot{s}$，接下来就可以求出节点 *A* 和 *B* 的绝对加速度和相对加速度，如图 3.17 所示。

A 点和 *B* 点的绝对加速度为：

$$
{}^{A}\boldsymbol{\alpha}_A = {}_{A}\boldsymbol{\alpha}_A \times {}^{A}\boldsymbol{r}_2 + {}_{A}\boldsymbol{\omega}_2 \times ({}_{A}\boldsymbol{\omega}_2 \times {}^{A}\boldsymbol{r}_2) = \begin{bmatrix} -a\alpha_2 \sin\theta_2 - a\omega_2^2 \cos\theta_2 \\ a\alpha_2 \cos\theta_2 - a\omega_2^2 \sin\theta_2 \\ 0 \end{bmatrix} \tag{3-213}
$$

$$
{}^{A}\boldsymbol{\alpha}_B = \ddot{s}i = \begin{bmatrix} \dfrac{-a\alpha_2\sin(\theta_2+\theta_3)+b\omega_3^2\cos 2\theta_3+a\omega_2^2\cos(\theta_2-\theta_3)}{\cos\theta_3} \\ 0 \\ 0 \end{bmatrix} \tag{3-214}
$$

B 点相对于 A 点的加速度为：

$$
{}^{A}\boldsymbol{\alpha}_{B/A} = {}_{A}\boldsymbol{\alpha}_3 \times {}^{A}\boldsymbol{r}_3 + {}_{A}\boldsymbol{\omega}_3 \times ({}_{A}\boldsymbol{\omega}_3 \times {}^{A}\boldsymbol{r}_3) = \begin{bmatrix} -b\alpha_3\sin\theta_3 - b\omega_3^2\cos\theta_3 \\ b\alpha_3\cos\theta_3 - b\omega_3^2\sin\theta_3 \\ 0 \end{bmatrix} \tag{3-215}
$$

案例 125 曲柄-滑块机构的顶点位置。

当曲柄-滑块机构的输入杆和耦合杆共线时，我们称之为曲柄-滑块机构的顶点位置。它出现在输入杆和耦合杆夹角为 180°或 360°的位置。曲柄-滑块机构的极限位置反映了设计要求。一个曲柄-滑块机构的极限位置如图 3.18 所示。

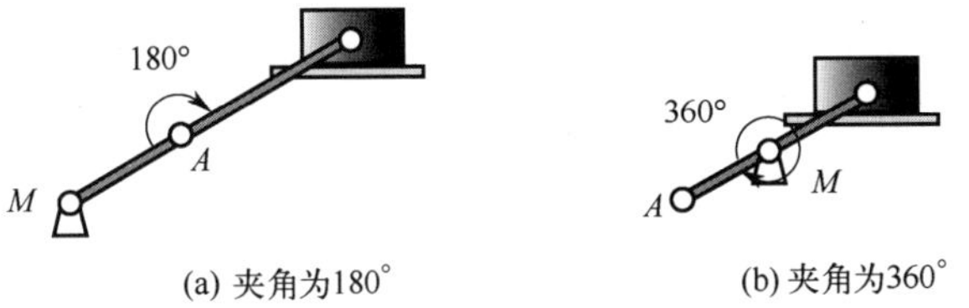

图 3.18 曲柄-滑块机构的极限位置

用输入角为 $\theta_{2_{L1}}$ 、 $\theta_{2_{L2}}$ 来表示输入杆的极限，而对应滑块的输出水平位移为 s_{max} 、 s_{min} 。它们可以通过以下方程计算：

$$
\theta_{2_{L1}} = \arcsin\frac{e}{b+a} \tag{3-216}
$$

$$
s_{max} = \sqrt{(b+a)^2 - e^2} \tag{3-217}
$$

及

$$
\theta_{2_{L2}} = \arcsin\frac{e}{b-a} \tag{3-218}
$$

$$
s_{min} = \sqrt{(b-a)^2 - e^2} \tag{3-219}
$$

输出滑块一个冲程的长度为：

$$
s = s_{max} - s_{min} = \sqrt{(b+a)^2 - e^2} - \sqrt{(b-a)^2 - e^2} \tag{3-220}
$$

案例 126 曲柄-滑块机构的快回。

假设曲柄-滑块机构的曲柄以一定角速度 ω_2 旋转，那么从 s_{min} 到 s_{max} 所需的时间为：

$$
t_1 = \frac{\theta_{2_{L2}} - \theta_{2_{L1}}}{\omega_2} = \frac{1}{\omega_2}\left(\arcsin\frac{e}{b-a} - \arcsin\frac{e}{b+a}\right) \tag{3-221}
$$

同理，从 s_{max} 到 s_{min} 所需时间为：

$$t_2=\frac{\theta_{2_{L1}}-\theta_{2_{L2}}}{\omega_2}=\frac{1}{\omega_2}\left(\arcsin\frac{e}{b+a}-\arcsin\frac{e}{b-a}\right) \tag{3-222}$$

如果$e=0$，那么：

$$\theta_{2_{L1}}=0° \tag{3-223}$$

$$\theta_{2_{L2}}=180° \tag{3-224}$$

因此：

$$t_1=t_2=\frac{\pi}{\omega_2} \tag{3-225}$$

但是，当$e<0$时，$t_2<t_1$，滑块回到$s_{\min}$的速度更快一些。这样的机构被称为快回机构。

3.4 曲柄-滑杆机构

一个曲柄-滑杆机构如图 3.19 所示。这是一个四连杆机构，连杆 1 为地杆。地杆为基础，是用于参考的连杆。连杆 2 为 MA，通常为输入杆，它通过输入角θ_2控制整个机构。连杆 3 为 AB 是耦合杆，它的位置由角度θ_3来确定。连杆 4 为滑块杆，它通常被认为是输出杆。滑块杆和地面之间通过旋转节点连接，但是和耦合杆 3 之间由位移节点连接。输出变量可以是滑块与水平面的夹角，或是 AB 的长度。

如果将曲柄-滑块机构的耦合杆和地杆位置互换一下，那么一个曲柄-滑杆机构就形成了。地杆变了得到的新机构实际是将先前机构做了一个翻转。因此，倒曲柄-滑杆机构其实就是倒置的曲柄-滑块机构。

输出滑块的角位置θ_4以及耦合杆 b 的长度都是其他连杆长度以及输入角θ_2的函数，它们可以表示为：

$$b=\pm\sqrt{a^2+d^2-e^2-2ad\cos\theta_2} \tag{3-226}$$

$$\theta_4=\theta_3+\frac{\pi}{2}=2\arctan\frac{-H\pm\sqrt{H^2-4GI}}{2G} \tag{3-227}$$

其中：

$$G=d+e-a\cos\theta_2 \tag{3-228}$$

$$H=-2a\sin\theta_2 \tag{3-229}$$

$$I=a\cos\theta_2-d+e \tag{3-230}$$

证明 23：还是用矢量环来表示曲柄-滑杆机构，如图 3.20 所示。每个矢量的方向都是任意的，但是表示它们位置的角度都是其方向与 x-轴正方向之间的夹角。连杆及其表达矢量如表 3.6 所示。

矢量环为：

$${}^{A}\boldsymbol{r}_1+{}^{A}\boldsymbol{r}_2+{}^{A}\boldsymbol{r}_3+{}^{A}\boldsymbol{r}_4=0 \tag{3-231}$$

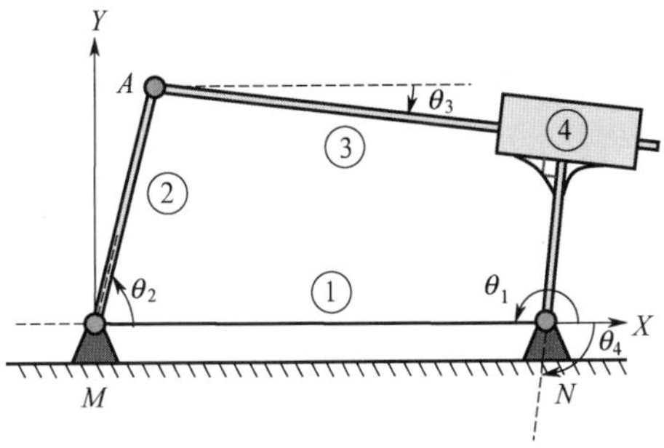

图 3.19　倒曲柄-滑杆机构

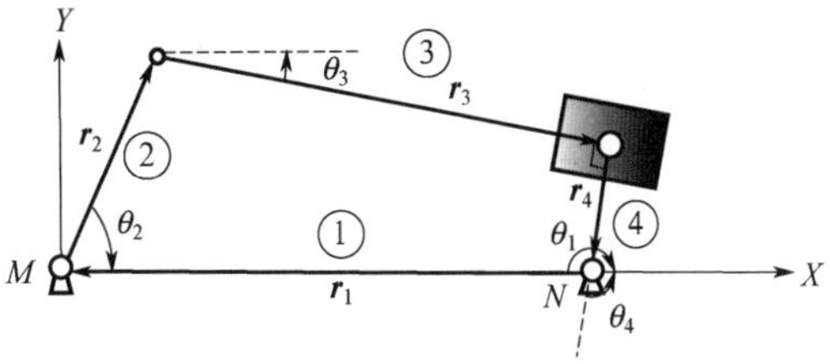

图 3.20　用矢量表达曲柄-滑杆机构

⊡ 表 3.6　图 3.20 所示曲柄-滑杆机构矢量含义

连杆标号	矢量	长度	角度	变量值
1	$\boldsymbol{r}_1$	d	$\theta_1=180°$	d
2	$\boldsymbol{r}_2$	a	θ_2	θ_2
3	$\boldsymbol{r}_3$	b	θ_3	θ_3或θ_4
4	$\boldsymbol{r}_4$	e	$\theta_4=\theta_3+90°$	无

将这些矢量做水平和垂直分解可得：

$$a\sin\theta_2-b\sin\left(\theta_4-\frac{\pi}{2}\right)-e\sin\theta_4=a\sin\theta_2+b\cos\theta_4-e\sin\theta_4=0 \tag{3-232}$$

$$a\cos\theta_2+b\cos\left(\theta_4-\frac{\pi}{2}\right)+e\cos\theta_4-d=a\cos\theta_2+b\sin\theta_4+e\cos\theta_4-d=0 \tag{3-233}$$

为了找到输入角 θ_2 与输出角 θ_4 之间的关系，需要消去式（3-232）和式（3-233）中的 b，得到：

$$(a\cos\theta_2-d)\cos\theta_4-a\sin\theta_2\sin\theta_4+e=0 \tag{3-234}$$

为了得到更好的形式，利用三角变换中的万能公式做一个变换：

$$\sin\theta_4=\frac{2\tan\frac{\theta_4}{2}}{1+\tan^2\frac{\theta_4}{2}} \tag{3-235}$$

$$\cos\theta_4=\frac{1-\tan^2\frac{\theta_4}{2}}{1+\tan^2\frac{\theta_4}{2}} \tag{3-236}$$

代入式（3-234）后可得：

$$G\tan^2\frac{\theta_4}{2}+H\tan\frac{\theta_4}{2}+I=0 \tag{3-237}$$

式中，G、H 和 I 都是输入角的函数。

$$G = d + e - a\cos\theta_2 \tag{3-238}$$

$$H = -2a\sin\theta_2 \tag{3-239}$$

$$I = a\cos\theta_2 - d + e \tag{3-240}$$

式（3-237）为关于 $\tan(\theta_4/2)$ 的一元二次方程，解出 θ_4 为：

$$\theta_4 = 2\arctan\frac{-H \pm \sqrt{H^2 - 4GI}}{2G} \tag{3-241}$$

为了找到输入角 θ_2 和耦合杆长度 b 之间的关系，可以解式(3-232)和式(3-233)得到 $\sin\theta_4$ 和 $\cos\theta_4$：

$$\sin\theta_4 = \frac{bd + ae\sin\theta_2 - ab\cos\theta_2}{b^2 + e^2} \tag{3-242}$$

$$\cos\theta_4 = \frac{ed - ab\sin\theta_2 - ae\cos\theta_2}{b^2 + e^2} \tag{3-243}$$

将式（3-242）和式（3-243）两边平方再相加可得到下面的方程：

$$a^2 + d^2 - b^2 - e^2 - 2ad\cos\theta_2 = 0 \tag{3-244}$$

解出 b 为：

$$b = \pm\sqrt{a^2 + d^2 - e^2 - 2ad\cos\theta_2} \tag{3-245}$$

案例 127 曲柄-滑杆机构两种可能的配置。

对于任意的角度 θ_2，如果有合适的 a、d 和 e 的值，式（3-226）和式（3-227）分别给出了输出杆 b 和耦合角 θ_4。这两种都是可能存在的，它们所对应的是在一个 θ_2 的情况下两种可能不同的配置。这里所谓合适的 a、b 和 e 值是指它们的值能够使式（3-226）和式（3-227）有实数解。

例如，假设有一个曲柄-滑杆机构在 $\theta_2 = \pi/6\text{rad} = 30°$ 时，对应的长度有：

$$a = 2 \tag{3-246}$$

$$e = 1 \tag{3-247}$$

$$d = 3 \tag{3-248}$$

方程（3-227）的参数分别为：

$$G = d + e - a\cos\theta_2 = 2.268 \tag{3-249}$$

$$H = -2a\sin\theta_2 = -2 \tag{3-250}$$

$$I = a\cos\theta_2 - d + e = -0.268 \tag{3-251}$$

由此可以得到 θ_4 的两个实数解：

$$\theta_4 \approx \begin{cases} 1.571\text{rad} \approx 90° \\ -0.235\text{rad} \approx -13.48° \end{cases} \tag{3-252}$$

可以从式（3-245）得到：

$$b \approx \pm 1.268 \tag{3-253}$$

图 3.21 具体描述了对于 $\theta_2 = 30°$ 时两种可能配置。

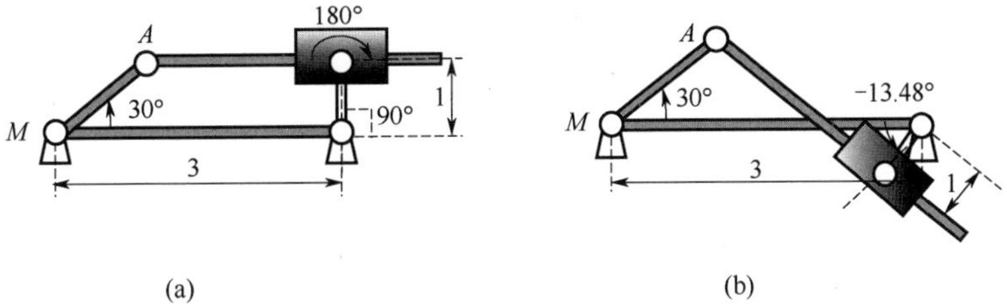

图 3.21　曲柄-滑杆机构的两种可能配置

案例 128　曲柄-滑杆机构的速度分析。

对曲柄-滑杆机构的速度分析，也就是将式（3-232）和式（3-233）求时间的导数：

$$\frac{\mathrm{d}}{\mathrm{d}t}\left[a\sin\theta_2 + b\cos\theta_4 - e\sin\theta_4\right] = a\omega_2\cos\theta_2 - b\omega_4\sin\theta_4 + \dot{b}\cos\theta_4 - e\omega_4\cos\theta_4 = 0 \tag{3-254}$$

$$\frac{\mathrm{d}}{\mathrm{d}t}\left[a\cos\theta_2 + b\sin\theta_4 + e\cos\theta_4 - d\right] = -a\omega_2\sin\theta_2 + b\omega_4\cos\theta_4 + \dot{b}\sin\theta_4 - e\omega_4\sin\theta_4 = 0 \tag{3-255}$$

其中：

$$\omega_2 = \dot{\theta}_2 \tag{3-256}$$

$$\omega_4 = \omega_3 = \dot{\theta}_4 \tag{3-257}$$

若 θ_2 和 ω_2 为给定值，那么 b、θ_4 可以通过式（3-226）和式（3-227）求出，可以解出式（3-254）和式（3-255）从而得到 $\dot{b}$ 和 ω_4：

$$\dot{b} = \frac{a}{b}\omega_2\left[e\sin(\theta_4 + \theta_2) - b\cos(\theta_4 - \theta_2)\right] \tag{3-258}$$

$$\omega_4 = \omega_3 = \frac{a}{b}\omega_2\sin(\theta_2 + \theta_4) \tag{3-259}$$

案例 129　曲柄-滑杆机构节点的速度。

通过前面计算有了 θ_2、θ_4、b 以及速度 ω_2、ω_2、$\dot{b}$，由此可以计算出 A 和 B 两点的绝对速度和相对速度，如图 3.21 所示。A 和 B 两点的绝对速度和相对速度分别为：

$$ {}^{\mathrm{A}}\boldsymbol{v}_A = {}_{\mathrm{A}}\boldsymbol{\omega}_2 \times {}^{\mathrm{A}}\boldsymbol{r}_2 = \begin{bmatrix} 0 \\ 0 \\ \omega_2 \end{bmatrix} \times \begin{bmatrix} a\cos\theta_2 \\ a\sin\theta_2 \\ 0 \end{bmatrix} = \begin{bmatrix} -a\omega_2\sin\theta_2 \\ a\omega_2\cos\theta_2 \\ 0 \end{bmatrix} \tag{3-260}$$

$$ {}^{\mathrm{A}}\boldsymbol{v}_{B_4} = {}_{\mathrm{A}}\boldsymbol{\omega}_4 \times {}^{\mathrm{A}}\boldsymbol{r}_4 = \begin{bmatrix} 0 \\ 0 \\ \omega_4 \end{bmatrix} \times \begin{bmatrix} e\cos\theta_4 \\ e\sin\theta_4 \\ 0 \end{bmatrix} = \begin{bmatrix} -e\omega_4\sin\theta_4 \\ e\omega_4\cos\theta_4 \\ 0 \end{bmatrix} \tag{3-261}$$

$$ {}^{\mathrm{A}}\boldsymbol{v}_{B_3/A} = {}_{\mathrm{A}}\boldsymbol{\omega}_3 \times ({}^{\mathrm{A}}\boldsymbol{r}_3) = \begin{bmatrix} 0 \\ 0 \\ \omega_4 \end{bmatrix} \times \begin{bmatrix} -b\cos\theta_4 \\ -b\sin\theta_4 \\ 0 \end{bmatrix} = \begin{bmatrix} b\omega_4\sin\theta_4 \\ -b\omega_4\cos\theta_4 \\ 0 \end{bmatrix} \tag{3-262}$$

$$ {}^{\mathrm{A}}\boldsymbol{v}_{B_3} = {}^{\mathrm{A}}\boldsymbol{v}_{B_3/A} + {}^{\mathrm{A}}\boldsymbol{v}_A = \begin{bmatrix} b\omega_4\sin\theta_4 \\ -b\omega_4\cos\theta_4 \\ 0 \end{bmatrix} + \begin{bmatrix} -a\omega_2\sin\theta_2 \\ a\omega_2\cos\theta_2 \\ 0 \end{bmatrix} = \begin{bmatrix} -b\omega_2\sin\theta_4 - a\omega_2\sin\theta_2 \\ b\omega_4\cos\theta_4 + a\omega_2\cos\theta_2 \\ 0 \end{bmatrix} \tag{3-263}$$

$$
\begin{aligned}
{}^{A}\boldsymbol{v}_{B_3/B_4} &= {}^{A}\boldsymbol{v}_{B_3} - {}^{A}\boldsymbol{v}_{B_4} \\
&= \begin{bmatrix} b\omega_4 \sin\theta_4 - a\omega_2 \sin\theta_2 \\ -b\omega_4 \cos\theta_4 + a\omega_2 \cos\theta_2 \\ 0 \end{bmatrix} - \begin{bmatrix} -e\omega_4 \sin\theta_4 \\ e\omega_4 \cos\theta_4 \\ 0 \end{bmatrix} = \begin{bmatrix} b\omega_4 \sin\theta_4 - a\omega_2 \sin\theta_2 + e\omega_4 \sin\theta_4 \\ -b\omega_4 \cos\theta_4 + a\omega_2 \cos\theta_2 - e\omega_4 \cos\theta_4 \\ 0 \end{bmatrix}
\end{aligned}
\tag{3-264}
$$

案例 130　曲柄-滑杆机构的加速度分析。

对曲柄-滑杆机构的加速度分析即对式（3-254）和式（3-255）做时间导数计算。

$$
\begin{aligned}
&\frac{\mathrm{d}}{\mathrm{d}t}(a\omega_2 \cos\theta_2 - b\omega_4 \sin\theta_4 + \dot{b}\cos\theta_4 - e\omega_4 \cos\theta_4) \\
&= a\alpha_2 \cos\theta_2 - a\omega_2^2 \sin\theta_2 - b\alpha_4 \sin\theta_4 - b\omega_4^2 \cos\theta_4 + \\
&\quad \ddot{b}\cos\theta_4 - 2\dot{b}\omega_4 \sin\theta_4 - e\alpha_4 \cos\theta_4 + e\omega_4^2 \sin\theta_4 = 0
\end{aligned}
\tag{3-265}
$$

$$
\begin{aligned}
&\frac{\mathrm{d}}{\mathrm{d}t}(-a\omega_2 \sin\theta_2 + b\omega_4 \cos\theta_4 + \dot{b}\sin\theta_4 - e\omega_4 \sin\theta_4) \\
&= -a\alpha_2 \sin\theta_2 - a\omega_2^2 \cos\theta_2 + b\alpha_4 \cos\theta_4 - b\omega_4^2 \cos\theta_4 + \\
&\quad \ddot{b}\sin\theta_4 + 2\dot{b}\omega_4 \cos\theta_4 - e\alpha_4 \sin\theta_4 - e\omega_4^2 \cos\theta_4 = 0
\end{aligned}
\tag{3-266}
$$

其中：

$$\alpha_2 = \dot{\omega}_2 \tag{3-267}$$

$$\alpha_4 = \alpha_3 = \dot{\omega}_4 = \dot{\omega}_3 \tag{3-268}$$

这里假设 θ_2 、ω_2 和 α_2 作为输入杆的动力学参数是已知的，且 b、θ_4 可以从式（3-226）和式（3-227）中求得，$\dot{b}$ 、ω_4 可以从方程（3-258）和方程（3-259）求得。最后，可以通过解式（3-265）和式（3-266）得到 $\ddot{b}$ 和 α_4：

$$\ddot{b} = \frac{C_9 C_{11} - C_{12} C_8}{C_7 C_{11} - C_{10} C_8} \tag{3-269}$$

$$\alpha_4 = \frac{C_9 C_{10} - C_7 C_{12}}{C_8 C_{10} - C_7 C_{11}} \tag{3-270}$$

其中：

$$C_7 = \sin\theta_4 \tag{3-271}$$

$$C_8 = b\cos\theta_4 - e\sin\theta_4 \tag{3-272}$$

$$C_9 = a\alpha_2 \sin\theta_2 + a\omega_2^2 \cos\theta_2 - 2\dot{b}\omega_4 \cos\theta_4 + b\omega_4^2 \sin\theta_4 + e\omega_4^2 \cos\theta_4 \tag{3-273}$$

$$C_{10} = \cos\theta_4 \tag{3-274}$$

$$C_{11} = -b\sin\theta_4 - e\cos\theta_4 \tag{3-275}$$

$$C_{12} = -a\alpha_2 \cos\theta_2 + a\omega_2^2 \sin\theta_2 + 2\dot{b}\omega_4 \sin\theta_4 + b\omega_4^2 \cos\theta_4 - e\omega_4^2 \sin\theta_4 \tag{3-276}$$

案例 131　曲柄-滑杆机构在车辆中的应用。

麦弗逊悬架结构在轿车的独立前悬架中非常常见。图 3.22 给出了一个麦弗逊悬架结构，以及与之等效的动力学模型。我们将车轮连接在耦合点 C 处。

减振器的活塞棒在支柱的顶端作为一条中心轴线存在。在底部减振器和下端的横臂通过旋转球节点连接。麦弗逊支柱又被称为商人支柱，它是由麦弗逊伯爵在 20 世纪 40 年代发明的。它首次用于 1949 版的福特·维德特，之后又用于 1951 版的福特·领事，不久它便以其紧密的结构以及廉价的成本，成为处于统治地位的悬架系统。

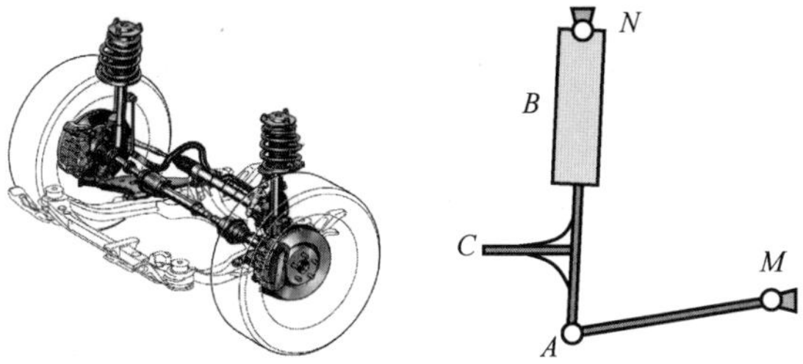

图 3.22　麦弗逊式悬架可以抽象为曲柄-滑杆机构

3.5 旋转的瞬态中心

在一般刚体的平面运动中，在某个给定的瞬间，刚体上点的速度变化可以表达为刚体绕一个垂直于该平面的轴旋转的结果。该轴和平面的交点被称为刚体相对于地面旋转的瞬时中心。旋转的瞬时中心又被称为瞬心。

如果刚体上两个不同的点 A 和 B 的速度方向都已知，那么旋转的瞬心 I 位于速度 $\boldsymbol{v}_A$ 和 $\boldsymbol{v}_B$ 垂线的交点。这种情况如图 3.23（a）所示。

如果速度 $\boldsymbol{v}_A$ 和 $\boldsymbol{v}_B$ 相互垂直于直线 AB，且它们的大小是已知的，那么瞬态旋转中心 I 位于直线 AB 和速度矢量的极限点连线直线交点。这个情况如图 3.23（b）所示。

每两个相对运动的机件有一个旋转瞬心，该瞬心对于两个机件而言有着相对的速度，即使是在它们各自的坐标系里。

对于三个机件的情况将会出现三个瞬心 I_{12}、I_{23} 和 I_{13}，并且这三个点位于一条直线上。这被称为肯尼迪定理（即三心定理）。

证明 24： 假设两个刚体如图 3.24 所示。地为连杆 1、连杆 2 和连杆 3 铰接于点 M 和 N，它们的旋转角速度分别为 ω_2 和 ω_3。两个连接杆的交点为 C。旋转点 M 为瞬心 I_{12}，同样旋转点 N 为瞬心 I_{13}。

交点 C 作为连接杆 2 上的速度为 $\boldsymbol{v}_{C_2}$，垂直于半径 MC。同理，交点 C 作为连接杆 3 上的速度为 $\boldsymbol{v}_{C_3}$，垂直于半径 NC。瞬心 I_{23} 必须对于两个连接件都有相同的速度。我们可以根据连接件 2 和连杆 3 的形状作出交点 C 处的法线 n-n 以及切线 t-t。

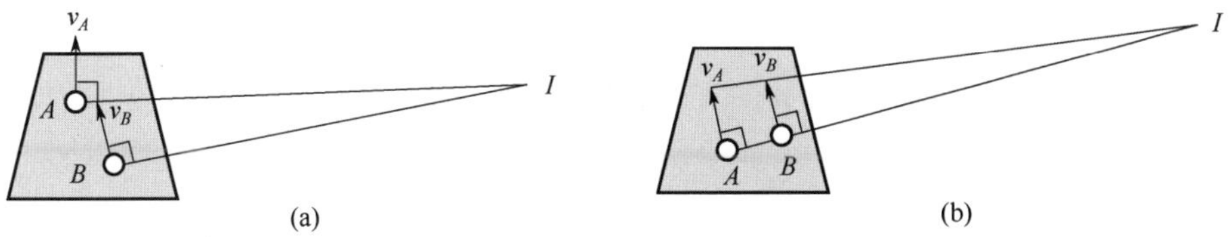

图 3.23　确定瞬心位置的两种作图法

点 C 为两个刚体的共同点。$\boldsymbol{v}_{C_2}$ 和 $\boldsymbol{v}_{C_3}$ 的法向分量必须相等以保证两个刚体保持相互接触，因此共同点速度的不同在于切线方向的分量。瞬心 I_{23} 所处的位置必须是在点 C_2 和点 C_3 相对应的相对速度相等，这样的点都位于 MN 上。瞬心一定在法线 n-n 上，也就是说，法线

n-n 和直线 MN 的交点是瞬心唯一可能存在的点，该点为瞬心 I_{23} 。

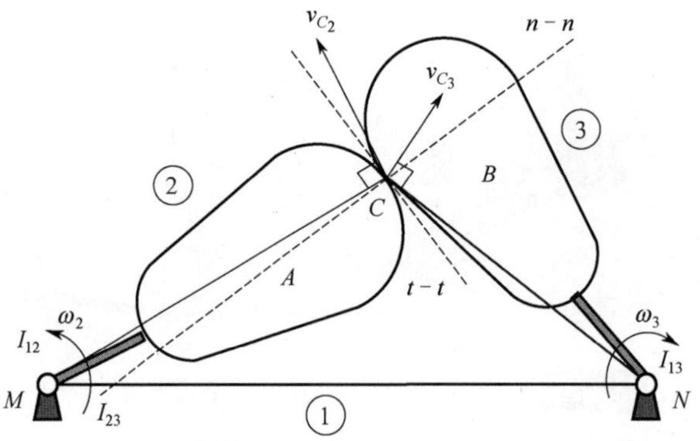

图 3.24　一个三连杆机构的瞬心

如果定义：

$$I_{12}I_{23}=l_2 \tag{3-277}$$

$$I_{13}I_{23}=l_3 \tag{3-278}$$

由于两个刚体在共同的瞬心速度相等，有：

$$l_2\omega_2=l_3\omega_3 \tag{3-279}$$

或

$$\frac{\omega_2}{\omega_3}=\frac{l_3}{l_2}=\frac{1}{\dfrac{d}{l_3}-1} \tag{3-280}$$

这里的 d 为 MN 的长度。

案例 132　瞬心的数量。

两个相对运动的刚体有一个瞬心。那么，三个刚体有三个瞬心，瞬心的数量 N 和相对运动刚体个数 n 之间的关系为：

$$N=\frac{n(n-1)}{2} \tag{3-281}$$

因此，一个四连杆机构有 6 个瞬心，即 I_{12}、I_{13}、I_{14}、I_{23}、I_{24}、I_{34}。用符号 I_{ij} 表示第 i 个连杆和第 j 个连杆之间相对运动的瞬心。又因为两个连杆之间只有一个瞬心，有：

$$I_{ij}=I_{ji} \tag{3-282}$$

有 6 个瞬心旋转的四连杆机构如图 3.25 所示，曲柄-滑块机构复合曲柄-滑杆机构如图 3.26 所示。滑块连接的两个机件的旋转瞬心在法线无穷远处。因此，I_{14} 位于图 3.25（b）中垂直于地面的直线上，I_{34} 位于图 3.25（c）中垂直于连杆 3 的直线上。

图 3.26 描述了有 15 个瞬心的六连杆机构。

案例 133　旋转瞬心在车辆上的应用。

图 3.27 给出了双 A 臂悬架以及它所等价的动力学模型。车轮固定于耦合杆 AB 上，与之相连的是上 A 臂 BN 以及下 A 臂 AM。A 臂与车身的连接点为旋转节点 N 和 M。如果将悬架系统看作一个四连杆机构，那么车身从表现形式上来看就像是地杆。

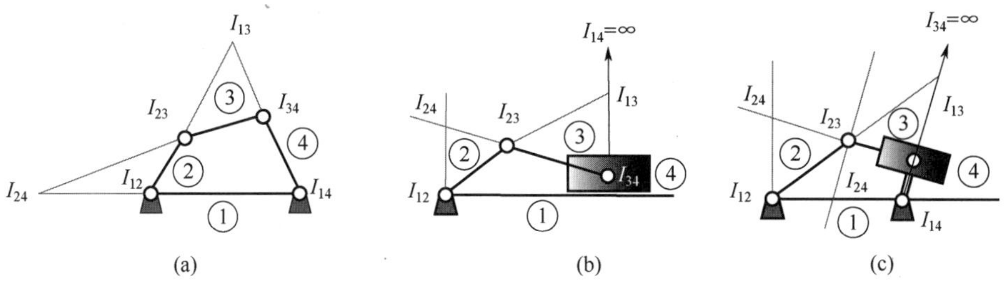

图 3.25　三种四连杆机构的 6 个瞬心

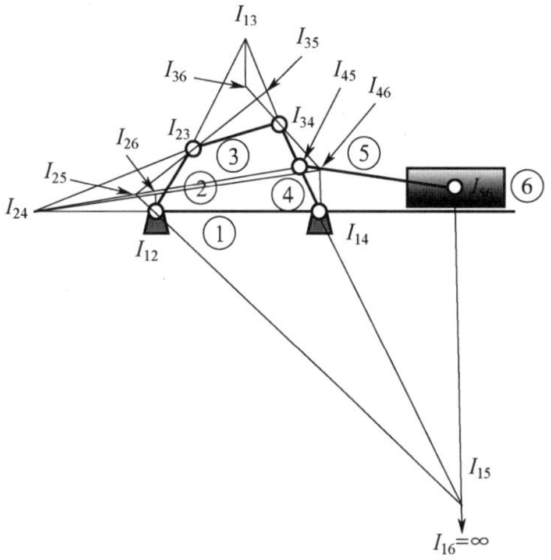

图 3.26　六连杆机构的 15 个瞬心

相对于车身而言，点 N 和 M 分别为上 A 臂和下 A 臂的旋转瞬态中心。而上下 A 臂延长线的交点为耦合杆相对于车身的旋转中心。当悬架运动时，车轮将要绕点 I 相对于车身旋转。点 I 被称为车轮和车身的侧转中心。

案例 134　旋转瞬心不是静止不动的。

当机构运动时，瞬心一般也会相应地做旋转运动。图 3.28 给出了一个四连杆机构在不同位置时，耦合杆的旋转瞬心 I_{13} 相对于地面的位置变化情况。瞬心 I_{13} 随着连杆运动而运动，它的轨迹如图 3.28 所示。

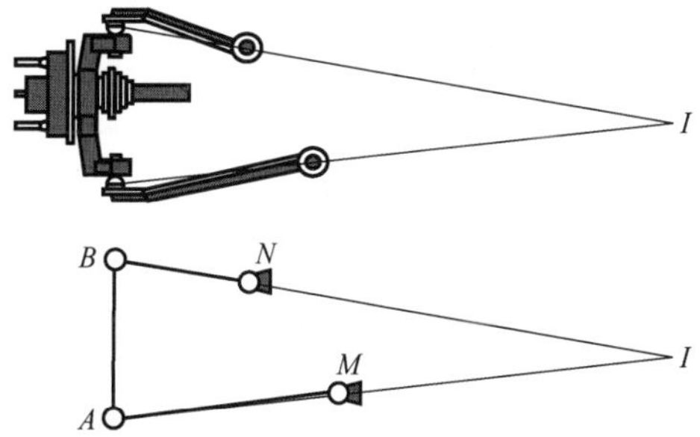

图 3.27　双 A 臂悬架及其等效四连杆的瞬心示意图

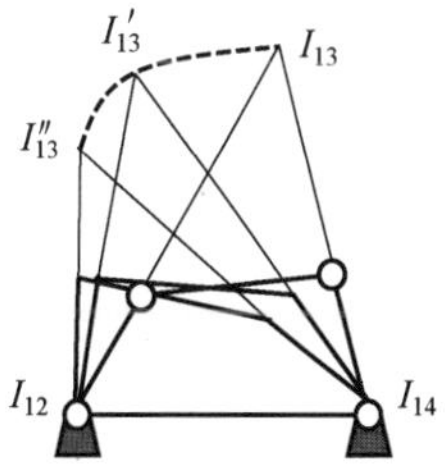

图 3.28　四连杆机构中旋转瞬心 I_{13} 的运动轨迹

案例 135　倚墙细杆的滑落过程。

图 3.29 给出了一个细杆 AB 倚在墙上 A 和 C 两点的示意图。可以找到这两点运动的速度

的垂线，两条垂线的交点即瞬态旋转中心 I。

I 的坐标为 θ 的函数，如下所示：

$$x_I = H\cot\theta \tag{3-283}$$

$$y_I = H + x_I\cot\theta = H(1+\cot^2\theta) \tag{3-284}$$

消去 θ 可以找到 x 和 y 之间的关系，从而找到 I 的运动轨迹：

$$y_I = H\left(1+\frac{x_I^2}{H^2}\right) \tag{3-285}$$

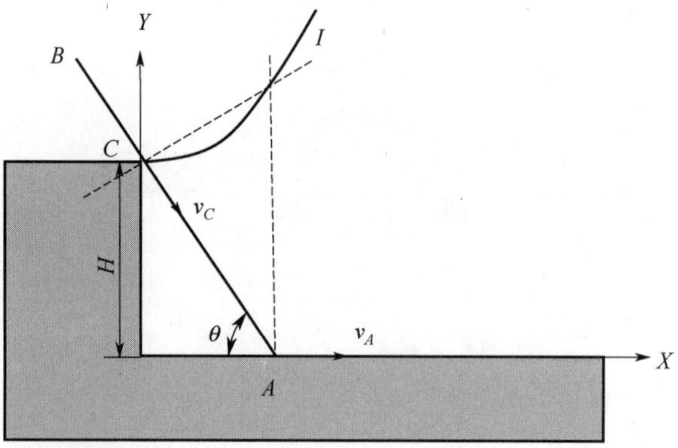

图 3.29 细杆倚墙滑落过程中旋转瞬心 /的运动轨迹

案例 136 刚体的平面运动。

刚体的平面运动即刚体上所有的点都在该平行平面上运动。因此，研究这样的刚体运动，只需要取出一个平行平面，对上面点的运动做分析就足够了。

图 3.30 给出了一个刚体在平面运动时所对应的坐标系，刚体上的一点 P 的位置矢量和速度矢量分别为：

$$^{\mathrm{A}}\boldsymbol{r}_P = {}^{\mathrm{A}}\boldsymbol{d}_{\mathrm{B}} + {}^{\mathrm{A}}\boldsymbol{R}_{\mathrm{B}}\ {}^{\mathrm{B}}\boldsymbol{r}_P = {}^{\mathrm{A}}\boldsymbol{d}_{\mathrm{B}} + {}_{\mathrm{B}}^{\mathrm{A}}\boldsymbol{r}_P \tag{3-286}$$

$$^{\mathrm{A}}\boldsymbol{v}_P = {}^{\mathrm{A}}\dot{\boldsymbol{d}}_{\mathrm{B}} + {}_{\mathrm{A}}\boldsymbol{\omega}_{\mathrm{B}}\times({}^{\mathrm{A}}\boldsymbol{r}_P - {}^{\mathrm{A}}\boldsymbol{d}_{\mathrm{B}}) = {}^{\mathrm{A}}\dot{\boldsymbol{d}}_{\mathrm{B}} + {}_{\mathrm{A}}\boldsymbol{\omega}_{\mathrm{B}}\times{}_{\mathrm{B}}^{\mathrm{A}}\boldsymbol{r}_P \tag{3-287}$$

式中，${}^{\mathrm{A}}\boldsymbol{d}_{\mathrm{B}}$ 表示可动原点 o 相对于固定原点 O 的位置。符号 ${}^{\mathrm{A}}\dot{\boldsymbol{d}}_{\mathrm{B}}$ 表示点 o 的速度，${}_{\mathrm{A}}\boldsymbol{\omega}_{\mathrm{B}}\times{}_{\mathrm{B}}^{\mathrm{A}}\boldsymbol{r}_P$ 表示 P 点相对于 o 点的速度。

$$^{\mathrm{A}}\boldsymbol{v}_{P/o} = {}_{\mathrm{A}}\boldsymbol{\omega}_{\mathrm{B}}\times{}_{\mathrm{B}}^{\mathrm{A}}\boldsymbol{r}_P \tag{3-288}$$

可以将 ${}^{\mathrm{A}}\dot{\boldsymbol{d}}_{\mathrm{B}}$ 看作 ${}^{\mathrm{A}}\boldsymbol{v}_P$ 平移速度分量，将 ${}_{\mathrm{A}}\boldsymbol{\omega}_{\mathrm{B}}\times{}_{\mathrm{B}}^{\mathrm{A}}\boldsymbol{r}_P$ 看作 ${}^{\mathrm{A}}\boldsymbol{v}_P$ 旋转速度分量，尽管这样的观点是错误的，但是它有助于我们对 P 点速度的理解。而实际情况是刚体上任意一点 P 的速度是刚体上任意一点 o 的速度 ${}^{\mathrm{A}}\dot{\boldsymbol{d}}_{\mathrm{B}}$ 和 P 点绕着该点 o 旋转时角速度 ${}_{\mathrm{A}}\boldsymbol{\omega}_{\mathrm{B}}\times{}_{\mathrm{B}}^{\mathrm{A}}\boldsymbol{r}_P$ 的叠加。

相对速度矢量 ${}^{\mathrm{A}}\boldsymbol{v}_{P/o}$ 是垂直于相对位置矢量 ${}_{\mathrm{B}}^{\mathrm{A}}\boldsymbol{r}_P$ 的。可以将这个观点移植到另外的一点 Q 上去，即点 P 对 o 点的速度分别垂直于 ${}^{\mathrm{A}}\boldsymbol{r}_{P/Q}$ 和 ${}^{\mathrm{A}}\boldsymbol{r}_{o/Q}$。由于点 Q 是任意的，又可以假设 Q 点刚好位于瞬心的位置，那么这里的速度为零，点 o、P 和 Q 如图 3.31 所示。

假设位置矢量 ${}^{\mathrm{A}}\boldsymbol{r}_{o/Q}$ 中的点 Q 刚好位于瞬时中心，也就可以定义出：

$$^{\mathrm{A}}\boldsymbol{r}_{o/Q} = a_Q\ {}^{\mathrm{A}}\dot{\boldsymbol{d}}_{\mathrm{B}} + b_Q\ {}_{\mathrm{A}}\boldsymbol{\omega}_{\mathrm{B}}\times{}_{\mathrm{B}}^{\mathrm{A}}\dot{\boldsymbol{d}}_P \tag{3-289}$$

然后，根据式（3-287），点 Q 的速度可以表达为：

$$
\begin{aligned}
{}^{A}\boldsymbol{v}_Q &= {}^{A}\dot{\boldsymbol{d}}_B + {}_{A}\boldsymbol{\omega}_B \times {}^{A}_{B}\boldsymbol{r}_{Q/o} = {}^{A}\dot{\boldsymbol{d}}_B - {}_{A}\boldsymbol{\omega}_B \times {}^{A}_{B}\boldsymbol{r}_{o/Q} \\
&= {}^{A}\dot{\boldsymbol{d}}_B - {}_{A}\boldsymbol{\omega}_B \times (a_Q\ {}^{A}\dot{\boldsymbol{d}}_B + b_Q\ {}_{A}\boldsymbol{\omega}_B \times {}^{A}_{B}\dot{\boldsymbol{d}}_P) \\
&= {}^{A}\dot{\boldsymbol{d}}_B - a_Q\ {}_{A}\boldsymbol{\omega}_B \times {}^{A}\dot{\boldsymbol{d}}_B - b_Q\ {}_{A}\boldsymbol{\omega}_B \times ({}_{A}\boldsymbol{\omega}_B \times {}^{A}\dot{\boldsymbol{d}}_B) = 0
\end{aligned}
\tag{3-290}
$$

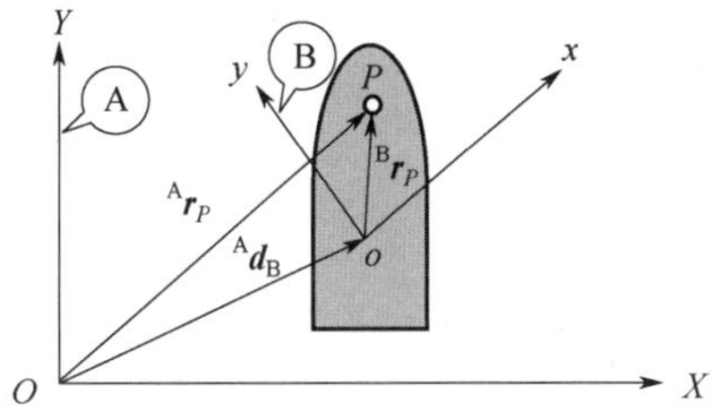

图 3.30 刚体的平面运动

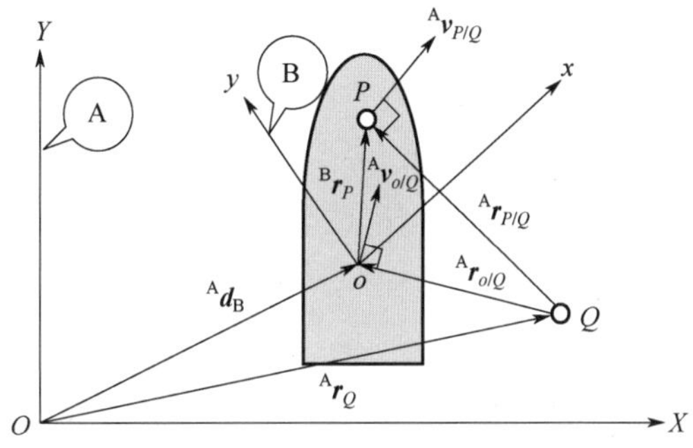

图 3.31 刚体做平面运动的瞬心为 Q

利用下面的方程：

$$ {}_{A}\boldsymbol{\omega}_B = \omega \mathbf{K} \tag{3-291} $$

$$ {}_{A}\boldsymbol{\omega}_B \times ({}_{A}\boldsymbol{\omega}_B \times {}^{A}\dot{\boldsymbol{d}}_B) = ({}_{A}\boldsymbol{\omega}_B \cdot {}^{A}\dot{\boldsymbol{d}}_B)\ {}_{A}\boldsymbol{\omega}_B - \omega^2\ {}^{A}\dot{\boldsymbol{d}}_B \tag{3-292} $$

$$ {}_{A}\boldsymbol{\omega}_B \cdot {}^{A}\dot{\boldsymbol{d}}_B = 0 \tag{3-293} $$

也就可以找到：

$$ (1 + b_Q\omega^2)\ {}^{A}\dot{\boldsymbol{d}}_B - a_Q\ {}_{A}\boldsymbol{\omega}_B \times {}^{A}\dot{\boldsymbol{d}}_B = 0 \tag{3-294} $$

由于 ${}^{A}\dot{\boldsymbol{d}}_B$ 与 ${}_{A}\boldsymbol{\omega}_B \times {}^{A}\dot{\boldsymbol{d}}_B$ 相互垂直，式（3-294）可化简得：

$$ 1 + b_Q\omega^2 = 0 \tag{3-295} $$

$$ a_Q = 0 \tag{3-296} $$

最终可以得到：

$$ {}^{A}_{B}\boldsymbol{r}_{Q/o} = \frac{1}{\omega^2}({}_{A}\boldsymbol{\omega}_B \times {}^{A}\dot{\boldsymbol{d}}_B) \tag{3-297} $$

案例 137 加速度的瞬心。

根据刚体的平面运动，可以找到刚体上一点的加速度为零。这样的点被称为加速度瞬态中心。当刚体做平面运动时，可以用以下方程来表示 P 点的加速度，如图 3.31 所示。

$$
\begin{aligned}
{}^{A}\boldsymbol{a}_P &= {}^{A}\ddot{\boldsymbol{d}}_B + {}_{A}\boldsymbol{\alpha}_B \times ({}^{A}\boldsymbol{r}_P - {}^{A}\boldsymbol{d}_B) + {}_{A}\boldsymbol{\omega}_B \times \left[{}_{A}\boldsymbol{\omega}_B \times ({}^{A}\boldsymbol{r}_P - {}^{A}\boldsymbol{d}_B)\right] \\
&= {}^{A}\ddot{\boldsymbol{d}}_B + {}_{A}\boldsymbol{\alpha}_B \times {}^{A}_{B}\boldsymbol{r}_P + {}_{A}\boldsymbol{\omega}_B \times ({}_{A}\boldsymbol{\omega}_B \times {}^{A}_{B}\boldsymbol{r}_P)
\end{aligned}
\tag{3-298}
$$

${}_{A}\boldsymbol{\omega}_B \times ({}_{A}\boldsymbol{\omega}_B \times {}^{A}_{B}\boldsymbol{r}_P)$ 这一项表示的是法向加速度，而 ${}_{A}\boldsymbol{\alpha}_B \times {}^{A}_{B}\boldsymbol{r}_P$ 这一项表示的是切向加速度，它与 ${}^{A}_{B}\boldsymbol{r}_P$ 相互垂直。由于是平面运动，角速度矢量方向总是与单位矢量 $\mathbf{k}$ 和 $\mathbf{K}$ 相平行。

$$ {}_{A}\boldsymbol{\omega}_B = \omega \mathbf{K} \tag{3-299} $$

$$ {}_{A}\boldsymbol{\alpha}_B = \alpha \mathbf{K} \tag{3-300} $$

因此，加速度 ${}^{\mathrm{A}}\boldsymbol{a}_P$ 可以化简为：

$$ {}^{\mathrm{A}}\boldsymbol{a}_P={}^{\mathrm{A}}\ddot{\boldsymbol{d}}_{\mathrm{B}}+{}_{\mathrm{A}}\boldsymbol{\alpha}_{\mathrm{B}}\times{}_{\mathrm{B}}^{\mathrm{A}}\boldsymbol{r}_P-\omega^2{}_{\mathrm{B}}^{\mathrm{A}}\boldsymbol{r}_P \tag{3-301}$$

现在要找加速度为零的点 S 并且表达出它的位置矢量为：

$$ {}^{\mathrm{A}}\boldsymbol{r}_{S/o}=a_S{}^{\mathrm{A}}\ddot{\boldsymbol{d}}_{\mathrm{B}}+b_S{}_{\mathrm{A}}\boldsymbol{\alpha}_{\mathrm{B}}\times{}^{\mathrm{A}}\ddot{\boldsymbol{d}}_{\mathrm{B}} \tag{3-302}$$

基于式（3-301）有：

$$\begin{aligned}{}^{\mathrm{A}}\boldsymbol{a}_S&={}^{\mathrm{A}}\ddot{\boldsymbol{d}}_{\mathrm{B}}+{}_{\mathrm{A}}\boldsymbol{\alpha}_{\mathrm{B}}\times{}_{\mathrm{B}}^{\mathrm{A}}\boldsymbol{r}_S-\omega^2{}_{\mathrm{B}}^{\mathrm{A}}\boldsymbol{r}_S={}^{\mathrm{A}}\ddot{\boldsymbol{d}}_{\mathrm{B}}+{}_{\mathrm{A}}\boldsymbol{\alpha}_{\mathrm{B}}\times{}_{\mathrm{B}}^{\mathrm{A}}\boldsymbol{r}_{S/o}-\omega^2{}_{\mathrm{B}}^{\mathrm{A}}\boldsymbol{r}_{S/o}\\&={}^{\mathrm{A}}\ddot{\boldsymbol{d}}_{\mathrm{B}}+{}_{\mathrm{A}}\boldsymbol{\alpha}_{\mathrm{B}}\times a_S({}^{\mathrm{A}}\ddot{\boldsymbol{d}}_{\mathrm{B}}+b_S\,{}_{\mathrm{A}}\boldsymbol{\alpha}_{\mathrm{B}}\times{}^{\mathrm{A}}\ddot{\boldsymbol{d}}_{\mathrm{B}})-\omega^2({}^{\mathrm{A}}\ddot{\boldsymbol{d}}_{\mathrm{B}}+b_S\,{}_{\mathrm{A}}\boldsymbol{\alpha}_{\mathrm{B}}\times{}^{\mathrm{A}}\ddot{\boldsymbol{d}}_{\mathrm{B}})\\&={}^{\mathrm{A}}\ddot{\boldsymbol{d}}_{\mathrm{B}}+a_S\,{}_{\mathrm{A}}\boldsymbol{\alpha}_{\mathrm{B}}\times{}^{\mathrm{A}}\ddot{\boldsymbol{d}}_{\mathrm{B}}+b_S\,{}_{\mathrm{A}}\boldsymbol{\alpha}_{\mathrm{B}}\times({}_{\mathrm{A}}\boldsymbol{\alpha}_{\mathrm{B}}+{}^{\mathrm{A}}\ddot{\boldsymbol{d}}_{\mathrm{B}})-a_S\omega^{2\mathrm{A}}\ddot{\boldsymbol{d}}_{\mathrm{B}}-b_S\omega^2\,{}_{\mathrm{A}}\boldsymbol{\alpha}_{\mathrm{B}}\times{}^{\mathrm{A}}\ddot{\boldsymbol{d}}_{\mathrm{B}}=0\end{aligned} \tag{3-303}$$

化简后可得：

$$(1-a_S\omega^2-b_S\alpha^2){}^{\mathrm{A}}\ddot{\boldsymbol{d}}_{\mathrm{B}}+(a_S-b_S\omega^2)\,{}_{\mathrm{A}}\boldsymbol{\alpha}_{\mathrm{B}}\times{}^{\mathrm{A}}\ddot{\boldsymbol{d}}_{\mathrm{B}}=0 \tag{3-304}$$

由于 ${}^{\mathrm{A}}\ddot{\boldsymbol{d}}_{\mathrm{B}}$ 和 ${}_{\mathrm{A}}\boldsymbol{\alpha}_{\mathrm{B}}\times{}^{\mathrm{A}}\ddot{\boldsymbol{d}}_{\mathrm{B}}$ 相互垂直，必须有：

$$a_S\omega^2-b_S\alpha^2=0 \tag{3-305}$$

$$a_S-b_S\omega^2=0 \tag{3-306}$$

因此：

$$a_S=\frac{\omega^2}{\omega^2+\alpha^2} \tag{3-307}$$

$$b_S=\frac{1}{\omega^2+\alpha^2} \tag{3-308}$$

加速度瞬心的位置矢量也就等于：

$$ {}^{\mathrm{A}}\boldsymbol{r}_{S/o}=\frac{1}{\omega^2+\alpha^2}(\omega^2\,{}^{\mathrm{A}}\ddot{\boldsymbol{d}}_{\mathrm{B}}+{}_{\mathrm{A}}\boldsymbol{\alpha}_{\mathrm{B}}\times{}^{\mathrm{A}}\ddot{\boldsymbol{d}}_{\mathrm{B}}) \tag{3-309}$$

3.6 耦合连杆上关联点的曲线

现在最一般的独立悬架系统有双 A 臂和曲柄-滑杆机构两种形式。当以车身作为参照系时，车轮固定在耦合杆上。

案例 138 四连杆机构耦合杆上点的曲线。

图 3.32 给出了四连杆机构 $MNAB$ 以及耦合连杆上的一点 C。当该机构运动起来时，耦合点 C 将按照一定的轨迹运动。

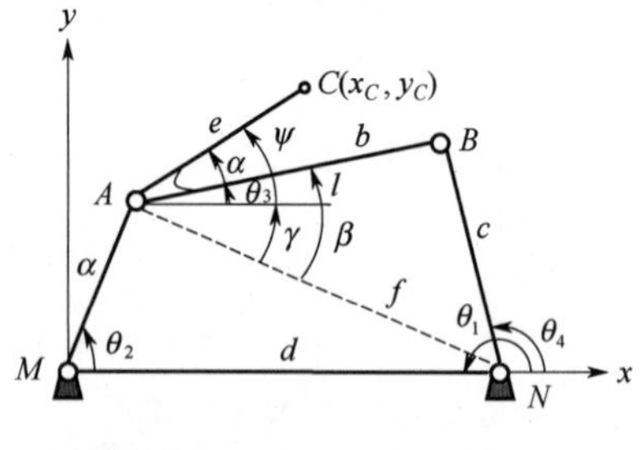

图 3.32 四连杆机构与耦合杆上关联点 C 相对位置关系示意图

耦合点的运动轨迹被称为耦合点曲线。假设 θ_2 作为该机构的输入变量，那么作为参数的耦合点曲线的坐标（x_C, y_C）为：

$$x_C=a\cos\theta_2+e\cos(\beta-\gamma+\alpha) \tag{3-310}$$

$$y_C=a\sin\theta_2+e\sin(\beta-\gamma+\alpha) \tag{3-311}$$

其中：

$$\gamma = \arctan\frac{a\sin\theta_2}{d - a\cos\theta_2} \tag{3-312}$$

$$\beta = \arctan\frac{\sqrt{4b^2f^2 - (b^2 + f^2 - c^2)^2}}{b^2 + f^2 - c^2} \tag{3-313}$$

$$f = \sqrt{a^2 + d^2 - 2ad\cos\theta_2} \tag{3-314}$$

证明 25：耦合点 C 的位置如图 3.32 所示，可以用极坐标长度 e 和角度 α 来定义，极坐标系粘连在耦合连杆上。而笛卡儿坐标系表示的（x_C, y_C）粘连于地。连杆的长度分别表示为 $MA = a$，$NB = c$ 以及 $MN = d$。将 $\angle ANM$ 表示为 γ，$\angle BAN$ 表示为 β。通过 A 点画一条平行于地杆 MN 的直线 l，那么：

$$\angle NAl = \angle ANM = \gamma \tag{3-315}$$

$$\angle CAl = \psi \tag{3-316}$$

$$\psi = \beta - \gamma + \alpha \tag{3-317}$$

C 点的主坐标为：

$$x_C = a\cos\theta_2 + e\cos\psi \tag{3-318}$$

$$y_C = a\sin\theta_2 + e\sin\psi \tag{3-319}$$

这里的 ψ 由式（3-317）可以得到。角度 β 可以通过 ΔBAN 中的余弦定理得到。

$$\cos\beta = \frac{b^2 + f^2 - c^2}{2bf} \tag{3-320}$$

其中，$f = AN$。利用 ΔAMN 的余弦定理可得：

$$f = \sqrt{a^2 + d^2 - 2ad\cos\theta_2} \tag{3-321}$$

该结果和需要证明的式（3-314）一致。

为了方便计算机计算，可以利用三角公式找到 β：

$$\tan^2\beta = \sec^2\beta - 1 \tag{3-322}$$

在利用式（3-320）计算出 $\sec\beta$ 后：

$$\beta = \arctan\frac{\sqrt{4b^2f^2 - (b^2 + f^2 - c^2)^2}}{b^2 + f^2 - c^2} \tag{3-323}$$

角度 γ 可以通过 A 点对 MN 作垂线的直角三角形的正切定义求得：

$$\gamma = \arctan\frac{a\sin\theta_2}{d - a\cos\theta_2} \tag{3-324}$$

由此可知，C 点的坐标系可以通过已知的 a、b、c、d、e 以及 α 求出，为 θ_2 的函数。

案例 139 双 A 臂悬架系统的设计缺陷。

图 3.33 给出了一个双 A 臂悬架系统，以及它等价的四连杆动力学模型。M 点和 N 点固定在车身上，A 点和 B 点为运动点，并且粘连在车轮上的耦合连杆上。C 点由轴支撑，我们将其假想为车轮中心位置。当车轮上下运动时，车轮中心点运动曲线为一条耦合点运动曲线。车轮的中心对于合适的悬架而言往往被假想成上下垂直运动，但是悬架的车轮中心运动的曲线弯曲得很厉害，产生的是一条不希望出现的拱形运动曲线。

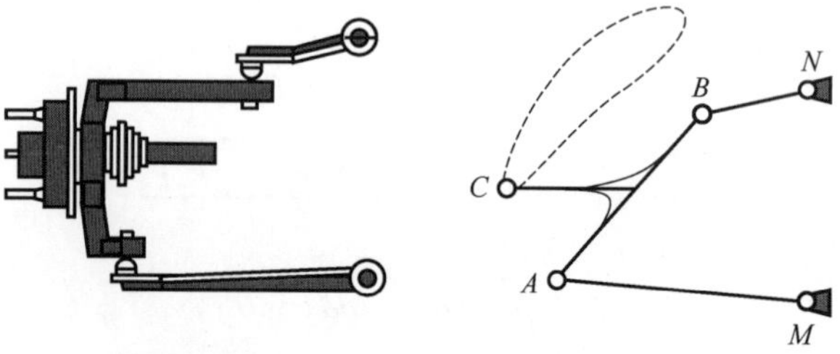

图 3.33　双 A 臂悬架等效的动力学模型

悬架在小运动情况下的动力学模型如图3.34所示，而实际悬架和车轮结构如图3.35所示。

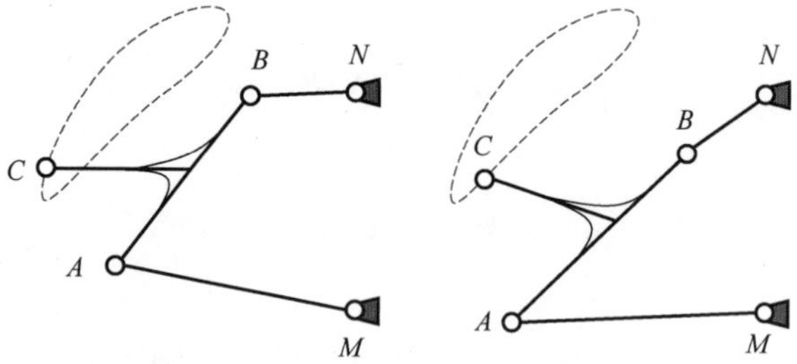

图 3.34　悬架在小运动情况下的动力学模型

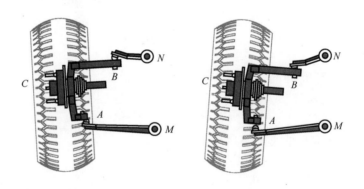

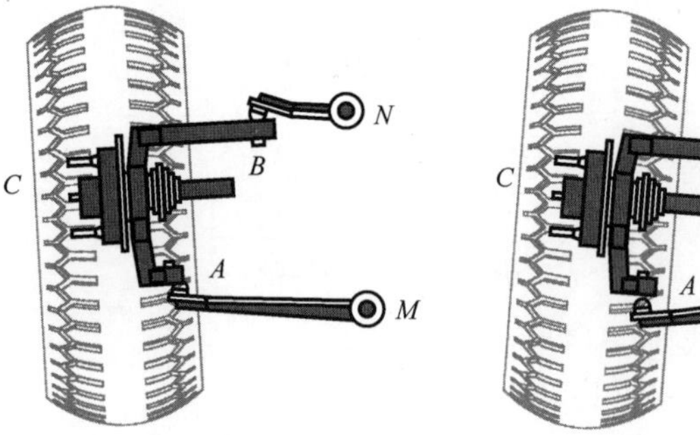

图 3.35　实际运动中悬架和车轮的状态

案例 140　曲柄-滑块机构的耦合点曲线。

图 3.36 给出了一个曲柄-滑块机构及其耦合点 C 的图形。当机构运动时，耦合点 C 将运动形成一条耦合点曲线，代入以下曲线：

$$x_C = a\cos\theta_2 + c\cos(\alpha - \gamma) \tag{3-325}$$

$$y_C = a\sin\theta_2 + c\sin(\alpha - \gamma) \tag{3-326}$$

角度 θ_2 为输入角，作为一个变量参数，角度 γ 可以通过以下方程计算：

$$\gamma = \arcsin\frac{a\sin\theta_2 - e}{b} \tag{3-327}$$

证明 26：将笛卡儿平面坐标系粘结于地杆的 M 点。x-轴平行于地面，表示出滑块滑动平面，如图 3.36 所示。过 A 点画一条直线 l 平行于地面，由此可以得到：

$$\beta = \alpha - \gamma \tag{3-328}$$

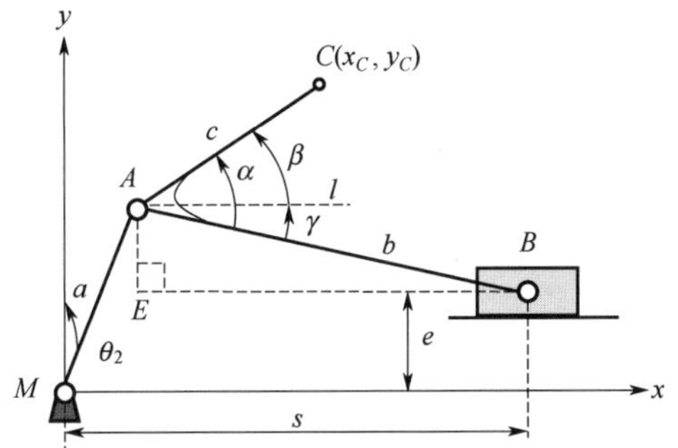

图 3.36 曲柄-滑块机构与耦合杆上关联点 C 相对位置关系示意图（1）

式中，γ 为耦合杆和地面的夹角。

C 点的坐标（x_C, y_C）为：

$$x_C = a\cos\theta_2 + c\cos\beta \tag{3-329}$$

$$y_C = a\sin\theta_2 + c\sin\beta \tag{3-330}$$

在△AEB 中找到 γ：

$$\sin\gamma = \frac{AE}{AB} = \frac{a\sin\theta_2 - e}{b} \tag{3-331}$$

这和式（3-327）一致。

由此可知，C 点的坐标系可以通过已知的 a、b、c、e 以及 α 求出，为 θ_2 的函数。

案例 141 中心对称的曲柄-滑块机构。

C(x_C, y_C)为中心对称的曲柄-滑块机构耦合杆上的点，如图 3.37 所示。由于机构是中心对称的，那么 $e=0$，$a=b$，且有 $\theta_2=\theta_4$。C 点位于耦合杆 AB 上，与 A 点的距离为 kb，其中 $0<k<1$。

C 点的坐标为：

$$x_C = a\cos\theta_2 + kb\cos\theta_2 = a(1+k)\cos\theta_2 \tag{3-332}$$

$$y_C = a\sin\theta_2 - kb\sin\theta_2 = a(1-k)\sin\theta_2 \tag{3-333}$$

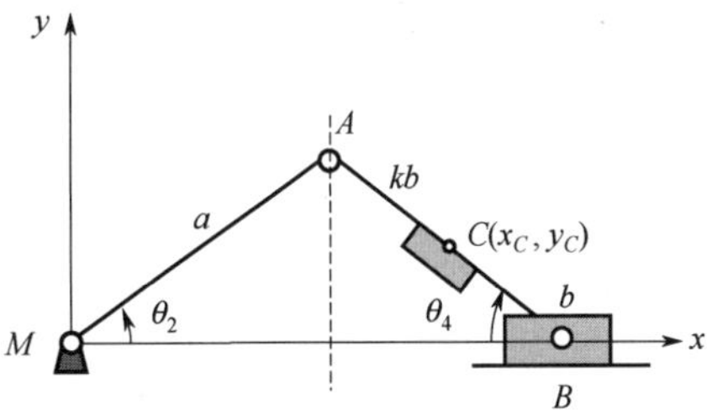

图 3.37 中心对称的曲柄-滑块机构

因此：

$$\cos\theta_2 = \frac{x_C}{a(1+k)} \tag{3-334}$$

$$\sin\theta_2 = \frac{y_C}{a(1-k)} \tag{3-335}$$

利用 $\sin^2\theta_2 + \cos^2\theta_2 = 1$，可以得到耦合点 C 将在椭圆曲线上运动：

$$\frac{x_C^2}{a^2(1+k)^2} + \frac{y_C^2}{a^2(1-k)^2} = 1 \tag{3-336}$$

3.7 曲柄-滑杆机构的耦合点曲线

图 3.38 给出了一个曲柄-滑杆机构和其上的耦合点 C。当机构运动时，耦合点 C 将在耦合点曲线上运动，它的参数方程为：

$$x_C = a\cos\theta_2 + c\cos(\pi - \alpha - \theta_4) \tag{3-337}$$

$$y_C = a\sin\theta_2 + c\sin(\pi - \alpha - \theta_4) \tag{3-338}$$

θ_2 为输入角，作为一个变量参数，θ_4 为输出杆角度，可以通过式（3-227）求出。

$$\theta_4 = 2\arctan\frac{-H \pm \sqrt{H^2 - 4GI}}{2G} \tag{3-339}$$

$$G = d + e - a\cos\theta_2 \tag{3-340}$$

$$H = -2a\sin\theta_2 \tag{3-341}$$

$$I = a\cos\theta_2 - d + e \tag{3-342}$$

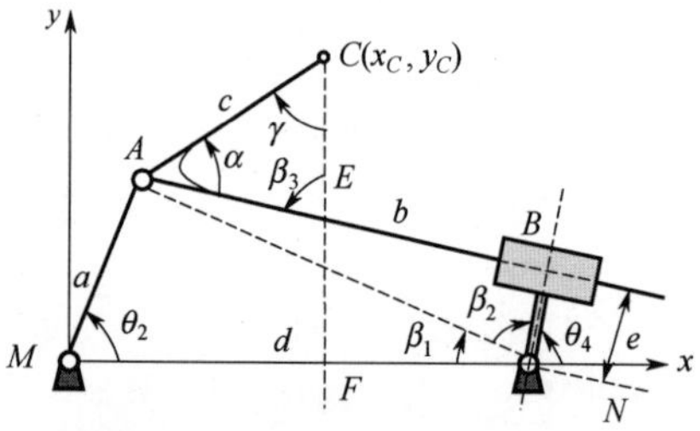

图 3.38　曲柄-滑杆机构与耦合杆上关联点 C 相对位置关系示意图（2）

证明 27：将平面笛卡儿坐标系粘连于地杆 MN 上。过 C 点画垂线定义角度 $\gamma = \angle ACF$，如图 3.38 所示。同样再定义三个角 $\beta_1 = \angle ANM$，$\beta_2 = \angle ANB$ 以及 $\beta_3 = \angle BEF$，为了简化计算，从△ACE 中可以找到：

$$\gamma = \pi - \beta_3 - \alpha \tag{3-343}$$

从四边形 $EFNB$ 中可以找到：

$$\beta_1 + \beta_2 + \beta_3 + \angle EFN + \angle EBN = 2\pi \tag{3-344}$$

又有：

$$\angle EFN = \frac{\pi}{2} \tag{3-345}$$

$$\angle EBN = \frac{\pi}{2} \tag{3-346}$$

因此：

$$\beta_1 + \beta_2 + \beta_3 = \pi \tag{3-347}$$

输出角 θ_4 等于：

$$\theta_4 = \pi - (\beta_2 + \beta_1) \tag{3-348}$$

因此：

$$\theta_4 = \beta_3 \tag{3-349}$$

也可以根据双垂直定理得到该结果。

这时角 γ 可以写成：

$$\gamma = \pi - \theta_4 - \alpha \tag{3-350}$$

其中，θ_4 为输出角，可以通过式（3-227）求出。

由此可知，C 点的坐标系可以通过已知的 a、c、d、e 以及 α 求出，为 θ_2 的函数。

3.8 万向节传动

万向节如图 3.39 所示，它是一个连接两个夹角为 φ 的旋转轴的机构。万向节又被称为胡克耦合、胡克节点或叉型节点。

图 3.40 给出了一个万向节。这个万向节共有 4 个连接件，连接件 1 看作固定车架，它拥有转动节点，并借此和输入连接件 2 驱动叉以及输出连接件 4 从动叉连接。驱动叉和从动叉同时通过转动节点连接在一个十字轴连接件 3 上。如果将十字连接件看作一个耦合连接件，万向节点就是一个三维四连杆机构。

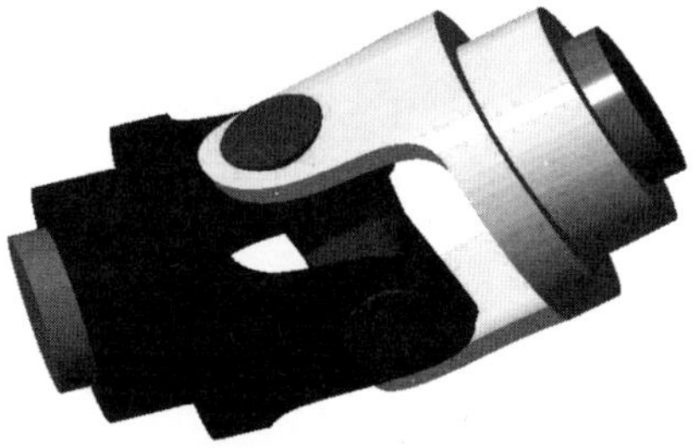

图 3.39　汽车万向节

驱动轴和从动轴同时做同向的旋转，但是贯穿整个旋转的速度比率不是一个常数。从动轴 4 相对于驱动轴 2 的角速度被称为角速度比率 Ω，它是关于驱动轴角位置 θ 以及轴间夹角 φ 的函数：

$$\Omega = \frac{\omega_4}{\omega_2} = \frac{\cos\varphi}{1 - \sin^2\varphi\cos^2\theta} \tag{3-351}$$

证明 28：万向节出现的形式可能是多种多样的，但是无论它的结构怎样，其本质形式如图 3.40 所示。每个连接的轴尾端都和一个 U 形叉相连。这个两叉都和一个刚性十字连接件相连。十字连接件的尾端与 U 形叉之间设置了轴承。当驱动叉开始转动，十字连接件相对于驱动叉绕轴线 AB 旋转。类似地，十字连接件相对于从动叉绕轴 CD 旋转。

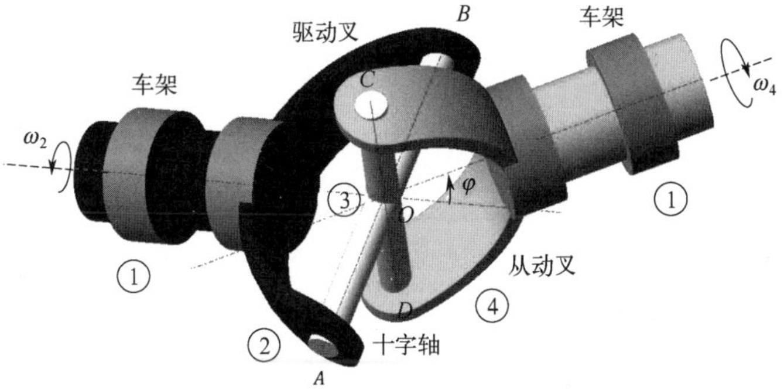

图 3.40　汽车万向节示意图

虽然驱动轴和从动轴同时做同向旋转，但是贯穿旋转的速度比率却不是常数。将该机构分解成驱动叉、从动叉以及十字轴连接件的形式，如图 3.41 所示。

十字轴的角速度可以表示为：

$$ {}_1\boldsymbol{\omega}_3 = {}_1\boldsymbol{\omega}_2 + \frac{1}{2}\boldsymbol{\omega}_3 = {}_1\boldsymbol{\omega}_4 + {}_4^1\boldsymbol{\omega}_3 \tag{3-352} $$

式中，${}_1\boldsymbol{\omega}_2$ 表示驱动叉对 x_2 -轴的角速度，而 $\frac{1}{2}\boldsymbol{\omega}_3$ 表示十字轴绕轴 AB 相对于从动叉的角速度。

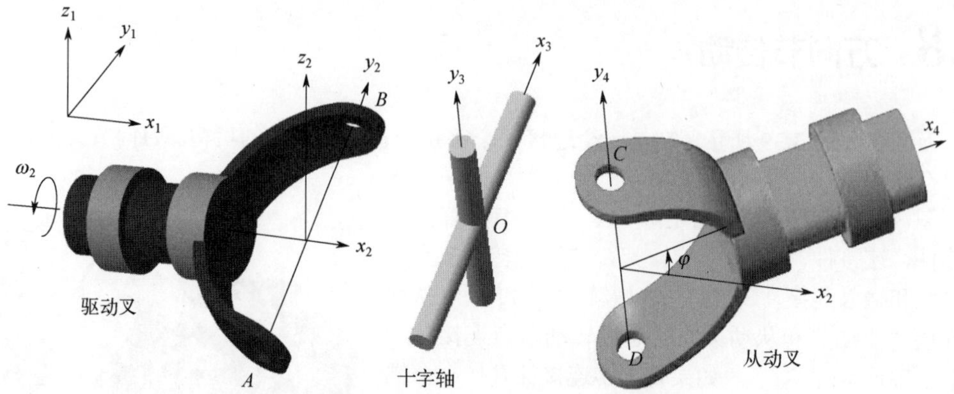

图 3.41 汽车万向节分解示意图

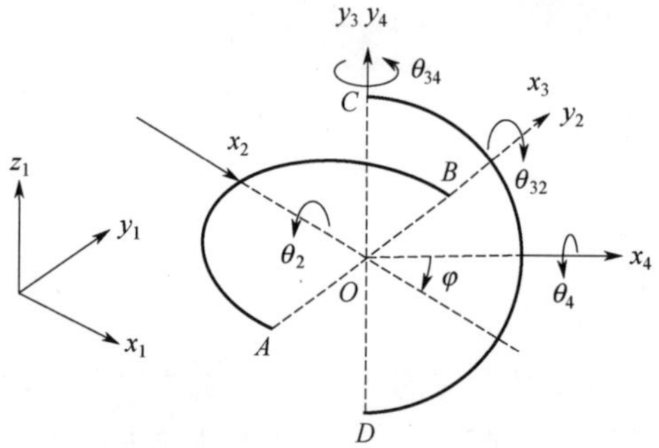

图 3.42 汽车万向节动力学模型

图3.42展示了沿十字轴臂方向上的单位矢量 $\mathbf{J}_2$ 和 $\mathbf{J}_3$，沿轴方向的单位矢量为 $\mathbf{i}_2$ 和 $\mathbf{i}_4$，借此可以表示出以下角速度矢量：

$$ {}_1\boldsymbol{\omega}_2 = \begin{bmatrix} \omega_{21}\mathbf{i}_1 \\ \mathbf{j}_1 \\ \mathbf{k}_1 \end{bmatrix} = \begin{bmatrix} \omega_{21} \\ 0 \\ 0 \end{bmatrix} \tag{3-353} $$

$$ {}_1\boldsymbol{\omega}_4 = \begin{bmatrix} \omega_{41}\mathbf{i}_4 \\ \mathbf{j}_4 \\ \mathbf{k}_4 \end{bmatrix} \tag{3-354} $$

$$ {}_2\boldsymbol{\omega}_3 = \begin{bmatrix} \mathbf{i}_2 \\ \omega_{32}\mathbf{j}_2 \\ \mathbf{k}_2 \end{bmatrix} \tag{3-355} $$

$$ {}_2^3\boldsymbol{\omega}_3 = \begin{bmatrix} \omega_{32}\mathbf{i}_3 \\ \mathbf{j}_3 \\ \mathbf{k}_3 \end{bmatrix} \tag{3-356} $$

$$ {}_4\boldsymbol{\omega}_3 = \begin{bmatrix} \mathbf{i}_4 \\ \omega_{34}\mathbf{j}_4 \\ \mathbf{k}_4 \end{bmatrix} \tag{3-357} $$

$$ {}_4^3\boldsymbol{\omega}_3 = \begin{bmatrix} \mathbf{i}_3 \\ \omega_{34}\mathbf{j}_3 \\ \mathbf{k}_3 \end{bmatrix} \tag{3-358} $$

由此，可以将式（3-352）化简为：

$$ \omega_{32}\mathbf{i}_3 + \omega_{21}\mathbf{i}_2 = \omega_{41}\mathbf{i}_4 + \omega_{34}\mathbf{j}_3 \tag{3-359} $$

但是，由于十字轴坐标符合右手定则，有：

$$\mathbf{i}_3 \times \mathbf{j}_3 = \mathbf{k}_3 \tag{3-360}$$

因此有：

$$(\omega_{32}\mathbf{i}_3 + \omega_{21}\mathbf{i}_2) \bullet \mathbf{k}_3 = (\omega_{41}\mathbf{i}_4 + \omega_{34}\mathbf{j}_3) \bullet \mathbf{k}_3 \tag{3-361}$$

结果为：

$$\omega_{21}\mathbf{i}_2 \bullet \mathbf{k}_3 = \omega_{41}\mathbf{i}_4 \bullet \mathbf{k}_3 \tag{3-362}$$

要求的角速度比率 $\Omega = \omega_{41} / \omega_{21}$ 为：

$$\Omega = \frac{\omega_{41}}{\omega_{21}} = \frac{\mathbf{i}_2 \bullet \mathbf{k}_3}{\mathbf{i}_4 \bullet \mathbf{k}_3} = \frac{\mathbf{i}_2 \bullet \mathbf{i}_3 \times \mathbf{j}_3}{\mathbf{i}_4 \bullet \mathbf{i}_3 \times \mathbf{j}_3} \tag{3-363}$$

单位矢量 $\mathbf{j}_3$ 垂直于 $\mathbf{i}_3$ 和 $\mathbf{i}_4$，即：

$$\mathbf{j}_3 = a\mathbf{i}_4 \times \mathbf{i}_3 \tag{3-364}$$

其中，a 为一个系数。接着有：

$$\mathbf{i}_3 \times \mathbf{j}_3 = \mathbf{i}_3 \times \left(a\mathbf{i}_4 \times \mathbf{i}_3\right) = a\left[\mathbf{i}_4 - \left(\mathbf{i}_3 \bullet \mathbf{i}_4\right)\mathbf{i}_3\right] \tag{3-365}$$

又因为：

$$\mathbf{i}_3 \bullet \mathbf{i}_2 = 0 \tag{3-366}$$

可以得到：

$$\Omega = \frac{\omega_{41}}{\omega_{21}} = \frac{\mathbf{i}_2 \bullet a\left[\mathbf{i}_4 - (\mathbf{i}_3 \bullet \mathbf{i}_4)\mathbf{i}_3\right]}{\mathbf{i}_4 \bullet a\left[\mathbf{i}_4 - (\mathbf{i}_3 \bullet \mathbf{i}_4)\mathbf{i}_3\right]} = \frac{\mathbf{i}_2 \bullet \mathbf{i}_4}{1 - (\mathbf{i}_3 \bullet \mathbf{i}_4)^2} = \frac{\cos\varphi}{1 - (\mathbf{i}_3 \bullet \mathbf{i}_4)^2} \tag{3-367}$$

如果知道驱动轴转角 θ_2 的角位置 θ，那么：

$$\mathbf{i}_3 = \cos\theta\mathbf{j}_1 - \sin\theta\mathbf{k}_1 \tag{3-368}$$

$$\mathbf{i}_4 = \cos\varphi\mathbf{i}_1 - \sin\varphi\mathbf{j}_1 \tag{3-369}$$

可以找到角速度比率为：

$$\Omega = \frac{\omega_{41}}{\omega_{21}} = \frac{\cos\varphi}{1 - \sin^2\varphi\cos^2\theta} \tag{3-370}$$

这个公式显示出虽然两个轴同时向一个方向旋转，但是它们的角速度比率却是随着驱动轴旋转角度 $\theta(t)$ 在不断变化的，并且同时也是轴间夹角 φ 的一个函数。因此，即使驱动轴的角速度 ω_{21} 为常数，被驱动轴的转速 ω_{41} 却是变化的。

在讨论万向节驱动轴与从动轴的速度比率的过程中，大家可能感觉比较麻烦，为了厘清头绪，着重注意以下几个方面的问题：

① 坐标系有 4 套，首先应该注意第一坐标系和第二坐标系的区别。第一坐标系可以看作绝对固定坐标系，也就是本书所说的主坐标系；第二坐标系固定在驱动轴上，位于十字轴中心 O 处，并随驱动轴一起旋转，是一个旋转中的坐标系。在某一时刻，第二坐标系与第一坐标系 x-轴之间的夹角为 θ。

② 第三坐标系原点位于十字轴中心 O 处，x-轴位于 OB 方向，y-轴位于 OC 方向。在传

递动力的过程中相当于中间齿轮传动，有一定转速但不影响传递结果。影响最终速度比率的是驱动轴角位置θ和驱动轴与从动轴的夹角φ。

③ 注意表达式（3-353）：

$$ {}_1\boldsymbol{\omega}_2 = {}_1^1\boldsymbol{\omega}_2 = \begin{bmatrix} \omega_{21}\mathbf{i}_1 \\ \mathbf{j}_1 \\ \mathbf{k}_1 \end{bmatrix} = \begin{bmatrix} \omega_{21} \\ 0 \\ 0 \end{bmatrix} \tag{3-371} $$

当左边两个数字一样时，可以省略左上方数字。

实际上，对于驱动轴准确转速，应该记为：

$$ {}_1^2\boldsymbol{\omega}_2 = \begin{bmatrix} \omega_{21}\mathbf{i}_2 \\ \mathbf{j}_2 \\ \mathbf{k}_2 \end{bmatrix} \neq \begin{bmatrix} \omega_{21} \\ 0 \\ 0 \end{bmatrix} \tag{3-372} $$

但是由于x_2方向始终与x_1方向保持一致，那么有：

$$ \omega_{21}\mathbf{i}_1 = \omega_{21}\mathbf{i}_2 \tag{3-373} $$

还应注意，在主坐标系其他方向角速度为0时，如表达式（3-353）一样写出来。在其他坐标系角速度不为0时，不做表达，以免混淆，如表达式（3-372）所示。重点是，在主坐标系中依然可以用

$$ {}_1^2\boldsymbol{\omega}_2 = \omega_{21}\mathbf{i}_2 \tag{3-374} $$

表达驱动轴的角速度。其中，ω_{21}表示大小，$\mathbf{i}_2$表示方向。同理可得，在主坐标系中：

$$ {}_1\boldsymbol{\omega}_4 = \omega_{41}\mathbf{i}_4 \tag{3-375} $$

$$ {}_2\boldsymbol{\omega}_3 = \omega_{32}\mathbf{j}_2 \tag{3-376} $$

$$ {}_2^3\boldsymbol{\omega}_3 = \omega_{32}\mathbf{i}_3 \tag{3-377} $$

$$ {}_4\boldsymbol{\omega}_3 = \omega_{34}\mathbf{j}_4 \tag{3-378} $$

$$ {}_4^3\boldsymbol{\omega}_3 = \omega_{34}\mathbf{j}_3 \tag{3-379} $$

前面是大小，后面是方向，在主坐标系同样适用。

④ 补充一点三向量混合积与双重向量积的知识。对于混合积而言，它是三向量组成的平行六面体体积，有公式：

$$ (\boldsymbol{a}\times\boldsymbol{b})\cdot\boldsymbol{c} = (\boldsymbol{b}\times\boldsymbol{c})\cdot\boldsymbol{a} = (\boldsymbol{c}\times\boldsymbol{a})\cdot\boldsymbol{b} = -(\boldsymbol{b}\times\boldsymbol{a})\cdot\boldsymbol{c} = -(\boldsymbol{c}\times\boldsymbol{b})\cdot\boldsymbol{a} = -(\boldsymbol{a}\times\boldsymbol{c})\cdot\boldsymbol{b} \tag{3-380} $$

这主要是看三个向量是否构成右手系，左手系加负号，和前面所说右手坐标系是一个意思。

对于双重向量积而言，有：

$$ (\boldsymbol{a}\times\boldsymbol{b})\times\boldsymbol{c} = (\boldsymbol{a}\cdot\boldsymbol{c})\cdot\boldsymbol{b} - (\boldsymbol{b}\cdot\boldsymbol{c})\cdot\boldsymbol{a} \tag{3-381} $$

$$ \boldsymbol{a}\times(\boldsymbol{b}\times\boldsymbol{c}) = -(\boldsymbol{b}\times\boldsymbol{c})\times\boldsymbol{a} = (\boldsymbol{a}\cdot\boldsymbol{c})\cdot\boldsymbol{b} - (\boldsymbol{a}\cdot\boldsymbol{b})\cdot\boldsymbol{c} \tag{3-382} $$

那么：

$$ \mathbf{i}_3\times(\mathbf{i}_4\times\mathbf{i}_3) = (\mathbf{i}_3^2)\cdot\mathbf{i}_4 - (\mathbf{i}_3\cdot\mathbf{i}_4)\cdot\mathbf{i}_3 = \mathbf{i}_4 - (\mathbf{i}_3\cdot\mathbf{i}_4)\cdot\mathbf{i}_3 \tag{3-383} $$

⑤ 主坐标系与$\mathbf{i}_3$、$\mathbf{i}_4$的关系如图3.43所示。

那么根据第2章的知识可得：

$$\mathbf{i}_3 = \begin{bmatrix} 1 & 0 & 0 \\ 0 & \cos\theta & \sin\theta \\ 0 & -\sin\theta & \cos\theta \end{bmatrix} \begin{bmatrix} 0 \\ 1 \\ 0 \end{bmatrix} = \begin{bmatrix} 0 \\ \cos\theta \\ -\sin\theta \end{bmatrix} = \cos\theta\mathbf{j}_1 - \sin\theta\mathbf{k}_1 \tag{3-384}$$

$$\mathbf{i}_4 = \begin{bmatrix} \cos\varphi & \sin\varphi & 0 \\ -\sin\varphi & \cos\varphi & 0 \\ 0 & 0 & 1 \end{bmatrix} \begin{bmatrix} 1 \\ 0 \\ 0 \end{bmatrix} = \begin{bmatrix} \cos\varphi \\ -\sin\varphi \\ 0 \end{bmatrix} = \cos\varphi\mathbf{i}_1 - \sin\varphi\mathbf{j}_1 \tag{3-385}$$

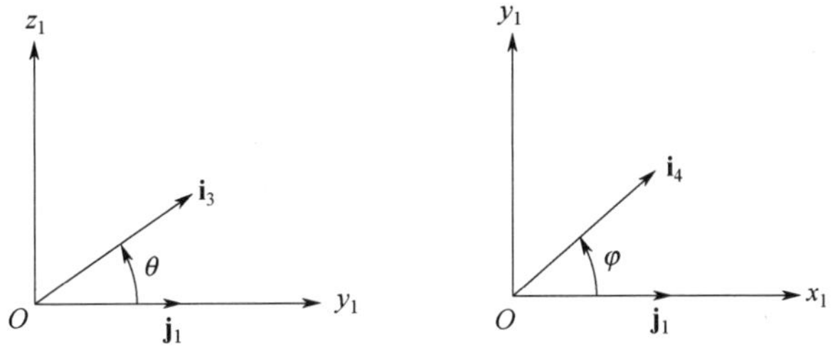

图 3.43 主坐标系与 $\mathbf{i}_3$、$\mathbf{i}_4$的关系

案例 142 图解万向节角速度比率 Ω 。

图 3.44 描述了关于 Ω 的三维图。Ω 的平面不是针对某一个旋转的驱动轴，而是给出了每一种可能的两轴夹角的情况。

$$-\pi < \theta < \pi \tag{3-386}$$

$$-\pi < \varphi < \pi \tag{3-387}$$

绘制图 3.44 的程序详见脚本 7。图 3.44 是出图后做了一定修改，如对纵坐标范围进行了调整，改为（-8，8），对三个轴标签进行了修改，等等。

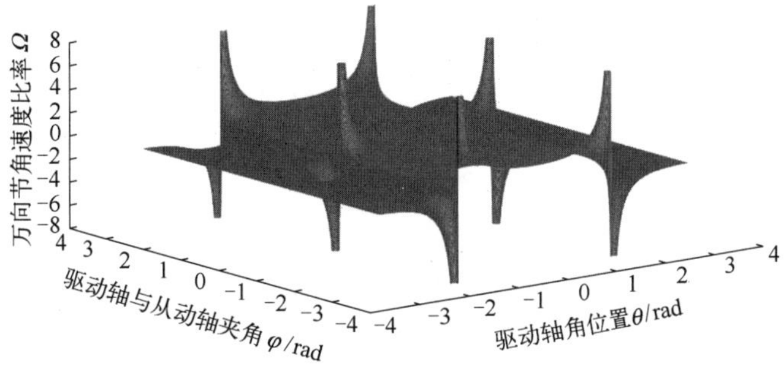

图 3.44 万向节角速度比率 Ω的三维图

二维的 Ω 图如图 3.45 所示，详见脚本 8。当 $\varphi \leqslant 10°$ 时，速度比率没有太大的起伏，但是当两个轴的夹角大于 10° 时，速度比率 Ω 不能被假设成一个常数。当 $\varphi = 90°$ 时，万向节将会被卡住，由于理论上：

$$\lim_{\varphi \to 90°} \Omega = \text{无定义 (分母可能为零)} \tag{3-388}$$

Ω 作为 θ 和 φ 函数的情况，可以在极坐标系中看得更清楚，如图 3.46 所示，详见脚本 8。极坐标图出图后取值范围不太合理，需要将 x-轴的取值范围改到（-2，2），所得图形如图 3.46 所示。

案例 143 在极坐标图中，可以看到旋转一周过程中 ω_{41} 的最大和最小值。

当 $\theta = 0$或π 时，Ω 的最大值为：

$$\Omega_M = \frac{1}{\cos\varphi} \tag{3-389}$$

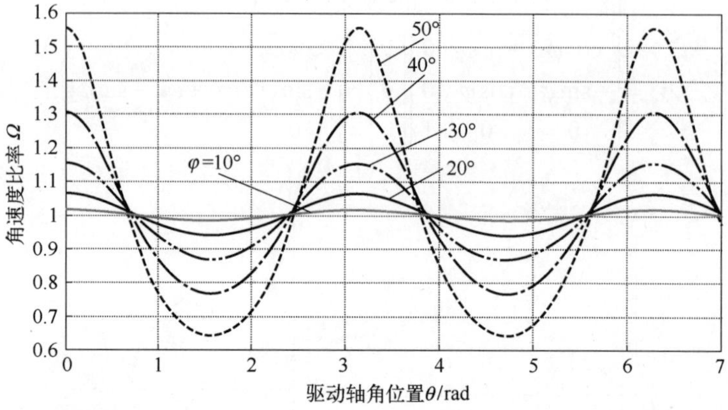

图 3.45　直角坐标系中角速度比率Ω在φ取不同值时随θ变化函数

当$\theta = \pi/2$或$3\pi/2$时，Ω 的最小值为：

$$\Omega_M = \cos\varphi \tag{3-390}$$

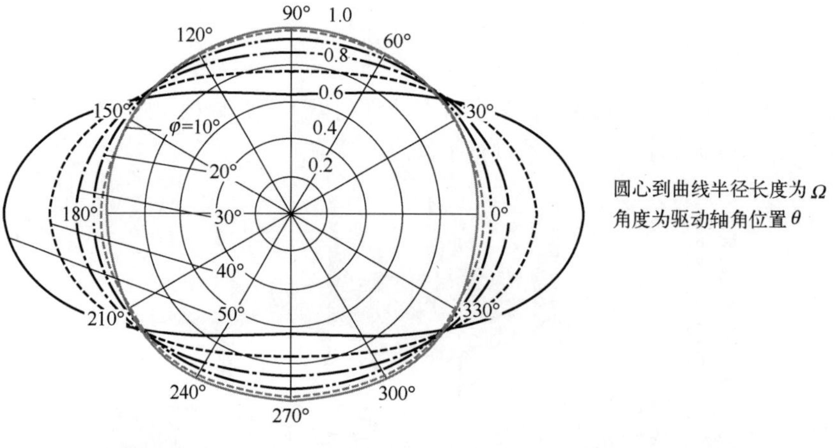

图 3.46　极坐标系中角速度比率Ω在φ取不同值时随θ变化的函数

案例 144　万向节历史。

14 世纪，人们在建造钟楼时遇到了一个问题，就是需要将旋转运动在两个有夹角的轴之间传递。这种传递给钟针的旋转受到钟塔结构的制约。1550 年的卡尔达诺（1501—1576）、1663 年的胡克（1635—1730）、1664 年的肖特（1608—1666）利用万向节传递了该旋转运动。胡克第一个提出了输出轴之间转动的不均匀问题。之后，蒙日（1746—1818）于 1794 年首次出版了关于万向节的机械原理的图书，蓬斯莱（1788—1867）于 1822 年对该原理进行了更进一步的阐释。

案例 145　双万向节。

为了消除由于万向节使得输入轴与输出轴之间的速度比率不均匀问题，可以再增加一个万向节使得中间轴相对于输入轴和输出轴做不均匀旋转。而输入轴和输出轴的速度比率则为 1，它们的旋转完全一致。

案例 146　万向节角速度比率的另一种证明方法。

假设一个万向节如图 3.41 所示，沿着输入轴看过去，看见 A 点和 B 点在圆上运动，而 C 点和 D 点则是在一个椭圆上运动，如图 3.47（a）所示。这是由于 A 点和 B 点的轨迹在观察平面上，而 C 点和 D 点的轨迹平面与观察平面之间存在一个夹角 φ，假设万向节在起始位置时，十字连接件的轴 CD 位于 A 点和 B 点的轨迹平面以及 C 点和 D 点的轨迹平面的交线上，如图 3.47（a）所示。如果轴 AB 旋转一个角度 θ，那么轴 CD 的投影也将旋转一个相同的角度，如图 3.47（b）所示。但是，如果从输出轴去看的话，那么轴 CD 所旋转的角度 θ_4 则不同于 θ。

从输入轴看过去，轴 AB 从 A_1B_1 运动到 A_2B_2 旋转了角度 θ。观察点不变，轴 CD 从 C_1D_1 运动到 C_2D_2，但是如果从输出轴看过去，轴 CD 的位置则是处于 $C_2'D_2'$。角度之间的几何学关系可以表达为：

$$\frac{C_2'R}{OR}=\tan\theta_4 \tag{3-391}$$

$$\frac{C_2R}{OR}=\tan\theta \tag{3-392}$$

$$\frac{C_2R}{C_2'R}=\cos\varphi \tag{3-393}$$

因此有：

$$\tan\theta=\tan\theta_4\cos\varphi \tag{3-394}$$

两边对函数 $\theta(t)$ 求导可得：

$$\frac{\omega_2}{\sec^2\theta}=\frac{\omega_4}{\sec^2\theta_4}\cos\varphi=(1+\tan^2\theta)\omega_2=(1+\tan^2\theta_4)\omega_4\cos\varphi=\left(1+\frac{\tan^2\theta}{\cos^2\varphi}\right)\omega_4\cos\varphi \tag{3-395}$$

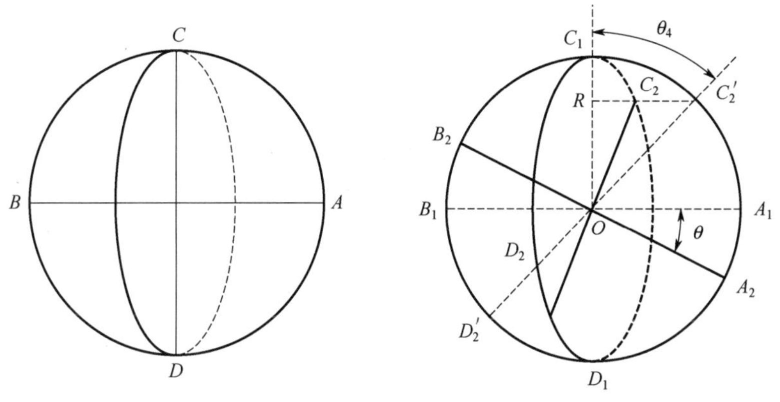

图 3.47　从驱动轴看十字轴

消去式（3-394）和式（3-395）中的 θ_4，就可以找到输入轴和输出轴之间的角速度关系：

$$\omega_4=\frac{\cos\varphi}{\sin^2\theta+\cos^2\theta\cos^2\varphi}\omega_2=\frac{\cos\varphi}{\sin^2\theta+\cos^2\theta-\cos^2\theta+\cos^2\theta\cos^2\varphi}\omega_2=\frac{\cos\varphi}{1-\cos^2\theta(1-\cos^2\varphi)}\omega_2 \tag{3-396}$$

进而可以得到和式（3-370）一样的速度比率：

$$\Omega = \frac{\omega_4}{\omega_2} = \frac{\cos\varphi}{1-\sin^2\varphi\cos^2\theta} \tag{3-397}$$

案例 147　两种万向节速度比率比较。

蓬斯莱（1788—1867）于 1824 年利用球形三角学找到了万向节速度比率公式。

万向节比弹性联轴器传递的扭矩更大，两轴的夹角选择余地更大。万向节可用于角度 $\varphi=15°$ 以上的情况，而弹性联轴器则不行。万向节还具有适应扭矩变化范围很宽泛的能力。

3.9 小结

汽车上每个可以运动的部件，如车门、发动机盖、雨刮器、轴、车轮以及悬架，都是通过一些机构连接在车身上的。四连杆机构和曲柄-滑杆机构是常用的连接车轮和车身的独立悬架的原型。在分析过程中，有一个固定的连接件，我们称之为地，将其看作固定不动的基座。还有一个连接件，其位置决定了所有其他可以运动连接件的位置，我们称之为输入杆。车轮与轴的连接，可以看作车轮固定在耦合杆上。车轮中心将会沿着耦合点曲线运动，而这条曲线的形状又取决于各连杆的长度。

第 4 章
振动学

扫码获取脚本文件

振动是车辆运行过程中一种不可避免的现象。本章将介绍相关的振动基本知识、分析方法，继而介绍系统的频率和时间响应。特别应注意的点是，本章将致力于频率响应分析，因为车辆悬架以及振动元件的绝大部分优化方法都是基于频率响应。

4.1 机械振动原理

机械振动是动能和势能之间不断相互转换的结果。当势能达到最大时，动能变为零，反之亦然。由于周期性的能量转换而导致的一定质量的物体出现周期性的运动，将此能量周期性的转换称为机械振动。

存储机械能的机械元件称为质量或物块，而存储势能的机械元件称为弹簧。如果总的机械能之和 $E=K+V$ 在振动过程中是不断衰减的，那么这里必须有一个消耗能量的机械元件，这个消耗能量的机械元件称为阻尼器。物块、弹簧和阻尼器的标记如图 4.1 所示。

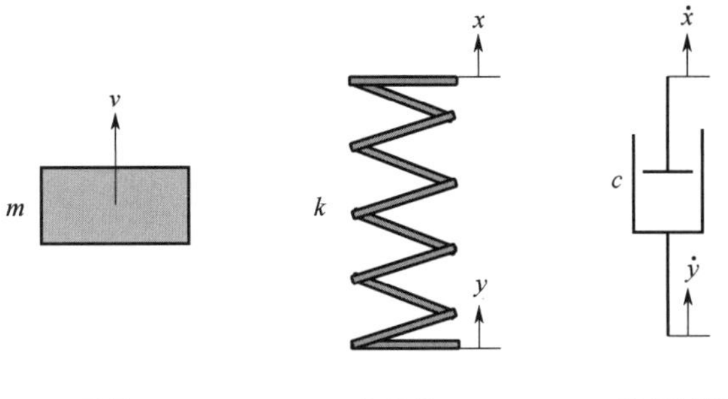

图 4.1　物块 m、弹簧 k 和阻尼器 c

存储在物块 m 中的机械能的量和速度的平方 v^2 成一定比例，其中提到的速度 $v\equiv\dot{x}$ 是位移对时间的导数。

$$K=\frac{1}{2}mv^2 \tag{4-1}$$

牵引力 f_m 和运动的质量 m 之间存在一比例系数，为加速度 $a\equiv\ddot{x}$：

$$f_m=ma \tag{4-2}$$

一个弹簧的物理特性可以用弹簧刚度 k 来表示。力 f_k 使弹簧产生了与弹簧终点位置相对位移成比例的变形。弹簧刚度 k 是一个和位置与时间相关的函数：

$$f_k = -kz = -k(x - y) \tag{4-3}$$

如果 k 为常数，那么储存在弹簧中的势能就等于弹簧力 f_k 在弹簧变形中所做的功：

$$V = -\int f_k \mathrm{d}z = -\int -kz\mathrm{d}z \tag{4-4}$$

弹簧势能是相对位移的函数。如果弹簧刚度 k 不是一个和相对位移相关的函数，那么它就称为线性弹簧。它的势能为：

$$V = \frac{1}{2}kz^2 \tag{4-5}$$

阻尼器的阻尼是通过测量在一个循环中所损失的机械能的值来衡量的。相当于，一个阻尼器被定义为在阻尼器内部产生了一个消耗能量的运动力 f_c。如果 f_c 和终点位置相对速度成一定比例，那么它是一个线性阻尼器，带有一个参数阻尼系数 c：

$$f_c = -c\dot{z} = -c(\dot{x} - \dot{y}) \tag{4-6}$$

这样的线性阻尼器一般称为黏性阻尼器。

振动 x 的物理特征可以用周期 T 来表示，它表示振动一个完整周期所需要的时间，开始和结束在一个点（$\dot{x} = 0, \ddot{x} < 0$）。频率 f 是周期 T 的倒数（也可以说频率 f 是 1s 中产生了几个循环周期 T)：

$$f = \frac{1}{T} \tag{4-7}$$

在振动理论中，还常常用到角频率 ω (rad / s)和循环频率 f(Hz)：

$$\omega = 2\pi f \tag{4-8}$$

一个振动系统在没有外力或激励的情况下任何可能的运动都被称为自由振动。一个自由振动系统，在 x、$\dot{x}$、$\ddot{x}$ 中任何一个动力学数据不为零时，将会出现摆动。如果提供了任何外力或激励给振动系统，那么该系统可能出现的运动称为受迫振动。

有 4 种典型的外界激励：谐波激励、周期激励、瞬变激励以及随机激励。其中，谐波激励和瞬变激励应用更广泛一些，它们的响应比周期激励以及随机激励产生的响应更容易预知。一般将正弦波的外界激励称为谐波激励，将稳定一瞬间或一会儿然后消失的外界激励称为瞬变激励。随机激励没有短期内的固定形式，但是可以定义出其长期的平均特征参数。

用 f 表示一个谐波激励变量的外力，它的振幅为 F，同样，用 x 表示谐波运动，用 X 表示运动振幅。也用 f 表示圆周频率，但是 f 一般表示一个力，除非它被特殊表明是一个频率。

案例 148 串联的弹簧和阻尼器。

串联弹簧由于内力相同，所以有相同的受力，因此位移之和为单个弹簧位移之和。图 4.2 说明了三个串联弹簧连接无质量板和地面的情况。

弹簧系统的平衡位置如图 4.2（a）所示，这时弹簧处于未伸长的结构状态。当有一定位移 x 时，如图 4.2（b）所示，物块受各弹簧力情况相互关系如图 4.2（c）所示。每个弹簧都产生一个力 $f_i = -k_i x_i$，其中，x_i 表示第 i 弹簧长度的变化量。总的弹簧变化是各个弹簧变化之和，$x = \Sigma x_i$：

$$x = x_1 + x_2 + x_3 \tag{4-9}$$

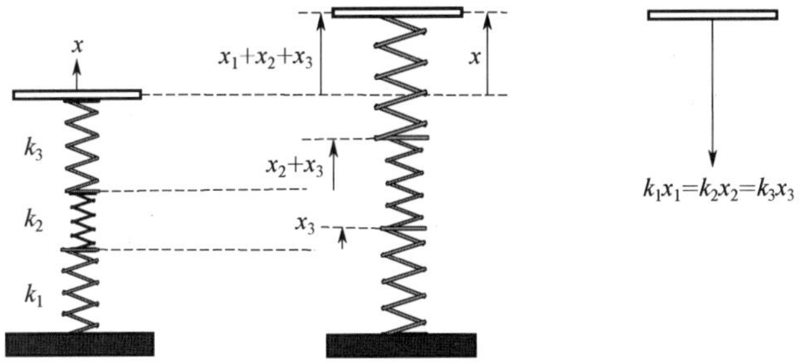

(a) 弹簧处于平衡状态　(b) 弹簧处于拉伸状态　(c) 串联弹簧受力关系

图 4.2　三个弹簧串联关系分析

可以用一个等价弹簧来代替一连串的弹簧。这个等价弹簧的刚度用 k_{eq} 来表示，它的位移和总位移相同，用 x 表示，这时它还产生一个相同的力 f_k：

$$f_k = -k_1x_1 = -k_2x_2 = -k_3x_3 = -k_{eq}x \tag{4-10}$$

将式（4-10）代入式（4-9）有：

$$\frac{f_s}{k_{eq}} = \frac{f_s}{k_1} + \frac{f_s}{k_2} + \frac{f_s}{k_3} \tag{4-11}$$

这就展示了串联弹簧刚度之间的倒数关系，$1/k_{eq}$ 等于串联弹簧刚度的倒数和，即：

$$\frac{1}{k_{eq}} = \frac{1}{k_1} + \frac{1}{k_2} + \frac{1}{k_3} \tag{4-12}$$

在这里假设速度 $\dot{x}$ 不受线性弹簧力的影响。

串联的阻尼器有同样的力 f_c，并且和速度 $\dot{x}$ 等于各个阻尼器速度之和 $\Sigma\dot{x}_i$。可以用一个阻尼器来替代这一系列串联的阻尼器，这个替代的阻尼器有等效阻尼 c_{eq}，这使得在同样力 f_c 作用下产生同样速度 $\dot{x}$。对于三个串联的阻尼器而言，速度和力的平衡为：

$$\dot{x} = \dot{x}_1 + \dot{x}_2 + \dot{x}_3 \tag{4-13}$$

$$f_c = -c_1\dot{x} = -c_2\dot{x} = -c_3\dot{x} = -c_{eq}\dot{x} \tag{4-14}$$

因此，等价的阻尼为：

$$\frac{1}{c_{eq}} = \frac{1}{c_1} + \frac{1}{c_2} + \frac{1}{c_3} \tag{4-15}$$

在这里假设位移 x 不影响线性阻尼产生的力。

案例 149　并联弹簧和阻尼器。

并联弹簧在合外力 f_k 作用下有着相同的位移 x，这个合外力的大小等于每个弹簧力之和 Σf_i。图 4.3 说明了在无质量平板和地面之间的三个平行弹簧并联的情况。

在平衡位置时，弹簧没有伸长的结构，如图 4.3（a）所示。在偏离平衡位置后所有弹簧的位移 x 情况如图 4.3（b）所示，由此而产生的自由物块受力情况如图 4.3（c）所示。每个弹簧产生一个和位移方向相反的力 $-kx$。它们的合力为：

$$f_k = -k_1x - k_2x - k_3x$$

可以用一个等价弹簧系数为 k_{eq} 的弹簧来代替这三条平行的弹簧，这个弹簧会以同样的位移产生同样的力，即：

$$f_k = -k_{eq}x$$

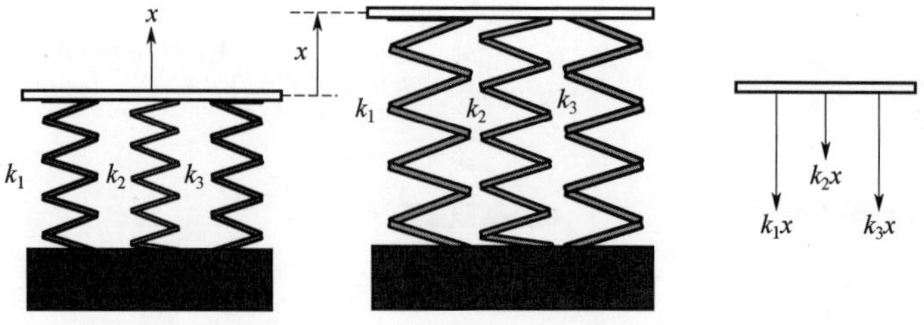

(a) 弹簧处于平衡状态　(b) 弹簧处于拉伸状态　(c) 并联弹簧受力情况

图 4.3　三个弹簧并联关系分析

因此，一条等效弹簧的弹力系数等于三条平行弹簧的弹力系数之和：

$$k_{eq} = k_1 + k_2 + k_3$$

并联的阻尼器有着同样的速度 $\dot{x}$，合力 f_c 等于各个分力之和。可以用一个阻尼器替代这三个并联的阻尼器。这个替换的阻尼器的阻尼为 c_{eq}，它使得在同样的速度作用下可以产生与并联阻尼器相同的阻力 f_c。如图 4.4 所示的三个平行阻尼器，它们在平衡状态下、拉伸状态下的受力为：

$$f_c = -c_1\dot{x} - c_2\dot{x} - c_3\dot{x} \tag{4-16}$$

$$f_c = -c_{eq}\dot{x} \tag{4-17}$$

$$c_{eq} = c_1 + c_2 + c_3 \tag{4-18}$$

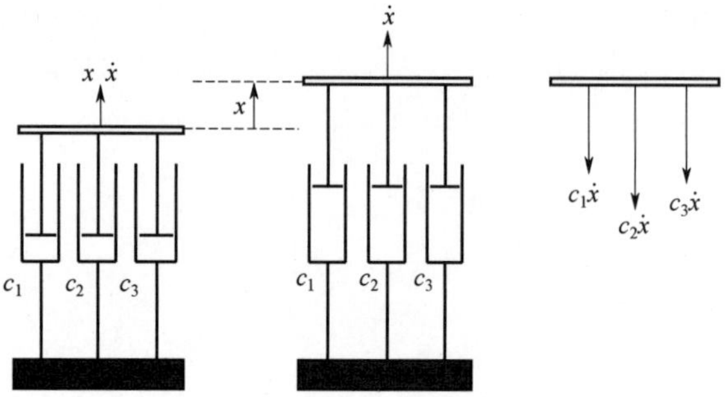

(a) 阻尼器处于平衡状态　(b) 阻尼器处于拉伸状态　(c) 并联阻尼器受力情况

图 4.4　并联阻尼器关系分析

案例 150　弹性的框架。

如图 4.5 所示，一个质量为 m 的物块悬挂于一个框架的下面，框架是可变形的，因此它可以被看作一些弹簧相互连接的组合，如图 4.6（a）所示。如果假设框架的每一道梁都是简单的支撑，那么每道梁中点的横向变形等效刚度为：

$$k_5 = \frac{48E_5I_5}{l_5^3} \tag{4-19}$$

$$k_4 = \frac{48E_4I_4}{l_4^3} \tag{4-20}$$

$$k_3 = \frac{48E_3I_3}{l_3^3} \tag{4-21}$$

当悬挂的物块振动时，每个弹簧的伸长情况类似于如图 4.6（b）所示的情况。假如将物块和弹簧分离开来看，当给弹簧 k_1 的尾端一个力 f 时，如图 4.6（c）所示。由于弹簧 k_1、k_2、k_3 为串联，那么它们受力情况相同，总位移为各个弹簧位移之和。

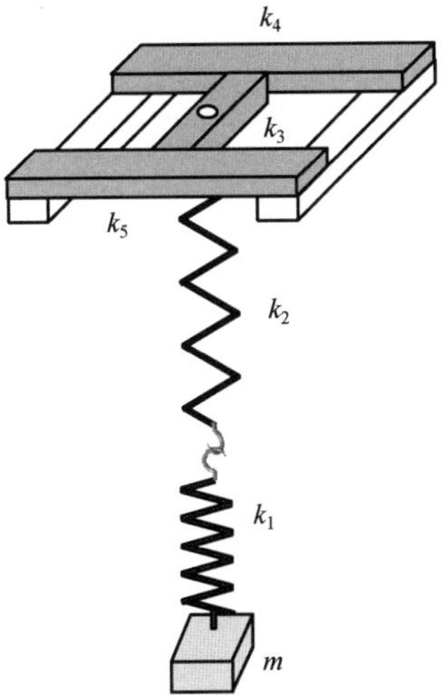

图 4.5　弹性木框下悬挂一个质量为 m 的物块

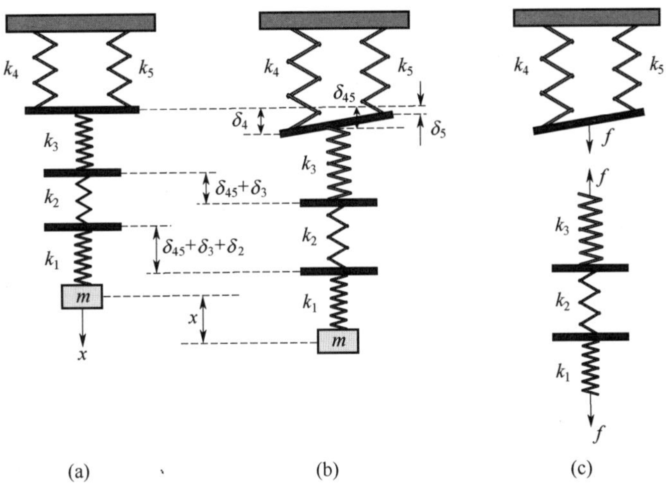

图 4.6　弹性木框等价弹簧模型

弹簧 k_4 和 k_5 之间的关系要么是串联，要么是并联。为了找出它们之间的关系，假设弹簧 k_4 和 k_5 分别提供了一个力为 $f/2$。因此：

$$\delta_4 = \frac{f}{2k_4} \tag{4-22}$$

$$\delta_5 = \frac{f}{2k_5} \tag{4-23}$$

侧梁中点的形变为：

$$\delta_{45} = \frac{\delta_4 + \delta_5}{2} \tag{4-24}$$

假设 $\delta_{45} = \dfrac{f}{k_{45}}$，可以得到一个等效刚度 k_{45} 为 k_4 和 k_5 的函数：

$$\frac{1}{k_{45}} = \frac{1}{2}\left(\frac{1}{2k_4} + \frac{1}{2k_5}\right) = \frac{1}{4}\left(\frac{1}{k_4} + \frac{1}{k_5}\right) \tag{4-25}$$

现在，等效弹簧刚度 k_{45} 与串联弹簧组 k_1、k_2 和 k_3 串联起来就可以得到该框架系统的等效弹簧刚度：

$$\frac{1}{k_{eq}} = \frac{1}{k_1} + \frac{1}{k_2} + \frac{1}{k_3} + \frac{1}{k_{45}} = \frac{1}{k_1} + \frac{1}{k_2} + \frac{1}{k_3} + \frac{1}{4k_4} + \frac{1}{4k_5} \tag{4-26}$$

案例 151　有质量的弹簧。

在振动系统模型中，忽略了弹簧组和阻尼器组的质量。这种假设在弹簧组和阻尼器组的质量远小于它们所支撑的物块的质量时是成立的。但是当弹簧质量 m_s 或是阻尼器质量 m_d 相当于物块的质量 m 时，可以定义一个新的系统去替换原来的系统，该系统的等价质量为 m_{eq}：

$$m_{\text{eq}}=m+\frac{1}{3}m_s \tag{4-27}$$

这个新系统中弹簧和阻尼器的质量就可以忽略掉。

假设一个振动系统有一个质量不能忽略的弹簧如图 4.7（a）所示。弹簧有质量 m_s，并且在平衡位置时它的长度为 l，同时假设弹簧的质量沿着其长度方向上是均匀分布的，那么可以定义一个它的长度密度为：

$$\rho=\frac{m}{l} \tag{4-28}$$

为了找到一个等价的无弹簧质量的等价振动系统，假设等价系统的物块质量为 m_{eq}，并且该等价振动系统弹簧质量可以忽略，总动量和原系统相同。图 4.7（b）所示系统中，物块质量 m 在位置 x 处并拥有速度 $\dot{x}$，弹簧处于地面与物块之间。因此，弹簧接地点速度为零，与物块接触点速度为物块速度 $\dot{x}$。这样可以建立一个坐标 z，它从弹簧接地点到弹簧与物块接触点。再将该弹簧进行微分分析，那么在弹簧离地高度 z 处的微长度为 $\mathrm{d}z$，微质量为 $\mathrm{d}m$：

$$\mathrm{d}m=\rho\mathrm{d}z \tag{4-29}$$

假设弹簧的速度在 z 坐标系上也是线性分布的，如图 4.7（c）所示，那么可以得到质量 $\mathrm{d}m$ 的速度 $\dot{z}$。

$$\frac{\dot{z}}{\dot{x}}=\frac{z}{l} \text{ 或 } \dot{z}=\frac{z}{l}\dot{x} \tag{4-30}$$

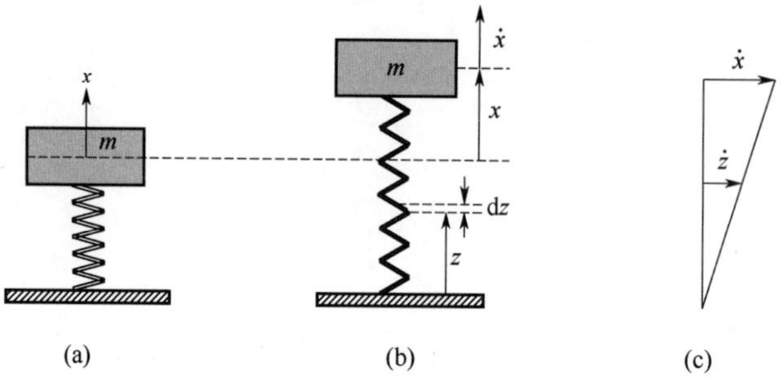

图 4.7　考虑弹簧质量的振动系统

该振动系统的总能量为物块动能和弹簧动能之和，可以得到：

$$\begin{aligned}K&=\frac{1}{2}m\dot{x}^2+\frac{1}{2}\int_0^l(\mathrm{d}m\,\dot{z}^2)=\frac{1}{2}m\dot{x}^2+\frac{1}{2}\int_0^l\rho\left(\frac{z}{l}\dot{x}\right)^2\mathrm{d}z\\&=\frac{1}{2}m\dot{x}^2+\frac{1}{2}\frac{\rho}{l^2}\dot{x}^2\int_0^l z^2\mathrm{d}z=\frac{1}{2}m\dot{x}^2+\frac{1}{2}\frac{\rho}{l^2}\dot{x}^2\left(\frac{1}{3}l^3\right)\\&=\frac{1}{2}m\dot{x}^2+\frac{1}{2}\left(\frac{1}{3}\rho l\right)\dot{x}^2=\frac{1}{2}\left(m+\frac{1}{3}m_s\right)\dot{x}^2=\frac{1}{2}m_{\text{eq}}\dot{x}^2\end{aligned} \tag{4-31}$$

因此，一个无弹簧质量的等效系统的物块质量为：

$$m_{\text{eq}}=m+\frac{1}{3}m_s \tag{4-32}$$

这样才能保证该系统的动能总量不变。

4.2 牛顿方法和振动

每个振动系统都可以简化为一个物块、一个阻尼器以及一个弹簧。这样的模型称为一个离散的或是团状的模型系统。一个单自由度振动系统如图 4.8 所示，由以下运动方程可以描述：

$$ma=-cv-kx+f(x,v,t) \tag{4-33}$$

为了应用牛顿方法并找到运动方程，假设所有质量 m_i 都不在平衡位置，而位于 x_i 处，这种情况单自由度系统如图 4.8（b）所示。自由物块受力分析如图 4.8（c）所示，因此它相对应的牛顿方程为：

$$^{\mathrm{A}}\boldsymbol{F}=\frac{^{\mathrm{A}}\mathrm{d}}{\mathrm{d}t}{}^{\mathrm{A}}\boldsymbol{p}=\frac{^{\mathrm{A}}\mathrm{d}}{\mathrm{d}t}(m^{\mathrm{A}}\boldsymbol{v}) \tag{4-34}$$

衍生出运动方程。

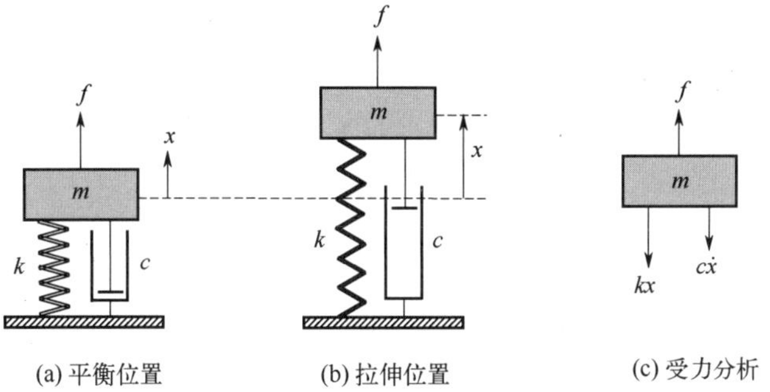

图 4.8　单自由度振动系统

一个振动系统的平衡位置位于势能的极值点，即：

$$\frac{\partial V}{\partial x}=0 \tag{4-35}$$

通常设置在平衡位置 $V=0$。具有恒定刚度的线性系统有唯一的平衡位置或任何位置都是平衡位置。而非线性系统就有可能有多个平衡点。

当 $\frac{\partial^2 V}{\partial x^2}>0$ 时，平衡位置是稳定的；当 $\frac{\partial^2 V}{\partial x^2}<0$ 时，平衡位置是不稳定的。

布置和元器件的个数有助于分离出独立的振动系统。分离出物块的个数即每个物块自由度的倍数，构成了振动系统总的自由度 n。最终的方程组将会是 n 个二阶导数方程，以解决 n 个广义坐标的问题。当每个物块只有一个自由度时，那么这个系统的自由度等于物块的个数。这时自由度也可以定义为构成一个系统的最小的独立子系统的数量。

用 2 个、3 个和单个自由度模型分析振动的车辆如图 4.9 所示。图 4.9（a）所示系统称为 1/4 车辆模型，其中 m_s 表示 1/4 的车身质量，m_u 表示一个轮胎质量。参数 k_u 和 c_u 表示模型中轮胎的刚度和阻尼。类似地，k_s 和 c_s 表示模型中车辆悬架主体的刚度和阻尼。图 4.9（c）称为 1/8 车辆模型，这个模型没有体现出车辆的轮胎。图 4.9（b）是带有驾驶员 m_d 的 1/4 车辆并且驾驶员座椅模型的刚度和阻尼分别为 k_d 和 c_d 。

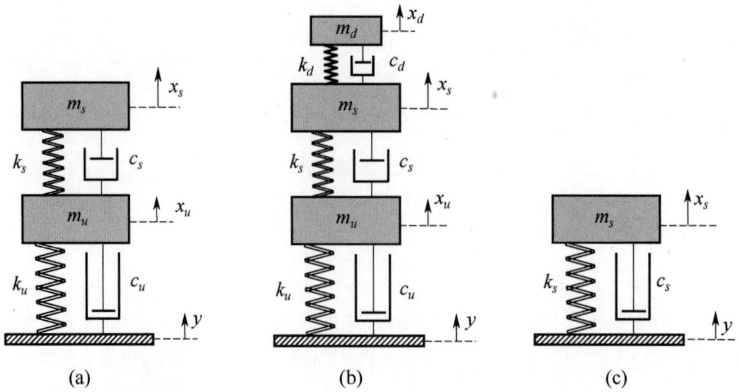

图 4.9 2 个、3 个和单个自由度的车辆振动模型

案例 152 1/8 车辆模型。

图 4.9（c）和图 4.10（a）展示了最简单的垂直振动车辆模型。这个模型有时被称为 1/8 车辆模型。物块 m_s 代表 1/4 车身，它骑装在弹簧 k_s 和阻尼器 c_s 构成的悬架上。当 m_s 振动位置如图 4.10（b）所示时，它的自由物块受力图如图 4.10（c）所示。

用牛顿力学方法进行分析，可以得到运动方程为：

$$m_s\ddot{x} = -k_s(x_s - y) - c_s(\dot{x}_s - \dot{y}) \tag{4-36}$$

当分离出输入 y 和输出 x 参数后，整理化简式（4-36）得：

$$m_s\ddot{x} + c_s\dot{x}_s + k_s x_s = k_s y + c_s\dot{y} \tag{4-37}$$

案例 153 等效物块-弹簧系统。

图 4.11（a）给出了一个单摆模型，这个模型有一个点（质量为 m）连接在一个无质量长度为 l 的杆子上。θ 表示杆的角位置。单摆的运动方程可以用欧拉等式得到，需要用到的自由物体受力图如图 4.11（b）所示。

$$ml^2\ddot{\theta} = -mgl\sin\theta \tag{4-38}$$

在小角度的情况下简化式（4-38）可得：

$$l\ddot{\theta} + g\theta = 0 \tag{4-39}$$

这个等式和前面所述的一个物块-弹簧系统的运动等式形式上是一样的，如果假设 $m \equiv l$，并且弹簧刚度 $k \equiv g$，那么两者就是一样的了。此时物块的位移就将是 $x \equiv \theta$。图 4.11（c）描述了这样等效的物块-弹簧系统。

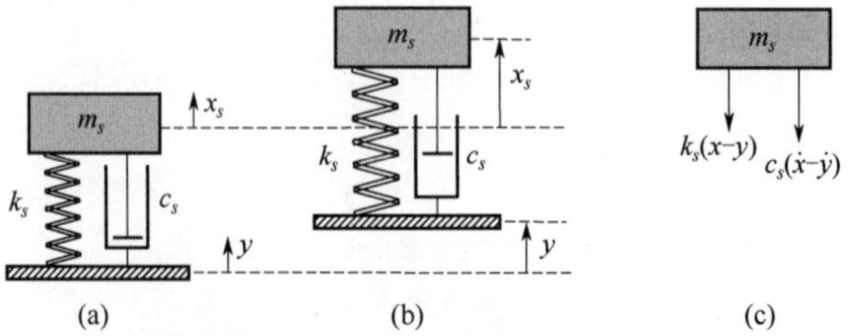

图 4.10 1/8 车辆模型和它的受力分析

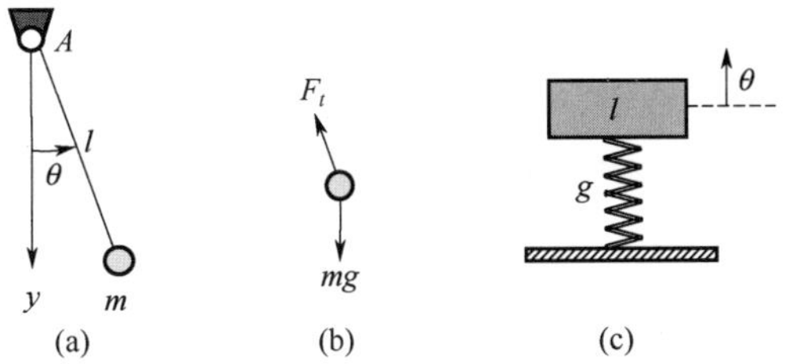

图 4.11 与单摆等效的物块-弹簧系统

案例 154 力的平衡。

上面所说的一个振动系统的运动方程是 4 种不同力的平衡。其一是和位移成正比的力（$-kx$），其二是和速度成正比的力（cv），其三是和加速度成正比的力（ma），以及一个外部作用力 $f(x, v, t)$，这是一个和位移、速度、时间相关的力。基于牛顿理论，和加速度成正比的力（ma）总是等于其他所有力之和：

$$ma = -cv - kx + f(x,v,t) \tag{4-40}$$

案例 155 一个基础的两自由度激励系统。

图 4.12（a）～（c）分别表示了两自由度系统的平衡状态、运动状态以及受力分析图，其中的受力分析图标记是基于假设：

$$x_s > x_u > y \tag{4-41}$$

用牛顿理论可以得到以下两个运动方程：

$$m_s \ddot{x}_s = -k_s(x_s - x_u) - c_s(\dot{x}_s - \dot{x}_u) \tag{4-42}$$

$$m_u \ddot{x}_u = k_s(x_s - x_u) + c_s(\dot{x}_s - \dot{x}_u) - k_u(x_u - y) - c_u(\dot{x}_u - \dot{y}) \tag{4-43}$$

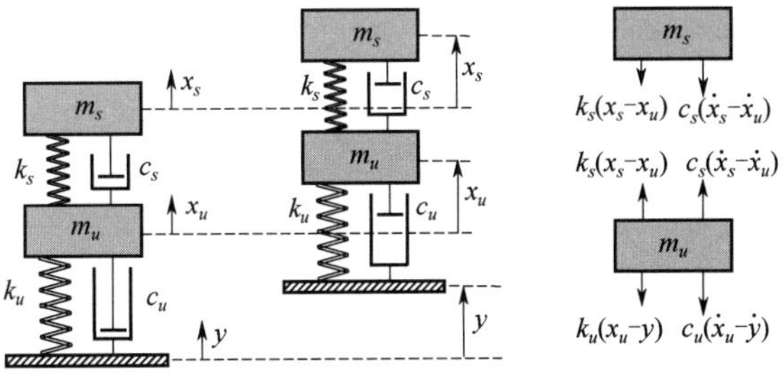

图 4.12 两自由度系统

前面的假设条件不是充分必要条件，在其他情况下也可以得到同样的运动方程组，这些条件包括假设以外的其他所有情况，如 $x_s < x_u > y$, $x_s > x_u < y$, $x_s < x_u < y$。但是有了一个假设条件就可以画出一个定量的受力分析图。

通常用一个矩阵方程来表示一个线性系统的运动方程,以便发挥出矩阵计算的优势。

$$[\boldsymbol{M}]\ddot{\boldsymbol{x}} + [\boldsymbol{c}]\dot{\boldsymbol{x}} + [\boldsymbol{k}]\boldsymbol{x} = \boldsymbol{F} \tag{4-44}$$

有了前面的两个运动方程很容易得到以下矩阵方程：

$$\begin{bmatrix} m_s & 0 \\ 0 & m_u \end{bmatrix}\begin{bmatrix} \ddot{x}_s \\ \ddot{x}_u \end{bmatrix} + \begin{bmatrix} c_s & -c_s \\ -c_s & c_s + c_u \end{bmatrix}\begin{bmatrix} \dot{x}_s \\ \dot{x}_u \end{bmatrix} + \begin{bmatrix} k_s & -k_s \\ -k_s & k_s + k_u \end{bmatrix}\begin{bmatrix} x_s \\ x_u \end{bmatrix} = \begin{bmatrix} 0 \\ k_u y + c_u \dot{y} \end{bmatrix} \tag{4-45}$$

案例 156 倒置单摆。

如图 4.13（a）所示为一个倒置的单摆，在其顶端有一个质量为 m 的物块，单摆的杆长为 l。单摆由两个一样的弹簧连接支撑在 B 点且在与 A 点距离为 $a<l$ 的位置上。此单摆的受力分析如图 4.13（b）所示。其运动方程可以通过对 A 点取力矩得到：

$$\Sigma M_A = I_A\ddot{\theta} \tag{4-46}$$

$$mg(l\sin\theta) - 2k(a\sin\theta)(a\cos\theta) = ml^2\ddot{\theta} \tag{4-47}$$

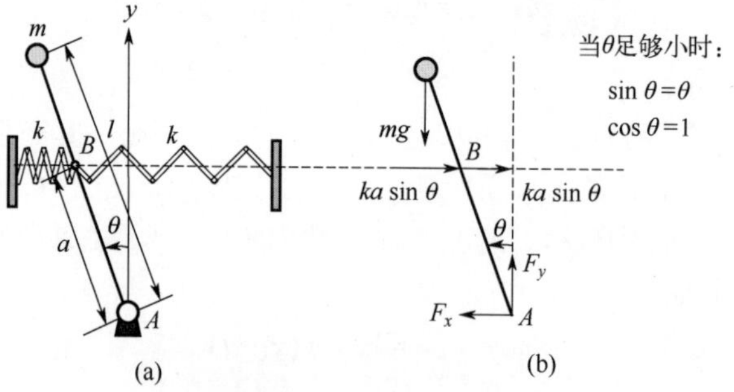

图 4.13 倒置单摆及受力分析

为了解出式（4-47），必须假设弹簧足够长，并且在单摆做振荡的过程中做直线运动，且摆动的 θ 足够小（此时，$\sin\theta=\theta$，$\cos\theta=1$），以便将非线性的运动方程化简成如下形式：

$$ml^2\ddot{\theta} + (mgl - 2ka^2)\theta = 0 \tag{4-48}$$

这就等价于一个线性的振荡系统：

$$m_{eq}\ddot{\theta} + k_{eq}\theta = 0 \tag{4-49}$$

由此可知，等价质量 m_{eq} 和等价刚度 k_{eq} 分别为：

$$m_{eq} = ml^2 \tag{4-50}$$

$$k_{eq} = mgl - 2ka^2 \tag{4-51}$$

倒置单摆的势能可以表达为：

$$V = -mgl(1-\cos\theta) + ka^2\theta^2 \tag{4-52}$$

该势能当 $\theta=0$ 时为零值。

当 θ 为极小时，势能约为：

$$V \approx -\frac{1}{2}mgl\theta^2 + ka^2\theta^2 \tag{4-53}$$

由于

$$\cos\theta \approx 1 - \frac{1}{2}\theta^2 + O(\theta^4) \tag{4-54}$$

通过势能表达式也能够方便地找到该系统的平衡位置，这时只要解出以下方程即可：

$$\frac{\partial V}{\partial\theta} = -mgl\theta + 2ka^2\theta = 0 \tag{4-55}$$

可得到：$\theta=0$ 为方程的解。也就是说，当倒置单摆垂直直立时是该系统的唯一平衡位置，当然其前提条件是 θ 值极小。

但是，如果说正巧

$$mgl = 2ka^2 \quad (4\text{-}56)$$

那么对于在 $\theta = 0$ 附近的任何 θ 值都将是平衡位置，因此，在任何位置都是平衡位置。

势能的二阶导数为：

$$\frac{\partial^2 y}{\partial \theta^2} = -mgl + 2ka^2 \quad (4\text{-}57)$$

这就表示，如果

$$2ka^2 > mgl \quad (4\text{-}58)$$

那么在 $\theta = 0$ 这个平衡位置是稳定的。也就是说，一旦偏离平衡位置，对于一个稳定的倒置单摆而言，单摆会回到平衡位置；而对于一个不稳定的倒置单摆而言，单摆会距离平衡位置越来越远。振荡必须是在单摆稳定的情况下才能发生。

4.3 振动系统的频率响应

频率响应是系统在谐波激励下，其运动方程的稳态解。稳态响应的意思是在初始条件影响该系统结束后，系统出现的以一定幅度振动或振荡的现象。谐波激励是指以由正弦组合的任意函数为激励作用于一个振动系统。如果系统是线性的，那么谐波激励将会产生带有频率依赖的振幅的谐波响应。利用频率响应分析，能够找出振荡的稳态振幅，并以激励频率函数的形式表示出来。

大部分车辆上的动力学振动系统都可以用一个单自由度振动系统来建模。可将一个单自由度物块-弹簧-阻尼器振动系统划分为 4 种形式的单自由度振动系统：运动底座振动、旋摆振动、旋摆-运动底座振动、受迫振动。

这 4 种振动系统通过图 4.14 象征性地展示给大家。

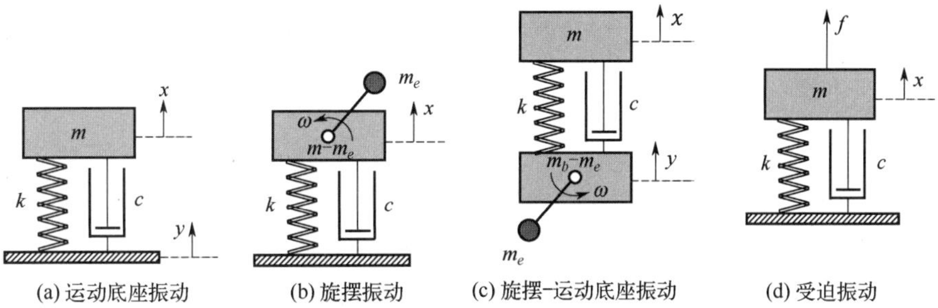

图 4.14 四种单自由度振动系统模型

运动底座振动系统是研究车辆垂直振动过程中使用最多的模型。旋摆振动系统是研究悬架上任意种类旋转发动机的模型。旋摆-运动底座振动系统是将振动系统加装在旋转发动机或者车辆之上的模型。受迫振动几乎没有实践实例，但它是一个非常好的在外力作用下系统振动的教学模型。

简而言之，首先要研究一下这些单自由度振动系统的频率响应。

案例 157 受迫激励系统。

图 4.15 展示了一个单自由度振动系统，物块质量为 m，弹簧刚度为 k，阻尼器阻尼为 c。物块 m 相对于其平衡位置的绝对运动通过坐标系 x 量出。正弦激励力为：

$$f = F\sin(\omega t) \tag{4-59}$$

作用于物块 m 上，并使得系统振动。

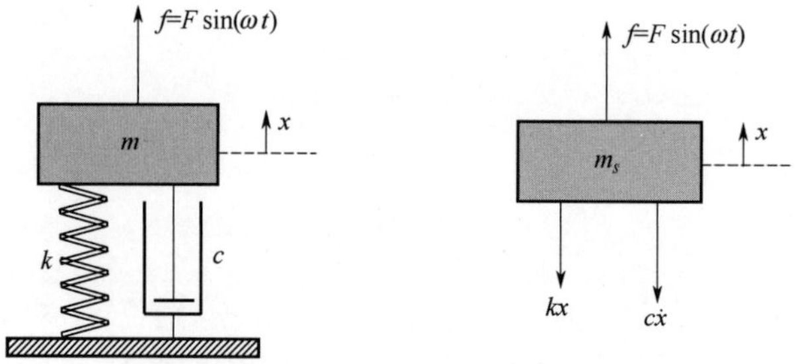

图 4.15 在正弦力作用下的受迫振动模型

系统的运动方程为：

$$m\ddot{x} + c\dot{x} + kx = F\sin(\omega t) \tag{4-60}$$

由此就可以衍生出以下频率响应方程：

$$x = A_1\sin(\omega t) + B_1\cos(\omega t) = X\sin(\omega t - \varphi_x) \tag{4-61}$$

稳态响应的振幅为：

$$\frac{X}{F/k} = \frac{1}{\sqrt{(1-r^2)^2 + (2\xi r)^2}} \tag{4-62}$$

初始相位 φ_x 为：

$$\varphi_x = \arctan\frac{2\xi r}{1-r^2} \tag{4-63}$$

其中，使用的频率比率 r、系统固有频率 ω_n 以及阻尼比率 ξ 为：

$$r = \frac{\omega}{\omega_\mathrm{n}} \tag{4-64}$$

$$\xi = \frac{c}{2\sqrt{km}} \tag{4-65}$$

$$\omega_\mathrm{n} = \sqrt{\frac{k}{m}} \tag{4-66}$$

相位 φ_x 表示响应的 x 与激励的 f 之间的角度延迟。由于函数 $X = X(\omega)$ 的重要性，它一般称为系统的频率响应。并且可以用系统的频率响应来了解系统的各种特征，它们都是激励频率的函数，如速度频率响应为 $\dot{X} = \dot{X}(\omega)$，被传送的力频率响应为 $f_T = f_T(\omega)$。

频率响应得到的 X 和 φ_x 作为 r 和 ξ 的函数，将其分别画出来如图 4.16 和图 4.17 所示(详见脚本 9)。注意图 4.16 为 y-轴取值范围，应调整到区间[0，3]，否则图形不好看。

证明 29：通过牛顿力学理论和受力图分析一个如图 4.15 所示的系统，可以得到运动方程（4-60），这是一个线性微分方程。

该线性方程的稳态解是和激励相同的函数，只是不知道其振幅和相位。因此，将解假设为式（4-61）的形式，将假设的解代入原微分方程求解，求出振幅和相位响应。将式（4-61）代入原微分方程可得到以下方程：

$$-m\omega^2\left[A_1\sin(\omega t)+B_1\cos(\omega t)\right]+c\omega\left[A_1\sin(\omega t)+B_1\cos(\omega t)\right]+ \\ k\left[A_1\sin(\omega t)+B_1\cos(\omega t)\right]=F\sin(\omega t) \tag{4-67}$$

其中，函数 $\sin(\omega t)$ 和 $\cos(\omega t)$ 为正交函数，因此，它们的系数在等式两边必定是相等的。要使得等式两边的 $\sin(\omega t)$ 和 $\cos(\omega t)$ 系数相等，也就可以得到和 A_1 、 B_1 相关的矩阵方程：

$$\begin{bmatrix} k-m\omega^2 & -c\omega \\ c\omega & k-m\omega^2 \end{bmatrix}\begin{bmatrix} A_1 \\ B_1 \end{bmatrix}=\begin{bmatrix} F \\ 0 \end{bmatrix} \tag{4-68}$$

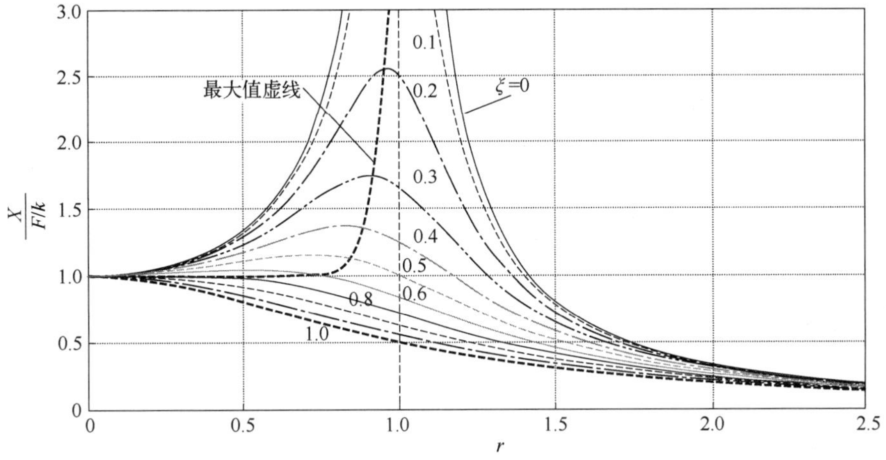

图 4.16　受迫振动位移 $\dfrac{X}{F/k}$ 的频率响应

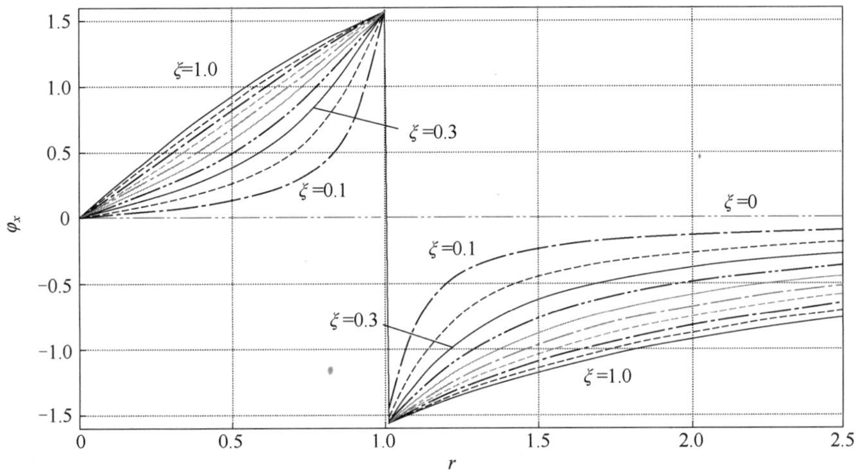

图 4.17　受迫振动初始相位 φ_x 的频率响应

解出系数 A_1 和 B_1：

$$\begin{bmatrix} A_1 \\ B_1 \end{bmatrix}=\begin{bmatrix} k-m\omega^2 & -c\omega \\ c\omega & k-m\omega^2 \end{bmatrix}^{-1}\begin{bmatrix} F \\ 0 \end{bmatrix}=\begin{bmatrix} \dfrac{k-m\omega^2}{(k-m\omega^2)^2+c^2\omega^2}F \\ \dfrac{-c\omega}{(k-m\omega^2)^2+c^2\omega^2}F \end{bmatrix} \tag{4-69}$$

这就是得到的稳态解。振幅 X 和相位 φ_x 可以通过式（4-61）找到。

$$A_1\sin(\omega t)+B_1\sin(\omega t)=X\sin(\omega t-\varphi_x)=X\cos\varphi_x\sin(\omega t)-X\sin\varphi_x\cos(\omega t) \tag{4-70}$$

由此可知：

$$A_1=X\cos\varphi_x=\frac{k-m\omega^2}{(k-\mathrm{m}\omega^2)^2+c^2\omega^2}F \tag{4-71}$$

$$B_1=-X\sin\varphi_x=\frac{-c\omega}{(k-m\omega^2)^2+c^2\omega^2}F \tag{4-72}$$

因此：

$$X=\sqrt{A_1^2+B_1^2} \tag{4-73}$$

$$\tan\varphi_x=-\frac{B_1}{A_1} \tag{4-74}$$

代入具体的值，可得到下列结果：

$$X=\frac{F}{\sqrt{(k-m\omega^2)^2+c^2\omega^2}} \tag{4-75}$$

$$\tan\varphi_x=\frac{c\omega}{k-m\omega^2} \tag{4-76}$$

但是用得更多的是经验方程式（4-62）和式（4-63）通过使用 r 和 ξ 来表达振幅 X 和相位 φ_x。

当作用在 m 上的力为常数时，$f=F$，产生的位移 δ_s 可以表达为：

$$\delta_\mathrm{s}=\frac{F}{k} \tag{4-77}$$

如果将 δ_s 称为“静态振幅”，而 X 为“动态振幅”，那么 X/δ_s 就是动态振幅和静态振幅的比率。当动态振幅等于静态振幅，即 $X=\delta_\mathrm{s}$ 时，$r=0$；当 $X=0$ 时，$r\to\infty$。但是，当 X 取一个相当大的值时，$r=1$，即 $\omega=\omega_\mathrm{n}$。从理论上来说，$X\to\infty$ 出现在 $\xi=0$ 且 $r=1$ 时。频率的范围在固有频率附近时被称为共振区间。在共振区间内振动的幅度可以通过阻尼的介入而减小。

案例 158 受迫振动系统实例。

下面讨论单自由度（物块-弹簧-阻尼）振动系统，具体参数如下：

$$m=1\mathrm{kg} \tag{4-78}$$

$$k=10000\mathrm{N/m} \tag{4-79}$$

$$c=100\mathrm{N\cdot s/m} \tag{4-80}$$

系统固有频率以及频率与阻尼比率分别为：

$$\omega_\mathrm{n}=\sqrt{\frac{k}{m}}=\sqrt{\frac{10000\mathrm{N/m}}{1\mathrm{kg}}}=100\mathrm{rad/s}\approx15.9\mathrm{Hz} \tag{4-81}$$

$$\xi=\frac{c}{2\sqrt{km}}=\frac{100}{2\sqrt{10000\times1}}=0.5 \tag{4-82}$$

如果正弦力 f 为：

$$f=50\sin(50t) \tag{4-83}$$

作用于物块 m 上，物块振动的稳态振幅 X 为：

$$X = \frac{F / k}{\sqrt{(1-r^2)^2 + (2\xi r)^2}} = 5.547 \times 10^{-3}\,\mathrm{m} \tag{4-84}$$

其中：

$$r = \frac{\omega}{\omega_{\mathrm{n}}} = 0.5 \tag{4-85}$$

振动相位 φ_x 为：

$$\varphi_x = \arctan\frac{2\xi r}{1-r^2} = 0.588\mathrm{rad} \approx 33.69° \tag{4-86}$$

因此，该系统的稳态振动函数为：

$$x = 5.547 \times 10^{-3}\sin(50t - 0.588) \tag{4-87}$$

当然，X 和 φ_x 的值也可以通过图 4.16 和图 4.17 大致估计出来。

案例 159　速度和加速度频率响应。

当计算位置频率响应时：

$$x = A_1\sin(\omega t) + B_1\cos(\omega t) = X\sin(\omega t - \varphi_x) \tag{4-88}$$

可以通过求导得到响应的速度及加速度频率响应。

$$\dot{x} = A_1\omega\sin(\omega t) + B_1\omega\cos(\omega t) = X\omega\cos(\omega t - \varphi_x) = \dot{X}\cos(\omega t - \varphi_x) \tag{4-89}$$

$$\ddot{x} = -A_1\omega^2\sin(\omega t) - B_1\omega^2\cos(\omega t) = -X\omega^2\sin(\omega t - \varphi_x) = \ddot{X}\sin(\omega t - \varphi_x) \tag{4-90}$$

速度和加速度振幅的频率响应可以通过 $\dot{X}$ 、 $\ddot{X}$ 来表示：

$$\dot{X} = \frac{\omega F}{\sqrt{(k - m\omega^2)^2 + c^2\omega^2}} \tag{4-91}$$

$$\ddot{X} = \frac{\omega^2 F}{\sqrt{(k - m\omega^2)^2 + c^2\omega^2}} \tag{4-92}$$

也可以写成：

$$\frac{\dot{X}}{F / \sqrt{km}} = \frac{r}{\sqrt{(1-r^2)^2 + (2\xi r)^2}} \tag{4-93}$$

$$\frac{\ddot{X}}{F / m} = \frac{r^2}{\sqrt{(1-r^2)^2 + (2\xi r)^2}} \tag{4-94}$$

速度和加速度频率响应如图 4.18 和图 4.19 所示（详见脚本 9）。

案例 160　基本激励系统传递力。

一个受迫激励系统如图 4.15 所示，传递了一个力 f_{T} 给地面。这个传递的力等于弹簧和阻尼所受力之和。

$$f_{\mathrm{T}} = f_k + f_c = kx + c\dot{x} \tag{4-95}$$

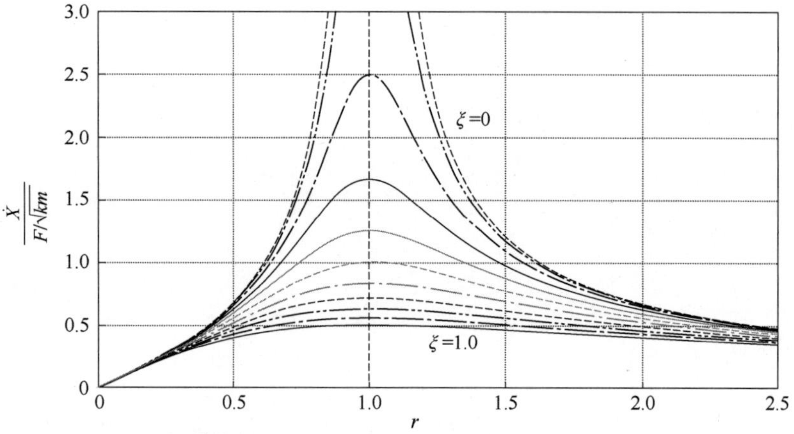

图 4.18 受迫振动速度$\frac{\dot{X}}{F/\sqrt{km}}$的频率响应

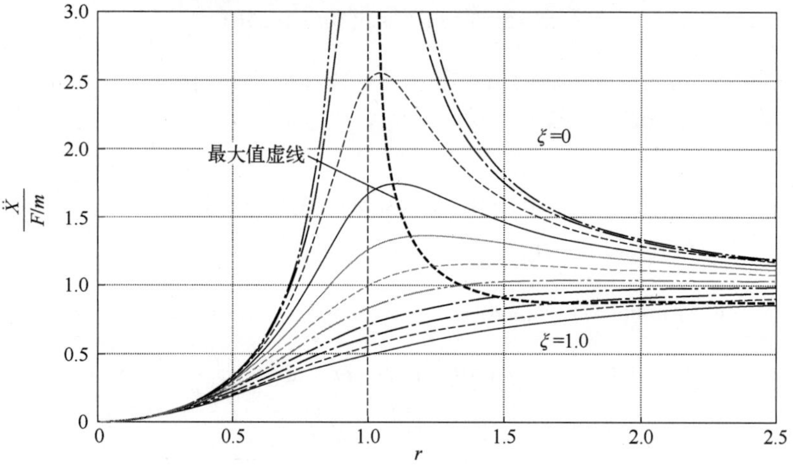

图 4.19 受迫振动加速度$\frac{\ddot{X}}{F/m}$的频率响应

代入式（4-61）所示的 x，式（4-69）所示的 A_1、B_1，可得到传递力的频率响应为：

$$\begin{aligned} f_T &= k\left[A_1\sin(\omega t)+B_1\cos(\omega t)\right]+c\omega\left[A_1\cos(\omega t)-B_1\sin(\omega t)\right] \\ &= (kA_1-c\omega B_1)\sin(\omega t)+(kB_1+c\omega A_1)\cos(\omega t)=F_T\sin(\omega t-\varphi_{F_T}) \end{aligned} \tag{4-96}$$

传递力 f_T 作用下的振幅 F_T 和相位 φ_{F_T} 为：

$$\frac{F_T}{F}=\frac{\sqrt{k+c^2\omega^2}}{\sqrt{(k-m\omega^2)^2+c^2\omega^2}}=\frac{\sqrt{1+(2\xi r)^2}}{\sqrt{(1-r^2)^2+(2\xi r)^2}} \tag{4-97}$$

$$\tan\varphi_{F_T}=\frac{c\omega}{k-m\omega^2}=\frac{2\xi r}{1-r^2} \tag{4-98}$$

因为：

$$F_T=\sqrt{(kA_1-c\omega B_1)^2+(kB_1+c\omega A_1)^2} \tag{4-99}$$

$$\tan\varphi_{F_T}=\frac{-(kB_1+c\omega A_1)}{kA_1-c\omega B_1} \tag{4-100}$$

传递力频率响应 F_T/F 如图 4.20 所示，由于 φ_{F_T} 与式（4-63）是一样的，因此它的图和图 4.17 也是一样的。

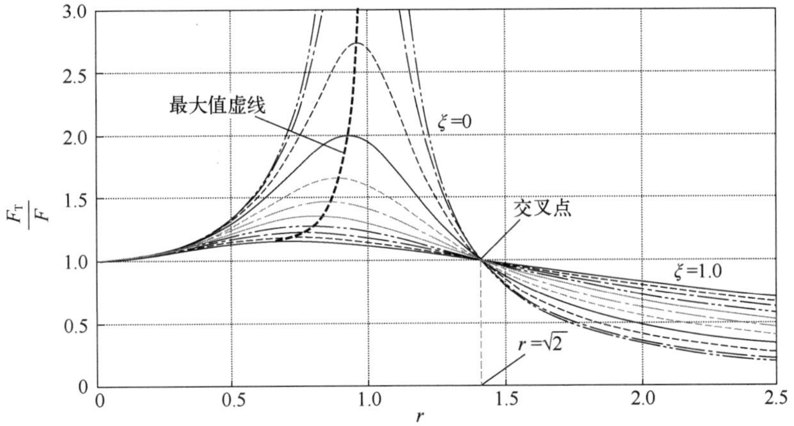

图 4.20 受迫振动传递力 $\frac{F_T}{F}$ 的频率响应

案例 161 另一种求传递力 f_T 的方法。

也可以通过运动方程代入式（4-61）中的 x 来找到传递力的频率响应。

$$\begin{aligned}f_T&=F\sin(\omega t)-m\ddot{x}=F\sin(\omega t)-m\omega^2[A_1\sin(\omega t)+B_1\cos(\omega t)]\\&=(mA_1\omega^2+F)\sin(\omega t)+m\omega^2B_1\cos(\omega t)=F_T\sin(\omega t-\varphi_x)\end{aligned} \tag{4-101}$$

振幅 F_T 和相位 φ_{F_T} 与式（4-97）和式（4-98）相同，因为

$$F_T=\sqrt{(mA_1\omega^2+F)^2+(m\omega^2B_1)^2}=\frac{\sqrt{k+c^2\omega^2}}{\sqrt{(k-m\omega^2)^2+c^2\omega^2}} \tag{4-102}$$

$$\tan\varphi_{F_T}=\frac{-m\omega^2B_1}{m\omega^2A_1+F}=\frac{c\omega}{k-m\omega^2} \tag{4-103}$$

案例 162 现实生活中没有机械正弦力受迫振动。

在机械中，没有办法给一个没有连接机械设备的物体提供周期性的力和位移。因此，如图 4.15 所示的受迫振动系统在现实的机械中没有应用，但是可以将物块 m 连接一个电磁铁材料物体，提供交替的或周期性的磁场力。

案例 163 正交函数 $\sin(\omega t)$ 和 $\cos(\omega t)$。

两个函数 $f(t)$ 和 $g(t)$ 在区间 $[a,b]$ 内正交，前提条件为：

$$\int_a^b f(t)g(t)\mathrm{d}t=0 \tag{4-104}$$

函数 $\sin(\omega t)$ 和 $\cos(\omega t)$ 在一个周期 $T=[0,\ \ 2\pi/\omega]$ 内正交，因为

$$\int_0^{2\pi/\omega}\sin(\omega t)\cos(\omega t)\mathrm{d}t=0 \tag{4-105}$$

案例 164 线性系统的节拍。

思考在两个正弦力 f_1 和 f_2 作用下产生的位移 $x(t)$：

$$f_1 = F_1 \cos(\omega_1 t) \tag{4-106}$$

$$f_2 = F_2 \cos(\omega_2 t) \tag{4-107}$$

假设 f_1 作用下的稳态响应为：

$$x_1(t) = X_1 \cos(\omega_1 t + \phi_1) \tag{4-108}$$

f_2 作用下的稳态响应为：

$$x_2(t) = X_2 \cos(\omega_2 t + \phi_2) \tag{4-109}$$

那么，由于是线性系统，对于 $f_1 + f_2$ 的响应将等于 $x(t) = x_1(t) + x_2(t)$：

$$x(t) = x_1(t) + x_2(t) = X_1 \cos(\omega_1 t + \phi_1) + X_2 \cos(\omega_2 t + \phi_2) \tag{4-110}$$

将其转换为 1/2 形式可得：

$$\begin{aligned} x(t) = &\frac{1}{2}(X_1 + X_2)\left[\cos(\omega_1 t + \phi_1) + \cos(\omega_2 t + \phi_2)\right] + \\ &\frac{1}{2}(X_1 - X_2)\left[\cos(\omega_1 t + \phi_1) - \cos(\omega_2 t + \phi_2)\right] \end{aligned} \tag{4-111}$$

继续整理可得：

$$\begin{aligned} x(t) = &(X_1 + X_2)\cos\left(\frac{\omega_1 + \omega_2}{2} - \frac{\phi_1 + \phi_2}{2}\right)\cos\left(\frac{\omega_1 - \omega_2}{2} - \frac{\phi_1 - \phi_2}{2}\right) - \\ &(X_1 - X_2)\sin\left(\frac{\omega_1 + \omega_2}{2} - \frac{\phi_1 + \phi_2}{2}\right)\sin\left(\frac{\omega_1 - \omega_2}{2} - \frac{\phi_1 - \phi_2}{2}\right) \end{aligned} \tag{4-112}$$

等式还可以进一步表达为：

$$x(t) = (X_1 + X_2)\cos(\Omega_1 t - \Phi_1)\cos(\Omega_2 t - \Phi_2) - (X_1 - X_2)\sin(\Omega_1 t - \Phi_1)\sin(\Omega_2 t - \Phi_2) \tag{4-113}$$

其中：

$$\Omega_1 = \frac{\omega_1 + \omega_2}{2} \tag{4-114}$$

$$\Omega_2 = \frac{\omega_1 - \omega_2}{2} \tag{4-115}$$

$$\Phi_1 = \frac{\phi_1 + \phi_2}{2} \tag{4-116}$$

$$\Phi_2 = \frac{\phi_1 - \phi_2}{2} \tag{4-117}$$

代入假设值：

$$X_1 = 10, \quad X_2 = 12 \tag{4-118}$$

$$\omega_1 = 5, \quad \omega_2 = 6 \tag{4-119}$$

$$\phi_1 = \frac{\pi}{3}, \quad \phi_2 = \frac{\pi}{4} \tag{4-120}$$

作出简图，如图 4.21 所示。这个 MATLAB 程序比较简单，大家可以自己试着写一写。

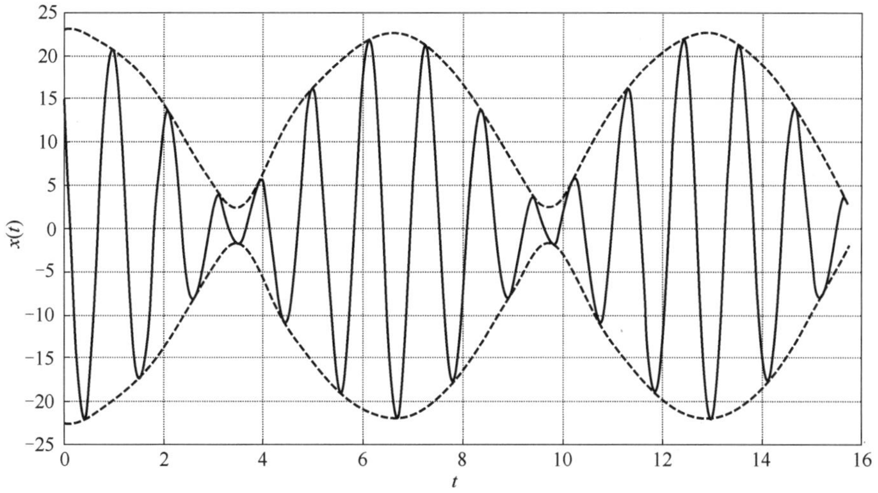

图 4.21 节拍现象

如图 4.21 所示，位移 $x(t)$ 表现为振幅在 X_1+X_2 和 X_1-X_2 之间，频率为低频率 Ω_2，在包迹内以高频率 Ω_1 振荡。这种振荡形式称为节拍。

当 $X_1 = X_2 = X$ 时，那么：

$$x(t) = 2X\cos(\Omega_1 t - \Phi_1)\cos(\Omega_2 t - \Phi_2) \tag{4-121}$$

当在半周期 $T = 2\pi/\Omega_2$，式（4-122）节拍为零。其中：

$$|\Omega_1| > |\Omega_2| \tag{4-122}$$

4.4 运动底座激励系统

图4.22给出了单自由度运动底座正弦激励振动系统，该系统包含了一个质量为 m 的物块，通过弹簧 k 和阻尼器 c 支撑于地面上。运动底座激励系统对于车辆悬架或是任何骑装设备的基本振动系统来说是一个非常好的模型。物块相对于平衡位置的绝对位移通过坐标系 x 来测量。一个正弦外力作用下的运动为：

$$y = Y\sin(\omega t) \tag{4-123}$$

外力作用于基本的悬架，使得系统振动。

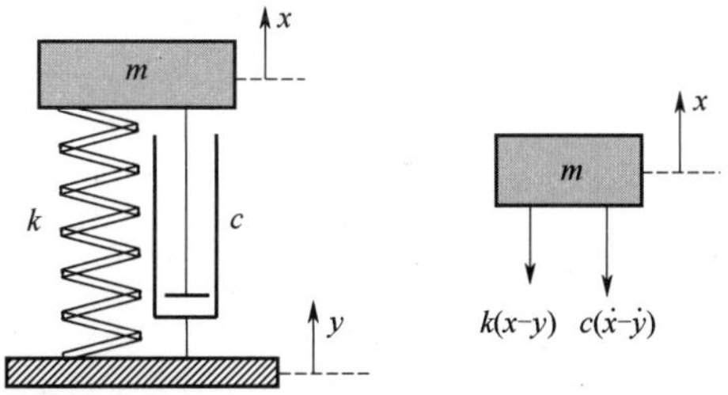

图 4.22 单自由度运动底座正弦激励振动系统及受力分析

系统的运动方程可以用绝对位移 x 表达为下列方程的任意一个：

$$m\ddot{x}+c\dot{x}+kx=cY\omega\cos(\omega t)+kY\sin(\omega t) \tag{4-124}$$

$$\ddot{x}+2\xi\omega_{\mathrm{n}}\dot{x}+\omega_{\mathrm{n}}^{2}x=2\xi\omega_{\mathrm{n}}\omega Y\cos(\omega t)+\omega_{\mathrm{n}}^{2}Y\sin(\omega t) \tag{4-125}$$

或是下列任意一个相对位移 z 的方程：

$$m\ddot{z}+c\dot{z}+kz=m\omega^{2}Y\sin(\omega t) \tag{4-126}$$

$$\ddot{z}+2\xi\omega_{\mathrm{n}}\dot{z}+\omega_{\mathrm{n}}^{2}z=\omega^{2}Y\sin(\omega t) \tag{4-127}$$

$$z=x-y \tag{4-128}$$

通过运动方程可以得到下列绝对运动和相对运动的频率响应：

$$x=A_{2}\sin(\omega t)+B_{2}\cos(\omega t)=X\sin(\omega t-\varphi_{x}) \tag{4-129}$$

$$z=A_{3}\sin(\omega t)+B_{3}\cos(\omega t)=Z\sin(\omega t-\varphi_{z}) \tag{4-130}$$

x 的频率响应有振幅 X，z 的频率响应也有振幅 Z：

$$\frac{X}{Y}=\frac{\sqrt{1+(2\xi r)^{2}}}{\sqrt{(1-r^{2})^{2}+(2\xi r)^{2}}} \tag{4-131}$$

$$\frac{Z}{Y}=\frac{r^{2}}{\sqrt{(1-r^{2})^{2}+(2\xi r)^{2}}} \tag{4-132}$$

以及下面的相位 φ_x 和 φ_z 对应于 x 和 z：

$$\varphi_{x}=\arctan\frac{2\xi r^{3}}{1-r^{2}+(2\xi r)^{2}} \tag{4-133}$$

$$\varphi_{z}=\arctan\frac{2\xi r}{1-r^{2}} \tag{4-134}$$

相位 φ_x 表示了 x 响应相对于激励 y 的角度的延迟。频率响应 X、Z 和 φ_x 作为 r 和 ξ 的函数，可以通过图表法表示出来，如图 4.23～图 4.25 所示（详见脚本 9）。

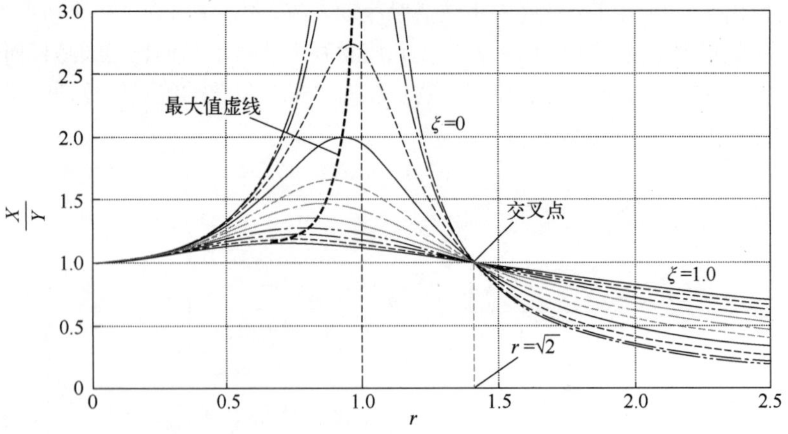

图 4.23 运动底座激励系统的位移 $\frac{X}{Y}$ 的频率响应

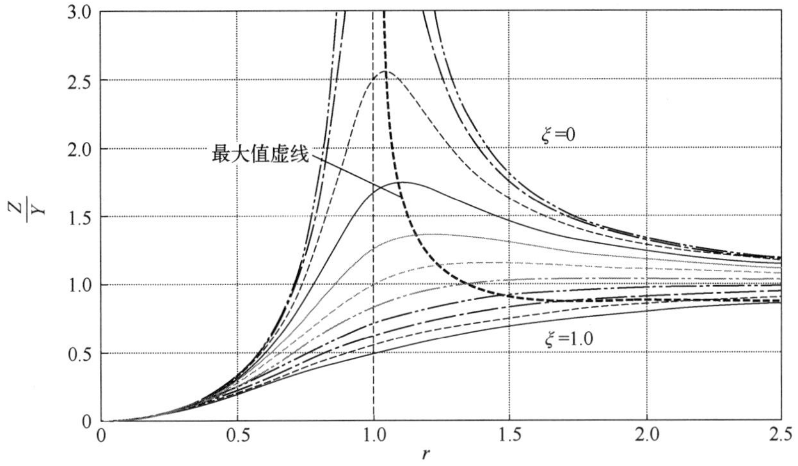

图 4.24　底座位移 $\frac{Z}{Y}$ 的频率响应

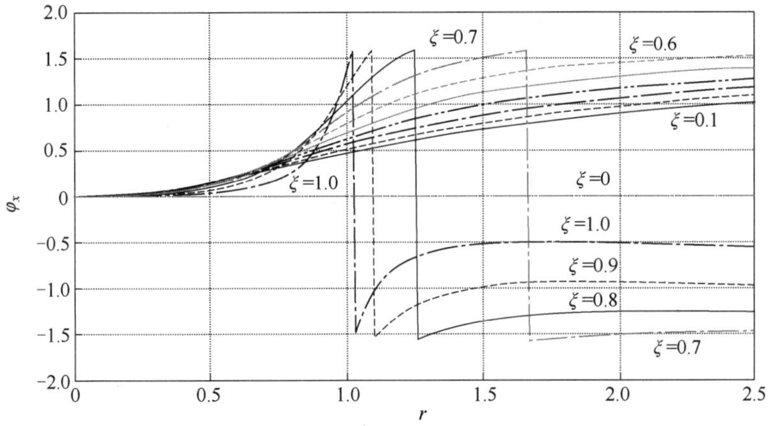

图 4.25　物块初始相位 φ_x 的频率响应

证明 30：牛顿力学的受力分析如图 4.22 所示，可得到以下运动方程：

$$\boldsymbol{m\ddot{x}=-c(\dot{x}-\dot{y})-k(x-y)} \tag{4-135}$$

将式（4-123）代入，可以得到式（4-124）。通过消去 m 再用固有频率和阻尼比定义式（4-64）～式（4-66），式（4-124）又可以转换成式（4-125）。

实际上，运动底座激励系统的响应为相对位移 $z=x-y$。

对于每一种骑装在悬架上的设备如车身，需要控制运动底座和设备之间的最大或最小距离，因此研究相对位移十分重要。对相对位移式（4-128）求导可得：

$$\ddot{z}=\ddot{x}-\ddot{y} \tag{4-136}$$

代入式（4-135）可得：

$$m(\ddot{z}+\ddot{y})=-c\dot{z}-kz \tag{4-137}$$

由此就可得到式（4-126）和式（4-127）。

式（4-126）的稳态解可以是式（4-129）。为了找到振幅和相位响应，可以将运动方程的解（4-129）代入运动方程：

$$-m\omega^2\left[A_2\sin(\omega t)+B_2\cos(\omega t)\right]+c\omega\left[A_2\cos(\omega t)-B_2\sin(\omega t)\right]+k\left[A_2\sin(\omega t)+B_2\cos(\omega t)\right]$$
$$=cY\omega\cos(\omega t)+kY\sin(\omega t) \tag{4-138}$$

正交的函数 $\sin(\omega t)$ 和 $\cos(\omega t)$ 等式两边的系数必须相等，于是有：

$$kA_2-mA_2\omega^2-cB_2\omega=Yk \tag{4-139}$$

$$kB_2-mB_2\omega^2-cA_2\omega=Yc\omega \tag{4-140}$$

因此，能得到计算 A_2 和 B_2 的矩阵方程：

$$\begin{bmatrix}k-m\omega^2 & -c\omega\\ c\omega & k-m\omega^2\end{bmatrix}\begin{bmatrix}A_2\\ B_2\end{bmatrix}=\begin{bmatrix}Yk\\ Yc\omega\end{bmatrix} \tag{4-141}$$

解出系数 A_2 和 B_2。

$$\begin{bmatrix}A_2\\ B_2\end{bmatrix}=\begin{bmatrix}k-m\omega^2 & -c\omega\\ c\omega & k-m\omega^2\end{bmatrix}^{-1}\begin{bmatrix}Yk\\ Yc\omega\end{bmatrix}=\begin{bmatrix}\dfrac{k(k-m\omega^2)+c^2\omega^2}{(k-\mathrm{m}\omega^2)^2+c^2\omega^2}Y\\ \dfrac{c\omega(k-m\omega^2)-ck\omega}{(k-m\omega^2)^2+c^2\omega^2}Y\end{bmatrix} \tag{4-142}$$

由此可以得到稳定解（4-129）。

振幅 X 和相位 φ_x 也就可以找到：

$$X=\sqrt{A_2^2+B_2^2} \tag{4-143}$$

$$\tan\varphi_x=-\frac{B_2}{A_2} \tag{4-144}$$

将 A_2 和 B_2 的值代入得到最终结果为：

$$X=\frac{\sqrt{k^2+c^2\omega^2}}{\sqrt{(k-m\omega^2)^2+c^2\omega^2}}Y \tag{4-145}$$

$$\tan\varphi_x=\frac{cm\omega^3}{k(k-m\omega^2)+c^2\omega^2}=\frac{2\xi r^3}{1-r^2+(2\xi r)^2} \tag{4-146}$$

实践中用到的更多的是使用 r 和 ξ 表达 X 和 φ_x，分别为式（4-131）和式（4-133）。

同法，为了找到相对位移的频率响应式（4-132），将式（4-130）代入式（4-126）可得：

$$-m\omega^2\left[A_3\sin(\omega t)+B_3\cos(\omega t)\right]+c\omega\left[A_3\cos(\omega t)-B_3\sin(\omega t)\right]+$$
$$k\left[A_3\sin(\omega t)+B_3\cos(\omega t)\right]=m\omega^2Y\sin(\omega t) \tag{4-147}$$

同法可得：

$$kA_3-mA_3\omega^2-cB_3\omega=m\omega^2Y \tag{4-148}$$

$$kB_3-mB_3\omega^2-cA_3\omega=0 \tag{4-149}$$

得：

$$\begin{bmatrix}k-m\omega^2 & -cw\\ cw & k-m\omega^2\end{bmatrix}\begin{bmatrix}A_3\\ B_3\end{bmatrix}=\begin{bmatrix}m\omega^2Y\\ 0\end{bmatrix} \tag{4-150}$$

解出：

$$\begin{bmatrix} A_3 \\ B_3 \end{bmatrix} = \begin{bmatrix} k - m\omega^2 & -cw \\ cw & k - m\omega^2 \end{bmatrix}^{-1} \begin{bmatrix} m\omega^2 Y \\ 0 \end{bmatrix} = \begin{bmatrix} \dfrac{m\omega^2(k - m\omega^2)}{(k - m\omega^2)^2 + c^2\omega^2} Y \\ \dfrac{mc\omega^3}{(k - m\omega^2)^2 + c^2\omega^2} Y \end{bmatrix} \tag{4-151}$$

从而得到稳态解（4-130）。振幅 Z 和相位 φ_z 也就可以找到：

$$Z = \sqrt{A_3^2 + B_3^2} \tag{4-152}$$

$$\tan\varphi_z = -\frac{B_3}{A_3} \tag{4-153}$$

将 A_3 和 B_3 的值［式（4-151）］代入得到最终结果为：

$$Z = \frac{m\omega^2}{\sqrt{(k - m\omega^2)^2 + c^2\omega^2}} Y \tag{4-154}$$

$$\tan\varphi_z = \frac{c\omega}{k - m\omega^2} \tag{4-155}$$

实践中用到更多的是，使用 r 和 ξ 表达 Z 和 φ_x，分别为式（4-132）和式（4-134）。

案例 165　运动底座激励系统实例。

假想一个带有以下参数的物块-弹簧-阻尼器系统：

$$m = 100\text{kg} \tag{4-156}$$

$$k = 10000\text{N/m} \tag{4-157}$$

$$c = 100\text{N}\cdot\text{s/m} \tag{4-158}$$

外界作用在系统上的正弦激励 y 为：

$$y = 0.01\sin(50t) \tag{4-159}$$

由已知可得：

$$\omega_\text{n} = \sqrt{\frac{k}{m}} = 10\text{rad/s} \tag{4-160}$$

$$\xi = \frac{c}{2\sqrt{km}} = 0.05 \tag{4-161}$$

$$r = \frac{\omega}{\omega_\text{n}} = 5 \tag{4-162}$$

$$X = \frac{\sqrt{1 + (2\xi r)^2}}{\sqrt{(1 - r^2)^2 + (2\xi r)^2}} = 4.6575 \times 10^{-4}\text{m} \tag{4-163}$$

$$Z = \frac{r^2}{\sqrt{(1 - r^2)^2 + (2\xi r)^2}} = 1.0414 \times 10^{-2}\text{m} \tag{4-164}$$

对应 x 和 z 的相位角 φ_x 和 φ_z 分别为：

$$\varphi_x = \arctan\frac{2\xi r^3}{1-r^2+(2\xi r)^2} = -0.4845\text{rad} \approx -27.76° \quad (4\text{-}165)$$

$$\varphi_z = \arctan\frac{2\xi r}{1-r^2} = -0.2054\text{rad} \approx -11.768° \quad (4\text{-}166)$$

由此可知，该系统物块 m 稳态振动频率响应为：

$$x = 4.6575\times10^{-4}\sin(350t+0.4845) \quad (4\text{-}167)$$

$$z = 1.0414\times10^{-2}\sin(350t+0.2054) \quad (4\text{-}168)$$

案例 166 频率响应之间的比较。

对比前面的式子，式（4-132）和式（4-93）是相同的，因此运动底座激励系统的相对位移频率响应 $\frac{Z}{Y}$ 和受迫激励系统的加速度频率响应 $\frac{\ddot{X}}{F/m}$ 相同，并且它们有相同的初始相位。因此，φ_z 图和图 4.17 也是一样的。

此外，式（4-131）和式（4-97）表明，运动底座激励系统振幅频率响应 $\frac{X}{Y}$ 和正弦受迫激励系统的传递力频率响应 $\frac{F_{\mathrm{T}}}{F}$ 相同，但是两者的初始相位是不同的。

案例 167 运动底座激励系统的绝对速度和加速度。

运动底座激励系统的位移频率响应为：

$$x = A_2\sin(\omega t)+B_2\cos(\omega t) = X\sin(\omega t-\varphi_x) \quad (4\text{-}169)$$

可计算出速度和加速度的频率响应：

$$\dot{x} = A_2\omega\cos(\omega t)+B_2\omega\sin(\omega t) = X\omega\cos(\omega t-\varphi_x) = \dot{X}\cos(\omega t-\varphi_x) \quad (4\text{-}170)$$

$$\ddot{x} = -A_2\omega^2\sin(\omega t)-B_2\omega^2\cos(\omega t) = -X\omega^2\sin(\omega t-\varphi_x) = \ddot{X}\sin(\omega t-\varphi_x) \quad (4\text{-}171)$$

速度和加速度的振幅频率响应 $\dot{X}$ 、$\ddot{X}$ 分别为：

$$\dot{X} = \frac{\omega\sqrt{k^2+c^2\omega^2}}{\sqrt{(k-m\omega^2)^2+c^2\omega^2}}Y \quad (4\text{-}172)$$

$$\ddot{X} = \frac{\omega^2\sqrt{k^2+c^2\omega^2}}{\sqrt{(k-m\omega^2)^2+c^2\omega^2}}Y \quad (4\text{-}173)$$

也可以写成：

$$\frac{\dot{X}}{\omega_{\mathrm{n}}Y} = \frac{r\sqrt{1+(2\xi r)^2}}{\sqrt{(1-r^2)^2+(2\xi r)^2}} \quad (4\text{-}174)$$

$$\frac{\ddot{X}}{\omega_{\mathrm{n}}^2Y} = \frac{r^2\sqrt{1+(2\xi r)^2}}{\sqrt{(1-r^2)^2+(2\xi r)^2}} \quad (4\text{-}175)$$

速度和加速度的频率响应式（4-174）和式（4-175）分别对应图 4.26 和图 4.27。

在两幅图中有一个共同的点，称为拐点或是节点，在这里，$\dot{X}$ 和 $\ddot{X}$ 作为 ξ 的函数都出现转向。在这个节点之前，$\dot{X}$ 和 $\ddot{X}$ 随着 ξ 增长而增长，而在这个节点之后，则转变为减小。为了找到该节点，可以找到频率响应中 $\xi=0$ 和 $\xi=\infty$ 两条曲线的交叉点。下面以加速度频率为例找出该点。

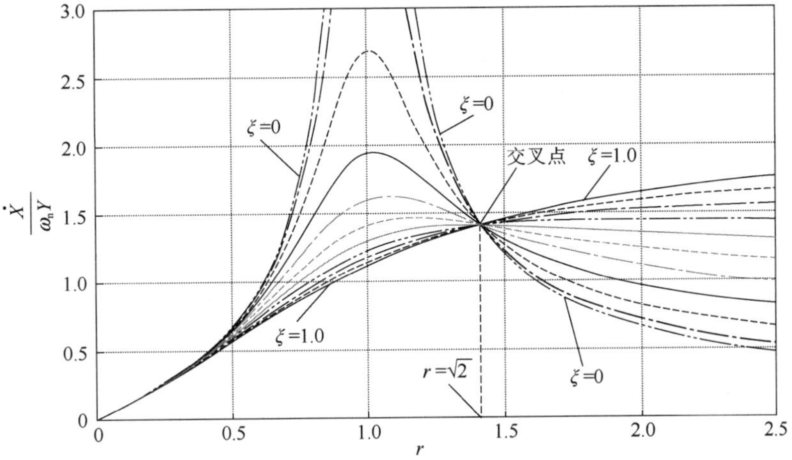

图 4.26　物块速度 $\frac{\dot{X}}{\omega_n Y}$ 的频率响应

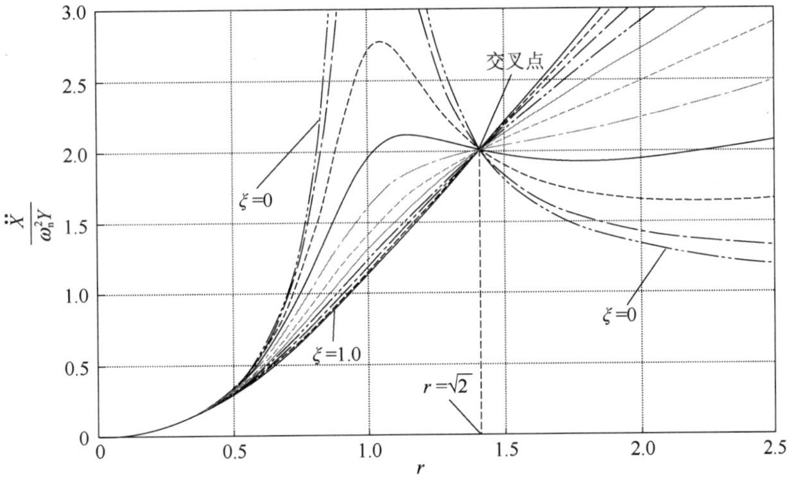

图 4.27　物块加速度 $\frac{\ddot{X}}{\omega_n^2 Y}$ 的频率响应

$$\lim_{\xi \to 0} \frac{\ddot{X}}{\omega_n^2 Y} = \frac{r^2}{\left|1 - r^2\right|} \tag{4-176}$$

$$\lim_{\xi \to \infty} \frac{\ddot{X}}{\omega_n^2 Y} = r^2 \tag{4-177}$$

因此，将式（4-176）和式（4-177）联立，求解频率比 r 在交叉点的值。

$$\frac{r^2}{\left|1 - r^2\right|} = r^2 \tag{4-178}$$

当 $r = 0$ 时，式(4-178)成立，因此 $r = 0$ 为第一个节点；当 $r \neq 0$ 时，$\left|1 - r^2\right| = 1$，得到 $r = 0$（舍）或 $r = \sqrt{2}$。所以，当 $r \neq 0$ 时，$r = \sqrt{2}$。将该值代入频率响应方程有：

$$\lim_{r\to\sqrt{2}}\frac{\ddot{X}}{\omega_{\mathrm{n}}^2 Y}=\frac{2\sqrt{8\xi^2+1}}{\sqrt{8\xi^2+1}}=2 \tag{4-179}$$

可见该响应在 $r=\sqrt{2}$ 这点，与 ξ 取值无关。

用同样的方法可以求得速度频率响应的节点位置为 $r=\sqrt{2}$，但是这点的值和加速度频率响应的值是不一样的。

$$\lim_{r\to\sqrt{2}}\frac{\dot{X}}{\omega_{\mathrm{n}}^2 Y}=\sqrt{2}\frac{\sqrt{8\xi^2+1}}{\sqrt{8\xi^2+1}}=\sqrt{2} \tag{4-180}$$

案例 168 运动底座激励系统的相对速度和加速度。

也可以用运动底座激励系统相对位移频率响应计算相对速度和加速度频率响应：

$$z=A_3\sin(\omega t)+B_3\cos(\omega t)=Z\sin(\omega t-\varphi_z) \tag{4-181}$$

$$\dot{z}=A_3\omega\cos(\omega t)-B_3\omega\sin(\omega t)=Z\omega\cos(\omega t-\varphi_z)=\dot{Z}\cos(\omega t-\varphi_z) \tag{4-182}$$

$$\ddot{z}=-A_3\omega^2\sin(\omega t)-B_3\omega^2\cos(\omega t)=-Z\omega^2\sin(\omega t-\varphi_z)=\ddot{Z}\sin(\omega t-\varphi_z) \tag{4-183}$$

速度和加速度的振幅频率响应 $\dot{Z}$、$\ddot{Z}$ 为：

$$\dot{Z}=\frac{m\omega^3}{\sqrt{(k-m\omega^2)^2+c^2\omega^2}}Y \tag{4-184}$$

$$\ddot{Z}=\frac{m\omega^4}{\sqrt{(k-m\omega^2)^2+c^2\omega^2}}Y \tag{4-185}$$

也可以写成：

$$\frac{\dot{Z}}{\omega_{\mathrm{n}}Y}=\frac{r^3}{\sqrt{(1-r^2)^2+(2\xi r)^2}} \tag{4-186}$$

$$\frac{\ddot{Z}}{\omega_{\mathrm{n}}^2 Y}=\frac{r^4}{\sqrt{(1-r^2)^2+(2\xi r)^2}} \tag{4-187}$$

案例 169 运动底座激励系统的传递力。

运动底座激励系统的传递力 f_{T}，如图 4.22 所示，等于弹簧和阻尼器拉力之和：

$$f_{\mathrm{T}}=f_k+f_c=k(x-y)+c(\dot{x}-\dot{y}) \tag{4-188}$$

基于运动方程式（4-135）它还等于：

$$f_{\mathrm{T}}=-m\ddot{x} \tag{4-189}$$

将 $\ddot{x}$ 用式（4-171）和式（4-175）代入，可以得到传递力的频率响应如下：

$$\frac{f_{\mathrm{T}}}{kY}=\frac{\omega^2\sqrt{k^2+c^2\omega^2}}{\sqrt{(k-m\omega^2)^2+c^2\omega^2}}=\frac{r^2\sqrt{1+(2\xi r)^2}}{\sqrt{(1-r^2)^2+(2\xi r)^2}} \tag{4-190}$$

频率响应 $\dfrac{f_{\mathrm{T}}}{kY}$ 与图 4.27 一样。

案例 170 X/Y 最大值的曲线。

绝对位移频率响应 X/Y 在不同的 r 时出现的峰值依赖于 ξ。为了找到它们之间的关系，将式（4-131）对 r 求导，找出极值点：

$$\frac{\mathrm{d}}{\mathrm{d}r}\left(\frac{X}{Y}\right)=\frac{2r(1-r^2-2r^4\xi^2)}{\sqrt{1+4r^2\xi^2}\left[(1-r^2)^2+(2\xi r)^2\right]^{\frac{3}{2}}}=0 \tag{4-191}$$

用 $X_{\max}$ 表示振幅的峰值，相对应的频率用 $r_{\max}$ 表示。

其中，$r_{\max}^2 \geqslant 0$ 为：

$$r_{\max}^2=\frac{\sqrt{1+8\xi^2}-1}{4\xi^2} \tag{4-192}$$

可见，它仅仅是和 ξ 相关的函数。再将其代入式（4-131）以求出峰值振幅 $X_{\max}$。

$$\frac{X_{\max}}{Y}=\frac{2\sqrt{2}\xi^2\sqrt[4]{1+8\xi^2}}{\sqrt{8\xi^2+(8\xi^4-4\xi^2-1)\sqrt{1+8\xi^2}+1}} \tag{4-193}$$

图 4.28 和图 4.29 显示出了 $X_{\max}$ 和 $r_{\max}$ 都是 ξ 的函数。

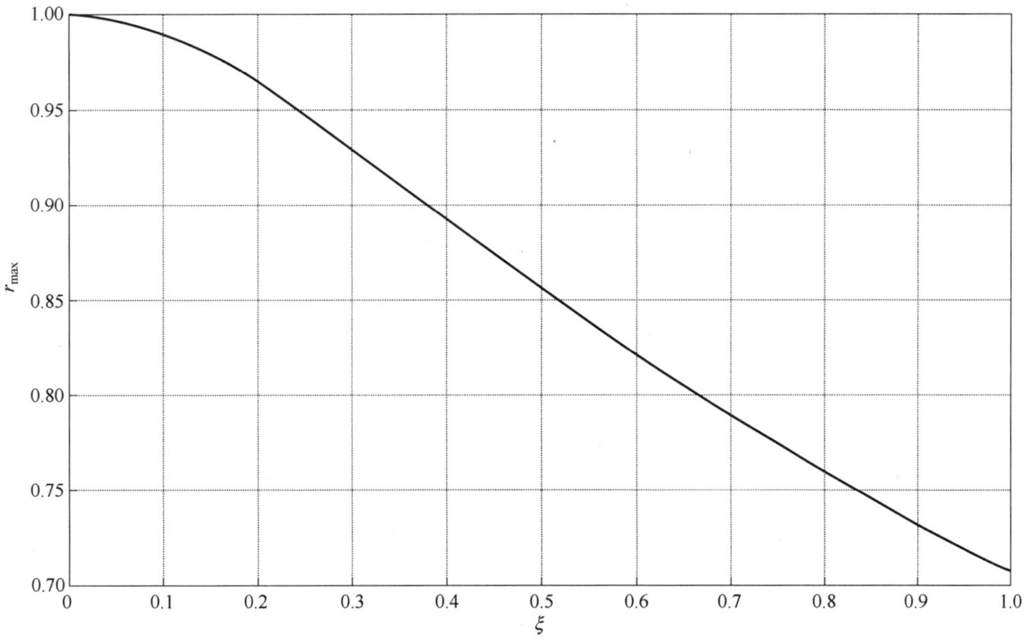

图 4.28　频率比率最大值 $r_{\max}$ 是阻尼比率 ξ 的函数

案例 171　Z/Y 最大值曲线。

相对位移频率响应 Z/Y 的峰值出现在 $r>1$ 时，并且只依赖 ξ 存在。为了找到这种关系，对式（4-132）函数 Z/Y 中的 r 进行求导，解出极值点：

$$\frac{\mathrm{d}}{\mathrm{d}r}\left(\frac{Z}{Y}\right)=\frac{2r^2(1-r^2+2r^2\xi^2)}{\left[(1-r^2)^2+(2\xi r)^2\right]^{\frac{3}{2}}}=0 \tag{4-194}$$

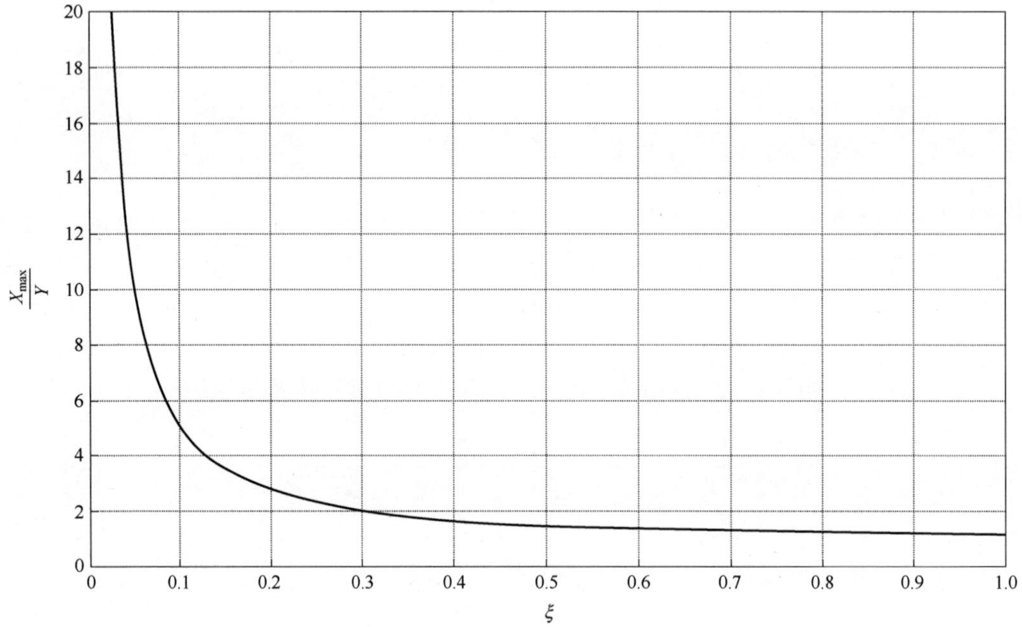

图 4.29 绝对位移最大值 $\frac{X_{max}}{Y}$ 也是阻尼比率 ξ 的函数

用 Z_{max} 表示振幅的峰值，相对应的频率用 r_{max} 表示：

$$r_{max}=\frac{1}{\sqrt{1-2\xi^2}} \quad (4-195)$$

ξ 的取值范围为：$0<\xi<\frac{\sqrt{2}}{2}$。

将取值和式（4-195）代入式（4-132）后可得：

$$\frac{Z_{max}}{Y}=\frac{1}{2\xi\sqrt{1-\xi^2}} \quad (4-196)$$

案例 172 最大振幅的实例。

$$m=100\text{kg} \quad (4-197)$$

$$k=10000\text{N/m} \quad (4-198)$$

$$c=100\text{N}\cdot\text{s/m} \quad (4-199)$$

$$\omega_n=10\text{rad/s} \quad (4-200)$$

$$\xi=0.05 \quad (4-201)$$

$$Y=0.01\text{m} \quad (4-202)$$

可得：

$$Z_{max}=\frac{1}{2\xi\sqrt{1-\xi^2}}Y=0.1001\text{m} \quad (4-203)$$

最大振幅发生在

$$r_{\max}=\frac{1}{\sqrt{1-2\xi^2}}=1.0025 \tag{4-204}$$

4.5 旋摆激励振动系统

图 4.30 给出了一个单自由度旋摆激励振动系统，它包含一个质量为 m 的物块，该物块由一个弹簧 k 和一个阻尼器 c 组成的悬架支撑，在物块上还有一个非平衡质量 m_e 在位置 e 并以角速度 ω 旋转。这个旋摆激励振动系统对于分析带有引擎的车辆振动是一个非常好的模型，它还可以用于任何旋转电机骑装在一个带有可变形悬架的固定基座上的情形。

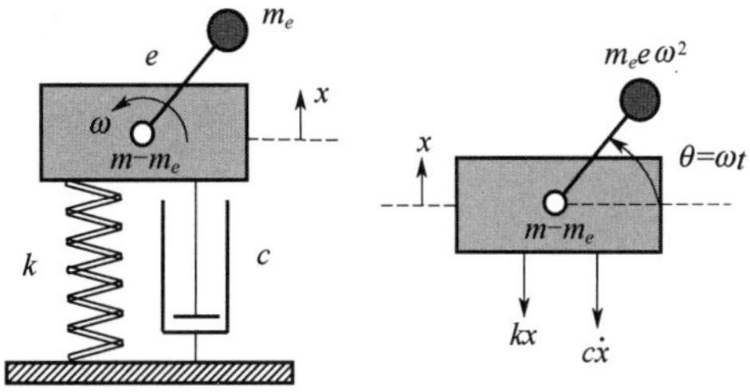

图 4.30　单自由度旋摆激励振动系统及受力分析

物块 m 相对于平衡位置的绝对位移，用坐标系 x 来表示。当旋摆装在 m 上后，将会提供给一个正弦激励力：

$$f_x=m_e e\omega^2\sin(\omega t) \tag{4-205}$$

这个力将会使系统振动，位置参数 e 称为偏心率，m_e 被称为旋摆或离心质量。

该系统的运动方程表示为：

$$m\ddot{x}+c\dot{x}+kx=m_e e\omega^2\sin(\omega t) \tag{4-206}$$

或是：

$$\ddot{x}+2\xi\omega_{\mathrm{n}}\dot{x}+\omega_{\mathrm{n}}^2x=\varepsilon e\omega^2\sin(\omega t) \tag{4-207}$$

$$\varepsilon=\frac{m_e}{m} \tag{4-208}$$

该系统的绝对位移响应为：

$$x=A_4\sin(\omega t)+B_4\cos(\omega t)=X\sin(\omega t-\varphi_e) \tag{4-209}$$

其中，有一个振幅 X 和相位 φ_e：

$$\frac{X}{e\varepsilon}=\frac{r^2}{\sqrt{(1-r^2)^2+(2\xi r)^2}} \tag{4-210}$$

$$\varphi_e=\arctan\frac{2\xi r}{1-r^2} \tag{4-211}$$

初始相位 φ_e 表示 x 在外界激励 $m_e e\omega^2\sin(\omega t)$ 的作用下响应的角度延迟。X 和 φ_e 的频率响应是 r 和 ξ 的函数，用图形表达后如图 4.31 和图 4.32 所示。

系统的受力如图 4.30 所示，通过牛顿定理在 x-方向得到运动方程如下：

$$m\ddot{x}=-c\dot{x}-kx+m_e e\omega^2\sin(\omega t) \tag{4-212}$$

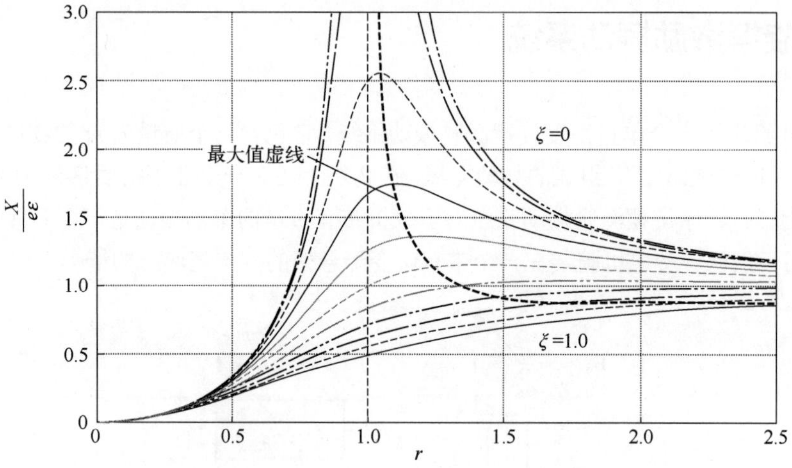

图 4.31 旋摆系统位移 $\dfrac{X}{e\varepsilon}$ 的频率响应

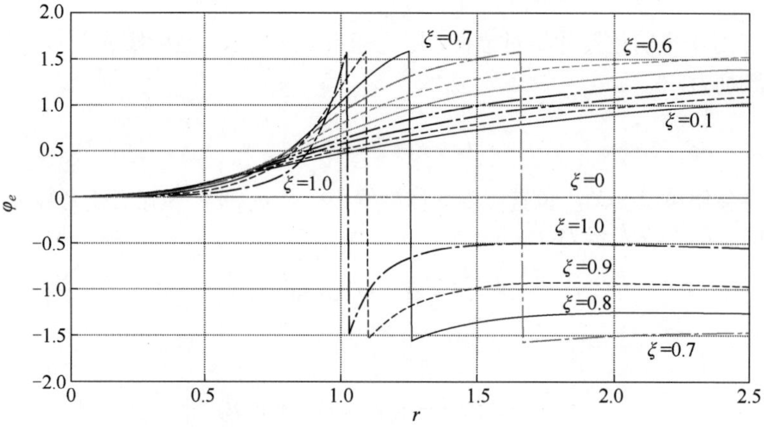

图 4.32 旋摆系统初始相位 φ_e 的频率响应

式（4-206）可以将两边 m 消去转化成式（4-207），再用以下的等式定义固有频率、阻尼比以及频率比：

$$\omega_{\mathrm{n}}=\sqrt{\frac{k}{m}} \tag{4-213}$$

$$\xi=\frac{c}{2\sqrt{km}} \tag{4-214}$$

$$r=\frac{\omega}{\omega_{\mathrm{n}}} \tag{4-215}$$

参数 $\varepsilon=\dfrac{m_e}{m}$ 被称为质量比率，表示了旋摆质量 m_e 和总质量 m 之间的比值。

证明 31：作式（4-206）稳态解的形式为式（4-209）。为了找到响应的振幅和初始相位，将解的形式（4-209）代入运动方程得到：

$$\begin{aligned}&-m\omega^2\left[A_4\sin(\omega t)+B_4\cos(\omega t)\right]+c\omega\left[A_4\cos(\omega t)-B_4\sin(\omega t)\right]+\\&k\left[A_4\sin(\omega t)+B_4\cos(\omega t)\right]=m_e e\omega^2\sin(\omega t)\end{aligned}\tag{4-216}$$

函数 $\sin(\omega t)$ 和 $\cos(\omega t)$ 等式两边的系数必须平衡，因此有：

$$kA_4-m\omega^2A_4-cB_4\omega=m_e e\omega^2\tag{4-217}$$

$$kB_4-m\omega^2B_4+c\omega A_4=0\tag{4-218}$$

化为矩阵方程计算 A_4 和 B_4。

$$\begin{bmatrix}k-\omega^2m & -c\omega\\ c\omega & k-\omega^2m\end{bmatrix}\begin{bmatrix}A_4\\B_4\end{bmatrix}=\begin{bmatrix}e\omega^2m_e\\0\end{bmatrix}\tag{4-219}$$

可解出：

$$\begin{bmatrix}A_4\\B_4\end{bmatrix}=\begin{bmatrix}k-\omega^2m & -c\omega\\ c\omega & k-\omega^2m\end{bmatrix}^{-1}\begin{bmatrix}e\omega^2m_e\\0\end{bmatrix}=\begin{bmatrix}\dfrac{k-m\omega^2-\omega^2m_e}{(k-\omega^2m)^2+c^2\omega^2}e\omega^2m_e\\ \dfrac{-c\omega}{(k-\omega^2m)^2+c^2\omega^2}e\omega^2m_e\end{bmatrix}\tag{4-220}$$

振幅 X 和初始相位 φ_e 可以被找到：

$$X=\sqrt{A_4^2+B_4^2}\tag{4-221}$$

$$\tan\varphi_e=-\frac{B_4}{A_4}\tag{4-222}$$

代入 A_4 和 B_4 具体值，结果得到以下的解：

$$X=\frac{\omega^2em_e}{\sqrt{(k-m\omega^2)^2+c^2\omega^2}}\tag{4-223}$$

$$\tan\varphi_e=\frac{c\omega}{k-m\omega^2}\tag{4-224}$$

同样，可以通过使用 r 和 ξ 得到使用更多的经验表达式（4-210）和式（4-211）。

案例 173　旋摆激励振动系统实例。

假设一个发动机的质量为 m：

$$m=100\text{kg}\tag{4-225}$$

并通过弹簧和阻尼器安装于 4 个发动机底座上，弹簧刚度和阻尼器阻尼分别为：

$$k=10000\text{N}/\text{m}\tag{4-226}$$

$$c=100\text{N}\cdot\text{s}/\text{m}\tag{4-227}$$

发动机转速为：

$$\omega = 5000\text{r/min} \approx 523.60\text{rad / s} \approx 83.333\text{Hz} \tag{4-228}$$

旋摆参数为：

$$m_e = 0.01\text{kg} \tag{4-229}$$

$$e = 0.2\text{m} \tag{4-230}$$

系统的固有频率ω_n、阻尼比ξ、质量比ε以及频率比r分别可求出为：

$$\omega_\text{n} = \sqrt{\frac{k}{m}} = \sqrt{\frac{10000\text{N / m}}{100\text{kg}}} = 10\text{rad / s} \approx 1.59\text{Hz} \tag{4-231}$$

$$\xi = \frac{c}{2\sqrt{km}} = 0.05 \tag{4-232}$$

$$\varepsilon = \frac{m_e}{m} = \frac{0.01}{100} = 10^{-4} \tag{4-233}$$

$$r = \frac{\omega}{\omega_\text{n}} = \frac{523.60}{10} = 52.36 \tag{4-234}$$

发动机振动振幅为：

$$X = \frac{r^2 e\varepsilon}{\sqrt{(1-r^2)^2 + (2\xi r)^2}} = 2\times 10^{-5}\text{m} \tag{4-235}$$

但是，如果发动机旋转速度和系统固有频率相等时：

$$\omega = 95.49\text{r/min} \approx 10\text{rad / s} \approx 1.59\text{Hz} \tag{4-236}$$

发动机振动幅度为：

$$X = \frac{r^2 e\varepsilon}{\sqrt{(1-r^2)^2 + (2\xi r)^2}} = 2\times 10^{-4}\text{m} \tag{4-237}$$

所有旋转机械，如发动机、涡轮、发电机以及其他旋转设备，都有缺陷，在旋转的组件或是不规则的质量分布，这些都会造成动力学上的不平衡。当不平衡组件旋转时，一个旋摆负荷就加载在结构上。这个负荷可以分解成两个正弦力，这两个力在旋转平面内，一个沿悬架运动方向，另一个则垂直于该方向。如果垂直方向上的分力被反作用力平衡掉，悬架运动方向上的分力则提供了一个正弦变量力，以此产生振动的振幅取决于旋摆离心率$m_e e$。不平衡旋转机械都有一个普遍的振动激励源。

案例 174 旋摆激励系统的绝对速度和加速度。

旋摆激励系统的位置频率响应一般表达式为：

$$x = A_4\sin(\omega t) + B_4\cos(\omega t) = X\sin(\omega t - \varphi_e) \tag{4-238}$$

能找到速度及加速度的频率响应：

$$\dot{x} = A_4\omega\cos(\omega t) - B_4\omega\sin(\omega t) = X\omega\cos(\omega t - \varphi_e) = \dot{X}\cos(\omega t - \varphi_e) \tag{4-239}$$

$$\ddot{x} = -A_4\omega^2\sin(\omega t) - B_4\omega^2\cos(\omega t) = -X\omega^2\sin(\omega t - \varphi_e) = \ddot{X}\sin(\omega t - \varphi_e) \tag{4-240}$$

速度和加速度频率响应振幅$\dot{X}$、$\ddot{X}$分别为：

$$\frac{\dot{X}}{e\varepsilon} = \frac{\omega^3 e m_e}{\sqrt{(k-m\omega^2)^2 + c^2\omega^2}} \tag{4-241}$$

$$\frac{\ddot{X}}{e\varepsilon}=\frac{\omega^4 e m_e}{\sqrt{(k-m\omega^2)^2+c^2\omega^2}} \tag{4-242}$$

它们还可以被写作：

$$\frac{\dot{X}}{e\varepsilon\omega_{\rm n}}=\frac{r^3}{\sqrt{(1-r^2)^2+(2\xi r)^2}} \tag{4-243}$$

$$\frac{\ddot{X}}{e\varepsilon\omega_{\rm n}^2}=\frac{r^4}{\sqrt{(1-r^2)^2+(2\xi r)^2}} \tag{4-244}$$

案例 175　旋摆激励系统的运动底座所受的传递力。
传递力：

$$f_{\rm T}=F_{\rm T}\sin(\omega t-\varphi_{\rm T}) \tag{4-245}$$

旋摆激励系统的传递力也等于弹簧和阻尼器受力之和：

$$f_{\rm T}=f_k+f_c=kx+c\dot{x} \tag{4-246}$$

将式（4-238）和式（4-239）代入 x 和 $\dot{x}$ 得到：

$$f_{\rm T}=(kA_4-c\omega B_4)\sin(\omega t)+(kB_4+c\omega A_4)\cos(\omega t) \tag{4-247}$$

因此，传递力的振幅为：

$$F_{\rm T}=\sqrt{(kA_4-c\omega B_4)^2+(kB_4+c\omega A_4)^2}=e\omega^2 m_{\rm e}\sqrt{\frac{c^2\omega^2+k^2}{(k-m\omega^2)^2+c^2\omega^2}} \tag{4-248}$$

传递力的频率响应也可以简化为：

$$\frac{F_{\rm T}}{e\omega^2 m_e}=\frac{\sqrt{1+(2\xi r)^2}}{\sqrt{(1-r^2)^2+(2\xi r)^2}} \tag{4-249}$$

4.6 旋摆–底座激励振动系统

图 4.33 显示出一个单自由度旋摆-底座激励振动系统，它包含一个质量为 m 的物体，通过一根弹簧 k 和一个阻尼器 c 悬装在质量为 m_b 的底座上。底座上有一个不平衡的物块 m_e 以底座的质心为圆心、以 e 为半径、以角速度 ω 旋转。旋摆-底座激励系统对于装备有不同发动机的车辆，或是任何骑装旋转电机的装备都是好的振动分析模型。物块 m 相对底座的运动位移：

$$z=x-y \tag{4-250}$$

将它写成运动方程后表达为：

$$\frac{mm_b}{m_b+m}\ddot{z}+c\dot{z}+kz=\frac{mm_e}{m_b+m}e\omega^2\sin(\omega t) \tag{4-251}$$

$$\ddot{z}+2\xi\omega_{\rm n}\dot{z}+\omega_{\rm n}^2 z=\varepsilon e\omega^2\sin(\omega t) \tag{4-252}$$

$$\varepsilon = \frac{m_e}{m_b} \tag{4-253}$$

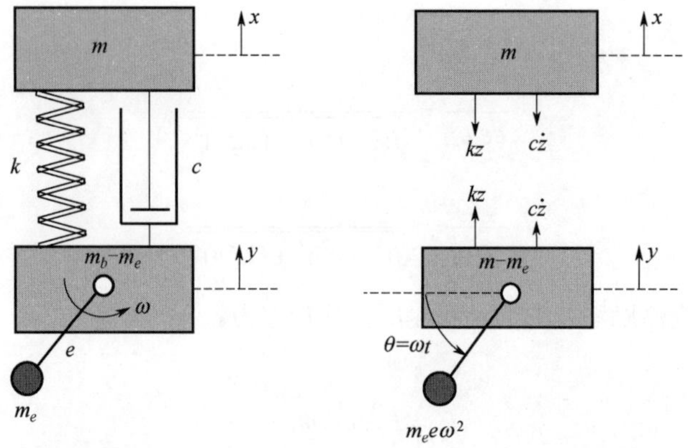

图 4.33 单自由度旋摆-底座激励振动系统及受力分析

该系统的相对位移响应为:

$$z = A_5 \sin(\omega t) + B_5 \cos(\omega t) = Z \sin(\omega t - \varphi_b) \tag{4-254}$$

其中，振幅 Z 和相位 φ_b 为:

$$\frac{Z}{e\varepsilon} = \frac{r^2}{\sqrt{(1-r^2)^2 + (2\xi r)^2}} \tag{4-255}$$

$$\varphi_b = \arctan\frac{2\xi r}{1-r^2} \tag{4-256}$$

频率响应的 Z 和 φ_b 作为 ξ 和 r 的函数，如图 4.34 和图 4.35 所示。

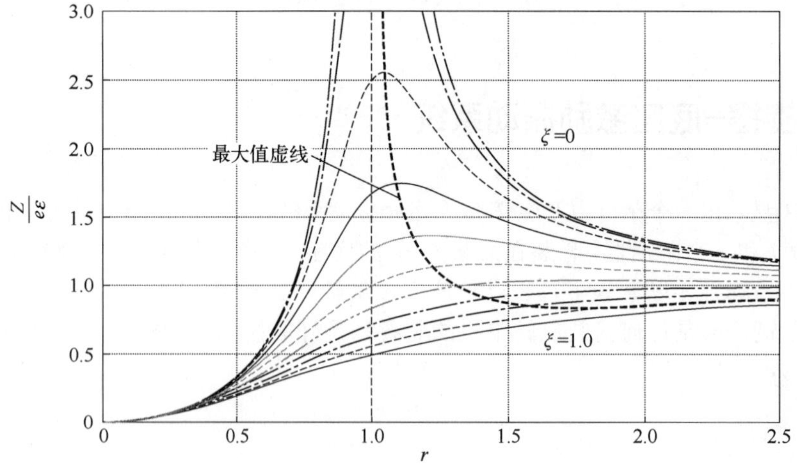

图 4.34 旋摆-底座系统位移 $\frac{Z}{e\varepsilon}$ 的频率响应

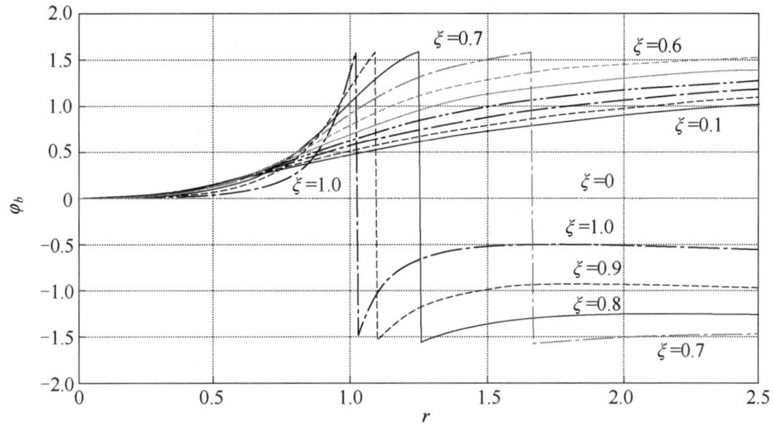

图 4.35 旋摆-底座系统初始相位 φ_b 的频率响应

证明 32：旋摆-底座激励振动系统受力如图 4.33 所示，根据牛顿模型，沿着坐标轴 x-方向可以得到以下等式：

$$m\ddot{x} = -c(\dot{x} - \dot{y}) - k(x - y) \tag{4-257}$$

$$m_b\ddot{y} = c(\dot{x} - \dot{y}) + k(x - y) - m_e e\omega^2 \sin(\omega t) \tag{4-258}$$

利用 $z = x - y$ 以及

$$\ddot{z} = \ddot{x} - \ddot{y} \tag{4-259}$$

可以整合式（4-257）和式（4-258）以得到相对位移的运动方程：

$$\frac{mm_b}{m_b + m}\ddot{z} + c\dot{z} + kz = \frac{mm_e}{m_b + m}e\omega^2 \sin(\omega t) \tag{4-260}$$

如果利用 $\frac{mm_b}{m_b + m}$ 定义 ξ 和 r，有：

$$\xi = \frac{c}{2\sqrt{k\frac{mm_b}{m_b + m}}} \tag{4-261}$$

$$\omega_n = \sqrt{k\frac{mm_b}{m_b + m}} \tag{4-262}$$

参数 $\varepsilon = \frac{m_e}{m_b}$ 称为质量比，表示旋转质量 m_e 与底座总质量 m_b 之比。

式（4-252）的稳态解为式（4-254）。将解代入运动方程就可以找到振幅和相位响应。

$$\begin{aligned} &-\omega^2\left[A_5 \sin(\omega t) + B_5 \cos(\omega t)\right] + 2\xi\omega_n\omega\left[A_5 \cos(\omega t) - B_5 \sin(\omega t)\right] + \\ &\omega_n^2\left[A_5 \sin(\omega t) + B_5 \cos(\omega t)\right] = \varepsilon e\omega^2 \sin(\omega t) \end{aligned} \tag{4-263}$$

等式两边 $\sin(\omega t)$ 和 $\cos(\omega t)$ 的系数必须相等，可以得到：

$$\omega_n^2 A_5 - \omega^2 A_5 - 2\xi\omega\omega_n B_5 = \varepsilon\omega^2 e \tag{4-264}$$

$$2\xi A_5\omega\omega_n - B_5\omega^2 + B_5\omega_n^2 = 0 \tag{4-265}$$

因此，找到两个联立的等式，可以计算出 A_5 和 B_5：

$$\begin{bmatrix} \omega_n^2 - \omega^2 & -2\xi\omega\omega_n \\ 2\xi\omega\omega_n & \omega_n^2 - \omega^2 \end{bmatrix} \begin{bmatrix} A_5 \\ B_5 \end{bmatrix} = \begin{bmatrix} \varepsilon\omega^2 e \\ 0 \end{bmatrix} \tag{4-266}$$

解出系数 A_5 和 B_5 得到：

$$\begin{aligned} \begin{bmatrix} A_5 \\ B_5 \end{bmatrix} &= \begin{bmatrix} \omega_n^2 - \omega^2 & -2\xi\omega\omega_n \\ 2\xi\omega\omega_n & \omega_n^2 - \omega^2 \end{bmatrix}^{-1} \begin{bmatrix} \varepsilon\omega^2 e \\ 0 \end{bmatrix} \\ &= \begin{bmatrix} \dfrac{\omega_n^2 - \omega^2}{(\omega_n^2 - \omega^2)^2 + (2\xi\omega\omega_n)^2}\varepsilon\omega^2 e \\ \dfrac{-2\xi\omega\omega_n}{(\omega_n^2 - \omega^2)^2 + (2\xi\omega\omega_n)^2}\varepsilon\omega^2 e \end{bmatrix} = \begin{bmatrix} \dfrac{r^2(1-r^2)}{(1-r^2)^2 + (2\xi r)^2}\varepsilon e \\ -\dfrac{2\xi r^3}{(1-r^2)^2 + (2\xi)^2}\varepsilon e \end{bmatrix} \end{aligned} \tag{4-267}$$

这样就找到了式（4-252）的稳态解。

振幅 Z 和相位 φ_b 也就可以得到：

$$Z = \sqrt{A_5^2 + B_5^2} \tag{4-268}$$

$$\tan\varphi_b = -\frac{B_5}{A_5} \tag{4-269}$$

再从式（4-267）中找到 A_5 和 B_5 的值，代入式（4-268）和式（4-269）可得：

$$Z = \frac{\varepsilon\omega^2 e}{\sqrt{(\omega_n^2 - \omega^2)^2 + (2\xi\omega\omega_n)^2}} = \frac{\varepsilon e r^2}{\sqrt{(1-r^2)^2 + (2\xi r)^2}} \tag{4-270}$$

$$\tan\varphi_b = \frac{2\xi\omega\omega_n}{\omega_n^2 - \omega^2} = \frac{2\xi r}{1-r^2} \tag{4-271}$$

案例 176　一个旋摆-底座系统实例。

考虑一个发动机的质量为 m_b：

$$m_b = 100\text{kg} \tag{4-272}$$

带有的进气装置质量为 m：

$$m = 1\text{kg} \tag{4-273}$$

它们都骑装在有弹性的底座上，这个底座拥有以下弹性刚度和阻尼：

$$k = 10000\text{N/m} \tag{4-274}$$

$$c = 100\text{N}\cdot\text{s/m} \tag{4-275}$$

发动机转速为：

$$\omega = 576.0\text{r/min} \approx 60.319\text{rad/s} \approx 9.6\text{Hz} \tag{4-276}$$

该系统带有以下旋摆参数：

$$m_e = 0.01\text{kg} \tag{4-277}$$

$$e = 0.2\text{m} \tag{4-278}$$

系统的固有频率 ω_{n}、阻尼比 ξ、质量比 ε 以及频率比 r 为：

$$\omega_{\mathrm{n}}=\sqrt{k\frac{m_b+m}{mm_b}}=100\mathrm{rad/s}\approx 15.9\mathrm{Hz} \tag{4-279}$$

$$\xi=\frac{c}{2\sqrt{k\dfrac{mm_b}{m_b+m}}}=0.5 \tag{4-280}$$

$$\varepsilon=\frac{m_e}{m_b}=10^{-4} \tag{4-281}$$

$$r=\frac{\omega}{\omega_{\mathrm{n}}}=0.60319 \tag{4-282}$$

该装置振动的相对振幅为：

$$Z=\frac{e\varepsilon r^2}{\sqrt{(1-r^2)^2+(2\xi r)^2}}=8.3005\times 10^{-6}\mathrm{m} \tag{4-283}$$

$$\varphi_b=\arctan\frac{2\xi\omega\omega_{\mathrm{n}}}{\omega_{\mathrm{n}}^2-\omega^2}=\arctan\frac{2\xi r}{1-r^2}=0.7588\mathrm{rad}=43.476^\circ$$

案例 177 一个旋摆-底座激励系统上端物块的绝对位移方程。

$$\ddot{x}=-\frac{c}{m}(\dot{x}-\dot{y})-\frac{k}{m}(x-y)=-\frac{c}{m}\dot{z}-\frac{k}{m}z \tag{4-284}$$

该方程的解可以用来计算如图 4.33 所示的旋摆-底座激励系统上端物块的位移频率响应。假设其稳态位移为：

$$x=A_6\sin(\omega t)+B_6\cos(\omega t)=X\sin(\omega t-\varphi_{bx}) \tag{4-285}$$

可得：

$$\begin{aligned}-\omega^2\left[A_6\sin(\omega t)+B_6\cos(\omega t)\right]&=-\frac{c}{m}\dot{z}-\frac{k}{m}z\\&=-\frac{c}{m}\omega\left[A_5\cos(\omega t)-B_5\sin(\omega t)\right]-\frac{k}{m}\left[A_5\sin(\omega t)+B_5\cos(\omega t)\right]\\&=\left(\frac{c}{m}\omega B_5-\frac{k}{m}A_5\right)\sin(\omega t)+\left(-\frac{k}{m}B_5-\frac{c}{m}\omega A_5\right)\cos(\omega t)\end{aligned} \tag{4-286}$$

因此有：

$$-\omega^2A_6=\frac{c}{m}\omega B_5-\frac{k}{m}A_5\,,\quad -\omega^2B_6=-\frac{k}{m}B_5-\frac{c}{m}\omega A_5 \tag{4-287}$$

$$\begin{bmatrix}A_6\\B_6\end{bmatrix}=\frac{1}{r^2}\begin{bmatrix}1&-2\xi r\\2\xi r&1\end{bmatrix}\begin{bmatrix}A_5\\B_5\end{bmatrix} \tag{4-288}$$

将 A_5 和 B_5 分别用式（4-267）中的值代入，得：

$$X=\sqrt{A_6^2+B_6^2} \tag{4-289}$$

$$\tan\varphi_{bx} = -\frac{B_6}{A_6} \tag{4-290}$$

可得到：

$$A_6 = -\frac{2c\xi\omega^2\omega_n + k(\omega_n^2 - \omega^2)}{(\omega_n^2 - \omega^2)^2 + (2\xi\omega\omega_n)^2} \times \frac{\varepsilon e}{m} = \frac{1 - r^2 + (2\xi r)^2}{(1 - r^2)^2 + (2\xi r)^2}\varepsilon e \tag{4-291}$$

$$B_6 = \frac{-c(\omega_n^2 - \omega^2) + 2k\xi\omega_n}{(\omega_n^2 - \omega^2)^2 + (2\xi\omega\omega_n)^2} \times \frac{\varepsilon\omega e}{m} = -\frac{2\xi r^3}{(1 - r^2)^2 + (2\xi r)^2}\varepsilon e \tag{4-292}$$

因此，可得旋摆-底座激励系统上端物块的稳态振动振幅为：

$$X = \frac{\sqrt{c^2\omega^2 + k^2}}{\sqrt{(\omega_n^2 - \omega^2)^2 + (2\xi\omega\omega_n)^2}} \times \frac{\varepsilon}{m}e = \frac{\sqrt{(2\xi r)^2 + 1}}{\sqrt{(1 - r^2)^2 + (2\xi r)^2}}\varepsilon e \tag{4-293}$$

$$\varphi_{bx} = \arctan\frac{2\xi r^3}{1 - r^2 + (2\xi r)^2} \tag{4-294}$$

求此稳态解的过程详见脚本 10。

4.7 单自由度受迫振动系统的频率响应分类

一个谐波激励的单自由度系统可以是如图 4.36 所示的 4 个系统之一，图 4.36 和图 4.14 一致。这些系统不同应用版本的无尺寸振幅稳态响应为式（4-295）～式（4-303）之一，而这些运动的初始相位为式（4-304）～式（4-307）之一。

位移：

$$S_0 = \frac{1}{\sqrt{(1 - r^2)^2 + (2\xi r)^2}} \tag{4-295}$$

$$S_1 = \frac{r}{\sqrt{(1 - r^2)^2 + (2\xi r)^2}} \tag{4-296}$$

$$S_2 = \frac{r^2}{\sqrt{(1 - r^2)^2 + (2\xi r)^2}} \tag{4-297}$$

$$S_3 = \frac{r^3}{\sqrt{(1 - r^2)^2 + (2\xi r)^2}} \tag{4-298}$$

$$S_4 = \frac{r^4}{\sqrt{(1 - r^2)^2 + (2\xi r)^2}} \tag{4-299}$$

$$G_0 = \frac{\sqrt{1 + (2\xi r)^2}}{\sqrt{(1 - r^2)^2 + (2\xi r)^2}} \tag{4-300}$$

$$G_1 = \frac{r\sqrt{1 + (2\xi r)^2}}{\sqrt{(1 - r^2)^2 + (2\xi r)^2}} \tag{4-301}$$

$$G_2 = \frac{r^2\sqrt{1+(2\xi r)^2}}{\sqrt{(1-r^2)^2+(2\xi r)^2}} \tag{4-302}$$

$$G_3 = \frac{r^3\sqrt{1+(2\xi r)^2}}{\sqrt{(1-r^2)^2+(2\xi r)^2}} \tag{4-303}$$

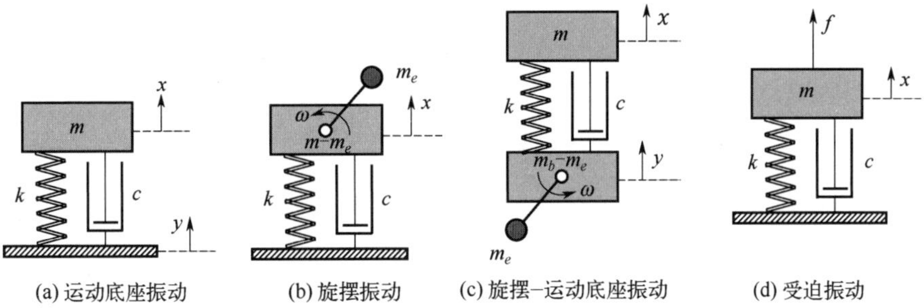

图 4.36　四种单自由度振动系统的激励响应

初始相位为：

$$\Phi_0 = \arctan\frac{2\xi r}{1-r^2} \tag{4-304}$$

$$\Phi_1 = \arctan\frac{1-r^2}{-2\xi r} \tag{4-305}$$

$$\Phi_2 = \arctan\frac{-2\xi r}{1-r^2} \tag{4-306}$$

$$\Phi_3 = \arctan\frac{2\xi r^3}{(1-r^2)^2+(2\xi r)^2} \tag{4-307}$$

函数 S_0 和 G_0 是所有振幅频率响应中的主要部分。为了对不同响应行为有一个更加直接的认识，将它们刻画为 r 和 ξ 的函数。系统的物块质量 m、刚度 k 以及阻尼 c 都是固定的，因此，激励频率 ω 是唯一变量。综合 m、k、c、ω 定义两个参数 r 和 ξ，并用它们将频率响应表示为两个变量的函数。

为了有进一步明确的分类，给如图 4.36 所示的每个系统对应的频率响应加上一个相应的下标以表达出不同的响应。

① 对于一个运动底座激励系统的频率响应，一般用相对的和绝对的动力学参数 Z_B、$\dot{Z}_B$、$\ddot{Z}_B$、X_B、$\dot{X}_B$、$\ddot{X}_B$ 表示，其所带有的传递力频率响应为 F_{T_B}。

② 对于一个旋摆激励系统，一般用绝对的动力学参数 X_E、$\dot{X}_E$、$\ddot{X}_E$ 表示，其所带有的传递力频率响应为 F_{T_E}。

③ 对于一个旋摆-运动底座激励系统的频率响应，一般用相对的和绝对的动力学参数 Z_R、$\dot{Z}_R$、$\ddot{Z}_R$、X_R、$\dot{X}_R$、$\ddot{X}_R$、Y_R、$\dot{Y}_R$、$\ddot{Y}_R$ 表示，其所带有的传递力频率响应为 F_{T_R}。

④ 对于一个强迫力激励系统的频率响应，一般用相对的和绝对的动力学参数 X_F、$\dot{X}_F$、$\ddot{X}_F$ 表示，其所带有的传递力频率响应为 F_{T_F}。

图 4.36 中 4 种系统频率响应的不同特征，总结一下用下列标签进行标记：

$$S_0 = \frac{X_{\mathrm{F}}}{F/k} \tag{4-308}$$

$$S_1 = \frac{\dot{X}_{\mathrm{F}}}{F/\sqrt{km}} \tag{4-309}$$

$$S_2 = \frac{\ddot{X}_{\mathrm{F}}}{F/m} = \frac{Z_{\mathrm{B}}}{Y} = \frac{X_{\mathrm{E}}}{e\varepsilon_{\mathrm{E}}} = \frac{Z_{\mathrm{R}}}{e\varepsilon_{\mathrm{R}}} \tag{4-310}$$

$$S_3 = \frac{\dot{Z}_{\mathrm{B}}}{\omega_{\mathrm{n}}Y} = \frac{\dot{X}_{\mathrm{E}}}{e\varepsilon_{\mathrm{E}}\omega_{\mathrm{n}}} = \frac{\dot{Z}_{\mathrm{R}}}{e\varepsilon_{\mathrm{R}}\omega_{\mathrm{n}}} \tag{4-311}$$

$$S_3 = \frac{\ddot{Z}_B}{\omega_{\mathrm{n}}Y} = \frac{\ddot{X}_{\mathrm{E}}}{e\varepsilon_{\mathrm{E}}\omega_{\mathrm{n}}^2} = \frac{\ddot{Z}_{\mathrm{R}}}{e\varepsilon_{\mathrm{R}}\omega_{\mathrm{n}}^2} \tag{4-312}$$

$$G_0 = \frac{F_{\mathrm{T_F}}}{F} = \frac{X_{\mathrm{B}}}{Y} \tag{4-313}$$

$$G_1 = \frac{\dot{X}_{\mathrm{B}}}{\omega_{\mathrm{n}}Y} \tag{4-314}$$

$$G_2 = \frac{\ddot{X}_{\mathrm{B}}}{\omega_{\mathrm{n}}^2 Y} = \frac{F_{\mathrm{T_B}}}{kY} = \frac{F_{\mathrm{T_E}}}{e\omega_{\mathrm{n}}^2 m_e} = \frac{F_{\mathrm{T_R}}}{e\omega_{\mathrm{n}}^2 m_e}\left(1+\frac{m_b}{m}\right) \tag{4-315}$$

证明 33：在谐波力作用下的单自由度振动系统的运动方程一般为：

$$m\ddot{q} + c\dot{q} + kq = f(q,\dot{q},t) \tag{4-316}$$

式中，变量 q 表示一般坐标系中的绝对位移 x 或是相对位移 $z = x - y$。力的形式 $f(x,\dot{x},t)$ 为谐波函数，即一般包括 $\sin(\omega t)$ 和 $\cos(\omega t)$ 的谐波力，其中，ω 为激发频率。

$$f(q,\dot{q},t) = a\sin(\omega t) + b\cos(\omega t) \tag{4-317}$$

我们所需要的响应频率依赖于系统，而系数 A 和 B 可以都是零、常数，或是与 ω，ω^2，ω^3，ω^4，…，ω^n 成一定比例。为了覆盖这些实际振动系统中谐波力所可能碰到的情况，假设：

$$a = a_0 + a_1\omega + a_2\omega^2\text{，}\quad b = b_0 + b_1\omega + b_2\omega^2 \tag{4-318}$$

通常将运动方程中的 m 分解为由 ξ 和 ω_{n} 表达的形式：

$$\ddot{q} + 2\xi\omega_{\mathrm{n}}\dot{q} + \omega_{\mathrm{n}}^2 q = (A_0 + A_1\omega + A_2\omega^2)\sin(\omega t) + (B_0 + B_1\omega + B_2\omega^2)\cos(\omega t) \tag{4-319}$$

其中：

$$A_0 + A_1\omega + A_2\omega^2 = \frac{1}{m}(a_0 + a_1\omega + a_2\omega^2) \tag{4-320}$$

$$B_0 + B_1\omega + B_2\omega^2 = \frac{1}{m}(b_0 + b_1\omega + b_2\omega^2) \tag{4-321}$$

运动方程解的形式为带有未知系数的谐波响应。

$$q = A\sin(\omega t) + B\cos(\omega t) = Q\sin(\omega t - \varphi) \tag{4-322}$$

由此可以找到稳态响应：

$$Q = \sqrt{A^2 + B^2} \tag{4-323}$$

$$\varphi = -\arctan\frac{B}{A} \tag{4-324}$$

将解的形式代入原运动方程可得：

$$\begin{aligned}&-\omega^2\left[A\sin(\omega t)+B\cos(\omega t)\right]+2\xi\omega_{\mathrm{n}}\left[A\sin(\omega t)+B\cos(\omega t)\right]+\omega_{\mathrm{n}}^2\left[A\sin(\omega t)+B\cos(\omega t)\right]\\&=(A_0+A_1\omega+A_2\omega^2)\sin(\omega t)+(B_0+B_1\omega+B_2\omega^2)\cos(\omega t)\end{aligned} \tag{4-325}$$

两边函数 $\sin(\omega t)$ 和 $\cos(\omega t)$ 的系数必须相等，由此可得：

$$\omega_{\mathrm{n}}^2A-\omega^2A-2\xi\omega\omega_{\mathrm{n}}B=A_0+A_1\omega+A_2\omega^2 \tag{4-326}$$

$$\omega_{\mathrm{n}}^2B-\omega^2B+2\xi\omega\omega_{\mathrm{n}}A=B_0+B_1\omega+B_2\omega^2 \tag{4-327}$$

可将式（4-326）和式（4-327）转换为矩阵方程为：

$$\begin{bmatrix}\omega_{\mathrm{n}}^2-\omega^2 & -2\xi\omega\omega_{\mathrm{n}}\\ 2\xi\omega\omega_{\mathrm{n}} & \omega_{\mathrm{n}}^2-\omega^2\end{bmatrix}\begin{bmatrix}A\\B\end{bmatrix}=\begin{bmatrix}A_0+A_1\omega+A_2\omega^2\\B_0+B_1\omega+B_2\omega^2\end{bmatrix} \tag{4-328}$$

由此，可以解出系数 A 和 B。

$$\begin{bmatrix}A\\B\end{bmatrix}=\begin{bmatrix}\omega_{\mathrm{n}}^2-\omega^2 & -2\xi\omega\omega_{\mathrm{n}}\\ 2\xi\omega\omega_{\mathrm{n}} & \omega_{\mathrm{n}}^2-\omega^2\end{bmatrix}^{-1}\begin{bmatrix}A_0+A_1\omega+A_2\omega^2\\B_0+B_1\omega+B_2\omega^2\end{bmatrix}=\begin{bmatrix}\dfrac{Z_1}{(1-r^2)^2+(2\xi r)^2}\\\dfrac{Z_2}{(1-r^2)^2+(2\xi r)^2}\end{bmatrix} \tag{4-329}$$

$$Z_1=\frac{2\xi r}{\omega_{\mathrm{n}}^2}(B_0+B_1\omega+B_2\omega^2)+\frac{1-r^2}{\omega_{\mathrm{n}}^2}(A_0+A_1\omega+A_2\omega^2) \tag{4-330}$$

$$Z_2=\frac{1-r^2}{\omega_{\mathrm{n}}^2}(B_0+B_1\omega+B_2\omega^2)-\frac{2\xi r}{\omega_{\mathrm{n}}^2}(A_0+A_1\omega+A_2\omega^2) \tag{4-331}$$

代入稳态解可得振幅响应 Q 和相位响应 φ：

$$Q=\sqrt{A^2+B^2} \tag{4-332}$$

$$\varphi = -\arctan\frac{B}{A} \tag{4-333}$$

由此就可以通过选择适当的系数 A_0、A_1、A_2、B_0、B_1和B_2 重新写出任意一个稳态响应的 S_i 和 G_i。

案例 178　运动底座激励频率响应。

如图 4.22 所示的单自由度运动底座激励振动系统，带有谐波激励 $y=\omega^2Y\sin(\omega t)$，相对位移 $z=x-y$ 的运动方程为：

$$\ddot{z}+2\xi\omega_{\mathrm{n}}\dot{z}+\omega_{\mathrm{n}}^2z=\omega^2Y\sin(\omega t) \tag{4-334}$$

对比式（4-319）不难发现：

$$A_0=0, A_1=0, A_2=Y \tag{4-335}$$

$$B_0=0, B_1=0, B_2=0 \tag{4-336}$$

因此，系统的频率响应为：

$$Z=Q=\sqrt{A^2+B^2}=\frac{r^2}{\sqrt{(1-r^2)^2+(2\xi r)^2}}Y \tag{4-337}$$

$$\begin{bmatrix} A \\ B \end{bmatrix} = \begin{bmatrix} \dfrac{Z_1}{(1-r^2)^2+(2\xi r)^2} \\ \dfrac{Z_2}{(1-r^2)^2+(2\xi r)^2} \end{bmatrix} \tag{4-338}$$

$$Z_1 = r^2(1-r^2)Y \tag{4-339}$$

$$Z_2 = 2\xi r^3 Y \tag{4-340}$$

4.8 振动系统的时间响应

线性振动系统的一般运动方程为微分方程：

$$[m]\ddot{x}+[c]\dot{x}+[k]x=F \tag{4-341}$$

带有以下初始条件：

$$x(0)=x_0 \tag{4-342}$$

$$\dot{x}(0)=\dot{x}_0 \tag{4-343}$$

假设系数 m、c、k 为常数，虽然更一般的情况是它们可以是随时间变化的函数。这种问题的解为：$x=x(t)$，$t>0$，结果不唯一。

等式的次序是按照导数的高阶到低阶排列，在跳动的机械振动模型中，常用的是二阶微分方程。如果 $x_1(t)$，$x_2(t)$，…，$x_n(t)$ 都是 n 阶的解，那么它的一般解为：

$$x(t)=a_1x_1(t)+a_2x_2(t)+\cdots+a_nx_n(t) \tag{4-344}$$

当 $f=0$ 时，方程称为齐次式：

$$m\ddot{x}+c\dot{x}+kx=0 \tag{4-345}$$

否则就是非齐次式。非齐次式方程的解为：

$$x(t)=x_{\text{h}}(t)+x_{\text{p}}(t) \tag{4-346}$$

式中，$x_{\text{h}}(t)$ 表示齐次方程的解，而 $x_{\text{p}}(t)$ 表示方程的特解。在机械振动中，齐次方程又称为自由振动方程，而它的解又称为自由振动响应。非齐次方程称为受迫振动方程，而它的解又称为受迫振动响应。

一个指数函数：

$$x=\text{e}^{\lambda t} \tag{4-347}$$

满足每一个齐次线性微分方程。因此，二阶齐次方程（4-345）的响应为：

$$x_{\text{h}}(t)=a_1\text{e}^{\lambda_1 t}+a_2\text{e}^{\lambda_2 t} \tag{4-348}$$

这里的参数 a_1 和 a_2 依赖于初始条件。参数 λ_1 和 λ_2 为特征参数或系统的特征值。特征值是其代数方程的解，被称为特征方程。该方程是将方程的解（4-348）代入原方程（4-345）而得到的。特征方程是让解的条件满足原运动方程。

受迫振动方程的一般特解一般很难找到，但是我们知道受迫的外力函数 $f=f(t)$ 是一个以以下方式组合的综合函数：

① 一个常数，如 $f=a$；

② 一个关于 t 的多项式，如 $f=a_0+a_1t+a_2t^2+\cdots+a_nt^n$；

③ 一个指数函数，如 $f = \mathrm{e}^{at}$；

④ 一个谐波函数，如 $f = F_1 \sin(at) + F_2 \cos(at)$。

如果特解的形式和受迫力的形式一样，那么：

① x_p = 一个常数，如 $x_\mathrm{p}(t) = C$；

② x_p = 一个同阶多项式，如 $x_\mathrm{p}(t) = C_0 + C_1 t + \cdots + C_n t^n$；

③ x_p = 一个指数函数，如 $x_\mathrm{p}(t) = C\mathrm{e}^{at}$；

④ x_p = 一个谐波函数，如 $x_\mathrm{p}(t) = A\sin(at) + B\cos(at)$。

如果系统受力是零或者受力在一段时间后消失，这时方程的解称为时间响应或是瞬变响应。初始条件对瞬变响应是十分重要的。

当系统中存在阻尼，无论是在瞬变或是受迫振动响应时，初始条件的影响都会在一段时间后消失，然后是一个稳态响应的持续。如果受迫的力是谐波性质，那么稳态解常被称为频率响应。

案例 179　二阶线性方程的齐次解。

假设一个系统有下列运动方程：

$$\ddot{x} - 3\dot{x} + 2x = 0 \tag{4-349}$$

$$x_0 = 3 \tag{4-350}$$

$$\dot{x}_0 = 4 \tag{4-351}$$

为了找到解，用一个指数解 $x = \mathrm{e}^{\lambda t}$ 代入原运动方程找到它的特征方程。

$$\lambda^2 - 3\lambda + 2 = 0 \tag{4-352}$$

其特征值为：

$$\lambda_{1,2} = 1, 2 \tag{4-353}$$

因此，方程的解为：

$$x = a_1 \mathrm{e}^t + a_2 \mathrm{e}^{2t} \tag{4-354}$$

它的一阶导数为：

$$\dot{x} = a_1 \mathrm{e}^t + 2a_2 \mathrm{e}^{2t} \tag{4-355}$$

利用初始条件可得：

$$3 = a_1 + a_2 \tag{4-356}$$

$$4 = a_1 + 2a_2 \tag{4-357}$$

求出 a_1 和 a_2 的值，也就找到了解 $x = x(t)$：

$$a_1 = 2 \tag{4-358}$$

$$a_2 = 1 \tag{4-359}$$

$$x = 2\mathrm{e}^t + \mathrm{e}^{2t} \tag{4-360}$$

案例 180　固有频率。

假设一个自由的物块-弹簧系统如图 4.37 所示，该系统无阻尼，无激励外力，因此，它的运动方程可以写为：

$$m\ddot{x} + kx = 0 \tag{4-361}$$

为了找到解，用一个带有未知频率的谐波解代入原方程：

$$x = A\sin(\Omega t) + B\cos(\Omega t) \tag{4-362}$$

从而得到：

$$-\Omega^2 m(A\sin(\Omega t) + B\cos(\Omega t)) + k(A\sin(\Omega t) + B\cos(\Omega t)) = 0 \tag{4-363}$$

整理后可得：

$$(Bk - Bm\Omega^2)\cos(\Omega t) + (Ak - Am\Omega^2)\sin(\Omega t) = 0 \tag{4-364}$$

要使等式成立，式（4-364）中 $\sin(\Omega t)$ 和 $\cos(\Omega t)$ 的系数必须为零，从而可以解出：

$$\Omega = \sqrt{\frac{k}{m}} \tag{4-365}$$

$$x = A\sin\sqrt{\frac{k}{m}}t + B\cos\sqrt{\frac{k}{m}}t \tag{4-366}$$

解出的频率 $\Omega = \sqrt{k/m}$ 为单自由振动无阻尼的物块-弹簧系统的频率。它被称为系统固有频率，通常用特殊符号 ω_n 来表示：

$$\omega_n = \sqrt{\frac{k}{m}} \tag{4-367}$$

一个系统的固有频率的个数与系统的自由度个数相等。

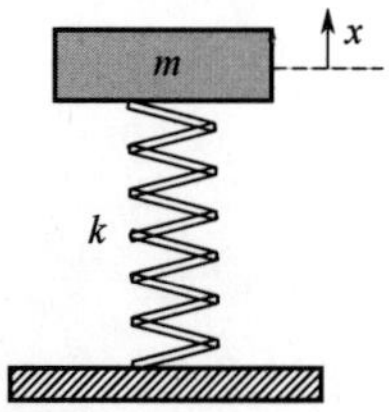

图 4.37　单自由度振动系统

案例 181　单自由度系统的自由振动。

最简单的自由振动运动方程为：

$$m\ddot{x} + c\dot{x} + kx = 0 \tag{4-368}$$

它等价于：

$$\ddot{x} + 2\xi\omega_n\dot{x} + \omega_n^2 x = 0 \tag{4-369}$$

一个自由振动系统的响应称为瞬变响应，它仅仅依赖于初始条件 $x_0 = x(0)$ 和 $\dot{x}_0 = \dot{x}(0)$。为了找到线性方程（4-368）的解，可以利用一个指数形式的解：

$$x = Ae^{\lambda t} \tag{4-370}$$

将式（4-370）代入式（4-369）中得到特征方程：

$$\lambda^2 + 2\xi\omega_n\lambda + \omega_n^2 = 0 \tag{4-371}$$

求出特征值：

$$\lambda_{1,2} = -\xi\omega_n \pm \omega_n\sqrt{\xi^2 - 1} \tag{4-372}$$

因此，式（4-369）的一般解为：

$$X = A_1 e^{\lambda_1 t} + A_2 e^{\lambda_2 t} = A_1 e^{(-\xi\omega_n + \omega_n\sqrt{\xi^2-1})t} + A_2 e^{(-\xi\omega_n - \omega_n\sqrt{\xi^2-1})t} = e^{-\xi\omega_n t}(A_1 e^{i\omega_d t} + A_2 e^{-i\omega_d t}) \tag{4-373}$$

$$\omega_d = \omega_n\sqrt{1 - \xi^2} \tag{4-374}$$

式中，ω_d 称为阻尼固有频率。这里的 i 来自 $\sqrt{\xi^2 - 1}$，变成了 $\sqrt{1 - \xi^2}$。

利用欧拉方程：

$$e^{i\alpha} = \cos\alpha + i\sin\alpha \tag{4-375}$$

可以用下式修改一下式（4-373）的形式：

$$x = e^{-\xi\omega_n t}\left[B_1\sin(\omega_d t) + B_2\cos(\omega_d t)\right] \tag{4-376}$$

$$x = Be^{-\xi\omega_n t}\sin(\omega_d t + \phi) \tag{4-377}$$

其中：

$$B_1 = i(A_1 - A_2) \tag{4-378}$$

$$B_2 = A_1 + A_2 \tag{4-379}$$

$$B = \sqrt{B_1^2 + B_2^2} \tag{4-380}$$

$$\phi = \arctan\frac{B_2}{B_1} \tag{4-381}$$

由于位移 x 是一个真实的物理量，式（4-376）中的系数 B_1 和 B_2 也必须是实数。这就要求 A_1 和 A_2 的共轭复数。式（4-377）所描述的运动由运动频率为 $\omega_d = \omega_n\sqrt{1-\xi^2}$ 的谐波运动和一个缩减的振幅 $Be^{-\xi\omega_n t}$ 衰减函数复合而成。

案例 182 欠阻尼、临界阻尼、过阻尼。

带阻尼的单自由度系统的时间响应运动方程为式（4-373）。只要 $\xi<1$，它的解可以被转换成式（4-376）。

阻尼比的值控制了单自由度系统时间响应的种类。依赖于阻尼比的值，这里有三种主要分类：欠阻尼、临界阻尼、过阻尼。

一个欠阻尼系统发生在 $\xi<1$ 的情况下。对于这样一个系统，特征值为一对共轭复数：

$$\lambda_{1,2} = -\xi\omega_n \pm i\omega_n\sqrt{1-\xi^2} \tag{4-382}$$

因此，有一般的解：

$$x = A_1e^{\lambda_1 t} + A_2e^{\lambda_2 t} \tag{4-383}$$

此时，解的形式可以转换为：

$$x = e^{-\xi\omega_n t}\left[B_1\sin(\omega_d t) + B_2\cos(\omega_d t)\right] \tag{4-384}$$

一个欠阻尼系统拥有衰减振荡的时间响应如图 4.38 所示，该图中的 $\xi = 0.1$，$\omega_n = 100\text{rad}$，$x_0 = 1$ 以及 $\dot{x}_0 = 1$。指数函数 $e^{\pm\xi\omega_n t}$ 是响应极值点的外包线，如图 4.38 中虚线所示（详见脚本 11）。

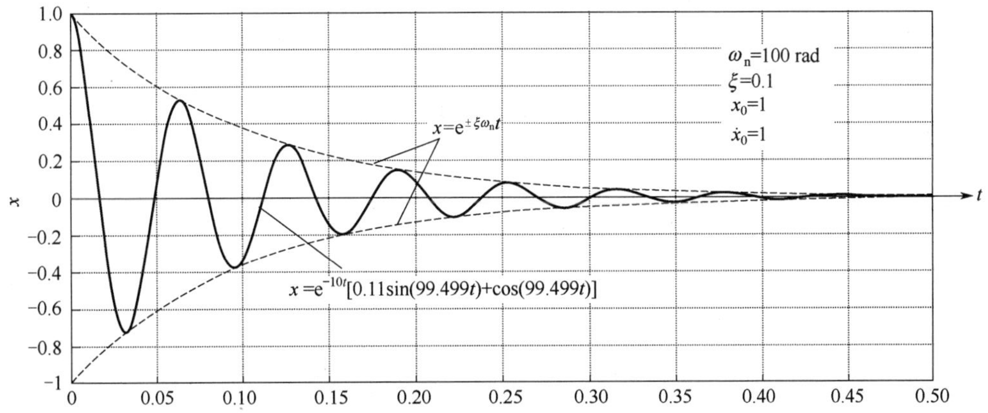

图 4.38 欠阻尼振动系统的时间响应

临界阻尼系统发生在当$\xi=1$时，对于这样的一个系统，它的特征参数等于：

$$\lambda=\lambda_{1,2}=-\omega_{\mathrm{n}} \tag{4-385}$$

当特征值相等时，系统的时间响应为：

$$x=A_1\mathrm{e}^{\lambda t}+A_2 t\mathrm{e}^{\lambda t} \tag{4-386}$$

化简可得：

$$x=\mathrm{e}^{-\xi\omega_{\mathrm{n}}t}(A_1+A_2 t) \tag{4-387}$$

如图 4.39 所示的临界阻尼，其参数为$\xi=1$，$\omega_{\mathrm{n}}=100\mathrm{rad}$，$x_0=1$以及$\dot{x}_0=1$（详见脚本 11）。

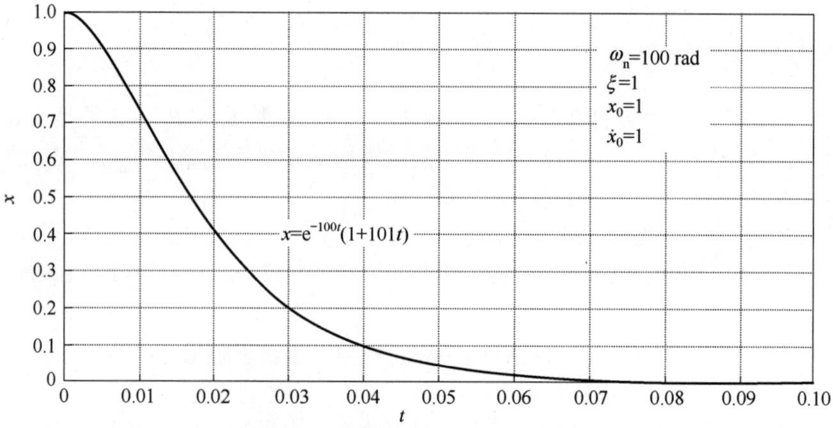

图 4.39 临界阻尼振动系统振动过程

过阻尼系统出现在当$\xi>1$时，对于这样的一个系统，它的特征参数为两个实数：

$$\lambda_{1,2}=-\xi\omega_{\mathrm{n}}\pm\omega_{\mathrm{n}}\sqrt{\xi^2-1} \tag{4-388}$$

因此，这样的指数解不能被转换为谐波函数形式，而只能写作：

$$x=A_1\mathrm{e}^{\lambda_1 t}+A_2\mathrm{e}^{\lambda_2 t} \tag{4-389}$$

不管初始条件设置如何，过阻尼系统都会按照指数形式降到零。图 4.40 展示了参数为$\xi=2$，$\omega_{\mathrm{n}}=100\mathrm{rad}$，$x_0=1$以及$\dot{x}_0=1$的过阻尼系统响应（详见脚本 11）。

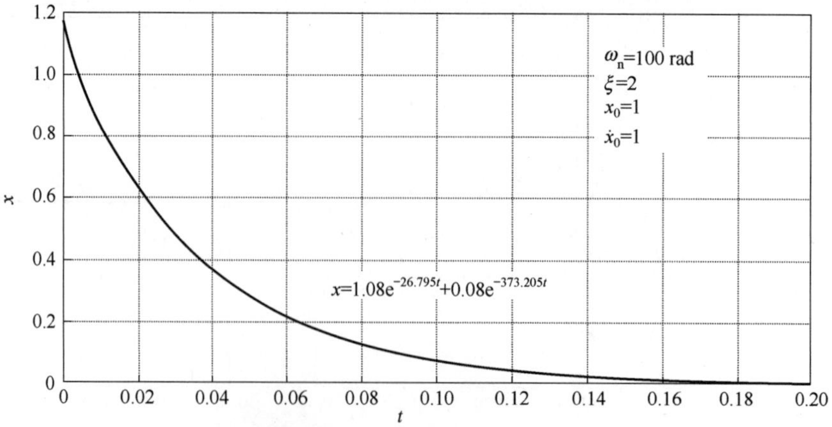

图 4.40 过阻尼振动系统振动过程

案例 183　自由振动、初始条件和欠阻尼振动。

假设一个单自由度的物块-弹簧-阻尼自由振动系统的一般系统运动方程如式（4-384）所示：

$$x = e^{-\xi\omega_n t}\left[B_1\sin(\omega_d t) + B_2\cos(\omega_d t)\right] \tag{4-390}$$

如果系统的初始条件为：

$$x(0) = x_0 \tag{4-391}$$

$$\dot{x}(0) = \dot{x}_0 \tag{4-392}$$

那么：

$$x(0) = B_2 \tag{4-393}$$

$$\dot{x}(0) = -\xi\omega_n B_2 + B_1\omega_d \tag{4-394}$$

因此：

$$B_1 = \frac{\dot{x}_0 + \xi\omega_n x_0}{\omega_d} \tag{4-395}$$

$$B_2 = x_0 \tag{4-396}$$

将 B_1 和 B_2 的值代入式（4-390）中可以得到单自由度自由振动系统的一般解：

$$x = e^{-\xi\omega_n t}\left[\frac{\dot{x}_0 + \xi\omega_n x_0}{\omega_d}\sin(\omega_d t) + x_0\cos(\omega_d t)\right] \tag{4-397}$$

这个解还可以写作：

$$x = e^{-\xi\omega_n t}\left\{x_0\left[\cos(\omega_d t) + \frac{\xi\omega_n}{\omega_d}\sin(\omega_d t)\right] + \frac{\dot{x}_0}{\omega_d}\sin(\omega_d t)\right\} \tag{4-398}$$

如果将系统的初始条件代入式（4-377）：

$$x = Be^{-\xi\omega_n t}\sin(\omega_d t + \phi) \tag{4-399}$$

那么：

$$x_0 = B\sin\phi \tag{4-400}$$

$$\dot{x}_0 = -B\xi\omega_n\sin\phi + B\omega_d\cos\phi \tag{4-401}$$

可解出 B 和 ϕ：

$$B = \frac{x_0}{\sin\phi} \tag{4-402}$$

$$\tan\phi = \frac{\omega_d x_0}{\dot{x}_0 + \xi\omega_n x_0} \tag{4-403}$$

因此：

$$B = \frac{1}{\omega_d}\sqrt{(\omega_d x_0)^2 + (\dot{x}_0 + \xi\omega_n x_0)^2} \tag{4-404}$$

再代入式（4-399）可得：

$$x = \frac{e^{-\xi\omega_n t}}{\omega_d}\sqrt{(\omega_d x_0)^2 + (\dot{x}_0 + \xi\omega_n x_0)^2}\sin\left(\omega_d t + \arctan\frac{\omega_d x_0}{\dot{x}_0 + \xi\omega_n x_0}\right) \tag{4-405}$$

案例 184 自由振动、初始条件和临界阻尼。

如果系统为临界阻尼，那么作为自由振动的时间响应为：

$$x = e^{-\xi\omega_n t}(A_1 + A_2 t) \tag{4-406}$$

利用初始条件 $x(0) = x_0$， $\dot{x}(0) = \dot{x}_0$，可以得到系数 A_1 和 A_2 为：

$$A_1 = x_0 \tag{4-407}$$

$$A_2 = \dot{x}_0 + \xi\omega_n x_0 \tag{4-408}$$

因此，临界阻尼响应为：

$$x = e^{-\xi\omega_n t}\left[x_0 + (\dot{x}_0 + \xi\omega_n x_0)t\right] \tag{4-409}$$

案例 185 自由振动、初始条件和过阻尼。

如果系统是过阻尼，那么特征参数 $\lambda_{1,2}$ 为两个实数，并且自由振动的时间响应为一个实数指数函数：

$$x = A_1 e^{\lambda_1 t} + A_2 e^{\lambda_2 t} \tag{4-410}$$

利用初始条件 $x(0) = x_0$， $\dot{x}(0) = \dot{x}_0$，有：

$$x_0 = A_1 + A_2 \tag{4-411}$$

$$\dot{x}_0 = \lambda_1 A_1 + \lambda_2 A_2 \tag{4-412}$$

由此可以找到系数 A_1和A_2 为：

$$A_1 = \frac{\dot{x}_0 - \lambda_2 x_0}{\lambda_1 - \lambda_2} \tag{4-413}$$

$$A_2 = \frac{\lambda_1 x_0 - \dot{x}_0}{\lambda_1 - \lambda_2} \tag{4-414}$$

因此，一般的过阻尼响应为：

$$x = \frac{\dot{x}_0 - \lambda_2 x_0}{\lambda_1 - \lambda_2}e^{\lambda_1 t} + \frac{\lambda_1 x_0 - \dot{x}_0}{\lambda_1 - \lambda_2}e^{\lambda_2 t} \tag{4-415}$$

案例 186 受迫振动谐波力所做的功。

受迫振动的谐波力为：

$$f(t) = F\sin(\omega t + \varphi) \tag{4-416}$$

作用在刚体上产生一个谐波位移：

$$x(t) = X\sin(\omega t) \tag{4-417}$$

其周期为：

$$T = \frac{2\pi}{\omega} \tag{4-418}$$

一个周期内所做的功为：

$$W=\int_0^{2\pi/\omega}f(t)\mathrm{d}x=\int_0^{2\pi/\omega}f(t)\frac{\mathrm{d}x}{\mathrm{d}t}\mathrm{d}t=FX\omega\int_0^{2\pi/\omega}\sin(\omega t+\varphi)\cos(\omega t)\mathrm{d}t$$
$$=FX\int_0^{2\pi/\omega}\sin(\omega t+\varphi)\cos(\omega t)\mathrm{d}(\omega t) \tag{4-419}$$

在此将 ωt 看作一个整体，原来的求积范围 $0\to 2\pi/\omega$ 也就变为 $0\to 2\pi$，于是式（4-419）等于：

$$\begin{aligned}W&=FX\int_0^{2\pi}\sin(\omega t+\varphi)\cos(\omega t)\mathrm{d}(\omega t)\\&=FX\int_0^{2\pi}\left[\sin\varphi\cos^2(\omega t)+\cos\varphi\sin(\omega t)\cos(\omega t)\right]\mathrm{d}(\omega t)\\&=FX\sin\varphi\int_0^{2\pi}\cos^2(\omega t)\mathrm{d}(\omega t)+FX\cos\varphi\int_0^{2\pi}\sin(\omega t)\cos(\omega t)\mathrm{d}(\omega t)\end{aligned} \tag{4-420}$$

利用倍角公式易得式（4-420）为：

$$W=\pi FX\sin\varphi \tag{4-421}$$

由此可知，W 是一个关于初始相位 φ、谐波力 f 和位移 x 的复合函数。当 $\varphi=\dfrac{\pi}{2}$ 时，此时所做的功最大：

$$W_{\max}=\pi F_0X_0 \tag{4-422}$$

而当 $\varphi=0$ 时，所做的功最小：

$$W_{\min}=0 \tag{4-423}$$

案例 187　阶跃输入响应。

在测试和对比振动系统时，阶跃输入是一个标准且是最重要的瞬态激励。假想一个线性二次系统可表示为以下运动方程：

$$\ddot{x}+2\xi\omega_{\mathrm{n}}\dot{x}+\omega_{\mathrm{n}}^2x=f(t) \tag{4-424}$$

$$\xi<1 \tag{4-425}$$

一个阶跃输入是一个受力的突然改变，用函数 $f(t)$ 表示从零到一定常数和稳定值。如果这个值看作单位值，那么：

$$f(t)=\begin{cases}1(\mathrm{N/kg}), & t>0\\0, & t\leqslant 0\end{cases} \tag{4-426}$$

这样的激励称为单位阶跃输入，而系统的响应称为单位阶跃响应。运动系统的线性保证了一个非单位的阶跃输入响应和单位阶跃输入响应之间的比例关系。

假设一个力的函数为：

$$f(t)=\begin{cases}F_0(\mathrm{N/kg}), & t>0\\0, & t\leqslant 0\end{cases} \tag{4-427}$$

式（4-424）在外界力为函数（4-426）的一般解等于齐次方程的解和特解之和：$x=x_{\mathrm{h}}+x_{\mathrm{p}}$。齐次方程的解可以由案例 181 中的解方程（4-369）得到。由于输入为常数 $f(t)=F_0$，所以特解应为常数 $x_{\mathrm{p}}=C$。将特解 $x_{\mathrm{p}}=C$ 代入式（4-424）可得到：

$$C=\frac{F_0}{\omega_{\mathrm{n}}^2} \tag{4-428}$$

因此，式（4-424）的一般解为：

$$x = x_{\mathrm{h}} + x_{\mathrm{p}} = \frac{F_0}{\omega_{\mathrm{n}}^2} + \mathrm{e}^{-\xi\omega_{\mathrm{n}}t}\left[A\cos(\omega_{\mathrm{d}}t) + B\sin(\omega_{\mathrm{d}}t)\right], t \geqslant 0 \tag{4-429}$$

$$\omega_{\mathrm{d}} = \omega_{\mathrm{n}}\sqrt{1-\xi^2} \tag{4-430}$$

初始条件为零是最佳观察系统自然行为的输入。假设初始条件为零：

$$x(0) = 0 \tag{4-431}$$

$$\dot{x}(0) = 0 \tag{4-432}$$

代入原方程可以得到含两个未知数 A 和 B 的两个方程：

$$\frac{F_0}{\omega_{\mathrm{n}}^2} + A = 0 \tag{4-433}$$

$$\xi\omega_{\mathrm{n}}A + \omega_{\mathrm{d}}B = 0 \tag{4-434}$$

解出 A 和 B 可以得到：

$$A = -\frac{F_0}{\omega_{\mathrm{n}}^2} \tag{4-435}$$

$$B = -\frac{\xi F_0}{\omega_{\mathrm{n}}\omega_{\mathrm{d}}} \tag{4-436}$$

由此，可以得到阶跃响应为：

$$x = \frac{F_0}{\omega_{\mathrm{n}}^2}\left\{1 - \mathrm{e}^{-\xi\omega_{\mathrm{n}}t}\left[\cos(\omega_{\mathrm{d}}t) + \frac{\xi\omega_{\mathrm{n}}}{\omega_{\mathrm{d}}}\sin(\omega_{\mathrm{d}}t)\right]\right\} \tag{4-437}$$

图 4.41 描述了将以下具体数值代入后的一个阶跃输入响应。绘图程序详见脚本 11。

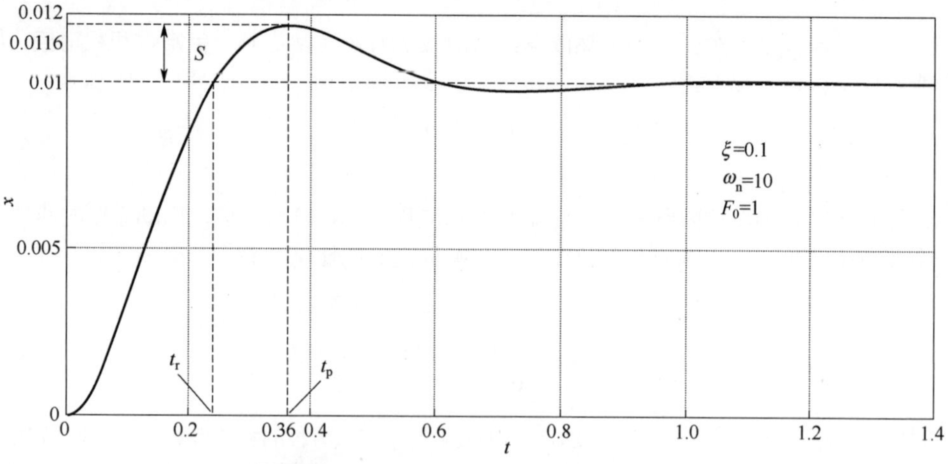

图 4.41 单自由度振动系统的阶跃输入响应

$$\xi = 0.1 \tag{4-438}$$

$$\omega_{\mathrm{n}} = 10 \tag{4-439}$$

$$F_0 = 1 \tag{4-440}$$

对于这样的一个阶跃响应，在图中有其自身的一些特征值：上升时间 t_{r} 、峰值时间 t_{p} 、

峰值 x_p、超调量 $S=x_p-\frac{F_0}{\omega_n^2}$ 以及调节时间 t_s。

上升时间 t_r 为阶跃输入响应 $x(t)$ 第一次到达阶跃稳定值 $a=\frac{F_0}{\omega_n^2}$ 的时间：

$$t_r=\frac{2}{\omega_d}\arctan\frac{\xi+1}{\sqrt{1-\xi^2}} \tag{4-441}$$

上升时间还可以被定义为阶跃响应的最大斜率的倒数，或是从稳定值 10%到 90%所经历的时间。

峰值时间 t_p 是响应 $x(t)$ 第一次到达最大值的时间：

$$t_p=\frac{\pi}{\omega_d} \tag{4-442}$$

峰值 x_p 是当 $t=t_p$ 时 $x(t)$ 的值：

$$x_p=\frac{F_0}{\omega_n^2}\left(1+e^{-\xi\omega_n\frac{\pi}{\omega_d}}\right)=\frac{F_0}{\omega_n^2}\left(1+e^{-\xi\frac{\pi}{\sqrt{1-\xi^2}}}\right) \tag{4-443}$$

超调量 S 表示响应超出阶跃输入的多少：

$$S=x_p-\frac{F_0}{\omega_n^2}=\frac{F_0}{\omega_n^2}e^{-\xi\frac{\pi}{\sqrt{1-\xi^2}}} \tag{4-444}$$

调节时间 t_s 根据定义表示指数函数 $e^{-\xi\omega_n t}$ 的时间系数倒数的 4 倍：

$$t_s=\frac{4}{\xi\omega_n} \tag{4-445}$$

调节时间也可以被定义为阶跃响应 $x(t)$ 稳定在 $a\%\pm p\%$ 范围里所需要的时间，一般用 $p=2$。

$$t_s'\approx\frac{\ln(\sqrt{1-\xi^2}/p\%)}{\xi\omega_n} \tag{4-446}$$

当已知条件为式（4-438）～式（4-440）时，可以找到以下特征值：

$$t_r=0.2418 \tag{4-447}$$

$$t_p=0.3628 \tag{4-448}$$

$$x_p=0.0116 \tag{4-449}$$

$$S=0.0016 \tag{4-450}$$

$$t_s=0.8000 \tag{4-451}$$

$$t_s'\approx 0.7536 \tag{4-452}$$

4.9 振动的应用和测量

测量振动的参数，如周期 T 以及振幅 X，可用于确定振动系统的机械参数。在大多数振动测量和测试方法中，瞬变或是谐波稳定振动将要被检测。利用时间和动力学车辆装置，测量振幅和响应周期，然后分析方程，从而找到需要的数据。

案例 188 阻尼率的确定。

单自由度系统欠阻尼的阻尼率可以通过下式找到：

$$\xi = \frac{\ln x_1 - \ln x_n}{\sqrt{4(n-1)^2\pi^2 + (\ln x_1 - \ln x_n)^2}} \approx \frac{1}{2(n-1)\pi}\ln\frac{x_1}{x_n} \tag{4-453}$$

该式是基于 $x = x(t)$ 的图和振幅峰值 x_i 。

为了得到式（4-453），假设一个单自由度系统的欠阻尼自由振动的运动方程如下：

$$\ddot{x} + 2\xi\omega_{\rm n}\dot{x} + \omega_{\rm n}^2 x = 0 \tag{4-454}$$

该系统的时间响应方程为：

$$x = X{\rm e}^{-\xi\omega_{\rm n}t}\cos(\omega_{\rm d}t + \phi) \tag{4-455}$$

其中，常数 X 和 ϕ 依赖于初始条件。

图 4.42 给出了一个位移响应的例子，振幅峰值 x_i 为：

$$x_1 = {\rm e}^{-\xi\omega_{\rm n}t_1}\left[X\cos(\omega_{\rm d}t_1 + \phi)\right] \tag{4-456}$$

$$x_2 = {\rm e}^{-\xi\omega_{\rm n}t_2}\left[X\cos(\omega_{\rm d}t_2 + \phi)\right] \tag{4-457}$$

$$\vdots$$

$$x_n = {\rm e}^{-\xi\omega_{\rm n}t_n}\left[X\cos(\omega_{\rm d}t_n + \phi)\right] \tag{4-458}$$

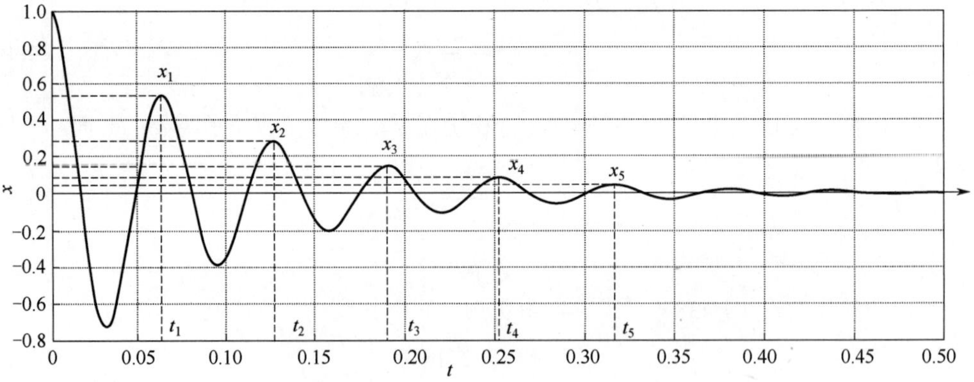

图 4.42 某单自由度振动系统激励响应

两个峰值的比率为：

$$\frac{x_1}{x_2} = {\rm e}^{-\xi\omega_{\rm n}(t_1-t_2)}\frac{\cos(\omega_{\rm d}t_1 + \phi)}{\cos(\omega_{\rm d}t_2 + \phi)} \tag{4-459}$$

由于不同 t_1 和 t_2 之间的时间为振荡周期：

$$T_{\rm d} = t_2 - t_1 = \frac{2\pi}{\omega_{\rm d}} = \frac{2\pi}{\omega_{\rm n}\sqrt{1-\xi^2}} \tag{4-460}$$

将式（4-459）进行化简：

$$\frac{x_1}{x_2}=\mathrm{e}^{-\xi\omega_n(t_1-t_2)}\frac{\cos(\omega_d t_1+\phi)}{\cos[\omega_d(t_1+T_d)+\phi]}=\mathrm{e}^{-\xi\omega_n(t_1-t_2)}\frac{\cos(\omega_d t_1+\phi)}{\cos(\omega_d t_1+2\pi+\phi)}=\mathrm{e}^{\xi\omega_n T_d} \tag{4-461}$$

等式两边同时取自然对数可得：

$$\ln\frac{x_1}{x_2}=\xi\omega_n T_d=\frac{2\pi\xi}{\sqrt{1-\xi^2}} \tag{4-462}$$

由此可以计算出其中的阻尼比 ξ：

$$\xi\approx\frac{\ln x_1-\ln x_2}{\sqrt{4\pi^2+(\ln x_1-\ln x_2)^2}} \tag{4-463}$$

其中，$\ln x_1-\ln x_2=\ln(x_1/x_2)$。

对此可以得出更好的评估方法，为测量 x_1 和其他 x_n 之间的比率，可利用下式：

$$\xi\approx\frac{\ln x_1-\ln x_n}{\sqrt{4(n-1)^2\pi^2+(\ln x_1-\ln x_n)^2}} \tag{4-464}$$

如果 $\xi\ll1$，那么 $\sqrt{1-\xi^2}\approx1$，可以通过式（4-462）来估计 ξ：

$$\xi\approx\frac{1}{2(n-1)\pi}\ln\frac{x_1}{x_n} \tag{4-465}$$

案例 189　固有频率的确定。

一个物块-弹簧-阻尼系统的固有频率可以通过测量系统的静态挠度来确定。假设一个单自由度系统如图 4.43（a）所示，刚刚好与地面接触。假设弹簧处于没有张力和压力的状态。当系统在地面上静止时如图 4.43（b）所示，由于地球引力而引起弹簧压缩的静态挠度为 $\delta_s=mg/k$［图 4.43（c）］。可以通过测量系统的静态挠度 δ_s 来确定固有频率：

$$\omega_n=\sqrt{\frac{g}{\delta_s}} \tag{4-466}$$

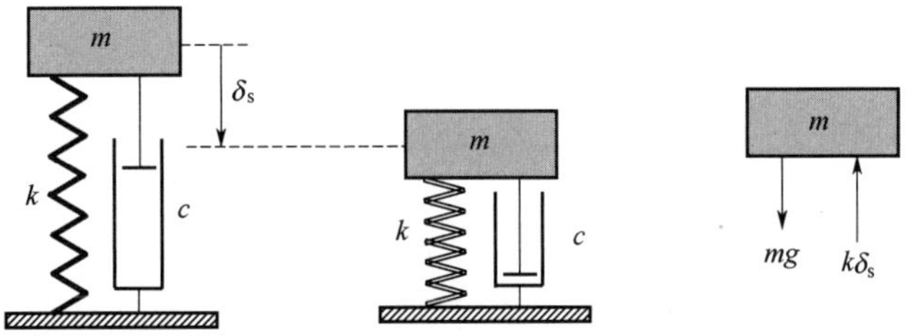

(a) 弹簧自由伸长位置　(b) 平衡位置　(c) 受力分析

图 4.43　单个自由度振动系统固有频率的确定

其中：

$$\delta_s=\frac{mg}{k}=\frac{g}{\omega_n^2} \tag{4-467}$$

案例 190　转动惯量的确定。

物体的转动惯量对于车辆来说是非常重要的特征参数，它影响着车辆的动力学行为。主要的转动惯量 I_x、I_y 和 I_z 可以通过经验式来计算。

图 4.44 展示了一个悬挂于 A 点的振荡平台。假设平台的质量为 M，并且其相对于 A 点的转动惯量为 I_0。忽略绳子的质量，可以写出对于 A 点的欧拉方程：

$$\Sigma M_y = I_0\ddot{\theta} = -Mgh_1 \sin\theta \tag{4-468}$$

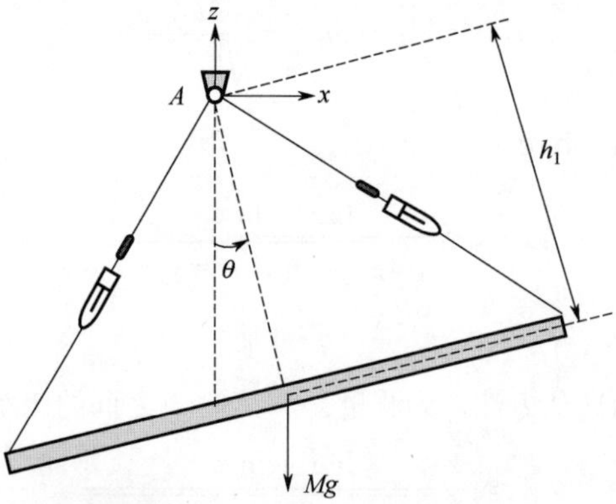

图 4.44 悬挂在天花板上的振荡平台

因此，可得该装置的运动方程为：

$$I_0\ddot{\theta} + Mgh_1 \sin\theta = 0 \tag{4-469}$$

如果振荡角度 θ 非常小，那么 $\sin\theta \approx \theta$，由此可将式（4-469）化简为一个线性方程：

$$\ddot{\theta} + \omega_{\rm n}^2\theta = 0\,,\quad \omega_{\rm n} = \sqrt{\frac{Mgh_1}{I_0}} \tag{4-470}$$

式中，$\omega_{\rm n}$ 为振荡的固有频率。

$\omega_{\rm n}$ 可以假设为相对于 A 点的振荡频率，这里的振荡是指平台在偏离平衡点一个很小的偏角后做自由振荡。振荡的固有周期 $T_{\rm n} = 2\pi / \omega_{\rm n}$，这个周期是可以测量出来的，因此，它的转动惯量 I_0 等于：

$$I_0 = \frac{1}{4\pi^2} Mgh_1 T_{\rm n}^2 \tag{4-471}$$

这里的固有周期可以通过多个循环后的平均周期测出，更准确的测量方法是通过加速度计测量。

接下来假设平台如图 4.45 所示。一辆质量为 m 的车质心在 C 点，这个质心点 C 精确地位于平台质心的正上方。由于质心的位置是已知的，那么质心 C 点和支撑点 A 点之间的距离也就知道，用 h_2 表示。

为了找到车辆相对于质心 C 的前倾转动惯量 I_y，当振荡平台离开平衡位置做小摆动时，利用对 A 点的欧拉方程：

$$\Sigma M_y = I_A\ddot{\theta} \tag{4-472}$$

$$-Mgh_1 \sin\theta - mgh_2 \sin\theta = (I_0 + I_y + mh_2^2)\ddot{\theta} \tag{4-473}$$

假设为小角度振荡，可以用 $\sin\theta \approx \theta$ 来简化式（4-473），可得一个线性振荡方程：

$$\ddot{\theta} + \omega_{\rm n}^2\theta = 0 \tag{4-474}$$

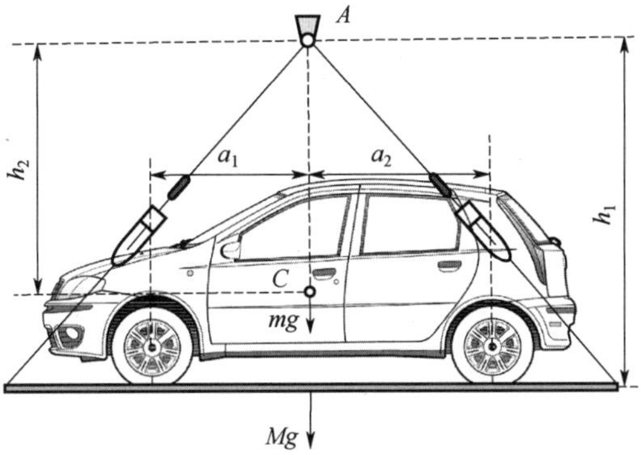

图 4.45　一辆质量为 m 的车在振荡平台上

$$\omega_n = \sqrt{\frac{(Mh_1 + mh_2)g}{I_0 + I_y + mh_2^2}} \tag{4-475}$$

因此，前倾转动惯量 I_y 可以通过测量该系统振荡的自然周期 $T_n = 2\pi / \omega_n$，然后计算如下：

$$I_y = \frac{1}{4\pi^2}(Mh_1 + mh_2)gT_n^2 - I_0 - mh_2^2 \tag{4-476}$$

同法，可以确定侧倾转动惯量，还是将车放在平台上，如图 4.46 所示。在得到转动惯量 I_x 和 I_y 后，可以将车放在平台上，保持一定角度 α，由此找到平行于振荡轴的过质心 C 的轴的转动惯量。接着，就可以通过转换计算得到车辆的转动惯量 I_{xy}。

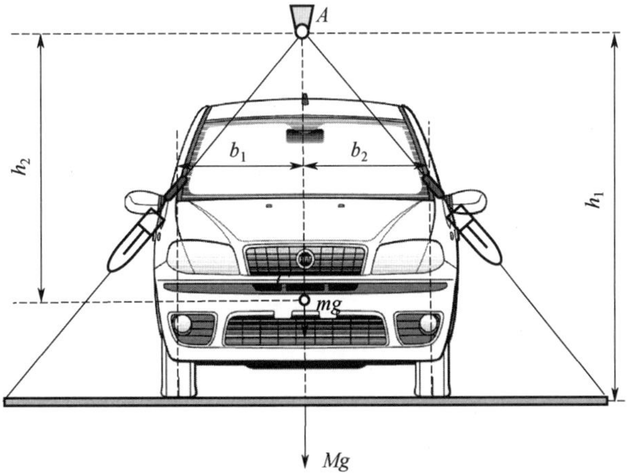

图 4.46　利用振荡平台测量侧倾转动惯量

4.10 振动优化理论

对振动优化的首要目的是在系统受迫振动时将主要质量的振动幅度减少到零。有两种重要方法能达到减小主要质量的振幅：振动吸收器和振动隔离器。

当一个主要系统的悬架结构不容易改变时，会加入另一个振动系统，称之为振动吸收器或是第二振动系统，用以吸收主要系统的振动能量。这样的振动吸收器会增加系统的自由度，并且作为一种在频域内减小振动应用手段。它在一些特殊频率工作非常理想，而且这样的工作频率范围可以根据需要设计。

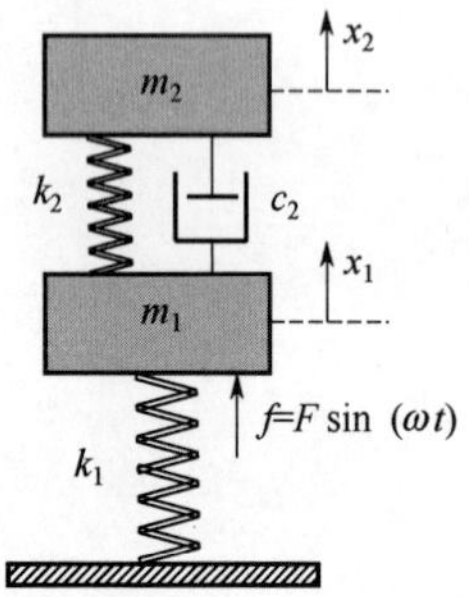

图 4.47 弗拉姆减振器

假设一个质量为 m_1 的物块由一个弹簧 k_1 作为悬架支撑，如图 4.47 所示。同时，有一个谐波力 $f = F\sin(\omega t)$ 作用于 m_1 上。加入第二个系统（m_2, c_2, k_2）和主质量 m_1 共同组成一个二自由度系统。这样的一个系统有时被称为弗拉姆（Frahm）吸收器或是弗拉姆减振器。

可以通过对第二系统（c_2, k_2）的设计，将 m_1 在任何已知的激励频率 ω 下振动时的振幅减小到零。然而，如果激励频率是一个变量，可以将 k_2 调节到优化值 $k_2^{\aleph}$。

$$k_2^{\aleph} = \frac{m_1 m_2}{(m_1 + m_2)^2} k_1 \tag{4-477}$$

并且，可以找到 c_2 的取值范围为：

$$2m_2\omega_1\xi_1^{\aleph} < c_2 < 2m_2\omega_1\xi_2^{\aleph} \tag{4-478}$$

这样，可以使得 m_1 在整个频率范围内保持最小振幅。其中，优化的 $\xi_1^{\aleph}$ 和 $\xi_2^{\aleph}$ 都为正值：

$$\xi_1^{\aleph} = \sqrt{\frac{-B - \sqrt{B^2 - 4AC}}{2A}} \tag{4-479}$$

$$\xi_2^{\aleph} = \sqrt{\frac{-B + \sqrt{B^2 - 4AC}}{2A}} \tag{4-480}$$

式中，A、B、C 分别为：

$$A = 16Z_8 - 16r^2(Z_4 + 2Z_5) \tag{4-481}$$

$$B = 4Z_9 + 4Z_3Z_8 - 4Z_6r^2 - 4Z_7(Z_4 + 2Z_5) \tag{4-482}$$

$$C = Z_3Z_9 - Z_6Z_7 \tag{4-483}$$

并且：

$$Z_3 = 2(r^2 - \alpha^2) \tag{4-484}$$

$$Z_4 = \left[r^2(1+\varepsilon) - 1\right]^2 \tag{4-485}$$

$$Z_5 = r^2(1+\varepsilon)\left[r^2(1+\varepsilon) - 1\right] \tag{4-486}$$

$$Z_6 = 2\left[\varepsilon\alpha^2 r^2 - (r^2 - \alpha^2)(r^2 - 1)\right] \times \left[\varepsilon\alpha^2 - (r^2 - \alpha^2) - (r^2 - 1)\right] \tag{4-487}$$

$$Z_7 = (r^2 - \alpha^2)^2 \tag{4-488}$$

$$Z_8 = r^2\left[r^2(1+\varepsilon) - 1\right]^2 \tag{4-489}$$

$$Z_9 = \left[\varepsilon\alpha^2 r^2 - \left(r^2 - \alpha^2\right)\left(r^2 - 1\right)\right]^2 \tag{4-490}$$

证明 34：图 4.47 中系统的运动方程为：

$$m_1\ddot{x}_1 + c_2(\dot{x}_1 - \dot{x}_2) + k_1x_1 + k_2(x_1 - x_2) = F\sin(\omega t) \tag{4-491}$$

$$m_2\ddot{x}_2 - c_2(\dot{x}_1 - \dot{x}_2) - k_2(x_1 - x_2) = 0 \tag{4-492}$$

为了找到该系统的频率响应，代入下面阶段形式：

$$x_1 = A_1\cos(\omega t) + B_1\sin(\omega t) \tag{4-493}$$

$$x_2 = A_2\cos(\omega t) + B_2\sin(\omega t) \tag{4-494}$$

假设一个稳态条件，找到下面关于 A_1、B_1、A_2、B_2 的方程：

$$\begin{bmatrix} a_{11} & c_2\omega & -k_2 & -c_2\omega \\ c_2\omega & a_{22} & c_2\omega & -k_2 \\ -k_2 & c_2\omega & a_{33} & c_2\omega \\ c_2\omega & -k_2 & c_2\omega & a_{44} \end{bmatrix} \begin{bmatrix} A_1 \\ B_1 \\ A_2 \\ B_2 \end{bmatrix} = \begin{bmatrix} 0 \\ F \\ 0 \\ 0 \end{bmatrix} \tag{4-495}$$

其中：

$$a_{11} = a_{22} = k_1 + k_2 - m_1\omega^2 \tag{4-496}$$

$$a_{33} = a_{44} = k_2 - m_2\omega^2 \tag{4-497}$$

主质量 m_1 振动时的稳态振幅 X_1 为：

$$X_1 = \sqrt{A_1^2 + B_1^2} \tag{4-498}$$

等价于：

$$\left(\frac{X_1}{F}\right)^2 = \frac{(k_2 - \omega^2 m_2)^2 + \omega^2 c_2^2}{Z_1^2 + \omega^2 c_2^2 Z_2^2} \tag{4-499}$$

其中：

$$Z_1 = (k_1 - \omega^2 m_1)(k_2 - \omega^2 m_2) - \omega^2 m_2 k_2 \tag{4-500}$$

$$Z_2 = k_1 - \omega^2 m_1 - \omega^2 m_2 \tag{4-501}$$

介绍一下相关参数：

$$\varepsilon = \frac{m_2}{m_1} \tag{4-502}$$

$$\omega_1 = \sqrt{\frac{k_1}{m_1}} \tag{4-503}$$

$$\omega_2 = \sqrt{\frac{k_2}{m_2}} \tag{4-504}$$

$$\alpha = \frac{\omega_2}{\omega_1} = \sqrt{\frac{k_2 m_1}{k_1 m_2}} \tag{4-505}$$

$$\xi = \frac{c_2}{2m_2\omega_2} \tag{4-506}$$

$$\mu = \frac{X_1}{F / k_1} \tag{4-507}$$

可以将频率响应式（4-499）写成：

$$\mu^2 = \frac{4\xi^2 r^2 + (r^2 - \alpha^2)^2}{4\xi^2 r^2 \left[r^2(1+\varepsilon) - 1\right]^2 + \left[\varepsilon\alpha^2 r^2 - (r^2-1)(r^2-\alpha^2)\right]^2} \tag{4-508}$$

式中，参数ε表示了m_2和m_1的比率；ω_1是主系统的角速度的固有频率；ω_2是振动吸收器系统的角速度的固有频率；α是固有频率的比率；r是激励频率与主系统固有频率的比率；ξ是阻尼的相关比率；μ是振幅比率，为动力学振幅X_1与静态挠度F/k_1的比率。

图 4.48 所示为振动系统优化函数（详见脚本 12），它表示了μ在一定条件下的频率响应，条件为：

$$\varepsilon = 0.1 \tag{4-509}$$

$$\alpha = 1 \tag{4-510}$$

并且：

$$\xi = 0, 0.1, 0.2, 0.3, 0.4, 0.5, \infty \tag{4-511}$$

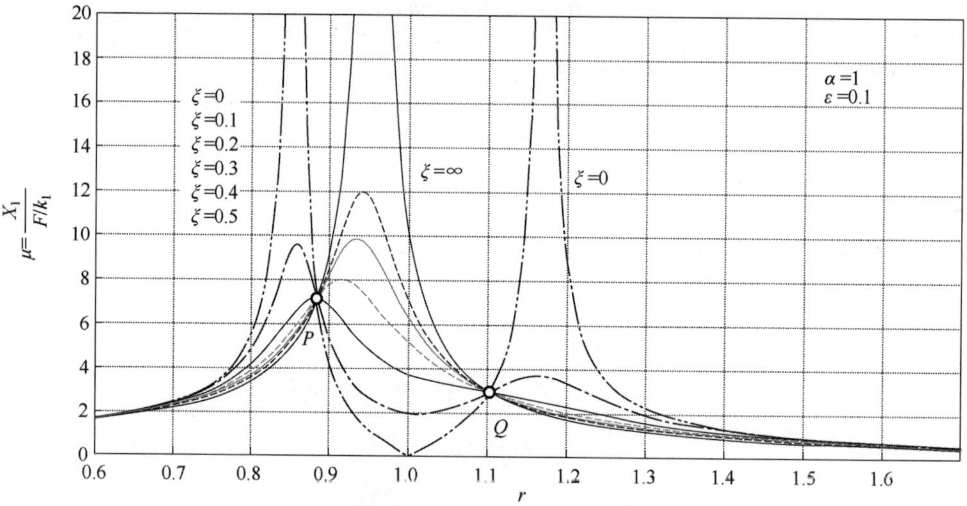

图 4.48　振动系统优化函数

在不同的阻尼比ξ下，所有这些曲线都通过了两个共同点P和Q。为了找到控制共同点位置的参数，需要观察$\xi=0$和$\xi=\infty$的交叉点。首先，在这两个情况下，化简频率响应：

$$\mu^2 = \frac{(r^2-\alpha^2)^2}{\left[\varepsilon\alpha^2 r^2 - (r^2-1)(r^2-\alpha^2)\right]^2} \tag{4-512}$$

$$\mu^2 = \frac{1}{\left[r^2(1+\varepsilon)-1\right]^2} \tag{4-513}$$

当$\xi=0$时，系统是无阻尼运动的二自由度线性系统，即带有两个固有频率。当激励频率接近两个固有频率的任何一个时，系统的振幅接近无限$\mu \to \infty$。当$\xi=\infty$时，由于阻尼太大而使得两个物块之间没有相对运动，可看作刚性连接，系统减少到一个无阻尼单自由度的系统，带有一个固有频率：

$$\omega_n = \sqrt{\frac{k_1}{m_1+m_2}} \tag{4-514}$$

或

$$r_{\mathrm{n}}=\frac{1}{\sqrt{1+\varepsilon}} \tag{4-515}$$

当激励频率接近固有频率 $\omega \to \omega_{\mathrm{n}}$ 或是 $r \to 1/\sqrt{1+\varepsilon}$ 时，系统的振幅接近无穷 $\mu \to \infty$ 。

利用式（4-512）和式（4-513）可以得到共同点的式子：

$$\frac{(r^2-\alpha^2)^2}{\left[\varepsilon\alpha^2 r^2-(r^2-1)(r^2-\alpha^2)\right]^2}=\frac{1}{\left[r^2(1+\varepsilon)-1\right]^2} \tag{4-516}$$

化简后可得：

$$\varepsilon\alpha^2 r^2-(r^2-1)(r^2-\alpha^2)=\pm(r^2-\alpha^2)\left[r^2(1+\varepsilon)-1\right] \tag{4-517}$$

当右边取负号时：

$$r^4\varepsilon=0 \tag{4-518}$$

即表示有一个共同点在 $r=0$ 。

当右边取正号时，可以得到关于 r^2 的一元二次方程：

$$(2+\varepsilon)r^4-r^2(2+2\alpha^2(1+\varepsilon))+2\alpha^2=0 \tag{4-519}$$

该方程的两个正解 r_1 和 r_2 刚好对应了共同点 P 和 Q。

$$r_{1,2}^2=\frac{1}{\varepsilon+2}\left[\alpha^2+\alpha^2\varepsilon+1\pm\sqrt{(\alpha^2+\alpha^2\varepsilon+1)^2-2\alpha^2(2+\varepsilon)}\right] \tag{4-520}$$

$$r_1<r_n=\frac{1}{\sqrt{1+\varepsilon}}<r_2 \tag{4-521}$$

由于频率响应曲线通常都经过共同点 P 和 Q，在优化条件下应该是当共同点 P 和 Q 的函数同高的情况。

$$\mu(P)=\mu(Q) \tag{4-522}$$

这是因为 μ^2 在共同点 P 和 Q 的值不依赖于 ξ ，可以将 r_1 和 r_2 的值代入式（4-513），其中 μ 的取值对应于 $\xi=\infty$ 的情况。然而式（4-513）中的 μ 值为：

$$\mu^2=\frac{1}{\left[r^2(1+\varepsilon)-1\right]^2} \tag{4-523}$$

产生了一个正解 $r<r_n$ 和一个负解 $r>r_n$ ，因此：

$$\mu(r_1)=-\mu(r_2) \tag{4-524}$$

产生以下等式：

$$\frac{1}{1-r_1^2(1+\varepsilon)}=\frac{-1}{1-r_2^2(1+\varepsilon)} \tag{4-525}$$

化简后可得：

$$r_1^2+r_2^2=\frac{2}{1+\varepsilon} \tag{4-526}$$

从式（4-519）的根之和可以得到：

$$r_1^2 + r_2^2 = \frac{2 + 2\alpha^2(1+\varepsilon)}{2+\varepsilon} \tag{4-527}$$

注意：原本二元一次方程都是两个根，因为r^2是一个整体，只能取正数，所以根唯一，根之和唯一。

因此：

$$\frac{2}{1+\varepsilon} = \frac{2 + 2\alpha^2(1+\varepsilon)}{2+\varepsilon} \tag{4-528}$$

也就可以得到：

$$\alpha^2 = \frac{1}{(1+\varepsilon)^2} \tag{4-529}$$

$$\alpha = \frac{1}{1+\varepsilon} = \frac{1}{1+\frac{m_2}{m_1}} = \frac{m_1}{m_1+m_2} \tag{4-530}$$

式（4-530）是共同点P和Q的函数值等高的要求条件，因此可以得到α的优化值。得到了α的优化值也就等价于得到了第二悬架的优化刚度k_2。由于：

$$\alpha = \frac{\omega_2}{\omega_1} = \sqrt{\frac{m_1 k_2}{m_2 k_1}} = \frac{m_1}{m_1+m_2} \tag{4-531}$$

这样就可以得到优化条件下的$k_2^{\aleph}$：

$$k_2^{\aleph} = \frac{m_1 m_2}{(m_1+m_2)^2} k_1 \tag{4-532}$$

接下来，确定优化的阻尼比ξ，迫使μ在共同点P和Q时取得最大值。在P点要保证有$\mu_{\max}$，即让$\mu(r_1)$在r_1周围的主频范围内取到最高值。同时，在Q点要保证有$\mu_{\max}$，即让$\mu(r_2)$在r_2周围的主频范围内取到最高值。$\mu_{\max}$的位置是由ξ控制的，因此可以确定两个优化的ξ，它们分别在$\mu(r_1)$和$\mu(r_2)$。这样的例子可以从图 4.49 中看到（计算过程以及图像详见脚本 12）。

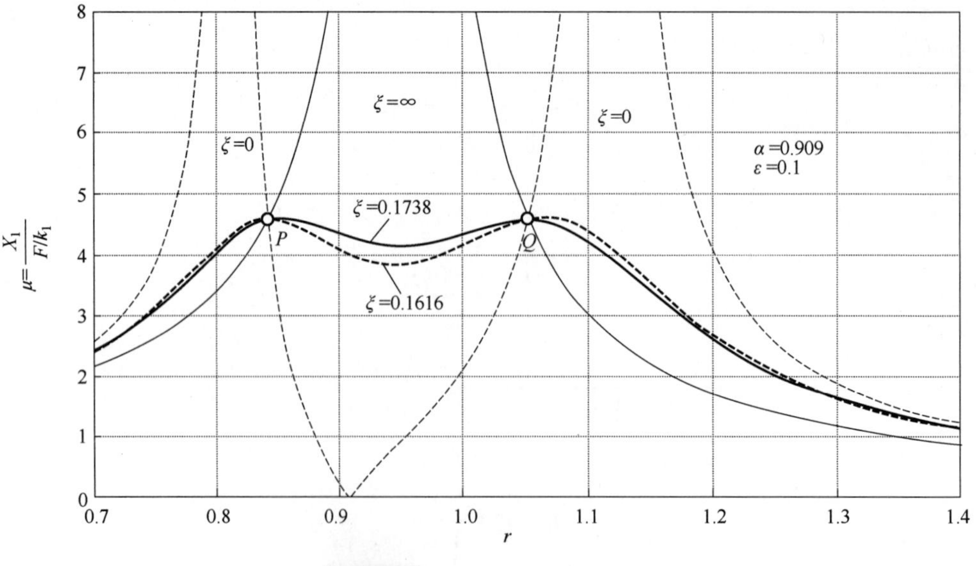

图 4.49　ξ 振动系统优化函数

利用从式（4-530）优化的α，这两点的频率为：

$$r_{1,2}^2=\frac{1}{1+\varepsilon}\left(1\pm\sqrt{\frac{\varepsilon}{2+\varepsilon}}\right) \tag{4-533}$$

由此，也就等价于要求偏微分$\partial\mu^2/\partial r^2$在节点频率的地方为零：

$$\left.\frac{\partial\mu^2}{\partial r^2}\right|_{r_1^2}=0 \tag{4-534}$$

$$\left.\frac{\partial\mu^2}{\partial r^2}\right|_{r_2^2}=0 \tag{4-535}$$

将μ^2写成分子$N(r)$除以分母$D(r)$的形式：

$$\mu^2=\frac{N(r)}{D(r)}=\frac{4\xi^2r^2+(r^2-\alpha^2)^2}{4\xi^2r^2\left[r^2(1+\varepsilon)-1\right]^2+\left[\varepsilon\alpha^2r^2-(r^2-1)(r^2-\alpha^2)\right]^2} \tag{4-536}$$

这方便求导：

$$\frac{\partial(\mu^2)}{\partial(r^2)}=\frac{1}{D^2}\left(D\frac{\partial N}{\partial r^2}-N\frac{\partial D}{\partial r^2}\right)=\frac{1}{D}\left(\frac{\partial N}{\partial r^2}-\frac{N}{D}\frac{\partial D}{\partial r^2}\right) \tag{4-537}$$

求偏导可得到：

$$\frac{\partial N}{\partial r^2}=4\xi^2+2(r^2-\alpha^2)=4\xi^2+Z_3 \tag{4-538}$$

$$\frac{\partial D}{\partial r^2}=4\xi^2Z_4+8\xi^2Z_5+Z_6 \tag{4-539}$$

将式（4-538）和式（4-539），连同式（4-533）一起代入前面的式（4-527）以便解出ξ。代入后由优化条件可知$\partial\mu^2/\partial r^2=0$，有：

$$\frac{\partial N}{\partial r^2}-\frac{N}{D}\times\frac{\partial D}{\partial r^2}=(4\xi^2+Z_3)(4\xi^2Z_8+Z_9)-(4\xi^2r^2+Z_7)(4\xi^2Z_4+8\xi^2Z_5+Z_6)=0 \tag{4-540}$$

其中：

$$\frac{N}{D}=\frac{4\xi^2r^2+Z_7}{4\xi^2Z_8+Z_9} \tag{4-541}$$

式（4-540）是一个关于ξ^2的一元二次方程：

$$\begin{aligned}&\left[16Z_8-4r^2(4Z_4+8Z_5)\right]\xi^4+\left[4Z_9-4Z_6r^2-Z_7(4Z_4+8Z_5)+4Z_3Z_8\right]\xi^2+\\&(Z_3Z_9-Z_6Z_7)=0\end{aligned} \tag{4-542}$$

$$A\xi^4+B\xi^2+C=0 \tag{4-543}$$

可得到解为：

$$\xi^2=\frac{-B\pm\sqrt{B^2-4AC}}{2A} \tag{4-544}$$

其中：

$$A=16Z_8-4r^2(4Z_4+8Z_5) \tag{4-545}$$

$$B = 4Z_9 - 4Z_6 r^2 - Z_7(4Z_4 + 8Z_5) + 4Z_3 Z_8 \tag{4-546}$$

$$C = Z_3 Z_9 - Z_6 Z_7 \tag{4-547}$$

从式（4-544）解出的ξ两个解中的正值刚好分别对应着$r = r_1$和$r = r_2$两种情况下的极限值$\xi_1^{\aleph}$和$\xi_2^{\aleph}$。图 4.49 展示了μ在优化的α和$\xi = 0$，$\xi_1^{\aleph}$，$\xi_2^{\aleph}$，∞情况下的图形。

案例 191　在$\varepsilon = 0.1$的情况下，优化弹簧和阻尼器。

假想一个弗拉姆振动吸收器带有：

$$\varepsilon = \frac{m_2}{m_1} = 0.1 \tag{4-548}$$

可以从式（4-530）得到优化的频率比α：

$$\alpha^{\aleph} = \frac{1}{1+\varepsilon} \approx 0.909 \tag{4-549}$$

通过式（4-533）找到节点频率$r_{1,2}^2$：

$$r_{1,2}^2 = \frac{1}{1+\varepsilon}\left(1 \pm \sqrt{\frac{\varepsilon}{2+\varepsilon}}\right) = 0.71071, 1.1075 \tag{4-550}$$

再计算出$r = r_1 = \sqrt{1.1075} \approx 1.0524$，接下来利用式（4-484）～式（4-490）计算参数$Z_3 \sim Z_9$：

$$Z_3 = 0.5620 \tag{4-551}$$

$$Z_4 = 0.0476 \tag{4-552}$$

$$Z_5 = 0.2658 \tag{4-553}$$

$$Z_6 = -0.0375 \tag{4-554}$$

$$Z_7 = 0.079 \tag{4-555}$$

$$Z_8 = 0.0527 \tag{4-556}$$

$$Z_9 = 0.0038 \tag{4-557}$$

利用式（4-545）～式（4-547）找到系数A、B、C:

$$A = -9.4210 \tag{4-558}$$

$$B = 0.1168 \tag{4-559}$$

$$C = 0.0051 \tag{4-560}$$

从而找到第一个优化的阻尼比ξ_1：

$$\xi_1^{\aleph} = 0.1335\mathrm{i}\ （舍弃） \tag{4-561}$$

$$\xi_1^{\aleph} = 0.1738 \tag{4-562}$$

利用$r = r_2 = \sqrt{0.7107} \approx 0.8430$找到：

$$Z_3 = -0.2315 \tag{4-563}$$

$$Z_4 = 0.0476 \tag{4-564}$$

$$Z_5 = -0.1706 \tag{4-565}$$

$$Z_6 = 0.0246 \tag{4-566}$$

$$Z_7 = 0.0134 \tag{4-567}$$

$$Z_8 = 0.0338 \tag{4-568}$$

$$Z_9 = 0.0006 \tag{4-569}$$

$$A = -3.8799 \tag{4-570}$$

$$B = -0.0831 \tag{4-571}$$

$$C = -0.0005 \tag{4-572}$$

从而可以得到第二个优化的阻尼比 ξ_2：

$$\xi_2^{\aleph} = 0.1616 \tag{4-573}$$

$$\xi_2^{\aleph} = 0.0686\text{i}（舍弃） \tag{4-574}$$

因此，优化的 α 为 $\alpha^{\aleph} = 0.909$，而优化的阻尼比 ξ 的范围在 $0.1616 < \xi^{\aleph} < 0.1738$。

案例 192 振动吸收器在 $r = \alpha = 1$ 时更高效。

由前文可知：

$$\mu^2 = \frac{4\xi^2 r^2 + (r^2 - \alpha^2)^2}{4\xi^2 r^2 \left[r^2(1+\varepsilon) - 1\right]^2 + \left[\varepsilon\alpha^2 r^2 - (r^2 - 1)(r^2 - \alpha^2)\right]^2} \tag{4-575}$$

当 $\xi = \dfrac{c_2}{2m_2\omega_2} = 0$ 时，那么在 $r = \alpha = 1$ 地方 $\mu = 0$，也就是说，如果主系统和第二系统的固有频率和激励频率相同时 $r = \alpha = 1$，主物块的振幅可以减少到零。但这也就是说需要取掉阻尼器，因为 $c_2 = 0$，那么质量块 m_2 将一直振动无法衰减。笔者所添加的系统也不再是弗拉姆减振器。

案例 193 共同点振幅的优化。

将优化的 α 的值［式（4-530）］代入式（4-519）中可得：

$$r^4 - \frac{2}{2+\varepsilon} r^2 + \frac{2}{(2+\varepsilon)(1+\varepsilon)^2} = 0 \tag{4-576}$$

解出共同点的频率：

$$r_{1,2}^2 = \frac{1}{1+\varepsilon}\left(1 \pm \sqrt{\frac{\varepsilon}{2+\varepsilon}}\right) \tag{4-577}$$

将上述结果 $r_{1,2}$ 代入式（4-523）可得到共同点振幅 $\mu(r_{1,2})$ 为：

$$\mu = \sqrt{\frac{2+\varepsilon}{\varepsilon}} \tag{4-578}$$

案例 194 优化后的 α 和质量比 ε。

优化后的自然比率值 α，是仅仅含有质量比 ε 的函数，它的方程为式（4-530）。如图 4.50 所示画出了 α 对于 ε 的函数图线（详见脚本 13）。对于优化的 α 而言，它随着 ε 增加而减少，不难得出对于优化了的 k_2 和 α 是一样的。因此，当将振动吸收器的物块质量减小时，需要相应地增加弗拉姆振动系统弹簧的刚度。

$$\varepsilon = \frac{m_2}{m_1} \tag{4-579}$$

$$\alpha=\frac{1}{1+\varepsilon}=\sqrt{\frac{k_2m_1}{k_1m_2}}=\sqrt{\frac{k_2}{\varepsilon k_1}} \tag{4-580}$$

$$k_2=\frac{\varepsilon k_1}{(1+\varepsilon)^2} \tag{4-581}$$

式中，k_1 和 m_1 可以看作常量，ε 为变量。ε 随着 m_2 减小而减小，相应的 k_2 则增加了。

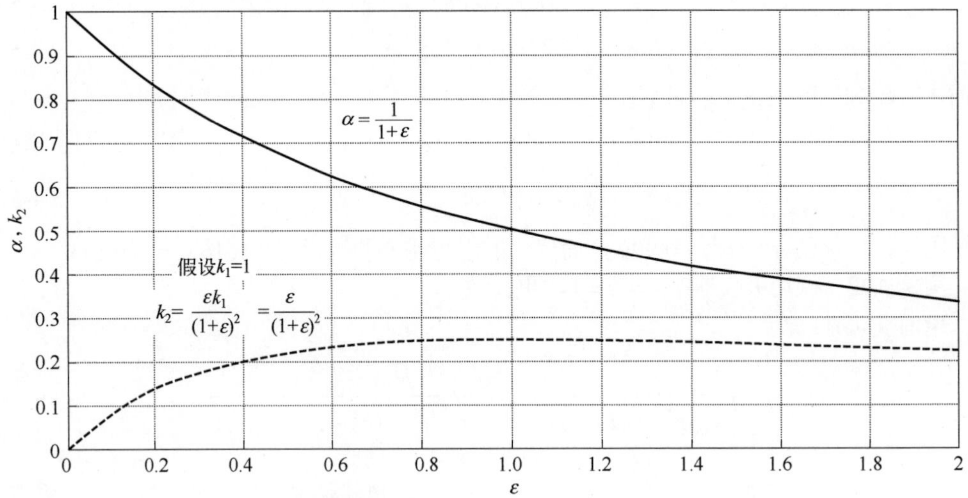

图 4.50 优化后的α和 k_2 随ε变化图

案例 195 共同点的频率 $r_{1,2}$ 和质量比 ε 。

如式（4-533）所示，共同频率 $r_{1,2}$ 对于优化的 α 方程式（4-530）而言，会使得其变为仅含质量比率 ε 的函数：

$$r_{1,2}^2=\frac{1}{1+\varepsilon}\left(1\pm\sqrt{\frac{\varepsilon}{2+\varepsilon}}\right) \tag{4-582}$$

图 4.51 展示了 $r_{1,2}$ 随 ε 变化的曲线（出图程序详见脚本 13）。当 $\varepsilon\to 0$ 时，振动吸收器的

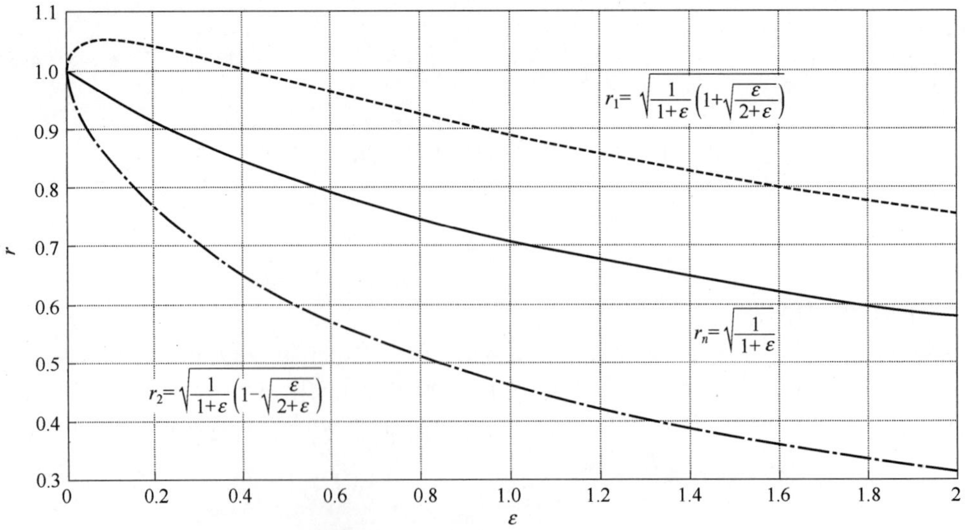

图 4.51 共同点的频率 $r_{1,2}$ 随ε变化图

物块 m_2 不存在，因此，系统变成了单自由度主系统振荡器。这样的系统仅仅只有一个固有频率 $r_n=1$，如式（4-515）所给出的那样。伴随着 m_2 的逐渐消失，共同频率 $r_{1,2}$ 两者之间会越来越接近。

共同频率 $r_{1,2}$ 在其他情况下总是在单自由度固有频率 r_n 的两边：

$$r_1 < r_n < r_2 \tag{4-583}$$

而它们相对于质量比 ε 总体而言都是减函数（除了 r_1 前一小段有点增函数以外）。

案例 196　阻尼取极值时的固有频率。

当设定 $\xi=0$，$\varepsilon=0.1$，$\alpha=1$ 时，可以得到：

$$\mu=\left|\frac{r^2-1}{0.1r^2-(r^2-1)^2}\right| \tag{4-584}$$

当设定 $\xi=\infty$，$\varepsilon=0.1$，$\alpha=1$ 时，可以得到：

$$\mu=\left|\frac{1}{1.1r^2-1}\right| \tag{4-585}$$

$\xi=0$ 也就等价于没有阻尼。当没有阻尼时，μ 在其等式右边分母接近零时，接近无穷。分母等于零方程的实根 r_{n1} 和 r_{n2} 分别为：

$$0.1r^2-(r^2-1)^2=0 \tag{4-586}$$

解出两个正值的实根为：

$$r_{n1}=0.8543 \tag{4-587}$$

$$r_{n2}=1.1705 \tag{4-588}$$

$\xi=\infty$ 也就等价于在 m_1 和 m_2 做了一个刚性连接，系统变为单自由度系统。因此，μ 仅仅在其分母为零的正实根时才会接近无穷大。

$$1.1r^2-1=0 \tag{4-589}$$

$$r_n=0.9535 \tag{4-590}$$

其中，r_n 一般处在 r_{n1} 和 r_{n2} 之间，即 $r_{n1} < r_n < r_{n2}$。

4.11　小结

一般来说，振动是一种有害的并且不希望看到的现象。当一个非振动系统连接到一个振动系统时，振动是十分重要的考虑因素。为了将振动的影响降到最低，给系统装上一个弹性阻尼隔离器。为了将问题简化，创建了一个由弹簧和阻尼器并联的隔离器模型进行研究。这样的隔离器在车辆上又被称为悬架。

振动可以从物理上表达为能量相互转换的一个结果，从机械的角度上来说，它可以被表示为解一组微分方程的形式。如果系统是线性的，那么它的运动方程一般可以写成以下这种矩阵的形式：

$$[M]\ddot{\boldsymbol{x}}+[c]\dot{\boldsymbol{x}}+[k]\boldsymbol{x}=\boldsymbol{F}(\boldsymbol{x},\dot{\boldsymbol{x}},t) \tag{4-591}$$

振动可以分为自由振动（$\boldsymbol{F}=0$ 时）和受迫振动（$\boldsymbol{F}\neq 0$ 时）。然而，在对振动的实际应用过程中，通常又将其运动方程的解分为瞬态解和稳态解两个部分。瞬态响应是运动方程在

$\boldsymbol{F}=0$ 时的解或是 $\boldsymbol{F}$ 在实际过程中作用的时间非常短。因为大部分工业机械都装备有旋转的电机，周期性的谐波外界激励是十分普遍的现象。频率响应是系统在谐波力作用下运动方程的稳态解。在频率分析时，在初始条件影响消失后，找到了系统的稳态响应。

对机械系统的频率响应（如汽车），起主要作用的是系统的固有频率和外界的激励频率。当激励频率接近系统的一个固有频率时，振动的振幅增加。固有频率的邻域范围又称为共振区间。在共振区间列的振幅可以通过加入阻尼来减小。

单自由度谐波力激励系统可以分为：底座激励系统、旋摆激励系统、旋摆-底座激励系统以及受迫激励系统。这些系统中的每一种频率响应都可以用三个函数 S_i 、 G_i 和 Φ_i 之一表示出来，而且它们每一个都有自己的特征参数。通常用一幅图来说明系统的频率响应，将其看作频率比 $r=\omega/\omega_{\mathrm{n}}$ 和阻尼比 $\xi=c/\sqrt{4km}$ 的函数。

第二部分

入门篇

第5章 轮胎

扫码获取脚本文件

这一章将介绍和回顾一些关于轮胎、车轮、路面、车辆以及它们之间的相互作用的话题。这些讨论有利于我们对车辆模型的建立。

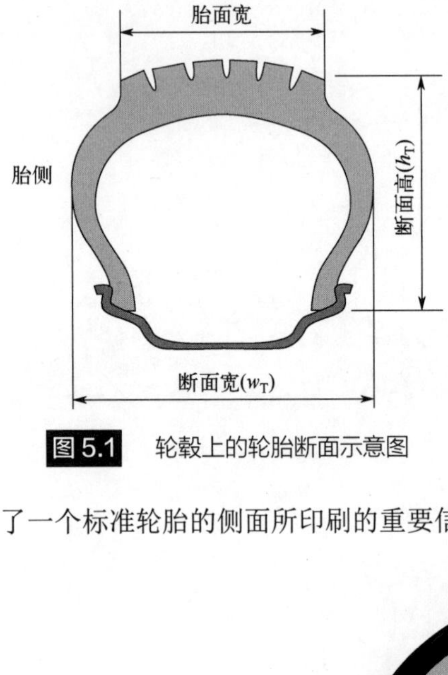

图5.1 轮毂上的轮胎断面示意图

5.1 轮胎和轮胎侧墙信息

充气轮胎是唯一在路与车辆之间传递力的构件。轮胎按要求产所需的力可以用以控制车辆，因此是车辆的重要组成部分。图5.1给出了一个轮毂上轮胎的断面图，并给出了标准轮胎的尺寸参数标记方法。

图5.1中的断面高、轮胎高或简单说成高度（h_T）和轮毂的半径之和为车轮半径。断面宽或是轮胎宽度（w_T）是指没有负载的情况下轮胎最宽处的尺寸。

轮胎有一定的信息印在轮胎的胎侧。图5.2展示了一个标准轮胎的侧面所印刷的重要信息。

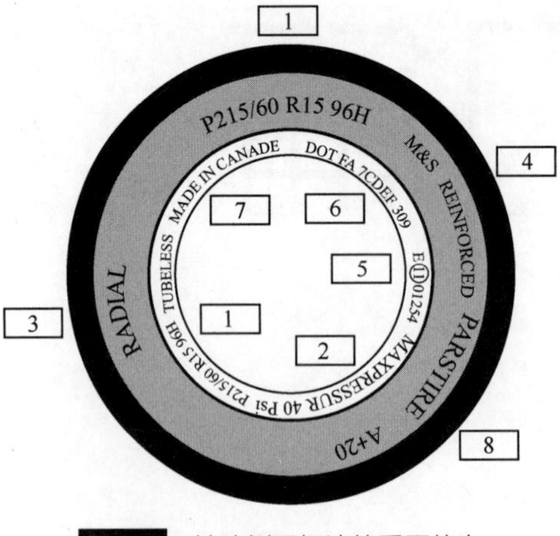

图5.2 轮胎侧面标注的重要信息

1—尺寸大小；2—允许的最大充气压力；3—轮胎的结构形式；4— M & S 、泥地或雪地轮胎；5—E-标识表示欧标的标记和数字；6—美国运输部门身份证号；7—生产国家；8—制造商、品牌或是商业名称

胎侧最重要的信息是轮胎尺寸信息，在图中用数字1标记出来。具体标识方法如图5.3

所示。其中，P 位置表示轮胎种类，第一个字母表示轮胎制造所适用的车辆种类，P 表示乘用车，ST 表示特殊拖车，T 表示临时车辆，LT 表示轻型卡车。

215 表示轮胎宽度，轮胎非负载情况下两侧最宽宽度用三位数字表示，单位为毫米（mm）。

60 表示高宽比。这两位数表示轮胎断面高宽比率，表达方式为百分比，用字母 s_T 表示。

$$s_T = \frac{h_T}{w_T} \times 100 \tag{5-1}$$

一般来说，轮胎高宽比范围在 35（跑车）～ 75（通用车辆）。

R 表示轮胎结构类型。字母 R 表示轮胎为子午轮胎。这个字母也可以是 B 表示斜交轮胎，这个字母还可以是 D 表示对角轮胎。

15 表示轮毂直径。这个数字的单位是英寸（in），表示轮胎所适合安装的轮毂直径。

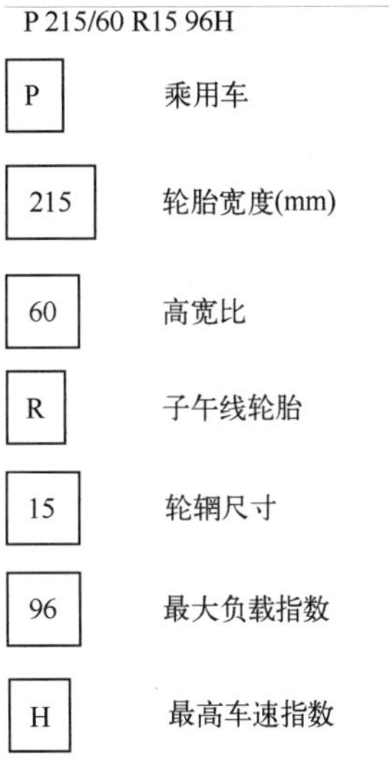

图 5.3　标准轮胎标注各部分含义

96 表示负载范围或负载指数。很多轮胎在轮胎尺寸后面带有一系列描述。这一系列描述包括一个两位数字（负载范围）和一个字母（车速范围）。负载范围表示每一个轮胎设计时能够支撑的最大负载。表 5.1 展示了一般最大负载指数组和它们所代表的负载能力。最大负载指数一般在速度低于 210km / h 时有效。

表 5.1　轮胎最大负载指数组及其能力一览表

序号	最大负载/kg	序号	最大负载/kg
0	45	86	530
…	…	87	545
71	345	88	560
72	355	89	580
73	365	90	600
74	375	91	615
75	387	92	630
76	400	93	650
77	412	94	670
78	425	95	690
79	437	96	710
80	450	97	730
81	462	98	750
82	475	99	775
83	487	100	800
84	500	101	825
85	515	102	850

续表

序号	最大负载/kg	序号	最大负载/kg
103	875	114	1180
104	900	115	1215
105	925	116	1250
106	950	117	1285
107	975	118	1320
108	1000	119	1360
109	1030	120	1400
110	1060	121	1450
111	1090	122	1500
112	1120	…	…
113	1150	199	13600

H表示最高车速指数：速度范围表示轮胎能维持10min不失效的最大速度。表5.2展示了一般常用的最高车速指数表示方法及它们的含义。

表5.2 轮胎最高车速一览表

序号	最高车速	序号	最高车速
B	$50\text{km}/\text{h} \approx 13.89\text{m}/\text{s}$	N	$140\text{km}/\text{h} \approx 38.89\text{m}/\text{s}$
C	$60\text{km}/\text{h} \approx 16.67\text{m}/\text{s}$	P	$150\text{km}/\text{h} \approx 41.67\text{m}/\text{s}$
D	$65\text{km}/\text{h} \approx 18.06\text{m}/\text{s}$	Q	$160\text{km}/\text{h} \approx 44.44\text{m}/\text{s}$
E	$70\text{km}/\text{h} \approx 19.44\text{m}/\text{s}$	R	$170\text{km}/\text{h} \approx 47.22\text{m}/\text{s}$
F	$80\text{km}/\text{h} \approx 22.22\text{m}/\text{s}$	S	$180\text{km}/\text{h} \approx 50\text{m}/\text{s}$
G	$90\text{km}/\text{h} \approx 25\text{m}/\text{s}$	T	$190\text{km}/\text{h} \approx 52.78\text{m}/\text{s}$
H	$210\text{km}/\text{h} \approx 58.33\text{m}/\text{s}$	U	$200\text{km}/\text{h} \approx 55.56\text{m}/\text{s}$
J	$100\text{km}/\text{h} \approx 27.78\text{m}/\text{s}$	V	$240\text{km}/\text{h} \approx 66.67\text{m}/\text{s}$
K	$110\text{km}/\text{h} \approx 30.56\text{m}/\text{s}$	W	$270\text{km}/\text{h} \approx 75\text{m}/\text{s}$
L	$120\text{km}/\text{h} \approx 33.33\text{m}/\text{s}$	Y	$300\text{km}/\text{h} \approx 83.33\text{m}/\text{s}$
M	$130\text{km}/\text{h} \approx 36.11\text{m}/\text{s}$	Z	$240\text{km}/\text{h} \approx 66.67\text{m}/\text{s}$

案例197 车重和轮胎的最大负载指数。

一个2t（2000kg）重的车辆，需要一个最大负载指数高于84的轮胎。因为每个轮胎的最大负载指数为500kg，从表5.1中可以查到与其相对应的最大负载指数为84。

案例198 通过胎侧上提供的参数计算轮胎高度。

一个轮胎的尺寸参数为P215/60 R15 96H。它的高宽比为60意味着轮胎的高度为宽度的60%。由此可计算出轮胎的高度，单位为毫米（mm）。用第一个参数215乘以第二个参数60再除以100，这就是从轮辋到胎面的距离：

$$h_{\mathrm{T}} = 215 \times \frac{60}{100} = 129\text{mm} \tag{5-2}$$

案例199 两种轮胎尺寸表达方式。

如果最大负载指数没有在轮胎上给出，当一个轮胎上给出的尺寸数字为 255/50 R17 100V 时，也可以写作 255/50 V R17。

案例200 轮胎和轮辋宽度。

轮胎的尺寸依赖于它所需安装的轮辋的尺寸。一个高宽比为 50 甚至更高的轮胎，轮辋宽度约为轮胎宽度的 70%，再四舍五入可得。例如，一个 P 255/50 R16 的轮胎设计宽度为 255mm＝10.04in[1]，它的 70%为 7.028in，四舍五入为 7.0in。因此，一个 P 255/50 R16 的轮胎需要安装在一个 7×16 的轮辋上。

一个高宽比为 45 甚至更低的轮胎，轮辋宽度可以通过约为轮胎宽度的 85%，再四舍五入算出。例如，一个 P 255/45 R17 的轮胎断面宽度为255mm＝10.04in，它的 85%为 8.534in，四舍五入后为 8.5in。因此，一个 P 255/45 R17 的轮胎需要安装在一个 8.5×17 的轮辋上。

案例201 计算轮胎直径和半径。

还可以根据轮胎参数计算整个轮胎的直径。首先通过轮胎宽度和高宽比计算轮胎的高度。例如，用轮胎参数 P 235/75 R15，可得：

$$h_{\mathrm{T}} = 235 \times \frac{75}{100} = 176.25\mathrm{mm} \approx 6.94\mathrm{in} \tag{5-3}$$

然后，用 2 倍高度 h_{T} 加上轮辋直径可以得到轮胎非负载直径：

$$D = 2R_{\mathrm{T}} + D_{\mathrm{r}} = 2 \times 6.94 + 15 = 28.88\mathrm{in} \approx 733.8\mathrm{mm} \tag{5-4}$$

$$R = \frac{D}{2} = 366.9\mathrm{mm} \tag{5-5}$$

案例202 最高车速指数。

两个相似的轮胎代码分别为：P 235/70 H R15 和 P 235/70 R15 100H 。它们都有最高车速指数 $H \equiv 210\mathrm{km/h}$ 。但是第二个轮胎仅仅在负载低于规定的最大负载指数下才能维持最高车速，也就是说，它表示了 100H ≡ 最大负载800kg情况下能维持的最高车速为210km/h 。

速度等级一般取决于轮胎种类，越野车一般用 Q 字等级的轮胎，乘用车一般用 R 字等级的轮胎，在街道行驶的车辆或追求性能的跑车用 T 字等级的轮胎。

案例203 轮胎质量。

乘用车的一个轮胎平均质量在 10～20kg，轻型卡车的一个轮胎质量在 14～16kg，重型卡车一个轮胎平均质量在 135～180kg。

案例204 高宽比的效能。

一个有较大高宽比的车辆会拥有较软的乘坐感觉和相同负载情况下较大的变形。但是，较低的高宽比轮胎一般用于注重性能的车辆，它们有更宽的与地接触面积并且更快的响应。同时，也会导致在同样负载的情况下相对较小的变形和更硬的乘坐感觉。

改变一个轮胎的高宽比将会改变轮胎接触面积，从而改变轮胎的负载能力。

案例205 宝马车轮胎尺寸信息。

宝马车作为一种欧洲车辆，它的轮胎尺寸信息所使用的是公制单位。例如，230/55Z R390 就是公制尺寸信息记录。其中，230 表示截面宽度，单位为 mm；55 表示高宽比，是一个百分数；Z 表示最高车速指数；390 表示轮辋尺寸，单位为 mm。

案例206 “MS”“M+S”“M/S”以及“M&S”标识。

---

[1] 1in=2.54cm。

这四个标识表示轮胎有一定的泥地和雪地行驶能力，绝大部分子午线轮胎会用到其中一个标识。

案例 207 美国交通部认证号（U.S.DOT）。

美国交通部认证号相当于轮胎身份证号，它的标记形式为“DOT DNZE ABCD 1309.”。开头字母 DOT 表示轮胎符合美国联邦标准，是“Department of Transportation”交通运输部的缩写。DN 表示生产厂家代码，通过它可以找到轮胎的制造商和生产车间，此处代表该轮胎是在德国固特异-邓洛普轮胎（Goodyear-Dunlop Tire）生产的。ZE 表示轮胎结构的一些内部特有信息，它是工厂的内部代码，对于一般客户而言没有什么意义。ABCD 表示合成结构代码，可以在轮胎使用说明中找到它。1309 表示该轮胎出产的年份为 2009 年第 13 周。

案例 208 E-标识和国际代码。

欧洲所有 1997 年 7 月以后生产的轮胎都必须带有 E-标识，这个可以在图 5.2 的方框 5 中看到实例。在形式上这个“E”标识会有意高一点或低一点放置，它的后面跟着的是一个在圆框或方框里的数字。在意义上，这个“E”标识表示轮胎在尺寸、性能以及其他方面都符合 ECE 或是 UNECE（联合国欧洲经济委员会）相关规定。圆框或方框里的数字代表的是某个国家，如表 5.3 所示。紧接着跟着的两位数字表示轮胎符合相关规定的技术要求。例如，“02”就表示轮胎符合 ECE 规则的第 30 款对乘用车轮胎的要求，“00”则表示轮胎符合 ECE 规则第 54 款对重型卡车轮胎的要求。剩下的数字则表示 ECE 批准系列号。

表 5.3 给出了轮胎制造商使用的国家代码。

表 5.3 轮胎制造商使用的国家代码

代码	国家	代码	国家
E1	德国	E14	瑞士
E2	法国	E15	挪威
E3	意大利	E16	芬兰
E4	荷兰	E17	丹麦
E5	瑞典	E18	罗马尼亚
E6	比利时	E19	波兰
E7	匈牙利	E20	葡萄牙
E8	捷克共和国	E21	俄罗斯
E9	西班牙	E22	希腊
E10	南斯拉夫	E23	爱尔兰
E11	英国	E24	克罗地亚
E12	奥地利	E25	斯洛文尼亚
E13	卢森堡	E26	斯洛伐克

除了上面所述的 DOT 和 ECE 标准，还可以看到其他相关的标准，例如，ISO—9001 是国际标准化组织的标准，C.C.C 是中国强制产品认证标准，JISD 4230 是日本工业标准。

案例 209 轻卡轮胎。

轻卡轮胎尺寸信息可以由以下两种形式表达：

$$\text{LT245/70R16} \qquad \text{或} \qquad 32\times 11.50\text{R16LT}$$

第一种形式中，LT 表示轻卡；245 表示轮胎宽度，单位是 mm，70 表示高宽比；R 表示子午线轮胎；16 表示轮辋尺寸，单位是 in。

第二种形式中，32 表示轮胎尺寸，单位是 in；11.50 表示轮胎断面宽度，单位是 in；R 表示子午线轮胎；16 表示轮辋尺寸，单位是 in；LT 表示轻卡。

案例 210 UTQG 等级。

轮胎制造商可能还会在他们的轮胎上加入一些其他标志、数字或字母，用以给顾客提供一些参考数据，如耐磨性、湿滑地牵引力或是抗压能力。这些特性是非正式的，没有统一的测量标准，它们被称为 UTQG（Uniform Tire Quality Grading）。其中的一个指标为耐磨性，它以英里数给出了轮胎的平均使用寿命。越高的耐磨数字，轮胎的使用寿命越长。一个耐磨性指标为 100 的轮胎，它的平均使用寿命为 32000km。轮胎耐磨指数如表 5.4 所示。

表 5.4 轮胎耐磨指数

指数	寿命/km
100	32000
150	48000
200	64000
250	80000
300	96000
400	129000
500	161000

UTQA 非正式轮胎质量等级同样给出了轮胎湿滑地牵引力和抗压等级。这些等级由字母“A”到“C”给出，其中，“A”为最好，“B”为中等，“C”为刚好合格。如果轮胎的湿滑地牵引力的等级为“A”，也就是意味着该轮胎拥有一个深开槽的胎冠并带有很多小的疏导槽，这样就可以防止水在槽内的流动受阻，湿滑地的牵引力就好。

一个带有“A”的抗压能力显示了两件事：第一，由于有更硬的胎冠带、更硬的胎侧以及轮胎的硬度偏高，轮胎有较小的滚动阻力；第二，更薄的胎侧，更稳定的锁定能力的胎冠式样。温度等级评定也是通过字母“A”到“C”来表示的，其中，“A”为最好，“B”为中等，“C”为刚好合格。

这个地方还可能出现一个牵引力等级来展示轮胎的抓地性能，这是对于干和湿两种条件下的一种综合评定。轮胎的等级中，“AA”为最好，“A”为比较好，“B”为一般，“C”为刚好合格。

案例 211 胎侧的附加标记。

TL 表示无内胎。

TT 表示内胎式样，轮胎有内胎。

Made in Country 表示制造国家的名字。

C 表示用于重型货车的重型轮胎，如185R14C。

B 表示斜交板层。

SFI 表示该侧面向内。

SFO 表示该侧面向外。

TWI 表示轮胎耐磨性指标。

SL 表示标准负载；轮胎垂直放置时的负载。

XL 表示额外负载；轮胎的沉重负载。

rf 表示加强轮胎。

Arrow 箭头表示旋转方向。

有的轮胎在胎冠设计时，会将特定的旋转方向作为前进方向，这时该轮胎需要一个箭头表示出车辆向前时轮胎的旋转方向。

案例 212 轮辋尺寸加 1 对轮胎尺寸的影响。

当轮辋的尺寸每增加 1in 时，必须相应地改变轮胎尺寸使之与新轮辋匹配。一般来说，轮辋的直径每增加 1in，轮胎的截面宽度就需要加 20mm，高宽比就会减少 10%。在所有轮胎有同样直径的前提下，这些是对轮辋宽度和直径增加的补偿。图 5.4 说明了以上的观点。

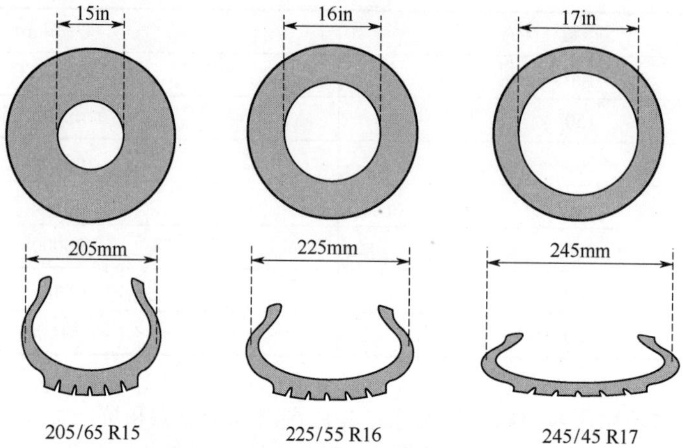

图 5.4 轮辋尺寸加 1 对轮胎尺寸的影响

当使用一个侧墙短一些的轮胎，会有更快的转向响应和更好的侧向稳定性，以及更硬的乘坐感。

案例 213 过充气和充气不足的轮胎。

一般来说，大约有 95%车辆的重量由轮胎内的空气压力承受，剩下的 5%依靠轮胎侧墙承受。轮胎充气条件不正确而导致的过热是一般轮胎寿命缩减的主要原因。

一个充气不足的轮胎气压所承受的车辆重量将减少，因此，轮胎将承受更多余下的车辆重量。轮胎的负载增加，就意味着轮胎有更大的接地面积，更多的摩擦产生更多的热量。

一个过充气的轮胎，轮胎的气压承受太多车辆的重量，车辆将会抬高并且难以控制，主要是由于接地面积太小，仅仅只有胎冠中间部分与公路表面接触。

5.2 轮胎的结构组成

一个轮胎是橡胶及一系列合成材料混合而成的高级工程产品，由内衬层（由纤维、纺织物、钢丝圈等组成）、胎体/帘布、钢丝圈、肩垫胶、轮胎侧墙以及胎冠等组成。图 5.5 给出了一个轮胎的内部结构以及它们的布置形式。

下面对轮胎的各个组成分别进行讨论。

钢丝圈是一束外套橡胶层高强度钢丝组。它位于轮胎与轮辋连接部位的通槽内，传递两者之间的力，为轮胎提供强度。

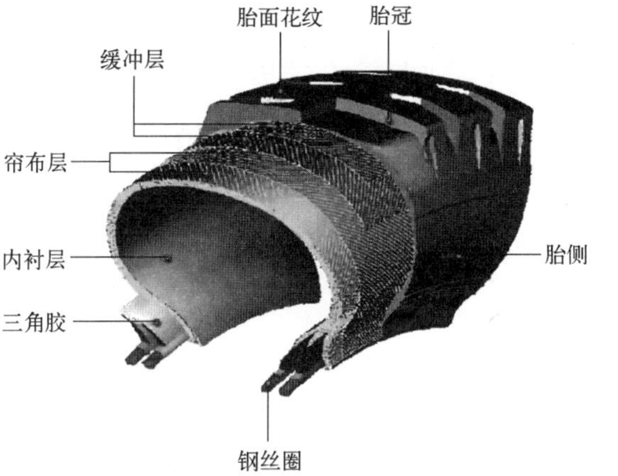

图 5.5 斜交轮胎构造

带束层是由不同的纤维组成的，简称为顶层。最常用的纤维是聚酯帘布。顶层一般是聚酯纤维，它将所有东西都固定到应有的位置。顶层不是所有轮胎都有，而是用于高速率轮胎，在高速行驶时它有助于将所有组成固定在应有的位置上。

内衬层指无内胎轮胎内一层特殊配方薄胶料，它可以减少空气向外渗透，从而保持轮胎气压。

肩垫胶是由钢丝、聚酯、尼龙或其他材料组成的橡胶涂层，在轮胎内呈环状分布。它们设计出来用以加强胎体强度，使胎面保持平整，达到更好地和路面接触的目的。肩垫胶还可以减少胎面蠕动，降低其磨损，阻止由于外力冲击以及石头或其他坚硬物嵌入导致的破坏。

胎体或帘布层是约束轮胎气压张力的主要支撑。帘布层主要由橡胶包裹的钢丝圈以及其他高强度灯芯绒材料的环状物组成。子午线轮胎中的灯芯绒材料如图 5.6 所示。外层有橡胶包裹，这样可以和其他组成部分连在一起，还可以起到很好地密封空气的作用。

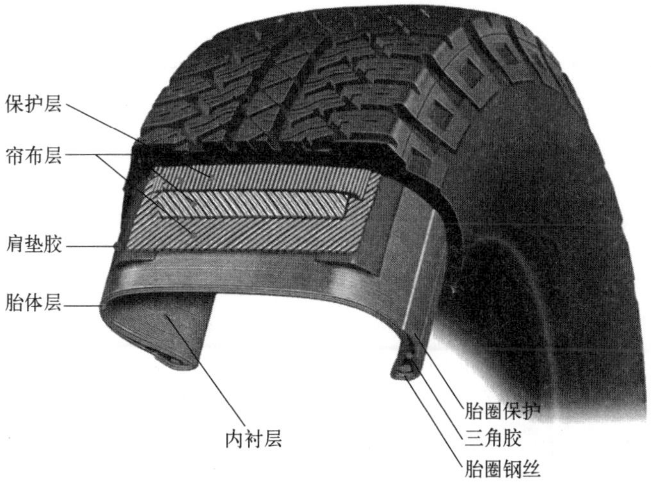

图 5.6 子午线轮胎构造

轮胎的强度一般由帘布的层数决定。大部分车的轮胎有两层帘布。相对而言，喷气式飞机的轮胎则有 30 层或者更多帘布层。

胎侧保证了轮胎的侧向稳定性，保护了帘布层，有助于阻止空气从轮胎中泄漏出去。它可能带有一些附加材料以增加侧向稳定性。

胎面是轮胎的一部分，用以和地面接触。胎面可以根据不同的用途进行多样化设计。它通常由多种天然和混合橡胶混合而成。轮胎最外层的圆周称为胎冠。

轮胎胎面花纹在下雨和下雪时为车辆提供了牵引力。

5.3 子午线轮胎和斜交轮胎

轮胎一般分为两类：子午线轮胎和斜交轮胎。它们的区别在于帘布层钢丝圈与轮胎平面的角度。每种结构的轮胎都有它们自身的特性，从而影响到它们的现实表现。

子午线轮胎的帘布层加强钢纤维带安装时，从一边到另一边平行安装。帘布层的加强筋与轮面中心线相互垂直，这就使得轮胎在半径方向上更加灵活，从而减小滚动阻力，提高转向能力。图 5.6 给出了子午线轮胎内部结构和帘布层布置情况。

斜交轮胎的加强筋从钢丝圈的一侧到另一侧成 30°角，当然其他角度也是允许的。加强筋从两侧呈一定角度安装到另一侧，因此，它们相互交错。加强筋的尾端包裹在钢丝圈里，固定在轮辋上。图 5.5 给出了斜交轮胎的内部结构和帘布层布置形式。

子午线轮胎和斜交轮胎在动力学上最大的不同在于，当存在侧向力时，它们对地面的粘连情况不同。图 5.7 给出了这两种情况，图 5.7（a）为子午线轮胎，变形主要集中在胎侧，从而保证了胎面不变形，与地面平行接触；而斜交轮胎如图 5.7（b）所示，它的胎面和胎侧在侧向载荷的作用下都有变形，与路面接触面积相对减少了。

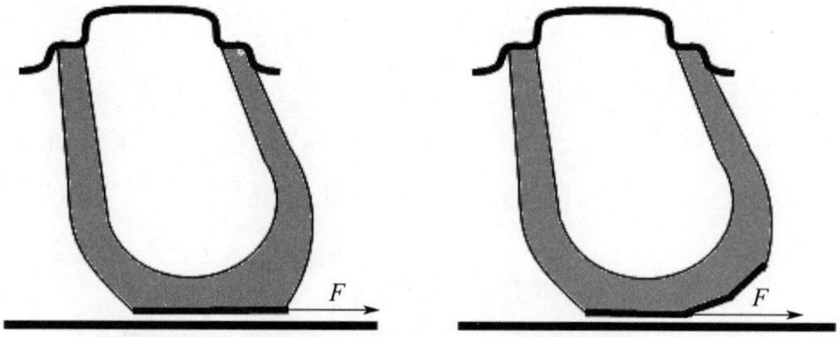

(a) 子午线轮胎　　(b) 斜交轮胎

图 5.7　在相同侧向力的作用下两种轮胎的不同表现

子午线轮胎的帘布层加强筋布置，让胎面和胎侧可以相对独立运动，胎侧在垂直载荷的作用下更容易变形。因此，子午线轮胎垂直方向上的变形更大。当胎侧变形由于垂直载荷时，带束层则将胎冠牢牢固定在地面上，防止胎面与路面接触面积的减少。在转弯的过程中，这样相对独立运动的胎面和胎侧，让胎面能够更好地接触路面，从而保持住了轮胎的行驶路径。因此，子午线轮胎在今天有着大量的应用。

斜交轮胎运动起来胎侧和胎面就像一个整体，当胎侧由于负载变形时，胎面也会受到挤压而变形，这个变形就会影响到轮胎印记的大小，减小牵引力。由于斜交轮胎的内部结构，它的胎侧强度不如子午线轮胎，转弯时的表现也不如子午线轮胎。

斜交轮胎增加强度是通过增加层数和加强筋的数量来实现的。但是层数的增加意味着质量增加，从而增加产生的热，缩短了轮胎的寿命。而子午线轮胎增加强度是通过增加帘布层上加强筋的直径实现的。

有内胎充气轮胎和无内胎充气轮胎在外观和结构上相似。无内胎轮胎要加一层防潮密封橡胶管，它连接着两侧的钢丝圈，在橡胶管和外胎之间是一层薄薄的空气。这样就可以省去内胎和垫带了。这两种轮胎在相同尺寸、相同充气压力的情况下拥有相同的负载能力。

低的高宽比轮胎一般为子午线无内胎轮胎，它具有较低的高度截面与宽度截面的比。这些轮胎的高宽比一般在 30%～50%。因此，宽轮胎同时具有短截面高度和宽截面宽度的特点。这个特点将会改善车辆的稳定性和操纵性，因为宽轮胎拥有更高的侧向弹性系数，从而增加了侧向稳定性。

5.4 胎面花纹

胎面的花纹主要是由胎面的凸起与凹槽组成。凸起部分是轮胎与路面接触的部分，凹槽则是凸起部分之间的部分。胎面的凸起与凹槽决定了轮胎的牵引力和噪声等级。宽且直的凹槽运动时噪声较小，侧向摩擦力较大。增加侧向凹槽的数量可以增加牵引力和噪声。一个典型的胎面如图 5.8 所示。

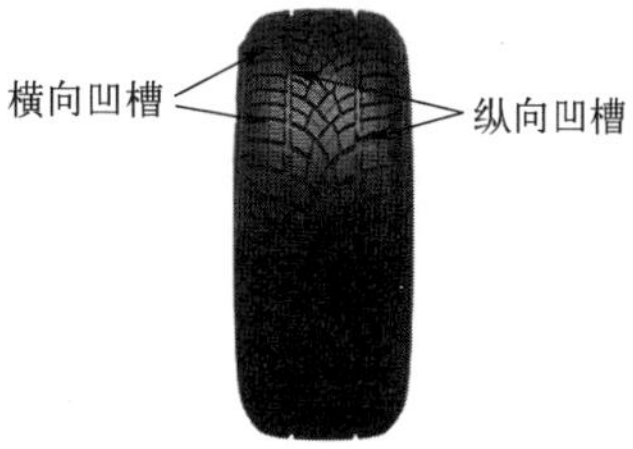

图 5.8　胎冠上的轮胎花纹

轮胎既需要纵向凹槽也需要横向凹槽。路面的水由于车的自重压进凹槽，并通过凹槽排除轮胎印记区域。这样就能在轮胎印记处得到更大的牵引力。如果没有这样的凹槽，水就不能从轮胎下排出，这就会形成一个很薄的水层，将路面和轮胎隔开，从而会使轮胎打滑。因此，胎面上的凹槽提供了水排出的路径。

在干燥路面上，胎面凹槽减小了与地面接触面积，从而减小了橡胶与地面的抓力。这也是赛车在干的跑道上采用少花纹或光滑轮胎的原因。

泥地轮胎的特点是大的凸起和大的凹槽。大的凸起是为了在低牵引条件下获得大的抓力，大的凹槽是为了排出泥巴和脏东西达到自洁的效果。全地形轮胎的特点是小的凸起和凹槽。这样密集的花纹，小的凸起和凹槽会使得轮胎在街道上更加安静。小的凹槽自洁作用不明显，如果凹槽被泥巴填满，轮胎就会失去部分牵引力。全地形轮胎最好是在高速路上使用。

5.5 滑水

滑水是指轮胎在一层水膜上滑行的情况。滑水发生在车辆在水上行驶，且水不能完全及时从花纹的横向凹槽挤出，此时，轮胎被抬起与地面脱离接触。滑水的轮胎牵引力会大大减小，因此，车辆将不能按照驾驶员的指令行驶。

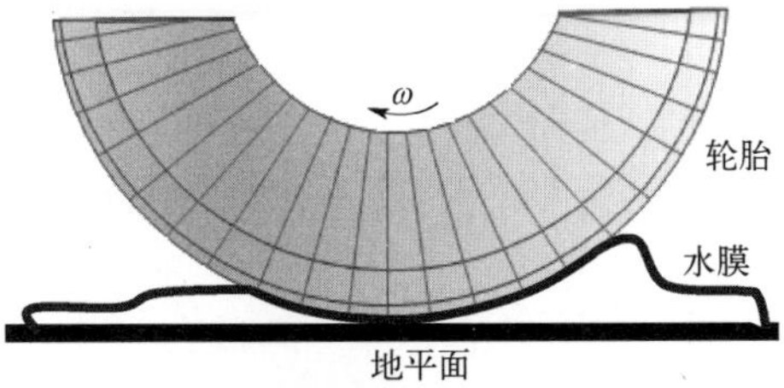

图 5.9　滑水现象

轮胎上凹槽从与地面接触的前端中心一直延伸到后端，横向凹槽是将水从两侧挤出的通道。图 5.9 给出了轮胎在水上行驶时的滑水现象。

进而可以将滑水分成三种情况：动态、黏性和橡胶滑水。动态滑水发生情况为：车辆从有水路面驶过且具有一定速度，轮胎下的水来不及从横向凹槽挤出，使得轮胎与路面脱离接触。这个出现滑水的最小速度被称为滑水速度。

黏性滑水指的是路面覆盖了一层汽油、油脂或是其他润滑剂之类东西的情形。黏性滑水发生时覆盖物的深度比水小，速度也比动态滑水要小一些。

橡胶滑水是指在轮胎印记处高压的情况下，由于突然加热而产生蒸汽，这种突然加热主要是由于急刹时摩擦产生的热量。

案例 214 航空滑水速度。

航空航天工程师对速度的估计单位为节或海里/小时（nmile / h）❶，公式为：

$$v_{\rm H} = 9\sqrt{p} \tag{5-6}$$

式中，p 为轮胎的气压，单位为磅/平方英寸（$\rm lb / in^2$）❷。

对于 B757 飞机的轮胎，它的滑水系数为：

$$v_{\rm H} = 9\sqrt{150} = 110.227\text{knots} \approx 56.735\text{m / s} \tag{5-7}$$

将式（5-6）变为公制系统公式则为：

$$v_x = 5.5753 \times 10^{-2}\sqrt{p} \tag{5-8}$$

式中，v_x 的单位为 m/s，p 的单位为 Pa。假设一辆车的轮胎气压为 $30\text{psi} \approx 206842.5\text{Pa}$，那么它的滑水速度为：

$$v_x = 5.5753 \times 10^{-2}\sqrt{206842.5} \approx 25.36\text{m / s} \approx 49.263\text{knots} \approx 91.28\text{km / h} \tag{5-9}$$

5.6 轮胎印记

轮胎与路面接触区域被称为轮胎印记，用 $A_{\rm p}$ 来标记。轮胎印记上的任何一点都由路面与轮胎之间的垂直力和摩擦力传递。通常将这些分力合并成一个位于轮胎印记中心的合力系，这个合力系就包含了合力和合力矩矢量两个部分。

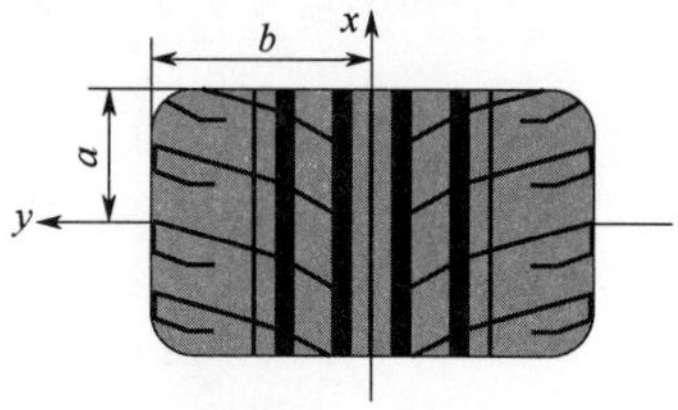

图 5.10 轮胎印记

轮胎印记又被称为接触面积、接触区域或是轮胎足迹。一个简化的轮胎印记模型如图 5.10 所示。

轮胎印记区域的大小和轮胎的气压成反比。低气压轮胎常用于沙地、泥地、雪地或拉力赛行驶的越野车。如果减小轮胎气压，就可以使轮胎重心下降，轮胎易变形，从而增大与路面的接触面积，在低附着力条件下提供更大的牵引力，有助于提高车辆通过性能。但低气压轮胎也存在增加燃油消耗、加剧轮胎磨损以及提升轮胎行驶温度等缺点。

案例 215 前后轮的磨损。

对大多数车辆而言，前后轮磨损速度都是不一样的。因此，在磨损一定程度后，有必要对前后轮做一个交换，我们称之为轮胎换位。前轮，特别是前轮驱动的车辆，磨损比后轮要快得多。

---

❶ 1nmile=1.852km。

❷ 1lb=0.454kg。

5.7 车轮与轮辋

当轮胎充上气装在轮辋上被称为车轮。车轮是轮胎加轮辋。轮辋是用于安装轮胎的圆柱形金属部分。大部分乘用车装的是钢制轮辋。这种钢制轮辋其实是将一个盘和一个外壳焊接在一起。但是轻型合金轮辋是用的轻金属，如铝和镁是轻型合金轮辋最常用的两种材料。图 5.11 给出了一个车轮最重要的尺寸名称。

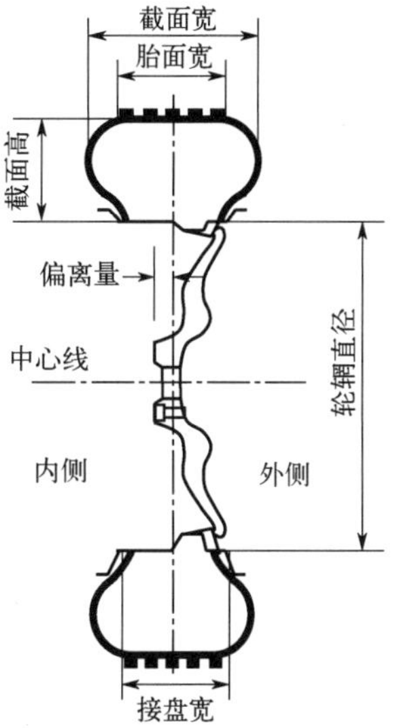

图 5.11 车轮的重要尺寸名称

轮辋主要由两个部分组成：轮缘和轮辐。轮缘主要用于安装轮胎。轮辐是中间圆盘状的部分，主要作用是固定轮缘位置。轮辋宽度又称为接盘宽，是轮缘内轮胎里两个钢丝圈座之间的距离。轮缘外侧吊耳状部分为轮胎提供侧向支撑，轮缘底部为轮胎提供径向支撑。轮缘的中部是一个深槽，这个深槽要有足够的深度和宽度，使得轮胎的底部钢丝圈部分能够在车缘上安装和拆卸。轮辋上还开有一个沟槽，主要用于安装充气阀，以便于轮胎充气。轮辋按其轮缘的几何形状主要分为两种：①中心凹陷轮辋（简称 DC 轮辋）；②宽中间凹陷轮辋（简称 WDC 轮辋）。这种 WDC 轮辋还可以带有一个凸起，称之为 WDCH 轮辋。这三种轮缘几何形状如图 5.12 所示。

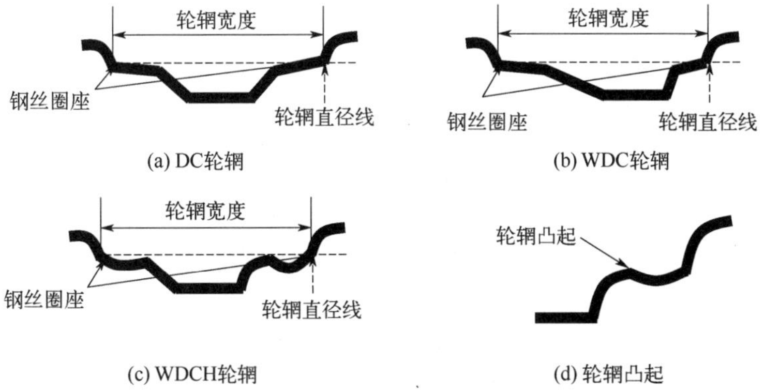

图 5.12 常见轮辋轮缘几何结构

一般来说，DC 轮辋在轮胎两个钢丝圈座之间沟槽是对称的。这样的沟槽使得轮胎安装和拆卸更加便捷，它的倾斜角度一般在 5°左右。WDC 轮辋一般比 DC 轮辋要宽一些，主要用于低高宽比的宽轮胎。WDC 轮辋的沟槽更浅也更宽，今天，绝大部分乘用车安装的是 WDC 轮辋。我们在钢丝圈座的内侧还可以制造一个凸起，以防止钢丝圈的滑落。

图 5.13 给出了轮辋编号的范例。轮辋宽度、直径以及偏移量如图 5.11 所示。其中，偏移量是指内平面距离轮辋中心线的距离。这个偏移量可以是正的、负的或者是零。

案例 216 轻型合金轮辋材料。

金属是轮辋的主要材料，但是新型复合材料偶尔也可以用于制造轮辋。复合材料的轮辋通常采用热塑性树脂并加入一些玻璃纤维以增加其强度，使用这些材料主要是为了减轻重量。它们的强度以及热阻力（受热升温后产生的阻力）问题是替代金属轮辋的主要障碍。

除了钢制和复合材料以外，还有轻型合金材料，如铝、镁或钛，都可以用于制造轮辋。

铝制车轮在重量、热传导、抗腐蚀、铸造、低温、机械加工以及再回收等方面具有明显优势。镁制车轮比铝制车轮轻 30%，有优良的尺寸稳定性以及冲击抗性。但是，镁制车轮的造价昂贵，多用于高端汽车或赛车。镁制车轮的抗腐蚀性不如铝制车轮。钛制车轮比铝制车轮更加坚固，并有优异的抗腐蚀性，但是钛制车轮十分昂贵，并且难以机械加工。

铝制、镁制以及钢制车轮的区别如图 5.14 所示，越轻的车轮回到地面越快。

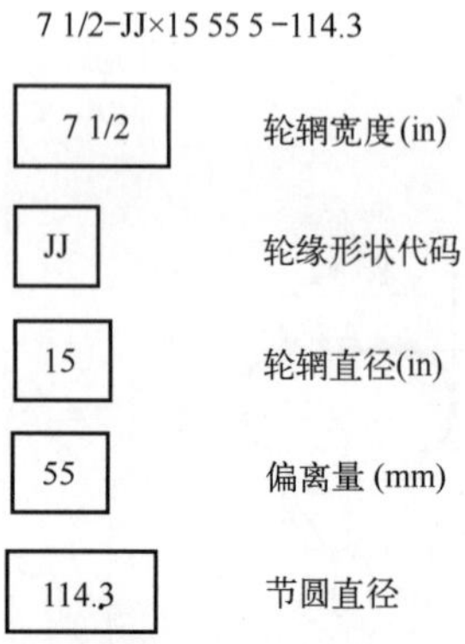

图 5.13 轮辋编号范例

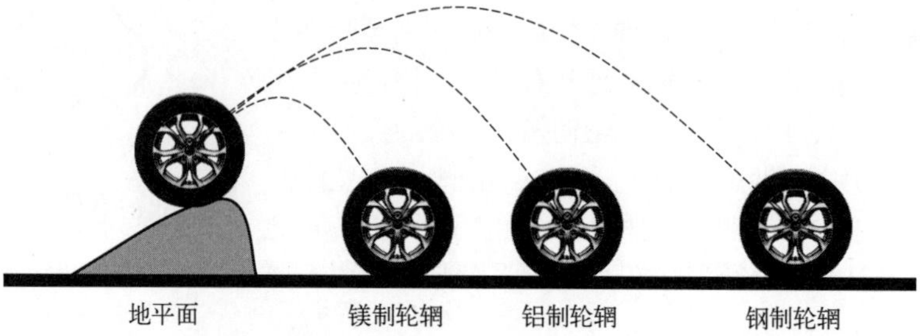

图 5.14 越轻材质轮辋起跳后落地越近

5.8 轮胎的力系

轮胎是车辆与地面接触的重要部分。一辆车性能的好坏主要受到其轮胎的影响。轮胎影响着车辆的操纵性、牵引力、乘坐舒适性以及油耗。为了便于理解它的重要性，只要记住一辆车行驶所需的纵向、垂直以及横向的力系都是从轮胎上产生的即可。

图 5.15 给出了一个带有垂直载荷的标准轮胎模型。为了模拟出轮胎与地面之间的相互作用，首先需要定义轮胎印记，然后再找到轮胎印记处的受力分布情况。

图 5.15 带有垂直载荷的静态轮胎

案例 217 轮胎坐标系和轮胎力系。

为了描述轮胎与路面的相互作用以及力系，将笛卡儿坐标系的原点放置于平坦水平路面的轮胎印记中心处，如图 5.16 所示。x-轴线是轮胎平面与地面的交线。轮胎平面是将轮胎窄化成一个平的碟子所处的平面。z-轴与路面垂直，与重力加速度 a 的方向相反。y-轴和其他两轴共同组成右手坐标系。

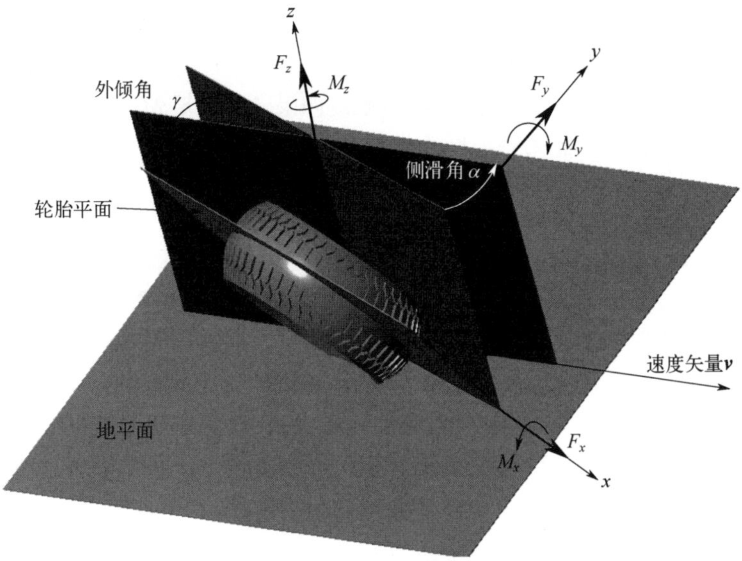

图 5.16　轮胎的坐标系系统

为了定义轮胎方向，需要两个角度：外倾角γ和侧滑角α。外倾角是轮胎平面与垂直平面的夹角，是轮胎绕 x-轴旋转形成的角度。外倾角从前面看会很清楚，如图 5.17 所示。侧滑角α是速度矢量 v 与 x-轴的夹角，是绕 z-轴旋转形成的角度。这个角度从上往下看会非常清楚，如图 5.18 所示。

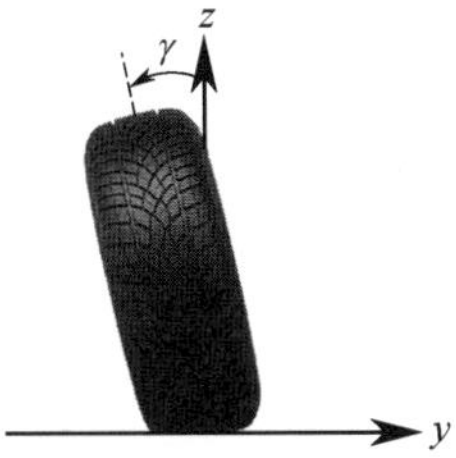

图 5.17　轮胎前视图观察外倾角

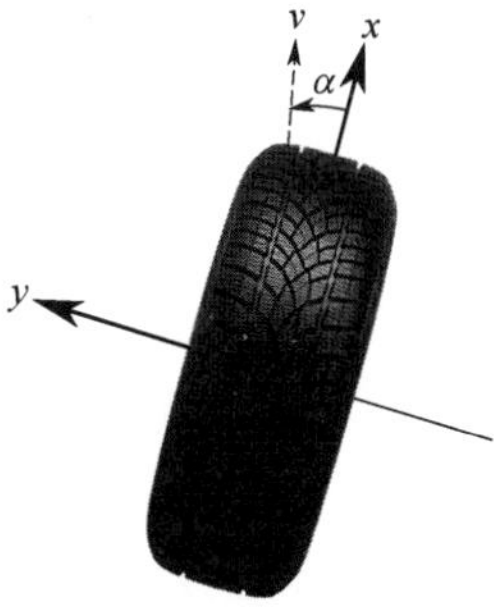

图 5.18　轮胎俯视图观察侧滑角

从地面作用给车辆的力系可以假设位于轮胎印记的中心处，并且可以按照 x、y、z 三个方向进行分解。因此，路面与轮胎的相互作用是一个三维力系，包含了三个力和力矩，如图 5.16 所示。

① 纵向力 F_x 。这是一个沿 x-轴方向的力。如果纵向力 $F_x>0$，说明车辆加速行驶；如果纵向力 $F_x<0$，则说明车辆制动。纵向力也称为牵引力或制动力。

② 法向力 F_z 。这是一个垂直力，与路面垂直。当 $F_z>0$ 时，它是竖直向上的。法向力也称为垂直力或车轮负载。

③ 侧向力 F_y 。这是一个沿路面切线方向并与 F_x 和 F_z 两两相互垂直的力。如果侧向力 $F_y>0$，那么它指向 y-轴正方向。

④ 侧倾力矩 M_x 。它是绕 x-轴旋转的力矩。如果侧倾力矩 $M_x>0$，则说明轮胎会绕 x-轴旋转。侧倾力矩也称为河堤力矩、倾斜力矩或是侧翻力矩。

⑤ 俯仰力矩 M_y。它是绕 y-轴旋转的力矩。如果俯仰力矩 $M_y>0$，则说明轮胎会绕 y-轴旋转。

⑥ 转向力矩 M_z。它是绕 z-轴旋转的力矩。如果转向力矩 $M_z>0$，则说明轮胎会绕 z-轴旋转。转向力矩又称为调整力矩、回正力矩或是扰动力矩。

车辆从传动轴传递给轮胎的力矩称为驱动力矩 T。

案例 218 轮胎坐标系的原点。

对于一个带有外倾角的轮胎，一般不可能找到和定义出轮胎印记的中心点作为轮胎坐标系的原点。实际中，将轮胎坐标系的原点放在轮胎平面与地面交线的中心处。因此，在轮胎竖直向上放置时，轮胎坐标系的原点位于与水平路面相交的轮胎印记中心处。

案例 219 轮胎刚度。

在实际应用过程中，可以将轮胎所承受的垂直负载 F_z 看作轮胎垂直形变量Δz的线性函数，当然此形变量是从轮胎中心测得的量。由此有：

$$F_z = k_z \Delta z \tag{5-10}$$

这个系数 k_z 被称为沿 z-方向上的轮胎刚度。类似地，可以定义出近似的纵向和侧向力的线性表达式：

$$F_x = k_x \Delta x \tag{5-11}$$

$$F_y = k_y \Delta y \tag{5-12}$$

式中，系数 k_x 和 k_y 分别为 x 和 y 方向上的轮胎刚度。

证明 35：在 x、y、z 方向上的受力变形是轮胎最重要的特性。轮胎刚度一般是根据实验数据计算得出的，它依赖于轮胎的力学性能，当然环境参数也同样重要。

假设轮胎位于一个刚性平展的路面上，它的垂直载荷如图 5.19 所示。轮胎在负载的作用下产生变形，增大了接触面积以平衡垂直载荷。

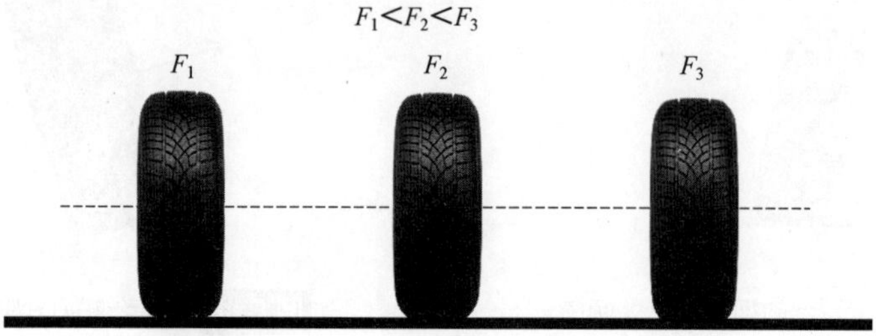

图 5.19 轮胎在外倾角为零时承受负载的情况

图 5.20 给出了标准试验中垂直载荷与形变量（F_z，Δz）之间的曲线，用以测定轮胎垂直方向上的刚度。这条曲线可以用数学函数来表达：

$$F_z = f(\Delta z) \tag{5-13}$$

但是在常用的轮胎使用过程中，轮胎负载是有一定范围限制的。在该负载范围内，现实中可以用直线对它进行近似表达：

$$F_z = \frac{\partial f}{\partial(\Delta z)} \Delta z \tag{5-14}$$

式中，系数 $\frac{\partial f}{\partial(\Delta z)}$ 是试验刚度曲线的斜率，在零处的斜率定义为刚度系数 k_z。

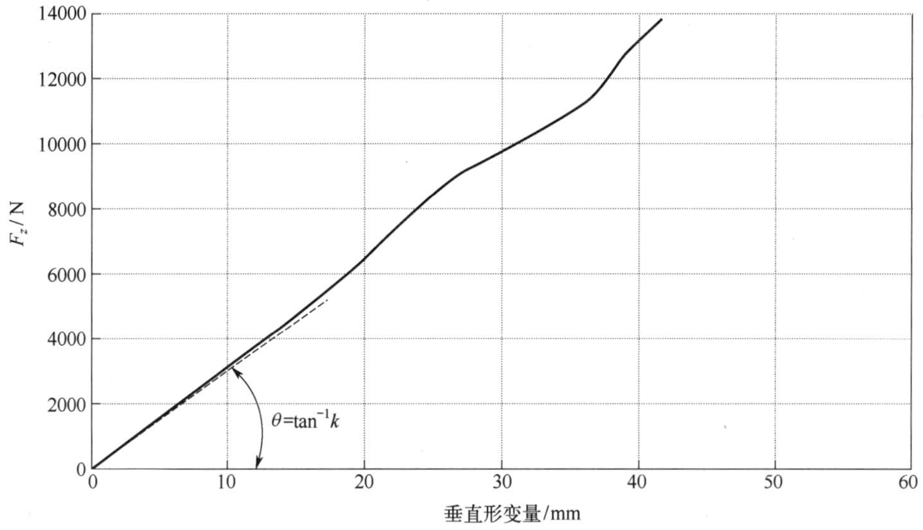

图 5.20 典型轮胎垂直刚度曲线

$$k_z = \tan\theta = \lim_{\Delta z \to 0} \frac{\partial f}{\partial(\Delta z)} \tag{5-15}$$

因此，轮胎垂直形变量 Δz 与轮胎所受的垂直力 F_z 成正比：

$$F_z = k_z \Delta z \tag{5-16}$$

垂直力即负载，一般是垂直地面向下的，路面对车辆的作用力是支撑力，垂直向上。定义的法向力是支撑力，所以一般情况下，$F_z>0$。

刚度曲线受到很多因素的影响，最重要的是轮胎充气压力。

纵向和侧向力与变形也是通过试验在相应方向上测定得出的。当然，纵向力和侧向力受到垂直载荷与变形的限制。图 5.21 给出了纵向力和侧向力相对于相应的垂直刚度曲线的描述。

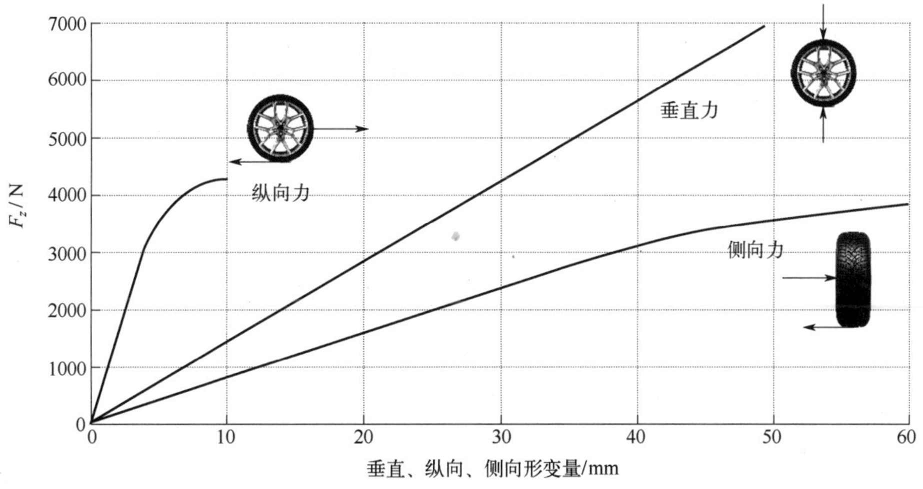

图 5.21 典型轮胎垂直、纵向、侧向刚度曲线

现实中，在轮胎使用范围内的曲线，同样可以通过近似的线性表达式来估计出纵向和侧

向轮胎刚度：

$$F_x = k_x \Delta x \tag{5-17}$$

$$F_y = k_y \Delta y \tag{5-18}$$

式中，系数 k_x 和 k_y 分别称为 x 和 y 方向上的轮胎刚度，它们也是试验刚度曲线在零处的斜率：

$$k_x = \lim_{\Delta x \to 0} \frac{\partial f}{\partial(\Delta x)} \tag{5-19}$$

$$k_y = \lim_{\Delta y \to 0} \frac{\partial f}{\partial(\Delta y)} \tag{5-20}$$

随着纵向和侧向力的增长，轮胎印记开始向其方向拉伸和滑动，直到最后整个轮胎印记开始滑动。此时，能提供的力达到饱和，达到所能提供的最大纵向和侧向力。

一般来说，轮胎的纵向刚度最大，侧向刚度最小。

$$k_x > k_z > k_y \tag{5-21}$$

图 5.22 给出了轮胎在纵向力和侧向力作用下纵向和侧向变形的情况。

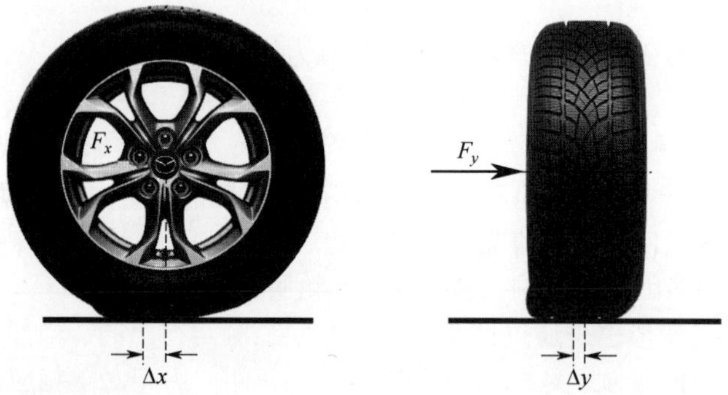

图 5.22　在纵向力和侧向力作用下轮胎出现的纵向和侧向变形

案例 220　非线性刚度轮胎。

有时需要建立出更加精确的轮胎模型。垂直力 F_z 可以定义为和垂直形变量 Δz 以及变形速度 $\Delta\dot{z}$ 相关的函数：

$$F_z = F_z(\Delta z, \Delta\dot{z}) = F_{z_s} + F_{z_d} \tag{5-22}$$

首先，假设 F_z 由两部分组成：静态的部分和动态的部分。静态部分是非线性函数，与垂直方向上的形变量有关，动态部分与垂直方向上的速度成正比：

$$F_{z_s} = k_1 \Delta z + k_2 (\Delta z)^2 \tag{5-23}$$

$$F_{z_d} = k_3 \dot{z} \tag{5-24}$$

式中，常数 k_1 和 k_2 可以通过试验刚度曲线一阶和二阶斜率进行计算；k_3 是曲线（F_z，$\dot{z}$）的一阶斜率，它表示出了轮胎的阻尼：

$$k_1 = \left.\frac{\partial F_z}{\partial \Delta z}\right|_{\Delta z = 0} \tag{5-25}$$

$$k_2 = \frac{1}{2} \times \left. \frac{\partial^2 F_z}{\partial(\Delta z)^2} \right|_{\Delta z=0} \tag{5-26}$$

$$k_3 = \left. \frac{\partial F_z}{\partial \dot{z}} \right|_{\dot{z}=0} \tag{5-27}$$

乘用车轮胎 205/50 R15 刚度的近似值为 $k_1 = 200000\text{N/m}$ 。卡车轮胎 X315/80 R22.5 刚度的近似值为 $k_1 = 1200000\text{N/m}$ 。

轮胎内的层数越多其阻尼越高，这是由于层与层之间的摩擦力产生了阻尼。轮胎阻尼将随着速度的增加而减少。

案例 221 迟滞现象。

由于轮胎是由橡胶组成的，而橡胶的特点是具有黏弹性，这也就会使得加负载和减负载情况下的刚度曲线会存在一定的不同。将两种情况下的曲线用图 5.23 表示，它是一个环形曲线，减负载的曲线位于下方。曲线内的区域是加负载后减负载这个循环过程所需消耗的能量。在重力作用下的轮胎，不断地重复着变形然后恢复这样一个循环过程，也在不断消耗能量，这个能量最终转换成热量耗散掉。这样的现象是迟滞材料的普遍特性，被称为迟滞现象。因此，迟滞现象是可变形材料（如橡胶）的特性，其中，变形所需的能量要大于恢复所需的能量。消耗掉的能量大小取决于轮胎的力学性能。迟滞能量消耗会随着温度的增加而减少。

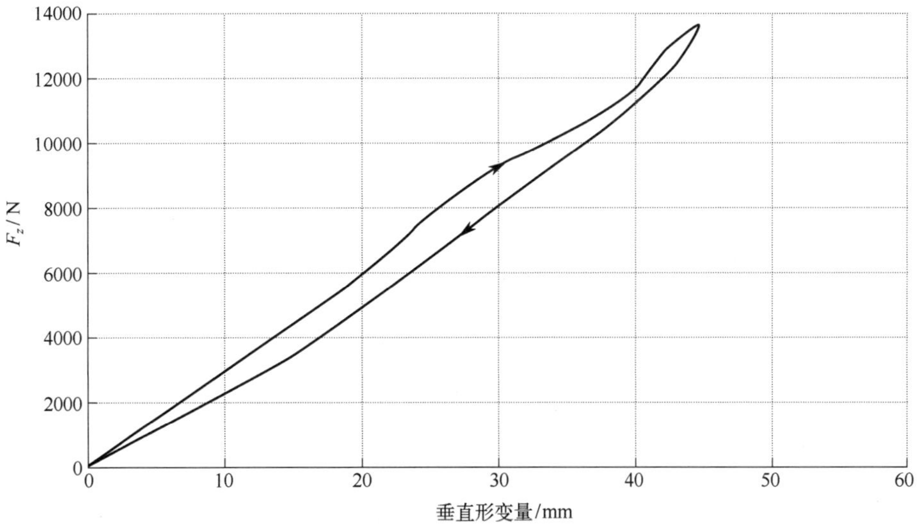

图 5.23 轮胎垂直负载加载和卸载的迟滞环

迟滞现象使得带有负载的橡胶在卸载之后不能完全恢复。假设一个高迟滞的赛车轮胎在滚动过程中载荷的变化是不规律的。轮胎在变形后恢复非常缓慢。那么，在轮胎印记的尾端轮胎离开路面时，就会使得轮胎恢复原状从而产生推力。这个过程就和在轮胎印记的前端轮胎接近地面时，使得轮胎变形产生压力是一样的。这样在轮胎印记前后不同的压力就会产生阻力，这个阻力称为滚动阻力。

赛车采用高迟滞轮胎以增加摩擦力限制牵引力。汽车采用低迟滞轮胎减少滚动阻力以降低轮胎行驶温度。迟滞轮胎的等级会反过来影响制动距离。高迟滞轮胎的制动距离短，但是磨损严重，使用寿命短。

5.9 轮胎印记处受力

轮胎印记每个单位区域内的受力可以分解为一个垂直于地面的力和地面切向力。这个垂直分量记为接触压强σ_z，而切向分量可以进一步分解为 x 方向和 y 方向剪切压强τ_x和τ_y。对于静态轮胎而言，它的垂直负载在轮胎印记处是均匀分布的。根据平衡条件可知，对整个区域A_P内的垂直压力进行积分就得到垂直负载F_z，而切向压力则为零：

$$\int_{A_\mathrm{P}}\sigma_z(x,y)\mathrm{d}A=F_z \tag{5-28}$$

$$\int_{A_\mathrm{P}}\tau_x(x,y)\mathrm{d}A=0 \tag{5-29}$$

$$\int_{A_\mathrm{P}}\tau_y(x,y)\mathrm{d}A=0 \tag{5-30}$$

案例 222 静态轮胎的垂直压力。

图 5.24 给出了静态轮胎的垂直压力F_z，它产生了对地面的垂直压强σ_z。对于静态轮胎而言，垂直压强$\sigma_z(x,y)$覆盖了整个轮胎印记区域，而印记的形状则依赖于轮胎与负载情况，一般来说，其形状如图 5.25 所示。

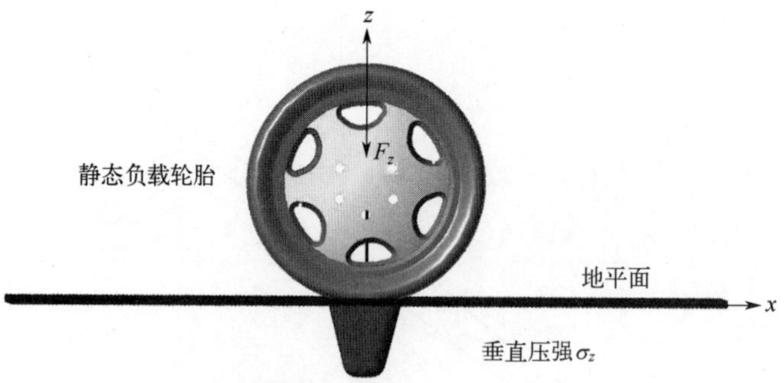

图 5.24 静态轮胎的垂直压力

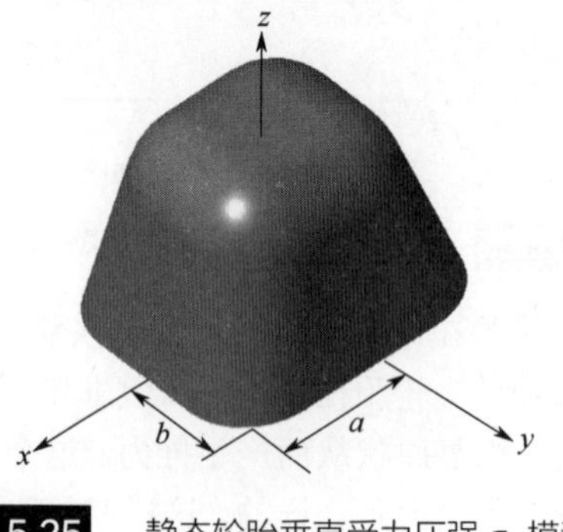

图 5.25 静态轮胎垂直受力压强σ_z模型

垂直压强$\sigma_z(x,y)$可以用以下公式进行计算：

$$\sigma_z(x,y)=\sigma_{z_\mathrm{M}}\left(1-\frac{x^6}{a^6}-\frac{y^6}{b^6}\right) \tag{5-31}$$

式中，a 和 b 分别表示轮胎印记的尺寸，如图 5.26 所示。

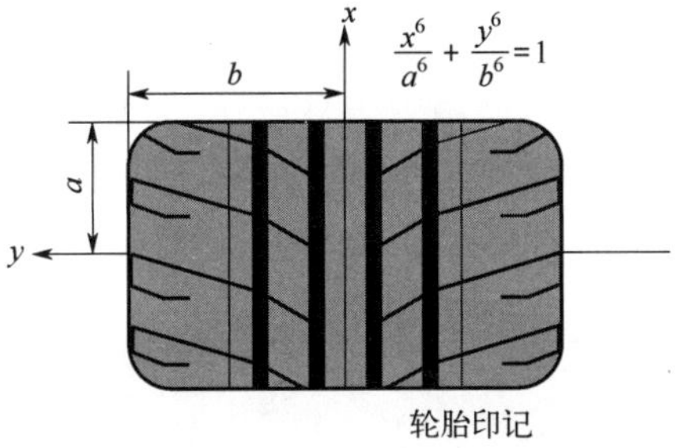

图 5.26 静态子午线轮胎在垂直负载下的模型

轮胎印记可以用以下数学方程进行描述：

$$\frac{x^{2n}}{a^{2n}}+\frac{y^{2n}}{b^{2n}}=1,\ n\in \mathrm{N} \tag{5-32}$$

一般而言，$n=3$ 或 $n=2$ 用于子午线轮胎，而 $n=1$ 多用于斜交轮胎。

下面验证一下以上结论，假设 $n=3$，$a=5$，$b=6$ 时，如图 5.27 所示（详见脚本 14）。

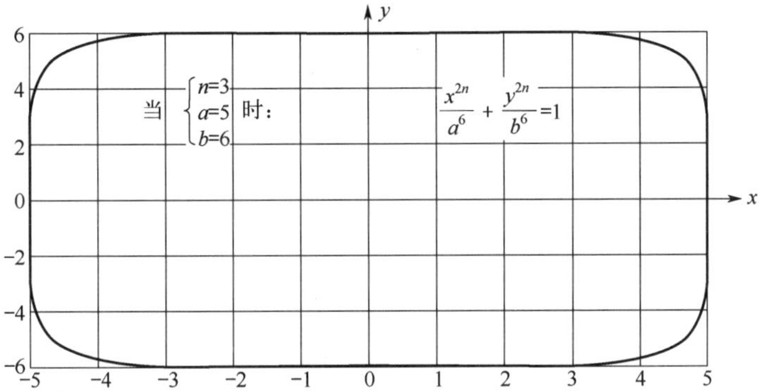

图 5.27 轮胎印记的数学描述

案例 223 轮胎印记处的垂直压强。

一辆车质量为 1000kg，如果车有 4 个轮胎，且每个子午线轮胎印记表达式为：

$$A_{\mathrm{P}}=4\times a\times b=4\times 10\mathrm{cm}\times 10\mathrm{cm} \tag{5-33}$$

且分布在每个轮胎的垂直压强为 σ_z，根据平衡方程可得：

$$\begin{aligned}F_z&=\frac{1}{4}\times 1000\times 9.8=\int_{A_{\mathrm{P}}}\sigma_z(x,y)\mathrm{d}A\\&=\int_{-0.1}^{0.1}\int_{-0.1}^{0.1}\sigma_{z_{\mathrm{M}}}\left(1-\frac{x^6}{a^6}-\frac{y^6}{b^6}\right)\mathrm{d}y\mathrm{d}x=\frac{2}{70}\sigma_{z_{\mathrm{M}}}=2.857\times 10^{-2}\sigma_{z_{\mathrm{M}}}\end{aligned} \tag{5-34}$$

由此可求出最大压强为：

$$\sigma_{z_{\mathrm{M}}}=\frac{F_z}{2.857\times 10^{-2}}=\frac{\frac{1}{4}\times 1000\times 9.8}{2.857\times 10^{-2}}=85750\mathrm{Pa} \tag{5-35}$$

如图 5.28 所示，轮胎印记内的压强分布为：

$$\sigma_z(x,y)=85750\times\left(1-\frac{x^6}{a^6}-\frac{y^6}{b^6}\right)\text{Pa} \tag{5-36}$$

注意：从图 5.28 以及 $\sigma_z(x,y)$ 的函数去理解 σ_{z_M} 为什么是最大值，而不是平均值。图 5.28 的出图程序详见脚本 14。

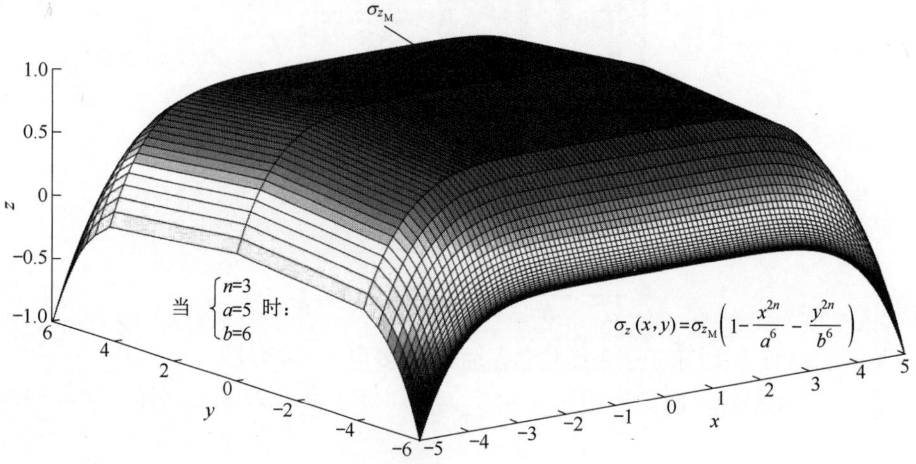

图 5.28 轮胎印记的压强计算式

案例 224 n=2 时轮胎印记处的压强。

以上车型不变，当 n=2 时，有平衡方程：

$$\begin{aligned}F_z&=\frac{1}{4}\times1000\times9.8=\int_{A_p}\sigma_z(x,y)\mathrm{d}A\\&=\int_{-0.1}^{0.1}\int_{-0.1}^{0.1}\sigma_{z_M}\left(1-\frac{x^4}{a^4}-\frac{y^4}{b^4}\right)\mathrm{d}y\mathrm{d}x=\frac{12}{500}\sigma_{z_M}=0.024\sigma_{z_M}\end{aligned} \tag{5-37}$$

$$\sigma_{z_M}=\frac{F_z}{0.024}=1.0208\times10^5\,\text{Pa} \tag{5-38}$$

将两种情况对比，发现当 n=2 时最大压强比 n=3 时要多：

$$\left(1-\frac{85750}{102083}\right)\times100\%=16\% \tag{5-39}$$

案例 225 静态轮胎的切向压强。

即使是静态轮胎，由于与路面接触的轮胎的几何尺寸变形，就会导致轮胎印记处三维的压强分布。轮胎印记处的切向压强 τ 可以分解成 x 和 y 两个方向的压强。切向压强又称为剪切压强或摩擦压强。

切向压强在 x-轴方向上是向内侧，在 y-轴方向则是指向外侧，如图 5.29 所示。因此，轮胎与地面接触部分沿 x-轴方向上有展开的趋势，沿 y-轴方向有收拢趋势。图 5.29 描述了带有垂直负载的静态轮胎剪切压力的情况。轮胎印记

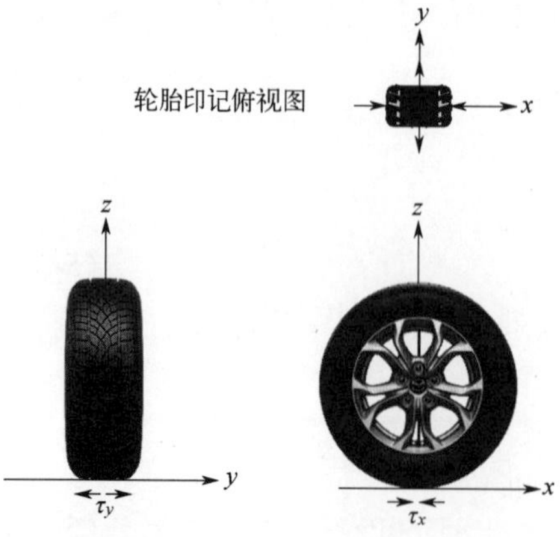

图 5.29 轮胎印记处切向力方向

处的受力分布不是常数，它受到轮胎结构、负载情况、充气压力甚至环境的影响。

x-方向上的剪切压强τ_x可以由以下方程确定：

$$\tau_x(x,y)=-\tau_{x_M}\left(\frac{x^{2n+1}}{a^{2n+1}}\right)\sin^2\left(\frac{x}{a}\pi\right)\cos\left(\frac{y}{2b}\pi\right),\ n\in\mathrm{N} \tag{5-40}$$

当$x>0$时，τ_x为负值，当$x<0$时，τ_x为正值，即沿x方向上是一个向内挤压的纵向力。图5.30给出了当n=3时τ_x绝对值分布情况。出图程序详见脚本14。

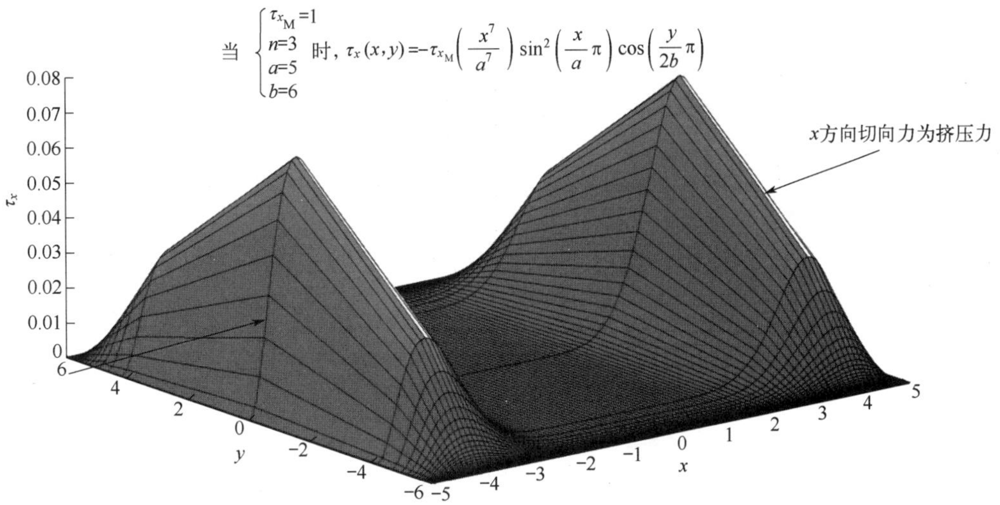

图5.30 轮胎印记处x方向上的切向力

y方向上的切向力压强τ_y分布情况可以用以下方程表示：

$$\tau_y(x,y)=-\tau_{y_M}\left(\frac{x^{2n}}{a^{2n}}-1\right)\sin\left(\frac{y}{b}\pi\right),\quad n\in\mathrm{N} \tag{5-41}$$

这里当$y>0$时，τ_y为正值，当$y<0$时，τ_y为负值，表现为一个拉伸的侧向力。图5.31给出了当n=3时τ_y绝对值分布情况。出图程序详见脚本14。

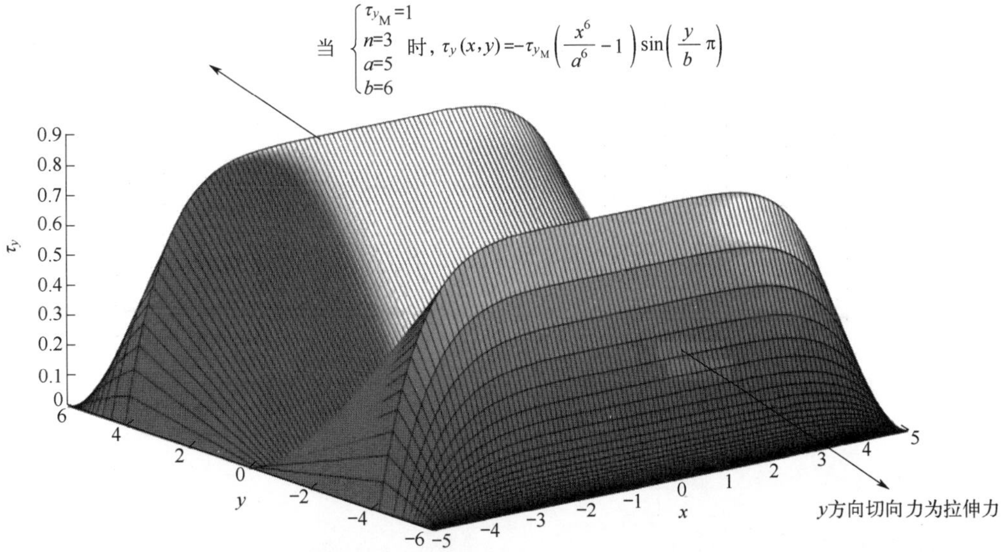

图5.31 轮胎印记处y方向上的切向力

5.10 有效半径

假设一个带有垂直负载的轮胎在水平面上旋转一定角度，如图 5.32 所示。车轮的有效半径 R_ω 也可以称为滚动半径，将其定义为：

$$R_\omega = \frac{v_x}{\omega} \tag{5-42}$$

式中，v_x 为前进速度，ω 为车轮的角速度。有效半径也可以近似地写成以下方程：

$$R_\omega \approx R_g - \frac{R_g - R_h}{3} \tag{5-43}$$

它的大小介于轮胎几何半径 R_g 与负载半径 R_h 之间。

$$R_h < R_\omega < R_g \tag{5-44}$$

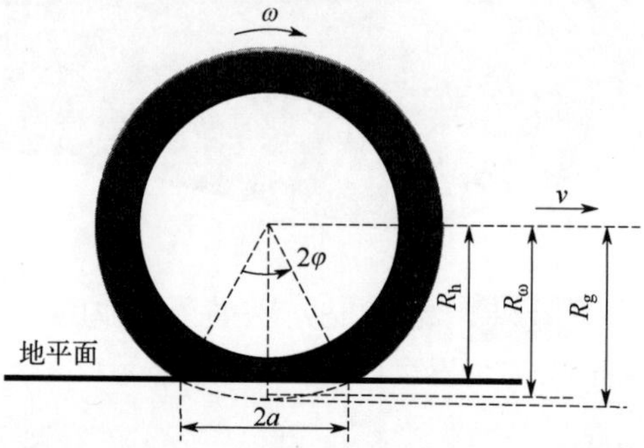

图 5.32 轮胎有效半径 R_ω、轮胎几何半径 R_g 和负载半径 R_h 的相互区别

证明 36：有效半径 $R_\omega = v_x / \omega$ 的测定需要先测出轮胎的角速度 ω 以及前进速度 v_x。当轮胎向前滚动时，在与地面接触部分会变平。实际中要计算有效半径，首先要用轮胎印记直线长度来代替这段弧线，轮胎的垂直变形量为：

$$R_g - R_h = R_g(1 - \cos\varphi) \tag{5-45}$$

因此：

$$R_h = R_g \cos\varphi \tag{5-46}$$

$$a = R_g \sin\varphi \tag{5-47}$$

如果将轮胎运动看作一个刚性的碟子的滚动，这个碟子的半径则为有效半径 R_ω，此时，轮胎转动了一个角度 φ，移动距离为 $a = R_\omega \varphi$。

$$a = R_g \sin\varphi = R_\omega \varphi \tag{5-48}$$

因此：

$$R_\omega = \frac{R_g \sin\varphi}{\varphi} \tag{5-49}$$

将 $\sin\varphi / \varphi$ 用泰勒级数展开：

$$R_\omega = R_g\left[1-\frac{1}{6}\varphi^2 + O(\varphi^4)\right] \tag{5-50}$$

利用式（5-45）可以得到：

$$\cos\varphi \approx 1-\frac{1}{2}\varphi^2 \tag{5-51}$$

$$\varphi^2 \approx 2(1-\cos\varphi) \approx 2\left(1-\frac{R_h}{R_g}\right) \tag{5-52}$$

因此：

$$R_\omega \approx R_g\left[1-\frac{1}{3}\left(1-\frac{R_h}{R_g}\right)\right] = \frac{2}{3}R_g + \frac{1}{3}R_h = R_g - \frac{R_g - R_h}{3} \tag{5-53}$$

又由于 R_h 和轮胎负载 F_z 之间存在一定关系：

$$R_h = R_h(F_z) = R_g - \frac{F_z}{k_z} \tag{5-54}$$

有效半径 R_ω 也可以写成轮胎负载的函数。角度 φ 称为轮胎印记角或轮胎接触角。

在同等条件下，子午线轮胎的垂直刚度比斜交轮胎的要低。因此，子午线轮胎负载高度 R_h 比斜交轮胎要小一些。但是子午线轮胎有效半径 R_ω 更接近于非负载半径 R_g 。就一般情况而言，斜交轮胎，$R_\omega \approx 0.96R_g$，$R_h \approx 0.94R_g$，而相对应的子午线轮胎，$R_\omega \approx 0.98R_g$，$R_h \approx 0.92R_g$。

一般来说，有效半径 R_ω 依赖于轮胎的种类、刚度、负载情况、充气压力以及轮胎向前滚动的速度。

案例 226 在轮胎印记处的压缩和拉伸。

由于纵向变形，轮胎外围胎冠上任意一点的速率会产生周期性变化。当它接近轮胎印记起点时，其速度开始减慢，从而产生减速的效果。轮胎的胎冠在轮胎印记的前半段处于压缩状态，相反，在后半段则处于拉伸状态。胎冠在轮胎印记区域内几乎与地面粘连，因此，它的圆周速率接近于轮胎中心处的前进速率 v_x 。胎冠在离开接触区域后将恢复它的初始圆周速率 $R_g w_w$ 。

案例 227 轮胎旋转圈数。

现有某车型的轮胎 P215/80R16，有内胎子午线轮胎，那么：

$$h_T = 215\times 80\% = 172(\text{mm}) \approx 6.77\text{in} \tag{5-55}$$

因此：

$$R_g = \frac{2h_T + 15}{2} = \frac{2\times 6.77 + 16}{2} = 14.77\text{in} \approx 375.2\text{mm} \tag{5-56}$$

假设该车以匀速前进，速度 $v = 33.33\text{m/s} = 120\text{km/h}$ 。该轮胎为子午线轮胎，因此，有效半径 R_ω 可以近似等于：

$$R_\omega \approx 0.98R_g \approx 367.70\text{mm} \tag{5-57}$$

在运行 $d = 100\text{km}$ 后，轮胎旋转了 $n_1 = 43284$ 圈，这是由于：

$$n_1 = \frac{d}{\pi D} = \frac{100\times 10^3}{2\pi\times 367.7\times 10^{-3}} = 43284 \tag{5-58}$$

现在，假设车辆还是行驶了 $d=100\text{km}$，但是轮胎充气不足，使得轮胎的有效半径接近于负载半径：

$$R_{\omega}\approx R_{\mathrm{h}}\approx 0.92R_{\mathrm{g}}=338.28\text{mm} \tag{5-59}$$

此时，轮胎将会旋转 $n_2=47047$ 圈，计算如下：

$$n_2=\frac{d}{\pi D}=\frac{100\times 10^3}{2\pi\times 338.28\times 10^{-3}}=47047 \tag{5-60}$$

案例 228 轮胎上外围点在轮胎印记处沿半径方向上的运动。

轮胎上外围点在与地面接触时的径向位移，用函数表示为：

$$d=d(x,\theta) \tag{5-61}$$

假设外围点在与路面接触时沿径向移动，如图 5.33 所示。

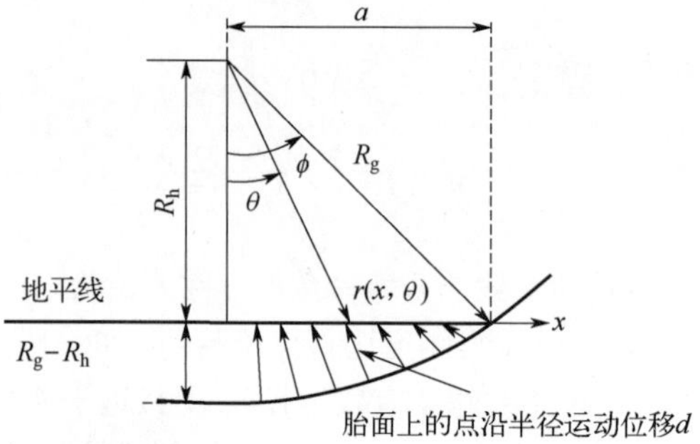

图 5.33 轮胎胎面上的点径向运动情况

如图 5.33 所示，定义一个极角坐标系，半径为 r，角度为 θ，它们的关系为 $r=r(x,\theta)$。图中的关系有：

$$\cos\theta=\frac{R_{\mathrm{h}}}{r} \tag{5-62}$$

$$\cos\phi=\frac{R_{\mathrm{h}}}{R_{\mathrm{g}}} \tag{5-63}$$

由此可知：

$$r=R_{\mathrm{g}}\frac{\cos\phi}{\cos\theta} \tag{5-64}$$

就可以写出位移函数：

$$d=R_{\mathrm{g}}-r(x,\theta)=R_{\mathrm{g}}\left(1-\frac{R_{\mathrm{h}}}{R_{\mathrm{g}}\cos\theta}\right),\ -\phi<\theta<\phi \tag{5-65}$$

案例 229 胎面上的点运动。

当车辆以一定速度向前运动时，挑选出一块胎冠，随其绕旋转轴旋转。虽然车轮转动的角速度为常数 ω，这一块胎冠却不总是以一定常数运动。在顶点时，运转半径等于非负载半径 R_{g}，而它的速度为 $R_{\mathrm{g}}\omega$，这是相对于车轮中心的速度。随着车轮的旋转，胎冠接近轮胎印记的边缘，这时它的速度会慢下来。胎冠开始逐渐沿半径方向压缩，在轮胎印记的前半部分不断压缩，而在后半部分则是不断拉伸，直到运动到印记的后端。在印记中心处的速度为 $R_{\mathrm{h}}\omega$，当然这也是相对于车轮中心处的速度。

车轮在轮胎印记处变化的半径为：

$$r = R_g \frac{\cos\phi}{\cos\theta}, \qquad -\phi < \theta < \phi \tag{5-66}$$

式中，ϕ 是半接触角，为定值；θ 是轮胎旋转角，是随时间变化的变量，如图 5.34～图 5.36 所示，出图程序详见脚本 15。轮胎的角速度为 $\omega = \dot{\theta}$，假设它为常数。由此可以求出沿半径方向上的速度 $\dot{r}$ 和加速度 $\ddot{r}$，当然也是相对于车轮中心处的速度。

$$\dot{r} = R_g \omega \cos\phi \tan\theta \sec\theta \tag{5-67}$$

$$\ddot{r} = R_g \omega^2 \cos\phi \sec^3\theta (1 + \sin^2\theta) \tag{5-68}$$

当样车参数如下时，图 5.34～图 5.36 给出了 r、$\dot{r}$ 和 $\ddot{r}$ 随角度 θ 变化的曲线：

$$R_g = 0.4\text{m} \tag{5-69}$$

$$\phi = 10^\circ \tag{5-70}$$

$$\omega = 80\text{rad/s} \tag{5-71}$$

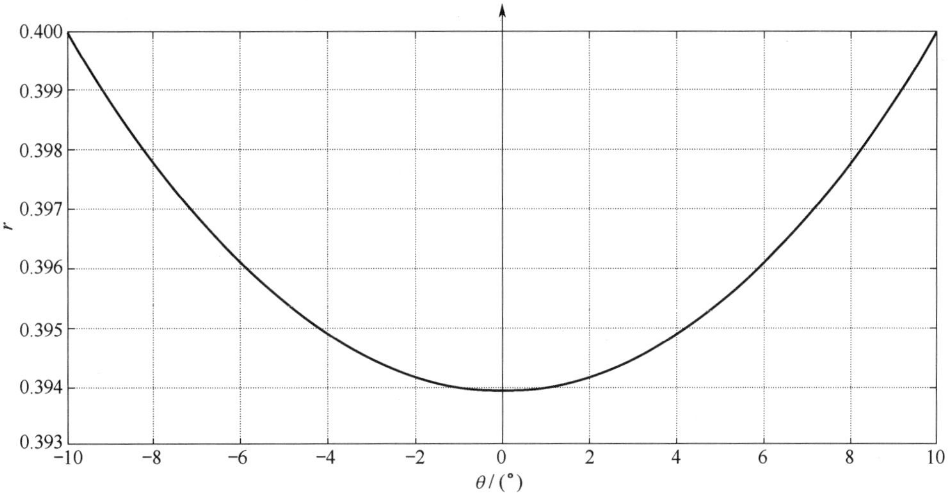

图 5.34　位移 r 随角度 θ 变化情况

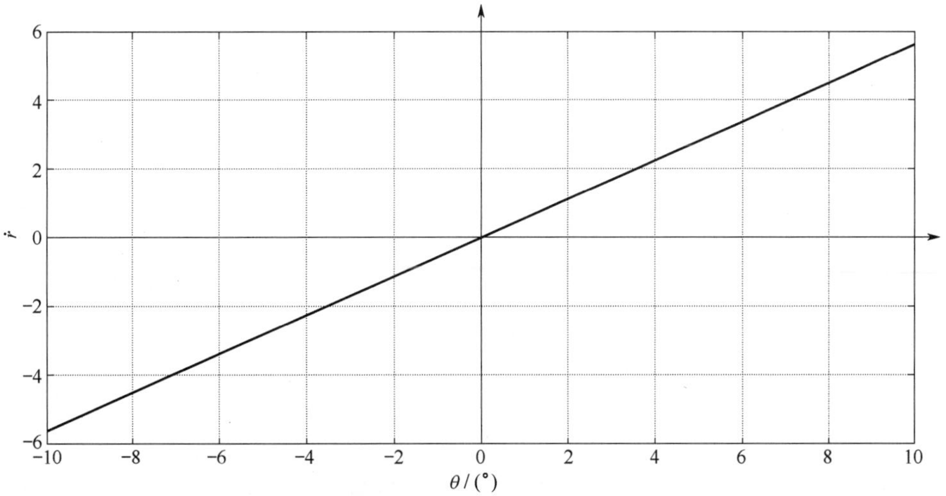

图 5.35　速度 $\dot{r}$ 随角度 θ 变化情况

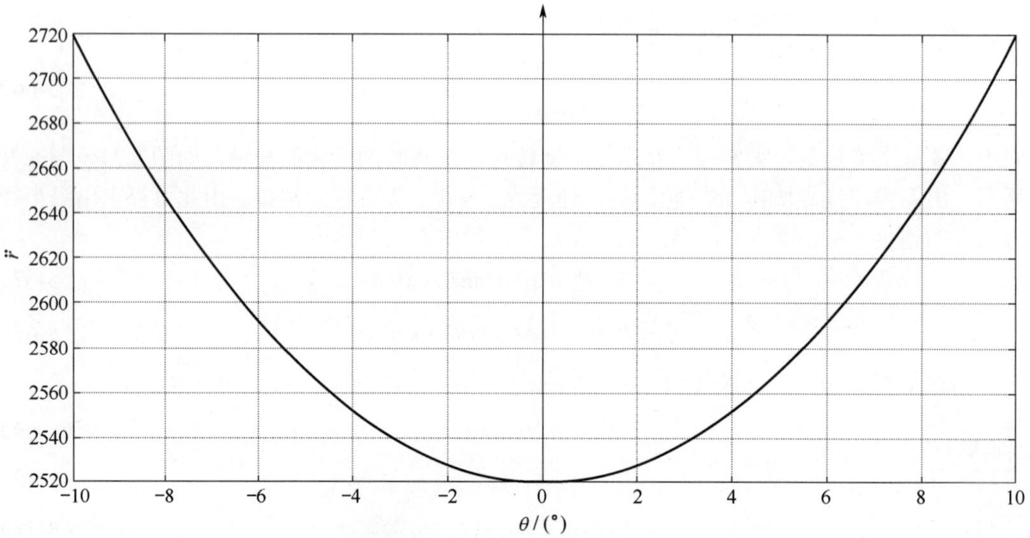

图 5.36 速度 $\ddot{r}$ 随角度θ变化情况

5.11 滚动阻力

在地面滚动的轮胎产生的纵向阻力称为滚动阻力。这个力与运动方向相反，和轮胎印记处正压力成正比。

$$\boldsymbol{F}_{\mathrm{r}} = -F_{\mathrm{r}}\mathbf{i} \tag{5-72}$$

$$F_{\mathrm{r}} = \mu_{\mathrm{r}} F_z \tag{5-73}$$

参数 μ_{r} 称为滚动摩擦系数。μ_{r} 不是常数，影响其大小的主要因素有轮胎滚动速度、充气压力、侧滑角以及外倾角，次要因素有力学性能、车速、磨损情况、温度、负载、尺寸大小、驱动力以及制动力还有路面的状况。

证明 37：当轮胎在路面滚动时，与路面接触的部分会产生变形。部分能量会在变形中消耗，而不会存储起来，随着脱离与路面接触恢复原样而重新获得。因此，在轮胎印记处前端的垂直压强σ_z 比尾端的要大一些。消耗掉的能量和压强损失产生了滚动阻力。

图 5.37 和图 5.38 给出了一个滚动轮胎在轮胎印记处的垂直压强分布情况以及它们的合力 F_z（出图程序详见脚本 14）。

由于在轮胎印记处的垂直压强前面高于后面，因此，它们的合力也会出现前移。合力的前移就会产生一个$-y$ 方向上的阻力矩，它与车轮向前旋转方向相反：

$$\boldsymbol{M}_{\mathrm{r}} = -M_{\mathrm{r}}\mathbf{i} \tag{5-74}$$

$$M_{\mathrm{r}} = F_z \Delta x \tag{5-75}$$

滚动阻力矩 $\boldsymbol{M}_{\mathrm{r}}$ 可以用一个平行于 x-轴的滚动阻力 $\boldsymbol{F}_{\mathrm{r}}$ 来替换：

$$\boldsymbol{F}_{\mathrm{r}} = -F_{\mathrm{r}}\mathbf{i} \tag{5-76}$$

$$F_{\mathrm{r}} = \mu_{\mathrm{r}} F_z = \frac{M_{\mathrm{r}}}{R_{\mathrm{h}}} = \frac{\Delta x}{R_{\mathrm{h}}} F_z \tag{5-77}$$

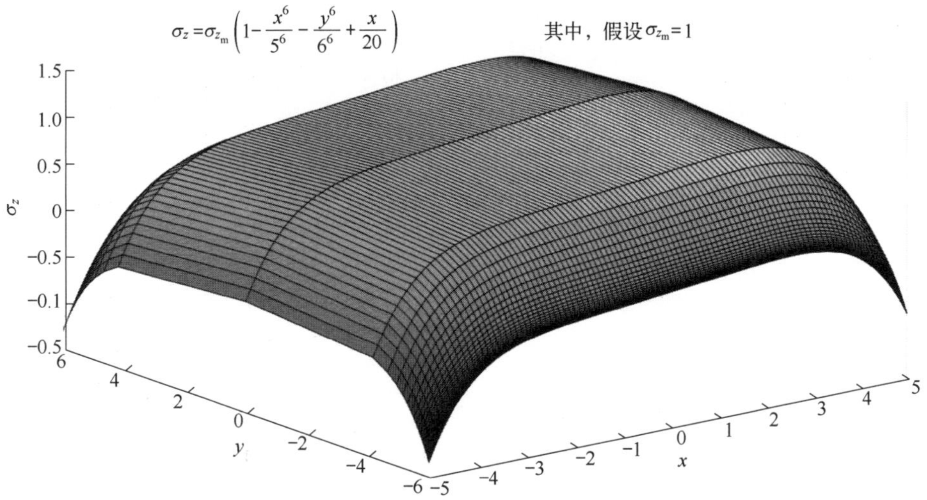

图 5.37　滚动轮胎垂直压强$\sigma_z(x,y)$分布模型

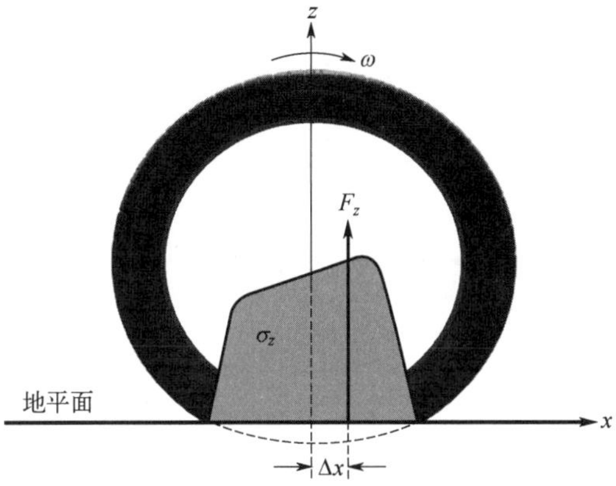

图 5.38　滚动轮胎垂直压强$\sigma_z(x,y)$分布以及合力的侧视图

注意：该模型的顶部沿 x-轴正方向是逐渐升高的，请仔细观察。

而现实中，通常用滚动摩擦系数 μ_r 来定义滚动阻力：

$$F_r = \mu_r F_z \tag{5-78}$$

案例 230　滚动轮胎的垂直压强模型。

假设滚动轮胎的垂直压强表达式为：

$$\sigma_z = \sigma_{z_m}\left(1-\frac{x^{2n}}{a^{2n}}-\frac{y^{2n}}{b^{2n}}+\frac{x}{4a}\right) \tag{5-79}$$

当 $n=3$ 或 $n=2$ 时，多用于子午线轮胎；当 $n=1$ 时，则多用于斜交轮胎。根据轮胎负载，就可以确定垂直压强的最大值 σ_{z_m} 。

例如，假设已知一个 1000kg 车辆的 $n=3$，轮胎印记为 $A_P = 4\times a\times b = 4\times 10\text{cm}\times 10\text{cm}$，可以得到：

$$\begin{aligned}F_z &= \frac{1}{4}\times 1000\times 9.8 = \int_{A_P}\sigma_z(x,y)\mathrm{d}A \\ &= \int_{-0.1}^{0.1}\int_{-0.1}^{0.1}\sigma_{z_m}\left(1-\frac{x^6}{0.1^6}-\frac{y^6}{0.1^6}+\frac{x}{4\times 0.1}\right)\mathrm{d}y\mathrm{d}x = 3.357\times 10^{-2}\sigma_{z_m}\end{aligned} \tag{5-80}$$

由此可得：

$$\sigma_{z_m} = \frac{F_z}{3.357\times10^{-2}} = 7.2979\times10^4\,\text{Pa} \tag{5-81}$$

案例 231　变形和滚动阻力。

压力分布情况导致的变形与轮胎印记变形大小成正比。轮胎印记越长，合力则越靠前，那么滚动阻力就会增加。在混凝土路面上高气压轮胎比在泥地上低气压轮胎的滚动阻力小。

为了模拟出滚动轮胎耗散的机械能，可以假设轮胎是由很多小的阻尼器和弹簧组成。这些阻尼器和弹簧成对地按照径向和切向布置，如图 5.39 和图 5.40 所示。

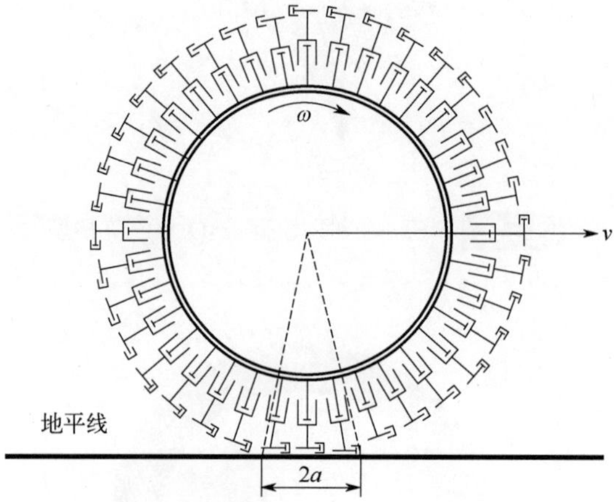

图 5.39　阻尼器结构轮胎

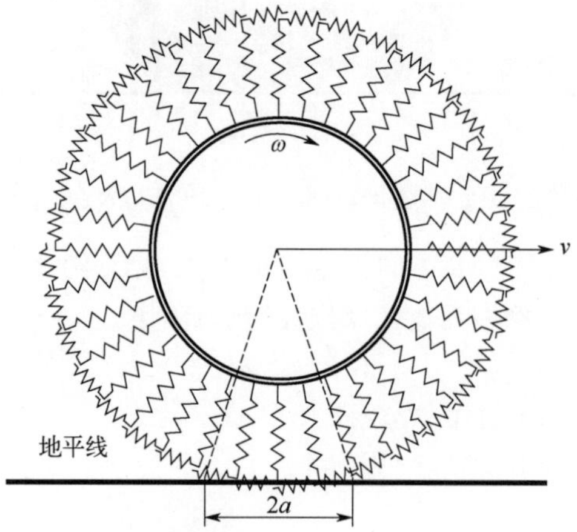

图 5.40　弹簧结构轮胎

案例 232　基于滚动摩擦系数的有效速度。

滚动摩擦系数 μ_r 随着速度的二次方增长而增长，可以将其表达式写成：

$$\mu_r = \mu_0 + \mu_1 v_x^2 \tag{5-82}$$

证明 38：实验表明，滚动摩擦系数随着速度增长而增长，可以假设一个多项式函数来表达它：

$$\mu_r = \sum_{i=0}^{n} \mu_i v_x^i \tag{5-83}$$

实际拟合过程中，用前两到三项就足够了。

$$\mu_r = \mu_0 + \mu_1 v_x^2 \tag{5-84}$$

作为实验数据的拟合结果既简单又实用。当取值：

$$\mu_0 = 0.015 \tag{5-85}$$

$$\mu_1 = 7\times10^{-6}\mathrm{s}^2/\mathrm{m}^2 \tag{5-86}$$

基本适用于大多数乘用车轮胎。但是对于某个特定单独轮胎 μ_0 和 μ_1 的实际取值最好还是根据实验去确定。图 5.41 描述了式（5-82）和子午线轮胎实验数据的差异。

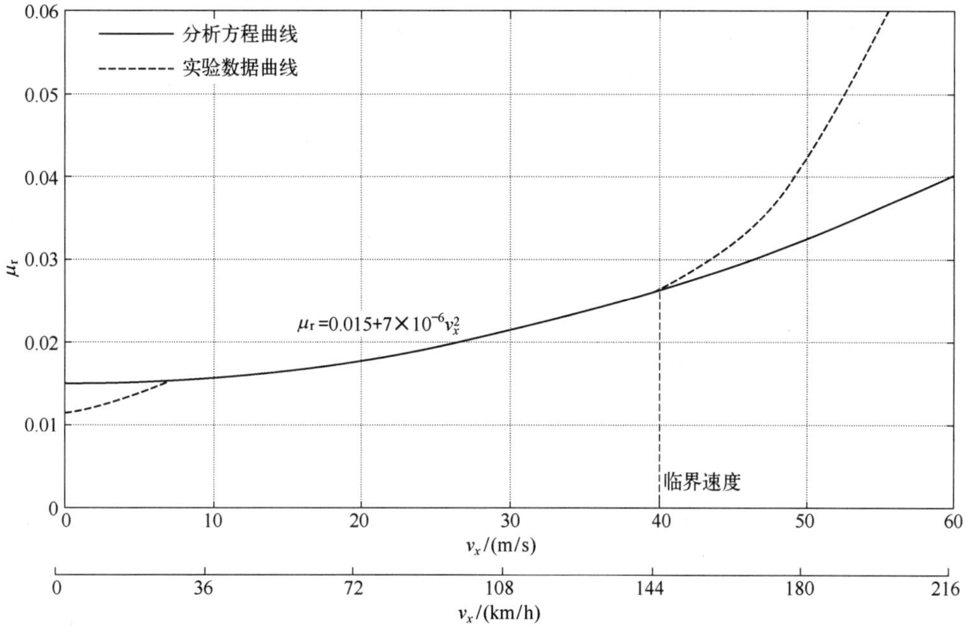

图 5.41 子午线轮胎滚动摩擦系数分析方程曲线与实验数据曲线之间的区别

一般来说，子午线轮胎的滚动摩擦系数比斜交轮胎的要低。图 5.42 给出了两者之间的对比。

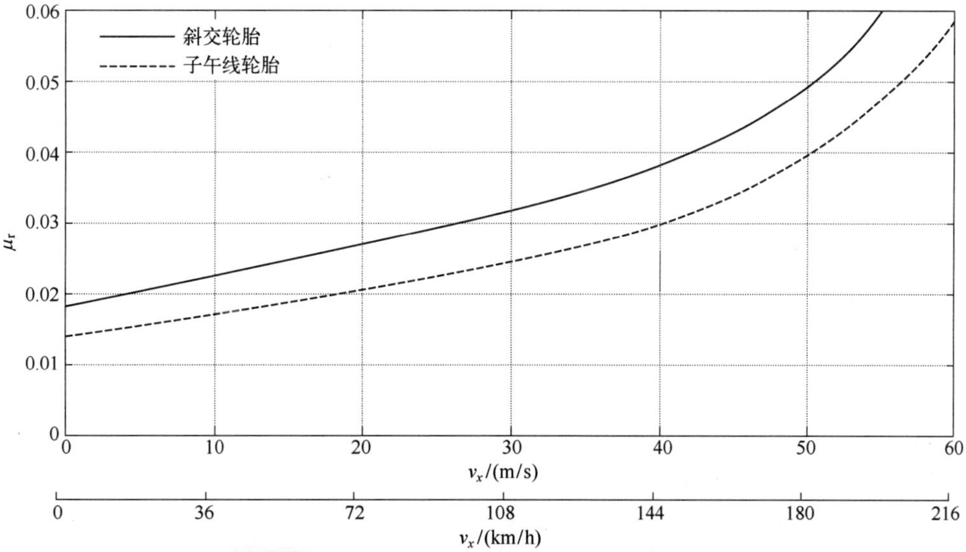

图 5.42 子午线轮胎和斜交轮胎滚动摩擦系数对比

在临界速度以下，速度和式（5-82）是相互拟合的。临界速度是指当胎冠圆周的驻波出现时滚动摩擦阻力快速增大的轮胎滚动速度。驻波的波长接近于轮胎印记的长度。在临界速度以上，会出现过热和过损的现象。图 5.43 给出了当滚动轮胎的速度超过临界速度时胎冠出现驻波现象的情景。

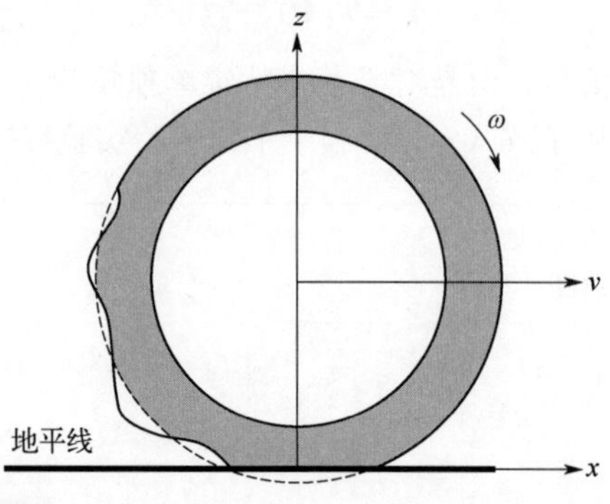

图 5.43 滚动轮胎在临界速度以上时产生的驻波现象

案例 233 滚动阻力和车辆速度。

在计算机仿真时，可以用一个四阶方程来估算滚动摩擦力 F_r：

$$F_r = C_0 + C_1 v_x + C_2 v_x^4 \quad (5\text{-}87)$$

式中，系数 C_i 由轮胎的特性所决定。就一般的典型乘用车而言，这三个系数可以取以下值：

$$C_0 = 9.91 \times 10^{-3} \quad (5\text{-}88)$$

$$C_1 = 1.95 \times 10^{-5} \quad (5\text{-}89)$$

$$C_2 = 1.76 \times 10^{-9} \quad (5\text{-}90)$$

案例 234 道路条件和滚动阻力系数。

道路条件和滚动阻力系数的关系，简单点说，道路条件决定了滚动阻力系数方程 $\mu_r = \mu_0 + \mu_1 v_x^2$ 中的 μ_0。表 5.5 给出了典型路面 μ_0 的参考值。

表 5.5 典型路面 μ_0 的参考值

典型路面条件	μ_0
完好的混凝土路面	0.008～0.1
完好的柏油路面	0.01～0.0125
一般的混凝土路面	0.01～0.015
完好的人行道路面	0.015
完好的碎石路面	0.013～0.016
一般的柏油路面	0.018
破烂的混凝土路面	0.02
好的块砖路面	0.02
一般的碎石路面	0.018～0.023
破烂的柏油路面	0.23
泥泞的碎石路面	0.023～0.028

续表

典型路面条件	μ_0
好的块石路面	0.033～0.055
好的自然路面	0.045
破烂的石头人行道路面	0.085
薄雪路面（5cm）	0.025
厚雪路面（10cm）	0.037
无人维护的自然路面	0.08～0.16
沙地	0.15～0.3

案例 235　轮胎小常识。

新的轮胎和磨损后轮一起使用会造成车辆不稳定。

轮胎存放时长时间受阳光直射会变硬，并且老化很快。

轮胎如果长时间和汽油或柴油接触会污染合成橡胶，使其寿命缩短。

案例 236　驻波产生的原因。

前面已经讨论过，当轮胎在路上滚动时，正压力会前移。当速度增加时，这个移动会增加，集中在轮胎印记的前半部分，后半部分的正压力则会减小。像这样在前半部分高强度压力，而后半部分压力几乎没有，就有点像不断地锤击轮胎，从而产生驻波。

案例 237　赛车轮胎。

赛车使用的是光滑轮胎。光滑轮胎减小了滚动阻力从而提高了最大直线行驶速度。光滑赛车轮胎充入高的气压，高气压就会减少轮胎印记面积。因此，正压力转移变少，滚动阻力也就减小。

案例 238　轮胎结构、尺寸、磨损以及温度对滚动摩擦系数的影响。

轮胎材料和轮胎内层布置都会影响滚动摩擦系数和临界速度。子午线轮胎比斜交轮胎的滚动摩擦系数低 20%，临界速度则高 20%。轮胎半径 R_g 和高宽比 h_T/w_T 是两个影响滚动摩擦系数的尺寸参数。一个轮胎的 R_g 越大，h_T/w_T 越小，则滚动摩擦系数越小，而临界速度越高。

一般来说，滚动摩擦系数会随着磨损而减小，随着温度升高而增加。

5.12　充气压力和负载对滚动摩擦系数的影响

当充气压力 p 增加时，滚动摩擦系数 μ_r 就会减小。从效果上来说，增加充气压力就等价于减小垂直负载。

以下经验公式给出了充气压力 p 和负载 F_z 对滚动摩擦系数的影响：

$$\mu_r = \frac{K}{1000}\left(5.1 + \frac{5.5\times10^5 + 90F_z}{p} + \frac{1100 + 0.0388F_z}{p}v_x^2\right) \tag{5-91}$$

式中，参数 K 对于子午线轮胎而言取 0.8，对于斜交轮胎而言取 1.0；F_z、p以及v_x 的单位分别为 N、Pa 以及 m/s。

案例 239 摩托车滚动摩擦系数。

下面的方程多用于摩托车计算滚动摩擦系数 μ_r。有时也可以用于对乘用车的粗略估计。方程考虑了摩托车的充气压力和前进速度：

$$\mu_r=\begin{cases}0.0085+\dfrac{1800}{p}+\dfrac{2.0606}{p}v_x^2, & v_x\leqslant 46\mathrm{m/s}(\approx 165\mathrm{km/h})\\ \dfrac{1800}{p}+\dfrac{3.7714}{p}v_x^2, & v_x>46\mathrm{m/s}(\approx 165\mathrm{km/h})\end{cases}\tag{5-92}$$

式中，速度 v_x 的单位为m/s，压力 p 的单位为Pa。图5.44给出了速度 $v_x\leqslant 46\mathrm{m/s}(\approx 165\mathrm{km/h})$ 时的情况。

增大充气压力 p 将会减小滚动摩擦系数 μ_r。

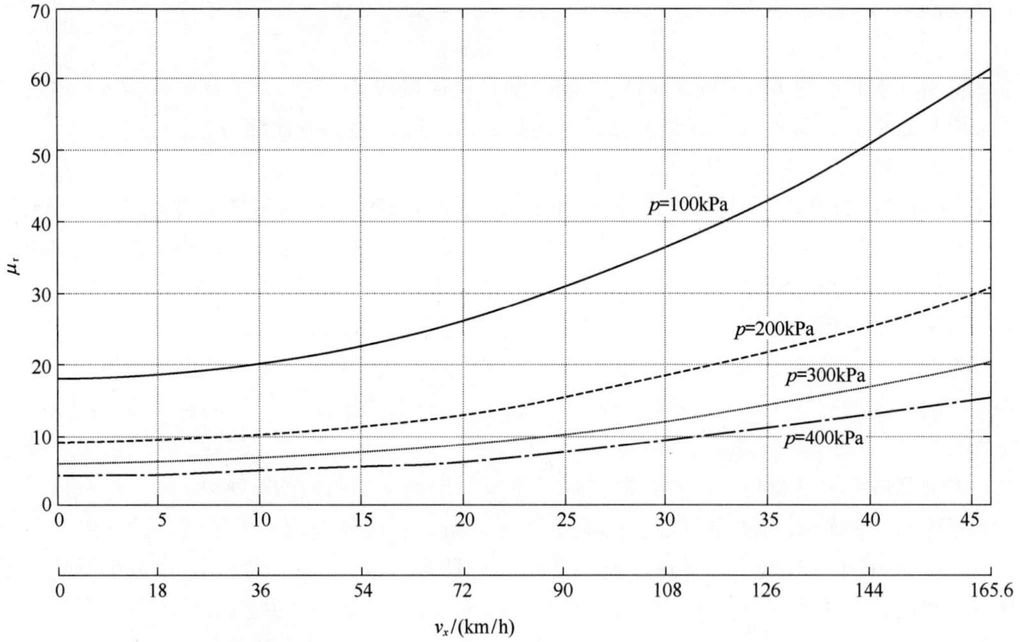

图 5.44 摩托车轮胎滚动摩擦系数在不同充气压力下的表现

案例 240 滚动摩擦的耗散功率。

滚动摩擦减小了车辆的输出功率。它所耗散的功率等于滚动摩擦力 F_r 乘以前进速度 v_x。利用式（5-91），可以得到滚动阻力消耗的功率：

$$P=-F_r v_x=-\mu_r v_x F_z=-\frac{Kv_x}{1000}\left(5.1+\frac{5.5\times10^5+90F_z}{p}+\frac{1100+0.0388F_z}{p}v_x^2\right)F_z\tag{5-93}$$

式中，功率的单位为W，负载的单位为N，速度的单位为m/s，压力的单位为Pa。

而摩托车滚动阻力所耗散的功率则可由式（5-94）得到：

$$P=\begin{cases}\left(0.0085+\dfrac{1800}{p}+\dfrac{2.0606}{p}v_x^2\right)v_xF_z, & v_x\leqslant 46\mathrm{m/s}(\approx 165\mathrm{km/h})\\ \left(\dfrac{1800}{p}+\dfrac{3.7714}{p}v_x^2\right)v_xF_z, & v_x>46\mathrm{m/s}(\approx 165\mathrm{km/h})\end{cases}\tag{5-94}$$

案例 241 滚动阻力耗散功率。

如果车辆速度为 $100\text{km/h}(\approx 27.78\text{m/s})$，每个子午线轮胎的充气压力为 220kPa，负载为 220kg，那么滚动阻力产生的耗散功率为：

$$P = 4 \times \frac{Kv_x}{1000}\left(5.1 + \frac{5.5\times10^5 + 90F_z}{p} + \frac{1100 + 0.0388F_z}{p}v_x^2\right)F_z = 2424.1\text{W} \approx 2.4\text{kW} \quad (5\text{-}95)$$

相对而言，如果采用的是摩托车轮胎，那么根据式（5-94）得到车辆的耗散功率为：

$$P = \left(0.0085 + \frac{1800}{p} + \frac{2.0606}{p}v_x^2\right)v_xF_z = 5734.1\text{W} \approx 5.7\text{kW} \quad (5\text{-}96)$$

这里得出的结论是：如果采用摩托车轮胎，车辆将会损失更多输出功率。

案例 242 充气压力不合适的影响。

过高的充气压力会增加轮胎刚度，产生振动，同时减小乘坐舒适性。充气过多时，轮胎印记以及牵引力都将减小，它还会使得轮胎传递更多振动负载给悬架，从而减小轮胎支撑垂直负载的能力，影响转向、制动以及加速度能力。

充气不足会导致轮胎破裂或元件之间分离，它还会增大胎侧变形以及滚动阻力，进而产生更多热量引发机械故障。轮胎负载能力是由它的充气压力决定的。因此，如果充气不足出现在一个超载的轮胎上，将会导致轮胎产生较大的变形，油耗增大且操纵性变差。

图 5.45 给出了充气过量、充气适量以及充气不足时轮胎与地面接触情况的对比图。

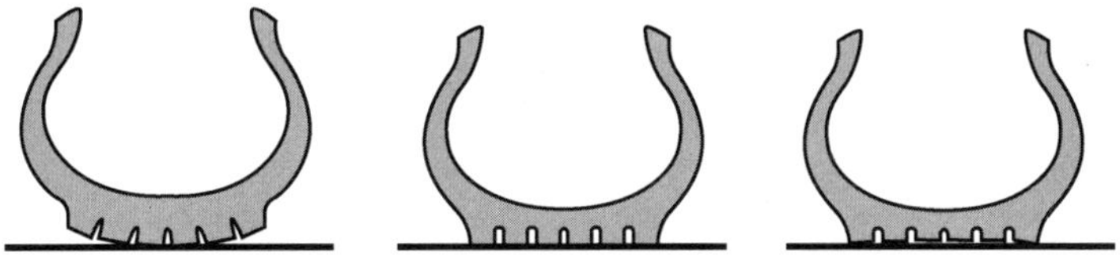

（a）过充气轮胎　（b）充气适量轮胎　（c）充气不足轮胎

图 5.45 充气压力不同对轮胎与地面接触的影响

合适的轮胎充气压力有助于提高轮胎性能、车辆的安全性以及燃油经济性。合适的充气压力对于子午线轮胎的使用寿命和使用性能都有很重要的意义，因为我们用肉眼无法分辨子午线轮胎的充气压力是否合适。一般而言，如果充气压力低于 $5\text{psi}(\approx 35\text{kPa})$，那么轮胎寿命和性能都将减少 25%。

轮胎每个月会漏掉 7～14kPa 的压力。温度每变化 5℃轮胎压力将会变化 7kPa。例如，如果轮胎在夏季 26℃时充气到 240kPa，那么到冬季 –6℃ 时它的充气压力就会变为 160kPa。这就代表 6 个月损失了约 40kPa，而温差 32℃也损失约 40kPa 的压力。这个轮胎就变为充气不足的轮胎。

案例 243 轮胎的大小和软硬。

如果驱动轮胎很小，车辆就会出现抽搐的现象，并且其牵引力小会导致最高车速降低。但是如果驱动轮胎很大，转向响应又会变慢，转向时的变形很大，稳定性会变差。

较软的前轮可以获得较好的操纵性，不足之处是直线行驶能力变差以及磨损会加大；硬的前轮则正好相反。较软的后轮可以增加后面的牵引力，但是会降低操纵性，更多的弹跳变形以及降低稳定性。硬的后轮会导致牵引力变小，优点是车辆操纵性变好，更少的弹跳变形以及增加稳定性。

案例 244 侧滑角对滚动阻力的影响。

当车辆在路上转弯时就会出现一个侧滑角 α，这时滚动阻力会显著提高。滚动阻力 F_r 可以写成以下形式：

$$F_\mathrm{r}=F_x\cos\alpha+F_y\sin\alpha\approx F_x-C_\alpha\alpha^2 \tag{5-97}$$

式中，F_x 表示纵向阻力与车辆的运动方向相反，而 F_y 则表示侧向力。

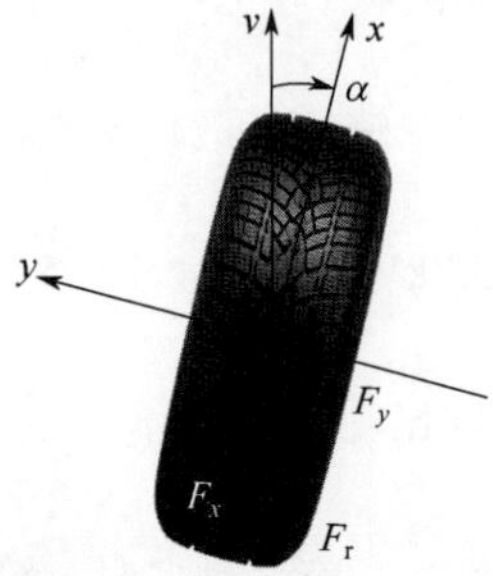

图 5.46　转向中轮胎的俯视图

证明 39：图 5.46 给出了正在路面转向轮胎的俯视图，它带有一个侧滑角 α。根据滚动阻力的定义，它和轮胎速度矢量方向相反。而速度矢量和 x-轴的夹角正好是 α。假设纵向阻力 F_x 方向为实际中 x-轴反方向。侧滑角 α 会使得 F_x 增加，并产生一个侧向力 F_y。这个纵向力 F_x 和侧向力 F_y 之和就是滚动阻力 F_r：

$$F_\mathrm{r}=F_x\cos\alpha+F_y\sin\alpha \tag{5-98}$$

当 α 取值很小时，侧向力就会和 $-\alpha$ 成正比，因此有：

$$F_\mathrm{r}\approx F_x-C_\alpha\alpha^2 \tag{5-99}$$

案例 245　外倾角对滚动阻力的影响。

实际当轮胎运动时，它会带有一个外倾角 γ，滚动力矩 $\boldsymbol{M}_\mathrm{r}$ 在滚动阻力 $\boldsymbol{F}_\mathrm{r}$ 方向上的分量将会减小，同时还会产生一个垂旋力矩 M_z。

$$\boldsymbol{F}_\mathrm{r}=-F_\mathrm{r}\mathbf{i} \tag{5-100}$$

$$F_\mathrm{r}=\frac{M_\mathrm{r}}{R_\mathrm{h}}\cos\gamma+\frac{M_z}{R_\mathrm{h}}\sin\gamma \tag{5-101}$$

证明 40：滚动阻力矩 M_r 是由于垂直负载 F_z 向前移动而产生的。但是只有分量 $M_r\cos\gamma$ 与轮胎平面垂直，阻碍轮胎的旋转。当在 z-轴方向上出现一个力矩 M_z 时，它会产生一个力矩 $M_z\sin\gamma$ 阻碍轮胎旋转。因此，外倾角 γ 将会影响滚动阻力，据此可得：

$$\boldsymbol{F}_\mathrm{r}=-F_\mathrm{r}\mathbf{i} \tag{5-102}$$

$$F_\mathrm{r}=\frac{M_\mathrm{r}}{R_\mathrm{h}}\cos\gamma+\frac{M_z}{R_\mathrm{h}}\sin\gamma \tag{5-103}$$

式中，M_r 可以用式（5-75）代入得到：

$$F_\mathrm{r}=\frac{F_z\Delta x}{R_\mathrm{h}}\cos\gamma+\frac{M_z}{R_\mathrm{h}}\sin\gamma \tag{5-104}$$

5.13 纵向力

轮胎的纵向滑移率为：

$$s=\frac{R_\mathrm{g}\omega}{v_x}-1 \tag{5-105}$$

式中，R_g 为轮胎的几何尺寸，或者说是无载荷半径；ω 则是轮胎的角速度；v_x 表示轮胎的前进速度。滑移率在驱动时为正，在制动时为负。

在加速和制动的过程中，路面和轮胎间的纵向力在逐渐增加。当有一个力矩作用在绕轮胎旋转轴上时，就会产生滑移率，同时纵向力 F_x 在轮胎印记处产生。这个力 F_x 与垂直压力成正比。

$$\boldsymbol{F}_x = F_x\mathbf{i} \tag{5-106}$$

$$F_x = \mu_x(s)F_z \tag{5-107}$$

式中，$\mu_x(s)$ 称为纵向摩擦系数，它是滑移率的函数，如图 5.47 所示。由图可知，摩擦系数的驱动峰值出现在 $s \approx 0.1$，然后会下降到一个稳定值 μ_{ds}，这时车轮开始空转（车速为 0，车轮转速不为 0）。可以假设摩擦系数 $\mu_x(s)$ 在 s 很小时是线性的。

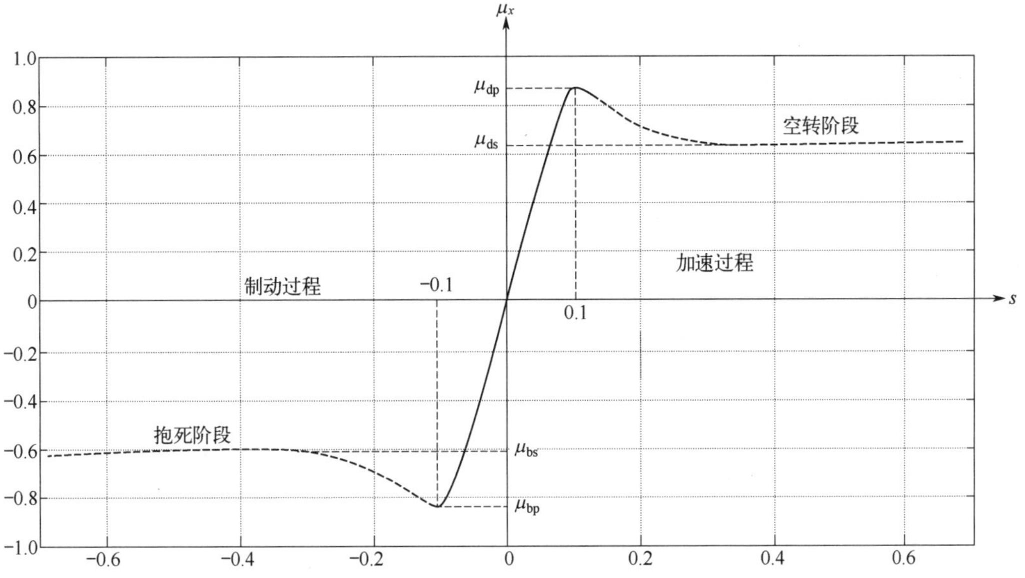

图 5.47　滑移率与纵向摩擦系数的关系

$$\mu_x(s) = C_s s,\ s \ll 1 \tag{5-108}$$

式中，C_s 为纵向滑移系数。当 $s \geqslant 0.1$ 时，轮胎开始滑转，摩擦系数保持为常数。制动时会出现同样的情况，出现峰值 μ_{bp} 和稳定值 μ_{bs}。处于稳定值 μ_{bs}，表示车轮开始抱死（车速不为 0，车轮转速为 0）。

证明 41：将滑移率简称为滑移，定义为轮胎实际速度 v_x 和等价车轮速度 $R_\omega\omega$ 之间的差异。图 5.48 给出了一个在路面滚动的轮胎。如果没有打滑，轮胎自由滚动的理想距离为 d_{F}，而实际中轮胎滚动的距离为 d_{A}。因此，对于一个滑动的轮胎，有 $d_{\text{A}} > d_{\text{F}}$；对于滑转的轮胎，有 $d_{\text{A}} < d_{\text{F}}$。

距离之差 $d_{\text{F}} - d_{\text{A}}$ 为轮胎滑移距离，因此，轮胎的滑移率为：

$$s = \frac{d_{\text{F}} - d_{\text{A}}}{d_{\text{A}}} \tag{5-109}$$

为了得到 s 的瞬态值，要将无限小时间内的位移对时间求导：

$$s = \frac{\dot{d}_{\text{F}} - \dot{d}_{\text{A}}}{\dot{d}_{\text{A}}} \tag{5-110}$$

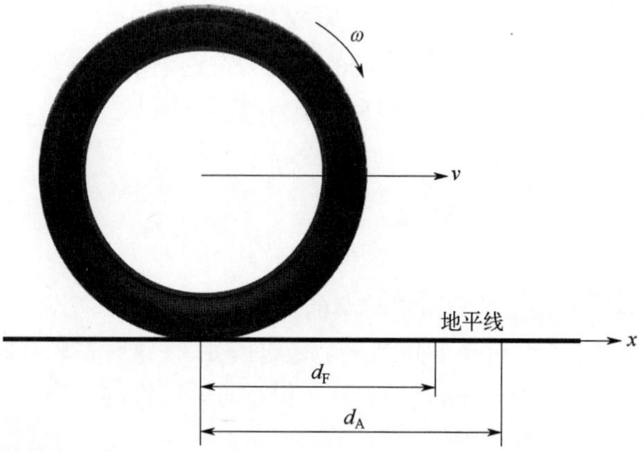

图 5.48　轮胎纯滚动时，移动距离 d_F 与实际移动距离 d_A 的关系

如果轮胎的角速度为 ω，那么 $\dot{d}_F = R_g\omega$，$\dot{d}_A = R_\omega\omega$，其中，$R_g$ 表示轮胎的几何尺寸或者说没有负载的轮胎尺寸，R_ω 则表示轮胎的有效半径。因此，滑移率 s 可以用实际速度 $v_x = R_\omega\omega$ 与自由速度 $R_g\omega$ 进行定义：

$$s = \frac{R_g\omega - R_\omega\omega}{R_\omega\omega} = \frac{R_g\omega}{v_x} - 1 \tag{5-111}$$

轮胎只有在纵向滑移出现时才能拥有纵向力。纵向滑移又可称为圆周滑移或切向滑移。在加速时，实际速度 v_x 比自由速度 $R_g\omega$ 要小一些，因此 $s>0$。相反，在制动时，实际速度 v_x 比自由速度 $R_g\omega$ 要大一些，因此 $s<0$。

路面和轮胎之间的摩擦力是垂直正压力 F_z、车辆的速度 v_x、车轮的角速度 ω 的函数。除此之外，还有很多变量会影响 F_x，如轮胎温度、胎面花纹、磨损以及路面实际情况。一般将摩擦力写成经验形式 $F_x = \mu_x(\omega, v_x)F_z$，这个模型中的 ω 和 v_x 为实验测出的常数。

案例 246　基于等价角速度 ω_{eq} 的滑移率。

可以将等价角速度定义为轮胎自由半径 R_g 与实际速度 v_x 的关系：$v_x = R_g\omega_{eq}$。利用 ω_{eq} 有：

$$v_x = R_g\omega_{eq} = R_\omega\omega \tag{5-112}$$

因此：

$$s = \frac{R_g\omega - R_g\omega_{eq}}{R_g\omega_{eq}} = \frac{\omega}{\omega_{eq}} - 1 \tag{5-113}$$

案例 247　制动时滑移率 $-1<s<0$。

在制动时，制动力矩作用在车轮旋转轴上，在轮胎印记处的胎冠将会出现拉伸。因此，轮胎实际移动速度要比纯滚动轮胎快一些：

$$R_\omega\omega > R_g\omega \tag{5-114}$$

因此，$s<0$。轮胎制动的有效半径比自由半径要大一些：

$$R_\omega > R_A \tag{5-115}$$

这也就等价于制动的轮胎转速比自由转速（等价角速度）要慢一些：

$$R_g\omega_{eq} > R_g\omega \tag{5-116}$$

制动的极限情况是车轮抱死，此时，$\omega = 0$，因此 $s = -1$。这也就说明在制动时，纵向

滑移率 $-1<s<0$ 。

数学表达式为：当加速度 $a<0$ 时，$-1<s<0$ 。

案例 248 在加速时 $0<s<\infty$ 。

在加速的过程中，驱动力矩作用在轮胎旋转轴上，在轮胎印记处的胎冠会出现压缩。因此，轮胎实际运动比纯滚动轮胎要慢一些：

$$R_{\omega}\omega>R_{g}\omega \tag{5-117}$$

因此，$s>0$ 。轮胎加速的有效半径比自由半径要小一些：

$$R_{\omega}<R_{g} \tag{5-118}$$

这也就等价于加速的轮胎转速比自由转速（等价角速度）要快一些：

$$R_{g}\omega_{eq}<R_{g}\omega \tag{5-119}$$

加速的极限情况是车轮滑转却没有位移，此时，$v_x=0$ ，因此 $s=\infty$ 。这也就说明在加速时，纵向滑移率 $0<s<\infty$ 。

数学表达式为：当加速度 $a>0$ 时，$0<s<\infty$ 。

只有在加速度为零时，才有轮胎的自由速度 $R_{g}\omega$ 等价于车速 v_x 。此时，有正压力作用在轮胎上，轮胎印记尺寸趋于稳定不变。轮胎印记处的胎冠没有出现滑移现象。

案例 249 输出功率和最大车速。

假设一辆运动的车辆输出功率为 $P=200\text{kW}$ ，那么它可以得到 200km/h($\approx 55.56\text{m/s}$) 的速度。此时，总的驱动力为：

$$F_x=\frac{P}{v_x}=\frac{200\times10^3}{55.56}=3600\text{N} \tag{5-120}$$

如果最大牵引力是在垂直载荷 4000N 压力下产生的，那么纵向摩擦系数就为：

$$\mu_x=\frac{F_x}{F_z}=\frac{3600}{4000}\approx0.9 \tag{5-121}$$

案例 250 硬轮胎在硬路面上的滑移。

轮胎如果没有滑移就不会产生纵向力。假设一辆玩具车装备的是刚性轮胎，让它在玻璃上运动。此时，它既不能加速也不能随意转向。如果车辆在低速时有一定转向能力，那也是因为在微观上出现了足够的滑移以产生转向和驱动所需的力。玻璃和金属轮胎之间接触区域很小，在此区域内出现了变形和相互拉伸，当然这种变形非常小。如果在轮胎和路面间存在摩擦力，那就一定是滑移提供给车辆的可操纵性。

案例 251 纵向摩擦系数 μ_{dp} 和 μ_{ds} 实例。

表 5.6 给出了乘用车轮胎 215/65R15 的纵向摩擦系数 μ_{dp} 和 μ_{ds} 的值。

表 5.6 纵向摩擦系数平均值

路面类型	μ_{dp} 峰值	μ_{ds} 稳定值
干燥的柏油马路路面	0.8～0.9	0.75
干燥的混凝土路路面	0.8～0.9	0.76
潮湿的柏油马路路面	0.5～0.7	0.45～0.60
潮湿的混凝土路路面	0.80	0.70

续表

路面类型	μ_{dp} 峰值	μ_{ds} 稳定值
碎石路路面	0.60	0.55
压实的雪路路面	0.20	0.15
冰面路面	0.10	0.07

这里假设 $\mu_{dp}=\mu_{bp}$，$\mu_{ds}=\mu_{bs}$。

案例 252 摩擦原理。

橡胶轮胎产生的摩擦力来自三个方面：粘连、变形、磨损。

$$F_x=F_{ad}+F_{de}+F_{we} \tag{5-122}$$

粘连摩擦力来源于两个接触物体之间的粘连程度。橡胶相对路面的滑动过程中会产生粘连现象，从而会产生阻力。粘连现象是橡胶和路面分子之间的相互运动结果。由于真实的接触区域比观察到的接触区域要小得多，高的负载压力导致分子之间相互渗透。这样的相互渗透使得接触的二者之间相互固定，就好像焊在一起似的。粘连摩擦力等价于破坏这种焊接关系，将接触的双方分开所需的力。这种粘连也被称为冷焊，它是由于压力产生的而非因热量产生的。高的负载会增加接触区域，使得粘连严重，增大摩擦力。因此，粘连摩擦力可以用以下公式表示：

$$F_x=\mu_x(s)F_z \tag{5-123}$$

轮胎在干燥路面上的牵引力，主要来自粘连摩擦力。这种摩擦力会随着路面覆盖上一层水、冰、泥或是润滑剂等而急剧减小。有水的湿滑路面会隔断轮胎与路面的接触，从而减少产生的粘连摩擦力。轮胎在路面滚动时的摩擦力主要来自轮胎印记处的粘连能量损失。这个能量损失与速度以及经历的时间长短有关。

变形摩擦力是橡胶变形的结果，这种变形会填塞路面微观上的不平。路面存在的凸包和凹坑称为粗糙度。在这样粗糙路面运动的轮胎，在经过凸包时会使得橡胶产生变形。在正压力的作用下，这些不规则的凸包会嵌入橡胶里，使得轮胎覆盖住整个凸包。变形摩擦力来自橡胶在正压力作用下以不规则变形覆盖不规则路面的过程。高的负载会增加橡胶不规则变形的难度，因此就会增加摩擦力。因此，变形摩擦力也可以用式（5-123）来表示。

在湿滑路面上，轮胎粘连摩擦力急剧减小，此时牵引力主要来自变形摩擦力。

变形摩擦力存在于任何相对运动的两个接触表面之间。无论接触面有多光滑，从微观上来说，它总是存在凹坑和凸包的。两个接触物体表面的相对凸包相互刺入对方，使得两个接触面同时产生了磨损。

磨损摩擦力是过大的内部压力导致橡胶拉伸的结果。过大的局部压力会使得轮胎在通过弹性点时表面组织出现变形，聚合物的化学键遭到破坏，轮胎表面在微观区域内出现撕裂。这种撕裂就是磨损摩擦力产生的机理。高负载会加速轮胎磨损，从而增大磨损摩擦力。磨损摩擦力同样可以用式（5-123）来表示。

案例 253 经验滑动模型。

基于经验数据以及曲线拟合方法，出现了一些数学方程，并用于模拟轮胎纵向力，将其看成是纵向滑移率 s 的函数。绝大部分这样的模型都非常复杂，使用的价值不大。但是也有一些比较简单的，而且精确到可以使用的程度。

第一个模型出现在 1991 年，形式为：

$$F_x(s) = c_1 \sin\{c_2 \arctan[c_3 s - c_4(c_3 s - \arctan(c_3 s))]\} \tag{5-124}$$

式中，c_1、c_2、c_3和c_4为常数，是基于轮胎的经验数据。

第二个模型出现在1987年，其形式为：

$$F_x(s) = c_1(1-\mathrm{e}^{-c_2 s}) - c_3 s \tag{5-125}$$

它的另一种形式，则是引入了速度作为参考量，其形式为：

$$F_x(s) = [c_1(1-\mathrm{e}^{-c_2 s}) - c_3 s]\mathrm{e}^{-c_4 v} \tag{5-126}$$

这个模型需要的4个参数是通过实验测得的。

第三个模型是将第二个模型展开的近似模型，出现在1994年，其形式为：

$$F_x(s) = k_s \frac{s}{1 + c_1 s + c_2 s^2} \tag{5-127}$$

式中，k_s为$F_x(s)$相对于s，在$s=0$处的斜率。

$$k_s = \lim_{s \to 0} \frac{\Delta F_s}{\Delta s} \tag{5-128}$$

而c_1、c_2为实验测得的数值。

第四个模型出现在2002年，其形式为：

$$F_x(s) = c_1\sqrt{s} - c_2 s \tag{5-129}$$

它是基于c_1、c_2两个实验测得的数值。

无论是哪种情况，都需要首先得到一条像图5.47那样的实验曲线，从而找到常数c_i。常数c_i是用相关方程拟合实验曲线的最佳系数。而前面1987年出现的式（5-126）则需要在不同速度时测定两条相似的实验曲线。

案例254 滑移率的另一种表达形式。

另一种定义滑移率的方法为：

$$s = \begin{cases} 1 - \dfrac{v_x}{R_g \omega}, & R_g\omega > v_x \quad \text{加速} \\[2ex] \dfrac{v_x}{R_g \omega} - 1, & R_g\omega < v_x \quad \text{制动} \end{cases} \tag{5-130}$$

式中，v_x为车轮中心速度，ω为车轮角速度，R_g为车轮半径。

还有一种定义可以写成：

$$s = 1 - \left(\frac{R_g \omega}{v_x}\right)^n \quad n = \begin{cases} 1, & R_g\omega \leqslant v_x \\ -1, & R_g\omega > v_x \end{cases} \quad s \in [0,1] \tag{5-131}$$

在这个定义中，s取值范围为0～1。当$s=1$时，轮胎要么被抱死，要么在滑转。

案例255 轮胎在柔软沙地行驶。

图5.49给出了轮胎在沙地行驶的情形。沙地在轮胎经过时会被压紧。从沙地传递到轮胎的实际压力，随着角度θ增长而增长。θ是沙地对轮胎作用力的作用点角度，其大小范围在$\theta_1 < \theta < \theta_2$，其方向则是从垂直方向开始算顺时针方向，如图5.49所示。

可以将垂直正压力σ和剪切压力τ的关系定义为：

$$\tau = (c + \sigma\tan\theta)\left(1 - \mathrm{e}^{\frac{r}{k}\left[\theta_1 - \theta + (1-s)\sin\theta - \sin\theta_1\right]}\right) \tag{5-132}$$

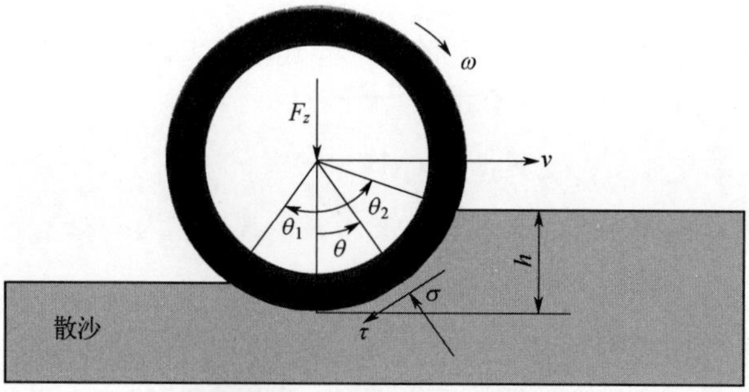

图 5.49　轮胎在柔软沙地行驶

这里的 s 是按照式（5-130）定义的滑移率，而

$$\tau_{\mathrm{M}} = c + \sigma \tan\theta \tag{5-133}$$

是沙地提供给轮胎最大的剪切力。式（5-133）中，c 表示沙子的内聚压力，而σ则是一个常数。

案例 256　侧向滑移率。

利用前面粘连和侧滑的观点，可以建立沿 x 和 y 方向上的纵向滑移率和侧向滑移率 s_x 和 s_y 的解析表达式：

$$s_x = \frac{R_{\mathrm{g}}\omega}{v_x} - 1 \tag{5-134}$$

$$s_y = \frac{R_{\mathrm{g}}\omega}{v_y} \tag{5-135}$$

式中，v_x 为车轮的纵向速度，而 v_y 则是车轮的侧向速度，R_{g} 为轮胎无负载几何半径，ω 为车轮旋转速度。

在滑移率很小时，轮胎的受力和滑移率成正比：

$$F_x = C_{s_x} s_x \tag{5-136}$$

$$F_y = C_{s_y} s_y \tag{5-137}$$

式中，C_{s_x} 和 C_{s_y} 分别表示纵向和侧向滑移率系数。

5.14　侧向力

当滚动轮胎同时承受垂直力 F_z 和侧向力 F_y 时，它的行驶路径和轮胎平面之间就会形成一个 α 角度。这个角度称为侧滑角，它和侧向力大小成正比。

$$\boldsymbol{F}_y = F_y \mathbf{j} \tag{5-138}$$

$$F_y = -C_\alpha \alpha \tag{5-139}$$

式中，C_α 称为轮胎的转角刚度。

$$C_\alpha = \lim_{\alpha \to 0} \frac{\partial(-F_y)}{\partial \alpha} = \left| \lim_{\alpha \to 0} \frac{\partial F_y}{\partial \alpha} \right| \tag{5-140}$$

侧向力 $\boldsymbol{F}_y$ 作用点落在轮胎印记中心后面，将这段距离记为 a_{x_α} ，这就会产生一个回正力矩 $\boldsymbol{M}_z$：

$$\boldsymbol{M}_z = M_z \mathbf{k} \tag{5-141}$$

$$M_z = F_y a_{x_\alpha} \tag{5-142}$$

在 α 角度很小时，回正力矩 $\boldsymbol{M}_z$ 会使轮胎绕 z-轴旋转，使得它的 x-轴方向与速度矢量 $\boldsymbol{v}$ 的方向趋于一致。也就是说，回正力矩有减小 α 的作用。

证明 42：当车轮上带有负载 F_z 和侧向力作用在轮辋上时，轮胎将会出现侧向变形，如图 5.50 所示。在侧向力比较小时，轮胎表现得像一个线性弹簧。

$$F_y = k_y \Delta y \tag{5-143}$$

式中， k_y 表示轮胎的侧向刚度。

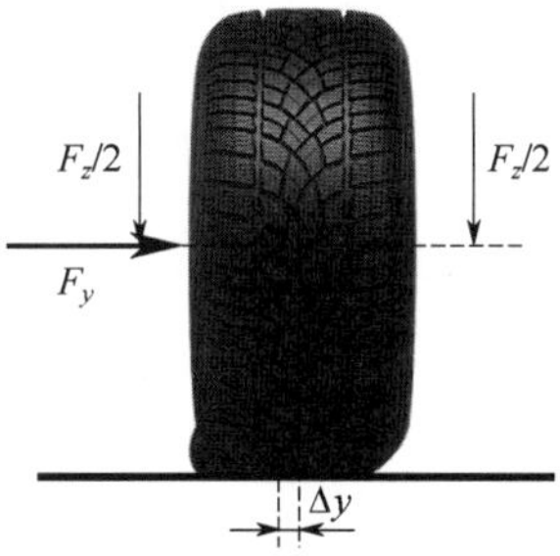

图 5.50　轮胎侧向变形的前视图

当轮胎的侧向力达到最大侧向摩擦力 F_{y_M} 时，车轮开始出现侧滑。此时，侧向力达到了稳定值，并且和垂直负载成正比：

$$F_{y_M} = \mu_y F_z \tag{5-144}$$

式中， μ_y 为轮胎在 y 方向上的最大静摩擦系数。从底部看轮胎印记的侧向变形如图 5.51 所示。

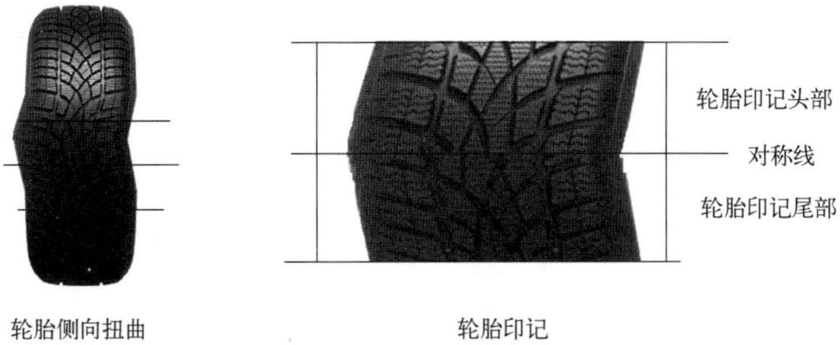

图 5.51　轮胎侧向变形的底视图

如果带有侧向变形的轮胎继续在路面上滚动，轮胎印记就会出现纵向向上的偏向。从底部看有侧向变形轮胎在路面滚动时的情形，如图 5.52 所示。虽然轮胎平面仍然与路面垂直，但是轮胎的行驶路线与轮胎平面之间出现了一个角度 α 。当轮胎向前滚动时，未变形的胎冠在进入轮胎印记区域后开始出现侧向变形，这和纵向变形是一样的。在胎冠继续运动到轮胎印记尾端的过程中，它的侧向变形会逐渐增大，直到它接近轮胎印记的后半段。垂直负载在轮胎印记的后半段会变小，因此，摩擦力也会减小，胎冠又逐渐回到了它的初始位置，然后就离开了轮胎印记区域。这个胎冠开始变回初始位置的点称为回滑线。

一个滚动的轮胎带有侧向力，与其相关联的侧滑角 α 如图 5.53 所示。胎冠的侧向扭曲是轮胎印记上的剪切压力 τ_y 造成的。假设剪切压力 τ_y 与变形成正比，那么侧向合力 F_y 作用点在中心线后面，其偏置距离为 a_{x_α}：

$$F_y = \int_{A_P} \tau_y \mathrm{d}A_P \tag{5-145}$$

$$a_{x_\alpha} = \frac{1}{F_y}\int_{A_P} x\tau_y \mathrm{d}A_P \tag{5-146}$$

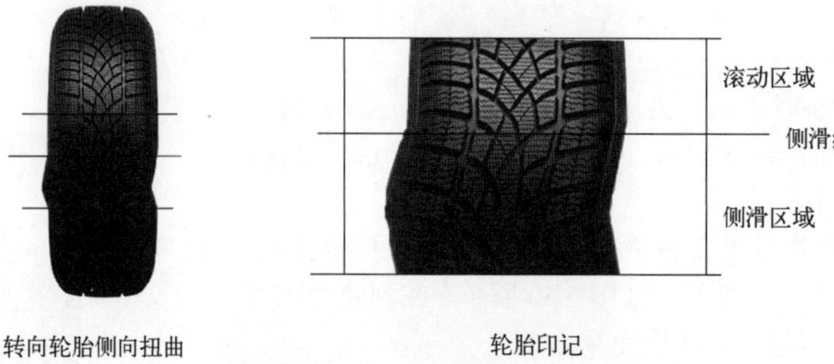

图 5.52 转向轮胎的侧向变形底视图

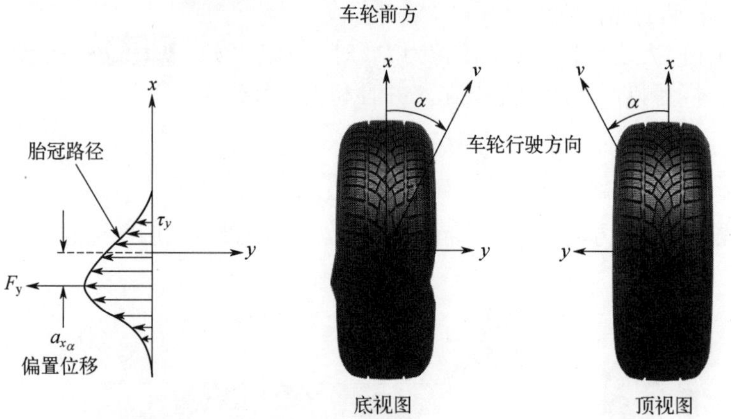

图 5.53 转向轮胎在正的侧滑角影响下使侧向力偏置

距离 a_{x_α} 称为偏置位移，而合力矩 $\boldsymbol{M}_z$ 称为回正力矩：

$$\boldsymbol{M}_z = M_z\mathbf{k} \tag{5-147}$$

$$M_z = F_y a_{x_\alpha} \tag{5-148}$$

回正力矩会使得轮胎绕 z-轴旋转，并使得它的方向与轮胎速度矢量 $\boldsymbol{v}$ 方向一致。压力分布 τ_y 的合力为侧向力 F_y，还有其偏置距离为 a_{x_α}，如图 5.53 所示。

由于侧滑角 α 的存在，垂直负载 F_z 也会存在一定的侧向偏移，这将会产生一个绕 x-轴旋转的纵旋力矩 $\boldsymbol{M}_x$：

$$\boldsymbol{M}_x = -M_x\mathbf{i} \tag{5-149}$$

$$M_x = F_z a_{y_\alpha} \tag{5-150}$$

侧滑角 α 会随着侧向力 F_y 的增加而增加。但是，在增大侧向力 F_y 的过程中，回滑线首先向后移动，再向前移动。侧滑角 α 和侧向力的关系，就像是作用力与反作用力一样。侧向力会产生侧滑角，而侧滑角也会产生侧向力。因此，可以转动轮胎制造一定的侧滑角，从而制造出侧向力使得车辆转向。也就是说，转向制造了轮胎的侧滑角，进而得到侧向力。正的侧滑角会产生一个负的侧向力。因此，绕 z-轴旋转的右转向，拥有一个正的侧滑角，产生一个负的侧向力使车辆向右转向。

如图 5.54 所示给出了在一定垂直负载下的轮胎，其侧向力 F_y 为侧滑角 α 函数的实例。在侧滑角较小时，侧向力 F_y 为线性，但是随着 α 增大，侧向力的斜率会逐渐减小。在 α 达到临界值后，侧向力会维持在一个稳定值或是略有下降。因此，可以假设在 α 值较小的情况下，侧向力 F_y 与侧滑角 α 成正比：

$$F_y = -C_\alpha \alpha \tag{5-151}$$

$$C_\alpha = \lim_{\alpha \to 0} \frac{\partial(-F_y)}{\partial \alpha} = \left| \lim_{\alpha \to 0} \frac{\partial F_y}{\partial \alpha} \right| \tag{5-152}$$

子午线轮胎的转角刚度 C_α 比斜交轮胎的高。这是由于相对于斜交轮胎而言，子午线轮胎产生同样的侧向力 F_y 所需的侧滑角 α 要小一些。

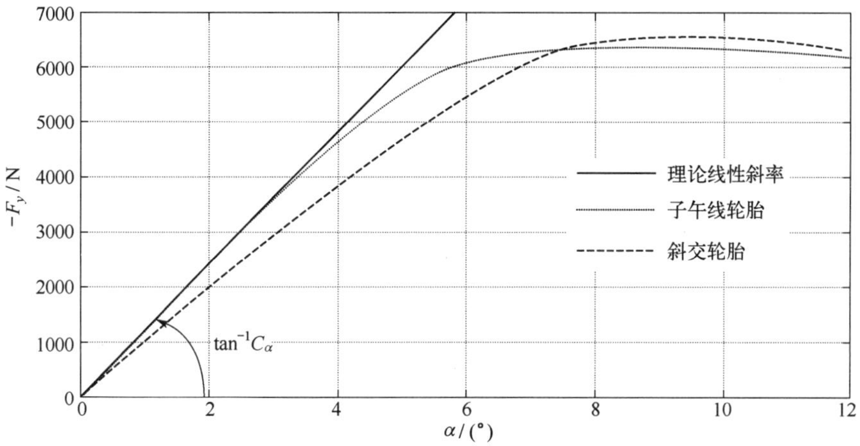

图 5.54 在垂直负载一定时，侧向力 F_y 和侧滑角 α 之间的函数关系示意图

图 5.55 给出了子午线轮胎和斜交轮胎回正力矩对比的情况。随着 α 增长，在 α 较小时，侧力距 a_{x_α} 首先达到最大值，然后在 α 较大时，它会减小到零甚至负值。因此，回正力矩 $\boldsymbol{M}_z$ 有着相同的表现。

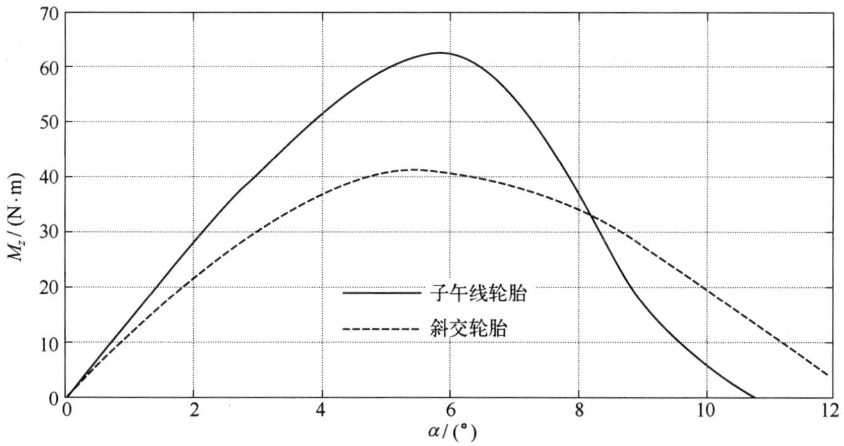

图 5.55 在垂直负载一定时，回正力矩 M_z 和侧滑角 α 之间的函数关系示意图

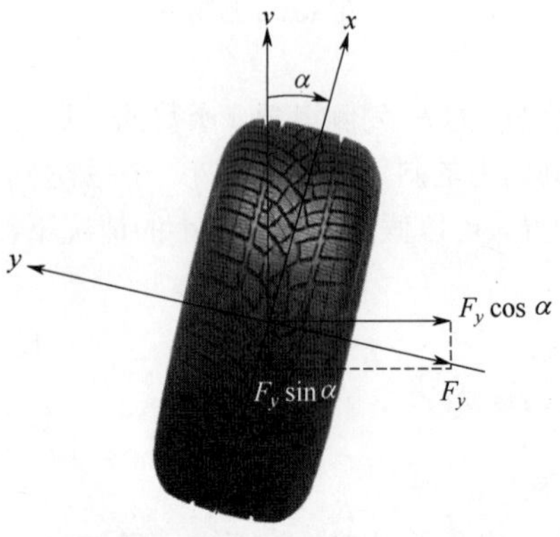

图 5.56　转向中轮胎侧向力 F_y的分解示意图

从侧向力 $F_y=-C_\alpha\alpha$ 中可以分解出 $F_y\cos\alpha$，它与速度矢量 $\boldsymbol{v}$ 垂直，另一个分力 $F_y\sin\alpha$ 则与 $\boldsymbol{v}$ 方向相反，如图 5.56 所示。垂直分量 $F_y\cos\alpha$ 称为转向力，平行分量 $F_y\sin\alpha$ 称为拖拽力。

还可以将所有车轮的侧向力组成一个合力，作用在车辆的质心 C 处。

案例 257　轮胎负载对侧向力曲线的影响。

当车轮负载 F_z 增加时，轮胎的抓地性就会更好。此时，在给定侧滑角的情况下，侧向力是增加的，侧滑则是出现在更高的侧滑角情况下。图 5.57 给出了示范轮胎在不同负载情况下侧向力的曲线。

增加负载不仅仅会增大可以得到的最大侧向力，它同时还会推高获得最大侧向力时的侧滑角。

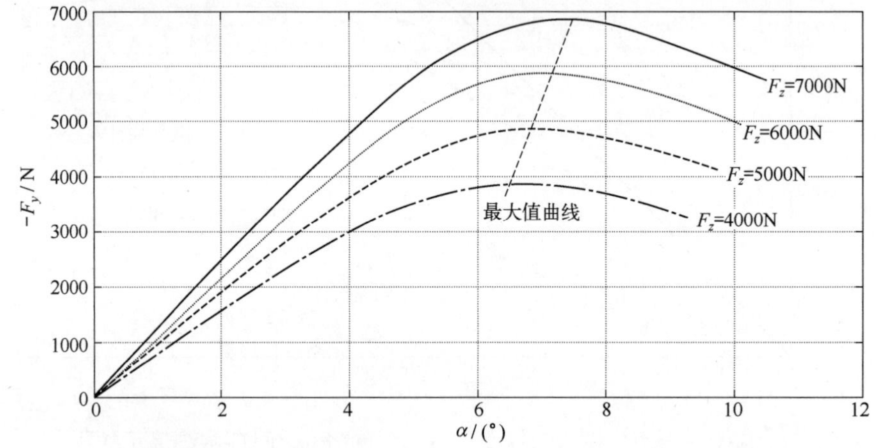

图 5.57　轮胎在不同负载情况下侧向力 F_y与侧滑角α的函数关系

有时用量纲为 1 的变量表示负载对侧向力的影响，这样往往更实用。图 5.58 给出了这样的表示方法。

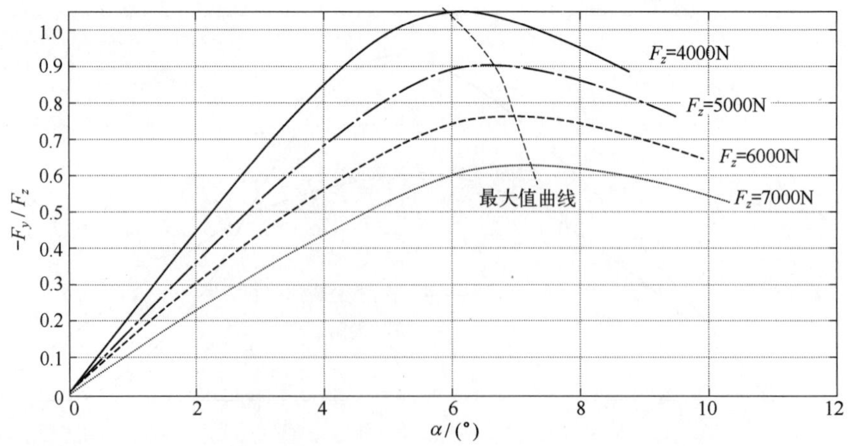

图 5.58　轮胎在不同负载情况下侧向力与垂直负载之比 F_y/F_z与侧滑角α的函数关系

案例 258 高夫图。

侧滑角α是影响侧向力F_y和回正力矩$M_z=F_y a_{x_\alpha}$的主要参数。但是F_y和M_z还依赖于其他很多参数，如速度v、压力p、温度、湿度以及道路条件等。为了有一个直观的印象，可以把F_y和M_z之间的关系与一些相关参数描绘到一张图上去。这样的图被称为高夫图。图 5.59 给出了一个乘用车子午线轮胎的高夫图实例。虽然可以对子午线轮胎和斜交轮胎分别作一个平均图例，但是还要记住每个轮胎都有自己的高夫图。

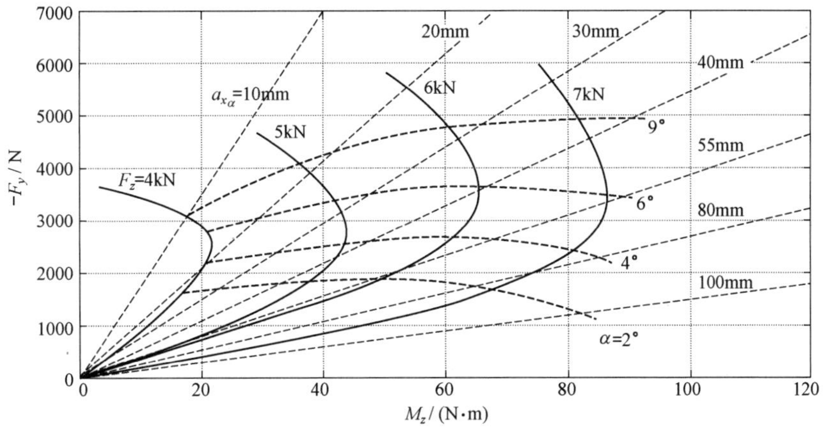

图 5.59 乘用车子午线轮胎的高夫图

案例 259 速度的影响。

侧向力作为侧滑角函数$F_y(\alpha)$的曲线，会随着速度的增加而减小。因此，在高速时需要增大侧滑角以得到相同的侧向力。侧滑角会随着转向角的增加而增大。图 5.60 给出了速度对一个乘用车子午线轮胎侧向力的影响。由于这个性质，在转向角一定时，车上一个车轮轨迹的曲率会随着行驶速度增加而增大。

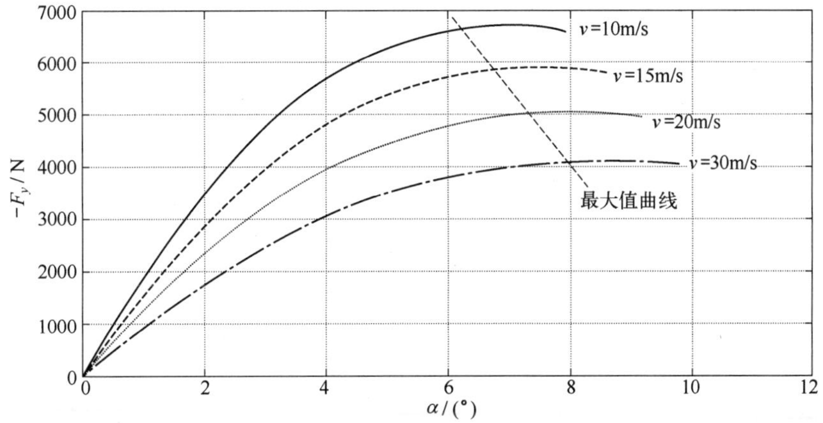

图 5.60 不同速度对子午线轮胎侧向力F_y与侧滑角α的函数关系的影响

5.15 侧向力模型

当侧滑角不是很小时，线性近似方程（5-151）就不再管用了。在侧滑角比较大时，基于在轮胎印记处抛物线似的正压力分布情况，20 世纪出现了一个三维函数以计算轮胎的侧向力：

$$F_y = -C_\alpha \alpha \left[1 - \frac{1}{3} \left| \frac{C_\alpha \alpha}{F_{y_M}} \right| + \frac{1}{27} \left(\frac{C_\alpha \alpha}{F_{y_M}} \right)^2 \right] \tag{5-153}$$

式中，F_{y_M} 表示轮胎所能支撑的最大侧向力。F_{y_M} 是由轮胎负载以及侧向摩擦系数所确定的。通过式（5-153）可以找到侧向力 F_y 达到最大值 F_{y_M} 时的侧滑角 α_M：

$$\alpha_M = \frac{3F_{y_M}}{C_\alpha} \tag{5-154}$$

因此：

$$F_y = -C_\alpha \alpha \left[1 - \frac{\alpha}{\alpha_M} + \frac{1}{3} \left(\frac{\alpha}{\alpha_M} \right)^2 \right] \tag{5-155}$$

$$\frac{F_y}{F_{y_M}} = \frac{3\alpha}{\alpha_M} \left[1 - \frac{\alpha}{\alpha_M} + \frac{1}{3} \left(\frac{\alpha}{\alpha_M} \right)^2 \right] \tag{5-156}$$

图 5.61 给出了侧向力作为侧滑角函数的曲线模型，这个方程的使用范围为：$0 \leqslant \alpha \leqslant \alpha_M$。

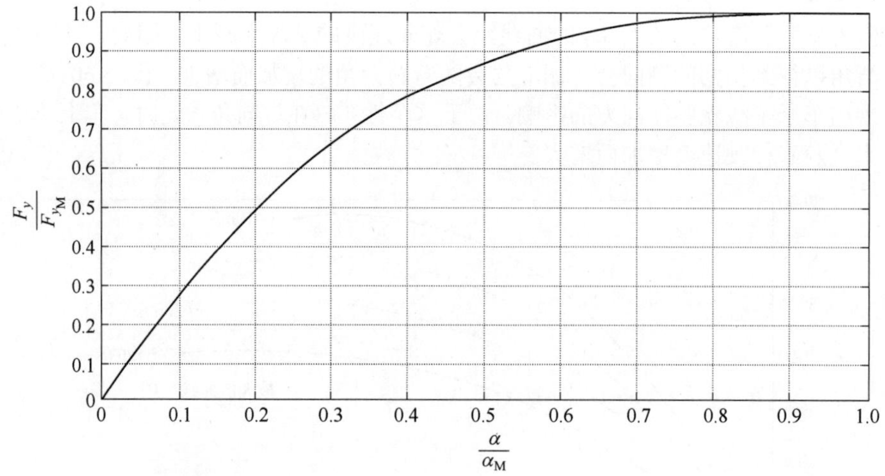

图 5.61 当侧滑角较大时侧向力作为侧滑角函数的曲线模型

案例 260 侧向压强模型。

假设轮胎在干燥路面滚动，并带有较小的侧滑角。轮胎印记处的侧向压强可以用以下方程表示：

$$\tau_y(x, y) = c\tau_{y_M} \left(1 - \frac{x}{a} \right) \left(1 - \frac{x^3}{a^3} \right) \cos^2 \left(\frac{y\pi}{2b} \right) \tag{5-157}$$

系数 c 与轮胎负载 F_z、侧滑角 α、纵向滑移率 s 成正比关系。如果已知轮胎印记为 $A_P = 4 \times a \times b = 4 \times 10\text{cm} \times 10\text{cm}$，且 $c = 1$，那么轮胎的侧向力 F_y 为：

$$F_y = \int_{A_P} \tau_y(x,y)\mathrm{d}A = \int_{-0.1}^{0.1}\int_{-0.1}^{0.1} \tau_{y_M}(1-10x)(1-1000x^3)\cos^2(5\pi y)\mathrm{d}x\mathrm{d}y = 0.009\tau_{y_M} \quad (5\text{-}158)$$

如果通过侧向加速度计算出侧向力为 $F_y = 1000\text{N}$，那么最大侧向压强为：

$$\tau_{y_M} = \frac{F_z}{0.009} = 9\times10^6\,\text{Pa} \quad (5\text{-}159)$$

由此可得，侧向压强分布为：

$$\tau_y(x,y) = 9\times10^6(1-10x)(1-1000x^3)\cos^2(5\pi y)\text{Pa} \quad (5\text{-}160)$$

5.16 轮胎的外倾力

外倾角 γ 是轮胎绕纵向 x-轴旋转一定角度得到的。外倾角会产生一个侧向力 $\boldsymbol{F}_y$，被称为外倾推力或外倾力。图 5.62 给出了一个从前方观测的带有外倾角的轮胎，它产生了一个外倾力 $\boldsymbol{F}_y$。当绕 x-轴正方向旋转时，$\gamma>0$。要测量 γ，主要是测量轮胎平面与 z-轴的夹角。正的外倾角会产生一个负的侧向力。

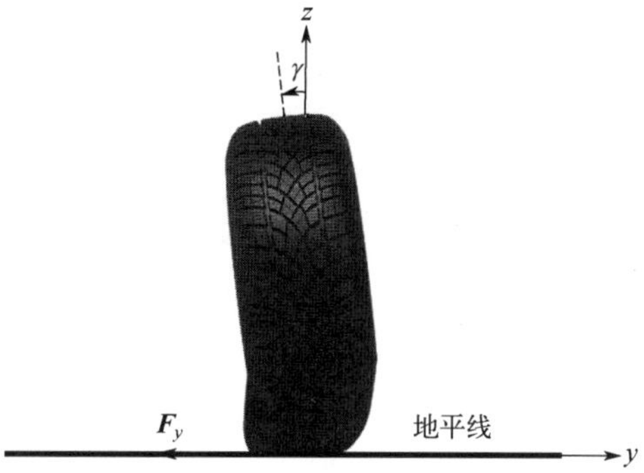

图 5.62　从前视图观察轮胎外倾角

在外倾角 γ 较小时，外倾力与 γ 成正比。外倾力的大小直接依赖于轮的负载 $\boldsymbol{F}_y$ 的大小，因此：

$$\boldsymbol{F}_y = F_y\mathbf{j} \quad (5\text{-}161)$$

$$F_y = -C_\gamma \gamma \quad (5\text{-}162)$$

式中，C_γ 称为轮胎的外倾刚度：

$$C_\gamma = \lim_{\gamma\to0}\frac{\partial(-F_y)}{\partial\gamma} \quad (5\text{-}163)$$

当轮胎上同时存在外倾角 γ 和侧滑角 α 时，轮胎上整个侧向力就是转向力和外倾力的叠加：

$$F_y = -C_\gamma\gamma - C_\alpha\alpha \quad (5\text{-}164)$$

证明 43：当车轮有一定负载，并且在轮辋上有一定的外倾角时，轮胎将会出现侧向变形，从而造成轮胎外倾的那一侧长一些，另一侧短一些。图 5.63 对比了有轻微转向的垂直轮胎和有外倾角轮胎的印记。当轮胎向前滚动时，未变形的胎冠进入轮胎印记开始出现侧向变形，就像纵向变形一样。但是由于轮胎印记的形状，胎冠进入轮胎印记后会接近轮胎外倾一侧，并多次向这一侧拉伸。由于侧向压强和侧向拉伸成正比，胎冠拉伸得不一致就会导致不对称的压强分布，并且在外倾这一侧将会有更多的压强存在。这样分布的压强最终会导致轮胎印记产生外倾推力 $\boldsymbol{F}_y$ 推向外倾方向。

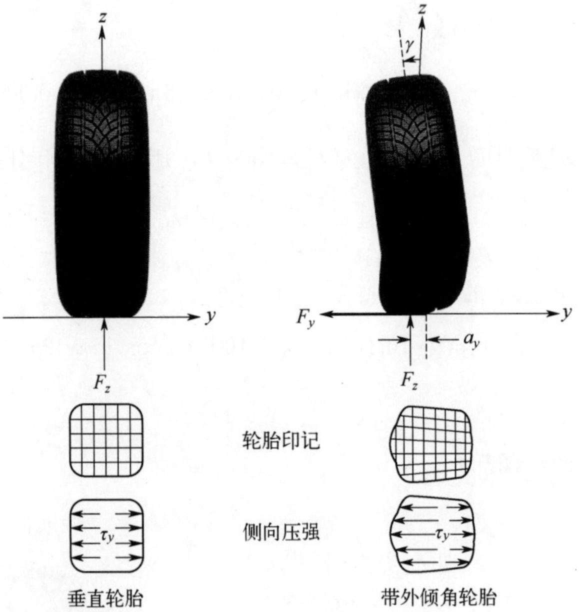

图 5.63　水平面上垂直轮胎和带外倾角轮胎对比

$$\boldsymbol{F}_y = F_y \mathbf{j} \tag{5-165}$$

$$F_y = \int_{A_P} \tau_y \, \mathrm{d}A \tag{5-166}$$

在外倾角比较小时，外倾力和外倾角成正比：

$$F_y = -C_\gamma \gamma \tag{5-167}$$

当外倾车轮在路面滚动时，外倾力 F_y 会向前偏离一段距离 a_{x_γ} ，由此就会产生合力矩：

$$\boldsymbol{M}_z = M_z \mathbf{k} \tag{5-168}$$

$$M_z = -F_y a_{x_\gamma} \tag{5-169}$$

这被称为外倾扭矩，这段位移 a_{x_γ} 称为外倾距。外倾距通常非常小，因此外倾扭矩在车辆动力线性分析中常常被忽略。

由于外倾轮胎的轮胎印记变形后，在外倾一侧会变长，那么垂直合力 F_z 就为：

$$F_z = \int_{A_P} \sigma_z \mathrm{d}A \tag{5-170}$$

轮胎的支撑力的作用点会从中心线向外倾一侧偏离一段距离 a_{y_γ} 。

$$a_{y_\gamma} = \frac{1}{F_z} \int_{A_P} y \sigma_z \mathrm{d}A \tag{5-171}$$

这段距离 a_{y_γ} 称为外倾力臂，这个合力矩 $\boldsymbol{M}_x$ 称为外倾力矩。

$$\boldsymbol{M}_x = M_x \mathbf{i} \tag{5-172}$$

$$M_x = -F_z a_{y_\gamma} \tag{5-173}$$

外倾力矩趋于将轮胎绕 x-轴旋转，使得轮胎平面与 z-轴一致。在外倾角比较小时，外倾力臂 a_{y_γ} 和外倾角 γ 成正比：

$$a_{y_\gamma} = C_{y_\gamma} \gamma \tag{5-174}$$

图 5.64 给出了在一定轮胎负载 $F_z = 4500N$ 情况下，不同外倾角 γ 所对应的外倾力 F_y。子午线轮胎会产生较小的外倾力，主要是因为它具有较高的柔韧性。

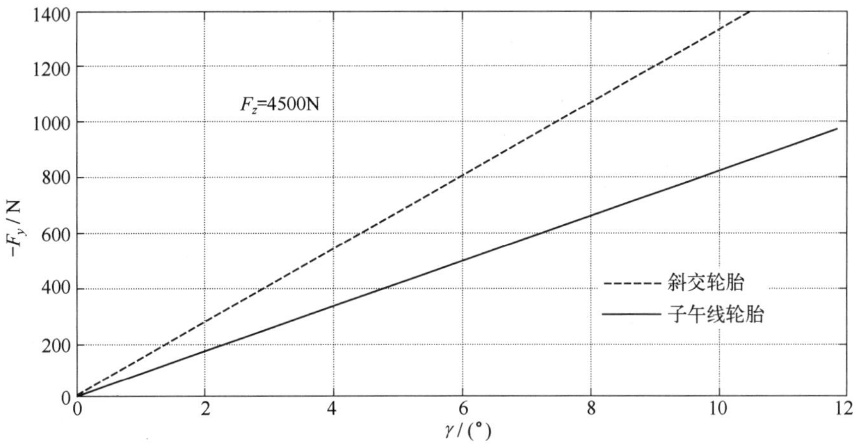

图 5.64　在垂直负载一定的情况下侧向力 F_y 和外倾角 γ 之间的函数关系

图 5.65 给出了一个子午线轮胎的外倾力 F_y，作为垂直负载 F_z 的函数，在不同外倾角时的情景。它形象地展示出 F_z 对外倾力的影响。

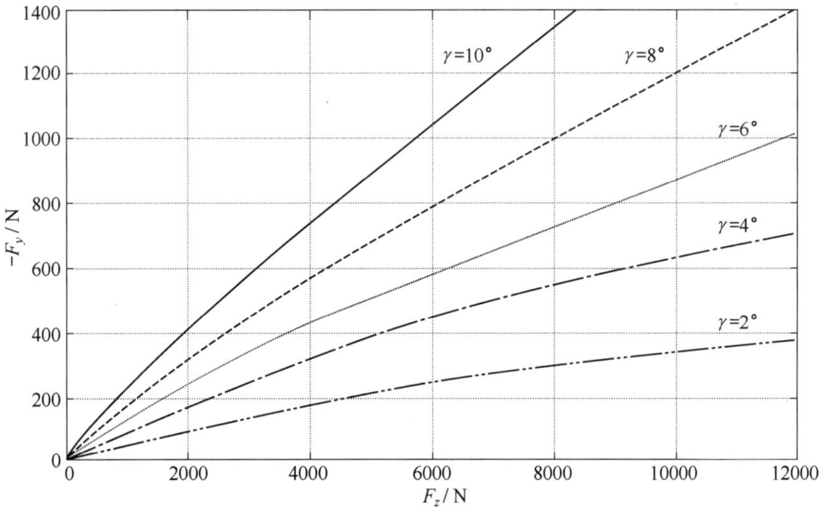

图 5.65　在外倾角 γ 不同的情况下，外倾力 F_y 和垂直负载 F_z 之间的函数关系

如果给转向外倾轮胎一个侧滑角 α，轮胎印记的变形情况如图 5.66 所示，胎冠的路径就会变得很复杂。侧向合力距离印记中心的位移为 a_{x_γ} 和 a_{y_γ}，这两段位移分别是角度 α 和 γ 的函数。外倾力源自 γ，而转向力则源自 α。由此，轮胎上总的外倾力可以用以下方程计算，该方程适用于 $\gamma \leqslant 10°$ 且 $\alpha \leqslant 5°$ 的范围内：

$$F_y = -C_\alpha \alpha - C_\gamma \gamma \tag{5-175}$$

当外倾角 γ 和侧滑角 α 同时存在时，总的外倾力则有可能为正也有可能为负。图 5.67 给出了这样外倾力的例子，此时 γ 和 α 都为常数，负载 $F_z = 4500N$。与外倾力类似的还有回正力矩 M_z，可以近似看成侧滑角和外倾角的共同作用：

$$M_z = C_{M_\alpha}\alpha + C_{M_\gamma}\gamma \tag{5-176}$$

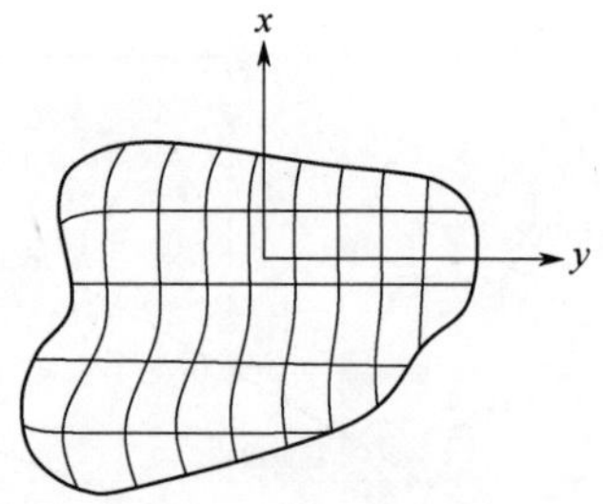

图 5.66 同时带有外倾角和侧滑角的轮胎印记

这两个系数对于子午线轮胎而言，$C_{M_\alpha} \approx 0.013\text{N}\cdot\text{m}/(°)$，$C_{M_\gamma} \approx 0.0003\text{N}\cdot\text{m}/(°)$；对于斜交轮胎而言，$C_{M_\alpha} \approx 0.01\text{N}\cdot\text{m}/(°)$，$C_{M_\gamma} \approx 0.001\text{N}\cdot\text{m}/(°)$。

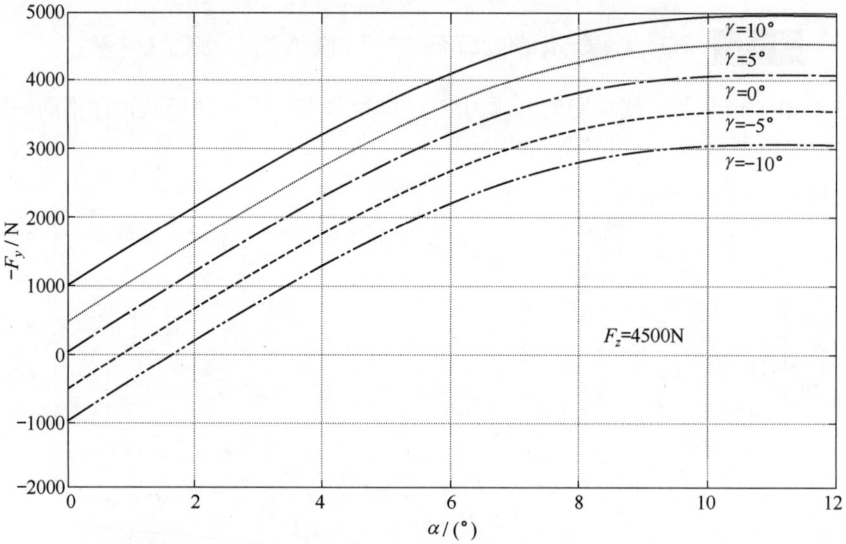

图 5.67 在外倾角 γ 不同的情况下，外倾力 F_y 和侧滑角 α 之间的函数关系

案例 261 横向倾斜路面。

假设一辆车在有横向倾斜角度 β 的路面行驶，它的轮胎仍然垂直。此时，车的自重就会出现一个下坡分量 $F_1 = mg\sin\beta$，将车辆向下坡方向拉。这里还有一个向上坡拉的外倾力 $F_2 = C_\gamma\gamma$。那么，侧向合力 $F_y = C_\gamma\gamma - mg\sin\beta$ 就可以看作 C_γ 的函数，也就是说，C_γ 决定了车会向上坡运动还是向下坡运动。又因为斜交轮胎的外倾刚度 C_γ 要大一些，那么，就很有可能使得子午线轮胎向下坡运动，而斜交轮胎向上坡运动。

外倾角对于摩托车而言非常重要，它产生了大部分的转向力。对于汽车和卡车而言，实际应用中外倾角非常小，它们的影响基本可以忽略。但是有些悬架设计时会让车轮外倾，以适应轴上负载的变化。

案例 262 外倾角的重要性以及轮胎印记模型。

即使没有侧滑角，轮胎的外倾角也会产生侧向力。外倾角对摩托车特别重要，它可以产生大量的侧向力。下面的方程给出了由于外倾角带来的轮胎印记轨道偏差，以及由于外倾角产生的侧向压强 τ_y：

$$y = -\sin\gamma\left(\sqrt{R_{\mathrm{g}}^2 - x^2} - \sqrt{R_{\mathrm{g}}^2 - a^2}\right) \tag{5-177}$$

$$\tau_y = -\gamma k(a^2 - x^2) \tag{5-178}$$

式中，k 的取值为轮胎印记偏离正常路径的平均值。由于：

$$\int_{-a}^{a}\tau_y \mathrm{d}x = \int_{-a}^{a} y\mathrm{d}x \tag{5-179}$$

因此：

$$k = \frac{3\sin\gamma}{4a^3\gamma}\left(-a\sqrt{R_{\mathrm{g}}^2 - a^2} + R_{\mathrm{g}}^2 \arcsin\frac{a}{R_{\mathrm{A}}}\right) \approx \frac{3R_{\mathrm{g}}\sqrt{R_{\mathrm{g}}^2 - a^2}}{4a^2} \tag{5-180}$$

$$\tau_y = -\frac{3\gamma R_{\mathrm{g}}\sqrt{R_{\mathrm{g}}^2 - a^2}\,(a^2 - x^2)}{4a^2} \tag{5-181}$$

5.17 轮胎力

如果把轮胎看作力的控制器系统，那么它有两个主要输出——牵引力 F_x、侧向力 F_y，以及三个次要输出——回正力矩 M_z、侧倾力矩 M_x、俯仰力矩 M_y。输入则是轮胎负载 F_z、侧滑角 α、滑移率 s 以及外倾角 γ：

$$F_x = F_x(F_z, \alpha, s, \gamma) \tag{5-182}$$

$$F_y = F_y(F_z, \alpha, s, \gamma) \tag{5-183}$$

$$M_x = M_x(F_z, \alpha, s, \gamma) \tag{5-184}$$

$$M_y = M_y(F_z, \alpha, s, \gamma) \tag{5-185}$$

$$M_z = M_z(F_z, \alpha, s, \gamma) \tag{5-186}$$

忽略掉侧倾阻力以及空气阻力，当轮胎负载为 F_z 时，再加上一些输入 α、s、γ，主要输出的力可以近似看作一组线性方程。

$$F_x = \mu_x(s)F_z \tag{5-187}$$

$$\mu_x(s) = C_s s \tag{5-188}$$

$$F_y = -C_\alpha \alpha \tag{5-189}$$

$$F_y = -C_\gamma \gamma \tag{5-190}$$

式中，C_s 为纵向滑移系数，C_α 为侧向刚度，C_γ 为外倾刚度。

当轮胎的输入可以相互叠加时，将轮胎的力称为复合力。最重要的复合力是剪切力，这是因为它同时包含了纵向位移和侧向滑动。只要外倾角和侧滑角很小，在线性范围之内，就可以利用叠加法来估算输出的力。

无论侧滑角为多少，加速和制动都会改变侧向力 F_y。这是由于加速和制动力会在其方向上拉伸轮胎印记，因此轮胎印记的侧向位移也会有所改变。

图 5.68 给出了纵向力与负载之比 F_x/F_z 作为滑移率 s 函数受到侧滑角 α 影响的情况。图 5.69 给出了侧向力与负载之比 F_y/F_z 作为滑移率 s 函数受到侧滑角 α 影响的情况。图 5.70 和图 5.71 给出了与图 5.68 和图 5.69 相同函数，但是此时将滑移率 s 作为一个参数。

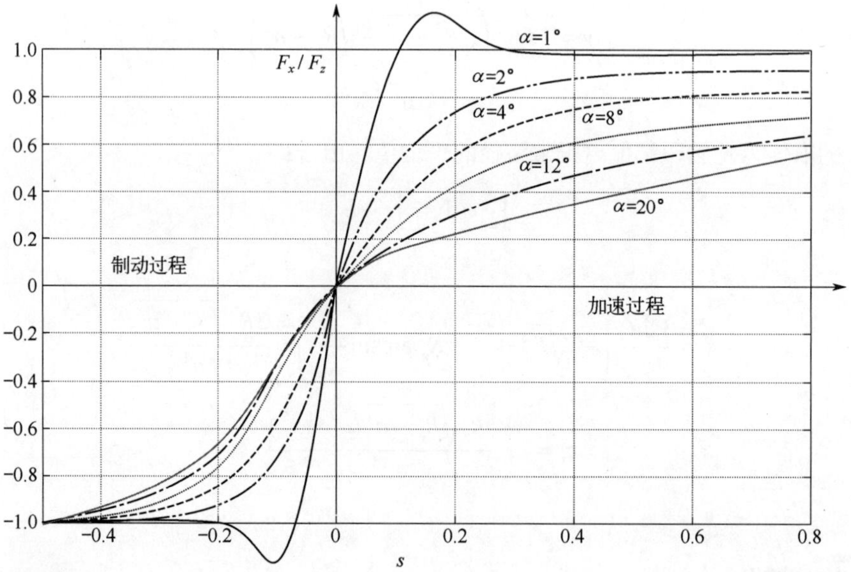

图 5.68 在侧滑角α不同的情况下，纵向力与负载之比 F_x/F_z 作为滑移率 s 函数示意图

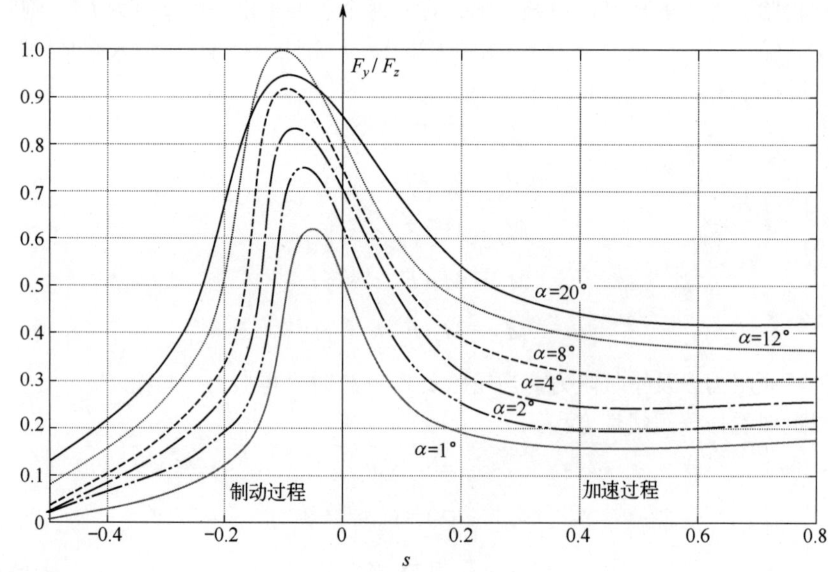

图 5.69 在侧滑角α不同的情况下，侧向力与负载之比 F_y/F_z 作为滑移率 s 函数示意图

证明 44：假设行驶的车辆的轮胎带有侧滑角 α，那么轮胎上将会带有侧向力 $F_y=-C_\alpha\alpha$。实际中，如果有加速和制动力作用在轮胎上将会减小侧向力，假设此时的纵向力为 $F_x=\mu_x(s)F_z$。减小侧向力情况如图 5.71 所示。现在假设侧滑角 α 减小到零。减小 α 将会增大纵向力而减小侧向力。增加纵向力的情况如图 5.70 所示。

假设行驶的车辆的轮胎带有滑移率 s，那么轮胎上将会带有纵向力 $F_x=\mu_x(s)F_z$。实际中，如果在轮胎上有侧滑角 α 将会减小纵向力，增大侧向力。减小纵向力情况如图 5.68 所示。现在假设滑移率 s 减小到零，驱动力和制动力也就会减小到零。减小 s 将会增大侧向力而减小纵向力。增加侧向力的情况如图 5.69 所示。

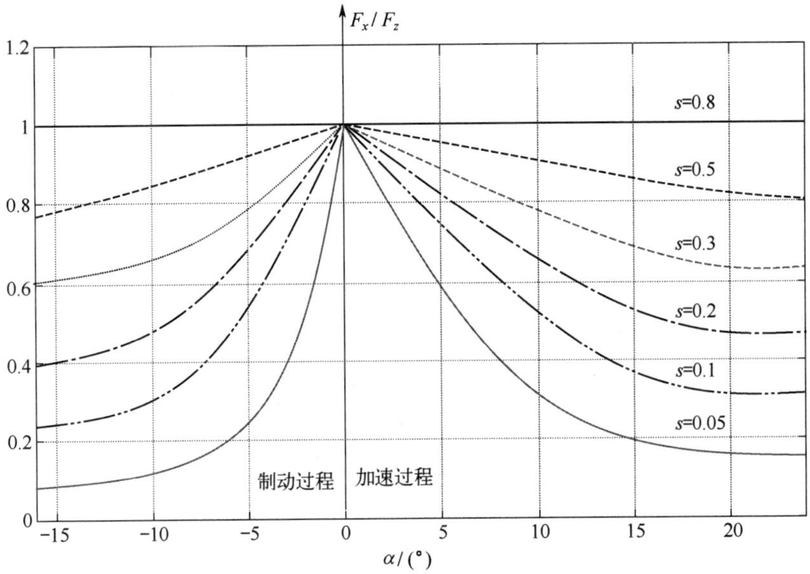

图 5.70 在滑移率 s 不同的情况下，纵向力与负载之比 F_x / F_z 作为侧滑角 α 函数示意图

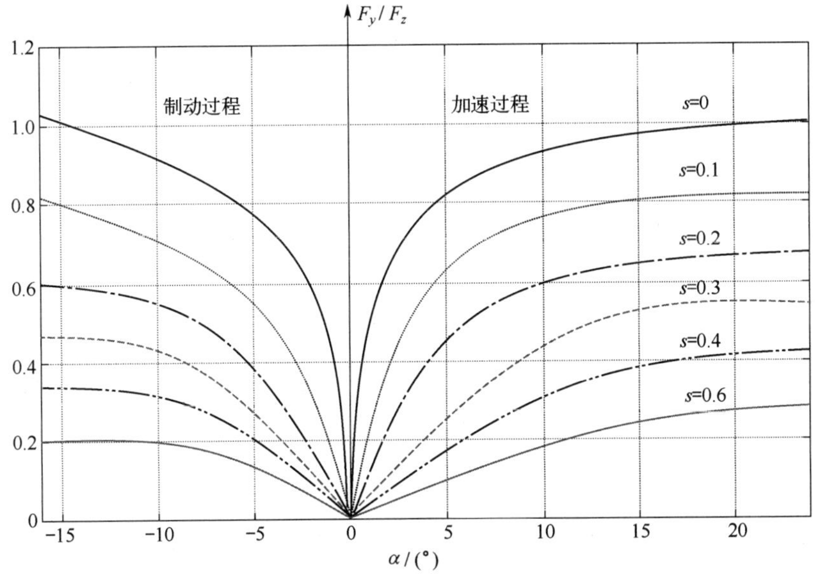

图 5.71 在滑移率 s 不同的情况下，侧向力与负载之比 F_y / F_z 作为侧滑角 α 函数示意图

案例 263 正弦轮胎力模型。

30 多年前，一系列正弦函数被大量用于实验数据，以对轮胎力进行模拟。以下正弦函数可以用于模拟轮胎力，特别是用于计算机仿真，效果较好。

轮胎的侧向力为：

$$F_y = A\sin[B\arctan(C\Phi)] \tag{5-191}$$

$$\Phi = (1-E)(\alpha+\delta)\mu F_z \tag{5-192}$$

$$C = \frac{C_\alpha}{AB} \tag{5-193}$$

$$C_\alpha = C_1 \sin\left(2\arctan\frac{F_z}{C_2}\right) \tag{5-194}$$

式中，A 和 B 是由侧向力曲线形状所决定的参数，C_1 表示最大的转向刚度，C_2 则表示在最大转向刚度情况下轮胎的负载。

案例 264 魔术公式。

描述轮胎受力模型（魔术公式）可以用近似方程式（5-182）或式（5-183）表示。

$$F = A\sin\left\{B\arctan[Cx - D(Cx - \arctan(Cx))]\right\} \tag{5-195}$$

$$A = \mu F_z \tag{5-196}$$

$$C = \frac{C_\alpha}{AB} \tag{5-197}$$

式中，B 的值可以通过图 5.72 中的稳态值来确定，D 为曲线形状参数。

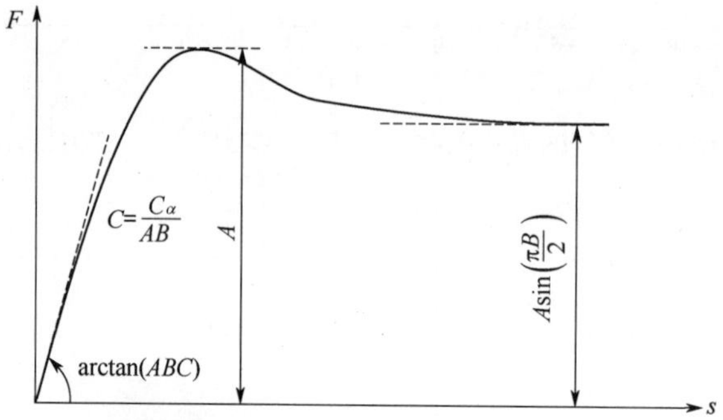

图 5.72 轮胎实验曲线与参数 A、B、C

这个模型实质上是经验公式。但是对一个轮胎而言，如果参数 A、B、C、D、C_1 和 C_2 都确定了，那么方程的实用性还是很强的。其中，C_1 和 C_2 详见案例 263。图 5.72 给出了如何从力-滑移率曲线中确定参数的方法。

案例 265 摩擦椭圆。

当轮胎同时存在纵向移动和侧向滑移时，轮胎的移动就是一种复合移动。这种情况下轮胎的剪切力可以近似地用摩擦椭圆模型来表示：

$$\left(\frac{F_y}{F_{y_M}}\right)^2 + \left(\frac{F_x}{F_{x_M}}\right)^2 = 1 \tag{5-198}$$

摩擦椭圆如图 5.73 所示。

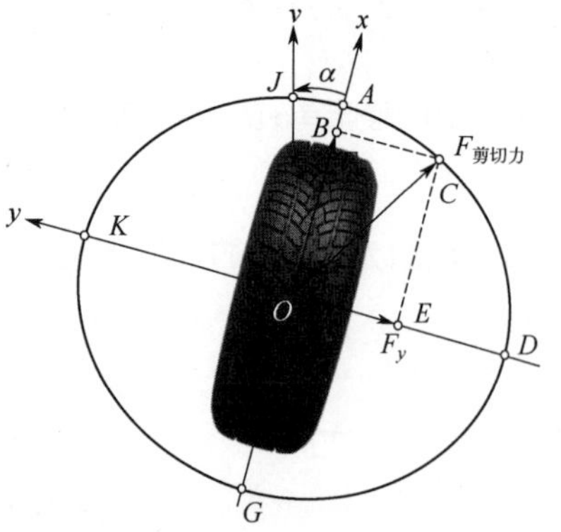

图 5.73 轮胎俯视图（摩擦椭圆）

证明 45：作用在轮胎印记处的剪切力 $F_{剪切力}$ 与地面平行，它有两个分量：纵向力 F_x 和侧向力 F_y。

$$\boldsymbol{F}_{剪切力} = F_x\mathbf{i} + F_y\mathbf{J} \tag{5-199}$$

$$F_x = C_s s F_z \tag{5-200}$$

$$F_y = -C_\alpha \alpha \tag{5-201}$$

这些值不能超过它们的最大值 F_{y_M} 和 F_{x_M}。

$$F_{yM} = \mu_y F_z \tag{5-202}$$

$$F_{x_M} = \mu_x F_z \tag{5-203}$$

轮胎如图 5.73 所示，它的前进方向为速度矢量 $\boldsymbol{v}$ 的方向，侧滑角为 α 。x-轴表示了轮胎平面。在没有侧滑时，最大纵向力为：$F_{x_M} = \mu_x F_z = \overline{OA}$。现在，如果有一个侧滑角 α 作用在其上，那么就会产生侧向力 $F_y = \overline{OE}$ ，而纵向力就减小为 $F_x = \overline{OB}$ 。在没有纵向滑移时，最大侧向力为 $F_{y_M} = \mu_y F_z = \overline{OD}$ 。

当纵向力和侧向力同时存在时，可以假设最大剪切力矢量是以下摩擦椭圆的顶点：

$$\left(\frac{F_y}{F_{y_M}}\right)^2 + \left(\frac{F_x}{F_{x_M}}\right)^2 = 1 \tag{5-204}$$

当 $\mu_x = \mu_y = \mu$ 时，摩擦椭圆就成了一个圆，此时：

$$F_{剪切力} = \mu F_z \tag{5-205}$$

案例 266 宽轮胎。

宽轮胎的轮胎印记比窄轮胎的要短。假设同样的车同样的充气压力，轮胎印记的面积就会相等。在相同侧滑角情况下，短的轮胎印记将会有更大的宽度抓地，从而产生更多的侧向力。因此，较宽的轮胎印记会产生更大的侧向力，这相对于较窄轮胎而言，当然前提是相同的负载和侧滑角，这样才有比较的可能。

一般来说，随着速度的增加，轮胎性能和可以获得的最大力都会相应减小。

5.18 小结

在轮胎印记中心处可以建立一个坐标系 $Oxyz$，将其称为轮胎坐标系。x-轴为轮胎平面与地面的交线。z-轴垂直于地面，而 y-轴与其他坐标系轴共同组成右手坐标系。确定轮胎方向需要两个角度：外倾角 γ 和侧滑角 α 。外倾角是轮胎平面与垂直平面间的夹角，角的顶点为 x-轴。侧滑角是速度矢量和 x-轴的夹角，角的顶点为 z-轴上一点。

行驶车辆的轮胎带有垂直负载在水平路面行驶时，它存在一个有效半径 R_ω，也称为滚动半径：

$$R_\omega = \frac{v_x}{\omega} \tag{5-206}$$

式中，v_x 为前进速度，ω 为车轮的角速度。有效半径 R_ω 的近似值为：

$$R_\omega \approx R_g - \frac{R_g - R_h}{3} \tag{5-207}$$

这是一个在非负载半径或称之为几何半径 R_g 和负载高度 R_h 之间的值。

在路面滚动的轮胎产生的纵向力称为滚动阻力。这个力与运动方向相反，与轮胎印记处的正压力成正比：

$$F_r = \mu_r F_z \tag{5-208}$$

参数 μ_r 称为滚动摩擦系数，它是关于轮胎力学性能、速度、磨损、温度、负载、尺寸、驱动或制动力以及路面条件的函数。

在 x-轴方向上的轮胎力是纵向力 F_x 与滚动阻力 F_r 的叠加。纵向力表达式为：

$$F_x = \mu_x(s)F_z \tag{5-209}$$

式中，s 为轮胎的纵向滑移率。

$$s = \frac{R_{g\omega}}{v_x} - 1 \tag{5-210}$$

$$\mu_x(s) = C_s s,\ s \ll 1 \tag{5-211}$$

轮胎在 y-轴方向上的力为侧向力和轮胎滚动阻力 F_r 的叠加，侧向力的表达式为：

$$F_y = -C_\gamma \gamma - C_\alpha \alpha \tag{5-212}$$

式中，$C_\gamma \gamma$ 为外倾推力，$C_\alpha \alpha$ 为侧滑力。

第 6 章 传动系统

扫码获取脚本文件

一辆车能获得的最大加速度受限于两个因素：驱动轮的最大扭矩、轮胎印痕所能获得的最大牵引力。第一个因素取决于发动机和传动系统的性能，第二个因素取决于轮胎与地面的摩擦力。本章将介绍检测发动机和传动系统性能的方法。

6.1 发动机动力学

内燃机所能得到的最大输出功率 P_e 是一个与发动机角速度 ω_e 相关的函数。这个函数必须通过实验来确定，但是函数 $P_e = P_e(\omega_e)$ 称为输出功率性能函数，它可以通过一个三阶多项式进行估算：

$$P_e = \sum_{i=1}^{3} P_i \omega_e^i = P_1\omega_e + P_2\omega_e^2 + P_3\omega_e^3 \tag{6-1}$$

如果用 ω_M 来表示角速度，其单位为 rad / s。发动机在该转速时可以获得最大输出功率 P_M，其单位为 W(N • m / s)，那么对于火花塞点火发动机，有：

$$P_1 = \frac{P_M}{\omega_M} \tag{6-2}$$

$$P_2 = \frac{P_M}{\omega_M^2} \tag{6-3}$$

$$P_3 = -\frac{P_M}{\omega_M^3} \tag{6-4}$$

图 6.1 所示的外特性曲线展示了一个汽油机输出功率性能的例子，它的最大功率 $P_M = 50\text{kW}$ 出现在转速 $\omega_M = 586\text{rad/s} \approx 5600\text{r/min}$。该曲线开始的角速度表示发动机从此角速度开始运转平稳。

对于间喷式柴油发动机，有：

$$P_1 = 0.6\frac{P_M}{\omega_M} \tag{6-5}$$

$$P_2 = 1.4\frac{P_M}{\omega_M^2} \tag{6-6}$$

$$P_3 = -\frac{P_M}{\omega_M^3} \tag{6-7}$$

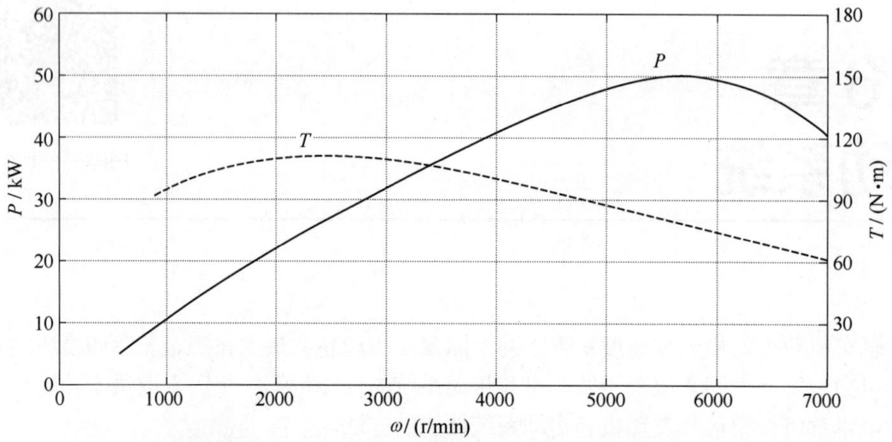

图 6.1　火花塞点火发动机功率和扭矩随转速变化情况

对于直喷式柴油发动机，有：

$$P_1 = 0.87\frac{P_M}{\omega_M} \tag{6-8}$$

$$P_2 = 1.13\frac{P_M}{\omega_M^2} \tag{6-9}$$

$$P_3 = -\frac{P_M}{\omega_M^3} \tag{6-10}$$

发动机的驱动力矩 T_e 是由输出功率所决定的：

$$T_e = \frac{P_e}{\omega_e} = P_1 + P_2\omega_e + P_3\omega_e^2 \tag{6-11}$$

案例 267　载重汽车斯太尔 1291 和北方奔驰 2026 卡车的输出功率。

载重汽车斯太尔 1291 拥有一个直列六缸、水冷增压直喷 WD615 型柴油发动机，其总排量为 9.726L。发动机提供最大功率为 $P_M = 191\text{kW}$，此时转速为 $\omega_M = 2600\text{r/min} \approx 272.27\text{rad/s}$，而最大扭矩为 $T_M = 830\text{N}\cdot\text{m}$，此时，转速为 $\omega_M = 1700\text{r/min} \approx 178.02\text{rad/s}$。该车全车总质量在 19070kg 左右，加速性能从 0～60km/h 需要 57s。最高车速为 92km/h。

由此可得斯太尔 1291 的发动机输出功率方程的系数为：

$$P_1 = 0.87\frac{P_M}{\omega_M} = 0.87\times\frac{191000}{272.27} = 610.3133\text{W}\cdot\text{s} \tag{6-12}$$

$$P_2 = 1.13\frac{P_M}{\omega_M^2} = 1.13\times\frac{191000}{272.27^2} = 2.9115\text{W}\cdot\text{s}^2 \tag{6-13}$$

$$P_3 = -\frac{P_M}{\omega_M^3} = -\frac{191000}{272.27^3} = -9.4631\times10^{-3}\text{W}\cdot\text{s}^3 \tag{6-14}$$

该车的输出功率性能函数为：

$$P_e = 610.3133\omega_e + 2.9115\omega_e^2 - 9.4631\times10^{-3}\omega_e^3 \tag{6-15}$$

北方奔驰2026卡车拥有一个V8风冷增压直喷F8L413F型柴油发动机，其总排量为12.76L。发动机能提供的最大功率为 $P_M = 188\text{kW}$ ，此时转速为 $\omega_M = 2300\text{r/min} \approx 240.86\text{rad/s}$ ，而最大扭矩为 $T_M = 860\text{N}\cdot\text{m}$ ，此时转速为 $\omega_M = 1600\text{r/min} \approx 167.55\text{rad/s}$ 。该车全车总质量在18500kg 左右，加速性能从 0～70km / h 需要 44s。最高车速为 89km / h。

由此可得北方奔驰 2026 卡车的发动机输出功率方程的系数为：

$$P_1 = 0.87\frac{P_M}{\omega_M} = 0.87\times\frac{188000}{240.86} = 679.0667\text{W}\cdot\text{s} \tag{6-16}$$

$$P_2 = 1.13\frac{P_M}{\omega_M^2} = 1.13\times\frac{188000}{240.86^2} = 3.6619\text{W}\cdot\text{s}^2 \tag{6-17}$$

$$P_3 = -\frac{P_M}{\omega_M^3} = -\frac{188000}{240.86^3} = -13.4544\times10^{-3}\text{W}\cdot\text{s}^3 \tag{6-18}$$

该车的输出功率性能函数为：

$$P_e = 679.0667\omega_e + 3.6619\omega_e^2 - 13.4544\times10^{-3}\omega_e^3 \tag{6-19}$$

两车的输出功率曲线如图 6.2 所示，详见脚本 16。

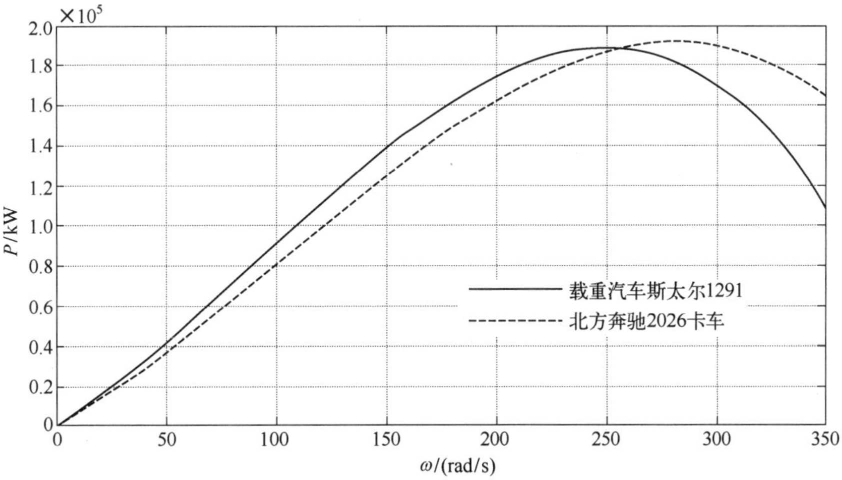

图6.2 载重汽车斯太尔 1291 和北方奔驰 2026 卡车发动机输出功率曲线

虽然对于发动机的功率输出基本上没有什么限制，但是对于一般应用而言的汽车来说，74.57kW 左右就已经足够了。一般来说，447.42kW 达到了机动车使用的极限，但是赛车可以根据比赛规程而拥有更高的输出功率。例如，对于 F1 方程式赛车规定的发动机类型为：必须是四冲程发动机，排量不得大于 3000cm^2，不能超过 10 个气缸，每个气缸不能超过 5 个气门，但是对于功率却没有限制。

案例 268 曲线 $P_e = P_e(\omega_e)$ 和 $T_e = T_e(\omega_e)$ 以下的部分。

发动机理论上可以工作在性能曲线 $P_e = P_e(\omega_e)$ 以下的任何位置。假设给发动机一个制动力使其角速度保持不变，那么打开节气门，可以得到更多的动力输出，直到节气门全部打开，就可以得到在该角速度下的最大输出功率。

输出功率随角速度 ω_e 增加而增加，输出功率持续攀升直到达到最大输出功率，然后开始衰减。扭矩 $T_e = P_e / \omega_e$ 也是随着角速度 ω_e 增加而增加，但是在达到最大输出功率前达到最大输出点。因此，扭矩衰减比输出功率要先发生。当输出功率开始衰减时，输出扭矩离其峰值点已经很远了。

驾驶员一般感受不到发动机输出功率，但是他们能感觉到发动机输出扭矩。

案例 269 发动机效能曲线。

发动机一般被认为是将存储在燃料里的化学能转化为输出轴旋转机械能的装置。这样的转换依赖于工作环境，并且以其特有的效率进行转换。因此，在曲线 $P_e = P_e(\omega_e)$ 之下任何一点都可以是某种操纵环境下在一特定效率下的输出功率。最大效率通常出现在节气门开度最大时且输出扭矩最大时所对应的角速度周围。一个火花塞点火发动机的输出功率带有特定转换效能等高线的样本，如图 6.3 所示。

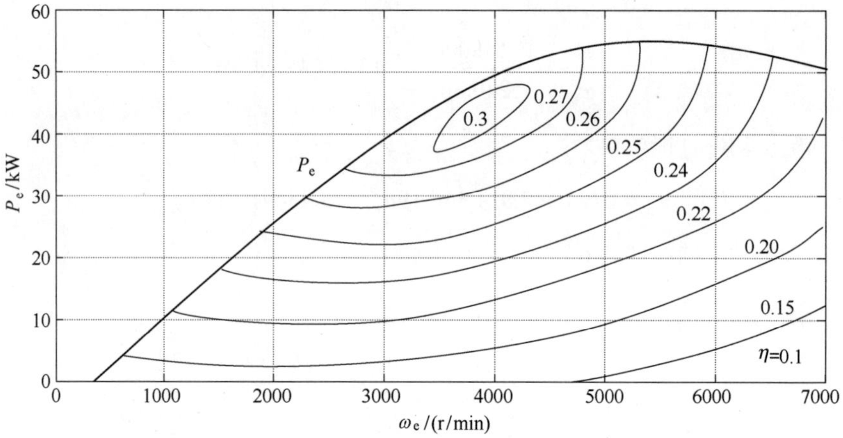

图 6.3 火花塞点火发动机在不同转换效率情况下的功率曲线

案例 270 功率单位转换。

有许多种不同的单位来表达功率，而标准的功率单位为瓦特（W）：

$$1W = \frac{1J}{1s} = \frac{1N \cdot m}{1s} \tag{6-20}$$

马力（hp）同样也常用于表达功率。

$$1W = 0.001341hp \tag{6-21}$$

$$1hp = 745.699872W \tag{6-22}$$

有 4 种不同的马力的定义：国际的、公制的、水力的以及电力的，它们相互间存在细微的差别：

$$1hp(\text{国际的}) = 745.699872W \tag{6-23}$$

$$1hp(\text{公制的}) = 746W \tag{6-24}$$

$$1hp(\text{水力的}) = 746.043W \tag{6-25}$$

$$1hp(\text{电力的}) = 735.4988W \tag{6-26}$$

依赖于应用缓急，其他单位可能也是十分有用的：

$$1W = 0.239006cal/s \tag{6-27}$$

$$1\text{W} = 0.000948\text{Btu} / \text{s} \tag{6-28}$$

$$1\text{W} = 0.737561\text{ftlb} / \text{s} \tag{6-29}$$

詹姆斯瓦特(1736—1819)做了个实验，其内容是一匹马可以扛着重550lb的东西每秒走一步。这也就意味着这匹马做功的效率为 745.701W，或者说 $33000\text{ftlb} / \text{min}$。此后，瓦特规定 $33000\text{ftlb} / \text{min}$ 等价于 1 马力。下面的公式给出了英制单位系统里通过扭矩计算马力的方法：

$$P[\text{hp}] = \frac{T[\text{ftlb}]\omega[\text{r} / \text{min}]}{5252} \tag{6-30}$$

$$P[\text{hp}] = \frac{F[\text{lb}]v_x[\text{mi} / \text{h}]}{374} \tag{6-31}$$

案例 271　特定速度下的燃油消耗。

假设一辆车以一定速度 v_x 做直线运动。这段路所需的能量可以用驱动轮的功率乘以时间来计算：

$$E = Pt = P\frac{d}{v_x} \tag{6-32}$$

式中，d 表示移动的距离，E 表示转动车轮所需的能量。

为了找到实际过程中驱动整个车所需的能量，就需要加入一个功率系数。用 η_e 表示发动机系数，H 表示理论上需要燃料的值，ρ_f 表示燃料密度。当车辆以一定速度移动时，牵引力 F_x 等于阻力。因此，单位距离的燃油消耗 q 为：

$$q = \frac{F_x}{\eta_e\eta_t\rho_f H} \tag{6-33}$$

规定的国际单位制中 q 的单位为 m^3 / m，但是 100km / L 用得更多。在美国，车辆的燃油消耗单位为 mi / gal。

案例 272　变换曲线 $P_e = P_e(\omega_e)$。

当发动机的压缩比增加时，整个功率输出曲线会向上运动。发动机输出扭矩峰值的角速度移动可以通过改变凸轮、排气歧管长度以及进气歧管流道长度来实现。

车轮功率曲线或是传递到地面功率曲线，可能会有不同的形状以及不同的峰值角速度 ω_e，这是因为功率在传递过程中损失。最准确的功率曲线是通过底盘测功机获得的。

案例 273　功率峰值对应的扭矩峰值。

当操控发动机达到扭矩峰值（如 $P_e = 173.4\text{kW}$ 在 $\omega_e = 3600\text{r} / \text{min}$ 的位置）经过齿轮后，在到达驱动轮时会产生数倍的扭矩（如 $T_M = 460\text{N} \cdot \text{m}$ 乘以所有齿轮比）。这就是齿轮能输出的最佳性能。通过改变齿轮以及操控发动机达到输出功率峰值（如 $P_e = 209\text{kW}$ 在 $\omega_e = 5000\text{r} / \text{min}$ 的位置），此时输出的扭矩低于扭矩峰值 $T_M = 400\text{N} \cdot \text{m}$。但是在相同速度的情况下，它将传递出更多的扭矩给驱动轮。这是由于输出的转速提高了将近 $39\%[\approx (5000 - 3600) / 3600]$，而发动机扭矩下降了仅 $13\%[\approx (460 - 400) / 460]$。因此，在汽车以一定车速行驶时，如果功率达到峰值要比扭矩达到峰值时，可以在驱动轮上得到 26% 甚至更多的扭矩。

只要发动机的外特性曲线和图 6.1 相似，在车速一定时，除了发动机在输出功率峰值时的速度 ω_M，其他任何发动机速度所能提供给驱动轮的扭矩都要减小。因此，从理论上来说，操纵车辆的最高车速都将出现在它的输出功率峰值时刻。

车辆行驶时在相同车速的情况下如果达到了输出功率最大值，那么车辆就不能再加速了。这里没有更好的齿轮供我们选择，即使说另一个齿轮可以使得发动机更接近它的扭矩峰值。车辆行驶在一个给定的车速时，如果车辆的输出功率达到了峰值，那么此时它所提供给轮胎的扭矩就已经达到最大值（即使发动机没有能工作在其输出扭矩峰值的转速）。变速器能从发动机获得的扭矩为发动机输出扭矩乘以齿轮比。

案例 274 理想发动机性能。

人们认为一个理想的发动机是一台在任何速度下都能产生一个固定功率的发动机。对于这样的一台理想发动机，有：

$$P_e = P_0 \tag{6-34}$$

$$T_e = \frac{P_0}{\omega_e} \tag{6-35}$$

图 6.4 给出了一个拥有 $P_0 = 50\text{kW}$ 的理想发动机的输出功率和输出扭矩的性能曲线。

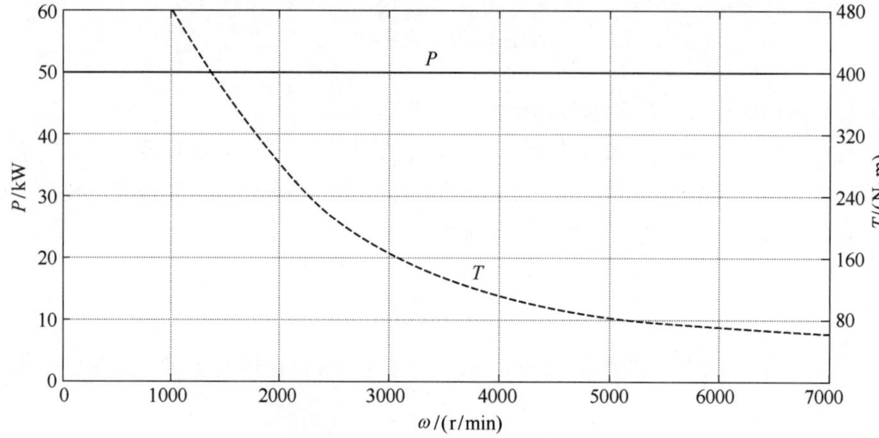

图 6.4 理想发动机功率和扭矩曲线

在车辆动力学中，我们介绍了变速器是为了保持发动机工作在最高输出功率，或是工作在最高输出功率周围。因此，实际上只要发动机输出功率保持住，即可使车轮上的输出功率维持在最大值不变。因此，车轮上的扭矩也就和理想发动机输出的扭矩相似。定常输出功率性能近似于实际中的电动汽车。

另一个理想发动机产生于扭矩和速度的线性关系。对于这样的理想发动机有：

$$T_e = C_e \omega_e \tag{6-36}$$

$$P_e = C_e \omega_e^2 \tag{6-37}$$

但是内燃机工作并不像这些理想的发动机。图 6.5 给出了一个理想性能的发动机，其中 $C_e = 0.14539$ 。

案例 275 相同 ω_M 时最大输出功率和输出扭矩。

发动机理想性能是最大输出功率和最大输出扭矩在角速度 ω_M 时同时出现。但是不可能有这样的发动机，由于火花点火发动机最大扭矩 T_M 出现在：

$$\frac{dT_e}{d\omega_e} = P_2 + 2P_3\omega_e = 0 \tag{6-38}$$

$$|\omega_e| = \left|\frac{-P_2}{2P_3}\right| = \frac{\frac{P_M}{\omega_M^2}}{2\frac{P_M}{\omega_M^3}} = \frac{1}{2}\omega_M \tag{6-39}$$

它处于输出功率最大时转速的一半位置。

当扭矩最大时，输出功率为：

$$P_e = P_1\frac{\omega_M}{2} + P_2\left(\frac{\omega_M}{2}\right)^2 + P_3\left(\frac{\omega_M}{2}\right)^3 = \frac{5}{8}P_M \tag{6-40}$$

但是，当输出功率最大时 $(\omega_e = \omega_M)$，扭矩为：

$$T_e = \frac{P_M}{\omega_M} \tag{6-41}$$

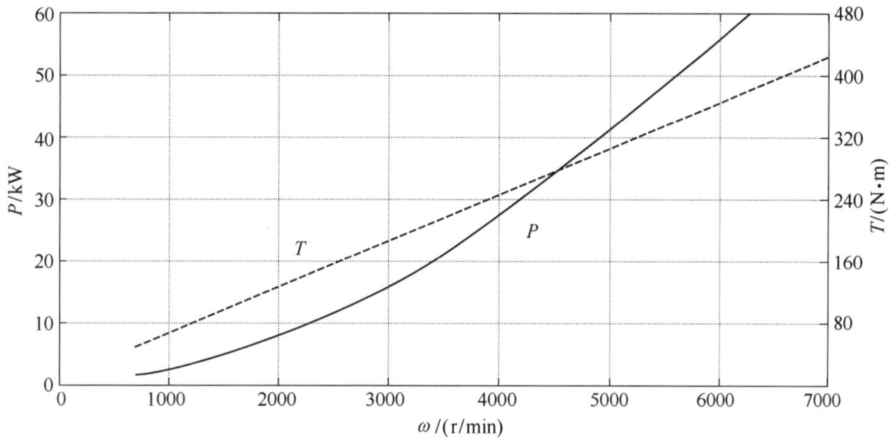

图 6.5　另一种理想发动机功率和扭矩曲线

6.2 动力传动系统性能

传动系统等价于传动装置，用以表示从发动机到驱动轮之间传递扭矩和功率的系统和设备。绝大部分车辆用的传动装置有两种：一种是手动齿轮变速器，另一种是自动变速器，以此作为扭矩转换器。一个动力传动系统包含发动机、离合器、变速器、传动轴、差速器、驱动轴以及驱动轮。图 6.6 给出了后轮驱动车辆的动力传动系统示意图。

发动机是动力传动系统的动力源，它输出的扭矩为 T_e，与之相对应的发动机转速为 ω_e。

当车辆装备的是一个机械离合器时，离合器是将发动机和其他动力传动系统连接和切断的开关。

变速器可以用来改变发动机和驱动轮之间的传动比。

传动轴用于将变速器和差速器连接在一起。传动轴对于发动机前置且前轮驱动或是发动机后置且后轮驱动的车辆是不存在的。在这些类型中，差速器被整合到变速器中，这个部分称为差变器。

差速器是一个有着固定传动比的变速器，并且它可以允许两侧的驱动轮以不同的速度运作。因此，它可以处理好车辆的曲线运动。

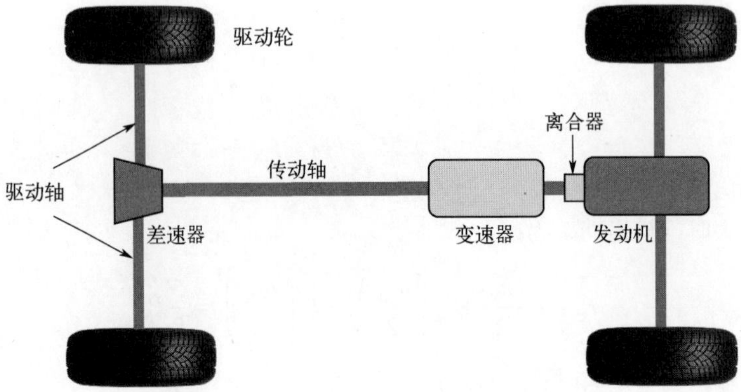

图 6.6 典型后轮驱动车辆的动力传动系统组成

驱动轴用于连接差速器和驱动轮。

驱动轮用于将发动机的扭矩转换为地面对车辆的牵引力。

每个装置的输入和输出扭矩与角速度的表示方法如图 6.7 所示。

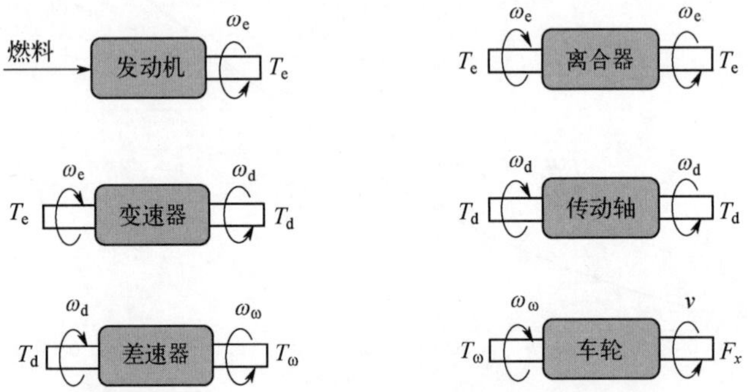

图 6.7 传动系统各个组成输入和输出传递的情况

驱动轮可用的功率为：

$$P_{\omega}=\eta P_{e} \tag{6-42}$$

其中，$\eta<1$，表示在发动机和驱动轮之间的所有装置的传送效率：

$$\eta=\eta_{c}\eta_{t} \tag{6-43}$$

$\eta_c<1$，表示变矩器传动效率；$\eta_t<1$，表示变速器传动效率。

发动机角速度和车辆速度之间的关系为：

$$V_{x}=\frac{R_{\omega}\omega_{e}}{n_{g}n_{d}} \tag{6-44}$$

式中，n_g 表示变速器的传动比，n_d 表示差速器的传动比，ω_e 表示发动机的角速度，R_{ω} 表示轮胎的有效半径。

传动比或是齿轮装置的齿轮减速比 n 是输入和输出速度比率：

$$n=\frac{\omega_{in}}{\omega_{out}} \tag{6-45}$$

而 ω_r 表示的是输出和输入速度比率：

$$\omega_r = \frac{\omega_{out}}{\omega_{in}} \tag{6-46}$$

证明 46：发动机与驱动轮之间通过传动装置连接。由于传动装置的摩擦，特别是变速器和变矩器，驱动轮所得到的功率往往要比发动机输出轴输出的功率小。这个输出功率和输入功率的比值称为效率：

$$\eta = \frac{P_{out}}{P_{in}} \tag{6-47}$$

如果将变速器的效率计作 η_t，而将变矩器的效率计作 η_c，那么整个传动系统的效率为：$\eta = \eta_t\eta_c$。车轮得到的功率是传动系统的输出功率：$P_\omega = P_{out}$。而发动机功率为传动系统输入功率：$P_e = P_{in}$。因此：

$$P_\omega = \eta P_e \tag{6-48}$$

图 6.8 给出了驱动轮的有效半径 R_ω，它以角速度 ω_ω 在地上旋转，此时的车速为：

$$v_x = R_\omega \omega_\omega \tag{6-49}$$

在发动机和驱动轮之间有两个齿轮装置：变速器和差速器。假设 n_g 表示变速器传动比，而 n_d 表示差速器传动比，那么整个传动系统的齿轮传动比为：

$$n = n_g n_d \tag{6-50}$$

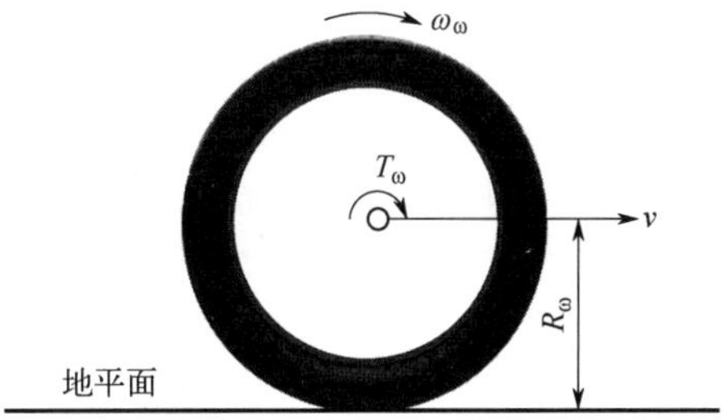

图 6.8　滚动在地面上的轮胎

因此，发动机的角速度 ω_e 为驱动轮角速度 ω_ω 的 n 倍。

$$\omega_e = n\omega_\omega = n_g n_d \omega_\omega \tag{6-51}$$

因此：

$$v_x = \frac{R_\omega \omega_e}{n_g n_d} \tag{6-52}$$

案例 276　发动机前置和后置，驱动轮前置和后置。

发动机可以装在车的前面或后面，它们分别被称为前置和后置。驱动轮也可以在前面、后面或者全轮驱动。因此，总共有 6 种可能的组合方式。这 6 种组合方式中，发动机前置-驱动轮前置、发动机前置-驱动轮后置以及发动机前置-全轮驱动的车辆是最常见的。极少有厂家将发动机后置且用后轮驱动。而发动机后置而将驱动轮前置的车辆就更没有了。

案例 277　车轮扭矩。

车轮得到的功率 $P_\omega = \eta P_e$，角速度 $\omega_\omega = \omega_e/(n_g n_d)$。已知 $P = T\omega$，可以得到车轮的有效扭矩 T_ω 为：

$$T_\omega = \frac{P_\omega}{\omega_\omega} = \eta n_g n_d \frac{P_e}{\omega_e} \tag{6-53}$$

案例 278　功率法则。

车上动力传动系统的任何机械都有一个简单的法则：

$$P_{in} = P_{out} - P_{loss} \tag{6-54}$$

同样，由于

$$P = T\omega \tag{6-55}$$

车上传动装置中的任何齿轮都可以通过减小角速度来增加扭矩，或是通过增加角速度来减小扭矩。

案例 279 体积效率（充气效率）、热效率和机械效率。

从燃料得到的功率与发动机输出轴获得的功率之间有一个传递效率：

$$\eta' = \eta_V \eta_T \eta_M \tag{6-56}$$

式中，η_V 是发动机体积效率，η_T 是热效率，η_M 是机械效率。

体积效率 η_V 定义为有多少燃料挥发气进入气缸。

燃料挥发气和空气在进气管内混合然后进入气缸，这些混合气体将用来产生能量。体积效率 η_V 表示进入气缸的燃料挥发气（新鲜工质）相对于大气空气的量。如果气缸被一个大气压的燃料挥发气充满，那么发动机将会拥有 100%体积效率（充气效率）。人为增压和涡轮增压器增加了进入气缸混合气的压力，使得发动机的体积效率可以超过 100%。但是，如果气缸里的压力小于大气压，那么发动机的体积效率将小于 100%。通常情况下，发动机的体积效率 η_V 在 80%～100%。

体积效率 η_V 可以通过任何影响燃料挥发气进入气缸的方法进行改变。发动机输出功率的比率依赖于进入发动机气缸的燃料和空气的质量比率。

热效率 η_T 表示有多少燃料被转化为有用的功率。

虽然越多燃料、空气进入气缸也就意味着更多燃料能量可以被用来转化为输出功率，但是并不是所有可用的能量都变成了机械能。最好的发动机也仅仅能将 $1/3$ 的化学能转换为机械能。

影响热效率的因素有：压缩比、点火时间、火花塞位置以及燃烧室的设计。低压缩比发动机的热效率 $\eta_T \approx 0.26$，而高压缩比赛车发动机热效率 $\eta_T \approx 0.34$。因此，赛车发动机由于其高压缩比，可以得到超过 30%的输出功率。

任何对热效率 η_T 的改进都对发动机最终输出功率的提高有着意味深长的作用。因此，大量的资金被用于提高 η_T。

机械效率 η_M 被定义为有多少功率被用于发动机自身的消耗。

产生功率的部分被用于发动机自身部件的运转。这些功率被用于克服部件之间的摩擦力以及保障发动机运转的附件的正常工作。因此，依赖于进入气缸燃料多少以及其中有多少转换为功率，其中一部分功率还被用于发动机自身运转需要。剩余的功率才能被测量用的发动机测功机测得。发动机输出功率和气缸产生的功率的不同就在于机械效率 η_M。

机械效率受发动机机件组成以及发动机附属设备的影响。它还依赖于发动机的转速，转速越快，就需要越多的功率维持发动机的运转。这也就意味着机械效率 η_M 随着转速的增加而减小。机械效率 η_M 又称为摩擦功率，因为它表示有多少功率被用于克服发动机的摩擦力。

制造商所提供的发动机功率性能曲线一般是发动机整体表现，不包含机械效率。因此，变速器输入轴的可用发动机有效功率还必须减去附件对功率的消耗，如风扇、交流发电机、转向助力泵、水泵、制动系统以及空调压缩机。

6.3 变速器和离合器动力学

内燃机不能运转在最低发动机转速 ω_{min} 之下，而发动机和驱动轮是连在一起的，结果使得车辆不能行驶在最低车速 v_{min} 之下。

$$v_{\min} = \frac{R_\omega \omega_{\min}}{n_g n_d} \tag{6-57}$$

在起步开始和停车结束运动阶段，车辆需要一个低于 $v_{\min}$ 的速度。离合器或是液力变矩器可以用于起步、停车以及换挡。

假设一辆车只有一个驱动轮，那么车辆的前进速度 v_x 和发动机的角速度 ω_e 是成比例关系的，而轮胎牵引力 F_x 和发动机扭矩 T_e 也是成比例的：

$$\omega_e = \frac{n_i n_d}{R_\omega} v_x \tag{6-58}$$

$$T_e = \frac{1}{\eta} \times \frac{R_\omega}{n_i n_d} F_x \tag{6-59}$$

式中，R_ω 表示轮胎的有效半径，n_d 表示差速器传动比，而 n_i 表示变速器传动比，此时车辆挂入的是 i 挡，而 η 表示整个传动系统的效率。式（6-58）称为速度方程，而式（6-59）称为牵引力方程。

证明 47：前进速度 v_x 和驱动轮的有效半径 R_ω 关系为：

$$v_x = R_\omega \omega_\omega \tag{6-60}$$

驱动轮上的牵引力 F_x 为：

$$F_x = \frac{T_\omega}{R_\omega} \tag{6-61}$$

式中，T_ω 为车轮上的旋转扭矩，而 ω_ω 为车轮角速度。

输入车轮的 T_ω 和 ω_ω 为差速器输出的扭矩和角速度。而输入差速器的扭矩 T_d 和角速度 ω_d 为：

$$T_d = \frac{T_\omega}{\eta_d n_d} \tag{6-62}$$

$$\omega_d = n_d \omega_\omega \tag{6-63}$$

式中，n_d 为差速器的传动比，而 η_d 为差速器效率。

差速器的输入 T_d 和 ω_d 为变速器输出的扭矩和角速度。发动机的扭矩 T_e 和角速度 ω_e 为变速器的输入。变速器的输入和输出的关系又依赖于所采用的齿轮比 n_i：

$$T_e = \frac{T_\omega}{\eta_g n_i} \tag{6-64}$$

$$\omega_e = n_i \omega_d \tag{6-65}$$

式中，η_d 为变速器的效率，而 n_i 为第 i 挡的齿轮传动比。因此，驱动轮的前进速度 v_x 和发动机转速 ω_e 是成一定比例关系的。当动力传动系统与发动机之间的挡位确定后，轮胎的牵引力 F_x 和发动机扭矩 T_e 也成一定比例关系：

$$\omega_e = \frac{n_i n_d}{R_\omega} v_x \tag{6-66}$$

$$T_e = \frac{T_\omega}{\eta_g \eta_d n_i n_d} = \frac{R_\omega F_x}{\eta_g \eta_d n_i n_d} = \frac{1}{\eta} \times \frac{R_\omega F_x}{n_i n_d} \tag{6-67}$$

由扭矩性能函数 $T_e = T_e(\omega_e)$ 可以确定驱动轮的扭矩 T_ω 是一个与车辆速度 v_x 以及挡位的

传动比 n_i 相关的函数：

$$T_{\omega} = \eta n_i n_d T_e(\omega_e) \tag{6-68}$$

将近似方程（6-11）代入 T_e 得到：

$$T_{\omega} = \eta n_i n_d \left[P_1 + P_2\left(\frac{n_i n_d}{R_{\omega}} v_x\right) + P_3\left(\frac{n_i n_d}{R_{\omega}} v_x\right)^2 \right] = \eta P_1 n_i n_d + \eta \frac{P_2}{R_{\omega}} n_d^2 n_i^2 v_x + \eta \frac{P_3}{R_{\omega}^2} n_d^2 n_i^2 v_x^2 \tag{6-69}$$

案例 280 六挡变速器。

假设某辆载重货车带有下列参数：

$$m = 8370\text{kg} \tag{6-70}$$

$$R_{\omega} = 0.9924\text{m} \tag{6-71}$$

$$\eta = 0.25 \tag{6-72}$$

$$\text{扭矩} = 830\text{N} \cdot \text{m在}1700\text{r/min} \approx 178.02\text{rad/s} \tag{6-73}$$

$$\text{功率} = 191000\text{W在}2600\text{r/min} \approx 272.27\text{rad/s} \tag{6-74}$$

$$\text{一挡传动比} = n_1 = 9.01 \tag{6-75}$$

$$\text{二挡传动比} = n_2 = 5.24 \tag{6-76}$$

$$\text{三挡传动比} = n_3 = 3.22 \tag{6-77}$$

$$\text{四挡传动比} = n_4 = 2.20 \tag{6-78}$$

$$\text{五挡传动比} = n_5 = 1.50 \tag{6-79}$$

$$\text{六挡传动比} = n_6 = 1.00 \tag{6-80}$$

$$\text{倒挡传动比} = n_r = 8.30 \tag{6-81}$$

$$\text{后桥总传动比} = n_d = 5.728 \tag{6-82}$$

后桥总传动比包括主减速传动比和轮边减速器传动比，是两者的乘积。

基于式（6-58）有：

$$\omega_e = \frac{n_i n_d}{R_{\omega}} v_x = \frac{5.728 n_i}{0.9924} v_x = 5.7719 n_i v_x \tag{6-83}$$

可得到挡位角速度曲线如图 6.9 所示，角速度所对应的最大功率和最大扭矩如图中虚线所示。

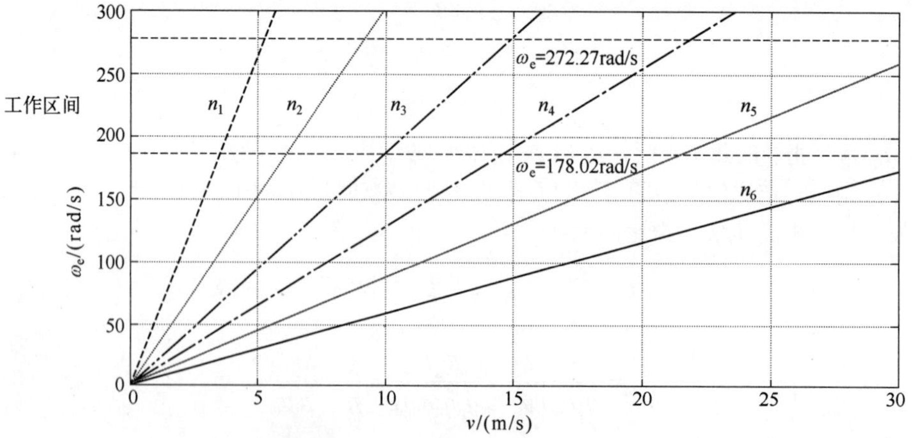

图 6.9 变速器挡位角速度与车速曲线

发动机的功率和扭矩性能方程可以约等于：

$$P_e = 610.3133\omega_e + 2.9115\omega_e^2 - 9.4631\times10^{-3}\omega_e^3 \tag{6-84}$$

$$T_e = 610.3133 + 2.9115\omega_e - 9.4631\times10^{-3}\omega_e^2 \tag{6-85}$$

其中：

$$P_1 = 0.87\frac{P_M}{\omega_M} = 0.87\times\frac{191000}{272.27} = 610.3133\text{W}\cdot\text{s} \tag{6-86}$$

$$P_2 = 1.13\frac{P_M}{\omega_M^2} = 1.13\times\frac{191000}{272.27^2} = 2.9115\text{W}\cdot\text{s} \tag{6-87}$$

$$P_3 = -\frac{P_M}{\omega_M^3} = -\frac{191000}{272.27^3} = -9.4631\times10^{-3}\text{W}\cdot\text{s}^2 \tag{6-88}$$

利用扭矩方程（6-85）以及牵引力方程（6-83），可以得到车轮扭矩作为车辆速度对应的不同挡位的函数：

$$\begin{aligned} T_\omega &= \eta n_i n_d T_e = \eta n_i n_d(610.3133 + 2.9115\omega_e - 9.4631\times10^{-3}\omega_e^2) \\ &= -0.4515n_i^3 v_x^2 + 24.0646n_i^2 v_x + 873.9686n_i \end{aligned} \tag{6-89}$$

图 6.10 展示了在每个挡位 n_i 的车轮扭矩-速度方程（6-89）的曲线。该系列扭矩-速度方程曲线的外包线和定功率理想发动机的扭矩曲线是相似的。

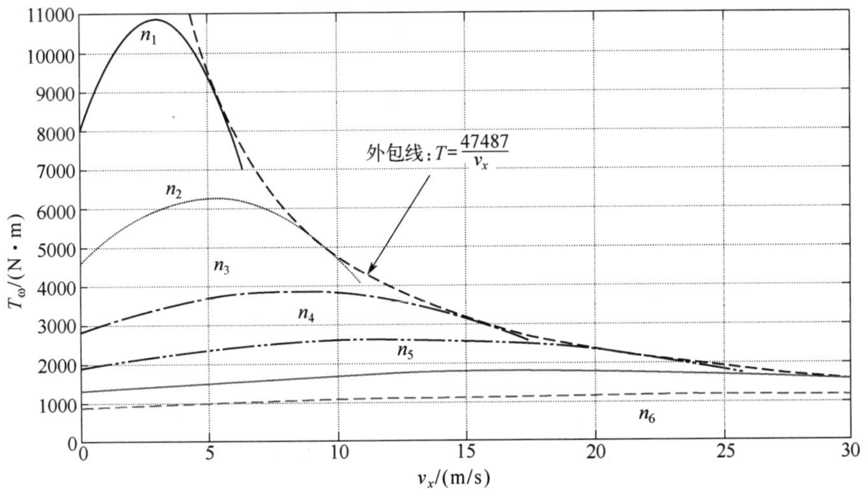

图 6.10 车轮扭矩与车速曲线

注意：此出图程序可以参考脚本 16，出图以后需要修改 y-轴取值范围（0，11000），x-轴取值范围（0，30）。且由于各个挡位的最低车速和最高车速没有算出，导致各挡位曲线速度范围都是（0，30），曲线不好看，需进行适当修改，将其多余部分裁除，方可得到图 6.10。其完整出图方法比较复杂，大家可以按照参考文献[1]中例 2 的方法出图。当然参考文献[1]中的方法是利用最小二乘法确定系数，本书是根据出现最高功率时对应的转速确定系数，第一种方法更加精确，第二种方法更加简便，大家可以相互对比参照一下。

案例 281 扭矩-速度曲线簇的外包线。

假设一辆车的扭矩-速度方程和方程（6-89）相似，那是一个速度二次方程并且包含变速

器传动比 $n = n_i$ 作为参数。

$$T = an^3v^2 + bn^2v + cn \tag{6-90}$$

由于变化的参数而产生的一系列曲线称为簇。外包线是与这簇曲线相切的一条曲线。为了找到曲线簇的外包线，就需要通过求导消去方程中的一些参数。将曲线簇方程对参数 n 求偏导：

$$\frac{\partial T}{\partial n} = 3an^2v^2 + 2bnv + c = 0 \tag{6-91}$$

可求出：

$$n = \frac{-b \pm \sqrt{b^2 - 3ac}}{3av} \tag{6-92}$$

说明：式（6-92）中 ± 取负值可得案例 280 所要外包线。

将该结果代回到原曲线簇方程，可得到外包线方程的解析式：

$$T = \frac{2b^3 - 9abc + 2(b^2 - 3ac)^{3/2}}{27a^2v} \tag{6-93}$$

这个车轮扭矩-速度曲线簇的外包线方程可简单地表示为：

$$T = \frac{c}{v} \tag{6-94}$$

这里的 c 为参数，这一个扭矩方程属于案例 274 所示的理想定功率发动机。

案例 282 机械式和液压式离合器。

机械式离合器被广泛用于乘用车，它一般以单片干式离合器的形式出现。在输入轴和输出轴之间通过圆形的摩擦片将两者固黏在一起。

约定在发动机转速达到最小转速时开始 $(\omega_e = \omega_{\min})$，离合器逐渐释放（从 $t = 0$ 时刻到 $t = t_1$ 时刻），此时，从发动机到离合器传递的扭矩 T_c 几乎呈线性增长，从 $T_c = 0$ 一直增长到最大值 $T_c = T_{c1}$，这段时间离合器一直处于打滑状态。这样传递的扭矩保持一定，直到主动盘和从动盘固结在一起，两者达到相同的速度。此时离合器成为固定连接，$T_c = T_e$。

传递力矩 T_c 在克服摩擦阻力的同时，车辆开始慢慢加速，在 $0 < t \leqslant t_1$ 这段时间，传递的扭矩大小依赖于实际摩擦盘之间的力、离合器摩擦盘之间的摩擦系数、摩擦盘有效摩擦区域以及摩擦盘的对数。轴向力一般产生于弹簧的预紧力。驾驶员可以通过控制离合器踏板来控制弹簧压力，从而调整传递扭矩。

液压式离合器由一个与发动机相连的泵轮和在离合器尾部的涡轮组成，涡轮里装有径向叶片。扭矩通过泵轮和涡轮之间的液体传递，液体在泵轮里加速运动，在涡轮里减速运动。液压式离合器也称为佛廷格离合器。

传递的力矩可以根据佛廷格公式计算：

$$T_c = C_c \rho \omega_p^2 D^2 \tag{6-95}$$

式中，C_c 为打滑系数，ρ 为油密度，ω_p 为泵轮角速度，D 为离合器直径。

案例 283 在不同速度时的加速能力。

假设发动机工作转速为 ω_M，对应的输出功率为最大输出功率 P_M：

$$P_M = T_e\omega_M = \frac{1}{\eta}F_x v_x \tag{6-96}$$

代入：

$$F_x = ma_x \tag{6-97}$$

$$P_M = \frac{m}{\eta}a_x v_x \tag{6-98}$$

因此：

$$a_x = P_M\frac{\eta}{m}\times\frac{1}{v_x} \tag{6-99}$$

式（6-99）称为加速能力，并且表示出在速度为 v_x 时一辆车所能获得的最大加速度。加速能力随着速度的增加而减小。例如，图 6.11 描述了加速能力 a_x 作为前进速度 v_x 的函数，这辆车的质量 m=8370kg，最大功率 $P_M = 191\text{kW}$，出现在角速度 $\omega_M = 2600\text{r/min} \approx 272.27\text{rad/s}$ 时，效率 $\eta = 0.25$。详见脚本 16。

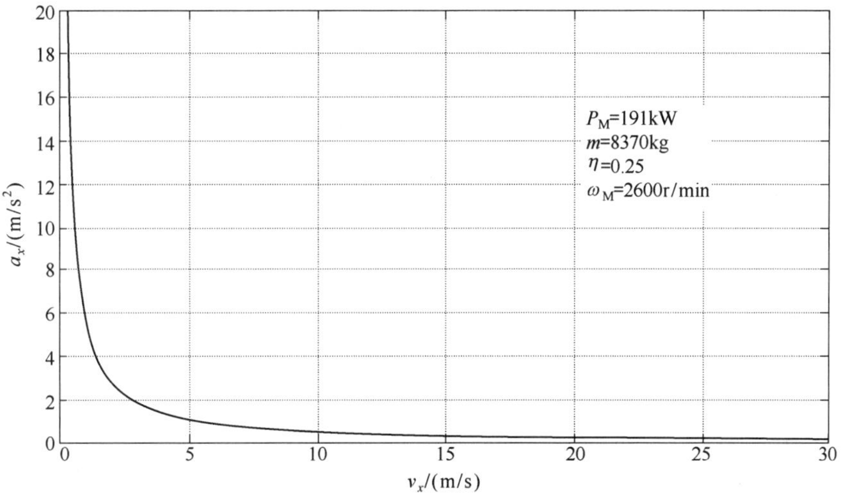

图 6.11　加速能力 a_x 与车速 v_x 关系

案例 284　功率极限和牵引力极限的加速度。

加速能力为功率极限下的加速度，这是基于假设驱动力没有达到轮胎牵引力极限。因此，车辆将达到它的加速度峰值，这是因为发动机不能再提供更多的输出功率。

牵引力极限加速度出现在当发动机还可以输出更多功率，而车辆加速度受限于轮胎不能提供更多驱动力的情况。方程 $F_x = \mu_x F_z$ 给出了地面能获得的最大驱动力。如果更多的驱动力矩传递给车轮，那么轮胎开始打滑，此时轮胎进入动态摩擦状态，摩擦系数变小，导致牵引力也会相应地减小。

案例 285　变速器稳定条件。

假设一辆车以速度 v_x 运动，此时变速器挂入的是 i 挡，传动比为 n_i。为了安全，不得不选择一个传动比，这样当发动机达到最大扭矩时，它可以减一个挡到 i-1 挡，使得发动机转速不至于接近允许最大转速。发动机最大允许转速通常是通过转速表的红线或是红色区域来表示的。

先来看看发动机在最大扭矩 T_M 下的转速，此时 $\omega_e = \omega_T$，车辆速度为：

$$v_x = \frac{R_\omega}{n_i n_d}\omega_T \tag{6-100}$$

当减挡到 i-1 挡时，发动机速度 ω_e 会跳跃到更高的速度 $\omega_e = \omega_{i-1} > \omega_T$，在相同车速时：

$$\omega_{i-1} = \frac{n_{i-1}n_d}{R_\omega}v_x \tag{6-101}$$

稳定条件要求 ω_{i-1} 要低于发动机最高允许转速 ω_{max}：

$$\omega_{i-1} < \omega_{max} \tag{6-102}$$

利用式（6-100）和式（6-101），可以定义两个连续挡位和发动机速度之间的传动比为以下条件：

$$\frac{\omega_{i-1}}{\omega_i} = \frac{\omega_{max}}{\omega_T} = \frac{n_{i-1}}{n_i} \tag{6-103}$$

在一定车速时，固定相对齿轮比可以作为一个稳定的变速器简单设计规则：

$$\frac{n_{i-1}}{n_i} = c_g \tag{6-104}$$

案例 286 传动比和稳定条件。

假设一辆载重货车的传动比如下：

$$n_1 = 9.01 \tag{6-105}$$

$$n_2 = 5.24 \tag{6-106}$$

$$n_3 = 3.22 \tag{6-107}$$

$$n_4 = 2.2 \tag{6-108}$$

$$n_5 = 1.5 \tag{6-109}$$

$$n_6 = 1 \tag{6-110}$$

$$n_d = 5.728 \tag{6-111}$$

稳定条件要求 $n_{i-1}/n_i =$ 定值。检测一下齿轮传动比，发现相对齿轮传动比并不是固定值。

$$\frac{n_5}{n_6} = \frac{1.5}{1} = 1.5 \tag{6-112}$$

$$\frac{n_4}{n_5} = \frac{2.2}{1.5} = 1.4667 \tag{6-113}$$

$$\frac{n_3}{n_4} = \frac{3.22}{2.2} = 1.4636 \tag{6-114}$$

$$\frac{n_2}{n_3} = \frac{5.24}{3.22} = 1.6273 \tag{6-115}$$

$$\frac{n_1}{n_2} = \frac{9.01}{5.24} = 1.7195 \tag{6-116}$$

可以将这些齿轮传动比改成 $n_{i-1}/n_i=$定值。这里先用高齿轮传动比来进行计算，$c_g=n_6/n_5=1.5$。

$$n_6=1 \tag{6-117}$$

$$n_5=1.5 \tag{6-118}$$

$$n_4=c_g n_5=2.25 \tag{6-119}$$

$$n_3=c_g n_4=1.5\times2.25=3.375 \tag{6-120}$$

$$n_2=c_g n_3=1.5\times3.375=5.0625 \tag{6-121}$$

$$n_1=c_g n_2=1.5\times5.0625=7.59375 \tag{6-122}$$

可以从第一对齿轮传动比开始找到高挡齿轮传动比：

$$c_g=n_1/n_2=9.01/5.24=1.7195 \tag{6-123}$$

$$n_1=9.01 \tag{6-124}$$

$$n_2=5.24 \tag{6-125}$$

$$n_3=\frac{n_2}{c_g}=\frac{5.24}{1.7195}=3.0474 \tag{6-126}$$

$$n_4=\frac{n_3}{c_g}=\frac{3.0474}{1.7195}=1.7723 \tag{6-127}$$

$$n_5=\frac{n_4}{c_g}=\frac{1.7723}{1.7195}=1.0307 \tag{6-128}$$

$$n_6=\frac{n_5}{c_g}=\frac{1.0307}{1.7195}=0.5994 \tag{6-129}$$

这两种方法得到的数据都是不实用的设计。最好的办法是将第一个和最后一个齿轮传动比拿出来求出相对比率 $n_{i-1}/n_i=$定值，利用 n_1 和 n_6 可以得到：

$$\frac{n_1}{n_6}=\frac{9.01}{1}=\frac{n_1}{n_2}\times\frac{n_2}{n_3}\times\frac{n_3}{n_4}\times\frac{n_4}{n_5}\times\frac{n_5}{n_6}=c_g^5 \tag{6-130}$$

可得：

$$c_g=1.5522 \tag{6-131}$$

由此可得：

$$n_1=9.01 \tag{6-132}$$

$$n_2=\frac{n_1}{c_g}=\frac{9.01}{1.5522}=5.8047 \tag{6-133}$$

$$n_3=\frac{n_2}{c_g}=\frac{5.8047}{1.5522}=3.7396 \tag{6-134}$$

$$n_4=\frac{n_3}{c_g}=\frac{3.7396}{1.5522}=2.4092 \tag{6-135}$$

$$n_5=\frac{n_4}{c_g}=\frac{2.4092}{1.5522}=1.5522 \tag{6-136}$$

$$n_6=1 \tag{6-137}$$

6.4 变速器设计

速度和牵引力式（6-58）和式（6-59）可以用来计算变速器的传动比，这个结果和从车辆性能出发得到的结果差不多。从理论上来说，发动机应该工作在最大功率时，以得到最佳的性能。但是，需要变化发动机的角速度用以控制车辆的速度。因此，挑选出一个角速度的范围(ω_1,ω_2)，这个范围在发动机输出最高功率的角速度ω_M的邻域内。在不同挡位重复扫描该范围，这个范围(ω_1,ω_2)被称为发动机工作区域。

作为一般性指导原则，用下列5条作为设计车辆变速器传动比的原则：

① 可以设计差速器传动比n_d和最高挡齿轮传动比n_n，当车辆在高速公路上以中等速度行驶时，最高挡为直接挡，那么$n_n=1$。当$n_n=1$时，变速器的输出轴和输入轴直接连在了一起，直接挡是公认的机械效率最高的变速器挡位。

② 可以设计差速器传动比n_d和最高挡齿轮传动比n_n，当车辆以最高车速行驶时，最高挡为直接挡，$n_n=1$。

③ 一挡齿轮传动比n_1可以根据驱动轮所需要的最大扭矩来设计。最大扭矩取决于车辆所需攀爬的最大坡度。

④ 可以找到中间的齿轮传动比，通过齿轮传动比的稳定条件。稳定条件给出了当发动机工作在输出最大扭矩时，减挡过程中发动机转速不能超过允许的最高转速。

⑤ 相对齿轮传动比c_g为固定值：

$$\frac{n_{i-1}}{n_i}=c_g \tag{6-138}$$

该固定值应该在以下范围内选择：

$$1\leqslant c_g\leqslant 2 \tag{6-139}$$

中间齿轮传动比的确定，还有以下两个原则：几何比率、渐进比率。

案例287 变速器设计的几何比率。

车辆以一定速度行驶时，由于换挡造成的发动机转速的跳跃，称为几何学的变速器。几何学的变速器设计条件为：

$$n_i=\frac{n_{i-1}}{c_g} \tag{6-140}$$

式中，c_g为固定相对齿轮传动比，称为阶跃。

证明48：一个几何学的变速器在换挡时会使发动机转速以一定值跳跃。因此，一个几何学变速器必须有一个齿轮-速度图，如图6.12所示。

发动机工作范围由两个转速确定(ω_1,ω_2)：

$$\{(\omega_1,\omega_2),\omega_1<\omega_M<\omega_2\} \tag{6-141}$$

当发动机达到最高转速ω_2时，此时变速器处于i挡，传动比为n_i，加挡到$i+1$，发动机转速跳转到ω_1。发动机速度跳转的值为定值，而且对于任何从n_i到n_{i+1}都是不变的。由此代入速度式（6-58）可得：

$$\Delta\omega=\omega_2-\omega_1=\frac{n_{i-1}n_d}{R_\omega}v_x-\frac{n_i n_d}{R_\omega}v_x=(n_{i-1}-n_i)\frac{n_d}{R_\omega}v_x \tag{6-142}$$

因此：

$$\frac{\omega_2-\omega_1}{\omega_1}=\frac{n_{i-1}-n_i}{n_i} \tag{6-143}$$

$$\frac{\omega_2}{\omega_1}=\frac{n_{i-1}}{n_i}=\text{定值} \tag{6-144}$$

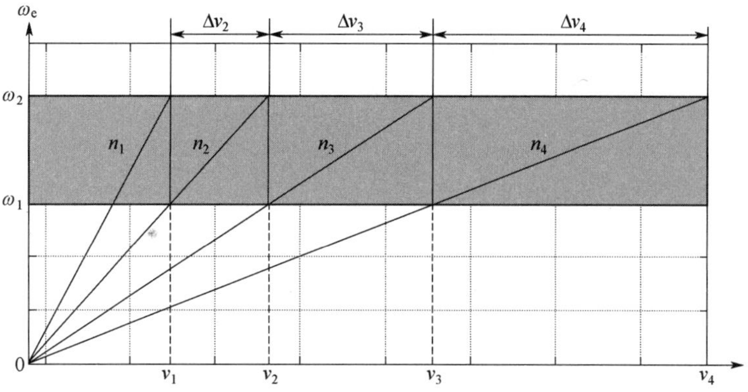

图 6.12　齿轮变速器设计

假如用 v_i 表示 i 挡最高车速，用 v_{i-1} 表示 $i-1$ 挡最高车速，那么：

$$\omega_2=\frac{n_i n_d}{R_\omega}v_i=\frac{n_{i-1}n_d}{R_\omega}v_{i-1} \tag{6-145}$$

因此，挡位传动比 n_i 和最高车速 v_i 在挡位之间成反比关系：

$$c_g=\frac{n_{i-1}}{n_i}=\frac{v_i}{v_{i-1}} \tag{6-146}$$

当挡位在 i-1 和 i 之间变化时，车速的改变量为：

$$\Delta v_i=v_i-v_{i-1} \tag{6-147}$$

这称为速度跨度。

当已知阶跃 c_g 和车辆在 i 挡的最高车速为 v_i 后，就可以找到车辆在其他挡位上的最高车速：

$$v_i=c_g v_{i-1} \tag{6-148}$$

$$v_{i-1}=\frac{1}{c_g}v_i \tag{6-149}$$

$$v_{i+1}=c_g v_i \tag{6-150}$$

案例 288　渐进比率变速器设计。

如果一辆车在连续两个挡位间的速度跨度保持一定，那么将其称为渐进式变速器。这种渐进式变速器的设计条件为：

$$n_{i+1}=\frac{n_i n_{i-1}}{2n_{i-1}-n_i} \tag{6-151}$$

式中，n_{i-1}、n_i、n_{i+1} 为三个连续挡位的传动比。

证明 49　渐进式变速器在任何挡位时，其车辆速度的跨度都是常数。因此，渐进式变速器的传动比-速度曲线如图 6.13 所示。

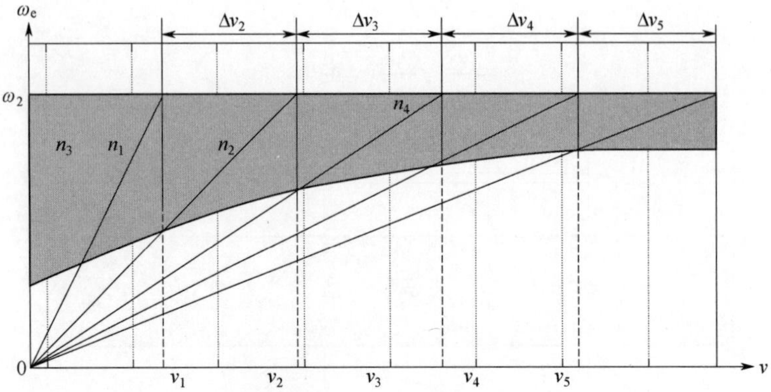

图 6.13　渐进式变速器设计

假如用 v_i 表示 i 挡最高车速，用 v_{i-1} 表示 i−1 挡最高车速，用 v_{i+1} 表示 i+1 挡最高车速。可得：

$$\omega_2 = \frac{n_i n_d}{R_\omega} v_i = \frac{n_{i-1} n_d}{R_\omega} v_{i-1} \frac{n_{i+1} n_d}{R_\omega} v_{i+1} \tag{6-152}$$

相邻挡位间的速度跨度为：

$$\Delta v_i = v_i - v_{i-1} = v_{i+1} - v_i \tag{6-153}$$

由此可得：

$$v_{i+1} + v_{i-1} = 2v_i \tag{6-154}$$

$$\frac{v_{i+1}}{v_i} + \frac{v_{i-1}}{v_i} = 2 \tag{6-155}$$

$$\frac{n_i}{n_{i+1}} + \frac{n_i}{n_{i-1}} = 2 \tag{6-156}$$

$$n_{i+1} = \frac{n_i n_{i-1}}{2n_{i-1} - n_i} \tag{6-157}$$

渐进式变速器的阶跃随着挡位的升高而减小。如果用 c_{g_i} 表示 n_i 和 n_{i+1} 之间的比值，那么：

$$c_{g_i} = \frac{n_i}{n_{i+1}} \tag{6-158}$$

可得：

$$c_{gg} = 2 - \frac{1}{c_{g_{i-1}}} \tag{6-159}$$

案例 289　三挡变速器。

假设一辆车质量 $m = 8370\text{kg}$，发动机的效率 $\eta = \eta_d \eta_g = 0.85$，当发动机转速 $\omega_e = 272.27\text{rad/s}$ 时，可以得到最高功率为 $P_M = 191\text{kW}$，功率-转速关系为：

$$P_e = 191 - \frac{191}{272.27^2}(\omega_e - 272.27)^2 \text{kW} \tag{6-160}$$

其中，ω_e 的单位为 rad/s。定义发动机工作范围为：

$$178.02\text{rad/s}(\approx 1700\text{r/min}) \leqslant \omega_e \leqslant 366.52\text{rad/s}(\approx 3500\text{r/min}) \tag{6-161}$$

此时功率范围为 $171.9\text{kW} \leqslant P_e \leqslant 191\text{kW}$。方程（6-160）的曲线如图 6.14 所示，详见脚本 16，工作范围为阴影部分。

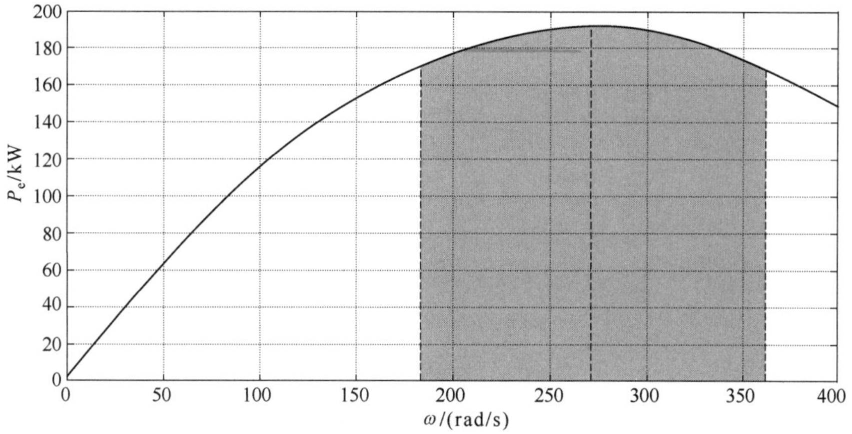

图 6.14　发动机功率-转速图

车辆后桥总传动比用 $n_d = 5.728$ 表示，轮胎的有效半径为 $R_\omega = 0.9924\text{m}$。要设计一个三挡几何变速器，使车辆在最短时间内达到速度 $v_x = 70\text{km/h} \approx 19.44\text{m/s}$。假设反向阻力一定，发动机在车速达到 $v_x = 90\text{km/h} = 25\text{m/s}$ 后不能再加速。并假设每次换挡需要 0.5s，而且需要 $t_0 = 3\text{s}$ 以使车辆起步。

由速度方程（6-58）可得，车辆和发动机之间的速度关系为：

$$v_x = \frac{R_\omega}{n_d n_i}\omega_e = \frac{0.9924}{5.728 n_i}\omega_e \tag{6-162}$$

在最高车速 $v_x = 27.78\text{m/s}$ 时，发动机转速位于工作范围的上限，其转速为 $\omega_e = 366.52\text{rad/s}$，并且此时变速器挂的应该是三挡。因此，式（6-162）可写成：

$$n_3 = \frac{0.9924}{5.728} \times \frac{\omega_e}{v_x} = \frac{0.9924}{5.728} \times \frac{366.52}{27.78} = 2.2859 \tag{6-163}$$

此时，速度方程为：

$$v_x = \frac{0.9924}{5.728 \times 2.2859}\omega_e = 0.07579\omega_e \tag{6-164}$$

只要变速器挂着三挡，$n_i = n_3$，ω_e 在工作范围内这个方程就可以用。降低工作范围内的转速 ω_e，车速将会下降。在工作范围下限转速 $\omega_e = 178.02\text{rad/s}$ 时，车速为：

$$v_x = \frac{0.9924}{5.728 \times 2.2859} \times 178.02 = 13.4926\text{m/s} \approx 48.5733\text{km/h} \tag{6-165}$$

当车速降到该车速时，就需要减挡到二挡，发动机转速跳跃到工作转速上限转速 $\omega_e = 366.52\text{rad/s}$。此时：

$$n_2 = \frac{0.9924}{5.728} \times \frac{\omega_e}{v_x} = \frac{0.9924}{5.728} \times \frac{366.52}{13.4926} = 4.7064 \tag{6-166}$$

那么，二挡时发动机与车速的关系为：

$$v_x = \frac{0.9924}{5.728 \times 4.7064}\omega_e = 0.03681\omega_e \qquad (6\text{-}167)$$

只要变速器挂着二挡，$n_i = n_2$，ω_e 在工作范围内这个方程就可以用。降低工作范围内转速 ω_e，车速将会下降。在工作范围下限转速 $\omega_e = 178.02\text{rad/s}$ 时，车速为：

$$v_x = \frac{0.9924}{5.728 \times 4.7064} \times 178.02 = 6.5534\text{m/s} \approx 23.5921\text{km/h} \qquad (6\text{-}168)$$

当车速降到该车速时，就需要减挡到一挡，发动机转速跳跃到工作转速上限转速 $\omega_e = 366.52\text{rad/s}$。此时：

$$n_1 = \frac{0.9924}{5.728} \times \frac{\omega_e}{v_x} = \frac{0.9924}{5.728} \times \frac{366.52}{6.5534} = 9.6898 \qquad (6\text{-}169)$$

那么，一挡时发动机与车速的关系为：

$$v_x = \frac{0.9924}{5.728 \times 9.6898}\omega_e = 0.01788\omega_e \qquad (6\text{-}170)$$

降低工作范围内的转速 ω_e，车速将会下降。在工作范围下限转速 $\omega_e = 178.02\text{rad/s}$ 时，车速为：

$$v_x = \frac{0.9924}{5.728 \times 9.6898} \times 178.02 = 3.1830\text{m/s} \approx 11.4588\text{km/h} \qquad (6\text{-}171)$$

因此，三挡变速器的齿轮传动比如下：

$$n_1 = 9.6898 \qquad (6\text{-}172)$$

$$n_2 = 4.7064 \qquad (6\text{-}173)$$

$$n_3 = 2.2859 \qquad (6\text{-}174)$$

三挡变速器的速度方程曲线如图 6.15 所示。这样的图称为挡位-速度曲线。图 6.15 也展示出换挡点以及车辆的速度如何从 $v_x = 100\text{km/h}$ 下降到 $v_x = 11.4588\text{km/h}$。

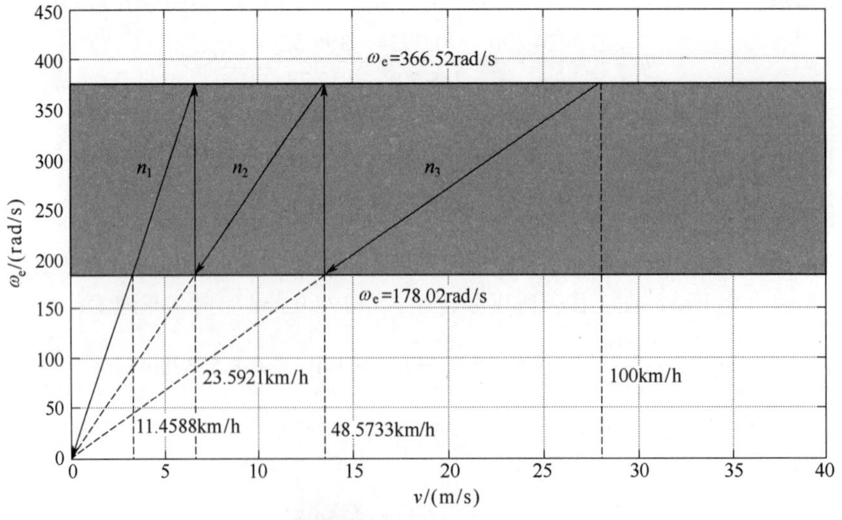

图 6.15 三挡变速器设计

为了估算出达到所要求速度的时间，需要利用牵引力方程找到牵引力 F_x，然后求积分。

$$F_x = \eta \frac{n_i n_\mathrm{d}}{R_\omega} \times \frac{P_\mathrm{e}}{\omega_\mathrm{e}} = \frac{\eta}{\omega_\mathrm{e}} \times \frac{n_i n_\mathrm{d}}{R_\omega} \left[191 - \frac{191}{272.27^2} \left(\omega_\mathrm{e} - 272.27 \right)^2 \right] \tag{6-175}$$

$$F_x = 2.5765 \times 10^{-3} \frac{\eta}{R_\omega^2} n_i n_\mathrm{d} (544.54 R_\omega - n_i n_\mathrm{d} v_x) \mathrm{kN} \tag{6-176}$$

在最高车速时，变速器位于三挡且牵引力 F_x 等于总的阻力 F_R：

$$F_x = F_\mathrm{R} = \frac{\eta P_\mathrm{e}}{v_x} = \frac{0.85 \times 171.9}{27.78} = 5.2597 \mathrm{kN} \tag{6-177}$$

因此，一挡的牵引力为：

$$\begin{aligned} F_x &= 2.5765 \times 10^{-3} \frac{\eta}{R_\omega^2} n_1 n_\mathrm{d} (544.54 R_\omega - n_1 n_\mathrm{d} v_x) \\ &= 2.5765 \times 10^{-3} \times \frac{0.85}{0.9924^2} \times 9.6898 \times 5.728 \times (544.54 \times 0.9924 - 9.6898 \times 5.728 v_x) \\ &= (66.6976 - 6.8503 v_x) \mathrm{kN} \end{aligned} \tag{6-178}$$

基于牛顿运动方程可得：

$$F_x - F_\mathrm{R} = m \frac{\mathrm{d}v_x}{\mathrm{d}t} \tag{6-179}$$

可以估算出从零加速到 $v_x = 6.5534 \mathrm{m/s}$ 所需最短时间：

$$t_1 = m \int_0^{6.5534} \frac{1}{F_x - F_\mathrm{R}} \mathrm{d}v_x = 8370 \int_0^{6.5534} \frac{10^{-3}}{66.6976 - 6.8503 v_x - 5.2597} \mathrm{d}v_x = 1.6030 \mathrm{s} \tag{6-180}$$

二挡时，有：

$$\begin{aligned} F_x &= 2.5765 \times 10^{-3} \frac{\eta}{R_\omega^2} n_2 n_\mathrm{d} (544.54 R_\omega - n_2 n_\mathrm{d} v_x) \\ &= 2.5765 \times 10^{-3} \times \frac{0.85}{0.9924^2} \times 4.7064 \times 5.728 \times (544.54 \times 0.9924 - 4.7064 \times 5.728 v_x) \\ &= (32.37 - 1.6148 v_x) \mathrm{kN} \end{aligned} \tag{6-181}$$

可以估算出二挡加速所需最短时间：

$$\begin{aligned} t_2 &= m \int_{6.5534}^{13.4926} \frac{1}{F_x - F_\mathrm{R}} \mathrm{d}v_x \\ &= 8370 \int_{6.5534}^{13.4926} \frac{10^{-3}}{32.37 - 1.6148 v_x - 5.2597} \mathrm{d}v_x = 5.8733 \mathrm{s} \end{aligned} \tag{6-182}$$

最后，三挡的牵引力方程为：

$$\begin{aligned} F_x &= 2.5765 \times 10^{-3} \frac{\eta}{R_\omega^2} n_3 n_\mathrm{d} (544.54 R_\omega - n_3 n_\mathrm{d} v_x) \\ &= 2.5765 \times 10^{-3} \times \frac{0.85}{0.9924^2} \times 2.2859 \times 5.728 \times \\ &\quad (544.54 \times 0.9924 - 2.2859 \times 5.728 v_x) \\ &= (15.7257 - 0.3810 v_x) \mathrm{kN} \end{aligned} \tag{6-183}$$

可以估算出三挡加速所需最短时间：

$$t_3 = m\int_{13.4926}^{25} \frac{1}{F_x - F_R} dv_x$$
$$= 8370\int_{13.4926}^{25} \frac{10^{-3}}{15.7257 - 0.3810v_x - 5.2597} dv_x = 38.0777\text{s} \tag{6-184}$$

加速到接近最高车速 $v_x = 90\text{km/h} \approx 25\text{m/s}$ 所需要的估计最短总时间为：

$$t = t_0 + t_1 + t_2 + t_3 + 2\times 0.5$$
$$= 3 + 1.6030 + 5.8733 + 38.0777 + 2\times 0.5 = 49.5540\text{s} \tag{6-185}$$

案例 290 表现更加出色的四挡变速器。

假设一辆车的参数如下：

$$m = 8370\text{kg} \tag{6-186}$$

$$R_\omega = 0.9924\text{m} \tag{6-187}$$

$$\eta = 0.85 \tag{6-188}$$

$$n_d = 5.728 \tag{6-189}$$

发动机的输出功率特性方程如下：

$$P_e = \left[191 - \frac{191}{272.27^2}(\omega_e - 272.27)^2\right]\text{kW} \tag{6-190}$$

式中，ω_e 的单位为 rad/s。假设发动机工作范围为：

$$178.02\text{rad/s}(\approx 1700\text{r/min}) \leqslant \omega_e \leqslant 366.52\text{rad/s}(\approx 3500\text{r/min}) \tag{6-191}$$

此时输出功率范围为：$171.9\text{kW} \leqslant P_e \leqslant 191\text{kW}$。可以设计一个变速器在最短时间达到速度 $v_x = 90\text{km/h} \approx 25\text{m/s}$。

输出功率方程（6-190）如图 6.14 所示，工作范围在阴影区内。为了让此案例和案例 289 相对应，假设总的阻力为定值，发动机在速度达到 $v_x = 90\text{km/h} = 25\text{m/s}$ 后，无法再加速。并且假设每次换挡需要 0.5s，车辆起步所需时间为 $t_0 = 3\text{s}$。

设计一个四挡变速器，并且让其在三挡时达到需要的速度 $v_x = 20.8333\text{m/s}$，此时发动机工作在发动机工作范围的转速上限，$\omega_e = 366.52\text{rad/s}$。该设计的挡位-速度曲线如图 6.16 所示。

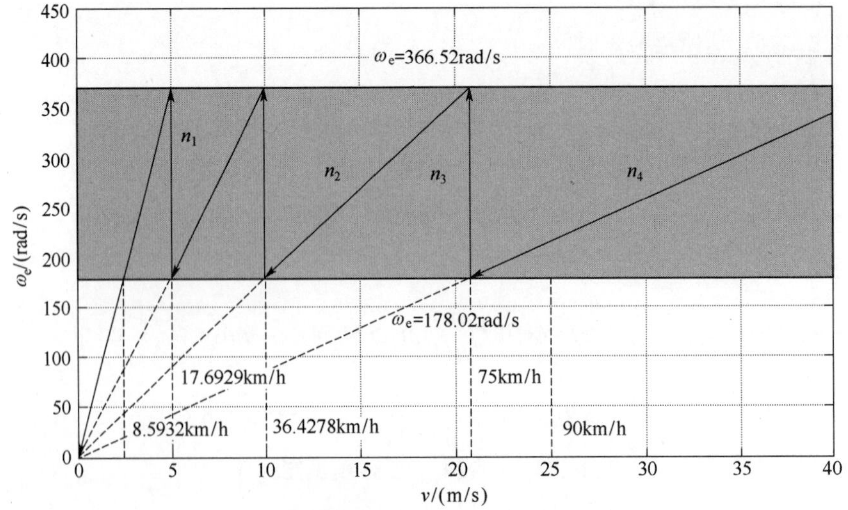

图 6.16 四挡变速器设计

利用速度方程（6-58），可得车速和发动机速度之间的关系：

$$v_x = \frac{R_\omega}{n_d n_i}\omega_e = \frac{0.9924}{5.728 n_i}\omega_e \tag{6-192}$$

当车速为$v_x = 75\text{km/h} \approx 20.8333\text{m/s}$，发动机转速处于工作范围的上限，$\omega_e = 366.52\text{rad/s}$，变速器位于三挡，因此有：

$$n_3 = \frac{0.9924}{5.728} \times \frac{\omega_e}{v_x} = \frac{0.9924}{5.728} \times \frac{366.52}{20.8333} = 3.0481 \tag{6-193}$$

此时，速度方程为：

$$v_x = \frac{0.9924}{5.728 \times 3.0481}\omega_e = 0.05684\omega_e \tag{6-194}$$

降低工作范围内的转速ω_e，车速将会下降。在工作范围下限转速$\omega_e = 178.02\text{rad/s}$时，车速为：

$$v_x = \frac{0.9924}{5.728 \times 3.0481} \times 178.02 = 10.1188\text{m/s} \approx 36.4278\text{km/h} \tag{6-195}$$

当车速降到该车速时，就需要减挡到二挡，发动机转速跳跃到工作转速上限转速，$\omega_e = 366.52\text{rad/s}$。此时：

$$n_2 = \frac{0.9924}{5.728} \times \frac{\omega_e}{v_x} = \frac{0.9924}{5.728} \times \frac{366.52}{10.1188} = 6.2756 \tag{6-196}$$

那么，二挡时发动机与车速的关系为：

$$v_x = \frac{0.9924}{5.728 \times 6.2756}\omega_e = 0.0276\omega_e \tag{6-197}$$

在工作范围下限转速$\omega_e = 178.02\text{rad/s}$时，车速为：

$$v_x = \frac{0.9924}{5.728 \times 6.2756} \times 178.02 = 4.9147\text{m/s} \approx 17.6929\text{km/h} \tag{6-198}$$

当车速降到该车速时，就需要减挡到一挡，发动机转速跳跃到工作转速上限转速，$\omega_e = 366.52\text{rad/s}$。此时：

$$n_1 = \frac{0.9924}{5.728} \times \frac{\omega_e}{v_x} = \frac{0.9924}{5.728} \times \frac{366.52}{4.9147} = 12.9206 \tag{6-199}$$

那么，一挡时发动机与车速的关系为：

$$v_x = \frac{0.9924}{5.728 \times 12.9206}\omega_e = 0.0134\omega_e \tag{6-200}$$

降低工作范围内转速ω_e，车速将会下降。在工作范围下限转速$\omega_e = 178.02\text{rad/s}$时，车速为：

$$v_x = \frac{0.9924}{5.728 \times 12.9206} \times 178.02 = 2.387\text{m/s} \approx 8.5932\text{km/h} \tag{6-201}$$

计算四挡$n_i = n_4$利用挡位-速度返程，并且设定发动机速度位于下限，$\omega_e = 178.02\text{rad/s}$，而车速为三挡最高车速，因此有：

$$n_4 = \frac{0.9924}{5.728} \times \frac{\omega_e}{v_x} = \frac{0.9924}{5.728} \times \frac{178.02}{20.8333} = 1.4805 \tag{6-202}$$

因此，四挡变速器的齿轮传动比为：

$$n_1 = 12.9206 \tag{6-203}$$

$$n_2 = 6.2756 \tag{6-204}$$

$$n_3 = 3.0481 \tag{6-205}$$

$$n_4 = 1.4805 \tag{6-206}$$

为了估算出达到所要求速度 $v_x = 90\text{km/h} \approx 25\text{m/s}$ 的时间，需要利用牵引力方程找到牵引力 F_x：

$$F_x = \eta \frac{n_i n_\text{d}}{R_\omega} \times \frac{P_\text{e}}{\omega_\text{e}} = \frac{\eta}{\omega_\text{e}} \times \frac{n_i n_\text{d}}{R_\omega}\left[191 - \frac{191}{272.27^2}(\omega_\text{e} - 272.27)^2\right] \tag{6-207}$$

$$F_x = 2.5765 \times 10^{-3} \frac{\eta}{R_\omega^2} n_2 n_\text{d}(544.54 R_\omega - n_2 n_\text{d} v_x)\text{kN} \tag{6-208}$$

在最高车速时，变速器位于四挡且牵引力 F_x 等于总的阻力 F_R：

$$F_x = F_\text{R} = \frac{\eta P_\text{e}}{v_x} = \frac{0.85 \times 171.9}{27.78} = 5.2597\text{kN} \tag{6-209}$$

因此，一挡的牵引力为：

$$\begin{aligned} F_x &= 2.5765 \times 10^{-3} \frac{\eta}{R_\omega^2} n_1 n_\text{d}(544.54 R_\omega - n_1 n_\text{d} v_x) \\ &= 2.5765 \times 10^{-3} \times \frac{0.85}{0.9924^2} \times 12.9206 \times 5.728 \times (544.54 \times 0.9924 - 12.9206 \times 5.728 v_x) \\ &= (88.9501 - 12.1819 v_x)\text{kN} \end{aligned} \tag{6-210}$$

基于牛顿运动方程可得：

$$F_x - F_\text{R} = m\frac{\text{d}v_x}{\text{d}t} \tag{6-211}$$

可以估算出从零加速到 $v_x = 4.9147\text{m/s}$ 所需最短时间：

$$\begin{aligned} t_1 &= m\int_0^{4.9147} \frac{1}{F_x - F_\text{R}}\text{d}v_x \\ &= 8370\int_0^{4.9147} \frac{10^{-3}}{88.9501 - 12.1819 v_x - 5.2597}\text{d}v_x = 0.8634\text{s} \end{aligned} \tag{6-212}$$

二挡时，有：

$$\begin{aligned} F_x &= \frac{25}{39601} \times \frac{\eta}{R_\omega^2} n_2 n_\text{d}(796 R_\text{w} - n_2 n_\text{d} v_x) \\ &= 2.5765 \times 10^{-3} \times \frac{0.85}{0.9924^2} \times 6.2756 \times 5.728 \times (544.54 \times 0.9924 - 6.2756 \times 5.728 v_x) \\ &= (43.1781 - 2.8721 v_x)\text{kN} \end{aligned} \tag{6-213}$$

可以估算出二挡加速所需最短时间：

$$\begin{aligned} t_2 &= m\int_{4.9147}^{10.1188} \frac{1}{F_x - F_\text{R}}\text{d}v_x \\ &= 8370\int_{4.9147}^{10.1188} \frac{10^{-3}}{43.1781 - 2.8721 v_x - 5.2597}\text{d}v_x = 2.8813\text{s} \end{aligned} \tag{6-214}$$

然后，三挡的牵引力方程为：

$$\begin{aligned}F_x &= \frac{25}{39601}\times\frac{\eta}{R_\omega^2}n_3n_d(796R_\omega - n_3n_\mathrm{d}v_x)\\ &= 2.5765\times10^{-3}\times\frac{0.85}{0.9924^2}\times3.0481\times5.728\times(544.54\times0.9924-3.0481\times5.728v_x)\\ &= (20.9676-0.6774v_x)\mathrm{kN}\end{aligned} \tag{6-215}$$

可以估算出三挡加速所需最短时间：

$$\begin{aligned}t_3 &= m\int_{10.1188}^{20.8333}\frac{1}{F_x - F_\mathrm{R}}\mathrm{d}v_x\\ &= 8370\int_{10.1188}^{20.8333}\frac{10^{-3}}{20.9676-0.6774v_x-5.2597}\mathrm{d}v_x = 21.1742\mathrm{s}\end{aligned} \tag{6-216}$$

最后，四挡的牵引力方程为：

$$\begin{aligned}F_x &= \frac{25}{39601}\times\frac{\eta}{R_\omega^2}n_4n_\mathrm{d}(796R_\omega - n_4n_\mathrm{d}v_x)\\ &= 2.5765\times10^{-3}\times\frac{0.85}{0.9924^2}\times1.4805\times5.728\times(544.54\times0.9924-1.4805\times5.728v_x)\\ &= (10.2136-0.1603v_x)\mathrm{kN}\end{aligned} \tag{6-217}$$

可以估算出四挡加速所需最短时间：

$$\begin{aligned}t_4 &= m\int_{20.8333}^{25}\frac{1}{F_x - F_\mathrm{R}}\mathrm{d}v_x\\ &= 8370\int_{20.8333}^{25}\frac{10^{-3}}{10.2136-0.1603v_x-5.2597}\mathrm{d}v_x = 27.8892\mathrm{s}\end{aligned} \tag{6-218}$$

加速到 $v_x = 90\mathrm{m/s} \approx 25\mathrm{m/s}$ 所需要的总时间为：

$$\begin{aligned}t &= t_0 + t_1 + t_2 + t_3 + t_4 + 3\times0.5\\ &= 3+0.8634+2.8813+21.1742+27.8892+3\times0.5 = 57.3081\mathrm{s}\end{aligned} \tag{6-219}$$

案例 291 工作范围。

假设一辆车的参数如下：

$$m = 8370\mathrm{kg} \tag{6-220}$$

$$R_\omega = 0.9924\mathrm{m} \tag{6-221}$$

$$\eta = 0.85 \tag{6-222}$$

$$n_\mathrm{d} = 5.728 \tag{6-223}$$

发动机的输出功率特性方程如下：

$$P_\mathrm{e} = 191 - \frac{191}{272.27^2}(\omega_\mathrm{e} - 272.27)^2\mathrm{kW} \tag{6-224}$$

其中，ω_e 的单位为 rad / s。假设发动机在 $\omega_\mathrm{e} = 272.27\mathrm{rad/s}$ 时输出最大功率 $P_\mathrm{M} = 191\mathrm{kW}$ 。

假设总的阻力矩为定值，最大车速为 $v_x = 92\mathrm{km/h}$ ，并且每次换挡需要时间 0.5s，车辆起步所需最短时间为 $t_0 = 3\mathrm{s}$ 。

前面设计了一个四挡变速器，使其在最短时间内达到速度 $v_x = 90\mathrm{km/h} = 25\mathrm{m/s}$ 。

为了找到最佳的发动机工作范围，假如设定三挡时可以达到需要的车速 $v_x = 75\mathrm{km/h} \approx 20.8333\mathrm{m/s}$，此时位于发动机工作范围上限。因此，由于换挡，四挡开始的工作范围下限也位于该位置。如果四挡时设定其工作上限位置的车速为 $v_x = 120\text{km/h} \approx 33.3333\text{m/s}$，那么挡位-速度方程为：

$$\omega_e = \frac{n_i n_d}{R_\omega} v_x \quad (6\text{-}225)$$

由已知可得：

$$\omega_{max} = \frac{5.728n_4}{0.9924} \times 33.3333 \quad (6\text{-}226)$$

$$\omega_{min} = \frac{5.728n_4}{0.9924} \times 20.8333 \quad (6\text{-}227)$$

假如给定 ω_{min} 和 ω_{max} 到 $\omega_M = 272.27\text{rad/s}$ 的距离相等：

$$\frac{\omega_{min} + \omega_{max}}{2} = 272.27 \quad (6\text{-}228)$$

那么可以得到：

$$n_4 = 1.7417 \quad (6\text{-}229)$$

$$\omega_{min} = 209.43\text{rad/s} \quad (6\text{-}230)$$

$$\omega_{max} = 335.10\text{rad/s} \quad (6\text{-}231)$$

设计一个变速器的比率 ω_e / v_x，在每个挡位都保持定值。当从四挡减到三挡的过程中，发动机转速由 ω_{min} 跳跃到 ω_{max}，因此：

$$\omega_{max} = \frac{5.728n_3}{0.9924} \times 20.8333 = 335.10 \quad (6\text{-}232)$$

$$n_3 = 2.7868 \quad (6\text{-}233)$$

在发动机工作范围下限时，三挡的车速为：

$$v_x = 20.8333\frac{\omega_{min}}{\omega_{max}} = 20.8333 \times \frac{209.43}{335.10} = 20.8333 \times \frac{20.8333}{33.3333} = 13.0208\text{m/s} \quad (6\text{-}234)$$

当由三挡减到二挡后，发动机转速跳到工作范围的上限 ω_{max}，因此：

$$\omega_{max} = \frac{5.728n_2}{0.9924} \times 13.0208 = 335.10 \quad (6\text{-}235)$$

$$n_2 = 4.4588 \quad (6\text{-}236)$$

在二挡工作范围下限时的车速为：

$$v_x = 13.0208\frac{\omega_{min}}{\omega_{max}} = 13.0208 \times \frac{20.8333}{33.3333} = 8.1380\text{m/s} \quad (6\text{-}237)$$

同理，一挡的情况为：

$$\omega_{max} = \frac{5.728n_2}{0.9924} \times 8.1380 = 335.10 \quad (6\text{-}238)$$

$$n_1 = 7.1341 \quad (6\text{-}239)$$

在一挡工作范围下限时的车速为：

$$v_x = 8.1380\frac{\omega_{\min}}{\omega_{\max}} = 8.1380 \times \frac{20.8333}{33.3333} = 5.0862\text{m/s} \tag{6-240}$$

因此，四挡变速器有下列传动比：

$$n_1 = 7.1341 \tag{6-241}$$

$$n_2 = 4.4588 \tag{6-242}$$

$$n_3 = 2.7868 \tag{6-243}$$

$$n_4 = 1.7417 \tag{6-244}$$

发动机的工作范围为：

$$209.43\text{rad/s}(\approx 2000\text{r/min}) \leqslant \omega_\text{e} \leqslant 335.10\text{rad/s}(\approx 3200\text{r/min}) \tag{6-245}$$

输出功率方程（6-224）的曲线如图 6.17 所示，并且工作范围如图中阴影部分所示。设计的挡位-速度曲线如图 6.18 所示。

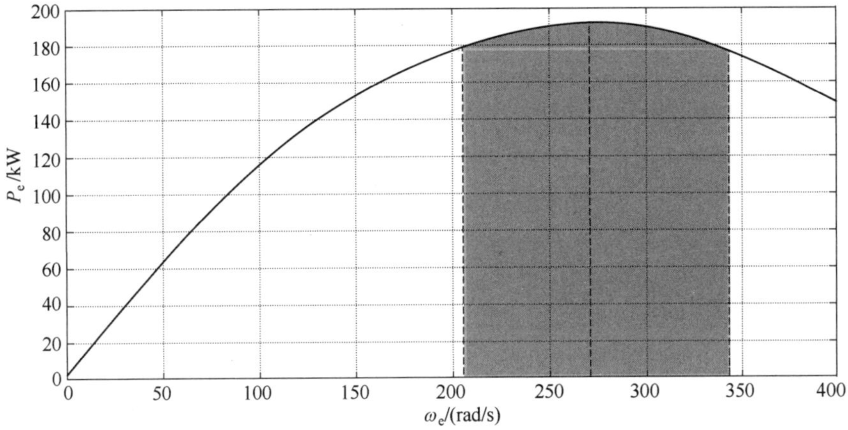

图 6.17　发动机功率-转速图

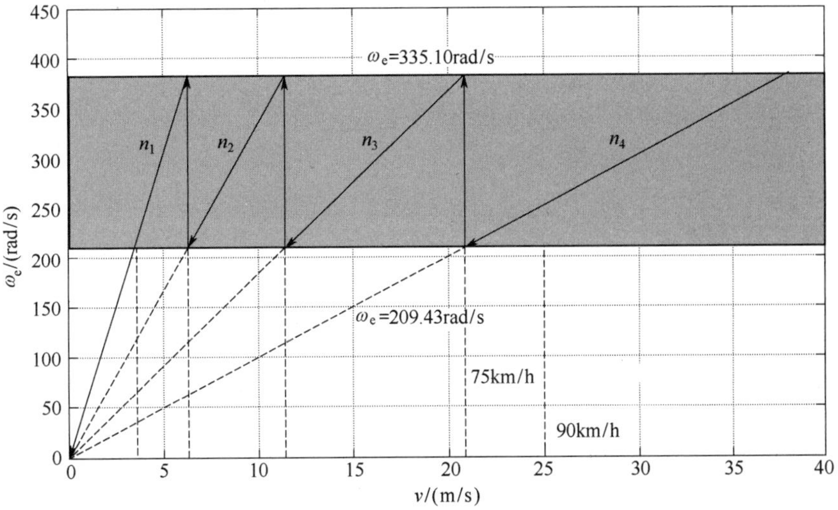

图 6.18　挡位-速度曲线

在最高车速行驶时，发动机牵引力 F_x 和总阻力 F_R 是一对平衡力，于是有：

$$F_x = F_R = \frac{\eta P_e}{v_x} = \frac{0.85 \times 171.9}{27.78} = 5.2597\text{kN} \tag{6-246}$$

注意：计算行驶总阻力时，最高车速设计为$100\text{km/h} \approx 27.78\text{m/s}$，变速器设计速度上限为$120\text{km/h} \approx 33.3333\text{m/s}$，实际运行车辆所能达到的车速为$92\text{km/h}(\approx 25.5556\text{m/s})$。

一挡的牵引力为：

$$\begin{aligned} F_x &= 2.5765 \times 10^{-3} \frac{\eta}{R_\omega^2} n_1 n_d (544.54 R_\omega - n_1 n_d v_x) \\ &= 2.5765 \times 10^{-3} \times \frac{0.85}{0.9924^2} \times 7.1341 \times 5.728 \times (544.54 \times 0.9924 - 7.1341 \times 5.728 v_x) \\ &= (49.1225 - 3.7145 v_x)\text{kN} \end{aligned} \tag{6-247}$$

基于牛顿运动方程可得：

$$F_x - F_R = m\frac{\mathrm{d}v_x}{\mathrm{d}t} \tag{6-248}$$

可以估算出从零加速到$v_x = 8.1380\text{m/s}$所需最短时间：

$$\begin{aligned} t_1 &= m\int_0^{8.1380} \frac{1}{F_x - F_R}\mathrm{d}v_x \\ &= 8370\int_0^{8.1380} \frac{10^{-3}}{49.1225 - 3.7145 v_x - 5.2597}\mathrm{d}v_x = 2.633\text{s} \end{aligned} \tag{6-249}$$

二挡时，有：

$$\begin{aligned} F_x &= 2.5765 \times 10^{-3} \frac{\eta}{R_\omega^2} n_2 n_d (544.54 R_\omega - n_2 n_d v_x) \\ &= 2.5765 \times 10^{-3} \times \frac{0.85}{0.9924^2} \times 4.4588 \times 5.728 \times (544.54 \times 0.9924 - 4.4588 \times 5.728 v_x) \\ &= (30.6948 - 1.4507 v_x)\text{kN} \end{aligned} \tag{6-250}$$

可以估算出二挡加速所需最短时间：

$$\begin{aligned} t_2 &= m\int_{8.1380}^{13.0208} \frac{1}{F_x - F_R}\mathrm{d}v_x \\ &= 8370\int_{8.1380}^{13.0208} \frac{10^{-3}}{30.6948 - 1.4507 v_x - 5.2597}\mathrm{d}v_x = 4.2314\text{s} \end{aligned} \tag{6-251}$$

然后，三挡的牵引力方程为：

$$\begin{aligned} F_x &= 2.5765 \times 10^{-3} \frac{\eta}{R_\omega^2} n_3 n_d (544.54 R_\omega - n_3 n_d v_x) \\ &= 2.5765 \times 10^{-3} \times \frac{0.85}{0.9924^2} \times 2.7868 \times 5.728 \times (544.54 \times 0.9924 - 2.7868 \times 5.728 v_x) \\ &= (19.1843 - 0.5667 v_x)\text{kN} \end{aligned} \tag{6-252}$$

可以估算出三挡加速所需最短时间：

$$\begin{aligned} t_3 &= m\int_{13.0208}^{20.8333} \frac{1}{F_x - F_R}\mathrm{d}v_x \\ &= 8370\int_{13.0208}^{20.8333} \frac{10^{-3}}{19.1843 - 0.5667 v_x - 5.2597}\mathrm{d}v_x = 16.6627\text{s} \end{aligned} \tag{6-253}$$

最后，四挡时，有：

$$
\begin{aligned}
F_x &= 2.5765\times10^{-3}\frac{\eta}{R_{\omega}^2}n_4n_{\mathrm{d}}(544.54R_{\omega}-n_4n_{\mathrm{d}}v_x)\\
&=2.5765\times10^{-3}\times\frac{0.85}{0.9924^2}\times1.7417\times5.728\times(544.54\times0.9924-1.7417\times5.728v_x)\\
&=(11.9969-0.2215v_x)\mathrm{kN}
\end{aligned} \tag{6-254}
$$

可以估算出四挡加速所需最短时间：

$$
\begin{aligned}
t_4 &= m\int_{20.8333}^{25}\frac{1}{F_x-F_{\mathrm{R}}}\mathrm{d}v_x\\
&=8370\int_{20.8333}^{25}\frac{10^{-3}}{11.9969-0.2215v_x-5.2597}\mathrm{d}v_x=21.5610\mathrm{s}
\end{aligned} \tag{6-255}
$$

加速到接近最高车速 $v_x = 90\mathrm{m/s}\approx 25\mathrm{m/s}$ 所需要的总时间为：

$$
\begin{aligned}
t &= t_0+t_1+t_2+t_3+t_4+3\times0.5\\
&=3+2.633+4.2314+16.6627+21.5610+3\times0.5=49.5881(\mathrm{s})
\end{aligned} \tag{6-256}
$$

6.5 小结

内燃机所能得到的最大输出功率为发动机转速 ω_{e} 的函数，这个函数可以通过实验确定，但是函数 $P_{\mathrm{e}}=P_{\mathrm{e}}(\omega_{\mathrm{e}})$ 称为输出功率性能，它可以通过下面的数学函数估算：

$$P_{\mathrm{e}}=P_1\omega_{\mathrm{e}}+P_2\omega_{\mathrm{e}}^2+P_3\omega_{\mathrm{e}}^3 \tag{6-257}$$

对于汽油发动机而言，有：

$$P_1=\frac{P_{\mathrm{M}}}{\omega_{\mathrm{M}}} \tag{6-258}$$

$$P_2=\frac{P_{\mathrm{M}}}{\omega_{\mathrm{M}}^2} \tag{6-259}$$

$$P_3=-\frac{P_{\mathrm{M}}}{\omega_{\mathrm{M}}^3} \tag{6-260}$$

式中，ω_{M} 为角速度，单位为 rad/s。在该发动机转速下，发动机输出功率达到最大值 P_{M}，单位为 W(N • m/s) 。

发动机扭矩 T_{e} 是由 P_{e} 产生的：

$$T_{\mathrm{e}}=\frac{P_{\mathrm{e}}}{\omega_{\mathrm{e}}}=P_1+P_2\omega_{\mathrm{e}}+P_3\omega_{\mathrm{e}}^2 \tag{6-261}$$

一台产生恒定输出功率且与转速无关的发动机称为理想发动机。那么：

$$P_{\mathrm{e}}=P_0 \tag{6-262}$$

$$T_{\mathrm{e}}=\frac{P_{\mathrm{e}}}{\omega_{\mathrm{e}}} \tag{6-263}$$

用变速器使得发动机工作在输出功率最大功率 P_M 附近。设计变速器时，用到两个方程，一个是速度方程：

$$\omega_e = \frac{n_i n_d}{R_\omega} v_x \tag{6-264}$$

另一个是牵引力方程：

$$T_e = \frac{R_\omega}{\eta n_i n_d} F_x \tag{6-265}$$

由这些方程可知，车辆向前的速度 v_x 与发动机转动角速度 ω_e 成正比；轮胎的牵引力 F_x 和发动机扭矩 T_e 成正比。这里的 R_ω 为轮胎的有效半径，n_d 为差速器的传动比，n_i 为变速器第 i 挡的传动比，η 为所有动力传动系统的传递效率。

第 7 章 转向系统

扫码获取脚本文件

7.1 转向运动学

考虑一个前轮转向的四轮车辆正在左转向，如图 7.1 所示。当车辆运动十分缓慢时，在内侧和外侧车轮之间存在一个运动学条件，使得这个转向过程车轮无滑动。这个条件称为阿卡曼条件，用公式可表述为：

$$\cot\delta_{o}-\cot\delta_{i}=\frac{w}{l} \tag{7-1}$$

式中，δ_i 表示内侧车轮的转向角，而 δ_o 表示外侧车轮的转向角。内侧和外侧的定义来自于车轮相对于转向中心 O 的位置。

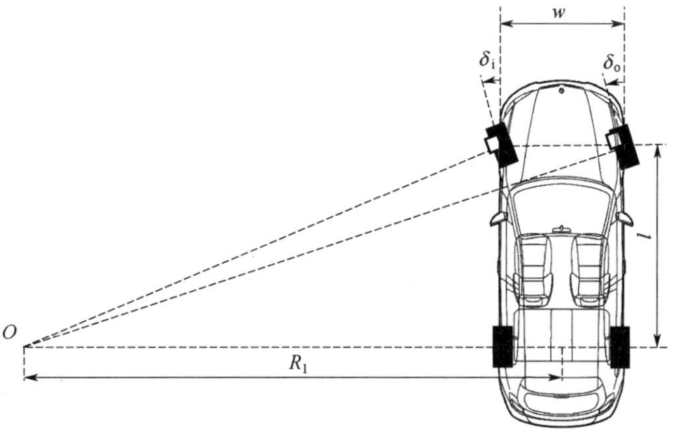

图 7.1 前轮转向的阿卡曼条件

一根轴上两个转向轮之间的距离称为轮距，用字母 w 表示。前桥和后桥之间的垂直距离称为轴距，用字母 l 表示。轮距 w 和轴距 l 通常被用来当作车辆运动学的长和宽。

一个转向车辆质心处的转弯半径 R 为：

$$R=\sqrt{a_2^2+l^2\cot^2\delta} \tag{7-2}$$

式中，δ 表示内侧和外侧转向角的平均余切：

$$\cot\delta=\frac{\cot\delta_{o}+\cot\delta_{i}}{2} \tag{7-3}$$

角度 δ 等价于一辆有着同样轮距 l 以及转弯半径 R 的两轮自行车的转向角。

证明 50：为了让所有车轮在曲线路线中自由转向，轮胎平面中心处的法线必须交汇于一点。这就是阿卡曼条件。

图 7.2 给出了一辆车左转弯示意图。此时，转弯中心 O 位于车辆左侧，因此，左侧车轮为内侧车轮，因为它们距离转弯中心较近一些。内侧和外侧的转向角 δ_i 和 δ_o 可以通过△OAD 和△OBC 内的关系计算出来：

$$\tan\delta_i = \frac{l}{R_1 - \frac{w}{2}} \tag{7-4}$$

$$\tan\delta_o = \frac{l}{R_1 + \frac{w}{2}} \tag{7-5}$$

消去 R_1：

$$R_1 = \frac{w}{2} + \frac{l}{\tan\delta_i} = -\frac{w}{2} + \frac{l}{\tan\delta_o} \tag{7-6}$$

从而得到阿卡曼条件[式（7-1）]，它直接反映了 δ_i 和 δ_o 之间的联系：

$$\cot\delta_o - \cot\delta_i = \frac{w}{l} \tag{7-7}$$

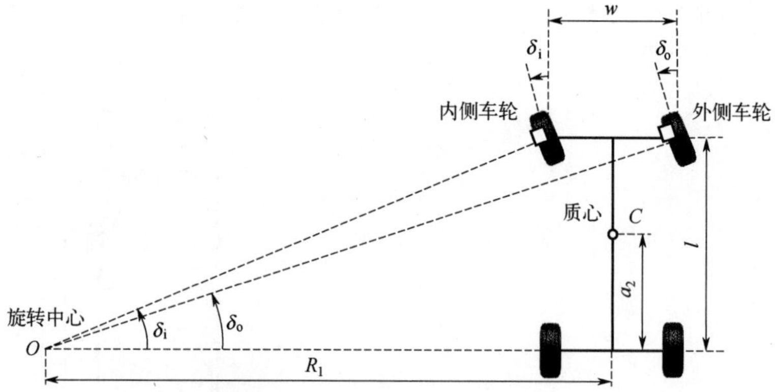

图 7.2　前轮转向的左转弯示意图

为了找到车辆的转弯半径 R，定义一个等价的两轮（自行车）模型，如图 7.3 所示。它的转弯半径与车辆在质心处的速度 v 垂直。利用几何学知识，可得：

$$R^2 = a_2^2 + R_1^2 \tag{7-8}$$

$$\cot\delta = \frac{R_1}{l} = \frac{1}{2}(\cot\delta_i + \cot\delta_i) \tag{7-9}$$

因此：

$$R = \sqrt{a_2^2 + l^2\cot^2\delta} \tag{7-10}$$

阿卡曼条件适用于车辆速度很低且车轮与地面之间无相对滑动的情况。此时，车辆上没有侧向力也没有与之相平衡的离心力。阿卡曼转向条件也被称为运动学转向条件，这是因为它是在速度为零时的静态条件。

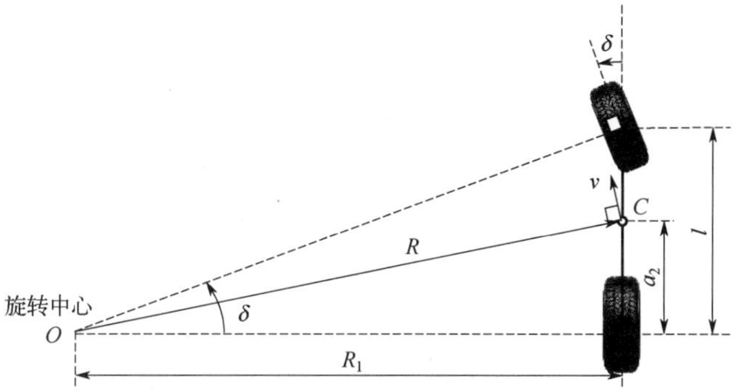

图 7.3　前轮转向的等价两轮（自行车）模型

一个装置的转向条件如果符合阿卡曼条件，那么它就被称为阿卡曼转向、阿卡曼机构或阿卡曼几何学。没有一个四连杆转向机构可以完美地符合阿卡曼条件。但是可以设计一个多连杆机构让其工作条件接近这个条件，并且在一些角度时精确符合该条件。

图 7.4 给出了在不同的 w/l 值情况下的阿卡曼条件，详见脚本 17。由此可见，当 w/l 的值减小时，内侧转向角和外侧转向角是相互接近的。

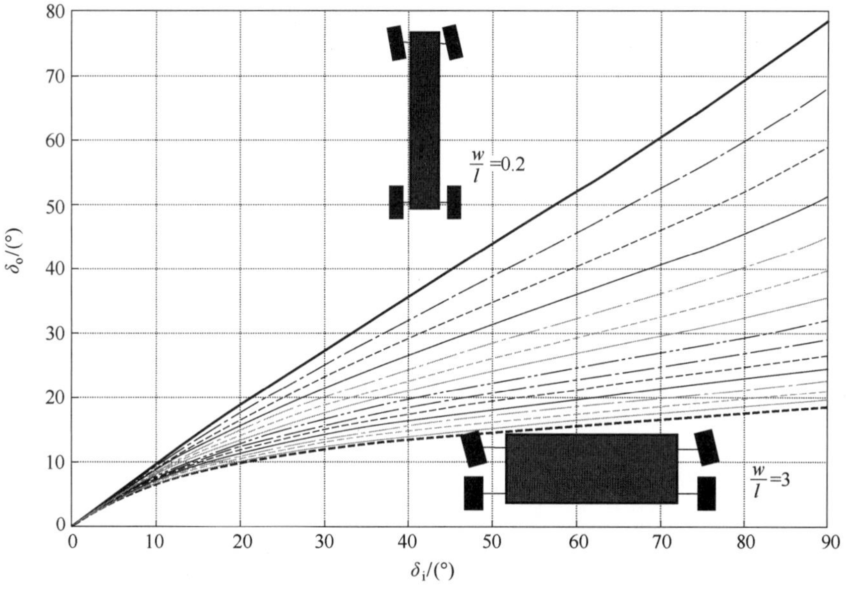

图 7.4　前轮转向在不同长宽比情况下的阿卡曼条件约束

案例 292　转弯半径。

假设某车型有下列尺寸和转向角：

$$l = 2.300\text{m} \tag{7-11}$$

$$w = 1.768\text{m} \tag{7-12}$$

$$a_2 = 1.600\text{m} \tag{7-13}$$

$$\delta_i = 20° \approx 0.349\text{rad} \tag{7-14}$$

根据运动学转向条件有：

$$\delta_o = \text{arccot}\left(\frac{w}{l} + \cot\delta_i\right) = 0.277\text{rad} \approx 15.876° \tag{7-15}$$

$$R_1 = l\cot\delta_i + \frac{1}{2}w = 7.203\text{m} \tag{7-16}$$

$$\delta = \operatorname{arccot}\frac{\cot\delta_i + \cot\delta_o}{2} = 0.309\text{rad} \approx 17.709° \tag{7-17}$$

$$R = \sqrt{a_2^2 + l^2\cot^2\delta} = 7.379\text{m} \tag{7-18}$$

案例 293 前轮轮距。

大部分车前后轮的轮距是不一样的。对于转向条件［式（7-1）］所提到的轮距 w 为前轮轮距，也可记作 w_f。后轮轮距对前轮转向车辆的运动学条件没有影响。对于前轮转向车辆，即使它的后轮轮距 w_r 为零，它的转向条件［式（7-1）］也不会改变。

案例 294 空间需求。

运动学转向条件可以用于计算车辆转向时的空间需求。假设一个两轴车辆转向时符合阿卡曼几何条件，如图 7.5 所示。

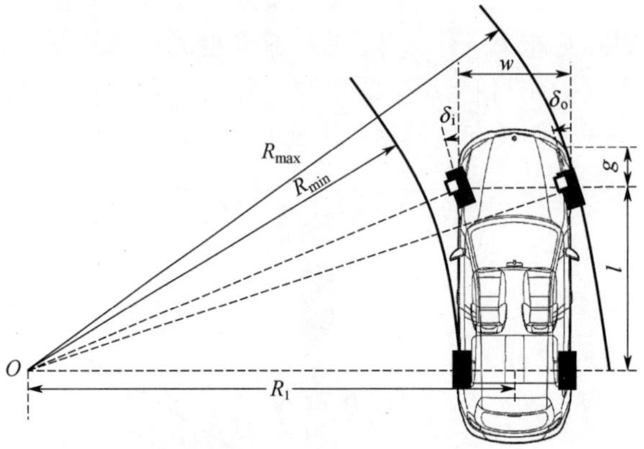

图 7.5 前轮转向的空间需求

车辆前面最外侧的点将以最大的转弯半径 R_{max} 转向，然而，车辆后桥最内侧的点将以最小的转弯半径 R_{min} 转向。前面最外侧的点与前桥之间拥有一段前悬距离 g。最大的转弯半径 R_{max} 为：

$$R_{max} = \sqrt{(R_{min} + w)^2 + (l+g)^2} \tag{7-19}$$

因此，转向时所需空间是一个宽度 ΔR，它是关于车辆几何参数的函数。

$$\Delta R = R_{max} - R_{min} = \sqrt{(R_{min} + w)^2 + (l+g)^2} - R_{min} \tag{7-20}$$

要计算 ΔR，首先要计算 R_{min}，根据前面的转向理论有：

$$R_{min} = R_1 - \frac{1}{2}w = \frac{l}{\tan\delta_i} = \frac{l}{\tan\delta_o} - w \tag{7-21}$$

将其代入计算 ΔR 可得：

$$\Delta R = \sqrt{\left(\frac{l}{\tan\delta_i} + w\right)^2 + (l+g)^2} - \frac{l}{\tan\delta_i} = \sqrt{\left(\frac{l}{\tan\delta_o}\right)^2 + (l+g)^2} - \frac{l}{\tan\delta_o} + w \tag{7-22}$$

假设在这个案例中的车辆宽度 w_v 和轮距 w 是相等的，而实际车辆宽度 w_v 比轮距要大一些：

$$w_v > w \tag{7-23}$$

案例 295 梯形转向机构。

如图 7.6 所示，这个对称四连杆机构称为梯形转向机构。它在汽车上使用已有 100 多年的历史。这个机构有两个重要参数：角度 β 以及补偿臂长度 d。处于转向位置时的梯形转向机构如图 7.7 所示，此时内侧和外侧的转向角分别为 δ_i 和 δ_o。

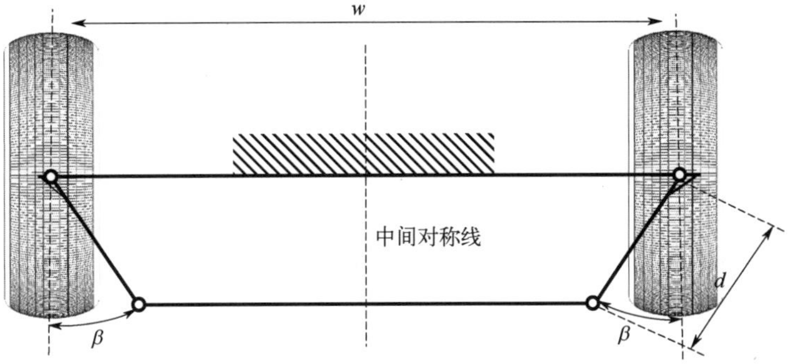

图 7.6　梯形转向机构

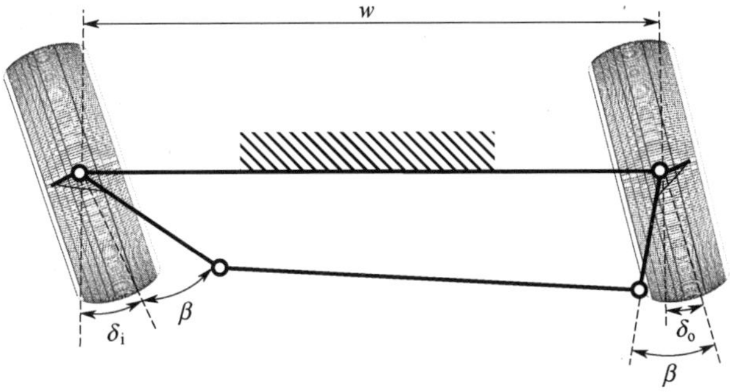

图 7.7　处于转向位置时的梯形转向机构

梯形机构的内外转向角之间的关系为：

$$\sin(\beta+\delta_i)+\sin(\beta-\delta_o)=\frac{w}{d}+\sqrt{\left(\frac{w}{d}-2\sin\beta\right)^2-\left[\cos(\beta-\delta_o)-\cos(\beta+\delta_i)\right]^2} \qquad (7\text{-}24)$$

为了证明以上关系，对图 7.8 中的△ABC 使用勾股定理可得：

$$(w-2d\sin\beta)^2=[w-d\sin(\beta+\delta_i)-d\sin(\beta-\delta_o)]^2+[d\cos(\beta-\delta_o)-d\cos(\beta+\delta_i)]^2 \qquad (7\text{-}25)$$

将此式化简后可得梯形机构的内外转向角之间的关系[式（7-24）]。

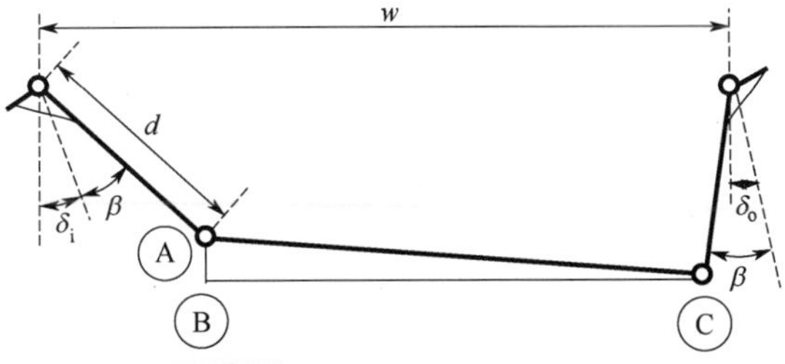

图 7.8　转向梯形中的△ABC

利用 MATLAB 程序：

```
g=solve('(s-2*sin(b))^2=(s-sin(b+i)-sin(b-o))^2+(cos(b-o)-cos(b+i))^2','o')
simplify(g)
```

其中，$s=\dfrac{w}{d}$，$b=\beta$，$i=\delta_i$，$o=\delta_o$。可以看到，这个方程手算是无法计算出 δ_o 表达式的。即使用计算机算也会算出两个结果 g(1) 和 g(2)，大家可以分别作图试试。最后，舍弃了 g(1)，利用 g(2) 作为 δ_o 表达式，复制粘贴 g(2) 表达式作出图 7.9。出图程序详见脚本 17。

梯形转向机构的功能和与之相对应的阿卡曼条件如图 7.9 所示，其中，$w=1.2\text{m}$，$l=2.4\text{m}$，$d=0.2\text{m}$，水平轴代表了内侧转向角 δ_i，垂直轴代表了外侧转向角 δ_o，其中 $0.9\text{rad}\approx 51.56°$，$0.8\text{rad}\approx 45.84°$，图 7.9 中所有的曲线在虚线 $\delta_i=\delta_o$ 下方，可知内侧转向角 δ_i 是始终大于外侧转向角 δ_o 的。并且由图 7.9 可知，在 $\delta_i<50°$ 的情况下，该机构在 $\beta=18°$ 时最接近阿卡曼条件。

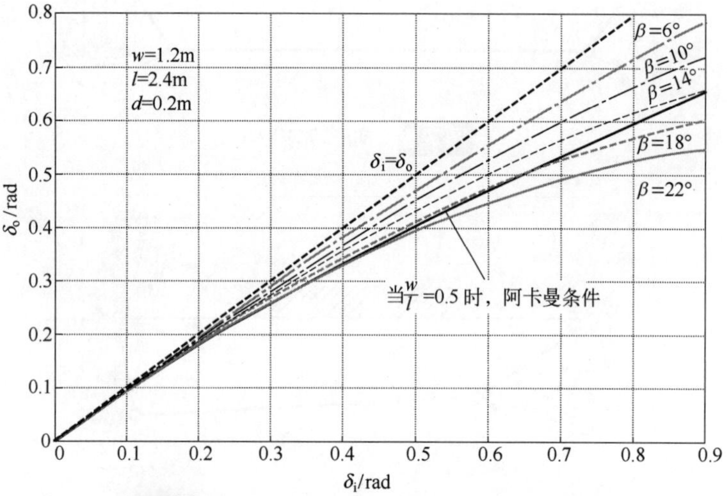

图 7.9 梯形转向机构功能与阿卡曼条件的关系

为了检验梯形转向机构，将其和阿卡曼条件相对比，定义一个误差参数 $e=\delta_{Do}-\delta_{Ao}$。误差 e 表示在有相同的内侧转向角 δ_i 时，用梯形机构和阿卡曼条件计算出的外侧转向角之差：

$$e=\Delta\delta_o=\delta_{Do}-\delta_{Ao} \tag{7-26}$$

图 7.10 描述了误差 e 在转向机构以 β 为参数时的样本图像，出图程序详见脚本 17。

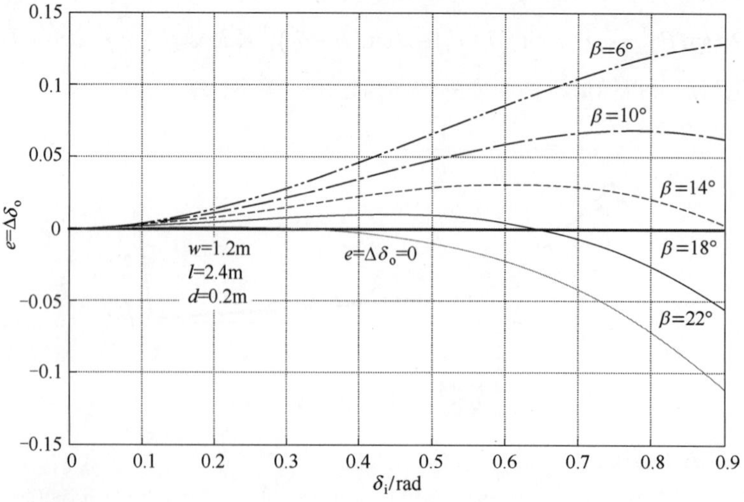

图 7.10 误差 $e=\Delta\delta_o=\delta_{Do}-\delta_{Ao}$ 在梯形转向机构以 β 为参数时的样本图像

案例 296　后桥锁死。

有时为了简化车辆设计，在后桥里没有安装差速器，使得后桥相当于差速器锁死的情况。此时，后桥左右两侧车轮不能相对旋转。这样的简单设计通常应用在玩具车或者小型非路面行驶车辆（如卡丁车）中。

假设车辆如图 7.2 所示，在进行缓慢的左转弯时，后桥内侧车轮的速度为：

$$v_{\mathrm{ri}} = \left(R_1 - \frac{w}{2}\right) r = R_{\mathrm{w}} \omega_{\mathrm{ri}} \tag{7-27}$$

后桥外侧车轮的速度为：

$$v_{\mathrm{ro}} = \left(R_1 + \frac{w}{2}\right) r = R_{\mathrm{w}} \omega_{\mathrm{ro}} \tag{7-28}$$

式中，r 表示车辆转向角速度，R_{w} 表示后轮半径，而 ω_{ri} 和 ω_{ro} 表示内外侧车轮绕后桥的旋转角速度，如果后桥是锁死的，则有：

$$\omega_{\mathrm{ri}} = \omega_{\mathrm{ro}} = \omega \tag{7-29}$$

但是：

$$R_1 - \frac{w}{2} \neq R_1 + \frac{w}{2} \tag{7-30}$$

也就是说，当 ω 非零时，一个转向的锁死轴两侧车轮转速一样是无法实现的。

锁死轴转向时会减小内侧车轮的垂直载荷，使得后桥内侧车轮克服摩擦力而滑转。因此，内侧车轮的牵引力会降低到此时仅剩的垂直载荷所能提供的最大摩擦力。与此同时，外侧车轮的垂直载荷增加，但是外侧车轮的摩擦极限又限制了外侧车轮牵引力的升高。

不安装差速器而利用锁死轴的设计，对在街道行驶的车辆而言是不可取的，但是对于一些小型和轻量化且在泥泞或打滑路面行驶的车辆又是可以接受的。这样做可以减少成本、简化设计，因此意义重大。

对于传统的两轮驱动的车辆，后轮装有差速器用于驱动，前轮用于转向改变车辆行驶方向。对于理想的差速器而言，它分配到两侧车轮的扭矩是一样的。驱动轮的转速取决于差速器和轮胎与路面接触的参数。但是当一辆车的某个驱动轮的牵引力太小时，差速器的缺陷也就暴露出来。差速器对牵引力的分配取决于轮胎与地面接触的参数以及车辆重量分布情况。由于差速器平均分配扭矩特性，使得车轮得到的最大牵引力取决于两侧车轮中较小牵引力的一侧车轮。装有差速器的车辆转向能力在不同轮胎与路面接触条件下相对而言是稳定的。但是当两侧驱动轮的牵引条件不一样时，总的推力将会减小。

案例 297　后轮转向。

后轮转向多用于高机动性且速度很低的车辆，如工厂里使用的叉车。后轮转向在汽车上并不常用，这是因为这种车辆在高速行驶时不稳定。后轮转向车辆的旋转中心位于前桥延长线上的一点。图 7.11 给出了一辆后轮转向车辆转向时的情形。转向运动学条件［式(7-1)］同样适用于后轮转向车辆：

$$\cot\delta_{\mathrm{o}} - \cot\delta_{\mathrm{i}} = \frac{w}{l} \tag{7-31}$$

案例 298　另一种运动学转向角方程。

一辆车后轮驱动前轮转向，如图 7.12 所示，假设它的前桥轮距与后桥轮距相等，并且驱动轮旋转过程中没有滑移。将内侧驱动轮的旋转角速度用 ω_{i} 表示，外侧驱动轮的用 ω_{o} 表示。前轮的运动学转向角就可以表示为：

$$\delta_{\mathrm{i}} = \arctan\left[\frac{l}{w}\left(\frac{\omega_{\mathrm{o}}}{\omega_{\mathrm{i}}} - 1\right)\right] \tag{7-32}$$

$$\delta_{\mathrm{o}} = \arctan\left[\frac{l}{w}\left(1 - \frac{\omega_{\mathrm{i}}}{\omega_{\mathrm{o}}}\right)\right] \tag{7-33}$$

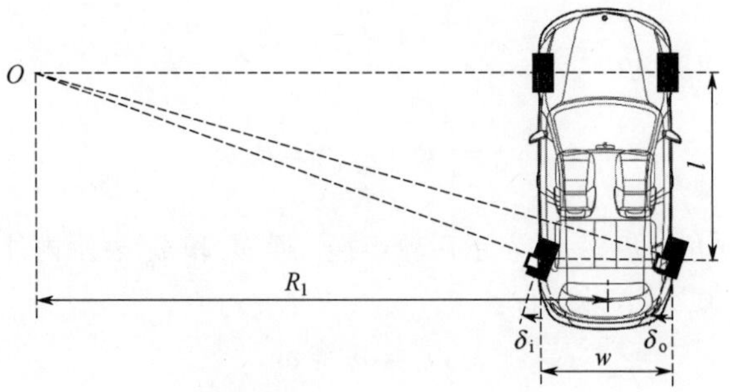

图 7.11　后轮转向的车辆

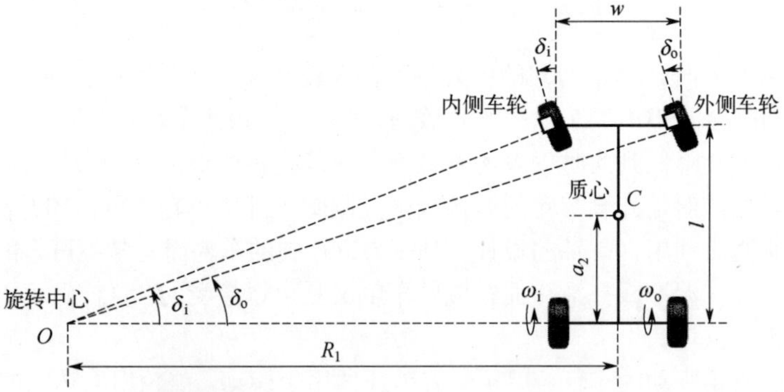

图 7.12　后轮驱动前轮转向的左转弯示意图

为了证明以上方程，可以从下面的方程开始，它是根据驱动轮没有滑移的条件得到的：

$$\frac{R_{\mathrm{w}}\omega_{\mathrm{o}}}{R_1 + \dfrac{w}{2}} = \frac{R_{\mathrm{w}}\omega_{\mathrm{i}}}{R_1 - \dfrac{w}{2}} \tag{7-34}$$

化简此方程可以得出：

$$\frac{\omega_{\mathrm{o}}}{\omega_{\mathrm{i}}} = \frac{R_1 + \dfrac{w}{2}}{R_1 - \dfrac{w}{2}} \tag{7-35}$$

将其代入式（7-32）和式（7-33），并将它们化简成式（7-4）和式（7-5）。

式（7-34）表示出车辆的转向率是相等的，这里的转向率是指车辆相对于旋转中心的角速度。

$$r = \frac{R_{\mathrm{w}}\omega_{\mathrm{o}}}{R_1 + \dfrac{w}{2}} = \frac{R_{\mathrm{w}}\omega_{\mathrm{i}}}{R_1 - \dfrac{w}{2}} \tag{7-36}$$

案例 299　前后桥轮距不相等的情况。

人们在设计车辆时有可能将前后轮距设计得不一样。特别是赛车，它们中大部分装备有更宽更大的后桥轮胎以增加牵引力和稳定性。对于汽车而言，前后桥都使用相同的轮胎，但是后桥比前桥一般要大上几厘米。这样的车辆如图 7.13 所示。

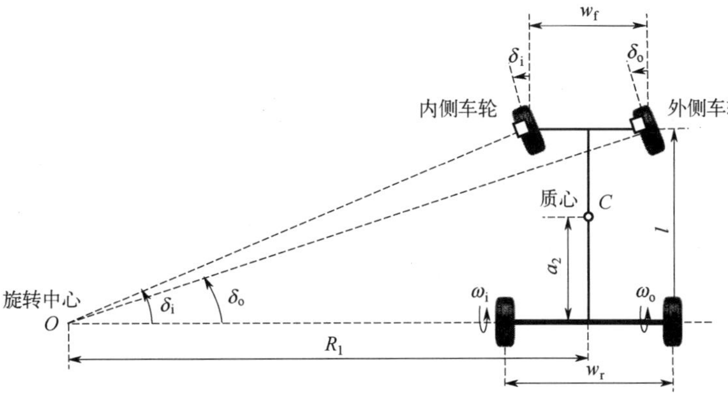

图 7.13　前后桥轮距不同时的左转弯示意图

车辆的角速度为：

$$r=\frac{R_w\omega_o}{R_1+\dfrac{w}{2}}=\frac{R_w\omega_i}{R_1-\dfrac{w}{2}} \tag{7-37}$$

前轮的运动学转向角分别为：

$$\delta_i=\arctan\frac{2l(\omega_o+\omega_i)}{w_f(\omega_o-\omega_i)+w_r(\omega_o+\omega_i)} \tag{7-38}$$

$$\delta_o=\arctan\frac{2l(\omega_o-\omega_i)}{w_f(\omega_o-\omega_i)+w_r(\omega_o+\omega_i)} \tag{7-39}$$

为了得到以上公式，首先要从式（7-37）中找到 R_1：

$$R_1=\frac{w_r}{2}\times\frac{\omega_o+\omega_i}{\omega_o-\omega_i} \tag{7-40}$$

将它代入以下公式中：

$$\tan\delta_i=\frac{l}{R_1-\dfrac{w_f}{2}} \tag{7-41}$$

$$\tan\delta_o=\frac{l}{R_1+\dfrac{w_f}{2}} \tag{7-42}$$

式中，w_f 表示前桥的轮距，w_r 表示后桥的轮距，而 R_w 表示车轮的半径。

案例 300　独立后轮驱动。

一些特种车辆，如月球漫步者或自主移动的机器人，可以将每个驱动轮都单独配置一个相应的控制电机，使其可以获得任意需要的角速度，并且该车辆的转向轮都可以向左或向右做超过 90°的旋转。这样的车辆都具有高机动性和较低的行驶速度。

图 7.14 给出了这样转向车辆的优势以及其可能的转向。图 7.14（a）～（c）给出了前进

的驾驶操纵，后轮上的箭头表示车轮旋转角速度的大小关系，而前轮的箭头表示它们行动的方向。倒退的驾驶操纵如图 7.14（d）～（f）所示。这样的车辆允许绕后轴上任意一点（包括其内部的点）做转向。图 7.14（g）所示车辆绕后桥右侧车轮中心做转向，而图 7.14（h）则是绕后桥左侧车轮中心做转向，图 7.14（i）给出了绕后桥中心点做转向的情形。

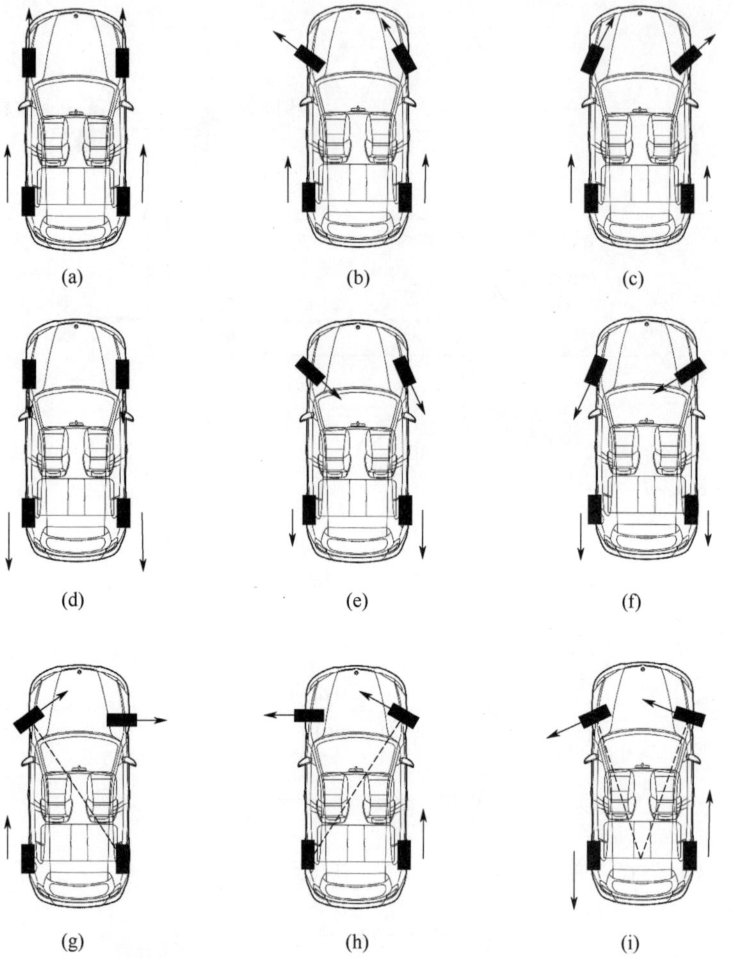

图 7.14　后轮驱动前轮转向、具有高转向性的车辆

无论以上哪种情形，前轮的转向角都要由相应合适的方程确定，如式(7-41)和式(7-42)。驱动轮外侧车轮旋转角速度和内侧车轮旋转角速度的比值 ω_o/ω_i 可以用内侧或者外侧转向角来确定：

$$\frac{\omega_o}{\omega_i}=\frac{\delta_o(w_f-w_r)-2l}{\delta_o(w_f+w_r)-2l} \tag{7-43}$$

$$\frac{\omega_o}{\omega_i}=\frac{\delta_i(w_f+w_r)+2l}{\delta_i(w_f-w_r)+2l} \tag{7-44}$$

案例 301　跑车转向。

阿卡曼转向或称运动学转向在车辆低速运动时是正确的条件。当车辆快速转弯时，它需要巨大的侧向力，因此，车轮运转时带有更高的侧滑角。并且，内侧车轮的负载将远小于外侧车轮。轮胎的特征曲线显示出，随着车轮负载的增加，达到峰值侧向力所需的侧滑角越来越小。在此条件下运动转向车辆的内前轮会出现更高的侧滑角以获得最大的侧向力。因此，内侧车轮在高速转向时必须有一个相对运动转向较低的转向角。减小了内侧车轮的转向角也就减小了内侧车轮和外侧车轮转向角之间的差距。

对于赛车而言，通常使用的是平行转向或反阿卡曼转向。阿卡曼、平行和反阿卡曼转向情形如图 7.15 所示。

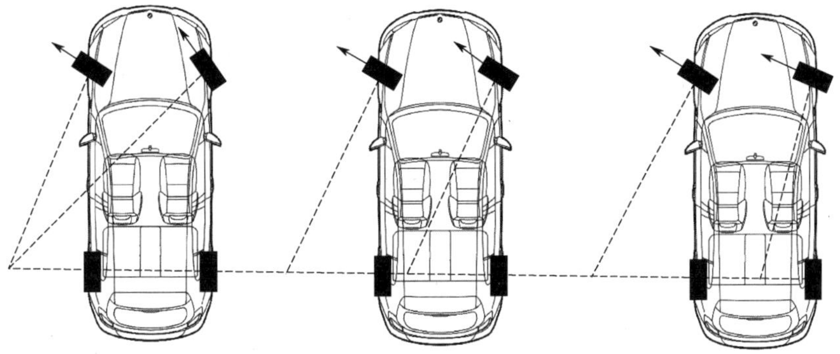

(a) 阿卡曼转向　(b) 平行转向　(c) 反阿卡曼转向

图 7.15　跑车转向是利用平行转向或反阿卡曼转向来代替阿卡曼转向

正确的转向角是一个和轮胎负载、路面条件、速度以及轮胎特性相关的函数。并且，车辆还应在低速行驶时可以按照阿卡曼条件进行转向。因此，没有理想的转向机构可以达到以上要求，除非对每个转向轮的转向角利用智能系统进行单独控制。

案例 302　速度决定转向系统。

有一种速度调整的理念这样说，最好在车辆高速行驶时有一个更轻的转向系统。这个理念可以在带有助力转向系统中实现其对速度的依赖，如在低速行驶转向时提供很强的助力，在高速行驶转向时提供很轻的助力。这个理念基于这样的事实：在停车时需要大的转向，而在高速行驶时仅需要小的转向。

案例 303　阿卡曼转向条件的历史。

在早期的四轮厢式车、马拉车以及车辆上，正确的转向几何关系是一个大的问题。四轮或六轮车辆以及厢式车在转弯时，一般在后面留有橡胶拖滑的印迹（像刹车印迹一样）。这就是为什么过去有那么多三轮车。问题在于车辆做圆形运动时，如何制造一套机构使得内侧车轮转弯半径比外侧车轮的小一些。

符合这样条件的前轮转向四轮厢式车于 1816 年由乔治 • 兰靳斯伯格在德国慕尼黑设计面世。

鲁道夫 • 阿卡曼和兰靳斯伯格会面并看到了他的发明。阿卡曼在伦敦获得了兰靳斯伯格的专利授权，并将它用在了英国的厢式车上。从 1881 年开始，车辆制造商就已经采纳和改进了带有阿卡曼几何学的转向机构。

从转向系统发明以来，车辆转向的基础设计有了一点改变。驾驶员的转向输入通过一根轴传递到一些齿轮减速机构中，从而产生前轮的转向运动。

7.2 多轴汽车

如果一辆车有两个以上车轴，除了一个轴外，其他所有车轴都必须可以转向，只有这样才能保证在车速为零时，车轮与地面之间做纯滚动。当 n 轴汽车只有一个非转向轴时，那么它拥有 n–1 个几何转向条件。例如，三轴汽车有两个轴可以转向，如图 7.16 所示。

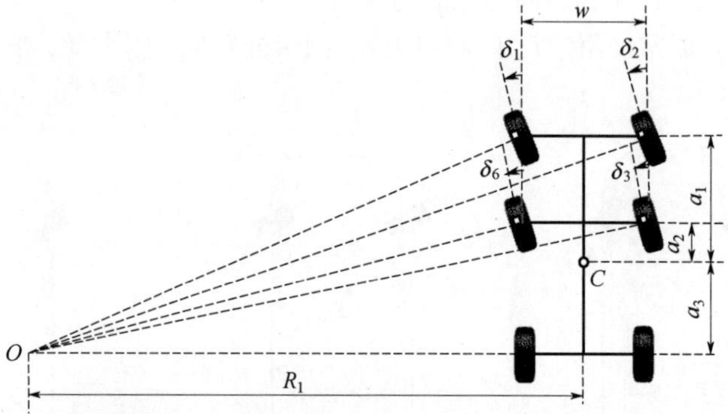

图 7.16　三轴汽车前两轴为转向轴的左转弯示意图

为了得到多轴汽车的几何条件，首先要测量出前轴与质心的纵向距离。将纵向距离用 a_i 表示，表示第 i 个车轴到质心 C 的距离。因此，a_1 就表示前面第一轴到质心 C 的距离，而 a_2 则表示第二轴到质心 C 的距离。并且对车轮按照顺时针方向进行编号，驾驶员左下方的车轮标注为车轮 1。

对于三轴汽车如图 7.16 所示，它含有两个独立阿卡曼条件：

$$\cot\delta_2 - \cot\delta_1 = \frac{w}{a_1 + a_3} \tag{7-45}$$

$$\cot\delta_3 - \cot\delta_6 = \frac{w}{a_2 + a_3} \tag{7-46}$$

案例 304　带有一个转向轴的六轮汽车。

当一个多轴汽车只有一个轴可以转向时，对非转向车轮而言，无滑动的纯滚动就无法实现。运动学长度或者说车辆的轴距不清楚，就不可能按照阿卡曼条件转向。在低速大转向角的情况下，轮胎的磨损非常严重。因此，这样的车是不值得推荐的。但是当一辆车有足够的长度，两个非转向轮的距离又非常接近时，可以近似地将其看作两轴汽车，在低速转向时可以近似地使用阿卡曼条件进行分析。

图 7.17 给出了一个六轮车辆只有一个转向前轴的情况。在设计转向机构时，考虑到旋转中心所在的侧向轴线是两个后轴的中心平行线，车辆的运动学长度 l 表示前轴荷中心平行线的距离。这种情况下有阿卡曼条件：

$$\cot\delta_o - \cot\delta_i = \frac{w}{l} \tag{7-47}$$

并且：

$$R_1 = l\cot\delta_o - \frac{w}{2} = l\cot\delta_i + \frac{w}{2} \tag{7-48}$$

前轴的中心以及车辆的质心相对于旋转中心的半径分别为 R_f 和 R：

$$R_f = \frac{R_1}{\cos\left(\arctan\dfrac{l}{R_1}\right)} \tag{7-49}$$

$$R = \frac{R_1}{\cos\left(\arctan\frac{a_3 - a_2}{2R_1}\right)} \tag{7-50}$$

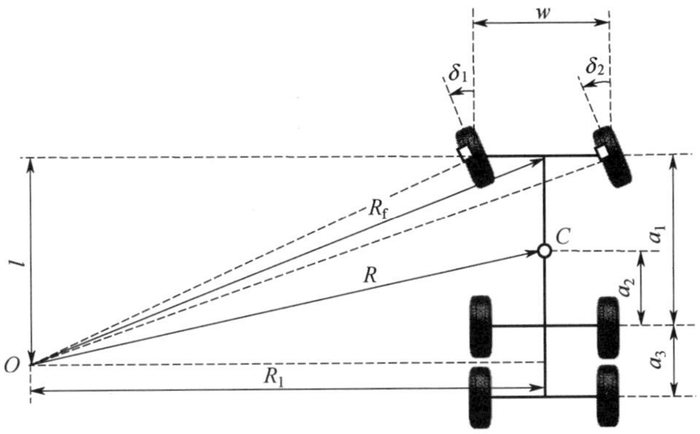

图 7.17　六轮汽车前一轴为转向轴的左转弯示意图

如果转弯半径相对于轮距非常大，可以将式（7-49）和式（7-50）近似写成：

$$R_f \approx \frac{R_1}{\cos\left(\frac{l}{R_1}\right)} \tag{7-51}$$

$$R \approx \frac{R_1}{\cos\left(\frac{a_3 - a_2}{2R_1}\right)} \tag{7-52}$$

$$R_1 = \frac{l}{2}(\cot\delta_o + \cot\delta_i) \tag{7-53}$$

为了避免严重磨损，在车辆负载不大的情况下，可以将一个轴抬起来。对这样的车，可以设计转向系统使其符合阿卡曼条件，应该基于非举升轴。但是到了该车辆满载时，所有轴着地，可举升轴两侧车轮在大角度转向时会出现严重磨损。

另一种方法对于多轴车辆是利用自转向车轮，这种车轮可以自动调节使其达到最小的侧滑。这样的车轮不能提供侧向力，因此对提高操纵性帮助不大。自转向车轮可以安装在多节车厢或是拖车上。带有这样自动转向轴机构的货车车厢的车轮如图 7.18 所示。

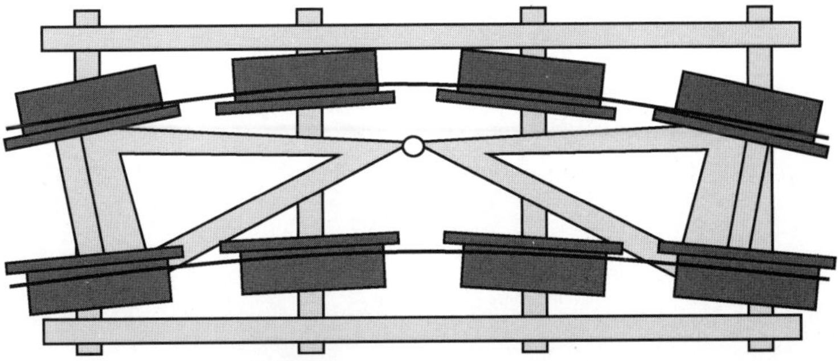

图 7.18　货车自动转向轴机构

7.3 带有拖车的汽车

如果一个四轮汽车带有一个仅有一根轴双轮的拖车，那么可以找到其做纯滚动转向的运动学条件。图 7.19 给出了上述情况的图示。车辆质心的转弯半径为 R，而拖车的转弯半径为 R_t：

$$R_t = \sqrt{\left(l\cot\delta_i + \frac{1}{2}w\right)^2 + b_1^2 - b_2^2} \tag{7-54}$$

$$R_t = \sqrt{\left(l\cot\delta_o - \frac{1}{2}w\right)^2 + b_1^2 - b_2^2} \tag{7-55}$$

稳态条件下，车辆与拖车的夹角为：

$$\theta = \begin{cases} 2\arctan\left[\dfrac{1}{b_1 - b_2}\left(R_t - \sqrt{R_t^2 - b_1^2 + b_2^2}\right)\right], & b_1 - b_2 \neq 0 \\ 2\arctan\left[\dfrac{1}{2R_t}(b_1 + b_2)\right], & b_1 - b_2 = 0 \end{cases} \tag{7-56}$$

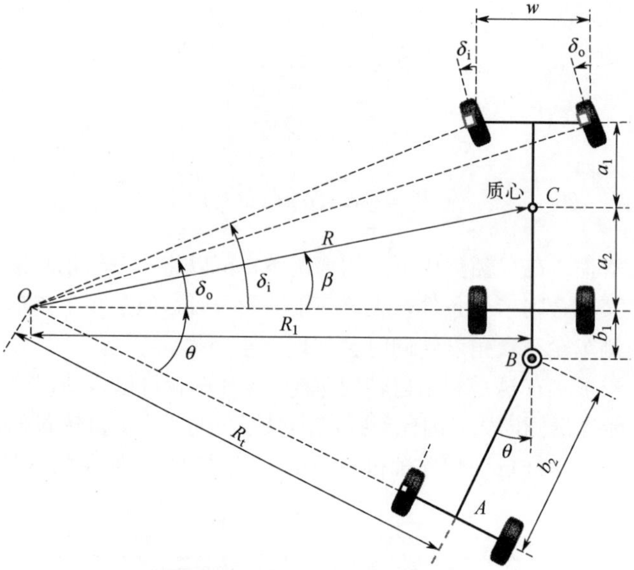

图7.19 带有拖车的车辆转向示意图

证明 51：利用图 7.19 中的直角三角形 OAB，可以将拖车转弯半径写成：

$$R_t = \sqrt{R_1^2 + b_1^2 - b_2^2} \tag{7-57}$$

这是因为 $\overline{OB}$ 的长度为：

$$\overline{OB}^2 = R_t^2 + b_2^2 = R_1^2 + b_1^2 \tag{7-58}$$

再将 R_1 的计算式（7-6）代入，可得到拖车的转弯半径相对于车辆的几何关系为：

$$R_t = \sqrt{\left(l\cot\delta_i + \frac{1}{2}w\right)^2 + b_1^2 - b_2^2} \tag{7-59}$$

$$R_t = \sqrt{\left(l\cot\delta_o - \frac{1}{2}w\right)^2 + b_1^2 - b_2^2} \tag{7-60}$$

$$R_t = \sqrt{R^2 - a_2^2 + b_1^2 - b_2^2} \tag{7-61}$$

利用方程：

$$R_t \sin\theta = b_1 + b_2\cos\theta \tag{7-62}$$

再利用万能公式，展开整理可得：

$$(b_1 - b_2)\tan^2\frac{\theta}{2} - (2R_t)\tan\frac{\theta}{2} + (b_1 + b_2) = 0 \tag{7-63}$$

按两种情况分别解出二元一次方程和一元一次方程，得到拖车和车辆的夹角 θ，正如式（7-56）所示。

当 $b_1 - b_2 \neq 0$ 时，减号用于向前运动的情况，而加号则用于向后运动的情况。无论哪种情况，θ 都是关于（R_t, b_1, b_2）的函数，可以将其用图 7.20 表示出来，其中，θ_2 被称为折叠刀式结构。

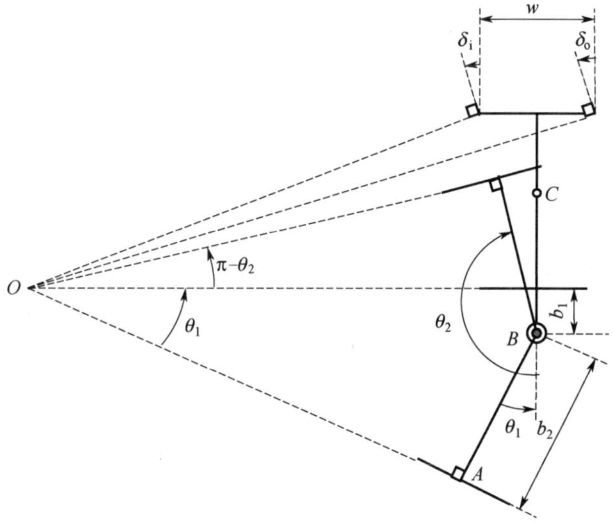

图 7.20　θ角的两种可能性

案例 305　两种可能的拖车角度。

假设一辆四轮汽车拉着一个一轴的拖车，带有以下尺寸参数：

$$l = 2.3\text{m} \tag{7-64}$$

$$w = 1.5\text{m} \tag{7-65}$$

$$a_2 = 1.4\text{m} \tag{7-66}$$

$$b_1 = 0.5\text{m} \tag{7-67}$$

$$b_2 = 2\text{m} \tag{7-68}$$

$$\delta_\text{i} = 12° \tag{7-69}$$

车辆的运动学转向参数为：

$$\delta_\text{o} = \text{arccot}\left(\frac{w}{l} + \cot\delta_\text{i}\right) = 10.8761° \tag{7-70}$$

$$R_\text{t} = \sqrt{\left(l\cot\delta_\text{i} + \frac{1}{2}w\right)^2 + b_1^2 - b_2^2} = 11.407\text{m} \tag{7-71}$$

$$R_1 = l\cot\delta_\text{i} + \frac{1}{2}w = 11.571\text{m} \tag{7-72}$$

$$\delta = \text{arccot}\left(\frac{\cot\delta_\text{o} + \cot\delta_\text{i}}{2}\right) = 11.243° \tag{7-73}$$

$$R = \sqrt{a_2^2 + l^2\cot^2\delta} = 10.911\text{m} \tag{7-74}$$

$$\theta = 2\arctan\left[\frac{1}{b_1 - b_2}\left(R_\text{t} \pm \sqrt{R_\text{t}^2 - b_1^2 + b_2^2}\right)\right] \tag{7-75}$$

$$\theta \approx \begin{cases} -172.530° \\ 12.419° \end{cases} \tag{7-76}$$

案例 306 空间要求。

运动学转向条件可以用于计算车辆转向时的空间要求。假设有一辆如图 7.21 所示的前轮转向的两轴汽车，并带有一拖车，以阿卡曼几何学条件做转向。

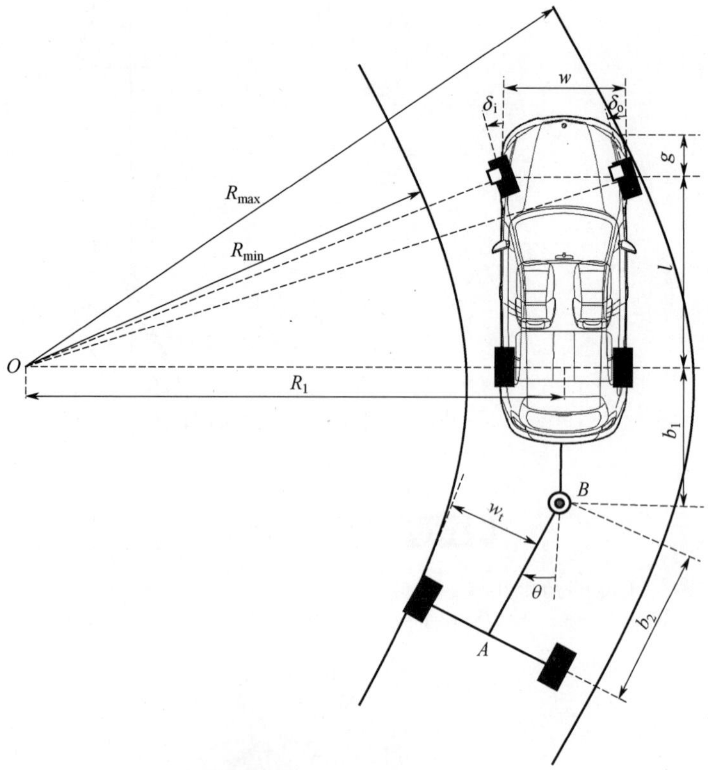

图 7.21 前轮转向的空间要求

车辆前侧的远点将会获得最大的转弯半径 R_{max}，而拖车后轮内侧的近点的转弯半径最小，为 R_{min}。最大转弯半径计算式为：

$$R_{max}=\sqrt{\left(R_1+\frac{w_v}{2}\right)^2+(l+g)^2} \tag{7-77}$$

其中：

$$R_1=\sqrt{(R_{min}+w_t)^2+b_2^2-b_1^2} \tag{7-78}$$

式中，w_v 表示车辆的宽度，w_t 表示拖车宽度。

如图 7.21 所示带有拖车的车辆转弯时的空间要求是圆形轨道，宽度为 ΔR，它是车辆和拖车几何参数的函数：

$$\Delta R=R_{max}-R_{min} \tag{7-79}$$

空间要求 ΔR 可以根据转向角计算，最小转弯半径 R_{min} 为：

$$R_{min}=R_t-\frac{1}{2}w_t=\sqrt{\left(l\cot\delta_i+\frac{1}{2}w\right)^2+b_1^2-b_2^2}-\frac{1}{2}w_t \tag{7-80}$$

$$R_{min}=\sqrt{\left(l\cot\delta_o-\frac{1}{2}w\right)^2+b_1^2-b_2^2}-\frac{1}{2}w_t \tag{7-81}$$

$$R_{min}=\sqrt{R^2-a_2^2+b_1^2-b_2^2}-\frac{1}{2}w_t \tag{7-82}$$

7.4 转向机构

转向系统始于方向盘或转向把手。驾驶员的转向输入依靠一根轴通过齿轮减速系统进行传递，常见的有齿轮齿条机构或者循环球轴承机构。转向齿轮通过转向器将输出传递到转向车轮从而产生转向运动。从转向齿轮传递转向力到转向连杆的杠杆称为转向摇臂。

每个车轮的方向通过一个转向臂（梯形臂注意其和转向摇臂的区别）控制。转向臂通过锥形球头销铰接在转向节上。在一些车上，转向臂是转向节的一部分。

为了得到较好的操控性，在设计车辆时给车轮至少要提供 35° 的转向角。

一个平行四边形转向连杆机构及其组成的案例如图 7.22 所示，平行四边形转向连杆在前轮独立悬架车辆上使用比较普遍。这样的转向机构有很多变化，每种变化都有其各自的优点和缺点。

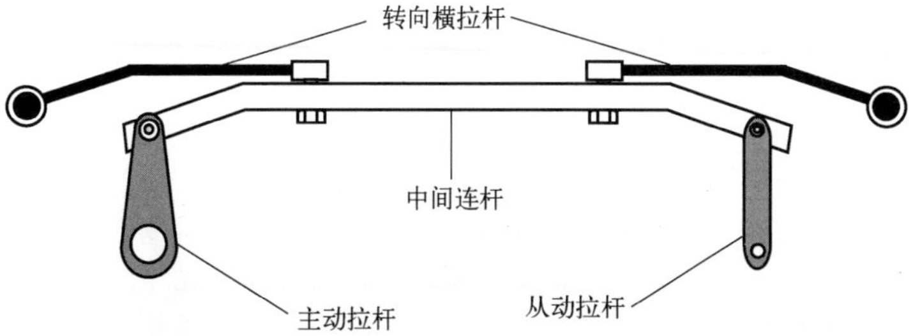

图 7.22 平行四边形转向连杆机构及其组成的例子

案例 307 转向比。

转向比是指方向盘转角分别和两个前轮转向角之比。汽车转向比一般在 10∶1 左右，而跑车一般在 5∶1～20∶1 之间变化。

阿卡曼转向的转向比对于内侧和外侧车轮而言是不一样的，并且它是非线性的，是一个关于车轮转角的函数。

案例 308 小齿轮-齿条转向。

小齿轮-齿条转向系统在乘用车上应用十分普遍。图 7.23 给出了这样一个例子。齿条要么在前转向轴上，要么在后面。驾驶员的旋转转向命令 δ_S 通过转向器传递出来转变为齿条的平移 $u_R = u_R(\delta_S)$，再通过拉杆带动转向车轮产生转向 $\delta_i = \delta_i(u_R)$，$\delta_o = \delta_o(u_R)$。这里的拉杆又可以称为约束棒。

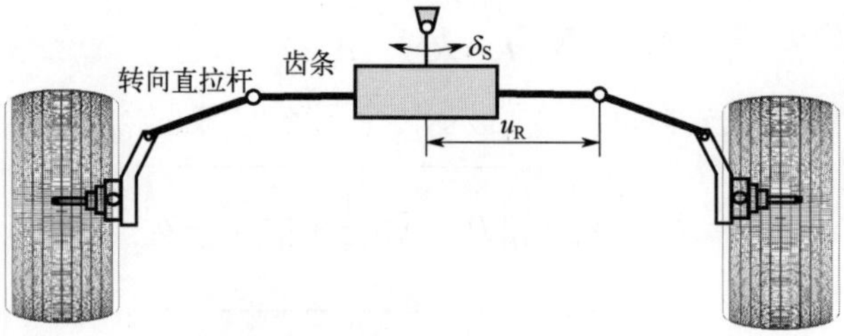

图 7.23 典型小齿轮-齿条转向机构

转向比的取值范围取决于转向机以及转向连杆的运动学性能。

案例 309 转向系统控制杆。

图 7.24 给出了一个杠杆臂转向机构，它有时也被称作控制杆转向系统。利用这样的控制杆系统，车轮大角度转向成为可能。这样的转向系统多用于轴距较大并且拥有独立前悬架的卡车。转向机以及三角铁当然也可以放置在车桥中心以外的其他地方。

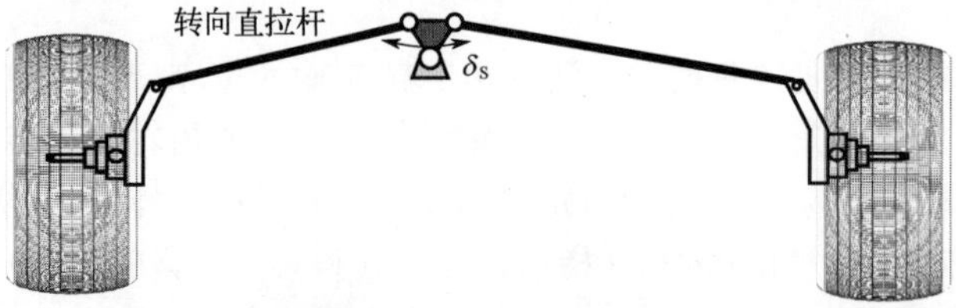

图 7.24 典型杠杆臂转向机构

拉杆转向系统，有时先将转向命令传递到一个车轮，然后，再将另一个车轮和第一个车轮用拉杆连接在一起，这样的效果会更好，该情况如图 7.25 所示。这样的转向连杆机构多用于卡车和大巴车的前刚性车桥。方向盘的旋转信号通过转向机变为转向摇臂的旋转，然后带动左侧车轮旋转。最后，再利用拉杆将左侧车轮的旋转变为右侧车轮的旋转。

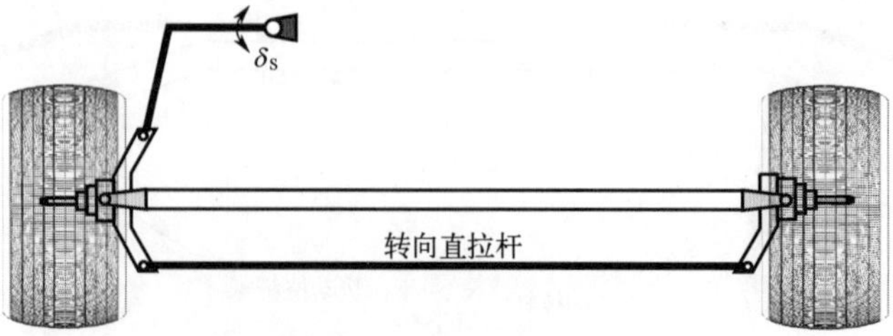

图 7.25 典型梯形拉杆转向机构

图 7.26 给出了一个用转向摇臂将左侧车轮与转向机连接，再利用一个梯形连杆将左侧车轮和右侧车轮连接在一起的例子。

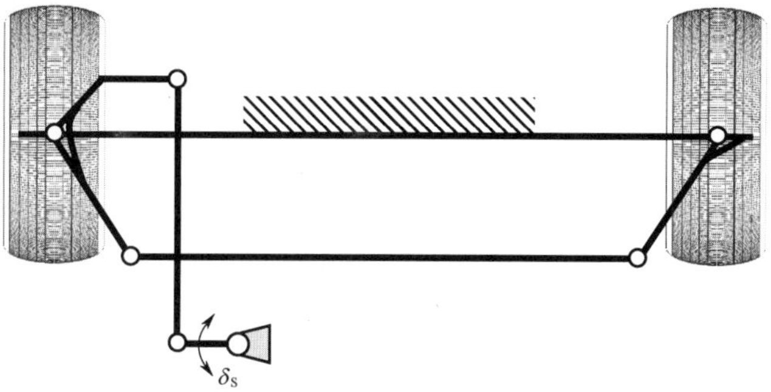

图 7.26　带有操控机构的梯形转向机构

案例 310　多连杆转向机构。

在商用重卡上，驾驶员坐在高达 2m 甚至更高的地方。这些车的前轮需要大的转向角以得到更好的操纵性。因此，一个复杂的多连杆转向机构就显得尤为必要。图 7.27 给出了这样一个多连杆转向机构的例子。

转向轮的旋转是通过转向器到转向杠杆来控制的。转向杠杆连接着分配联动杆，联动杆通过转向节实现向左或者向右转向。

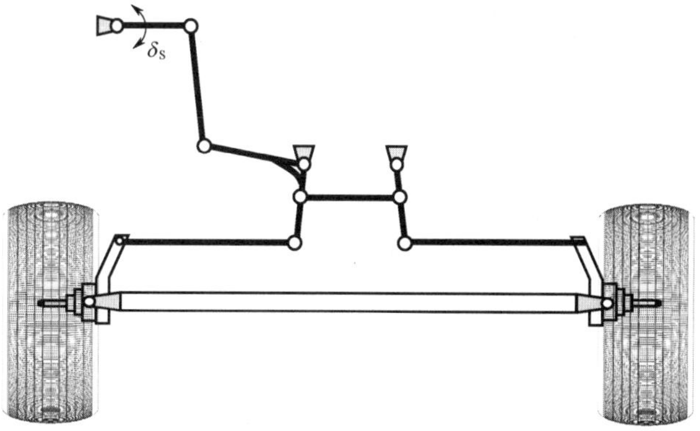

图 7.27　典型多连杆转向机构

案例 311　反效率。

转向机构将路面输入反馈给驾驶员的能力称为反效率。驾驶员对转向扭矩或力矩的感觉有助于让车辆过弯更流畅。

小齿轮-齿条以及循环球转向器都有转向车轮的转弯力矩反馈给驾驶员。但是蜗轮和扇形转向器的反馈非常微弱，这种低反馈多用于越野车，以减轻驾驶员的操纵难度。

出于安全考虑，转向扭矩的反馈应该和车辆的速度成正比，换言之，车辆速度越快转向所需要的力矩越高。这样要求是防止车辆高速行驶中由于误操作而产生较大转向。转向阻尼器带有的阻尼系数会随着速度的增长而增加，这样就可以满足上述要求。转向阻尼器也可以减少车轮的摆振。

案例 312　转向功率。

20 世纪 50 年代，当液压助力转向系统出现时，转向功率开始逐渐发展起来。从此，助力系统成为汽车转向的标准配置。利用发动机驱动的液压泵产生的液压，增强驾驶员作用在转向车轮上的扭矩。由此，转向操纵就更加轻松了。

最近，电子扭矩增强器在汽车转向系统中出现，并逐渐替代了液压助力增强器。电子转向助力不需要液压泵，比传统的助力转向系统更加高效，因为电子转向助力电机仅仅在转向轮转弯时提供助力，而液压泵则需要不停地工作；电子转向助力的大小也可以根据车辆的类型、行驶车速以及驾驶员的喜好进行调节。

案例 313 颠簸转向。

由于车轮相对于车身的垂直运动而产生的转向角称为颠簸转向。颠簸转向通常是一种不良现象，它是悬架以及转向机构必须拥有的一种功能。如果车辆具有颠簸转向特性，那么车轮在通过隆起物时或是在转弯中的侧倾都会产生转向，导致车辆将会不按照驾驶员所规划的路线行驶。

当横拉杆尾部不在悬架系统的瞬心时，如果悬架发生变形，悬架和转向机构将会绕着不同的旋转中心旋转，这样就会产生颠簸转向。

案例 314 加长的转向轴。

从理论上来说，每个转向车轮的转向轴应该垂直地穿过车轮中心到达轮胎印记中心，这样可以获得最小的转向力矩。图 7.26 给出了这样一个例子，它的轮胎中心和转向轴是重合的。但是也可以在车轮附加的转向机构上采取加长设计，如图 7.28 所示。

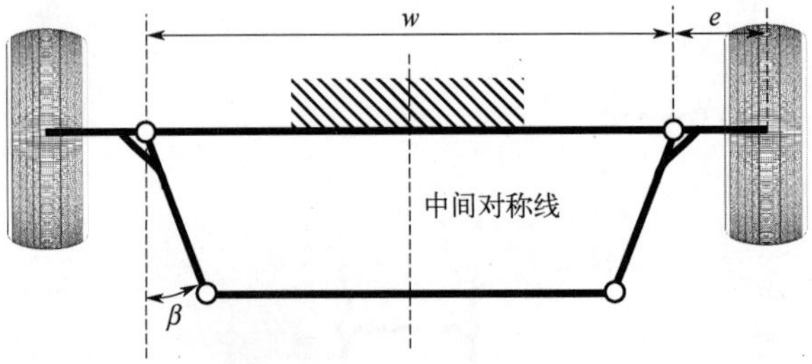

图 7.28 转向梯形加长设计

图 7.29 描述了一个转向梯形机构，它对转向节进行加长。这种加长设计的轮胎印记中心的运动轨迹是一个圆，它的半径为 e，刚好等于加长杆的长度。这样的设计对于汽车并不推荐，这是由于车辆在静止时需要巨大的转向扭矩，但是当车辆开始运动后，转向扭矩会急剧减小，直到可以接受的大小。这样的偏置设计优势在于可以腾出更大的空间安装一些其他附属设备，使得制造更加简单。因此，它可以用于小型越野车，如卡丁车以及玩具车。

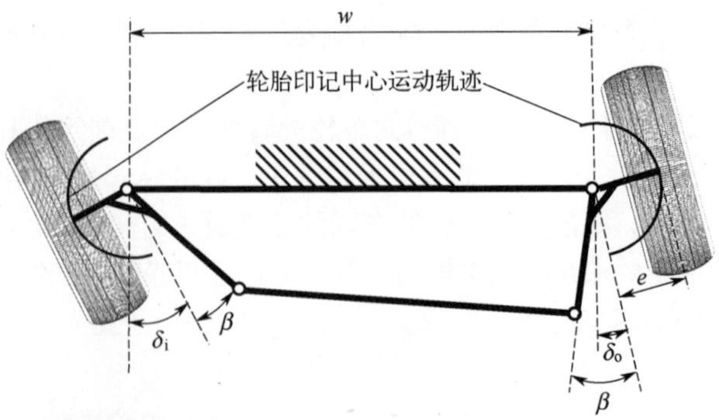

图 7.29 转向梯形加长机构轮胎印记中心运动轨迹

7.5 四轮转向

在车速较低时，运动学转向条件可以表述为每个轮胎的垂线相交于一点，这个交点就是车辆的转弯中心。

图 7.30 给出了一个正向四轮转向车辆，而图 7.31 给出了一个反向四轮转向车辆。在一个正向四轮转向条件下，前轮和后轮有着相同的方向，而一个反向四轮转向条件下，前轮和后轮的方向刚好相反。四轮转向车辆的转向角之间运动学条件为：

$$\cot\delta_{of}-\cot\delta_{if}=\frac{w_f}{l}-\frac{w_r}{l}\times\frac{\cot\delta_{of}-\cot\delta_{if}}{\cot\delta_{or}-\cot\delta_{ir}} \tag{7-83}$$

式中，w_f 和 w_r 分别表示前轮的轮距和后轮的轮距，δ_{if} 和 δ_{of} 分别表示前轮内侧和外侧的转向角，δ_{ir} 和 δ_{or} 分别表示后轮内侧和外侧的转向角，而 l 则表示车辆的轴距。

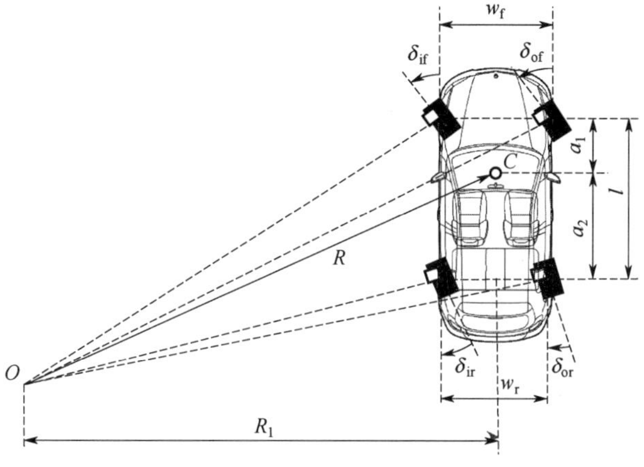

图 7.30 正向四轮转向的车辆

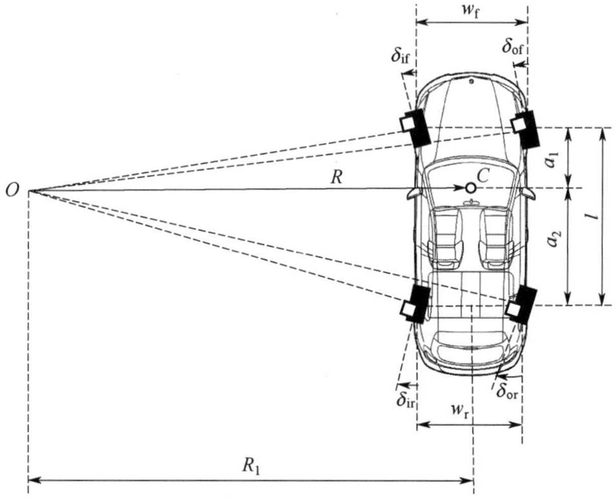

图 7.31 反向四轮转向的车辆

也可以用以下更为一般的方程来阐述四轮转向汽车的运动学条件：

$$\cot\delta_{fr}-\cot\delta_{fl}=\frac{w_f}{l}-\frac{w_r}{l}\times\frac{\cot\delta_{fr}-\cot\delta_{fl}}{\cot\delta_{rr}-\cot\delta_{rl}} \tag{7-84}$$

式中，δ_{fl} 和 δ_{fr} 分别表示前轮左侧和右侧的转向角，δ_{rl} 和 δ_{rr} 分别表示后轮左侧和右侧的转向角。

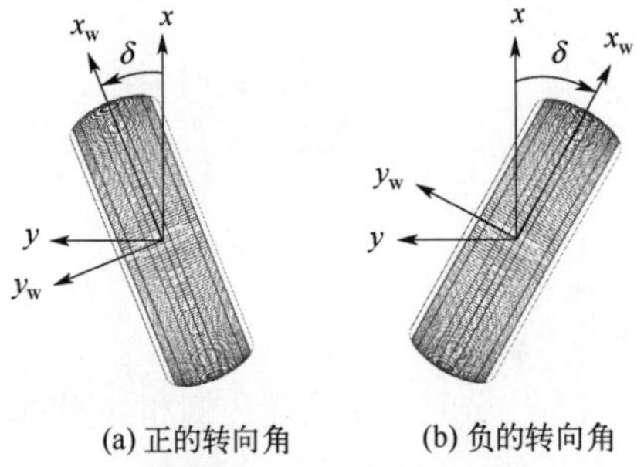

图 7.32 转向角标记惯例

如果根据惯例定义转向角，如图 7.32 所示，那么式（7-83）表述的运动学条件既包含了正的又包含负的四轮转向系统。利用车轮坐标系 (x_w, y_w, z_w)，将转向角定义为车辆 x-轴与车轮 x_w-轴之间的夹角，并且是从 z-轴方向上测得的。因此，转向角在车轮向左转时为正，向右转时为负。

证明 52：四轮转向车辆在转弯过程中做纯滚动的条件是每个轮胎平面中心处的法线相交于一点。这就是运动学转向条件。

图 7.33 给出了一个正转向的四轮转向车辆左转弯的情况。转弯中心 O 在左侧，内侧车轮为左侧车轮，它们更靠近转弯中心。在车身坐标系中测量的，点 O 与两个轴的垂直距离分别用 c_1 和 c_2 表示。

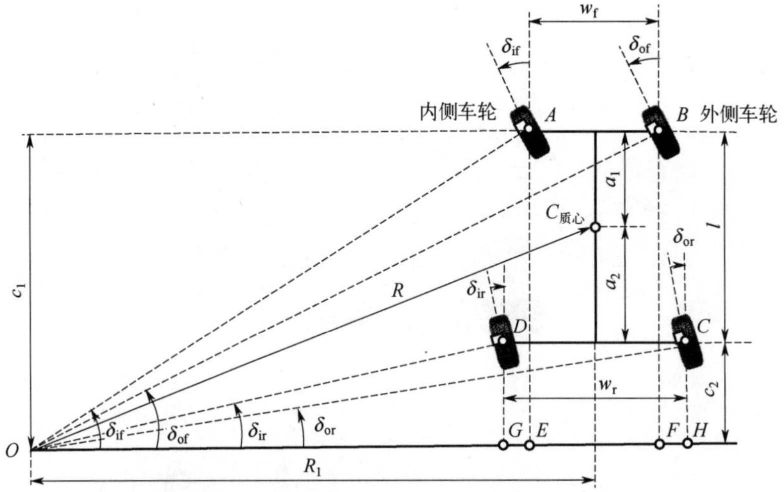

图 7.33 前后桥轮距不同时的正向四轮转弯示意图

前轮的内侧和外侧转角 δ_{if} 和 δ_{of} 可以通过△OAE 和△OBF 来计算，而后轮的内侧和外侧转角 δ_{ir} 和 δ_{or} 可以通过△ODA 和△OCH 来计算，如下所示：

$$\tan\delta_{if}=\frac{c_1}{R_1-\frac{w_f}{2}} \tag{7-85}$$

$$\tan\delta_{of}=\frac{c_1}{R_1+\frac{w_f}{2}} \tag{7-86}$$

$$\tan\delta_{ir}=\frac{c_2}{R_1-\frac{w_r}{2}} \tag{7-87}$$

$$\tan\delta_{\rm or} = \frac{c_2}{R_1 + \frac{w_{\rm r}}{2}} \tag{7-88}$$

消去 R_1：

$$R_1 = \frac{w_{\rm f}}{2} + \frac{c_1}{\tan\delta_{\rm if}} = -\frac{w_{\rm f}}{2} + \frac{c_1}{\tan\delta_{\rm of}} \tag{7-89}$$

化简整理得：

$$\cot\delta_{\rm of} - \cot\delta_{\rm if} = \frac{w_{\rm f}}{c_1} \tag{7-90}$$

同理，可以对后轮消除 R_1：

$$R_1 = \frac{w_{\rm r}}{2} + \frac{c_2}{\tan\delta_{\rm ir}} = -\frac{w_{\rm r}}{2} + \frac{c_2}{\tan\delta_{\rm or}} \tag{7-91}$$

化简整理得：

$$\cot\delta_{\rm or} - \cot\delta_{\rm ir} = \frac{w_{\rm r}}{c_2} \tag{7-92}$$

再利用下面的常等式：

$$c_1 - c_2 = l \tag{7-93}$$

可以综合式（7-90）和式（7-92）得：

$$\frac{w_{\rm f}}{\cot\delta_{\rm of} - \cot\delta_{\rm if}} - \frac{w_{\rm r}}{\cot\delta_{\rm or} - \cot\delta_{\rm ir}} = l \tag{7-94}$$

这样就找到了做正转向的四轮转向车辆前后轮之间转向角的运动学条件。

图 7.34 给出了一个负转向的四轮转向车辆做左转弯的情况。转弯中心 O 在左侧，内侧车轮为左侧车轮，它们更靠近转弯中心。前轮的内侧和外侧转角 $\delta_{\rm if}$ 和 $\delta_{\rm of}$ 可以通过△OAE 和△OBF 来计算，而后轮的内侧和外侧转角 $\delta_{\rm ir}$ 和 $\delta_{\rm or}$ 可以通过△ODA 和△OCH 来计算，如下所示：

$$\tan\delta_{\rm if} = \frac{c_1}{R_1 - \frac{w_{\rm f}}{2}} \tag{7-95}$$

$$\tan\delta_{\rm of} = \frac{c_1}{R_1 + \frac{w_{\rm f}}{2}} \tag{7-96}$$

$$-\tan\delta_{\rm ir} = \frac{-c_2}{R_1 - \frac{w_{\rm r}}{2}} \tag{7-97}$$

$$-\tan\delta_{\rm or} = \frac{-c_2}{R_1 + \frac{w_{\rm r}}{2}} \tag{7-98}$$

消去 R_1：

$$R_1 = \frac{w_{\rm f}}{2} + \frac{c_1}{\tan\delta_{\rm if}} = -\frac{w_{\rm f}}{2} + \frac{c_1}{\tan\delta_{\rm of}} \tag{7-99}$$

化简整理得：

$$\cot\delta_{\mathrm{of}}-\cot\delta_{\mathrm{if}}=\frac{w_{\mathrm{f}}}{c_1} \tag{7-100}$$

同理，可以对后轮消除 R_1：

$$R_1=\frac{w_{\mathrm{r}}}{2}+\frac{c_2}{\tan\delta_{\mathrm{ir}}}=-\frac{w_{\mathrm{r}}}{2}+\frac{c_2}{\tan\delta_{\mathrm{or}}} \tag{7-101}$$

化简整理得：

$$\cot\delta_{\mathrm{or}}-\cot\delta_{\mathrm{ir}}=\frac{w_{\mathrm{r}}}{c_2} \tag{7-102}$$

再利用下面的常等式：

$$c_1-c_2=l \tag{7-103}$$

可以综合式（7-100）和式（7-102）得：

$$\frac{w_{\mathrm{f}}}{\cot\delta_{\mathrm{of}}-\cot\delta_{\mathrm{if}}}-\frac{w_{\mathrm{r}}}{\cot\delta_{\mathrm{or}}-\cot\delta_{\mathrm{ir}}}=l \tag{7-104}$$

这样就找到了做负转向的四轮转向车辆前后轮之间转向角的运动学条件。

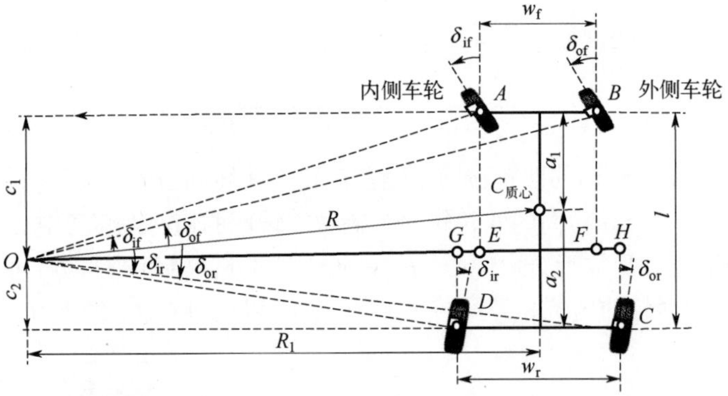

图 7.34 前后桥轮距不一样时的反向四轮转弯示意图

利用标记惯例（见图 7.32），可以重新检查图 7.33 和图 7.34，当前轮转角为正时，后轮转角为负，则说明四轮转向系统为反向转向，而后轮转角为正，则说明其为正向转向。因此，方程（7-84）

$$\cot\delta_{\mathrm{fr}}-\cot\delta_{\mathrm{fl}}=\frac{w_{\mathrm{f}}}{l}-\frac{w_{\mathrm{r}}}{l}\times\frac{\cot\delta_{\mathrm{fr}}-\cot\delta_{\mathrm{fl}}}{\cot\delta_{\mathrm{rr}}-\cot\delta_{\mathrm{rl}}} \tag{7-105}$$

既可以表达正转向的四轮转向系统，又可以表达负转向的四轮转向系统的转向角关系式。同理，下面对 c_1 和 c_2 的定义式也是独一无二的，对正转向和负转向两套系统同时有效。

$$c_1=\frac{w_{\mathrm{f}}}{\cot\delta_{\mathrm{fr}}-\cot\delta_{\mathrm{fl}}} \tag{7-106}$$

$$c_2=\frac{w_{\mathrm{r}}}{\cot\delta_{\mathrm{rr}}-\cot\delta_{\mathrm{rl}}} \tag{7-107}$$

四轮转向或全轮转向车辆可以改善转向响应，增强高速时的操纵稳定性，还可以减小在低速时的转弯半径。一个负转向的四轮转向车辆的转弯半径 R 比一个前轮转向的车辆的转弯半径要小一些。

对于前轮转向的车辆，前轮垂线相交于后轴线外端的一点。而四轮转向车辆的交点可以是 xy 平面上的任意一点。这个点是车辆的转弯中心，而它的位置依赖一个车轮的转角。正转向又被称为同向转向，负转向又被称为反向转向。

案例 315　转向角之间的关系。

假设某辆车带有以下尺寸：

$$l = 3.0\text{m} \tag{7-108}$$

$$w_\text{f} = 1.4\text{m} \tag{7-109}$$

$$w_\text{r} = 1.5\text{m} \tag{7-110}$$

式（7-85）～式（7-88）与式（7-95）～式（7-98）是一样的，它们可以用于找到轮胎的运动学转角。假设其中的一个转角为：

$$\delta_\text{if} = 12° \tag{7-111}$$

以此作为输入角，来求取其他转向角，需要知道转弯中心 O 的位置。要确定其位置还需要先确定三个参数 c_1、c_2 和 R_1。因此，先假设车辆向左转，知道转向角 δ_if，左前轮的垂线就已经确定，转弯中心可以是这条线上的任意一点。一旦选定了一点，其他车轮的角度就可以据此进行调整。

四轮转向系统的转角是一组方程，每个方程又包含两个参数：

$$\delta_\text{if} = \delta_\text{if}(c_1, R_1) \tag{7-112}$$

$$\delta_\text{of} = \delta_\text{of}(c_1, R_1) \tag{7-113}$$

$$\delta_\text{ir} = \delta_\text{ir}(c_2, R_1) \tag{7-114}$$

$$\delta_\text{or} = \delta_\text{or}(c_2, R_1) \tag{7-115}$$

一旦确定了 c_1 和 R_1，那么所有转向角(δ_if、δ_of、δ_ir、δ_or)也就确定了。但是根据题目条件已知了 δ_if，要求其他转角（δ_of、δ_ir、δ_or），即对于 c_1 和 R_1，只需要知道其中之一即可。

转弯中心是运动轨迹曲线的中心。如果运动路径已知，那么在路上任意一点，它的转弯中心就可以在车辆坐标系中找到。

在这个案例中，假设：

$$R_1 = 50\text{m} \tag{7-116}$$

因此，根据式（7-85）可以得到：

$$c_1 = \left(R_1 - \frac{w_\text{f}}{2}\right)\tan\delta_\text{if} = \left(50 - \frac{1.4}{2}\right)\tan 12° = 10.479\text{m} \tag{7-117}$$

由于 $c_1 > l$ 且 $\delta_\text{if} > 0$，可以判断该四轮转向车辆做的是正转向的情况。而转弯中心在车辆的后面：

$$c_2 = c_1 - l = 10.479 - 3 = 7.479\text{m} \tag{7-118}$$

现在，就可以利用式（7-86）～式（7-88）来计算其他转向角了。

$$\delta_\text{of} = \arctan\frac{c_1}{R_1 + \dfrac{w_\text{f}}{2}} = \arctan\frac{10.479}{50 + \dfrac{1.4}{2}} = 11.678° \tag{7-119}$$

$$\delta_{\mathrm{ir}}=\arctan\frac{c_2}{R_1-\frac{w_{\mathrm{r}}}{2}}=\arctan\frac{7.479}{50-\frac{1.5}{2}}=8.635° \tag{7-120}$$

$$\delta_{\mathrm{or}}=\arctan\frac{c_2}{R_1+\frac{w_{\mathrm{r}}}{2}}=\arctan\frac{7.479}{50+\frac{1.5}{2}}=8.383° \tag{7-121}$$

案例 316 转弯中心的位置。

车辆的转弯中心在车身坐标系中的位置用一点坐标(x_O,y_O)来表示。转弯中心坐标的计算式为：

$$x_O=-a_2-c_2=-a_2-\frac{w_{\mathrm{r}}}{\cot\delta_{\mathrm{or}}-\cot\delta_{\mathrm{ir}}} \tag{7-122}$$

$$y_O=R_1=\frac{l+\frac{1}{2}(w_{\mathrm{f}}\tan\delta_{\mathrm{if}}-w_{\mathrm{r}}\tan\delta_{\mathrm{ir}})}{\tan\delta_{\mathrm{if}}-\tan\delta_{\mathrm{ir}}} \tag{7-123}$$

式（7-123）来自将c_1和c_2代入式（7-99）和式（7-102）当中去，其中，y_O中的δ_{if}和δ_{ir}也可以用δ_{of}和δ_{or}来替代。

式（7-122）和式（7-123）既可以用于定义四轮转向中正转向的转弯半径坐标，也可以用于定义负转向的转弯半径坐标。

案例 317 假设某辆车的尺寸参数如下：

$$l=3\mathrm{m} \tag{7-124}$$

$$w_{\mathrm{f}}=1.4\mathrm{m} \tag{7-125}$$

$$w_{\mathrm{r}}=1.5\mathrm{m} \tag{7-126}$$

$$a_1=a_2=1.5\mathrm{m} \tag{7-127}$$

$$\delta_{\mathrm{if}}=12° \tag{7-128}$$

$$\delta_{\mathrm{of}}=11.678° \tag{7-129}$$

$$\delta_{\mathrm{ir}}=8.635° \tag{7-130}$$

$$\delta_{\mathrm{or}}=8.383° \tag{7-131}$$

由此，可以找到其转弯中心的位置：

$$x_O=-a_2-\frac{w_{\mathrm{r}}}{\cot\delta_{\mathrm{or}}-\cot\delta_{\mathrm{ir}}}=-8.965\mathrm{m} \tag{7-132}$$

$$y_O=R_1=\frac{l+\frac{1}{2}(w_{\mathrm{f}}\tan\delta_{\mathrm{if}}-w_{\mathrm{r}}\tan\delta_{\mathrm{ir}})}{\tan\delta_{\mathrm{if}}-\tan\delta_{\mathrm{ir}}}=50.002\mathrm{m} \tag{7-133}$$

前轮转向车辆的转弯半径的位置在：

$$x_O=-a_2 \tag{7-134}$$

$$y_O=\frac{1}{2}w_{\mathrm{f}}+\frac{l}{\tan\delta_{\mathrm{if}}} \tag{7-135}$$

后轮转向车辆的转弯半径的位置在：

$$x_O=a_1 \tag{7-136}$$

$$y_O = \frac{1}{2}w_r + \frac{l}{\tan\delta_{ir}} \tag{7-137}$$

案例 318　曲率半径。

假设一条路的运动轨迹在全球坐标系中可以用数学函数表示为 $Y = f(X)$，那么在点 X 处的转弯曲率半径 R_κ 为：

$$R_\kappa = \frac{(1+Y'^2)^{3/2}}{Y''} \tag{7-138}$$

其中：

$$Y' = \frac{dY}{dX} \tag{7-139}$$

$$Y'' = \frac{d^2Y}{dX^2} \tag{7-140}$$

案例 319　对称的四轮转向系统。

图 7.35 给出了一个对称的四轮转向车辆，前轮和后轮的转向相反且相等。这种对称转向的运动学条件可化简为：

$$\cot\delta_o - \cot\delta_i = \frac{w_f + w_r}{l} \tag{7-141}$$

而 c_1 和 c_2 可化简为：

$$c_1 = \frac{1}{2}l \tag{7-142}$$

$$c_2 = -\frac{1}{2}l \tag{7-143}$$

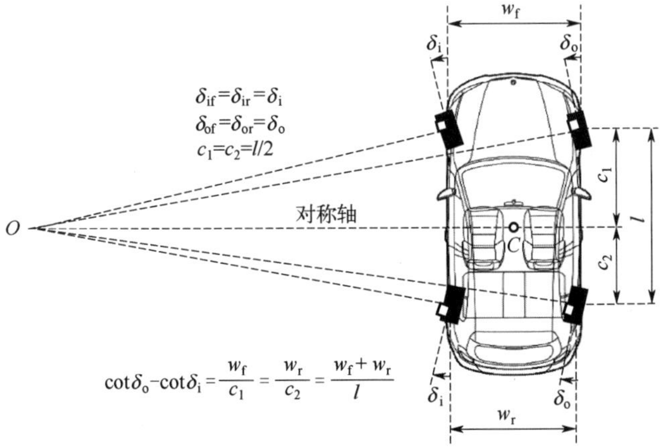

图 7.35　对称性四轮转向的车辆

案例 320　四轮转向因子。

前轴到转弯中心的纵向垂直距离为 c_1，后轴到转弯中心的纵向垂直距离为 c_2，它们的比值记为 c_s，称为四轮转向因子。

$$c_s = c_2 / c_1 = \frac{w_r}{w_f} \times \frac{\cot\delta_{fr} - \cot\delta_{fl}}{\cot\delta_{rr} - \cot\delta_{rl}} \tag{7-144}$$

当四轮转向为反向转向时，c_s 的值为负，而四轮转向为正向转向时，c_s 的值为正。当 $c_s = 0$ 时，车辆为前轮转向，而当 $c_s = -\infty$ 时，车辆为后轮转向。一个对称转向的四轮转向系统 $c_s = -1$。

案例 321 转向长度 l_s。

对于四轮转向的汽车，可以定义一个转向长度 l_s 为：

$$l_s = \frac{c_1 + c_2}{l} = \frac{1 + c_s}{1 - c_s} = \frac{1}{l}\left(\frac{w_f}{\cot\delta_{fr} - \cot\delta_{fl}} + \frac{w_r}{\cot\delta_{rr} - \cot\delta_{rl}}\right) \tag{7-145}$$

对于前轮转向的车辆而言，转向长度 l_s 为 1，对称转向车辆为零，后轮转向的车为-1。对负的四轮转向车辆而言，$-1 < l_s < 1$；对于正的四轮转向车辆而言，$1 < l_s$ 或 $l_s < -1$。当 $1 < l_s$ 时，表示转弯中心位于车辆后方，而当 $l_s < -1$ 时，表示转弯中心位于车辆前方（前面隐含的已知条件为：$c_1 - c_2 = l$）。

案例 322 前轮转向的阿卡曼条件。

当车辆为前轮转向车辆时，它的阿卡曼条件可以写作下面的方程：

$$\cot\delta_{fr} - \cot\delta_{fl} = \frac{w}{l} \tag{7-146}$$

将阿卡曼条件写成这种形式时，无论是内侧车轮还是外侧车轮都是满足该条件的。

式（7-83）、式（7-84）中，脚字母 fr 表示 front right（前右），脚字母 fl 表示 front left（前左）。同理，脚字母 rr 表示 rear right（后右），脚字母 rl 表示 rear left（后左），脚字母 if 表示 inner front（内前），脚字母 of 表示 outer front（外前），脚字母 ir 表示 inner rear（内后），脚字母 or 表示 outer rear（外后）。

案例 323 转弯半径。

为了找到车辆的转弯半径，可以利用自行车模型，如图 7.36 和图 7.37 所示正负转向的四轮转向系统车辆，转弯半径 R 与车辆在质心 C 处的速度 $\boldsymbol{v}$ 方向垂直。

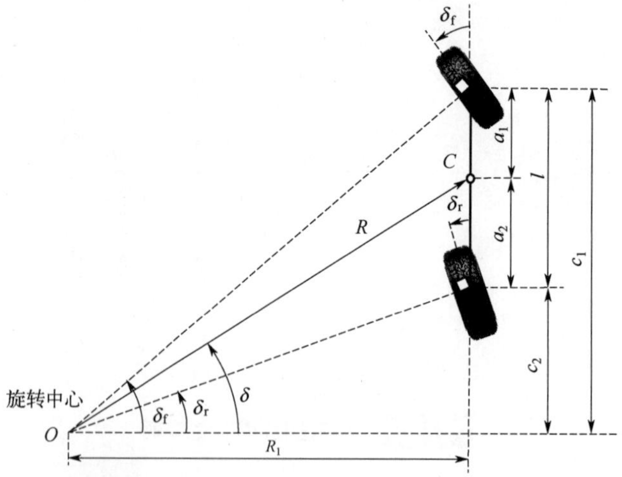

图 7.36 四轮正向转向的等价两轮（自行车）模型

检验一下正转向的四轮转向系统情形，如图 7.36 所示。利用自行车模型的几何尺寸有：

$$R^2 = (a_2 + c_2)^2 + R_1^2 \tag{7-147}$$

$$\cot\delta_f = \frac{R_1}{c_1} = \frac{1}{2}(\cot\delta_{if} + \cot\delta_{of}) \tag{7-148}$$

因此：

$$R = \sqrt{(a_2 + c_2)^2 + c_1^2 \cot^2 \delta_f} \tag{7-149}$$

检验图 7.37 负转向四轮转向的情况，会得到与式（7-149）相同的式子。

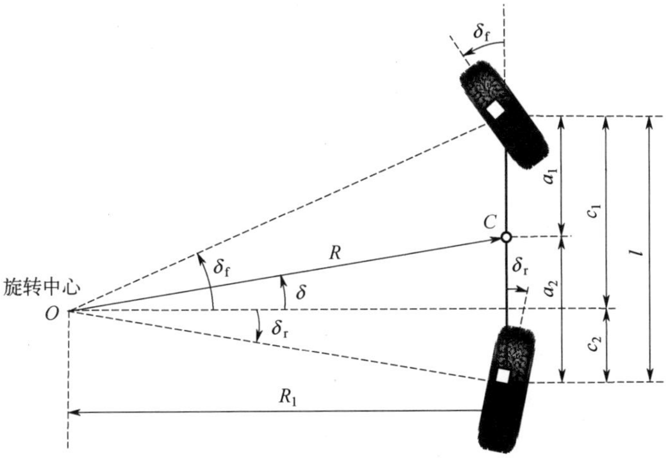

图 7.37　四轮反向转向的等价两轮（自行车）模型

案例 324　前轮转向和四轮转向对比。

前轮转向的转弯中心总是在后轴的延长线上，而它的转弯长度 l_s 总是等于 1。虽然四轮转向的转弯中心可以是：

① 在后轴的后方，如果 $l_s<1$；

② 在前轴与后轴之间，如果 $-1<l_s<1$；

③ 在前轴的前方，如果 $l_s<-1$。

对比不同转向长度的情形，如图 7.38 所示。前轮转向车辆如图 7.38（a）所示，而四轮转向的情形 $l_s>1$，$-1<l_s<1$，$l_s<-1$ 分别如图 7.38（b）～（d）所示。

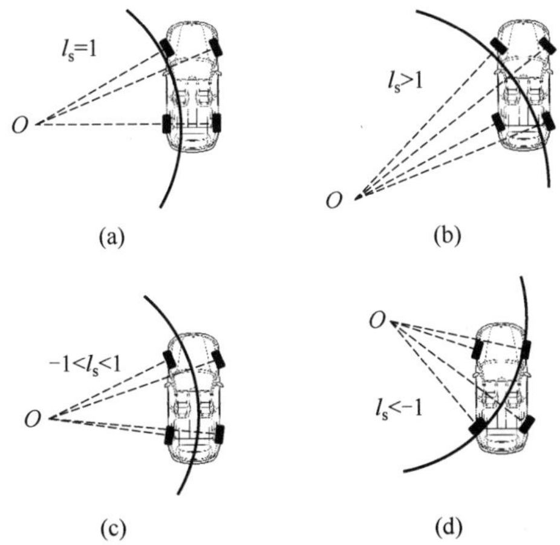

图 7.38　转弯长度 l_s 对转弯的影响

案例 325 被动和主动四轮转向。

反向的四轮转向在高速行驶过程中，由于其转弯效率过高而不适合采用。正向的四轮转向在低速行驶过程中，由于其增加了转弯半径而不适合采用。因此，为了让四轮转向发挥其最大的优势，需要对系统进行优化，让车轮可以自动随车速的变化而转变转向模式，调整转向角度适应不同的要求。这种智能转向系统也被称为主动转向系统。

一个主动转向系统可以在低速时提供反向转向，在高速时提供正向转向。反向转向时，后轮和前轮转向相反会显著减小转弯半径，而相对的正转向时，后轮和前轮转向相同，从而增加了侧向力。

当四轮转向系统做成被动系统时，前轮和后轮转向角的比率为常数，即 c_s 的值为一定。

被动转向系统可以让车辆抵消一些转向中的不良趋势。例如，一个前轮转向的车辆，它的后轮趋于向外侧旋转一个角度，这种趋势会减小车辆的稳定性。

案例 326 自动驾驶。

假设一辆车在路上行驶如图 7.39 所示。点 O 表示在车辆位置的路面的曲率中心。将路面的曲率中心作为车辆转弯中心是该瞬间首要关心的因素。

这里将全球坐标系 G 固结于地面，车辆坐标系 B 固结于车辆的质心 C 处。z-轴和 Z-轴相平行，而 x-轴和 X-轴夹角为 ψ。如果 (X_O, Y_O) 表示全球坐标系 G 的原点 O 的坐标，那么在坐标系 B 中的 C 点的坐标为：

$$ {}^{B}\boldsymbol{r}_O = R_{z,\psi}\ {}^{G}\boldsymbol{r}_C + \boldsymbol{d} \tag{7-150}$$

$$\begin{bmatrix} x \\ y \\ 0 \end{bmatrix} = \begin{bmatrix} \cos\psi & \sin\psi & 0 \\ -\sin\psi & \cos\psi & 0 \\ 0 & 0 & 1 \end{bmatrix} \begin{bmatrix} X_C \\ Y_C \\ 0 \end{bmatrix} + \begin{bmatrix} X_O \\ Y_O \\ 0 \end{bmatrix} = \begin{bmatrix} X_C\cos\psi + Y_C\sin\psi \\ Y_C\cos\psi - X_C\sin\psi \\ 0 \end{bmatrix} + \begin{bmatrix} X_O \\ Y_O \\ 0 \end{bmatrix} \tag{7-151}$$

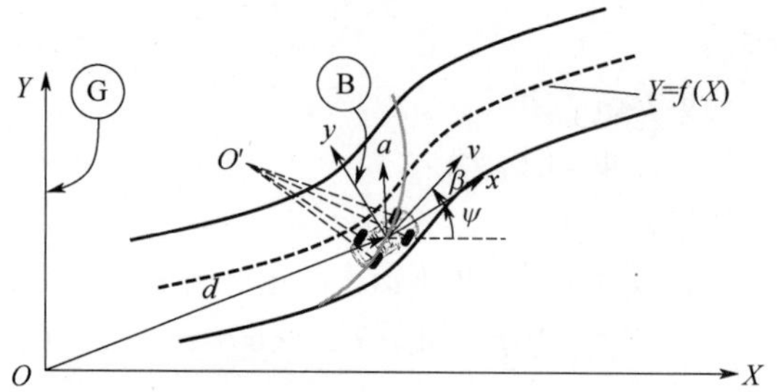

图 7.39 路上车辆自动驾驶的计算示意图

有了 C 点在车辆坐标系的坐标就可以确定 R_1、c_1 以及 c_2：

$$R_1 = x_C = X_C\cos\psi - Y_C\sin\psi + X \tag{7-152}$$

$$c_2 = y_C - a_2 = Y_C\cos\psi - X_C\sin\psi + Y_O - a_2 \tag{7-153}$$

$$c_1 = y_C + a_1 = Y_C\cos\psi - X_C\sin\psi + Y_O + a_1 \tag{7-154}$$

那么，转向角也就可以根据式（7-85）～式（7-88）确定下来。

人们可以在全球坐标系中定义一条路的数学函数 $Y = f(X)$。对于路上的任意一点 X，车辆的位置以及转弯中心的位置在车辆坐标系中就可以确定下来。保持车辆在路面行驶所需要的转向角，可以由式（7-152）～式（7-154）进行设定，以算出正确的方向角，这些原理可用于设计自动驾驶。

案例 327 曲率方程。

假设一辆车以速度 v 和加速度 a 在路径 $Y=f(X)$ 上行驶。车辆行驶路径的曲率 κ 为：

$$\kappa = 1/R = \frac{a_n}{v^2} \tag{7-155}$$

式中，a_n 表示加速度 a 的法向分量。法向分量 a_n 指向转弯中心，大小等于：

$$a_n = \left|\frac{\boldsymbol{v}}{v}\times\boldsymbol{a}\right| = \frac{1}{v}|\boldsymbol{v}\times\boldsymbol{a}| = \frac{1}{v}\left(a_Y v_X - a_X v_Y\right) = \frac{\ddot{Y}\dot{X}-\ddot{X}\dot{Y}}{\sqrt{\dot{X}^2+\dot{Y}^2}} \tag{7-156}$$

因此：

$$\kappa = \frac{\ddot{Y}\dot{X}-\ddot{X}\dot{Y}}{(\dot{X}^2+\dot{Y}^2)^{3/2}} = \frac{\ddot{Y}\dot{X}-\ddot{X}\dot{Y}}{\dot{X}^3}\times\frac{1}{\left(1+\dfrac{\dot{Y}^2}{\dot{X}^2}\right)^{3/2}} \tag{7-157}$$

又有：

$$Y' = \frac{\mathrm{d}Y}{\mathrm{d}X} = \frac{\dot{Y}}{\dot{X}} \tag{7-158}$$

$$Y'' = \frac{\mathrm{d}^2Y}{\mathrm{d}X^2} = \frac{\mathrm{d}}{\mathrm{d}x}\left(\frac{\dot{Y}}{\dot{X}}\right) = \frac{\mathrm{d}}{\mathrm{d}t}\left(\frac{\dot{Y}}{\dot{X}}\times\frac{1}{\dot{X}}\right) = \frac{\ddot{Y}\dot{X}-\ddot{X}\dot{Y}}{\dot{X}^3} \tag{7-159}$$

由此，就可以根据行驶路径方程找到其上任意一点的曲率方程：

$$\kappa = \frac{Y''}{(1+Y'^2)^{3/2}} \tag{7-160}$$

7.6 转向机构优化

优化的意思就是使得设计的系统工作时尽可能接近我们所希望的函数。假设阿卡曼运动学条件是转向系统工作时我们所希望的函数。相对于我们所希望的函数-阿卡曼条件，可以定义一个误差的函数 e 以便于对两个函数进行比较。例如，这个 e 函数可以是一个在相同内侧角情况下，我们所希望的机构的外侧转向角 δ_{Do} 和阿卡曼条件下的外侧角 δ_{Ao} 之间的一个外侧角。

误差函数可以是最大差异的绝对值：

$$e = \max\left|\delta_{\mathrm{Do}} - \delta_{\mathrm{Ao}}\right| \tag{7-161}$$

或是两个函数差异的平方根：

$$e = \sqrt{\int(\delta_{\mathrm{Do}} - \delta_{\mathrm{Ao}})^2\,\mathrm{d}\delta_{\mathrm{i}}} \tag{7-162}$$

其中，内侧转向角 δ_{i} 取值应在一个特定范围之内。

误差 e 是一组参数的函数。将误差函数以其中一个参数为对象将值减小到最小。当然，还应该满足定义域要求，在转向角 δ_{i} 工作范围之内。由此，可以得出该参数的优化值。

平方根函数式（7-162）定义为连续变量 δ_{Do} 和 δ_{Ao} 的函数。但是，它们依赖于我们所设计的机构，有时很难找到与误差函数 e 接近形式的方程。即误差函数就不能被精确地表达出来。此时，需要将误差函数分解成 n 个由不同内侧转向角 δ_{i} 所对应的数字值。误差函数就变

为由一组离散值 e 的定义：

$$e=\sqrt{\frac{1}{n}\sum_{i=1}^{n}(\delta_{\mathrm{Do}}-\delta_{\mathrm{Ao}})^2} \tag{7-163}$$

误差函数式（7-162）或式（7-163）即使对于同一参数也会估计出不同的值。那么，对 e=e（参数）的函数进行绘制就可以展示出它相对于参数的变化趋势。如果存在最小的 e 值，那么参数的优化值就可以被找到。否则，误差函数的趋势就可以成为寻找最小值的方向。

案例 328 梯形转向机构的优化。

如图 7.8 所示的梯形转向机构的内侧转向角和外侧转向角之间的关系为：

$$\sin(\beta+\delta_{\mathrm{i}})+\sin(\beta-\delta_{\mathrm{o}})=\frac{w}{d}+\sqrt{\left(\frac{w}{d}-2\sin\beta\right)^2-\left[\cos(\beta-\delta_{\mathrm{o}})-\cos(\beta+\delta_{\mathrm{i}})\right]^2} \tag{7-164}$$

相对于阿卡曼条件的方程式（7-164）：

$$\cot\delta_{\mathrm{o}}-\cot\delta_{\mathrm{i}}=\frac{w}{l} \tag{7-165}$$

就可以定义一个误差函数：

$$e=\sqrt{\frac{1}{n}\sum_{i=1}^{n}(\delta_{\mathrm{Do}}-\delta_{\mathrm{Ao}})^2} \tag{7-166}$$

从而找到它的最小值以达到对梯形转向机构优化的目的。

假设一辆车有着以下尺寸：

$$w=1.2\mathrm{m} \tag{7-167}$$

$$l=2.4\mathrm{m} \tag{7-168}$$

$$d=0.2\mathrm{m} \tag{7-169}$$

对于不同的 β 值，绘图比较该机构与阿卡曼条件的差异，如图 7.9 所示，差值 $\Delta\delta_{\mathrm{o}}=\delta_{\mathrm{Do}}-\delta_{\mathrm{Ao}}$ 如图 7.10 所示。

可以设定一个 β 值，假如 $\beta=6°$，估算 δ_{Do}和δ_{Ao} 在取 $n=100$ 时，对应的在 δ_{i} 工作范围内的不同值，如 $-40°\leqslant\delta_{\mathrm{i}}\leqslant 40°$。那么就可以计算出相对于特定角度 β 的误差函数 e：

$$e=\sqrt{\frac{1}{100}\sum_{i=1}^{100}(\delta_{\mathrm{Do}}-\delta_{\mathrm{Ao}})^2} \tag{7-170}$$

接下来继续计算在 β 取其他值，如 $\beta=8°,9°,\cdots$ 的情形。图 7.40 描述了 $e=e(\beta)$ 在最小值 $\beta\approx 18.86°$ 时的情形。

注意：图 7.40 的出图程序详见脚本 17，脚本中 δ_{i} 的取值范围是（0，0.7）rad，换算成角度等价于（0°，40°），最后还需将 y-轴的取值范围调整到（0，0.02）才可以得到图 7.40。

梯形转向机构几何优化的方法如图 7.41（a）所示。两边臂的延长线交点为 G。对于一个需要优化的机构而言，这个 G 点在后轴的内侧。但是最好要将这个交点定位于后轴中心处，这样就设计出了接近优化的梯形转向机构。利用这个条件，可以省去优化的计算过程，得到一个足够好的设计。这样的设计结果如图 7.41（b）所示。角度 β 对于前一种计算的优化结果为 $\beta=18.86°$，对于后一种估计设计方法为 $\beta=14°$。

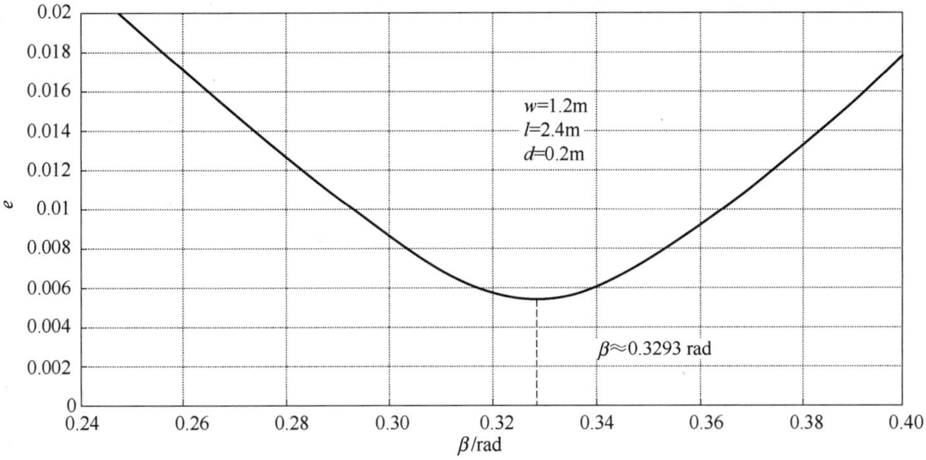

图 7.40　误差 e 最小值出现在 $\beta\approx18.86°$

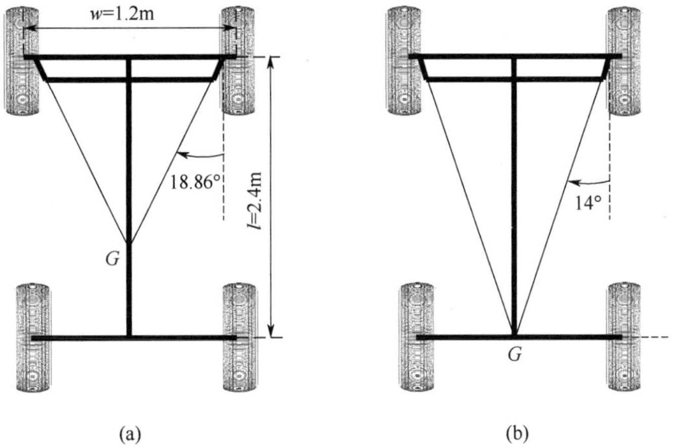

图 7.41　梯形转向机构的理论优化设计和估算设计

案例 329　不存在精准的阿卡曼转向机构。

人们发现不可能得到一个如阿卡曼转向条件般的连杆转向机构。但是，我们可以对连杆转向机构进行优化，使其在一定范围内工作时接近阿卡曼转向条件，并且在一定的转向角时和阿卡曼条件一致。等腰梯形连杆机构，并不能在任意转弯半径中精确地按照阿卡曼转向条件进行转向，但是它由于足够简单并且能满足汽车转向需求而得到量化生产。

案例 330　多连杆转向机构优化。

假设需要给一辆带有以下尺寸的车设计一个多连杆转向机构：

$$w=3\text{m} \tag{7-171}$$

$$l=6\text{m} \tag{7-172}$$

$$a_2=0.6l=3.6\text{m} \tag{7-173}$$

由于空间限制，这个机构的一些节点位置已经定死，如图 7.42 所示，但是我们可以变化长度 x 找到符合阿卡曼条件最好的机构。

$$\cot\delta_2-\cot\delta_1=\frac{w}{l}=0.5 \tag{7-174}$$

方向盘输入转角 δ_s 转动△PBC 使得左右两侧车轮同时转动。

车辆最小转弯半径为 R_m：

$$R_m = 20\text{m} \tag{7-175}$$

最小转弯半径决定了最大转向角 δ：

$$R_m = \sqrt{a_2^2 + l^2 \cot^2 \delta_M} \tag{7-176}$$

$$20 = \sqrt{(3.6)^2 + 6^2 \cot^2 \delta_M} \tag{7-177}$$

$$\delta_M = 0.2960\text{rad} \approx 16.96° \tag{7-178}$$

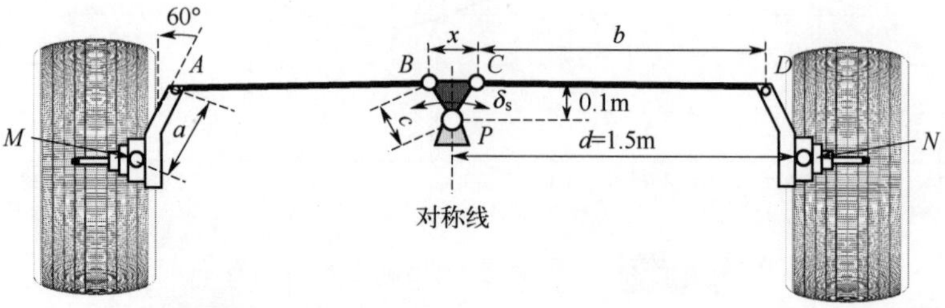

图 7.42　多连杆转向机构通过改变变量 x 进行优化

这里的 δ 为内侧和外侧转角的余切平均值。有了 R 和 δ 就可以确定 δ_o 和 δ_i 的值：

$$R_1 = l\cot\delta_M = 6 \times \cot 16.96° = 19.674\text{m} \tag{7-179}$$

$$\delta_i = \arctan\frac{l}{R_1 - \frac{w}{2}} = 0.3189\text{rad} \approx 18.27° \tag{7-180}$$

$$\delta_o = \arctan\frac{l}{R_1 + \frac{w}{2}} = 0.2761\text{rad} \approx 15.82° \tag{7-181}$$

由于机构是对称的，每个车轮的转向机构如图 7.42 所示必须可以至少转动 18.27°。出于安全考虑，将该机构的最大转角定为 $\delta = \pm 19°$ 。

这种多连杆转向机构被称为六连杆瓦特机构。首先将其分解成两个四连杆机构。连杆 1 在左侧，连杆 2 在右侧，如图 7.42 所示。假设连杆 MA 为左侧连杆机构的输入连杆，而 PB 为输出连杆。连杆 PB 固结于 PC，它是右侧连杆机构的输入杆，右侧的输出杆为 ND。为了找到内侧和外侧转角的关系，需要找到 ND 的转角作为 MA 转角的函数。转角可以通过这两个连杆的角度来计算：

$$\delta_1 = \theta_2 - (90° - 60°) \tag{7-182}$$

$$\delta_2 = \varphi_4 - (90° + 60°) \tag{7-183}$$

图 7.43 给出了连杆编号以及四连杆的输入和输出角。该机构的连杆长度如表 7.1 所示。

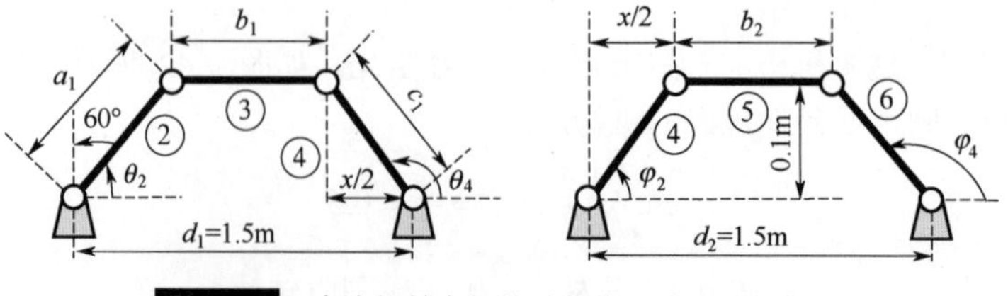

图 7.43　多连杆转向机构分解为两个四连杆机构

表 7.1 多连杆转向机构分解成两个四连杆机构的编号、长度及输入和输出角

左侧四连杆机构		
连杆	长度	角度
1	$d_1 = 1.5\text{m}$	$180°$
2	$a_1 = 0.1 / \cos 60° = 0.2\text{m}$	θ_2
3	$b_1 = 1.5 - 0.1\tan 60° - x/2 = 1.3268 - x/2$	θ_3
4	$c_1 = \sqrt{0.1^2 + x^2/4}$	θ_4
右侧四连杆机构		
连杆	长度	角度
1	$d_2 = 1.5\text{m}$	$180°$
4	$a_2 = \sqrt{0.1^2 + x^2/4}$	$\varphi_2 = \theta_4 - 2\arctan x/0.2$
5	$b_2 = 1.5 - 0.1\tan 60° - x/2 = 1.3268 - x/2$	φ_3
6	$c_2 = 0.1 / \cos 60° = 0.2\text{m}$	φ_4

式（3-1）按照下面的方式重写，给出了 θ_4 作为 θ_2 函数的形式：

$$\theta_4 = 2\arctan\frac{-B \pm \sqrt{B^2 - 4AC}}{2A} \tag{7-184}$$

其中：

$$A = J_3 - J_1 + (1 - J_2)\cos\theta_2 \tag{7-185}$$

$$B = -2\sin\theta_2 \tag{7-186}$$

$$C = J_1 + J_3 - (1 + J_2)\cos\theta_2 \tag{7-187}$$

$$J_1 = \frac{d_1}{a_1} \tag{7-188}$$

$$J_2 = \frac{d_1}{c_1} \tag{7-189}$$

$$J_3 = \frac{a_1^2 - b_1^2 + c_1^2 + d_1^2}{2a_1c_1} \tag{7-190}$$

$$J_4 = \frac{d_1}{b_1} \tag{7-191}$$

$$J_5 = \frac{c_1^2 - d_1^2 - a_1^2 - b_1^2}{2a_1b_1} \tag{7-192}$$

同样的，式（7-184）可以用于联系右边四连杆机构的输入角和输出角。

$$\varphi_4 = 2\arctan\frac{-B \pm \sqrt{B^2 - 4AC}}{2A} \tag{7-193}$$

其中：

$$A = J_3 - J_1 + (1 - J_2)\cos\theta_2 \tag{7-194}$$

$$B = -2\sin\theta_2 \tag{7-195}$$

$$C = J_1 + J_3 - (1 + J_2)\cos\theta_2 \tag{7-196}$$

$$J_1 = \frac{d_2}{a_2} \tag{7-197}$$

$$J_2 = \frac{d_2}{c_2} \tag{7-198}$$

$$J_3 = \frac{a_2^2 - b_2^2 + c_2^2 + d_2^2}{2a_2c_2} \tag{7-199}$$

$$J_4 = \frac{d_2}{b_2} \tag{7-200}$$

$$J_5 = \frac{c_2^2 - d_2^2 - a_2^2 - b_2^2}{2a_2b_2} \tag{7-201}$$

假设设定一个 x 值，就能计算出其他连杆的长度。利用式（7-184）和式（7-193），再加上式（7-182）和式（7-183），可以通过给定的 δ_{i} 来计算 δ_{o}。

这里假设 $x = 0$，那么：

$$a_1 = 0.2\mathrm{m} \tag{7-202}$$

$$b_1 = 1.3268\mathrm{m} \tag{7-203}$$

$$c_1 = 0.1\mathrm{m} \tag{7-204}$$

$$d_1 = d_2 = 1.5\mathrm{m}$$

$$a_2 = 0.1\mathrm{m} \tag{7-205}$$

$$b_2 = 1.3268\mathrm{m} \tag{7-206}$$

$$c_2 = 0.2\mathrm{m} \tag{7-207}$$

利用式（7-182）和式（7-184），可以计算第一组四连杆机构的输出 θ_4，左侧转角的范围为 $-19° < \delta_1 < 19°$。下面的约束给出了作为右侧四连杆机构输入 φ_2 的数值：

$$\varphi_2 = \theta_4 - 2\arctan\frac{x}{0.2} \tag{7-208}$$

然后，利用式（7-193）和式（7-184）就可以计算出右侧车轮的转向角 δ_2。

根据题意可知：

$$\theta_2 = \delta_{\mathrm{i}} + \pi/6 \tag{7-209}$$

对于第一套连杆机构有：

$$J_{11} = \frac{d_1}{a_1} = 3.75 \tag{7-210}$$

$$J_{12} = \frac{d_1}{c_1} = 7.5 \tag{7-211}$$

$$J_{13} = \frac{a_1^2 - b_1^2 + c_1^2 + d_1^2}{2a_1c_1} = 6.995 \tag{7-212}$$

$$J_{14} = \frac{d_2}{b_2} = 1.300 \tag{7-213}$$

$$J_{15} = \frac{c_2^2 - d_2^2 - a_2^2 - b_2^2}{2a_2 b_2} = -4.01 \tag{7-214}$$

$$A_1 = 3.245 - 6.5\cos\theta_2 \tag{7-215}$$

$$B_1 = -2\sin\theta_2 \tag{7-216}$$

$$C_1 = 10.745 - 8.5\cos\theta_2 \tag{7-217}$$

$$\varphi_2 = \theta_4 - 2\arctan\frac{x}{0.2} = 2\arctan\frac{-B_1 - \sqrt{B_1^2 - 4A_1C_1}}{2A_1} - 2\arctan\frac{x}{0.2}$$

对于第二套连杆机构有：

$$J_{21} = \frac{d_2}{a_2} = 7.5 \tag{7-218}$$

$$J_{22} = \frac{d_2}{c_2} = 3.75 \tag{7-219}$$

$$J_{23} = \frac{a_2^2 - b_2^2 + c_2^2 + d_2^2}{2a_2 c_2} = 6.995 \tag{7-220}$$

$$J_{24} = \frac{d_2}{b_2} = 1.300 \tag{7-221}$$

$$J_{25} = \frac{c_2^2 - d_2^2 - a_2^2 - b_2^2}{2a_2 b_2} = 7.5 \tag{7-222}$$

$$A_2 = -0.505 - 2.75\cos\varphi_2 \tag{7-223}$$

$$B_2 = -2\sin\varphi_2 \tag{7-224}$$

$$C_2 = 14.495 - 4.75\cos\varphi_2 \tag{7-225}$$

$$\varphi_4 = 2\arctan\frac{-B_2 - \sqrt{B_2^2 - 4A_2C_2}}{2A_2} \tag{7-226}$$

$$\delta_o = \varphi_4 - 5\pi/6 \tag{7-227}$$

图 7.44 给出了转向角 δ_o 的数值和 δ_{Ac} 对应的 δ_i 的关系。角度 δ_{Ac} 表示右侧车轮基于阿卡曼条件（7-174）的转向角。有了 δ_o 和 δ_{Ac}，就可以计算差值Δ:

$$\Delta = \delta_o - \delta_{Ac} \tag{7-228}$$

对应在工作范围 $-19° < \delta_i < 19°$ 内的 δ_i 的 n 个不同的值，基于这 n 个数值，就可以找到误差 e:

$$e = \sqrt{\frac{\Delta^2}{n}} \tag{7-229}$$

改变 x 的值，重新计算 e，就可以得到误差函数 $e = e(x)$。

图 7.45 给出了这样反复计算的结果。从图中可以看出，误差函数最小值出现在当 $x = -0.3884\text{m}$ 时，这就是△PBC 基座的最佳长度。

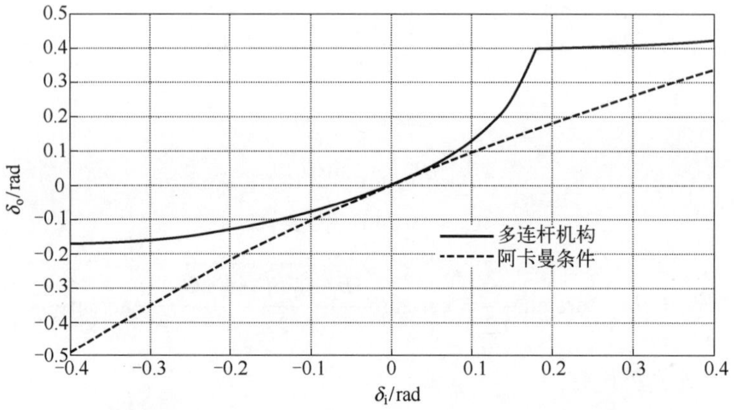

图 7.44 多连杆机构和阿卡曼条件输出角曲线对比

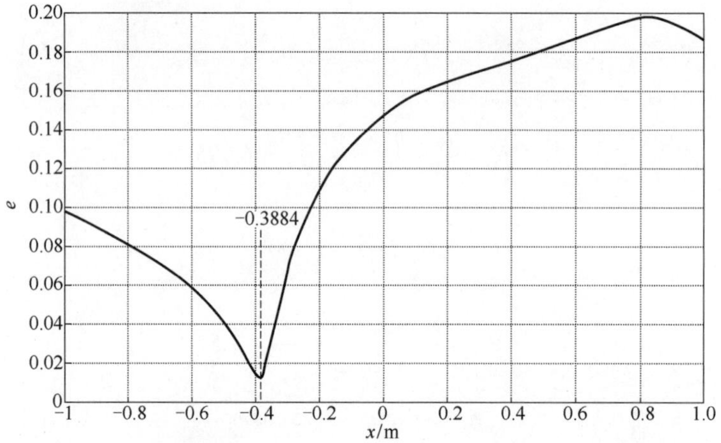

图 7.45 优化值 x 与误差 e 之间的关系

多连杆转向机构在对应不同 x 值的轨迹如图 7.46 所示。阿卡曼条件也在图中画出以对照优化的多连杆机构。优化值 $x = -0.3884\text{m}$ 可以更清楚地展示在图 7.47 中，它展示了对应不同的 x 值时差值 $\Delta = \delta_o - \delta_{Ac}$ 的情况。

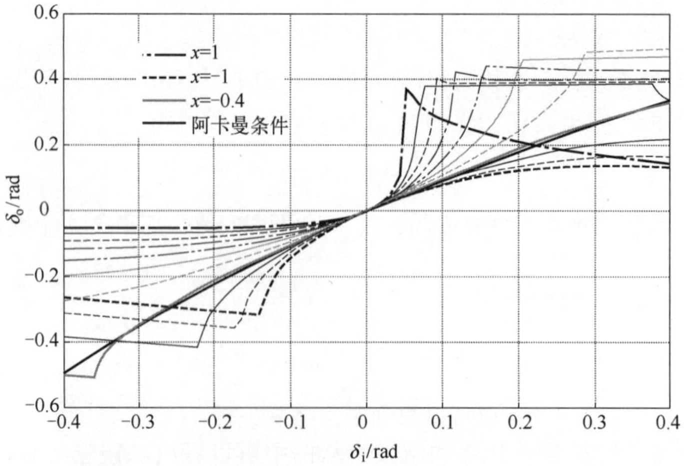

图 7.46 不同 x 值的轨迹与阿卡曼条件的接近程度示意图

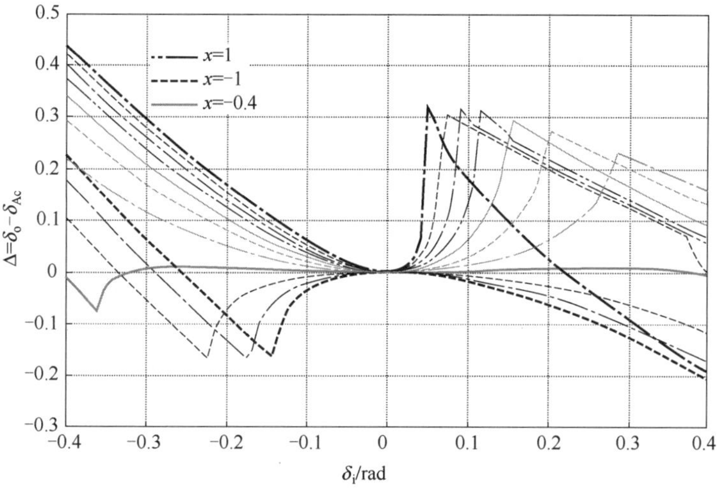

图 7.47　不同 x 值的轨迹与 $\Delta=\delta_o-\delta_{Ac}$ 之间关系示意图

优化多连杆转向机构连杆的长度如图 7.48 所示，该机构以及 x 取负值的意义如图 7.49 所示，这个机构正处于正转向位置。图 7.44～图 7.47 详细出图程序详见脚本 19。

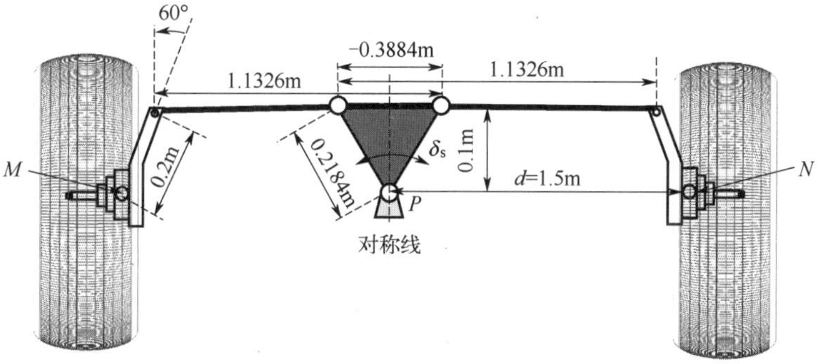

图 7.48　多连杆转向机构通过改变变量 x 进行优化示意图

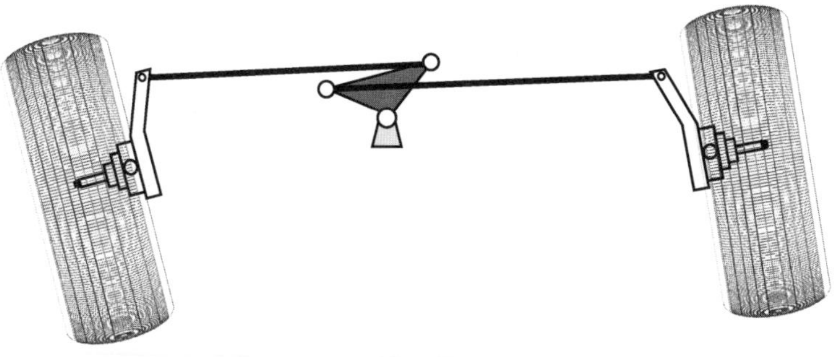

图 7.49　多连杆转向机构正的转向角转向过程

7.7 挂车

假设一辆车拉着一个单轴的挂车，如图 7.50 所示。我们可以将拖车的长度尺寸标准化设为 1。前面拖车与后面挂车的连接点位置用矢量 $\boldsymbol{r}$ 来表示，而挂车车轴中心位置用矢量 $\boldsymbol{s}$

来表示。

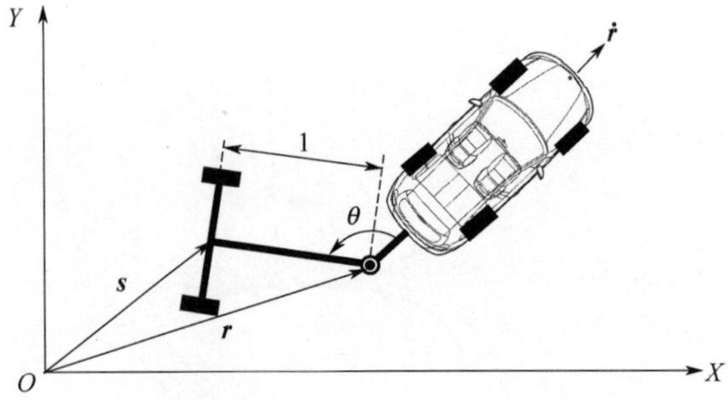

图 7.50 带有拖车的车辆稳定形态

假设 $\boldsymbol{r}$ 是给定的对时间 t 的可微函数，可以通过计算 $\boldsymbol{s}$ 来检验挂车的行驶路径，预测其拖车与挂车的角度类型。通常情况下，当车辆向前运动时，拖车和挂车是非折叠刀式的关系。当车辆向后运动时，拖车和挂车是折叠刀式的关系。

如果：

$$\dot{\boldsymbol{r}} \cdot \boldsymbol{z} < 0 \tag{7-230}$$

其中：

$$\boldsymbol{z} = \boldsymbol{r} - \boldsymbol{s} \tag{7-231}$$

这是一种折叠刀式结构，如图 7.51 所示，而图 7.50 所示的是一种非折叠刀式结构。

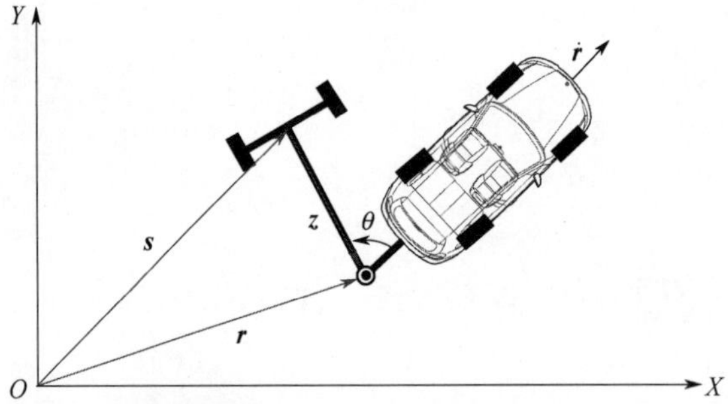

图 7.51 带有拖车的车辆不稳定形态

从运动学上来说，我们希望知道如果在一条已知路径 $\boldsymbol{r} = \boldsymbol{r}(t)$ 上行驶时，拖车和挂车之间是否会出现折叠刀式结构，以及在什么情况下出现，使得我们可以更好地设计路径 $r(t)$ 以避免这种情况的出现。

挂车的速度可以表达为：

$$\dot{\boldsymbol{s}} = c(\boldsymbol{r} - \boldsymbol{s}) \tag{7-232}$$

其中：

$$c = \dot{\boldsymbol{r}} \cdot \boldsymbol{z} \tag{7-233}$$

而非折叠刀式结构条件是：

$$c > 0 \tag{7-234}$$

假设车辆行驶路径函数 r 是连续的可二次求导的函数。如果 $|\boldsymbol{z}| = 1$，并且 $\boldsymbol{r}$ 的曲率半径 $R(t) > 1$，还有初始条件：

$$\dot{\boldsymbol{r}}(0) \cdot \boldsymbol{z}(0) > 0 \tag{7-235}$$

那么：

$$\dot{\boldsymbol{r}}(t) \cdot \boldsymbol{z}(t) > 0 \tag{7-236}$$

对于所有的 $t>0$ 。

因此，只要车辆向前运动，且拖车和挂车初始结构形式不是折叠刀式结构，那么行驶过程中也不会出现折叠刀式结构。

证明 53：标准化后的挂车长度为 1（常数），因此，$\boldsymbol{z}$ 就是一个单位矢量：

$$|\boldsymbol{z}| = |\boldsymbol{r} - \boldsymbol{s}| = 1 \tag{7-237}$$

继而可得：

$$(\boldsymbol{r} - \boldsymbol{s})(\boldsymbol{r} - \boldsymbol{s}) = 1 \tag{7-238}$$

挂车不打滑的车轮迫使矢量 $\boldsymbol{s}$ 的速度矢量 $\dot{\boldsymbol{s}}$ 必须沿着挂车轴线 $\boldsymbol{z}$ 方向前进：

$$\dot{\boldsymbol{s}} = c(\boldsymbol{r} - \boldsymbol{s}) = c\boldsymbol{z} \tag{7-239}$$

对式（7-238）进行求导可得：

$$2(\dot{\boldsymbol{r}} - \dot{\boldsymbol{s}})(\boldsymbol{r} - \boldsymbol{s}) = 0 \tag{7-240}$$

$$\dot{\boldsymbol{r}} \cdot (\boldsymbol{r} - \boldsymbol{s}) = \dot{\boldsymbol{s}} \cdot (\boldsymbol{r} - \boldsymbol{s}) \tag{7-241}$$

因此：

$$\dot{\boldsymbol{r}} \cdot (\boldsymbol{r} - \boldsymbol{s}) = c(\boldsymbol{r} - \boldsymbol{s}) \cdot (\boldsymbol{r} - \boldsymbol{s}) = c \tag{7-242}$$

$$c = \dot{\boldsymbol{r}} \cdot (\boldsymbol{r} - \boldsymbol{s}) = \dot{\boldsymbol{r}} \cdot \boldsymbol{z} \tag{7-243}$$

有了 c 的表达式，就可以将式（7-239）改写为：

$$\dot{\boldsymbol{s}} = [\dot{\boldsymbol{r}} \cdot (\boldsymbol{r} - \boldsymbol{s})](\boldsymbol{r} - \boldsymbol{s}) = (\dot{\boldsymbol{r}} \cdot \boldsymbol{z})\boldsymbol{z} \tag{7-244}$$

这时会出现三种情况：

① 当 $c>0$ 时，挂车的速度矢量 $\dot{\boldsymbol{s}}$ 就会沿着挂车轴线 $\boldsymbol{z}$ 的方向。挂车沿拖车方向行驶，系统处于稳定状态。

② 当 $c=0$ 时，挂车速度矢量 $\dot{\boldsymbol{s}}$ 为零。这种情况下，挂车相对于它的车轴中心旋转，系统处于临界状态。

③ 当 $c<0$ 时，挂车速度矢量 $\dot{\boldsymbol{s}}$ 沿着挂车轴线反方向 $-\boldsymbol{z}$ 方向。挂车不会随拖车行驶，系统处于不稳定状态。

利用笛卡儿坐标表示，可以将拖车和挂车的位置矢量表示为：

$$\boldsymbol{r} = \begin{bmatrix} x_{\mathrm{c}} \\ y_{\mathrm{c}} \end{bmatrix} \tag{7-245}$$

$$\boldsymbol{s} = \begin{bmatrix} x_{\mathrm{t}} \\ y_{\mathrm{t}} \end{bmatrix} \tag{7-246}$$

由此可得：

$$\dot{s} = \begin{bmatrix} \dot{x}_t \\ \dot{y}_t \end{bmatrix} = [\dot{r} \cdot (r - s)](r - s) = \begin{bmatrix} \dot{x}_c(x_c - x_t)^2 + (x_c - x_t)(y_c - y_t)\dot{y}_c \\ \dot{y}_c(y_c - y_t)^2 + (x_c - x_t)(y_c - y_t)\dot{x}_c \end{bmatrix} \tag{7-247}$$

$$c = (x_c - x_t)\dot{x}_c + (y_c - y_t)\dot{y}_c = \dot{x}_c x_c + \dot{y}_c y_c - (\dot{x}_c x_t + \dot{y}_c y_t) \tag{7-248}$$

构造一个函数 $f(t) = \dot{\boldsymbol{r}} \cdot \boldsymbol{z}$，并且假设结论[式(7-236)]是错误的，而初始条件[式(7-235)]依然存在，那么就会存在一个时间点 $t_1>0$，使得 $f(t_1) = 0$ 而且 $f'(t_1) \leqslant 0$。利用 $|\boldsymbol{z}|=1$ 且 $\dot{\boldsymbol{r}} \neq 0$，可得 $\dot{\boldsymbol{r}}(t_1) \cdot \boldsymbol{z}(t_1) = 0$，因此，可知两个矢量 $\dot{\boldsymbol{r}}(t_1)$ 和 $\boldsymbol{z}(t_1)$ 相互垂直。那么构造函数的微分 $f'(t)$ 就可以写成：

$$f'(t) = \ddot{\boldsymbol{r}} \cdot \boldsymbol{z} + \dot{\boldsymbol{r}} \cdot \dot{\boldsymbol{z}} = \ddot{\boldsymbol{r}} \cdot \boldsymbol{z} + \dot{\boldsymbol{r}} \cdot (\dot{\boldsymbol{r}} - \dot{\boldsymbol{s}}) = \ddot{\boldsymbol{r}} \cdot \boldsymbol{z} + |\dot{\boldsymbol{r}}|^2 - \dot{\boldsymbol{r}} \cdot \dot{\boldsymbol{s}} \tag{7-249}$$

$$f'(t) = \ddot{\boldsymbol{r}} \cdot \boldsymbol{z} + |\dot{\boldsymbol{r}}|^2 - \dot{\boldsymbol{r}} \cdot [(\dot{\boldsymbol{r}} \cdot \boldsymbol{z})\boldsymbol{z}] = \ddot{\boldsymbol{r}} \cdot \boldsymbol{z} + |\dot{\boldsymbol{r}}|^2 - (\dot{\boldsymbol{r}} \cdot \boldsymbol{z})^2 \tag{7-250}$$

$$f'(t) = \ddot{\boldsymbol{r}} \cdot \boldsymbol{z} + |\dot{\boldsymbol{r}}|^2 - f^2(t) \tag{7-251}$$

因此可得：

$$f'(t_1) = \ddot{\boldsymbol{r}} \cdot \boldsymbol{z} + |\dot{\boldsymbol{r}}|^2 \tag{7-252}$$

将加速度进行法线和切线方向上的分解，假设法线-切线坐标系为 $(\mathbf{e}_n, \mathbf{e}_t)$，那么：

$$\ddot{\boldsymbol{r}} = \frac{\mathrm{d}|\dot{\boldsymbol{r}}|}{\mathrm{d}t}\mathbf{e}_t + \kappa |\dot{\boldsymbol{r}}|^2 \mathbf{e}_n \tag{7-253}$$

$$\kappa = \frac{1}{R} \tag{7-254}$$

式中，$\mathbf{e}_n$ 和 $\mathbf{e}_t$ 为法向和切向的单位矢量，$\mathbf{e}_t$ 与 $\dot{\boldsymbol{r}}(t_1)$ 相平行，而 $\mathbf{e}_n$ 则与 $\boldsymbol{z}(t_1)$ 相平行。因此：

$$\ddot{\boldsymbol{r}} \cdot \boldsymbol{z} = \kappa(t_1)\left|\dot{\boldsymbol{r}}(t_1)\right|^2 \tag{7-255}$$

那么：

$$f'(t_1) = |\dot{\boldsymbol{r}}(t_1)|^2 + \kappa(t_1)|\dot{\boldsymbol{r}}(t_1)|^2 = [1 + \kappa(t_1)]|\dot{\boldsymbol{r}}(t_1)|^2 \tag{7-256}$$

又因为 $\kappa(t_1) = 1/R(t)>0$，可以得出结论 $f'(t_1)>0$，也就不可能存在 $f'(t_1) \leqslant 0$。

案例 331 拖车以恒定速度做直线运动。

假设拖车以恒定速度向前做直线运动。我们可以利用标准化设定车速为 1，运动沿 x 正方向行进，初始位置为 $x = 0$。利用二维矢量表示为：

$$\boldsymbol{r} = \begin{bmatrix} x_c \\ y_c \end{bmatrix} = \begin{bmatrix} t \\ 0 \end{bmatrix} \tag{7-257}$$

由式（7-237）可得：

$$\boldsymbol{z}(0) = \boldsymbol{r}(0) - \boldsymbol{s}(0) = -\boldsymbol{s}(0) \tag{7-258}$$

因此，挂车的初始位置一定是在单位圆上，如图 7.52 所示。

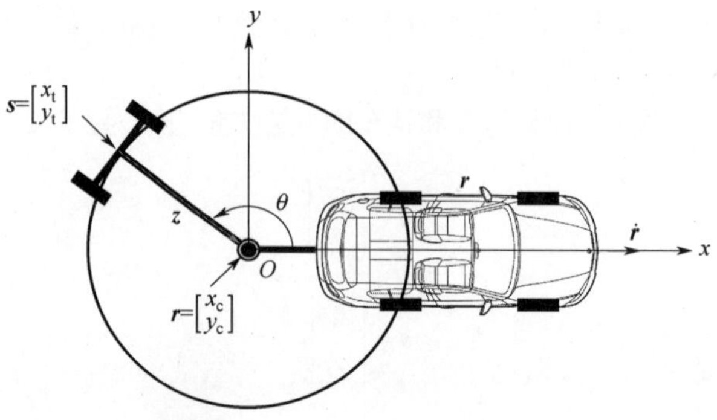

图 7.52 单轴挂车初始位置示意图

利用二维矢量，可以将 $\boldsymbol{z}(0)$ 表示为 θ 的函数：

$$\boldsymbol{z}(0) = -\boldsymbol{s}(0) = \begin{bmatrix} x_{\mathrm{t}}(0) \\ y_{\mathrm{t}}(0) \end{bmatrix} = \begin{bmatrix} \cos\theta \\ \sin\theta \end{bmatrix} \tag{7-259}$$

化简式（7-247）可得：

$$\dot{\boldsymbol{s}} = \begin{bmatrix} \dot{x}_{\mathrm{t}} \\ \dot{y}_{\mathrm{t}} \end{bmatrix} = \begin{bmatrix} (t - x_{\mathrm{t}})^2 \\ -y_{\mathrm{t}}(t - x_{\mathrm{t}}) \end{bmatrix} \tag{7-260}$$

式（7-260）是一组二元一阶微分方程，使用 MATLAB 脚本 18 求解。它的解为：

$$\boldsymbol{s} = \begin{bmatrix} x_{\mathrm{t}} \\ y_{\mathrm{t}} \end{bmatrix} = \begin{bmatrix} t + \dfrac{\mathrm{e}^{-2t} + C_1}{\mathrm{e}^{-2t} - C_1} \\ \dfrac{C_2 \mathrm{e}^{-t}}{\mathrm{e}^{-2t} - C_1} \end{bmatrix} \tag{7-261}$$

代入初始条件（7-259）可以得到：

$$C_1 = \frac{\cos\theta - 1}{\cos\theta + 1} \tag{7-262}$$

$$C_2 = \frac{2\sin\theta}{\cos\theta + 1} \tag{7-263}$$

最终结果为：

$$\boldsymbol{s} = \begin{bmatrix} x_{\mathrm{t}} \\ y_{\mathrm{t}} \end{bmatrix} = \begin{bmatrix} t + \dfrac{\cos\theta - \tanh t}{1 - \cos\theta \tanh t} \\ \dfrac{\sin\theta}{\cosh t - \cos\theta \sinh t} \end{bmatrix} \tag{7-264}$$

其中：

$$\sinh t = \frac{\mathrm{e}^t - \mathrm{e}^{-t}}{2} \tag{7-265}$$

$$\cosh t = \frac{\mathrm{e}^t + \mathrm{e}^{-t}}{2} \tag{7-266}$$

$$\tanh t = \frac{\mathrm{e}^t - \mathrm{e}^{-t}}{\mathrm{e}^t + \mathrm{e}^{-t}} \tag{7-267}$$

如果 $\theta \neq k\pi$，那么解依赖于时间，当时间趋于无穷时，可以看出式（7-264）的解趋近于下列极限：

$$\lim_{t \to +\infty} x_{\mathrm{t}} = t - 1 \tag{7-268}$$

$$\lim_{t \to +\infty} y_{\mathrm{t}} = 0 \tag{7-269}$$

当拖车以常速运动时，这个解显示出挂车将会接近直线向前运动的位置，也就是沿着拖车方向行进。整个结构形式趋于稳定。

接下来可以考虑倒车的情况。同样是考虑式（7-264）的解趋近于下列极限：

$$\lim_{t \to -\infty} x_{\mathrm{t}} = t + 1 \tag{7-270}$$

$$\lim_{t \to -\infty} y_t = 0 \tag{7-271}$$

这个解显示出，除了不稳定的初始条件$\theta = \pi$这种情况，其他所有的解将接近折叠刀结构（不稳定结构）形式。

特殊情况如果$\theta = 0$，此时车辆向前行进。那么：

$$C_1 = 0 \tag{7-272}$$

$$C_2 = 0 \tag{7-273}$$

$$\lim_{t \to \infty} x_t = t + 1 \tag{7-274}$$

$$\lim_{t \to \infty} y_t = 0 \tag{7-275}$$

挂车运动处于一种不稳定的位置，任何扰动使得挂车偏离$\theta = 0$位置将改变这种状况而导出一个稳定的极限解——式（7-268）和式（7-269），挂车最终会稳定在$\theta = \pi$的位置上，趋于稳定。

如果$\theta = \pi$，车辆向前行进，那么：

$$C_1 = \infty \tag{7-276}$$

$$C_2 = \infty \tag{7-277}$$

$$\lim_{t \to \infty} x_t = t - 1 \tag{7-278}$$

$$\lim_{t \to \infty} y_t = 0 \tag{7-279}$$

挂车跟随拖车运动处于一种稳态结构，任何扰动都会使得挂车偏离$\theta = \pi$位置，这种影响过一小段时间就会消失。挂车最终会重新回到$\theta = \pi$的位置上，趋于稳定。

案例 332 当有着不同的初始θ角时的情况。

假设一辆车沿x-轴方向以一定速度运动，这辆车带有一个挂车，挂车的初始角度θ如图 7.52 所示。利用标准化将挂车长度设定为 1，即假设挂车车轴中心到拖车与挂车连接点的长度为单位长度 1。

如果将拖车和挂车连接点的绝对位置定义为$\boldsymbol{r} = [x_c \quad y_c]^T$且将挂车的绝对位置定义为$\boldsymbol{s} = [x_t \quad y_t]^T$，那么，当车的位置用时间函数矢量来表示时，挂车位置就是一个相对于车辆运动的函数：

$$\boldsymbol{r} = \begin{bmatrix} x_c(t) \\ y_c(t) \end{bmatrix} \tag{7-280}$$

挂车位置可以通过解一组两个微分方程来得到：

$$\dot{x}_t = (x_c - x_t)^2 \dot{x}_c + (x_c - x_t)(y_c - y_t)\dot{y}_c \tag{7-281}$$

$$\dot{y}_t = (y_c - y_t)^2 \dot{y}_c + (x_c - x_t)(y_c - y_t)\dot{x}_c \tag{7-282}$$

对于定常实变函数的车辆运动有$\boldsymbol{r} = [t \quad 0]^T$，式（7-281）以及式（7-282）就可以简化为：

$$\dot{x}_t = (t - x_t)^2 \tag{7-283}$$

$$\dot{y}_t = -y_t(t - x_t) \tag{7-284}$$

式（7-283）不依赖式（7-284），可以独立求解，得到：

$$x_t = \frac{C_1 e^{2t}(t-1) - t - 1}{C_1 e^{2t} - 1} = t + \frac{e^{-2t} + C_1}{e^{-2t} - C_1} \tag{7-285}$$

将式（7-285）代入式（7-284）中可以得到以下微分方程：

$$\dot{y}_t = \frac{e^{-2t} + C_1}{e^{-2t} - C_1} y_t \tag{7-286}$$

用代换法，将分母代换解出此微分方程可得：

$$y_t = \frac{C_2 e^{-t}}{e^{-2t} - C_1} \tag{7-287}$$

当挂车的初始位置为$\boldsymbol{s} = [\cos\theta \quad \sin\theta]^{\mathrm{T}}$时，根据前面计算，就可以得到积分常数$C_1$的值，如式（7-262）和式（7-263）所示，再将其代入解中可以得到：

$$x_t = t + \frac{e^{-2t}(\cos\theta + 1) + \cos\theta - 1}{e^{-2t}(\cos\theta + 1) - \cos\theta + 1} \tag{7-288}$$

$$y_t = \frac{2e^{-t}\sin\theta}{e^{-2t}(\cos\theta + 1) - \cos\theta + 1} \tag{7-289}$$

或者用 MATLAB 计算结果也可以，出图是一样的，详见脚本 19。

图 7.53、图 7.54 以及图 7.55 分别给出了挂车在$\theta = 45°$，$\theta = 90°$，$\theta = 135°$时的运动情况。

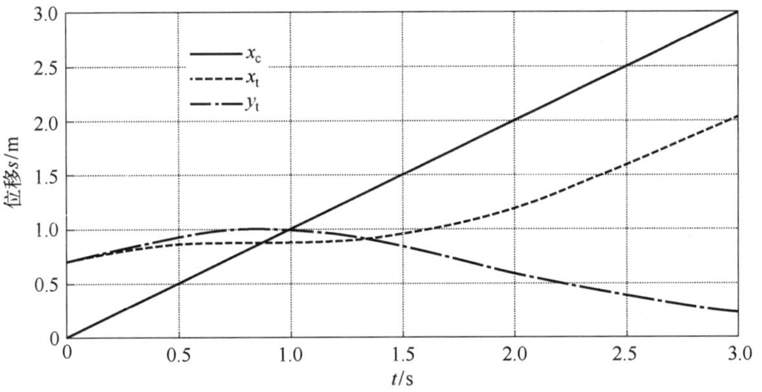

图 7.53　当挂车初始角θ=45°时车辆向前行驶的情况

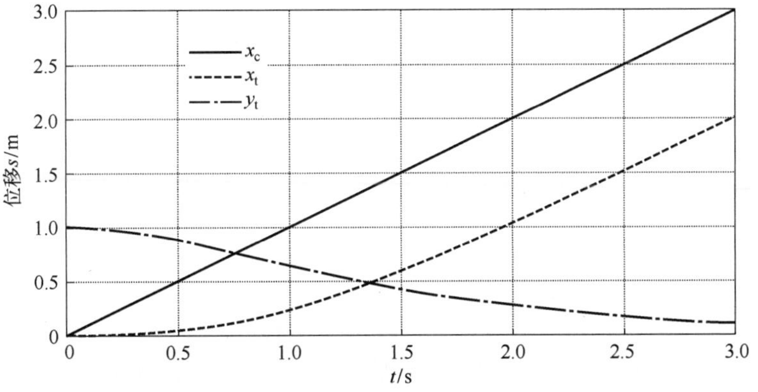

图 7.54　当挂车初始角θ=90°时车辆向前行驶的情况

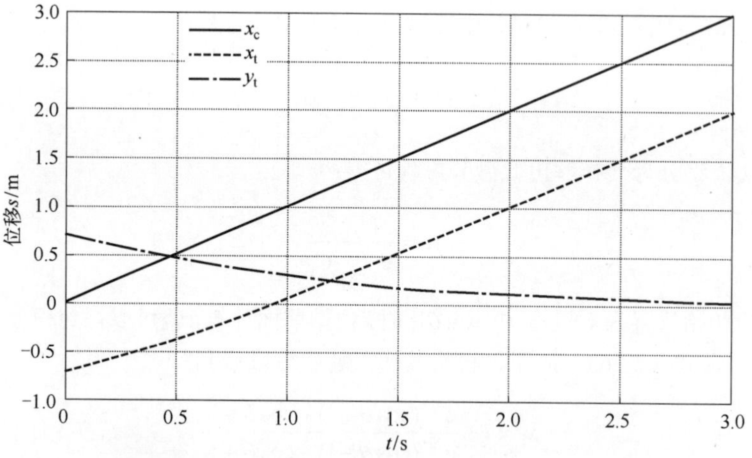

图 7.55 当挂车初始角θ=135°时车辆向前行驶的情况

案例 333 带有挂车的车辆进行匀速圆周运动。

假设一辆拖车拉着一节挂车如图 7.52 所示。拖车做圆周运动，圆的半径 $R>1$，基于前面所说的标准化长度，拖车的长度为 1。在这个圆周运动过程中，运动的角速度标准化后为 $\omega=1$，那么周期 $T=2\pi$，挂车的位置可以由下面的时间矢量函数表示：

$$\boldsymbol{r}=\begin{bmatrix} y_c(t) \\ y_c(t) \end{bmatrix}=\begin{bmatrix} R\cos t \\ R\sin t \end{bmatrix} \tag{7-290}$$

挂车的初始位置在圆心为 $\boldsymbol{r}(0)=[x_c(0) \quad y_c(0)]^{\mathrm{T}}$ 的单位圆上。

$$\boldsymbol{s}(0)=\begin{bmatrix} x_t(0) \\ y_t(0) \end{bmatrix}=\begin{bmatrix} x_c(0) \\ y_c(0) \end{bmatrix}+\begin{bmatrix} \cos\theta \\ \sin\theta \end{bmatrix}=\begin{bmatrix} R\cos \mathrm{t}+\cos\theta \\ R\sin \mathrm{t}+\sin\theta \end{bmatrix} \tag{7-291}$$

对式（7-290）求导得到：

$$\dot{\boldsymbol{r}}=\begin{bmatrix} -R\sin t \\ R\cos t \end{bmatrix} \tag{7-292}$$

这种拖车-挂车结构接近稳态位置时的样子如图 7.56 所示。

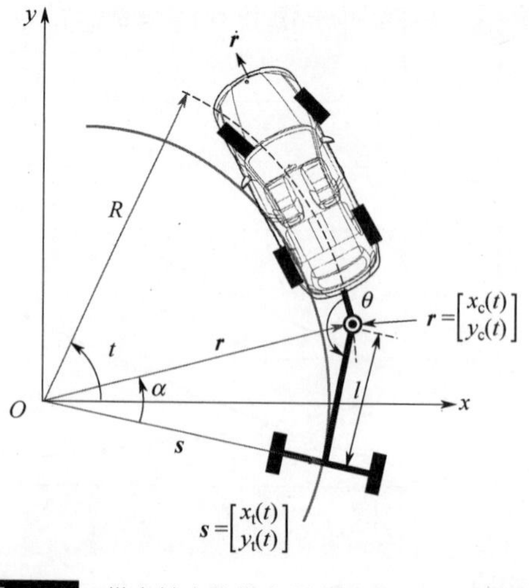

图 7.56 带有挂车的拖车做匀速圆周运动示意图

将初始条件式（7-291）代入式（7-247）将会得到两个关于挂车位置的微分方程：

$$\begin{aligned}\dot{\boldsymbol{s}}&=\begin{bmatrix}\dot{x}_{\mathrm{t}}\\ \dot{y}_{\mathrm{t}}\end{bmatrix}=[\dot{\boldsymbol{r}}\bullet(\boldsymbol{r}-\boldsymbol{s})](\boldsymbol{r}-\boldsymbol{s})\\ &=\begin{bmatrix}-R\sin t(R\cos t-x_{\mathrm{t}})^2+R\cos t(\mathrm{R}\sin t-y_{\mathrm{t}})(R\cos t-x_{\mathrm{t}})\\ -R\sin t(R\cos t-x_{\mathrm{t}})(R\sin t-y_{\mathrm{t}})+R\cos t(R\sin t-y_{\mathrm{t}})^2\end{bmatrix}\end{aligned} \tag{7-293}$$

化简可得：

$$\dot{x}_{\mathrm{t}}=R(R\cos t-x_{\mathrm{t}})(x_{\mathrm{t}}\sin t-y_{\mathrm{t}}\cos t) \tag{7-294}$$

$$\dot{y}_{\mathrm{t}}=R(R\sin t-y_{\mathrm{t}})(x_{\mathrm{t}}\sin t-y_{\mathrm{t}}\cos t) \tag{7-295}$$

此方程组输入 MATLAB 是无法得到精确解的，那么我们得想其他办法。

假设初始条件为$\boldsymbol{r}(0)=[R\quad 0]^{\mathrm{T}}$，这个方程组的稳态解为：

$$x_{\mathrm{t}}=c\cos(t-\alpha) \tag{7-296}$$

$$y_{\mathrm{t}}=c\sin(t-\alpha) \tag{7-297}$$

式中，c 为挂车旋转半径，α 为常数，是挂车在拖车后的角位置。

$$c=\sqrt{R^2-1} \tag{7-298}$$

$$\sin\alpha=\frac{1}{R} \tag{7-299}$$

$$\cos\alpha=\frac{c}{R}=\frac{\sqrt{R^2-1}}{R} \tag{7-300}$$

怎么得到这个解的呢？通过引入两个新变量 u 和 v，假设有：

$$u=x_{\mathrm{t}}\sin t-y_{\mathrm{t}}\cos t \tag{7-301}$$

$$v=x_{\mathrm{t}}\cos t+y_{\mathrm{t}}\sin t \tag{7-302}$$

利用新变量可以得到：

$$x_{\mathrm{t}}=u\sin t+v\cos t \tag{7-303}$$

$$y_{\mathrm{t}}=-u\cos t+v\sin t \tag{7-304}$$

$$\dot{x}_{\mathrm{t}}=Ru(R\cos t-u\sin t-v\cos t) \tag{7-305}$$

$$\dot{y}_{\mathrm{t}}=Ru(R\sin t+u\cos t-v\sin t) \tag{7-306}$$

直接对式（7-301）、式（7-302）求导可得：

$$\dot{u}=x_{\mathrm{t}}\cos t+y_{\mathrm{t}}\sin t+\dot{x}_{\mathrm{t}}\sin t-\dot{y}_{\mathrm{t}}\cos t \tag{7-307}$$

$$\dot{v}=-x_{\mathrm{t}}\sin t+y_{\mathrm{t}}\cos t+\dot{x}_{\mathrm{t}}\cos t+\dot{y}_{\mathrm{t}}\sin t \tag{7-308}$$

因此，将式（7-303）～式（7-306）代入式（7-307）和式（7-308）。式（7-294）和式（7-295）就变为一组新的方程，如下所示：

$$\dot{u}=v-Ru^2 \tag{7-309}$$

$$\dot{v}=u(R^2-Rv-1) \tag{7-310}$$

稳态条件下时间微分必须为零，因此，稳态解的代数方程就可以写成：

$$v-Ru^2=0 \tag{7-311}$$

$$u(R^2-Rv-1)=0 \tag{7-312}$$

由此，可得到三组解：

$$\{u=0, v=0\} \tag{7-313}$$

$$\left\{u=\frac{\sqrt{R^2-1}}{R}, v=\frac{R^2-1}{R}\right\} \tag{7-314}$$

$$\left\{u=-\frac{\sqrt{R^2-1}}{R}, v=\frac{R^2-1}{R}\right\} \tag{7-315}$$

设：

$$c=\sqrt{R^2-1} \tag{7-316}$$

第一组解，相对应的是 $s=0$ 的情况，也就是说挂车位于车辆旋转中心旋转，就像驴拉磨一样，车辆像驴，挂车像磨。将解代入式（7-296）、式（7-297）得到：

$$x_{\mathrm{t}}=0 \tag{7-317}$$

$$y_{\mathrm{t}}=0 \tag{7-318}$$

这就表示挂车车轴中心处于原点位置，拖车做半径 $R=1$ 的圆周运动，这是一种稳定状态。

第二组解，相对应的是：

$$x_{\mathrm{t}}=\frac{c}{R}\sin t+\frac{c^2}{R}\cos t=c\cos(t-\alpha) \tag{7-319}$$

$$y_{\mathrm{t}}=-\frac{c}{R}\cos t+\frac{c^2}{R}\sin t=c\sin(t-\alpha) \tag{7-320}$$

其中：

$$\sin\alpha=\frac{1}{R} \tag{7-321}$$

$$\cos\alpha=\frac{c}{R} \tag{7-322}$$

为了检验第二组解的稳定性，可以代入一组具有扰动的解：

$$u=\frac{c}{R}+p \tag{7-323}$$

$$v=\frac{c^2}{R}+q \tag{7-324}$$

式中，p、q 当作无穷小看待。

代入线性运动方程式（7-294）、式（7-295）中可得：

$$\dot{u}=q-2cp-Rp^2 \tag{7-325}$$

$$\dot{v}=-cq-Rpq \tag{7-326}$$

其中，无穷小的平方以及无穷小乘以无穷小，可以忽略不计。

从而，得到两个扰动参数 p 和 q 的方程：

$$\dot{p}=q-2cp \tag{7-327}$$

$$\dot{q}=-cq \tag{7-328}$$

将其写成线性矩阵的形式可得：

$$\begin{bmatrix} \dot{p} \\ \dot{q} \end{bmatrix} = \begin{bmatrix} -2c & 1 \\ 0 & -c \end{bmatrix} \begin{bmatrix} p \\ q \end{bmatrix} \tag{7-329}$$

式（7-329）的稳定性由系数矩阵的特征值 λ_i 所决定，它们是：

$$\lambda_1 = -c \tag{7-330}$$

$$\lambda_2 = -2c \tag{7-331}$$

由于两个特征值 λ_1 和 λ_2 都是负数，扰动方程的解振荡后趋于零。因此，第二组解[式（7-314）]是稳定的，路径上出现任何扰动，它都仍然保持原路径不变。这种情况对应于拖车向前行驶，挂车与拖车保持一定角度，呈现出匀速运动的稳定状态，如图 7.57 所示。

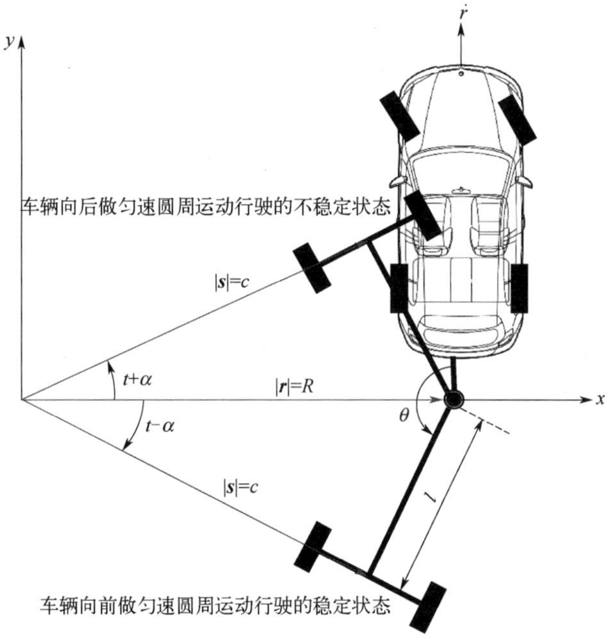

图 7.57　带有挂车的拖车做匀速圆周运动两种运动状态示意图

第三组解对应于：

$$x_t = -\frac{c}{R}\sin t + \frac{c^2}{R}\cos t = c\cos(t+\alpha) \tag{7-332}$$

$$y_t = \frac{c}{R}\cos t + \frac{c^2}{R}\sin t = c\sin(t+\alpha) \tag{7-333}$$

线性运动方程在代入第三组解后为：

$$\dot{u} = q + 2cp - Rp^2 \tag{7-334}$$

$$\dot{v} = +cq - Rpq \tag{7-335}$$

忽略无穷小平方和无穷小乘以无穷小，从而得到扰动方程为：

$$\begin{bmatrix} \dot{p} \\ \dot{q} \end{bmatrix} = \begin{bmatrix} 2c & 1 \\ 0 & c \end{bmatrix} \begin{bmatrix} p \\ q \end{bmatrix} \tag{7-336}$$

它有两个正的特征值：

$$\lambda_1 = c \tag{7-337}$$

$$\lambda_2 = 2c \tag{7-338}$$

正的特征值说明扰动方程的解振荡后趋于无穷。因此，第三组解[式（7-315）]是不稳定的，受到路径边的任何扰动，它都会偏离原路径趋向挂车与拖车重叠。这种情况对应于拖车倒车行驶，挂车与拖车无法保持一定角度，呈现出折叠刀式非稳定状态，如图 7.57 所示。

7.8 小结

转向可以引导车辆沿人们所需的方向行驶。当车辆转弯时，靠近转弯中心的车轮称为内侧车轮，而远离的则称为外侧车轮。如果车辆速度很慢，在内侧车轮和外侧车轮之间存在一条运动学条件，人们将其称为阿卡曼条件。

四轮的汽车通常用前轮转向。内外侧车轮的运动学条件为：

$$\cot\delta_{\mathrm{o}} - \cot\delta_{\mathrm{i}} = \frac{w}{l} \tag{7-339}$$

式中，δ_{i} 为内侧车轮的转向角，δ_{o} 为外侧车轮的转向角，w 为轮距，l 为轴距。w 和 l 被认为是车辆运动学上的宽和长。

车辆转弯时的质心所做圆周运动的半径为 R：

$$R = \sqrt{a_2^2 + l^2\cot^2\delta} \tag{7-340}$$

式中，δ 表示内侧和外侧转角的余弦平均值。

$$\cot\delta = \frac{\cot\delta_{\mathrm{o}} + \cot\delta_{\mathrm{i}}}{2} \tag{7-341}$$

角度 δ 等价于自行车模型的转向角，该模型拥有和原车相同的轴距 l 和转弯半径 R。

第 8 章
悬架

扫码获取脚本文件

悬架是连接车轮与车身并让它们之间有一定相对运动的机构。本章介绍悬架机构，并讨论车轮与车架之间可能的相对运动。车轮通过悬架连接必须完成驱动、转向以及制动等功能并且传递相关的力。

8.1 非独立悬架

将车轮和车辆连接起来最简单的方法是将一对车轮安装在一根刚性轴的两头，如图 8.1 所示。

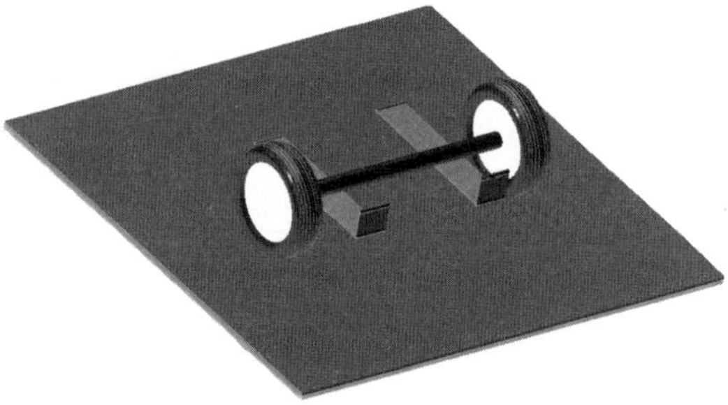

图 8.1 带有叶片（钢板）弹簧的非独立悬架

刚性车桥属于非独立悬架系统，它一般会沿着 z-轴方向做上下运动，还可以沿 x-轴方向做侧倾旋转运动。因此，向前和向两侧的平移，以及沿 y-轴和 z-轴的旋转是不允许的，有很多连接件和弹簧组成的机构以满足运动学及动力学的要求。最简单的设计是用两组叶片（钢板）弹簧将中间的轴夹紧，而钢板弹簧的两端一端固定，一端悬挂在车身上，这样的结构如图 8.1 所示。从一侧看多叶弹簧的刚性车桥悬架如图 8.2 所示。一个悬架系统如果用一根轴连接左右两侧车轮，称为非独立悬架或刚性悬架。

图 8.2 带有钢板弹簧的非独立悬架侧视图

为提高钢板弹簧固体悬架的性能，往往需要添加一些对轴运动性能有益且能提供动态支撑，承受住非 z-轴方向力的导向机构。带钢板弹簧刚性车桥结构的悬架系统，将人们从马拉车时代带到了汽车工业时代。

当一个运动的刚性车桥与车身相连时，如果仅仅依靠两组钢板弹簧，称为霍奇基斯传动，这是第一次使用这种结构的车的名字。霍奇基斯传动的主要问题如图 8.2 所示，它用侧向力和纵向力来定位刚性车桥，拥有较低的质量比 $\varepsilon = m_s / m_u$，其中，m_s 表示簧载质量，而 m_u 则表示非簧载质量。

簧载质量是指所有由弹簧支撑的质量，如车身、乘客、货物等。非簧载质量是指所有不由弹簧支撑的质量，如车轮、车轴以及制动系统等。

案例 334 钢板弹簧悬架的纵向变形问题。

固体悬架系统与纵向钢板弹簧组成的机构有很多缺陷，主要问题是弹簧既当支撑元件又当定位元件。弹簧在负载的情况下会发生变形，但是这种形变仅仅在 z 方向上是需要的。而钢板弹簧会在侧向上出现扭转和弯曲，这是它的天性，因此，它的弯曲变形不仅在垂直方向出现，而且在其他平面内出现。钢板弹簧不适合用于处理牵引力和制动力。这些力将弹簧的侧面轮廓变成 S-型，如图 8.3 所示。加速和制动使钢板弹簧产生的形变产生了负的纵向力，不利于驱动和制动，更增加车辆的不稳定性。

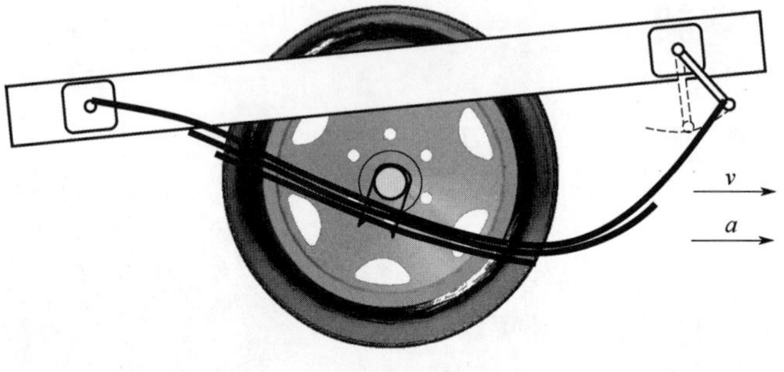

(a) 加速

(b) 制动

图 8.3 加速和制动过程中钢板弹簧的变形示意图

长的弹簧改善了乘坐的舒适性。但是，长的弹簧在有其他方向负载时却产生了不利的变形和扭曲。

案例 335 钢板弹簧悬架纵向变形的解决方法。

为了减小水平力的影响以及 S-型侧面轮廓在钢板弹簧刚性车桥上出现，可以在轴和底盘之间安装一根纵向导杆，如图 8.4（a）所示。这样的纵向导杆又称为抗汽车颠簸杆，这种悬架是最简单的解决霍奇基斯传动纵向问题的方法。

带纵向导杆的刚性车桥从运动学上来看，可以将其近似地看作一个四连杆机构，如图 8.4（b）所示。虽然纵向导杆可以控制钢板弹簧的形状，但是它又新引入了一个扭转角的问题。当轴如图 8.5 所示向上和向下运动时，轴的扭转以及车轮相对于轴的扭转称为纵向倾角。

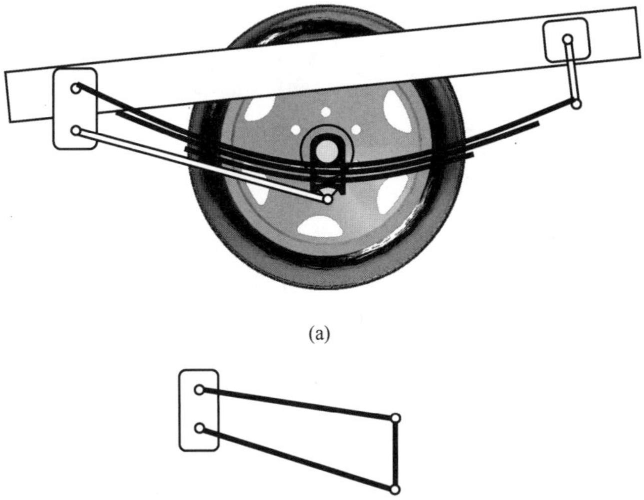

(a)　(b)

图 8.4 带有防颠簸纵向导杆的悬架系统及简化模型

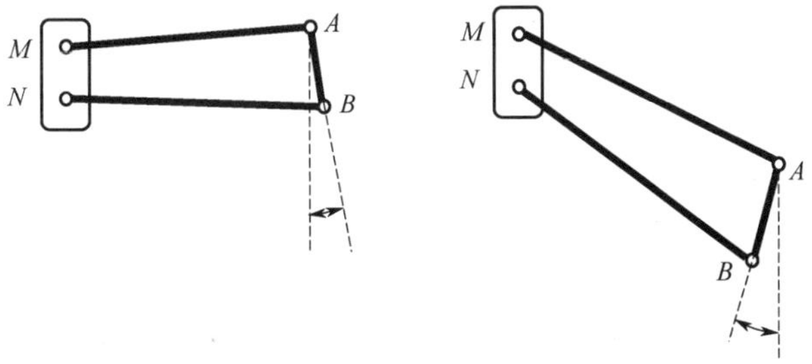

(a)　(b)

图 8.5 防颠簸纵向导杆会使车轮上下跳动，并出现车轮纵向倾角改变的问题

如此结构的刚性车桥经常被用于让其车轮与路面垂直。

案例 336 钢板弹簧的定位问题。

前轮需要空间向左和向右转向。因此，钢板弹簧与车轮的转向盘之间不能靠得太近，需要布置得靠近轴的中部。这就导致了弹簧间距（车悬架弹簧作用点之间的横向距离）狭窄，也就意味着一个很小的侧向力会导致车身相对于车轴的摆动或倾斜，然后通过巨大的侧倾角导致负载转移。这会使得车上的乘客感觉到不舒服，也可能产生意想不到的转向。

刚性车桥积极地保护着车轮的外倾角不受车身侧倾的影响。车轮仍然保证正直，因此，它没有向一边侧倾。但是刚性车桥在静态平面上重心在侧向力的作用下会向一侧移动偏离纵向轴线。

对刚性车桥而言，当一侧车轮遇到凸起时，会产生凸起-外倾角，如果右侧车轮路过一个凸起物时，轴的右侧尾端抬高，同时造成左侧轮毂的倾斜，使得左侧车轮产生一个外倾角，最终导致持续偏向。

案例 337 三角连杆机构。

一个三角连杆机构如图 8.6 所示，将它连接在刚性车桥上，它可以在加速和制动时提供侧向和扭转阻力。

图 8.6 带有三角连杆机构的非独立悬架

案例 338 柏纳德臂。

获得高弹簧比对钢板弹簧来说是一个问题。通过将钢板弹簧变窄，以减小它们的刚度，或是使用更少的叶片，或是减少侧向刚度以及增加方向稳定性对悬架系统而言都具有重大意义。柏纳德臂是利用一根连杆把刚性车桥悬架从旁边连接在底盘上。图 8.7 给出了刚性车桥由柏纳德臂导向轴的情况。图 8.8 给出了一个三角连杆和柏纳德臂共同导向刚性车桥的情况。

图 8.7 带有柏纳德臂的非独立悬架

图 8.8 同时带有三角连杆机构和柏纳德臂的非独立悬架

双三角机构如图 8.9 所示，为另外一种设计，对车桥导向并支撑侧向力。

图 8.9 同时带有两个三角连杆机构的非独立悬架

案例 339 多连杆导向机构。

有很多连杆机构可以供不带侧倾转角垂线运动选择。最简单的机构是用带耦合点的四连杆机构来实现垂线运动。其中，一些应用较广以及较著名的多连杆导向机构如图 8.10 所示。通过选择合适的长度，瓦特、罗伯特、切比雪夫以及埃文斯连杆都可以使得耦合点 C 垂直地沿一条直线运动。这样的机构和直线运动可以用于导向刚性车桥。

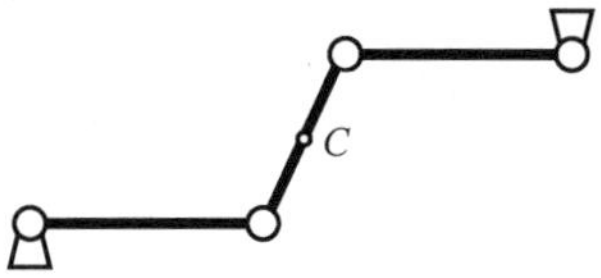

(a) 瓦特连杆

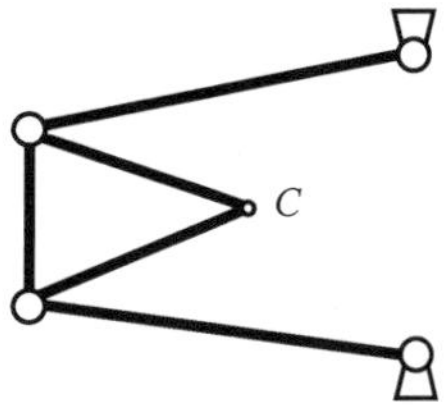

(b) 罗伯特连杆

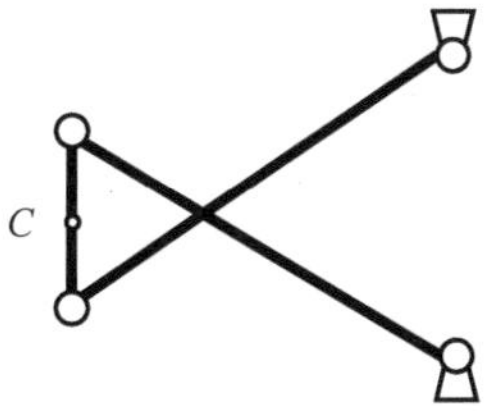

(c) 切比雪夫连杆

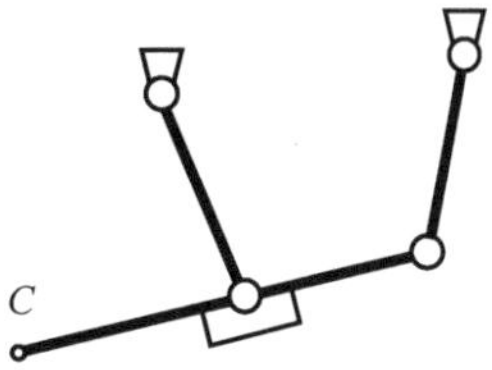

(d) 埃文斯连杆

图 8.10 多连杆导向机构

两个瓦特悬架机构加上一个柏纳德臂如图 8.11 和图 8.12 所示。

图 8.11 带有瓦特连杆加柏纳德臂的非独立悬架（组合一）

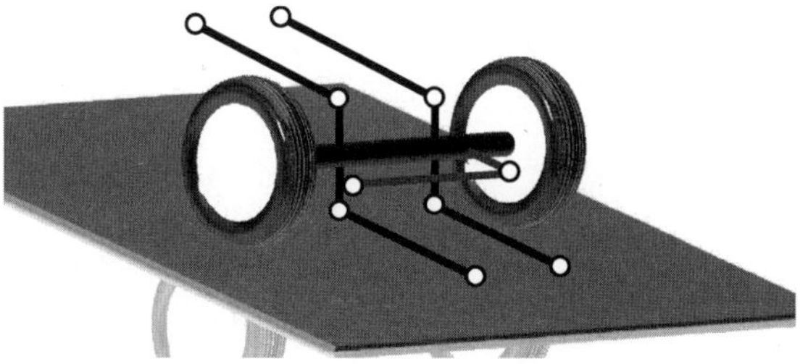

图 8.12 带有瓦特连杆加柏纳德臂的非独立悬架（组合二）

图 8.13～图 8.15 展示了罗伯特悬架连杆机构和柏纳德臂可能的三种组合。

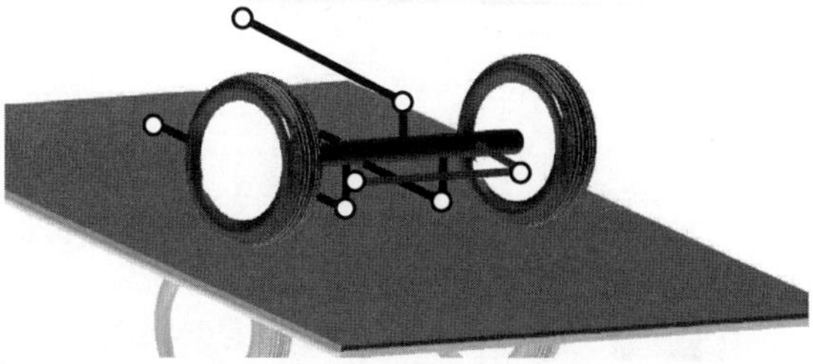

图 8.13 带有罗伯特连杆加柏纳德臂的非独立悬架（组合一）

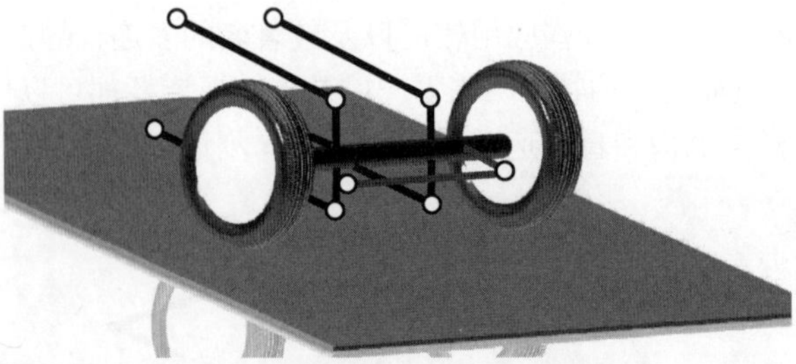

图 8.14　带有罗伯特连杆加柏纳德臂的非独立悬架（组合二）

图 8.15　带有罗伯特连杆加柏纳德臂的非独立悬架（组合三）

案例 340　刚性车桥的非簧载质量问题。

刚性车桥应该算是非簧载质量的一部分，因此，只要使用刚性车桥就会增加非簧载质量。一个沉重的非簧载质量对车辆的乘坐舒适性以及操控性都是一种损害。对刚性车轴进行轻量化处理可以减轻上述损害，但是这么做又将引来更危险情况，如车轴断裂。刚性车桥必须有足够的强度，使其在任何负载任何使用年限条件下都不能断裂。据初步估计，90%的钢板弹簧质量应该计算到非簧载质量，这就使得上述问题更加严重。

据前所述，钢板弹簧刚性车桥的非簧载质量问题十分严重，因此现在很少将这样的车桥用于轿车。但是刚性前桥在卡车和巴士上使用还是非常普遍的。对于一些重车而言，刚性悬架没有多少，对质量比 $\varepsilon = m_s / m_u$ 影响不大。

当一辆车后轮驱动时，刚性车桥悬架用于后桥，这种悬架称为活动车轴。一个活动车轴包含了一个差速器以及两个驱动轴。驱动轴与车轮轮毂相连。活动车轴的质量是死I-横梁型车轴质量的 3～4 倍。它之所以被称为活动车轴，是因为其里面旋转的齿轮以及驱动半轴。

为了增加非簧载质量以及刚性车桥的垂直方向位移能力，一般装备使用螺旋弹簧。刚性车桥加螺旋弹簧的范例如图 8.16 所示。这种悬架系统带有 4 根纵向拉杆，位于轴和底盘之间。这样的螺旋弹簧一般会有纵向和侧向的倾斜角度，以便引导这两方向上的侧向运动。

图 8.16　带有螺旋弹簧的非独立悬架示意图

案例 341　德翁（台德·戴恩）桥。

当刚性车桥不含有驱动车轮任务时，它就是一根实心轴。它作为一根横梁连接左右两侧的车轮，两侧的形状可以不同以完成不同的功能，它通常给两侧车轮独立的挠度。我们也可以对活动车轴的形状进行修正，以连接差速器与底盘并减小非簧载质量。

台德 • 戴恩设计了一款修正的横梁车桥，它可以用于实轴或连接差速器与底盘，还可以利用万向节点和分离轴，将驱动力配送给驱动轮，称为德翁桥。图 8.17 给出了德翁非独立悬架的结构示意。

图 8.17　德翁非独立悬架示意图

8.2 独立悬架

独立悬架可以使一个车轮转速上升或是下降而不影响对面的车轮。有多种形式和设计的独立悬架，但是双 A 臂和麦弗逊结构悬架是最简单也是最流行的设计。图 8.18 给出了一个双 A 臂悬架的例子，而图 8.19 则给出了一个麦弗逊悬架的例子。

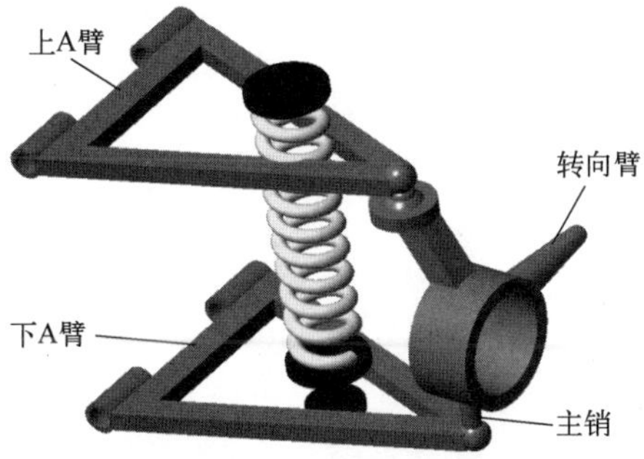

图 8.18　双 A 臂悬架系统

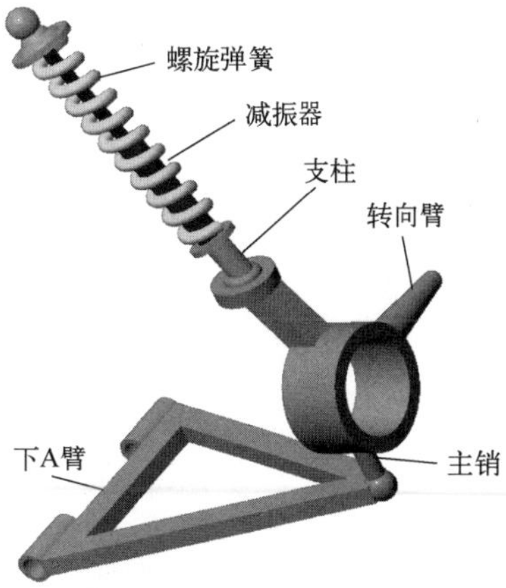

图 8.19　麦弗逊悬架系统

从运动学上来说，双 A 臂悬架机构是一个四连杆机构，以耦合点作为车轮的连接点。麦弗逊悬架是一个曲柄滑杆机构，它将底盘作为地杆，以耦合点作为车轮的连接点。图 8.20 和图 8.21 分别给出了左右两侧车轮（双 A 臂和麦弗逊悬架）的图解情况。

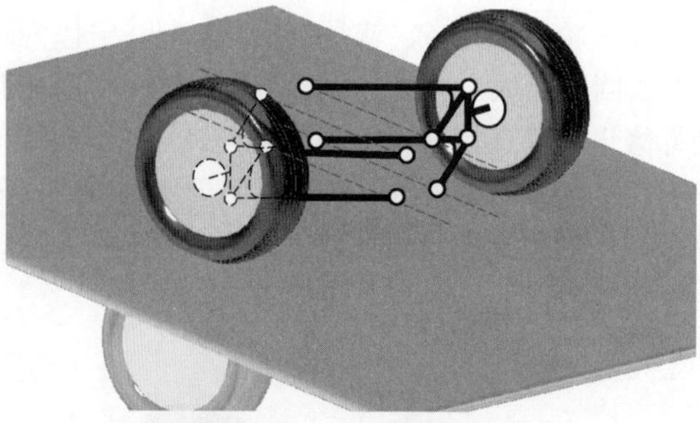

图 8.20 双 A 臂悬架系统示意图

图 8.21 麦弗逊悬架系统示意图

双 A 臂悬架也被称作双鱼骨或长 / 短臂悬架。

案例 342 双 A 臂悬架和弹簧位置。

考虑一个双 A 臂悬架机构，螺旋弹簧可以安装在下臂与底盘之间，如图 8.18 所示。也可以安装在上臂与底盘之间，还可以安装在上下臂之间。无论是哪种情况，支撑弹簧的臂要做得比其他仅起连接作用的臂更坚固一些。

案例 343 多连杆悬架机构。

当两侧的一个 A 臂连杆相互连接在一起共用一个点时，如图 8.22 所示，那么这种双 A 臂悬架又称为多连杆机构。多连杆机构是一个六连杆机构，它比双 A 臂悬架拥有更好的耦合点运动曲线。但是多连杆机构价格更高一些，可靠性也差一些，相对于双 A 臂悬架更加复杂一些。很多车有多于六连杆的悬架，它可能拥有更好的动力学性能。

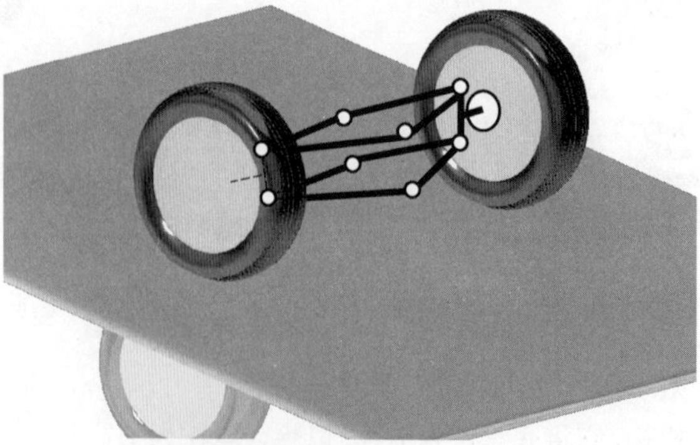

图 8.22 多连杆悬架系统示意图

案例 344 摇摆臂悬架。

独立悬架可以简化到三角形，如图 8.23 所示。三角形的基边连接到悬架上，车轮则装在三角形的顶点上。三角形的基边与车辆的纵向轴线相对称。这样的悬架机构称为摇摆车桥或摇摆臂悬架。

相对于其他类型的悬架机构，摇摆臂悬架的外倾角变化量是最大的。

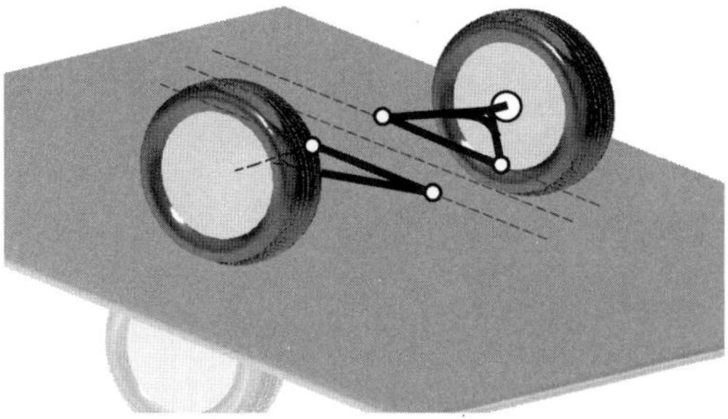

图 8.23 摇摆臂悬架系统示意图

案例 345 拖曳臂悬架。

图 8.24 给出了拖曳臂悬架结构，一个纵向臂带有侧向轴旋转。车轮的外倾角依靠拖曳臂支撑，在上下跳动的过程中不会发生改变。拖曳臂悬架已经成功应用在多种前轮驱动的车辆上，而在后轮上的应用很少。

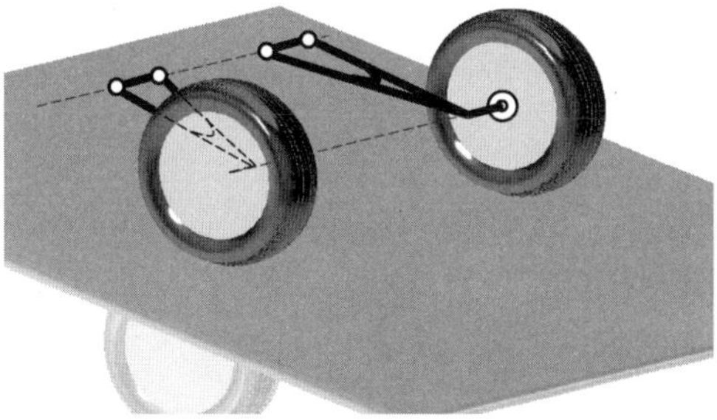

图 8.24 拖曳臂悬架系统示意图

案例 346 半拖曳臂。

半拖曳臂悬架如图 8.25 所示，是一个摇摆臂和拖曳臂折中的悬架。节点轴可以是任何角度，但是 45° 附近角度应用得更广一些。这样的悬架可以接受外倾角的变化，而且它还可以同时处理侧向和纵向力。半拖曳设计已经成功应用于一系列后轮驱动车数十年。

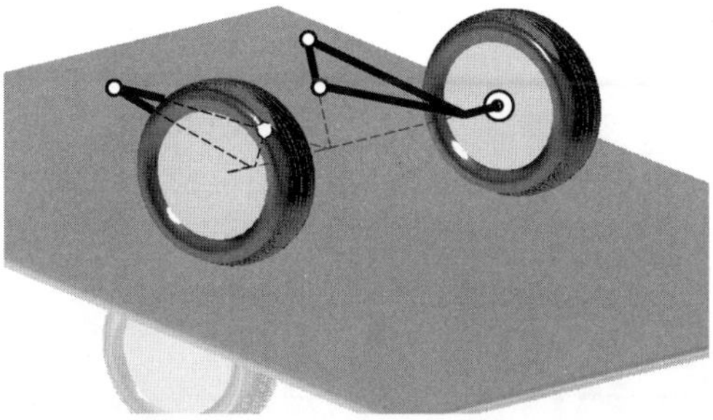

图 8.25 半拖曳臂悬架系统示意图

案例 347 抗侧倾杆与侧倾刚度。

螺旋弹簧经常用在车上，主要是由于它的刚度比较小，相对于钢板弹簧而言，可以带来更好的乘坐舒适性。因此，带螺旋弹簧车的侧倾刚度通常比带钢板弹簧的要小一些。为了增加这种悬架侧倾刚度，抗侧倾杆必须安装。钢板弹簧的减层、单叶、梯形或是厚度不均都需要安装抗侧倾杆以补偿它们减少的侧倾刚度。抗侧倾杆又被称为稳定杆。图 8.26 给出了带螺旋弹簧的刚性车桥上抗侧倾杆的连接情况。

图 8.26 带螺旋弹簧的刚性车桥上抗侧倾杆的连接示意图

案例 348 纵向柔性的需求。

路上的一个凸起障碍会产生与车辆向前运动方向相反的阻力。当车辆越过凸起时，首先要产生一个将车轮相对于车上其他部分向后推的力。因此，举升力必须有一个纵向分量，这一点在车内可以感觉到，除非悬架系统有纵向变形（柔性）。

很多情况下，这个力的纵向分量甚至比垂直分量还大，钢板弹簧可以多少吸收一部分这样的水平纵向力，通过拉平或压缩叶片，延伸或缩短从钢板弹簧吊耳到轴的距离，这样的拉伸通常不会超过 1cm。

8.3 侧倾中心和侧倾轴

侧倾轴是车身侧倾时的瞬时轴线，可通过寻找前悬架和后悬架的侧倾中心得到。假设切断车前后联系，使侧向力作用前后车时互不影响，那么前悬架和后悬架相对于地面的旋转中心是分别独立的。

图 8.27 给出了一辆车的双 A 臂前悬架的例子。为了找到车身相对于地面的侧倾中心，分析二维动力学等价机构如图 8.28 所示。轮胎印记中心是车轮相对于地面的瞬态旋转中心，因此可以将轮胎与地面的连接看作一个旋转连接件，将轮胎印记中心作为节点。

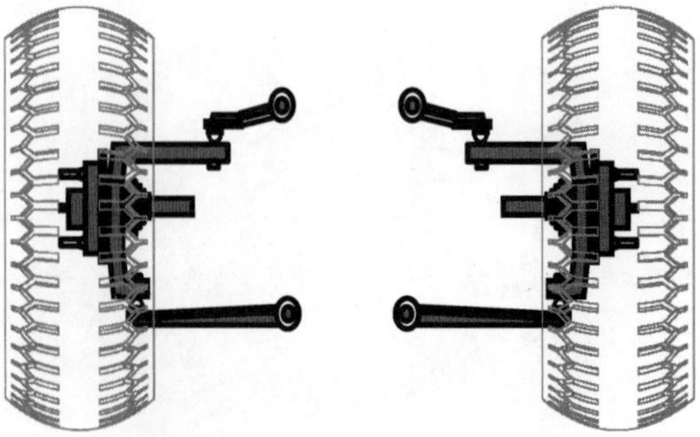

图 8.27 某车双 A 臂前悬架示意图

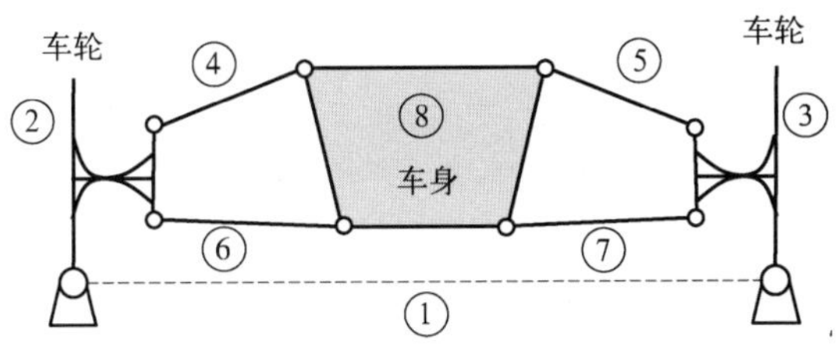

图 8.28 双 A 臂悬架等价连杆机构示意图

瞬态中心 I_{18} 是车身相对于地面的侧倾中心。为了找到 I_{18}，需要利用肯尼迪理论，找到直线 $\overline{I_{12}I_{28}}$ 与 $\overline{I_{13}I_{38}}$ 的交点如图 8.29 所示。

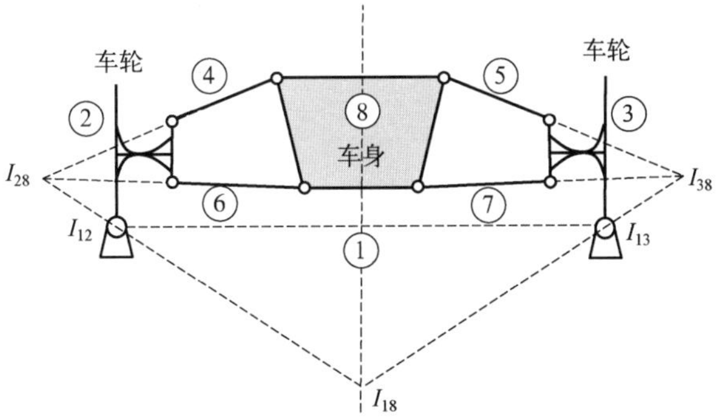

图 8.29 双 A 臂悬架侧倾中心 I_{18} 示意图

点 I_{28} 和 I_{38} 是车轮相对于车身的旋转瞬时中心。一个车轮相对于车身的旋转瞬时中心称为悬架侧倾中心。因此，为了找到前后半车的侧倾中心，首先要确定悬架的侧倾中心，然后连接悬架侧倾中心和它们相对应的轮胎印记中心。

肯尼迪理论阐述了三个相对运动的物体的瞬时中心在一条直线上。

案例 349 麦弗逊悬架的侧倾中心。

麦弗逊悬架是一个曲柄滑杆机构，它的瞬时中心如图 8.30 所示。在这幅图中，点 I_{12} 是悬架的侧倾中心，它是车轮连接件 2 与相对应的底盘连接件 1 的瞬态旋转中心。

带有麦弗逊悬架系统的一辆车如图 8.31 所示。运动学的等价机构如图 8.32 所示。沿着悬架侧倾中心就可以找到车身侧倾中心，如图 8.33 所示。为了找到一辆车前后半车的侧倾中心，首先要找到悬架的侧倾中心，然后画出悬架侧倾中心和与其相对应的轮胎印记中心的连线的交点，这就是我们要找的前半车或后半车的侧倾中心。

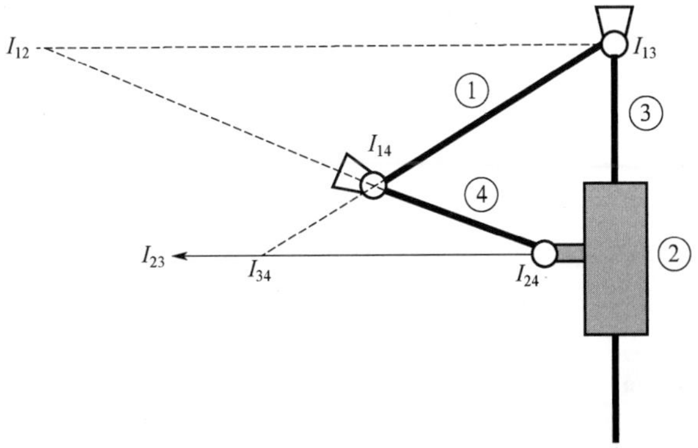

图 8.30 麦弗逊悬架转换为滑块连杆机构侧倾中心示意图

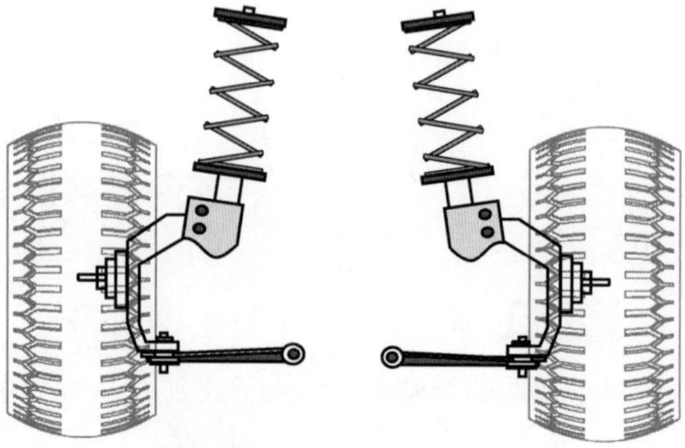

图 8.31 麦弗逊悬架示意图

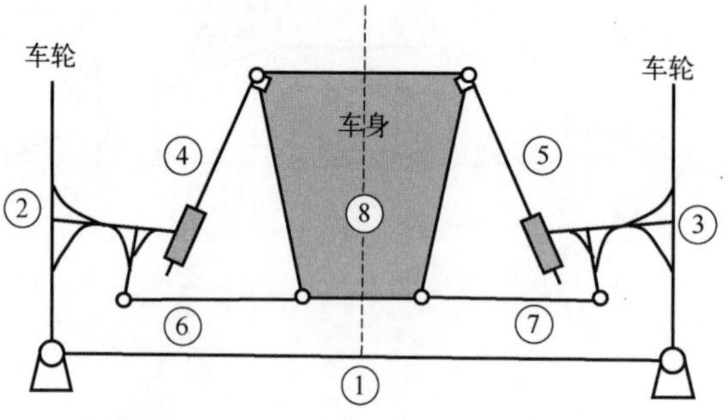

图 8.32 麦弗逊悬架等价连杆机构示意图

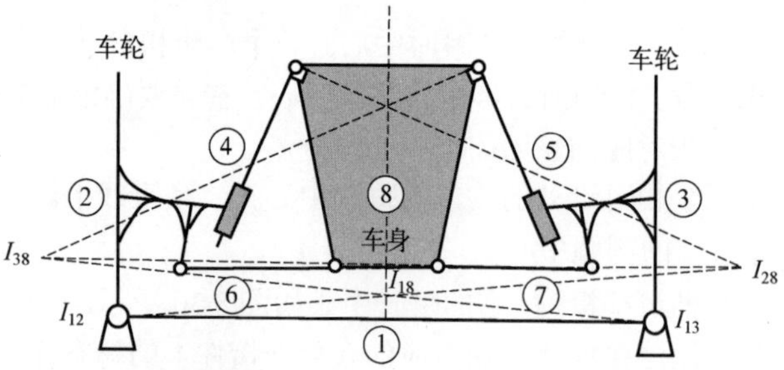

图 8.33 麦弗逊悬架侧倾中心 I_{18} 示意图

案例 350 双 A 臂悬架侧倾中心。

独立悬架如双 A 臂的侧倾中心，可以在其内侧也可以在其外侧。它的动力学模型，如左前轮的图 8.34 所示。其中，图 8.34（a）展示了悬架侧倾中心在内侧的情况，而图 8.34（b）则展示了悬架侧倾中心在外侧的情况。这里所说的侧倾中心内侧的悬架是对车身而言的，而侧倾中心在外侧是说它跑到车身外面去了。

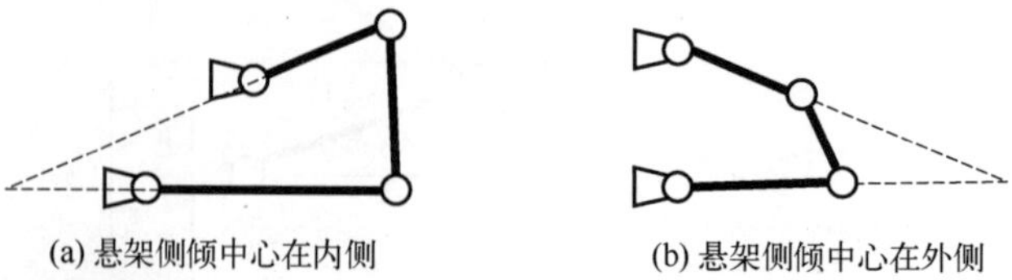

(a) 悬架侧倾中心在内侧　　(b) 悬架侧倾中心在外侧

图 8.34 双 A 臂悬架侧倾中心可以在车辆的内侧也可以在外侧

悬架侧倾中心可以高于地面、低于地面，也可以正好在地面表面上。如图 8.35（a）～（c）所示的悬架侧倾中心在外侧的悬架，当悬架侧倾中心正好在路面上、高于路面或是低于路面时，所对应的车辆侧倾中心将会正好在路面上、在路面下方或是在路面上方。

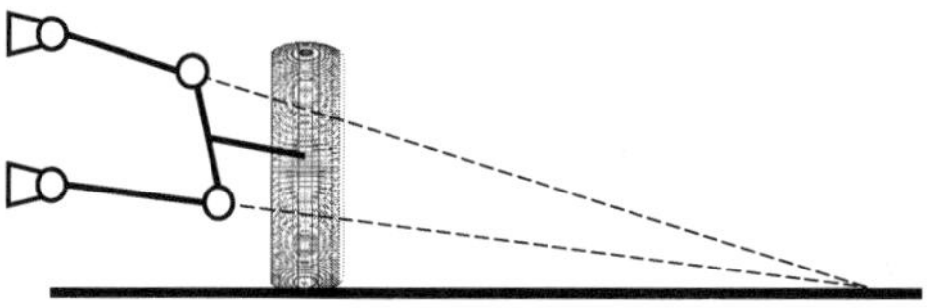

(a) 正好在路面上

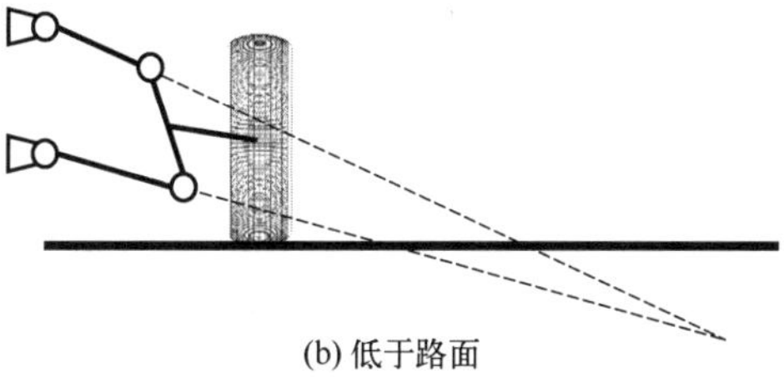

(b) 低于路面

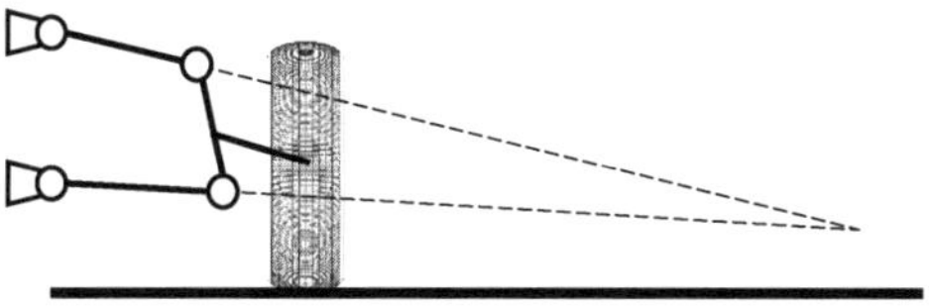

(c) 高于路面

图 8.35 双 A 臂悬架侧倾中心可以在路面上也可以在路面下

双 A 臂悬架的车轮外倾角变化：

当车轮相对于车身上下跳动时，依靠悬架系统，车轮开始颠簸。图 8.36 给出了双 A 臂悬架机构的动力学模型。

该机构等价于一个四连杆机构，它的地杆是车辆的底盘。车轮一般是固连在机械耦合点 C 上的。设置一个本地悬架坐标系（x，y），x-轴的方向是地杆 MN 的方向。悬架机构中上 A 臂的长度用 A 来表示，耦合杆的长度用 B 来表示，下 A 臂的长度用 c 来表示，地杆长度用 d 来表示。悬架的结构需要角度 θ_2 、θ_3 以及 θ_4 来确定。所有这些位置方向的起始位置都是 x-轴。当悬架在它的平衡位置时，双 A 臂悬架连杆的初始位置用它与 x-轴的夹角 θ_{20} 、θ_{30} 以及 θ_{40} 来表示。

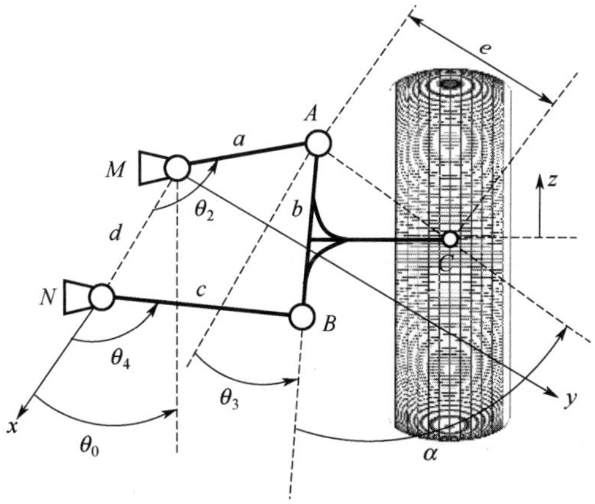

图 8.36 双 A 臂悬架各连杆的定位示意图

悬架的平衡位置又称为休息位置。

为了找到车轮颠簸时外倾角的变化，需要找到耦合角 θ_3 的变化规律，将其看作耦合点 C 相对于垂直运动量 z 的函数。

利用 θ_2 作为参数，可以在悬架坐标系（x, y）中找到耦合点 C 的坐标 (x_C, y_C)：

$$\theta_3 = p - q \tag{8-1}$$

$$x_C = a\cos\theta_2 + \mathrm{e}\cos(\theta_3 + \alpha) \tag{8-2}$$

$$y_C = a\sin\theta_2 + \mathrm{e}\sin(\theta_3 + \alpha) \tag{8-3}$$

在△AMN 和△ABN 中运用余弦定理有：

$$f = \sqrt{a^2 + d^2 - 2ad\cos\theta_2} \tag{8-4}$$

$$q = \arccos\frac{f^2 + d^2 - a^2}{2fd} \tag{8-5}$$

$$p = \arccos\frac{b^2 + f^2 - c^2}{2bf} \tag{8-6}$$

耦合点的位置矢量 $\boldsymbol{u}_C$ 为：

$$\boldsymbol{u}_C = x_C\mathbf{i} + y_C\mathbf{j} \tag{8-7}$$

沿 z-轴方向的单位矢量为：

$$\mathbf{u}_z = -\cos\theta_0\mathbf{i} - \sin\theta_0\mathbf{j} \tag{8-8}$$

因此，位移 z 用 x_C 和 y_C 表示为：

$$z = \boldsymbol{u}_C \bullet \mathbf{u}_z = -x_C\cos\theta_0 - y_C\sin\theta_0 \tag{8-9}$$

耦合点 C 的初始坐标以及 z 的初始值为：

$$x_{C0} = a\cos\theta_{20} + e\cos(\theta_{30} + \alpha) \tag{8-10}$$

$$y_{C0} = a\sin\theta_{20} + e\sin(\theta_{30} + \alpha) \tag{8-11}$$

$$z_0 = -x_{C0}\cos\theta_0 - y_{C0}\sin\theta_0 \tag{8-12}$$

因此，车轮中心的垂直位移就可以计算出来：

$$h = z - z_0 \tag{8-13}$$

耦合杆和垂直方向的初始角度为：$\theta_0 - \theta_{30}$。因此，轮胎的外倾角为：

$$\gamma = (\theta_0 - \theta_3) - (\theta_0 - \theta_{30}) = \theta_{30} - \theta_3 \tag{8-14}$$

耦合杆与 x-轴方向的夹角为：

$$\theta_3 = 2\arctan\frac{-E \pm \sqrt{E^2 - 4DF}}{2D} \tag{8-15}$$

其中：

$$D = J_5 - J_1 + (1 + J_4)\cos\theta_2 \tag{8-16}$$

$$E = -2\sin\theta_2 \tag{8-17}$$

$$F = J_5 + J_1 - (1 - J_4)\cos\theta_2 \tag{8-18}$$

且

$$J_1 = \frac{d}{a} \tag{8-19}$$

$$J_2 = \frac{d}{c} \tag{8-20}$$

$$J_3 = \frac{a^2 - b^2 + c^2 + d^2}{2ac} \tag{8-21}$$

$$J_4 = \frac{d}{b} \tag{8-22}$$

$$J_5 = \frac{c^2 - d^2 - a^2 - b^2}{2ab} \tag{8-23}$$

代入式（8-14）和式（8-15），然后消去式（8-14）和式（8-9）中的 θ_2，就可以得到车轮垂直运动量 z 和外倾角 γ 之间的关系。

案例 351　外倾角和轮胎跳动。

假设双 A 臂悬架几何关系如图 8.37 所示，等价的运动模型尺寸参数为：

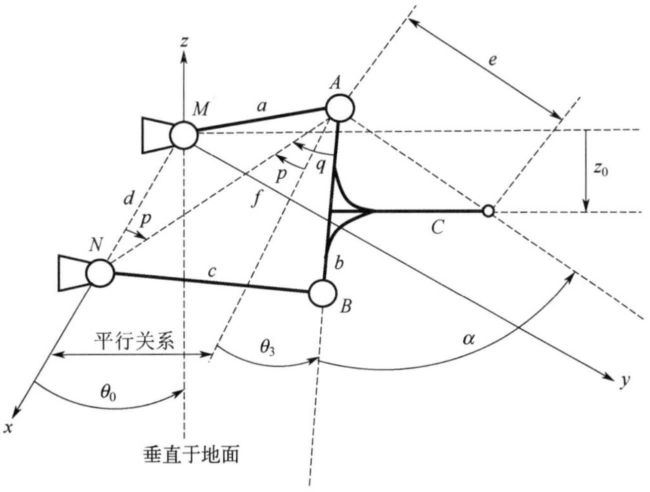

图 8.37　双 A 臂悬架几何关系示意图

$$a = 6 \tag{8-24}$$

$$b = 7 \tag{8-25}$$

$$c = 8 \tag{8-26}$$

$$d = 5 \tag{8-27}$$

$$\theta_0 = 30° \tag{8-28}$$

耦合点的位置参数为：

$$e = 4 \tag{8-29}$$

$$\alpha = 60° \tag{8-30}$$

如果 θ_2 在平衡位置时：

$$\theta_{20} = 120° \tag{8-31}$$

那么，其他连杆的初始位置为：

$$\theta_{30} = 22.31° \tag{8-32}$$

$$\theta_{40} = 100.98° \tag{8-33}$$

在静止位置时，耦合点的坐标为：

$$p = 55.31° \tag{8-34}$$

$$q = 33° \tag{8-35}$$

$$x_{C0} = -2.4648 \tag{8-36}$$

$$y_{C0} = 9.1602 \tag{8-37}$$

$$z_0 = -2.4455 \tag{8-38}$$

通过改变参数θ_2，可以计算出 h 和γ。图 8.38 给出了 h 作为外倾角γ的函数（出图程序详见脚本 20）。对于这样的悬架系统，当车轮向上跳动时得到一个正的外倾角，当车轮向下跳动时得到一个负的外倾角。当车轮在平衡位置有了正的或者负的位移的情况，这时机构如图 8.39 所示。

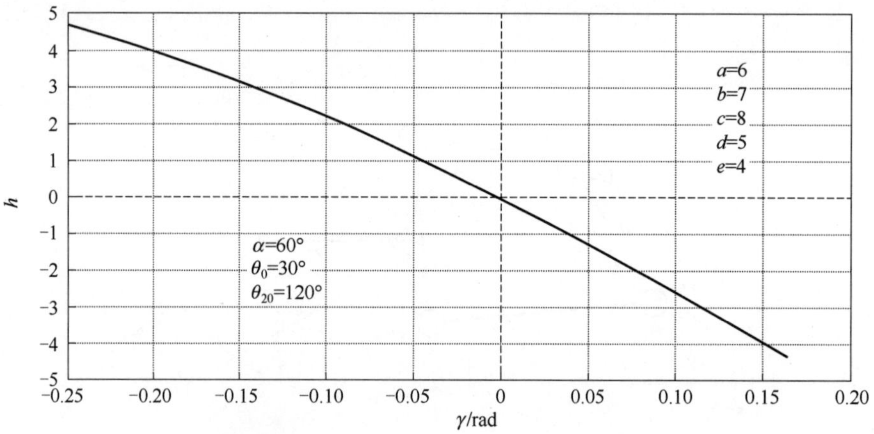

图 8.38 轮胎跳动 h 与外倾角γ关系示意图

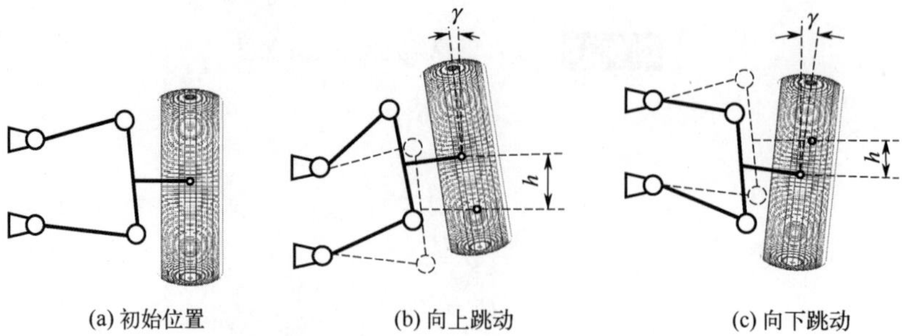

图 8.39 双 A 臂悬架轮胎上下跳动示意图

8.4 前轮定位

有 4 个主要车轮校正参数会影响车辆的动力学性能，它们是前轮前束与前放、主销前后倾角、轮胎内外倾角、推力角。

8.4.1 前轮前束与前放

当一对车轮固定后，它的前端部分的指向是相互合拢，那么这对车轮被称为前束车轮，这比较像人脚的内八字。如果前端部分的指向是相互分开，那么这对车轮被称为前放车轮，这比较像人脚的外八字。前轮的前束和前放配置如图 8.40 所示。

车轮前端不平行的变量可以用角度来表示。但是，人们常常用测量轮胎之间前端宽度和尾端宽度的差来反映前轮前束或者前轮前放。车轮前端的设定形式通常会影响到三个主要参数：轮胎的磨损、行驶直线的稳定性以及入弯的操纵性。

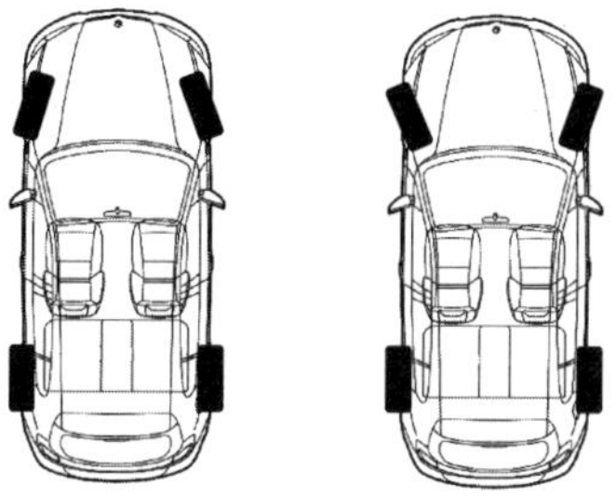

(a) 前轮前束　　(b) 前轮前放

图 8.40　前轮前束和前轮前放车辆示意图

如果要得到最小的轮胎磨损与能量损失，当车辆直线行驶时，需要将车轮指向正前方。过多的前束会导致轮胎外侧边缘的加速磨损，而前放将导致车轮内侧边缘的加速磨损。

前束可以增加车辆的方向稳定性，而前放可以增加转向响应。因此，前束的设定将导致转向的延迟，而前放使得车辆不稳定。

对于四轮独立悬架，对后轮也可以进行车轮前端定位。这样的定位同样会影响磨损、方向稳定性以及入弯。但是通常不把后轮驱动的车的后轮设置成前放的形式，因为这会造成极度不稳定的情况。

当驱动扭矩对应的车轮使车辆向前运动时，车轮有前轮前束的趋势。然而下坡时，没有驱动力或是没有制动力的车轮将会有前轮前放的趋势。

案例 352　前束和方向稳定性。

车轮前端的定位对方向稳定性有一定影响。当方向盘处于中间位置时，前束会导致车轮沿预期的路径运动，并让它们在车辆前端相交。此时车轮是相互平衡的，没有转向效果，但是前束会增加方向稳定性，克服小的转向波动，保持车辆直线行驶。转向波动来自路面的凹凸不平或者干扰。

如果一辆车设定为前轮前放，且前轮是对称的，结果小的干扰会导致两侧车轮向某个方向侧倾一定角度，接着让车辆错误地入弯。由此可见，前放鼓励入弯，而前束则是抵制入弯。前放会让入弯更快。因此，它可以用于对入弯有快速响应要求的车。车轮前端的定位对于一些特殊车辆而言就是一种取舍，到底是需要有前轮前束的直线稳定性，还是需要有快速转弯响应的前放。前放对于普通汽车而言意义不大，但是赛车选手却更愿意牺牲一些直线稳定性，得到一些更快入弯的能力。因此，普通汽车大部分前轮定位为前束，而赛车或跑车通常设定为前放。

案例 353　前桥和后桥的前束和前放。

前轮前束：缓慢的转向响应，较好的直线行驶稳定性，车轮外侧磨损更严重一些。

前轮平行：中间的转向响应，最小的功率损失，最小的轮胎磨损。

前轮前放：快速的转向响应，较差的直线行驶稳定性，车轮内侧磨损更严重一些。

后轮前束：提高直线行驶稳定性，加快牵引出弯，提高转向能力，提高最高车速。

8.4.2 主销前后倾角

主销前后倾角是，当从侧面看时，车辆的转向轴从铅锤方向向前或向后倾斜。假设车轮相对于车身坐标系是正直的，并且与车轮坐标系一致。如果转向轴绕正的 y_w -轴旋转，那么车轮拥有正的主销前后倾角；如果转向轴绕负的 y_w -轴旋转，那么车轮拥有负的主销前后倾角。这两种结构如图 8.41 所示。

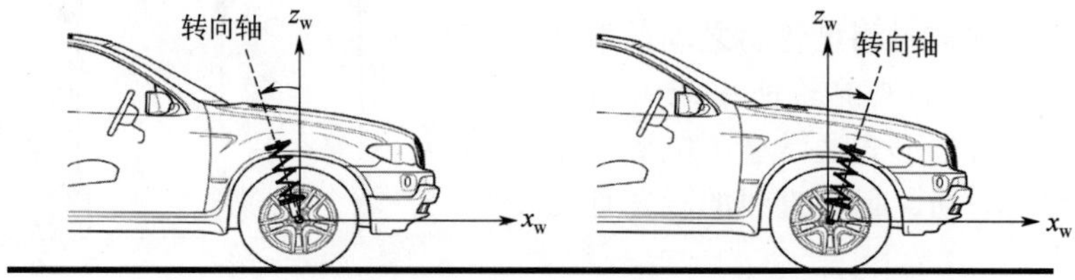

(a) 负的主销前后倾角　　(b) 正的主销前后倾角

图 8.41　车辆的主销前后倾角

当方向盘处于中间位置时，负的主销前后倾角会使前轮在转向后迅速回正。大部分汽车都是负的 4°～6°度主销前后倾角。负的主销前后倾角有助于车轮偏离向前直线行驶时，让车轮回正，因此，它多用于提升直线行驶稳定性。

案例 354　带有负的主销前后倾角的超市购物车。

购物车车轮的转向轴线定位在车轮与地面接触的前面。当购物车向前推动时，转向轴拉动车轮运动，由于车轮在地面拖动，那么它正好落在转向轴线投影的后面。如果主销前后倾角比较小，推力使得车轮跟随转向轴运动，它的大小和转向轴与接触点（车轮与地）之间的距离成正比。这段距离就像是车轮运动的轨道。车的转向轴线与地面的交点在轮胎印记的前面，因此，与购物车主销前后倾角有着同样的效果。

当主销前后倾角增大时，直线行驶稳定性会进一步提高，但是它会导致所需的转向力增加。

案例 355　前桥主销前后倾角特性。

零度主销前后倾角特性：容易入弯，出弯较慢，直线行驶能力低。

负主销前后倾角特性：入弯较慢，容易出弯，直线行驶能力强，转弯时轮胎印记面积大，具有好的回正响应、好的直线行驶能力、好的转向感觉。

当主销后倾的车轮绕转向轴旋转的过程中，车轮外倾角增大。这个外倾角一般有利于转弯。

8.4.3 轮胎内外倾角

从车的前面或者后面看过去，轮胎相对于路面铅垂线的角度称为轮胎内外倾角。图 8.42 给出了车辆一号轮胎内外倾角的情况。如果轮胎向底盘倾斜，那么它被称为正的轮胎内外倾角；如果它向远离车的方向倾斜，那么它被称为负的轮胎内外倾角。

一个轮胎所能获得的最大转向力的大小，主要依赖于轮胎相对于道路表面的角度，因此轮胎内外倾角是车辆操纵性的一个主要影响因素。轮胎在一个小的外倾角情况下可以获得最大的侧向力。这是由于外倾角推力的贡献，这个推力是附加的侧向力，它是由胎面橡胶拉动轮胎与路面的接触面造成弹性形变而产生的。

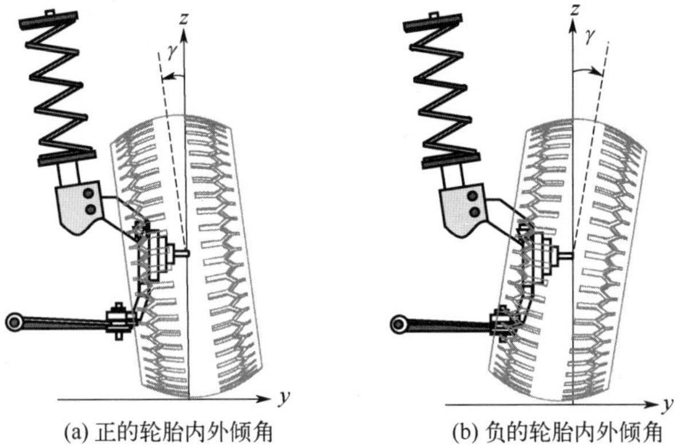

图 8.42　轮胎的内外倾角示意图

为了优化轮胎的转弯特性，悬架需要在转弯时提供一个小角度车轮外倾角。由于车身在转弯的过程中会发生一定的侧倾，那么悬架在垂直方向上也会有一定偏转。轮胎是通过悬架系统与底盘相连接的，悬架的旋转又会带动轮胎跳动。因此，轮胎必须承受由于悬架上下运动而造成的大的外倾角变化。所以，轮胎需要从静态位置上下跳动得越大，那么它就越难以维持一个理想的外倾角。因此，对提供较好乘坐舒适性的乘用车而言，它拥有的轮胎跳动相对较大与侧倾刚度较软，这对设计人员提出了一个很大的设计挑战，而对于天生拥有较小轮胎跳动和较高的侧倾刚度的赛车而言，这个问题就小得多。

案例 356　轮胎的内外倾角。

轮胎的内外倾角不能像主销后倾角那样改善方向回正效果。它一般对轮胎磨损不利，只用在一个车轮上不能改善方向稳定性，它还不利于制动和加速效果。

8.4.4 推力角

推力角 υ 是车辆中心线与后桥垂线的夹角，它表示后桥以车辆中心线为目标的一个相对方向。当这个角非零时，如图 8.43 所示。

如果这个角度为零，那么说明后桥与前桥是平行的，并且两侧的轴距都是一样的。非零的推力角产生的一个可能原因是一个轴两侧的前束或前放调整得不对称。

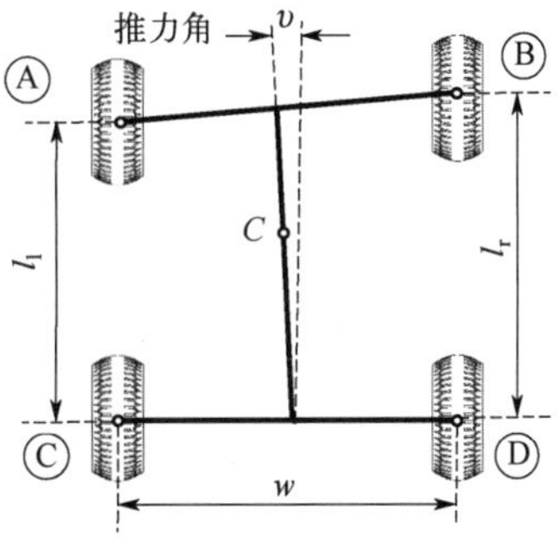

图 8.43　车辆的推力角示意图

案例 357　扭矩反作用。

对于后轮驱动的车辆有两种反转力矩：

① 轴壳反转力矩，与差速器锥齿轮旋转方向相反。

② 轴壳相对于它自身中心线旋转反转力矩，与行星小齿轮旋转方向相反。

第一种反转力矩导致差速器产生举升力，向上压缩两侧弹簧；第二种反转力矩导致右侧车轮产生举升力。

8.5 悬架要求和坐标系

悬架机构必须满足让车轮与车身之间有相对运动的要求。这种相对运动主要来源于路面的不平整以及转向。为了将这个功能发挥出来，悬架机构需要满足一定的运动学和动力学要求。

8.5.1 运动学要求

为了表示出车轮的运动，将一个车轮坐标系 W($Ox_w y_w z_w$) 固结在车轮中心。车轮作为一个刚体相对于车身有 6 个自由度：三个平移和三个旋转，如图 8.44 所示。

坐标轴 x_w、 y_w 以及 z_w 的方向分别表示前方、左侧以及上方。就图 8.44 中所示的位置，可以看到沿 x_w-轴方向的旋转是外倾角，沿 y_w-轴方向的旋转是俯仰角，沿 z_w-轴方向的旋转是转向角。

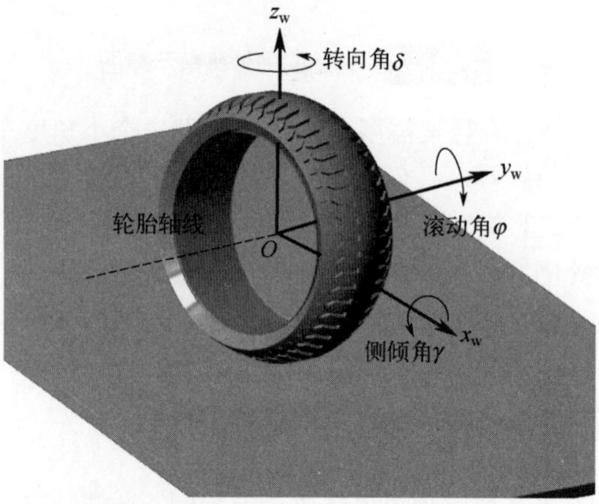

图 8.44　车轮相对于车身有 6 个自由度

假设一个车轮是非转向车轮，那么它只能沿 z_w-轴做平移运动，沿 y_w-轴做旋转运动，它就只有两个自由度。因此，需要对它的其他 4 个自由度限制死。然而对于转向轮而言，它可有沿 z_w-轴平移、沿 y_w-轴旋转，还可以沿 z_w-轴转向这三个自由度。因此，需要对转向轮其他三个方向的自由度限制死。

从运动上来说，非转向轮和转向轮可以分别用图 8.45 和图 8.46 来表示。提供所需的自由度，限制死不需要的自由度，这就是我们所说的悬架机构的运动学要求。

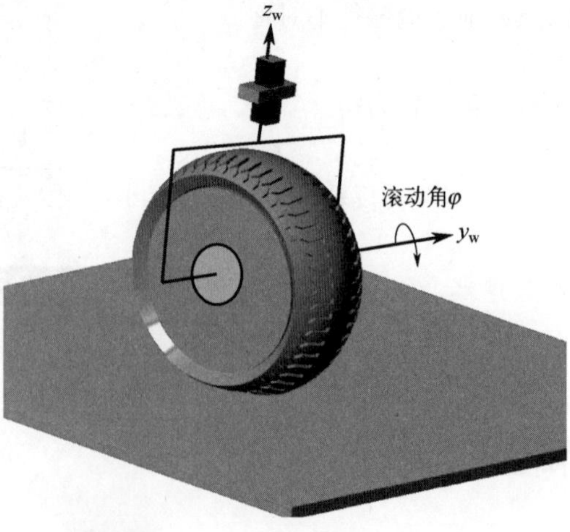

图 8.45　非转向轮拥有的两个自由度

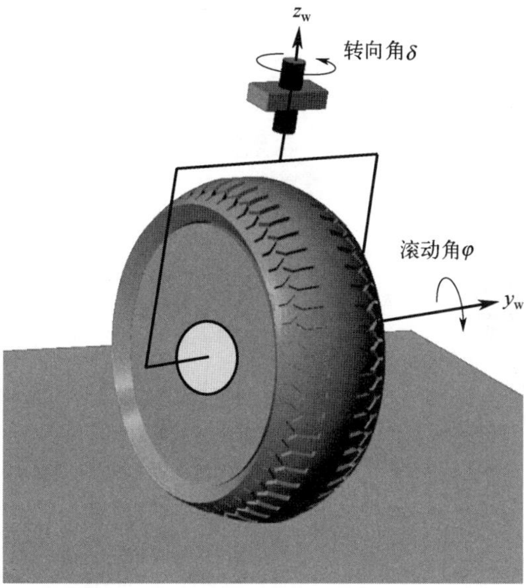

图 8.46 转向轮拥有的三个自由度示意图

8.5.2 动力学要求

车轮可以驱动、转向以及停止车辆。因此，悬架必须传递在车身与地面之间的驱动的牵引力以及减速的制动力。悬架的部件还必须承受作用在车上的侧向力。因此，车轮的悬架系统刚性元件必须严格限制住车轮所不需要的自由度。同时，它还需要一些柔性元件限制一些需要的自由度，最重要的柔性元件是弹簧和阻尼器，它们提供了沿 z_w-轴方向上的循环力和阻力。

8.5.3 车轮、理想车轮和轮胎坐标系

三个坐标系都是用于表达车轮和轮胎相对于车辆的方向：带外倾角车轮坐标系 W、理想车轮坐标系 C 和轮胎印记坐标系 T。一个带外倾角车轮坐标系 $W(x_w, y_w, z_w)$ 固结在车轮中心，它允许除了侧旋以外的其他所有平移和旋转。因此，x_w 和 z_w 轴在轮胎平面内，而 y_w 轴一般是沿着侧旋轴的方向。一个车轮坐标系如图 8.47 所示。

当车轮正直时，W 坐标系与车辆坐标系平行，建立一个理想车轮坐标系 $C(x_c, y_c, z_c)$，其原点在车轮的中心，坐标轴与车辆坐标系轴平行。这个坐标系 C 相对于车辆坐标系是不能运动的，它不允许车轮的任何运动。

轮胎印记坐标系 $T(x_t, y_t, z_t)$ 原点设置在轮胎印记中心，z_t 轴垂直于地面，x_t 轴沿轮胎平面与地面的交线。轮胎坐标系不允许轮胎的侧旋和纵旋，但它允许绕 z_t 轴的垂旋运动。

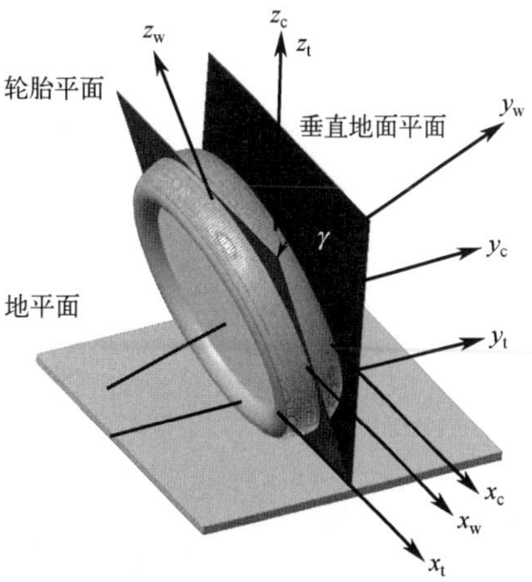

图 8.47 与带外倾角轮胎相关的三个常用坐标系

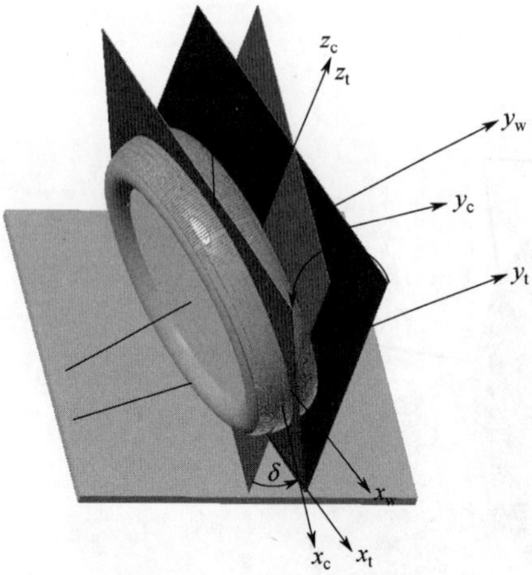

图 8.48 与现实轮胎相关的三个常用坐标系示意图

案例 358 现实车轮坐标系、轮胎印记坐标系和理想车轮坐标系。

图 8.48 给出了理想车轮坐标系 C、现实车轮坐标系 W 以及轮胎印记坐标系 T 的相对结构关系。如果转向轴是沿着 z_c-轴方向，那么车轮绕 z_c-轴旋转就是转向角 δ，绕 x_t-轴旋转就是外倾角 γ。

一般来说，转向轴可以是任何角度，而且穿过地平面的点也是任意的。

这里所谓的现实轮胎实际是指既带有外倾角又带有前轮前束的轮胎。

案例 359 车轮坐标系到轮胎坐标系的转换。

如果 ${}^{T}\boldsymbol{d}_{W}$ 表示在 T 坐标系中表达车轮坐标系原点相对于轮胎坐标系原点的位置矢量，那么利用在车轮坐标系中一点 P 的坐标，可以通过下面的方程找到其在轮胎坐标系中的位置：

$$ {}^{T}\boldsymbol{r}_{P} = {}^{T}\boldsymbol{R}_{W}\,{}^{W}\boldsymbol{r}_{P} + {}^{T}\boldsymbol{d}_{W} \tag{8-39} $$

如果 ${}^{W}\boldsymbol{r}_{P}$ 表示点 P 在车轮坐标系中的位置矢量：

$$ {}^{W}\boldsymbol{r}_{P} = \begin{bmatrix} x_P \\ y_P \\ z_P \end{bmatrix} \tag{8-40} $$

那么点 P 在轮胎坐标系的坐标 ${}^{T}\boldsymbol{r}_{P}$ 表示为：

$$ {}^{T}\boldsymbol{r}_{P} = {}^{T}\boldsymbol{R}_{W}\,{}^{W}\boldsymbol{r}_{P} + {}^{T}\boldsymbol{d} = {}^{T}\boldsymbol{R}_{W}\,{}^{W}\boldsymbol{r}_{P} + {}^{T}\boldsymbol{R}_{W}\;{}^{W}_{T}\boldsymbol{d}_{W} = \begin{bmatrix} x_P \\ y_P\cos\gamma - R_W\sin\gamma - z_P\sin\gamma \\ y_P\sin\gamma + R_W\cos\gamma + z_P\cos\gamma \end{bmatrix} \tag{8-41} $$

式中，${}^{W}_{T}\boldsymbol{d}_{W}$ 为在轮胎坐标系中车轮坐标系的位置矢量的 W-表达，R_W 表示轮胎的半径，而 ${}^{T}\boldsymbol{R}_{W}$ 表示从车轮坐标系到轮胎坐标系的旋转矩阵：

$$ {}^{T}\boldsymbol{R}_{W} = \begin{bmatrix} 1 & 0 & 0 \\ 0 & \cos\gamma & -\sin\gamma \\ 0 & \sin\gamma & \cos\gamma \end{bmatrix} \tag{8-42} $$

$$ {}^{W}_{T}\boldsymbol{d}_{W} = \begin{bmatrix} 0 \\ 0 \\ R_W \end{bmatrix} \tag{8-43} $$

例如，车轮坐标系的原点 ${}^{W}\boldsymbol{r}_{P} = {}^{W}\boldsymbol{r}_{o} = 0$ 是车轮坐标系 W 的原点，它的位置在轮胎坐标系中表示为：

$$ {}^{T}\boldsymbol{r}_{o} = {}^{T}\boldsymbol{d}_{W} = {}^{T}\boldsymbol{R}_{W}\,{}^{W}_{T}\boldsymbol{d}_{W} = \begin{bmatrix} 0 \\ -R_W\sin\gamma \\ R_W\cos\gamma \end{bmatrix} \tag{8-44} $$

案例 360 轮胎坐标系到车轮坐标系的转换。

如果 ${}^{\mathrm{T}}\boldsymbol{r}_P$ 表示点 P 在轮胎坐标系中的位置矢量：

$$
{}^{\mathrm{T}}\boldsymbol{r}_P=\begin{bmatrix} x_P \\ y_P \\ z_P \end{bmatrix} \tag{8-45}
$$

那么，点 P 在车轮坐标系的坐标 ${}^{\mathrm{W}}\boldsymbol{r}_P$ 表示为：

$$
{}^{\mathrm{W}}\boldsymbol{r}_P={}^{\mathrm{W}}\boldsymbol{R}_{\mathrm{T}}\,{}^{\mathrm{T}}\boldsymbol{r}_P-{}^{\mathrm{T}}\boldsymbol{R}_{\mathrm{W}}\,{}^{\mathrm{W}}_{\mathrm{T}}\boldsymbol{d}_{\mathrm{W}}=\begin{bmatrix} x_P \\ y_P\cos\gamma+z_P\sin\gamma \\ -y_P\sin\gamma-R_{\mathrm{W}}+z_P\cos\gamma \end{bmatrix} \tag{8-46}
$$

由于

$$
{}^{\mathrm{W}}\boldsymbol{R}_{\mathrm{T}}=\begin{bmatrix} 1 & 0 & 0 \\ 0 & \cos\gamma & \sin\gamma \\ 0 & -\sin\gamma & \cos\gamma \end{bmatrix} \tag{8-47}
$$

$$
{}^{\mathrm{W}}\boldsymbol{d}_{\mathrm{T}}=\begin{bmatrix} 0 \\ 0 \\ R_{\mathrm{W}} \end{bmatrix} \tag{8-48}
$$

可以将式（8-39）两边同时乘以 ${}^{\mathrm{W}}\boldsymbol{R}_{\mathrm{T}}$ 得到：

$$
{}^{\mathrm{W}}\boldsymbol{R}_{\mathrm{T}}\,{}^{\mathrm{T}}\boldsymbol{r}_P={}^{\mathrm{W}}\boldsymbol{R}_{\mathrm{T}}\,{}^{\mathrm{T}}\boldsymbol{R}_{\mathrm{W}}\,{}^{\mathrm{W}}\boldsymbol{r}_P+{}^{\mathrm{W}}\boldsymbol{R}_{\mathrm{T}}\,{}^{\mathrm{T}}\boldsymbol{R}_{\mathrm{W}}\,{}^{\mathrm{W}}_{\mathrm{T}}\boldsymbol{d}_{\mathrm{W}} \tag{8-49}
$$

$$
{}^{\mathrm{W}}\boldsymbol{r}_P={}^{\mathrm{W}}\boldsymbol{R}_{\mathrm{T}}\,{}^{\mathrm{T}}\boldsymbol{r}_P+{}^{\mathrm{W}}_{\mathrm{T}}\boldsymbol{d}_{\mathrm{W}}={}^{\mathrm{W}}\boldsymbol{R}_{\mathrm{T}}\,{}^{\mathrm{T}}\boldsymbol{r}_P-{}^{\mathrm{W}}\boldsymbol{d}_{\mathrm{T}} \tag{8-50}
$$

例如，轮胎坐标系的原点在车轮坐标系中表示为：

$$
{}^{\mathrm{W}}\boldsymbol{r}_P=\begin{bmatrix} 1 & 0 & 0 \\ 0 & \cos\gamma & \sin\gamma \\ 0 & -\sin\gamma & \cos\gamma \end{bmatrix}\begin{bmatrix} 0 \\ 0 \\ 0 \end{bmatrix}-\begin{bmatrix} 0 \\ 0 \\ R_{\mathrm{W}} \end{bmatrix}=\begin{bmatrix} 0 \\ 0 \\ -R_{\mathrm{W}} \end{bmatrix} \tag{8-51}
$$

案例 361　从车轮坐标系到轮胎坐标系的齐次转换矩阵。

从车轮坐标系到轮胎坐标系转换也可以用一个 4×4 齐次转换矩阵 ${}^{\mathrm{T}}\boldsymbol{T}_{\mathrm{W}}$ 表示：

$$
{}^{\mathrm{T}}\boldsymbol{r}_P={}^{\mathrm{T}}\boldsymbol{T}_{\mathrm{W}}\,{}^{\mathrm{W}}\boldsymbol{r}_P=\begin{bmatrix} {}^{\mathrm{T}}\boldsymbol{R}_{\mathrm{W}} & {}^{\mathrm{T}}\boldsymbol{d}_{\mathrm{W}} \\ 0 & 1 \end{bmatrix}{}^{\mathrm{W}}\boldsymbol{r}_P \tag{8-52}
$$

其中：

$$
{}^{\mathrm{T}}\boldsymbol{T}_{\mathrm{W}}=\begin{bmatrix} 1 & 0 & 0 & 0 \\ 0 & \cos\gamma & -\sin\gamma & -R_{\mathrm{W}}\sin\gamma \\ 0 & \sin\gamma & \cos\gamma & R_{\mathrm{W}}\cos\gamma \\ 0 & 0 & 0 & 1 \end{bmatrix} \tag{8-53}
$$

同理可得，从轮胎坐标系到车轮坐标系的转换齐次矩阵 ${}^{\mathrm{W}}\boldsymbol{T}_{\mathrm{T}}$ 为：

$$
{}^{\mathrm{W}}\boldsymbol{T}_{\mathrm{T}}=\begin{bmatrix} {}^{\mathrm{W}}\boldsymbol{R}_{\mathrm{T}} & {}^{\mathrm{W}}\boldsymbol{d}_{\mathrm{T}} \\ 0 & 1 \end{bmatrix} \tag{8-54}
$$

$$
{}^{\mathrm{W}}\boldsymbol{T}_{\mathrm{T}}=\begin{bmatrix} 1 & 0 & 0 & 0 \\ 0 & \cos\gamma & \sin\gamma & 0 \\ 0 & -\sin\gamma & \cos\gamma & -R_{\mathrm{W}} \\ 0 & 0 & 0 & 1 \end{bmatrix} \tag{8-55}
$$

利用齐次矩阵逆矩阵规则，还可以对 ${}^{W}\boldsymbol{T}_{T} = {}^{T}\boldsymbol{T}_{R}^{-1}$ 进行检验：

$$ {}^{T}\boldsymbol{T}_{W}^{-1} = \begin{bmatrix} {}^{T}\boldsymbol{R}_{W} & {}^{T}\boldsymbol{d}_{W} \\ 0 & 1 \end{bmatrix}^{-1} = \begin{bmatrix} {}^{T}\boldsymbol{R}_{W}^{T} & -{}^{T}\boldsymbol{R}_{W}^{T}\,{}^{T}\boldsymbol{d}_{W} \\ 0 & 1 \end{bmatrix} = \begin{bmatrix} {}^{W}\boldsymbol{R}_{T} & {}^{W}\boldsymbol{d}_{T} \\ 0 & 1 \end{bmatrix} \tag{8-56} $$

其中：

$$ -{}^{T}\boldsymbol{R}_{W}^{T}\,{}^{T}\boldsymbol{d}_{W} = -{}^{W}\boldsymbol{R}_{T}\,{}^{T}\boldsymbol{d}_{W} = -{}_{T}^{W}\boldsymbol{d}_{W} = {}^{W}\boldsymbol{d}_{T} \tag{8-57} $$

案例 362 轮胎坐标系到理想车轮坐标系的转换。

在理想车轮坐标系中，轮胎坐标系原点位于 ${}^{C}\boldsymbol{d}_{T}$：

$$ {}^{C}\boldsymbol{d}_{T} = \begin{bmatrix} 0 \\ 0 \\ -R_{W} \end{bmatrix} \tag{8-58} $$

轮胎坐标系可以绕 z_c-轴相对于理想车轮坐标系做转向，相对应的旋转矩阵为：

$$ {}^{C}\boldsymbol{R}_{T} = \begin{bmatrix} \cos\delta & -\sin\delta & 0 \\ \sin\delta & \cos\delta & 0 \\ 0 & 0 & 1 \end{bmatrix} \tag{8-59} $$

因此，从轮胎坐标系到理想车轮坐标系的转换可以表达为：

$$ {}^{C}\boldsymbol{r} = {}^{C}\boldsymbol{R}_{T}\,{}^{T}\boldsymbol{r} + {}^{C}\boldsymbol{d}_{T} \tag{8-60} $$

还可以等价于一个齐次转换矩阵 ${}^{C}\boldsymbol{T}_{T}$：

$$ {}^{C}\boldsymbol{T}_{T} = \begin{bmatrix} {}^{C}\boldsymbol{R}_{T} & {}^{C}\boldsymbol{d}_{T} \\ 0 & 1 \end{bmatrix} = \begin{bmatrix} \cos\delta & -\sin\delta & 0 & 0 \\ \sin\delta & \cos\delta & 0 & 0 \\ 0 & 0 & 1 & -R_{W} \\ 0 & 0 & 0 & 1 \end{bmatrix} \tag{8-61} $$

案例 363 在理想车轮坐标系中的一点 P 位于带有负转向角轮胎的胎面上，它的位置如图 8.49 所示。

$$ {}^{C}\boldsymbol{r} = {}^{C}\boldsymbol{T}_{T}\,{}^{T}\boldsymbol{r}_{P} = \begin{bmatrix} \cos\delta & -\sin\delta & 0 & 0 \\ \sin\delta & \cos\delta & 0 & 0 \\ 0 & 0 & 1 & -R_{W} \\ 0 & 0 & 0 & 1 \end{bmatrix} \begin{bmatrix} R_{W} \\ 0 \\ R_{W} \\ 1 \end{bmatrix} = \begin{bmatrix} R_{W}\cos\delta \\ -R_{W}\sin\delta \\ 0 \\ 1 \end{bmatrix} \tag{8-62} $$

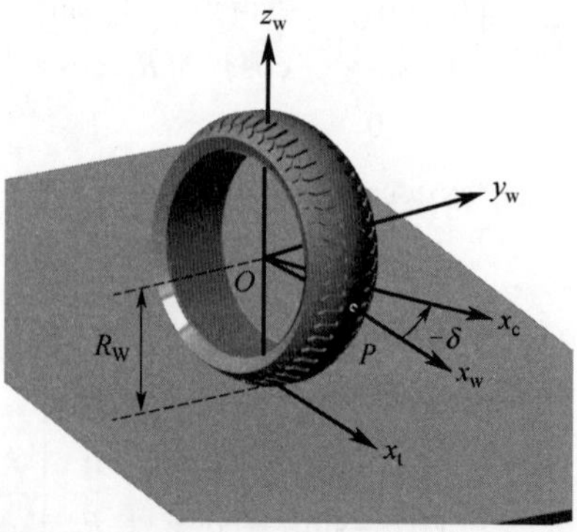

图 8.49 轮胎上带有负转向角的 P 点位置示意图

从轮胎坐标系到理想车轮坐标系的齐次转换矩阵 ${}^{\mathrm{T}}\boldsymbol{T}_{\mathrm{C}}$ 为:

$$
\begin{aligned}
{}^{\mathrm{T}}\boldsymbol{T}_{\mathrm{C}} = {}^{\mathrm{C}}\boldsymbol{T}_{\mathrm{T}}^{-1} &= \begin{bmatrix} {}^{\mathrm{C}}\boldsymbol{R}_{\mathrm{T}} & {}^{\mathrm{C}}\boldsymbol{d}_{\mathrm{T}} \\ 0 & 1 \end{bmatrix}^{-1} = \begin{bmatrix} {}^{\mathrm{C}}\boldsymbol{R}_{\mathrm{T}}^{\mathrm{T}} & {}^{\mathrm{C}}\boldsymbol{R}_{\mathrm{T}}^{\mathrm{T}}\,{}^{\mathrm{C}}\boldsymbol{d}_{\mathrm{T}} \\ 0 & 1 \end{bmatrix} = \begin{bmatrix} {}^{\mathrm{T}}\boldsymbol{R}_{\mathrm{C}} & {}^{\mathrm{T}}\boldsymbol{d}_{\mathrm{C}} \\ 0 & 1 \end{bmatrix} \\
&= \begin{bmatrix} \cos\delta & \sin\delta & 0 & 0 \\ -\sin\delta & \cos\delta & 0 & 0 \\ 0 & 0 & 1 & R_{\mathrm{W}} \\ 0 & 0 & 0 & 1 \end{bmatrix}
\end{aligned} \tag{8-63}
$$

案例 364 旋轮线。

假设车轮以角速度 ω 向前转动，它和地之间没有相对滑动。如果点 P 在轮胎印记中心，那么当 $t = 0$ 时，有:

$$
{}^{\mathrm{M}}\boldsymbol{r}_P = \begin{bmatrix} 0 \\ 0 \\ -R_{\mathrm{W}} \end{bmatrix} \tag{8-64}
$$

那么，我们可以利用另一个坐标系 M ，在车轮坐标系中找到它的位置，这是一个关于时间 t 的函数。坐标系 M 称为轮辋坐标系，它被卡死在车轮中心位置。由于侧旋，坐标系 M 绕 y_{w}-轴旋转，因此，从车轮坐标系到轮辋坐标系的旋转矩阵为:

$$
{}^{\mathrm{W}}\boldsymbol{R}_{\mathrm{M}} = \begin{bmatrix} \cos(\omega t) & 0 & \sin(\omega t) \\ 0 & 1 & 0 \\ -\sin(\omega t) & 0 & \cos(\omega t) \end{bmatrix} \tag{8-65}
$$

那么，点 P 在车轮坐标系中的坐标为:

$$
{}^{\mathrm{W}}\boldsymbol{r}_P = {}^{\mathrm{W}}\boldsymbol{R}_{\mathrm{M}}\ {}^{\mathrm{M}}\boldsymbol{r}_P = \begin{bmatrix} -R_{\mathrm{W}}\sin(\omega t) \\ 0 \\ -R_{\mathrm{W}}\cos(\omega t) \end{bmatrix} \tag{8-66}
$$

车轮中心以速度 $v_x = R_{\mathrm{W}}\omega$ 向前运动，在全球坐标系 A 中，它相对于地面的坐标为: ${}^{\mathrm{A}}\boldsymbol{r} = [v_x t \quad 0 \quad R_{\mathrm{W}}]$。因此，点 P 在全球坐标系 A 中的坐标为:

$$
{}^{\mathrm{A}}\boldsymbol{r}_P = {}^{\mathrm{W}}\boldsymbol{r}_P + \begin{bmatrix} v_x t \\ 0 \\ R_{\mathrm{W}} \end{bmatrix} = \begin{bmatrix} R_{\mathrm{W}}[\omega t - \sin(\omega t)] \\ 0 \\ R_{\mathrm{W}}[1 - \cos(\omega t)] \end{bmatrix} \tag{8-67}
$$

点 P 在（X，Z）平面内的运动轨迹可以通过消去 X 和 Z 坐标中的 t 得到。但是这个路径更简单的表示方法是将 ωt 看作一个参数。这样的路径称为旋轮线或摆线。

一般情况下，点 P 可以是距离轮辋中心任意的距离。如果这个距离 $d \neq R_{\mathrm{W}}$，那么它的运动路径称为次摆线。当 $d < R_{\mathrm{W}}$ 时，这条路径称为短幅旋轮线；当 $d > R_{\mathrm{W}}$ 时，这条路径称为长幅旋轮线。图 8.50（a）～（c）分别给出了旋轮线、短幅旋轮线以及长幅旋轮线。

次摆线坐标为:

$$
{}^{\mathrm{A}}\boldsymbol{r}_{\mathrm{Q}} = \begin{bmatrix} 0 \\ 0 \\ -d \end{bmatrix} \begin{bmatrix} \cos(\omega t) & 0 & \sin(\omega t) \\ 0 & 1 & 0 \\ -\sin(\omega t) & 0 & \cos(\omega t) \end{bmatrix} + \begin{bmatrix} v_x t \\ 0 \\ R_{\mathrm{W}} \end{bmatrix} = \begin{bmatrix} R_{\mathrm{W}}(\omega t) - d\sin(\omega t) \\ 0 \\ R_{\mathrm{W}} - d\cos(\omega t) \end{bmatrix} \tag{8-68}
$$

显然，次摆线坐标方程是包含摆线的，当 $d = R_{\mathrm{W}}$ 时，次摆线方程就变成了摆线方程。

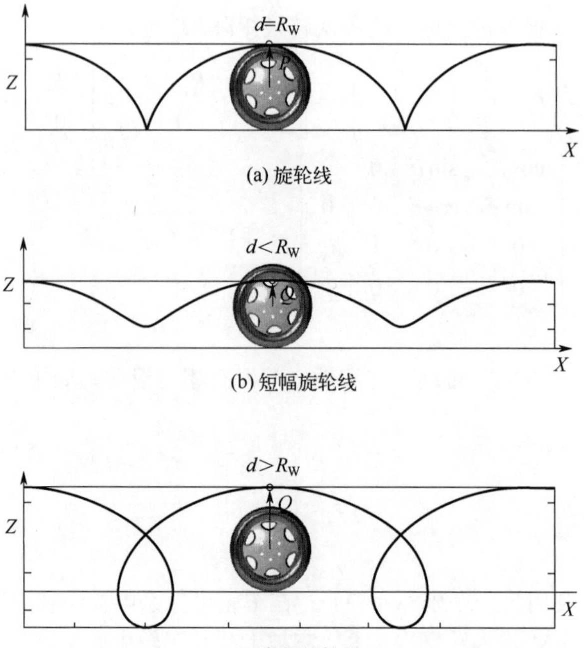

图 8.50 三种不同情况下的旋轮线示意图

案例 365 车轮坐标系到理想车轮坐标系的转换。

齐次转换矩阵 ${}^{C}\boldsymbol{T}_{W}$ 是从车轮坐标系到理想车轮坐标系，可以通过两次转换得到：

$$
\begin{aligned}
{}^{C}\boldsymbol{T}_{W} &= {}^{C}\boldsymbol{T}_{T}\ {}^{T}\boldsymbol{T}_{W} \\
&= \begin{bmatrix} \cos\delta & -\sin\delta & 0 & 0 \\ \sin\delta & \cos\delta & 0 & 0 \\ 0 & 0 & 1 & -R_{W} \\ 0 & 0 & 0 & 1 \end{bmatrix}\begin{bmatrix} 1 & 0 & 0 & 0 \\ 0 & \cos\gamma & -\sin\gamma & -R_{W}\sin\gamma \\ 0 & \sin\gamma & \cos\gamma & R_{W}\cos\gamma \\ 0 & 0 & 0 & 1 \end{bmatrix} \\
&= \begin{bmatrix} \cos\delta & -\cos\gamma\sin\delta & \sin\gamma\sin\delta & R_{W}\sin\gamma\sin\delta \\ \sin\delta & \cos\gamma\cos\delta & -\sin\gamma\cos\delta & -R_{W}\sin\gamma\cos\delta \\ 0 & \sin\gamma & \cos\gamma & R_{W}\cos\gamma - R_{W} \\ 0 & 0 & 0 & 1 \end{bmatrix}
\end{aligned}
\tag{8-69}
$$

如果 $\boldsymbol{r}_{P}$ 表示点 P 在车轮坐标系中的位置矢量：

$$
{}^{W}\boldsymbol{r}_{P} = \begin{bmatrix} x_{P} \\ y_{P} \\ z_{P} \end{bmatrix}
\tag{8-70}
$$

那么，齐次位置矢量 ${}^{C}\boldsymbol{r}_{P}$ 代表点 P 在理想车轮坐标系中的位置矢量：

$$
{}^{C}\boldsymbol{r}_{P} = {}^{C}\boldsymbol{T}_{W}\ {}^{W}\boldsymbol{r}_{P} = \begin{bmatrix} x_{P}\cos\delta - y_{P}\cos\gamma\sin\delta + (R_{W}+z_{P})\sin\gamma\sin\delta \\ x_{P}\sin\delta + y_{P}\cos\gamma\cos\delta - (R_{W}+z_{P})\sin\gamma\cos\delta \\ -R_{W} + (R_{W}+z_{P})\cos\gamma + y_{P}\sin\gamma \\ 1 \end{bmatrix}
\tag{8-71}
$$

车轮中心位置 ${}^{\mathrm{W}}\boldsymbol{r}=0$，它对应的外倾角有转向车轮，位置是：

$$
{}^{\mathrm{C}}\boldsymbol{r}_P={}^{\mathrm{C}}\boldsymbol{T}_{\mathrm{W}}\;{}^{\mathrm{W}}\boldsymbol{r}_P=\begin{bmatrix} R_{\mathrm{W}}\sin\gamma\sin\delta \\ -R_{\mathrm{W}}\sin\gamma\cos\delta \\ -R_{\mathrm{W}}(1-\cos\gamma) \\ 1 \end{bmatrix} \tag{8-72}
$$

$z_{\mathrm{c}}=R_{\mathrm{W}}(1-\cos\gamma)$ 表示：当存在车轮外倾时，车轮中心下降的高度。

如果车轮不能转向，那么相当于 $\delta=0$，此时转换矩阵 ${}^{\mathrm{C}}\boldsymbol{T}_{\mathrm{W}}$ 可以简化为：

$$
{}^{\mathrm{C}}\boldsymbol{T}_{\mathrm{W}}=\begin{bmatrix} 1 & 0 & 0 & 0 \\ 0 & \cos\gamma & -\sin\gamma & -R_{\mathrm{W}}\sin\gamma \\ 0 & \sin\gamma & \cos\gamma & R_{\mathrm{W}}(\cos\gamma-1) \\ 0 & 0 & 0 & 1 \end{bmatrix} \tag{8-73}
$$

此时：

$$
{}^{\mathrm{C}}\boldsymbol{r}_P={}^{\mathrm{C}}\boldsymbol{T}_{\mathrm{W}}\;{}^{\mathrm{W}}\boldsymbol{r}_P=\begin{bmatrix} x_P \\ y_P\cos\gamma-(R_{\mathrm{W}}+z_P)\sin\gamma \\ y_P\sin\gamma+(R_{\mathrm{W}}+z_P)\cos\gamma-R_{\mathrm{W}} \\ 1 \end{bmatrix} \tag{8-74}
$$

案例 366 轮胎印记坐标系到车辆坐标系的转换。

图 8.51 给出了一辆汽车的第一和第四轮胎的位置尺寸图。将车身坐标系 B(x,y,z)固结在车辆质心 C 处。两个轮胎坐标系 $\mathrm{T}_1(x_{\mathrm{t1}},y_{\mathrm{t1}},z_{\mathrm{t1}})$ 和 $\mathrm{T}_4(x_{\mathrm{t4}},y_{\mathrm{t4}},z_{\mathrm{t4}})$ 固结在轮胎 1 和轮胎 4 的轮胎印记中心处。

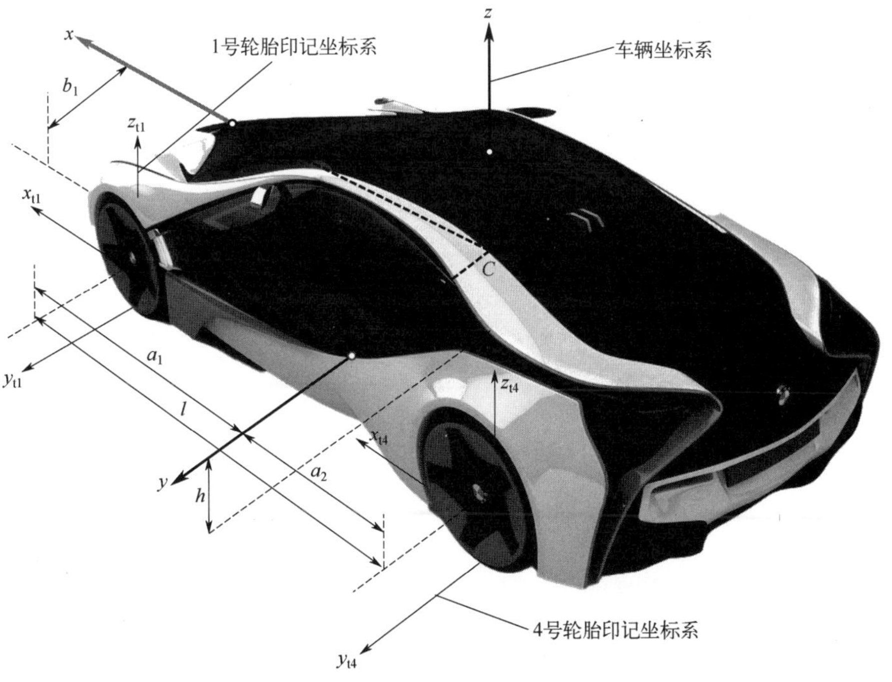

图 8.51 轮胎印记坐标系和车辆坐标系的关系示意图

轮胎印记坐标系 T_1 的原点位置 ${}^{\mathrm{B}}\boldsymbol{d}_{\mathrm{T}_1}$ 为：

$$
{}^{\mathrm{B}}\boldsymbol{d}_{\mathrm{T_1}}=\begin{bmatrix} a_1 \\ b_1 \\ -h \end{bmatrix} \tag{8-75}
$$

式中，a_1 表示质心 C 到前桥的纵向距离，b_1 表示质心 C 到轮胎 1 的轮胎印记的侧向距离，而 h 表示质心 C 距离地面的高度。如果 P 在轮胎坐标系的位置用 ${}^{\mathrm{T_1}}\boldsymbol{r}_P$ 来表示：

$$
{}^{\mathrm{T_1}}\boldsymbol{r}_P=\begin{bmatrix} x_P \\ y_P \\ z_P \end{bmatrix} \tag{8-76}
$$

那么，它在车身坐标系的位置是：

$$
{}^{\mathrm{B}}\boldsymbol{r}_P={}^{\mathrm{B}}\boldsymbol{R}_{\mathrm{T_1}}\,{}^{\mathrm{T_1}}\boldsymbol{r}_P+{}^{\mathrm{B}}\boldsymbol{d}_{\mathrm{T_1}}=\begin{bmatrix} a_1+x_P\cos\delta_1-y_P\sin\delta_1 \\ b_1+x_P\sin\delta_1+y_P\cos\delta_1 \\ z_P-h \end{bmatrix} \tag{8-77}
$$

旋转矩阵 ${}^{\mathrm{B}}\boldsymbol{R}_{\mathrm{T_1}}$ 是绕 z_1-轴转向的结果，因此：

$$
{}^{\mathrm{B}}\boldsymbol{R}_{\mathrm{T_1}}=\begin{bmatrix} \cos\delta_1 & -\sin\delta_1 & 0 \\ \sin\delta_1 & \cos\delta_1 & 0 \\ 0 & 0 & 1 \end{bmatrix} \tag{8-78}
$$

利用式（8-39）可以检验一个点 P 的位置 ${}^{\mathrm{W}}\boldsymbol{r}_P$：

$$
{}^{\mathrm{W}}\boldsymbol{r}_P=\begin{bmatrix} x_P \\ y_P \\ z_P \end{bmatrix} \tag{8-79}
$$

找到其在车身坐标系的坐标为：

$$
\begin{aligned}
{}^{\mathrm{B}}\boldsymbol{r}_P &= {}^{\mathrm{B}}\boldsymbol{R}_{\mathrm{T_1}}\,{}^{\mathrm{T_1}}\boldsymbol{r}_P+{}^{\mathrm{B}}\boldsymbol{d}_{\mathrm{T_1}}={}^{\mathrm{B}}\boldsymbol{R}_{\mathrm{T_1}}({}^{\mathrm{T_1}}\boldsymbol{R}_{\mathrm{W}}\,{}^{\mathrm{W}}\boldsymbol{r}_P+{}^{\mathrm{T_1}}\boldsymbol{d}_{\mathrm{W}})+{}^{\mathrm{B}}\boldsymbol{d}_{\mathrm{T_1}} \\
&= {}^{\mathrm{B}}\boldsymbol{R}_{\mathrm{T_1}}\,{}^{\mathrm{T_1}}\boldsymbol{R}_{\mathrm{W}}\,{}^{\mathrm{W}}\boldsymbol{r}_P+{}^{\mathrm{B}}\boldsymbol{R}_{\mathrm{T_1}}\,{}^{\mathrm{T_1}}\boldsymbol{d}_{\mathrm{W}}+{}^{\mathrm{B}}\boldsymbol{d}_{\mathrm{T_1}}={}^{\mathrm{B}}\boldsymbol{R}_{\mathrm{W}}\,{}^{\mathrm{W}}\boldsymbol{r}_P+{}^{\mathrm{B}}\boldsymbol{R}_{\mathrm{T_1}}\,{}^{\mathrm{T_1}}\boldsymbol{d}_{\mathrm{W}}+{}^{\mathrm{B}}\boldsymbol{d}_{\mathrm{T_1}}
\end{aligned} \tag{8-80}
$$

$$
{}^{\mathrm{B}}\boldsymbol{r}_P=\begin{bmatrix} a_1+x_P\cos\delta_1-y_P\cos\gamma\sin\delta_1+(R_{\mathrm{W}}+z_P)\sin\gamma\sin\delta_1 \\ b_1+x_P\sin\delta_1+y_P\cos\gamma\cos\delta_1-(R_{\mathrm{W}}+z_P)\sin\gamma\cos\delta_1 \\ (R_{\mathrm{W}}+z_P)\cos\gamma+y_P\sin\gamma-h \end{bmatrix} \tag{8-81}
$$

其中：

$$
{}^{\mathrm{B}}\boldsymbol{R}_{\mathrm{W}}={}^{\mathrm{B}}\boldsymbol{R}_{\mathrm{T_1}}\,{}^{\mathrm{T_1}}\boldsymbol{R}_{\mathrm{W}}=\begin{bmatrix} \cos\delta_1 & -\cos\gamma\sin\delta_1 & \sin\gamma\sin\delta_1 \\ \sin\delta_1 & \cos\gamma\cos\delta_1 & -\sin\gamma\cos\delta_1 \\ 0 & \sin\gamma & \cos\gamma \end{bmatrix} \tag{8-82}
$$

$$
{}^{\mathrm{T_1}}\boldsymbol{d}_{\mathrm{W}}=\begin{bmatrix} 0 \\ -R_{\mathrm{W}}\sin\gamma \\ R_{\mathrm{W}}\cos\gamma \end{bmatrix} \tag{8-83}
$$

案例 367　从理想车轮坐标系到车辆坐标系的转换。

理想车轮坐标系一般平行于车辆坐标系。理想车辆坐标系原点位于车轮 1 处：

$$^{B}\boldsymbol{d}_{W1}=\begin{bmatrix}a_1\\b_1\\R_W-h\end{bmatrix} \tag{8-84}$$

因此，两个坐标系转换仅有一段距离：

$$^{B}\boldsymbol{r}={}^{B}\boldsymbol{I}_{W_1}{}^{W_1}\boldsymbol{r}+{}^{B}\boldsymbol{d}_{W_1} \tag{8-85}$$

8.6 主销后倾角理论

转向轴对于理想车轮坐标系而言可以是任意的角度以及任意的位置。假设理想车轮坐标系中的点 $C(x_c, y_c, z_c)$ 位于车轮中心，该车轮处于无转向无外倾的理想位置，并且与车辆坐标系平行。坐标系 C 不随车轮运动而运动。转向轴线是旋转的中心轴线。图 8.52 给出了从前面和侧面看一个车轮以及它的转向轴线的情况。转向轴在 (y_c, z_c) 平面内的角度为 φ，在 (x_c, z_c) 平面内的角度为 θ。角度 φ 和 θ 测量时是分别测量轴线与 y_c 轴和 x_c 轴的夹角。

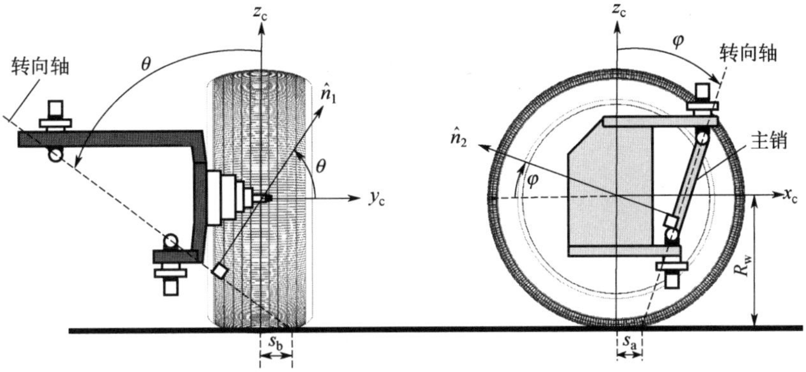

图 8.52 主销倾角示意图

角度 φ 是车轮的纵向倾角，而角度 θ 是侧向倾角。车轮的转向轴如图 8.51 所示，是正的纵向倾角和侧向倾角。转向轴与地平面的交点在理想车轮坐标系中的坐标为：$(s_a, s_b, -R_w)$。

如果要表示出转向轴的方向的单位矢量 **u**，那么 **u** 的分量都是纵向倾角和侧向倾角的函数：

$$\mathrm{c}_{\mathbf{u}}=\begin{bmatrix}u_1\\u_2\\u_3\end{bmatrix}=\frac{1}{\sqrt{\cos^2\varphi+\cos^2\theta\sin^2\varphi}}\begin{bmatrix}\cos\theta\sin\varphi\\-\sin\theta\cos\varphi\\\cos\theta\cos\varphi\end{bmatrix} \tag{8-86}$$

轴线 **u** 与地平面的交点被称为位置矢量 $\boldsymbol{s}$，在理想车轮坐标系中它的坐标具体为：

$$^{C}\boldsymbol{S}=\begin{bmatrix}s_a\\s_b\\-R_W\end{bmatrix} \tag{8-87}$$

将车轮绕转向轴 **u** 的旋转运动看作零侧旋的螺旋运动 $\breve{s}$：

$$ {}^{C}\boldsymbol{T}_{W} = {}^{C}\breve{s}_{W}(0,\delta,\mathbf{u},\boldsymbol{s}) = \begin{bmatrix} {}^{C}\boldsymbol{R}_{W} & {}^{C}\boldsymbol{S} - {}^{C}\boldsymbol{T}_{W}\,{}^{C}\boldsymbol{S} \\ 0 & 1 \end{bmatrix} = \begin{bmatrix} {}^{C}\boldsymbol{R}_{W} & {}^{C}\boldsymbol{d}_{W} \\ 0 & 1 \end{bmatrix} \tag{8-88} $$

证明 54：旋转轴位于侧倾角平面 $\boldsymbol{\pi}_C$ 与纵倾角平面 $\boldsymbol{\pi}_L$ 的交线上，它们都可以用理想车轮坐标系表达。这两个平面可以用它们的法向单位矢量 $\mathbf{n}_1$ 和 $\mathbf{n}_2$ 表示出来。

$$ C_{\mathbf{n}_1} = \begin{bmatrix} 0 \\ \cos\theta \\ \sin\theta \end{bmatrix} \tag{8-89} $$

$$ C_{\mathbf{n}_2} = \begin{bmatrix} -\cos\varphi \\ 0 \\ \sin\varphi \end{bmatrix} \tag{8-90} $$

单位矢量 $\mathbf{u}$ 是主销后倾平面和主销内倾平面的交线，可以通过以下公式找到：

$$ \mathbf{u} = \frac{\mathbf{n}_1 \times \mathbf{n}_2}{|\mathbf{n}_1 \times \mathbf{n}_2|} \tag{8-91} $$

其中：

$$ \mathbf{n}_1 \times \mathbf{n}_2 = \begin{bmatrix} \cos\theta\sin\varphi \\ -\sin\theta\cos\varphi \\ \cos\theta\cos\varphi \end{bmatrix} \tag{8-92} $$

$$ |\mathbf{n}_1 \times \mathbf{n}_2| = \sqrt{\cos^2\varphi + \cos^2\theta\sin^2\varphi} \tag{8-93} $$

因此：

$$ C_{\mathbf{u}} = \begin{bmatrix} u_1 \\ u_2 \\ u_3 \end{bmatrix} = \begin{bmatrix} \dfrac{\cos\theta\sin\varphi}{\sqrt{\cos^2\varphi + \cos^2\theta\sin^2\varphi}} \\ \dfrac{-\sin\theta\cos\varphi}{\sqrt{\cos^2\varphi + \cos^2\theta\sin^2\varphi}} \\ \dfrac{\cos\theta\cos\varphi}{\sqrt{\cos^2\varphi + \cos^2\theta\sin^2\varphi}} \end{bmatrix} \tag{8-94} $$

除了车轮沿 z-轴方向跳动，转向轴不随车轮的任何运动而运动。假设转向轴相对于车辆是一条固定的直线，而转向角 δ 是相对于 $\mathbf{u}$ 轴线的转向角。

转向轴和地面的交点定义为位置矢量 $\boldsymbol{s}$：

$$ {}^{C}\boldsymbol{S} = \begin{bmatrix} s_a \\ s_b \\ -R_W \end{bmatrix} \tag{8-95} $$

它的分量 s_a 和 s_b 分别称为前偏位移和侧偏位移。 这两个轴线偏移是保证回正力矩的前提条件，是保证车辆向前直线行驶稳定性的重要保障。

利用轴-角旋转（$\mathbf{u},\delta$）和位移矢量 $\mathbf{s}$，可以定义转向过程为一个螺旋运动 $\breve{s}$，但这个运动不包含侧旋。利用式（1-561）～式（1-565），可以找到从车轮坐标系到理想车轮坐标系的螺旋转换矩阵。

$$ {}^{C}\boldsymbol{T}_{W} = {}^{C}\breve{s}_{W}(0,\delta,\mathbf{u},\boldsymbol{s}) = \begin{bmatrix} {}^{C}\boldsymbol{R}_{W} & {}^{C}\boldsymbol{s} - {}^{C}\boldsymbol{R}_{W}\,{}^{C}\boldsymbol{s} \\ 0 & 1 \end{bmatrix} = \begin{bmatrix} {}^{C}\boldsymbol{R}_{W} & {}^{C}\boldsymbol{d} \\ 0 & 1 \end{bmatrix} \tag{8-96} $$

$$ {}^{C}\boldsymbol{R}_{W} = \boldsymbol{I}\cos\delta + \mathbf{u}\mathbf{u}^{T}\ \text{vers}\ \delta + \tilde{u}\sin\delta \tag{8-97} $$

$$ {}^{C}\boldsymbol{d}_{W} = [(\mathbf{I} - \mathbf{u}\mathbf{u}^{T})\text{vers}\ \delta - \tilde{u}\sin\delta]\,{}^{C}\boldsymbol{s} \tag{8-98} $$

其中：

$$ \tilde{u} = \begin{bmatrix} 0 & -u_3 & u_2 \\ u_3 & 0 & -u_1 \\ -u_2 & u_1 & 0 \end{bmatrix} \tag{8-99} $$

$$ \text{vers}\ \delta = 1 - \cos\delta \tag{8-100} $$

将其代入，有：

$$ {}^{C}\boldsymbol{R}_{W} = \begin{bmatrix} u_1^2\ \text{vers}\ \delta + \cos\delta & u_1u_2\ \text{vers}\ \delta - u_3\sin\delta & u_1u_3\ \text{vers}\ \delta + u_2\sin\delta \\ u_1u_2\ \text{vers}\ \delta + u_3\sin\delta & u_2^2\ \text{vers}\ \delta + \cos\delta & u_1u_2\ \text{vers}\ \delta - u_1\sin\delta \\ u_1u_3\ \text{vers}\ \delta - u_2\sin\delta & u_1u_2\ \text{vers}\ \delta + u_3\sin\delta & u_3^2\ \text{vers}\ \delta + \cos\delta \end{bmatrix} \tag{8-101} $$

$$ {}^{C}\boldsymbol{d}_{W} = \begin{bmatrix} [s_1 - u_1(s_1u_1 + s_2u_2 + s_3u_3)]\text{vers}\ \delta + (s_2u_3 - s_3u_2)\sin\delta \\ [s_2 - u_2(s_1u_1 + s_2u_2 + s_3u_3)]\ \text{vers}\ \delta + (s_3u_1 - s_1u_3)\sin\delta \\ [s_3 - u_3(s_1u_1 + s_2u_2 + s_3u_3)]\ \text{vers}\ \delta + (s_1u_2 - s_2u_1)\sin\delta \end{bmatrix} \tag{8-102} $$

矢量 ${}^{C}\boldsymbol{d}_{W}$ 表示车轮中心在理想车轮坐标系中的位置。

矩阵 ${}^{C}\boldsymbol{T}_{W}$ 是当车轮绕转向轴 $\mathbf{u}$ 转动了一个角度 δ 时，从车轮坐标系 W 到理想车轮坐标系 C 的齐次转换矩阵。

案例 368 零转向角。

为了检验螺旋转换矩阵的正确性，将零转向角的情况代入。将 $\delta = 0$ 代入护肩旋转矩阵 ${}^{C}\boldsymbol{R}_{W}$ 以及位置矢量 ${}^{C}\boldsymbol{d}_{W}$ 可得：

$$ {}^{C}\boldsymbol{R}_{W} = \begin{bmatrix} 1 & 0 & 0 \\ 0 & 1 & 0 \\ 0 & 0 & 1 \end{bmatrix} \tag{8-103} $$

$$ {}^{C}\boldsymbol{d}_{W} = \begin{bmatrix} 0 \\ 0 \\ 0 \end{bmatrix} \tag{8-104} $$

这也就说明在零转向角的情况下，车轮坐标系 W 和理想车轮坐标系 C 是一致的。

案例 369 当主销内倾角和主销后倾角为零时车轮转向角的转换矩阵。

假设一个车轮的转向轴和 z_W 方向一致，那么这样的车轮就没有主销倾角。当车轮以角度 δ 转向时，可以通过转换矩阵找到理想车轮坐标系上点 P 的坐标。图 8.53 给出了此时的三维图像，而图 8.54 是从顶端看这样的车轮。

假设 ${}^{W}\boldsymbol{r}_P = [x_w, y_w, z_w]^T$ 是轮胎上一点的位置矢量，那么它在理想车轮坐标系中的位置矢量为：

$$ {}^{C}\boldsymbol{r}_P = {}^{C}\boldsymbol{R}_{W}\,{}^{W}\boldsymbol{r}_P = \boldsymbol{R}_{z,\delta}\,{}^{W}\boldsymbol{r}_P = \begin{bmatrix} \cos\delta & -\sin\delta & 0 \\ \sin\delta & \cos\delta & 0 \\ 0 & 0 & 1 \end{bmatrix} \begin{bmatrix} x_w \\ y_w \\ z_w \end{bmatrix} = \begin{bmatrix} x_w\cos\delta - y_w\sin\delta \\ x_w\sin\delta - y_w\cos\delta \\ z_w \end{bmatrix} \tag{8-105} $$

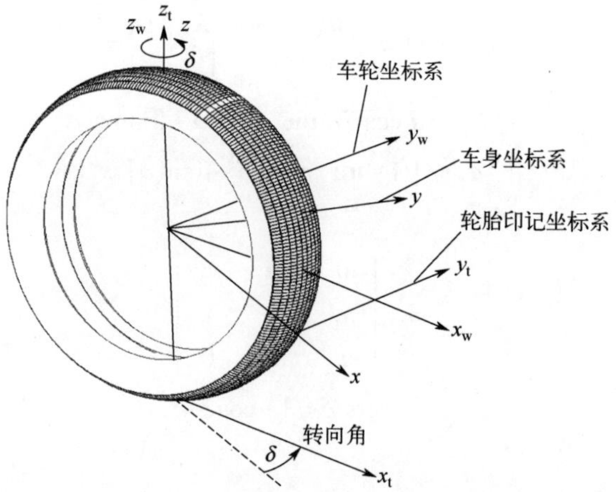

图 8.53 当主销内倾角和主销后倾角为零时转向角转换矩阵示意图

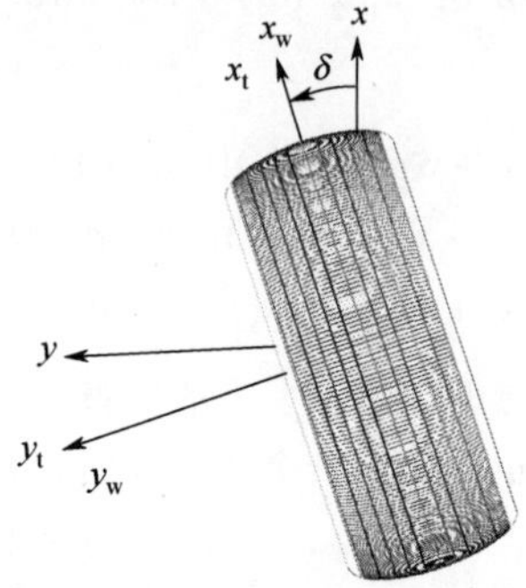

图 8.54 当主销内倾角和主销后倾角为零时转向角俯视图

假设理想车轮坐标系建立在车轮中心，并且与车辆坐标系平行。因此从 W 坐标系到 C 坐标系的转换就仅仅是绕 z-轴旋转一个角度 δ 的问题。当主销内倾角和后倾角为零时，车轮的外倾角也就为零。

案例 370 主销内倾角为零、侧向位移为零的情况。

主销内倾角为零，即 $\theta=0$，侧向位移为零，即 $s_b=0$，对于自行车或摩托车主销后倾动力学是非常重要的一种情况。该情况下的螺旋转换矩阵可以简化为：

$$ {}^{C}\mathbf{u}=\begin{bmatrix}u_1\\u_2\\u_3\end{bmatrix}=\begin{bmatrix}\sin\varphi\\0\\\cos\varphi\end{bmatrix} \tag{8-106}$$

$$ {}^{C}\boldsymbol{s}=\begin{bmatrix}s_a\\0\\-R_W\end{bmatrix} \tag{8-107}$$

$$ {}^{C}\boldsymbol{R}_W=\begin{bmatrix}\sin^2\varphi\operatorname{vers}\delta+\cos\delta & -\cos\varphi\sin\delta & \sin\varphi\cos\varphi\operatorname{vers}\delta\\ \cos\varphi\sin\delta & \cos\delta & -\sin\varphi\sin\delta\\ \sin\varphi\cos\varphi\operatorname{vers}\delta & \sin\varphi\sin\delta & \cos^2\varphi\operatorname{vers}\delta+\cos\delta\end{bmatrix} \tag{8-108}$$

$$
{}^{\mathrm{C}}\boldsymbol{d}=\begin{cases} s_{\mathrm{a}}-(s_{\mathrm{a}}\cos\varphi+R_{\mathrm{W}}\sin\varphi)\cos\varphi\,\mathrm{vers}\,\delta \\ (s_{\mathrm{a}}\cos\varphi+R_{\mathrm{W}}\sin\varphi)\sin\delta \\ R_{\mathrm{W}}-\dfrac{1}{2}\left[R_{\mathrm{W}}-R_{\mathrm{W}}\cos(2\varphi)-s_{\mathrm{a}}\sin(2\varphi)\right]\mathrm{vers}\,\delta \end{cases} \tag{8-109}
$$

案例 371 轮胎印记位置。

假设在车轮坐标系中轮胎印记中心在 $\boldsymbol{r}_{\mathrm{T}}$ 位置：

$$
{}^{\mathrm{W}}\boldsymbol{r}_{\mathrm{T}}=\begin{bmatrix}0\\0\\-R_{\mathrm{W}}\end{bmatrix} \tag{8-110}
$$

如果假设轮胎的宽度为零，且轮胎带有转向，那么轮胎印记中心位置在：

$$
{}^{\mathrm{C}}\boldsymbol{r}_{\mathrm{T}}={}^{\mathrm{C}}\boldsymbol{T}_{\mathrm{W}}\,{}^{\mathrm{W}}\boldsymbol{r}_{\mathrm{T}}=\begin{bmatrix}x_{\mathrm{T}}\\y_{\mathrm{T}}\\z_{\mathrm{T}}\end{bmatrix} \tag{8-111}
$$

其中：

$$
x_{\mathrm{T}}=(1-u_1^2)(1-\cos\delta)s_{\mathrm{a}}+[u_3\sin\delta-u_1u_2(1-\cos\delta)]s_{\mathrm{b}} \tag{8-112}
$$

$$
y_{\mathrm{T}}=-[u_3\sin\delta+u_1u_2(1-\cos\delta)]s_{\mathrm{a}}+(1-u_1^2)(1-\cos\delta)s_{\mathrm{b}} \tag{8-113}
$$

$$
z_{\mathrm{T}}=[u_2\sin\delta-u_1u_2(1-\cos\delta)]s_{\mathrm{a}}-[u_1\sin\delta+u_2u_3(1-\cos\delta)]s_{\mathrm{b}}-R_{\mathrm{W}} \tag{8-114}
$$

或者：

$$
\begin{aligned} x_{\mathrm{T}}=&\,s_{\mathrm{a}}\left(1-\frac{\cos^2\theta\sin^2\varphi}{\cos^2\theta\sin^2\varphi+\cos^2\varphi}\right)(1-\cos\delta)+\\ &\,s_{\mathrm{b}}\left[\frac{\cos\theta\cos\varphi\sin\delta}{\sqrt{\cos^2\theta\sin^2\varphi+\cos^2\varphi}}+\frac{1}{4}\times\frac{\sin(2\theta)\sin(2\varphi)(1-\cos\delta)}{\cos^2\theta\sin^2\varphi+\cos^2\varphi}\right] \end{aligned} \tag{8-115}
$$

$$
\begin{aligned} y_{\mathrm{T}}=&-s_{\mathrm{a}}\left[\frac{\cos\theta\cos\varphi\sin\delta}{\sqrt{\cos^2\theta\sin^2\varphi+\cos^2\varphi}}-\frac{1}{4}\times\frac{\sin(2\theta)\sin(2\varphi)(1-\cos\delta)}{\cos^2\theta\sin^2\varphi+\cos^2\varphi}\right]+\\ &\,s_{\mathrm{b}}\left(1-\frac{\cos^2\varphi\sin^2\theta}{\cos^2\theta\sin^2\varphi+\cos^2\varphi}\right)(1-\cos\delta) \end{aligned} \tag{8-116}
$$

$$
\begin{aligned} z_{\mathrm{T}}=&-R_{\mathrm{W}}-\frac{s_{\mathrm{a}}\cos\varphi\sin\theta+s_{\mathrm{b}}\cos\theta\sin\varphi}{\sqrt{\cos^2\theta\sin^2\varphi+\cos^2\varphi}}\sin\delta-\\ &\frac{1}{2}\times\frac{s_{\mathrm{a}}\cos^2\theta\sin(2\varphi)-s_{\mathrm{b}}\cos^2\varphi\sin(2\theta)}{\cos^2\theta\sin^2\varphi+\cos^2\varphi}(1-\cos\delta) \end{aligned} \tag{8-117}
$$

案例 372 车轮中心下降高度。

在式（8-114）或式（8-117）中的 z_{T} 坐标表示，车轮在转向的过程中，轮胎印记中心在垂直方向上相对于理想车辆坐标系运动的量。如果转向角 $\delta=0$，那么 z_{T} 的位置为：

$$
z_{\mathrm{T}}=-R_{\mathrm{W}} \tag{8-118}
$$

由于轮胎的印记中心总是位于路面上，则 $H=-R_{\mathrm{W}}-z_{\mathrm{T}}$ 表示车轮中心在转向过程中将要下降的高度。

$$H = -R_W - z_T = \frac{s_a \cos\varphi \sin\theta + s_b \cos\theta \sin\varphi}{\sqrt{\cos^2\theta \sin^2\varphi + \cos^2\varphi}} \sin\delta + \frac{1}{2} \times \frac{s_a \cos^2\theta \sin(2\varphi) - s_b \cos^2\varphi \sin(2\theta)}{\cos^2\theta \sin^2\varphi + \cos^2\varphi}(1-\cos\delta) \tag{8-119}$$

z_T 坐标可以根据需要简化成不同的形式：

① 如果主销内倾角为零，即 $\theta = 0$ ，那么 z_T 坐标为：

$$z_T = -R_W - s_b \sin\varphi \sin\delta - \frac{1}{2} s_a \sin(2\varphi)(1-\cos\delta) \tag{8-120}$$

② 如果主销内倾角为零，侧向位移为零，即 $\theta = 0$ ， $s_b = 0$ ，那么 z_T 坐标为：

$$z_T = -R_W - \frac{1}{2} s_a \sin(2\varphi)(1-\cos\delta) \tag{8-121}$$

这种情况下，车轮中心下降的程度可以用一个比例方程来表示：

$$\frac{H}{s_a} = \frac{1}{2}\sin(2\varphi)(1-\cos\delta) \tag{8-122}$$

图 8.55 给出了在 $\varphi = 5°, 0°, -5°, -10°, -15°, -20°$ 情况下，转向角 δ 在 $-10° < \delta < 10°$ 范围内的情况。一般的汽车，设置的转向轴带有正的纵向位移，即 $s_a > 0$ ，并且带有一定负的主销纵倾角，即 $\varphi < 0$ 。这种情况下，车轮中心下降情况如图 8.55 所示。

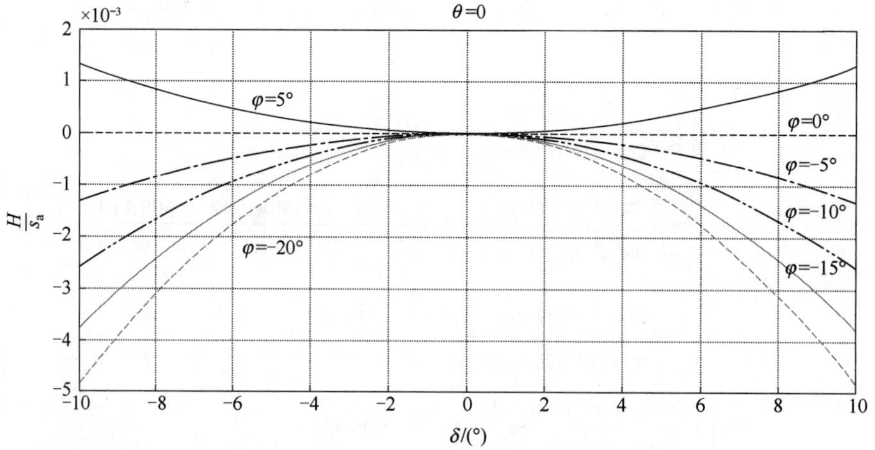

图 8.55 当主销内倾角为零时，不同主销后倾角变化对应车轮中心高度变化

③ 如果主销后倾角为零，即 $\varphi = 0$ ，那么 z_T 坐标为：

$$z_T = -R_W - s_a \sin\theta \sin\delta + \frac{1}{2} s_a \sin(2\theta)(1-\cos\delta) \tag{8-123}$$

④ 如果主销后倾角为零，侧向位移为零，即 $\varphi = 0$ ， $s_b = 0$ ，那么 z_T 坐标为：

$$z_T = -R_W - s_a \sin\theta \sin\delta \tag{8-124}$$

这种情况下，车轮中心下降的程度可以用一个比例方程来表示：

$$\frac{H}{s_a} = -\sin\theta \sin\delta \tag{8-125}$$

图 8.56 给出了在 $\theta = 5°, 0°, -5°, -10°, -15°, -20°$ 情况下，转向角 δ 在 $-10° < \delta < 10°$ 范围内的情况。一般的汽车，设置的转向轴带有正的纵向位移，即 $s_a > 0$ ，并且带有一定正的主销

侧倾角（内倾角），即 $\theta>0$ 。这种情况下，当 1 号车轮向右转向时中心下降，而向左转向时中心上升，该情况如图 8.56 所示。

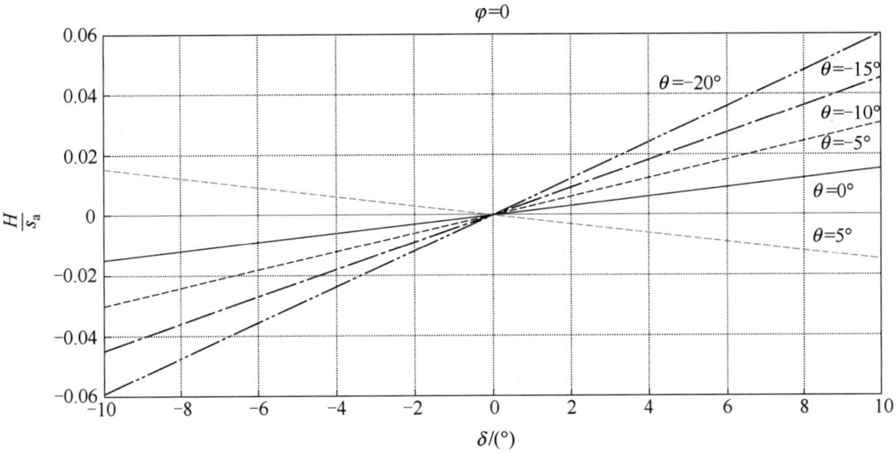

图 8.56 当主销后倾角为零时，不同主销内倾角变化对应车轮中心高度变化

对比图 8.55 和图 8.56 不难看出，主销的侧倾角（内倾角）比主销纵倾角（后倾角）对车轮中心的下降影响更大。出图程序详见脚本 21。

⑤ 如果车厢位移为零，即 $s_b=0$，那么 z_T 坐标为：

$$z_T=-R_W-\frac{s_a\cos\varphi\sin\theta}{\sqrt{\cos^2\theta\sin^2\varphi+\cos^2\varphi}}\sin\delta-\frac{1}{2}\times\frac{s_a\cos^2\theta\sin(2\varphi)}{\cos^2\theta\sin^2\varphi+\cos^2\varphi}(1-\cos\delta) \quad (8\text{-}126)$$

车轮中心下降的程度也可以用一个比例方程来表示：

$$\frac{H}{s_a}=\frac{\cos\varphi\sin\theta\sin\delta}{\sqrt{\cos^2\theta\sin^2\varphi+\cos^2\varphi}}+\frac{1}{2}\times\frac{\cos^2\theta\sin(2\varphi)}{\cos^2\theta\sin^2\varphi+\cos^2\varphi}(1-\cos\delta) \quad (8\text{-}127)$$

案例 373 车轮中心位置。

如式（8-102）所示，车轮中心在理想车轮坐标系中的位置为 ${}^C\boldsymbol{d}_W$：

$${}^C\boldsymbol{d}_W=\begin{bmatrix}x_W\\y_W\\z_W\end{bmatrix} \quad (8\text{-}128)$$

将 **u** 和 **s** 的计算式（8-94）和式（8-95）代入式（8-102）得到车轮中心在理想车轮坐标系中的坐标：

$$x_W=[s_a-u_1(-R_Wu_3+s_bu_2+s_au_1)](1-\cos\delta)+(s_bu_3+R_Wu_2)\sin\delta \quad (8\text{-}129)$$

$$y_W=[s_b-u_2(-R_Wu_3+s_bu_2+s_au_1)](1-\cos\delta)-(s_au_3+R_Wu_1)\sin\delta \quad (8\text{-}130)$$

$$z_W=[-R_W-u_3[-R_Wu_3+s_bu_2+s_au_1]](1-\cos\delta)+(s_au_2-s_bu_1)\sin\delta \quad (8\text{-}131)$$

或者：

$$x_W=s_a(1-\cos\delta)+\frac{(s_b\cos\theta-R_W\sin\theta)}{\sqrt{\cos^2\varphi+\cos^2\theta\sin^2\varphi}}\cos\varphi\sin\delta+\frac{\left(\frac{1}{2}R_W\sin(2\varphi)-s_a\sin^2\varphi\right)\cos^2\theta+\frac{1}{4}s_b\sin(2\theta)\sin(2\varphi)}{\cos^2\varphi+\cos^2\theta\sin^2\varphi}(1-\cos\delta) \quad (8\text{-}132)$$

$$y_{\mathrm{W}}=s_{\mathrm{b}}(1-\cos\delta)-\frac{s_{\mathrm{a}}\cos\varphi-R_{\mathrm{W}}\sin\theta}{\sqrt{\cos^2\varphi+\cos^2\theta\sin^2\varphi}}\cos\theta\sin\delta$$
$$-\frac{\left[\frac{1}{2}R_{\mathrm{W}}\sin(2\theta)-s_{\mathrm{b}}\sin^2\theta\right]\cos^2\varphi-\frac{1}{4}s_{\mathrm{a}}\sin(2\theta)\sin(2\varphi)}{\cos^2\varphi+\cos^2\theta\sin^2\varphi}(1-\cos\delta) \tag{8-133}$$

$$z_{\mathrm{W}}=-R_{\mathrm{W}}(1-\cos\delta)-\frac{s_{\mathrm{a}}\cos\varphi\sin\theta+s_{\mathrm{b}}\cos\theta\sin\varphi}{\sqrt{\cos^2\varphi+\cos^2\theta\sin^2\varphi}}\sin\delta$$
$$+\frac{\left[\frac{1}{2}s_{\mathrm{b}}\sin(2\theta)+R_{\mathrm{W}}\cos^2\theta\right]\cos^2\varphi-\frac{1}{2}s_{\mathrm{a}}\cos^2\theta\sin(2\varphi)}{\cos^2\varphi+\cos^2\theta\sin^2\varphi}(1-\cos\delta) \tag{8-134}$$

z_{W} 坐标表示当车轮转向时，车轮中心相对于理想车轮坐标系在垂直方向上运动了多少。不难看出，只要 $\delta=0$，那么 $z_{\mathrm{W}}=0$。

z_{W} 坐标可以根据需要简化成不同的形式：

① 如果主销侧向倾角（内倾角）为零，即 $\theta=0$，那么 z_{W} 坐标为：

$$z_{\mathrm{W}}=-R_{\mathrm{W}}(1-\cos^2\varphi)(1-\cos\delta)-s_{\mathrm{b}}\sin\varphi\sin\delta-\frac{1}{2}s_{\mathrm{a}}\sin(2\varphi)(1-\cos\delta) \tag{8-135}$$

② 如果主销侧向倾角（内倾角）为零，侧向位移为零，即 $\theta=0$，$s_{\mathrm{b}}=0$，那么 z_{W} 坐标为：

$$z_{\mathrm{W}}=-R_{\mathrm{W}}(1-\cos^2\varphi)(1-\cos\delta)-\frac{1}{2}s_{\mathrm{a}}\sin(2\varphi)(1-\cos\delta) \tag{8-136}$$

③ 如果主销后倾角为零，即 $\varphi=0$，那么 z_{W} 坐标为：

$$z_{\mathrm{W}}=-R_{\mathrm{W}}(1-\cos^2\varphi)(1-\cos\delta)-s_{\mathrm{a}}\sin\theta\sin\delta+\frac{1}{2}s_{\mathrm{b}}\sin(2\theta)(1-\cos\delta) \tag{8-137}$$

④ 如果主销后倾角为零，侧向位移为零，即 $\varphi=0$，$s_{\mathrm{b}}=0$，那么 z_{W} 坐标为：

$$z_{\mathrm{W}}=-R_{\mathrm{W}}(1-\cos^2\varphi)(1-\cos\delta)-s_{\mathrm{a}}\sin\theta\sin\delta \tag{8-138}$$

⑤ 如果侧向位移为零，即 $s_{\mathrm{b}}=0$，那么 z_{W} 坐标为：

$$z_{\mathrm{W}}=-R_{\mathrm{W}}(1-\cos\delta)-\frac{s_{\mathrm{a}}\cos\varphi\sin\theta}{\sqrt{\cos^2\varphi+\cos^2\theta\sin^2\varphi}}\sin\delta+$$
$$\frac{R_{\mathrm{W}}\cos^2\theta\cos^2\varphi-\frac{1}{2}s_{\mathrm{a}}\cos^2\theta\sin(2\varphi)}{\cos^2\varphi+\cos^2\theta\sin^2\varphi}(1-\cos\delta) \tag{8-139}$$

以上的每种情况中，车轮中心相对于地面的高度都可以通过将 H 加上 z_{W} 得到，而 H 的计算可以通过案例 372 中找到。

案例 374 车轮侧向倾角理论。

如果主销纵向倾角和侧向倾角不为零，它将导致转向车轮产生一个侧向倾角 γ。为了描述转向车轮的侧向倾角，可以定义一个外倾线与垂直方向 z_{c} 的夹角。这条外倾线用车轮中心到轮胎印记中心的连线来定义。

轮胎印记中心的坐标 $(x_{\mathrm{T}},y_{\mathrm{T}},z_{\mathrm{T}})$ 由式（8-115）～式（8-117）给出，而轮胎中心的坐标 $(x_{\mathrm{W}},y_{\mathrm{W}},z_{\mathrm{W}})$ 由式（8-132）～式（8-134）给出。而 $(x_{\mathrm{T}},y_{\mathrm{T}},z_{\mathrm{T}})$ 到 $(x_{\mathrm{W}},y_{\mathrm{W}},z_{\mathrm{W}})$ 的连线可以用单位矢量 $\mathbf{l}_{\mathrm{c}}$ 表示：

$$\mathbf{l}_{\mathrm{c}}=\frac{(x_{\mathrm{W}}-x_{\mathrm{T}})\mathbf{I}+(y_{\mathrm{W}}-y_{\mathrm{T}})\mathbf{J}+(z_{\mathrm{W}}-z_{\mathrm{T}})\mathbf{K}}{\sqrt{(x_{\mathrm{W}}-x_{\mathrm{T}})^{2}+(y_{\mathrm{W}}-y_{\mathrm{T}})^{2}+(z_{\mathrm{W}}-z_{\mathrm{T}})^{2}}} \tag{8-140}$$

式中，**I**、**J**、**K** 为理想车轮坐标系 C 的单位矢量。

车轮的纵向倾角由此就可以表示为 $\mathbf{l}_{\mathrm{c}}$ 与 **K** 的夹角，这就可以用内积表示出来：

$$Y=\arccos\left(\mathbf{l}_{\mathrm{c}}\cdot\mathbf{K}\right)=\arccos\frac{z_{\mathrm{W}}-z_{\mathrm{T}}}{\sqrt{(x_{\mathrm{W}}-x_{\mathrm{T}})^{2}+(y_{\mathrm{W}}-y_{\mathrm{T}})^{2}+(z_{\mathrm{W}}-z_{\mathrm{T}})^{2}}} \tag{8-141}$$

举一个特别的例子来确定一下外倾角，当主销的侧向倾角和侧向位移都为零时，即 $\theta=0$，$s_{\mathrm{b}}=0$，有：

$$x_{\mathrm{T}}=-s_{\mathrm{a}}\left(1-\sin^{2}\varphi\right)(1-\cos\delta) \tag{8-142}$$

$$y_{\mathrm{T}}=-s_{\mathrm{a}}\cos\varphi\sin\delta \tag{8-143}$$

$$z_{\mathrm{T}}=-R_{\mathrm{W}}-\frac{1}{2}s_{\mathrm{a}}\sin(2\varphi)(1-\cos\delta) \tag{8-144}$$

$$x_{\mathrm{W}}=\left[s_{\mathrm{a}}+\frac{1}{2}R_{\mathrm{W}}\sin(2\varphi)-s_{\mathrm{a}}\sin^{2}\varphi\right](1-\cos\delta) \tag{8-145}$$

$$y_{\mathrm{W}}=s_{\mathrm{b}}(1-\cos\delta)-R_{\mathrm{W}}\sin\varphi+s_{\mathrm{a}}\cos\varphi\sin\delta \tag{8-146}$$

$$z_{\mathrm{W}}=\left[R_{\mathrm{W}}(\cos^{2}\varphi-1)-\frac{1}{2}s_{\mathrm{a}}\sin(2\varphi)\right](1-\cos\delta) \tag{8-147}$$

8.7 小结

一般来说有两种典型的悬架：一种称为非独立悬架或相关悬架，这种悬架左右两侧车轮由一根轴刚性连接；另一种称为独立悬架，这种悬架左右两侧车轮之间没有联系。刚性车桥是最一般的非独立悬架，而麦弗逊悬架和双 A 臂悬架是最一般的独立悬架。

侧倾轴线是瞬时直线，车身绕着这根线做纵旋运动。侧倾轴线可以通过连接车辆前后悬架的侧倾中心得到。一个车轮相对于车身的瞬态侧倾中心称为悬架侧倾中心。因此，要找到前半车或后半车的侧倾中心，首先要确定它们的悬架侧倾中心，接着将它与相对应轮胎印记中心相连，最后找到两根线的交点，这个交点就是半车的侧倾中心。

常常利用三个坐标系表达一个相对于车身旋转的轮胎和车轮：带外倾角车轮坐标系 W、理想车轮坐标系 C 和轮胎印记坐标系 T。一个车轮坐标系 W$(x_{\mathrm{w}},y_{\mathrm{w}},z_{\mathrm{w}})$ 原点固定在车轮的中心。它可以做三个方向的平移以及绕 x_{w}-轴的旋转和绕 z_{w}-轴的旋转，但是不能绕 y_{w}-轴旋转。因此，x_{w}-轴和 z_{w}-轴一般在轮胎平面内，而 y_{w}-轴一般和侧旋轴一致。当车轮正直向上时，W 坐标系与车辆坐标系平行，将理想车轮坐标系 C$(x_{\mathrm{c}},y_{\mathrm{c}},z_{\mathrm{c}})$ 的原点固定于车轮中心，坐标轴与车辆坐标系的坐标轴平行。理想车轮坐标系 C 相对于车身坐标系是固定的不做运动。轮胎坐标系 T$(x_{\mathrm{t}},y_{\mathrm{t}},z_{\mathrm{t}})$ 原点设置在轮胎印记中心。z_{t} 轴一般与地面垂直，x_{t}-轴是轮胎平面与地面的交线。轮胎坐标系不允许轮胎的侧旋和纵旋运动，但是它要允许绕 z_{t}-轴的转向角旋转运动。

通过纵倾角 φ 和侧倾角 θ 定义一根转向轴的位置和方向，这根轴与地面的交点相对于轮胎印记中心而言坐标为 $(s_{\mathrm{a}},s_{\mathrm{b}})$。由于这些参数确定后，转向的车轮将会在出现侧倾角的同时产生一定的侧向力，这称为主销后倾角理论。转向车轮侧倾角（外倾角）γ在$\theta=0$，$s_b=0$时为：

$$\gamma=\arccos\left(\mathbf{l}_c\cdot\mathbf{K}\right)=\arccos\frac{z_W-z_T}{\sqrt{(x_W-x_T)^2+(y_W-y_T)^2+(z_W-z_T)^2}} \tag{8-148}$$

其中：

$$x_T=-s_a(1-\sin^2\varphi)(1-\cos\delta) \tag{8-149}$$

$$y_T=-s_a\cos\varphi\sin\delta \tag{8-150}$$

$$z_T=-R_W-\frac{1}{2}s_a\sin(2\varphi)(1-\cos\delta) \tag{8-151}$$

$$x_W=\left[s_a+\frac{1}{2}R_W\sin(2\varphi)-s_a\sin^2\varphi\right](1-\cos\delta) \tag{8-152}$$

$$y_W=s_b(1-\cos\delta)-R_W\sin\varphi+s_a\cos\varphi\sin\delta \tag{8-153}$$

$$z_W=\left[R_W(\cos^2\varphi-1)-\frac{1}{2}s_a\sin(2\varphi)\right](1-\cos\delta) \tag{8-154}$$

第 9 章 车辆振动

扫码获取脚本文件

车辆是多自由度系统，如图 9.1 所示。一个车辆的振动行为又被称为乘坐舒适性，高度依赖其固有频率和主振型。本章将使用前面章节中的方法验证前面所确定的运动方程，然后计算不同车辆的固有频率和主振型。

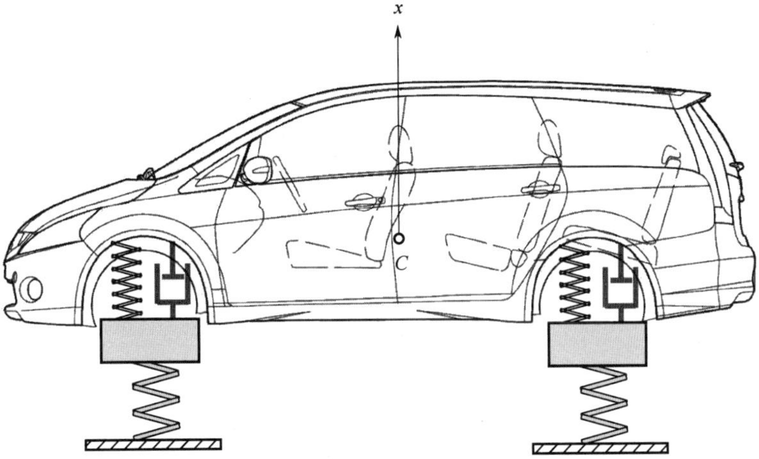

图 9.1 整车振动模型

9.1 拉格朗日方法和消散函数

拉格朗日方程：

$$\frac{\mathrm{d}}{\mathrm{d}t}\left(\frac{\partial K}{\partial \dot{q}_r}\right)-\frac{\partial K}{\partial q_r}=F_r\,,\qquad r=1,2,\cdots,n \tag{9-1}$$

或

$$\frac{\mathrm{d}}{\mathrm{d}t}\left(\frac{\partial \mathcal{L}}{\partial \dot{q}_r}\right)-\frac{\partial \mathcal{L}}{\partial q_r}=Q_r\,,\qquad r=1,2,\cdots,n \tag{9-2}$$

前面介绍的式（2-252）和式（2-317），都可以提供一个振动系统的运动方程。然而，对于小型和线性的振动系统而言，可以用一个更简单和用得更多的拉格朗日方程，如：

$$\frac{\mathrm{d}}{\mathrm{d}t}\left(\frac{\partial K}{\partial \dot{q}_r}\right)-\frac{\partial K}{\partial q_r}+\frac{\partial D}{\partial \dot{q}_r}+\frac{\partial V}{\partial q_r}=f_r, \qquad r=1,2,\cdots,n \tag{9-3}$$

式中，K 表示动力学的能量，V 表示势能，D 表示系统的消散函数，f_r 是作用在物块 m_r 上的力。

$$K=\frac{1}{2}\dot{\boldsymbol{x}}^{\mathrm{T}}[\boldsymbol{m}]\,\dot{\boldsymbol{x}}=\frac{1}{2}\sum_{i=1}^{n}\sum_{j=1}^{n}\dot{x}_i m_{ij}\dot{x}_j \tag{9-4}$$

$$V=\frac{1}{2}\boldsymbol{x}^{\mathrm{T}}[\boldsymbol{m}]\,\boldsymbol{x}=\frac{1}{2}\sum_{i=1}^{n}\sum_{j=1}^{n}x_i k_{ij}x_j \tag{9-5}$$

$$D=\frac{1}{2}\dot{\boldsymbol{x}}^{\mathrm{T}}[\boldsymbol{c}]\,\dot{\boldsymbol{x}}=\frac{1}{2}\sum_{i=1}^{n}\sum_{j=1}^{n}\dot{x}_i c_{ij}\dot{x}_j \tag{9-6}$$

证明 55：假设一个单自由度的物块-弹簧-阻尼器组成的振动系统。当黏性阻尼是系统中的唯一阻尼样式时，可以得到一个称之为瑞利消散函数的函数。

$$D=\frac{1}{2}c\dot{x}^2 \tag{9-7}$$

通过微分可以找到阻尼力 f_{c}：

$$f_{\mathrm{c}}=-\frac{\partial D}{\partial \dot{x}} \tag{9-8}$$

由此可以联想到弹性力 f_{k} 也可以通过势能 V 求出：

$$f_{\mathrm{k}}=-\frac{\partial V}{\partial x} \tag{9-9}$$

那么，广义上的力可以被分解为：

$$F=f_{\mathrm{c}}+f_{\mathrm{k}}+f=-\frac{\partial D}{\partial \dot{x}}-\frac{\partial V}{\partial x}+f \tag{9-10}$$

式中，f 是一个非保守力，作用在物块 m 上。将式（9-10）代入式（9-1）中可得：

$$\frac{\mathrm{d}}{\mathrm{d}t}\left(\frac{\partial K}{\partial \dot{x}}\right)-\frac{\partial K}{\partial x}=-\frac{\partial D}{\partial \dot{x}}-\frac{\partial V}{\partial x}+f \tag{9-11}$$

从而得到一个黏性阻尼振动系统的拉格朗日方程：

$$\frac{\mathrm{d}}{\mathrm{d}t}\left(\frac{\partial K}{\partial \dot{x}}\right)-\frac{\partial K}{\partial x}+\frac{\partial D}{\partial \dot{x}}+\frac{\partial V}{\partial x}=f \tag{9-12}$$

当振动系统有 n 个自由度时，动能 K、势能 V 和消散函数 D 如式（9-4）～式（9-6）所示，将拉格朗日方程应用到 n 个自由度的系统中，就可以找到 n 个二阶导数方程[式（9-3）]。

案例 375 单自由度物块-弹簧-阻尼器受力系统。

如图 9.2 所示，一个单自由度物块-弹簧-阻尼器系统受到外力 f 作用在物块 m 上。系统运动过程中的动能和势能分别为：

$$K=\frac{1}{2}m\dot{x}^2 \tag{9-13}$$

$$V = \frac{1}{2}kx^2 \tag{9-14}$$

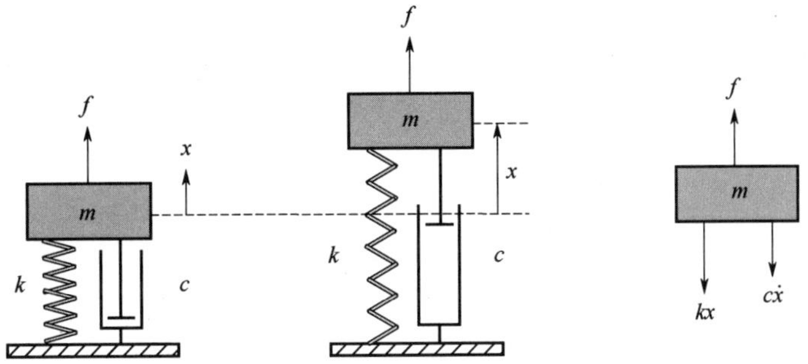

图 9.2　单自由度物块-弹簧-阻尼器系统

这时的消散函数为：

$$D = \frac{1}{2}c\dot{x}^2 \tag{9-15}$$

将式（9-13）～式（9-15）代入拉格朗日方程式（9-3），可以得到以下运动方程：

$$\frac{\mathrm{d}}{\mathrm{d}t}(m\dot{x}) + c\dot{x} + kx = f \tag{9-16}$$

其中：

$$\frac{\partial K}{\partial \dot{x}} = m\dot{x} \tag{9-17}$$

$$\frac{\partial K}{\partial x} = 0 \tag{9-18}$$

$$\frac{\partial D}{\partial \dot{x}} = c\dot{x} \tag{9-19}$$

$$\frac{\partial V}{\partial x} = kx \tag{9-20}$$

案例 376　一个无阻尼的三自由度线性振动系统。

图 9.3 给出了一个无阻尼的三自由度线性振动系统。系统的动能和势能分别为：

$$K = \frac{1}{2}m_1\dot{x}_1^2 + \frac{1}{2}m_2\dot{x}_2^2 + \frac{1}{2}m_3\dot{x}_3^2 \tag{9-21}$$

$$V = \frac{1}{2}k_1x_1^2 + \frac{1}{2}k_2(x_1 - x_2)^2 + \frac{1}{2}k_3(x_2 - x_3)^2 + \frac{1}{2}k_4x_3^2 \tag{9-22}$$

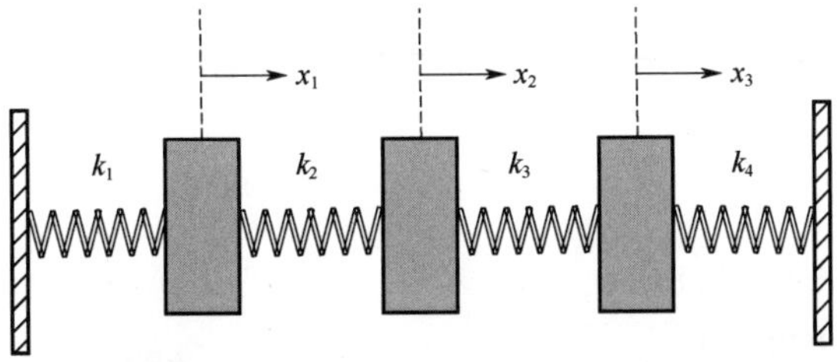

图 9.3　无阻尼三自由度线性振动系统

由于系统中没有阻尼，可以找到拉格朗日算子$\mathcal{L}$：

$$\mathcal{L}=K-V \tag{9-23}$$

利用式（9-2)，其中$Q_r=0$，有：

$$\frac{\partial \mathcal{L}}{\partial x_1}=-k_1x_1-k_2(x_1-x_2) \tag{9-24}$$

$$\frac{\partial \mathcal{L}}{\partial x_2}=k_2(x_1-x_2)-k_3(x_2-x_3) \tag{9-25}$$

$$\frac{\partial \mathcal{L}}{\partial x_3}=k_3(x_2-x_3)-k_4x_3 \tag{9-26}$$

$$\frac{\partial \mathcal{L}}{\partial \dot{x}_1}=m_1\dot{x}_1 \tag{9-27}$$

$$\frac{\partial \mathcal{L}}{\partial \dot{x}_2}=m_2\dot{x}_2 \tag{9-28}$$

$$\frac{\partial \mathcal{L}}{\partial \dot{x}_3}=m_3\dot{x}_3 \tag{9-29}$$

得到运动方程：

$$m_1\ddot{x}_1+k_1x_1+k_2(x_1-x_2)=0 \tag{9-30}$$

$$m_2\ddot{x}_2-k_2(x_1-x_2)+k_3(x_2-x_3)=0 \tag{9-31}$$

$$m_3\ddot{x}_3-k_3\left(x_2-x_3\right)+k_4x_3=0 \tag{9-32}$$

将式（9-30）～式（9-32）化成矩阵方程的形式以便于计算：

$$\begin{bmatrix} m_1 & 0 & 0 \\ 0 & m_2 & 0 \\ 0 & 0 & m_3 \end{bmatrix}\begin{bmatrix} \ddot{x}_1 \\ \ddot{x}_2 \\ \ddot{x}_3 \end{bmatrix}+\begin{bmatrix} k_1+k_2 & -k_2 & 0 \\ -k_2 & k_2+k_3 & -k_3 \\ 0 & -k_3 & k_3+k_4 \end{bmatrix}\begin{bmatrix} x_1 \\ x_2 \\ x_3 \end{bmatrix}=0 \tag{9-33}$$

案例 377 一个旋摆激励的单自由度振动系统。

一个旋摆激励的单自由度振动系统如图 9.4 所示。该系统由物块-弹簧-阻尼器-旋摆 4 部分组成，物块质量为 $m-m_e$，悬架由一个弹簧 k 和一个阻尼器 c 组成，旋摆的质量为 m_e，与质心的距离为 e，角速度为ω。我们可以通过拉格朗日方程找到运动方程。

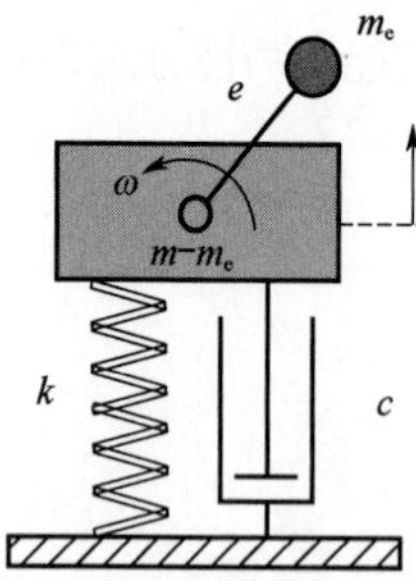

图 9.4 单自由度旋摆激励振动系统

该系统的动能为：

$$K=\frac{1}{2}(m-m_e)\dot{x}^2+\frac{1}{2}m_e[\dot{x}+e\omega\cos(\omega t)]^2+\frac{1}{2}m_e[-e\omega\sin(\omega t)]^2 \tag{9-34}$$

其中，振动的主物块质量为$m-m_e$，速度为$\dot{x}$，而旋摆的质量为m_e，速度可以分为两部分$\dot{x}+e\omega\cos(\omega t)$和$-e\omega\sin(\omega t)$。

该系统的势能和消散函数为：

$$V = \frac{1}{2}kx^2 \tag{9-35}$$

$$D = \frac{1}{2}c\dot{x}^2 \tag{9-36}$$

代入拉格朗日方程式（9-3）得：

$$\frac{\partial K}{\partial \dot{x}} = m\dot{x} + m_e e\omega\cos(\omega t) \tag{9-37}$$

$$\frac{\mathrm{d}}{\mathrm{d}t}\left(\frac{\partial K}{\partial \dot{x}}\right) = m\ddot{x} - m_e e\omega^2 \sin(\omega t) \tag{9-38}$$

$$\frac{\partial D}{\partial \dot{x}} = c\dot{x} \tag{9-39}$$

$$\frac{\partial V}{\partial x} = kx \tag{9-40}$$

得到运动方程为：

$$m\ddot{x} + c\dot{x} + kx = m_e e\omega^2 \sin(\omega t) \tag{9-41}$$

这和式（4-206）是一样的。

案例 378　一个旋摆-底座激励振动系统。

图 9.5 所示为一个单自由度旋摆-底座激励振动系统。

物块 m 骑装在一个旋摆激励底座上，悬架为一个弹簧 k 和一个阻尼器 c。底座质量为 $m_b - m_e$，它包含一个连接在质心的旋摆质量 m_e，旋摆与质心的距离为 e，旋转角速度为 ω。

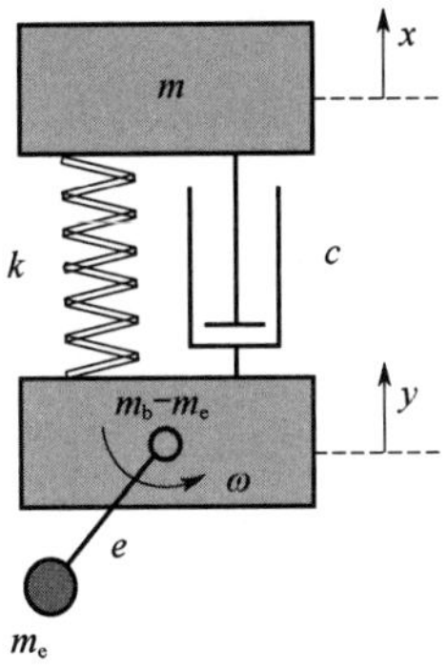

图 9.5　单自由度旋摆-底座激励振动系统及受力分析

可以通过拉格朗日方程求出系统的运动方程，所需的已知函数为：

$$K = \frac{1}{2}m\dot{x}^2 + \frac{1}{2}(m_b - m_e)\dot{y}^2 + \frac{1}{2}m_e[\dot{y} - e\omega\cos(\omega t)]^2 + \frac{1}{2}m_e[e\omega\sin(\omega t)]^2 \tag{9-42}$$

$$V = \frac{1}{2}k(x-y)^2 \tag{9-43}$$

$$D = \frac{1}{2}c(\dot{x}-\dot{y})^2 \tag{9-44}$$

代入拉格朗日方程式（9-3），得到：

$$m\ddot{x} + c(\dot{x}-\dot{y}) + k(x-y) = 0 \tag{9-45}$$

$$m_b\ddot{y} + m_e e\omega^2 \sin(\omega t) - c(\dot{x}-\dot{y}) - k(x-y) = 0 \tag{9-46}$$

这是因为：

$$\frac{\partial K}{\partial \dot{x}} = m\dot{x} \tag{9-47}$$

$$\frac{\mathrm{d}}{\mathrm{d}t}\left(\frac{\partial K}{\partial \dot{x}}\right)=m\ddot{x} \tag{9-48}$$

$$\frac{\partial D}{\partial \dot{x}}=c(\dot{x}-\dot{y}) \tag{9-49}$$

$$\frac{\partial V}{\partial x}=k(x-y) \tag{9-50}$$

$$\frac{\partial K}{\partial \dot{y}}=m_{\mathrm{b}}\dot{y}-m_{\mathrm{e}}e\omega\cos(\omega t) \tag{9-51}$$

$$\frac{\mathrm{d}}{\mathrm{d}t}\left(\frac{\partial K}{\partial \dot{y}}\right)=m_{\mathrm{b}}\ddot{y}+m_{\mathrm{e}}e\omega\sin(\omega t) \tag{9-52}$$

$$\frac{\partial D}{\partial \dot{y}}=-c(\dot{x}-\dot{y}) \tag{9-53}$$

$$\frac{\partial V}{\partial y}=-k(x-y) \tag{9-54}$$

利用$z=x-y$，可以将式（9-45）和式（9-46）综合一下，找到相对运动方程：

$$\frac{mm_{\mathrm{b}}}{m_{\mathrm{b}}+m}\ddot{z}+c\dot{z}+kz=\frac{mm_{\mathrm{e}}}{m_{\mathrm{b}}+m}e\omega^2\sin(\omega t) \tag{9-55}$$

这也可以化为等价的振动方程：

$$\ddot{z}+2\xi\omega^2\dot{z}+\omega_{\mathrm{n}}^2 z=\varepsilon e\omega^2\sin(\omega t) \tag{9-56}$$

$$\varepsilon=\frac{m_{\mathrm{e}}}{m_{\mathrm{b}}} \tag{9-57}$$

案例 379　一个在圆形轨道上滚动的碟子。

图 9.6 所示为一个理想的圆形碟子，质量为m，半径为r。碟子在一个半径为R的圆形轨道中作纯滚动，碟子在$\theta=0$的区域内做自由振荡。

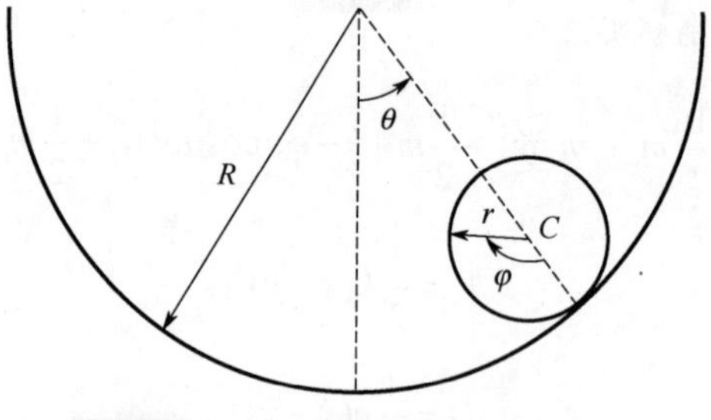

图 9.6　圆碟在圆形轨道上作纯滚动

当振荡的角度非常小时，可以将振荡的碟子等价为一个物块-弹簧系统。这里用拉格朗日方程去找运动方程，系统的能量为：

$$K=\frac{1}{2}mv_C^2+\frac{1}{2}I_C\omega^2=\frac{1}{2}m(R-r)^2\dot{\theta}^2+\frac{1}{2}\left(\frac{1}{2}mr^2\right)(\dot{\varphi}-\dot{\theta})^2 \tag{9-58}$$

$$V=-mg(R-r)\cos\theta \tag{9-59}$$

没有滑动，也就意味着θ和φ之间有一定的约束关系：

$$R\theta = r\varphi \tag{9-60}$$

这个关系可用以消去动能 K 中的 φ：

$$K = \frac{3}{4}m(R-r)^2\dot{\theta}^2 \tag{9-61}$$

基于以下偏微分：

$$\frac{\mathrm{d}}{\mathrm{d}t}\left(\frac{\partial \mathcal{L}}{\partial \dot{\theta}}\right) = \frac{3}{2}m(R-r)^2\ddot{\theta} \tag{9-62}$$

$$\frac{\partial \mathcal{L}}{\partial \theta} = -mg(R-r)\sin\theta \tag{9-63}$$

可以找到振荡碟子的运动方程如下：

$$\frac{3}{2}(R-r)\ddot{\theta} + g\sin\theta = 0 \tag{9-64}$$

当 θ 角度非常小时，这个方程等价于一个物块-弹簧系统。其中，等价质量为 $m_{\text{eq}} = 3(R-r)$，等价弹簧刚度为 $k_{\text{eq}} = 2g$。

案例 380 一个双单摆系统。

图 9.7 所示的双单摆系统由两个串联的单摆组成。它由两个不计质量的棒固定，棒的长度分别为 l_1 和 l_2。两个物块的质量分别为 m_1 和 m_2。两个变量为 θ_1 和 θ_2，可以用作广义坐标来表达系统的结构。为了计算这个拉格朗日系统，找到运动方程，首先要定义出物块的主坐标系位置：

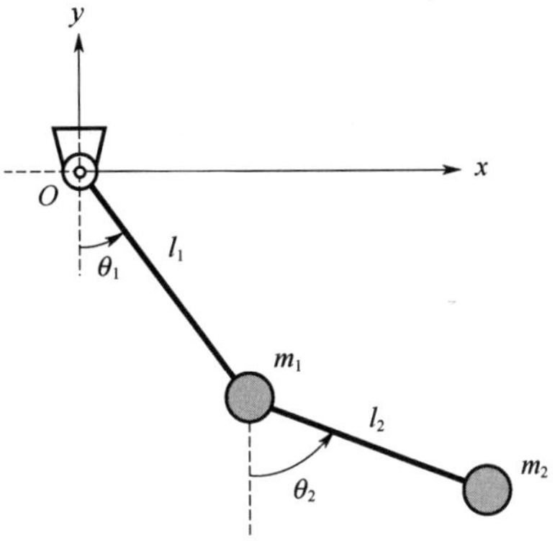

图 9.7 双单摆系统

$$x_1 = l_1\sin\theta_1 \tag{9-65}$$

$$y_1 = -l_1\cos\theta_1 \tag{9-66}$$

$$x_2 = l_1\sin\theta_1 + l_2\sin\theta_2 \tag{9-67}$$

$$y_2 = -l_1\cos\theta_1 - l_2\cos\theta_2 \tag{9-68}$$

它们对时间的导数为：

$$\dot{x}_1 = l_1\dot{\theta}_1\cos\theta_1 \tag{9-69}$$

$$\dot{y}_1 = l_1\dot{\theta}_1\sin\theta_1 \tag{9-70}$$

$$\dot{x}_2 = l_1\dot{\theta}_1\cos\theta_1 + l_2\dot{\theta}_2\cos\theta_2 \tag{9-71}$$

$$y_2 = l_1\dot{\theta}_1\sin\theta_1 + l_2\dot{\theta}_2\sin\theta_2 \tag{9-72}$$

由此可得，物块速度的平方为：

$$v_1^2 = \dot{x}_1^2 + \dot{y}_1^2 = l_1^2\dot{\theta}_1^2 \tag{9-73}$$

$$v_2^2 = \dot{x}_2^2 + \dot{y}_2^2 = l_1^2\dot{\theta}_1^2 + l_2^2\dot{\theta}_2^2 + 2l_1l_2\dot{\theta}_1\dot{\theta}_2\cos(\theta_1-\theta_2) \tag{9-74}$$

由此就可以得到单摆的动能：

$$\begin{aligned} K &= \frac{1}{2}m_1 v_1^2 + \frac{1}{2}m_2 v_2^2 \\ &= \frac{1}{2}m_1 l_1^2 \dot{\theta}_1^2 + \frac{1}{2}m_2[l_1^2\dot{\theta}_1^2 + l_2^2\dot{\theta}_2^2 + 2l_1 l_2 \dot{\theta}_1\dot{\theta}_2\cos(\theta_1-\theta_2)] \end{aligned} \tag{9-75}$$

系统的势能等价于每个物块势能之和：

$$V = m_1 g y_1 + m_2 g y_2 = -m_1 g l_1\cos\theta_1 - m_2 g(l_1\cos\theta_1 + l_2\cos\theta_2) \tag{9-76}$$

$$\begin{aligned} \mathcal{L} = K - V = \frac{1}{2}m_1 l_1^2\dot{\theta}_1^2 + \frac{1}{2}m_2[l_1^2\dot{\theta}_1^2 + l_2^2\dot{\theta}_2^2 + 2l_1l_2\dot{\theta}_1\dot{\theta}_2\cos(\theta_1-\theta_2)] + \\ m_1 g l_1\cos\theta_1 + m_2 g(l_1\cos\theta_1 + l_2\cos\theta_2) \end{aligned} \tag{9-77}$$

利用拉格朗日方程式（9-2）可以找到以下运动方程：

$$\begin{aligned} \frac{\mathrm{d}}{\mathrm{d}t}\left(\frac{\partial\mathcal{L}}{\partial\dot{\theta}_1}\right) - \frac{\partial\mathcal{L}}{\partial\theta_1} = (m_1+m_2)l_1^2\ddot{\theta}_1 + m_2 l_1 l_2\ddot{\theta}_2\cos(\theta_1-\theta_2) - \\ m_2 l_1 l_2\dot{\theta}_2^2\sin(\theta_1-\theta_2) + (m_1+m_2)l_1 g\sin\theta_1 = 0 \end{aligned} \tag{9-78}$$

$$\begin{aligned} \frac{\mathrm{d}}{\mathrm{d}t}\left(\frac{\partial\mathcal{L}}{\partial\dot{\theta}_2}\right) - \frac{\partial\mathcal{L}}{\partial\theta_2} = m_2 l_2^2\ddot{\theta}_2 + m_2 l_1 l_2\ddot{\theta}_1\cos(\theta_1-\theta_2) + \\ m_2 l_1 l_2\dot{\theta}_1^2\sin(\theta_1-\theta_2) + m_2 l_2 g\sin\theta_1 = 0 \end{aligned} \tag{9-79}$$

案例 381 链状系列单摆。

假设由一系列 n 个单摆串联起来的单摆系统如图 9.8 所示。每个单摆由一个无质量棒固定，棒的长度为 l_i，单摆的质量为 m_i，而广义的角速度坐标 θ_i 测量的方向为垂直方向。

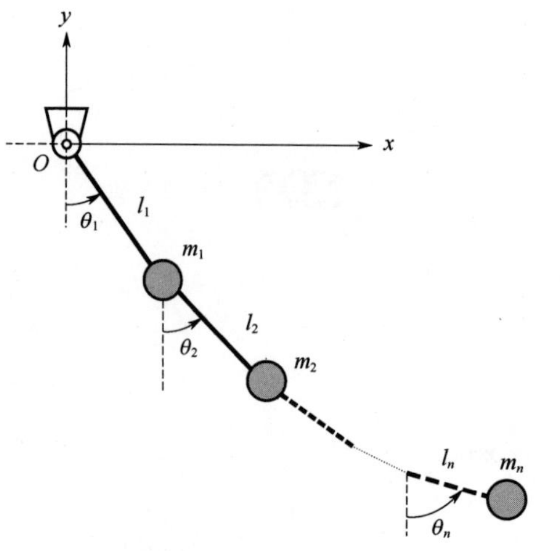

图 9.8 链状系列单摆系统

质点 m_i 的坐标 x_i 和 y_i 为：

$$x_i = \sum_{j=1}^{i} l_j\sin\theta_j \tag{9-80}$$

$$y_i = -\sum_{j=1}^{i} l_j\cos\theta_j \tag{9-81}$$

它们的时间导数为：

$$\dot{x}_i = \sum_{j=1}^{i} l_j\dot{\theta}_j\cos\theta_j \tag{9-82}$$

$$\dot{y}_i = \sum_{j=1}^{i} l_j\dot{\theta}_j\sin\theta_j \tag{9-83}$$

它们的平方分别为：

$$\dot{x}_i^2 = \left(\sum_{j=1}^{i} l_j\dot{\theta}_j\sin\theta_j\right)\left(\sum_{k=1}^{i} l_k\dot{\theta}_k\sin\theta_k\right) = \sum_{j=1}^{i}\sum_{k=1}^{i} l_j l_k\dot{\theta}_j\dot{\theta}_k\cos\theta_j\cos\theta_k \tag{9-84}$$

$$\dot{y}_i^2 = \left(\sum_{j=1}^{i} l_j\dot{\theta}_j\cos\theta_j\right)\left(\sum_{k=1}^{i} l_k\dot{\theta}_k\cos\theta_k\right) = \sum_{j=1}^{i}\sum_{k=1}^{i} l_j l_k\dot{\theta}_j\dot{\theta}_k\sin\theta_j\sin\theta_k \tag{9-85}$$

计算物块 m_i 的速度 v_i 为：

$$\begin{aligned} v_i^2 &= \dot{x}_i^2 + \dot{y}_i^2 \\ &= \sum_{j=1}^{i}\sum_{k=1}^{i} l_j l_k \dot{\theta}_j \dot{\theta}_k (\cos\theta_j \cos\theta_k + \sin\theta_j \sin\theta_k) = \sum_{j=1}^{i}\sum_{k=1}^{i} l_j l_k \dot{\theta}_j \dot{\theta}_k \cos(\theta_j - \theta_k) \\ &= \sum_{r=1}^{i} l_r^2 \dot{\theta}_r^2 + 2\sum_{j=1}^{i}\sum_{k=j+1}^{i} l_j l_k \dot{\theta}_j \dot{\theta}_k \cos(\theta_j - \theta_k) \end{aligned} \tag{9-86}$$

接下来，计算动能 K：

$$\begin{aligned} K &= \frac{1}{2}\sum_{i=1}^{n} m_i v_i^2 \\ &= \frac{1}{2}\sum_{i=1}^{n} m_i \left(\sum_{r=1}^{i} l_r^2 \dot{\theta}_r^2 + 2\sum_{j=1}^{i}\sum_{k=j+1}^{i} l_j l_k \dot{\theta}_j \dot{\theta}_k \cos(\theta_j - \theta_k) \right) \\ &= \frac{1}{2}\sum_{i=1}^{n}\sum_{r=1}^{i} m_i l_r^2 \dot{\theta}_r^2 + \sum_{i=1}^{n}\sum_{j=1}^{i}\sum_{k=j+1}^{i} m_i l_j l_k \dot{\theta}_j \dot{\theta}_k \cos(\theta_j - \theta_k) \end{aligned} \tag{9-87}$$

第 i 个单摆的势能为：

$$V_i = m_i g y_i = -m_i g \sum_{j=1}^{i} l_j \cos\theta_j \tag{9-88}$$

因此，整个单摆链的势能为：

$$V = \sum_{i=1}^{n} m_i g y_i = -\sum_{i=1}^{n}\sum_{j=1}^{i} m_i g l_j \cos\theta_j \tag{9-89}$$

利用拉格朗日算子 $\mathcal{L}$，可以找到单摆链的运动方程：

$$\mathcal{L} = K - V \tag{9-90}$$

应用拉格朗日方程得：

$$\frac{\mathrm{d}}{\mathrm{d}t}\left(\frac{\partial \mathcal{L}}{\partial \dot{q}_s}\right) - \frac{\partial \mathcal{L}}{\partial q_s} = 0, \qquad s = 1,2,\cdots,n \tag{9-91}$$

或

$$\frac{\mathrm{d}}{\mathrm{d}t}\left(\frac{\partial K}{\partial \dot{q}_s}\right) - \frac{\partial K}{\partial q_s} + \frac{\partial V}{\partial q_s} = 0, \qquad s = 1, 2, \cdots, n \tag{9-92}$$

9.2 正交矩阵

如果 $\boldsymbol{m}$ 是一个 $n \times n$ 的方形矩阵，$\boldsymbol{x}$ 是一个 $n \times 1$ 的矢量，那么 $\boldsymbol{S}$ 是一个标量函数，称为正交矩阵，定义式为：

$$\boldsymbol{S} = \boldsymbol{x}^{\mathrm{T}} \boldsymbol{m} \boldsymbol{x} \tag{9-93}$$

对正交矩阵 $\boldsymbol{S}$ 中的 $\boldsymbol{x}$ 求偏导可得：

$$\frac{\partial \boldsymbol{S}}{\partial \boldsymbol{x}} = (\boldsymbol{m} + \boldsymbol{m}^{\mathrm{T}})\boldsymbol{x} \tag{9-94}$$

如果动能 K、势能 V、消散函数 D 都是正交函数：

$$\boldsymbol{K}=\frac{1}{2}\dot{\boldsymbol{x}}^{\mathrm{T}}\boldsymbol{m}\dot{\boldsymbol{x}} \tag{9-95}$$

$$\boldsymbol{V}=\frac{1}{2}\boldsymbol{x}^{\mathrm{T}}\boldsymbol{k}\boldsymbol{x} \tag{9-96}$$

$$\boldsymbol{D}=\frac{1}{2}\dot{\boldsymbol{x}}^{\mathrm{T}}\boldsymbol{c}\dot{\boldsymbol{x}} \tag{9-97}$$

那么：

$$\frac{\partial \boldsymbol{K}}{\partial \dot{\boldsymbol{x}}}=\frac{1}{2}(\boldsymbol{m}+\boldsymbol{m}^{\mathrm{T}})\dot{\boldsymbol{x}} \tag{9-98}$$

$$\frac{\partial \boldsymbol{V}}{\partial \boldsymbol{x}}=\frac{1}{2}(\boldsymbol{k}+\boldsymbol{k}^{\mathrm{T}})\boldsymbol{x} \tag{9-99}$$

$$\frac{\partial \boldsymbol{D}}{\partial \dot{\boldsymbol{x}}}=\frac{1}{2}(\boldsymbol{c}+\boldsymbol{c}^{\mathrm{T}})\dot{\boldsymbol{x}} \tag{9-100}$$

将以上结果代入拉格朗日方程可以得到：

$$\frac{\mathrm{d}}{\mathrm{d}t}\left(\frac{\partial \boldsymbol{K}}{\partial \dot{\boldsymbol{x}}}\right)-\frac{\partial \boldsymbol{K}}{\partial \boldsymbol{x}}+\frac{\partial \boldsymbol{D}}{\partial \dot{\boldsymbol{x}}}+\frac{\partial \boldsymbol{V}}{\partial \boldsymbol{x}}=\boldsymbol{F} \tag{9-101}$$

由此可得一个线性 n 自由度振动系统的运动方程为：

$$\underline{\boldsymbol{m}}\ddot{\boldsymbol{x}}+\underline{\boldsymbol{c}}\dot{\boldsymbol{x}}+\underline{\boldsymbol{k}}\boldsymbol{x}=\boldsymbol{F} \tag{9-102}$$

式中，$\boldsymbol{m}$、$\boldsymbol{c}$、$\boldsymbol{k}$ 为斜交矩阵：

$$\underline{\boldsymbol{m}}=\frac{1}{2}(\boldsymbol{m}+\boldsymbol{m}^{\mathrm{T}}) \tag{9-103}$$

$$\underline{\boldsymbol{c}}=\frac{1}{2}(\boldsymbol{c}+\boldsymbol{c}^{\mathrm{T}}) \tag{9-104}$$

$$\underline{\boldsymbol{k}}=\frac{1}{2}(\boldsymbol{k}+\boldsymbol{k}^{\mathrm{T}}) \tag{9-105}$$

正交矩阵又称为厄米 (Hermitian) 形式。

证明 56：先定义一个一般的非对称正交矩阵：

$$\boldsymbol{S}=\boldsymbol{x}^{\mathrm{T}}\boldsymbol{a}\boldsymbol{y}=\sum_i\sum_j x_i a_{ij} y_j \tag{9-106}$$

如果正交矩阵是对称的，那么 $\boldsymbol{x}=\boldsymbol{y}$ ，并且

$$\boldsymbol{S}=\boldsymbol{x}^{\mathrm{T}}\boldsymbol{a}\boldsymbol{x}=\sum_i\sum_j x_i a_{ij} x_j \tag{9-107}$$

矢量 $\boldsymbol{x}$ 和 $\boldsymbol{y}$ 可以是 n 个广义坐标 q_i 和 t 的函数，数学式表达为：

$$\boldsymbol{x}=\boldsymbol{x}(q_1, q_2, \cdots, q_n, t) \tag{9-108}$$

$$\boldsymbol{y}=\boldsymbol{y}(q_1, q_2, \cdots, q_n, t) \tag{9-109}$$

$$\boldsymbol{q}=[q_1, q_2, \cdots, q_n]^{\mathrm{T}} \tag{9-110}$$

将 $\boldsymbol{x}$ 对 $\boldsymbol{q}$ 求偏导可以得到一个方形矩阵：

$$\frac{\partial \boldsymbol{x}}{\partial \boldsymbol{q}}=\begin{bmatrix}\frac{\partial x_1}{\partial q_1} & \frac{\partial x_2}{\partial q_1} & \cdots & \frac{\partial x_n}{\partial q_1}\\ \frac{\partial x_1}{\partial q_2} & \frac{\partial x_2}{\partial q_2} & \cdots & \frac{\partial x_n}{\partial q_2}\\ \vdots & \vdots & \ddots & \vdots\\ \frac{\partial x_1}{\partial q_n} & \frac{\partial x_2}{\partial q_n} & \cdots & \frac{\partial x_n}{\partial q_n}\end{bmatrix} \tag{9-111}$$

这也可以表示为：

$$\frac{\partial \boldsymbol{x}}{\partial \boldsymbol{q}}=\begin{bmatrix}\frac{\partial x_1}{\partial \boldsymbol{q}} & \frac{\partial x_2}{\partial \boldsymbol{q}} & \cdots & \frac{\partial x_n}{\partial \boldsymbol{q}}\end{bmatrix} \tag{9-112}$$

或是

$$\frac{\partial \boldsymbol{x}}{\partial \boldsymbol{q}}=\begin{bmatrix}\frac{\partial \boldsymbol{x}}{\partial q_1}\\ \frac{\partial \boldsymbol{x}}{\partial q_2}\\ \vdots\\ \frac{\partial \boldsymbol{x}}{\partial q_n}\end{bmatrix} \tag{9-113}$$

现在，将 $\boldsymbol{S}$ 对其中的一个元素 q_k 求导可得：

$$\begin{aligned}\frac{\partial \boldsymbol{S}}{\partial q_k}&=\frac{\partial}{\partial q_k}\sum_i\sum_j x_i a_{ij} y_j=\sum_i\sum_j \frac{\partial x_i}{\partial q_k}a_{ij}y_j+\sum_i\sum_j x_i a_{ij}\frac{\partial y_j}{\partial q_k}\\ &=\sum_j\sum_i \frac{\partial x_i}{\partial q_k}a_{ij}y_j+\sum_i\sum_j \frac{\partial y_j}{\partial q_k}a_{ij}x_i=\sum_i\sum_j \frac{\partial x_i}{\partial q_k}a_{ij}y_j+\sum_j\sum_i \frac{\partial y_i}{\partial q_k}a_{ji}x_j\end{aligned} \tag{9-114}$$

因此，$\boldsymbol{S}$ 对 $\boldsymbol{q}$ 的偏导为：

$$\frac{\partial \boldsymbol{S}}{\partial \boldsymbol{q}}=\frac{\partial \boldsymbol{x}}{\partial \boldsymbol{q}}\boldsymbol{a}\boldsymbol{y}+\frac{\partial \boldsymbol{y}}{\partial \boldsymbol{q}}\boldsymbol{a}^{\mathrm{T}}\boldsymbol{x} \tag{9-115}$$

如果 $\boldsymbol{S}$ 是对称正交矩阵，那么：

$$\frac{\partial \boldsymbol{S}}{\partial \boldsymbol{q}}=\frac{\partial}{\partial \boldsymbol{q}}(\boldsymbol{x}^{\mathrm{T}}\boldsymbol{a}\boldsymbol{x})=\frac{\partial \boldsymbol{x}}{\partial \boldsymbol{q}}\boldsymbol{a}\boldsymbol{x}+\frac{\partial \boldsymbol{x}}{\partial \boldsymbol{q}}\boldsymbol{a}^{\mathrm{T}}\boldsymbol{x} \tag{9-116}$$

如果 $\boldsymbol{q}=\boldsymbol{x}$，那么对称矩阵 $\boldsymbol{S}$ 对 $\boldsymbol{x}$ 的偏导为：

$$\frac{\partial \boldsymbol{S}}{\partial \boldsymbol{x}}=\frac{\partial \boldsymbol{x}}{\partial \boldsymbol{x}}\boldsymbol{a}\boldsymbol{x}+\frac{\partial \boldsymbol{x}}{\partial \boldsymbol{x}}\boldsymbol{a}^{\mathrm{T}}\boldsymbol{x}=\boldsymbol{a}\boldsymbol{x}+\boldsymbol{a}^{\mathrm{T}}\boldsymbol{x}=(\boldsymbol{a}+\boldsymbol{a}^{\mathrm{T}})\boldsymbol{x} \tag{9-117}$$

如果 $\boldsymbol{a}$ 是对称矩阵，那么：

$$\boldsymbol{a}+\boldsymbol{a}^{\mathrm{T}}=2\boldsymbol{a} \tag{9-118}$$

如果 $\boldsymbol{a}$ 不是对称矩阵，那么 $\underline{\boldsymbol{a}}=\boldsymbol{a}+\boldsymbol{a}^{\mathrm{T}}$ 是一个对称矩阵，由于：

$$\underline{a}_{ij}=a_{ij}+a_{ji}=a_{ji}+a_{ij}=\underline{a}_{ji} \tag{9-119}$$

因此：

$$\underline{\boldsymbol{a}} = \underline{\boldsymbol{a}}^{\mathrm{T}} \tag{9-120}$$

动能 K、势能 V、消散函数 D 都可以表示成正交矩阵的形式：

$$\boldsymbol{K} = \frac{1}{2}\dot{\boldsymbol{x}}^{\mathrm{T}}\boldsymbol{m}\dot{\boldsymbol{x}} \tag{9-121}$$

$$\boldsymbol{V} = \frac{1}{2}\boldsymbol{x}^{\mathrm{T}}\boldsymbol{k}\boldsymbol{x} \tag{9-122}$$

$$\boldsymbol{D} = \frac{1}{2}\dot{\boldsymbol{x}}^{\mathrm{T}}\boldsymbol{c}\dot{\boldsymbol{x}} \tag{9-123}$$

将它们代入拉格朗日方程可以得到运动方程：

$$\begin{aligned} F &= \frac{\mathrm{d}}{\mathrm{d}t}\left(\frac{\partial \boldsymbol{K}}{\partial \dot{\boldsymbol{x}}}\right) - \frac{\partial \boldsymbol{K}}{\partial \boldsymbol{x}} + \frac{\partial \boldsymbol{D}}{\partial \dot{\boldsymbol{x}}} + \frac{\partial \boldsymbol{V}}{\partial \boldsymbol{x}} \\ &= \frac{1}{2}\left\{\frac{\mathrm{d}}{\mathrm{d}t}[(\boldsymbol{m}+\boldsymbol{m}^{\mathrm{T}})\dot{\boldsymbol{x}}] + [(\boldsymbol{c}+\boldsymbol{c}^{\mathrm{T}})\dot{\boldsymbol{x}}] + [(\boldsymbol{k}+\boldsymbol{k}^{\mathrm{T}})\boldsymbol{x}]\right\} \\ &= \frac{1}{2}(\boldsymbol{m}+\boldsymbol{m}^{\mathrm{T}})\ddot{\boldsymbol{x}} + \frac{1}{2}(\boldsymbol{c}+\boldsymbol{c}^{\mathrm{T}})\dot{\boldsymbol{x}} + \frac{1}{2}(\boldsymbol{k}+\boldsymbol{k}^{\mathrm{T}})\boldsymbol{x} \\ &= \underline{\boldsymbol{m}}\ddot{\boldsymbol{x}} + \underline{\boldsymbol{c}}\dot{\boldsymbol{x}} + \underline{\boldsymbol{k}}\boldsymbol{x} \end{aligned} \tag{9-124}$$

其中：

$$\underline{\boldsymbol{m}} = \frac{1}{2}(\boldsymbol{m}+\boldsymbol{m}^{\mathrm{T}}) \tag{9-125}$$

$$\underline{\boldsymbol{c}} = \frac{1}{2}(\boldsymbol{c}+\boldsymbol{c}^{\mathrm{T}}) \tag{9-126}$$

$$\underline{\boldsymbol{k}} = \frac{1}{2}(\boldsymbol{k}+\boldsymbol{k}^{\mathrm{T}}) \tag{9-127}$$

后续内容中，假设每一个运动方程都是从拉格朗日方程推导出来的，它们都带有对称矩阵作为系数。因此，将运动方程写成：

$$\underline{\boldsymbol{m}}\ddot{\boldsymbol{x}} + \underline{\boldsymbol{c}}\dot{\boldsymbol{x}} + \underline{\boldsymbol{k}}\boldsymbol{x} = \boldsymbol{F} \tag{9-128}$$

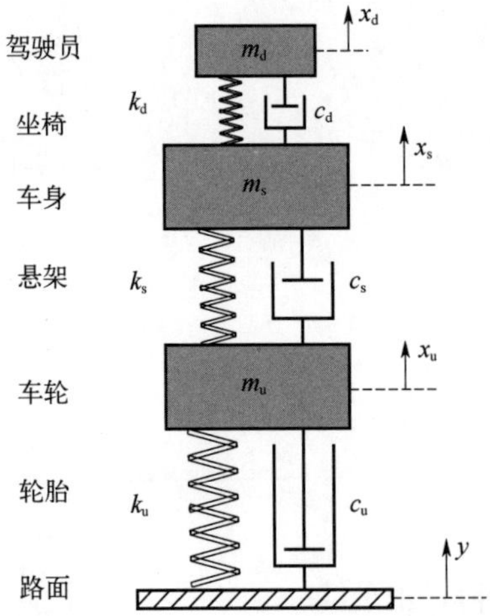

图 9.9 带驾驶员的四分之一车辆振动模型

这里的 $\underline{\boldsymbol{m}}$ 、$\underline{\boldsymbol{c}}$ 、$\underline{\boldsymbol{k}}$ 分别用 $\boldsymbol{m}$、$\boldsymbol{c}$、$\boldsymbol{k}$ 代替可得：

$$\boldsymbol{m}\ddot{\boldsymbol{x}} + \boldsymbol{c}\dot{\boldsymbol{x}} + \boldsymbol{k}\boldsymbol{x} = \boldsymbol{F} \tag{9-129}$$

案例 382 带有驾驶员及座椅的四分之一车辆模型。

图 9.9 给出了一个四分之一车辆模型加上一个驾驶员，图中模拟了一个质量为 m_d 的驾驶员，坐在一个呈线性弹力座椅上，它安装于簧载质量 m_s 之上。

假设：

$$y = 0 \tag{9-130}$$

用前面所述的拉格朗日方程结合正交矩阵求导方法，得到自由振动运动方程。

系统的动能 K 可以表示为：

$$K=\frac{1}{2}m_{\mathrm{u}}\dot{x}_{\mathrm{u}}^2+\frac{1}{2}m_{\mathrm{s}}\dot{x}_{\mathrm{s}}^2+\frac{1}{2}m_{\mathrm{d}}\dot{x}_{\mathrm{d}}^2$$
$$=\frac{1}{2}[\dot{x}_{\mathrm{u}}\quad \dot{x}_{\mathrm{s}}\quad \dot{x}_{\mathrm{d}}]\begin{bmatrix}m_{\mathrm{u}}&0&0\\0&m_{\mathrm{s}}&0\\0&0&m_{\mathrm{d}}\end{bmatrix}\begin{bmatrix}\dot{x}_{\mathrm{u}}\\\dot{x}_{\mathrm{s}}\\\dot{x}_{\mathrm{d}}\end{bmatrix}=\frac{1}{2}\dot{\boldsymbol{x}}^{\mathrm{T}}\boldsymbol{m}\dot{\boldsymbol{x}} \tag{9-131}$$

势能 V 可以表示为：

$$V=\frac{1}{2}k_{\mathrm{u}}(x_{\mathrm{u}})^2+\frac{1}{2}m_{\mathrm{s}}(x_{\mathrm{s}}-x_{\mathrm{u}})^2+\frac{1}{2}m_{\mathrm{d}}(x_{\mathrm{d}}-x_{\mathrm{s}})^2$$
$$=\frac{1}{2}[x_{\mathrm{u}}\quad x_{\mathrm{s}}\quad x_{\mathrm{d}}]\begin{bmatrix}k_{\mathrm{u}}+k_{\mathrm{s}}&-k_{\mathrm{s}}&0\\-k_{\mathrm{s}}&k_{\mathrm{s}}+k_{\mathrm{d}}&-k_{\mathrm{d}}\\0&-k_{\mathrm{d}}&k_{\mathrm{d}}\end{bmatrix}\begin{bmatrix}x_{\mathrm{u}}\\x_{\mathrm{s}}\\x_{\mathrm{d}}\end{bmatrix}=\frac{1}{2}\boldsymbol{x}^{\mathrm{T}}\boldsymbol{k}\boldsymbol{x} \tag{9-132}$$

同理可得，消散函数 D 可以表示为：

$$D=\frac{1}{2}c_{\mathrm{u}}(\dot{x}_{\mathrm{u}})^2+\frac{1}{2}c_{\mathrm{s}}(\dot{x}_{\mathrm{s}}-\dot{x}_{\mathrm{u}})^2+\frac{1}{2}c_{\mathrm{d}}(\dot{x}_{\mathrm{d}}-\dot{x}_{\mathrm{s}})^2$$
$$=\frac{1}{2}[\dot{x}_{\mathrm{u}}\quad \dot{x}_{\mathrm{s}}\quad \dot{x}_{\mathrm{d}}]\begin{bmatrix}c_{\mathrm{u}}+c_{\mathrm{s}}&-c_{\mathrm{s}}&0\\-c_{\mathrm{s}}&c_{\mathrm{s}}+c_{\mathrm{d}}&-c_{\mathrm{d}}\\0&-c_{\mathrm{d}}&c_{\mathrm{d}}\end{bmatrix}\begin{bmatrix}\dot{x}_{\mathrm{u}}\\\dot{x}_{\mathrm{s}}\\\dot{x}_{\mathrm{d}}\end{bmatrix}=\frac{1}{2}\dot{\boldsymbol{x}}^{\mathrm{T}}\boldsymbol{c}\dot{\boldsymbol{x}} \tag{9-133}$$

利用正交矩阵求导公式，可以得到 K、V 和 D 对于它们各自变量的倒数：

$$\frac{\partial K}{\partial \dot{\boldsymbol{x}}}=\frac{1}{2}(\boldsymbol{m}+\boldsymbol{m}^{\mathrm{T}})\dot{\boldsymbol{x}}=\frac{1}{2}(\boldsymbol{m}+\boldsymbol{m}^{\mathrm{T}})\begin{bmatrix}\dot{x}_{\mathrm{u}}\\\dot{x}_{\mathrm{s}}\\\dot{x}_{\mathrm{d}}\end{bmatrix}=\begin{bmatrix}m_{\mathrm{u}}&0&0\\0&m_{\mathrm{s}}&0\\0&0&m_{\mathrm{d}}\end{bmatrix}\begin{bmatrix}\dot{x}_{\mathrm{u}}\\\dot{x}_{\mathrm{s}}\\\dot{x}_{\mathrm{d}}\end{bmatrix} \tag{9-134}$$

$$\frac{\partial V}{\partial \boldsymbol{x}}=\frac{1}{2}(\boldsymbol{k}+\boldsymbol{k}^{\mathrm{T}})\boldsymbol{x}=\frac{1}{2}(\boldsymbol{k}+\boldsymbol{k}^{\mathrm{T}})\begin{bmatrix}x_{\mathrm{u}}\\x_{\mathrm{s}}\\x_{\mathrm{d}}\end{bmatrix}=\begin{bmatrix}k_{\mathrm{u}}+k_{\mathrm{s}}&-k_{\mathrm{s}}&0\\-k_{\mathrm{s}}&k_{\mathrm{s}}+k_{\mathrm{d}}&-k_{\mathrm{d}}\\0&-k_{\mathrm{d}}&k_{\mathrm{d}}\end{bmatrix}\begin{bmatrix}x_{\mathrm{u}}\\x_{\mathrm{s}}\\x_{\mathrm{d}}\end{bmatrix} \tag{9-135}$$

$$\frac{\partial D}{\partial \dot{\boldsymbol{x}}}=\frac{1}{2}(\boldsymbol{c}+\boldsymbol{c}^{\mathrm{T}})\dot{\boldsymbol{x}}=\frac{1}{2}(\boldsymbol{c}+\boldsymbol{c}^{\mathrm{T}})\begin{bmatrix}\dot{x}_{\mathrm{u}}\\\dot{x}_{\mathrm{s}}\\\dot{x}_{\mathrm{d}}\end{bmatrix}=\begin{bmatrix}c_{\mathrm{u}}+c_{\mathrm{s}}&-c_{\mathrm{s}}&0\\-c_{\mathrm{s}}&c_{\mathrm{s}}+c_{\mathrm{d}}&-c_{\mathrm{d}}\\0&-c_{\mathrm{d}}&c_{\mathrm{d}}\end{bmatrix}\begin{bmatrix}\dot{x}_{\mathrm{u}}\\\dot{x}_{\mathrm{s}}\\\dot{x}_{\mathrm{d}}\end{bmatrix} \tag{9-136}$$

由此，可以找到该系统的自由振动运动方程：

$$\boldsymbol{m}\ddot{\boldsymbol{x}}+\boldsymbol{c}\dot{\boldsymbol{x}}+\boldsymbol{k}\boldsymbol{x}=0 \tag{9-137}$$

$$\begin{bmatrix}m_{\mathrm{u}}&0&0\\0&m_{\mathrm{s}}&0\\0&0&m_{\mathrm{d}}\end{bmatrix}\begin{bmatrix}\ddot{x}_{\mathrm{u}}\\\ddot{x}_{\mathrm{s}}\\\ddot{x}_{\mathrm{d}}\end{bmatrix}+\begin{bmatrix}c_{\mathrm{u}}+c_{\mathrm{s}}&-c_{\mathrm{s}}&0\\-c_{\mathrm{s}}&c_{\mathrm{s}}+c_{\mathrm{d}}&-c_{\mathrm{d}}\\0&-c_{\mathrm{d}}&c_{\mathrm{d}}\end{bmatrix}\begin{bmatrix}\dot{x}_{\mathrm{u}}\\\dot{x}_{\mathrm{s}}\\\dot{x}_{\mathrm{d}}\end{bmatrix}+\begin{bmatrix}k_{\mathrm{u}}+k_{\mathrm{s}}&-k_{\mathrm{s}}&0\\-k_{\mathrm{s}}&k_{\mathrm{s}}+k_{\mathrm{d}}&-k_{\mathrm{d}}\\0&-k_{\mathrm{d}}&k_{\mathrm{d}}\end{bmatrix}\begin{bmatrix}x_{\mathrm{u}}\\x_{\mathrm{s}}\\x_{\mathrm{d}}\end{bmatrix}=0 \tag{9-138}$$

由此案例，还可以知道 $\boldsymbol{m}$、$\boldsymbol{c}$、$\boldsymbol{k}$ 都是对称矩阵，于是有：

$$\boldsymbol{m}\equiv\underline{\boldsymbol{m}} \tag{9-139}$$

$$\boldsymbol{c}\equiv\underline{\boldsymbol{c}} \tag{9-140}$$

$$\boldsymbol{k}\equiv\underline{\boldsymbol{k}} \tag{9-141}$$

案例 383 不同的 $\boldsymbol{m}$、$\boldsymbol{c}$、$\boldsymbol{k}$ 布置形式。

一个振动系统的质量、阻尼、刚度的矩阵 $\boldsymbol{m}$、$\boldsymbol{c}$、$\boldsymbol{k}$ 可以布置成不同的形式，但是它们都有着同样的动能 K、势能 V 以及消散函数 D。例如，如图 9.9 所示四分之一车辆模型里的势能 V 可以用不同的 $\boldsymbol{k}$ 表达出来：

$$V=\frac{1}{2}k_{\mathrm{u}}(x_{\mathrm{u}})^2+\frac{1}{2}m_{\mathrm{s}}(x_{\mathrm{s}}-x_{\mathrm{u}})^2+\frac{1}{2}m_{\mathrm{d}}(x_{\mathrm{d}}-x_{\mathrm{s}})^2 \tag{9-142}$$

$$V=\frac{1}{2}[x_{\mathrm{u}}\quad x_{\mathrm{s}}\quad x_{\mathrm{d}}]\begin{bmatrix} k_{\mathrm{u}}+k_{\mathrm{s}} & -k_{\mathrm{s}} & 0 \\ -k_{\mathrm{s}} & k_{\mathrm{s}}+k_{\mathrm{d}} & -k_{\mathrm{d}} \\ 0 & -k_{\mathrm{d}} & k_{\mathrm{d}} \end{bmatrix}\begin{bmatrix} x_{\mathrm{u}} \\ x_{\mathrm{s}} \\ x_{\mathrm{d}} \end{bmatrix}=\frac{1}{2}\boldsymbol{x}^{\mathrm{T}}\boldsymbol{k}\boldsymbol{x} \tag{9-143}$$

$$V=\frac{1}{2}[x_{\mathrm{u}}\quad x_{\mathrm{s}}\quad x_{\mathrm{d}}]\begin{bmatrix} k_{\mathrm{u}}+k_{\mathrm{s}} & -2k_{\mathrm{s}} & 0 \\ 0 & k_{\mathrm{s}}+k_{\mathrm{d}} & -2k_{\mathrm{d}} \\ 0 & 0 & k_{\mathrm{d}} \end{bmatrix}\begin{bmatrix} x_{\mathrm{u}} \\ x_{\mathrm{s}} \\ x_{\mathrm{d}} \end{bmatrix}=\frac{1}{2}\boldsymbol{x}^{\mathrm{T}}\boldsymbol{k}\boldsymbol{x} \tag{9-144}$$

$$V=\frac{1}{2}[x_{\mathrm{u}}\quad x_{\mathrm{s}}\quad x_{\mathrm{d}}]\begin{bmatrix} k_{\mathrm{u}}+k_{\mathrm{s}} & 0 & 0 \\ -2k_{\mathrm{s}} & k_{\mathrm{s}}+k_{\mathrm{d}} & 0 \\ 0 & -2k_{\mathrm{d}} & k_{\mathrm{d}} \end{bmatrix}\begin{bmatrix} x_{\mathrm{u}} \\ x_{\mathrm{s}} \\ x_{\mathrm{d}} \end{bmatrix}=\frac{1}{2}\boldsymbol{x}^{\mathrm{T}}\boldsymbol{k}\boldsymbol{x} \tag{9-145}$$

虽然矩阵 $\boldsymbol{m}$、$\boldsymbol{c}$、$\boldsymbol{k}$ 在 K、D 以及 V 中可能并不是对称矩阵，但是矩阵 $\boldsymbol{m}$、$\boldsymbol{c}$、$\boldsymbol{k}$ 在 $\partial K/\partial\dot{x}$、$\partial D/\partial\dot{x}$ 以及 $\partial V/\partial x$ 中都是对称矩阵。

当一个矩阵 $\boldsymbol{a}$ 是对角线矩阵时，它既是对称矩阵且：

$$\boldsymbol{a}=\underline{\boldsymbol{a}} \tag{9-146}$$

一个对角线矩阵不能写成其他的形式。案例 382 中的矩阵 $\boldsymbol{m}$ 是对角线矩阵，因此，动能 K 的表达方式[式（9-131）]是唯一的。

案例 384 正定矩阵。

如果矩阵 $\boldsymbol{a}$ 满足条件 $\boldsymbol{x}^{\mathrm{T}}\boldsymbol{a}\boldsymbol{x}>0$ 且 $\boldsymbol{x}\neq 0$，那么它称为正定矩阵。如果矩阵 $\boldsymbol{a}$ 满足条件 $\boldsymbol{x}^{\mathrm{T}}\boldsymbol{a}\boldsymbol{x}\geqslant 0$ 对于所有的 $\boldsymbol{x}$ 而言，那么它称为半正定矩阵。动能是正定的，意味着只有当 $\dot{\boldsymbol{x}}=0$ 时，才有 $K=0$。势能是半正定的，意味着只要 $x>0$，那么 $V\geqslant 0$，但是可能存在这样的点，当 $\boldsymbol{x}_0>0$ 时，$V=0$。

9.3 固有频率和主振型

无外力无阻尼的振动系统是一个系统基于自然条件下的基础响应，这样的系统称为自由系统。一个自由系统的运动方程如下：

$$\boldsymbol{m}\ddot{\boldsymbol{x}}+\boldsymbol{k}\boldsymbol{x}=0 \tag{9-147}$$

自由系统的响应是一个谐波：

$$\boldsymbol{x}=\sum_{i=1}^{n}\boldsymbol{u}_i[A_i\sin(\omega_i t)+B_i\cos(\omega_i t)],\qquad i=1,2,\cdots,n \tag{9-148}$$

$$\boldsymbol{x}=\sum_{i=1}^{n}C_i\boldsymbol{u}_i\sin(\omega_i t-\varphi_i),\qquad i=1,2,\cdots,n \tag{9-149}$$

式中，ω_i 就是固有频率，$\boldsymbol{u}_i$ 为系统的主振型，未知系数 A_i 和 B_i，或是 C_i 和 φ_i 必须由初始条件确定。

固有频率 ω_i 是系统运动方程的特征值：

$$\det(\boldsymbol{k}-\omega_i^2\boldsymbol{m})=0 \tag{9-150}$$

而波形 $\boldsymbol{u}_i$ 对应于 ω_i 是下列方程的解：

$$(\boldsymbol{k}-\omega_i^2\boldsymbol{m})\boldsymbol{u}_i=0 \tag{9-151}$$

证明 57：将一般运动方程消去力和阻尼：

$$\boldsymbol{m}\ddot{\boldsymbol{x}}+\boldsymbol{c}\dot{\boldsymbol{x}}+\boldsymbol{k}\boldsymbol{x}=\boldsymbol{F} \tag{9-152}$$

就可以找到自由系统的运动方程：

$$\boldsymbol{m}\ddot{\boldsymbol{x}}+\boldsymbol{k}\boldsymbol{x}=0 \tag{9-153}$$

它可能的解具有以下形式：

$$\boldsymbol{x}=\boldsymbol{u}q(t) \tag{9-154}$$

$$x_i=u_iq(t),\qquad i=1,2,\cdots,n \tag{9-155}$$

这个解代表了两个振幅广义坐标的比率，这个运动中的比率不随时间的改变而改变。将式（9-154）代入式（9-153）可得到：

$$\boldsymbol{m}\boldsymbol{u}\ddot{q}(t)+\boldsymbol{k}\boldsymbol{u}q(t)=0 \tag{9-156}$$

将和时间相关的部分分离出来，可以得到：

$$-\frac{\ddot{q}(t)}{q(t)}=(\boldsymbol{m}\boldsymbol{u})^{-1}(\boldsymbol{k}\boldsymbol{u})=\frac{\sum_{j=1}^{n}k_{ij}u_j}{\sum_{j=1}^{n}m_{ij}u_j},\qquad i=1,2,\cdots,n \tag{9-157}$$

由于方程右手边的部分与时间无关，左手边部分与序列号 i 无关，因此，两边都必须等于一个相同的常数。假设这个常数是一个正数 ω^2，因此，式（9-157）可以变为两个独立的方程：

$$\ddot{q}(t)+\omega^2q(t)=0 \tag{9-158}$$

以及：

$$(\boldsymbol{k}-\omega^2\boldsymbol{m})\boldsymbol{u}=0 \tag{9-159}$$

或是写成：

$$\sum_{j=1}^{n}(k_{ij}-\omega^2m_{ij})u_j=0 \tag{9-160}$$

式（9-158） 的解为：

$$q(t)=\sin(\omega t)+\cos(\omega t)=\sin(\omega t-\varphi) \tag{9-161}$$

也就是说，所有系统的广义坐标 x_i 都在做谐波运动，这些谐波运动的频率 ω 是统一的，初始相位 φ 是统一的。频率 ω 可以通过式（9-159）来确定，它是一组含有未知数 $\boldsymbol{u}$ 的齐次方程组。

式（9-159）有一个解 $\boldsymbol{u}=0$，它代表了系统静止时的位置，表示没有运动，这个解称为废解，是不重要的。为了找到其他解，$\boldsymbol{u}$ 的系数矩阵的行列式的值必须为零：

$$\det(\boldsymbol{k}-\omega^2\boldsymbol{m})=0 \tag{9-162}$$

利用式（9-159）求常数ω可以得到方程的非废解，这样的问题被称为求特征值问题。拓展行列式（9-162） 给出了一个被称为特征方程的代数方程。这个特征方程是一个含有ω^2的n个方程，可以得到n个固有频率ω_i。固有频率ω_i可以按下列顺序排成一组：

$$\omega_1 \leqslant \omega_2 \leqslant \cdots \leqslant \omega_n \tag{9-163}$$

ω有n个值说明式（9-161）可能有n个不同的频率ω_i，$i=1,2,\cdots,n$ 。

可以将式（9-162）两边乘以$\boldsymbol{m}^{-1}$，从而得到：

$$\ddot{\boldsymbol{x}}+\boldsymbol{m}^{-1}\boldsymbol{k}\boldsymbol{x}=0 \tag{9-164}$$

得到式（9-162）的特征方程为：

$$\det(\boldsymbol{A}-\lambda\boldsymbol{I})=0 \tag{9-165}$$

其中：

$$\boldsymbol{A}=\boldsymbol{m}^{-1}\boldsymbol{k} \tag{9-166}$$

因此，固有频率 ω_i 等价于矩阵 $\boldsymbol{A}=\boldsymbol{m}^{-1}\boldsymbol{k}$ 的特征值λ_i。

$$\lambda_i=\omega_i^2 \tag{9-167}$$

求满足式（9-159）的矢量$\boldsymbol{u}_i$的问题被称为求特征向量的问题。为了找到特征向量$\boldsymbol{u}_i$，可以先解出式（9-159）的每一个 ω_i 再代入方程：

$$(\boldsymbol{k}-\omega_i^2\boldsymbol{m})\boldsymbol{u}_i=0 \tag{9-168}$$

找到相对应的n个不同的特征向量$\boldsymbol{u}_i$。在振动学和车辆动力学中，特征值ω_i与特征向量$\boldsymbol{u}_i$的对应关系称为主振型。

求矩阵$\boldsymbol{A}=\boldsymbol{m}^{-1}\boldsymbol{k}$的特征向量的另一种方法，可以将

$$(\boldsymbol{A}-\lambda_i\boldsymbol{I})\boldsymbol{u}_i=0 \tag{9-169}$$

代入式（9-168），从而找到主振型。

式（9-168）是齐次方程，因此，如果$\boldsymbol{u}_i$是一个解，那么$a\boldsymbol{u}_i$也是一个解。由此可知，特征向量不唯一，它可以被表达成任意的长度。但是，一个特征向量的任意两个元素间的比值是唯一的，也就是说，$\boldsymbol{u}_i$有唯一的主振型。如果$\boldsymbol{u}_i$一个元素已经确定，那么剩下的$n-1$个元素也就确定了。特征向量的主振型表示了振动中系统坐标的相对振幅。

由于特征向量的长度不一定，那么$\boldsymbol{u}_i$就可能有多种表达方式。最常见的表达方式有：标准化、标准形式、高度单元、第一单元、最后单元。

在标准化方式中，可以调整$\boldsymbol{u}_i$的长度，如：

$$\boldsymbol{u}_i^{\mathrm{T}}\boldsymbol{m}\boldsymbol{u}_i=1 \tag{9-170}$$

或是

$$\boldsymbol{u}_i^{\mathrm{T}}\boldsymbol{k}\boldsymbol{u}_i=1 \tag{9-171}$$

这里分别将$\boldsymbol{u}_i$称为相对于$\boldsymbol{m}$或$\boldsymbol{k}$的标准形式。

在标准形式的表达中，调整$\boldsymbol{u}_i$使向量长度变为1（单位长度）。

在高度单元的表达中，调整$\boldsymbol{u}_i$长度使最长的元素为1（单位长度）。

在第一单元的表达中，调整$\boldsymbol{u}_i$长度使第一位元素为1（单位长度）。

在最后单元的表达中，调整$\boldsymbol{u}_i$长度使最后一位元素为1（单位长度）。

案例 385 特征值和特征向量组成的2×2矩阵。

考虑一个 2×2 矩阵如下所示：

$$\boldsymbol{A}=\begin{bmatrix}5 & 3\\ 2 & 6\end{bmatrix} \tag{9-172}$$

为了找到特征值 λ_i，首先要引入未知量λ，用以找到矩阵的特征方程。特征方程可以通过将矩阵减去未知量λ在主对角线的矩阵得到，然后求出特征方程的行列式值，如下所示：

$$\det(\boldsymbol{A}-\lambda\boldsymbol{I})=\det\left(\begin{bmatrix}5 & 3\\ 2 & 6\end{bmatrix}-\lambda\begin{bmatrix}1 & 0\\ 0 & 1\end{bmatrix}\right)=\det\begin{bmatrix}5-\lambda & 3\\ 2 & 6-\lambda\end{bmatrix} \tag{9-173}$$

$$\det(\boldsymbol{A}-\lambda\boldsymbol{I})=\lambda^2-11\lambda+24 \tag{9-174}$$

使特征方程（9-174） 等于零，可以解出特征值为：

$$\lambda_1=3 \tag{9-175}$$

$$\lambda_2=8 \tag{9-176}$$

然后再通过下列方程求特征值相对应的特征向量 $\boldsymbol{u}_1$ 和 $\boldsymbol{u}_2$：

$$(\boldsymbol{A}-\lambda_1\boldsymbol{I})\boldsymbol{u}_1=0 \tag{9-177}$$

$$(\boldsymbol{A}-\lambda_2\boldsymbol{I})\boldsymbol{u}_2=0 \tag{9-178}$$

先假设特征向量为：

$$\boldsymbol{u}_1=\begin{bmatrix}u_{11}\\ u_{12}\end{bmatrix} \tag{9-179}$$

$$\boldsymbol{u}_2=\begin{bmatrix}u_{21}\\ u_{22}\end{bmatrix} \tag{9-180}$$

由此可得：

$$(\boldsymbol{A}-\lambda_1\boldsymbol{I})\boldsymbol{u}_1=\left(\begin{bmatrix}5 & 3\\ 2 & 6\end{bmatrix}-3\begin{bmatrix}1 & 0\\ 0 & 1\end{bmatrix}\right)\begin{bmatrix}u_{11}\\ u_{12}\end{bmatrix}=\begin{bmatrix}2u_{11}+3u_{12}\\ 2u_{11}+3u_{12}\end{bmatrix}=0 \tag{9-181}$$

$$(\boldsymbol{A}-\lambda_2\boldsymbol{I})\boldsymbol{u}_2=\left(\begin{bmatrix}5 & 3\\ 2 & 6\end{bmatrix}-8\begin{bmatrix}1 & 0\\ 0 & 1\end{bmatrix}\right)\begin{bmatrix}u_{21}\\ u_{22}\end{bmatrix}=\begin{bmatrix}-3u_{21}+3u_{22}\\ 2u_{21}-2u_{22}\end{bmatrix}=0 \tag{9-182}$$

假设特征向量为最后单位表达，即：

$$u_{12}=1 \tag{9-183}$$

$$u_{22}=1 \tag{9-184}$$

可以得到：

$$\boldsymbol{u}_1=\begin{bmatrix}-1.5\\ 1.0\end{bmatrix} \tag{9-185}$$

$$\boldsymbol{u}_2=\begin{bmatrix}1\\ 1\end{bmatrix} \tag{9-186}$$

案例 386 特征向量元素之间的唯一比率。

为了举例说明特征向量元素之间的比率是唯一的，用案例 385 中的特征向量 $\boldsymbol{u}_1$ 和 $\boldsymbol{u}_2$ 做检验。

$$\boldsymbol{u}_1=\begin{bmatrix}2u_{11}+3u_{12}\\2u_{11}+3u_{12}\end{bmatrix}=0 \tag{9-187}$$

$$\boldsymbol{u}_2=\begin{bmatrix}-3u_{21}+3u_{22}\\2u_{21}-2u_{22}\end{bmatrix}=0 \tag{9-188}$$

式中，u_{11}/u_{12} 的值可以通过 $\boldsymbol{u}_1$ 第一行为零得到：

$$\frac{u_{11}}{u_{12}}=-\frac{3}{2}=-1.5 \tag{9-189}$$

再计算 $\boldsymbol{u}_1$ 第二行为零的情况：

$$\frac{u_{11}}{u_{12}}=-\frac{3}{2}=-1.5 \tag{9-190}$$

检验一下它们是否相等。

u_{21}/u_{22} 的值可以通过 $\boldsymbol{u}_2$ 第一行或第二行为零得到，检验一下它们是否相等：

$$\frac{u_{21}}{u_{22}}=\frac{3}{3}=\frac{2}{2}=1 \tag{9-191}$$

案例 387 自由系统的特征。

自由系统有两个特征：一个是固有频率，另一个是主振型。一个 n 自由度的振动系统将有 n 个固有频率 ω_i 和 n 个主振型 $\boldsymbol{u}_i$。固有频率是系统共振的中心区域，而特征向量 $\boldsymbol{u}_i$ 表示出系统的不同坐标系在共振频率 ω_i 作用下的相对振动。每个主振型 $\boldsymbol{u}_i$ 的最大元素表示出系统在共振频率 ω_i 下的最大振动分量或坐标。

案例 388 自由系统的重要性。

自由系统响应是其他所有振动系统响应的核心部分。当有阻尼时，系统的响应极限情况为无阻尼的解。当有外力作用时，自由响应的固有频率表示出共振区域，如果外力的频率和固有频率匹配，那么响应的振幅可以达到无穷大。

案例 389 分离出来的常数符号 ω^2。

式（9-157）的两边必须等于常数才能使等式成立，常数符号的出现是出于物理方面的考虑。一个自由无阻尼的振动系统是一个保守的系统，有着一定量的机械能，因此，在 $t\to\infty$ 时，振幅一定是有限的。如果这个常数是正数，那么响应将是带有常数振幅的谐波。但是如果这个常数是负数，那么响应是呈指数增长的双曲线振幅。

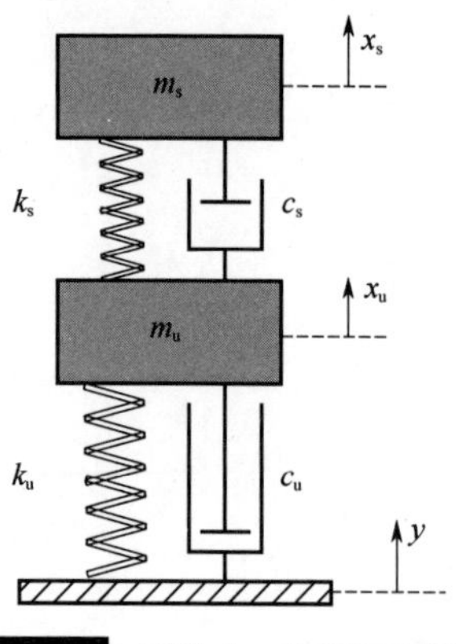

图 9.10 四分之一车辆振动模型

案例 390 四分之一车辆模型的固有频率和主振型。

如图 9.10 所示一个四分之一车辆模型，包含了两个物块，m_s 和 m_u 分别表示了簧载质量和非簧载质量。簧载质量 m_s 表示车身质量的 1/4，非簧载质量 m_u 表示车辆的一个车轮质量。弹簧刚度为 k_s，减振器的黏性阻尼系数为 c_s。弹簧和减振器共同支撑着簧载质量。非簧载质量 m_u 通过一个弹簧 k_u 和阻尼器 c_u 与地直接连接，弹簧和阻尼器分别代表了轮胎的弹簧和阻尼。

四分之一车辆模型的微分运动方程为：

$$m_s\ddot{x}_s=-k_s(x_s-x_u)-c_s(\dot{x}_s-\dot{x}_u) \tag{9-192}$$

$$m_u\ddot{x}_u = k_s(x_s - x_u) + c_s(\dot{x}_s - \dot{x}_u) - k_u(x_u - y) - c_u(\dot{x}_u - \dot{y}) \tag{9-193}$$

这也可以用矩阵形式表示出来：

$$\boldsymbol{m}\ddot{\boldsymbol{x}} + \boldsymbol{c}\dot{\boldsymbol{x}} + \boldsymbol{k}\boldsymbol{x} = \boldsymbol{F} \tag{9-194}$$

$$\begin{bmatrix} m_s & 0 \\ 0 & m_u \end{bmatrix}\begin{bmatrix} \ddot{x}_s \\ \ddot{x}_u \end{bmatrix} + \begin{bmatrix} c_s & -c_s \\ -c_s & c_s + c_u \end{bmatrix}\begin{bmatrix} \dot{x}_s \\ \dot{x}_u \end{bmatrix} + \begin{bmatrix} k_s & -k_s \\ -k_s & k_s + k_u \end{bmatrix}\begin{bmatrix} x_s \\ x_u \end{bmatrix} = \begin{bmatrix} 0 \\ k_u y + c_u\dot{y} \end{bmatrix} \tag{9-195}$$

为了找到车辆四分之一模型的固有频率和主振型，首先要丢掉阻尼和外力部分，分析以下方程：

$$\begin{bmatrix} m_s & 0 \\ 0 & m_u \end{bmatrix}\begin{bmatrix} \ddot{x}_s \\ \ddot{x}_u \end{bmatrix} + \begin{bmatrix} k_s & -k_s \\ -k_s & k_s + k_u \end{bmatrix}\begin{bmatrix} x_s \\ x_u \end{bmatrix} = 0 \tag{9-196}$$

假设一辆车有以下参数：

$$m_s = 400\text{kg} \tag{9-197}$$

$$m_u = 80\text{kg} \tag{9-198}$$

$$k_s = 35000\text{N/kg} \tag{9-199}$$

$$k_u = 200000\text{N/kg} \tag{9-200}$$

这辆车的运动模型为：

$$\begin{bmatrix} 400 & 0 \\ 0 & 80 \end{bmatrix}\begin{bmatrix} \ddot{x}_s \\ \ddot{x}_u \end{bmatrix} + \begin{bmatrix} 35000 & -35000 \\ -35000 & 235000 \end{bmatrix}\begin{bmatrix} x_s \\ x_u \end{bmatrix} = 0 \tag{9-201}$$

车辆的固有频率可以通过解以下特征方程找到：

$$\begin{aligned} \det(\boldsymbol{k} - \omega^2\boldsymbol{m}) &= \det\left(\begin{bmatrix} 35000 & -35000 \\ -35000 & 235000 \end{bmatrix} - \omega^2\begin{bmatrix} 400 & 0 \\ 0 & 80 \end{bmatrix}\right) \\ &= \det\begin{bmatrix} 35000 - 400\omega^2 & -35000 \\ -35000 & 235000 - 80\omega^2 \end{bmatrix} \\ &= 3.2\times10^4\omega^4 - 9.68\times10^7\omega^2 + 7\times10^9 \end{aligned} \tag{9-202}$$

$$\omega_1 = 8.6099\text{rad/s},\ f_1 \approx 1.3703\text{Hz} \tag{9-203}$$

$$\omega_2 = 54.3219\text{rad/s},\ f_2 \approx 8.6456\text{Hz} \tag{9-204}$$

找到对应的主振型，通过式（9-169）有：

$$\begin{aligned} &(\boldsymbol{k} - \omega_1^2\boldsymbol{m})\boldsymbol{u}_1 \\ &= \left(\begin{bmatrix} 35000 & -35000 \\ -35000 & 235000 \end{bmatrix} - 74.1\begin{bmatrix} 400 & 0 \\ 0 & 80 \end{bmatrix}\right)\begin{bmatrix} u_{11} \\ u_{12} \end{bmatrix} = \begin{bmatrix} 5360u_{11} - 35000u_{12} \\ -35000u_{11} + 229072u_{12} \end{bmatrix} = 0 \end{aligned} \tag{9-205}$$

$$\begin{aligned} &(\boldsymbol{k} - \omega_2^2\boldsymbol{m})\boldsymbol{u}_2 \\ &= \left(\begin{bmatrix} 35000 & -35000 \\ -35000 & 235000 \end{bmatrix} - 2950.9\begin{bmatrix} 400 & 0 \\ 0 & 80 \end{bmatrix}\right)\begin{pmatrix} u_{21} \\ u_{22} \end{pmatrix} = \begin{bmatrix} -1145360u_{21} - 35000u_{22} \\ -35000u_{21} - 1072u_{22} \end{bmatrix} = 0 \end{aligned} \tag{9-206}$$

由此可以找到第一单元的 $\boldsymbol{u}_1$ 和 $\boldsymbol{u}_2$ 的表达式，如下所示：

$$\boldsymbol{u}_1 = \begin{bmatrix} 1 \\ 0.1528 \end{bmatrix} \tag{9-207}$$

$$\boldsymbol{u}_2 = \begin{bmatrix} 1 \\ -32.7246 \end{bmatrix} \tag{9-208}$$

可得车辆四分之一模型的自由振动为：

$$x = \sum_{i=1}^{n} \boldsymbol{u}_i [A_i \sin(\omega_i t) + B_i \cos(\omega_i t)], \qquad i = 1,2 \tag{9-209}$$

$$\begin{bmatrix} x_s \\ x_u \end{bmatrix} = \begin{bmatrix} 1 \\ 0.1528 \end{bmatrix} [A_1 \sin(8.6099t) + B_1 \cos(8.6099t)] + \begin{bmatrix} 1 \\ -32.7246 \end{bmatrix} [A_2 \sin(54.3219t) + B_2 \cos(54.3219t)] \tag{9-210}$$

车辆四分之一模型详见脚本22。

9.4 自行车和车体前倾模型

四分之一车辆模型是完美的检测和优化车辆弹跳振动的模型。但是，可以将车的振动模型拓展到包含前倾和其他振动形式的模型。图 9.11 展示了一个车辆的自行车振动模型。这个模型包含车身弹跳 x，车身前倾θ，轮胎弹跳 x_1 和 x_2 以及独立的路面激励 y_1 和 y_2。

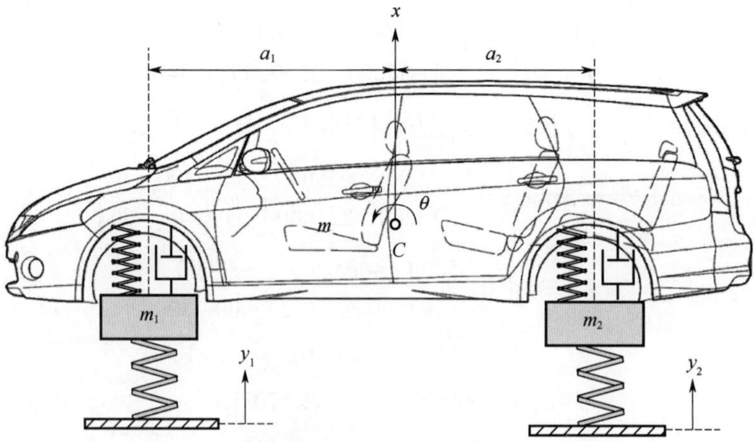

图 9.11 自行车振动模型

一辆车的自行车振动模型的振动方程如下：

$$m\ddot{x} + c_1(\dot{x} - \dot{x}_1 - a_1\dot{\theta}) + c_2(\dot{x} - \dot{x}_2 + a_2\dot{\theta}) + k_1(x - x_1 - a_1\theta) + k_2(x - x_2 + a_2\theta) = 0 \tag{9-211}$$

$$I_y\ddot{\theta} - a_1c_1(\dot{x} - \dot{x}_1 - a_1\dot{\theta}) + a_2c_2(\dot{x} - \dot{x}_2 + a_2\dot{\theta}) - a_1k_1(x - x_1 - a_1\theta) + a_2k_2(x - x_2 + a_2\theta) = 0 \tag{9-212}$$

$$m_1\ddot{x}_1 - c_1(\dot{x} - \dot{x}_1 - a_1\dot{\theta}) + k_{t_1}(x_1 - y_1) - k_1(x - x_1 - a_1\theta) = 0 \tag{9-213}$$

$$m_2\ddot{x}_2 - c_2(\dot{x} - \dot{x}_2 + a_1\dot{\theta}) + k_{t_2}(x_2 - y_2) - k_2(x - x_2 + a_2\theta) = 0 \tag{9-214}$$

证明 58：图 9.12 展示了一个更好的系统振动模型，车身假设用一个刚性的棒子代替。这个棒子的质量为 m，它是整个车身质量的一半。侧向的转动惯量为 I_y，这也是整个车身转动惯量的一半。前后轮的质量分别为 m_1 和 m_2，轮胎的刚度分别表示为 k_{t_1} 和 k_{t_2}。一般来说，后轮的刚度比前轮的刚度更硬一些，但是我们建立的是一个简单模型，因此假设 $k_{t_1} = k_{t_2}$。轮胎的阻尼相对于减振器的阻尼而言太小，姑且忽略不计以便于计算。

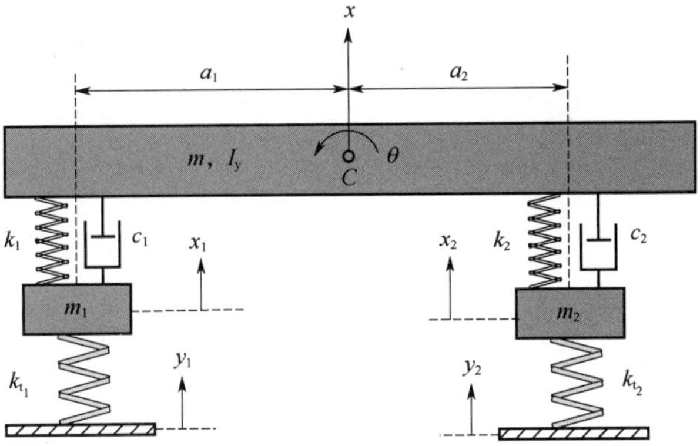

图 9.12　自行车振动简化模型

表 9.1 列出了所用参数清单。

表 9.1　整车自行车振动模型参数

参数	含义
m	半个车身质量
m_1	一个前轮的质量
m_2	一个后轮的质量
x	车身垂直运动坐标系
x_1	前轮垂直运动坐标系
x_2	后轮垂直运动坐标系
k_1	前桥半个悬架弹簧弹力系数
k_2	后桥半个悬架弹簧弹力系数
k_{t_1}	前轮轮胎等价弹簧弹力系数
k_{t_2}	后轮轮胎等价弹簧弹力系数
θ	车身俯仰运动坐标系
y_1	地面对前轮输入激励
y_2	地面对后轮输入激励
I_y	半个车身质量的侧向转动惯量
a_1	前轴到质心的距离
a_2	后轴到质心的距离

为了找到自行车振动模型的运动方程，需要利用拉格朗日方程。系统的动能和势能分别为：

$$K=\frac{1}{2}m\dot{x}^2+\frac{1}{2}m_1\dot{x}_1^2+\frac{1}{2}m_2\dot{x}_2^2+\frac{1}{2}I_y\dot{\theta}^2 \tag{9-215}$$

$$V=\frac{1}{2}k_{t_1}(x_1-y_1)^2+\frac{1}{2}k_{t_2}(x_2-y_2)^2+\frac{1}{2}k_1(x-x_1-a_1\theta)^2+\frac{1}{2}k_2(x-x_2-a_2\theta)^2 \tag{9-216}$$

消散函数为：

$$D=\frac{1}{2}c_1(\dot{x}-\dot{x}_1-a_1\dot{\theta})^2+\frac{1}{2}c_2(\dot{x}-\dot{x}_2-a_2\dot{\theta})^2 \tag{9-217}$$

将它们代入拉格朗日方程中去：

$$\frac{\mathrm{d}}{\mathrm{d}t}\left(\frac{\partial K}{\partial \dot{q}_r}\right)-\frac{\partial K}{\partial q_r}+\frac{\partial D}{\partial \dot{q}_r}+\frac{\partial V}{\partial q_r}=f_r,\quad r=1,2,3,4 \tag{9-218}$$

这样就可以得到式（9-211）～式（9-214）的运动方程。这些方程组可以写成下面的矩阵形式：

$$\boldsymbol{m}\ddot{\boldsymbol{x}}+\boldsymbol{c}\dot{\boldsymbol{x}}+\boldsymbol{k}\boldsymbol{x}=\boldsymbol{F} \tag{9-219}$$

其中：

$$\boldsymbol{x}=\begin{bmatrix} x \\ \theta \\ x_1 \\ x_2 \end{bmatrix} \tag{9-220}$$

$$\boldsymbol{m}=\begin{bmatrix} m & 0 & 0 & 0 \\ 0 & I_y & 0 & 0 \\ 0 & 0 & m_1 & 0 \\ 0 & 0 & 0 & m_2 \end{bmatrix} \tag{9-221}$$

$$\boldsymbol{c}=\begin{bmatrix} c_1+c_2 & a_2c_2-a_1c_1 & -c_1 & -c_2 \\ a_2c_2-a_1c_1 & c_1a_1^2+c_2a_2^2 & a_1c_1 & -a_2c_2 \\ -c_1 & a_1c_1 & c_1 & 0 \\ -c_2 & -a_2c_2 & 0 & c_2 \end{bmatrix} \tag{9-222}$$

$$\boldsymbol{k}=\begin{bmatrix} k_1+k_2 & a_2k_2-a_1k_1 & -k_1 & -k_2 \\ a_2k_2-a_1k_1 & k_1a_1^2+k_2a_2^2 & a_1k_1 & -a_2k_2 \\ -k_1 & a_1k_1 & k_1+k_{t_1} & 0 \\ -k_2 & -a_2k_2 & 0 & k_1+k_{t_2} \end{bmatrix} \tag{9-223}$$

$$\boldsymbol{F}=\begin{bmatrix} 0 \\ 0 \\ y_1k_{t_1} \\ y_2k_{t_2} \end{bmatrix} \tag{9-224}$$

案例 391 车辆的自行车模型的固有频率和主振型。

假设一辆车的后轴是一根很重的非独立轴，前悬则是独立悬架。车辆的具体参数如下：

$$m=500\text{kg} \tag{9-225}$$

$$m_1=60\text{kg} \tag{9-226}$$

$$m_2=70\text{kg} \tag{9-227}$$

$$I_y=1000\text{kg}\cdot\text{m}^2 \tag{9-228}$$

$$a_1=1.4\text{m} \tag{9-229}$$

$$a_2 = 1.5\text{m} \tag{9-230}$$

$$k_1 = 12000\text{N/m} \tag{9-231}$$

$$k_2 = 13000\text{N/m} \tag{9-232}$$

$$k_{t_1} = k_{t_2} = 200000\text{N/m} \tag{9-233}$$

这辆车的固有频率从无阻尼自由振动运动方程中找到。系统的特征方程为：

$$\begin{aligned}\det(\boldsymbol{k}-\omega^2\boldsymbol{m}) = {} & 2.31\times10^9\omega^8 - 1.5384\times10^{13}\omega^6 + 2.6166\times10^{16}\omega^4 - \\ & 2.3126\times10^{18}\omega^2 + 5.2216\times10^{19}\end{aligned} \tag{9-234}$$

由于：

$$\boldsymbol{m} = \begin{bmatrix} 500 & 0 & 0 & 0 \\ 0 & 1100 & 0 & 0 \\ 0 & 0 & 60 & 0 \\ 0 & 0 & 0 & 70 \end{bmatrix} \tag{9-235}$$

$$\boldsymbol{k} = \begin{bmatrix} 25000 & 2700 & -12000 & -13000 \\ 2700 & 52770 & 16800 & -19500 \\ -12000 & 16800 & 212000 & 0 \\ -13000 & -19500 & 0 & 212000 \end{bmatrix} \tag{9-236}$$

要找到固有频率，要么解出特征方程（9-218），要么找到 $\boldsymbol{A}=\boldsymbol{m}^{-1}\boldsymbol{k}$ 的特征值：

$$\boldsymbol{A} = \boldsymbol{m}^{-1}\boldsymbol{k} = \begin{bmatrix} 50 & 5.4 & -24 & -26 \\ 2.5 & 48 & 15.3 & -17.7 \\ -200 & 280 & 3533.3 & 0 \\ -185.7 & -278.6 & 0 & 3028.6 \end{bmatrix} \tag{9-237}$$

$\boldsymbol{A}$ 的特征值为：

$$\lambda_1 = 42.6 \tag{9-238}$$

$$\lambda_2 = 49.5 \tag{9-239}$$

$$\lambda_3 = 3031.8 \tag{9-240}$$

$$\lambda_4 = 3535.9 \tag{9-241}$$

由此可得，车辆自行车模型的固有频率为：

$$\omega_1 = \sqrt{\lambda_1} = 6.5278\text{rad/s},\ f_1 \approx 1.0389\text{Hz} \tag{9-242}$$

$$\omega_2 = \sqrt{\lambda_2} = 7.0344\text{rad/s},\ f_2 \approx 1.1196\text{Hz} \tag{9-243}$$

$$\omega_3 = \sqrt{\lambda_3} = 55.0622\text{rad/s},\ f_3 \approx 8.7634\text{Hz} \tag{9-244}$$

$$\omega_4 = \sqrt{\lambda_4} = 59.4637\text{rad/s},\ f_4 \approx 9.4639\text{Hz} \tag{9-245}$$

这里的频率 $f=\omega/(2\pi)$。

系统主振型的标准形式为：

$$\boldsymbol{u}_1=\begin{bmatrix}0.7408\\-0.6647\\0.0958\\-0.0159\end{bmatrix} \tag{9-246}$$

$$\boldsymbol{u}_2=\begin{bmatrix}0.8877\\0.4497\\0.0148\\0.0974\end{bmatrix} \tag{9-247}$$

$$\boldsymbol{u}_3=\begin{bmatrix}-0.0087\\-0.0059\\-0.0002\\0.9999\end{bmatrix} \tag{9-248}$$

$$\boldsymbol{u}_4=\begin{bmatrix}0.0069\\-0.0044\\-1.0000\\-0.0001\end{bmatrix} \tag{9-249}$$

其中，最大波形为 $\boldsymbol{u}_4$ 中的 X_1。也就是说，在第四个固有频率 $f_4\approx 9.4639\text{Hz}$ 振动时前轮有最大振幅，而此时其他分量振幅和最大振幅的比为：

$$\Theta=\frac{u_{42}}{u_{43}}=\frac{-0.0044}{-1}X_1=4.4\times10^{-3}X_1 \tag{9-250}$$

$$X=\frac{u_{41}}{u_{43}}=\frac{6.9\times10^{-3}}{-1}X_1=-6.9\times10^{-3}X_1 \tag{9-251}$$

$$X_2=\frac{u_{44}}{u_{43}}=\frac{-0.0001}{-1}X_1=10^{-4}X_1 \tag{9-252}$$

式中，Θ 为车辆前倾角振幅，X 为车身振幅，X_1 为前轮振幅，X_2 为后轮振幅。

车辆的自行车振动模型详见脚本 23。

在案例 391 中，第一主振型 $\boldsymbol{u}_1$ 中的最大元素属于 x，第二主振型 $\boldsymbol{u}_2$ 中的最大元素属于 x，第三主振型 $\boldsymbol{u}_3$ 中的最大元素属于 x_2。类似地从第四主振型 $\boldsymbol{u}_4$ 中，找到了相对于最大元素 x_1。它们对应每个不同坐标（或者说是物体）的振幅。假设一辆车开始时，在一个颠簸不平的路面上以一个非常小的加速度运动。随着速度的增长，第一次的共振出现在 $f_1\approx 1.0389\text{Hz}$ 时，此时车身振动是最显著的振动。第二个共振点为 $f_2\approx 1.1196\text{Hz}$，此时车身的振动是最为明显的振动。第三和第四共振点分别出现在 $f_3\approx 8.7634\text{Hz}$ 和 $f_4\approx 9.4639\text{Hz}$ 时，它们分别对应的最明显的振动单元为后轮和前轮。

当一个多自由度系统的激励频率不断增长时，将会看到显著的振动从一个广义坐标（或者说是物体）转移到其他广义坐标（或者说是其他物体）。当激励频率和固有频率相等时，振动的相对振幅与其相对应的主振型是一致的。当激励频率和固有频率不相等时，系统的振动是所有振动所有分量的合振动。但是越靠近哪个固有频率，相对应的主振型的影响就越大。

9.5 半车模型和车身侧倾模型

为了检验和优化一辆车的侧倾振动，可以用一个半车振动模型来描述。图 9.13 所示为一辆车的半车模型，该模型包含了车身弹性位移 x，车身侧倾角φ，车轮弹跳位移 x_1 和 x_2 以及相对独立的路面激励 y_1 和 y_2。

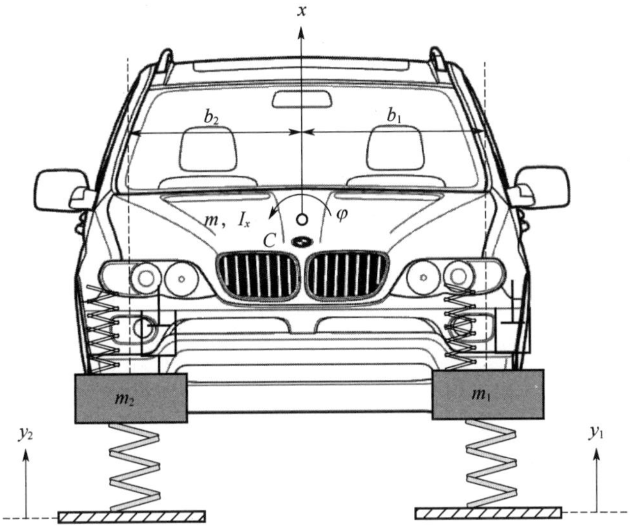

图 9.13　半车振动模型

半车振动模型的运动方程如下：

$$m\ddot{x}+c(\dot{x}-\dot{x}_1+b_1\dot{\varphi})+c(\dot{x}-\dot{x}_2+b_2\dot{\varphi})+k(x-x_1+b_1\varphi)+k(x-x_2+b_2\varphi)=0 \tag{9-253}$$

$$I_x\ddot{\varphi}+b_1c(\dot{x}-\dot{x}_1+b_1\dot{\varphi})-b_2c(\dot{x}-\dot{x}_2-b_2\dot{\varphi})+b_1k(x-x_1+b_1\varphi)-b_2k(x-x_2-b_2\varphi)+k_R\varphi=0 \tag{9-254}$$

$$m_1\ddot{x}_1-c(\dot{x}-\dot{x}_1+b_1\dot{\varphi})+k_t(x_1-y_1)-k(x-x_1+b_1\varphi)=0 \tag{9-255}$$

$$m_2\ddot{x}_2-c(\dot{x}-\dot{x}_2-b_2\dot{\varphi})+k_t(x_2-y_2)-k(x-x_2-b_2\varphi)=0 \tag{9-256}$$

半车模型和前面所提到的自行车模型是不一样的，主要是因为它们的悬架和质量分布是不同的。并且，不同的反侧倾悬架带有不同的扭转刚度，它们被用在前后半车上。

证明 59：图 9.14 给出了一个更好的振动系统模型。车身假设为一个刚体梁。这个梁拥有质量 m，这是前半车或后半车的质量。纵向转动惯量 I_x，它为半个整车的转动惯量。左右轮的质量分别为 m_1 和 m_2，尽管在通常情况下它们是相等的，但是这里将二者分别表示出来。轮胎的刚度表示为 k_t。轮胎的阻尼远小于减振器的阻尼，因此，忽略轮胎的阻尼简化计算。车辆左右两边轮胎的悬架刚度为 k，阻尼为 c。一般左右轮的悬架为对称结构，但是半车模型中前半车和后半车模型的 k、c、k_t 是不同的。

车辆也可能有一个防侧倾杆，带有侧倾刚度 k_R，在前半车或后半车。利用一个简单模型，这个防侧倾杆带有的扭矩 M_R 和侧倾角φ成一定比例：

$$M_R=-k_R\varphi \tag{9-257}$$

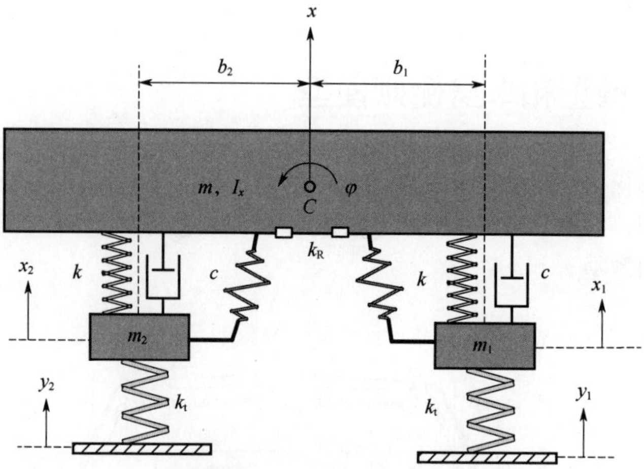

图 9.14 半车振动简化模型

然而，一个更好的防侧倾杆的模型为：

$$M_R = -k_R\left(\varphi - \frac{x_1 - x_2}{\omega}\right) \tag{9-258}$$

为了找到半车振动系统的运动方程，可以利用拉格朗日方法。系统的动能和势能分别为：

$$K = \frac{1}{2}m\dot{x}^2 + \frac{1}{2}m_1\dot{x}_1^2 + \frac{1}{2}m_2\dot{x}_2^2 + \frac{1}{2}I_x\dot{\varphi}^2 \tag{9-259}$$

$$V = \frac{1}{2}k_t(x_1 - y_1)^2 + \frac{1}{2}k_t(x_2 - y_2)^2 + \frac{1}{2}k_R\varphi^2 + \frac{1}{2}k(x - x_1 + b_1\varphi)^2 + \frac{1}{2}k(x - x_2 - b_2\varphi)^2 \tag{9-260}$$

消散函数为：

$$D = \frac{1}{2}c(\dot{x} - \dot{x}_1 + b_1\dot{\varphi})^2 + \frac{1}{2}c(\dot{x} - \dot{x}_2 + b_2\dot{\varphi})^2 \tag{9-261}$$

代入拉格朗日方程：

$$\frac{\mathrm{d}}{\mathrm{d}t}\left(\frac{\partial K}{\partial \dot{q}_r}\right) - \frac{\partial K}{\partial q_r} + \frac{\partial D}{\partial \dot{q}_r} + \frac{\partial V}{\partial q_r} = f_r,\quad r = 1,2,3,4 \tag{9-262}$$

就可以得到前面运动方程（9-253）～方程（9-256），将它们写成矩阵形式为：

$$\boldsymbol{m}\ddot{\boldsymbol{x}} + \boldsymbol{c}\dot{\boldsymbol{x}} + \boldsymbol{k}\boldsymbol{x} = \boldsymbol{F} \tag{9-263}$$

其中：

$$\boldsymbol{x} = \begin{bmatrix} x \\ \varphi \\ x_1 \\ x_2 \end{bmatrix} \tag{9-264}$$

$$\boldsymbol{m}=\begin{bmatrix} m & 0 & 0 & 0 \\ 0 & I_x & 0 & 0 \\ 0 & 0 & m_1 & 0 \\ 0 & 0 & 0 & m_2 \end{bmatrix} \tag{9-265}$$

$$\boldsymbol{c}=\begin{bmatrix} 2c & cb_1-cb_2 & -c & -c \\ cb_1-cb_2 & c_1b_1^2+c_2b_2^2 & -cb_1 & cb_2 \\ -c & -cb_1 & c & 0 \\ -c & cb_2 & 0 & c \end{bmatrix} \tag{9-266}$$

$$\boldsymbol{k}=\begin{bmatrix} 2k & kb_1-kb_2 & -k & -k \\ kb_1-kb_2 & kb_1^2+kb_2^2+k_{\mathrm{R}} & -kb_1 & kb_2 \\ -k & -kb_1 & k+k_{\mathrm{t}} & 0 \\ -k & kb_2 & 0 & k+k_{\mathrm{t}} \end{bmatrix} \tag{9-267}$$

$$\boldsymbol{F}=\begin{bmatrix} 0 \\ 0 \\ y_1k_{\mathrm{t}} \\ y_2k_{\mathrm{t}} \end{bmatrix} \tag{9-268}$$

案例 392 半车模型的固有频率和主振型。

假设一辆车的参数如下：

$$m=500\mathrm{kg} \tag{9-269}$$

$$m_1=60\mathrm{kg} \tag{9-270}$$

$$m_2=60\mathrm{kg} \tag{9-271}$$

$$I_x=800\mathrm{kg}\cdot\mathrm{m}^2 \tag{9-272}$$

$$b_1=0.7\mathrm{m} \tag{9-273}$$

$$b_2=0.8\mathrm{m} \tag{9-274}$$

$$k=10000\mathrm{N}/\mathrm{m} \tag{9-275}$$

$$k_{\mathrm{t}}=200000\mathrm{N}/\mathrm{m} \tag{9-276}$$

$$k_{\mathrm{R}}=25000\mathrm{N}\cdot\mathrm{m}/\mathrm{rad} \tag{9-277}$$

这辆车的固有频率可以通过无阻尼自由振动系统运动方程来计算：

$$\boldsymbol{m}\ddot{\boldsymbol{x}}+\boldsymbol{k}\boldsymbol{x}=0 \tag{9-278}$$

系统的特征方程为：

$$\begin{aligned}\det[\boldsymbol{k}-\omega^2\boldsymbol{m}]=1.44\times10^9\omega^8-1.0203\times10^{13}\omega^6+\\ 1.8490\times10^{16}\omega^4-1.4783\times10^{18}\omega^2+3\times10^{19}\end{aligned} \tag{9-279}$$

其中：

$$m = \begin{bmatrix} 500 & 0 & 0 & 0 \\ 0 & 800 & 0 & 0 \\ 0 & 0 & 60 & 0 \\ 0 & 0 & 0 & 60 \end{bmatrix} \tag{9-280}$$

$$k = \begin{bmatrix} 2\times10^5 & -1000 & -10000 & -10000 \\ -1000 & 36300 & -7000 & 8000 \\ -10000 & -7000 & 2.1\times10^5 & 0 \\ -10000 & 8000 & 0 & 2.1\times10^5 \end{bmatrix} \tag{9-281}$$

为了找到固有频率，可以解出特征方程（9-234）或是找到矩阵 $\boldsymbol{A}=\boldsymbol{m}^{-1}\boldsymbol{k}$ 的特征值：

$$\boldsymbol{A}=\boldsymbol{m}^{-1}\boldsymbol{k} = \begin{bmatrix} 400 & -2 & -20 & -20 \\ -1.3 & 45.4 & -8.8 & 10 \\ -166.7 & -116.7 & 3500 & 0 \\ -166.7 & 133.3 & 0 & 3500 \end{bmatrix} \tag{9-282}$$

解出 $\boldsymbol{A}$ 的特征值为：

$$\lambda_1 = 37.7 \tag{9-283}$$

$$\lambda_2 = 45 \tag{9-284}$$

$$\lambda_3 = 3500.7 \tag{9-285}$$

$$\lambda_4 = 3501.9 \tag{9-286}$$

因此，半车的固有频率为：

$$\omega_1 = \sqrt{\lambda_1} = 6.1440\text{rad/s},\ f_1 \approx 0.9778\text{Hz} \tag{9-287}$$

$$\omega_2 = \sqrt{\lambda_2} = 6.7097\text{rad/s},\ f_2 \approx 1.0679\text{Hz} \tag{9-288}$$

$$\omega_3 = \sqrt{\lambda_3} = 59.1665\text{rad/s},\ f_3 \approx 9.4166\text{Hz} \tag{9-289}$$

$$\omega_4 = \sqrt{\lambda_4} = 59.1771\text{rad/s},\ f_4 \approx 9.4183\text{Hz} \tag{9-290}$$

可得该系统的标准主振型为：

$$\boldsymbol{u}_1 = \begin{bmatrix} 0.9834 \\ 0.1684 \\ 0.0530 \\ 0.0409 \end{bmatrix} \tag{9-291}$$

$$\boldsymbol{u}_2 = \begin{bmatrix} 0.2638 \\ -0.9631 \\ -0.0198 \\ 0.0499 \end{bmatrix} \tag{9-292}$$

$$\boldsymbol{u}_3 = \begin{bmatrix} 0.0003 \\ 0.0038 \\ -0.7324 \\ 0.6808 \end{bmatrix} \tag{9-293}$$

$$u_4 = \begin{bmatrix} 0.0082 \\ -0.0004 \\ -0.6808 \\ -0.7324 \end{bmatrix} \tag{9-294}$$

详见脚本 24。

案例 393　半车模型主振型的对比分析。

在案例 392 中，第一主振型 $\boldsymbol{u}_1$ 的最大分量为 x 值，第二主振型 $\boldsymbol{u}_2$ 的最大分量为 φ 值，第三主振型 $\boldsymbol{u}_3$ 的最大分量为 x_1 值，第四主振型 $\boldsymbol{u}_4$ 的最大分量为 x_2 值。假设一辆车从一个颠簸的路面上以一个非常小的加速度起步，随着速度的增加，第一次共振发生在 $f_1 \approx 0.9778\text{Hz}$，此时，车身弹性振动是最显著的振动。第二次共振发生在 $f_2 \approx 1.0679\text{Hz}$，此时，侧倾振动是最显著的振动。第三次和第四次共振发生在 $f_3 \approx 9.4166\text{Hz}$ 和 $f_4 \approx 9.4183\text{Hz}$，它们对应的显著振动物体分别为右侧车轮和左侧车轮。

案例 394　防侧倾杆仅仅影响侧倾主振型。

在案例 392 中，如果不用防侧倾杆，也就等价于假设 $k_R=0$，半车的固有频率和主振型如下：

$$\lambda_1 = 13.4 \tag{9-295}$$

$$\lambda_2 = 38.2 \tag{9-296}$$

$$\lambda_3 = 3500.7 \tag{9-297}$$

$$\lambda_4 = 3501.9 \tag{9-298}$$

$$\omega_1 = \sqrt{\lambda_1} = 3.6549\text{rad/s},\ f_1 \approx 0.5817\text{Hz} \tag{9-299}$$

$$\omega_2 = \sqrt{\lambda_2} = 6.1779\text{rad/s},\ f_2 \approx 0.9832\text{Hz} \tag{9-300}$$

$$\omega_3 = \sqrt{\lambda_3} = 59.1665\text{rad/s},\ f_3 \approx 9.4166\text{Hz} \tag{9-301}$$

$$\omega_4 = \sqrt{\lambda_4} = 59.1771\text{rad/s},\ f_4 \approx 9.4183\text{Hz} \tag{9-302}$$

$$u_1 = \begin{bmatrix} 0.0767 \\ 0.9958 \\ 0.0370 \\ -0.0344 \end{bmatrix} \tag{9-303}$$

$$u_2 = \begin{bmatrix} -0.9965 \\ 0.0480 \\ -0.0464 \\ -0.0498 \end{bmatrix} \tag{9-304}$$

$$u_3 = \begin{bmatrix} 0.0003 \\ 0.0038 \\ -0.7321 \\ 0.6812 \end{bmatrix} \tag{9-305}$$

$$u_4 = \begin{bmatrix} 0.0082 \\ -0.0004 \\ -0.6812 \\ -0.7321 \end{bmatrix} \tag{9-306}$$

将这些结果和案例 392 的结果相对比，可以看到，防侧倾杆的影响仅仅限于对侧倾振动的主振型。半车模型需要一个合适的防侧倾杆来增加侧倾固有频率。

比较好的情况是，让侧倾共振固有频率尽可能地接近车身弹性振动的固有频率，这样可以得到狭窄的车身弹性共振区。如果两者合并为一个点将更加简单。

9.6 全车振动模型

车辆一般的振动模型称为全车振动模型。这样的一个模型如图 9.15 所示，包含车身弹性位移 x，车身侧倾角 φ，前倾角 θ，车轮弹跳位移 x_1、x_2、x_3 和 x_4 以及独立的道路激励 y_1、y_2、y_3 和 y_4。

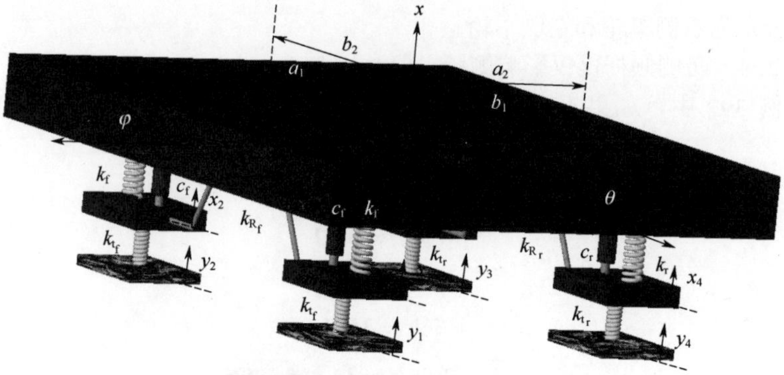

图 9.15 全车振动简化模型

一个全车振动模型包含 7 个自由度，带有以下的运动方程：

$$
\begin{aligned}
& m\ddot{x} + c_{\mathrm{f}}(\dot{x} - \dot{x}_1 + b_1\dot{\varphi} - a_1\dot{\theta}) + c_{\mathrm{f}}(\dot{x} - \dot{x}_2 - b_2\dot{\varphi} - a_1\dot{\theta}) + \\
& c_{\mathrm{r}}(\dot{x} - \dot{x}_3 - b_1\dot{\varphi} + a_2\dot{\theta}) + c_{\mathrm{r}}(\dot{x} - \dot{x}_4 + b_2\dot{\varphi} + a_2\dot{\theta}) + \\
& k_{\mathrm{f}}(x - x_1 + b_1\varphi - a_1\theta) + k_{\mathrm{f}}(x - x_2 - b_2\varphi - a_1\theta) + \\
& k_{\mathrm{r}}(x - x_3 - b_1\varphi + a_2\theta) + k_{\mathrm{r}}(x - x_4 + b_2\varphi + a_2\theta) = 0
\end{aligned} \tag{9-307}
$$

$$
\begin{aligned}
& I_x\ddot{\varphi} + b_1c_{\mathrm{f}}(\dot{x} - \dot{x}_1 + b_1\dot{\varphi} - a_1\dot{\theta}) - b_2c_{\mathrm{f}}(\dot{x} - \dot{x}_2 - b_2\dot{\varphi} - a_1\dot{\theta}) - \\
& b_1c_{\mathrm{r}}(\dot{x} - \dot{x}_3 - b_1\dot{\varphi} + a_2\dot{\theta}) + b_2c_{\mathrm{f}}(\dot{x} - \dot{x}_4 + b_2\dot{\varphi} + a_2\dot{\theta}) + \\
& b_1k_{\mathrm{f}}(x - x_1 + b_1\varphi - a_1\theta) - b_2k_{\mathrm{f}}(x - x_2 - b_2\varphi - a_1\theta) - \\
& b_1k_{\mathrm{r}}(x - x_3 - b_1\varphi + a_2\theta) + b_2k_{\mathrm{r}}(x - x_4 + b_2\varphi + a_2\theta) + k_{\mathrm{R}}\left(\varphi - \frac{x_1 - x_2}{w}\right) = 0
\end{aligned} \tag{9-308}
$$

$$
\begin{aligned}
& I_y\ddot{\theta} - a_1c_{\mathrm{f}}(\dot{x} - \dot{x}_1 + b_1\dot{\varphi} - a_1\dot{\theta}) - a_2c_{\mathrm{f}}(\dot{x} - \dot{x}_2 - b_2\dot{\varphi} - a_1\dot{\theta}) + \\
& a_2c_{\mathrm{r}}(\dot{x} - \dot{x}_3 - b_1\dot{\varphi} + a_2\dot{\theta}) + a_2c_{\mathrm{r}}(\dot{x} - \dot{x}_4 + b_2\dot{\varphi} + a_2\dot{\theta}) - \\
& a_1k_{\mathrm{f}}(x - x_1 + b_1\varphi - a_1\theta) - a_1k_{\mathrm{f}}(x - x_2 - b_2\varphi - a_1\theta) + \\
& a_2k_{\mathrm{r}}(x - x_3 - b_1\varphi + a_2\theta) + a_2k_{\mathrm{r}}(x - x_4 + b_2\varphi + a_2\theta) = 0
\end{aligned} \tag{9-309}
$$

$$
m_{\mathrm{f}}\ddot{x}_1 - c_{\mathrm{f}}(\dot{x} - \dot{x}_1 + b_1\dot{\varphi} - a_1\dot{\theta}) - k_{\mathrm{f}}(x - x_1 + b_1\varphi - a_1\theta) - \frac{k_{\mathrm{R}}}{w}\left(\varphi - \frac{x_1 - x_2}{w}\right) + k_{\mathrm{t_f}}(x_1 - y_1) = 0 \tag{9-310}
$$

$$
m_{\mathrm{f}}\ddot{x}_2 - c_{\mathrm{f}}(\dot{x} - \dot{x}_2 - b_2\dot{\varphi} - a_1\dot{\theta}) - k_{\mathrm{f}}(x - x_2 - b_1\varphi - a_1\theta) + \frac{k_{\mathrm{R}}}{w}\left(\varphi - \frac{x_1 - x_2}{w}\right) + k_{\mathrm{t_f}}(x_2 - y_2) = 0 \tag{9-311}
$$

$$m_r\ddot{x}_3 - c_r(\dot{x} - \dot{x}_3 - b_1\dot{\varphi} + a_2\dot{\theta}) - k_r(x - x_3 - b_1\varphi + a_2\theta) + k_{t_r}(x_3 - y_3) = 0 \tag{9-312}$$

$$m_r\ddot{x}_4 - c_r(\dot{x} - \dot{x}_4 + b_2\dot{\varphi} + a_2\dot{\theta}) - k_r(x - x_4 + b_2\varphi + a_2\theta) + k_{t_r}(x_4 - y_4) = 0 \tag{9-313}$$

证明 60：图 9.15 给出了振动系统模型。车身假设为一个刚性的平板。这个平板的质量为 m，这个质量为整个车身的质量，纵向质量的转动惯量为 I_x，侧向质量的转动惯量为 I_y。这里的转动惯量仅仅表示车身的转动惯量，而不是整车的转动惯量。车轮的质量分别为 m_1、m_2、m_3 和 m_4。而在一般情况下有：

$$m_1 = m_2 = m_f \tag{9-314}$$

$$m_3 = m_4 = m_r \tag{9-315}$$

前后轮胎的刚度分别表示为 k_{t_f} 和 k_{t_r}。由于轮胎的阻尼远小于减振器的阻尼，将其忽略不计，以便于计算。

前悬架的刚度和阻尼分别表示为 k_f 和 c_f，后悬架的表示为 k_r 和 c_r。一般来说，假设车辆的左右轮胎是对称的，因此它们的刚度和阻尼是相等的。该车辆同样在前面和后面分别有一根防侧倾杆，其扭转刚度分别为 k_{R_f} 和 k_{R_r}。利用一个简单的模型，将防侧倾杆扭矩 M_R 表示为与侧倾角 φ 成比例的变量：

$$M_R = -(k_{R_f} + k_{R_r})\varphi = -k_R\varphi \tag{9-316}$$

然而，更好的防侧倾杆模型为：

$$M_R = -k_{R_f}\left(\varphi - \frac{x_1 - x_2}{w_f}\right) - k_{R_r}\left(\varphi - \frac{x_4 - x_3}{w_r}\right) \tag{9-317}$$

绝大部分车辆只有前面有防侧倾杆，对于这样的车辆防侧倾杆模型从式（9-317）可以简化为：

$$M_R = -k_R\left(\varphi - \frac{x_1 - x_2}{w}\right) \tag{9-318}$$

这里用到了：

$$w_f \equiv w = b_1 + b_2 \tag{9-319}$$

$$k_{R_f} \equiv k_R \tag{9-320}$$

为了找到整车振动模型的运动方程，需要利用拉格朗日方程。该系统的动能和势能分别为：

$$K = \frac{1}{2}m\dot{x}^2 + \frac{1}{2}I_x\dot{\varphi}^2 + \frac{1}{2}I_y\dot{\theta}^2 + \frac{1}{2}m_f(\dot{x}_1^2 + \dot{x}_2^2) + \frac{1}{2}m_f(\dot{x}_3^2 + \dot{x}_4^2) \tag{9-321}$$

$$\begin{aligned} V = &\frac{1}{2}k_f(x - x_1 + b_1\varphi - a_1\theta)^2 + \frac{1}{2}k_f(x - x_2 - b_2\varphi - a_1\theta)^2 + \\ &\frac{1}{2}k_r(x - x_1 - b_1\varphi + a_2\theta)^2 + \frac{1}{2}k_r(x - x_4 + b_2\varphi + a_2\theta)^2 + \\ &\frac{1}{2}k_{t_f}(x_1 - y_1)^2 + \frac{1}{2}k_{t_f}(x_2 - y_2)^2 + \frac{1}{2}k_{t_r}(x_3 - y_3)^2 + \\ &\frac{1}{2}k_{t_r}(x_4 - y_4)^2 + \frac{1}{2}k_R\left(\varphi - \frac{x_1 - x_2}{w}\right)^2 \end{aligned} \tag{9-322}$$

消散函数为：

$$D=\frac{1}{2}c_{\rm f}(\dot{x}-\dot{x}_1+b_1\dot{\varphi}-a_1\dot{\theta})^2+\frac{1}{2}c_{\rm f}(\dot{x}-\dot{x}_2-b_2\dot{\varphi}-a_1\dot{\theta})^2+\frac{1}{2}c_{\rm r}(\dot{x}-\dot{x}_3-b_1\dot{\varphi}+a_2\dot{\theta})^2+\frac{1}{2}c_{\rm r}(\dot{x}-\dot{x}_4+b_2\dot{\varphi}+a_2\dot{\theta})^2 \tag{9-323}$$

利用拉格朗日方程：

$$\frac{\mathrm{d}}{\mathrm{d}t}\left(\frac{\partial K}{\partial \dot{q}_{\rm r}}\right)-\frac{\partial K}{\partial q_{\rm r}}+\frac{\partial D}{\partial \dot{q}_{\rm r}}+\frac{\partial V}{\partial q_{\rm r}}=f_{\rm r},\qquad r=1,2,\cdots,7 \tag{9-324}$$

代入后求出前面的运动方程（9-307）～方程（9-313）。这组运动方程可以写成矩阵形式：

$$\boldsymbol{m}\ddot{\boldsymbol{x}}+\boldsymbol{c}\dot{\boldsymbol{x}}+\boldsymbol{k}\boldsymbol{x}=\boldsymbol{F} \tag{9-325}$$

其中：

$$\boldsymbol{x}=\begin{bmatrix} x\\ \varphi\\ \theta\\ x_1\\ x_2\\ x_3\\ x_4 \end{bmatrix} \tag{9-326}$$

$$\boldsymbol{m}=\begin{bmatrix} m & 0 & 0 & 0 & 0 & 0 & 0\\ 0 & I_x & 0 & 0 & 0 & 0 & 0\\ 0 & 0 & I_y & 0 & 0 & 0 & 0\\ 0 & 0 & 0 & m_{\rm f} & 0 & 0 & 0\\ 0 & 0 & 0 & 0 & m_{\rm f} & 0 & 0\\ 0 & 0 & 0 & 0 & 0 & m_{\rm r} & 0\\ 0 & 0 & 0 & 0 & 0 & 0 & m_{\rm r} \end{bmatrix} \tag{9-327}$$

$$\boldsymbol{c}=\begin{bmatrix} c_{11} & c_{12} & c_{13} & -c_{\rm f} & -c_{\rm f} & -c_{\rm r} & -c_{\rm r}\\ c_{21} & c_{22} & c_{23} & -b_1c_{\rm f} & b_2c_{\rm f} & b_1c_{\rm r} & -b_2c_{\rm r}\\ c_{31} & c_{32} & c_{33} & a_1c_{\rm f} & a_1c_{\rm f} & -a_2c_{\rm r} & -a_2c_{\rm r}\\ -c_{\rm f} & -b_1c_{\rm f} & a_1c_{\rm f} & c_{\rm f} & 0 & 0 & 0\\ -c_{\rm r} & b_2c_{\rm f} & a_1c_{\rm f} & 0 & c_{\rm f} & 0 & 0\\ -c_{\rm r} & b_1c_{\rm r} & -a_2c_{\rm r} & 0 & 0 & c_{\rm r} & 0\\ -c_{\rm r} & -b_2c_{\rm r} & -a_2c_{\rm r} & 0 & 0 & 0 & c_{\rm r} \end{bmatrix} \tag{9-328}$$

其中：

$$c_{11}=2(c_{\rm f}+c_{\rm r}) \tag{9-329}$$

$$c_{21}=c_{12}=b_1c_{\rm f}-b_2c_{\rm f}-b_1c_{\rm r}+b_2c_{\rm r} \tag{9-330}$$

$$c_{31}=c_{13}=2a_2c_{\rm r}-2a_1c_{\rm f} \tag{9-331}$$

$$c_{22}=b_1^2c_{\rm f}+b_2^2c_{\rm f}+b_1^2c_{\rm r}+b_2^2c_{\rm r} \tag{9-332}$$

$$c_{32}=c_{23}=a_1b_2c_{\rm f}-a_1b_1c_{\rm f}-a_2b_1c_{\rm r}+a_2b_2c_{\rm r} \tag{9-333}$$

$$c_{33}=2a_1^2c_{\rm f}+2a_2^2c_{\rm r} \tag{9-334}$$

$$\boldsymbol{k}=\begin{bmatrix} k_{11} & k_{12} & k_{13} & -k_{\rm f} & -k_{\rm f} & -k_{\rm r} & -k_{\rm r} \\ k_{21} & k_{22} & k_{23} & k_{24} & k_{25} & b_1k_{\rm r} & -b_2k_{\rm r} \\ k_{31} & k_{32} & k_{33} & a_1k_{\rm f} & a_1k_{\rm f} & -a_2k_{\rm r} & -a_2k_{\rm r} \\ -k_{\rm f} & k_{42} & a_1k_{\rm f} & k_{44} & -k_{\rm R}/w^2 & 0 & 0 \\ -k_{\rm f} & k_{52} & a_1k_{\rm f} & -k_{\rm R}/w^2 & k_{55} & 0 & 0 \\ -k_{\rm r} & b_1k_{\rm r} & -a_2k_{\rm r} & 0 & 0 & k_{\rm r}+k_{\rm t_r} & 0 \\ -k_{\rm r} & -b_2k_{\rm r} & -a_2k_{\rm r} & 0 & 0 & 0 & k_{\rm r}+k_{\rm t_r} \end{bmatrix} \tag{9-335}$$

其中：

$$k_{11}=2(k_{\rm f}+k_{\rm r}) \tag{9-336}$$

$$k_{21}=k_{12}=b_1k_{\rm f}-b_2k_{\rm f}-b_1k_{\rm r}+b_2k_{\rm r} \tag{9-337}$$

$$k_{31}=k_{13}=2a_2k_{\rm r}-2a_1k_{\rm f} \tag{9-338}$$

$$k_{22}=k_{\rm R}+b_1^2k_{\rm f}+b_2^2k_{\rm f}+b_1^2k_{\rm r}+b_2^2k_{\rm r} \tag{9-339}$$

$$k_{32}=k_{23}=a_1b_2k_{\rm f}-a_1b_1k_{\rm f}-a_2b_1k_{\rm r}+a_2b_2k_{\rm r} \tag{9-340}$$

$$k_{42}=k_{24}=-b_1k_{\rm f}-\frac{k_{\rm R}}{w} \tag{9-341}$$

$$k_{52}=k_{25}=b_2k_{\rm f}+\frac{k_{\rm R}}{w} \tag{9-342}$$

$$k_{33}=2a_1^2k_{\rm f}+2a_2^2k_{\rm r} \tag{9-343}$$

$$k_{44}=k_{\rm f}+k_{\rm t_f}+\frac{k_{\rm R}}{w^2} \tag{9-344}$$

$$k_{55}=k_{\rm f}+k_{\rm t_f}+\frac{k_{\rm R}}{w^2} \tag{9-345}$$

$$\boldsymbol{F}=\begin{bmatrix} 0 \\ 0 \\ 0 \\ y_1k_{\rm t_f} \\ y_2k_{\rm t_f} \\ y_3k_{\rm t_r} \\ y_4k_{\rm t_r} \end{bmatrix} \tag{9-346}$$

案例 395 全车振动模型的固有频率和主振型。

假设一辆车有以下参数：

$$m=1000{\rm kg} \tag{9-347}$$

$$m_{\rm f}=60{\rm kg} \tag{9-348}$$

$$m_{\rm r}=70{\rm kg} \tag{9-349}$$

$$I_x=800{\rm kg}\cdot{\rm m}^2 \tag{9-350}$$

$$I_y = 1000\text{kg} \cdot \text{m}^2 \tag{9-351}$$

$$a_1 = 1.4\text{m} \tag{9-352}$$

$$a_2 = 1.5\text{m} \tag{9-353}$$

$$b_1 = 0.7\text{m} \tag{9-354}$$

$$b_2 = 0.8\text{m} \tag{9-355}$$

$$k_\text{f} = 10000\text{N/m} \tag{9-356}$$

$$k_\text{r} = 13000\text{N/m} \tag{9-357}$$

$$k_{\text{t}_\text{f}} = k_{\text{t}_\text{r}} = 200000\text{N/m} \tag{9-358}$$

$$k_\text{R} = 25000\text{N} \cdot \text{m/rad} \tag{9-359}$$

利用矩阵 $\boldsymbol{A} = \boldsymbol{m}^{-1}\boldsymbol{k}$ 解出相对应的特征值和特征向量，可以得到全车模型的固有频率和主振型为：

$$\omega_1 = 6.4403\text{rad},\ f_1 = 1.0250\text{Hz} \tag{9-360}$$

$$\omega_2 = 9.2363\text{rad},\ f_2 = 1.4700\text{Hz} \tag{9-361}$$

$$\omega_3 = 9.7700\text{rad},\ f_3 = 1.5549\text{Hz} \tag{9-362}$$

$$\omega_4 = 55.1823\text{rad},\ f_4 = 8.7825\text{Hz} \tag{9-363}$$

$$\omega_5 = 55.2102\text{rad},\ f_5 = 8.7870\text{Hz} \tag{9-364}$$

$$\omega_6 = 59.1851\text{rad},\ f_6 = 9.4196\text{Hz} \tag{9-365}$$

$$\omega_7 = 60.7848\text{rad},\ f_7 = 9.6742\text{Hz} \tag{9-366}$$

$$\boldsymbol{u}_1 = \begin{bmatrix} -0.9759 \\ -0.0095 \\ 0.1918 \\ -0.0609 \\ -0.0590 \\ -0.0420 \\ -0.0432 \end{bmatrix} \tag{9-367}$$

$$\boldsymbol{u}_2 = \begin{bmatrix} -0.0713 \\ 0.9272 \\ -0.3265 \\ 0.1126 \\ -0.0795 \\ -0.0935 \\ 0.0288 \end{bmatrix} \tag{9-368}$$

$$u_3 = \begin{bmatrix} -0.1701 \\ 0.4045 \\ 0.8824 \\ -0.0111 \\ -0.0952 \\ 0.0686 \\ 0.1222 \end{bmatrix} \tag{9-369}$$

$$u_4 = \begin{bmatrix} 0.0002 \\ -0.0081 \\ 0.0003 \\ -0.0046 \\ 0.0047 \\ -0.7317 \\ 0.6815 \end{bmatrix} \tag{9-370}$$

$$u_5 = \begin{bmatrix} 0.0062 \\ 0.0007 \\ 0.0093 \\ -0.0022 \\ -0.0030 \\ -0.6815 \\ -0.7317 \end{bmatrix} \tag{9-371}$$

$$u_6 = \begin{bmatrix} -0.0041 \\ 0.0003 \\ 0.0058 \\ 0.7076 \\ 0.7066 \\ -0.0018 \\ -0.0020 \end{bmatrix} \tag{9-372}$$

$$u_7 = \begin{bmatrix} 0 \\ 0.0110 \\ 0 \\ 0.7066 \\ -0.7075 \\ -0.0031 \\ 0.0035 \end{bmatrix} \tag{9-373}$$

图 9.16～图 9.22 给出了全车振动模型主振型图像说明（详见脚本 25）。主振型 $\boldsymbol{u}_1$～$\boldsymbol{u}_7$ 中的最大元素分别出现在 x、φ、θ、x_3、x_4、x_1、x_2 位置。这些数字给出了整车模型在每一个共振频率时不同广义坐标的相对振幅。

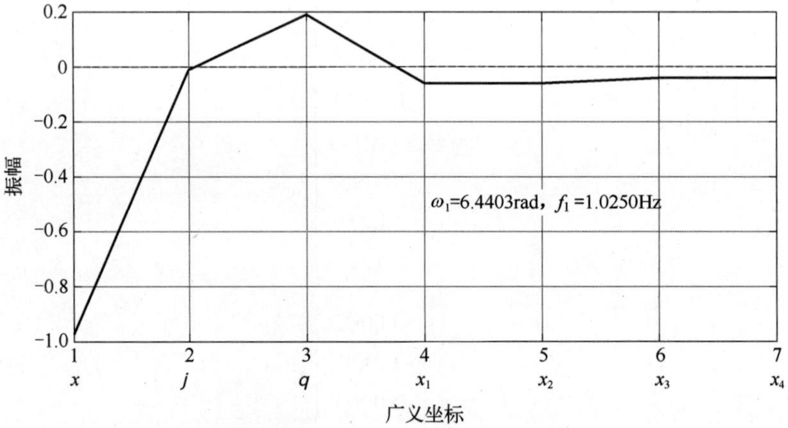

图 9.16　全车振动模型第一主振型

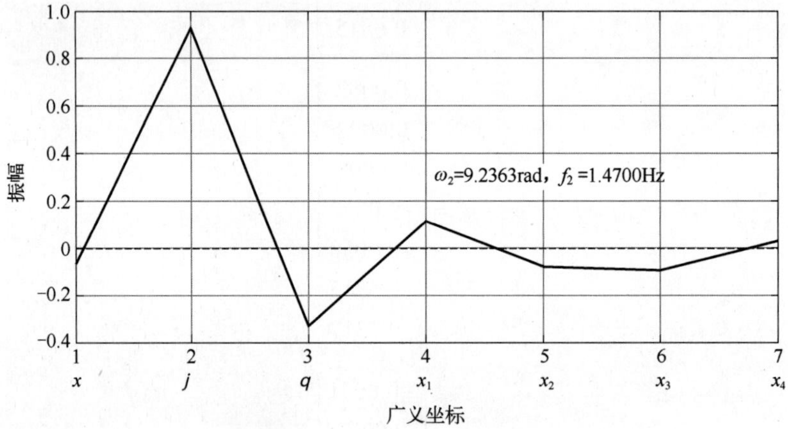

图 9.17　全车振动模型第二主振型

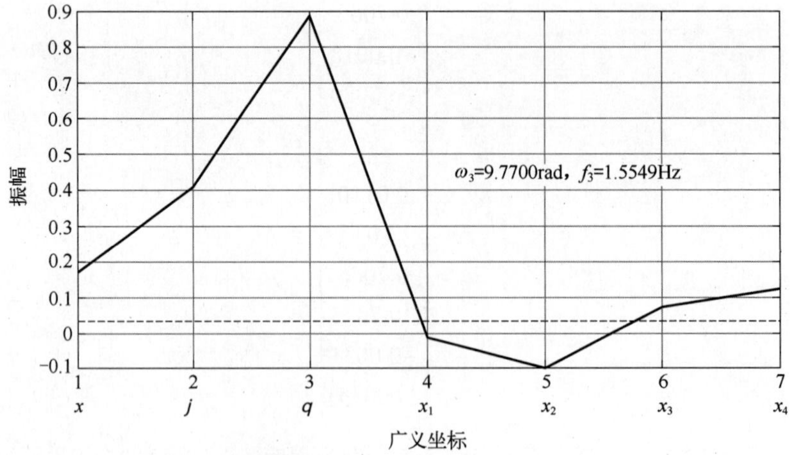

图 9.18　全车振动模型第三主振型

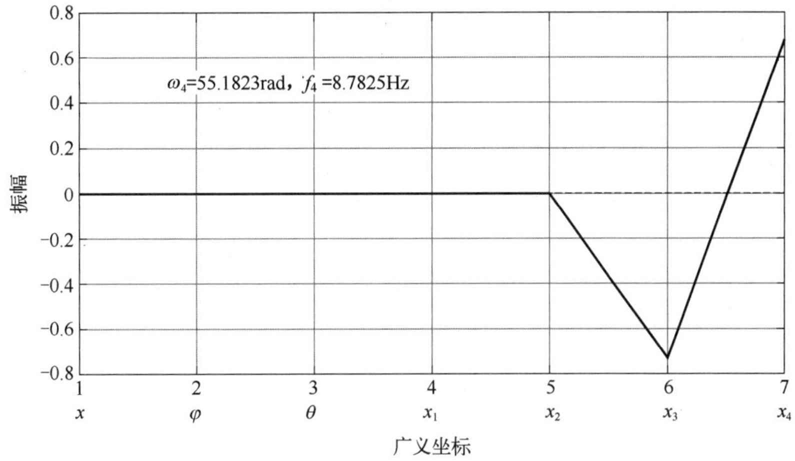

图 9.19 全车振动模型第四主振型

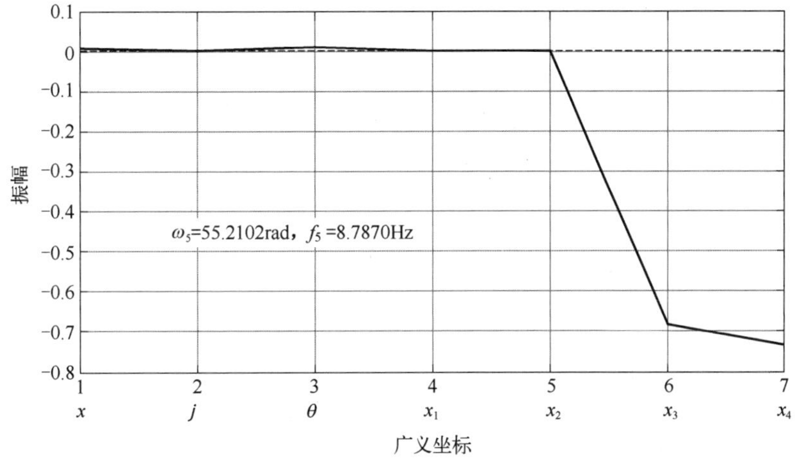

图 9.20 全车振动模型第五主振型

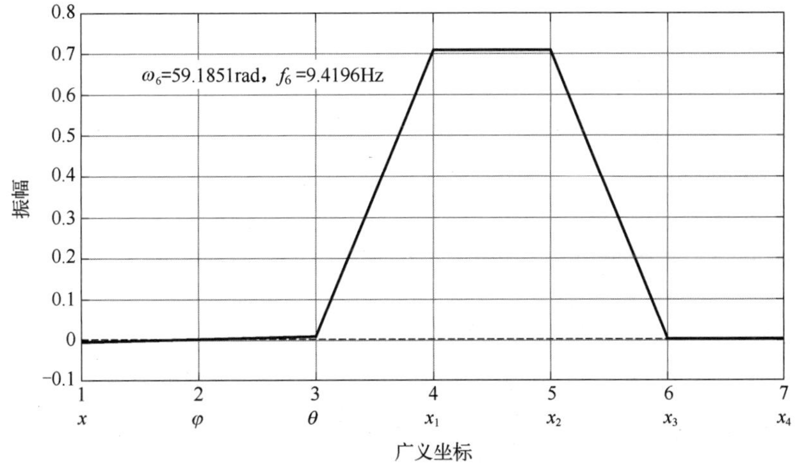

图 9.21 全车振动模型第六主振型

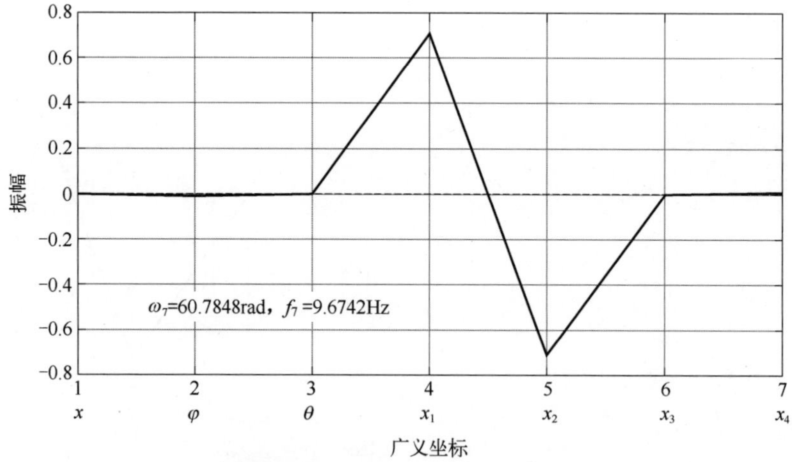

图 9.22 全车振动模型第七主振型

整车的固有频率被分为两类。第一类是车身的固有频率：车身弹性位移、车身侧倾和车身前倾的固有频率。车身相关的固有频率一般在 1Hz 附近。第二类是轮胎弹性位移，轮胎相关的固有频率一般在 10Hz 附近。

在此案例中，假设前后轮为独立悬架，因此，每个车轮都只有垂直位移。对于非独立悬架，左右轮一起侧倾和弹性位移运动，因此，运动方程需要根据固定轴的弹性位移和侧倾情况时的能量进行修正。

9.7 小结

车辆是多个刚体组合在一起的动力学系统，因此，它们的振动模型为多自由度系统。多自由度系统的振动行为对它们自身的固有频率和主振型依赖性很强。这些参数的求解过程其实就是解出矩阵方程的特征值和特征向量的过程。

最实用的车辆振动模型，从简单到复杂依次为：四分之一车辆模型、自行车车辆模型、半车模型以及全车模型。

为了简化计算，本章将系统的质量、刚度和阻尼视为左右对称的。对于这样的多自由度系统，进行求特征值和特征向量的计算。为了得到对称系数矩阵，用正交的方法定义系统的动能、势能和消散函数，并通过代入拉格朗日方程求导的方法找到系统的运动方程。

第三部分

提高篇

第 10 章 初级车辆模型

扫码获取脚本文件

理想刚体车辆沿直线运动是本章研究的主题，忽略空气阻力，研究轮胎负载变化对车辆加速度、公路等级以及运动学性能的限制作用。

10.1 停在水平路面的车辆

如图 10.1 所示，当一辆车停在水平路面上时，垂直力为 F_z，作用在前后单个轮上的垂直力分别表示为 F_{z_1}、F_{z_2}，其大小为：

$$F_{z_1}=\frac{1}{2}mg\frac{a_2}{l}x_1=l_1\sin\theta_1 \tag{10-1}$$

$$F_{z_2}=\frac{1}{2}mg\frac{a_1}{l} \tag{10-2}$$

式中，a_1 表示车辆质心 C 与前轴之间的距离，a_2 表示车辆质心 C 与后轴之间的距离，l 表示轮距，因此有：

$$l=a_1+a_2 \tag{10-3}$$

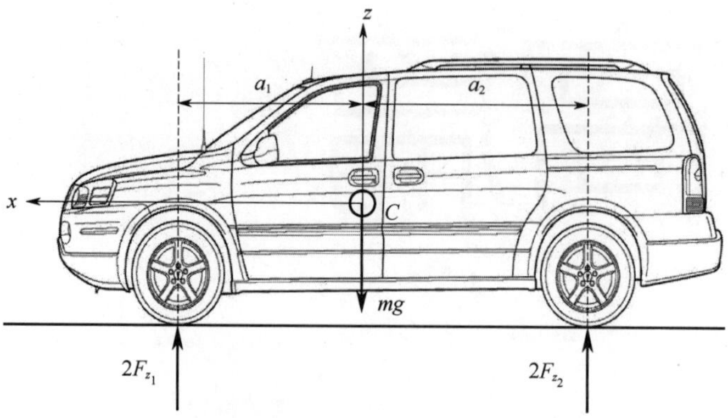

图 10.1 停在水平路面上的车辆

证明 61：假设一辆车左右两侧对称，如图 10.1 所示。它可以被视为两轴车辆模型。对称的两轴车辆等价于一根有着两个支撑点的横梁。前后轮的垂直力可以用平面静态平衡方程来确定。

$$\Sigma F_z = 0 \tag{10-4}$$

$$\Sigma M_y = 0 \tag{10-5}$$

得到平衡方程：

$$2F_{z_1} + 2F_{z_2} - mg = 0 \tag{10-6}$$

$$-2F_{z_1}a_1 + 2F_{z_2}a_2 = 0 \tag{10-7}$$

由此可以计算出前后单轮的作用力：

$$F_{z_1} = \frac{1}{2}mg\frac{a_2}{a_1 + a_2} = \frac{1}{2}mg\frac{a_2}{l} \tag{10-8}$$

$$F_{z_2} = \frac{1}{2}mg\frac{a_1}{a_1 + a_2} = \frac{1}{2}mg\frac{a_1}{l} \tag{10-9}$$

案例 396 轮胎作用力。

一辆车质量为 1000kg，它的质心位于 C 点，其与前轴的距离为 1m，两轴轴距为 2.7m。

$$m = 1000\text{kg} \tag{10-10}$$

$$a_1 = 1\text{m} \tag{10-11}$$

$$l = 2.7\text{m} \tag{10-12}$$

作用在每个前轮上的力为：

$$F_{z_1} = \frac{1}{2}mg\frac{a_2}{l} = \frac{1}{2}\times 1000\times 9.8\times\frac{2.7-1}{2.7} = 3085.2\text{N} \tag{10-13}$$

作用在每个后轮上的力为：

$$F_{z_2} = \frac{1}{2}mg\frac{a_1}{l} = \frac{1}{2}\times 1000\times 9.8\times\frac{1}{2.7} = 1814.8\text{N} \tag{10-14}$$

案例 397 质心位置。

式（10-1）和式（10-2）也可以用于计算质心位置：

$$a_1 = \frac{2l}{mg}F_{z_2} \tag{10-15}$$

$$a_2 = \frac{2l}{mg}F_{z_1} \tag{10-16}$$

水平停放车辆前后轮的作用力分别为：

$$F_{z_1} = 2000\text{N} \tag{10-17}$$

$$F_{z_2} = 3000\text{N} \tag{10-18}$$

前后轴的轴距为：

$$l = 2.7\text{m} \tag{10-19}$$

因此，车辆质心的纵向位置为：

$$a_1 = \frac{2l}{mg}F_{z_2} = 2\times\frac{2.7}{2\times(2000+3000)}\times 3000 = 1.62\text{m} \tag{10-20}$$

$$a_2 = \frac{2l}{mg} F_{z_1} = 2 \times \frac{2.7}{2 \times (2000 + 3000)} \times 2000 = 1.08\text{m} \tag{10-21}$$

案例 398 纵向质心位置的确定。

质心 C 的位置可以用实验方法确定。为了确定质心 C 的纵向位置，需要测量车辆总质量以及前轮或后轮所受的垂直力。图 10.2 给出了一种测试前轮支撑力的情况。

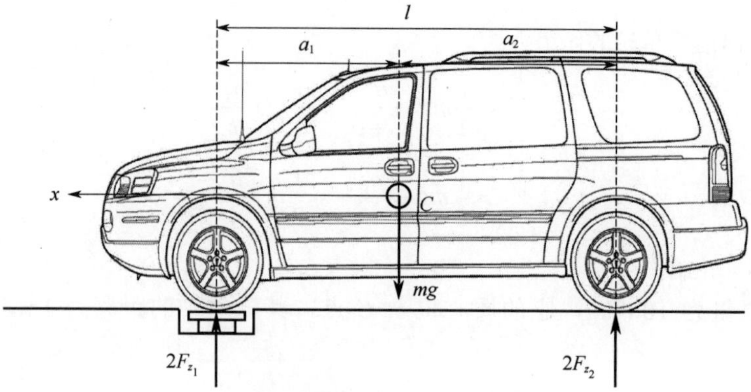

图 10.2 测试前轮支撑力

假设前轮的作用力为 $2F_{z_1}$，质心的位置可以通过静态平衡条件进行计算：

$$\Sigma F_z = 0 \tag{10-22}$$

$$\Sigma M_y = 0 \tag{10-23}$$

得到平衡方程：

$$2F_{z_1} + 2F_{z_2} - mg = 0 \tag{10-24}$$

$$-2F_{z_1} a_1 + 2F_{z_2} a_2 = 0 \tag{10-25}$$

依靠后轮的作用力可以得到 C 的纵向位置：

$$F_{z_2} = \frac{1}{2}(mg - 2F_{z_1}) \tag{10-26}$$

$$a_1 = \frac{2l}{mg} F_{z_2} = \frac{l}{mg}(mg - 2F_{z_1}) \tag{10-27}$$

案例 399 横向质心位置的确定。

绝大部分车辆相对于纵向轴线与车轮中心的平面近似对称。因此，质心 C 的横向位置接近中心平面。但是，C 的横向位置还可以通过车辆两侧轮胎的负载情况用类似于纵向位置的方法进行计算。

案例 400 质心高度的确定。

要找到质心 C 的高度，需要在斜坡上测出前轮或后轮所受的支撑力。试验中，采用如图 10.3 所示的装置。车辆首先停放在水平面上，然后让前轮落在可以测量受力的千斤顶上。前轮固定锁死在千斤顶上，后轮可以自由转动。千斤顶将前轮抬起，其所承担的垂直力通过一个受力传感器进行测量。

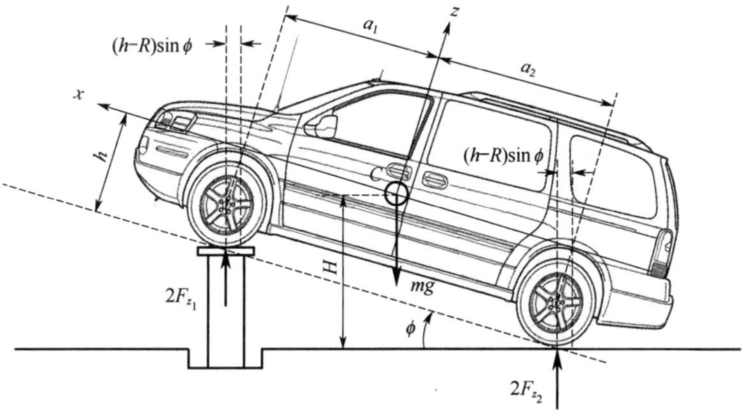

图 10.3 测试车辆质心高度 h

假设已经测出 C 的纵向位置，而千斤顶的举升使得车辆与水平面之间有了一个夹角 ϕ 。如果此时前轮受力为 $2F_{z_1}$ ，那么质心的高度可以通过静态平衡方程来计算：

$$\sum F_z = 0 \tag{10-28}$$

$$\sum M_y = 0 \tag{10-29}$$

得到平衡方程：

$$2F_{z_1} + 2F_{z_2} - mg = 0 \tag{10-30}$$

$$-2F_{z_1}\left[a_1\cos\phi + (h-R)\sin\phi\right] + 2F_{z_2}\left[a_2\cos\phi - (h-R)\sin\phi\right] = 0 \tag{10-31}$$

由此，可以得到后轮的受力和 C 的高度位置：

$$F_{z_2} = \frac{1}{2}mg - F_{z_1} \tag{10-32}$$

$$h = \frac{F_{z_1}(R\sin\phi - a_1\cos\phi) + F_{z_2}(R\sin\phi + a_2\cos\phi)}{\frac{1}{2}mg\sin\phi} \tag{10-33}$$

解得：

$$h = R - \left(\frac{2F_{z_1}}{mg}l - a_2\right)\cot\phi = R + \left(a_2 - \frac{2F_{z_1}}{mg}l\right)\cot\phi \tag{10-34}$$

或

$$h = R - \left(a_1 - \frac{2F_{z_2}}{mg}l\right)\cot\phi = R + \left(\frac{2F_{z_2}}{mg}l - a_1\right)\cot\phi \tag{10-35}$$

假如一辆车的参数如下：

$$m = 2000\text{kg} \tag{10-36}$$

$$2F_{z_1} = 8000\text{N} \tag{10-37}$$

$$\phi = 30^\circ \approx 0.5236\text{rad} \tag{10-38}$$

$$a_1 = 100\text{cm} \tag{10-39}$$

$$l = 270\text{cm} \tag{10-40}$$

$$R = 30\text{cm} \tag{10-41}$$

那么，质心 C 的高度 h 为：

$$h = 1.3357\text{m} \tag{10-42}$$

这样的计算必须具备三个前提条件：

① 轮胎是刚性的，不会因车辆重力产生变形。

② 忽略液态的燃油、润滑液、冷却液等，不会随着举升而改变质心的位置。

③ 举升过程中悬架的变形假设为零。

其中，悬架变形产生的影响最大，甚至会使高度的计算出现错误。为了消除悬架变形的影响，需要将悬架锁死，通常采用钢棒代替减振器的做法，维持车辆质心高度 h 基本不变。

案例 401 前后车轮不同的情况。

根据实际情况，有时前后轴需要安装不同尺寸的轮胎和车轮。当车为左右对称且质心 C 的纵向位置已经确定，可以通过测量一侧单个车轮的垂直受力情况，从而找到 C 的高度。例如，假设有一台摩托车如图 10.4 所示，它的前后轮大小不一样。

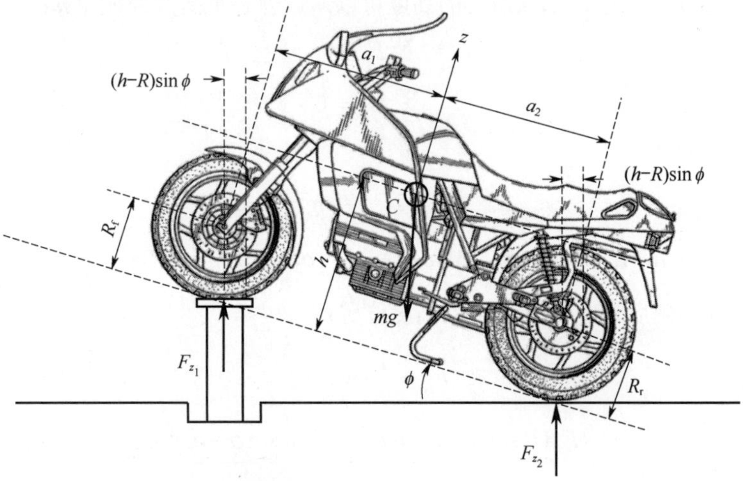

图 10.4 测试摩托车质心高度 h

假设摩托车后轮的受力 F_{z_2} 已知，C 的高度可以通过求前轮印记处的合力矩为零得到：

$$F_{z_2}\left[(a_1+a_2)\cos\phi+(h-R_{\text{f}})\sin\phi-(h-R_{\text{r}})\sin\phi\right]=mg\left[a_1\cos\phi+(h-R_{\text{f}})\sin\phi\right] \tag{10-43}$$

由此可以解出：

$$h=\left[\frac{F_{z_2}(a_1+a_2)}{mg}-a_1\right]\cot\phi+\frac{F_{z_2}(R_{\text{r}}-R_{\text{f}})}{mg}+R_{\text{f}} \tag{10-44}$$

$$h=\left(\frac{F_{z_2}l}{mg}-a_1\right)\cot\phi+\frac{F_{z_2}\left(R_{\text{r}}-R_{\text{f}}\right)}{mg}+R_{\text{f}} \tag{10-45}$$

当 $R_{\text{r}}=R_{\text{f}}=R$ 时：

$$h=\left(\frac{F_{z_2}}{mg}l-a_1\right)\cot\phi+R \tag{10-46}$$

与前面相互印证时可以看到，差别在 F_{z_2} 与 $2F_{z_2}$ 上，这是由于前面选的是四轮车，后面选的是两轮摩托车的缘故。

案例 402　静态不确定性。

当一辆车的车轮数大于 3 时，它的静态受力情况就不能简单地确定。如果要确定每个车轮所受的垂直力，需要知道整个机构的性能以及车轮的情况，如车轮中心处的变形情况，以及它的垂直刚度。

10.2 停在倾斜路面上的车辆

当一辆车停在坡道上时，如图 10.5 所示，前后轮的垂直受力 F_z 分别记作 F_{z_1}、F_{z_2}，大小为：

$$F_{z_1}=\frac{1}{2}mg\frac{a_2}{l}\cos\phi-\frac{1}{2}mg\frac{h}{l}\sin\phi \tag{10-47}$$

$$F_{z_2}=\frac{1}{2}mg\frac{a_1}{l}\cos\phi+\frac{1}{2}mg\frac{h}{l}\sin\phi \tag{10-48}$$

$$l=a_1+a_2 \tag{10-49}$$

式中，ϕ 为路面与水平面的夹角，水平面与地球重力 mg 相互垂直。

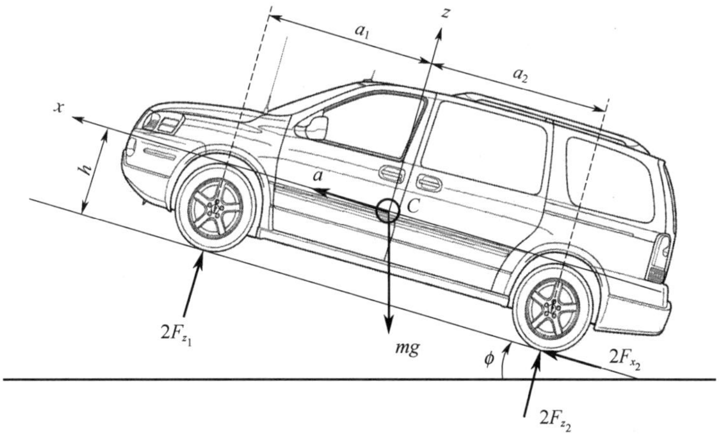

图 10.5　在斜坡上停放的车辆

证明 62：如图 10.5 所示的车辆，假设制动力仅作用在后轮上，也就是说前轮可以自由滑动。根据平面静力学平衡条件方程：

$$\Sigma F_x=0 \tag{10-50}$$

$$\Sigma F_z=0 \tag{10-51}$$

$$\Sigma M_y=0 \tag{10-52}$$

可得：

$$2F_{x_2}-mg\sin\phi=0 \tag{10-53}$$

$$2F_{z_1}+2F_{z_2}-mg\cos\phi=0 \tag{10-54}$$

$$-2F_{z_1}a_1+2F_{z_2}a_2-2F_{x_2}h=0 \tag{10-55}$$

由此，可以求出前后轮的垂直受力以及后轮的制动力：

$$F_{z_1}=\frac{1}{2}mg\frac{a_2}{l}\cos\phi-\frac{1}{2}mg\frac{h}{l}\sin\phi=\frac{mg}{2l}(a_2\cos\phi-h\sin\phi) \tag{10-56}$$

$$F_{z_2}=\frac{1}{2}mg\frac{a_1}{l}\cos\phi+\frac{1}{2}mg\frac{h}{l}\sin\phi=\frac{mg}{2l}(a_1\cos\phi+h\sin\phi) \tag{10-57}$$

$$F_{x_2}=\frac{1}{2}mg\sin\phi \tag{10-58}$$

案例 403 增大倾斜角。

当$\phi=0$时，式（10-47）和式（10-48）就可以简化成式（10-1）和式（10-2）。如果增大倾斜角，前轮的垂直力会减小，后轮的垂直力和制动力都将增大。ϕ的极限情况是重力矢量$\boldsymbol{mg}$通过力后轮与地面的接触点。这样的角度称为极限倾斜角。

案例 404 最大倾斜角。

当倾斜角增大时，所需的制动力F_{x_2}也在增加。又因为F_{x_2}等于轮胎与地面之间的摩擦力，因此，它的最大值依赖于轮胎与地面之间的现实条件。假设存在这样一个特殊的角度ϕ_M使得F_{x_2}达到饱和状态，不能再增加。此时，制动力与垂直力F_{z_2}成正比：

$$F_{x_2}=\mu_{x_2}F_{z_2} \tag{10-59}$$

式中，系数μ_{x_2}是后轮沿x-方向的摩擦系数。在$\phi=\phi_M$情况下，平衡方程就可以写成：

$$2\mu_{x_2}F_{z_2}-mg\sin\phi_M=0 \tag{10-60}$$

$$2F_{z_1}+2F_{z_2}-mg\cos\phi_M=0 \tag{10-61}$$

$$2F_{z_1}a_1-2F_{z_2}a_2+2\mu_{x_2}F_{z_2}h=0 \tag{10-62}$$

可以解得：

$$F_{z_2}=\frac{mg\sin\phi_M}{2\mu_{x_2}} \tag{10-63}$$

$$F_{z_1}=\frac{mg\cos\phi_M}{2}-\frac{mg\sin\phi_M}{2\mu_{x_2}} \tag{10-64}$$

$$\tan\phi_M=\frac{a_1\mu_{x_2}}{(a_1+a_2)-\mu_{x_2}h}=\frac{a_1\mu_{x_2}}{l-\mu_{x_2}h} \tag{10-65}$$

由此可见，摩擦系数μ_{x_2}与最大倾角ϕ_M以及质心C的几何位置之间有一定关系，当高度h减小时，ϕ_M增大。

假设一辆车有以下参数：

$$\mu_{x_2}=1 \tag{10-66}$$

$$a_1=100\text{cm} \tag{10-67}$$

$$l=270\text{cm} \tag{10-68}$$

$$h=50\text{cm} \tag{10-69}$$

那么最大倾斜角为：

$$\phi_M\approx 0.5317\text{rad}\approx 30.4655^\circ \tag{10-70}$$

案例 405 前轮制动。

当前轮为唯一制动车轮时，$F_{x_2}=0$，而 $F_{x_1}\neq 0$。此时，平衡方程就变成：

$$2F_{x_1}-mg\sin\phi=0 \tag{10-71}$$

$$2F_{z_1}+2F_{z_2}-mg\cos\phi=0 \tag{10-72}$$

$$-2F_{z_1}a_1+2F_{z_2}a_2-2F_{x_1}h=0 \tag{10-73}$$

由此可以解出：

$$F_{z_1}=\frac{1}{2}mg\frac{a_2}{l}\cos\phi-\frac{1}{2}mg\frac{h}{l}\sin\phi \tag{10-74}$$

$$F_{z_2}=\frac{1}{2}mg\frac{a_1}{l}\cos\phi+\frac{1}{2}mg\frac{h}{l}\sin\phi \tag{10-75}$$

$$F_{x_1}=\frac{1}{2}mg\sin\phi \tag{10-76}$$

当倾斜角为最大倾斜角时，$\phi=\phi_{\rm M}$，有：

$$F_{x_1}=\mu_{x_1}F_{z_1} \tag{10-77}$$

代入后有：

$$2\mu_{x_1}F_{z_1}-mg\sin\phi_{\rm M}=0 \tag{10-78}$$

$$2F_{z_1}+2F_{z_2}-mg\cos\phi_{\rm M}=0 \tag{10-79}$$

$$2F_{z_1}a_1-2F_{z_2}a_2+2\mu_{x_1}F_{z_1}h=0 \tag{10-80}$$

求解得：

$$F_{z_1}=\frac{1}{2}mg\frac{a_2}{l}\cos\phi_{\rm M}-\frac{1}{2}mg\frac{h}{l}\sin\phi_{\rm M} \tag{10-81}$$

$$F_{z_2}=\frac{1}{2}mg\frac{a_1}{l}\cos\phi_{\rm M}+\frac{1}{2}mg\frac{h}{l}\sin\phi_{\rm M} \tag{10-82}$$

$$\tan\phi_{\rm M}=\frac{a_2\mu_{x_1}}{(a_1+a_2)-\mu_{x_1}h}=\frac{a_2\mu_{x_1}}{l-\mu_{x_1}h} \tag{10-83}$$

这里将式（10-83）中前轮制动的最大倾斜角度记为 $\phi_{\rm M_f}$，将式（10-65）中后轮制动的最大倾斜角度记为 $\phi_{\rm M_r}$，对比 $\phi_{\rm M_f}$ 和 $\phi_{\rm M_r}$ 可得：

$$\frac{\phi_{\rm M_f}}{\phi_{\rm M_r}}=\frac{a_2\mu_{x_1}(1-\mu_{x_2}h)}{a_1\mu_{x_2}(1-\mu_{x_1}h)} \tag{10-84}$$

假设前后轮的摩擦系数一样：

$$\mu_{x_1}=\mu_{x_2} \tag{10-85}$$

那么：

$$\frac{\phi_{\rm M_f}}{\phi_{\rm M_r}}=\frac{a_2}{a_1} \tag{10-86}$$

讨论：当 $a_1>a_2$ 时，$\phi_{\rm M_r}>\phi_{\rm M_f}$，因此，停在斜面上的车辆后轮制动的效果明显好于前轮。而 $a_1>a_2$ 则说明车辆重心接近后轮，如载重货车满载的情况。

当 $a_1<a_2$ 时，$\phi_{\rm M_r}<\phi_{\rm M_f}$，因此，停在斜面上的车辆前轮制动的效果明显好于后轮。而 $a_1<a_2$

则说明车辆重心接近前轮，如发动机前置重心靠前的轿车。

当然，这样比较的前提条件是：

$$\phi_{M_r} < \tan^{-1}\frac{a_1}{h} \tag{10-87}$$

这是重力矢量穿过后轮与地接触点的条件。同样，可以得到类似的结论，即一辆车如果停在下坡上的情况则刚好相反。

案例 406 四轮制动。

假设某辆车是四轮制动，停在上坡如图 10.6 所示。这时就有两个制动力 F_{x_1} 位于前轮，有两个制动力 F_{x_2} 位于后轮。

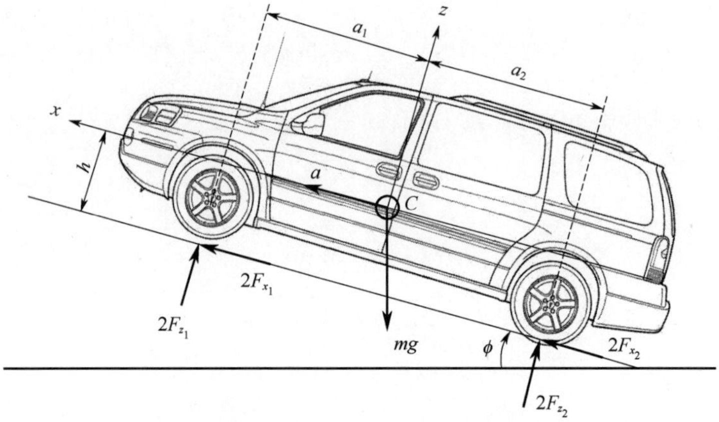

图 10.6 在斜坡上四轮制动的车辆

平衡方程为：

$$2F_{x_1} + 2F_{x_2} - mg\sin\phi = 0 \tag{10-88}$$

$$2F_{z_1} + 2F_{z_2} - mg\cos\phi = 0 \tag{10-89}$$

$$-2F_{z_1}a_1 + 2F_{z_2}a_2 - (2F_{x_1} + 2F_{x_2})h = 0 \tag{10-90}$$

可解得：

$$F_{z_1} = \frac{1}{2}mg\frac{a_2}{l}\cos\phi - \frac{1}{2}mg\frac{h}{l}\sin\phi \tag{10-91}$$

$$F_{z_2} = \frac{1}{2}mg\frac{a_1}{l}\cos\phi + \frac{1}{2}mg\frac{h}{l}\sin\phi \tag{10-92}$$

$$F_{x_1} + F_{x_2} = \frac{1}{2}mg\sin\phi \tag{10-93}$$

当倾斜角为最大倾斜角时，$\phi = \phi_M$，有：

$$F_{x_1} = \mu_{x_1}F_{z_1} \tag{10-94}$$

$$F_{x_2} = \mu_{x_2}F_{z_2} \tag{10-95}$$

代入后有：

$$2\mu_{x_1}F_{z_1} + 2\mu_{x_2}F_{z_2} - mg\sin\phi_M = 0 \tag{10-96}$$

$$2F_{z_1}+2F_{z_2}-mg\cos\phi_{\mathrm{M}}=0 \tag{10-97}$$

$$2F_{z_1}a_1-2F_{z_2}a_2+(2\mu_{x_1}F_{z_1}+2\mu_{x_2}F_{z_2})h=0 \tag{10-98}$$

假设：

$$\mu_{x_1}=\mu_{x_2}=\mu_x \tag{10-99}$$

求解得：

$$F_{z_1}=\frac{1}{2}mg\frac{a_2}{l}\cos\phi_{\mathrm{M}}-\frac{1}{2}mg\frac{h}{l}\sin\phi_{\mathrm{M}} \tag{10-100}$$

$$F_{z_2}=\frac{1}{2}mg\frac{a_1}{l}\cos\phi_{\mathrm{M}}+\frac{1}{2}mg\frac{h}{l}\sin\phi_{\mathrm{M}} \tag{10-101}$$

$$\tan\phi_{\mathrm{M}}=\mu_x \tag{10-102}$$

10.3 在水平路面上加速行驶的车辆

当一辆车以一定加速度在水平路面上行驶时，如图 10.7 所示，在前后轮上的垂直力为：

$$F_{z_1}=\frac{1}{2}mg\frac{a_2}{l}-\frac{1}{2}mg\frac{h}{l}\times\frac{a}{g} \tag{10-103}$$

$$F_{z_2}=\frac{1}{2}mg\frac{a_1}{l}+\frac{1}{2}mg\frac{h}{l}\times\frac{a}{g} \tag{10-104}$$

其中，垂直力的第一部分 $\frac{1}{2}mg\frac{a_2}{l}$ 和 $\frac{1}{2}mg\frac{a_1}{l}$ 称为静态部分，第二部分 $\mp\frac{1}{2}mg\frac{h}{l}\times\frac{a}{g}$ 称为动态部分。

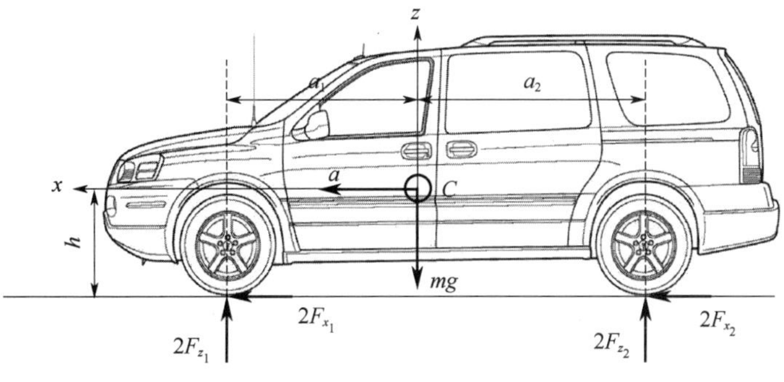

图 10.7 在水平路面上加速行驶的车辆

证明 63：当一辆车在水平路面行驶时，每个轮胎上的作用力可以分解成垂直力和水平力两部分。此时的运动方程主要由 x-方向上的牛顿惯性力方程以及两个静态方程组成：

$$\Sigma F_x=ma \tag{10-105}$$

$$\Sigma F_z=0 \tag{10-106}$$

$$\Sigma M_y=0 \tag{10-107}$$

可得：

$$2F_{x_1} + 2F_{x_2} = ma \tag{10-108}$$

$$2F_{z_1} + 2F_{z_2} - mg = 0 \tag{10-109}$$

$$-2F_{z_1}a_1 + 2F_{z_2}a_2 - (2F_{x_1} + 2F_{x_2})h = 0 \tag{10-110}$$

由此可以解出：

$$F_{z_1} = (F_{z_1})_{静态} + (F_{z_1})_{动态} = \frac{1}{2}mg\frac{a_2}{l} - \frac{1}{2}mg\frac{h}{l}\times\frac{a}{g} \tag{10-111}$$

$$F_{z_2} = (F_{z_2})_{静态} + (F_{z_2})_{动态} = \frac{1}{2}mg\frac{a_1}{l} + \frac{1}{2}mg\frac{h}{l}\times\frac{a}{g} \tag{10-112}$$

静态部分和停放在水平路面上的车辆是一致的，它与质心的纵向位置有关。而动态部分则取决于车辆质心的高度以及它行驶的加速度。

当加速度 $a>0$ 时，前轮的垂直力比静态值要小一些，后轮的垂直力比静态值要大一些。

当加速度 $a<0$ 时，前轮的垂直力比静态值要大一些，后轮的垂直力比静态值要小一些。

案例 407 前轮驱动在水平路面行驶。

前轮驱动时即 $F_{x_2}=0$，轮胎上的垂直力保持不变，而水平力产生的加速度 A 仅由前轮提供。

案例 408 后轮驱动在水平路面行驶。

后轮驱动时即 $F_{x_1}=0$，轮胎上的垂直力保持不变，而水平力产生的加速度 A 仅由后轮提供。

案例 409 水平路面上的最大加速度。

一辆车的最大加速度与轮胎与地面的最大摩擦力成正比。假设 4 个车轮的摩擦系数相同且同时达到最大牵引力，那么：

$$F_{x_1} = \pm\mu_x F_{z_1} \tag{10-113}$$

$$F_{x_2} = \pm\mu_x F_{z_2} \tag{10-114}$$

式（10-108）可以写成：

$$ma = \pm 2\mu_x (F_{z_1} + F_{z_2}) \tag{10-115}$$

而

$$2(F_{z_1} + F_{z_2}) = mg \tag{10-116}$$

那么：

$$a = \pm\mu_x g \tag{10-117}$$

因此，最大加速度或减速度依赖于最大摩擦系数。

案例 410 单轴驱动车辆的最大加速度。

假设后轮驱动车辆的最大加速度用 a_{r} 表示，将 $F_{x_1}=0$ 以及 $F_{x_2}=\mu_x F_{z_2}$ 代入式（10-108），再利用式（10-104）就可以得到：

$$F_{z_2} = \frac{F_{x_2}}{\mu_x} = \frac{1}{2}mg\frac{a_1}{l} + \frac{1}{2}mg\frac{h}{l}\times\frac{a_{\mathrm{r}}}{g} = \frac{ma_{\mathrm{r}}}{2\mu_x} \tag{10-118}$$

化简可得：

$$\frac{a_{\mathrm{r}}}{g}=\frac{a_1\mu_x}{l-h\mu_x}=\frac{\mu_x}{1-\mu_x\dfrac{h}{l}}\times\frac{a_1}{l} \tag{10-119}$$

当前轮正压力为零时，就会离开地面，因此，将 $F_{z_2}=0$ 代入式（10-103）就可以得到保持四轮贴地的最大加速度：

$$\frac{a_{\mathrm{r}}}{g}\leqslant\frac{a_2}{h} \tag{10-120}$$

因此，最大加速度必须小于式（10-119）和式（10-120）中的加速度。

同理可得，前轮驱动的最大加速度必须小于：

$$\frac{a_{\mathrm{f}}}{g}=\frac{a_2\mu_x}{l+h\mu_x}=\frac{\mu_x}{1+\mu_x\dfrac{h}{l}}\left(1-\frac{a_1}{l}\right) \tag{10-121}$$

为了看到实际效果，假设一辆车的参数为：

$$\mu_x=1 \tag{10-122}$$

$$h=0.5\mathrm{m} \tag{10-123}$$

$$l=2.7\mathrm{m} \tag{10-124}$$

当质心位置变化时，最大加速度如图 10.8 所示。

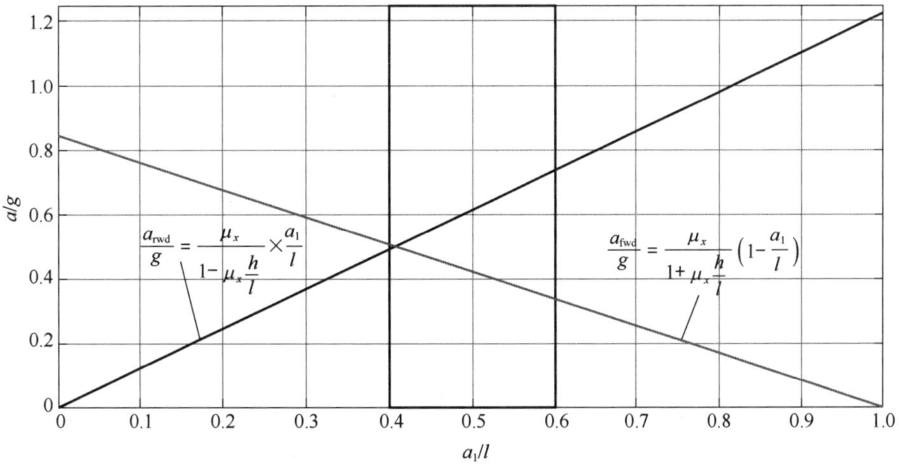

图 10.8　车辆水平最大加速度与驱动选择

乘用车质心位置变化范围为 $0.4<a_1/l<0.6$ 时，一般情况下，当 $a_1/l\to0.4$ 时，采用前轮驱动，而当 $a_1/l\to0.6$ 时，采用后轮驱动。在该范围内，$a_{\mathrm{r}}/g>a_{\mathrm{f}}/g$，后轮驱动相较于前轮驱动而言可以得到更好的水平加速度。这套理论对赛车特别适用。

当然，最大加速度还受到前轮正压力大于零的条件限制：

$$\frac{a_{\mathrm{M}}}{g}\leqslant\frac{a_2}{h} \tag{10-125}$$

案例 411　水平路面上 0～100km/h 加速最短时间（百公里加速时间）。

假设一辆车具有以下参数：

$$车长 = 4000\text{mm} \tag{10-126}$$

$$车宽 = 1800\text{mm} \tag{10-127}$$

$$车高 = 1800\text{mm} \tag{10-128}$$

$$轴距 = 2700\text{mm} \tag{10-129}$$

$$前轮轮距 = 1400\text{mm} \tag{10-130}$$

$$后轮轮距 = 1500\text{mm} \tag{10-131}$$

$$质量 = 1500\text{kg} \tag{10-132}$$

$$h = 200\text{mm} \tag{10-133}$$

$$\mu_x = 1 \tag{10-134}$$

$$a_1 = 1000\text{mm}，\ a_2 = 1700\text{mm} \tag{10-135}$$

假设车辆为后轮驱动，发动机所能提供的最大牵引力由轮胎与地面所能提供的摩擦力决定。式（10-104）给出了后轮垂直作用力，因此前进的运动方程为：

$$2F_{x_2} = 2\mu_x F_{z_2} = \mu_x mg\left(\frac{a_1}{l} + \frac{h}{l} \times \frac{a}{g}\right) = ma \tag{10-136}$$

根据微分知识，由此就可以找到计算位移速度的方法：

$$a = \ddot{x} = \frac{\mu_x g}{1 - \mu_x \dfrac{h}{l}} \times \frac{a_1}{l} = \frac{a_1 \mu_x g}{l - h\mu_x} \tag{10-137}$$

换成积分形式有：

$$\int_0^{27.78} \text{d}v = \int_0^t a\text{d}t \tag{10-138}$$

我们所要求的是在水平路面上 0～100km / h 所需时间，即从 $v = 0$ 到 $v = 100\text{km/h}$（≈ 27.78m / s）所需要的最短时间：

$$t = \frac{27.78}{\dfrac{a_1 \mu_x g}{l - h\mu_x}} = \frac{27.78}{9.8} \times (2.7 - 0.2) \approx 7.0867\text{s} \tag{10-139}$$

假设该车采用前轮驱动，同理有：

$$2F_{x_1} = 2\mu_x F_{z_1} = \mu_x mg\left(\frac{a_2}{l} - \frac{h}{l} \times \frac{a}{g}\right) = ma \tag{10-140}$$

根据微分知识，由此就可以找到计算位移速度的方法：

$$a = \ddot{x} = \frac{\mu_x g}{1 - \mu_x \dfrac{h}{l}} \times \frac{a_2}{l} = \frac{a_2 \mu_x g}{l + h\mu_x} \tag{10-141}$$

这时，对于前轮驱动车辆在水平路面上 0～100km / h 所需最短时间为：

$$t = \frac{27.78}{\dfrac{a_2 \mu_x g}{l + h\mu_x}} = \frac{27.78}{9.8 \times 1.7} \times (2.7 + 0.2) \approx 4.8357\text{s} \tag{10-142}$$

现在，再来考虑一下四轮驱动的车辆。车的牵引力为：

$$2F_{x_1}+2F_{x_2}=2\mu_x(F_{z_1}+F_{z_2})=\frac{mg}{l}(a_1+a_2)\mu_x=mg=ma \tag{10-143}$$

这时，对于四轮驱动车辆在水平路面上 0～100km / h 所需最短时间理论上为：

$$t=\frac{27.78}{g}\approx 2.8347\text{s} \tag{10-144}$$

10.4 倾斜路面上加速行驶的车辆

如图 10.9 所示，当一辆车以一定加速度在有一定倾斜角度 ϕ 的路面上行驶时，前后轮的垂直作用力 F_{z_1}、F_{z_2} 分别为：

$$F_{z_1}=\frac{1}{2}mg\left(\frac{a_2}{l}\cos\phi-\frac{h}{l}\sin\phi\right)-\frac{1}{2}ma\frac{h}{l} \tag{10-145}$$

$$F_{z_2}=\frac{1}{2}mg\left(\frac{a_1}{l}\cos\phi+\frac{h}{l}\sin\phi\right)+\frac{1}{2}ma\frac{h}{l} \tag{10-146}$$

$$l=a_1+a_2 \tag{10-147}$$

其中，动态部分 $\pm\frac{1}{2}ma\frac{h}{l}$ 依赖于加速度 A 和质心高度 h，这与水平路面情况一样，而静态部分主要受倾斜角度 ϕ 和质心高度 h 的影响。

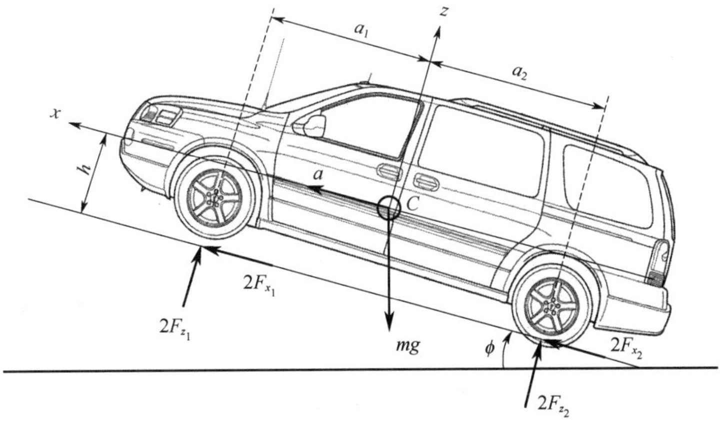

图 10.9　向上坡加速行驶的车辆

证明 64：根据 x-方向上的牛顿运动方程以及两个静态平衡方程，可以找到运动过程中车辆与路面的相互作用力：

$$\Sigma F_x=ma \tag{10-148}$$

$$\Sigma F_z=0 \tag{10-149}$$

$$\Sigma M_y=0 \tag{10-150}$$

具体展开后会发现这里有三个方程以及四个未知数：F_{x_1}、F_{x_2}、F_{z_1}、F_{z_2}。

$$2F_{x_1}+2F_{x_2}-mg\sin\phi=ma \tag{10-151}$$

$$2F_{z_1}+2F_{z_2}-mg\cos\phi=0 \tag{10-152}$$

$$2F_{z_1}a_1-2F_{z_2}a_2+2(F_{x_1}+F_{x_2})h=0 \tag{10-153}$$

同时，注意观察会发现，第一个和第三个方程中的 $F_{x_1}+F_{x_2}$ 可以看作一个整体消掉，从而就可以解出轮胎上垂直作用力 F_{z_1}、F_{z_2}：

$$F_{z_1}=(F_{z_1})_{静态}+(F_{z_1})_{动态}=\frac{1}{2}mg\left(\frac{a_2}{l}\cos\phi-\frac{h}{l}\sin\phi\right)-\frac{1}{2}ma\frac{h}{l} \tag{10-154}$$

$$F_{z_2}=(F_{z_2})_{静态}+(F_{z_2})_{动态}=\frac{1}{2}mg\left(\frac{a_1}{l}\cos\phi+\frac{h}{l}\sin\phi\right)+\frac{1}{2}ma\frac{h}{l} \tag{10-155}$$

案例 412 前轮驱动车辆在坡道上的加速度。

对于前轮驱动的车辆而言，可以用 $F_{x_1}=0$ 代入式（10-151）和式（10-153）中而得到相应的方程组。由此可以看出，只要车辆行驶中不超越其极限条件，作用在轮胎上的垂直作用力式（10-154）和式（10-155）并不会受到影响。

案例 413 后轮驱动车辆在坡道上的加速度。

对于后轮驱动的车辆而言，可以用 $F_{x_2}=0$ 代入式（10-151）和式（10-153）中而得到相应的方程组。同样可以解出作用在轮胎上的垂直作用力式（10-154）和式（10-155）。因此，作用在轮胎上的垂直力不受前轮驱动、后轮驱动或是四轮驱动的影响。只要沿直线行驶，驱动方式可以是任意的。但是当需要考虑车辆操纵性、路面的光滑对爬坡影响以及追求最大加速度时，不同驱动方式的优缺点就显现出来了。

案例 414 坡道上的最大加速度。

最大加速度依赖于轮胎的摩擦力。假设前后轮胎的摩擦系数是相等的，那么前后轮的摩擦力就有：

$$F_{x_1}\leqslant\mu_x F_{z_1} \tag{10-156}$$

$$F_{x_2}\leqslant\mu_x F_{z_2} \tag{10-157}$$

如果假设前后轮同时都达到它们的牵引力极限，那么就有：

$$F_{x_1}=\pm\mu_x F_{z_1} \tag{10-158}$$

$$F_{x_2}=\pm\mu_x F_{z_2} \tag{10-159}$$

由此，可以将牛顿运动方程式（10-148）重写成：

$$ma_{\mathrm{M}}=\pm 2\mu_x(F_{z_1}+F_{z_2})-mg\sin\phi \tag{10-160}$$

式中，a_{M} 为最大加速度。再将 F_{z_1}、F_{z_2} 的计算式（10-154）和式（10-155）代入就可以得到：

$$\frac{a_{\mathrm{M}}}{g}=\pm\mu_x\cos\phi-\sin\phi \tag{10-161}$$

在上坡加速行驶时有 $a>0$，$\phi>0$，而下坡制动时有 $a<0$，$\phi<0$，这两种状态下的极端情况会出现车辆熄火。此时，只要满足以下条件，车辆就能正常行驶：

$$\mu_x \geqslant |\tan\phi| \tag{10-162}$$

案例 415　极限加速度和倾斜角。

假设 $F_{z_1} \geqslant 0$ 且 $F_{z_2} \geqslant 0$，可以将式（10-145）和式（10-146）写成以下形式：

$$\frac{a}{g} \leqslant \frac{a_2}{h}\cos\phi - \sin\phi \tag{10-163}$$

$$\frac{a}{g} \geqslant -\frac{a_1}{h}\cos\phi - \sin\phi \tag{10-164}$$

由此可以看出，能得到的最大加速度（$a>0$）受到 a_2、h、ϕ 的限制，而最大减速度（$a<0$）则受到 a_1、h、ϕ 的限制。这两个方程可以综合一下写成以下形式：

$$-\frac{a_1}{h}\cos\phi \leqslant \frac{a}{g} + \sin\phi \leqslant \frac{a_2}{h}\cos\phi \tag{10-165}$$

当 $a \to 0$ 时，倾斜的极限角范围就确定在：

$$-\frac{a_1}{h} \leqslant \tan\phi \leqslant \frac{a_2}{h} \tag{10-166}$$

这是车辆待在坡面上不打滑的最大和最小路面倾斜角。

案例 416　单轴制动的最大减速度。

可以通过假设 $\phi = 0$，$F_{x_2} = 0$，$F_{x_1} = -\mu_x F_{z_1}$，并将它们代入式（10-151）中，再利用式（10-145），从而找到水平路面上前轮制动车辆的最大制动减速度 a_{fwb}：

$$-\mu_x mg\left(\frac{a_2}{l} - \frac{h}{l} \times \frac{a_{\text{fwb}}}{g}\right) = ma_{\text{fwb}} \tag{10-167}$$

解得：

$$\frac{a_{\text{fwb}}}{g} = \frac{a_2\mu_x}{l - h\mu_x} = \frac{\mu_x}{1 - \mu_x \dfrac{h}{l}} \times \frac{a_2}{l} \tag{10-168}$$

同法，可以通过假设 $\phi = 0$，$F_{x_1} = 0$，$F_{x_2} = -\mu_x F_{z_2}$，得到后轮制动车辆的最大减速度 a_{rwb}：

$$\frac{a_{\text{rwb}}}{g} = \frac{a_1\mu_x}{l + h\mu_x} = \frac{\mu_x}{1 + \mu_x \dfrac{h}{l}} \times \frac{a_1}{l} \tag{10-169}$$

当质心位置变化时，可以获得的最大减速度如图 10.10 所示，研究的车辆具有以下参数：

$$\mu_x = 1 \tag{10-170}$$

$$h = 1\text{m} \tag{10-171}$$

$$l = 2.7\text{m} \tag{10-172}$$

乘用车的尺寸范围为：$0.4 < a_1 / l < 0.6$。这个范围里从图 10.10 中可见（$a_{\text{fwb}} / g < a_{\text{rwb}} / g$），因此，前轮制动车辆比后轮制动车辆有更好的减速度。换句话说，前轮制动效果比后轮制动效果更好。

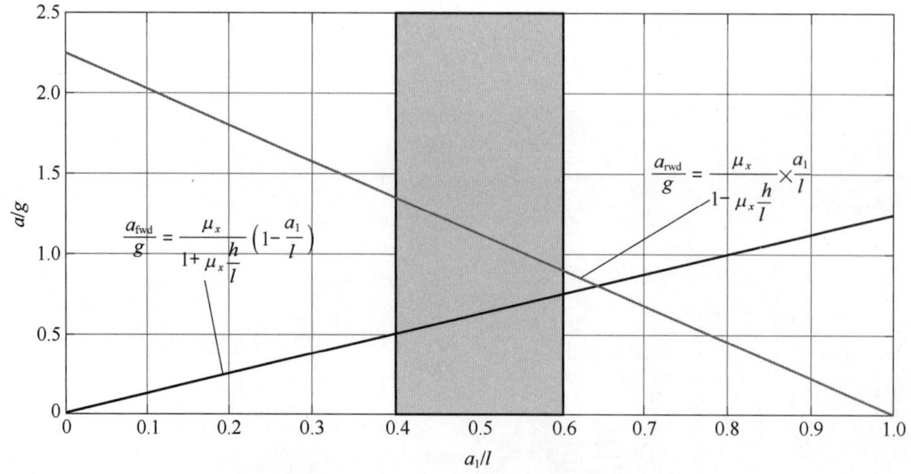

图 10.10 车辆在水平路面上最大制动加速度

案例 417 拖车。

图 10.11 描述了在坡道上一辆车拉拖车的情况。为了分析这种拖车的运动，首先要将前面车辆和后面的拖车分开看，了解它们之间的铰链的受力情况。如图 10.12 所示，假设拖车的质心位于 C_t，它与拖车唯一的车轴距离为 b_3。如果 C_t 位于车轴的后面，那么 b_3 取值为负。

对于沿直线行驶的车辆与拖车之间的理想铰链而言，它有一个垂直力 F_{z_t} 与水平力 F_{x_t}。

与前面一样，这里写成沿 x-方向上的牛顿方程以及两个静态方程，所不同的是，对车辆和拖车要分开来写：

$$\Sigma F_x = m_t a \tag{10-173}$$

$$\Sigma F_z = 0 \tag{10-174}$$

$$\Sigma M_y = 0 \tag{10-175}$$

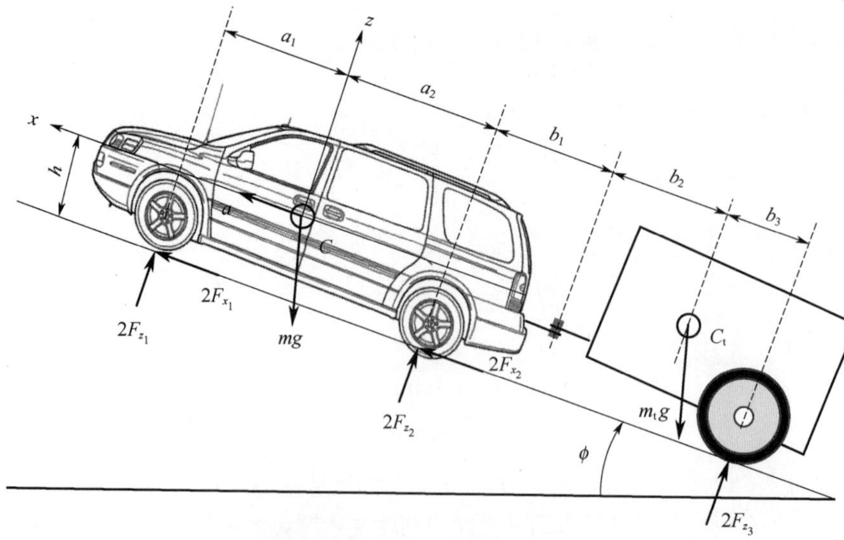

图 10.11 在斜坡上带有拖车的车辆

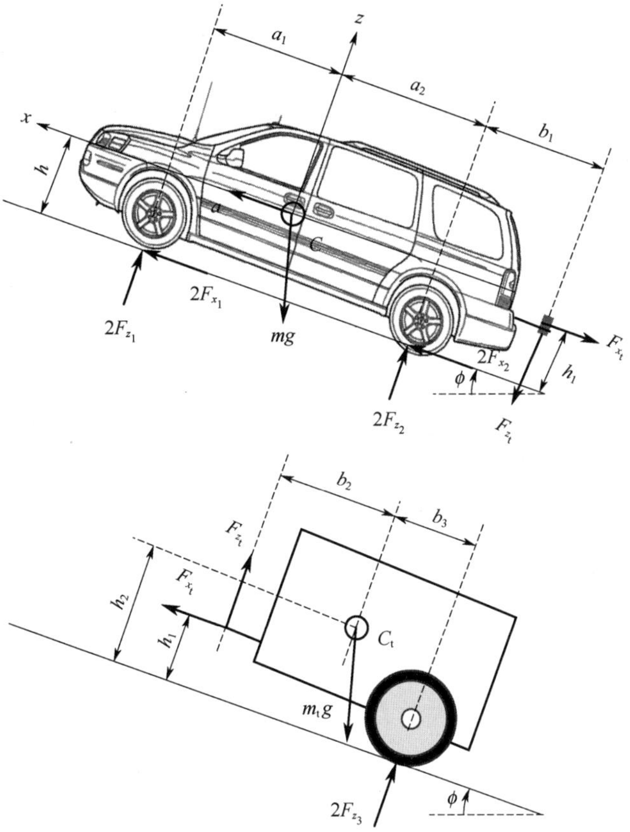

图 10.12　在斜坡上带有拖车的车辆受力分析图

就可以得到以下方程组：

$$F_{x_t} - m_t g \sin\phi = m_t a \tag{10-176}$$

$$2F_{z_3} + F_{z_t} - m_t g \cos\phi = 0 \tag{10-177}$$

$$2F_{z_3} b_3 - F_{z_t} b_2 - F_{x_t}(h_2 - h_1) = 0 \tag{10-178}$$

$$2F_{x_1} + 2F_{x_2} - F_{x_t} - mg\sin\phi = ma \tag{10-179}$$

$$2F_{z_1} + 2F_{z_2} - F_{z_t} - mg\cos\phi = 0 \tag{10-180}$$

$$2F_{z_1} a_1 - 2F_{z_2} a_2 + 2(F_{x_1} + F_{x_2})h - F_{x_t}(h - h_1) + F_{z_t}(b_1 + a_2) = 0 \tag{10-181}$$

如果牵引力 F_{x_1} 和F_{x_2} 已知，那么对于这 6 个方程，另外 6 个未知变量分别为 a、F_{x_t} 、F_{z_t} 、F_{z_1} 、F_{z_2} 、F_{z_3} ，根据方程组求解可得：

$$a = \frac{2(F_{x_1} + F_{x_2})}{m + m_t} - g\sin\phi \tag{10-182}$$

$$F_{x_t} = \frac{2m_t(F_{x_1} + F_{x_2})}{m + m_t} \tag{10-183}$$

$$F_{z_t} = \frac{2m_t(h_1 - h_2)(F_{x_1} + F_{x_2})}{(b_2 - b_3)(m + m_t)} + \frac{b_3 m_t g}{b_2 - b_3}\cos\phi \tag{10-184}$$

$$F_{z_1}=\frac{b_3}{2l}\left(\frac{2a_2-b_1}{b_2-b_3}m_t+\frac{a_2}{b_3}m\right)g\cos\phi+\left[\frac{(2a_2-b_1)(h_1-h_2)}{b_2-b_3}m_t-h_1m_t-hm\right]\frac{F_{x_1}+F_{x_2}}{l(m+m_t)} \tag{10-185}$$

$$F_{z_2}=\frac{b_3}{2l}\left(\frac{a_1-a_2+b_1}{b_2-b_3}m_t+\frac{a_1}{b_3}m\right)g\cos\phi+\left[\frac{(a_1-a_2+b_1)(h_1-h_2)}{b_2-b_3}m_t+h_1m_t+hm\right]\frac{F_{x_1}+F_{x_2}}{l(m+m_t)} \tag{10-186}$$

$$F_{z_3}=\frac{m_t(h_1-h_2)(F_{x_1}+F_{x_2})}{(m+m_t)(b_2-b_3)}+\frac{b_2m_tg}{2(b_2-b_3)}\cos\phi \tag{10-187}$$

$$l=a_1+a_2 \tag{10-188}$$

如果加速度a的值已知，那么6个未知变量$F_{x_1}+F_{x_2}$、F_{x_t}、F_{z_t}、F_{z_1}、F_{z_2}、F_{z_3}分别为：

$$F_{x_1}+F_{x_2}=\frac{1}{2}(m+m_t)(a+g\sin\phi) \tag{10-189}$$

$$F_{x_t}=m_t(a+g\sin\phi) \tag{10-190}$$

$$F_{z_t}=\frac{m_t(h_1-h_2)(a+g\sin\phi)}{b_2-b_3}+\frac{b_3}{b_2-b_3}m_tg\cos\phi \tag{10-191}$$

$$F_{z_1}=\frac{b_3}{2l}\left(\frac{2a_2-b_1}{b_2-b_3}m_t+\frac{a_2}{b_3}m\right)g\cos\phi+\frac{1}{2l}\left[\frac{(2a_2-b_1)(h_1-h_2)}{b_2-b_3}m_t-h_1m_t-hm\right](a+g\sin\phi) \tag{10-192}$$

$$F_{z_2}=\frac{b_3}{2l}\left(\frac{a_1-a_2+b_1}{b_2-b_3}m_t+\frac{a_1}{b_3}m\right)g\cos\phi+\frac{1}{2l}\left[\frac{(a_1-a_2+b_1)(h_1-h_2)}{b_2-b_3}m_t+h_1m_t+hm\right](a+g\sin\phi) \tag{10-193}$$

$$F_{z_3}=\frac{m_t}{2(b_2-b_3)}\left[b_2g\cos\phi+(h_1-h_2)(a+g\sin\phi)\right] \tag{10-194}$$

$$l=a_1+a_2 \tag{10-195}$$

案例 418 拖车最大倾斜角。

对于一辆车并带有拖车如图10.11所示，最大倾斜角ϕ_M表示车辆在坡上不能加速行驶。由此可将$a=0$以及$\phi=\phi_M$代入式（10-182）得到：

$$\sin\phi_M=\frac{2(F_{x_1}+F_{x_2})}{(m+m_t)g} \tag{10-196}$$

可以通过减小总质量$(m+m_t)g$或是增加牵引力$F_{x_1}+F_{x_2}$，以达到增大最大倾斜角ϕ_M的目的。

牵引力受到驱动轮最大扭矩以及驱动轮或地面最大摩擦力的限制。假设车辆是四轮驱动，并且前后轮的摩擦系数相等，那么对于前后轮牵引力有：

$$F_{x_1} \leqslant \mu_x F_{z_1} \tag{10-197}$$

$$F_{x_2} \leqslant \mu_x F_{z_2} \tag{10-198}$$

假设前后轮都已经同时达到牵引力极限，那么：

$$F_{x_1} = \mu_x F_{z_1} \tag{10-199}$$

$$F_{x_2} = \mu_x F_{z_2} \tag{10-200}$$

代入式（10-196）有：

$$\sin\phi_{\mathrm{M}} = \frac{2\mu_x(F_{z_1}+F_{z_2})}{(m+m_{\mathrm{t}})g} \tag{10-201}$$

再将 F_{z_1} 和 F_{z_2} 的计算式（10-192）以及式（10-193）代入就可得：

$$(mb_3 - mb_2 - m_{\mathrm{t}}b_3)\mu_x\cos\phi + (b_2 - b_3)(m+m_{\mathrm{t}})\sin\phi_{\mathrm{M}} = \frac{2\mu_x m_{\mathrm{t}}(h_1-h_2)(F_{x_1}+F_{x_2})}{(m+m_{\mathrm{t}})(b_2-b_3)} \tag{10-202}$$

如果将式（10-202）简化成：

$$A\cos\phi + B\sin\phi_{\mathrm{M}} = C \tag{10-203}$$

那么：

$$\phi_{\mathrm{M}} = \arctan\angle\left(\frac{C}{\sqrt{A^2+B^2}}, \pm\sqrt{1-\frac{C^2}{A^2+B^2}}\right) - \arctan\angle(A,B) \tag{10-204}$$

化简后可得：

$$\phi_{\mathrm{M}} = \arctan\angle\left(C, \pm\sqrt{A^2+B^2-C^2}\right) - \arctan\angle(A,B) \tag{10-205}$$

其中：

$$A = (mb_3 - mb_2 - m_{\mathrm{t}}b_3)\mu_x \tag{10-206}$$

$$B = (b_2 - b_3)(m+m_{\mathrm{t}}) \tag{10-207}$$

$$C = \frac{2\mu_x m_{\mathrm{t}}(h_1-h_2)(F_{x_1}+F_{x_2})}{(m+m_{\mathrm{t}})(b_2-b_3)} \tag{10-208}$$

假设一辆前轮驱动的车辆拉着一辆拖车有以下参数：

$$l = 2700\mathrm{mm} \tag{10-209}$$

$$w = 1500\mathrm{mm} \tag{10-210}$$

$$h = 500\mathrm{mm} \tag{10-211}$$

$$h_1 = 400\mathrm{mm} \tag{10-212}$$

$$h_2 = 600\mathrm{mm} \tag{10-213}$$

$$a_1 = 1000\mathrm{mm} \tag{10-214}$$

$$a_2 = 1700\mathrm{mm} \tag{10-215}$$

$$b_1 = 700\mathrm{mm} \tag{10-216}$$

$$b_2 = 600\mathrm{mm} \tag{10-217}$$

$$b_3 = 200\mathrm{mm} \tag{10-218}$$

$$m = 2000\text{kg} \tag{10-219}$$

$$m_t = 200\text{kg} \tag{10-220}$$

$$\mu_x = 1 \tag{10-221}$$

$$\phi = 15° \tag{10-222}$$

$$a = 2\text{m/s}^2 \tag{10-223}$$

可以解出：

$$F_{z_1} = 5305.2\text{N} \tag{10-224}$$

$$F_{z_2} = 4417.3\text{N} \tag{10-225}$$

$$F_{z_3} = 1194.4\text{N} \tag{10-226}$$

$$F_{z_t} = 493.672\text{N} \tag{10-227}$$

$$F_{x_t} = 907.803\text{N} \tag{10-228}$$

$$F_{x_1} = 4992.9\text{N} \tag{10-229}$$

斜面拖车模型详见脚本 26。

为了检验所需牵引力 F_{x_1} 是否超过允许的最大值，还需要将其与最大摩擦力 $\mu_x F_{z_1}$ 相比较，确保：

$$F_{x_1} \leqslant \mu_x F_{z_1} \tag{10-230}$$

案例 419 解方程 $a\cos\theta + b\sin\theta = c$。

三角方程为：

$$a\cos\theta + b\sin\theta = c \tag{10-231}$$

假设引入两个新变量 r 和 η 有：

$$a = r\sin\eta, \quad b = r\cos\eta \tag{10-232}$$

由此解出：

$$r = \sqrt{a^2 + b^2} \tag{10-233}$$

$$\eta = \arctan\angle(a,b) \tag{10-234}$$

代入新变量可得：

$$\sin(\eta + \theta) = \frac{c}{r} \tag{10-235}$$

因此，可以解出：

$$\theta = \arctan\angle\left(\frac{c}{r}, \pm\sqrt{1 - \frac{c^2}{r^2}}\right) - \arctan\angle(a,b) \tag{10-236}$$

化简后可得：

$$\phi_{\mathrm{M}} = \arctan\angle\left(c, \pm\sqrt{r^2 - c^2}\right) - \arctan\angle(a,b) \tag{10-237}$$

实际过程中解的情况还是很复杂的，具体情况需要具体分析。总的来说，如果 $r^2=a^2+b^2>c^2$ 将会出现两个解，如果 $r^2=c^2$ 就只有一个解，如果 $r^2<c^2$ 就会无解，这个留给读者自己证明。

案例 420　函数 $\arctan\frac{y}{x}=\arctan\angle(y,x)$。

很多情况下都需要在三角函数方程中求一个合适的角度。虽然 arctan 这种计算不能独立地展示出分子和分母的符号，但是它能给出一个位于第一和第四象限的角度。为了克服这个困难，确定角度所在正确的象限，定义一个新的函数如下：

$$\arctan\angle(y,x)=\begin{cases}\arctan\frac{y}{x}, & y\geqslant 0\\ \arctan\frac{y}{x}+\pi\operatorname{sign}x, & y<0\\ \frac{\pi}{2}\operatorname{sign}x, & x=0\end{cases} \tag{10-238}$$

本书中关于 $\arctan\frac{y}{x}$ 的计算在没有提示的情况下，都是基于函数 $\arctan\angle(y,x)$ 算出的具体角度。

案例 421　在铰链处的垂直力为零的情况。

通过式（10-184）可以找到铰链处垂直力 F_{z_t} 为零的情况。

$$F_{z_t}=\frac{2m_t(h_1-h_2)(F_{x_1}+F_{x_2})}{(b_2-b_3)(m+m_t)}+\frac{b_3m_tg}{b_2-b_3}\cos\phi \tag{10-239}$$

为了使 $F_{z_t}=0$，仅仅需要调节拖车质心 C_t 的位置，使得它和铰链的高度一致，这样就有：

$$h_1=h_2 \tag{10-240}$$

$$b_3=0 \tag{10-241}$$

从而得到：

$$F_{z_t}=0 \tag{10-242}$$

出于安全考虑，拖车上负载的分布应该尽量均匀。重的物品要尽量放在下面，主要位于车轴上。轻的物品和散装的物品放在上面和前面，放好后应使得 b_3 的取值稍稍为正。这样的拖车被称为拖拽耦合的牵引重量。

10.5 倾斜路面上的横向停车

如图 10.13 所示，一辆车停在倾斜路面上，路面横向倾角为 ϕ。此时，位于较低处轮胎的垂直载荷增加，而较高处轮胎的垂直载荷则减小。轮胎的垂直力为：

$$F_{z_1}=\frac{mg}{2w}(b_2\cos\phi-h\sin\phi) \tag{10-243}$$

$$F_{z_2}=\frac{mg}{2w}(b_1\cos\phi+h\sin\phi) \tag{10-244}$$

$$w = b_1 + b_2 \tag{10-245}$$

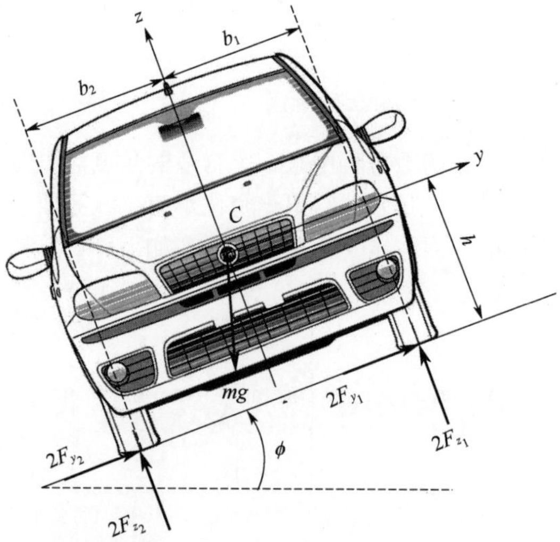

图 10.13 倾斜路面上的横向停车

证明 65：首先列出静态平衡方程：

$$\Sigma F_y = 0 \tag{10-246}$$

$$\Sigma F_z = 0 \tag{10-247}$$

$$\Sigma M_y = 0 \tag{10-248}$$

展开：

$$2F_{y_1} + 2F_{y_2} - mg\sin\phi = ma \tag{10-249}$$

$$2F_{z_1} + 2F_{z_2} - mg\cos\phi = 0 \tag{10-250}$$

$$2F_{z_1}b_1 - 2F_{z_2}b_2 + 2(F_{y_1} + F_{y_2})h = 0 \tag{10-251}$$

假设无论是低处的还是高处轮胎，其前后轮的受力情况都一样。为了计算出每个轮胎所受的作用力，假设整个侧向力 $F_{y_1} + F_{y_2}$ 为未知量。由此可以解出高处和低处轮胎的总侧向力和所受垂直作用力：

$$F_{z_1} = \frac{mg}{2w}(b_2\cos\phi - h\sin\phi) \tag{10-252}$$

$$F_{z_2} = \frac{mg}{2w}(b_1\cos\phi + h\sin\phi) \tag{10-253}$$

$$F_{y_1} + F_{y_2} = \frac{1}{2}mg\sin\phi \tag{10-254}$$

假设在倾角极限 $\phi = \phi_{\mathrm{M}}$，4 个车轮同时开始打滑，四轮的摩擦系数相等，因此有：

$$F_{y_1} = \mu_{y_1}F_{z_1} \tag{10-255}$$

$$F_{y_2} = \mu_{y_2}F_{z_2} \tag{10-256}$$

$$\mu_{y_1} = \mu_{y_2} = \mu_y \tag{10-257}$$

静态平衡方程为：

$$2\mu_{y_1}F_{z_1}+2\mu_{y_2}F_{z_2}-mg\sin\phi=ma \tag{10-258}$$

$$2F_{z_1}+2F_{z_2}-mg\cos\phi=0 \tag{10-259}$$

$$2F_{z_1}b_1-2F_{z_2}b_2+2(\mu_{y_1}F_{z_1}+\mu_{y_2}F_{z_2})h=0 \tag{10-260}$$

解得：

$$F_{z_1}=\frac{mg}{2w}(b_2\cos\phi-h\sin\phi) \tag{10-261}$$

$$F_{z_2}=\frac{mg}{2w}(b_1\cos\phi+h\sin\phi) \tag{10-262}$$

$$\tan\phi_{\mathrm{M}}=\mu_y \tag{10-263}$$

当然，以上计算正确的前提是：

$$\tan\phi_{\mathrm{M}}\leqslant\frac{b_2}{h} \tag{10-264}$$

$$\mu_y\leqslant\frac{b_2}{h} \tag{10-265}$$

如果侧向摩擦系数 μ_y 比 b_2/h 要大，车辆将会向路面两侧运动（简称下坡运动）。要想增加车辆在这种路面行驶的能力，由 b_2/h 可知，车辆需要足够宽，质心要尽可能低一些。

案例 422　河堤式路面上停车的轮胎受力情况。

一辆车的参数为：

$$m=1500\mathrm{kg} \tag{10-266}$$

$$w=1.5\mathrm{m} \tag{10-267}$$

$$h=0.8\mathrm{m} \tag{10-268}$$

$$b_1=b_2=0.75\mathrm{m} \tag{10-269}$$

路面横向倾斜角为 $\phi=3°$。轮胎的受力情况为：

$$F_{z_1}=3468.3\mathrm{N} \tag{10-270}$$

$$F_{z_2}=3879.1\mathrm{N} \tag{10-271}$$

$$F_{y_1}+F_{y_2}=385.1\mathrm{N} \tag{10-272}$$

位于高处的轮胎垂直力 F_{z_1} 与位于低处的轮胎垂直力 F_{z_2} 之比，仅仅取决于质心的位置：

$$\frac{F_{z_1}}{F_{z_2}}=\frac{b_2\cos\phi-h\sin\phi}{b_1\cos\phi+h\sin\phi} \tag{10-273}$$

假设车辆左右对称 $b_1=b_1=w/2$，以上方程可以化简为：

$$\frac{F_{z_1}}{F_{z_2}}=\frac{w\cos\phi-2h\sin\phi}{w\cos\phi+2h\sin\phi} \tag{10-274}$$

图 10.14 给出了作为 ϕ 函数的比率 F_{z_1}/F_{z_2}（详见脚本 27）。极限路面的横向角为

$\phi_M = \arctan(b_2 / h) = 43.15°$，此时位高的轮胎垂直作用力为零，车辆开始向下滑动。曲线负的部分为保持车辆在路面所需要的力，如停车锁将车辆固定在路面，为车辆提供拉力（负的正压力）。实际过程中，车轮如果不固定，这部分曲线就没有意义。

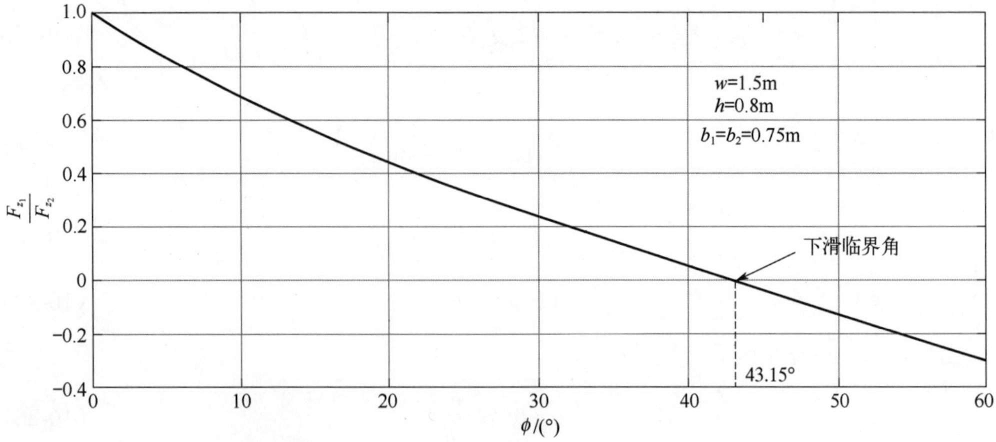

图 10.14　倾斜路面上的横向停车比率 F_{z_1}/F_{z_2} 与 ϕ 的关系

10.6 前后轮驱动和制动力优化分配

调整控制牵引力 F_{x_1} 和 F_{x_2} 就可以得到一定加速度 a。优化前后轮分布的牵引力可以得到的最大牵引力为：

$$\frac{F_{x_1}}{mg} = -\frac{h}{2l}\left(\frac{a}{g}\right)^2 + \frac{a_2 a}{2lg} = -\frac{h}{2l}\mu_x^2 + \frac{a_2}{2l}\mu_x \tag{10-275}$$

$$\frac{F_{x_2}}{mg} = \frac{h}{2l}\left(\frac{a}{g}\right)^2 + \frac{a_1 a}{2lg} = -\frac{h}{2l}\mu_x^2 + \frac{a_1}{2l}\mu_x \tag{10-276}$$

证明 66：水平路面上纵向运动方程为：

$$2F_{x_1} + 2F_{x_2} = ma \tag{10-277}$$

假设车辆获得最大牵引力受路面与轮胎联合情况限制，因此有：

$$F_{x_1} \leqslant \pm\mu_x F_{z_1} \tag{10-278}$$

$$F_{x_2} \leqslant \pm\mu_x F_{z_2} \tag{10-279}$$

前面已经得到轮胎垂直力与车辆加速度的关系为：

$$F_{z_1} = \frac{1}{2}mg\frac{a_2}{l} - \frac{1}{2}mg\frac{h}{l}\times\frac{a}{g} \tag{10-280}$$

$$F_{z_2} = \frac{1}{2}mg\frac{a_1}{l} + \frac{1}{2}mg\frac{h}{l}\times\frac{a}{g} \tag{10-281}$$

代入极限情况化简后得到：

$$\frac{F_{x_1}}{mg}=\frac{1}{2}\mu_x\left(\frac{a_2}{l}-\frac{ha}{lg}\right) \tag{10-282}$$

$$\frac{F_{x_2}}{mg}=\frac{1}{2}\mu_x\left(\frac{a_1}{l}+\frac{ha}{lg}\right) \tag{10-283}$$

将极限情况代入运动方程式（10-277）可得：

$$a=\mu_x g \tag{10-284}$$

将其代入式（10-282）和式（10-283）可得：

$$\frac{F_{x_1}}{mg}=-\frac{h}{2l}\left(\frac{a}{g}\right)^2+\frac{a_2 a}{2lg}=-\frac{h}{2l}\mu_x^2+\frac{a_2}{2l}\mu_x \tag{10-285}$$

$$\frac{F_{x_2}}{mg}=\frac{h}{2l}\left(\frac{a}{g}\right)^2+\frac{a_1 a}{2lg}=\frac{h}{2l}\mu_x^2+\frac{a_1}{2l}\mu_x \tag{10-286}$$

这两个方程左边为不考虑车辆质量的牵引力或制动力大小，右边由车辆的几何尺寸 (h,a_1,a_2) 确定。当 $a>0$ 时两个方程表示出前后轮牵引力大小变化情况，当 $a<0$ 时两个方程表示出前后轮制动力大小变化情况。图 10.15 给出了带有以下参数样车的驱动力与制动力的图解情况：

$$\mu_x=1 \tag{10-287}$$

$$\frac{h}{l}=\frac{0.8}{2.7}=0.2963 \tag{10-288}$$

$$\frac{a_1}{l}=\frac{a_2}{l}=\frac{1}{2} \tag{10-289}$$

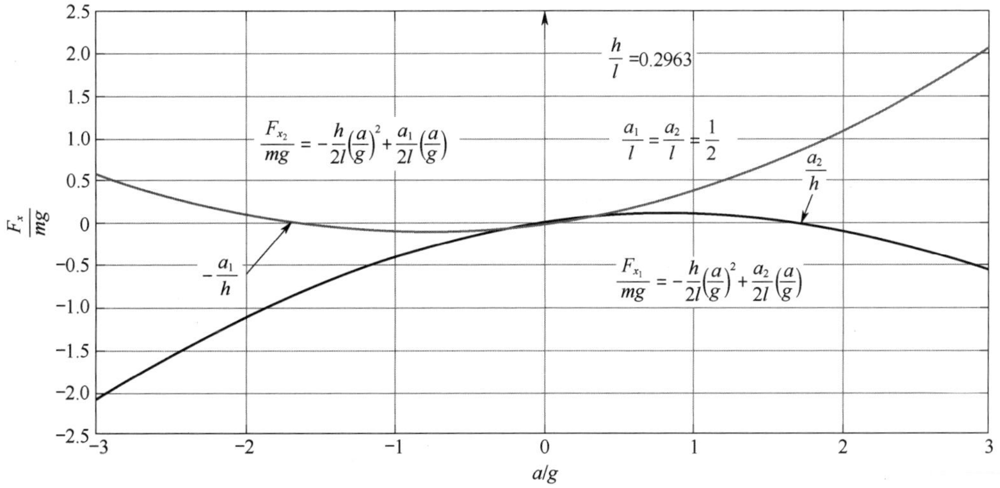

图 10.15　驱动力与制动力的图解情况

当加速度 $a>0$ 时，优化驱动力曲线后轮加速度增长迅速，而前轮在达到最大值后开始出现下降。当值 $a/g=a_2/h$ 时，前轮达到可能出现的最大加速度，此后它就与路面脱离了接触（腾空）。当前轮（或后轮）由于加速度的增加而脱离与路面接触时，将此加速度称为腾空加速度。

制动时，情况刚好相反。当 $a<0$ 时，优化驱动力曲线前轮减速度增长迅速，而后轮在达

到最小值后开始返回到零。当值 $a/g=-a_1/h$ 时，后轮达到可能出现的最大减速度，此后它就与轮面脱离了接触。

对于优化驱动和制动力的图解曲线而言，用 $F_{x_1}/(mg)$ 对比 $F_{x_2}/(mg)$ 并以 a/g 作为一个常数，有：

$$F_{x_1}=\frac{a_2-\dfrac{a}{g}h}{a_1+\dfrac{a}{g}h}F_{x_2} \tag{10-290}$$

$$\frac{F_{x_1}}{F_{x_2}}=\frac{a_2-\mu_x h}{a_1+\mu_x h} \tag{10-291}$$

调整和优化受力分布不是一个自动完成的过程，而是需要一个力的分配控制系统来检测并调整力的分布。如图 10.16 所示，这条设计曲线描述了当车辆达到最大加（减）速度时前后轮之间的受力关系。

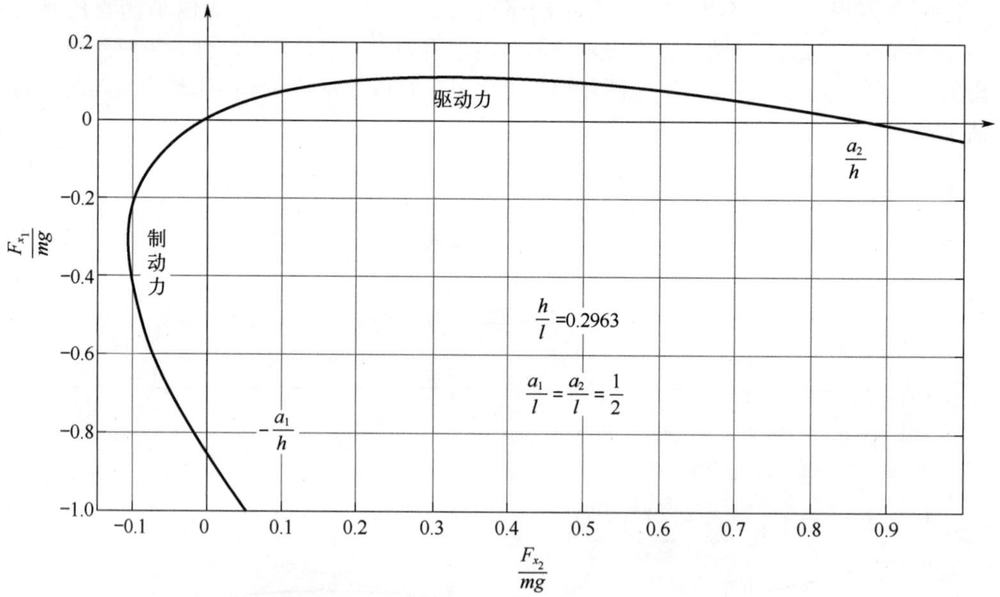

图 10.16 调整和优化驱动力与制动力的受力分布

图 10.15、图 10.16 的出图程序详见脚本 28。

案例 423 在零处的斜率。

优化受力分配的初始状态也就是优化曲线 $[F_{x_1}/(mg), F_{x_2}/(mg)]$ 在零处的斜率：

$$\frac{\mathrm{d}\left(\dfrac{F_{x_1}}{mg}\right)}{\mathrm{d}\left(\dfrac{F_{x_2}}{mg}\right)}=\lim_{a\to 0}\frac{-\dfrac{h}{2l}\left(\dfrac{a}{g}\right)^2+\dfrac{a_2}{2l}\left(\dfrac{a}{g}\right)}{\dfrac{h}{2l}\left(\dfrac{a}{g}\right)^2+\dfrac{a_1}{2l}\left(\dfrac{a}{g}\right)}=\frac{a_2}{a_1} \tag{10-292}$$

因此，初始牵引力分配仅仅依赖于质心 C 的位置。

案例 424 制动平衡与 ABS。

制动时，后轮如果没有锁死，那么车辆是稳定的。因此，在任何时候后轮制动力都必须小于最大可能的制动力。这也就意味着制动力分配必须在图 10.17 的曲线与 y-轴合围范围之内。这就限制了能够获得的减速度，但是增加了车辆的稳定性，特别是在摩擦力值很小的情况下。

对于力的分配器而言，无论什么时候都是按照直线工作，在优化自动曲线的范围里，用 2～3 条直线来代替外围的曲线，而控制系统则是用来调整力的比率 F_{x_1}/F_{x_2}。图 10.17 给出了这样一条三段线的例子。

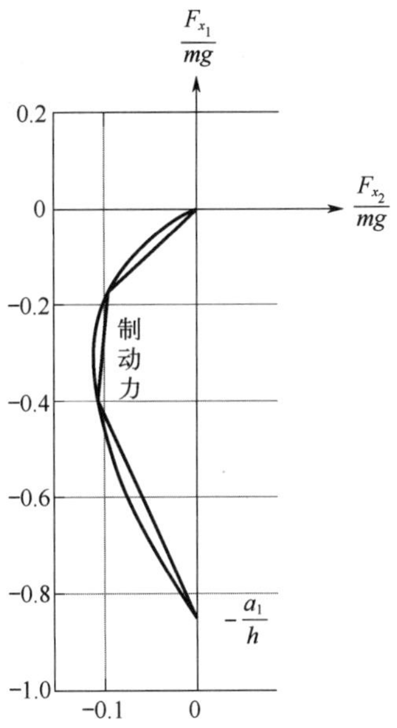

图 10.17　调整和优化制动力的受力分布

分配前后轮的制动力称为制动平衡。制动平衡随着减速度的变化而变化。越是紧急的制动，就会有越多的垂直载荷转移到前轮，它也就能发挥更大的制动效能。同时，后轮的垂直载荷在减少，它发挥的制动力也就越少。

案例 425　最好的赛车。

赛车需要在能够获得最大加速度的情况下工作，才能获得最短的比赛时间。它们通常采用的是后轮驱动和全轮制动。但是如果采用全轮驱动，并加上一个力的分配器，按照图 10.18 所示曲线分配前后轮的载荷，那么它的成绩将会更好。

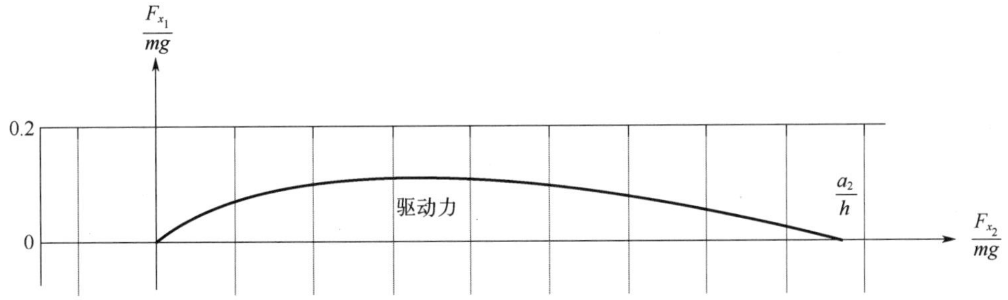

图 10.18　调整和优化驱动力的受力分布

案例 426　质心 C 布置对制动的影响

前面说到制动时，负载由后轮转移到前轮。质心 C 越高，那么需要转换的负载越多。因此，为了改善制动，质心 C 应该越低越好，而且越靠后越好。这个要求不是对任何车都能实现，特别是前轮驱动的汽车。但是，这个方面在设计更好的制动效果时就一定要考虑。

案例 427　前轮和后轮锁死。

优化制动力分布其实就是根据式（10-291）找到理想的 F_{x_1}/F_{x_2} 比率。但是如果制动力分布不是理想的，那么，要么是前轮先锁死，要么是后轮先锁死。锁死后轮就意味着车辆不稳定，它就失去了直线行驶稳定性。当后轮锁死时，它就会在路上开始滑动失去侧向力。后轮轮胎印记处的剪切合力简化为与滑动方向相反的动态摩擦力。

在轻微扰动下，前轮轻微的侧向运动将变成转向运动，这是由于前后轮之间不平衡的侧向力造成的。转向运动绕车辆的 z-轴旋转，直到首尾掉头完成 180°旋转。图 10.19 给出了后轮锁死侧滑旋转 180°掉头的情形。

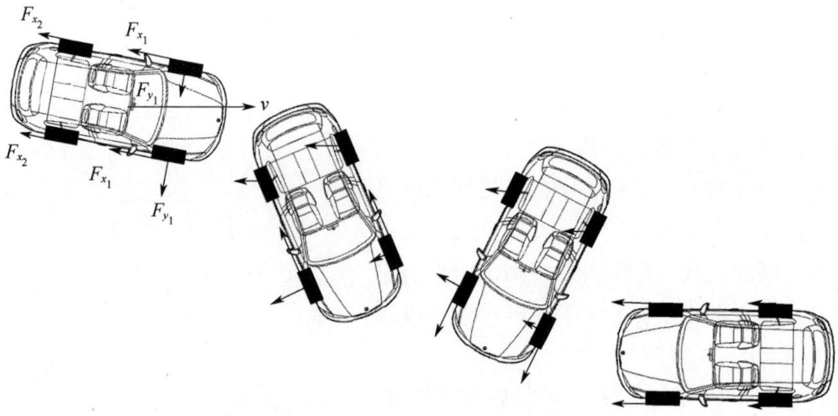

图 10.19 后轮锁死情况下的 180° 掉头

虽然前轮锁死不会导致方向失控，但是会使车辆不能转向，脱离驾驶员控制。

10.7 多轴汽车

如果一辆车的车轴多于两个，那么车辆轮胎上的垂直作用力将不能像前面一样通过静态平衡方程确定。这样的三轴汽车如图 10.20 所示。此时就需要考虑悬架变形，从而确定它们之间的作用力。

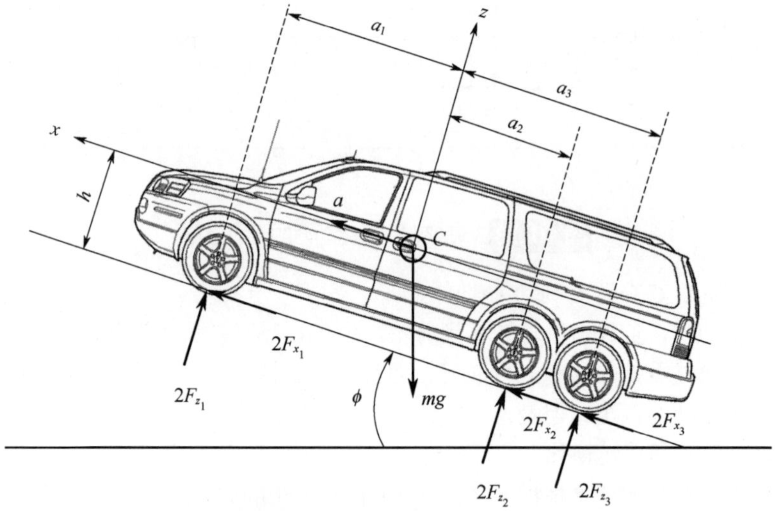

图 10.20 三轴汽车在倾斜路面上行驶

将 n 个作用在轮胎上的垂直作用力表示为 F_{z_i}，它们可以通过以下 n 个代数方程来确定：

$$2\sum_{i=1}^{n} F_{z_i} - mg\cos\phi = 0 \tag{10-293}$$

$$2\sum_{i=1}^{n}F_{z_i}x_i+m(a-g\sin\phi)=0 \tag{10-294}$$

$$\frac{F_{z_i}}{k_i}-\frac{x_i-x_1}{x_n-x_1}\left(\frac{F_{z_n}}{k_n}-\frac{F_{z_1}}{k_i}\right)-\frac{F_{z_1}}{k_i}=0 \tag{10-295}$$

式中，F_{x_i} 和 F_{z_i} 分别为纵向和垂直作用力。车轴由前至后标号为 i，$i=2,3,\cdots,n-1$。连接在第 i 轴的轮胎也标记为 i，x_i 表示质心 C 与第 i 轴之间的距离。当车轴在质心 C 前面时，距离 x_i 为正；当车轴在质心 C 后面时，距离 x_i 为负。参数 k_i 为第 i 个悬架的垂直刚度。

证明 67：对于多轴汽车有以下方程：

$$\Sigma F_x=ma \tag{10-296}$$

$$\Sigma F_z=0 \tag{10-297}$$

$$\Sigma M_y=0 \tag{10-298}$$

如果总的车轴数为 n，可以用求和公式来表示各个分力之和：

$$2\sum_{i=1}^{n}F_{x_i}-mg\sin\phi=ma \tag{10-299}$$

$$2\sum_{i=1}^{n}F_{z_i}-mg\cos\phi=0 \tag{10-300}$$

$$2\sum_{i=1}^{n}F_{z_i}x_i+2h\sum_{i=1}^{n}F_{x_i}=0 \tag{10-301}$$

总的牵引力为 $F_x=\sum_{i=1}^{n}F_{x_i}$，可以通过式(10-299)和式(10-301)消去，从而得到式(10-294)。那么就剩下式（10-293）和式（10-295），未知数 F_{z_i} 有 n 个（$i=2,3,\cdots,n$），还差 $n-2$ 个方程才能找出所有车轮的负载。剩下的方程来自悬架之间变形的一致性。

忽略轮胎的柔性，利用 z 表示质心 C 的静态垂直位移。如果 z_i 表示第 i 个车轴悬架变形，而 k_i 则表示第 i 个车轴悬架的垂直刚度，那么悬架的变形量为：

$$z_i=\frac{F_{z_i}}{k_i} \tag{10-302}$$

对于位于平坦路面上的刚体汽车，有：

$$\frac{z_i-z_1}{x_i-x_1}=\frac{z_n-z_1}{x_n-x_1},\quad i=2,3,\cdots,n-1 \tag{10-303}$$

然后，再将式（10-302）代入化简就可以得到式（10-295）。这 $n-2$ 个公式（10-303）加上前面的式（10-293）和式（10-294），就可以解出每个轮胎上的垂直作用力（负载）。整个方程组成线性，可以将其安排成矩阵形式：

$$\boldsymbol{AX}=\boldsymbol{B} \tag{10-304}$$

其中：

$$\boldsymbol{X}=\begin{bmatrix}F_{z_1} & F_{z_2} & \cdots & F_{z_n}\end{bmatrix}^{\mathrm{T}} \tag{10-305}$$

$$A=\begin{bmatrix} 2 & 2 & \cdots & \cdots & \cdots & \cdots & 2 \\ 2x_1 & 2x_2 & \cdots & \cdots & \cdots & \cdots & 2x_n \\ \dfrac{x_n-x_2}{k_1 l} & \dfrac{1}{k_2} & \cdots & \cdots & \cdots & \cdots & \dfrac{x_2-x_1}{k_n l} \\ \cdots & \cdots & \cdots & \cdots & \cdots & \cdots & \cdots \\ \dfrac{x_n-x_i}{k_1 l} & \cdots & \cdots & \dfrac{1}{k_i} & \cdots & \cdots & \dfrac{x_i-x_1}{k_n l} \\ \cdots & \cdots & \cdots & \cdots & \cdots & \cdots & \cdots \\ \dfrac{x_n-x_{n-1}}{k_1 l} & \cdots & \cdots & \cdots & \cdots & \dfrac{1}{k_{n-1}} & \dfrac{x_{n-1}-x_1}{k_n l} \end{bmatrix} \tag{10-306}$$

$$l=x_1-x_n \tag{10-307}$$

$$B=\begin{bmatrix} mg\cos\phi & -m(a+g\sin\phi) & 0 & \cdots & 0 \end{bmatrix}^{\mathrm{T}} \tag{10-308}$$

案例 428 三轴车辆的车轮负载。

图 10.20 给出了三轴车辆在倾斜路面上的情形。对多轴汽车从前往后数车轴，前轴标记为 1 轴，后面依次标记为 2、3 轴。

三轴汽车的方程组为：

$$2F_{x_1}+2F_{x_2}+2F_{x_3}-mg\sin\phi=ma \tag{10-309}$$

$$2F_{z_1}+2F_{z_2}+2F_{z_3}-mg\cos\phi=0 \tag{10-310}$$

$$2F_{z_1}x_1+2F_{z_X}x_2+2F_{z_3}x_3+2h(F_{x_1}+F_{x_2}+F_{x_3})=0 \tag{10-311}$$

$$\frac{1}{x_2-x_1}\left(\frac{F_{z_2}}{k_2}-\frac{F_{z_1}}{k_1}\right)-\frac{1}{x_3-x_1}\left(\frac{F_{z_3}}{k_3}-\frac{F_{z_1}}{k_1}\right)=0 \tag{10-312}$$

化简合并同类项可得：

$$2F_{z_1}+2F_{z_2}+2F_{z_3}-mg\cos\phi=0 \tag{10-313}$$

$$2F_{z_1}x_1+2F_{z_2}x_2+2F_{z_3}x_3+mh(a+g\sin\phi)=0 \tag{10-314}$$

$$(x_2k_2k_3-x_3k_2k_3)F_{z_1}+(x_2k_2k_3-x_3k_2k_3)F_{z_1}-(x_2k_2k_3-x_3k_2k_3)F_{z_1}=0 \tag{10-315}$$

将方程写成矩阵形式：

$$AX=B \tag{10-316}$$

其中：

$$A=\begin{bmatrix} 2 & 2 & 2 \\ 2x_1 & 2x_2 & x_3 \\ k_2k_3(x_2-x_3) & k_1k_3(x_1-x_3) & k_1k_2(x_1-x_2) \end{bmatrix} \tag{10-317}$$

$$X=\begin{bmatrix} F_{z_1} \\ F_{z_2} \\ F_{z_3} \end{bmatrix} \tag{10-318}$$

$$\boldsymbol{B}=\begin{bmatrix} mg\cos\phi \\ -mh(a+g\sin\phi) \\ 0 \end{bmatrix} \tag{10-319}$$

未知矢量可以通过逆矩阵求得：

$$\boldsymbol{X}=\boldsymbol{A}^{-1}\boldsymbol{B} \tag{10-320}$$

方程的解为：

$$\frac{1}{k_1 m}F_{z_1}=\frac{Z_1}{Z_0} \tag{10-321}$$

$$\frac{1}{k_2 m}F_{z_2}=\frac{Z_2}{Z_0} \tag{10-322}$$

$$\frac{1}{k_3 m}F_{z_3}=\frac{Z_3}{Z_0} \tag{10-323}$$

其中：

$$Z_0=-4k_1k_2(x_1-x_2)^2-4k_2k_3(x_2-x_3)^2-4k_1k_3(x_3-x_1)^2 \tag{10-324}$$

$$\begin{aligned}Z_1=&g(x_2k_2-x_1k_3-x_1k_2+x_3k_3)h\sin\phi+a(x_2k_2-x_1k_3-x_1k_2+x_3k_3)h+\\&g(x_2^2k_2-x_1x_2k_3+x_3^2k_2-x_1x_3k_3)\cos\phi\end{aligned} \tag{10-325}$$

$$\begin{aligned}Z_2=&g(x_1k_1-x_2k_1-x_2k_3+x_3k_3)h\sin\phi+a(x_1k_1-x_2k_1-x_2k_3+x_3k_3)h+\\&g(x_1^2k_1-x_1x_2k_1+x_3^2k_3-x_2x_3k_3)\cos\phi\end{aligned} \tag{10-326}$$

$$\begin{aligned}Z_3=&g(x_1k_1-x_2k_2-x_3k_1+x_3k_2)h\sin\phi+a(x_1k_1-x_3k_1-x_3k_2+x_2k_2)h+\\&g(x_1^2k_1-x_1x_3k_1+x_2^2k_2-x_2x_3k_3)\cos\phi\end{aligned} \tag{10-327}$$

$$x_1=a_1 \tag{10-328}$$

$$x_2=-a_2 \tag{10-329}$$

$$x_3=-a_3 \tag{10-330}$$

10.8 位于波峰或波谷的车辆

当路面为上凸或下凹曲线，分别称为波峰或波谷路面。这些曲线会改变轮胎的正压力。

10.8.1 位于波峰的车辆

在波峰行驶的车辆，轮胎上的垂直正压力相对于平直斜坡路面的情形会略微减小，这主要是因为在 z-方向上产生了离心力 mv^2/R_{H} 。

图 10.21 给出了这样位于波峰行驶的车辆，波峰曲线半径为 R_{H} 。轮胎上的牵引力和正压力大约为：

$$F_{x_1}+F_{x_2}\approx\frac{1}{2}m(a+g\sin\phi) \tag{10-331}$$

$$F_{z_1} \approx \frac{ma_2(gR_{\mathrm{H}}\cos\phi - v^2)}{2lR_{\mathrm{H}}} - \frac{mh(g\sin\phi + a)}{2l} \tag{10-332}$$

$$F_{z_2} \approx \frac{ma_1(gR_{\mathrm{H}}\cos\phi - v^2)}{2lR_{\mathrm{H}}} + \frac{mh(g\sin\phi + a)}{2l} \tag{10-333}$$

$$l = a_1 + a_2 \tag{10-334}$$

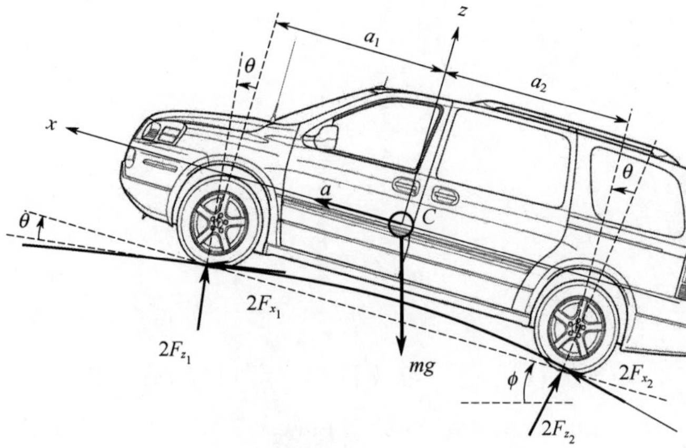

图 10.21 位于波峰处的车辆

证明 68：对于一辆位于波峰行驶的车辆如图 10.21 所示，垂直方向和切向方向分别为 $-z$ 轴和 x 轴方向。因此，车辆的运动方程为：

$$\Sigma F_x = ma \tag{10-335}$$

$$-\Sigma F_z = m\frac{v^2}{R_{\mathrm{H}}} \tag{10-336}$$

$$\Sigma M_y = 0 \tag{10-337}$$

将这个方程组展开，有：

$$2F_{x_1}\cos\theta + 2F_{x_2}\cos\theta - mg\sin\phi = ma \tag{10-338}$$

$$2F_{z_1}\cos\theta + 2F_{z_2}\cos\theta - mg\cos\phi = -m\frac{v^2}{R_{\mathrm{H}}} \tag{10-339}$$

$$\begin{aligned} &2F_{z_1}a_1\cos\theta - 2F_{z_2}a_2\cos\theta + 2(F_{x_1} + F_{x_2})h\cos\theta + \\ &2F_{z_1}a_1\sin\theta - 2F_{z_2}a_2\sin\theta - 2(F_{x_1} + F_{x_2})h\sin\theta = 0 \end{aligned} \tag{10-340}$$

可以消掉第一个和第三个方程中的 $F_{x_1} + F_{x_2}$，从而解出总的牵引力 $F_{x_1} + F_{x_2}$ 和垂直正压力 F_{z_1}、F_{z_2}：

$$F_{x_1} + F_{x_2} = \frac{ma + mg\sin\phi}{2\cos\theta} \tag{10-341}$$

$$F_{z_1} = \frac{ma_2(gR_{\mathrm{H}}\cos\phi - v^2)}{2lR_{\mathrm{H}}\cos\theta} - \frac{mh(g\sin\phi + a)(\cos\theta - \sin\theta)}{2l\cos\theta(\cos\theta + \sin\theta)} \tag{10-342}$$

$$F_{z_2} = \frac{ma_1(gR_{\mathrm{H}}\cos\phi - v^2)}{2lR_{\mathrm{H}}\cos\theta} + \frac{mh(g\sin\phi + a)(\cos\theta - \sin\theta)}{2l\cos\theta(\cos\theta + \sin\theta)} \tag{10-343}$$

如果车辆轴距相对于路面曲率半径很小，$l \ll R_{\mathrm{H}}$，那么角度θ非常小，可以用以下三角公式近似计算：

$$\cos\theta \approx \cos(2\theta) \approx 1 \tag{10-344}$$

$$\sin\theta \approx \sin(2\theta) \approx 0 \tag{10-345}$$

将此代入式（10-341）～式（10-343）可以得到近似结果：

$$F_{x_1} + F_{x_2} \approx \frac{1}{2}m(a + g\sin\phi) \tag{10-346}$$

$$F_{z_1} \approx \frac{ma_2\left(gR_{\mathrm{H}}\cos\phi - v^2\right)}{2lR_{\mathrm{H}}} - \frac{mh(g\sin\phi + a)}{2l} \tag{10-347}$$

$$F_{z_2} \approx \frac{ma_1(gR_{\mathrm{H}}\cos\phi - v^2)}{2lR_{\mathrm{H}}} + \frac{mh(g\sin\phi + a)}{2l} \tag{10-348}$$

案例 429　波峰车辆的车轮负载（正压力）。

假设一辆车拥有以下参数：

$$l = 2700\mathrm{mm} \tag{10-349}$$

$$w = 1500\mathrm{mm} \tag{10-350}$$

$$m = 3000\mathrm{kg} \tag{10-351}$$

$$h = 500\mathrm{mm} \tag{10-352}$$

$$a_1 = 1000\mathrm{mm} \tag{10-353}$$

$$a_2 = 1700\mathrm{mm} \tag{10-354}$$

$$v = 10\mathrm{m/s} \tag{10-355}$$

$$a = 1\mathrm{m/s^2} \tag{10-356}$$

假设行驶路面参数为：

$$R_{\mathrm{H}} = 50\mathrm{m} \tag{10-357}$$

$$\phi = 45° \tag{10-358}$$

$$\theta = 3° \tag{10-359}$$

车辆的受力为：

$$F_{x_1} + F_{x_2} = 11911\mathrm{N} \tag{10-360}$$

$$F_{z_1} = 2669.8\mathrm{N} \tag{10-361}$$

$$F_{z_2} = 4724.7\mathrm{N} \tag{10-362}$$

$$mg = 29400\mathrm{N} \tag{10-363}$$

$$F_{z_1} + F_{z_2} = 7394.5\mathrm{N} \tag{10-364}$$

$$m\frac{v^2}{R_{\mathrm{H}}} = 6000\mathrm{N} \tag{10-365}$$

如果将θ视为小角度，那么这些力通过近似公式可得：

$$F_{x_1} + F_{x_2} = 11894\mathrm{N} \tag{10-366}$$

$$F_{z_1} \approx 2453.1\mathrm{N} \tag{10-367}$$

$$F_{z_2} \approx 4941.4\text{N} \tag{10-368}$$

$$mg = 29400\text{N} \tag{10-369}$$

$$F_{z_1} + F_{z_2} \approx 7394.5\text{N} \tag{10-370}$$

$$m\frac{v^2}{R_{\text{H}}} = 6000\text{N} \tag{10-371}$$

案例 430 在波峰处脱离与地面接触（腾空）。

当一辆车开得太快时，它就会与地面脱离接触，此时车辆已经腾空。腾空车辆的条件为：$F_{z_1} = 0$ 且 $F_{z_2} = 0$。

假设一个前后对称的车辆，有 $a_1 = a_2 = l/2$，此时没有加速度，$a = 0$，利用近似方程式（10-347）和式（10-348）有：

$$\frac{ma_2(gR_{\text{H}}\cos\phi - v^2)}{2lR_{\text{H}}} - \frac{mh(g\sin\phi + a)}{2l} = 0 \tag{10-372}$$

$$\frac{ma_1(gR_{\text{H}}\cos\phi - v^2)}{2lR_{\text{H}}} + \frac{mh(g\sin\phi + a)}{2l} = 0 \tag{10-373}$$

可以计算出腾空的临界速度。对于前后轮可以计算出两个临界速度：

$$v_{c_1} = \sqrt{gR_{\text{H}}(a_2\cos\phi - h\sin\phi)} \tag{10-374}$$

$$v_{c_2} = \sqrt{gR_{\text{H}}(a_1\cos\phi + h\sin\phi)} \tag{10-375}$$

无论是什么车，临界车速 v_{c_1} 和 v_{c_2} 都是关于曲线半径 R_{H} 以及车身与水平之间夹角 ϕ 的函数。但是这个夹角要受式（10-166）的限制。

$$-\frac{a_1}{h} \leqslant \tan\phi \leqslant \frac{a_2}{h} \tag{10-376}$$

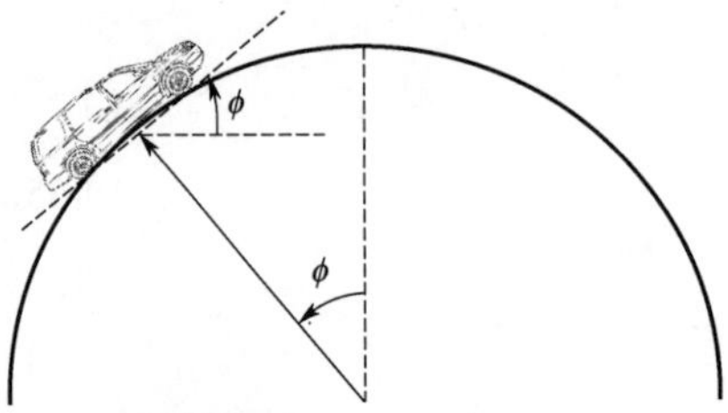

图 10.22 在爬圆形山的车辆

图 10.22 给出了一个位于圆形山行驶的车辆，而图 10.23 给出了临界车速 v_{c_1} 和 v_{c_2} 在夹角 ϕ 范围 $-1.371\text{rad} \leqslant \phi \leqslant 1.371\text{rad}$ 内的变化情况。所选车型的参数为：

$$l = 2700\text{mm} \tag{10-377}$$

$$h = 500\text{mm} \tag{10-378}$$

$$a_1 = 1000\text{mm} \tag{10-379}$$

$$a_2 = 1700\text{mm} \tag{10-380}$$

$$a = 0\text{m/s}^2 \tag{10-381}$$

$$R_{\text{H}} = 40\text{m} \tag{10-382}$$

在处于圆形山最大波峰夹角 $\phi = 1.285\text{rad} \approx 73.61°$ 时，前轮可以在速度为零时腾空，而后轮保持与地面接触。当车辆过了波峰最高点达到下山最大波峰夹角 $\phi = -1.107\text{rad} \approx -63.43°$ 时，后轮可以在速度为零时腾空。只要车辆爬山，前轮就可以在相对低速时腾空。反之，车辆下山，后轮就可以在相对低速时腾空。观察对应的 ϕ 角，较低的曲线决定了临界车速

v_c。为了对临界车速有一个直观印象，可以将较小值的 v_c 作为 ϕ 的函数，其中 R_H 或 h 作为变量。

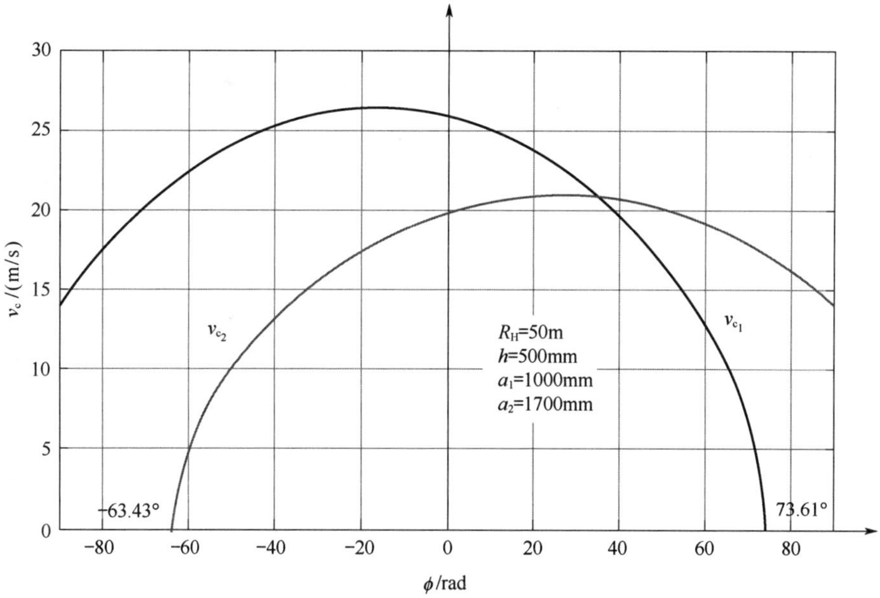

图 10.23 临界速度随波峰夹角 ϕ 变化曲线

图 10.24 给出了在 $h/l = 0.1852$ 时，对于不同 R_H 取值时 v_c 的曲线。

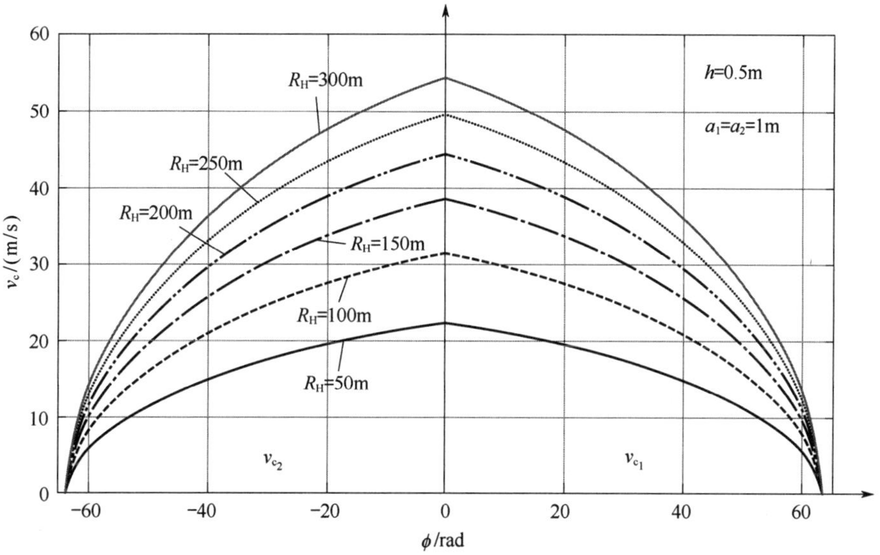

图 10.24 临界速度随山坡半径 R_H 变化曲线

图 10.25 给出了在 $R_H = 40$m 时，对于不同 h/l 取值时 v_c 的曲线。

图 10.23～图 10.25 的出图程序详见脚本 29。

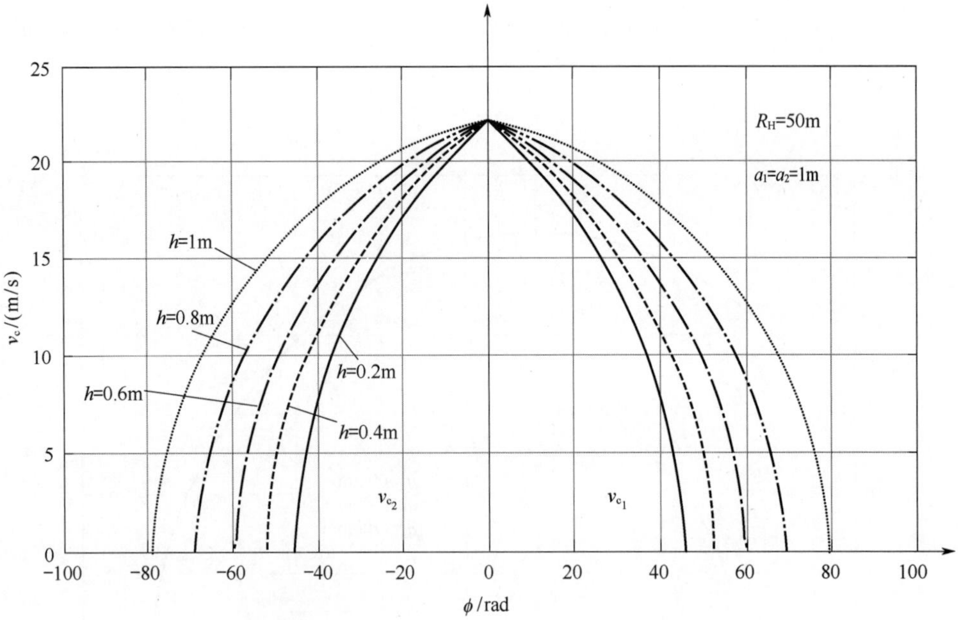

图 10.25 临界速度随车辆质心高度 h 变化曲线

10.8.2 位于波谷的车辆

位于波谷车辆的轮胎所受正压力要大于平直坡面上的情形，这主要是因为在 z-轴方向上需要圆周运动的向心力 mv^2/R_H 。

图 10.26 给出了位于波谷行驶的车辆，此处圆曲线的曲率半径为 R_H 。轮胎所受牵引力和正压力约等于：

$$F_{x_1}+F_{x_2}\approx\frac{1}{2}m(a+g\sin\phi) \tag{10-383}$$

$$F_{z_1}\approx\frac{ma_2(gR_H\cos\phi+v^2)}{2lR_H}-\frac{mh(g\sin\phi+a)}{2l} \tag{10-384}$$

$$F_{z_2}\approx\frac{ma_1\left(gR_H\cos\phi+v^2\right)}{2lR_H}+\frac{mh(g\sin\phi+a)}{2l} \tag{10-385}$$

$$l=a_1+a_2 \tag{10-386}$$

证明 69：为了求出位于波谷车辆轮胎上所受的牵引力和垂直正压力，采用和波峰时相同的步骤。如图 10.26 所示，位于波谷车辆的法向和切向分别用 z-轴和 x-轴正方向表示。因此，车辆的运动方程为：

$$\Sigma F_x=ma \tag{10-387}$$

$$\Sigma F_z=m\frac{v^2}{R_H} \tag{10-388}$$

$$\Sigma M_y=0 \tag{10-389}$$

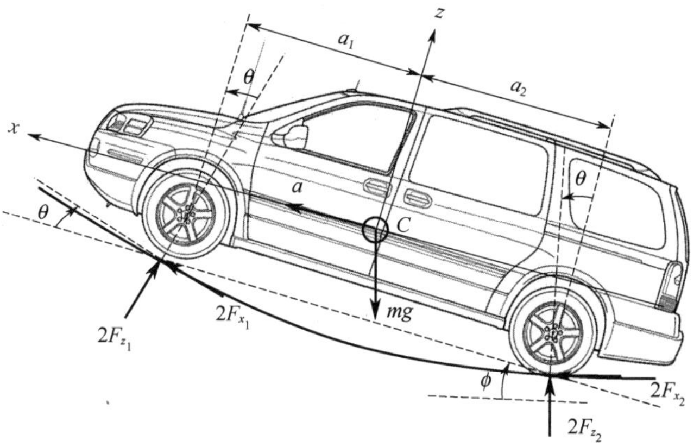

图 10.26　位于波谷处的车辆

将这个方程组展开，有：

$$2F_{x_1}\cos\theta+2F_{x_2}\cos\theta-mg\sin\phi=ma \tag{10-390}$$

$$2F_{z_1}\cos\theta+2F_{z_2}\cos\theta-mg\cos\phi=m\frac{v^2}{R_{\rm H}} \tag{10-391}$$

$$\begin{aligned}&2F_{z_1}a_1\cos\theta-2F_{z_2}a_2\cos\theta+2(F_{x_1}+F_{x_2})h\cos\theta-\\&2F_{z_1}a_1\sin\theta+2F_{z_2}a_2\sin\theta+2(F_{x_1}+F_{x_2})h\sin\theta=0\end{aligned} \tag{10-392}$$

可以消掉第一个和第三个方程中的 $F_{x_1}+F_{x_2}$，从而解出总的牵引力 $F_{x_1}+F_{x_2}$ 和垂直正压力 F_{z_1}、F_{z_2}：

$$F_{x_1}+F_{x_2}=\frac{ma+mg\sin\phi}{2\cos\theta} \tag{10-393}$$

$$F_{z_1}=\frac{ma_2(gR_{\rm H}\cos\phi+v^2)}{2lR_{\rm H}\cos\theta}-\frac{mh(g\sin\phi+a)(\cos\theta+\sin\theta)}{2l\cos\theta(\cos\theta-\sin\theta)} \tag{10-394}$$

$$F_{z_2}=\frac{ma_1(gR_{\rm H}\cos\phi+v^2)}{2lR_{\rm H}\cos\theta}+\frac{mh(g\sin\phi+a)(\cos\theta+\sin\theta)}{2l\cos\theta(\cos\theta-\sin\theta)} \tag{10-395}$$

假设 $\theta\ll1$，这些力就约等于：

$$F_{x_1}+F_{x_2}\approx\frac{ma+mg\sin\phi}{2}=\frac{1}{2}m(a+g\sin\phi) \tag{10-396}$$

$$F_{z_1}\approx\frac{ma_2(gR_{\rm H}\cos\phi+v^2)}{2lR_{\rm H}}-\frac{mh(g\sin\phi+a)}{2l} \tag{10-397}$$

$$F_{z_2}\approx\frac{ma_1(gR_{\rm H}\cos\phi+v^2)}{2lR_{\rm H}}-\frac{mh(g\sin\phi+a)}{2l} \tag{10-398}$$

案例 431　位于波谷车辆的轮胎负载。

假设一辆车的参数如下：

$$l=2700\text{mm} \tag{10-399}$$

$$w = 1500\text{mm} \tag{10-400}$$

$$m = 3000\text{kg} \tag{10-401}$$

$$h = 500\text{mm} \tag{10-402}$$

$$a_1 = 1000\text{mm} \tag{10-403}$$

$$a_2 = 1700\text{mm} \tag{10-404}$$

$$v = 10\text{m/s} \tag{10-405}$$

$$a = 1\text{m/s}^2 \tag{10-406}$$

行驶路面参数为：

$$R_{\text{H}} = 50\text{m} \tag{10-407}$$

$$\phi = 45° \tag{10-408}$$

$$\theta = 3° \tag{10-409}$$

车辆的受力为：

$$F_{x_1} + F_{x_2} = 11911\text{N} \tag{10-410}$$

$$F_{z_1} = 5983.9\text{N} \tag{10-411}$$

$$F_{z_2} = 7410.6\text{N} \tag{10-412}$$

$$mg = 29400\text{N} \tag{10-413}$$

$$F_{z_1} + F_{z_2} = 13394.5\text{N} \tag{10-414}$$

$$m\frac{v^2}{R_{\text{H}}} = 6000\text{N} \tag{10-415}$$

如果将θ视为小角度，那么这些力通过近似公式可得：

$$F_{x_1} + F_{x_2} = 11894\text{N} \tag{10-416}$$

$$F_{z_1} \approx 6230.9\text{N} \tag{10-417}$$

$$F_{z_2} \approx 7163.6\text{N} \tag{10-418}$$

$$mg = 29400\text{N} \tag{10-419}$$

$$F_{z_1} + F_{z_2} \approx 13394.5\text{N} \tag{10-420}$$

$$m\frac{v^2}{R_{\text{H}}} = 6000\text{N} \tag{10-421}$$

波谷车辆模型详见脚本30。

10.9 小结

对于左右对称的刚体车辆，可以假设左右轮胎的受力是相等的，这样就可以简化轮胎受力的计算。

当一辆车在角度为ϕ的坡道上行驶，前后轮的垂直正压力（负载）分别为F_{z_1}、F_{z_2}，其大小为：

$$F_{z_1}=\frac{1}{2}mg\left(\frac{a_2}{l}\cos\phi-\frac{h}{l}\sin\phi\right)-\frac{1}{2}ma\frac{h}{l} \tag{10-422}$$

$$F_{z_2}=\frac{1}{2}mg\left(\frac{a_1}{l}\cos\phi+\frac{h}{l}\sin\phi\right)+\frac{1}{2}ma\frac{h}{l} \tag{10-423}$$

$$l=a_1+a_2 \tag{10-424}$$

其中，$\frac{1}{2}mg\left(\frac{a_2或a_1}{l}\cos\phi\mp\frac{h}{l}\sin\phi\right)$为静态部分，动态部分$\mp\frac{1}{2}ma\frac{h}{l}$依赖于加速度 a。

第 11 章 中级车辆模型

扫码获取脚本文件

本章将进一步探讨车辆的运动模型，讨论其在平面内的运动情况。当联合考虑车辆向前、侧向以及转向的运动时，车辆平面运动模型就孕育而生了。

11.1 车辆坐标系

车辆的动力学运动方程通常是用车辆坐标系 B（$Cxyz$）里的方程组来表示，而车辆坐标系的原点一般位于车辆的质心 C 处，如图 11.1 所示。x-轴为纵向轴线穿过质心指向车辆前进方向，y-轴指向驾驶员的左侧，z-轴则和其他两个坐标轴共同构成右手坐标系。当车辆停在水平路面上时，z-轴方向垂直于地面，与地球重力加速度 $\boldsymbol{g}$ 的方向相反。

图 11.1 建立车辆坐标系 B（$Cxyz$）

为了展示车辆的旋转，需要定义三个角度：纵旋(roll，侧倾角 φ）绕 x-轴旋转，侧旋（pitch，俯仰角 θ）绕 y-轴旋转，垂旋（yaw，转向角 ψ）绕 z-轴旋转。由于车辆旋转的角速度非常重要，通常需要用特殊的字符来表示它们，将它们分别称为纵旋角速度 p（侧倾角速度）、侧旋角速度 q（俯仰角速度）以及垂旋角速度 r（转向角速度），它们的数学符号表示为：

$$\dot{\varphi} = p \tag{11-1}$$

$$\dot{\theta} = q \tag{11-2}$$

$$\dot{\psi} = r \tag{11-3}$$

地球和外界对车辆的合力以及合力矩共同构成了车辆力系（$\boldsymbol{F}$，$\boldsymbol{M}$），这个力系可以在次坐标系中表示为：

$$ {}^{\mathrm{B}}\boldsymbol{F} = F_x\mathbf{i} + F_y\mathbf{j} + F_z\mathbf{k} \tag{11-4}$$

$$ {}^{\mathrm{B}}\boldsymbol{M} = M_x\mathbf{i} + M_y\mathbf{j} + M_z\mathbf{k} \tag{11-5}$$

三维汽车的力系分量如图 11.2 所示，这些分量都有自己特殊的名字和意义：

① 纵向力 F_x，它是沿 x-轴方向的一个力。$F_x>0$ 表示加速行驶，而 $F_x<0$ 则表示车辆制动。纵向力也称为推进力或牵引力。

② 侧向力 F_y，它与 F_x 以及 F_z 相互垂直。$F_y>0$，方向指向驾驶员视角的左侧。侧向力通常是由于转向产生的，它又是产生转向力矩的主要原因，从而使车辆转向。

③ 垂直力 F_z，它是与地平面相垂直的力。$F_z>0$ 表示方向向上。垂直力有时也可以称为标准力或者车辆负载。

④ 侧倾力矩 M_x，它是绕 x-轴的纵向力矩。$M_x>0$ 表示右手定则绕 x-轴正方向旋转（侧倾）。侧倾力矩有时也可以称为路面倾斜力矩、倾斜扭矩或者侧翻力矩。

⑤ 俯仰力矩 M_y，它是绕 y-轴旋转的侧向力矩。$M_y>0$ 表示车辆绕 y-轴正方向旋转，车头向下运动俗称点头。

⑥ 转向力矩 M_z，它是绕 z-轴旋转的垂直力矩。$M_z>0$ 表示车辆绕 z-轴正方向旋转。它有时也可以称为回正力矩。

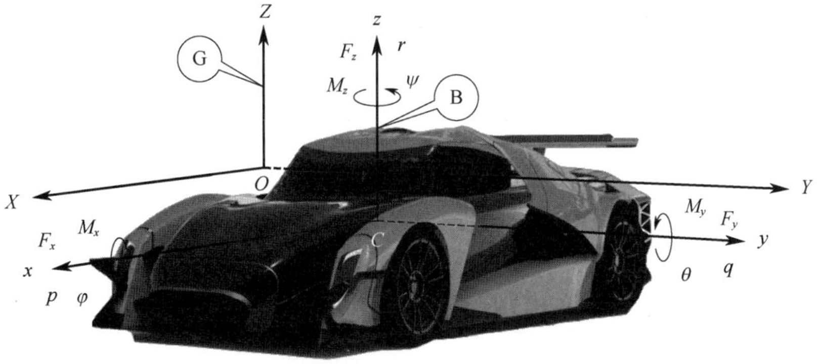

图 11.2　三维汽车力系分量

在坐标系 B（$Cxyz$）中测得车辆的位置和方向是相对于全球坐标系 G（$OXYZ$）而言的。车辆坐标系又可以称为刚体坐标系或是车辆坐标系，而地面坐标系又可以称为全球坐标系。分析车辆运动等价于将 B（$Cxyz$）中的位置和方向在 G（$OXYZ$）中表达出来。图 11.2 展示了怎样将一个运动的车辆用刚体坐标系 B 在全球坐标系 G 中表示出来。

x-轴和 X-轴的夹角称为转向角 ψ，也可以称为偏航角或是航向角。车辆的速度矢量 $\boldsymbol{v}$ 与 x-轴之间的夹角 β 称为姿态角。车辆的速度矢量 $\boldsymbol{v}$ 与 X-轴之间的夹角 $\beta+\psi$ 称为巡航角。这些角度从运动车辆的顶端往下看的情况如图 11.3 所示。

在很多情况下，我们需要对车辆的车轮进行编号。从左前轮开始编为 1 号车轮，右前轮编为 2 号车轮，然后按此顺序顺时针旋转对所有车轮进行编号，如图 11.3 所示。对每一个车轮进行编号以后，就可以用位置矢量 $\boldsymbol{r}_i$ 对它们进行逐一定位，在刚体坐标系 B 中表示出来。

$$ {}^{\mathrm{B}}\boldsymbol{r}_i = x_i\mathbf{i} + y_i\mathbf{j} + z_i\mathbf{k} \tag{11-6}$$

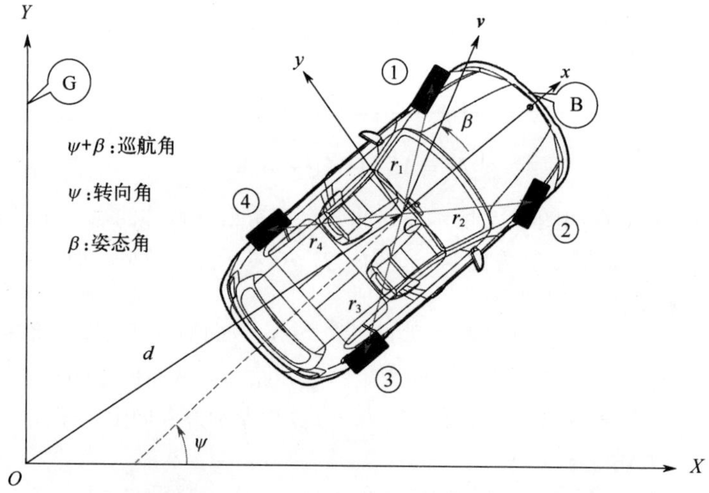

图 11.3 车辆模型俯视图以及常用角度示意图

案例 432 车轮编号及其位置矢量。

图 11.4 描述了一个六轮乘用车的情况。对每一个车轮进行编号，从左前轮开始编为 1 号车轮，然后进行顺时针旋转，编号逐一增加，直到 6 个车轮全部编号完毕。

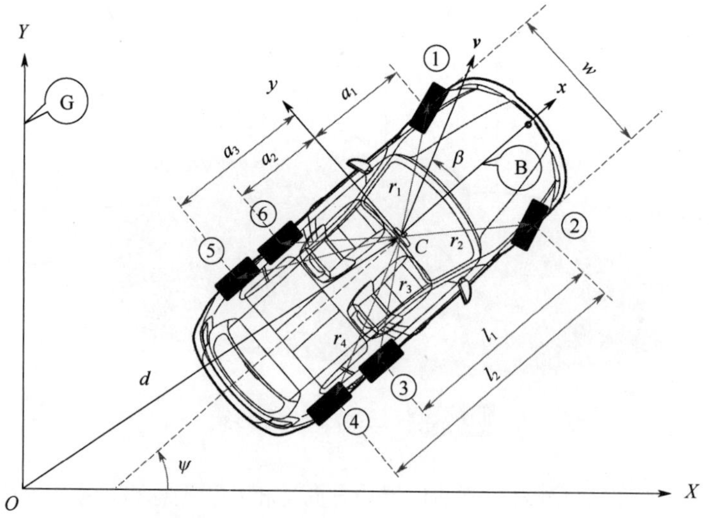

图 11.4 车辆模型的车轮编号及其位置矢量

如果车辆的质心位置可以用全球位置矢量表示出来：

$$^{G}\boldsymbol{d}=\begin{bmatrix}\boldsymbol{X}_C\\ \boldsymbol{Y}_C\end{bmatrix} \tag{11-7}$$

车轮的位置矢量的刚体坐标系坐标为：

$$^{B}\boldsymbol{r}_1=\begin{bmatrix}a_1\\ w/2\end{bmatrix} \tag{11-8}$$

$$^{B}\boldsymbol{r}_2=\begin{bmatrix}a_1\\ -w/2\end{bmatrix} \tag{11-9}$$

$$ {}^{B}\boldsymbol{r}_3 = \begin{bmatrix} -a_2 \\ -w/2 \end{bmatrix} \tag{11-10} $$

$$ {}^{B}\boldsymbol{r}_4 = \begin{bmatrix} -a_3 \\ -w/2 \end{bmatrix} \tag{11-11} $$

$$ {}^{B}\boldsymbol{r}_5 = \begin{bmatrix} -a_3 \\ w/2 \end{bmatrix} \tag{11-12} $$

$$ {}^{B}\boldsymbol{r}_6 = \begin{bmatrix} -a_2 \\ w/2 \end{bmatrix} \tag{11-13} $$

那么，车轮的全球坐标的位置矢量为：

$$ {}^{G}\boldsymbol{r}_1 = {}^{G}\boldsymbol{d} + {}^{G}\boldsymbol{R}_{B}\,{}^{B}\boldsymbol{r}_1 = \begin{bmatrix} X_C - \frac{1}{2}w\sin\psi + a_1\cos\psi \\ Y_C + \frac{1}{2}w\cos\psi + a_1\sin\psi \end{bmatrix} \tag{11-14} $$

$$ {}^{G}\boldsymbol{r}_2 = {}^{G}\boldsymbol{d} + {}^{G}\boldsymbol{R}_{B}\,{}^{B}\boldsymbol{r}_2 = \begin{bmatrix} X_C + \frac{1}{2}w\sin\psi + a_1\cos\psi \\ Y_C - \frac{1}{2}w\cos\psi + a_1\sin\psi \end{bmatrix} \tag{11-15} $$

$$ {}^{G}\boldsymbol{r}_3 = {}^{G}\boldsymbol{d} + {}^{G}\boldsymbol{R}_{B}\,{}^{B}\boldsymbol{r}_3 = \begin{bmatrix} X_C + \frac{1}{2}w\sin\psi - a_2\cos\psi \\ Y_C - \frac{1}{2}w\cos\psi - a_2\sin\psi \end{bmatrix} \tag{11-16} $$

$$ {}^{G}\boldsymbol{r}_4 = {}^{G}\boldsymbol{d} + {}^{G}\boldsymbol{R}_{B}\,{}^{B}\boldsymbol{r}_4 = \begin{bmatrix} X_C + \frac{1}{2}w\sin\psi - a_3\cos\psi \\ Y_C - \frac{1}{2}w\cos\psi - a_3\sin\psi \end{bmatrix} \tag{11-17} $$

$$ {}^{G}\boldsymbol{r}_5 = {}^{G}\boldsymbol{d} + {}^{G}\boldsymbol{R}_{B}\,{}^{B}\boldsymbol{r}_5 = \begin{bmatrix} X_C - \frac{1}{2}w\sin\psi - a_3\cos\psi \\ Y_C + \frac{1}{2}w\cos\psi - a_3\sin\psi \end{bmatrix} \tag{11-18} $$

$$ {}^{G}\boldsymbol{r}_6 = {}^{G}\boldsymbol{d} + {}^{G}\boldsymbol{R}_{B}\,{}^{B}\boldsymbol{r}_6 = \begin{bmatrix} X_C - \frac{1}{2}w\sin\psi - a_2\cos\psi \\ Y_C + \frac{1}{2}w\cos\psi - a_2\sin\psi \end{bmatrix} \tag{11-19} $$

其中，从坐标系 G 到坐标系 B 的旋转矩阵为：

$$ {}^{G}\boldsymbol{R}_{B} = \begin{bmatrix} \cos\psi & -\sin\psi \\ \sin\psi & \cos\psi \end{bmatrix} \tag{11-20} $$

案例 433　航向角、姿态角以及巡航角。

图 11.5 给出了一辆车在路面行驶时的角度：

$$ \psi = 30^{\circ} \tag{11-21} $$

$$ \beta = 15^{\circ} \tag{11-22} $$

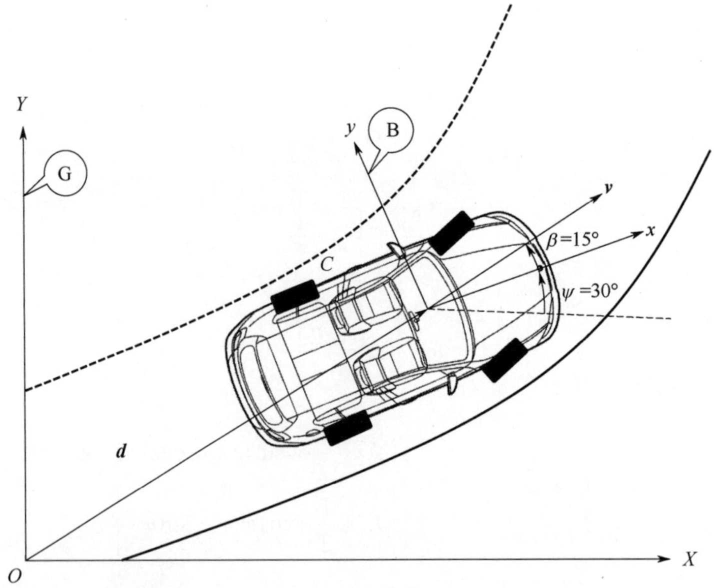

图 11.5 在公路行驶车辆的转向角和侧滑角示意图

车辆的航向角（转向角）为：

$$航向角 = \psi = 30° \tag{11-23}$$

这是车辆坐标系纵轴 x-轴与全球坐标系 X-轴之间的夹角。

车辆的姿态角为：

$$姿态角 = \beta = 15° \tag{11-24}$$

这是车辆运动方向与它纵轴之间的夹角。

车辆的巡航角为：

$$巡航角 = \beta + \psi = 45° \tag{11-25}$$

这是车辆运动方向和全球坐标系纵轴 X-轴方向之间的夹角。

11.2 刚体车辆的数学模型

将刚体车辆看作一个长方形的盒子运动在水平表面上。刚体车辆的这种平面运动拥有三个自由度：x 和 y 方向上的平行移动，以及绕 z-轴的转动。刚体车辆在刚体坐标系 B（原点位于车辆质心 C 处）中的牛顿-欧拉运动方程为：

$$F_x = m\dot{v}_x - m\omega_z v_y \tag{11-26}$$

$$F_y = m\dot{v}_y + m\omega_z v_x \tag{11-27}$$

$$M_z = \dot{\omega}_z I_z \tag{11-28}$$

证明 70：图 11.6 给出了一个刚体车辆在平面内的运动。全球坐标系 G 坐标的原点固结于地面上一点 O，而车辆坐标系 B 坐标的原点固结于车辆质心 C。Z-轴与 z-轴平行，x-轴与 X-轴夹角为航向角 ψ 。车辆质心位置矢量在全球坐标系中表示为 ${}^{G}\boldsymbol{d}$ 。

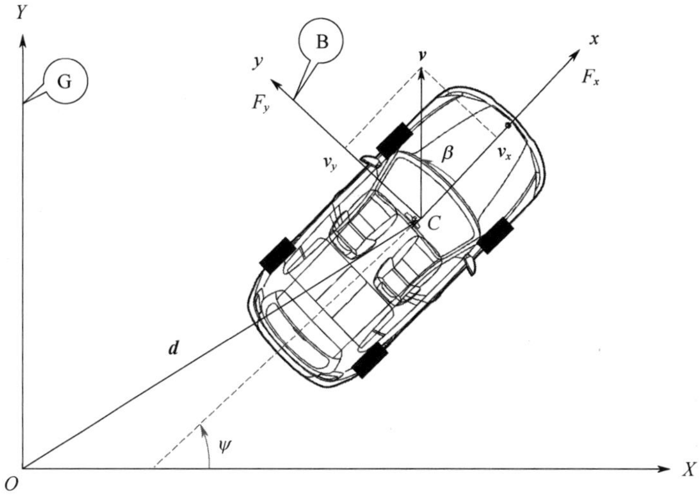

图 11.6　刚体车辆在平面内的运动示意图

车辆速度矢量在刚体坐标系中可表达为：

$$ {}^{B}\boldsymbol{v}_C = \begin{bmatrix} v_x \\ v_y \\ 0 \end{bmatrix} \tag{11-29}$$

式中，v_x 表示速度 $\boldsymbol{v}$ 的纵向分量，v_y 表示速度 $\boldsymbol{v}$ 的侧向分量。

在刚体坐标系中的刚体运动方程可表示为：

$$ {}^{B}\boldsymbol{F} = {}^{B}\boldsymbol{R}_G\ {}^{G}\boldsymbol{F} = {}^{B}\boldsymbol{R}_G(m\ {}^{G}\boldsymbol{a}_B) = m\ {}_{G}^{B}\boldsymbol{a}_B = m\ {}^{B}\dot{\boldsymbol{v}}_B + m\ {}_{G}^{B}\boldsymbol{\omega}_B \times {}^{B}\boldsymbol{v}_B \tag{11-30}$$

$$ {}^{B}\boldsymbol{M} = \frac{{}^{G}\mathrm{d}}{\mathrm{d}t}\ {}^{B}\boldsymbol{L} = {}_{G}^{B}\dot{\boldsymbol{L}}_B = {}^{B}\dot{\boldsymbol{L}} + {}_{G}^{B}\boldsymbol{\omega}_B \times {}^{B}\boldsymbol{L} = {}^{B}\boldsymbol{I}\ {}_{G}^{B}\dot{\boldsymbol{\omega}}_B + {}_{G}^{B}\boldsymbol{\omega}_B \times ({}^{B}\boldsymbol{I}\ {}_{G}^{B}\boldsymbol{\omega}_B) \tag{11-31}$$

刚体车辆的力、力矩、动力学矢量为：

$$ {}^{B}\boldsymbol{F}_C = \begin{bmatrix} F_x \\ F_y \\ 0 \end{bmatrix} \tag{11-32}$$

$$ {}^{B}\boldsymbol{M}_C = \begin{bmatrix} 0 \\ 0 \\ M_z \end{bmatrix} \tag{11-33}$$

$$ {}^{B}\dot{\boldsymbol{v}}_C = \begin{bmatrix} \dot{v}_x \\ \dot{v}_y \\ 0 \end{bmatrix} \tag{11-34}$$

$$ {}_{G}^{B}\boldsymbol{\omega}_B = \begin{bmatrix} 0 \\ 0 \\ \omega_z \end{bmatrix} \tag{11-35}$$

$$ {}_{G}^{B}\dot{\boldsymbol{\omega}}_B = \begin{bmatrix} 0 \\ 0 \\ \dot{\omega}_z \end{bmatrix} \tag{11-36}$$

假设已知刚体坐标系为质心坐标系，而此时车辆的对角惯性矩阵为：

$$ {}^{\mathrm{B}}\boldsymbol{I}=\begin{bmatrix} I_1 & 0 & 0 \\ 0 & I_2 & 0 \\ 0 & 0 & I_3 \end{bmatrix} \tag{11-37} $$

将以上矢量以及矩阵代入式（11-30）和式（11-31）可得下面的方程：

$$ {}^{\mathrm{B}}\boldsymbol{F}=m\,{}^{\mathrm{B}}\dot{\boldsymbol{v}}_{\mathrm{B}}+m\,{}_{\mathrm{G}}^{\mathrm{B}}\boldsymbol{\omega}_{\mathrm{B}}\times{}^{\mathrm{B}}\boldsymbol{v}_{\mathrm{B}}=m\begin{bmatrix} \dot{v}_x \\ \dot{v}_y \\ 0 \end{bmatrix}+m\begin{bmatrix} 0 \\ 0 \\ \omega_z \end{bmatrix}\times\begin{bmatrix} v_x \\ v_y \\ 0 \end{bmatrix}=\begin{bmatrix} m\dot{v}_x-m\omega_z v_y \\ m\dot{v}_y+m\omega_z v_x \\ 0 \end{bmatrix} \tag{11-38} $$

$$ \begin{aligned} {}^{\mathrm{B}}\boldsymbol{M}&={}^{\mathrm{B}}\boldsymbol{I}\;{}_{\mathrm{G}}^{\mathrm{B}}\dot{\boldsymbol{\omega}}_{\mathrm{B}}+{}_{\mathrm{G}}^{\mathrm{B}}\boldsymbol{\omega}_{\mathrm{B}}\times({}^{\mathrm{B}}\boldsymbol{I}\;{}_{\mathrm{G}}^{\mathrm{B}}\boldsymbol{\omega}_{\mathrm{B}}) \\ &=\begin{bmatrix} I_1 & 0 & 0 \\ 0 & I_2 & 0 \\ 0 & 0 & I_3 \end{bmatrix}\begin{bmatrix} 0 \\ 0 \\ \dot{\omega}_z \end{bmatrix}+\begin{bmatrix} 0 \\ 0 \\ \omega_z \end{bmatrix}\times\left(\begin{bmatrix} I_1 & 0 & 0 \\ 0 & I_2 & 0 \\ 0 & 0 & I_3 \end{bmatrix}\begin{bmatrix} 0 \\ 0 \\ \omega_z \end{bmatrix}\right)=\begin{bmatrix} 0 \\ 0 \\ I_3\dot{\omega}_z \end{bmatrix} \end{aligned} \tag{11-39} $$

式(11-38)和式(11-39)是非零方程，可以共同组成平面刚体车辆的运动方程式(11-26)～式（11-28）。

案例 434 刚体车辆的数学模型（拉格朗日研究方法）。

做平面运动的刚体汽车的动能为：

$$ \begin{aligned} K&=\frac{1}{2}\,{}^{\mathrm{G}}\boldsymbol{v}_{\mathrm{B}}^{\mathrm{T}}\,m\,{}^{\mathrm{G}}\boldsymbol{v}_{\mathrm{B}}+\frac{1}{2}\,{}_{\mathrm{G}}\boldsymbol{\omega}_{\mathrm{B}}^{\mathrm{T}}\;{}^{\mathrm{G}}\boldsymbol{I}\;{}_{\mathrm{G}}\boldsymbol{\omega}_{\mathrm{B}}^{\mathrm{T}}=\frac{1}{2}\begin{bmatrix} v_X \\ v_Y \\ 0 \end{bmatrix}^{\mathrm{T}} m\begin{bmatrix} v_X \\ v_Y \\ 0 \end{bmatrix}+\frac{1}{2}\begin{bmatrix} 0 \\ 0 \\ \omega_Z \end{bmatrix}^{\mathrm{T}}\,{}^{\mathrm{G}}\boldsymbol{I}\begin{bmatrix} 0 \\ 0 \\ \omega_Z \end{bmatrix} \\ &=\frac{1}{2}mv_X^2+\frac{1}{2}mv_Y^2+\frac{1}{2}I_3\omega_Z^2=\frac{1}{2}m(\dot{X}^2+\dot{Y}^2)+\frac{1}{2}I_z\dot{\psi}^2 \end{aligned} \tag{11-40} $$

其中：

$$ \begin{aligned} {}^{\mathrm{G}}\boldsymbol{I}&={}^{\mathrm{G}}\boldsymbol{R}_{\mathrm{B}}\;{}^{\mathrm{B}}\boldsymbol{I}\;{}^{\mathrm{G}}\boldsymbol{R}_{\mathrm{B}}^{\mathrm{T}}=\begin{bmatrix} \cos\psi & -\sin\psi & 0 \\ \sin\psi & \cos\psi & 0 \\ 0 & 0 & 1 \end{bmatrix}\begin{bmatrix} I_1 & 0 & 0 \\ 0 & I_2 & 0 \\ 0 & 0 & I_3 \end{bmatrix}\begin{bmatrix} \cos\psi & -\sin\psi & 0 \\ \sin\psi & \cos\psi & 0 \\ 0 & 0 & 1 \end{bmatrix}^{\mathrm{T}} \\ &=\begin{bmatrix} I_1\cos^2\psi+I_2\sin^2\psi & (I_1-I_2)\sin\psi\cos\psi & 0 \\ (I_1-I_2)\sin\psi\cos\psi & I_2\cos^2\psi+I_1\sin^2\psi & 0 \\ 0 & 0 & I_3 \end{bmatrix} \end{aligned} \tag{11-41} $$

并且：

$$ {}^{\mathrm{G}}\boldsymbol{v}_{\mathrm{B}}=\begin{bmatrix} v_X \\ v_Y \\ 0 \end{bmatrix}=\begin{bmatrix} \dot{X} \\ \dot{Y} \\ 0 \end{bmatrix} \tag{11-42} $$

$$ {}_{\mathrm{G}}\boldsymbol{\omega}_{\mathrm{B}}=\begin{bmatrix} 0 \\ 0 \\ \omega_Z \end{bmatrix}=\begin{bmatrix} 0 \\ 0 \\ r \end{bmatrix}=\begin{bmatrix} 0 \\ 0 \\ \dot{\psi} \end{bmatrix} \tag{11-43} $$

那么，力系的外力合力为：

$$
{}^{G}\boldsymbol{F}_C=\begin{bmatrix}F_X\\F_Y\\0\end{bmatrix} \tag{11-44}
$$

$$
{}^{G}\boldsymbol{M}_C=\begin{bmatrix}0\\0\\M_Z\end{bmatrix} \tag{11-45}
$$

将它们都代入拉格朗日方程：

$$
\frac{\mathrm{d}}{\mathrm{d}t}\left(\frac{\partial K}{\partial \dot{q}_i}\right)-\frac{\partial K}{\partial q_i}=F_i,\quad i=1,2,\cdots,n \tag{11-46}
$$

利用坐标 X、Y 以及 ψ 作为 q_i，可以得到以下全球坐标系运动方程：

$$
m\frac{\mathrm{d}}{\mathrm{d}t}\dot{X}=F_X \tag{11-47}
$$

$$
m\frac{\mathrm{d}}{\mathrm{d}t}\dot{Y}=F_Y \tag{11-48}
$$

$$
I_z\frac{\mathrm{d}}{\mathrm{d}t}\dot{\psi}=M_Z \tag{11-49}
$$

案例 435　转换到刚体坐标系。

如果将全球坐标系的运动方程式（11-47）～式（11-49）在刚体坐标系 B 中表示出来，就能找到刚体车辆的运动方程。这里需要用到的转换矩阵为：

$$
{}^{G}\boldsymbol{R}_{\mathrm{B}}=\begin{bmatrix}\cos\psi & -\sin\psi & 0\\ \sin\psi & \cos\psi & 0\\ 0 & 0 & 1\end{bmatrix} \tag{11-50}
$$

速度矢量等于：

$$
{}^{G}\boldsymbol{v}_C={}^{G}\boldsymbol{R}_{\mathrm{B}}\ {}^{\mathrm{B}}\boldsymbol{v}_C \tag{11-51}
$$

$$
\begin{bmatrix}v_X\\v_Y\\0\end{bmatrix}=\begin{bmatrix}\cos\psi & -\sin\psi & 0\\ \sin\psi & \cos\psi & 0\\ 0 & 0 & 1\end{bmatrix}\begin{bmatrix}v_x\\v_y\\0\end{bmatrix}=\begin{bmatrix}v_x\cos\psi-v_y\sin\psi\\ v_y\cos\psi+v_x\sin\psi\\ 0\end{bmatrix} \tag{11-52}
$$

因此，全球坐标系加速度分量为：

$$
\begin{bmatrix}\dot{v}_X\\\dot{v}_Y\\0\end{bmatrix}=\begin{bmatrix}(\dot{v}_x-\dot{\psi}v_y)\cos\psi-(\dot{v}_y+\dot{\psi}v_x)\sin\psi\\ \left(\dot{v}_y+\dot{\psi}v_x\right)\cos\psi+(\dot{v}_x-\dot{\psi}v_y)\sin\psi\\ 0\end{bmatrix} \tag{11-53}
$$

全球坐标系牛顿运动方程为：

$$
{}^{G}\boldsymbol{F}_C=m\,{}^{G}\,\dot{\boldsymbol{v}}_C \tag{11-54}
$$

力的坐标系转换方程为：

$$
{}^{G}\boldsymbol{F}_C={}^{G}\boldsymbol{R}_{\mathrm{B}}\ {}^{\mathrm{B}}\boldsymbol{F}_C \tag{11-55}
$$

因此，在刚体坐标系里表达出的运动方程为：

$$ {}^{\mathrm{B}}\boldsymbol{F}_C = {}^{\mathrm{G}}\boldsymbol{R}_{\mathrm{B}}^{\mathrm{T}}\ {}^{\mathrm{G}}\boldsymbol{F}_C \tag{11-56} $$

$$ {}^{\mathrm{B}}\boldsymbol{F}_C = m\ {}^{\mathrm{G}}\boldsymbol{R}_{\mathrm{B}}^{\mathrm{T}}\ {}^{\mathrm{G}}\dot{\boldsymbol{v}}_C \tag{11-57} $$

代入相关矢量得到刚体坐标系里的运动方程：

$$ \begin{bmatrix} F_x \\ F_y \\ 0 \end{bmatrix} = m\ {}^{\mathrm{G}}\boldsymbol{R}_{\mathrm{B}}^{\mathrm{T}} \begin{bmatrix} (\dot{v}_x - \dot{\psi} v_y)\cos\psi - (\dot{v}_y + \dot{\psi} v_x)\sin\psi \\ (\dot{v}_y + \dot{\psi} v_x)\cos\psi + (\dot{v}_x - \dot{\psi} v_y)\sin\psi \\ 0 \end{bmatrix} = \mathrm{m} \begin{bmatrix} \dot{v}_x - \dot{\psi} v_y \\ \dot{v}_y + \dot{\psi} v_x \\ 0 \end{bmatrix} \tag{11-58} $$

同理，可得扭矩的转换方程：

$$ {}^{\mathrm{G}}\boldsymbol{M}_C = {}^{\mathrm{G}}\boldsymbol{R}_{\mathrm{B}}\ {}^{\mathrm{B}}\boldsymbol{M}_C \tag{11-59} $$

$$ \begin{bmatrix} 0 \\ 0 \\ M_Z \end{bmatrix} = \begin{bmatrix} \cos\psi & -\sin\psi & 0 \\ \sin\psi & \cos\psi & 0 \\ 0 & 0 & 1 \end{bmatrix} \begin{bmatrix} 0 \\ 0 \\ M_z \end{bmatrix} = \begin{bmatrix} 0 \\ 0 \\ M_z \end{bmatrix} \tag{11-60} $$

由此就可以找到刚体坐标系里的欧拉方程：

$$ \boldsymbol{M}_z = \dot{\omega}_z \boldsymbol{I}_z \tag{11-61} $$

案例 436 车辆的行驶路径。

当找到刚体车辆的平移和转动速度（v_x，v_y，r）时，就可以通过积分求出车辆行驶路径：

$$ \psi = \psi_0 + \int r\mathrm{d}t \tag{11-62} $$

$$ x = \int (v_x \cos\psi - v_y \sin\psi)\mathrm{d}t \tag{11-63} $$

$$ y = \int (v_x \sin\psi + v_y \cos\psi)\mathrm{d}t \tag{11-64} $$

案例 437 利用微分原理求运动方程。

刚体车辆做平面运动的方程也可以通过微分原理计算求出。假设一辆车在 $t=0$ 时刻有侧向速度 v_y 、转向角速度 r 以及前进速度 v_x，车辆坐标系的纵轴 x-轴与固定在地面的全球坐标系的纵轴 X-轴之间的夹角为 ψ，如图 11.7 所示。点 $P(x,y)$ 表示车辆上的一个任意点。那么，它的速度分量为：

$$ v_{P_x} = v_X - yr \tag{11-65} $$

$$ v_{P_y} = v_y - xr \tag{11-66} $$

由于

$$ {}^{\mathrm{B}}\boldsymbol{v}_P = {}^{\mathrm{B}}\boldsymbol{v}_C + {}_{\mathrm{G}}^{\mathrm{B}}\boldsymbol{\omega}_{\mathrm{B}} \times {}^{\mathrm{B}}\boldsymbol{r}_P = \begin{bmatrix} v_x \\ v_y \\ 0 \end{bmatrix} + \begin{bmatrix} 0 \\ 0 \\ r \end{bmatrix} \times \begin{bmatrix} x \\ y \\ 0 \end{bmatrix} \tag{11-67} $$

在片刻之后的时刻 $t=\mathrm{d}t$，车辆运动到新的位置。点 P 在第二个位置的速度分量为：

$$ v'_{P_x} = (v_x + \mathrm{d}v_x) - y(r + \mathrm{d}r) \tag{11-68} $$

$$ v'_{P_y} = (v_y + \mathrm{d}v_y) + x(r + \mathrm{d}r) \tag{11-69} $$

然而：

$$ v_{P_x} + \mathrm{d}v_{P_x} = v'_{P_x} \cos\mathrm{d}\psi - v'_{P_y} \sin\mathrm{d}\psi \tag{11-70} $$

$$v_{P_y} + \mathrm{d}v_{P_y} = v'_{P_y} \cos \mathrm{d}\psi + v'_{P_x} \sin \mathrm{d}\psi \tag{11-71}$$

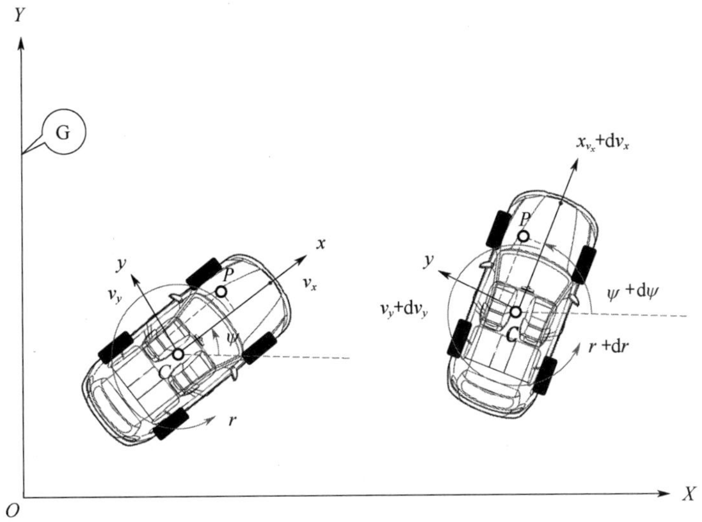

图 11.7 利用微分原理计算刚体车辆的平面运动示意图

由此可得：

$$\begin{aligned}\mathrm{d}v_{P_x} = &[(v_x + \mathrm{d}v_x) - y(r + \mathrm{d}r)]\cos \mathrm{d}\psi - \\ &\left[(v_y + \mathrm{d}v_y) + x(r + \mathrm{d}r)\right]\sin \mathrm{d}\psi - (v_x - yr)\end{aligned} \tag{11-72}$$

$$\begin{aligned}\mathrm{d}v_{P_y} = &[(v_x + \mathrm{d}v_x) - y(r + \mathrm{d}r)]\sin \mathrm{d}\psi + \\ &[(v_y + \mathrm{d}v_y) + x(r + \mathrm{d}r)]\cos \mathrm{d}\psi - (v_y + xr)\end{aligned} \tag{11-73}$$

对式（11-72）以及式（11-73）进行化简并除以 dt 可得：

$$\frac{\mathrm{d}v_{P_x}}{\mathrm{d}t} = \frac{1}{\mathrm{d}t}\left[(\mathrm{d}v_x - y\mathrm{d}r)\cos(\mathrm{d}\psi)\right] - \frac{1}{\mathrm{d}t}\{[(v_y + \mathrm{d}v_y) + x(r + \mathrm{d}r)]\sin(\mathrm{d}\psi)\} \tag{11-74}$$

$$\frac{\mathrm{d}v_{P_y}}{\mathrm{d}t} = \frac{1}{\mathrm{d}t}[(\mathrm{d}v_y + x\mathrm{d}r)\cos(\mathrm{d}\psi)] + \frac{1}{\mathrm{d}t}\{[(v_x + \mathrm{d}v_x) - y(r + \mathrm{d}r)]\sin(\mathrm{d}\psi)\} \tag{11-75}$$

当 $\mathrm{d}t \to 0$ 时， $\sin(\mathrm{d}\psi) \to \psi$ 且 $\cos(\mathrm{d}\psi) \to 1$，同时，将 $\dot{\psi} = r$ 代入得到点 P 的加速度分量为：

$$\dot{v}_{P_x} = a_{P_x} = \dot{v}_x - v_y r - y\dot{r} + xr^2 \tag{11-76}$$

$$\dot{v}_{P_y} = a_{P_y} = \dot{v}_y + v_x r + x\dot{r} - yr^2 \tag{11-77}$$

假设点 P 拥有很小的质量 dm，用这个 dm 乘以加速度分量再求积分就可以得到整个刚体车辆所受的合外力分量：

$$F_x = \int_m a_{P_x} \mathrm{d}m \tag{11-78}$$

$$F_y = \int_m a_{P_y} \mathrm{d}m \tag{11-79}$$

$$M_z = \int_m (x a_{P_y} - y a_{P_x}) \mathrm{d}m \tag{11-80}$$

将加速度的方程代入，又由于在质心处的刚体坐标系为质心坐标系，因此有：

$$F_x = \int_m (\dot{v}_x - v_y r - y\dot{r} + xr^2)\mathrm{d}m$$
$$= m(\dot{v}_x - v_y r) - \dot{r}\int_m y\mathrm{d}m + r^2\int_m x\mathrm{d}m = m(\dot{v}_x - v_y r) \tag{11-81}$$

$$F_y = \int_m (\dot{v}_y + v_x r + x\dot{r} - yr^2)\mathrm{d}m$$
$$= m(\dot{v}_y + v_x r) + \dot{r}\int_m x\mathrm{d}m + r^2\int_m y\mathrm{d}m = m(\dot{v}_y + v_x r) \tag{11-82}$$

$$M_z = \int_m [x(\dot{v}_y + v_x r + x\dot{r} - yr^2) - y(\dot{v}_x - v_y r - y\dot{r} + xr^2)]\mathrm{d}m$$
$$= \dot{r}\int_m (x^2+y^2)\mathrm{d}m + (\dot{v}_y + v_x r)\int_m x\mathrm{d}m - (\dot{v}_x - v_y r)\int_m y\mathrm{d}m - 2r^2\int_m xy\mathrm{d}m = I_z\dot{r} \tag{11-83}$$

根据质心坐标系的性质有：

$$\int_m x\mathrm{d}m = 0 \tag{11-84}$$

$$\int_m y\mathrm{d}m = 0 \tag{11-85}$$

$$\int_m xy\mathrm{d}m = 0 \tag{11-86}$$

11.3 作用在刚体车辆上的力系

为了确定作用在刚体车辆上的力系，首先要知道作用在每个轮胎印记上的力系。轮胎印记处产生的侧向力依赖于侧滑角。然后，就可以讨论将轮胎上的力系传递并作用到车身上。

11.3.1 轮胎力系和车身力系

图 11.8 描述了 1 号轮胎的力系。由于产生的力来自第 i 个轮胎的印记，该力系处于 xy-平面上并作用在刚体车身上。它们可以表示为：

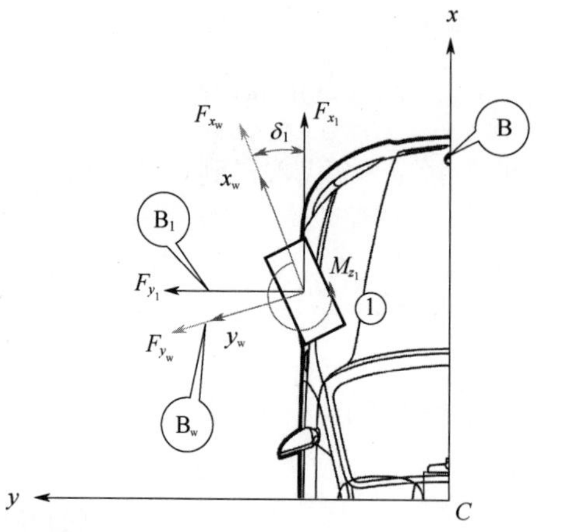

图 11.8　1 号轮胎在轮胎印记处的力系示意图

$$F_{x_i} = F_{x_{w_i}}\cos\delta_i - F_{y_{w_i}}\sin\delta_i \tag{11-87}$$

$$F_{y_i} = F_{y_{w_i}}\cos\delta_\text{i} + F_{x_{w_i}}\sin\delta_i \tag{11-88}$$

$$M_{z_i} = M_{z_{w_i}} + x_i F_{y_i} - y_i F_{x_i} \tag{11-89}$$

因此，整个力系的合力作用在刚体车辆上，在车身坐标系中可以表达为：

$${}^\text{B}F_x = \sum_i F_{x_i} = \sum_i F_{x_\text{w}}\cos\delta_i - \sum_i F_{y_\text{w}}\sin\delta_i \tag{11-90}$$

$${}^\text{B}F_y = \sum_i F_{y_i} = \sum_i F_{y_\text{w}}\cos\delta_i + \sum_i F_{x_\text{w}}\sin\delta_i \tag{11-91}$$

$${}^\text{B}M_\text{z} = \sum_i M_{z_i} + \sum_i x_i F_{y_i} - \sum_i y_i F_{x_i} \tag{11-92}$$

证明 71：在车轮上建立的坐标系是一个局部坐标系，称为车轮坐标系，一般用 $\mathrm{T}(x_\text{w}\quad y_\text{w}\quad z_\text{w})$ 或 $\mathrm{B_w}$ 来表示。为了简化，忽略轮胎坐标系位于轮胎印记中心与车轮坐标系位于车轮中心的区别。力系产生于印记中心在车轮坐标系中表示为：

$$ {}^{\mathrm{B_w}}\boldsymbol{F}_{\mathrm{w}} = F_{x_{\mathrm{w}}}\mathbf{i}_1 + F_{y_{\mathrm{w}}}\mathbf{j}_1 \tag{11-93} $$

$$ {}^{\mathrm{B_w}}\boldsymbol{M}_{\mathrm{w}} = M_{z_{\mathrm{w}}}\mathbf{k}_1 \tag{11-94} $$

其中：

$$ F_{x_{\mathrm{w}}} = F_{x_{\mathrm{w}_1}} - F_{\mathrm{r}_1}\cos\alpha \tag{11-95} $$

$$ F_{y_{\mathrm{w}}} = F_{y_{\mathrm{w}_1}} + F_{\mathrm{r}_1}\sin\alpha \tag{11-96} $$

$$ M_{z_{\mathrm{w}}} = M_{z_{\mathrm{w}_1}} \tag{11-97} $$

车轮力在 x_{w}-方向上表示为 $F_{x_{\mathrm{w}}}$，它是由一个总的纵向力 $F_{x_{\mathrm{w}_1}}$［定义于前面的式（5-106）或式（6-59）］以及轮胎的反侧倾力 F_{r_1}［定义于前面的式（5-72）］组成。车轮力在 y_{w}-方向表示为 $F_{y_{\mathrm{w}}}$，它是由一个总的侧向力 $F_{y_{\mathrm{w}_1}}$［定义于前面的式（5-138）和式（5-161）］以及轮胎的反侧倾力 F_{r_1}［定义于前面的式（5-72）］组成。车轮在 z_{w}-方向上的转矩 $M_{z_{\mathrm{w}}}$ 是一个总的回正力矩 $M_{z_{\mathrm{w}_1}}$，定义于前面的式（5-141）以及式（5-168）中。

这里再加入一个车轮-车身坐标系 B_1，它与车身坐标系 B 相平行，与车轮坐标系之间的转换矩阵为：

$$ {}^{\mathrm{B_1}}\boldsymbol{R}_{\mathrm{B_w}} = \begin{bmatrix} \cos\delta_1 & -\sin\delta_1 \\ \sin\delta_1 & \cos\delta_1 \end{bmatrix} \tag{11-98} $$

因此，车轮轮胎印记处的力系，在平行于车辆坐标系的车轮-车身坐标系中可以表示为：

$$ {}^{\mathrm{B_1}}\boldsymbol{F}_{\mathrm{w}} = {}^{\mathrm{B_1}}\boldsymbol{R}_{\mathrm{B_w}}\,{}^{\mathrm{B_w}}\boldsymbol{F}_{\mathrm{w}} \tag{11-99} $$

$$ \begin{bmatrix} F_{x_1} \\ F_{y_1} \end{bmatrix} = \begin{bmatrix} \cos\delta_1 & -\sin\delta_1 \\ \sin\delta_1 & \cos\delta_1 \end{bmatrix} \begin{bmatrix} F_{x_{\mathrm{w}}} \\ F_{y_{\mathrm{w}}} \end{bmatrix} = \begin{bmatrix} F_{x_{\mathrm{w}}}\cos\delta_1 - F_{y_{\mathrm{w}}}\sin\delta_1 \\ F_{y_{\mathrm{w}}}\cos\delta_1 + F_{x_{\mathrm{w}}}\sin\delta_1 \end{bmatrix} \tag{11-100} $$

$$ {}^{\mathrm{B_1}}\boldsymbol{M}_{\mathrm{w}} = {}^{\mathrm{B_1}}\boldsymbol{R}_{\mathrm{B_w}}\,{}^{\mathrm{B_w}}\boldsymbol{M}_{\mathrm{w}} \tag{11-101} $$

$$ M_{z_1} = M_{z_{\mathrm{w}}} \tag{11-102} $$

将每个轮胎的力系转换到相对位于质心 C 处的车身坐标系 B 中，就可以得到总的作用在车身上的力系：

$$ {}^{\mathrm{B}}\boldsymbol{F} = \sum_i F_{x_i}\mathbf{i} + \sum_i F_{y_i}\mathbf{j} \tag{11-103} $$

$$ {}^{\mathrm{B}}\boldsymbol{M} = \sum_i M_{z_i}\mathbf{k} + \sum_i {}^{\mathrm{B}}\boldsymbol{r}_i \times {}^{\mathrm{B}}\boldsymbol{F}_{\mathrm{w}_i} \tag{11-104} $$

式中，${}^{\mathrm{B}}\boldsymbol{r}_i$ 表示第 i 个车轮的位置矢量：

$$ {}^{\mathrm{B}}\boldsymbol{r}_i = x_i\mathbf{i} + y_i\mathbf{j} + z_i\mathbf{k} \tag{11-105} $$

将式（11-103）和式（11-104）展开得到总的平面力系方程：

$$ {}^{\mathrm{B}}F_x = \sum_i F_{x_{\mathrm{w}}}\cos\delta_i - \sum_i F_{y_{\mathrm{w}}}\sin\delta_i \tag{11-106} $$

$$ {}^{\mathrm{B}}F_y = \sum_i F_{y_{\mathrm{w}}}\cos\delta_i + \sum_i F_{x_{\mathrm{w}}}\sin\delta_i \tag{11-107} $$

$$ {}^{\mathrm{B}}M_z = \sum_i M_{z_i} + \sum_i x_i F_{y_i} - \sum_i y_i F_{x_i} \tag{11-108} $$

11.3.2 轮胎的侧向力

图 11.9（a）给出了一个轮胎以速度 $\boldsymbol{v}$ 并带有侧滑角 α 的运动情况。轮胎转向的转向角为 δ。如果速度矢量 $\boldsymbol{v}$ 和车辆 x-轴的夹角为 β，那么：

$$\alpha = \beta - \delta \tag{11-109}$$

轮胎产生的侧向力和侧滑角的大小有关，并且在侧滑角比较小时两者存在一定的比例关系：

$$F_y = -C_\alpha \alpha = -C_\alpha(\beta - \delta) \tag{11-110}$$

证明 72：轮胎坐标系 $B_w(x_w, y_w)$ 原点位于轮胎印记中心，如图 11.9（a）所示。轮胎坐标系的方向测量是相对于另一个与车辆坐标系 $B(x, y)$ 相平行的坐标系，x 与 x_w 轴之间的夹角为转向角 δ，这个角度可以从 z-轴方向上测量。轮胎沿着轮胎的速度矢量 $\boldsymbol{v}$ 方向运动。x_w 与 $\boldsymbol{v}$ 的夹角为侧滑角 α，它与车身 x-轴的夹角为姿态角 β。图 11.9（a）所示的是角度 α、β 以及 δ 都为正值的情况。根据图中的关系有：

$$\alpha = \beta - \delta \tag{11-111}$$

而车辆实际行驶过程中，当转向车轮向前运动时，真实情况是速度矢量位于 x-轴与 x_w-轴之间，这样形成的 α、β 以及 δ 之间的角度关系如图 11.9（b）所示。此时，转向角带动轮胎前端转动一个角度 δ，然而，由于轮胎的弹性，速度矢量滞后于前端转向，速度矢量此时的转向角为 β，因此，有 $\beta < \delta$。显然，一个正的转向角将会产生一个负的侧滑角。分析图 11.9 后会发现，利用正方向定义的角度关系式（11-109）对实际情况下的角度关系同样是适用的。

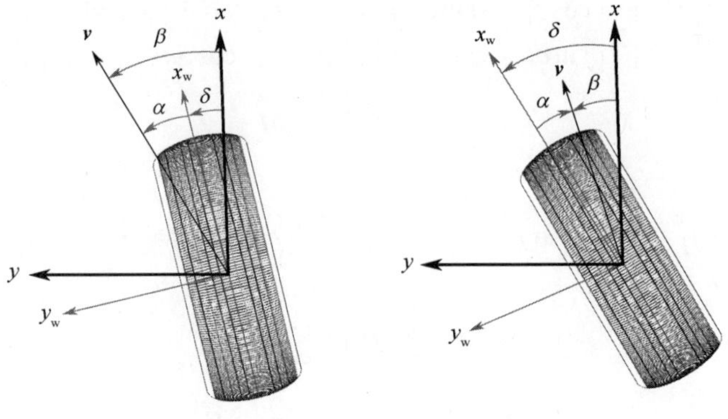

图 11.9 轮胎侧向力模型两种情况示意图

根据前面的方程（5-139），如果存在一个侧滑角就足以产生一个侧向力 F_y，当角度较小时，它和侧滑角 α 成一定比例关系。

$$F_y = -C_\alpha \alpha \tag{11-112}$$

11.3.3 两轮模型以及刚体力分解

图 11.10 给出了一个前轮转向的四轮车辆在 xy-平面内作用于轮胎印记上的力。如果忽略车的侧倾运动，那么 xy-平面仍然与 XY-平面平行，此时就可以用两轮模型来代替原

车。图 11.11 给出了一辆车的两轮模型。当然，此时不考虑车的侧倾运动，这样的两轮模型又称为自行车模型。

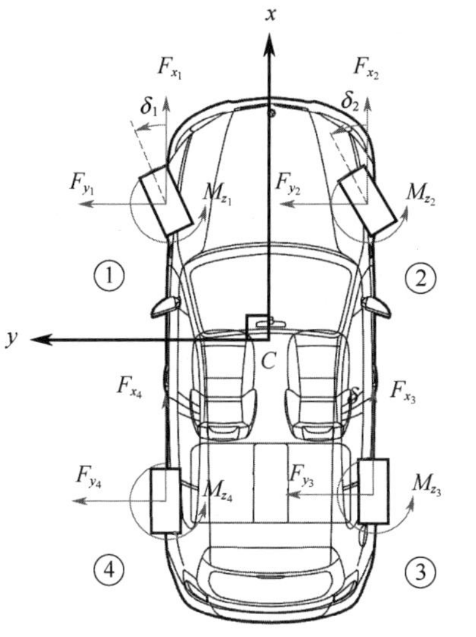

图 11.10　xy-平面内前轮转向的四轮车辆力系示意图

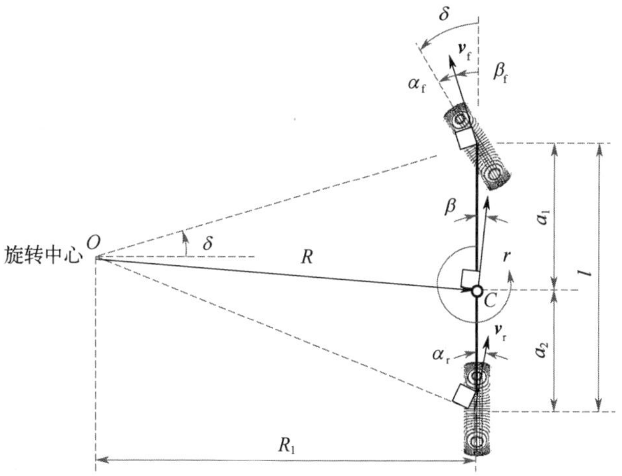

图 11.11　纯滚动车辆的两轮模型（自行车模型）示意图

这样的两轮模型仅前轮转向的力系为：

$$F_x = F_{x_\mathrm{f}} \cos\delta + F_{x_\mathrm{r}} - F_{y_\mathrm{f}} \sin\delta \tag{11-113}$$

$$F_y = F_{y_\mathrm{f}} \cos\delta + F_{y_\mathrm{r}} - F_{x_\mathrm{f}} \sin\delta \tag{11-114}$$

$$M_z = a_1 F_{y_\mathrm{f}} - a_2 F_{y_\mathrm{r}} \tag{11-115}$$

其中，$(F_{x_\mathrm{f}}, F_{x_\mathrm{r}})$ 以及 $(F_{y_\mathrm{f}}, F_{y_\mathrm{r}})$ 分别为作用在前后轮印记上的平面力。当转向角非常小时，可以将式（11-113）～式（11-115）近似地等于下面的方程：

$$F_x \approx F_{x_\mathrm{f}} + F_{x_\mathrm{r}} \tag{11-116}$$

$$F_y \approx F_{y_\mathrm{f}} + F_{y_\mathrm{r}} \tag{11-117}$$

$$M_z \approx a_1 F_{y_\mathrm{f}} - a_2 F_{y_\mathrm{r}} \tag{11-118}$$

车辆的侧向力 F_y 以及力矩 M_z 仅依赖于前后轮的侧向力 F_{y_f} 和 F_{y_r}，而前后轮的侧向力又可以表达成关于侧滑角 α_f 和 α_r 的函数。它们约等于下面的方程：

$$F_y = \left(-\frac{a_1}{v_x} C_{\alpha_\mathrm{f}} + \frac{a_2}{v_x} C_{\alpha_\mathrm{r}}\right) r - (C_{\alpha_\mathrm{f}} + C_{\alpha_\mathrm{r}})\beta + C_{\alpha_\mathrm{f}} \delta \tag{11-119}$$

$$M_z = \left(-\frac{a_1^2}{v_x} C_{\alpha_\mathrm{f}} - \frac{a_2^2}{v_x} C_{\alpha_\mathrm{r}}\right) r - (a_1 C_{\alpha_\mathrm{f}} - a_2 C_{\alpha_\mathrm{r}})\beta + a_1 C_{\alpha_\mathrm{f}} \delta \tag{11-120}$$

其中，$C_{\alpha_\mathrm{f}} = C_{\alpha_{\mathrm{f}_\mathrm{L}}} + C_{\alpha_{\mathrm{f}_\mathrm{R}}}$ 且 $C_{\alpha_\mathrm{r}} = C_{\alpha_{\mathrm{r}_\mathrm{L}}} + C_{\alpha_{\mathrm{r}_\mathrm{R}}}$ 分别为前后轮的等价侧滑系数，为左右两侧侧滑系数之和：

$$C_{\alpha_\mathrm{f}} = C_{\alpha_{\mathrm{f}_\mathrm{L}}} + C_{\alpha_{\mathrm{f}_\mathrm{R}}} \tag{11-121}$$

$$C_{\alpha_{\rm r}} = C_{\alpha_{\rm r_L}} + C_{\alpha_{\rm r_R}} \tag{11-122}$$

证明 73：对于两轮车辆，用内外侧转向角的余弦平均值式（7-3）作为唯一的转向角 δ 。

$$\cot\delta = \frac{\cot\delta_{\rm o} + \cot\delta_{\rm i}}{2} \tag{11-123}$$

并且可以分别定义前后轮的单一侧滑系数 $C_{\alpha_{\rm f}}$ 和 $C_{\alpha_{\rm r}}$ ，如式（11-121）以及式（11-122）所示，作为前后轮的侧滑系数，这个系数 $C_{\alpha_{\rm f}}$ 和 $C_{\alpha_{\rm r}}$ 为左右两侧车轮侧滑系数之和。

利用式（11-90）～式（11-92），再忽略掉回正力矩 M_{z_i} ，那么实际作用在两轮模型车辆上的力为：

$$F_x = F_{x_1}\cos\delta_1 + F_{x_2}\cos\delta_2 - F_{y_1}\sin\delta_1 - F_{y_2}\sin\delta_2 = F_{x_{\rm f}}\cos\delta + F_{x_{\rm r}} - F_{y_{\rm f}}\sin\delta \tag{11-124}$$

$$F_y = F_{y_1}\cos\delta_1 + F_{y_2}\cos\delta_2 + F_{x_1}\sin\delta_1 + F_{x_2}\sin\delta_2 = F_{y_{\rm f}}\cos\delta + F_{y_{\rm r}} + F_{x_{\rm f}}\sin\delta \tag{11-125}$$

$$M_z = a_1 F_{y_{\rm f}} - a_2 F_{y_{\rm r}} \tag{11-126}$$

当转向角 δ 非常小时，力的方程可以近似地等于下列方程：

$$F_x \approx F_{x_{\rm f}} + F_{x_{\rm r}} \tag{11-127}$$

$$F_y \approx F_{y_{\rm f}} + F_{y_{\rm r}} \tag{11-128}$$

$$M_z \approx a_1 F_{y_{\rm f}} - a_2 F_{y_{\rm r}} \tag{11-129}$$

假设车轮编号为 i，它在刚体车辆上的位置矢量为（x_i, y_i ）。那么，它的速度为：

$${}^{\rm B}\boldsymbol{v}_i = {}^{\rm B}\boldsymbol{v} + {}^{\rm B}\dot{\boldsymbol{\psi}} \times {}^{\rm B}\boldsymbol{r}_i \tag{11-130}$$

式中，${}^{\rm B}\boldsymbol{r}_i$ 表示第 i 个车轮的位置矢量，${}^{\rm B}\boldsymbol{v}$ 表示车辆质心 C 处的速度，而 ${}^{\rm B}\dot{\boldsymbol{\psi}} = r\mathbf{k}$ 是车辆的转向角速度。将式（11-130）展开得到第 i 个车轮在车辆坐标内的速度矢量：

$$\begin{bmatrix} v_{x_i} \\ v_{y_i} \\ 0 \end{bmatrix} = \begin{bmatrix} v_x \\ v_y \\ 0 \end{bmatrix} + \begin{bmatrix} 0 \\ 0 \\ \dot{\psi} \end{bmatrix} \times \begin{bmatrix} x_i \\ y_i \\ 0 \end{bmatrix} = \begin{bmatrix} v_x - y_i\dot{\boldsymbol{\psi}} \\ v_y + x_i\dot{\boldsymbol{\psi}} \\ 0 \end{bmatrix} \tag{11-131}$$

第 i 个姿态角 β_i 表示车轮速度矢量 $\boldsymbol{v}_i$ 与车辆坐标系 x-轴的夹角：

$$\beta_i = \arctan\left(\frac{v_{y_i}}{v_{x_i}}\right) = \arctan\frac{v_y + x_i\dot{\boldsymbol{\psi}}}{v_x - y_i\dot{\boldsymbol{\psi}}} \tag{11-132}$$

如果第 i 个车轮拥有转向角 δ_i ，那么它的局部侧滑角为 α_i ，产生的轮胎侧向力 $F_{y_{\rm w}}$ 。

$$\alpha_i = \beta_i - \delta_i = \arctan\left(\frac{v_y + x_i\dot{\boldsymbol{\psi}}}{v_x - y_i\dot{\boldsymbol{\psi}}}\right) - \delta_i \tag{11-133}$$

姿态角为 β_i ，对于前后轮的两轮车辆分别为 $\beta_{\rm f}$ 和 $\beta_{\rm r}$ ：

$$\beta_{\rm f} = \arctan\frac{v_{y_{\rm f}}}{v_{x_{\rm f}}} = \arctan\frac{v_y + a_1 r}{v_x} \tag{11-134}$$

$$\beta_{\rm r} = \arctan\frac{v_{y_{\rm r}}}{v_{x_{\rm r}}} = \arctan\frac{v_y - a_2 r}{v_x} \tag{11-135}$$

车辆的姿态角为 β：

$$\beta = \arctan\frac{v_y}{v_x} \tag{11-136}$$

假设姿态角 β_{f}、β 和 β_{r} 都非常小，那么前后轮的局部侧滑角 α_{f} 和 α_{r} 就可以约等于：

$$\alpha_{\mathrm{f}} = \beta_{\mathrm{f}} - \delta = \frac{v_y + a_1 r}{v_x} - \delta \tag{11-137}$$

$$\alpha_{\mathrm{r}} = \beta_{\mathrm{r}} = \frac{v_y - a_2 r}{v_x} = \beta - \frac{a_2 r}{v_x} \tag{11-138}$$

当局部侧滑角非常小时，相对应的侧向力为：

$$F_{y_{\mathrm{f}}} = -C_{\alpha_{\mathrm{f}}}\alpha_{\mathrm{f}} \tag{11-139}$$

$$F_{y_{\mathrm{r}}} = -C_{\alpha_{\mathrm{r}}}\alpha_{\mathrm{r}} \tag{11-140}$$

因此，式（11-117）以及式（11-118）就可以写成：

$$F_y = F_{y_{\mathrm{f}}} + F_{y_{\mathrm{r}}} = -C_{\alpha_{\mathrm{f}}}\alpha_{\mathrm{f}} - C_{\alpha_{\mathrm{r}}}\alpha_{\mathrm{r}} = -C_{\alpha_{\mathrm{f}}}\left(\frac{v_y + a_1 r}{v_x} - \delta\right) - C_{\alpha_{\mathrm{r}}}\left(\beta - \frac{a_2 r}{v_x}\right) \tag{11-141}$$

$$M_z = a_1 F_{y_{\mathrm{f}}} - a_2 F_{y_{\mathrm{r}}} = -a_1 C_{\alpha_{\mathrm{f}}}\left(\frac{v_y + a_1 r}{v_x} - \delta\right) + a_2 C_{\alpha_{\mathrm{r}}}\left(\beta - \frac{a_2 r}{v_x}\right) \tag{11-142}$$

式（11-141）和式（11-142）可以化简为力系：

$$F_y = \left(-\frac{a_1}{v_x}C_{\alpha_{\mathrm{f}}} + \frac{a_2}{v_x}C_{\alpha_{\mathrm{r}}}\right) r - (C_{\alpha_{\mathrm{f}}} + C_{\alpha_{\mathrm{r}}})\beta + C_{\alpha_{\mathrm{f}}}\delta \tag{11-143}$$

$$M_z = \left(-\frac{a_1^2}{v_x}C_{\alpha_{\mathrm{f}}} - \frac{a_2^2}{v_x}C_{\alpha_{\mathrm{r}}}\right) r - (a_1 C_{\alpha_{\mathrm{f}}} - a_2 C_{\alpha_{\mathrm{r}}})\beta + a_1 C_{\alpha_{\mathrm{f}}}\delta \tag{11-144}$$

式中，参数 $C_{\alpha_{\mathrm{f}}}$、$C_{\alpha_{\mathrm{r}}}$ 分别表示前后轮的侧滑刚度，r 为转向角速度，δ 为转向角，而 β 为车辆在质心处的姿态角。

这些方程都依赖于三个参数 r、β、δ，也就可以写成下面的形式：

$$F_y = F_y(r,\beta,\delta) = \frac{\partial F_y}{\partial r}r + \frac{\partial F_y}{\partial \beta}\beta + \frac{\partial F_y}{\partial \delta}\delta = C_r r + C_\beta \beta + C_\delta \delta \tag{11-145}$$

$$M_z = M_z(r,\beta,\delta) = \frac{\partial M_z}{\partial r}r + \frac{\partial M_z}{\partial \beta}\beta + \frac{\partial M_z}{\partial \delta}\delta = D_r r + D_\beta \beta + D_\delta \delta \tag{11-146}$$

其中，力系系统前面的系数可以表达为：

$$C_r = \frac{\partial F_y}{\partial r} = -\frac{a_1}{v_x}C_{\alpha_{\mathrm{f}}} + \frac{a_2}{v_x}C_{\alpha_{\mathrm{r}}} \tag{11-147}$$

$$C_\beta = \frac{\partial F_y}{\partial \beta} = -(C_{\alpha_{\mathrm{f}}} + C_{\alpha_{\mathrm{r}}}) \tag{11-148}$$

$$C_{\delta}=\frac{\partial F_{y}}{\partial \delta}=C_{\alpha_{\mathrm{f}}} \tag{11-149}$$

$$D_{r}=\frac{\partial M_{z}}{\partial r}=-\frac{a_{1}^{2}}{v_{x}}C_{\alpha_{\mathrm{f}}}-\frac{a_{2}^{2}}{v_{x}}C_{\alpha_{\mathrm{r}}} \tag{11-150}$$

$$D_{\beta}=\frac{\partial M_{z}}{\partial \beta}=-(a_{1}C_{\alpha_{\mathrm{f}}}-a_{2}C_{\alpha_{\mathrm{r}}}) \tag{11-151}$$

$$D_{\delta}=\frac{\partial M_{z}}{\partial \delta}=a_{1}C_{\alpha_{\mathrm{f}}} \tag{11-152}$$

将侧向力 F_y 或转向力矩 M_z 相对应 r、β、δ 的函数分别制成二维图，都是斜坡曲线。也就是说，这些求偏导的过程都是线性的，或者说是，这些系数 C_r、C_β、C_δ、D_r、D_β 以及 D_δ 都为常数。

案例 438 系数 C_r、C_β、C_δ、D_r、D_β 以及 D_δ 的重要物理意义。

假设稳态条件下，r、β、δ、$C_{\alpha_{\mathrm{f}}}$ 以及 $C_{\alpha_{\mathrm{r}}}$ 为常量，而侧向力 F_y 和转向力矩 M_z 可以写成三个独立分量的叠加的形式，且这些分量又是与 r、β 和 δ 成正比例关系的量。

$$F_{y}=C_{r}r+C_{\beta}\beta+C_{\delta}\delta \tag{11-153}$$

$$M_{z}=D_{r}r+D_{\beta}\beta+D_{\delta}\delta \tag{11-154}$$

C_r 表示侧向力 F_y 和转向角速度 r 之间成正比例关系。C_r 的值随着前进速度 v_x 的增加而减小。除此之外，C_r 和 D_β 的表达式是一样的。

C_β 表示侧向力 F_y 和姿态角 β 之间成正比例关系。它是整车的侧向刚度，并且它和轮胎的侧向刚度 C_α 表现一样，C_β 一般为负值。

C_δ 表示侧向力 F_y 和转向角 δ 之间成正比例关系。C_δ 一般为负值，而且随着转向角的增大而产生更大的侧向力。

D_r 表示转向力矩 M_z 和转向角速度 r 之间成正比例关系。D_r 一般为负数，也称为转向阻尼系数，这是由于它总是试图减小转向力矩。D_r 的值随着 $a_1^2C_{\alpha_{\mathrm{f}}}$ 和 $a_2^2C_{\alpha_{\mathrm{r}}}$ 的增加而增加，随着车辆前进车速 v_x 的增加而减小。当 $C_{\alpha_{\mathrm{f}}}=C_{\alpha_{\mathrm{r}}}$ 时，它的最大值出现在 $a_1=a_2$ 时。

D_β 表示转向力矩 M_z 和车辆姿态角 β 之间成正比例关系。D_β 可以显示出车辆是不足转向或过度转向，因此，它也就可以表示出车辆的方向稳定性。如果后轮相对前轮而言产生较大力矩，此时，它会试图减小 β 的影响。负的 D_β 会使车身与其速度矢量趋于一致。

D_δ 表示转向力矩 M_z 和转向角 δ 之间成正比例关系。由于 δ 为输入的命令以控制车辆，D_δ 又被称为控制力矩系数。D_δ 一般为正数，而且随着 a_1 以及 $C_{\alpha_{\mathrm{f}}}$ 的增加而增加。

案例 439 负载转换的影响以及刚体车辆的假设。

如果一辆车有三个以上车轮，车轮所承受的垂直压力 F_{z_i} 是时时都在变化的。对于对称车辆而言，作用在每个车轮上的垂直力为：

$$F_{z_1}=\frac{1}{2}F_{z_{\mathrm{f}}}+\Delta F_{z} \tag{11-155}$$

$$F_{z_2}=\frac{1}{2}F_{z_{\mathrm{f}}}-\Delta F_{z} \tag{11-156}$$

$$F_{z_3}=\frac{1}{2}F_{z_{\mathrm{r}}}-\Delta F_{z} \tag{11-157}$$

$$F_{z_4}=\frac{1}{2}F_{z_r}+\Delta F_z \tag{11-158}$$

式中，ΔF_z是时时变化的车轮负载，它由一些不对称原因所产生，如发动机产生的扭矩 T。

刚性车辆假设要求它必须有一个柔性悬架，这样才能使其保持与不规则路面的接触，这也将产生不对称的负载变化。

加速行驶时也会产生负载转移。假设在车轮负载F_z和转弯刚度C_α之间存在线性关系，两轮模型才是有效的。因此，如果增加对加重负载车轮的转弯刚度，那么同时必须减小对减轻负载车轮的转弯刚度以作为补偿。然而，在急加速的情况下，负载转移将会高出线性极限，而C_α是一个递减非线性相对于F_z的函数。因此，在急加速的情况下，负载转移会使得转弯刚度减小。

案例 440 两轮模型的动力学转向。

两轮模型如图 11.12 所示，用内外侧转向角的余弦平均值式（7-3）作为输入的转向角：

$$\cot\delta=\frac{\cot\delta_o-\cot\delta_i}{2} \tag{11-159}$$

其中：

$$\tan\delta_i=\frac{l}{R_1-\frac{w}{2}} \tag{11-160}$$

$$\tan\delta_o=\frac{l}{R_1+\frac{w}{2}} \tag{11-161}$$

两轮模型的转弯半径由式（7-2）给出：

$$R=\sqrt{a_2^2+l^2\cot^2\delta} \tag{11-162}$$

这是在转向车辆质心处测得的结果。

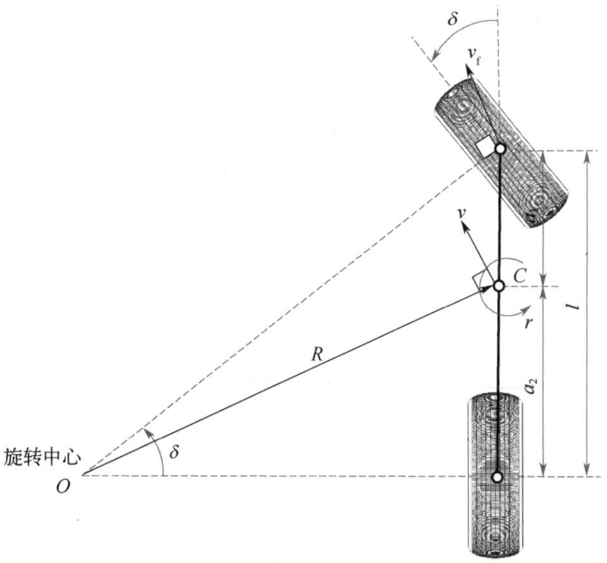

图 11.12 车辆的两轮转向模型示意图

11.4 刚体车辆两轮模型动力学

在不考虑刚体车辆侧倾运动的情况下，由平面运动的近似方程式（11-26）～式（11-28）连同式（11-116）～式（11-118）一起得到以下方程组，以此作为运动方程：

$$\dot{v}_x = \frac{F_x}{m} + r v_y = \frac{1}{m}(F_{x_f} + F_{x_r}) + r v_y \tag{11-163}$$

$$\begin{aligned}\begin{bmatrix}\dot{v}_y\\ \dot{r}\end{bmatrix} &= \begin{bmatrix}\dfrac{C_\beta}{m v_x} & \dfrac{C_r}{m} - v_x\\ \dfrac{D_\beta}{I_z v_x} & \dfrac{D_r}{I_z}\end{bmatrix}\begin{bmatrix}v_y\\ r\end{bmatrix} + \begin{bmatrix}\dfrac{C_\delta}{m}\\ \dfrac{D_\delta}{I_z}\end{bmatrix}\delta\\ &= \begin{bmatrix}-\dfrac{C_{\alpha_f} + C_{\alpha_r}}{m v_x} & \dfrac{-a_1 C_{\alpha_f} + a_2 C_{\alpha_r}}{m v_x} - v_x\\ \dfrac{a_1 C_{\alpha_f} - a_2 C_{\alpha_r}}{I_z v_x} & -\dfrac{a_1^2 C_{\alpha_f} + a_2^2 C_{\alpha_r}}{I_z v_x}\end{bmatrix}\begin{bmatrix}v_y\\ r\end{bmatrix} + \begin{bmatrix}\dfrac{C_{\alpha_f}}{m}\\ \dfrac{a_1 C_{\alpha_f}}{I_z}\end{bmatrix}\delta\end{aligned} \tag{11-164}$$

这些方程组对于分析一辆以常速向前运动的车辆已经是足够用的。此时，$\dot{v}_x = 0$，式（11-163）就变成了独立方程，而车辆的侧向速度 v_y 以及转向角速度 r 将会根据式（11-164）而改变。

假设转向角 δ 为输入指令，侧向速度 v_y 以及转向角速度 r 为输出。那么，就可以将式（11-164）看成一个线性控制系统。将其写成下面的形式：

$$\dot{\boldsymbol{q}} = \boldsymbol{A}\boldsymbol{q} + \boldsymbol{u} \tag{11-165}$$

式中，$\boldsymbol{A}$ 为系数矩阵，$\boldsymbol{q}$ 为控制变量矢量，而 $\boldsymbol{u}$ 为输入矢量：

$$\boldsymbol{A} = \begin{bmatrix}-\dfrac{C_{\alpha_f} + C_{\alpha_r}}{m v_x} & \dfrac{-a_1 C_{\alpha_f} + a_2 C_{\alpha_r}}{m v_x} - v_x\\ \dfrac{a_1 C_{\alpha_f} - a_2 C_{\alpha_r}}{I_z v_x} & -\dfrac{a_1^2 C_{\alpha_f} + a_2^2 C_{\alpha_r}}{I_z v_x}\end{bmatrix} \tag{11-166}$$

$$\boldsymbol{q} = \begin{bmatrix}v_y\\ r\end{bmatrix} \tag{11-167}$$

$$\boldsymbol{u} = \begin{bmatrix}\dfrac{C_{\alpha_f}}{m}\\ \dfrac{a_1 C_{\alpha_f}}{I_z}\end{bmatrix}\delta \tag{11-168}$$

证明 74：刚体车辆的牛顿-欧拉运动方程在局部坐标系 B 中（原点位于质心 C 处）的表达式，前面已经证明出为式（11-26）～式（11-28）：

$$F_x = m\dot{v}_x - m r v_y \tag{11-169}$$

$$F_y = m\dot{v}_y + m r v_x \tag{11-170}$$

$$M_z = \dot{r} I_z \tag{11-171}$$

而刚体车辆的两轮模型上的力系近似值用式（11-116）～式（11-118）来表示：

$$F_x \approx F_{x_f} + F_{x_r} \tag{11-172}$$

$$F_y \approx F_{y_f} + F_{y_r} \tag{11-173}$$

$$M_z \approx a_1 F_{y_f} - a_2 F_{y_r} \tag{11-174}$$

根据轮胎特性，以及式（11-143）和式（11-144）可得：

$$F_x = \frac{T_w}{R_w} \tag{11-175}$$

$$F_y = \left(-\frac{a_1}{v_x} C_{\alpha_f} + \frac{a_2}{v_x} C_{\alpha_r}\right) r - \left(C_{\alpha_f} + C_{\alpha_r}\right)\beta + C_{\alpha_f}\delta \tag{11-176}$$

$$M_z = \left(-\frac{a_1^2}{v_x} C_{\alpha_f} - \frac{a_2^2}{v_x} C_{\alpha_r}\right) r - (a_1 C_{\alpha_f} - a_2 C_{\alpha_r})\beta + a_1 C_{\alpha_f}\delta \tag{11-177}$$

将式（11-175）～式（11-177）代入式（11-169）～式（11-171）中就可以得到以下运动方程：

$$m\dot{v}_x - mrv_y = F_x \tag{11-178}$$

$$m\dot{v}_y + mrv_x = \left(-\frac{a_1}{v_x} C_{\alpha_f} + \frac{a_2}{v_x} C_{\alpha_r}\right) r - (C_{\alpha_f} + C_{\alpha_r})\beta + C_{\alpha_f}\delta \tag{11-179}$$

$$\dot{r} I_z = \left(-\frac{a_1^2}{v_x} C_{\alpha_f} - \frac{a_2^2}{v_x} C_{\alpha_r}\right) r - (a_1 C_{\alpha_f} - a_2 C_{\alpha_r})\beta + a_1 C_{\alpha_f}\delta \tag{11-180}$$

可以将它们化简成关于 x_x、v_y 以及 r 的微分方程。

$$\dot{v}_x = \frac{F_x}{m} + rv_y \tag{11-181}$$

$$\dot{v}_y = \frac{1}{mv_x}(-a_1 C_{\alpha_f} + a_2 C_{\alpha_r}) r - \frac{1}{m}(C_{\alpha_f} + C_{\alpha_r})\beta + \frac{1}{m} C_{\alpha_f}\delta - rv_x \tag{11-182}$$

$$\dot{r} = \frac{1}{I_z v_x}(-a_1^2 C_{\alpha_f} - a_2^2 C_{\alpha_r}) r - \frac{1}{I_z}(a_1 C_{\alpha_f} - a_2 C_{\alpha_r})\beta + \frac{1}{I_z} a_1 C_{\alpha_f}\delta \tag{11-183}$$

根据姿态角 β 的定义可知，它与车辆速度矢量分量的关系为：

$$\beta = \frac{v_y}{v_x} \tag{11-184}$$

将其代入以上微分方程组，就可以得到新形式的微分方程组：

$$\dot{v}_x = \frac{F_x}{m} + rv_y \tag{11-185}$$

$$\dot{v}_y = \frac{1}{mv_x}(-a_1 C_{\alpha_f} + a_2 C_{\alpha_r}) r - \frac{1}{mv_x}(C_{\alpha_f} + C_{\alpha_r}) v_y + \frac{1}{m} C_{\alpha_f}\delta - rv_x \tag{11-186}$$

$$\dot{r} = \frac{1}{I_z v_x}(-a_1^2 C_{\alpha_f} - a_2^2 C_{\alpha_r}) r - \frac{1}{I_z v_x}(a_1 C_{\alpha_f} - a_2 C_{\alpha_r}) v_y + \frac{1}{I_z} a_1 C_{\alpha_f}\delta \tag{11-187}$$

式（11-185）取决于转向角速度 r 和侧向速度 v_y，它们又是式（11-186）与式（11-187）

的输出。但是如果假设车辆以常速向前行驶，即：

$$v_x = 常数 \tag{11-188}$$

那么，式（11-185）就变成了一个代数方程，而式（11-186）与式（11-187）就变成和式（11-185）没有关系的独立方程组。因此，式（11-186）和式（11-187）可以撇开式（11-185）单独处理。

式（11-186）与式（11-187）可以看成一对微分方程组，它可以用以描述一个动力学系统的行为。这个动力学系统是以转向角 δ 作为输入，以 v_x 作为变量，从而产生两个输出转向角速度 r 和侧向速度 v_y。

$$\begin{bmatrix}\dot{v}_y\\ \dot{r}\end{bmatrix}=\begin{bmatrix}-\dfrac{C_{\alpha_f}+C_{\alpha_r}}{mv_x} & \dfrac{-a_1C_{\alpha_f}+a_2C_{\alpha_r}}{mv_x}-v_x\\ -\dfrac{a_1C_{\alpha_f}-a_2C_{\alpha_r}}{I_zv_x} & -\dfrac{a_1^2C_{\alpha_f}+a_2^2C_{\alpha_r}}{I_zv_x}\end{bmatrix}\begin{bmatrix}v_y\\ r\end{bmatrix}+\begin{bmatrix}\dfrac{C_{\alpha_f}}{m}\\ \dfrac{a_1C_{\alpha_f}}{I_z}\end{bmatrix}\delta \tag{11-189}$$

式（11-189）可以写作以下形式，从而展现出输入与输出的关系：

$$\dot{\boldsymbol{q}}=\boldsymbol{A}\boldsymbol{q}+\boldsymbol{u} \tag{11-190}$$

式中，矢量 $\boldsymbol{q}$ 称为控制变量矢量，$\boldsymbol{u}$ 称为输入矢量，矩阵 $\boldsymbol{A}$ 为控制变量系数矩阵。

利用前轮转向车辆的力系系数 C_r、C_β、C_δ、D_r、D_β 和 D_δ，可以将式（11-189）改写成：

$$\begin{bmatrix}\dot{v}_y\\ \dot{r}\end{bmatrix}=\begin{bmatrix}\dfrac{C_\beta}{mv_x} & \dfrac{C_r}{m}-v_x\\ \dfrac{D_\beta}{I_zv_x} & \dfrac{D_r}{I_z}\end{bmatrix}\begin{bmatrix}v_y\\ r\end{bmatrix}+\begin{bmatrix}\dfrac{C_\delta}{m}\\ \dfrac{D_\delta}{I_z}\end{bmatrix}\delta \tag{11-191}$$

案例 441 基于运动学角度的运动方程。

利用式（11-184）可以将式（11-164）表示成仅含有角度 β、r 和 δ 的方程组。

首先对式（11-184）求时间导数，其中的 v_x 看作常数，那么：

$$\dot{\beta}=\frac{\dot{v}_y}{v_x} \tag{11-192}$$

将它代入式（11-182），将其变为含有 $\dot{\beta}$ 的方程：

$$v_x\dot{\beta}=\frac{1}{mv_x}(-a_1C_{\alpha_f}+a_2C_{\alpha_r})r-\frac{1}{m}(C_{\alpha_f}+C_{\alpha_r})\beta+\frac{1}{m}C_{\alpha_f}\delta-rv_x \tag{11-193}$$

因此，运动方程组就可以表达成只含有车辆角变量 β、r 和 δ 的方程。

$$\begin{bmatrix}\dot{\beta}\\ \dot{r}\end{bmatrix}=\begin{bmatrix}-\dfrac{C_{\alpha_f}+C_{\alpha_r}}{mv_x} & \dfrac{-a_1C_{\alpha_f}+a_2C_{\alpha_r}}{mv_x^2}-1\\ -\dfrac{a_1C_{\alpha_f}-a_2C_{\alpha_r}}{I_z} & -\dfrac{a_1^2C_{\alpha_f}+a_2^2C_{\alpha_r}}{I_zv_x}\end{bmatrix}\begin{bmatrix}\beta\\ r\end{bmatrix}+\begin{bmatrix}\dfrac{C_{\alpha_f}}{mv_x}\\ \dfrac{a_1C_{\alpha_f}}{I_z}\end{bmatrix}\delta \tag{11-194}$$

利用前轮转向车辆的力系系数 C_r、C_β、C_δ、D_r、D_β 和 D_δ，可以将式（11-194）改写成：

$$\begin{bmatrix} \dot{\beta} \\ \dot{r} \end{bmatrix} = \begin{bmatrix} \dfrac{C_\beta}{mv_x} & \dfrac{C_r}{mv_x}-1 \\ \dfrac{D_\beta}{I_z} & \dfrac{D_r}{I_z} \end{bmatrix} \cdot \begin{bmatrix} \beta \\ r \end{bmatrix} + \begin{bmatrix} \dfrac{C_\delta}{mv_x} \\ \dfrac{D_\delta}{I_z} \end{bmatrix} \delta \tag{11-195}$$

案例 442　四轮转向车辆。

假设一辆车是双轴四轮转向，将前后轴的转向角分别表示为 δ_f 和 δ_r。为了找到它的平面运动方程，首先从式（11-109）入手，找到 α、β 和 δ 之间的关系：

$$\alpha = \beta - \delta \tag{11-196}$$

将它用在前后轮上就可以得到：

$$\alpha_\mathrm{f} = \beta_\mathrm{f} - \delta_\mathrm{f} = \frac{1}{v_x}(v_y + a_1 r) - \delta_\mathrm{f} = \beta + \frac{a_1 r}{v_x} - \delta_\mathrm{f} \tag{11-197}$$

$$\alpha_\mathrm{r} = \beta_\mathrm{r} - \delta_\mathrm{r} = \frac{1}{v_x}(v_y - a_2 r) - \delta_\mathrm{r} = \beta - \frac{a_2 r}{v_x} - \delta_\mathrm{r} \tag{11-198}$$

当侧滑角非常小时，根据侧向力的定义有：

$$F_{y_\mathrm{f}} = -C_{\alpha_\mathrm{f}} \alpha_\mathrm{f} \tag{11-199}$$

$$F_{y_\mathrm{r}} = -C_{\alpha_\mathrm{r}} \alpha_\mathrm{r} \tag{11-200}$$

将这些方程代入力系的式（11-173）和式（11-174）中，就可以得到：

$$F_y = F_{y_\mathrm{f}} + F_{y_\mathrm{r}} = \left(-\frac{a_1}{v_x}C_{\alpha_\mathrm{f}} + \frac{a_2}{v_x}C_{\alpha_\mathrm{r}}\right) r - (C_{\alpha_\mathrm{f}} + C_{\alpha_\mathrm{r}})\beta + C_{\alpha_\mathrm{f}}\delta_\mathrm{f} + C_{\alpha_\mathrm{r}}\delta_\mathrm{r} \tag{11-201}$$

$$M_z = a_1 F_{y_\mathrm{f}} - a_2 F_{y_\mathrm{r}} = \left(-\frac{a_1^2}{v_x}C_{\alpha_\mathrm{f}} - \frac{a_2^2}{v_x}C_{\alpha_\mathrm{r}}\right) r - (a_1 C_{\alpha_\mathrm{f}} - a_2 C_{\alpha_\mathrm{r}})\beta + a_1 C_{\alpha_\mathrm{f}}\delta_\mathrm{f} - a_2 C_{\alpha_\mathrm{r}}\delta_\mathrm{r} \tag{11-202}$$

刚体车辆的牛顿-欧拉运动方程式（11-26）～式（11-28）为：

$$F_x = m\dot{v}_x - mrv_y \tag{11-203}$$

$$F_y = m\dot{v}_y + mrv_x \tag{11-204}$$

$$M_z = \dot{r} I_z \tag{11-205}$$

因此，一个四轮转向车辆的运动方程就可以写成：

$$m\dot{v}_x - mrv_y = F_x \tag{11-206}$$

$$m\dot{v}_y + mrv_x = \left(-\frac{a_1}{v_x}C_{\alpha_\mathrm{f}} + \frac{a_2}{v_x}C_{\alpha_\mathrm{r}}\right) r - (C_{\alpha_\mathrm{f}} + C_{\alpha_\mathrm{r}})\beta + C_{\alpha_\mathrm{f}}\delta_\mathrm{f} + C_{\alpha_\mathrm{r}}\delta_\mathrm{r} \tag{11-207}$$

$$\dot{r} I_z = \left(-\frac{a_1^2}{v_x}C_{\alpha_\mathrm{f}} - \frac{a_2^2}{v_x}C_{\alpha_\mathrm{r}}\right) r - (a_1 C_{\alpha_\mathrm{f}} - a_2 C_{\alpha_\mathrm{r}})\beta + a_1 C_{\alpha_\mathrm{f}}\delta_\mathrm{f} - a_2 C_{\alpha_\mathrm{r}}\delta_\mathrm{r} \tag{11-208}$$

以上方程组可以通过转换变成 v_x、v_y 以及 r 的微分方程组：

$$\dot{v}_x = \frac{F_x}{m} + rv_y \tag{11-209}$$

$$\dot{v}_y = \frac{1}{mv_x}(-a_1 C_{\alpha_\mathrm{f}} + a_2 C_{\alpha_\mathrm{r}}) r - \frac{1}{m}(C_{\alpha_\mathrm{f}} + C_{\alpha_\mathrm{r}})\beta + \frac{1}{m}C_{\alpha_\mathrm{f}}\delta_\mathrm{f} + \frac{1}{m}C_{\alpha_\mathrm{r}}\delta_\mathrm{r} - rv_x \tag{11-210}$$

$$\dot{r}=\frac{1}{I_z v_x}(-a_1^2 C_{\alpha_{\mathrm{f}}}-a_2^2 C_{\alpha_{\mathrm{r}}})r-\frac{1}{I_z}(a_1 C_{\alpha_{\mathrm{f}}}-a_2 C_{\alpha_{\mathrm{r}}})\beta+\frac{1}{I_z}(a_1 C_{\alpha_{\mathrm{f}}}\delta_{\mathrm{f}}-a_2 C_{\alpha_{\mathrm{r}}}\delta_{\mathrm{r}}) \tag{11-211}$$

再利用姿态角的定义：

$$\beta=\frac{v_y}{v_x} \tag{11-212}$$

就可以将它们转化成相关联的三个耦合的一阶微分方程组：

$$\dot{v}_x=\frac{F_x}{m}+r v_y \tag{11-213}$$

$$\dot{v}_y=\frac{1}{m v_x}(-a_1 C_{\alpha_{\mathrm{f}}}+a_2 C_{\alpha_{\mathrm{r}}})r-\frac{1}{m}(C_{\alpha_{\mathrm{f}}}+C_{\alpha_{\mathrm{r}}})\frac{v_y}{v_x}+\frac{1}{m}C_{\alpha_{\mathrm{f}}}\delta_{\mathrm{f}}+\frac{1}{m}C_{\alpha_{\mathrm{r}}}\delta_{\mathrm{r}}-r v_x \tag{11-214}$$

$$\dot{r}=\frac{1}{I_z v_x}(-a_1^2 C_{\alpha_{\mathrm{f}}}-a_2^2 C_{\alpha_{\mathrm{r}}})r-\frac{1}{I_z}(a_1 C_{\alpha_{\mathrm{f}}}-a_2 C_{\alpha_{\mathrm{r}}})\frac{v_y}{v_x}+\frac{1}{I_z}(a_1 C_{\alpha_{\mathrm{f}}}\delta_{\mathrm{f}}-a_2 C_{\alpha_{\mathrm{r}}}\delta_{\mathrm{r}}) \tag{11-215}$$

式（11-214）和式（11-215）又可以转化成以下矩阵形式$\begin{bmatrix} v_y & r\end{bmatrix}^{\mathrm{T}}$：

$$\begin{bmatrix}\dot{v}_y\\ \dot{r}\end{bmatrix}=\begin{bmatrix}-\dfrac{C_{\alpha_{\mathrm{f}}}+C_{\alpha_{\mathrm{r}}}}{m v_x} & \dfrac{a_2 C_{\alpha_{\mathrm{r}}}-a_1 C_{\alpha_{\mathrm{f}}}}{m v_x}-1\\ \dfrac{a_2 C_{\alpha_{\mathrm{r}}}-a_1 C_{\alpha_{\mathrm{f}}}}{I_z} & -\dfrac{a_1^2 C_{\alpha_{\mathrm{f}}}+a_2^2 C_{\alpha_{\mathrm{r}}}}{I_z v_x}\end{bmatrix}\begin{bmatrix}v_y\\ r\end{bmatrix}+\begin{bmatrix}\dfrac{C_{\alpha_{\mathrm{f}}}}{m} & \dfrac{C_{\alpha_{\mathrm{r}}}}{m}\\ \dfrac{a_1 C_{\alpha_{\mathrm{f}}}}{I_z} & -\dfrac{a_2 C_{\alpha_{\mathrm{r}}}}{I_z}\end{bmatrix}\begin{bmatrix}\delta_{\mathrm{f}}\\ \delta_{\mathrm{r}}\end{bmatrix} \tag{11-216}$$

或是以下另一种形式$\begin{bmatrix}\beta & r\end{bmatrix}^{\mathrm{T}}$：

$$\begin{bmatrix}\dot{\beta}\\ \dot{r}\end{bmatrix}=\begin{bmatrix}-\dfrac{C_{\alpha_{\mathrm{f}}}+C_{\alpha_{\mathrm{r}}}}{m v_x} & \dfrac{a_2 C_{\alpha_{\mathrm{r}}}-a_1 C_{\alpha_{\mathrm{f}}}}{m v_x^2}-1\\ \dfrac{a_2 C_{\alpha_{\mathrm{r}}}-a_1 C_{\alpha_{\mathrm{f}}}}{I_z v_x} & -\dfrac{a_1^2 C_{\alpha_{\mathrm{f}}}+a_2^2 C_{\alpha_{\mathrm{r}}}}{I_z v_x}\end{bmatrix}\begin{bmatrix}\beta\\ r\end{bmatrix}+\begin{bmatrix}\dfrac{C_{\alpha_{\mathrm{f}}}}{m v_x} & \dfrac{C_{\alpha_{\mathrm{r}}}}{m v_x}\\ \dfrac{a_1 C_{\alpha_{\mathrm{f}}}}{I_z} & -\dfrac{a_2 C_{\alpha_{\mathrm{r}}}}{I_z}\end{bmatrix}\begin{bmatrix}\delta_{\mathrm{f}}\\ \delta_{\mathrm{r}}\end{bmatrix} \tag{11-217}$$

为了便于让计算机计算，将其写成以下形式：

$$\begin{bmatrix}\dot{v}_y\\ \dot{r}\end{bmatrix}=\begin{bmatrix}\dfrac{C_\beta}{m v_x} & \dfrac{C_{\mathrm{r}}}{m}-v_x\\ \dfrac{D_\beta}{I_z v_x} & \dfrac{D_{\mathrm{r}}}{I_z}\end{bmatrix}\begin{bmatrix}v_y\\ r\end{bmatrix}+\begin{bmatrix}\dfrac{C_{\delta_{\mathrm{f}}}}{m} & \dfrac{C_{\delta_{\mathrm{r}}}}{m}\\ \dfrac{D_{\delta_{\mathrm{f}}}}{I_z} & \dfrac{D_{\delta_{\mathrm{r}}}}{I_z}\end{bmatrix}\delta \tag{11-218}$$

$$\begin{bmatrix}\dot{\beta}\\ \dot{r}\end{bmatrix}=\begin{bmatrix}\dfrac{C_\beta}{m v_x} & \dfrac{C_r}{m v_x}-1\\ \dfrac{D_\beta}{I_z} & \dfrac{D_r}{I_z}\end{bmatrix}\begin{bmatrix}\beta\\ r\end{bmatrix}+\begin{bmatrix}\dfrac{C_{\delta_{\mathrm{f}}}}{m v_x} & \dfrac{C_{\delta_{\mathrm{r}}}}{m v_x}\\ \dfrac{D_{\delta_{\mathrm{f}}}}{I_z} & \dfrac{D_{\delta_{\mathrm{r}}}}{I_z}\end{bmatrix}\delta \tag{11-219}$$

其中：

$$C_r=\frac{\partial F_y}{\partial r}=-\frac{a_1^2 C_{\alpha_{\mathrm{f}}}+a_2^2 C_{\alpha_{\mathrm{r}}}}{v_x} \tag{11-220}$$

$$C_\beta=\frac{\partial F_y}{\partial \beta}=C_{\alpha_{\mathrm{r}}}-C_{\alpha_{\mathrm{f}}} \tag{11-221}$$

$$C_{\delta_{\mathrm{f}}}=\frac{\partial F_y}{\partial \delta_{\mathrm{f}}}=C_{\alpha_{\mathrm{f}}} \tag{11-222}$$

$$C_{\delta_{\mathrm{r}}}=\frac{\partial F_y}{\partial \delta_{\mathrm{r}}}=C_{\alpha_{\mathrm{r}}} \tag{11-223}$$

$$D_r=\frac{\partial M_y}{\partial r}=\frac{-a_1 C_{\alpha_{\mathrm{f}}}+a_2 C_{\alpha_{\mathrm{r}}}}{v_x} \tag{11-224}$$

$$D_\beta=\frac{\partial M_y}{\partial \beta}=a_2 C_{\alpha_{\mathrm{r}}}-a_1 C_{\alpha_{\mathrm{f}}} \tag{11-225}$$

$$D_{\delta_{\mathrm{f}}}=\frac{\partial M_y}{\partial \delta_{\mathrm{f}}}=a_1 C_{\alpha_{\mathrm{f}}} \tag{11-226}$$

$$D_{\delta_{\mathrm{r}}}=\frac{\partial M_y}{\partial \delta_{\mathrm{r}}}=-a_2 C_{\alpha_{\mathrm{r}}} \tag{11-227}$$

式（11-218）可以写成以下输入与输出关系的形式：

$$\dot{\boldsymbol{q}}=\boldsymbol{A}\boldsymbol{q}+\boldsymbol{B}\boldsymbol{u} \tag{11-228}$$

其中，矢量 $\boldsymbol{q}$ 为控制变量矢量：

$$\boldsymbol{q}=\begin{bmatrix} v_y \\ r \end{bmatrix} \tag{11-229}$$

$\boldsymbol{u}$ 为输入矢量：

$$\boldsymbol{u}=\begin{bmatrix} \delta_{\mathrm{f}} \\ \delta_{\mathrm{r}} \end{bmatrix} \tag{11-230}$$

矩阵 $\boldsymbol{A}$ 是控制变量系数矩阵，矩阵 $\boldsymbol{B}$ 是输入系数矩阵。

下面进行双重检验，将 $\delta_{\mathrm{r}}=0$ 和 $\delta_{\mathrm{f}}=\delta$ 代入式（11-218）中，就会发现式（11-218）变成了式（11-189）前轮转向车辆的运动方程。

案例 443　后轮转向车辆。

后轮转向车辆通常用于举升车或建筑用车。后轮转向车辆的运动方程和前轮转向的运动方程类似。为了找到它的运动方程，可以将 $\delta_{\mathrm{f}}=0$ 和 $\delta_{\mathrm{r}}=\delta$ 代入式（11-218）中得到下列方程：

$$\begin{bmatrix} \dot{v}_y \\ \dot{r} \end{bmatrix}=\begin{bmatrix} -\dfrac{C_{\alpha_{\mathrm{f}}}+C_{\alpha_{\mathrm{r}}}}{m v_x} & \dfrac{a_2 C_{\alpha_{\mathrm{r}}}-a_1 C_{\alpha_{\mathrm{f}}}}{m v_x}-v_x \\ \dfrac{a_2 C_{\alpha_{\mathrm{r}}}-a_1 C_{\alpha_{\mathrm{f}}}}{I_z v_x} & -\dfrac{a_1^2 C_{\alpha_{\mathrm{f}}}+a_2^2 C_{\alpha_{\mathrm{r}}}}{I_z v_x} \end{bmatrix}\begin{bmatrix} v_y \\ r \end{bmatrix}+\begin{bmatrix} \dfrac{C_{\alpha_{\mathrm{r}}}}{m} \\ -\dfrac{a_2 C_{\alpha_{\mathrm{r}}}}{I_z} \end{bmatrix}\delta_{\mathrm{r}} \tag{11-231}$$

这个方程组只在角度较小时成立。而实际情况下，后轮转向车辆的工作转角都非常大。因此，用这个方程组来预知后轮转向车辆的轨迹效果就不是很好。

案例 444　更好的两轮车辆模型。

由于存在转向角，那么在前后轮胎印记处就必然会出现回正力矩，它们作为外部力矩作用在车轮上。因此，作用在前后轮总的转向反作用力矩为：

$$M_1 \approx 2 D_{\delta_{\mathrm{f}}} M_z \tag{11-232}$$

$$M_2 \approx 2D_{\delta_r} M_z \tag{11-233}$$

其中：

$$D_{\delta_f} = \frac{\mathrm{d}M_z}{\mathrm{d}\delta_f} \tag{11-234}$$

$$D_{\delta_r} = \frac{\mathrm{d}M_z}{\mathrm{d}\delta_r} \tag{11-235}$$

图 11.13 给出了两轮车辆模型。作用在车上的力系为：

$$F_x \approx F_{x_f} + F_{x_r} \tag{11-236}$$

$$F_y \approx F_{y_f} + F_{y_r} \tag{11-237}$$

$$M_z = a_1 F_{y_f} - a_2 F_{y_r} + M_1 + M_2 \tag{11-238}$$

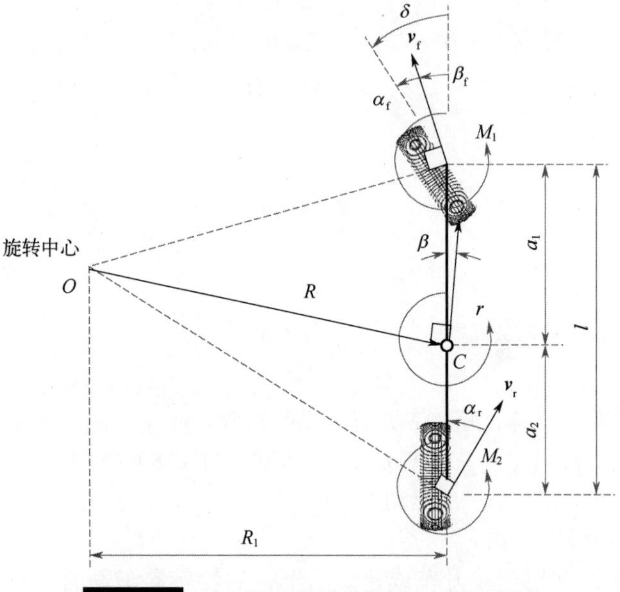

图 11.13 车辆的两轮模型含回正力矩示意图

案例 445 赛车在倒退中 180° 掉头。

赛车手在车辆倒退时可以做 180° 掉头，这里将介绍他们是如何做到的。当车挂入倒挡后，车辆开始向后倒退。为了进行快速的 180° 掉头而没有停顿，驾驶员需要进行以下步骤的操作：

① 驾驶员踩下油门踏板以得到足够的速度；

② 放开油门踏板，挂入空挡；

③ 将方向盘快速旋转约 90°；

④ 挂入前进挡；

⑤ 踩下油门踏板，当车辆完成 180° 掉头后回正方向。

在进行第②步前车速应达到约 $20\mathrm{m/s}(\approx 72\mathrm{km/h})$。第②步到第④步动作要快，几乎同时进行。图 11.14（a）给出了这样倒车时进行 180°掉头的图示。

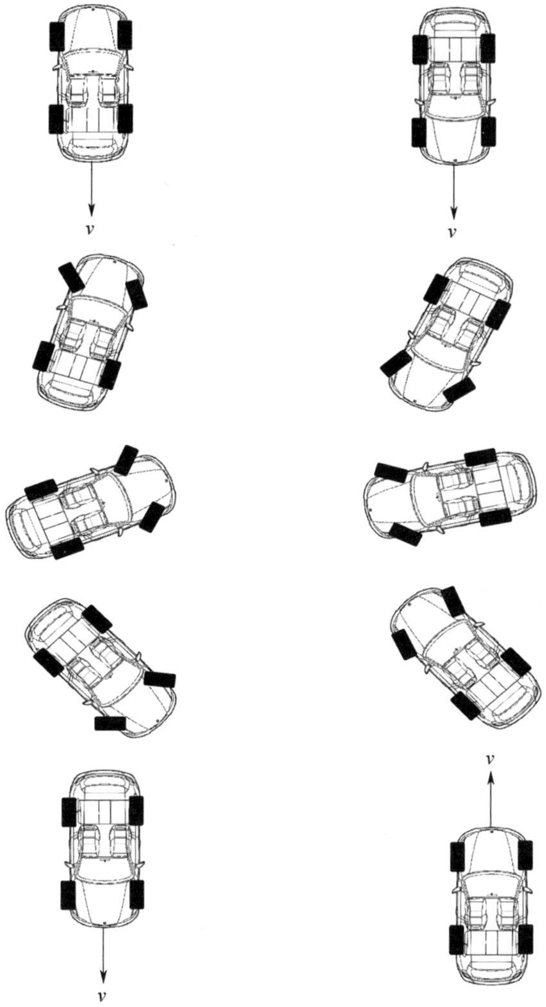

图 11.14 车辆在行进中掉头

注意：这样的危险操作不能在你读完这本书后立即去实践，应由专业人士进行操作。

案例 446 赛车在前进过程中进行 180° 掉头。

赛车手在车辆前进时也可以做 180° 掉头，这里将介绍他们是如何做到的。当车挂入前进挡后，车辆开始向前运动。为了进行快速的 180° 掉头而没有停顿，驾驶员需要进行以下步骤的操作：

① 驾驶员踩下油门踏板以得到足够的速度；

② 放开油门踏板，挂入空挡；

③ 将方向盘快速旋转约 90°，同时拉起手刹；

④ 当车尾开始旋转时，将方向盘打回零度并且挂入前进挡；

⑤ 当车辆完成 180° 掉头后，踩下油门踏板。

图 11.14（b）给出了这样前进中进行 180° 掉头的图示。

在进行第②步前车速应达到约 $20\text{m}/\text{s}(\approx 72\text{km}/\text{h})$。第②步到第④步动作要快，几乎同时进行。前进过程中的 180° 掉头比倒退过程中掉头要难一些。它是可以完成的，因为手制动控制着后轮。如果车尾比前车轻一些，那么它的侧滑就会容易一些，这样有助于更好地完成 180° 掉头动作。对路面条件而言，如果路面摩擦系数不均匀或是光滑的路面，会分别造成车辆侧翻或是失控后的不断旋转。

注意：这样的危险操作不能在你读完这本书后立即去实践，应由专业人士进行操作。

11.5 转弯时的稳态

前轮转向车辆的两轮刚体车辆模型的转弯稳态条件在下列方程组的掌控之中：

$$F_x = -mrv_y \tag{11-239}$$

$$C_r r + C_\beta \beta + C_\delta \delta = mrv_x \tag{11-240}$$

$$D_r r + D_\beta \beta + D_\delta \delta = 0 \tag{11-241}$$

或者说等价于下列方程：

$$F_x = -\frac{m}{R} v_x v_y \tag{11-242}$$

$$C_\beta \beta + (C_r v_x - mv_x^2)\frac{1}{R} = -C_\delta \delta \tag{11-243}$$

$$D_\beta \beta + \frac{D_r v_x}{R} = -D_\delta \delta \tag{11-244}$$

式（11-242）说明如果要保持前进速度 v_x 就需要一个向前的力。式（11-243）和式（11-244）可以推出输出变量的稳态值、车辆的姿态角 β，以及路径曲率 κ：

$$\kappa = \frac{1}{R} = \frac{r}{v_x} \tag{11-245}$$

在车辆以一定速度 v_x 向前运动时，输入一定的转向角 δ。输入和输出的关系可以通过以下响应来定义：

① 曲率响应 S_κ：

$$S_\kappa = \frac{\kappa}{\delta} = \frac{1}{R\delta} = \frac{C_\delta D_\beta - C_\beta D_\delta}{v_x(C_\beta D_r - C_r D_\beta + mv_x D_\beta)} \tag{11-246}$$

② 姿态角响应 S_β：

$$S_\beta = \frac{\beta}{\delta} = \frac{(C_r - mv_x)D_\delta - C_\delta D_r}{C_\beta D_r - C_r D_\beta + mv_x D_\beta} \tag{11-247}$$

③ 角速度响应 S_r：

$$S_r = \frac{r}{\delta} = \frac{\kappa}{\delta} v_x = \frac{C_\delta D_\beta - C_\beta D_\delta}{C_\beta D_r - C_r D_\beta + mv_x D_\beta} \tag{11-248}$$

④ 侧向加速度响应 S_a：

$$S_a = \frac{v_x^2 / R}{\delta} = \frac{\kappa}{\delta} v_x^2 = S_\kappa v_x^2 = \frac{(C_\delta D_\beta - C_\beta D_\delta)v_x}{C_\beta D_r - C_r D_\beta + mv_x D_\beta} \tag{11-249}$$

证明 75：在稳态条件下，所有变量都是常数，因此它们的微分都是零。因此，运动方程式（11-178）～式（11-180）就可以简化成：

$$F_x = -mrv_y \tag{11-250}$$

$$F_y = -mrv_x \tag{11-251}$$

$$M_z = 0 \tag{11-252}$$

这里的侧向力 F_y 以及垂旋力矩 M_z 的另一表达式可以从式（11-145）和式（11-146）得到：

$$F_y = C_r r + C_\beta \beta + C_\delta \delta \tag{11-253}$$

$$M_z = D_r r + D_\beta \beta + D_\delta \delta \tag{11-254}$$

因此，方程描述的刚体两轮模型在转弯稳态时的运动方程就可以写成：

$$F_x = -mrv_y \tag{11-255}$$

$$C_r r + C_\beta \beta + C_\delta \delta = mrv_x \tag{11-256}$$

$$D_r r + D_\beta \beta + D_\delta \delta = 0 \tag{11-257}$$

在转弯的稳态过程中，车辆将要沿着半径为 R 的圆弧以速度 v_x 以及角速度 r 运动，那么：

$$v_x = Rr \tag{11-258}$$

将式（11-258）代入式（11-255）～式（11-257）中，就可以得到式（11-242）～式（11-244）。式（11-242）可以用于计算维持运动稳定所需的牵引力。另外，式（11-243）和式（11-244）则可以用于确定车辆稳态响应。利用曲率定义式（11-245）以及将方程表达成矩阵形式：

$$\begin{bmatrix} C_\beta & C_r v_x - mv_x \\ D_\beta & D_r \end{bmatrix} \begin{bmatrix} \beta \\ \kappa \end{bmatrix} = \begin{bmatrix} -C_\delta \\ -D_\delta \end{bmatrix} \delta \tag{11-259}$$

由此，就可以解出 β 和 κ：

$$\begin{bmatrix} \beta \\ \kappa \end{bmatrix} = \begin{bmatrix} C_\beta & C_r v_x - mv_x \\ D_\beta & D_r \end{bmatrix}^{-1} \begin{bmatrix} -C_\delta \\ -D_\delta \end{bmatrix} \delta = \begin{bmatrix} \dfrac{(C_r - mv_x)D_\delta - C_\delta D_r}{C_\beta D_r - C_r D_\beta + mv_x D_\beta} \\ \dfrac{C_\delta D_\beta - C_\beta S_\delta}{v_x(C_\beta D_r - C_r D_\beta + mv_x D_\beta)} \end{bmatrix} \delta \tag{11-260}$$

利用解（11-260）和式（11-258），就可以定义不同的输入输出关系式（11-246）～式（11-249）。

案例 447　车辆的力系系数。

假设一辆前轮转向车辆带有以下参数：

$$C_{\alpha_{\mathrm{fL}}} = C_{\alpha_{\mathrm{fR}}} = 4000\mathrm{N/rad} \tag{11-261}$$

$$C_{\alpha_{\mathrm{rL}}} = C_{\alpha_{\mathrm{rR}}} = 5000\mathrm{N/rad} \tag{11-262}$$

$$m = 1000\mathrm{kg} \tag{11-263}$$

$$I_z = 2000\mathrm{kg} \cdot \mathrm{m}^2 \cdot \mathrm{g} \tag{11-264}$$

$$a_1 = 1\mathrm{m} \tag{11-265}$$

$$a_2 = 1.5\mathrm{m} \tag{11-266}$$

其等价的两轮模型的侧滑系数分别为：

$$C_{\alpha_f} = C_{\alpha_{fL}} + C_{\alpha_{fR}} = 8000\text{N/rad} \quad (11\text{-}267)$$

$$C_{\alpha_r} = C_{\alpha_{rL}} + C_{\alpha_{rR}} = 10000\text{N/rad} \quad (11\text{-}268)$$

如果假设 v_x 的单位为 m / s，力系的系数 C_r、C_β、C_δ、D_r、D_β 和 D_δ 就等于：

$$C_r = -\frac{a_1}{v_x}C_{\alpha_f} + \frac{a_2}{v_x}C_{\alpha_r} = \frac{7000}{v_x}\text{N}\cdot\text{s/rad} \quad (11\text{-}269)$$

$$C_\beta = -(C_{\alpha_f} + C_{\alpha_r}) = -18000\text{N/rad} \quad (11\text{-}270)$$

$$C_\delta = C_{\alpha_f} = 8000\text{N/rad} \quad (11\text{-}271)$$

$$D_r = -\frac{a_1^2}{v_x}C_{\alpha_f} - \frac{a_2^2}{v_x}C_{\alpha_r} = -\frac{30500}{v_x}\text{N}\cdot\text{m}\cdot\text{s/rad} \quad (11\text{-}272)$$

$$D_\beta = -(a_1 C_{\alpha_f} - a_2 C_{\alpha_r}) = 7000\text{N}\cdot\text{m/rad} \quad (11\text{-}273)$$

$$D_\delta = a_1 C_{\alpha_f} = 8000\text{N}\cdot\text{m/rad} \quad (11\text{-}274)$$

系数 C_r 和 D_r 是前进速度 v_x 的相关函数，当速度已知时它们也就确定了。假设：

$$v_x = 15\text{m/s} = 54\text{km/h} \quad (11\text{-}275)$$

那么：

$$C_r = 466.6667\text{N}\cdot\text{s/rad} \quad (11\text{-}276)$$

$$D_r = -2033.33\text{N}\cdot\text{m}\cdot\text{s/rad} \quad (11\text{-}277)$$

再假设：

$$v_x = 30\text{m/s} = 108\text{km/h} \quad (11\text{-}278)$$

那么：

$$C_r = 233.3333\text{N}\cdot\text{s/rad} \quad (11\text{-}279)$$

$$D_r = -1016.67\text{N}\cdot\text{m}\cdot\text{s/rad} \quad (11\text{-}280)$$

案例 448 稳态响应和前进速度。

对于一辆车而言，稳态响应是相对于前进速度的函数。为了更直观地展现稳态参数随速度增加的变化规律，计算带有下列参数车辆的 S_κ、S_β、S_r 以及 S_a 值：

$$C_{\alpha_{fL}} = C_{\alpha_{fR}} \approx 4000\text{N/rad} \quad (11\text{-}281)$$

$$C_{\alpha_{rL}} = C_{\alpha_{rR}} \approx 5000\text{N/rad} \quad (11\text{-}282)$$

$$m = 1000\text{kg} \quad (11\text{-}283)$$

$$I_z = 2000\text{kg}\cdot\text{m}^2 \quad (11\text{-}284)$$

$$a_1 = 1.0\text{m} \quad (11\text{-}285)$$

$$a_2 = 1.5\text{m} \quad (11\text{-}286)$$

$$S_\kappa = \frac{200}{7v_x^2 + 500} \quad (11\text{-}287)$$

$$S_{\beta} = \frac{300 - 8v_x^2}{500 + 7v_x^2} \tag{11-288}$$

$$S_r = S_{\kappa} v_x = \frac{200 v_x}{7v_x^2 + 500} \tag{11-289}$$

$$S_a = S_{\kappa} v_x^2 = \frac{200 v_x^2}{7v_x^2 + 500} \tag{11-290}$$

图 11.15～图 11.18 给出了稳态变量随前进速度增加的情况（详见脚本 31）。

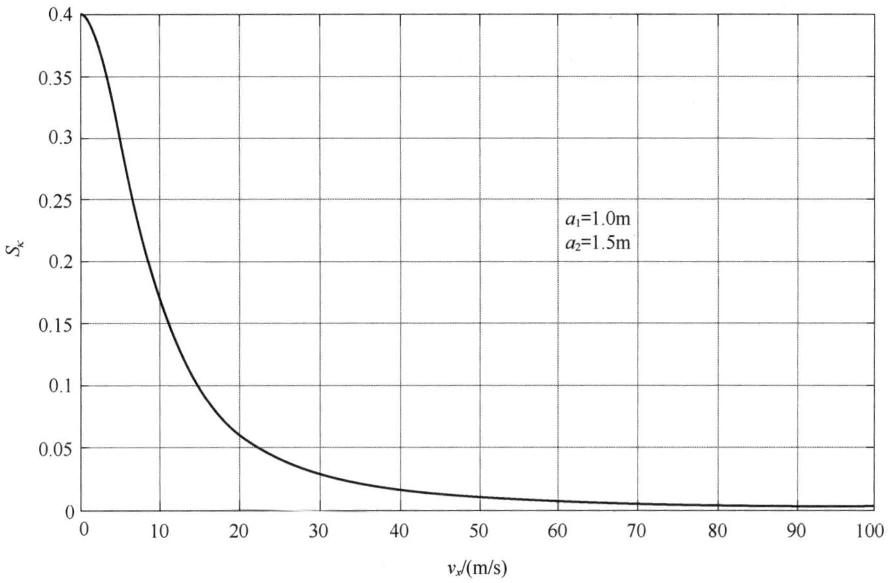

图 11.15　车辆转弯时稳态响应中的曲率响应

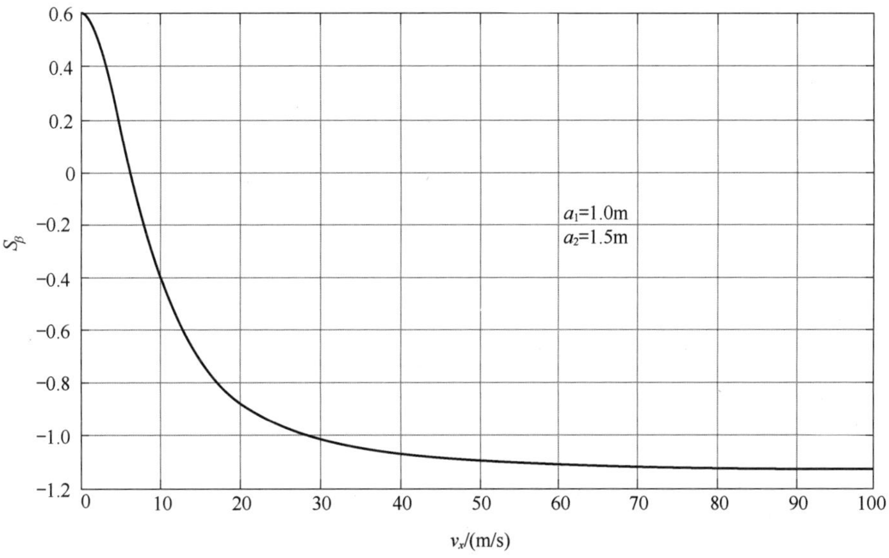

图 11.16　车辆转弯时稳态响应中的姿态角响应

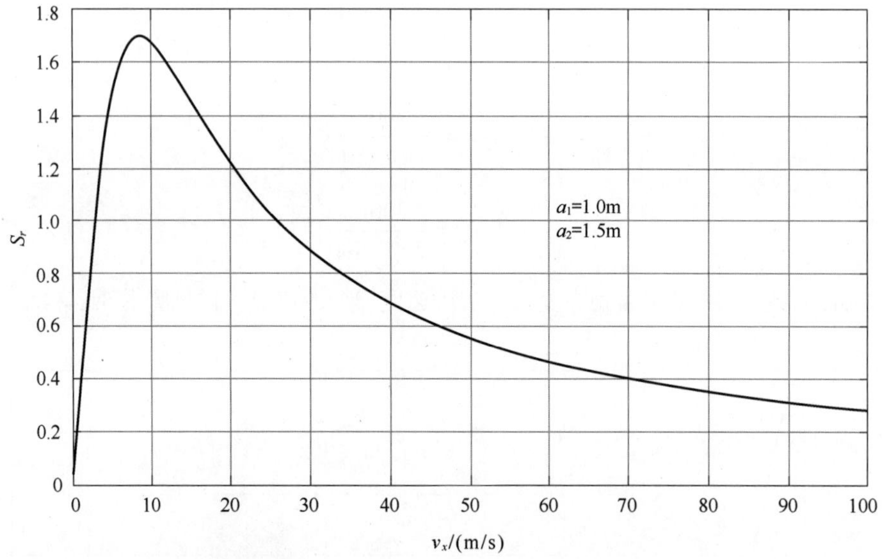

图 11.17 车辆转弯时稳态响应中的角速度响应

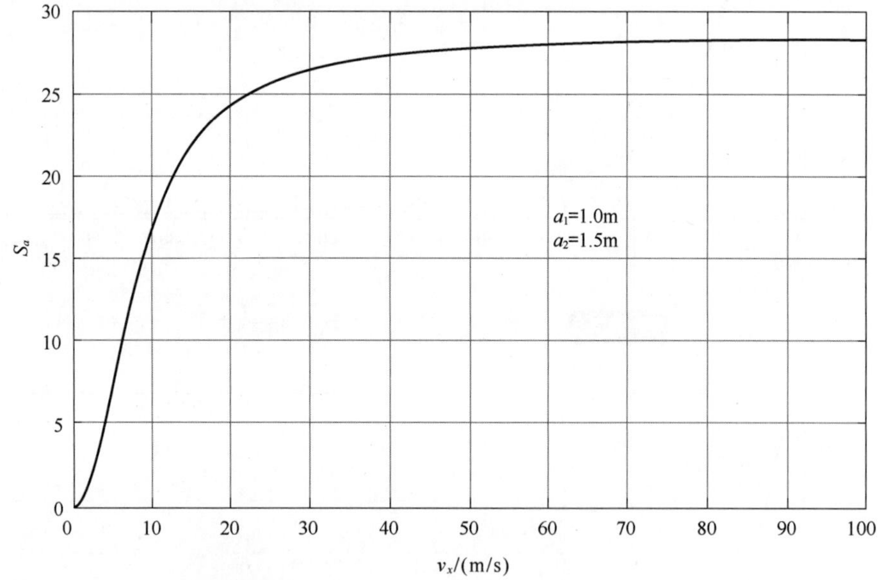

图 11.18 车辆转弯时稳态响应中的侧向加速度响应

当将重心位置后移到 $a_1 = 1.5\text{m}$ ，$a_2 = 1.0\text{m}$ 时会发生什么情况呢？该车辆的稳态响应如图 11.19～图 11.22 所示（详见脚本 32）。

当将重心后移到：

$$a_1 = 1.5\text{m} \tag{11-291}$$

$$a_2 = 1.0\text{m} \tag{11-292}$$

同法计算此时的稳态响应为：

$$S_\kappa = \frac{100}{250 - v_x^2} \tag{11-293}$$

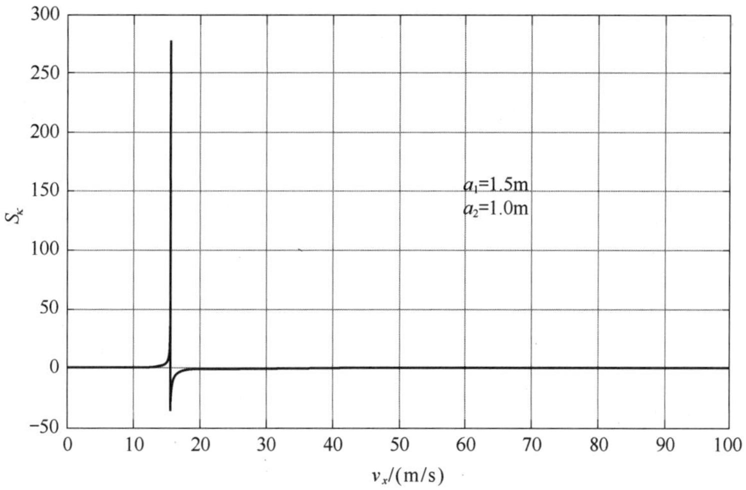

图 11.19　车辆转弯时稳态响应中的曲率响应（重心后移）

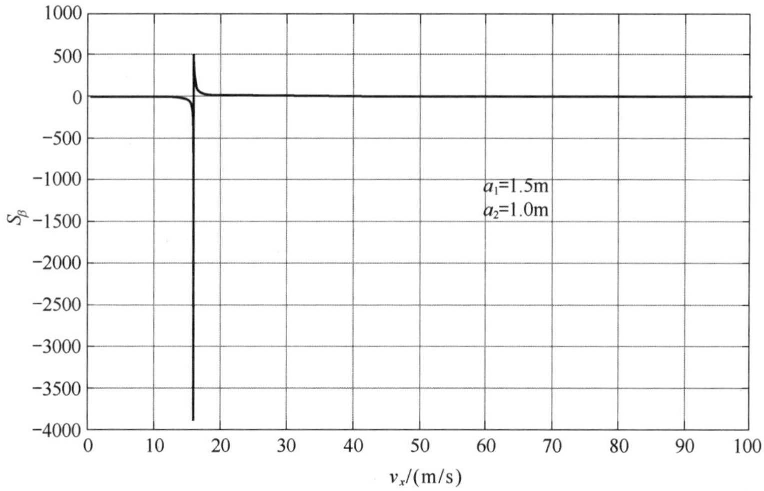

图 11.20　车辆转弯时稳态响应中的姿态角响应（重心后移）

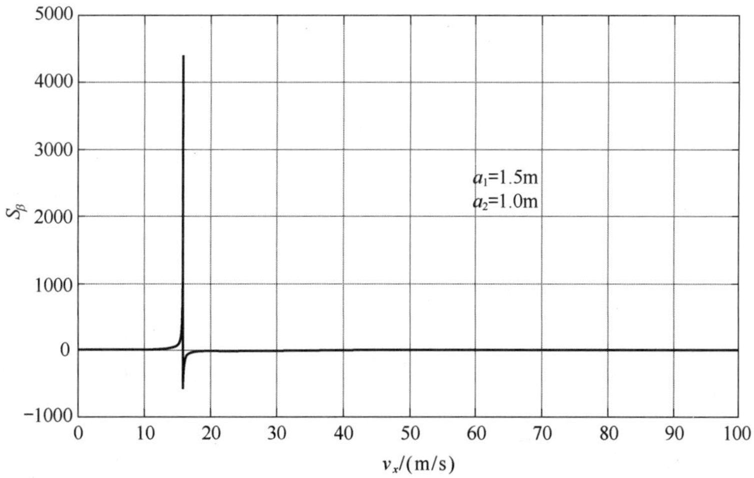

图 11.21　车辆转弯时稳态响应中的角速度响应（重心后移）

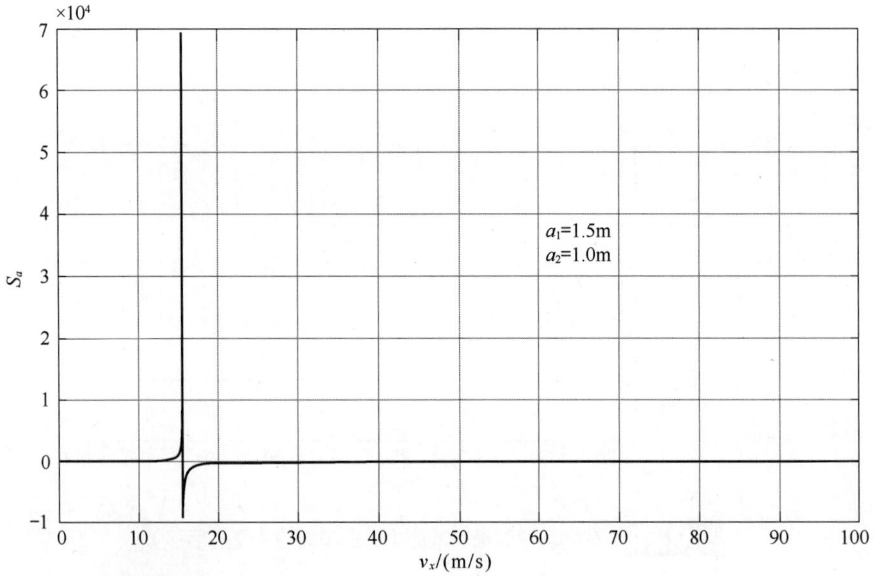

图 11.22 车辆转弯时稳态响应中的侧向加速度响应（重心后移）

$$S_\beta = \frac{100 - 6v_x^2}{250 - v_x^2} \tag{11-294}$$

$$S_r = S_\kappa v_x = \frac{100v_x}{250 - v_x^2} \tag{11-295}$$

$$S_a = S_\kappa v_x^2 = \frac{100v_x^2}{250 - v_x^2} \tag{11-296}$$

从稳态响应的表达式可以看出分母出现零点，即常说的断点，稳态响应不再是连续函数，出现不可控的情况。

图 11.19～图 11.22 中出现断点不可控的位置清晰可见。为什么会出现这种情况，我们接着往下看。

案例 449 不足转向、过度转向以及中性转向。

曲率响应 S_κ 展示了转弯半径随转向角改变而改变的情况，S_κ 还可以表示为：

$$S_\kappa = \frac{\kappa}{\delta} = \frac{1}{R\delta} = \frac{1}{l} \times \frac{1}{1 + Kv_x^2} \tag{11-297}$$

其中：

$$K = \frac{m}{l^2}\left(\frac{a_2}{C_{\alpha_f}} - \frac{a_1}{C_{\alpha_r}}\right) \tag{11-298}$$

这个 K 被称为稳定因子，它决定着车辆的转向状态：如果 $K > 0$，表示不足转向；如果 $K = 0$，表示中性转向；如果 $K<0$，表示过度转向。

为了找到 K，将 S_κ 重新写一下：

$$S_\kappa=\frac{\kappa}{\delta}=\frac{1}{R\delta}=\frac{C_\delta D_\beta-C_\beta D_\delta}{v_x(C_\beta D_r-C_r D_\beta+mv_x D_\beta)}$$
$$=\frac{1}{v_x\left(\dfrac{C_\beta D_r-C_r D_\beta}{C_\delta D_\beta-C_\beta D_\delta}+\dfrac{mv_x D_\beta}{C_\delta D_\beta-C_\beta D_\delta}\right)}=\frac{1}{l+\dfrac{mv_x^2 D_\beta}{C_\delta D_\beta-C_\beta D_\delta}} \tag{11-299}$$
$$=\frac{1}{l}\times\frac{1}{1+\dfrac{m}{l}\dfrac{v_x^2 D_\beta}{C_\delta D_\beta-C_\beta D_\delta}}=\frac{1}{l}\times\frac{1}{1+Kv_x^2}$$

那么：

$$K=\frac{m}{l}\times\frac{D_\beta}{C_\delta D_\beta-C_\beta D_\delta} \tag{11-300}$$

将力系系数的值代进去就会发现，K 将等于：

$$K=\frac{m}{l^2}\left(\frac{a_2}{C_{\alpha_f}}-\frac{a_1}{C_{\alpha_r}}\right) \tag{11-301}$$

稳定因子 K 的正负决定着 S_κ 是一个随速度 v_x 递增或是递减的函数。而 K 的正负又是由 $\dfrac{a_2}{C_{\alpha_f}}$ 和 $\dfrac{a_1}{C_{\alpha_r}}$ 的大小关系所决定的，而后者又是由质心位置所决定的 a_1 和 a_2，以及前后轮的侧滑系数 C_{α_f} 和 C_{α_r}。

如果 $K>0$，就需要

$$\frac{a_2}{C_{\alpha_f}}>\frac{a_1}{C_{\alpha_r}} \tag{11-302}$$

那么，S_κ 将是一个随着车速 v_x 增加而递减的函数。因此，车辆转弯时如果有恒定的输入转向角 δ，那么，行驶路线的曲率 $\kappa=1/R$ 将逐渐减小。也就是说，随着车速 v_x 的增加，稳态下的转弯半径 R 是逐渐增加的。一个正的稳定因子是人们所期望得到的，一辆车如果 $K>0$，被认为是稳定的，称之为不足转向。这时如果车速增加，要通过相同的弯道，就需要增大转向角。

如果 $K<0$，就需要

$$\frac{a_2}{C_{\alpha_f}}<\frac{a_1}{C_{\alpha_r}} \tag{11-303}$$

那么，S_κ 将是一个随着车速 v_x 增加而递增的函数。因此，车辆转弯时如果有恒定的输入转向角 δ，那么，行驶路线的曲率 $\kappa=1/R$ 将逐渐增大。也就是说，随着车速 v_x 的增加，稳态下的转弯半径 R 是逐渐减小的。一个负的稳定因子是人们所不期望得到的，一辆车如果 $K<0$，被认为是不稳定的，并将其称之为过度转向。这时如果车速增加，要通过相同的弯道，就需要减小转向角。

如果 $K=0$，就需要

$$\frac{a_2}{C_{\alpha_f}}=\frac{a_1}{C_{\alpha_r}} \tag{11-304}$$

那么，S_κ 就不是一个随着车速 v_x 变化的函数。因此，车辆转弯时如果有恒定的输入转向角δ，那么，行驶路线的曲率$\kappa = 1/R$也将是恒定的。也就是说，不论车速v_x增加或减小，稳态下的转弯半径R是恒定的。一个为零的稳定因子是中性的，一辆车如果$K=0$，被认为是在稳定的边缘上，称之为中性转向。这时无论车速如何变化，要通过相同的弯道，就需要转向角是一定的。

案例 450 假设一辆车的基本参数如下：

$$C_{\alpha_f} = 8000\text{N}/\text{rad} \tag{11-305}$$

$$C_{\alpha_r} = 10000\text{N}/\text{rad} \tag{11-306}$$

$$m = 1000\text{kg} \tag{11-307}$$

$$a_1 = 1.0\text{m} \tag{11-308}$$

$$a_2 = 1.5\text{m} \tag{11-309}$$

那么，该车的稳定因子K以及曲率响应S_κ就等于：

$$K = \frac{m}{l^2}\left(\frac{a_2}{C_{\alpha_f}} - \frac{a_1}{C_{\alpha_r}}\right) = 0.014 \tag{11-310}$$

$$S_\kappa = \frac{1}{l} \times \frac{1}{1+Kv_x^2} = \frac{0.4}{1+0.014v_x^2} \tag{11-311}$$

接下来对车辆进行重心后移，从而改变了车辆参数，得到：

$$a_1 = 1.5\text{m} \tag{11-312}$$

$$a_2 = 1.0\text{m} \tag{11-313}$$

此时，新的稳定因子K以及曲率响应S_κ就等于：

$$K = -0.004 \tag{11-314}$$

$$S_\kappa = \frac{0.4}{1-0.004v_x^2} \tag{11-315}$$

图 11.23 将这两种情况和中性转向进行了一个对比。当然，上述情况的前提条件是假设在装载过程中不会改变轮胎的参数，也就是说它们的侧滑系数不变。详见脚本 33。

为了将$K<0$时的过度转向看得更清楚一些，作图 11.24，将图 11.23 所示纵轴和横轴范围扩大一些，以便看清全貌。详见脚本 33。

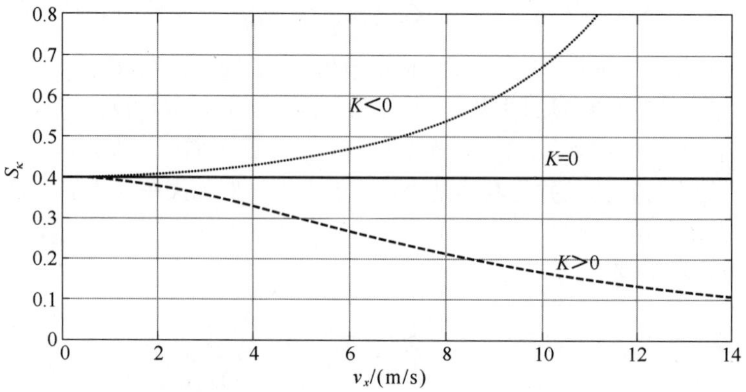

图 11.23 车辆转弯时三种不同的转弯状态对比

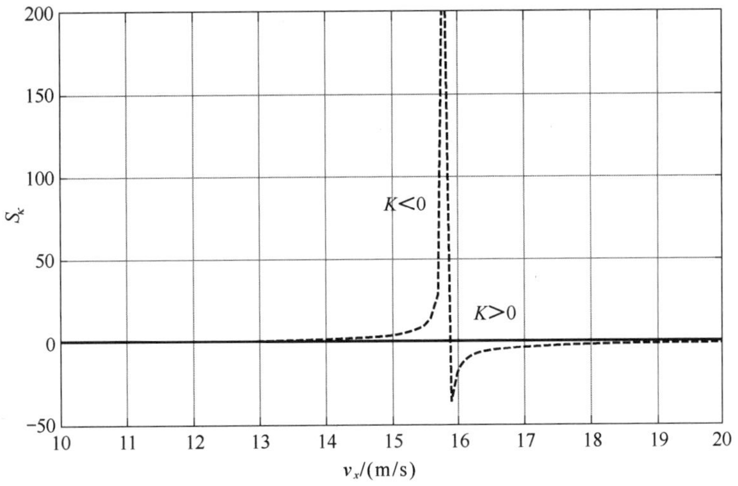

图 11.24　车辆转弯时过度转向全貌

案例 451　临界车速 v_c。

如果 $K<0$，那么 S_κ 就会随着车速 v_x 的增加而增加。换句话说，当车速增加时，就需要减小转向角以维持一定的转弯半径。当车速 v_x 等于下列临界值时：

$$v_c = \sqrt{-\frac{1}{K}} \tag{11-316}$$

那么：

$$S_\kappa \to \infty \tag{11-317}$$

这时，无论如何减小转向角都不能保持住原有路径。当 $v_x = v_c$ 时，曲率 κ 将不再是转向角的函数，对于一定的转向角 δ 而言，它对应的转弯半径也是任意的。临界车速使得整个系统不再稳定。因此，当 $v_x \to v_c$ 时，要控制一辆过度转向的车辆将会变得更加困难，而当 $v_x = v_c$ 时，车辆就会失控。

案例 452　假设一辆车带有以下参数，那么它的过度转向临界车速为：

$$C_{\alpha_f} = 8000\text{N/rad} \tag{11-318}$$

$$C_{\alpha_r} = 10000\text{N/rad} \tag{11-319}$$

$$m = 1000\text{kg} \tag{11-320}$$

$$a_1 = 1.5\text{m} \tag{11-321}$$

$$a_2 = 1.0\text{m} \tag{11-322}$$

$$K = \frac{m}{l^2}\left(\frac{a_2}{C_{\alpha_f}} - \frac{a_1}{C_{\alpha_r}}\right) = -0.004 \tag{11-323}$$

$$v_c = \sqrt{-\frac{1}{K}} = 15.811\text{m/s} \tag{11-324}$$

图 11.19～图 11.24 所示的车辆转向不稳定点，即断点位置确定。这也是为什么大多数车辆采用前轮转向实现不足转向。中性转向多用于赛车过弯道，这时即使加油车辆转弯半径也不会改变，用于快速过弯。后轮转向多用于工厂内的叉车转向，这样的叉车速度相对较低，只需将临界车速设计到最高车速以上就行。这种叉车非常灵活，速度越快拐弯越小，是过度

转向，非常适合场地狭小的物资运输。

案例 453 中性转向点。

两轮模型的中性转向点是在中轴线上的一点，当车的重心与该点重合时，车辆就可以进行中性转向。为了找到这个中性转向点 P_N，定义一个长度 a_N，它代表从前轴到点的距离。这时 $K=0$，即：

$$\frac{l-a_N}{C_{\alpha_f}}-\frac{a_N}{C_{\alpha_r}}=0 \tag{11-325}$$

因此：

$$a_N=\frac{C_{\alpha_r}}{C_{\alpha_f}+C_{\alpha_r}}l \tag{11-326}$$

定义中性转向点与重心之间的距离为中性距离 d_N：

$$d_N=a_N-a_1 \tag{11-327}$$

案例 454 假设一辆车的参数如下，那么它的中性转向点 P_N 位于：

$$C_{\alpha_f}=4000\text{N}/\text{rad} \tag{11-328}$$

$$C_{\alpha_r}=5000\text{N}/\text{rad} \tag{11-329}$$

$$a_1=1.0\text{m} \tag{11-330}$$

$$a_2=1.5\text{m} \tag{11-331}$$

$$a_N=1.1111\text{m} \tag{11-332}$$

因此，重心可以向后移动一定距离 d_N，这时车辆不足转向的特性不会改变。

$$d_N=a_N-a_1\approx 11.11\text{cm} \tag{11-333}$$

案例 455 带有一定侧向力的稳态响应。

假设一定条件下，有一定的侧向力 F_y 作用在没有转向角的车上。下列运动方程组描述了该车的稳态条件：

$$F_y=mrv_x \tag{11-334}$$

$$M_z=0 \tag{11-335}$$

$$F_y=C_r r+C_\beta\beta \tag{11-336}$$

$$M_y=D_r r+D_\beta\beta \tag{11-337}$$

式（11-337）和式（11-338）可以用来定义稳态响应：

$$S_{y1}=\frac{\kappa}{F_y}=\frac{1/R}{F_y}=\frac{D_\beta}{v_x(C_r D_\beta-C_\beta D_r)} \tag{11-338}$$

$$S_{y2}=\frac{r}{F_y}=\frac{D_\beta}{C_r D_\beta-C_\beta D_r} \tag{11-339}$$

这恒定的侧向力可能是由于路面水平倾斜造成的，也可能是由于侧向风阻造成的。一个非零的侧向旋转响应 S_{y1} 表示车辆将会出现 $\delta=0$ 且 $F_y\neq 0$ 的情况。它还可以写成相对于稳定因子 K 的函数，如下所示：

$$S_{y1} = \frac{1}{v_x\left(C_r - C_\beta \dfrac{D_r}{D_\beta}\right)} = \frac{a_1 C_{\alpha_\mathrm{f}} - a_2 C_{\alpha_\mathrm{r}}}{v_x C_{\alpha_\mathrm{f}} C_{\alpha_\mathrm{r}} l^2} = -\frac{1}{v_x l^2}\left(\frac{a_2}{C_{\alpha_\mathrm{f}}} - \frac{a_1}{C_{\alpha_\mathrm{r}}}\right) = -\frac{1}{m v_x} K \tag{11-340}$$

为了使路面具有排水的功能，将路面做成中间高两侧低的形式，从而使得路面有一定的倾斜角。假设有一辆车沿着这样的路面行驶，那么，由于路面的侧向倾斜角 θ，重力就会产生一定的侧向分力：

$$F_y = -mg\sin\theta \approx mg\theta \tag{11-341}$$

使得车辆向路的两侧运动。如果车辆为不足转向车辆，那么 $K>0$，车辆将会向路的两侧运动；而对于过度转向车辆，那么 $K<0$，将会向路中间运动。

11.6　两轮车辆的线性模型

当姿态角 β 非常小时，可以将两轮车辆模型简化成下列方程组的形式：

$$F_x = m\dot{v} - mvr\,\beta \tag{11-342}$$

$$F_y = mv(r + \dot{\beta}) + m\beta\dot{v} \tag{11-343}$$

$$M_z = I_z\dot{r} \tag{11-344}$$

$$F_y = (-C_{\alpha_\mathrm{f}} - C_{\alpha_\mathrm{r}})\beta + \frac{1}{v}(a_2 C_{\alpha_\mathrm{r}} - a_1 C_{\alpha_\mathrm{f}})r + \delta_\mathrm{f} C_{\alpha_\mathrm{f}} + \delta_\mathrm{r} C_{\alpha_\mathrm{r}} \tag{11-345}$$

$$M_z = (a_2 C_{\alpha_\mathrm{r}} - a_1 C_{\alpha_\mathrm{f}})\beta - \frac{1}{v}(a_1^2 C_{\alpha_\mathrm{f}} + a_2^2 C_{\alpha_\mathrm{r}})r + a_1\delta_\mathrm{f} C_{\alpha_\mathrm{f}} - a_2\delta_\mathrm{r} C_{\alpha_\mathrm{r}} \tag{11-346}$$

虽然这些方程是非线性的，但是由于假设 $\beta \ll 1$，它们又称为线性运动方程。

当车辆的速度为常数时，以上方程组就可以写成：

$$F_x = -mrv\beta \tag{11-347}$$

$$F_y = mv(r + \dot{\beta}) \tag{11-348}$$

$$M_z = I_z\dot{r} \tag{11-349}$$

证明 76：对于侧滑角 β 非常小的情况下，假设：

$$v_x = v\cos\beta \approx v \tag{11-350}$$

$$v_y = v\sin\beta \approx v\beta \tag{11-351}$$

因此，式（11-169）～式（11-171）就可以简化成：

$$F_x = m\dot{v}_x - mrv_y = m\dot{v} - mrv\,\beta \tag{11-352}$$

$$F_y = m\dot{v}_y + mrv_x = m(\dot{v}\beta + v\dot{\beta}) + mrv \tag{11-353}$$

$$M_z = \dot{r}I_z \tag{11-354}$$

假设车辆以定常速度运动，那么 $\dot{v} = 0$，式(11-352)～式(11-354)就会等于式(11-347)～式（11-349）。

而侧滑角 α_f 和 α_r 也可以线性化：

$$\alpha_{\mathrm{f}}=\beta_{\mathrm{f}}-\delta_{\mathrm{f}}=\frac{1}{v_x}(v_y+a_1r)-\delta_{\mathrm{f}}=\beta+\frac{a_1r}{v}-\delta_{\mathrm{f}} \tag{11-355}$$

$$\alpha_{\mathrm{r}}=\beta_{\mathrm{r}}-\delta_{\mathrm{r}}=\frac{1}{v_x}(v_y-a_2r)-\delta_{\mathrm{r}}=\beta-\frac{a_2r}{v}-\delta_{\mathrm{r}} \tag{11-356}$$

前后轮的侧向力就可以表示为：

$$F_{y_{\mathrm{f}}}=-C_{\alpha_{\mathrm{f}}}\alpha_{\mathrm{f}} \tag{11-357}$$

$$F_{y_{\mathrm{r}}}=-C_{\alpha_{\mathrm{r}}}\alpha_{\mathrm{r}} \tag{11-358}$$

代入式（11-352）～式（11-354）中，利用定义：

$$F_x\approx F_{x_{\mathrm{f}}}+F_{x_{\mathrm{r}}} \tag{11-359}$$

$$F_y\approx F_{y_{\mathrm{f}}}+F_{y_{\mathrm{r}}} \tag{11-360}$$

$$M_z\approx a_1F_{y_{\mathrm{f}}}-a_2F_{y_{\mathrm{r}}} \tag{11-361}$$

整个力系的合力就可以写成：

$$F_y=F_{y_{\mathrm{f}}}+F_{y_{\mathrm{r}}}=(-C_{\alpha_{\mathrm{f}}}-C_{\alpha_{\mathrm{r}}})\beta+\frac{1}{v}(a_2C_{\alpha_{\mathrm{r}}}-a_1C_{\alpha_{\mathrm{f}}})r+\delta_{\mathrm{f}}C_{\alpha_{\mathrm{f}}}+\delta_{\mathrm{r}}C_{\alpha_{\mathrm{r}}} \tag{11-362}$$

$$M_z=a_1F_{y_{\mathrm{f}}}-a_2F_{y_{\mathrm{r}}}=(a_2C_{\alpha_{\mathrm{r}}}-a_1C_{\alpha_{\mathrm{f}}})\beta-\frac{1}{v}(a_1^2C_{\alpha_{\mathrm{f}}}+a_2^2C_{\alpha_{\mathrm{r}}})r+a_1\delta_{\mathrm{f}}C_{\alpha_{\mathrm{f}}}-a_2\delta_{\mathrm{r}}C_{\alpha_{\mathrm{r}}} \tag{11-363}$$

对式(11-362)和式(11-363)的因式分解就可以得到力系方程组[式(11-345)和式(11-346)]。

案例 456 常速运动的前轮转向车辆。

一般情况下，前轮是唯一可以转向的车轮，因此$\delta_{\mathrm{f}}=\delta$，$\delta_{\mathrm{r}}=0$。前轮转向车辆在常速下的运动方程化简后可得：

$$F_x=-mrv\beta \tag{11-364}$$

$$mv\dot{\beta}=(-C_{\alpha_{\mathrm{f}}}-C_{\alpha_{\mathrm{r}}})\beta+\left[\frac{1}{v}(a_2C_{\alpha_{\mathrm{r}}}-a_1C_{\alpha_{\mathrm{f}}})-mv\right]r+C_{\alpha_{\mathrm{f}}}\delta \tag{11-365}$$

$$I_z\dot{r}=(a_2C_{\alpha_{\mathrm{r}}}-a_1C_{\alpha_{\mathrm{f}}})\beta-\frac{r}{v}(C_{\alpha_{\mathrm{f}}}a_1^2+C_{\alpha_{\mathrm{r}}}a_2^2)+a_1C_{\alpha_{\mathrm{f}}}\delta \tag{11-366}$$

为了简化计算，可以将式（11-365）和式（11-366）写成矩阵形式：

$$\begin{bmatrix}\dot{\beta}\\ \dot{r}\end{bmatrix}=\begin{bmatrix}\dfrac{-(C_{\alpha_{\mathrm{f}}}+C_{\alpha_{\mathrm{r}}})}{mv} & \dfrac{a_2C_{\alpha_{\mathrm{r}}}-a_1C_{\alpha_{\mathrm{f}}}}{mv^2}-1\\ \dfrac{a_2C_{\alpha_{\mathrm{r}}}-a_1C_{\alpha_{\mathrm{f}}}}{I_z} & \dfrac{-(C_{\alpha_{\mathrm{f}}}a_1^2+C_{\alpha_{\mathrm{r}}}a_2^2)}{vI_z}\end{bmatrix}\begin{bmatrix}\beta\\ r\end{bmatrix}+\begin{bmatrix}\dfrac{C_{\alpha_{\mathrm{f}}}}{mv}\\ \dfrac{a_1C_{\alpha_{\mathrm{f}}}}{I_z}\end{bmatrix}\delta \tag{11-367}$$

案例 457 线性系统的稳态条件。

四轮、前轮转向车辆的两轮模型的运动方程为式（11-367），其中，线性化的角度为β。在稳态条件下，可以写成：

$$\begin{bmatrix}\dot{\beta}\\ \dot{r}\end{bmatrix}=0 \tag{11-368}$$

因此：

$$\begin{bmatrix}\beta\\ r\end{bmatrix}=\begin{bmatrix}\dfrac{-C_{\alpha_f}-C_{\alpha_r}}{mv} & \dfrac{a_2C_{\alpha_r}-a_1C_{\alpha_f}}{mv^2}-1\\ \dfrac{a_2C_{\alpha_r}-a_1C_{\alpha_f}}{I_z} & \dfrac{-a_1^2C_{\alpha_f}-a_2^2C_{\alpha_r}}{vI_z}\end{bmatrix}^{-1}\begin{bmatrix}\dfrac{C_{\alpha_f}}{mv}\delta\\ \dfrac{a_1C_{\alpha_f}}{I_z}\delta\end{bmatrix}$$
$$=\begin{bmatrix}\dfrac{-(a_2^2C_{\alpha_r}+a_1a_2C_{\alpha_r}-mv^2a_1)C_{\alpha_f}\delta}{C_{\alpha_f}C_{\alpha_r}(a_1+a_2)^2+mv^2(a_2C_{\alpha_r}-a_1C_{\alpha_f})}\\ \dfrac{-(a_1+a_2)vC_{\alpha_f}C_{\alpha_r}\delta}{C_{\alpha_f}C_{\alpha_r}(a_1+a_2)^2+mv^2(a_2C_{\alpha_r}-a_1C_{\alpha_f})}\end{bmatrix} \tag{11-369}$$

利用式（11-369）可以定义静态响应参数。其中，R 为车辆转弯的圆半径。利用式（11-367）还可以定义 4 个稳态响应参数如下所示：

① 曲率响应 S_κ：

$$S_\kappa=\frac{\kappa}{\delta}=\frac{1}{R\delta}=\frac{r}{v\delta}=\frac{1}{v}S_r=\frac{-C_{\alpha_f}C_{\alpha_r}l}{C_{\alpha_f}C_{\alpha_r}l^2+mv^2(a_2C_{\alpha_r}-a_1C_{\alpha_f})} \tag{11-370}$$

② 姿态角响应 S_β：

$$S_\beta=\frac{\beta}{\delta}=\frac{-(a_2^2C_{\alpha_r}+a_1a_2C_{\alpha_r}-mv^2a_1)C_{\alpha_f}}{C_{\alpha_f}C_{\alpha_r}l^2+mv^2(a_2C_{\alpha_r}-a_1C_{\alpha_f})} \tag{11-371}$$

③ 角速度响应 S_r：

$$S_r=\frac{r}{\delta}=\frac{-C_{\alpha_f}C_{\alpha_r}lv}{C_{\alpha_f}C_{\alpha_r}l^2+mv^2(a_2C_{\alpha_r}-a_1C_{\alpha_f})} \tag{11-372}$$

④ 侧向加速度响应 S_a：

$$S_a=\frac{v^2}{\delta R}=\frac{\kappa v^2}{\delta}=S_\kappa v^2=\frac{-C_{\alpha_f}C_{\alpha_r}lv^2}{C_{\alpha_f}C_{\alpha_r}l^2+mv^2(a_2C_{\alpha_r}-a_1C_{\alpha_f})} \tag{11-373}$$

在稳态条件下，有：

$$r=\frac{v}{R} \tag{11-374}$$

以上便是稳态响应参数，对应的式（11-246）～式（11-249）是更一般的情形。

案例 458　线性模型的不足转向和过度转向。

利用曲率响应 S_κ 的式（11-370）可以得到定义式：

$$S_\kappa=\frac{\kappa}{\delta}=\frac{1}{R\delta}=\frac{-C_{\alpha_f}C_{\alpha_r}l}{C_{\alpha_f}C_{\alpha_r}l^2+mv^2(a_2C_{\alpha_r}-a_1C_{\alpha_f})}=-\frac{1}{l+\dfrac{mv^2(a_2C_{\alpha_r}-a_1C_{\alpha_f})}{C_{\alpha_f}C_{\alpha_r}l}}=-\frac{1}{l}\times\frac{1}{1+Kv_x^2} \tag{11-375}$$

其中：

$$K=\frac{m}{l^2}\left(\frac{a_2}{C_{\alpha_f}}-\frac{a_1}{C_{\alpha_r}}\right) \tag{11-376}$$

这个 K 同方程（11-301）中给出的稳定因子。因此，用两轮车辆的线性模型也可以得到相同的稳定因子。

案例 459 非线性源。

有三个主要因素造成了刚性车辆运动方程的非线性：材料的多样性、三角函数以及非线性的自然力。当转角为δ且相对应的α_i和β非常小时，可以合理忽略掉各种非线性因素。这被称为小角度转角条件下的驾驶，而且经证实在低速转弯和一般速度驾驶时线性假设是正确的。

11.7 时间响应

为了分析一辆车的时间响应，当有一个转角指令输入时检验车辆的响应，下列一组对偶的一般微分方程组必须解出来：

$$\dot{v}_x = \frac{1}{m}F_x + rv_y \tag{11-377}$$

$$\begin{bmatrix} \dot{v}_y \\ \dot{r} \end{bmatrix} = \begin{bmatrix} -\dfrac{C_{\alpha_f} + C_{\alpha_r}}{mv_x} & \dfrac{a_2C_{\alpha_r} - a_1C_{\alpha_f}}{mv_x} - v_x \\ \dfrac{a_2C_{\alpha_r} - a_1C_{\alpha_f}}{I_zv_x} & -\dfrac{a_1^2C_{\alpha_f} + a_2^2C_{\alpha_r}}{I_zv_x} \end{bmatrix} \begin{bmatrix} v_y \\ r \end{bmatrix} + \begin{bmatrix} \dfrac{C_{\alpha_f}}{m} \\ \dfrac{a_1C_{\alpha_f}}{I_z} \end{bmatrix} \delta(t) \tag{11-378}$$

这组方程的解是依赖于时间和给定转角的函数：

$$v_x = v_x(t) \tag{11-379}$$

$$v_y = v_y(t) \tag{11-380}$$

$$r = r(t) \tag{11-381}$$

这样的解称为时间响应或者瞬态响应。

假设前进速度为常数，那么式（11-377）就可以化简为：

$$F_x = -mrv_y \tag{11-382}$$

式（11-378）和式（11-377）的关联性就消失了。式（11-378）就可以写成以下形式：

$$\dot{\boldsymbol{q}} = \boldsymbol{A}\boldsymbol{q} + \boldsymbol{u} \tag{11-383}$$

式中，$\boldsymbol{A}$为常系数矩阵，$\boldsymbol{q}$为控制矢量变量，而$\boldsymbol{u}$为输入矢量。

$$\boldsymbol{A} = \begin{bmatrix} -\dfrac{C_{\alpha_f} + C_{\alpha_r}}{mv_x} & \dfrac{a_2C_{\alpha_r} - a_1C_{\alpha_f}}{mv_x} - v_x \\ \dfrac{a_2C_{\alpha_r} - a_1C_{\alpha_f}}{I_zv_x} & -\dfrac{a_1^2C_{\alpha_f} + a_2^2C_{\alpha_r}}{I_zv_x} \end{bmatrix} = \begin{bmatrix} \dfrac{C_\beta}{mv_x} & \dfrac{C_r}{m} - v_x \\ \dfrac{D_\beta}{I_zv_x} & \dfrac{D_r}{I_z} \end{bmatrix} \tag{11-384}$$

$$\boldsymbol{q} = \begin{bmatrix} v_y \\ r \end{bmatrix} \tag{11-385}$$

$$\boldsymbol{u} = \begin{bmatrix} \dfrac{C_{\alpha_f}}{m} \\ \dfrac{a_1C_{\alpha_f}}{I_z} \end{bmatrix} \delta(t) = \begin{bmatrix} \dfrac{C_\delta}{m} \\ \dfrac{D_\delta}{I_z} \end{bmatrix} \delta(t) \tag{11-386}$$

为了解出这个动力学逆问题，找到车辆响应，首先要知道转向角函数$\delta(t)$。

案例 460　直接和非直接或正向和反向动力学问题。

两种典型动力学问题可以定义为：直接或正向的；非直接或反向的。其中，正向的动力学问题是给出了一系列所需的函数 $v_x = v_x(t)$， $v_y = v_y(t)$， $r = r(t)$，然后去求 $\delta(t)$；反向的动力学问题则是给出了输入函数 $\delta = \delta(t)$ 去求输出函数 $v_x = v_x(t)$， $v_y = v_y(t)$， $r = r(t)$。

正向动力学问题需要通过微分来解决，而反向动力学问题需要通过积分来解决。一般来讲，解决一个反向动力学问题比解决正向动力学问题要复杂一些。

案例 461　阶跃转向输入的分析。

假设一辆车带有以下参数：

$$C_{\alpha_f} = 8000\text{N}/\text{rad} \tag{11-387}$$

$$C_{\alpha_r} = 10000\text{N}/\text{rad} \tag{11-388}$$

$$m = 1000\text{kg} \tag{11-389}$$

$$I_z = 2000\text{kg} \bullet \text{m}^2 \tag{11-390}$$

$$a_1 = 1.0\text{m} \tag{11-391}$$

$$a_2 = 1.5\text{m} \tag{11-392}$$

$$v_x = 20\text{m}/\text{s} \tag{11-393}$$

由此，就可以根据式（11-147）～式（11-152）求出车辆系统系数：

$$C_r = 350\text{N} \bullet \text{s}/\text{rad} \tag{11-394}$$

$$C_\beta = -18000\text{N}/\text{rad} \tag{11-395}$$

$$C_\delta = 8000\text{N}/\text{rad} \tag{11-396}$$

$$D_r = -1525\text{N} \bullet \text{s}/\text{rad} \tag{11-397}$$

$$D_\beta = 7000\text{N}/\text{rad} \tag{11-398}$$

$$D_\delta = 8000\text{N}/\text{rad} \tag{11-399}$$

假设转向输入指令为：

$$\delta(t) = \begin{cases} 0.2\text{rad} \approx 11.5°, & t>0 \\ 0, & t \leqslant 0 \end{cases} \tag{11-400}$$

初值条件为零，即：

$$q_0 = \begin{bmatrix} v_y(0) \\ r(0) \end{bmatrix} = \begin{bmatrix} 0 \\ 0 \end{bmatrix} \tag{11-401}$$

此时的运动方程为：

$$\dot{v}_y + 0.9v_y + 19.65r = 8\delta(t) = 1.6 \tag{11-402}$$

$$\dot{r} - 0.175v_y + 0.7625r = 4\delta(t) = 0.8 \tag{11-403}$$

此时的输入矢量

$$\begin{bmatrix} 8 \\ 4 \end{bmatrix} = \begin{bmatrix} \dfrac{C_\delta}{m} \\ \dfrac{D_\delta}{I_z} \end{bmatrix} \tag{11-404}$$

为给定参数，而输入指令 $\delta(t)$ 则属于非确定量，需要题目给出。

利用 MATLAB 软件解该方程组的程序详见脚本 34。运行的结果是用分数的形式给出，将其化成小数形式，得到运动方程的解为：

$$\begin{bmatrix} v_y(t) \\ r(t) \end{bmatrix} = \begin{bmatrix} e^{-0.8313t}[2.4402\sin(1.8531t)+3.5152\cos(1.8531t)]-3.5152 \\ e^{-0.8313t}[0.3230\sin(1.8531t)-0.2424\cos(1.8531t)]+0.2424 \end{bmatrix} \tag{11-405}$$

为了检验车辆在以一定速度直线行驶时突然打方向后的车辆响应情况，将车辆的运动学变量以绘图的形式表示出来。图 11.25 和图 11.26 分别描述了 $v_y(t)$ 和 $r(t)$ 的情况。

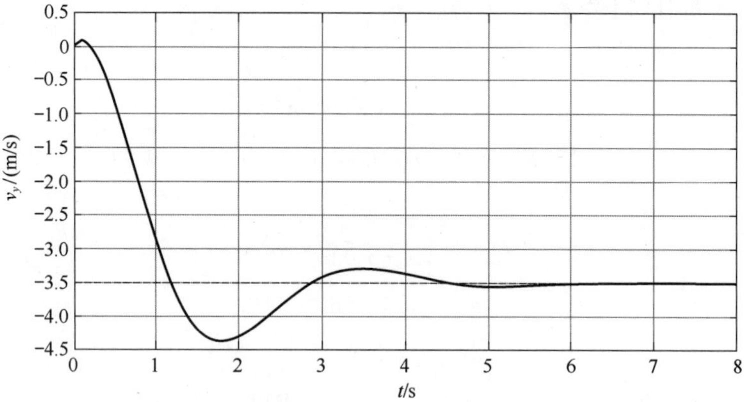

图 11.25 侧向速度稳态响应

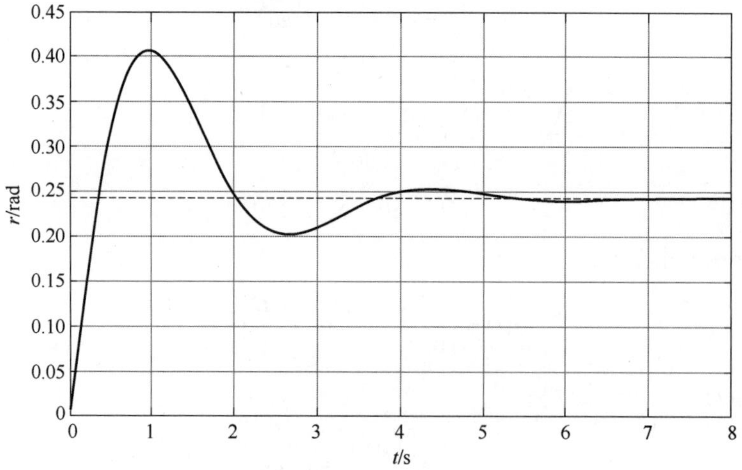

图 11.26 角速度稳态响应

由于转向输入为正，那么车辆将向左转向，这与 y-轴的正方向刚好一致。全车角速度如图 11.26 所示为正，与车辆绕 z-轴旋转的情况刚好一致。有了 v_y 和 r 就可以通过以下公式找出前后轮的侧向速度：

$$v_{y_1} = v_y + a_1 r \tag{11-406}$$

$$v_{y_2} = v_y - a_2 r \tag{11-407}$$

前后轮的侧向速度如图 11.27 和图 11.28 所示，姿态角 $\beta = v_y / v_x$ 和转弯半径 $R = v_x / r$ 也可以求出来，如图 11.29 和图 11.30 所示。详见脚本 33。

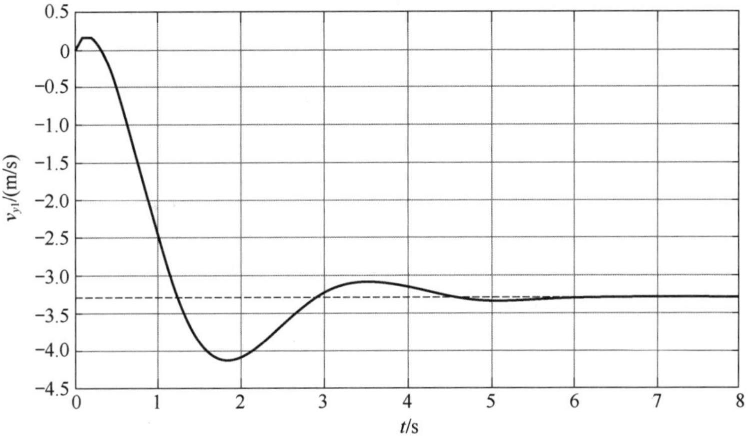

图 11.27　前轮侧向速度稳态响应

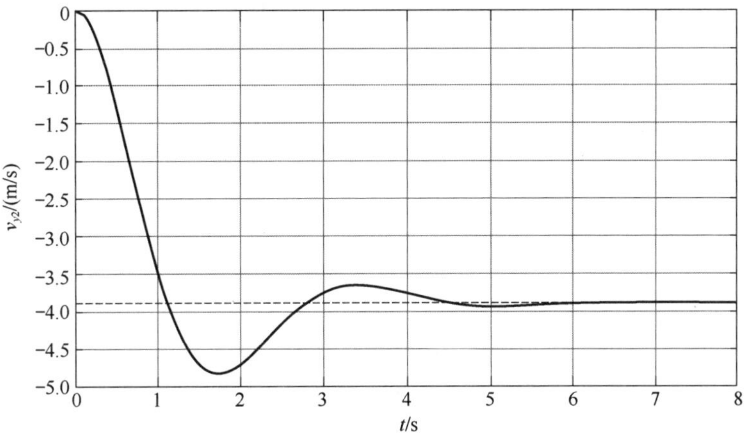

图 11.28　后轮侧向速度稳态响应

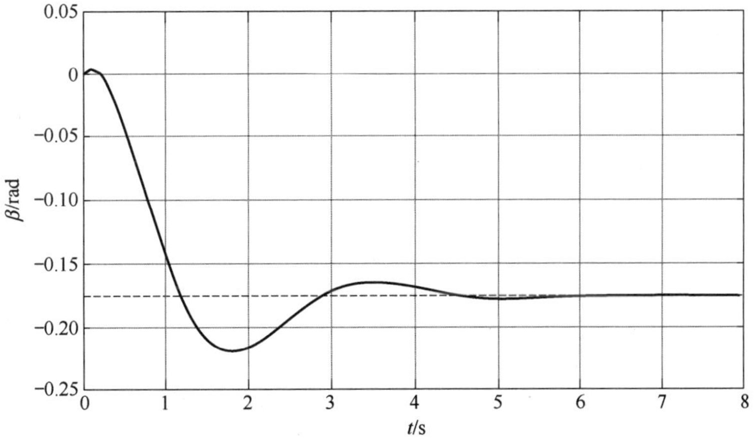

图 11.29　姿态角稳态响应

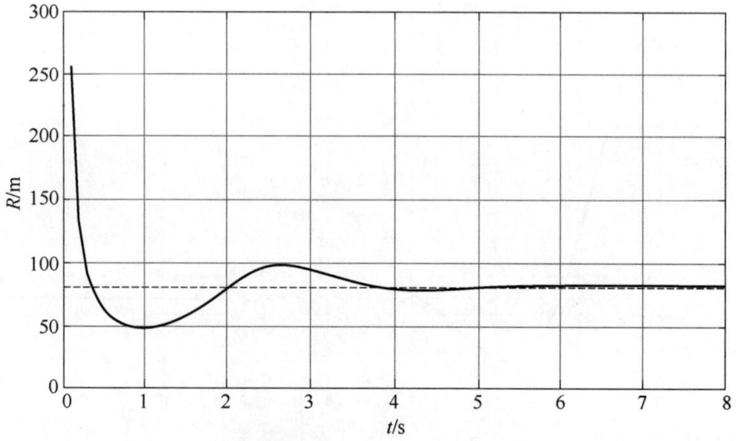

图 11.30　转弯半径稳态响应

图 11.31 给出了车辆在弯道里转弯时的稳态条件，转向角 δ 清晰可见，而角度 α 和 β 太小画不出来。

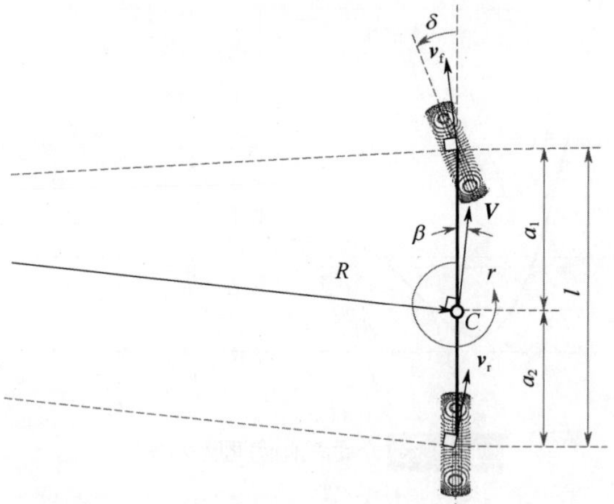

图 11.31　现实车辆的两轮模型转弯时稳态条件示意图

案例 462　二元一阶微分方程组解法。

在上一个案例中我们遇到二元一阶微分方程组，通过 MATLAB 进行了求解。在没有计算机的情况下，如何利用所学的数学知识来求解这样的方程组呢？

首先利用以下方程：

$$\boldsymbol{A}=\begin{bmatrix} -\dfrac{C_{\alpha_f}+C_{\alpha_r}}{mv_x} & \dfrac{a_2C_{\alpha_r}-a_1C_{\alpha_f}}{mv_x}-v_x \\ \dfrac{a_2C_{\alpha_r}-a_1C_{\alpha_f}}{I_zv_x} & -\dfrac{a_1^2C_{\alpha_f}+a_2^2C_{\alpha_r}}{I_zv_x} \end{bmatrix}=\begin{bmatrix} \dfrac{C_\beta}{mv_x} & \dfrac{C_r}{m}-v_x \\ \dfrac{D_\beta}{I_zv_x} & \dfrac{D_r}{I_z} \end{bmatrix} \tag{11-408}$$

代入：

$$\dot{\boldsymbol{q}}-\boldsymbol{A}\boldsymbol{q}=\boldsymbol{u} \tag{11-409}$$

找到所需求解的方程组，其中

$$\boldsymbol{q}=\begin{bmatrix} v_y \\ r \end{bmatrix} \tag{11-410}$$

$$\boldsymbol{u}=\begin{bmatrix} \dfrac{C_{\alpha_f}}{m} \\ \dfrac{a_1 C_{\alpha_f}}{I_z} \end{bmatrix}\delta(t)=\begin{bmatrix} \dfrac{C_\delta}{m} \\ \dfrac{D_\delta}{I_z} \end{bmatrix}\delta(t) \tag{11-411}$$

接下来计算 $\boldsymbol{A}$ 的特征值，这时会遇到两种情况，分别举例具体说明。

第一种情况：矩阵 $\boldsymbol{A}$ 的特征值为两个实数。

待解方程记为：

$$\dot{\boldsymbol{q}}=\boldsymbol{A}\boldsymbol{q}+\boldsymbol{u}$$

又已知：

$$\boldsymbol{u}=\begin{bmatrix} 8 \\ 9 \end{bmatrix}\delta(t) \tag{11-412}$$

$$\delta(t)=\begin{cases} 1\text{rad}, & t>0 \\ 0, & t\leqslant 0 \end{cases} \tag{11-413}$$

那么：

$$\boldsymbol{u}=\begin{bmatrix} 8 \\ 9 \end{bmatrix} \tag{11-414}$$

假设矩阵 $\boldsymbol{A}$ 为：

$$\boldsymbol{A}=\begin{bmatrix} 1 & 2 \\ 3 & 4 \end{bmatrix} \tag{11-415}$$

其特征值为：

$$\boldsymbol{V}=\begin{bmatrix} -0.3723 & 0 \\ 0 & 5.3723 \end{bmatrix} \tag{11-416}$$

特征向量为：

$$\boldsymbol{P}=\begin{bmatrix} -0.8246 & -0.4160 \\ 0.5658 & -0.9094 \end{bmatrix} \tag{11-417}$$

根据特征值定义，假设有：

$$\boldsymbol{A}=\boldsymbol{P}\boldsymbol{V}\boldsymbol{P}^{-1} \tag{11-418}$$

$$\dot{\boldsymbol{q}}=\boldsymbol{P}\boldsymbol{V}\boldsymbol{P}^{-1}\boldsymbol{q}+\boldsymbol{u} \tag{11-419}$$

$$\boldsymbol{P}^{-1}\dot{\boldsymbol{q}}=\boldsymbol{V}\boldsymbol{P}^{-1}\boldsymbol{q}+\boldsymbol{P}^{-1}\boldsymbol{u} \tag{11-420}$$

$$\left(\boldsymbol{P}^{-1}\boldsymbol{q}\right)'=\boldsymbol{V}(\boldsymbol{P}^{-1}\boldsymbol{q})+\boldsymbol{P}^{-1}\boldsymbol{u} \tag{11-421}$$

其中：

$$\boldsymbol{P}^{-1}\boldsymbol{u}=\begin{bmatrix} -0.8246 & -0.4160 \\ 0.5658 & -0.9094 \end{bmatrix}^{-1}\begin{bmatrix} 8 \\ 9 \end{bmatrix}=\begin{bmatrix} -3.5844 \\ -12.1269 \end{bmatrix} \tag{11-422}$$

假设：

$$\boldsymbol{z}'=(\boldsymbol{P}^{-1}\boldsymbol{q})'=\begin{bmatrix}z_1\\z_2\end{bmatrix}=\boldsymbol{V}(\boldsymbol{P}^{-1}\boldsymbol{q})+\boldsymbol{P}^{-1}\boldsymbol{u}=\boldsymbol{V}(z)+\begin{bmatrix}-3.5844\\-12.1269\end{bmatrix} \tag{11-423}$$

那么：

$$\begin{cases}z_1'=-0.3723z_1-3.5844\\z_2'=5.37239z_2-12.1269\end{cases} \tag{11-424}$$

求解此方程组可以得到：

$$\begin{cases}z_1=C_1\mathrm{e}^{-0.3723t}-9.6277\\z_2=C_2\mathrm{e}^{5.3739t}+2.2573\end{cases} \tag{11-425}$$

再换回来：

$$\begin{aligned}\begin{bmatrix}v_y\\r\end{bmatrix}=\boldsymbol{P}\begin{bmatrix}z_1\\z_2\end{bmatrix}&=\begin{bmatrix}-0.8246&-0.4160\\0.5658&-0.9094\end{bmatrix}\begin{bmatrix}C_1\mathrm{e}^{-0.3723t}-9.6277\\C_2\mathrm{e}^{5.3739t}+2.2573\end{bmatrix}\\&=\begin{bmatrix}-0.8246C_1\mathrm{e}^{-0.3723t}-0.4160C_2\mathrm{e}^{5.3739t}+7\\0.5658C_1\mathrm{e}^{-0.3723t}-0.9094C_2\mathrm{e}^{5.3739t}-7.5\end{bmatrix}\end{aligned} \tag{11-426}$$

此时假设初始条件已知：

$$\boldsymbol{q}_0=\begin{bmatrix}v_y(0)\\r(0)\end{bmatrix}=\begin{bmatrix}0\\0\end{bmatrix} \tag{11-427}$$

那么，将 $t=0$ 代入式（11-426）得到：

$$\begin{bmatrix}-0.8246C_1-0.4160C_2+7\\0.5658C_1-0.9094C_2-7.5\end{bmatrix}=\begin{bmatrix}0\\0\end{bmatrix} \tag{11-428}$$

可得：

$$\begin{bmatrix}C_1\\C_2\end{bmatrix}=\begin{bmatrix}9.6277\\-2.2572\end{bmatrix} \tag{11-429}$$

得：

$$\boldsymbol{q}=\begin{bmatrix}v_y\\r\end{bmatrix}=\begin{bmatrix}-7.9390\mathrm{e}^{-0.3723t}+0.9390\mathrm{e}^{5.3739t}+7\\5.4474\mathrm{e}^{-0.3723t}+2.0527\mathrm{e}^{5.3739t}-7.5\end{bmatrix} \tag{11-430}$$

第二种情况：矩阵 $\boldsymbol{A}$ 的特征值为两个虚数。

假设矩阵 $\boldsymbol{A}$ 为：

$$\boldsymbol{A}=\begin{bmatrix}1&2\\-3&4\end{bmatrix} \tag{11-431}$$

其特征值为：

$$\boldsymbol{\lambda}=\begin{bmatrix}2.5000+1.9365\mathrm{i}\\2.5000-1.9365\mathrm{i}\end{bmatrix} \tag{11-432}$$

此时就可以假设：

$$\boldsymbol{q}=\begin{bmatrix}v_y\\r\end{bmatrix}=\begin{bmatrix}\mathrm{e}^{2.5t}\left(A_1\sin1.9365t+A_2\cos1.9365t\right)+A_3\\\mathrm{e}^{2.5t}\left(B_1\sin1.9365t+B_2\cos1.9365t\right)+B_3\end{bmatrix} \tag{11-433}$$

此时假设初始条件已知：

$$\boldsymbol{q}_0=\begin{bmatrix} v_y(0) \\ r(0) \end{bmatrix}=\begin{bmatrix} 0 \\ 0 \end{bmatrix} \tag{11-434}$$

那么，将 $t=0$ 代入式（11-433）得到：

$$\begin{bmatrix} A_2+A_3 \\ B_2+B_3 \end{bmatrix}=\begin{bmatrix} 0 \\ 0 \end{bmatrix} \tag{11-435}$$

又已知：

$$\boldsymbol{u}=\begin{bmatrix} 8 \\ 9 \end{bmatrix} \tag{11-436}$$

将已知量代入原方程组，整理可得常数项：

$$\begin{bmatrix} 1 & 2 \\ -3 & 4 \end{bmatrix}\begin{bmatrix} A_2 \\ B_2 \end{bmatrix}=\begin{bmatrix} 8 \\ 9 \end{bmatrix} \tag{11-437}$$

解得：

$$\begin{bmatrix} A_3 \\ B_3 \end{bmatrix}=\begin{bmatrix} -1.4 \\ -3.3 \end{bmatrix} \tag{11-438}$$

结合式（11-435）可得：

$$\begin{bmatrix} A_2 \\ B_2 \end{bmatrix}=\begin{bmatrix} 1.4 \\ 3.3 \end{bmatrix} \tag{11-439}$$

整理后发现，正弦系数必须为零，即：

$$(2.5A_1-1.9365A_2)-A_1-2B_1=0 \tag{11-440}$$

$$(2.5B_1-1.9365B_2)+3A_1-4B_1=0 \tag{11-441}$$

两个方程两个未知数解出：

$$\begin{bmatrix} A_1 \\ B_1 \end{bmatrix}=\begin{bmatrix} 2.3238 \\ 0.3873 \end{bmatrix} \tag{11-442}$$

整理总结可得：

$$\boldsymbol{q}=\begin{bmatrix} v_y \\ r \end{bmatrix}=\begin{bmatrix} \mathrm{e}^{2.5t}[2.3238\sin(1.9365t)+1.4\cos(1.9365t)]-1.4 \\ \mathrm{e}^{2.5t}[0.3873\sin(1.9365t)+3.3\cos(1.9365t)]-3.3 \end{bmatrix} \tag{11-443}$$

最后用 MATLAB 脚本 35 计算检验以上两组结果。

两组结果可以相互印证一下，虽然软件计算的结果用 simplify 简化后还是不太理想，但是合并同类项后，其结果和手动计算的结果是一致的。

案例 463　假设一辆车的参数如下：

$$C_{\alpha_\mathrm{f}}=8000\mathrm{N/rad} \tag{11-444}$$

$$C_{\alpha_\mathrm{r}}=10000\mathrm{N/rad} \tag{11-445}$$

$$m=1000\mathrm{kg} \tag{11-446}$$

$$I_z=2000\mathrm{kg}\cdot\mathrm{m}^2 \tag{11-447}$$

$$a_1 = 1.3\text{m} \tag{11-448}$$

$$a_2 = 1\text{m} \tag{11-449}$$

$$v_x = 20\text{m/s} \tag{11-450}$$

初始条件为：

$$\boldsymbol{q}_0 = \begin{bmatrix} v_y(0) \\ r(0) \end{bmatrix} = \begin{bmatrix} 1 \\ 0 \end{bmatrix} \tag{11-451}$$

将具体数字代入，就可以得到以下运动方程：

$$\begin{bmatrix} \dot{v}_y \\ \dot{r} \end{bmatrix} = \begin{bmatrix} -0.9 & -20.02 \\ -0.01 & 0.588 \end{bmatrix} \begin{bmatrix} v_y \\ r \end{bmatrix} \tag{11-452}$$

它们的解为：

$$v_y = 0.6646\text{e}^{-1.2179t} + 0.3354\text{e}^{-0.2701t} \tag{11-453}$$

$$r = 0.0106(\text{e}^{-1.2179t} - \text{e}^{-0.2701t}) \tag{11-454}$$

图 11.32 和图 11.33 给出了时间响应，图 11.34 是图 11.33 的放大说明，r 不会跳到正值上去，但是它会快速减小，然后逐渐增大接近零。详见脚本 33。

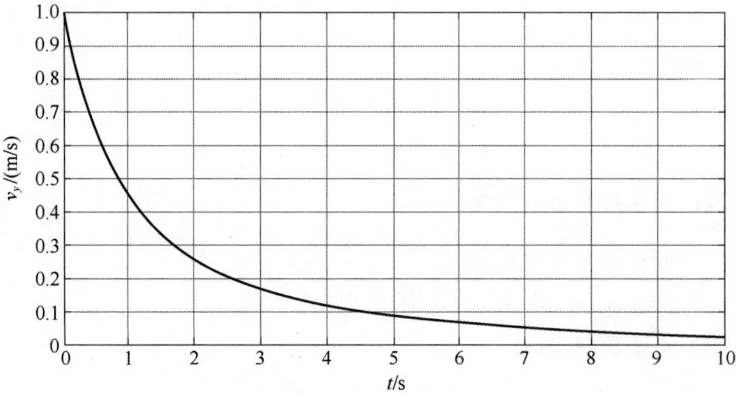

图 11.32 侧向速度自由响应

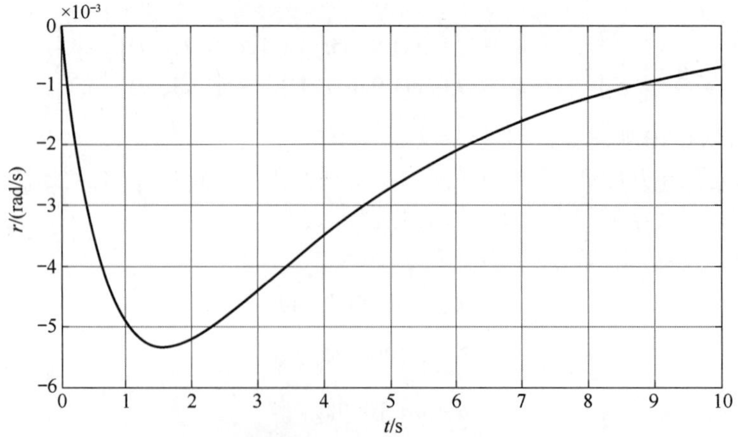

图 11.33 角速度自由响应

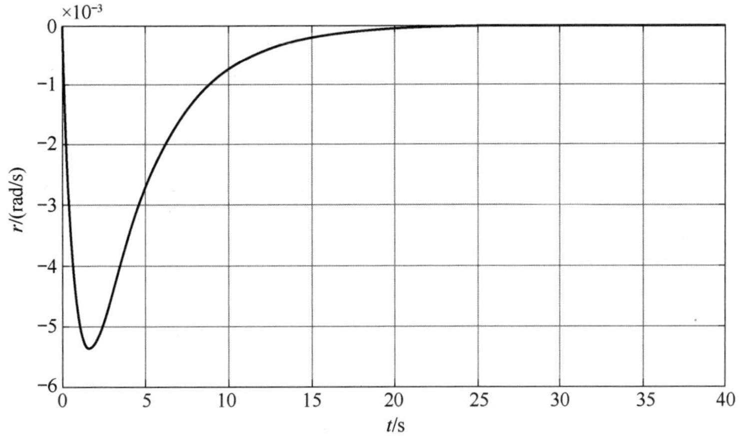

图 11.34　角速度自由响应放大图

案例 464　时间级数与自由响应（一）。

转向角为零，即：

$$\delta(t)=0 \tag{11-455}$$

车辆以一定速度行驶，转向角为零时的响应为自由响应。此时的动力学运动方程为：

$$\dot{\boldsymbol{q}}=\boldsymbol{A}\boldsymbol{q} \tag{11-456}$$

为了方便求解，假设：

$$\boldsymbol{A}=\begin{bmatrix} a & b \\ c & d \end{bmatrix} \tag{11-457}$$

此时就可以将运动学方程写成：

$$\begin{bmatrix} \dot{v}_y \\ \dot{r} \end{bmatrix}=\begin{bmatrix} a & b \\ c & d \end{bmatrix}\begin{bmatrix} v_y \\ r \end{bmatrix} \tag{11-458}$$

由于它是线性方程，那么它的解为指数函数，可以写成：

$$v_y=A\mathrm{e}^{\lambda t} \tag{11-459}$$

$$r=B\mathrm{e}^{\lambda t} \tag{11-460}$$

将解代入原方程可得：

$$\begin{bmatrix} A\lambda\mathrm{e}^{\lambda t} \\ B\lambda\mathrm{e}^{\lambda t} \end{bmatrix}=\begin{bmatrix} a & b \\ c & d \end{bmatrix}\begin{bmatrix} A\mathrm{e}^{\lambda t} \\ B\mathrm{e}^{\lambda t} \end{bmatrix} \tag{11-461}$$

化简得：

$$\begin{bmatrix} a-\lambda & b \\ c & d-\lambda \end{bmatrix}\begin{bmatrix} A\mathrm{e}^{\lambda t} \\ B\mathrm{e}^{\lambda t} \end{bmatrix}=0 \tag{11-462}$$

因此，函数（11-459）和函数（11-460）成为式（11-458）的解的条件为：指数 λ 为矩阵 $\boldsymbol{A}$ 的特征值。为了找到 λ，可以将系数矩阵的行列式值求出来：

$$\det\begin{bmatrix} a-\lambda & b \\ c & d-\lambda \end{bmatrix}=\lambda^2-(a+d)\lambda+(ad-bc) \tag{11-463}$$

由此，找到特征方程：

$$\lambda^2-(a+d)\lambda+(ad-bc)=0 \tag{11-464}$$

求解得：

$$\lambda=\frac{(a+d)\pm\sqrt{(a+d)^2-4(ad-bc)}}{2}=\frac{(a+d)\pm\sqrt{(a-d)^2+4bc}}{2} \tag{11-465}$$

找到两个特征值 $\lambda_{1,2}$，就可以找到两轮模型的自由响应的一般解：

$$v_y=A_1\mathrm{e}^{\lambda_1 t}+A_2\mathrm{e}^{\lambda_2 t} \tag{11-466}$$

$$r=B_1\mathrm{e}^{\lambda_1 t}+B_2\mathrm{e}^{\lambda_2 t} \tag{11-467}$$

这里的系数 A_1、A_2、B_1 和 B_2 需要通过初始条件找到。

案例 465 矩阵指数。

指数函数 $\mathrm{e}^{\boldsymbol{A}t}$ 称为矩阵指数。这个函数被定义为带有矩阵的时间级数之和：

$$\mathrm{e}^{\boldsymbol{A}t}=I+\boldsymbol{A}t+\frac{\boldsymbol{A}^2}{2!}t^2+\frac{\boldsymbol{A}^3}{3!}t^3+\cdots \tag{11-468}$$

这个无穷级数一般是收敛的。假设：

$$\boldsymbol{A}=\begin{bmatrix}0.1 & 0.2\\ -0.3 & 0.4\end{bmatrix} \tag{11-469}$$

那么：

$$\begin{aligned}\mathrm{e}^{\boldsymbol{A}t}&\approx\begin{bmatrix}1 & 0\\ 0 & 1\end{bmatrix}+\begin{bmatrix}0.1 & 0.2\\ -0.3 & 0.4\end{bmatrix}t+\frac{1}{2}\begin{bmatrix}0.1 & 0.2\\ -0.3 & 0.4\end{bmatrix}^2 t^2+\cdots\\ &\approx\begin{bmatrix}1+0.1t-0.025t^2+\cdots & 0.2t+0.05t^2+\cdots\\ -0.3t-0.075t^2+\cdots & 1+0.4t+0.05t^2+\cdots\end{bmatrix}\end{aligned} \tag{11-470}$$

案例 466 时间级数和自由响应（二）。

车辆以一定速度行驶且转向角为零（$\delta(t)=0$）的时间响应称为自由响应。自由响应的动力学运动方程为：

$$\dot{\boldsymbol{q}}=\boldsymbol{A}\boldsymbol{q} \tag{11-471}$$

这个微分方程带有的初始条件为：

$$\boldsymbol{q}(0)=\boldsymbol{q}_0 \tag{11-472}$$

带有初始条件的微分方程的解为：

$$\boldsymbol{q}(t)=\mathrm{e}^{\boldsymbol{A}t}\boldsymbol{q}_0 \tag{11-473}$$

在 $\boldsymbol{q}(t)\to 0$ 的区间内取任意的一个值 $\boldsymbol{q}_0$，如果矩阵 $\boldsymbol{A}$ 的特征值为负，那么自由响应的运动学反差可以表达为：

$$\boldsymbol{q}(t)=\mathrm{e}^{\boldsymbol{A}t}\boldsymbol{q}_0=\left(I+\boldsymbol{A}t+\frac{\boldsymbol{A}^2}{2!}t^2+\frac{\boldsymbol{A}^3}{3!}t^3+\cdots\right)\boldsymbol{q}_0 \tag{11-474}$$

假设一辆车有以下参数：

$$C_{\alpha_\mathrm{f}}=60000\mathrm{N/rad} \tag{11-475}$$

$$C_{\alpha_\mathrm{r}}=60000\mathrm{N/rad} \tag{11-476}$$

$$m = 15000\text{kg} \tag{11-477}$$

$$I_z = 16000\text{kg} \cdot \text{m}^2 \tag{11-478}$$

$$a_1 = 2\text{m} \tag{11-479}$$

$$a_2 = 3\text{m} \tag{11-480}$$

$$v_x = 20\text{m/s} \tag{11-481}$$

初始条件为：

$$\boldsymbol{q}_0 = \begin{bmatrix} v_y(0) \\ r(0) \end{bmatrix} = \begin{bmatrix} 1 \\ 0 \end{bmatrix} \tag{11-482}$$

代入车辆的参数，可以得到：

$$\boldsymbol{A} = \begin{bmatrix} -0.4 & -19.8 \\ 0.1875 & -2.4375 \end{bmatrix} \tag{11-483}$$

进而可以求出车辆的时间响应：

$$\begin{aligned}\begin{bmatrix} V_y(t) \\ r(t) \end{bmatrix} &= \begin{bmatrix} 1 & 0 \\ 0 & 1 \end{bmatrix}\begin{bmatrix} 1 \\ 0 \end{bmatrix} + \begin{bmatrix} -0.4 & -19.8 \\ 0.1875 & -2.4375 \end{bmatrix} t \begin{bmatrix} 1 \\ 0 \end{bmatrix} + \frac{1}{2}\begin{bmatrix} -0.4 & -19.8 \\ 0.1875 & -2.4375 \end{bmatrix}^2 t^2 \begin{bmatrix} 1 \\ 0 \end{bmatrix} + \\ &\quad \frac{1}{6}\begin{bmatrix} -0.4 & -19.8 \\ 0.1875 & -2.4375 \end{bmatrix}^3 t^3 \begin{bmatrix} 1 \\ 0 \end{bmatrix} + \cdots \end{aligned} \tag{11-484}$$

由此就可以得到一个三次方的近似解：

$$\begin{bmatrix} v_y(t) \\ r(t) \end{bmatrix} = \begin{bmatrix} 1.9925t^3 - 1.7763t^2 - 0.4t + 1 \\ 0.1051t^3 - 0.2660t^2 + 0.1875t \end{bmatrix} \tag{11-485}$$

案例 467　不足转向车辆在阶跃输入后的时间响应。

用阶跃输入的动力学系统响应来检测动力学系统的行为是一种传统的方法。车辆动力学的阶跃输入是指一个突然的转向角从零到非零定常值的转变。

假设一辆车带有以下参数：

$$C_{\alpha_f} = 60000\text{N/rad} \tag{11-486}$$

$$C_{\alpha_r} = 60000\text{N/rad} \tag{11-487}$$

$$m = 15000\text{kg} \tag{11-488}$$

$$I_z = 16000\text{kg} \cdot \text{m}^2 \tag{11-489}$$

$$a_1 = 2\text{m} \tag{11-490}$$

$$a_2 = 3\text{m} \tag{11-491}$$

$$v_x = 20\text{m/s} \tag{11-492}$$

突然加入的定常值转向角为：

$$\delta(t) = \begin{cases} 0.1\text{rad} \approx 5.7296°, & t > 0 \\ 0, & t \leqslant 0 \end{cases} \tag{11-493}$$

零初始条件为：

$$\boldsymbol{q}_0 = \begin{bmatrix} v_y(0) \\ r(0) \end{bmatrix} = \begin{bmatrix} 0 \\ 0 \end{bmatrix} \tag{11-494}$$

动力学运动方程为：

$$v_y + 0.4v_y + 19.8r = 4\delta(t) = 0.4 \tag{11-495}$$

$$r - 0.1875v_y + 2.4375r = 7.5\delta(t) = 0.75 \tag{11-496}$$

该车辆力系的系数可以通过式（11-147）～式（11-152）求得：

$$C_r = -\frac{a_1}{v_x}C_{\alpha_{\mathrm{f}}} + \frac{a_2}{v_x}C_{\alpha_{\mathrm{r}}} = 3000\mathrm{N \cdot s / rad} \tag{11-497}$$

$$C_\beta = -(C_{\alpha_{\mathrm{f}}} + C_{\alpha_{\mathrm{r}}}) = -120000\mathrm{N / rad} \tag{11-498}$$

$$C_\delta = C_{\alpha_{\mathrm{f}}} = 60000\mathrm{N / rad} \tag{11-499}$$

$$D_r = -\frac{a_1^2}{v_x}C_{\alpha_{\mathrm{f}}} - \frac{a_2^2}{v_x}C_{\alpha_{\mathrm{r}}} = -39000\mathrm{N \cdot m \cdot s / rad} \tag{11-500}$$

$$D_\beta = -(a_1C_{\alpha_{\mathrm{f}}} - a_2C_{\alpha_{\mathrm{r}}}) = 60000\mathrm{N \cdot m / rad} \tag{11-501}$$

$$D_\delta = a_1C_{\alpha_{\mathrm{f}}} = 120000\mathrm{N \cdot m / rad} \tag{11-502}$$

式（11-246）～式（11-249）给出了当 $t \to \infty$ 时，稳态的车辆响应：

$$S_\kappa = \frac{\kappa}{\delta} = \frac{1}{R\delta} = 0.04 \tag{11-503}$$

$$S_\beta = \frac{\beta}{\delta} = -1.48 \tag{11-504}$$

$$S_r = \frac{r}{\delta} = \frac{\kappa}{\delta}v_x = S_\kappa v_x = 0.8 \tag{11-505}$$

$$S_a = \frac{v_x^2 / R}{\delta} = \frac{\kappa}{\delta}v_x^2 = S_\kappa v_x^2 = 16 \tag{11-506}$$

因此，车辆在 $\delta = 0.1$ 时的稳态参数为：

$$R = 250\mathrm{m} \tag{11-507}$$

$$\beta = -0.148\mathrm{rad} \approx -8.480° \tag{11-508}$$

$$r = 0.08\mathrm{rad / s} \tag{11-509}$$

$$a = \frac{v_x^2}{R} = 1.6\mathrm{m / s^2} \tag{11-510}$$

将输入函数（11-493）代入就可以解出该运动方程得到以下解：

$$\begin{bmatrix} v_y(t) \\ r(t) \end{bmatrix} = \begin{bmatrix} \mathrm{e}^{-1.4188t}[2.8124\sin(1.6354t) + 2.96\cos(1.6354t)] - 2.96 \\ \mathrm{e}^{-1.4188t}[0.3892\sin(1.6354t) - 0.08\cos(1.6354t)] + 0.08 \end{bmatrix} \tag{11-511}$$

图 11.35 和图 11.36 给出了解的示意图，详见脚本 36。

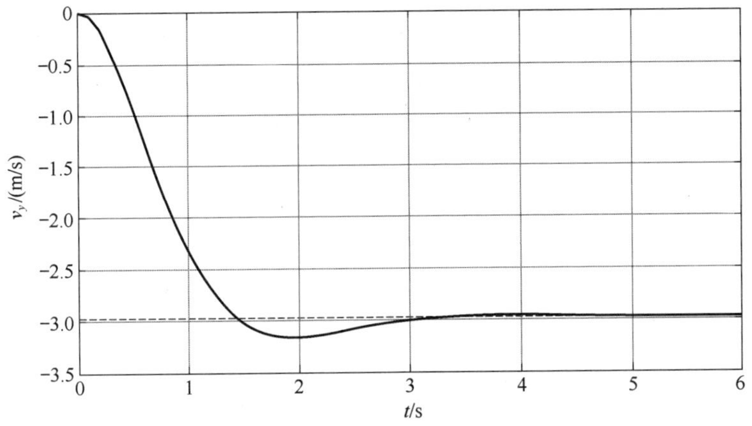

图 11.35　不足转向侧向速度时间响应

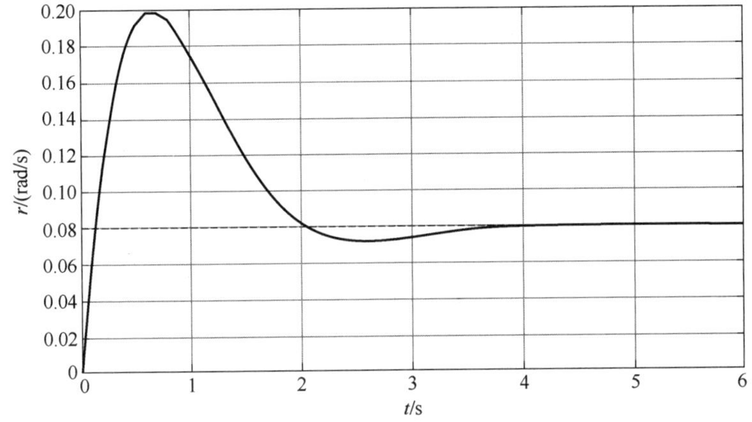

图 11.36　不足转向角速度时间响应

有了 $v_y(t)$ 和 $r(t)$ 就可以计算出其他相关的运动学参数，也可以求出维持一定速度的纵向牵引力 $\boldsymbol{F}_x$ 的时间响应函数：

$$\boldsymbol{F}_x = -mrv_y \tag{11-512}$$

图 11.37 和图 11.38 给出了车辆的姿态角和转弯半径的时间响应，图 11.39 给出了所需的 $\boldsymbol{F}_x$ 是一个随时间变化的函数，详见脚本 36。

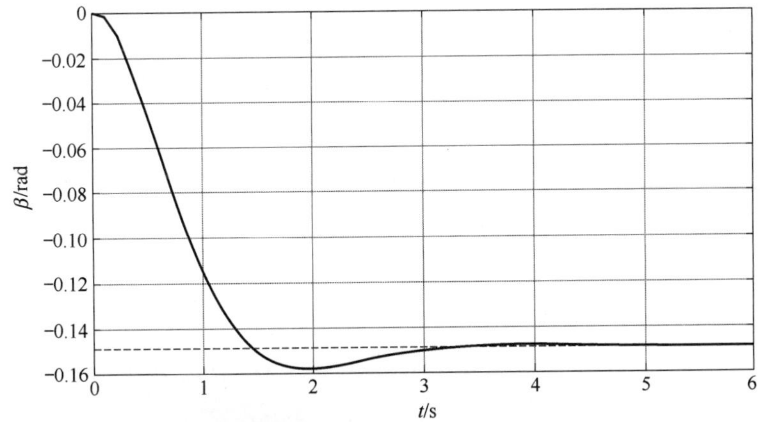

图 11.37　不足转向姿态角时间响应

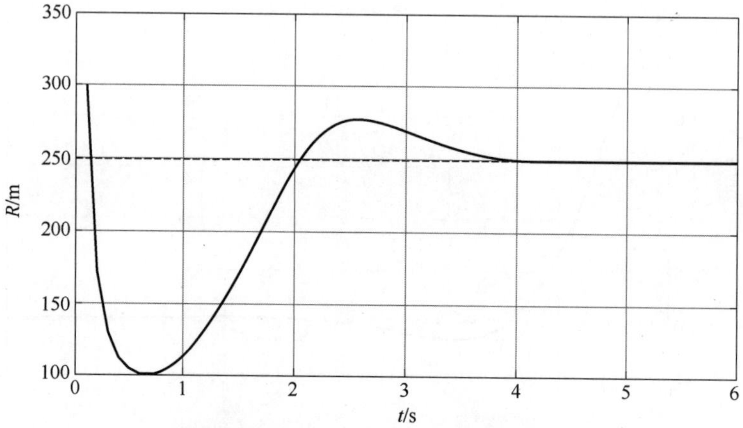

图 11.38 不足转向转弯半径时间响应

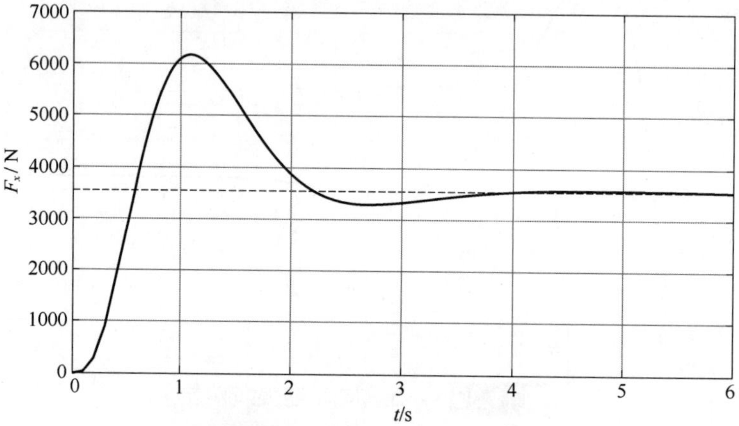

图 11.39 不足转向牵引力时间响应

案例 468 过度转向车辆的阶跃响应。

还是假设车辆的转向输入为：

$$\delta(t)=\begin{cases}0.1\text{rad}\approx 5.7296^{\circ}, & t>0\\ 0, & t\leqslant 0\end{cases} \tag{11-513}$$

车辆参数为：

$$C_{\alpha_f}=60000\text{N}/\text{rad} \tag{11-514}$$

$$C_{\alpha_r}=60000\text{N}/\text{rad} \tag{11-515}$$

$$m=15000\text{kg} \tag{11-516}$$

$$I_z=16000\text{kg}\cdot\text{m}^2 \tag{11-517}$$

$$a_1=3\text{m} \tag{11-518}$$

$$a_2=2\text{m} \tag{11-519}$$

$$v_x = 20\text{m/s} \tag{11-520}$$

零初始条件为：

$$\boldsymbol{q}_0 = \begin{bmatrix} v_y(0) \\ r(0) \end{bmatrix} = \begin{bmatrix} 0 \\ 0 \end{bmatrix} \tag{11-521}$$

该车辆力系的系数可以通过式（11-147）～式（11-152）求得：

$$C_r = -3000\text{N} \bullet \text{s/rad} \tag{11-522}$$

$$C_\beta = -120000\text{N/rad} \tag{11-523}$$

$$C_\delta = C_{\alpha_\text{f}} = 60000\text{N/rad} \tag{11-524}$$

$$D_r = -39000\text{N} \bullet \text{m} \bullet \text{s/rad} \tag{11-525}$$

$$D_\beta = -60000\text{N} \bullet \text{m/rad} \tag{11-526}$$

$$D_\delta = 180000\text{N} \bullet \text{m/rad} \tag{11-527}$$

运动方程为：

$$\dot{v}_y + 0.4v_y + 20.2r = 4\delta(t) = 0.4 \tag{11-528}$$

$$\dot{r} + 0.1875v_y + 2.4375r = 11.25\delta(t) = 1.125 \tag{11-529}$$

解为：

$$\begin{bmatrix} v_y(t) \\ r(t) \end{bmatrix} = \begin{bmatrix} -1.4604\text{e}^{-3.6154t} - 6.2730\text{e}^{0.7779t} + 7.7333 \\ -0.2324\text{e}^{-3.6154t} + 0.3658\text{e}^{0.7779t} - 0.1333 \end{bmatrix} \tag{11-530}$$

图 11.40 和图 11.41 给出了解的示意图。从方程和示意图中不难发现，无论是侧向速度还是车辆的角速度都是发散不收敛的，换句话说就是不可控。在实际操作中的表现就是，在驾驶员给车辆一个转向角输入后，车辆的转向角会越来越大不受控制，这种情况是非常糟糕的，应该尽量避免。

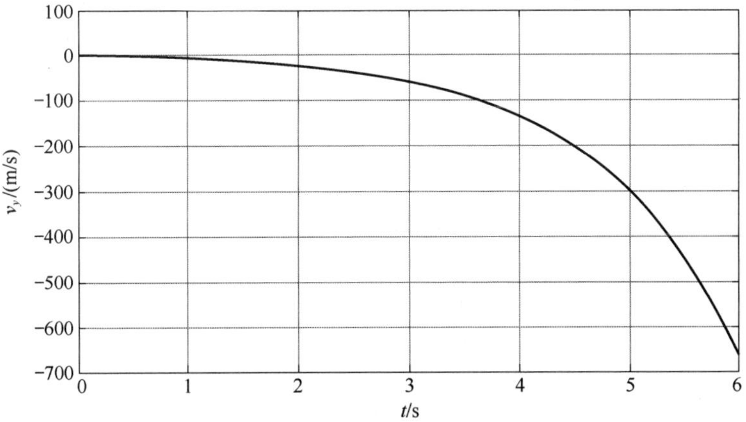

图 11.40　过度转向侧向速度时间响应

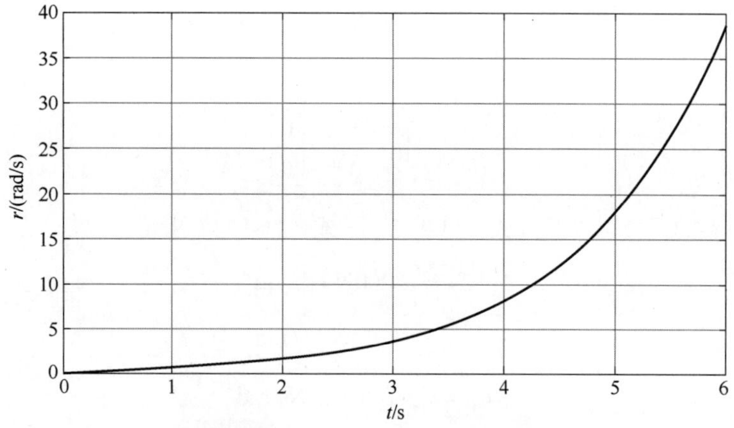

图 11.41 过度转向角速度时间响应

案例 469 标准转向输入。

阶跃和正弦波外界输入是最一般的输入，常用于检测车辆的时间响应。此外，一些其他的瞬态输入也可以用于分析车辆的时间响应。一个周期的正弦输入转向、单调递增输入转向以及半个周期正弦输入转向都是经常使用的瞬态转向输入。

案例 470 旋转中心的位置。

车辆旋转中心的位置 O 在车辆坐标系的坐标为：

$$x = -R\sin\beta \tag{11-531}$$

$$y = R\cos\beta \tag{11-532}$$

由于 β 为正，且相对应的 z-轴垂直向上为正时，图 11.42 给出了两轮车辆模型的旋转中心 O 在车辆坐标系中的位置。

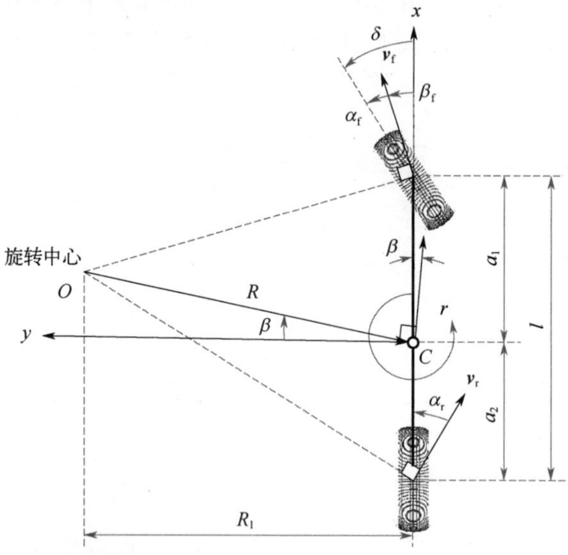

图 11.42 车辆的两轮模型旋转中心坐标示意图

可以通过曲率响应 S_κ 来找到稳态条件下的转弯半径，而 β 则可以通过姿态角响应 S_β 找到：

$$R=\frac{1}{\delta S_{\kappa}}=\frac{v_x(C_\beta D_r-C_rD_\beta+mv_xD_\beta)}{\delta(C_\delta D_\beta-C_\beta D_\delta)}\tag{11-533}$$

$$\beta=\delta S_\beta=\frac{(C_r-mv_x)D_\delta-C_\delta D_r}{C_\beta D_r-C_rD_\beta+mv_xD_\beta}\delta\tag{11-534}$$

因此，旋转中心 O 的位置就在：

$$x=-R\sin\beta=-\frac{v_x(C_\beta D_r-C_rD_\beta+mv_xD_\beta)}{\delta(C_\delta D_\beta-C_\beta D_\delta)}\times\sin\frac{(C_r-mv_x)D_\delta-C_\delta D_r}{C_\beta D_r-C_rD_\beta+mv_xD_\beta}\delta\tag{11-535}$$

$$y=R\cos\beta=\frac{v_x\left(C_\beta D_r-C_rD_\beta+mv_xD_\beta\right)}{\delta\left(C_\delta D_\beta-C_\beta D_\delta\right)}\times\cos\frac{(C_r-mv_x)D_\delta-C_\delta D_r}{C_\beta D_r-C_rD_\beta+mv_xD_\beta}\delta\tag{11-536}$$

假设 β 非常小，就可以找到 O 的近似位置：

$$x\approx-\frac{(C_r-mv_x)D_\delta-C_\delta D_r}{(C_\delta D_\beta-C_\beta D_\delta)}v_x\tag{11-537}$$

$$y\approx\frac{C_\beta D_r-C_rD_\beta+mv_xD_\beta}{(C_\delta D_\beta-C_\beta D_\delta)\delta}v_x\tag{11-538}$$

案例 471　二阶方程。

运动方程式（11-164）还可以改写成只含有一个变量的二阶微分方程，为此先将方程组重新写出来：

$$\dot{v}_y=\frac{1}{mv_x}(v_yC_\beta+rC_rv_x-mrv_x^2+\delta v_xC_\delta)\tag{11-539}$$

$$\dot{r}=\frac{1}{I_zv_x}(v_yD_\beta+rD_rv_x+\delta v_xD_\delta)\tag{11-540}$$

假设前进速度为常数：

$$v_x=\text{常数}\tag{11-541}$$

对式（11-540）进行求导可以得到方程：

$$\ddot{r}=\frac{1}{I_zv_x}(\dot{v}_yD_\beta+\dot{r}D_rv_x+\dot{\delta}v_xD_\delta)\tag{11-542}$$

将式（11-539）代入式（11-542）中就可以得到：

$$\ddot{r}=\frac{1}{I_zv_x}\left[\frac{1}{mv_x}(v_yC_\beta+rC_rv_x-mrv_x^2+\delta v_xC_\delta)D_\beta+\dot{r}D_rv_x+\dot{\delta}v_xD_\delta\right]\tag{11-543}$$

然后将 v_y 的值用式（11-540）代入就可以得到以下方程：

$$mI_zv_x\ddot{r}-(I_zC_\beta+mD_rv_x)\dot{r}+(D_rC_\beta-C_rF_\beta+mv_xD_\beta)r=-(\delta C_\delta D_\beta-\delta C_\beta D_\delta+m\dot{\delta}v_xD_\delta)\tag{11-544}$$

这个方程就类似于单自由度系统的振动方程：

$$m_{\text{eq}}\ddot{x}+c_{\text{eq}}\dot{x}+k_{\text{eq}}x=f_{\text{eq}}(t)\tag{11-545}$$

其中，等价质量 $m_{\rm eq}$ 、阻力 $c_{\rm eq}$ 、刚度 $k_{\rm eq}$ 以及力 $f_{\rm eq}(t)$ 分别为：

$$m_{\rm eq} = mI_z v_x \tag{11-546}$$

$$c_{\rm eq} = -(I_z C_\beta + mD_r v_x) \tag{11-547}$$

$$k_{\rm eq}=D_r C_\beta - C_r F_\beta + mv_x D_\beta \tag{11-548}$$

$$f_{\rm eq}(t) = -mv_x D_\delta \frac{{\rm d}\delta(t)}{{\rm d}t} + (C_\beta D_\delta - C_\delta D_\beta)\delta(t) \tag{11-549}$$

可以利用式（11-544）将车辆的行为近似看成振动系统来进行分析。那么，阶跃输入响应同样可以用振动系统的上升时间、峰值时间、超调量以及稳定时间等参数来进行分析。

11.8 车辆坐标系和自由度

本章内容前半部分主要介绍了在不考虑车辆侧倾情况下的车辆两轮模型，但在其他一些情况下，车辆侧倾的侧倾运动是不容忽视的，本章后半部分会将侧倾的情况加入前面的模型中。新模型的建立和前面一样一步步进行。图 11.43 给出了原点位于车辆质心 C 的车辆坐标系 B($Cxyz$)。它的 x-轴为纵轴贯穿质心 C 指向车辆前进方向；y-轴则指向驾驶员观察点的左侧；z-轴和其他两个轴共同组成了右手坐标系，当车辆停在水平路面上时，z-轴垂直于地面，与重力加速度 $\boldsymbol{g}$ 的方向相反。车辆的运动方程是在车辆坐标系 B($Cxyz$)中的表达式。

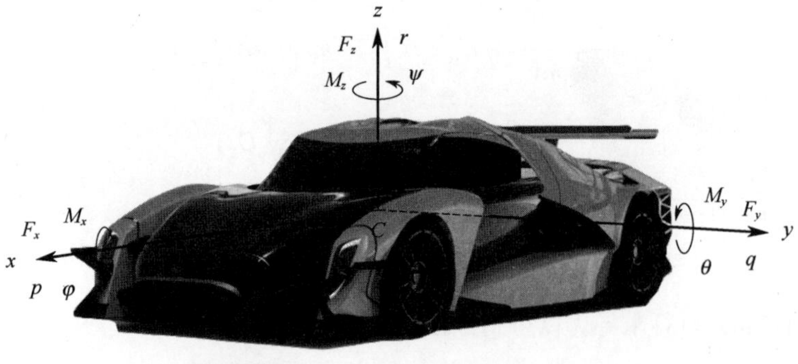

图 11.43　建立车辆坐标系 B（$Cxyz$）

车辆旋转的角度以及角速度，用三个角度——侧倾角 φ 、俯仰角 θ 、转向角 ψ 以及三个角速度——侧倾角速度 p、俯仰角速度 q、转向角速度 r 表示：

$$p = \dot{\varphi} \tag{11-550}$$

$$q = \dot{\theta} \tag{11-551}$$

$$r = \dot{\psi} \tag{11-552}$$

车辆力系（$\boldsymbol{F}$，$\boldsymbol{M}$）是车辆接受地面以及环境的外力之和以及外力矩之和。力系在车辆坐标系中可以表达为：

$${}^{\rm B}\boldsymbol{F} = F_x\mathbf{i} + F_y\mathbf{j} + F_z\mathbf{k} \tag{11-553}$$

$${}^{\rm B}\boldsymbol{M} = M_x\mathbf{i} + M_y\mathbf{j} + M_z\mathbf{k} \tag{11-554}$$

车辆侧倾模型动力学可以通过 4 个运动学变量表示：纵向位移 x、侧向位移 y、侧倾角度 φ、侧倾角速度 ψ。这种模型不考虑垂直位移 z 以及俯仰角度 θ。

11.9 运动方程

侧倾刚体车辆运动拥有 4 个自由度，它们分别是沿 x-轴和 y-轴的平移，绕 x-轴和 z-轴的旋转。在车辆坐标系中将侧倾刚体车辆的牛顿-欧拉运动方程写出来就是：

$$F_x = m\dot{v}_x - mrv_y \tag{11-555}$$

$$F_y = m\dot{v}_y + mrv_x \tag{11-556}$$

$$M_z = I_z\dot{\omega}_z = I_z\dot{r} \tag{11-557}$$

$$M_x = I_x\dot{\omega}_x = I_x\dot{p} \tag{11-558}$$

证明 77：假设车辆如图 11.44 所示。全球坐标系 G 固定在地面，而车辆坐标系 B 原点位于车辆质心 C 处。坐标系 B 的方向可以用转向角 ψ 来表示，它是 x-轴与 X-轴之间的夹角。而侧倾角 φ 则是 z-轴与 Z-轴之间的夹角。两个坐标系原点之间的位置矢量表示为 ${}^{G}\boldsymbol{d}$。

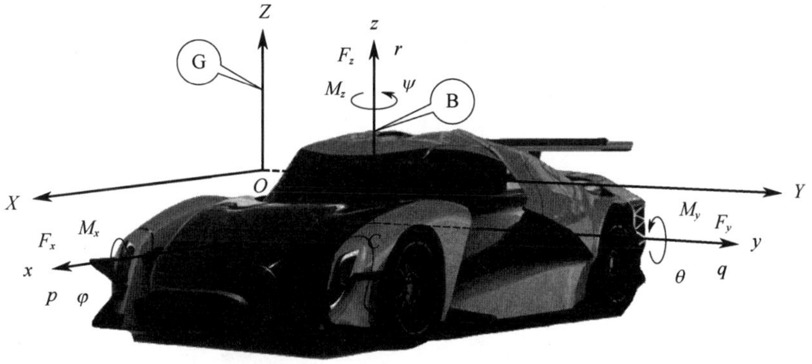

图 11.44 建立全球坐标系 G（$OXYZ$）

在车辆坐标系中的车辆运动方程为：

$$ {}^{B}\boldsymbol{F} = {}^{B}\boldsymbol{R}_{A}\ {}^{A}\boldsymbol{F} = {}^{B}\boldsymbol{R}_{A}(m\ {}^{A}\boldsymbol{a}_{B}) = m\ {}^{B}_{A}\boldsymbol{a}_{B} = m\ {}^{B}\dot{\boldsymbol{v}}_{B} + m\ {}^{B}_{A}\boldsymbol{\omega}_{B} \times {}^{B}\boldsymbol{v}_{B} \tag{11-559}$$

$$ {}^{B}\boldsymbol{M} = \frac{{}^{A}\mathrm{d}}{\mathrm{d}t}\ {}^{B}\boldsymbol{L} = {}^{B}_{A}\dot{\boldsymbol{L}}_{B} = {}^{B}\dot{\boldsymbol{L}} + {}^{B}_{A}\boldsymbol{\omega}_{B} \times {}^{B}\boldsymbol{L} = {}^{B}\boldsymbol{I}\ {}^{B}_{A}\dot{\boldsymbol{\omega}}_{B} + {}^{B}_{A}\boldsymbol{\omega}_{B} \times ({}^{B}\boldsymbol{I}\ {}^{B}_{A}\boldsymbol{\omega}_{B}) \tag{11-560}$$

在车辆坐标系中，车辆的速度矢量为：

$$ {}^{B}\boldsymbol{v}_{C} = \begin{bmatrix} v_x \\ v_y \\ 0 \end{bmatrix} \tag{11-561}$$

其中，矢量车速 $\boldsymbol{v}$ 向前的速度分量用 v_x 表示，侧向速度分量用 v_y 表示。刚体车辆的其他运动学矢量表示为：

$$ {}^{B}\dot{\boldsymbol{v}}_{C} = \begin{bmatrix} \dot{v}_x \\ \dot{v}_y \\ 0 \end{bmatrix} \tag{11-562}$$

$$ {}^{\mathrm{B}}_{\mathrm{A}}\boldsymbol{\omega}_{\mathrm{B}} = \begin{bmatrix} \omega_x \\ 0 \\ \omega_z \end{bmatrix} = \begin{bmatrix} p \\ 0 \\ r \end{bmatrix} \tag{11-563} $$

$$ {}^{\mathrm{B}}_{\mathrm{A}}\dot{\boldsymbol{\omega}}_{\mathrm{B}} = \begin{bmatrix} \dot{\omega}_x \\ 0 \\ \dot{\omega}_z \end{bmatrix} = \begin{bmatrix} \dot{p} \\ 0 \\ \dot{r} \end{bmatrix} \tag{11-564} $$

可以假设车辆坐标系是质心坐标系，因此，它有一个斜对角线的转动惯量惯性矩阵：

$$ {}^{\mathrm{B}}\boldsymbol{I} = \begin{bmatrix} I_1 & 0 & 0 \\ 0 & I_2 & 0 \\ 0 & 0 & I_3 \end{bmatrix} \tag{11-565} $$

将以上矩阵和矢量代入式（11-559）和式（11-560）中就可以得到以下方程：

$$ {}^{\mathrm{B}}\boldsymbol{F} = m\,{}^{\mathrm{B}}\dot{\boldsymbol{v}}_{\mathrm{B}} + m\,{}^{\mathrm{B}}_{\mathrm{A}}\boldsymbol{\omega}_{\mathrm{B}} \times {}^{\mathrm{B}}\boldsymbol{v}_{\mathrm{B}} \tag{11-566} $$

$$ \begin{bmatrix} F_x \\ F_y \\ 0 \end{bmatrix} = m\begin{bmatrix} \dot{v}_x \\ \dot{v}_y \\ 0 \end{bmatrix} + m\begin{bmatrix} \omega_x \\ 0 \\ \omega_z \end{bmatrix} \times \begin{bmatrix} v_x \\ v_y \\ 0 \end{bmatrix} = \begin{bmatrix} m\dot{v}_x - m\omega_z v_y \\ m\dot{v}_y + m\omega_z v_x \\ m\omega_x v_y \end{bmatrix} \tag{11-567} $$

$$ {}^{\mathrm{B}}\boldsymbol{M} = {}^{\mathrm{B}}\boldsymbol{I}\,{}^{\mathrm{B}}_{\mathrm{A}}\dot{\boldsymbol{\omega}}_{\mathrm{B}} + {}^{\mathrm{B}}_{\mathrm{A}}\boldsymbol{\omega}_{\mathrm{B}} \times ({}^{\mathrm{B}}\boldsymbol{I}\,{}^{\mathrm{B}}_{\mathrm{A}}\boldsymbol{\omega}_{\mathrm{B}}) \tag{11-568} $$

$$ \begin{bmatrix} M_x \\ 0 \\ M_z \end{bmatrix} = \begin{bmatrix} I_1 & 0 & 0 \\ 0 & I_2 & 0 \\ 0 & 0 & I_3 \end{bmatrix}\begin{bmatrix} \dot{\omega}_x \\ 0 \\ \dot{\omega}_z \end{bmatrix} + \begin{bmatrix} \omega_x \\ 0 \\ \omega_z \end{bmatrix} \times \left(\begin{bmatrix} I_1 & 0 & 0 \\ 0 & I_2 & 0 \\ 0 & 0 & I_3 \end{bmatrix}\begin{bmatrix} \omega_x \\ 0 \\ \omega_z \end{bmatrix} \right) = \begin{bmatrix} I_1\dot{\omega}_x \\ I_1\omega_x\omega_z - I_3\omega_x\omega_z \\ I_3\dot{\omega}_z \end{bmatrix} \tag{11-569} $$

式（11-567）中的前两个牛顿方程分别表示出 x 和 y 方向上的运动方程。

$$ \begin{bmatrix} F_x \\ F_y \end{bmatrix} = \begin{bmatrix} m\dot{v}_x - m\omega_z v_y \\ m\dot{v}_y + m\omega_z v_x \end{bmatrix} \tag{11-570} $$

第三个牛顿方程：

$$ m\omega_x v_y = 0 \tag{11-571} $$

是静态方程。它给出了车辆保持贴地行驶的条件。否则车辆将会沿着 z-轴运动脱离与地面的接触。

式（11-569）中的第一个和第三个欧拉方程表示绕 x-轴和 z-轴旋转的运动方程。第二个欧拉方程：

$$ I_1\omega_x\omega_z - I_3\omega_x\omega_z = 0 \tag{11-572} $$

是另一个静态方程。它给出了俯仰运动为零角度的条件，保证了车辆与地面相平行的状态。

案例 472 六自由度车辆的运动。

假设一辆车在空间里运动，那么它总共有 6 个自由度。为了找到这样车辆的运动方程，需要定义运动学参数如下：

$$ {}^{\mathrm{B}}\boldsymbol{v}_C = \begin{bmatrix} v_x \\ v_y \\ v_z \end{bmatrix} \tag{11-573} $$

$$ {}^{\mathrm{B}}\dot{\boldsymbol{v}}_C = \begin{bmatrix} \dot{v}_x \\ \dot{v}_y \\ \dot{v}_z \end{bmatrix} \tag{11-574} $$

$$ {}_{\mathrm{A}}^{\mathrm{B}}\boldsymbol{\omega}_C = \begin{bmatrix} \omega_x \\ \omega_y \\ \omega_z \end{bmatrix} \tag{11-575} $$

$$ {}_{\mathrm{A}}^{\mathrm{B}}\dot{\boldsymbol{\omega}}_C = \begin{bmatrix} \dot{\omega}_x \\ \dot{\omega}_y \\ \dot{\omega}_z \end{bmatrix} \tag{11-576} $$

在车辆坐标系中的车辆加速度矢量为：

$$ {}^{\mathrm{B}}\boldsymbol{a} = {}^{\mathrm{B}}\dot{\boldsymbol{v}}_{\mathrm{B}} + {}_{\mathrm{A}}^{\mathrm{B}}\boldsymbol{\omega}_{\mathrm{B}} \times {}^{\mathrm{B}}\boldsymbol{v}_{\mathrm{B}} = \begin{bmatrix} \dot{v}_x + \omega_y v_z - \omega_z v_y \\ \dot{v}_y + \omega_z v_x - \omega_x v_z \\ \dot{v}_z + \omega_x v_y - \omega_y v_x \end{bmatrix} \tag{11-577} $$

因此，车辆的牛顿运动方程为：

$$ \begin{bmatrix} F_x \\ F_y \\ F_z \end{bmatrix} = m \begin{bmatrix} \dot{v}_x + \omega_y v_z - \omega_z v_y \\ \dot{v}_y + \omega_z v_x - \omega_x v_z \\ \dot{v}_z + \omega_x v_y - \omega_y v_x \end{bmatrix} \tag{11-578} $$

旋转运动的欧拉运动方程为：

$$ {}^{\mathrm{B}}\boldsymbol{M} = {}^{\mathrm{B}}\boldsymbol{I}\ {}_{\mathrm{A}}^{\mathrm{B}}\dot{\boldsymbol{\omega}}_{\mathrm{B}} + {}_{\mathrm{A}}^{\mathrm{B}}\boldsymbol{\omega}_{\mathrm{B}} \times \left({}^{\mathrm{B}}\boldsymbol{I}\ {}_{\mathrm{A}}^{\mathrm{B}}\boldsymbol{\omega}_{\mathrm{B}} \right) \tag{11-579} $$

由此可以看出，首先要找到转动惯量的矩阵，从而进行相应的矩阵计算。假设车辆坐标系是质心坐标系，那么：

$$ \begin{aligned} {}^{\mathrm{B}}\boldsymbol{M} &= {}^{\mathrm{B}}\boldsymbol{I}\ {}_{\mathrm{A}}^{\mathrm{B}}\dot{\boldsymbol{\omega}}_{\mathrm{B}} + {}_{\mathrm{A}}^{\mathrm{B}}\boldsymbol{\omega}_{\mathrm{B}} \times ({}^{\mathrm{B}}\boldsymbol{I}\ {}_{\mathrm{A}}^{\mathrm{B}}\boldsymbol{\omega}_{\mathrm{B}}) \\ &= \begin{bmatrix} I_1 & 0 & 0 \\ 0 & I_2 & 0 \\ 0 & 0 & I_3 \end{bmatrix} \begin{bmatrix} \dot{\omega}_x \\ \dot{\omega}_y \\ \dot{\omega}_z \end{bmatrix} + \begin{bmatrix} \omega_x \\ \omega_y \\ \omega_z \end{bmatrix} \times \left(\begin{bmatrix} I_1 & 0 & 0 \\ 0 & I_2 & 0 \\ 0 & 0 & I_3 \end{bmatrix} \begin{bmatrix} \omega_x \\ \omega_y \\ \omega_z \end{bmatrix} \right) \\ &= \begin{bmatrix} \dot{\omega}_x I_1 + \omega_y \omega_z I_3 - \omega_y \omega_z I_2 \\ \dot{\omega}_y I_2 + \omega_x \omega_z I_1 - \omega_x \omega_z I_3 \\ \dot{\omega}_z I_3 + \omega_x \omega_y I_2 - \omega_x \omega_y I_1 \end{bmatrix} \end{aligned} \tag{11-580} $$

因此，该车的欧拉运动方程为：

$$ \begin{bmatrix} M_x \\ M_y \\ M_z \end{bmatrix} = \begin{bmatrix} \dot{\omega}_x I_1 + \omega_y \omega_z I_3 - \omega_y \omega_z I_2 \\ \dot{\omega}_y I_2 + \omega_x \omega_z I_1 - \omega_x \omega_z I_3 \\ \dot{\omega}_z I_3 + \omega_x \omega_y I_2 - \omega_x \omega_y I_1 \end{bmatrix} \tag{11-581} $$

案例 473 从车辆一般运动到侧倾刚体车辆运动。

我们可以从最一般的六自由度车辆运动的方程（11-578）和方程（11-581）导出侧倾刚体车辆的运动方程。

假设一辆四轮车辆的两轮模型在路面行驶。由于车辆不能沿 z-轴方向运动，也不能绕 y-轴旋转，因此有：

$$v_z = 0 \tag{11-582}$$

$$\dot{v}_z = 0 \tag{11-583}$$

$$\omega_z = 0 \tag{11-584}$$

$$\dot{\omega}_z = 0 \tag{11-585}$$

并且沿 z-轴方向的合外力为零，绕 y-轴旋转的合力矩为零。

$$F_z = 0 \tag{11-586}$$

$$M_y = 0 \tag{11-587}$$

将式（11-582）～式（11-587）代入式（11-578）和式（11-581）中，就可以得到力系的以下结果：

$$\begin{bmatrix} F_x \\ F_y \\ 0 \end{bmatrix} = m \begin{bmatrix} \dot{v}_x - \omega_z v_y \\ \dot{v}_y + \omega_z v_x \\ \omega_x v_y \end{bmatrix} \tag{11-588}$$

$$\begin{bmatrix} M_x \\ 0 \\ M_z \end{bmatrix} = \begin{bmatrix} \dot{\omega}_x I_1 \\ \omega_x \omega_z I_1 - \omega_x \omega_z I_3 \\ \dot{\omega}_z I_3 \end{bmatrix} \tag{11-589}$$

11.10 轮胎受力模型

11.10.1 轮胎和车辆力系

为了确定刚体车辆的力系，需要先定义车上一个轮胎印记处的力系。轮胎印记处的侧向力取决于侧滑角。然后将这些轮胎力系传递到或是作用到可侧倾的车辆模型上去。

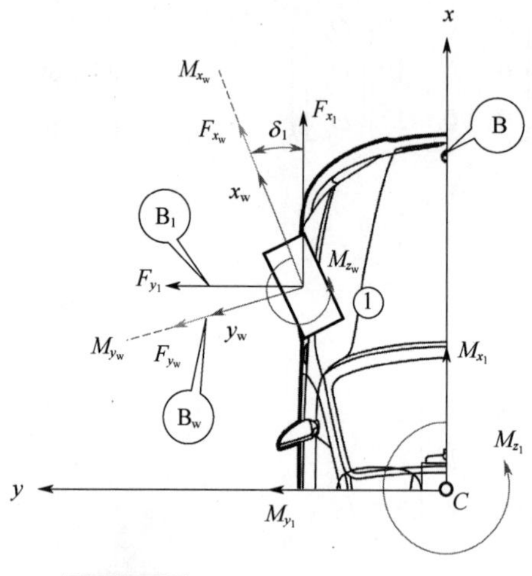

图 11.45 1号轮胎在轮胎印记处的力系及力矩系示意图

图 11.45 描述了 1 号轮胎力系的情况。以此为推广，可以得到其他编号轮胎的力系受力情况。假设第 i 号轮胎受力如下：

$$F_{x_i} = F_{x_{w_i}} \cos\delta_i - F_{y_{w_i}} \sin\delta_i \tag{11-590}$$

$$F_{y_i} = F_{y_{w_i}} \cos\delta_i + F_{x_{w_i}} \sin\delta_i \tag{11-591}$$

$$M_{x_i} = M_{x_{w_i}} + y_i F_{z_i} - z_i F_{y_i} \tag{11-592}$$

$$M_{y_i} = M_{y_{w_i}} + z_i F_{x_i} - x_i F_{z_i} \tag{11-593}$$

$$M_{z_i} = M_{z_{w_i}} + x_i F_{y_i} - y_i F_{x_i} \tag{11-594}$$

其中，(x_i, y_i, z_i) 为第 i 号轮胎的车轮坐标系。在此，可以忽略作用在轮胎印记处的力矩分量 $M_{x_{w_i}}$、$M_{y_{w_i}}$、$M_{z_{w_i}}$ 以简化方程。

把 4 个轮胎合力加在一起就形成了平面力系的合力，这个合力可以认为是作用在刚体车辆上：

$$^{\mathrm{B}}F_x = \sum_i F_{x_i} = \sum_i F_{x_\mathrm{w}} \cos\delta_i - \sum_i \mathrm{F}_{y_\mathrm{w}} \sin\delta_i \tag{11-595}$$

$$^{\mathrm{B}}F_y = \sum_i F_{y_i} = \sum_i F_{y_\mathrm{w}} \cos\delta_i + \sum_i F_{x_\mathrm{w}} \sin\delta_i \tag{11-596}$$

$$^{\mathrm{B}}F_z = \sum_i F_{z_i} = mg \tag{11-597}$$

$$^{\mathrm{B}}M_x = \sum_i M_{x_i} + \sum_i y_i F_{z_i} - \sum_i z_i F_{y_i} \tag{11-598}$$

$$^{\mathrm{B}}M_y = \sum_i M_{y_i} + \sum_i z_i F_{x_i} - \sum_i x_i F_{z_i} \tag{11-599}$$

$$^{\mathrm{B}}M_z = \sum_i M_{z_i} + \sum_i x_i F_{y_i} - \sum_i y_i F_{x_i} \tag{11-600}$$

证明 78：为了简化车辆侧倾动力学模型，忽略轮胎坐标系在印记中心和轮胎坐标系在车轮中心时由于侧倾角产生的差别。

忽略侧倾力矩在印记中心的力矩 M_{y_w}，力系一般是在轮胎的印记中心，将其在车轮坐标系 $\mathrm{B_w}$ 中表示为：

$$^{\mathrm{B_w}}F_\mathrm{w} = F_{x_\mathrm{w}}\mathbf{i}_1 + F_{y_\mathrm{w}}\mathbf{j}_1 + F_{z_\mathrm{w}}\mathbf{k}_1 \tag{11-601}$$

$$^{\mathrm{B_w}}\boldsymbol{M}_\mathrm{w} = M_{x_\mathrm{w}}\mathbf{i}_1 + M_{z_\mathrm{w}}\mathbf{k}_1 \tag{11-602}$$

车轮坐标系 $\mathrm{B_w}$ 和轮胎坐标系 $\mathrm{B_1}$ 之间的旋转矩阵为：

$$^{\mathrm{B_1}}\boldsymbol{R}_{\mathrm{B_w}} = \begin{bmatrix} \cos\delta_1 & -\sin\delta_1 & 0 \\ \sin\delta_1 & \cos\delta_1 & 0 \\ 0 & 0 & 1 \end{bmatrix} \tag{11-603}$$

因此，力系从轮胎印记坐标系到车辆坐标系为：

$$^{\mathrm{B_1}}\boldsymbol{F}_\mathrm{w} = {}^{\mathrm{B_1}}\boldsymbol{R}_{\mathrm{B_w}}\,{}^{\mathrm{B_w}}\boldsymbol{F}_\mathrm{w} \tag{11-604}$$

$$\begin{bmatrix} F_{x_1} \\ F_{y_1} \\ F_{z_1} \end{bmatrix} = \begin{bmatrix} \cos\delta_1 & -\sin\delta_1 & 0 \\ \sin\delta_1 & \cos\delta_1 & 0 \\ 0 & 0 & 1 \end{bmatrix} \begin{bmatrix} F_{x_\mathrm{w}} \\ F_{y_\mathrm{w}} \\ F_{z_\mathrm{w}} \end{bmatrix} = \begin{bmatrix} F_{x_\mathrm{w}}\cos\delta_1 - F_{y_\mathrm{w}}\sin\delta_1 \\ F_{y_\mathrm{w}}\cos\delta_1 + F_{x_\mathrm{w}}\sin\delta_1 \\ F_{z_\mathrm{w}} \end{bmatrix} \tag{11-605}$$

$$^{\mathrm{B_1}}\boldsymbol{M}_\mathrm{w} = {}^{\mathrm{B_1}}\boldsymbol{R}_{\mathrm{B_w}}\,{}^{\mathrm{B_w}}\boldsymbol{M}_\mathrm{w} \tag{11-606}$$

$$\begin{bmatrix} M_{x_1} \\ M_{y_1} \\ M_{z_1} \end{bmatrix} = \begin{bmatrix} \cos\delta_1 & -\sin\delta_1 & 0 \\ \sin\delta_1 & \cos\delta_1 & 0 \\ 0 & 0 & 1 \end{bmatrix} \begin{bmatrix} M_{x_\mathrm{w}} \\ 0 \\ M_{z_\mathrm{w}} \end{bmatrix} = \begin{bmatrix} M_{x_\mathrm{w}}\cos\delta_1 \\ M_{x_\mathrm{w}}\sin\delta_1 \\ M_{z_\mathrm{w}} \end{bmatrix} \tag{11-607}$$

将力系从每一个轮胎转到位于车辆质心 C 的车辆坐标系 B，产生的合力作用于车上。

$$^{\mathrm{B}}\boldsymbol{F} = \sum_i {}^{\mathrm{B}_i}\boldsymbol{F}_\mathrm{w} = \sum_i F_{x_i}\mathbf{i} + \sum_i F_{y_i}\mathbf{j} \tag{11-608}$$

$$^{\mathrm{B}}\boldsymbol{M} = \sum_i {}^{\mathrm{B}_i}\boldsymbol{M}_\mathrm{w} = \sum_i M_{x_i}\mathbf{i} + \sum_i M_{y_i}\mathbf{j} + \sum_i M_{z_i}\mathbf{k} + \sum_i {}^{\mathrm{B}}\boldsymbol{r}_i \times {}^{\mathrm{B}}\boldsymbol{F}_{\mathrm{w}_i} \tag{11-609}$$

其中，$^{\mathrm{B}}\boldsymbol{r}_i$ 表示第 i 个轮胎的位置矢量：

$$^{\mathrm{B}}\boldsymbol{r}_i = x_i\mathbf{i} + y_i\mathbf{j} + z_i\mathbf{k} \tag{11-610}$$

除了起始方程（11-608），其实还有方程 $\sum_i F_{z_i} - mg = 0$。将方程（11-608）和方程（11-609）

展开就可以得到车辆合力系：

$$^{\mathrm{B}}F_x=\sum_i F_{x_{\mathrm{w}}}\cos\delta_i-\sum_i F_{y_{\mathrm{w}}}\sin\delta_i \tag{11-611}$$

$$^{\mathrm{B}}F_y=\sum_i F_{y_{\mathrm{w}}}\cos\delta_i+\sum_i F_{x_{\mathrm{w}}}\sin\delta_i \tag{11-612}$$

$$^{\mathrm{B}}M_x=\sum_i M_{x_i}+\sum_i y_iF_{z_i}-\sum_i z_iF_{y_i} \tag{11-613}$$

$$^{\mathrm{B}}M_y=\sum_i M_{y_i}+\sum_i z_iF_{x_i}-\sum_i x_iF_{z_i} \tag{11-614}$$

$$^{\mathrm{B}}M_z=\sum_i M_{z_i}+\sum_i x_iF_{y_i}-\sum_i y_iF_{x_i} \tag{11-615}$$

对于两轮车辆模型有：

$$x_1=a_1 \tag{11-616}$$

$$x_2=-a_2 \tag{11-617}$$

$$y_1=y_2=0 \tag{11-618}$$

对于这样的车辆，力系就可以减少到：

$$^{\mathrm{B}}F_x=F_{x_1}\cos\delta_1+F_{x_2}\cos\delta_2-F_{y_1}\sin\delta_1-F_{y_2}\sin\delta_2 \tag{11-619}$$

$$^{\mathrm{B}}F_y=F_{y_1}\cos\delta_1+F_{x_2}\cos\delta_2+F_{x_1}\sin\delta_1+F_{x_2}\sin\delta_2 \tag{11-620}$$

$$^{\mathrm{B}}M_x=M_{x_1}+M_{x_2}-z_1F_{y_1}-z_2F_{y_2} \tag{11-621}$$

$$^{\mathrm{B}}M_y=M_{y_1}+M_{y_2}+z_2F_{x_2}+z_1F_{x_1}-a_1F_{z_1}-a_2F_{z_2} \tag{11-622}$$

$$^{\mathrm{B}}M_z=M_{z_1}+M_{z_2}+a_1F_{y_1}+a_2F_{y_2} \tag{11-623}$$

一般认为：

$$M_{z_i}=0 \tag{11-624}$$

因此：

$$^{\mathrm{B}}M_z=a_1F_{y_{\mathrm{f}}}-a_2F_{y_{\mathrm{r}}} \tag{11-625}$$

11.10.2 轮胎侧向力

如果转向机构的转向角用δ表示，那么可侧倾的车辆的实际转向角δ_α为：

$$\delta_\alpha=\delta+\delta_\varphi \tag{11-626}$$

式中，δ_φ表示的是侧倾转向角：

$$\delta_\varphi=C_{\delta_\varphi}\varphi \tag{11-627}$$

侧倾转向角δ_φ和侧倾角φ成比例关系，前面的系数$\mathrm{C}_{\delta_\varphi}$称为侧倾转向系数。侧倾转向的产生是由于悬架系统变形从而产生一定的转向角。可侧倾车辆的每个轮胎的侧滑角为：

$$\alpha_i=\beta_i-\delta_{\alpha_i}=\beta_i-\delta_i-\delta_{\varphi_i} \tag{11-628}$$

式中，β_i是速度矢量$\boldsymbol{v}$与车身x-轴的夹角，称为轮胎滑动角。

这样一个轮胎带有很小的侧滑角，它产生的侧向力为：

$$F_{y_i}=-C_\alpha\alpha_i-C_\varphi\varphi_i=-C_\alpha(\beta_i-\delta_i-C_{\delta_\varphi}\varphi_i)-C_\varphi\varphi_i \tag{11-629}$$

式中，C_φ 为轮胎主销系数，由于车辆侧倾，轮胎滑动角 β_i 可以用下式进行近似计算：

$$\beta_i = \frac{v_y + x_i r - C_{\beta_i} p}{v_x} \tag{11-630}$$

最终找到轮胎侧向力 F_y，用车辆运动学参数表示出来：

$$F_y = \frac{C_\alpha C_{\beta_i}}{v_x} p - \frac{C_\alpha x_i}{v_x} r - C_\alpha \beta + (C_\alpha C_{\delta_\varphi} - C_\varphi)\varphi_i + C_\alpha \delta_i \tag{11-631}$$

$$\beta = \frac{v_y}{v_x} \tag{11-632}$$

式中，C_{β_i} 称为轮胎滑动系数。

证明 79：当车辆侧倾时，对轮胎而言会产生一些反作用力，因此需要引入一些动力学量来描述它们。其中，最为重要的反作用力为：

① 轮胎外倾角推力 F_{y_φ}，它是由于车辆侧倾使得原本的外倾角变化而产生的一部分侧向力。可以假设这个推力和轮胎侧倾角 φ 成正比：

$$F_{y_\varphi} = -C_\varphi \varphi \tag{11-633}$$

$$C_\varphi = \frac{\mathrm{d}F_{y_\varphi}}{\mathrm{d}\varphi} \tag{11-634}$$

② 轮胎侧倾转角 δ_φ，它是由于侧倾而产生的车轮转向角。绝大部分悬架机构在车辆侧倾时会产生变形并形成一定转向角。轮胎侧倾转向角也假设与侧倾角成正比：

$$\delta_\varphi = C_{\delta_\varphi} \varphi \tag{11-635}$$

$$C_{\delta_\varphi} = \frac{\mathrm{d}\delta}{\mathrm{d}\varphi} \tag{11-636}$$

因此，轮胎实际的转向角是由两部分组成的：

$$\delta_\alpha = \delta + \delta_\varphi \tag{11-637}$$

假设第 i 个轮胎的位置处于：

$${}^{B}\boldsymbol{r}_i = \begin{bmatrix} x_i & y_i & z_i \end{bmatrix}^{\mathrm{T}} \tag{11-638}$$

它的速度为：

$${}^{B}\boldsymbol{v}_i = {}^{B}\boldsymbol{v} + {}^{B}\boldsymbol{\omega} \times {}^{B}\boldsymbol{r}_i \tag{11-639}$$

式中，${}^{B}\boldsymbol{v}$ 是车辆位于质心 C 处的速度矢量，而 ${}^{B}\boldsymbol{\omega} = \dot{\varphi}\mathbf{i} + \dot{\psi}\mathbf{k} = p\mathbf{i} + r\mathbf{k}$ 则是车辆的角速度矢量。将式（11-639）展开就可以得到第 i 个轮胎在车辆坐标系的速度矢量表达式：

$$\begin{bmatrix} v_{x_i} \\ v_{y_i} \\ v_{z_i} \end{bmatrix} = \begin{bmatrix} v_x \\ v_y \\ 0 \end{bmatrix} + \begin{bmatrix} \dot{\varphi} \\ 0 \\ \dot{\psi} \end{bmatrix} \times \begin{bmatrix} x_i \\ y_i \\ z_i \end{bmatrix} = \begin{bmatrix} v_x - \dot{\psi} y_i \\ v_y - \dot{\varphi} z_i + \dot{\psi} x_i \\ \dot{\varphi} y_i \end{bmatrix} \tag{11-640}$$

假设可侧倾的两轮模型有以下参数：

$$y_i = 0 \tag{11-641}$$

$$x_1 = a_1 \tag{11-642}$$

$$x_2 = -a_2 \tag{11-643}$$

第 i 个轮胎的侧滑角 β_i，它的定义为轮胎速度矢量 $\boldsymbol{v}_i$ 与车辆坐标系 x-轴的夹角。当侧倾角非常小时：

$$\beta_i = \arctan\frac{v_{y_i}}{v_{x_i}} \approx \frac{v_{y_i}}{v_{x_i}} \approx \frac{v_y - \dot{\varphi} z_i + \dot{\psi} x_i}{v_x} \tag{11-644}$$

如果第 i 个轮胎含有一定的转向角 δ_i，那么在它的侧滑角 α_i 影响下将会产生一个侧向力 F_{y_w} 作用在轮胎上。

$$\alpha_i = \beta_i - \delta_\alpha \approx \frac{v_y - \dot{\varphi} z_i + \dot{\psi} x_i}{v_x} - \delta_i - \delta_{\varphi_i} \tag{11-645}$$

两轮模型的前后轮轮胎侧滑角 β_i 分别为 β_f 和 β_r：

$$\beta_\text{f} = \arctan\frac{v_{y_\text{f}}}{v_{x_\text{f}}} \approx \frac{v_{y_\text{f}}}{v_{x_\text{f}}} \approx \frac{v_y - pz_\text{f} + ra_1}{v_x} \tag{11-646}$$

$$\beta_\text{r} = \arctan\frac{v_{y_\text{r}}}{v_{x_\text{r}}} \approx \frac{v_{y_\text{r}}}{v_{x_\text{r}}} \approx \frac{v_y - pz_\text{r} - ra_2}{v_x} \tag{11-647}$$

车辆的侧滑角为：

$$\beta = \arctan\frac{v_y}{v_x} \approx \frac{v_y}{v_x} \tag{11-648}$$

虽然 z_i 坐标不是常数，但是它的变化非常小。为了体现它的影响，用轮胎侧倾角速度系数 C_{β_i} 来代替。它与侧倾角速度成正比：

$$\beta_i = C_{\beta_i} p \tag{11-649}$$

$$C_{\beta_i} = \frac{\mathrm{d}\beta_i}{\mathrm{d}p} \tag{11-650}$$

由此，可以定义出相应的 β_f 和 β_r：

$$\beta_\text{f} = \arctan\frac{v_{y_\text{f}}}{v_{x_\text{f}}} \approx \frac{v_{y_\text{f}}}{v_{x_\text{f}}} \approx \frac{v_y - C_{\beta_\text{r}} p + ra_1}{v_x} \tag{11-651}$$

$$\beta_\text{r} = \arctan\frac{v_{y_\text{r}}}{v_{x_\text{r}}} \approx \frac{v_{y_\text{r}}}{v_{x_\text{r}}} \approx \frac{v_y - C_{\beta_\text{r}} p + ra_2}{v_x} \tag{11-652}$$

假设侧滑角 β_i、β_f 和 β_r 都非常小，前后轮的侧滑角 α_f 和 α_r 就可以约等于：

$$\alpha_\text{f} \approx \frac{v_y - C_{\beta_\text{f}} p + ra_1}{v_x} - \delta - \delta_{\varphi_\text{f}} = \beta + a_1\frac{r}{v_x} - C_{\beta_\text{f}}\frac{p}{v_x} - \delta - C_{\delta_{\varphi_\text{f}}}\varphi \tag{11-653}$$

$$\alpha_\text{r} \approx \frac{v_y - C_{\beta_\text{r}} p - ra_2}{v_x} - \delta_{\varphi_\text{r}} = \beta - a_2\frac{r}{v_x} - C_{\beta_\text{r}}\frac{p}{v_x} - C_{\delta_{\varphi_\text{r}}}\varphi \tag{11-654}$$

11.10.3 两轮模型分力之和

图 11.46 给出了对车辆的俯视图，可以看到全轮转向的四轮车辆在轮胎印记处的力系构

成情况。虽然考虑车辆的侧倾运动时，xy-平面不再平行于 XY-平面，但还是继续在此使用车辆的两轮模型。

图 11.47 给出了力系，而图 11.48 给出了理想两轮模型，这个模型带有侧倾角和转向角。这样的模型和前面一样，还是称为两轮模型。

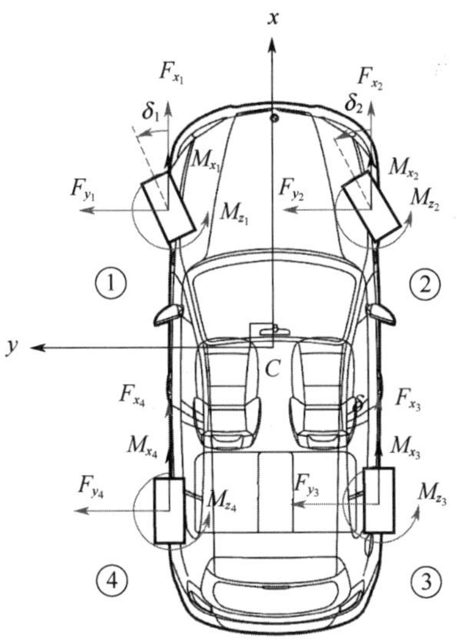

图 11.46　轮胎印记处的实际力系俯视图

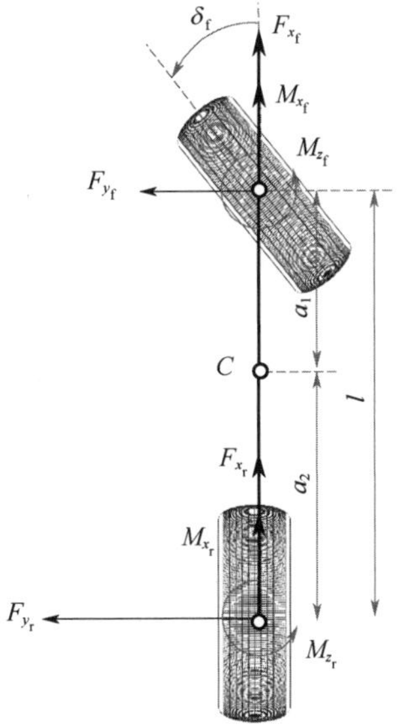

图 11.47　带有侧倾和转向旋转车辆的两轮模型示意图

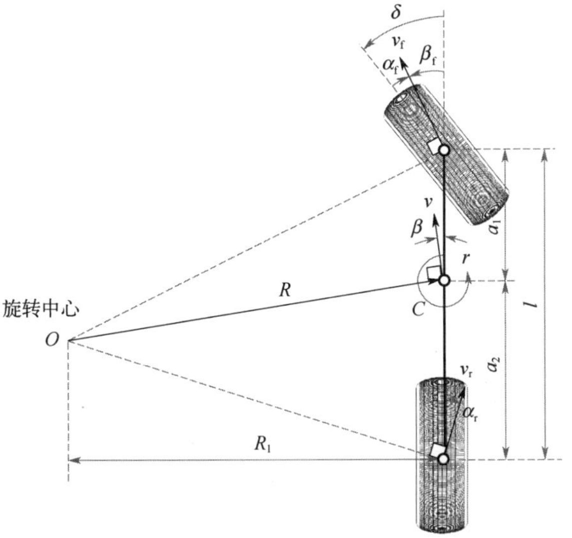

图 11.48　车辆的两轮理想模型示意图

作用在仅前轮转向的两轮模型上的力系为：

$$F_x = \sum_{i=1}^{2}(F_{x_i}\cos\delta - F_{y_i}\sin\delta) \tag{11-655}$$

$$F_y = \sum_{i=1}^{2} F_{y_i} \tag{11-656}$$

$$M_x = M_{x_f} + M_{x_r} - wc_f\dot{\varphi} - wk_f\varphi \tag{11-657}$$

$$M_z = a_1 F_{y_f} - a_2 F_{y_r} \tag{11-658}$$

其中，(F_{x_f}, F_{x_f}) 和 (F_{y_f}, F_{y_f}) 是作用在前后轮轮胎印记处的平面力。如果转向角 δ 非常小，还可以做以下近似：

$$F_x \approx F_{x_f} + F_{x_f} \tag{11-659}$$

$$F_y \approx F_{y_f} + F_{y_f} \tag{11-660}$$

$$M_x \approx C_{T_f} F_{y_f} + C_{T_r} F_{y_r} - c_\varphi \dot{\varphi} - k_\varphi \varphi \tag{11-661}$$

$$M_z = a_1 F_{y_f} - a_2 F_{y_r} \tag{11-662}$$

车辆侧向力 F_y 和力矩 M_z 依赖于前后轮的侧向力 F_{y_f}和F_{y_f}，而它们又是侧滑角 α_f 和 α_r 的函数。它们可以近似地用以下方程式表示：

$$\begin{aligned} F_y = {} & \left(\frac{a_2}{v_x} C_{\alpha_r} - \frac{a_1}{v_x} C_{\alpha_f}\right) r + \left(\frac{C_{\alpha_f} C_{\beta_f}}{v_x} + \frac{C_{\alpha_r} C_{\beta_r}}{v_x}\right) p - (C_{\alpha_f} + C_{\alpha_r})\beta + \\ & (C_{\alpha_f} C_{\delta_{\varphi_f}} - C_{\varphi_r} - C_{\varphi_f} + C_{\alpha_r} C_{\delta_{\varphi_r}})\varphi + C_{\alpha_f} \delta \end{aligned} \tag{11-663}$$

$$\begin{aligned} M_x = {} & \left(\frac{a_2}{v_x} C_{T_r} C_{\alpha_r} - \frac{a_1}{v_x} C_{T_f} C_{\alpha_f}\right) r + \left(\frac{C_{\alpha_f} C_{T_f} C_{\beta_f}}{v_x} + \frac{C_{\alpha_r} C_{T_r} C_{\beta_r}}{v_x} - c_\varphi\right) p - \\ & [C_{T_f}(C_{\varphi_f} - C_{\alpha_f} C_{\delta_{\varphi_f}}) + C_{T_r}(C_{\varphi_r} - C_{\alpha_r} C_{\delta_{\varphi_r}}) + k_\varphi]\varphi - (C_{T_f} C_{\alpha_r} + C_{T_r} C_{\alpha_f})\beta + C_{T_f} C_{\alpha_f} \delta \end{aligned} \tag{11-664}$$

$$\begin{aligned} M_z = {} & -\left(\frac{a_1^2}{v_x} C_{\alpha_f} + \frac{a_2^2}{v_x} C_{\alpha_r}\right) r + \left(\frac{a_1}{v_x} C_{\beta_f} C_{\alpha_f} - \frac{a_2}{v_x} C_{\beta_r} C_{\alpha_r}\right) p + (a_2 C_{\alpha_r} - a_1 C_{\alpha_f})\beta + \\ & [a_2(C_{\varphi_r} - C_{\alpha_r} C_{\delta_{\varphi_r}}) - a_1(C_{\varphi_f} - C_{\alpha_f} C_{\delta_{\varphi_f}})]\varphi + a_1 C_{\alpha_f} \delta \end{aligned} \tag{11-665}$$

式中，$C_{\alpha_f} = C_{\alpha_{fL}} + C_{\alpha_{fR}}$ 且 $C_{\alpha_r} = C_{\alpha_{rL}} + C_{\alpha_{rR}}$ 。

证明 80：对于两轮模型，利用外侧转向角余弦平均公式（7-3）找到唯一的转向角 δ：

$$\cot\delta = \frac{\cot\delta_o + \cot\delta_i}{2} \tag{11-666}$$

此外，还定义唯一的前后轮侧滑系数 C_{α_f}和C_{α_r}，它们分别等于左右两侧车轮侧滑系数之和：

$$C_{\alpha_f} = C_{\alpha_{fL}} + C_{\alpha_{fR}} \tag{11-667}$$

$$C_{\alpha_r} = C_{\alpha_{rL}} + C_{\alpha_{rR}} \tag{11-668}$$

利用式（11-595）～式（11-600）可以得到可侧倾的两轮模型的纵向和侧向力：

$$F_x = F_{x_f} \cos\delta + F_{x_r} - F_{y_f} \sin\delta \tag{11-669}$$

$$F_y = F_{y_f} + F_{y_r} \tag{11-670}$$

垂旋方程并不影响车辆的侧倾。可以忽略力矩 M_{z_i} 并且假设向前的力对于左右车轮而言是相等的，这种假设同样适用于后轮。因此，多项式 $\sum_i y_i F_{x_i}$ 相互抵消，也就使得垂旋力矩简化成：

$$M_z = a_1 F_{y_f} - a_2 F_{y_r} \tag{11-671}$$

车辆侧滑力矩是滑动力矩和外倾角力矩在前后轮之和，它随着左右轮的垂直载荷 $y_i F_{z_i}$ 改变而改变，再假设它和车轮侧向力成正比，那么就可以写成：

$$M_{x_\mathrm{f}}=C_{T_\mathrm{f}}F_{y_\mathrm{f}} \tag{11-672}$$

$$M_{x_\mathrm{r}}=C_{T_\mathrm{r}}F_{y_\mathrm{r}} \tag{11-673}$$

式中，C_{T_f} 和 C_{T_r} 分别是前后轮总的扭矩系数：

$$C_{T_\mathrm{f}}=\frac{\mathrm{d}M_{x_\mathrm{f}}}{\mathrm{d}F_{y_\mathrm{f}}} \tag{11-674}$$

$$C_{T_\mathrm{r}}=\frac{\mathrm{d}M_{x_\mathrm{r}}}{\mathrm{d}F_{y_\mathrm{r}}} \tag{11-675}$$

侧倾力矩随着左右车轮的垂直载荷变化而变化，这是弹簧和阻尼器受力变化的结果。这些不平衡力产生的侧倾力矩刚度和车辆的侧倾角度成正比：

$$M_{x_\mathrm{k}}=-k_\varphi\varphi \tag{11-676}$$

$$M_{x_\mathrm{c}}=-c_\varphi\dot{\varphi} \tag{11-677}$$

式中，k_φ 和 c_φ 分别为车辆的侧倾刚度和侧倾阻尼。

$$k_\varphi=wk=w(k_\mathrm{f}+k_\mathrm{r}) \tag{11-678}$$

$$c_\varphi=wc=w(c_\mathrm{f}+c_\mathrm{r}) \tag{11-679}$$

式中，w 是车辆的轮距，k 和 c 是前后轮弹簧刚度和减振器阻尼之和。

因此，车辆的侧倾力矩是由这些力矩之和组成的：

$$\begin{aligned}M_x&=M_{x_\mathrm{f}}+M_{x_\mathrm{r}}+M_{x_\mathrm{c}}+M_{x_\mathrm{k}}\\&=C_{T_\mathrm{f}}F_{y_\mathrm{f}}+C_{T_\mathrm{r}}F_{y_\mathrm{r}}-w(c_\mathrm{f}+c_\mathrm{r})\dot{\varphi}-w(k_\mathrm{f}+k_\mathrm{r})\varphi\end{aligned} \tag{11-680}$$

如果假设转向角很小，那么车辆的力系就可以近似地写成以下方程组：

$$F_x\approx F_{x_\mathrm{f}}+F_{x_\mathrm{r}} \tag{11-681}$$

$$F_y\approx F_{y_\mathrm{f}}+F_{y_\mathrm{r}} \tag{11-682}$$

$$M_x\approx C_{T_\mathrm{f}}F_{y_\mathrm{f}}+C_{T_\mathrm{r}}F_{y_\mathrm{r}}-c_\varphi\dot{\varphi}-k_\varphi\varphi \tag{11-683}$$

$$M_z\approx a_1F_{y_\mathrm{f}}-a_2F_{y_\mathrm{r}} \tag{11-684}$$

将侧向力式（11-631）代入式（11-681）～式（11-684）中就可以得到以下力系：

$$F_x=F_{x_\mathrm{f}}+F_{x_\mathrm{r}} \tag{11-685}$$

$$\begin{aligned}F_y&=F_{y_\mathrm{f}}+F_{y_\mathrm{r}}=-C_{\alpha_\mathrm{f}}\alpha_\mathrm{f}-C_{\varphi_\mathrm{f}}\varphi-C_{\alpha_\mathrm{r}}\alpha_\mathrm{r}-C_{\varphi_\mathrm{r}}\varphi\\&=-C_{\alpha_\mathrm{f}}\left(\beta+a_1\frac{r}{v_x}-C_{\beta_\mathrm{f}}\frac{p}{v_x}-\delta-C_{\delta_{\varphi_\mathrm{f}}}\varphi\right)-C_{\varphi_\mathrm{f}}\varphi-C_{\alpha_\mathrm{r}}\left(\beta-a_2\frac{r}{v_x}-C_{\beta_\mathrm{r}}\frac{p}{v_x}-C_{\delta_{\varphi_\mathrm{r}}}\varphi\right)-C_{\varphi_\mathrm{r}}\varphi\\&=\left(\frac{a_2}{v_x}C_{\alpha_\mathrm{r}}-\frac{a_1}{v_x}C_{\alpha_\mathrm{f}}\right)r+\left(\frac{C_{\alpha_\mathrm{f}}C_{\beta_\mathrm{f}}}{v_x}+\frac{C_{\alpha_\mathrm{r}}C_{\beta_\mathrm{r}}}{v_x}\right)p-(C_{\alpha_\mathrm{f}}+C_{\alpha_\mathrm{r}})\beta+\\&\quad(C_{\alpha_\mathrm{f}}C_{\delta_{\varphi_\mathrm{f}}}-C_{\varphi_\mathrm{r}}-C_{\varphi_\mathrm{f}}+C_{\alpha_\mathrm{r}}C_{\delta_{\varphi_\mathrm{r}}})\varphi+C_{\alpha_\mathrm{f}}\delta\end{aligned} \tag{11-686}$$

$$\begin{aligned}M_x &= C_{T_f}F_{y_f} + C_{T_r}F_{y_r} - C_\varphi\dot{\varphi} - k_\varphi\varphi \\ &= -C_{T_f}\left[C_{\alpha_f}\left(\beta + a_1\frac{r}{v_x} - C_{\beta_f}\frac{p}{v_x} - \delta - C_{\delta_{\varphi_f}}\varphi\right) + C_{\varphi_f}\varphi\right] - \\ &\quad C_{T_r}\left[C_{\alpha_r}\left(\beta - a_2\frac{r}{v_x} - C_{\beta_r}\frac{p}{v_x} - C_{\delta_{\varphi_r}}\varphi\right) + C_{\varphi_r}\varphi\right] - C_\varphi p - k_\varphi\varphi \\ &= \left(\frac{a_2}{v_x}C_{T_r}C_{\alpha_r} - \frac{a_1}{v_x}C_{T_f}C_{\alpha_f}\right)r + \left(\frac{C_{\alpha_f}C_{T_f}C_{\beta_f}}{v_x} + \frac{C_{\alpha_r}C_{T_r}C_{\beta_r}}{v_x} - C_\varphi\right)p - \\ &\quad [C_{T_f}(C_{\varphi_f} - C_{\alpha_f}C_{\delta_{\varphi_f}}) + C_{T_r}(C_{\varphi_r} - C_{\alpha_r}C_{\delta_{\varphi_r}}) + k_\varphi]\varphi - (C_{T_f}C_{\alpha_r} + C_{T_r}C_{\alpha_f})\beta + C_{T_f}C_{\alpha_f}\delta\end{aligned} \tag{11-687}$$

$$\begin{aligned}M_z &= a_1F_{y_f} - a_2F_{y_r} \\ &= -a_1\left[C_{\alpha_f}\left(\beta + a_1\frac{r}{v_x} - C_{\beta_f}\frac{p}{v_x} - \delta - C_{\delta_{\varphi_f}}\varphi\right) + C_{\varphi_f}\varphi\right] + \\ &\quad a_2\left[C_{\alpha_r}\left(\beta - a_2\frac{r}{v_x} - C_{\beta_r}\frac{p}{v_x} - \delta - C_{\delta_{\varphi_r}}\varphi\right) + C_{\varphi_f}\varphi\right] \\ &= -\left(\frac{a_1^2}{v_x}C_{\alpha_f} + \frac{a_2^2}{v_x}C_{\alpha_r}\right)r + \left(\frac{a_1}{v_x}C_{\beta_f}C_{\alpha_f} - \frac{a_2}{v_x}C_{\beta_r}C_{\alpha_r}\right)p + (a_2C_{\alpha_r} - a_1C_{\alpha_f})\beta + \\ &\quad [a_2(C_{\varphi_r} - C_{\alpha_r}C_{\delta_{\varphi_r}}) - a_1(C_{\varphi_f} - C_{\alpha_f}C_{\delta_{\varphi_f}})]\varphi + a_1C_{\alpha_f}\delta\end{aligned} \tag{11-688}$$

式中，参数C_{α_f}和C_{α_r}分别为前后轮的侧滑刚度，r为垂旋角速度，p为侧倾角速度，φ为侧倾角度，δ为转向角，β为车辆侧滑角。

以上方程组依赖于5个参数：r、p、φ、δ、β，因此，也可以写成：

$$\begin{aligned}F_y &= F_y(r,p,\varphi,\delta,\beta) = \frac{\partial F_y}{\partial r}r + \frac{\partial F_y}{\partial p}p + \frac{\partial F_y}{\partial \beta}\beta + \frac{\partial F_y}{\partial \varphi}\varphi + \frac{\partial F_y}{\partial \delta}\delta \\ &= C_r r + C_p p + C_\beta\beta + C_\varphi\varphi + C_\delta\delta\end{aligned} \tag{11-689}$$

$$\begin{aligned}M_x &= M_x(r,p,\varphi,\delta,\beta) = \frac{\partial M_x}{\partial r}r + \frac{\partial M_x}{\partial p}p + \frac{\partial M_x}{\partial \beta}\beta + \frac{\partial M_x}{\partial \varphi}\varphi + \frac{\partial M_x}{\partial \delta}\delta \\ &= E_r r + E_p p + E_\beta\beta + E_\varphi\varphi + E_\delta\delta\end{aligned} \tag{11-690}$$

$$\begin{aligned}M_z &= M_z(r,p,\varphi,\delta,\beta) = \frac{\partial M_z}{\partial r}r + \frac{\partial M_z}{\partial p}p + \frac{\partial M_z}{\partial \beta}\beta + \frac{\partial M_z}{\partial \varphi}\varphi + \frac{\partial M_z}{\partial \delta}\delta \\ &= D_r r + D_p p + D_\beta\beta + D_\varphi\varphi + D_\delta\delta\end{aligned} \tag{11-691}$$

这些系数分别为：

$$C_r = \frac{\partial F_y}{\partial r} = \frac{a_2}{v_x}C_{\alpha_r} - \frac{a_1}{v_x}C_{\alpha_f} \tag{11-692}$$

$$C_p = \frac{\partial F_y}{\partial p} = \frac{C_{\alpha_f}C_{\beta_f}}{v_x} + \frac{C_{\alpha_r}C_{\beta_r}}{v_x} \tag{11-693}$$

$$C_\beta = \frac{\partial F_y}{\partial \beta} = -(C_{\alpha_f} + C_{\alpha_r}) \tag{11-694}$$

$$C_\varphi = \frac{\partial F_y}{\partial \varphi} = C_{\alpha_f}C_{\delta_{\varphi_f}} + C_{\alpha_r}C_{\delta_{\varphi_r}} - C_{\varphi_r} - C_{\varphi_f} \tag{11-695}$$

$$C_\delta = \frac{\partial F_y}{\partial \delta} = C_{\alpha_f} \tag{11-696}$$

$$E_r = \frac{\partial M_x}{\partial r} = \frac{a_2}{v_x} C_{T_r} C_{\alpha_r} - \frac{a_1}{v_x} C_{T_f} C_{\alpha_f} \tag{11-697}$$

$$E_p = \frac{\partial M_x}{\partial p} = \frac{C_{\alpha_f} C_{T_f} C_{\beta_f}}{v_x} + \frac{C_{\alpha_r} C_{T_r} C_{\beta_r}}{v_x} - c_\varphi \tag{11-698}$$

$$E_\beta = \frac{\partial M_x}{\partial \beta} = -(C_{T_f} C_{\alpha_r} + C_{T_r} C_{\alpha_f}) \tag{11-699}$$

$$E_\varphi = \frac{\partial M_x}{\partial \varphi} = -C_{T_f}(C_{\varphi_f} - C_{\alpha_f} C_{\delta_{\varphi_f}}) - C_{T_r}(C_{\varphi_r} - C_{\alpha_r} C_{\delta_{\varphi_r}}) - k_\varphi \tag{11-700}$$

$$E_\delta = \frac{\partial M_x}{\partial \delta} = C_{T_f} C_{\alpha_f} \tag{11-701}$$

$$D_r = \frac{\partial M_z}{\partial r} = -\left(\frac{a_1^2}{v_x} C_{\alpha_f} + \frac{a_2^2}{v_x} C_{\alpha_r}\right) \tag{11-702}$$

$$D_p = \frac{\partial M_z}{\partial p} = \frac{a_1}{v_x} C_{\beta_f} C_{\alpha_f} - \frac{a_2}{v_x} C_{\beta_r} C_{\alpha_r} \tag{11-703}$$

$$D_\beta = \frac{\partial M_z}{\partial \beta} = a_2 C_{\alpha_r} - a_1 C_{\alpha_f} \tag{11-704}$$

$$D_\varphi = \frac{\partial M_z}{\partial \varphi} = a_2(C_{\varphi_r} - C_{\alpha_r} C_{\delta_{\varphi_r}}) - a_1(C_{\varphi_f} - C_{\alpha_f} C_{\delta_{\varphi_f}}) \tag{11-705}$$

$$D_\delta = \frac{\partial M_z}{\partial \delta} = a_1 C_{\alpha_f} \tag{11-706}$$

力系的系数为侧向力 F_y、侧倾力矩 M_x、转向力矩 M_z 对参数 r、p、φ、δ、β 的偏导数，也就是斜率。

11.11 两轮刚体车辆动力学

将式（11-555）～式（11-558）加上式（11-659）～式（11-665）作为两轮可侧倾刚体车辆的运动方程，然后用以下方程组来表示车辆的运动：

$$\dot{v}_x = \frac{1}{m} F_x + r v_y = \frac{1}{m}(F_{x_f} + F_{x_r}) + r v_y \tag{11-707}$$

$$\begin{bmatrix} \dot{v}_y \\ \dot{p} \\ \dot{\varphi} \\ \dot{r} \end{bmatrix} = \begin{bmatrix} \dfrac{C_\beta}{m v_x} & \dfrac{C_p}{m} & \dfrac{C_\varphi}{m} & \dfrac{C_r}{m} - v_x \\ \dfrac{E_\beta}{I_x v_x} & \dfrac{E_p}{I_x} & \dfrac{E_\varphi}{I_x} & \dfrac{E_r}{I_x} \\ 0 & 1 & 0 & 0 \\ \dfrac{D_\beta}{I_z v_x} & \dfrac{D_p}{I_z} & \dfrac{D_\varphi}{I_z} & \dfrac{D_r}{I_z} \end{bmatrix} \begin{bmatrix} v_y \\ p \\ \varphi \\ r \end{bmatrix} + \begin{bmatrix} \dfrac{C_\delta}{m} \\ \dfrac{E_\delta}{I_x} \\ 0 \\ \dfrac{D_\delta}{I_z} \end{bmatrix} \delta \tag{11-708}$$

这些方程组对于分析车辆运动非常有用，特别是当车辆以一定速度向前行驶时。

假设

$$\dot{v}_x = 0 \tag{11-709}$$

式（11-707）就变成了一个独立的代数方程，而车辆的侧向速度v_y、侧倾角速度p、侧倾角φ、垂旋角速度r将会随着4个耦合的式（11-708）而改变。

假设转向角δ为输入指令，其他变量v_y、p、φ、r则看成输出变量。因此，可以将式（11-708）看成线性控制系统，写成方程的形式为：

$$\dot{\boldsymbol{q}} = \boldsymbol{A}\boldsymbol{q} + \boldsymbol{u} \tag{11-710}$$

式中，$\boldsymbol{A}$为系数矩阵，$\boldsymbol{q}$为控制变量矢量，而$\boldsymbol{u}$则是输入矢量。

$$\boldsymbol{A} = \begin{bmatrix} \dfrac{C_\beta}{mv_x} & \dfrac{C_p}{m} & \dfrac{C_\varphi}{m} & \dfrac{C_r}{m} - v_x \\ \dfrac{E_\beta}{I_x v_x} & \dfrac{E_p}{I_x} & \dfrac{E_\varphi}{I_x} & \dfrac{E_r}{I_x} \\ 0 & 1 & 0 & 0 \\ \dfrac{D_\beta}{I_z v_x} & \dfrac{D_p}{I_z} & \dfrac{D_\varphi}{I_z} & \dfrac{D_r}{I_z} \end{bmatrix} \tag{11-711}$$

$$\boldsymbol{q} = \begin{bmatrix} v_y \\ p \\ \varphi \\ r \end{bmatrix} \tag{11-712}$$

$$\boldsymbol{u} = \begin{bmatrix} \dfrac{C_\delta}{m} \\ \dfrac{E_\delta}{I_x} \\ 0 \\ \dfrac{D_\delta}{I_z} \end{bmatrix} \delta \tag{11-713}$$

证明 81：刚体车辆在原点位于质心C处，车辆坐标系B中的牛顿-欧拉运动方程如式（11-555）～式（11-558）所示：

$$F_x = m\dot{v}_x - mrv_y \tag{11-714}$$

$$F_y = m\dot{v}_y + mrv_x \tag{11-715}$$

$$M_z = I_z\dot{\omega}_z = I_z\dot{r} \tag{11-716}$$

$$M_x = I_x\dot{\omega}_x = I_x\dot{p} \tag{11-717}$$

作用在车辆上的力系近似的两轮模型如式（11-659）～式（11-662）所示：

$$F_x \approx F_{x_\mathrm{f}} + F_{x_\mathrm{f}} \tag{11-718}$$

$$F_y \approx F_{y_\mathrm{f}} + F_{y_\mathrm{f}} \tag{11-719}$$

$$M_x \approx C_{T_\mathrm{f}} F_{y_\mathrm{f}} + C_{T_\mathrm{r}} F_{y_\mathrm{r}} - c_\varphi \dot{\varphi} - k_\varphi \varphi \tag{11-720}$$

$$M_z \approx a_1 F_{y_\mathrm{f}} - a_2 F_{y_\mathrm{r}} \tag{11-721}$$

根据前面的轮胎参数引进后得到式（11-663）～式（11-665）。简化后如式（11-689）～

式（11-691）所示：

$$F_y = C_r r + C_p p + C_\beta \beta + C_\varphi \varphi + C_\delta \delta \tag{11-722}$$

$$M_x = E_r r + E_p p + E_\beta \beta + E_\varphi \varphi + E_\delta \delta \tag{11-723}$$

$$M_z = D_r r + D_p p + D_\beta \beta + D_\varphi \varphi + D_\delta \delta \tag{11-724}$$

将式（11-722）～式（11-724）代入方程（11-714）～方程（11-717）就可以得到以下运动方程组：

$$m\dot{v}_x - mrv_y = F_x \tag{11-725}$$

$$m\dot{v}_y + mrv_x = C_r r + C_p p + C_\beta \beta + C_\varphi \varphi + C_\delta \delta \tag{11-726}$$

$$I_x \dot{p} = E_r r + E_p p + E_\beta \beta + E_\varphi \varphi + E_\delta \delta \tag{11-727}$$

$$I_z \dot{r} = D_r r + D_p p + D_\beta \beta + D_\varphi \varphi + D_\delta \delta \tag{11-728}$$

再利用：

$$\beta = \frac{v_y}{v_x} \tag{11-729}$$

就可以将这些方程转换为一组变量为 v_x、v_y、p、r 的微分方程组：

$$\dot{v}_x = \frac{F_x}{m} + rv_y \tag{11-730}$$

$$\dot{v}_y = \left(\frac{C_r}{m} - v_x\right) r + \frac{C_p}{m} p + \frac{C_\beta}{m}\frac{v_y}{v_x} + \frac{C_\varphi}{m}\varphi + \frac{C_\delta}{m}\delta \tag{11-731}$$

$$\dot{p} = \frac{1}{I_x}\left(E_r r + E_p p + E_\beta \frac{v_y}{v_x} + E_\varphi \varphi + E_\delta \delta\right) \tag{11-732}$$

$$\dot{r} = \frac{1}{I_z}\left(D_r r + D_p p + D_\beta \frac{v_y}{v_x} + D_\varphi \varphi + D_\delta \delta\right) \tag{11-733}$$

式（11-730）依赖于垂旋角速度和侧向速度 v_y，而侧向速度又是式（11-731）～式（11-733）的输出。如果假设车辆以一定车速向前行驶：

$$v_x = \text{常数} \tag{11-734}$$

那么式（11-731）～式（11-733）就可以脱离和式（11-730）的联系，独立出来，从而可以把式（11-730）当作独立方程来对待。

式（11-731）～式（11-733）是三个相互关联的微分方程组用以描述动态系统的行为。动态系统在受到转向角 δ 的指令后，利用 v_x 为桥梁衍生出 v_y、p、r、φ：

$$\begin{bmatrix} \dot{v}_y \\ \dot{p} \\ \dot{\varphi} \\ \dot{r} \end{bmatrix} = \begin{bmatrix} \dfrac{C_\beta}{mv_x} & \dfrac{C_p}{m} & \dfrac{C_\varphi}{m} & \dfrac{C_r}{m} - v_x \\ \dfrac{E_\beta}{I_x v_x} & \dfrac{E_p}{I_x} & \dfrac{E_\varphi}{I_x} & \dfrac{E_r}{I_x} \\ 0 & 1 & 0 & 0 \\ \dfrac{D_\beta}{I_z v_x} & \dfrac{D_p}{I_z} & \dfrac{D_\varphi}{I_z} & \dfrac{D_r}{I_z} \end{bmatrix} \begin{bmatrix} v_y \\ p \\ \varphi \\ r \end{bmatrix} + \begin{bmatrix} \dfrac{C_\delta}{m} \\ \dfrac{E_\delta}{I_x} \\ 0 \\ \dfrac{D_\delta}{I_z} \end{bmatrix} \delta \tag{11-735}$$

式（11-735）展现出输入与输出之间的关系：

$$\dot{\boldsymbol{q}} = \boldsymbol{A}\boldsymbol{q} + \boldsymbol{u} \tag{11-736}$$

式中，$\boldsymbol{A}$ 为控制变量系数矩阵，$\boldsymbol{q}$ 为控制变量矢量，而 $\boldsymbol{u}$ 则是输入矢量。

案例 474 基于运动学角度的运动方程。

式（11-735）也可以表示成由角度 β、p、φ、r 以及 δ 作为参数的另一种形式。

这里利用式（11-729）两边同时求导，同时假设 v_x 为常数。

$$\dot{\beta} = \frac{\dot{v}_y}{v_x} \tag{11-737}$$

将它代入式（11-726）替换掉 $\dot{v}_y$ 就可以得到转换成 $\dot{\beta}$ 的方程：

$$mv_x\dot{\beta} + mrv_x = C_r r + C_p p + C_\beta \beta + C_\varphi \varphi + C_\delta \delta \tag{11-738}$$

因此，运动方程组就可以表达成以下角度变量的形式：

$$\begin{bmatrix} \dot{\beta} \\ \dot{p} \\ \dot{\varphi} \\ \dot{r} \end{bmatrix} = \begin{bmatrix} \frac{C_\beta}{mv_x} & \frac{C_p}{mv_x} & \frac{C_\varphi}{mv_x} & \frac{C_r}{mv_x}-1 \\ \frac{E_\beta}{I_x} & \frac{E_p}{I_x} & \frac{E_\varphi}{I_x} & \frac{E_r}{I_x} \\ 0 & 1 & 0 & 0 \\ \frac{D_\beta}{I_z} & \frac{D_p}{I_z} & \frac{D_\varphi}{I_z} & \frac{D_r}{I_z} \end{bmatrix} \begin{bmatrix} \beta \\ p \\ \varphi \\ r \end{bmatrix} + \begin{bmatrix} \frac{C_\delta}{mv_x} \\ \frac{E_\delta}{I_x} \\ 0 \\ \frac{D_\delta}{I_z} \end{bmatrix} \delta \tag{11-739}$$

11.12 运动中的稳态

前轮转向、两轮模型、可侧倾刚体车辆运动中的稳态，由以下方程掌控：

$$F_x = -mrv_y \tag{11-740}$$

$$C_r r + C_\beta \beta + C_\varphi \varphi + C_\delta \delta = mrv_x \tag{11-741}$$

$$E_r r + E_\beta \beta + E_\varphi \varphi + E_\delta \delta = 0 \tag{11-742}$$

$$D_r r + D_\beta \beta + D_\varphi \varphi + D_\delta \delta = 0 \tag{11-743}$$

将

$$r = \frac{v_x}{R} \tag{11-744}$$

代入调整变换一下可得到另一种形式：

$$F_x = -\frac{m}{R} v_x v_y \tag{11-745}$$

$$(C_r v_x - mv_x^2)\frac{1}{R} + C_\beta \beta + C_\varphi \varphi = -C_\delta \delta \tag{11-746}$$

$$E_r \frac{v_x}{R} + E_\beta \beta + E_\varphi \varphi = -E_\delta \delta \tag{11-747}$$

$$D_r \frac{v_x}{R} + D_\beta \beta + D_\varphi \varphi = -D_\delta \delta \tag{11-748}$$

式（11-745）给出了维持前进速度 v_x 一定时所需的牵引力。式（11-746）～式（11-748）给出了在一定的转向输入 δ 情况下的稳态输出变量：路径曲率半径 κ、车辆侧滑角 β、车辆侧倾角速度 p 以及车辆侧倾角 φ。

$$\kappa = \frac{1}{R} = \frac{r}{v_x} \tag{11-749}$$

输出与输入的关系用以下响应表示：

① 曲率响应 S_κ：

$$S_\kappa = \frac{\kappa}{\delta} = \frac{1}{R\delta} = -\frac{Z_1}{v_x Z_0} \tag{11-750}$$

② 姿态角响应 S_β：

$$S_\beta = \frac{\beta}{\delta} = \frac{Z_2}{Z_0} \tag{11-751}$$

③ 角速度响应 S_r：

$$S_r = \frac{r}{\delta} = \frac{\kappa}{\delta} v_x = S_\kappa v_x = -\frac{Z_1}{Z_0} \tag{11-752}$$

④ 侧向加速度响应 S_a：

$$S_a = \frac{v_x^2 / R}{\delta} = \frac{\kappa}{\delta} v_x^2 = S_\kappa v_x^2 = -\frac{v_x Z_1}{Z_0} \tag{11-753}$$

⑤ 侧倾角响应 S_φ：

$$S_\varphi = \frac{\varphi}{\delta} = -\frac{Z_3}{Z_0} \tag{11-754}$$

其中：

$$Z_0 = E_\beta (D_r C_\varphi - C_r D_\varphi + m v_x D_\varphi) + E_\varphi (D_\beta C_r - C_\beta D_r - m v_x D_\beta) + E_r (D_\varphi C_\beta - C_\varphi D_\beta) \tag{11-755}$$

$$Z_1 = E_\beta (D_\delta C_\varphi - v_x C_\delta D_\varphi) - E_\varphi (D_\delta C_\beta - v_x C_\delta D_\beta) + E_\delta (D_\varphi C_\beta - C_\varphi D_\beta) \tag{11-756}$$

$$Z_2 = E_\varphi (v_x D_r C_\delta - C_r D_\delta + m v_x D_\delta) + E_r (D_\delta C_\varphi - v_x C_\delta D_\varphi) + E_\delta (C_r D_\varphi - D_r C_\varphi - m v_x D_\varphi) \tag{11-757}$$

$$Z_3 = E_\beta (v_x D_r C_\delta - C_r D_\delta + m v_x D_\delta) + E_r (D_\delta C_\beta - v_x C_\delta D_\beta) + E_\delta (C_r D_\beta - D_r C_\beta + m v_x D_\beta) \tag{11-758}$$

证明 82：稳态条件下所有的变量都是常数，因此，它们的导数都是零。那么，式(11-714)～式（11-717）就可以简化成：

$$F_x = -m r v_y \tag{11-759}$$

$$F_y = m r v_x \tag{11-760}$$

$$M_x = 0 \tag{11-761}$$

$$M_z = 0 \tag{11-762}$$

这里的侧向力 F_y、侧倾力矩 M_x、转角力矩 M_z 根据式（11-722）～式（11-724）有：

$$F_y = C_r r + C_\beta \beta + C_\varphi \varphi + C_\delta \delta \tag{11-763}$$

$$M_x = E_r r + E_\beta \beta + E_\varphi \varphi + E_\delta \delta \tag{11-764}$$

$$M_z = D_r r + D_\beta \beta + D_\varphi \varphi + D_\delta \delta \tag{11-765}$$

因此，稳态下两轮刚体模型车辆运动方程可以描述为：

$$F_x = -mrv_y \tag{11-766}$$

$$C_r r + C_\beta \beta + C_\varphi \varphi + C_\delta \delta = mrv_x \tag{11-767}$$

$$E_r r + E_\beta \beta + E_\varphi \varphi + E_\delta \delta = 0 \tag{11-768}$$

$$D_r r + D_\beta \beta + D_\varphi \varphi + D_\delta \delta = 0 \tag{11-769}$$

式（11-766）可以用于计算所需的牵引力以维持稳定运动。而式（11-767）～式（11-769）则可以用于去确定车辆的稳态响应。稳态转向过程中，车辆将以速度 v_x 做半径为 R 的圆周运动，角速度为 r，它们之间的关系为：

$$v_x = Rr \tag{11-770}$$

代入上述三个方程后可得：

$$C_r \frac{v_x}{R} + C_\beta \beta + C_\varphi \varphi + C_\delta \delta = m\frac{v_x^2}{R} \tag{11-771}$$

$$E_r \frac{v_x}{R} + E_\beta \beta + E_\varphi \varphi + E_\delta \delta = 0 \tag{11-772}$$

$$D_r \frac{v_x}{R} + D_\beta \beta + D_\varphi \varphi + D_\delta \delta = 0 \tag{11-773}$$

将它们写成矩阵形式就有：

$$\begin{bmatrix} C_\beta & C_r v_x - mv_x^2 & C_\varphi \\ E_\beta & E_r v_x & E_\varphi \\ D_\beta & D_r v_x & D_\varphi \end{bmatrix} \begin{bmatrix} \beta \\ \kappa \\ \varphi \end{bmatrix} = \begin{bmatrix} -C_\delta \\ -E_\delta \\ -D_\delta \end{bmatrix} \delta \tag{11-774}$$

解出未知参数 β、κ、φ 就可以得到输入输出关系如式（11-750）～式（11-754）所示。

案例 475　一辆车的力系系数。

假设一辆前轮转向的四轮车辆带有以下参数：

$$C_{\alpha_{\mathrm{fL}}} = C_{\alpha_{\mathrm{fR}}} = 30000\mathrm{N/rad} \tag{11-775}$$

$$C_{\alpha_{\mathrm{rL}}} = C_{\alpha_{\mathrm{rR}}} = 40000\mathrm{N/rad} \tag{11-776}$$

$$m = 1000\mathrm{kg} \tag{11-777}$$

$$I_x = 600\mathrm{kg \cdot m^2} \tag{11-778}$$

$$I_z = 1200\mathrm{kg \cdot m^2} \tag{11-779}$$

$$a_1 = 1\mathrm{m} \tag{11-780}$$

$$a_2 = 1.5\mathrm{m} \tag{11-781}$$

$$k_\varphi = 30000\mathrm{N/rad} \tag{11-782}$$

$$c_\varphi = 2000\mathrm{N \cdot s/rad} \tag{11-783}$$

$$C_{\beta_{\mathrm{f}}} = -0.3 \tag{11-784}$$

$$C_{\beta_{\mathrm{r}}}=-0.2 \tag{11-785}$$

$$C_{T_{\mathrm{f}}}=-0.3 \tag{11-786}$$

$$C_{T_{\mathrm{r}}}=-0.2 \tag{11-787}$$

$$C_{\delta_{\varphi_{\mathrm{f}}}}=-0.3 \tag{11-788}$$

$$C_{\delta_{\varphi_{\mathrm{r}}}}=0 \tag{11-789}$$

$$C_{\varphi_{\mathrm{f}}}=-3000 \tag{11-790}$$

$$C_{\varphi_{\mathrm{r}}}=0 \tag{11-791}$$

$$v_x=20\mathrm{m/s} \tag{11-792}$$

$$\delta=0.1\mathrm{rad} \tag{11-793}$$

两轮车辆等价的侧滑系数为：

$$C_{\alpha_{\mathrm{f}}}=C_{\alpha_{\mathrm{fL}}}+C_{\alpha_{\mathrm{fR}}}=60000\mathrm{N/rad} \tag{11-794}$$

$$C_{\alpha_{\mathrm{r}}}=C_{\alpha_{\mathrm{rL}}}+C_{\alpha_{\mathrm{rR}}}=80000\mathrm{N/rad} \tag{11-795}$$

力系系数为：

$$C_r=3000 \tag{11-796}$$

$$C_p=-1700 \tag{11-797}$$

$$C_\beta=-140000 \tag{11-798}$$

$$C_\varphi=-15000 \tag{11-799}$$

$$C_\delta=60000 \tag{11-800}$$

$$E_r=-300 \tag{11-801}$$

$$E_p=-1570 \tag{11-802}$$

$$E_\beta=36000 \tag{11-803}$$

$$E_\varphi=-25500 \tag{11-804}$$

$$E_\delta=-18000 \tag{11-805}$$

$$D_r=-12000 \tag{11-806}$$

$$D_p=300 \tag{11-807}$$

$$D_\beta=60000 \tag{11-808}$$

$$D_\varphi=-15000 \tag{11-809}$$

$$D_\delta=60000 \tag{11-810}$$

Z_i 参数以及车辆稳态响应如下：

$$Z_0=6.5250\times10^{13} \tag{11-811}$$

$$Z_1 = -3.6 \times 10^{14} \tag{11-812}$$

$$Z_2 = -9 \times 10^{12} \tag{11-813}$$

$$Z_3 = 6.3 \times 10^{13} \tag{11-814}$$

$$S_\kappa = \frac{\kappa}{R} = \frac{1}{R\delta} = 0.2759 \tag{11-815}$$

$$S_\beta = \frac{\beta}{\delta} = -0.1379 \tag{11-816}$$

$$S_r = \frac{r}{\delta} = 5.5172 \tag{11-817}$$

$$S_a = \frac{v_x^2 / R}{\delta} = 110.3448 \tag{11-818}$$

$$S_\varphi = \frac{\varphi}{\delta} = -0.9655 \tag{11-819}$$

有了稳态响应，就可以计算出运动的稳态特性：

$$R = 36.25\text{m} \tag{11-820}$$

$$\beta = -0.0138\text{rad} \approx 0.7907° \tag{11-821}$$

$$r = 0.5517\text{rad/s} \tag{11-822}$$

$$a = v_x^2 / R = 11.0345\text{m/s}^2 \tag{11-823}$$

$$\varphi = -0.0966\text{rad} \approx -5.348° \tag{11-824}$$

案例 476 外倾角推力。

当车辆侧倾时，几乎所有类型的悬架都会出现一定的车轮外倾角，并且它与车辆的侧倾方向一致。车轮的外倾角一般比车辆侧倾角要小。另外，独立悬架的车轮外倾角比非独立悬架的要大一些。

在稳态下，前轮的外倾角将会增加车辆的不足转向特性，而后轮的外倾角则会增加车辆的过度转向特性。几乎所有车在弯道中都有这种现象，如果某车辆后轮竖直而前轮外倾，这样车辆随着车辆侧倾将会增加不足转向特性，使得车辆更加稳定。

案例 477 转向回正。

正的转向回正意味着当车辆绕 x-轴侧倾旋转时，车轮有绕 z-轴垂旋转向的性质。也就是说，当车辆向右转时，正的转向回正将会使得车轮有向左转向的力矩。

前轮具有正的转向回正将会增加车辆的不足转向特性，而后轮如果有正的转向回正将会增加车辆的过度转向特性。绝大部分车辆悬架会使得前轮具有正的转向回正。这些车辆在侧倾的过程中将会出现逐渐增加的不足转向特性，使得车辆更加稳定。

11.13 时间响应

我们需要对运动方程进行详细的数字化解析，以完成对车辆时间响应的分析，从而检验车辆对转向输入的瞬态反应。运动方程为前面所提到的方程组：

$$\dot{v}_x = \frac{F_x}{m} + r v_y \tag{11-825}$$

$$\begin{bmatrix} \dot{v}_y \\ \dot{p} \\ \dot{\varphi} \\ \dot{r} \end{bmatrix} = \begin{bmatrix} \frac{C_\beta}{m v_x} & \frac{C_p}{m} & \frac{C_\varphi}{m} & \frac{C_r}{m} - v_x \\ \frac{E_\beta}{I_x v_x} & \frac{E_p}{I_x} & \frac{E_\varphi}{I_x} & \frac{E_r}{I_x} \\ 0 & 1 & 0 & 0 \\ \frac{D_\beta}{I_z v_x} & \frac{D_p}{I_z} & \frac{D_\varphi}{I_z} & \frac{D_r}{I_z} \end{bmatrix} \begin{bmatrix} v_y \\ p \\ \varphi \\ r \end{bmatrix} + \begin{bmatrix} \frac{C_\delta}{m} \\ \frac{E_\delta}{I_x} \\ 0 \\ \frac{D_\delta}{I_z} \end{bmatrix} \delta \tag{11-826}$$

它的解为与转向角时变函数 $\delta(t)$ 相关的时变函数：

$$v_x = v_x(t) \tag{11-827}$$

$$v_y = v_y(t) \tag{11-828}$$

$$p = p(t) \tag{11-829}$$

$$\varphi = \varphi(t) \tag{11-830}$$

$$r = r(t) \tag{11-831}$$

这样的解称为车辆的时间响应或者瞬态响应。

假设车辆的前进速度一定，式（11-825）就可以化简为：

$$F_x = -m r v_y \tag{11-832}$$

而式（11-826）就可以从式（11-825）的联系中分离出来，它可以写成以下形式：

$$\dot{\boldsymbol{q}} = \boldsymbol{A}\boldsymbol{q} + \boldsymbol{u} \tag{11-833}$$

式中，$\boldsymbol{A}$ 为控制变量系数矩阵，$\boldsymbol{q}$ 为控制变量矢量，$\boldsymbol{u}$ 是输入矢量。

解反动力学问题求车辆的响应，就必须先知道转向时变函数 $\delta(t)$ 。

案例 478　自由响应。

当车辆以一定车速行驶且它的转向角 $\delta(t) = 0$ 时，该响应为自由响应。运动方程的形式为：

$$\dot{\boldsymbol{q}} = \boldsymbol{A}\boldsymbol{q} \tag{11-834}$$

要解出方程，先假设：

$$\boldsymbol{A} = \begin{bmatrix} a_{11} & a_{12} & a_{13} & a_{14} \\ a_{21} & a_{22} & a_{23} & a_{24} \\ a_{31} & a_{32} & a_{33} & a_{34} \\ a_{41} & a_{42} & a_{43} & a_{44} \end{bmatrix} \tag{11-835}$$

因此，运动方程就变成：

$$\begin{bmatrix} \dot{v}_y \\ \dot{q} \\ \dot{\varphi} \\ \dot{r} \end{bmatrix} = \begin{bmatrix} a_{11} & a_{12} & a_{13} & a_{14} \\ a_{21} & a_{22} & a_{23} & a_{24} \\ a_{31} & a_{32} & a_{33} & a_{34} \\ a_{41} & a_{42} & a_{43} & a_{44} \end{bmatrix} \begin{bmatrix} v_y \\ p \\ \varphi \\ r \end{bmatrix} \tag{11-836}$$

由于方程是线性的，那么它的解就是指数函数：

$$v_y = A_1 e^{\lambda t} \tag{11-837}$$

$$p = A_2 e^{\lambda t} \tag{11-838}$$

$$\varphi = A_3 e^{\lambda t} \tag{11-839}$$

$$r = A_4 e^{\lambda t} \tag{11-840}$$

将解的形式[式(11-837)～式(11-840)]代入原方程组求解就会发现，要解出式(11-836)，其实就是找到 $\boldsymbol{A}$ 的特征值 λ。为了找到 λ，先将系数矩阵变成行列式找到它的特征方程。

$$\det \boldsymbol{A} = 0 \tag{11-841}$$

有了特征值 λ_1、λ_2、λ_3、λ_4 就可以得到车辆自由响应的一般解形式：

$$v_y = A_{11} e^{\lambda_1 t} + A_{12} e^{\lambda_2 t} + A_{13} e^{\lambda_3 t} + A_{14} e^{\lambda_4 t} \tag{11-842}$$

$$p = A_{21} e^{\lambda_1 t} + A_{22} e^{\lambda_2 t} + A_{23} e^{\lambda_3 t} + A_{24} e^{\lambda_4 t} \tag{11-843}$$

$$\varphi = A_{31} e^{\lambda_1 t} + A_{32} e^{\lambda_2 t} + A_{33} e^{\lambda_3 t} + A_{34} e^{\lambda_4 t} \tag{11-844}$$

$$r = A_{41} e^{\lambda_1 t} + A_{42} e^{\lambda_2 t} + A_{43} e^{\lambda_3 t} + A_{44} e^{\lambda_4 t} \tag{11-845}$$

这里的系数 A_{ij} 可以通过初始条件确定。这个系数矩阵用大写字母 $\boldsymbol{S}$ 来表示，车辆的自由响应的解只要特征值有负的实数部分就是稳定的。

案例 479 假设一辆车的参数如式（11-775）～式（11-791）给出的那样，并且拥有以下转向角和前进车速：

$$v_x = 20\mathrm{m/s}, \quad \delta = 0.1\mathrm{rad} \tag{11-846}$$

将这些值代入运动方程中就有：

$$\begin{bmatrix} \dot{v}_y \\ \dot{p} \\ \dot{\varphi} \\ \dot{r} \end{bmatrix} = \begin{bmatrix} -7 & -1.7 & -15 & -17 \\ 3 & -2.6167 & -42.5 & -0.5 \\ 0 & 1 & 0 & 0 \\ 2.5 & 0.25 & -12.5 & -10 \end{bmatrix} \begin{bmatrix} v_y \\ p \\ \varphi \\ r \end{bmatrix} \tag{11-847}$$

解出系数矩阵的特征值：

$$\lambda_1 = -7.8456 + 5.8545\mathrm{i} \tag{11-848}$$

$$\lambda_2 = -7.8456 - 5.8545\mathrm{i} \tag{11-849}$$

$$\lambda_3 = -1.9627 + 6.5903\mathrm{i} \tag{11-850}$$

$$\lambda_4 = -1.9627 - 6.5903\mathrm{i} \tag{11-851}$$

因为特征值的实数部分都为负数，就可以确定车辆是稳定的。

将特征值代入式（11-842）～式（11-845）中，就可根据初始条件解出未知系数。为了检验车辆的自由响应，假设车辆的非零初始条件为：

$$\boldsymbol{q}_0 = \begin{bmatrix} v_y(0) \\ p(0) \\ \varphi(0) \\ r(0) \end{bmatrix} = \begin{bmatrix} 0 \\ 0.1 \\ 0 \\ 0 \end{bmatrix} \tag{11-852}$$

解出系数矩阵为（详情参看 MATLAB 脚本 38）：

$$S=\begin{bmatrix} 0.0234-0.0218i & 0.0234+0.0218i & -0.0234+0.0114i & -0.0234-0.0114i \\ -0.0097+0.0033i & -0.0097-0.0033i & 0.0597+0.0106i & 0.0597-0.0106i \\ 0.0010+0.0003i & 0.0010-0.0003i & -0.0010-0.0088i & -0.0010+0.0088i \\ -0.0063-0.0098i & -0.0063+0.0098i & 0.0063+0.0124i & 0.0063-0.0124i \end{bmatrix} \tag{11-853}$$

图 11.49～图 11.52 给出了该车辆的自由时间响应。

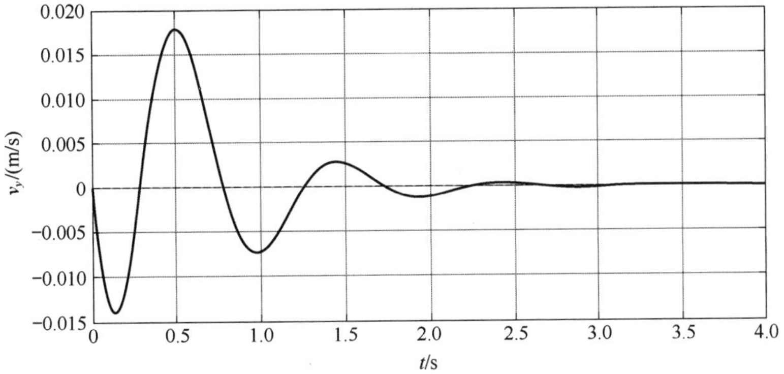

图 11.49 侧向速度的自由响应

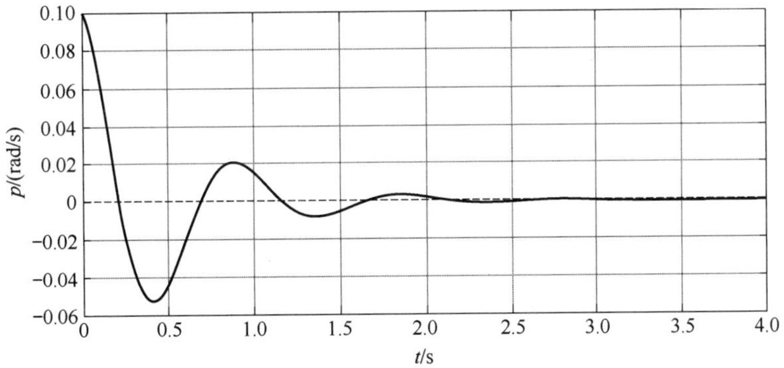

图 11.50 侧倾角速度的自由响应

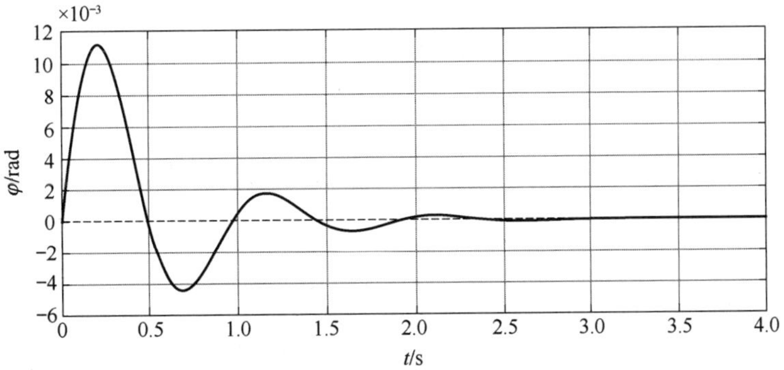

图 11.51 侧倾角的自由响应

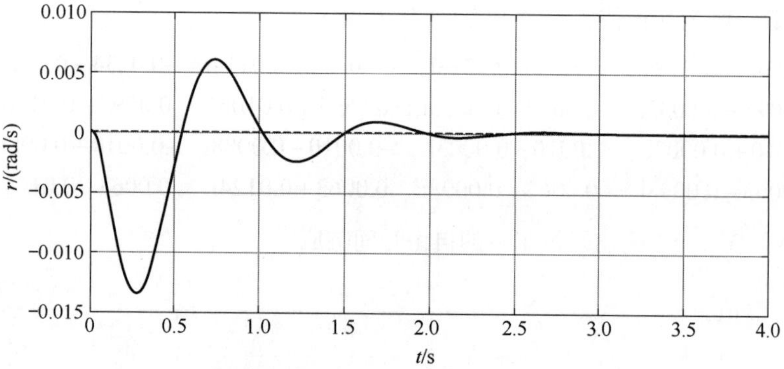

图 11.52 转向角速度的自由响应

案例 480 阶跃响应。

阶跃输入响应是一种标准测试检验动力学系统的行为。车辆的阶跃输入就是将转向角从零到非零定常值进行突然改变。

假设一辆车的特性如式（11-775）～式（11-791）给出的那样，突然改变的转向角如下：

$$\delta(t)=\begin{cases}0.1\text{rad}\approx 5.7296^\circ, & t>0\\ 0, & t\leqslant 0\end{cases} \tag{11-854}$$

假设非零初始条件为：

$$\boldsymbol{q}_0=\begin{bmatrix}v_y(0)\\ p(0)\\ \varphi(0)\\ r(0)\end{bmatrix}=\begin{bmatrix}0\\ 0.1\\ 0\\ 0\end{bmatrix} \tag{11-855}$$

运动方程为：

$$\begin{bmatrix}\dot{v}_y\\ \dot{p}\\ \dot{\varphi}\\ \dot{r}\end{bmatrix}=\begin{bmatrix}-7 & -1.7 & -15 & -17\\ 3 & -2.6167 & -42.5 & -0.5\\ 0 & 1 & 0 & 0\\ 2.5 & 0.25 & -12.5 & -10\end{bmatrix}\begin{bmatrix}v_y\\ p\\ \varphi\\ r\end{bmatrix}+\begin{bmatrix}60\\ -30\\ 0\\ 50\end{bmatrix}\delta(t) \tag{11-856}$$

假设方程解的形式为：

$$v_y=A_{11}\mathrm{e}^{\lambda_1 t}+A_{12}\mathrm{e}^{\lambda_2 t}+A_{13}\mathrm{e}^{\lambda_3 t}+A_{14}\mathrm{e}^{\lambda_4 t}+A_{15} \tag{11-857}$$

$$p=A_{21}\mathrm{e}^{\lambda_1 t}+A_{22}\mathrm{e}^{\lambda_2 t}+A_{23}\mathrm{e}^{\lambda_3 t}+A_{24}\mathrm{e}^{\lambda_4 t}+A_{25} \tag{11-858}$$

$$\varphi=A_{31}\mathrm{e}^{\lambda_1 t}+A_{32}\mathrm{e}^{\lambda_2 t}+A_{33}\mathrm{e}^{\lambda_3 t}+A_{34}\mathrm{e}^{\lambda_4 t}+A_{35} \tag{11-859}$$

$$r=A_{41}\mathrm{e}^{\lambda_1 t}+A_{42}\mathrm{e}^{\lambda_2 t}+A_{43}\mathrm{e}^{\lambda_3 t}+A_{44}\mathrm{e}^{\lambda_4 t}+A_{45} \tag{11-860}$$

初始条件代入得：

$$A_{11}+A_{12}+A_{13}+A_{14}+A_{15}=0 \tag{11-861}$$

$$A_{21}+A_{22}+A_{23}+A_{24}+A_{25}=0.1 \tag{11-862}$$

$$A_{31}+A_{32}+A_{33}+A_{34}+A_{35}=0 \tag{11-863}$$

$$A_{41}+A_{42}+A_{43}+A_{44}+A_{45}=0 \tag{11-864}$$

当 $t \to \infty$ 时，$e^{\lambda t} \to 0$，其中 $\lambda < 0$。

再将解的形式代入运动方程可得：

$$\begin{bmatrix} -7 & -1.7 & -15 & -17 \\ 3 & -2.6167 & -42.5 & -0.5 \\ 0 & 1 & 0 & 0 \\ 2.5 & 0.25 & -12.5 & -10 \end{bmatrix} \begin{bmatrix} A_{15} \\ A_{25} \\ A_{35} \\ A_{45} \end{bmatrix} = -\begin{bmatrix} 6 \\ -3 \\ 0 \\ 5 \end{bmatrix} = \begin{bmatrix} -6 \\ 3 \\ 0 \\ -5 \end{bmatrix} \tag{11-865}$$

得到：

$$\begin{bmatrix} A_{15} \\ A_{25} \\ A_{35} \\ A_{45} \end{bmatrix} = \begin{bmatrix} -0.2759 \\ 0 \\ -0.0966 \\ 0.5517 \end{bmatrix} \tag{11-866}$$

这就是最终稳态值。

通过改变初始条件来求出前面剩余系数矩阵：

$$\boldsymbol{S} = \begin{bmatrix} 0.2751 - 0.8009\text{i} & 0.2751 + 0.8009\text{i} & -0.1372 - 0.0175\text{i} & -0.1372 + 0.0175\text{i} \\ -0.1843 + 0.1983\text{i} & -0.1843 - 0.1983\text{i} & 0.2343 + 0.2209\text{i} & 0.2343 - 0.2209\text{i} \\ 0.0272 - 0.0050\text{i} & 0.0272 + 0.0050\text{i} & 0.0211 - 0.0418\text{i} & 0.0211 + 0.0418\text{i} \\ -0.2677 - 0.1500\text{i} & -0.2677 + 0.1500\text{i} & -0.0081 + 0.0732\text{i} & -0.0081 - 0.0732\text{i} \end{bmatrix} \tag{11-867}$$

这样就可以得到运动方程的解：

$$\begin{aligned} v_y = &(0.2751 - 0.8009\text{i})e^{(-7.8456+5.8545\text{i})t} + (0.2751 + 0.8009\text{i})e^{(-7.8456-5.8545\text{i})t} + \\ &(-0.1372 - 0.0175\text{i})e^{(-1.9627+6.5903\text{i})t} + (-0.1372 + 0.0175\text{i})e^{(-1.9627-6.5903\text{i})t} - \\ &0.2759 \end{aligned} \tag{11-868}$$

$$\begin{aligned} p = &(-0.1843 + 0.1983\text{i})e^{(-7.8456+5.8545\text{i})t} + (-0.1843 - 0.1983\text{i})e^{(-7.8456-5.8545\text{i})t} + \\ &(0.2343 + 0.2209\text{i})e^{(-1.9627+6.5903\text{i})t} + (0.2343 - 0.2209\text{i})e^{(-1.9627-6.5903\text{i})t} \end{aligned} \tag{11-869}$$

$$\begin{aligned} \varphi = &(0.0272 - 0.0050\text{i})e^{(-7.8456+5.8545\text{i})t} + (0.0272 + 0.0050\text{i})e^{(-7.8456-5.8545\text{i})t} + \\ &(0.0211 - 0.0418\text{i})e^{(-1.9627+6.5903\text{i})t} + (0.0211 + 0.0418\text{i})e^{(-1.9627-6.5903\text{i})t} - 0.0966 \end{aligned} \tag{11-870}$$

$$\begin{aligned} r = &(-0.2677 - 0.1500\text{i})e^{(-7.8456+5.8545\text{i})t} + (-0.2677 + 0.1500\text{i})e^{(-7.8456-5.8545\text{i})t} + \\ &(-0.0081 + 0.0732\text{i})e^{(-1.9627+6.5903\text{i})t} + (-0.0081 - 0.0732\text{i})e^{(-1.9627-6.5903\text{i})t} + \\ &0.5517 \end{aligned} \tag{11-871}$$

当然，可以利用欧拉公式将它们化作我们常见的三角函数形式。

接下来用计算机做个验算。但是这里如果继续用前面的 solve 会出现算不出的情况，就是长时间不出结果，显示的是一直在算。

这里再换个方法，在 MATLAB 中创建脚本 37，备用并保存。

这段函数描述了所提出的运动方程。如果运动方程改变，可以随之改变其参数。该方法得不到解的表达式，但是用于求解高阶多输入多输出系统、绘制图形都非常方便。

最后再调用该函数画出解的图像，如图 11.53～图 11.56 所示。可以和前面所画的 4 幅图对比（图 11.49～图 11.52），相互印证。详见脚本 38。

这部分程序在其他 MATLAB 资料上又称为 Runge-kutta 算法。

从图中可看出，这两种方法得到的图像完全一致。

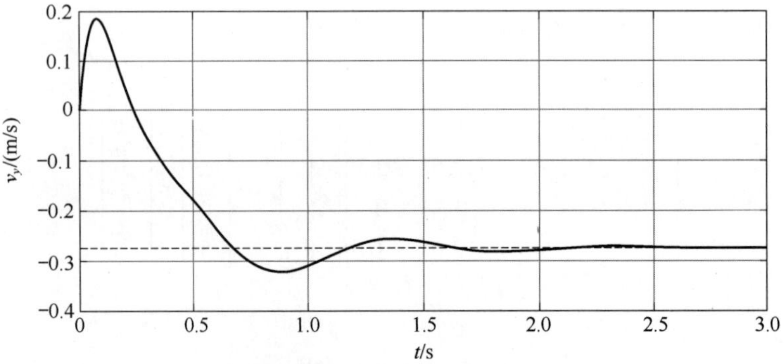

图 11.53 侧向速度的时间响应

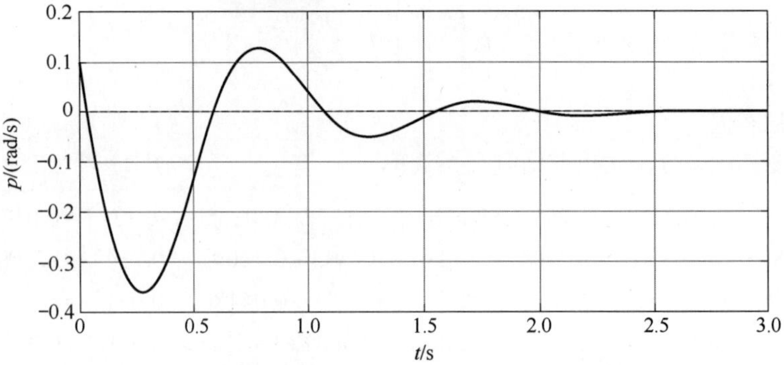

图 11.54 侧倾角速度的时间响应

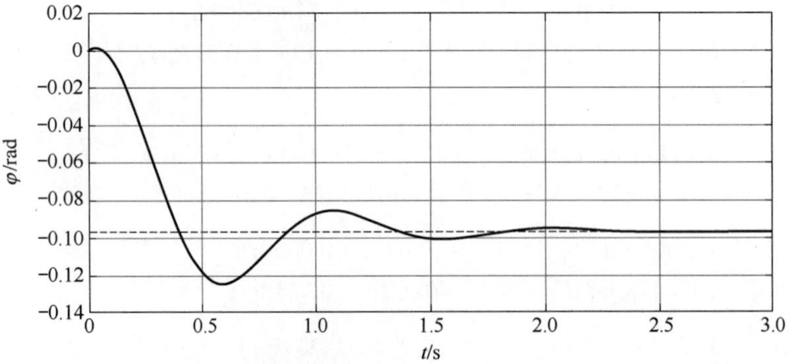

图 11.55 侧倾角的时间响应

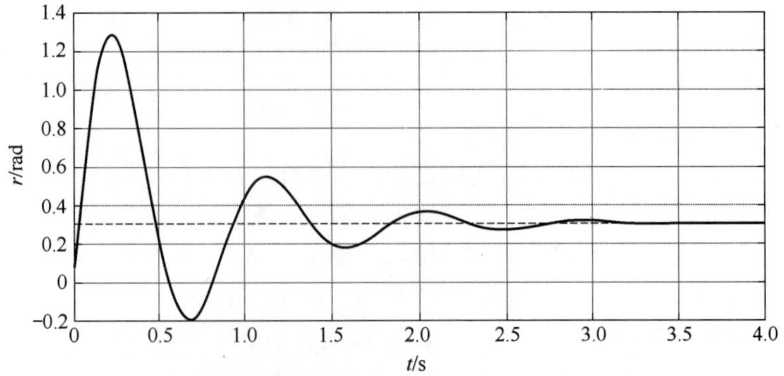

图 11.56 转向角速度的时间响应

有了 $v_y(t)$、$p(t)$、$\varphi(t)$、$r(t)$ 就可以计算任何相关的运动学变量，所需的维持车辆速度的牵引力 F_x 也就确定了。

$$F_x = -mrv_y \tag{11-872}$$

图 11.57 给出了所需的牵引力 $F_x(t)$。

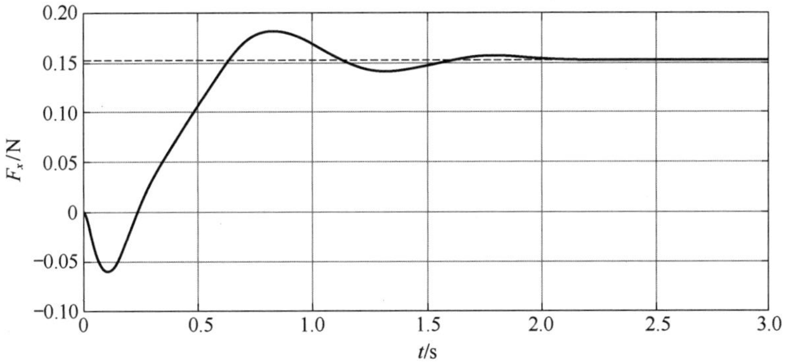

图 11.57　牵引力的时间响应

案例 481　超车测试。

超车测试是车辆动力学响应的两种标准测试，它们分别是半正弦波和正弦平方函数转角输入信号。这样信号的数学函数为：

$$\delta(t) = \begin{cases} \delta_0 \sin(\omega t), & 0<t<\dfrac{\pi}{\omega} \\ 0, & t>\dfrac{\pi}{\omega} \end{cases} \tag{11-873}$$

$$\delta(t) = \begin{cases} \delta_0 \sin^2(\omega t), & t_1<t<\dfrac{\pi}{\omega} \\ 0, & t>\dfrac{\pi}{\omega} \end{cases} \tag{11-874}$$

$$\omega = \frac{\pi L}{v_x} \tag{11-875}$$

式中，L 为超车过程中移动的距离，v_x 为车辆前进速度。车辆超车的路径应该与图 11.58 所示的相似。

假设车辆的参数如式（11-775）～式（11-791），在半个正弦转向输入 $\delta(t)$ 情况下超车，那么：

$$\delta(t) = \begin{cases} 0.1\sin\left(\dfrac{\pi L}{v_x}t\right), & 0<t<\dfrac{v_x}{L} \\ 0, & t>\dfrac{v_x}{L} \end{cases} \tag{11-876}$$

$$L = 100\text{m} \tag{11-877}$$

$$v_x = 30\text{m/s} \tag{11-878}$$

$$\omega=\frac{\pi L}{v_x}=10.4720 \tag{11-879}$$

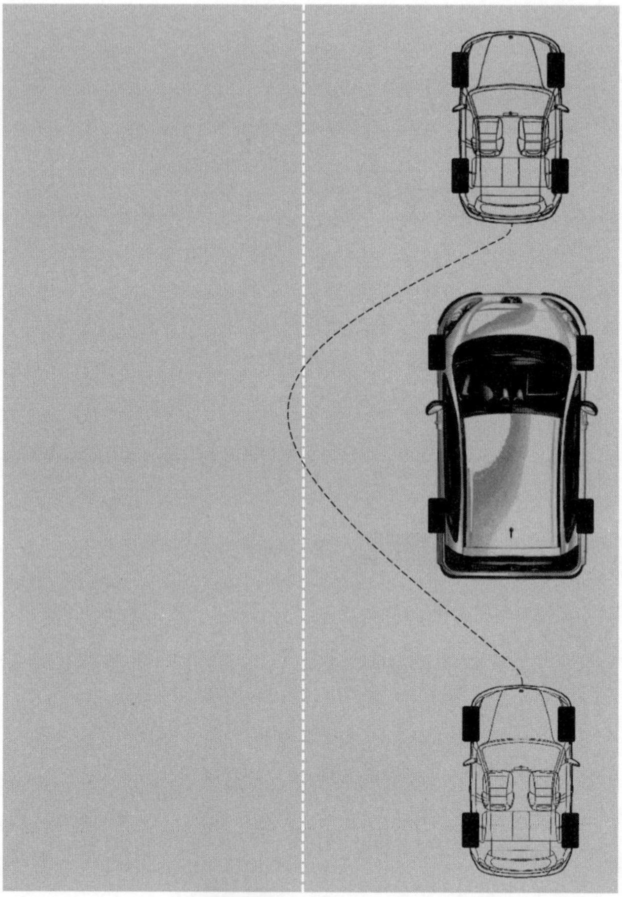

图 11.58 直线超车测试

非零初始条件下的运动方程如式（11-856）所示。

假设运动方程的特解为：

$$\begin{bmatrix} v_y \\ p \\ \varphi \\ r \end{bmatrix}^* = \begin{bmatrix} a_1 \\ a_2 \\ a_3 \\ a_4 \end{bmatrix}\sin(\omega t)+\begin{bmatrix} b_1 \\ b_2 \\ b_3 \\ b_4 \end{bmatrix}\cos(\omega t)=\boldsymbol{a}\sin(\omega t)+\boldsymbol{b}\cos(\omega t) \tag{11-880}$$

式中，$\boldsymbol{a}$、$\boldsymbol{b}$ 为矢量，代入运动方程中，假设：

$$\boldsymbol{A}=\begin{bmatrix} -7 & -1.7 & -15 & -17 \\ 3 & -2.6167 & -42.5 & -0.5 \\ 0 & 1 & 0 & 0 \\ 2.5 & 0.25 & -12.5 & -10 \end{bmatrix} \tag{11-881}$$

$$\boldsymbol{u}=\begin{bmatrix} 6 \\ -3 \\ 0 \\ 5 \end{bmatrix} \tag{11-882}$$

那么有：

$$-\omega \boldsymbol{b} = \boldsymbol{A}\cdot\boldsymbol{a} + \boldsymbol{u} \tag{11-883}$$

$$\omega \boldsymbol{a} = \boldsymbol{A}\cdot\boldsymbol{b} \tag{11-884}$$

化简得：

$$\left[(-\omega) - \left(\frac{1}{\omega}\cdot\boldsymbol{A}^2\right)\right]\boldsymbol{b} = \boldsymbol{u} \tag{11-885}$$

其中：

$$-\omega = \begin{bmatrix} -\omega & 0 & 0 & 0 \\ 0 & -\omega & 0 & 0 \\ 0 & 0 & -\omega & 0 \\ 0 & 0 & 0 & -\omega \end{bmatrix} \tag{11-886}$$

求出：

$$\boldsymbol{b} = \begin{bmatrix} 0.0879 \\ 0.3217 \\ 0.0067 \\ -0.2562 \end{bmatrix} \tag{11-887}$$

$$\boldsymbol{a} = \left(\frac{1}{\omega}\cdot\boldsymbol{A}\right)\boldsymbol{b} = \begin{bmatrix} 0.2954 \\ -0.0701 \\ 0.0307 \\ 0.2654 \end{bmatrix} \tag{11-888}$$

得到：

$$\begin{bmatrix} v_y \\ p \\ \varphi \\ r \end{bmatrix}^* = \begin{bmatrix} 0.2954 \\ -0.0701 \\ 0.0307 \\ 0.2654 \end{bmatrix}\sin(\omega t) + \begin{bmatrix} 0.0879 \\ 0.3217 \\ 0.0067 \\ -0.2562 \end{bmatrix}\cos(\omega t) \tag{11-889}$$

然后代入修改初始条件得：

$$\begin{bmatrix} 0 \\ 0.1 \\ 0 \\ 0 \end{bmatrix} - \begin{bmatrix} 0.0879 \\ 0.3217 \\ 0.0067 \\ -0.2562 \end{bmatrix} = \begin{bmatrix} -0.0879 \\ -0.2217 \\ -0.0067 \\ 0.2562 \end{bmatrix} \tag{11-890}$$

找到系数：

$$\boldsymbol{S} = \begin{bmatrix} -0.1086+0.4697\text{i} & -0.1086-0.4697\text{i} & 0.0646-0.0597\text{i} & 0.0646+0.0597\text{i} \\ 0.0927-0.1232\text{i} & 0.0927+0.1232\text{i} & -0.2035+0.0238\text{i} & -0.2035-0.0238\text{i} \\ -0.0151+0.0044\text{i} & -0.0151-0.0044\text{i} & 0.0118+0.0274\text{i} & 0.0118-0.0274\text{i} \\ 0.1604+0.0692\text{i} & 0.1604-0.0692\text{i} & -0.0323-0.0339\text{i} & -0.0323+0.0339\text{i} \end{bmatrix} \tag{11-891}$$

当 $0 < t < 0.3$ 时，运动方程的解可以写为：

$$
\begin{aligned}
v_y = &(-0.1086+0.4697\mathrm{i})\mathrm{e}^{(-7.8456+5.8545\mathrm{i})t}+(-0.1086-0.4697\mathrm{i})\mathrm{e}^{(-7.8456-5.8545\mathrm{i})t}+\\
&(0.0646-0.0597\mathrm{i})\mathrm{e}^{(-1.9627+6.5903\mathrm{i})t}+(0.0646+0.0597\mathrm{i})\mathrm{e}^{(-1.9627-6.5903\mathrm{i})t}+\\
&0.2954\sin(\omega t)+0.0879\cos(\omega t)
\end{aligned}\tag{11-892}
$$

$$
\begin{aligned}
p = &(0.0927-0.1232\mathrm{i})\mathrm{e}^{(-7.8456+5.8545\mathrm{i})t}+(0.0927+0.1232\mathrm{i})\mathrm{e}^{(-7.8456-5.8545\mathrm{i})t}+\\
&(-0.2035+0.0238\mathrm{i})\mathrm{e}^{(-1.9627+6.5903\mathrm{i})t}+(-0.2035-0.0238\mathrm{i})\mathrm{e}^{(-1.9627-6.5903\mathrm{i})t}-\\
&0.0701\sin(\omega t)+0.3217\cos(\omega t)
\end{aligned}\tag{11-893}
$$

$$
\begin{aligned}
\varphi = &(-0.0151+0.0044\mathrm{i})\mathrm{e}^{(-7.8456+5.8545\mathrm{i})t}+(-0.0151-0.0044\mathrm{i})\mathrm{e}^{(-7.8456-5.8545\mathrm{i})t}+\\
&(0.0118+0.0274\mathrm{i})\mathrm{e}^{(-1.9627+6.5903\mathrm{i})t}+(0.0118-0.0274\mathrm{i})\mathrm{e}^{(-1.9627-6.5903\mathrm{i})t}+\\
&0.0307\sin(\omega t)+0.0067\cos(\omega t)
\end{aligned}\tag{11-894}
$$

$$
\begin{aligned}
r = &(0.1604+0.0692\mathrm{i})\mathrm{e}^{(-7.8456+5.8545\mathrm{i})t}+(0.1604-0.0692\mathrm{i})\mathrm{e}^{(-7.8456-5.8545\mathrm{i})t}+\\
&(-0.0323-0.0339\mathrm{i})\mathrm{e}^{(-1.9627+6.5903\mathrm{i})t}+(-0.0323+0.0339\mathrm{i})\mathrm{e}^{(-1.9627-6.5903\mathrm{i})t}+\\
&0.2654\sin(\omega t)-0.2562\cos(\omega t)
\end{aligned}\tag{11-895}
$$

当$t>0.3$时，运动方程的解为齐次方程的通解方程，但是应该注意衔接，上面方程组结束时刻的值将成为下一组方程组的初始条件。

当$t=0.3$时，由上面的方程组可以计算出：

$$
\boldsymbol{q}_{0.3}=\begin{bmatrix} v_y(0.3)\\ p(0.3)\\ \varphi(0.3)\\ r(0.3)\end{bmatrix}=\begin{bmatrix}-0.1393\\-0.2369\\-0.0401\\0.2864\end{bmatrix}\tag{11-896}
$$

将这作为初始条件可以计算出：

$$
\boldsymbol{S}_{0.3}=\begin{bmatrix}
-0.1740+0.4731\mathrm{i} & -0.1740-0.4731\mathrm{i} & 0.1043-0.0250\mathrm{i} & 0.1043+0.0250\mathrm{i}\\
0.1122-0.1157\mathrm{i} & 0.1122+0.1157\mathrm{i} & -0.2307-0.0959\mathrm{i} & -0.2307+0.0959\mathrm{i}\\
-0.0163+0.0026\mathrm{i} & -0.0163-0.0026\mathrm{i} & -0.0038+0.0361\mathrm{i} & -0.0038-0.0361\mathrm{i}\\
0.1574+0.0927\mathrm{i} & 0.1574-0.0927\mathrm{i} & -0.0142-0.0553\mathrm{i} & -0.0142+0.0553\mathrm{i}
\end{bmatrix}\tag{11-897}
$$

这里将时刻0.3作为初始时刻，因此应将t用$t-0.3$替代求出该通解方程为：

$$
\begin{aligned}
v_y = &(-0.1740+0.4731\mathrm{i})\mathrm{e}^{(-7.8456+5.8545\mathrm{i})(t-0.3)}+(-0.1740-0.4731\mathrm{i})\mathrm{e}^{(-7.8456-5.8545\mathrm{i})(t-0.3)}+\\
&(0.1043-0.0250\mathrm{i})\mathrm{e}^{(-1.9627+6.5903\mathrm{i})(t-0.3)}+(0.1043+0.0250\mathrm{i})\mathrm{e}^{(-1.9627-6.5903\mathrm{i})(t-0.3)}
\end{aligned}\tag{11-898}
$$

$$
\begin{aligned}
p = &(0.1122-0.1157\mathrm{i})\mathrm{e}^{(-7.8456+5.8545\mathrm{i})(t-0.3)}+(0.1122+0.1157\mathrm{i})\mathrm{e}^{(-7.8456-5.8545\mathrm{i})(t-0.3)}+\\
&(-0.2307-0.0959\mathrm{i})\mathrm{e}^{(-1.9627+6.5903\mathrm{i})(t-0.3)}+(-0.2307+0.0959\mathrm{i})\mathrm{e}^{(-1.9627-6.5903\mathrm{i})(t-0.3)}
\end{aligned}\tag{11-899}
$$

$$
\begin{aligned}
\varphi = &(-0.0163+0.0026\mathrm{i})\mathrm{e}^{(-7.8456+5.8545\mathrm{i})(t-0.3)}+(-0.0163-0.0026\mathrm{i})\mathrm{e}^{(-7.8456-5.8545\mathrm{i})(t-0.3)}+\\
&(-0.0038+0.0361\mathrm{i})\mathrm{e}^{(-1.9627+6.5903\mathrm{i})(t-0.3)}+(-0.0038-0.0361\mathrm{i})\mathrm{e}^{(-1.9627-6.5903\mathrm{i})(t-0.3)}
\end{aligned}\tag{11-900}
$$

$$
\begin{aligned}
r = &(0.1574+0.0927\mathrm{i})\mathrm{e}^{(-7.8456+5.8545\mathrm{i})(t-0.3)}+(0.1574-0.0927\mathrm{i})\mathrm{e}^{(-7.8456-5.8545\mathrm{i})(t-0.3)}+\\
&(-0.0142-0.0553\mathrm{i})\mathrm{e}^{(-1.9627+6.5903\mathrm{i})(t-0.3)}+(-0.0142+0.0553\mathrm{i})\mathrm{e}^{(-1.9627-6.5903\mathrm{i})(t-0.3)}
\end{aligned}\tag{11-901}
$$

将两者按照时间段画在一张图中就可以得到图 11.59～图 11.62。它们展示了转向函数（11-876）条件下的车辆时间响应。详见脚本 39。

为了检验其正确性，用前面所讲的计算机作图来验证图形是否一致。

首先做好两个阶段函数（脚本 40、脚本 41）以备调用，保存成 M 文件。

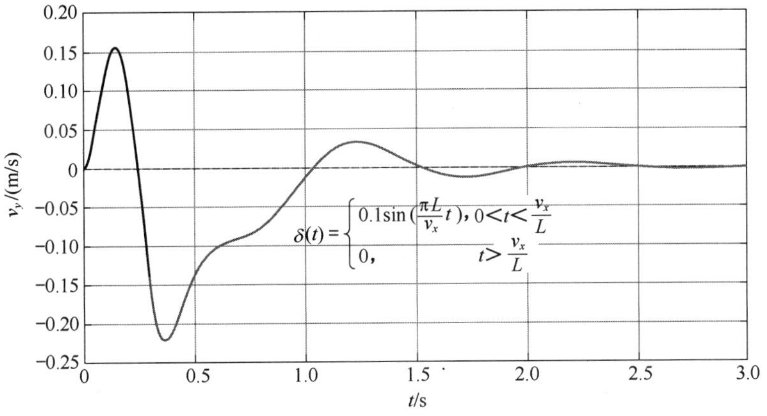

图 11.59　超车测试侧向速度的时间响应（1）

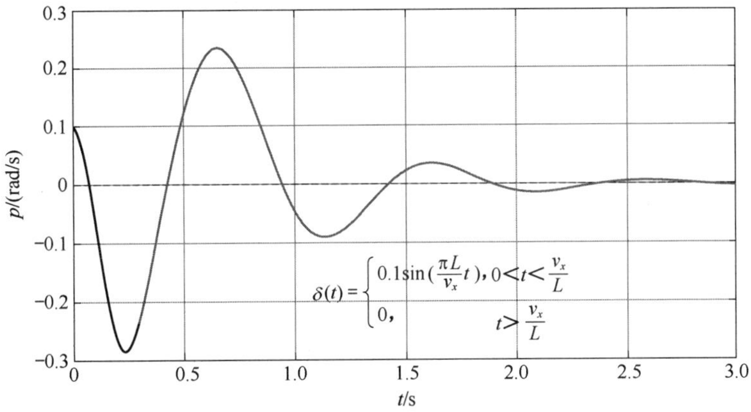

图 11.60　超车测试侧倾角速度的时间响应（1）

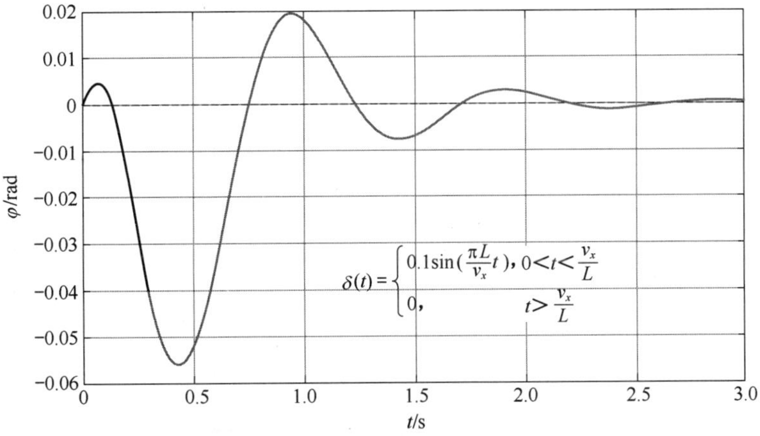

图 11.61　超车测试侧倾角的时间响应（1）

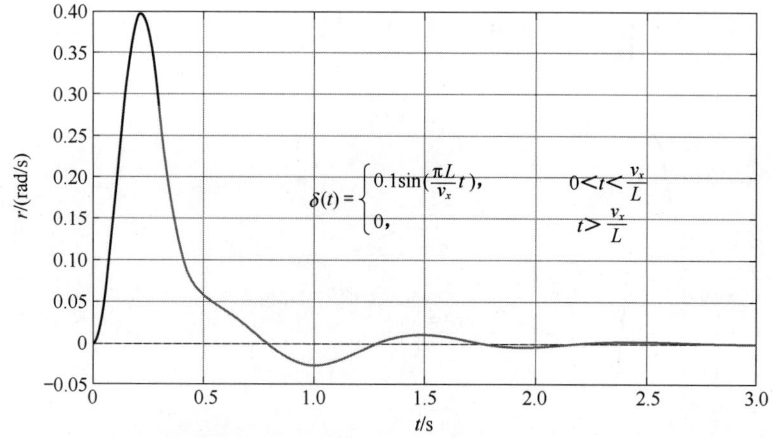

图 11.62 超车测试转向角速度的时间响应（1）

输入主函数详见脚本 43 文件，输出图 11.59～图 11.62 与前面手动计算结果一致。

此处应注意，0.3 时刻的第二阶段初始条件也是在做程序过程中边做边算出来的，不是直接得到的，是边写程序边填进去的。四个初始条件一旦确定，第二段函数也就确定好了，直接可以根据脚本 43 程序出图。

案例 482 正弦平方转向函数超车。

一个好的驾驶员在转向过程中会尽可能使转向平滑，从而使得侧倾尽可能小一些。用正弦平方函数（11-874）来仿真这种转向：

$$\delta(t)=\begin{cases}\delta_0\sin^2(\omega t), & 0<t<\dfrac{\pi}{\omega}\\[2ex] 0, & t>\dfrac{\pi}{\omega}\end{cases} \tag{11-902}$$

$$\omega=\frac{\pi L}{v_x} \tag{11-903}$$

该情况的方程输入程序为备用调取函数（脚本 41、脚本 42）。

这些方程程序应分别保存为 M 程序。第二阶段方程调用前面的脚本 41 程序就行，详见脚本 44。这种转向的时间响应如图 11.63～图 11.66 所示。

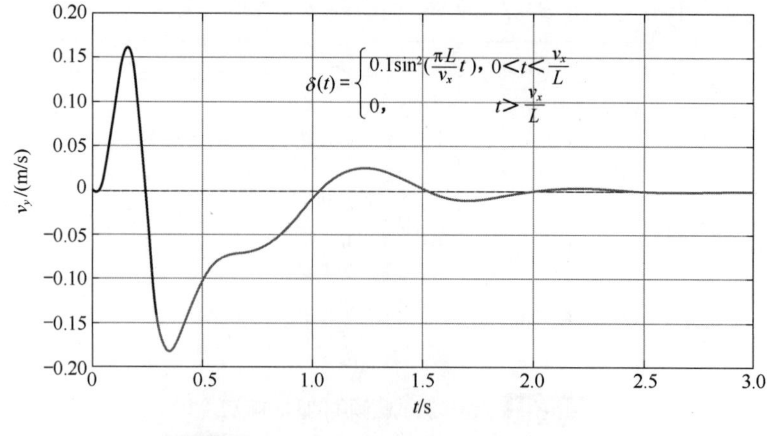

图 11.63 超车测试侧向速度的时间响应（2）

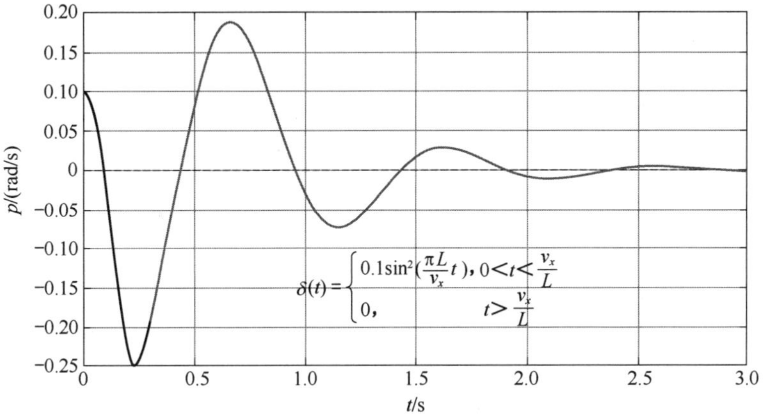

图 11.64 超车测试侧倾角速度的时间响应（2）

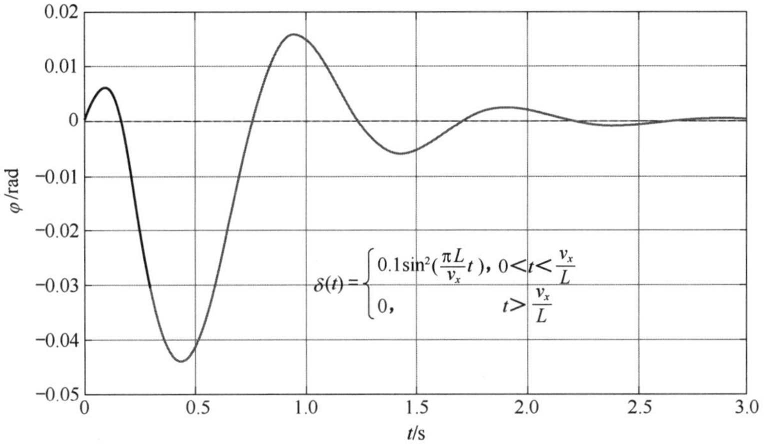

图 11.65 超车测试侧倾角的时间响应（2）

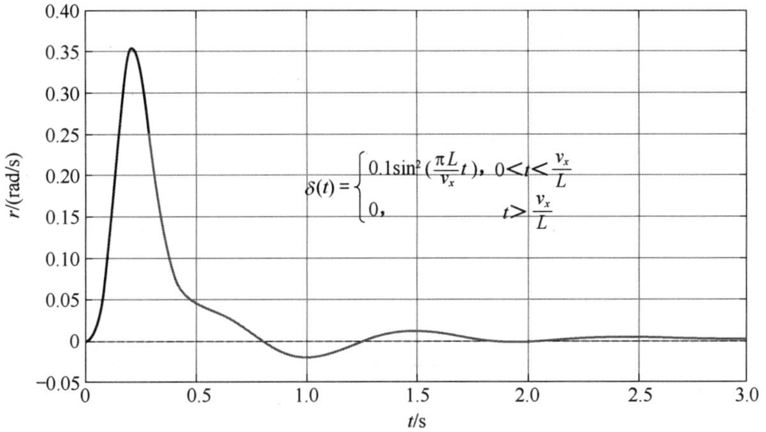

图 11.66 超车测试转向角速度的时间响应（2）

案例 483 车辆驾驶与经典的反馈控制。

驾驶车辆实际上是一种负反馈控制，驾驶员要不断将所希望的方向、速度以及加速度与实际的方向、速度以及加速度相比较。驾驶员利用车辆指示器和测试装置以及人自身的感官来感受实际方向、速度以及加速度。当实际的状态与渴望的状态不相符时，驾驶员操纵设备，如油门、制动踏板、方向盘或是变速器来改变车辆的实际状态。

案例 484 越野车、救护车和乘用车侧倾模型对比。

对比这三种车的动力学性能，用阶跃输入进行测试。

三种车的共同参数为：

$$C_{\alpha_{\mathrm{fL}}} = C_{\alpha_{\mathrm{fR}}} = 30000\mathrm{N/rad} \tag{11-904}$$

$$C_{\alpha_{\mathrm{rL}}} = C_{\alpha_{\mathrm{rR}}} = 40000\mathrm{N/rad} \tag{11-905}$$

$$C_{\beta_{\mathrm{f}}} = -0.3 \tag{11-906}$$

$$C_{\beta_{\mathrm{r}}} = -0.2 \tag{11-907}$$

$$C_{T_{\mathrm{f}}} = -0.3 \tag{11-908}$$

$$C_{T_{\mathrm{r}}} = -0.2 \tag{11-909}$$

$$C_{\delta_{\varphi_{\mathrm{f}}}} = 0.1 \tag{11-910}$$

$$C_{\delta_{\varphi_{\mathrm{r}}}} = 0.1 \tag{11-911}$$

$$C_{\varphi_{\mathrm{f}}} = -3200 \tag{11-912}$$

$$C_{\varphi_{\mathrm{r}}} = 0 \tag{11-913}$$

$$v_x = 10\mathrm{m/s} \tag{11-914}$$

$$\delta = 0.1\mathrm{rad} \tag{11-915}$$

$$k_\varphi = 30000\mathrm{N/rad} \tag{11-916}$$

$$c_\varphi = 2000\mathrm{N \cdot s/rad} \tag{11-917}$$

越野车：

$$m = 1560\mathrm{kg} \tag{11-918}$$

$$I_x = 600\mathrm{kg \cdot m^2} \tag{11-919}$$

$$I_z = 2800\mathrm{kg \cdot m^2} \tag{11-920}$$

$$a_1 = 1.1795\mathrm{m} \tag{11-921}$$

$$a_2 = 1.1205\mathrm{m} \tag{11-922}$$

救护车：

$$m = 1615\mathrm{kg} \tag{11-923}$$

$$I_x = 700\mathrm{kg \cdot m^2} \tag{11-924}$$

$$I_z = 3000\mathrm{kg \cdot m^2} \tag{11-925}$$

$$a_1 = 1.1423\mathrm{m} \tag{11-926}$$

$$a_2 = 1.2077\mathrm{m} \tag{11-927}$$

乘用车：

$$m = 2850\mathrm{kg} \tag{11-928}$$

$$I_x = 1000\mathrm{kg \cdot m^2} \tag{11-929}$$

$$I_z = 3200\text{kg} \cdot \text{m}^2 \tag{11-930}$$

$$a_1 = 1.4581\text{m} \tag{11-931}$$

$$a_2 = 1.2930\text{m} \tag{11-932}$$

图 11.67 对比了三种车的侧向速度响应。可以看出，稳态下，乘用车侧向速度为负，而救护车则为正。当侧向速度为零时，车辆的速度 $\boldsymbol{v}$ 垂直于转弯半径 R，而转弯半径的圆心与质心 C 同时在 y-轴上。正的 v_y 说明转弯半径 R 的圆心在质心 C 的后面，而负的 v_y 说明转弯半径 R 的圆心在质心 C 的前面。详见脚本 45。

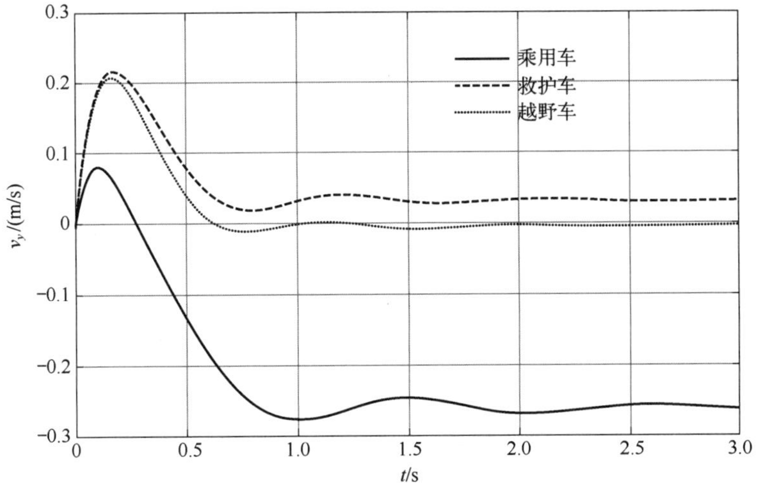

图 11.67　侧向速度的时间响应对比

图 11.68 对比了三种车的侧倾角速度。越野车具有最小的纵向转动惯量，因此它有最快的侧倾角速度响应，它将最先达到稳定状态值。详见脚本 45。

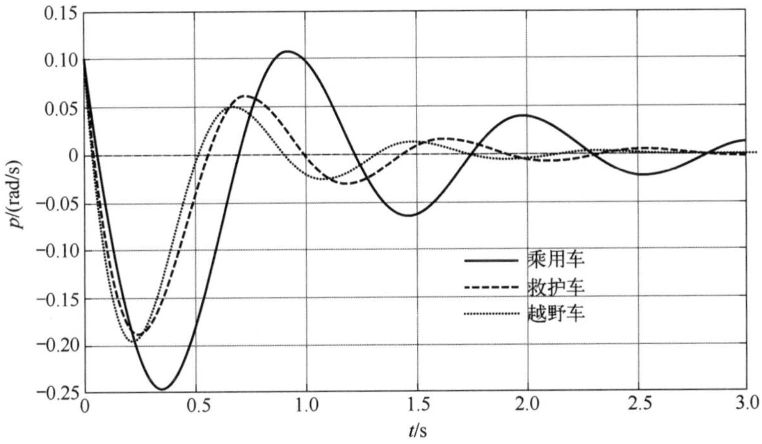

图 11.68　侧倾角速度的时间响应对比

图 11.69 对比了三种车的侧倾角。乘用车有最大的纵向转动惯量，因此它拥有最大侧倾角，而它达到稳态侧倾角的时间最迟。详见脚本 45。

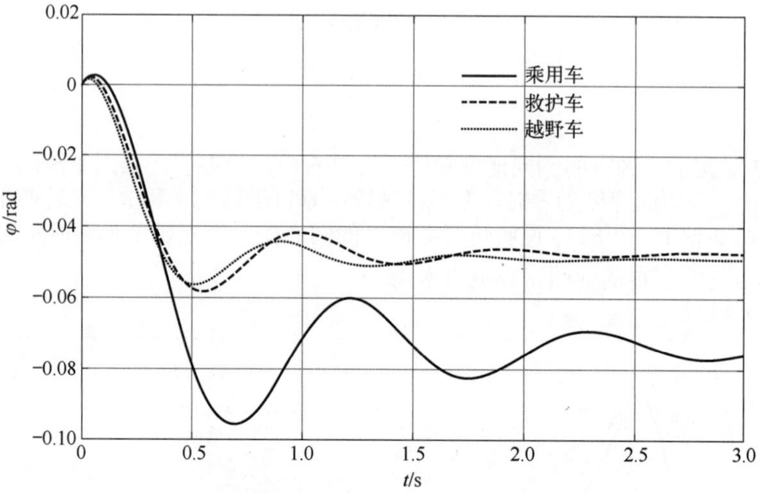

图 11.69 侧倾角的时间响应对比

图 11.70 对比了三种车的转向角速度。乘用车拥有最大的垂旋转动惯量，因此它就有最大的转向角速度，而它达到稳态转向角速度的时间最迟。详见脚本 45。

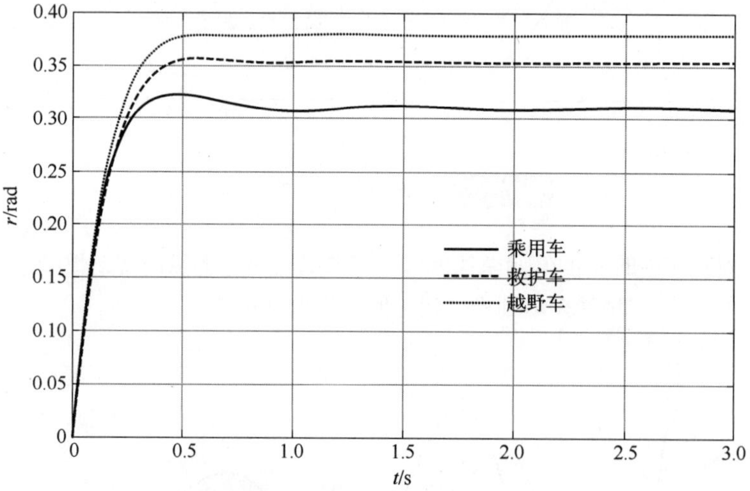

图 11.70 转向角速度的时间响应对比

此处出图程序省略，读者可自己尝试编写。需要注意的是，出图过程中，改变参数时，会发现对图形影响最大的参数是：

$$v_x = 10\text{m/s} \tag{11-933}$$

$$\delta = 0.1\text{rad} \tag{11-934}$$

其他的参数会产生影响，但对图形整体影响有限，大家可以试试。

11.14 小结

车辆在平面内的运动，如果忽视掉其侧倾运动，就可以用两轮模型进行有效的描述。这样的车辆在车辆坐标系中拥有三个自由度，其原点在汽车的质心 C 点：前进运动、侧向运动以及垂旋运动（绕 z 轴的旋转）。它的动力学方程能够用三个参数（v_x,v_y,r）的一阶微分方程组表达：

$$\dot{v}_x=\frac{F_x}{m}+rv_y \tag{11-935}$$

$$\dot{v}_y=\frac{1}{mv_x}(-a_1C_{\alpha_\mathrm{f}}+a_2C_{\alpha_\mathrm{r}})r-\frac{1}{mv_x}(C_{\alpha_\mathrm{f}}+C_{\alpha_\mathrm{r}})+\frac{1}{m}C_{\alpha_\mathrm{f}}\delta_\mathrm{f}+\frac{1}{m}C_{\alpha_\mathrm{r}}\delta_\mathrm{r}-rv_x \tag{11-936}$$

$$\dot{r}=\frac{1}{I_zv_x}(-a_1^2C_{\alpha_\mathrm{f}}-a_2^2C_{\alpha_\mathrm{r}})r-\frac{1}{I_z}(a_1C_{\alpha_\mathrm{f}}-a_2C_{\alpha_\mathrm{r}})\frac{v_y}{v_x}+\frac{1}{I_z}(a_1C_{\alpha_\mathrm{f}}\delta_\mathrm{f}-a_2C_{\alpha_\mathrm{r}}\delta_\mathrm{r}) \tag{11-937}$$

式（11-936）和式（11-937）可以写成矩阵形式：

$$\begin{bmatrix}\dot{v}_y\\ \dot{r}\end{bmatrix}=\begin{bmatrix}-\dfrac{C_{\alpha_\mathrm{f}}+C_{\alpha_\mathrm{r}}}{mv_x} & \dfrac{-a_1C_{\alpha_\mathrm{f}}+a_2C_{\alpha_\mathrm{r}}}{mv_x}-v_x\\ -\dfrac{a_1C_{\alpha_\mathrm{f}}-a_2C_{\alpha_\mathrm{r}}}{I_zv_x} & -\dfrac{a_1^2C_{\alpha_\mathrm{f}}+a_2^2C_{\alpha_\mathrm{r}}}{I_zv_x}\end{bmatrix}\begin{bmatrix}v_y\\ r\end{bmatrix}+\begin{bmatrix}\dfrac{C_{\alpha_\mathrm{f}}}{m} & \dfrac{C_{\alpha_\mathrm{r}}}{m}\\ \dfrac{a_1C_{\alpha_\mathrm{f}}}{I_z} & -\dfrac{a_2C_{\alpha_\mathrm{r}}}{I_z}\end{bmatrix}\begin{bmatrix}\delta_\mathrm{f}\\ \delta_\mathrm{r}\end{bmatrix} \tag{11-938}$$

当然也可以用矩阵 $\begin{bmatrix}\beta & r\end{bmatrix}^\mathrm{T}$ 来进行替换：

$$\begin{bmatrix}\dot{\beta}\\ \dot{r}\end{bmatrix}=\begin{bmatrix}-\dfrac{C_{\alpha_\mathrm{f}}+C_{\alpha_\mathrm{r}}}{mv_x} & \dfrac{-a_1C_{\alpha_\mathrm{f}}+a_2C_{\alpha_\mathrm{r}}}{mv_x^2}-1\\ -\dfrac{a_1C_{\alpha_\mathrm{f}}-a_2C_{\alpha_\mathrm{r}}}{I_z} & -\dfrac{a_1^2C_{\alpha_\mathrm{f}}+a_2^2C_{\alpha_\mathrm{r}}}{I_zv_x}\end{bmatrix}\begin{bmatrix}\beta\\ r\end{bmatrix}+\begin{bmatrix}\dfrac{C_{\alpha_\mathrm{f}}}{m} & \dfrac{C_{\alpha_\mathrm{r}}}{m}\\ \dfrac{a_1C_{\alpha_\mathrm{f}}}{I_z} & -\dfrac{a_2C_{\alpha_\mathrm{r}}}{I_z}\end{bmatrix}\begin{bmatrix}\delta_\mathrm{f}\\ \delta_\mathrm{r}\end{bmatrix} \tag{11-939}$$

接下来对刚体车辆的动力学模型进行改进，使它具有向前、侧向、垂旋以及侧倾 4 个自由度。这样，拥有侧倾的刚体车辆模型相对于平面模型而言，会更加准确和高效。利用这种模型，就可以像研究它的操纵性一样来分析车辆的侧倾运动。

像这样最具有使用价值的车辆模型，必须将垂旋与侧倾运动和 x 与 y 方向上的运动看得同等重要。这样的模型称为刚体车辆侧倾模型，可以用以下微分方程来表示：

$$\dot{V}_\mathrm{x}=\frac{F_x}{m}+rv_y \tag{11-940}$$

$$\begin{bmatrix}\dot{v}_y\\ \dot{p}\\ \dot{\varphi}\\ \dot{r}\end{bmatrix}=\begin{bmatrix}\dfrac{C_\beta}{mv_x} & \dfrac{C_p}{m} & \dfrac{C_\varphi}{m} & \dfrac{C_r}{m}-v_x\\ \dfrac{E_\beta}{I_xv_x} & \dfrac{E_p}{I_x} & \dfrac{E_\varphi}{I_x} & \dfrac{E_r}{I_x}\\ 0 & 1 & 0 & 0\\ \dfrac{D_\beta}{I_zv_x} & \dfrac{D_p}{I_z} & \dfrac{D_\varphi}{I_z} & \dfrac{D_r}{I_z}\end{bmatrix}\begin{bmatrix}v_y\\ p\\ \varphi\\ r\end{bmatrix}+\begin{bmatrix}\dfrac{C_\delta}{m}\\ \dfrac{E_\delta}{I_x}\\ 0\\ \dfrac{D_\delta}{I_z}\end{bmatrix}\delta \tag{11-941}$$

车辆收到转向角 δ 命令后产生 5 个输出 v_x、v_y、p、φ 以及 r。但是，一般假设车辆前进速度为常数，即 $v_x=$ 常数，将其作为一个参数，那么式（11-940）就可以与其他方程解耦。因此，稳定的向前行驶速度可以用于多种车辆动力学检测。

第 12 章 高级车辆模型

扫码获取脚本文件

所谓高级车辆模型，主要研究车辆振动，换句话说，主要研究乘客的舒适性、车辆耐久度和使用寿命的数学模型。如果说前面中级车辆模型研究的是一阶微分方程组，本章开始研究二阶微分方程。

平常用得最多和最实用的一个带有悬架系统的车辆模型是四分之一汽车模型，如图 12.1 所示。本章将介绍、检验以及优化四分之一汽车模型。前面章节也有提到，本章继续深入研究。

12.1 数学模型

我们可以用一个带有两个固体质量 m_s 和 m_u 分别代表簧上质量和簧下质量的四分之一汽车模型来描述一辆汽车的垂直振动。簧上质量 m_s 代表了 1/4 的车身质量，而簧下质量 m_u 则代表了一个汽车轮胎的质量，一个弹簧的刚度为 k_s 和一个黏性阻尼器的阻尼系数为 c_s，弹簧和阻尼器共同支撑的簧上质量被称为主悬架，簧下质量 m_u 通过一个弹簧刚度为 k_u 的弹簧表示，它代表了轮胎的刚度，直接与地面相连接。

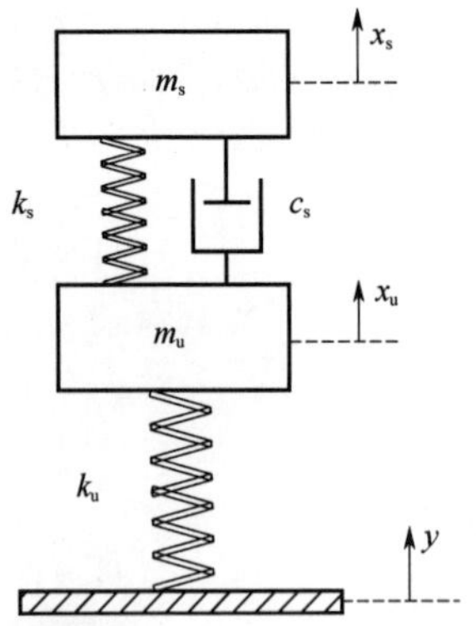

图 12.1 四分之一汽车模型

如图 12.1 所示的四分之一汽车模型的主导性微分方程为：

$$m_s\ddot{x}_s + c_s(\dot{x}_s - \dot{x}_u) + k_s(x_s - x_u) = 0 \tag{12-1}$$

$$m_u\ddot{x}_u + c_s(\dot{x}_u - \dot{x}_s) + (k_u + k_s)x_u - k_s x_s = k_u y \tag{12-2}$$

证明 83：系统的动能、势能和消散函数如下：

$$K = \frac{1}{2}m_s\dot{x}_s^2 + \frac{1}{2}m_u\dot{x}_u^2 \tag{12-3}$$

$$V = \frac{1}{2}k_s(x_s - x_u)^2 + \frac{1}{2}k_u(x_u - y)^2 \tag{12-4}$$

$$D = \frac{1}{2}c_s(\dot{x}_s - \dot{x}_u)^2 \tag{12-5}$$

代入拉格朗日方程：

$$\frac{\mathrm{d}}{\mathrm{d}t}\left(\frac{\partial K}{\partial \dot{x}_{\mathrm{s}}}\right)-\frac{\partial K}{\partial x_{\mathrm{s}}}+\frac{\partial D}{\partial \dot{x}_{\mathrm{s}}}+\frac{\partial V}{\partial x_{\mathrm{s}}}=0 \tag{12-6}$$

$$\frac{\mathrm{d}}{\mathrm{d}t}\left(\frac{\partial K}{\partial \dot{x}_{\mathrm{u}}}\right)-\frac{\partial K}{\partial x_{\mathrm{u}}}+\frac{\partial D}{\partial \dot{x}_{\mathrm{u}}}+\frac{\partial V}{\partial x_{\mathrm{u}}}=0 \tag{12-7}$$

可以得到运动方程：

$$m_{\mathrm{s}}\ddot{x}_{\mathrm{s}}=-k_{\mathrm{s}}(x_{\mathrm{s}}-x_{\mathrm{u}})-c_{\mathrm{s}}(\dot{x}_{\mathrm{s}}-\dot{x}_{\mathrm{u}}) \tag{12-8}$$

$$m_{\mathrm{u}}\ddot{x}_{\mathrm{u}}=k_{\mathrm{s}}(x_{\mathrm{s}}-x_{\mathrm{u}})+c_{\mathrm{s}}(\dot{x}_{\mathrm{s}}-\dot{x}_{\mathrm{u}})-k_{\mathrm{u}}(x_{\mathrm{u}}-y) \tag{12-9}$$

写成矩阵形式为：

$$\boldsymbol{m}\ddot{x}+\boldsymbol{m}\dot{x}+\boldsymbol{m}x=\boldsymbol{F} \tag{12-10}$$

$$\begin{bmatrix} m_{\mathrm{s}} & 0 \\ 0 & m_{\mathrm{u}} \end{bmatrix}\begin{bmatrix} \ddot{x}_{\mathrm{s}} \\ \ddot{x}_{\mathrm{u}} \end{bmatrix}+\begin{bmatrix} c_{\mathrm{s}} & -c_{\mathrm{s}} \\ -c_{\mathrm{s}} & c_{\mathrm{s}} \end{bmatrix}\begin{bmatrix} \dot{x}_{\mathrm{s}} \\ \dot{x}_{\mathrm{u}} \end{bmatrix}+\begin{bmatrix} k_{\mathrm{s}} & -k_{\mathrm{s}} \\ -k_{\mathrm{s}} & k_{\mathrm{s}}+k_{\mathrm{u}} \end{bmatrix}\begin{bmatrix} x_{\mathrm{s}} \\ x_{\mathrm{u}} \end{bmatrix}=\begin{bmatrix} 0 \\ k_{\mathrm{u}}y \end{bmatrix} \tag{12-11}$$

案例 485　轮胎阻尼。

我们可以加入一个平行于 k_{u} 的阻尼 c_{u}，用以模拟出轮胎中的所有阻尼。但是轮胎阻尼 c_{u} 的值相对于 c_{s} 来说非常小，因此，常常将 c_{u} 省略掉以简化模型。如果有阻尼 c_{u} 平行于 k_{u}，使得运动方程变为式（4-42）和式（4-43），其矩阵形式为式（4-45）。

案例 486　数学模型的局限性。

四分之一汽车模型无法表现出整车的几何效果，也就无法提供研究其纵向和横向运动的联系。但是它包含了现实问题中绝大部分的基本特性，并且可以恰当地表现出车轮控制和车轮-车身负载变化的问题。

使用四分之一汽车模型时，假设轮胎总是与地面相连接。这个假设在低频的路段是真实存在的，但是对于高频路段来说却不总是符合实际情况。更好的模型就必须包含轮胎和地面分离的情况。

案例 487　四分之一汽车模型优化历史。

双自由度振动系统的最优化设计，包含了四分之一汽车模型，从 1909 年弗拉姆发明了振动减振器理论开始，人们对这个课题进行了大量的调查研究。而第一个对双自由度系统的阻尼特性进行调查是始于邓·哈托格先生（1901—1989）。

12.2 频率响应

为了找到频率响应，假设有一个谐波的外界激励：

$$y=Y\cos(\omega t) \tag{12-12}$$

借此找出其谐波解的形式为：

$$x_{\mathrm{s}}=A_1\sin(\omega t)+B_1\cos(\omega t)=X_{\mathrm{s}}\sin(\omega t-\varphi_{\mathrm{s}}) \tag{12-13}$$

$$x_{\mathrm{u}}=A_2\sin(\omega t)+B_2\cos(\omega t)=X_{\mathrm{u}}\sin(\omega t-\varphi_{\mathrm{u}}) \tag{12-14}$$

$$z=x_{\mathrm{s}}-x_{\mathrm{u}}=A_3\sin(\omega t)+B_3\cos(\omega t)=Z\sin(\omega t-\varphi_z) \tag{12-15}$$

式中，X_{s}、X_{u} 和 Z 表示复合的振幅。

为了简化方程，使问题描述更简单，引入一些中间变量，它们包含了以下无纲量参数：

$$\varepsilon = \frac{m_s}{m_u} \tag{12-16}$$

$$\omega_s = \sqrt{\frac{k_s}{m_s}} \tag{12-17}$$

$$\omega_u = \sqrt{\frac{k_u}{m_u}} \tag{12-18}$$

$$a = \frac{\omega_s}{\omega_u} \tag{12-19}$$

$$r = \frac{\omega}{\omega_s} \tag{12-20}$$

$$\xi = \frac{c_s}{2m_s\omega_s} \tag{12-21}$$

由此，可以找到以下频率响应：

$$\mu = \left|\frac{X_s}{Y}\right| \tag{12-22}$$

$$\tau = \left|\frac{X_u}{Y}\right| \tag{12-23}$$

$$\eta = \left|\frac{Z}{Y}\right| \tag{12-24}$$

得到以下函数：

$$\mu^2 = \frac{4\xi^2 r^2 + 1}{Z_1^2 + Z_2^2} \tag{12-25}$$

$$\tau^2 = \frac{4\xi^2 r^2 + 1 + r^2(r^2 - 2)}{Z_1^2 + Z_2^2} \tag{12-26}$$

$$\eta^2 = \frac{r^4}{Z_1^2 + Z_2^2} \tag{12-27}$$

$$Z_1 = r^2(r^2a^2 - 1) + [1 - (1+\varepsilon)r^2a^2] \tag{12-28}$$

$$Z_2 = 2\xi r[1 - (1+\varepsilon)r^2a^2] \tag{12-29}$$

簧上质量和簧下质量的绝对加速度可以通过以下方程来定义：

$$u = \left|\frac{\ddot{X}_s}{Y\omega_u^2}\right| = r^2a^2\mu \tag{12-30}$$

$$v=\left|\frac{\ddot{X}_{\mathrm{u}}}{Y\omega_{\mathrm{u}}^{2}}\right|=r^{2}a^{2}\tau \tag{12-31}$$

证明 84：为了找到频率响应，先假设一个外界的谐波激励：

$$y=Y\cos(\omega t) \tag{12-32}$$

在此假设运动方程的解为谐波函数，且带有未知系数：

$$x_{\mathrm{s}}=A_{1}\sin(\omega t)+B_{1}\cos(\omega t) \tag{12-33}$$

$$x_{\mathrm{u}}=A_{2}\sin(\omega t)+B_{2}\cos(\omega t) \tag{12-34}$$

将假设的解代入式（12-1）、式（12-2），再合并同类项系数，将 $\sin(\omega t)$ 和 $\cos(\omega t)$ 系数分开，就可以得到以下关于 A_1、A_2、B_1、B_2 的代数方程组：

$$\boldsymbol{A}\begin{bmatrix}A_{1}\\A_{2}\\B_{1}\\B_{2}\end{bmatrix}=\begin{bmatrix}0\\0\\k_{\mathrm{u}}Y\\0\end{bmatrix} \tag{12-35}$$

其中，$\boldsymbol{A}$ 为系数矩阵：

$$\boldsymbol{A}=\begin{bmatrix}k_{\mathrm{s}}-m_{\mathrm{s}}\omega^{2} & -k_{\mathrm{s}} & -c_{\mathrm{s}}\omega & c_{\mathrm{s}}\omega\\ c_{\mathrm{s}}\omega & -c_{\mathrm{s}}\omega & k_{\mathrm{s}}-m_{\mathrm{s}}\omega^{2} & -k_{\mathrm{s}}\\ -k_{\mathrm{s}} & k_{\mathrm{s}}+k_{\mathrm{u}}-m_{\mathrm{u}}\omega^{2} & c_{\mathrm{s}}\omega & -c_{\mathrm{s}}\omega\\ -c_{\mathrm{s}}\omega & c_{\mathrm{s}}\omega & -k_{\mathrm{s}} & k_{\mathrm{s}}+k_{\mathrm{u}}-m_{\mathrm{u}}\omega^{2}\end{bmatrix} \tag{12-36}$$

由此，可以通过其逆矩阵找到系数矩阵：

$$\begin{bmatrix}A_{1}\\A_{2}\\B_{1}\\B_{2}\end{bmatrix}=\boldsymbol{A}^{-1}\begin{bmatrix}0\\0\\k_{\mathrm{u}}Y\\0\end{bmatrix} \tag{12-37}$$

由此，振幅 X_{s} 和 X_{u} 就可以被找到：

$$X_{\mathrm{s}}^{2}=A_{1}^{2}+B_{1}^{2}=\frac{k_{\mathrm{u}}(\omega^{2}c_{\mathrm{s}}^{2}+k_{\mathrm{s}}^{2})}{k_{\mathrm{s}}(Z_{3}^{2}+Z_{4}^{2})}Y^{2} \tag{12-38}$$

$$X_{\mathrm{u}}^{2}=A_{2}^{2}+B_{2}^{2}=\frac{k_{\mathrm{u}}(\omega^{4}m_{\mathrm{s}}^{2}+\omega^{2}c_{\mathrm{s}}^{2}-2\omega^{2}k_{\mathrm{s}}m_{\mathrm{s}}+k_{\mathrm{s}}^{2})}{k_{\mathrm{s}}(Z_{3}^{2}+Z_{4}^{2})}Y^{2} \tag{12-39}$$

$$Z_{3}=-[\omega^{2}(k_{\mathrm{s}}m_{\mathrm{s}}+k_{\mathrm{s}}m_{\mathrm{u}}+k_{\mathrm{u}}m_{\mathrm{s}})-k_{\mathrm{s}}k_{\mathrm{u}}-\omega^{4}m_{\mathrm{s}}m_{\mathrm{u}}] \tag{12-40}$$

$$Z_{4}=-[\omega^{3}(c_{\mathrm{s}}m_{\mathrm{s}}+c_{\mathrm{s}}m_{\mathrm{u}})-\omega c_{\mathrm{s}}k_{\mathrm{u}}] \tag{12-41}$$

得到 X_{s} 和 X_{u} 后，就可以用以计算 z 以及其振幅 Z：

$$z=x_{\mathrm{s}}-x_{\mathrm{u}}=(A_{1}-A_{2})\sin(\omega t)+(B_{1}-B_{2})\cos(\omega t) \tag{12-42}$$

$$z=A_{3}\sin(\omega t)+B_{3}\cos(\omega t)=Z\sin(\omega t-\varphi_{z}) \tag{12-43}$$

$$Z^2 = A_3^2 + B_3^2 = \frac{k_u \omega^4 m_s^2}{k_s (Z_3^2 + Z_4^2)} Y^2 \tag{12-44}$$

然后对 μ 和 τ 求二次导数，就可以得到 u 和 v，它们分别表示簧上质量和簧下质量的加速度频率响应。式（12-30）和式（12-31）就是 u 和 v 的表达式。

利用定义式（12-16）～式（12-21），可以将式（12-38）、式（12-39）和式（12-44）转换成式（12-25）～式（12-27）。图 12.2、图 12.3 以及图 12.4 分别给出了频率响应 μ 、τ 和 η 在 $\varepsilon = 3$ 和 $a = 0.2$ 时的情形。图中 $\xi = 1000000$ 的情形，可以看作 $\xi = \infty$ 的情况。对于图 12.4 中 $\xi = \infty$ 情形，应该是一条灰色的直线，直上直下。详见脚本 46。

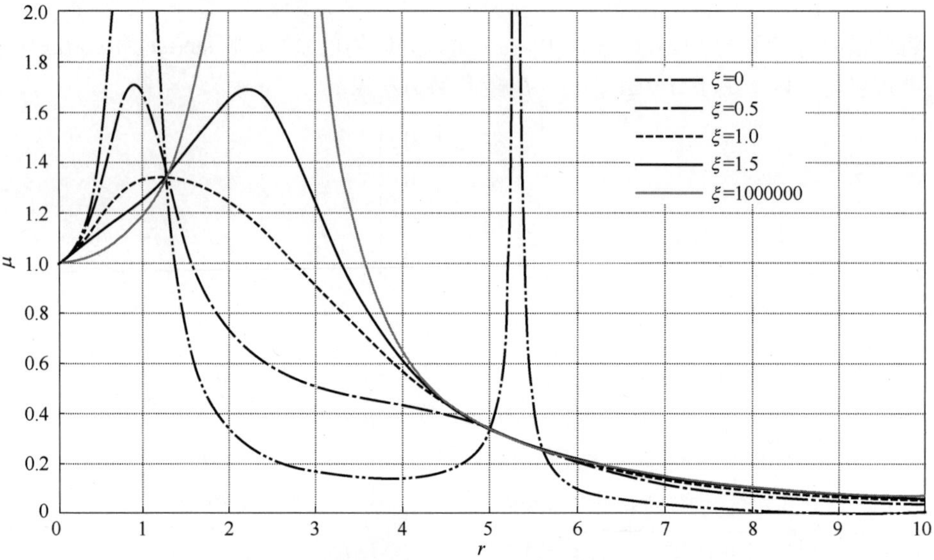

图 12.2　簧上质量频率响应

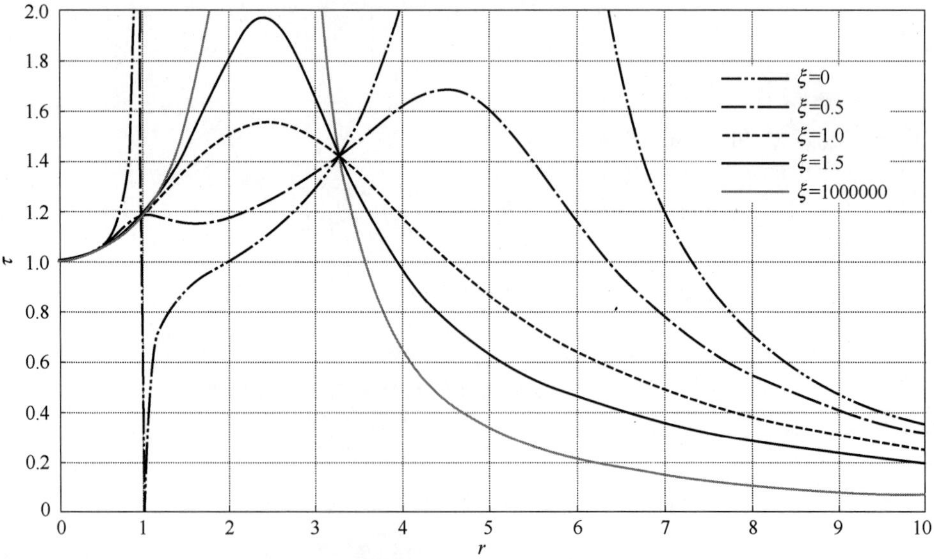

图 12.3　簧下质量频率响应

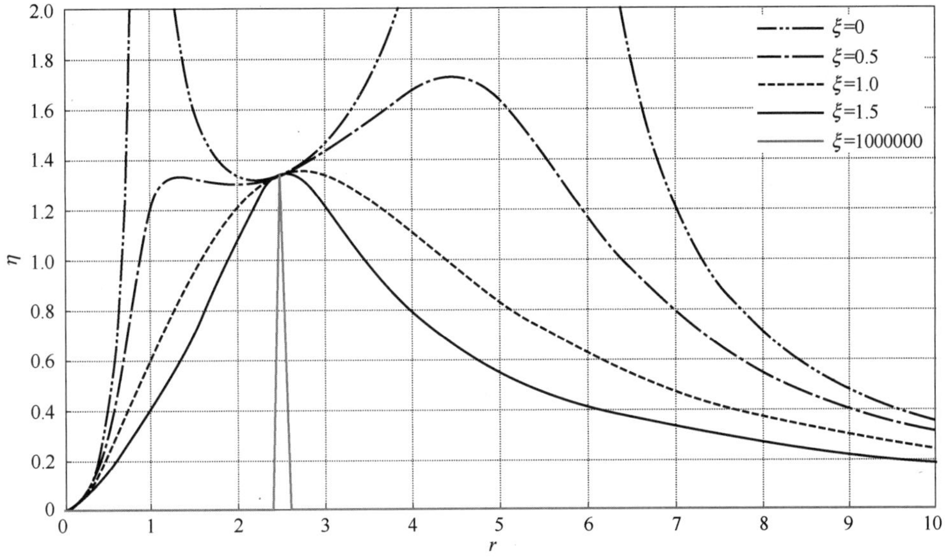

图 12.4　簧上质量与簧下质量相对位移频率响应

案例 488　汽车参数的平均值。

式（12-25）～式（12-27）表示出的频率响应 μ 、τ 和 η 都是由 4 个参数确定的函数，它们分别是：质量比 ε 、阻尼比 ξ 、固有频率比 α 、激励频率比 r。这些参数的平均值、最小值以及最大值都在表 12.1 中一一给出。

表 12.1　四分之一汽车模型参数平均值、最小值及最大值

参数	平均值	最小值	最大值
$\varepsilon=\dfrac{m_s}{m_u}$	3～8	2	20
$\omega_s=\sqrt{\dfrac{k_s}{m_s}}$	1	0.2	1
$\omega_u=\sqrt{\dfrac{k_u}{m_u}}$	10	2	20
$r=\dfrac{\omega}{\omega_s}$	0～20Hz	0	200Hz
$\alpha=\dfrac{\omega_s}{\omega_u}$	0.1	0.01	1
$\xi=\dfrac{c_s}{2m_s\omega_s}$	0.55	0	2

对于四分之一汽车模型而言，$m_s > m_u$，因此，$\varepsilon > 1$。一般而言，车辆的质量比 ε 在 3～8 之间。小型车趋近于 8，大型车趋近于 3。当 $r = 1/a$ 时，外界激励频率 ω 等于 ω_u，而当 $r = 1$ 时，外界激励频率 ω 等于 ω_s。对于一个真实的模型，刚度的大小关系一般为 $k_u > k_s$，$\omega_u > \omega_s$，并且 $a < 1$。因此，要使 $\omega = \omega_u$，必须有 $r > 1$。由此可知，当 $r > 1$ 时，将会有两个共振频率。

案例 489 频率响应的三维图像。

为了对四分之一汽车模型的不同频率响应行为有一个更加直观的印象，图 12.5～图 12.9 画出了以各参数为基础的频率响应三维图像，详见脚本 47。

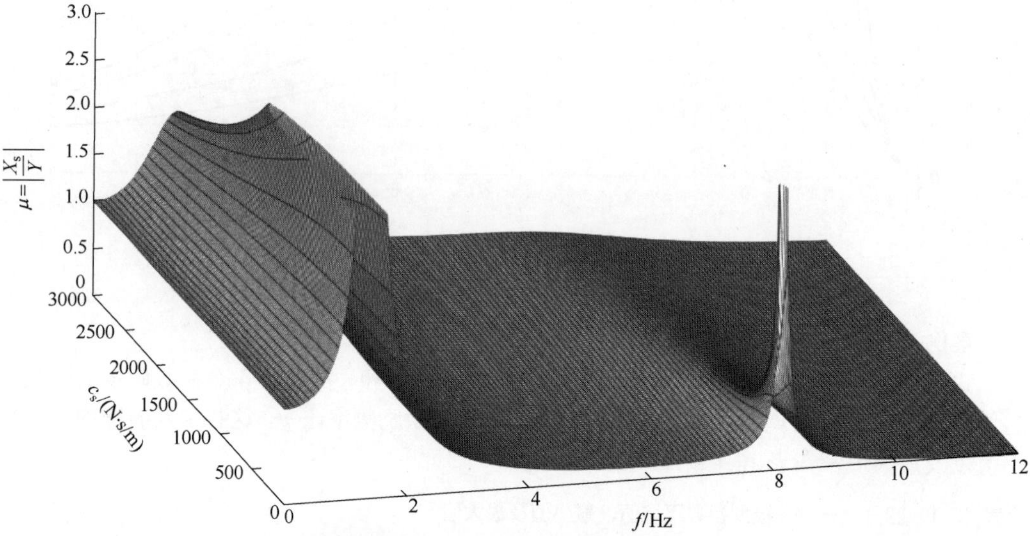

图 12.5 簧上质量位移频率响应 3D 图

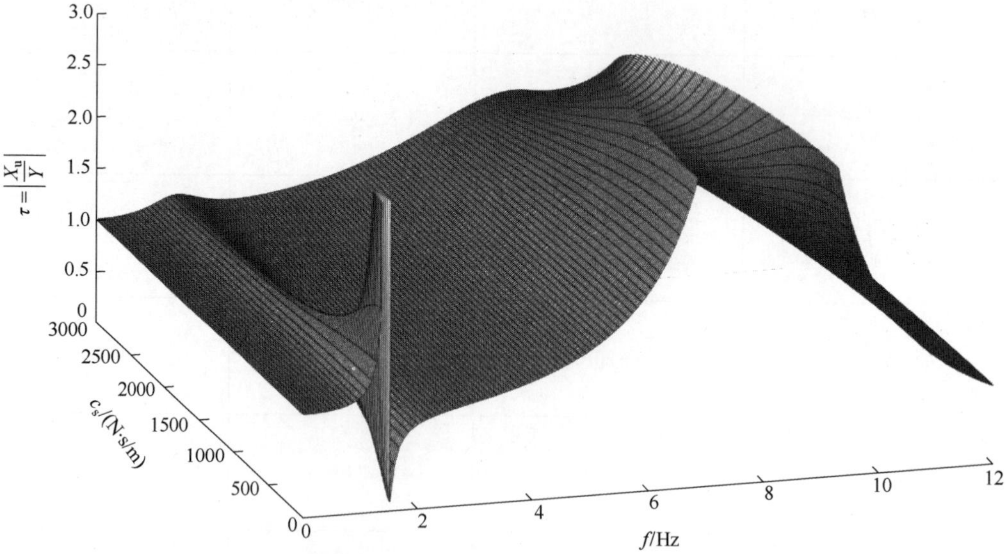

图 12.6 簧下质量位移频率响应 3D 图

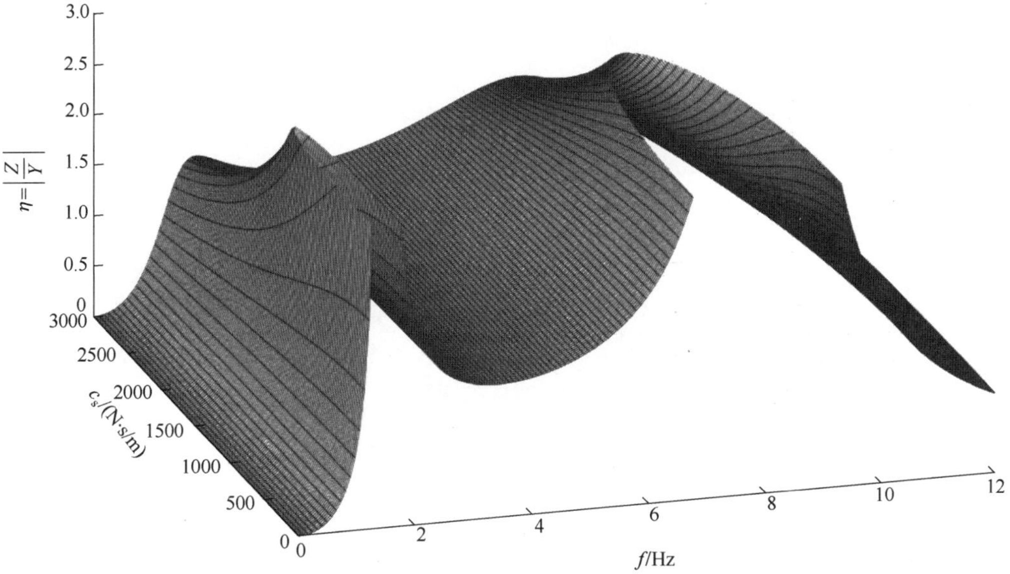

图 12.7　簧上质量与簧下质量相对位移频率响应 3D 图

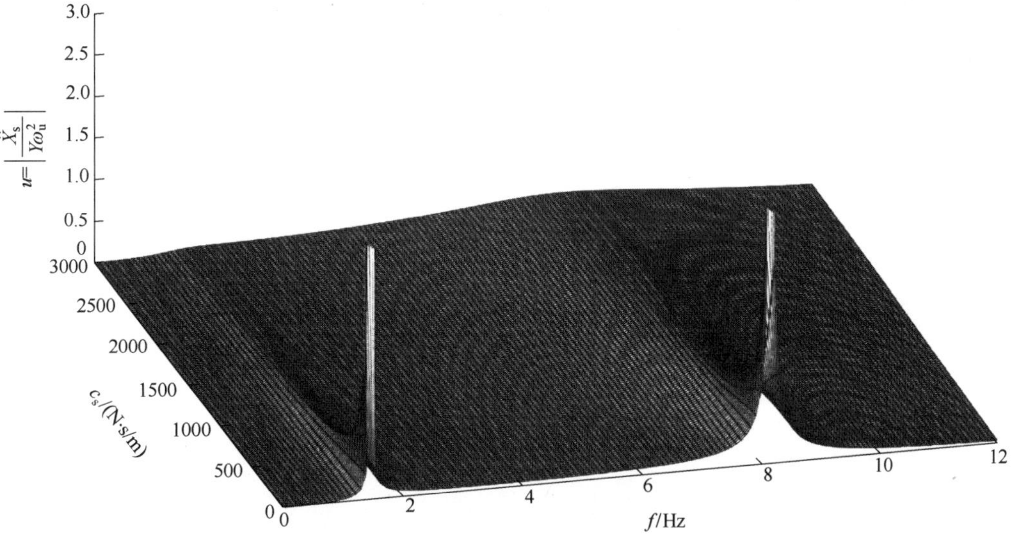

图 12.8　簧上质量加速度频率响应 3D 图

$$m_s = 375\text{kg} \tag{12-45}$$

$$m_u = 75\text{kg} \tag{12-46}$$

$$k_u = 193000\text{N/m} \tag{12-47}$$

$$k_s = 35000\text{N/m} \tag{12-48}$$

$$f = \frac{1}{T} = \frac{\omega}{2\pi} = \frac{\omega_s}{2\pi}r \tag{12-49}$$

$$c_s = 2m_s m_u \xi \tag{12-50}$$

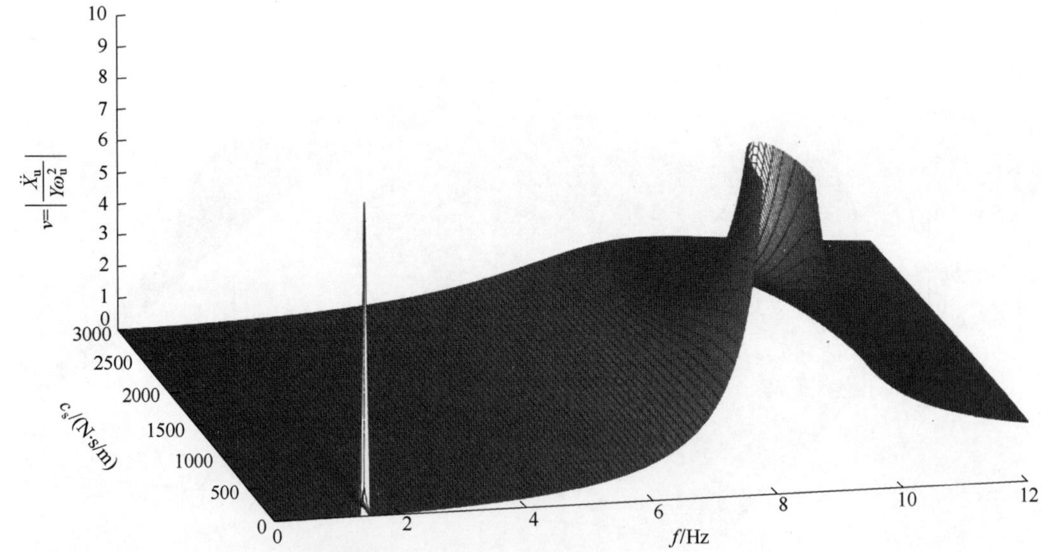

图 12.9　簧下质量加速度频率响应 3D 图

12.3 固有频率与恒定频率

对双自由度系统而言，有两个固有频率。假设四分之一汽车模型的两个固有频率分别为 r_{n1} 和 r_{n2}，那么：

$$r_{n1}=\sqrt{\frac{1}{2a^2}\left\{1+(1+\varepsilon)a^2-\sqrt{[1+(1+\varepsilon)a^2]^2-4a^2}\right\}} \tag{12-51}$$

$$r_{n2}=\sqrt{\frac{1}{2a^2}\{1+(1+\varepsilon)a^2+\sqrt{[1+(1+\varepsilon)a^2]^2-4a^2}\}} \tag{12-52}$$

簧上质量的位移频率响应 μ 的曲线簇，是通过保持 ε 和 ξ 中的一个不变，变化另一个而得到的。这个曲线簇有一些恒定点，它们分别出现在频率 r_1、r_2、r_3、r_4，以及 μ_1、μ_2、μ_3、μ_4 时。

$$\begin{cases} r_1=0, & \mu_1=1 \\ r_3=\dfrac{1}{a}, & \mu_1=\dfrac{1}{\varepsilon} \\ r_2, & \mu_2=\dfrac{1}{1-(1+\varepsilon)r_2^2a^2} \\ r_4, & \mu_4=\dfrac{-1}{1-(1+\varepsilon)r_2^2a^2} \end{cases} \tag{12-53}$$

$$r_2=\sqrt{\frac{1}{2a^2}\{1+2(1+\varepsilon)a^2-\sqrt{[1+2(1+\varepsilon)a^2]^2-8a^2}\}} \tag{12-54}$$

$$r_4=\sqrt{\frac{1}{2a^2}\{1+2(1+\varepsilon)a^2+\sqrt{[1+2(1+\varepsilon)a^2]^2-8a^2}\}} \tag{12-55}$$

其中：

$$r_1(=0) < r_2 < \frac{1}{a\sqrt{1+\varepsilon}} < r_3\left(=\frac{1}{a}\right) < r_4 \tag{12-56}$$

其中，r_2 和 r_3 所对应的位移频率响应为：

$$\mu_2 = \frac{1}{1-(1+\varepsilon)r_2^2 a^2} \tag{12-57}$$

$$\mu_4 = \frac{-1}{1-(1+\varepsilon)r_2^2 a^2} \tag{12-58}$$

这些频率 r_1、r_2、r_3 和 r_4 称为恒定频率，与它们相对应的振幅称为恒定振幅，因为它们的大小都不依赖 ξ 的大小。但是，它们依赖于 ε 和 a 的值。将固有频率和恒定频率排个序就可以得到：

$$r_1(=0) < r_{n1} < r_2 < \frac{1}{a\sqrt{1+\varepsilon}} < r_3\left(=\frac{1}{a}\right) < r_{n2} < r_4 \tag{12-59}$$

除了 r_1、r_2、r_3 和 r_4 外，μ 曲线中没有其他恒定点了。沿着这个顺序的频率共同点，连同与之相对应的振幅可以用来预测簧上质量的频率响应 μ 的曲线形状。图 12.10 展现了振幅 μ 对于相对应的外界频率比率 r 的形状。

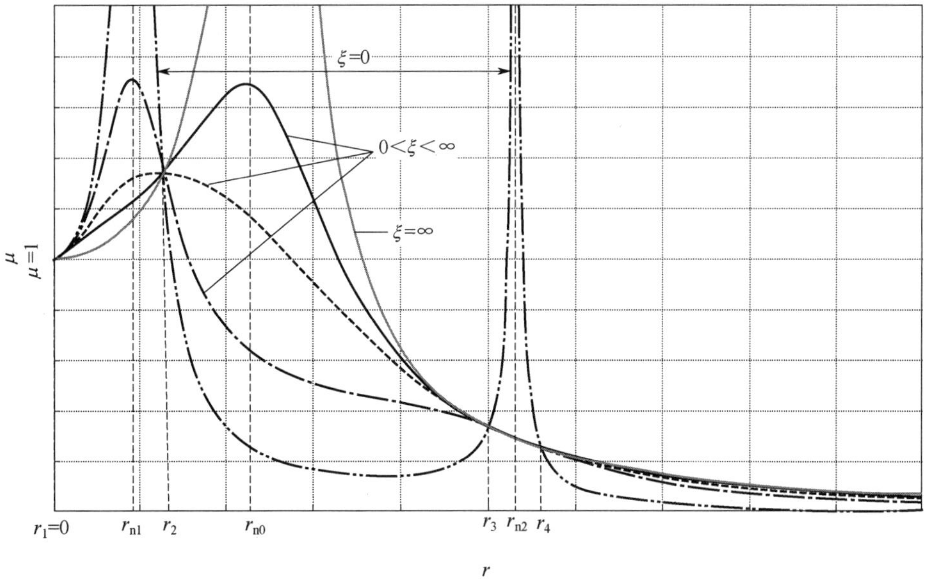

图 12.10　振幅μ对于相对应的外界频率比率 r 的形状示意图

证明 85：系统的固有和共振频率使得振幅趋近于无穷，此时的阻尼基本为零。因此，固有频率为 μ 函数的分母的根，即：

$$g(r^2) = r^2(r^2a^2-1) + [1-(1+\varepsilon)r^2a^2] = r^4a^2 - [1+(1+\varepsilon)a^2]r^2 + 1 = 0 \tag{12-60}$$

该方程的解为固有频率，式（12-51）和式（12-52） 已经给出。

$$\mu^2 = \frac{4\xi^2 r^2 + 1}{Z_1^2 + Z_2^2} \tag{12-61}$$

$$\tau^2 = \frac{4\xi^2 r^2 + 1 + r^2(r^2 - 2)}{Z_1^2 + Z_2^2} \tag{12-62}$$

$$\eta^2 = \frac{r^4}{Z_1^2 + Z_2^2} \tag{12-63}$$

恒定频率的值不依赖于ξ，因此，它们可以通过寻找μ曲线中求$\xi = 0$与$\xi = \infty$的交点来找：

$$\lim_{\xi \to 0} \mu^2 = \pm \frac{1}{[r^2(r^2 a^2 - 1) - r^2 a^2(\varepsilon + 1) + 1]^2} \tag{12-64}$$

$$\lim_{\xi \to \infty} \mu^2 = \pm \frac{1}{[r^2 a^2(\varepsilon + 1) - 1]^2} \tag{12-65}$$

因此，恒定频率的$r_i \geqslant 0$可以通过解以下方程得到：

$$r^2(r^2 a^2 - 1) - r^2 a^2(\varepsilon + 1) + 1 = \pm[r^2 a^2(\varepsilon + 1) - 1] \tag{12-66}$$

利用式（12-66）的(–)可以得到r_1和r_3以及与之相对应的振幅值：

$$r_1 = 0, \quad \mu_1 = 1 \tag{12-67}$$

$$r_3 = \frac{1}{a}, \quad \mu_3 = \frac{1}{\varepsilon} \tag{12-68}$$

同理，利用式（12-66）的(+)可以找到r_2和r_4：

$$a^2 r^4 - [1 + 2(1 + \varepsilon)a^2]r^2 + 2 = 0 \tag{12-69}$$

由此，可以得到两个正根r_2和r_4：

$$r_2 = \sqrt{\frac{1}{2a^2}\left(1 + 2(1 + \varepsilon)a^2 - \sqrt{[1 + 2(1 + \varepsilon)a^2]^2 - 8a^2}\right)} \tag{12-70}$$

$$r_4 = \sqrt{\frac{1}{2a^2}\left(1 + 2(1 + \varepsilon)a^2 + \sqrt{[1 + 2(1 + \varepsilon)a^2]^2 - 8a^2}\right)} \tag{12-71}$$

它们的大小顺序可以排出来：

$$r_1(=0) < r_2 < \frac{1}{a\sqrt{1 + \varepsilon}} < r_3\left(= \frac{1}{a}\right) < r_4 \tag{12-72}$$

也可以由此找到与r_2和r_4相对应的振幅μ：

$$\mu_2 = \frac{1}{1 - (1 + \varepsilon)r_2^2 a^2} \tag{12-73}$$

$$\mu_4 = \frac{1}{1 - (1 + \varepsilon)r_4^2 a^2} \tag{12-74}$$

还可以得到：

$$(1 + \varepsilon)r_4^2 a^2 - 1 > \varepsilon > 1 \tag{12-75}$$

因此：

$$|r_4| < \frac{1}{\varepsilon}(= \mu_3) < 1 < |r_2| \tag{12-76}$$

可知：

$$\mu_2 > 1 \tag{12-77}$$

$$\mu_4 < 1 \tag{12-78}$$

至此，可以计算出 $g(r_2^2)$、$g(r_4^2)$ 以及 $g(r_3^2)$ 为：

$$g(r_2^2) = (1+\varepsilon)r_2^2 a^2 - 1 < 0 \tag{12-79}$$

$$g(r_4^2) = (1+\varepsilon)r_4^2 a^2 - 1 > 0 \tag{12-80}$$

$$g(r_3^2) = g\left(\frac{1}{a^2}\right) \tag{12-81}$$

由此，可以得到：

$$r_1(=0) < r_{n1} < r_2 < \frac{1}{a\sqrt{1+\varepsilon}} < r_3\left(=\frac{1}{a}\right) < r_{n2} < r_4 \tag{12-82}$$

案例 490　位移频率响应 μ 的恒定点还可以称为节点。

前面已经证明，四分之一汽车模型的位移频率响应有 4 个节点。第一个节点不是很重要，位于 $(r_1 = 0, \mu_1 = 1)$，此时，外界激励频率为零，总有 $X_s = Y$；第四个节点位于 $(r_4, \mu_4 < 1)$；中部的两个节点分别为 $(r_2, \mu_2 > 1)$ 以及 $\left(r_3 = \frac{1}{a},\ \mu_3 = \frac{1}{\varepsilon}\right)$。

由于 $\mu_1 \leqslant 1$ 且 $\mu_4 \leqslant 1$ 中间的节点对优化十分重要，为了让读者对中间节点有一个更加直观的印象，图 12.11 给出了一个簧上质量位移频率响应 $\mu = \left|\frac{X_s}{Y}\right|$ 在中间节点附近的放大示意图。

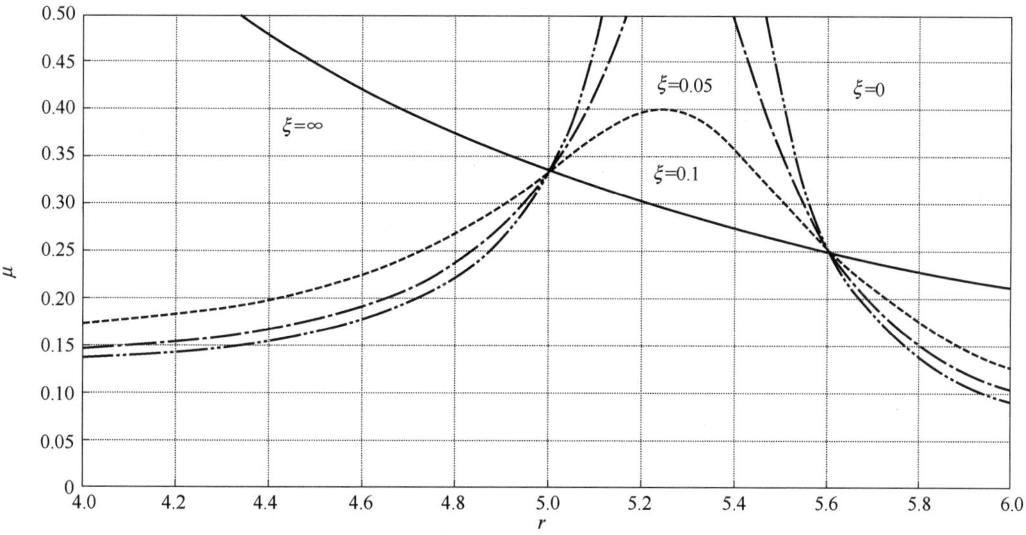

图 12.11　振幅 μ 对于相对应的外界频率比率 r 的形状局部放大图

案例 491　弗拉姆优化法（四分之一汽车模型）。

优化的第一目标为减小绝对振幅。如果振幅频率响应 $\mu=\mu(r)$ 对其中的一些参数而言有固定点存在，那么就可以用弗拉姆方法进行优化，该过程需要经过两步：

① 找到参数去控制恒定点的位置，并同时考虑恒定频率相对应的高度，然后使得恒定点的高度尽可能小。

② 找到剩余的参数，调整恒定点的高度，得到精确最大振幅。

对于一个真实的问题，质量比 ε 的值以及轮胎频率 ω_u 是固定的，那么就必须找到剩下的可以优化的 a 和 ξ 的值。这两个参数分别又包含了未知的主弹簧的刚度，以及未知的主减振器的阻尼。

由前面的内容可知，在固有频率 r_i 的振幅 μ_i 中，第一个恒定点 $(r_1=0,\mu_1=1)$ 总是固定的，而第四个点 $(r_4,\mu_4<1)$ 发生在固有频率之后。因此，第二个和第三个恒定点是比较适合以上优化两步骤的节点。但是：

$$\mu_2\leqslant 1\leqslant\mu_3,\ \forall\varepsilon>1 \tag{12-83}$$

因此不能用以上的优化方法，因为 μ_2和μ_3 作为 a 的函数永远不会相等。即使如此，还是可以找到优化的 ξ 的值，通过基于其他约束估计 a 的值。

案例 492 固有频率函数。

固有频率 r_{n1} 和 r_{n2}，如式（12-51）和式（12-52） 所给出的那样，它们是 ε 和 a 的函数。图 12.12 和图 12.13 展示出这两个参数对于固有频率的影响。详见脚本 48。

$$r_{n1}=\sqrt{\frac{1}{2a^2}\left\{1+(1+\varepsilon)a^2-\sqrt{[1+(1+\varepsilon)a^2]^2-4a^2}\right\}} \tag{12-84}$$

$$r_{n2}=\sqrt{\frac{1}{2a^2}\left\{1+(1+\varepsilon)a^2+\sqrt{\left[1+(1+\varepsilon)a^2\right]^2-4a^2}\right\}} \tag{12-85}$$

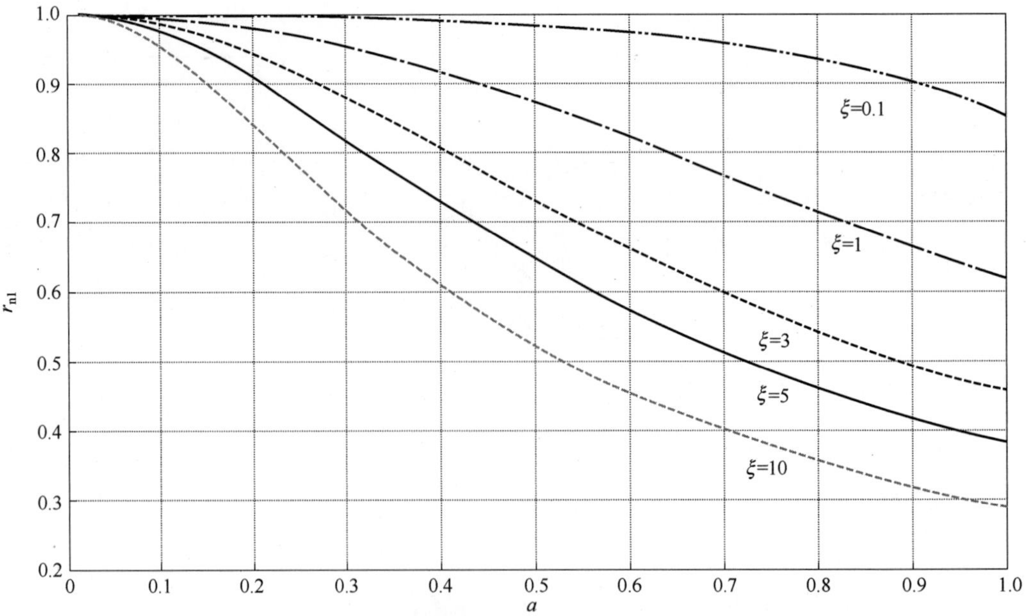

图 12.12 第一固有频率

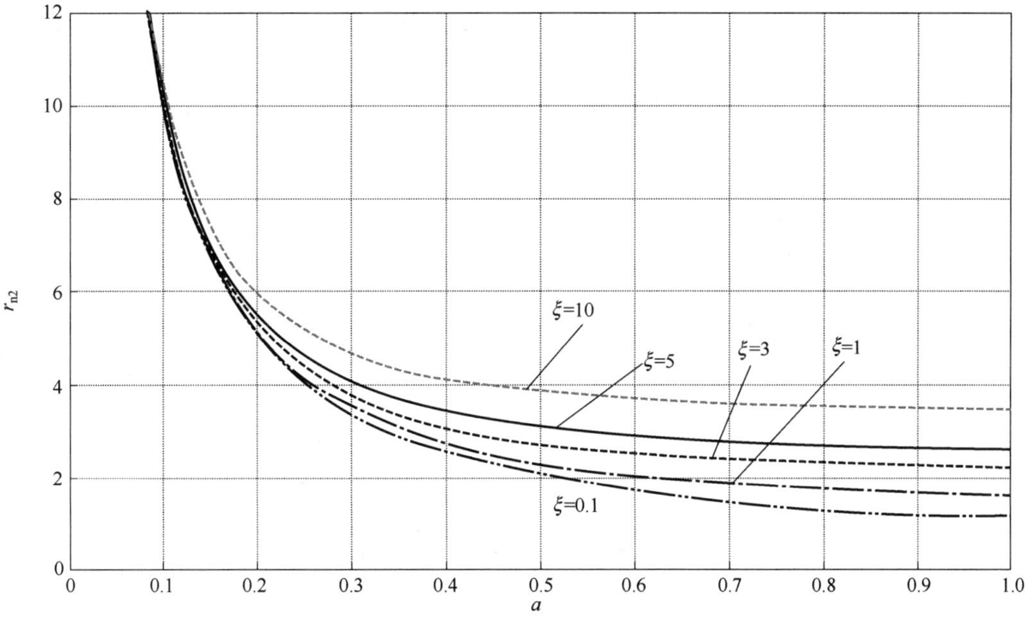

图 12.13 第二固有频率

第一固有频率 $r_{n1} \leqslant 1$，随着质量比 ε 增加而减小。r_{n1} 接近于 1/8 车辆模型的固有频率，被表示为车的首要固有频率。因此，它又称为车身弹跳固有频率。第二固有频率 r_{n2}，当 a 减小时，接近无穷大。但是，对于汽车而言，$r_{n2} \approx 10\text{Hz}$，以得到合适的乘坐舒适性能。簧下质量对应的 r_{n1} 称为车轮弹跳固有频率。

图 12.14 画出了固有频率比率 r_{n1}/r_{n2} 函数。详见脚本 48。

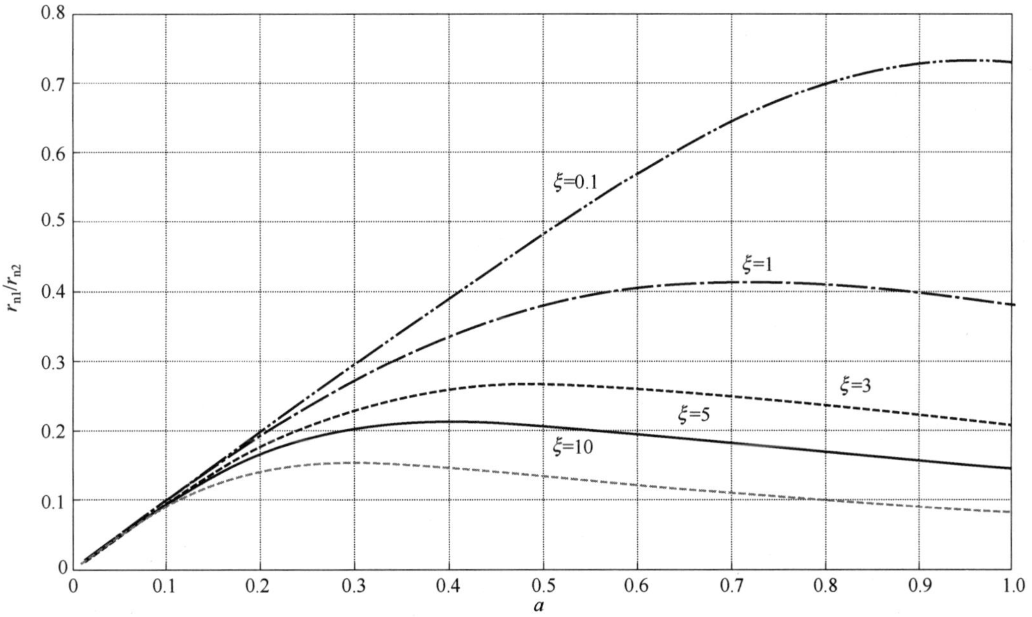

图 12.14 第一固有频率与第二固有频率之比

案例 493 恒定频率。

恒定频率 r_2、r_3 和 r_4 表达式如式（12-53）所示，为 ε 和 a 的函数。图 12.15～图 12.19 给出了这两个参数对固有频率的影响。详见脚本 49。

第二恒定频率 r_2，如图 12.15 所示，总是小于 $\sqrt{2}$ ，由于：

$$\lim_{a\to 0} r_2 = \sqrt{2} \tag{12-86}$$

因此，无论质量比为多少，r_2 的大小却超不过 $\sqrt{2}$ 。这样的特征使得我们不能自由操控第二节点的位置。

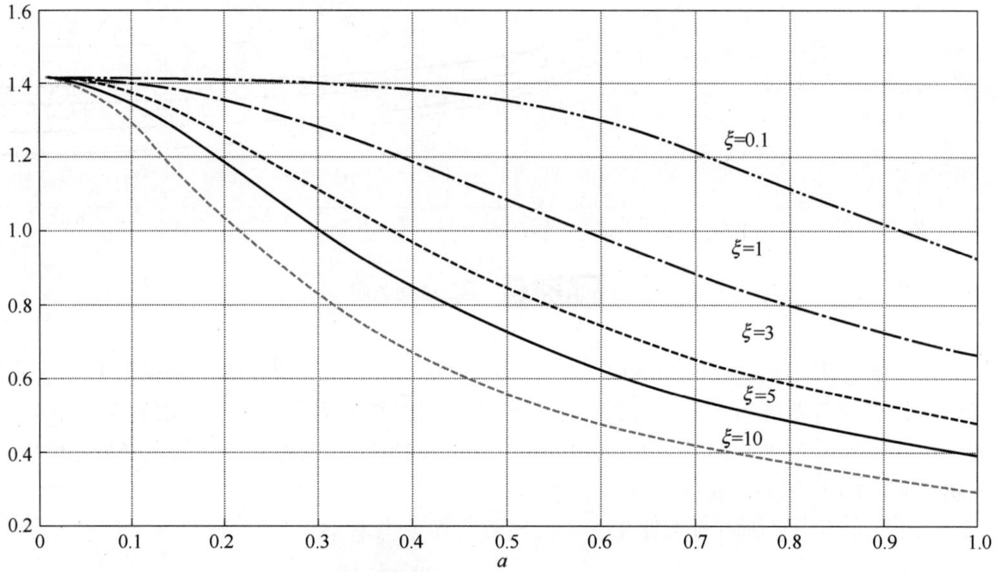

图 12.15 第二恒定频率函数

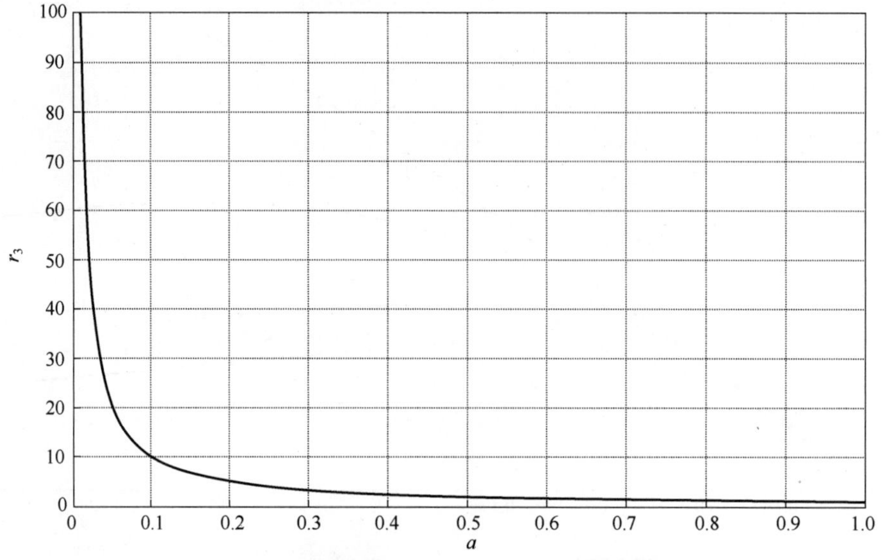

图 12.16 第三恒定频率函数

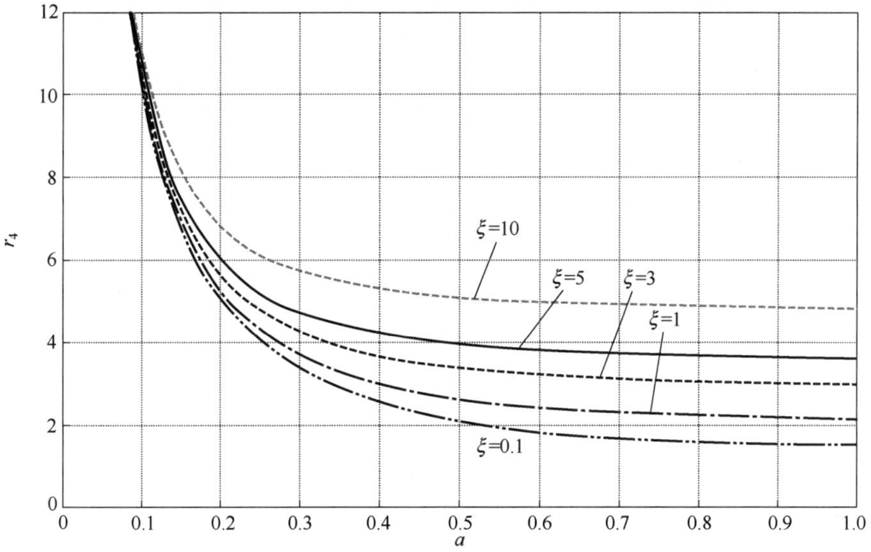

图 12.17　第四恒定频率函数

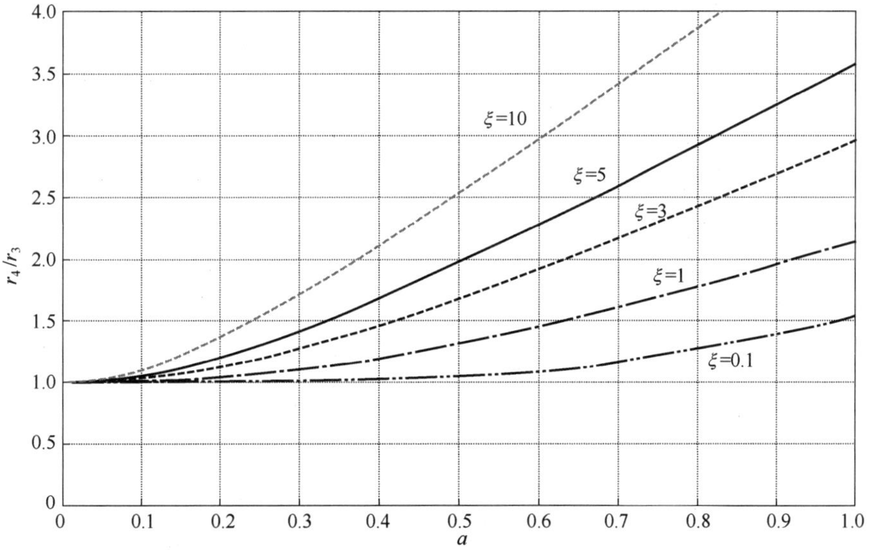

图 12.18　第四恒定频率与第三恒定频率之比函数

第三恒定频率 r_3，如图 12.16 所示，它并不是与质量比相关的函数，它可以取任何值，这都只依赖于 a 的值。

第四恒定频率 r_4，如图 12.17 所示，它随着 a 的减小而增大，但是，在 $a \geqslant 0.6$ 之后，r_4 的值趋于极限变化不大。

$$\lim_{a \to 0} r_4 = \infty \tag{12-87}$$

为了对固有频率的特征有一个更好的了解，图 12.18 和图 12.19 描述了相对频率比 r_4 / r_3 和 r_3 / r_2 的图像。

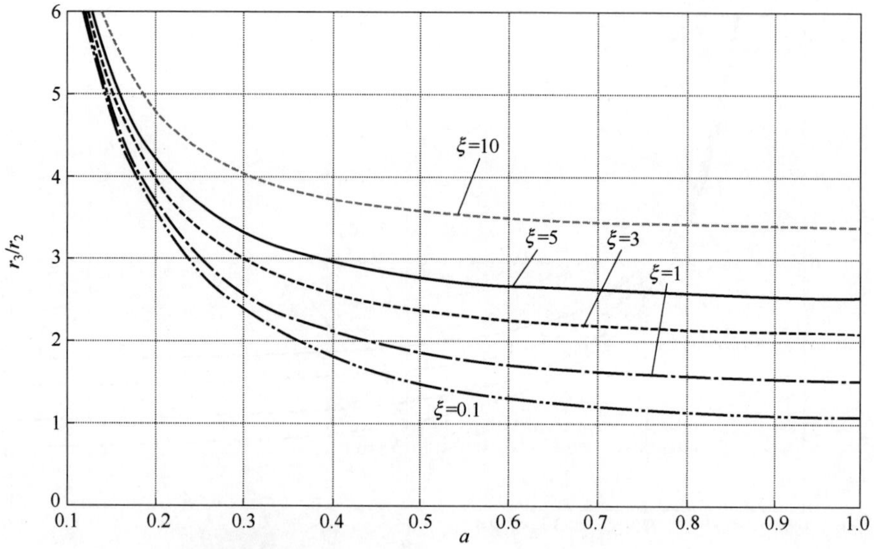

图 12.19 第三恒定频率与第二恒定频率之比函数

案例 494 恒定频率响应。

频率响应 μ 为 a、ε和 ξ 的函数。阻尼往往决定了振动的振幅，因此，这里假设 $\xi=0$，画出 μ 作为 a 和 ε 函数的轨迹。图 12.20 给出了 μ 在第二个恒定频率 r_2 的轨迹。由于：

$$\lim_{a \to 0} \mu_2 = 1 \tag{12-88}$$

式中，μ_2 开始于 1 而无论 ε 的值是多少，μ_2 是个大于 1 的递增函数。

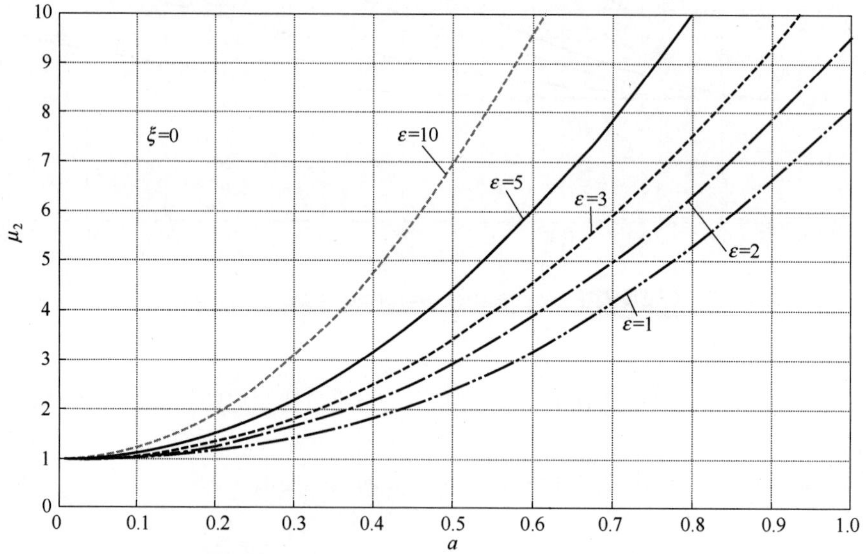

图 12.20 第二恒定频率处簧上质量频率响应函数

图 12.21 显示出 μ_3 是一个和 a 不相关的函数，并且随着 ε 的增大而减小。

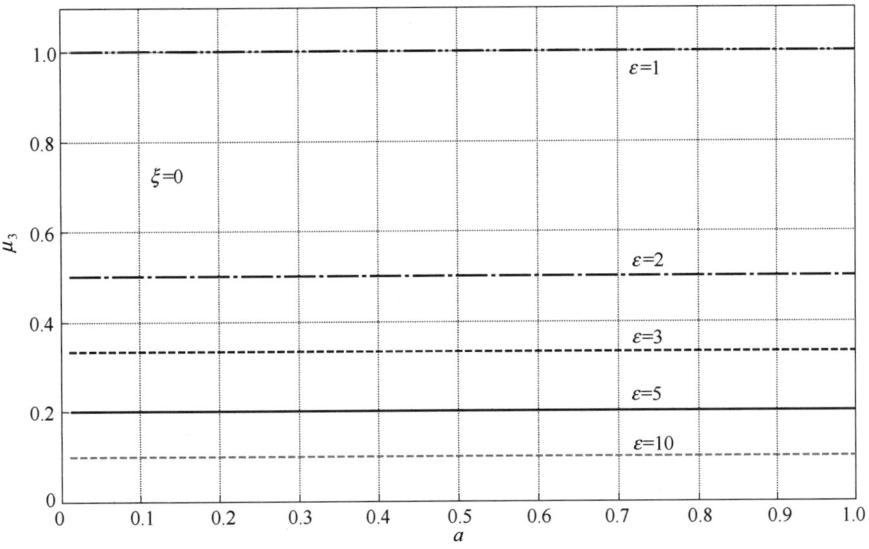

图 12.21 第三恒定频率处簧上质量频率响应函数

图 12.22 显示出 $\mu_4 \leqslant 1$ 而无论 a 和 ε 的值是多少。μ_2、μ_3 和 μ_4 之间的相对轨迹如图 12.23 和图 12.24 所示。（图 12.20～图 12.24 的出图程序详见脚本 49）

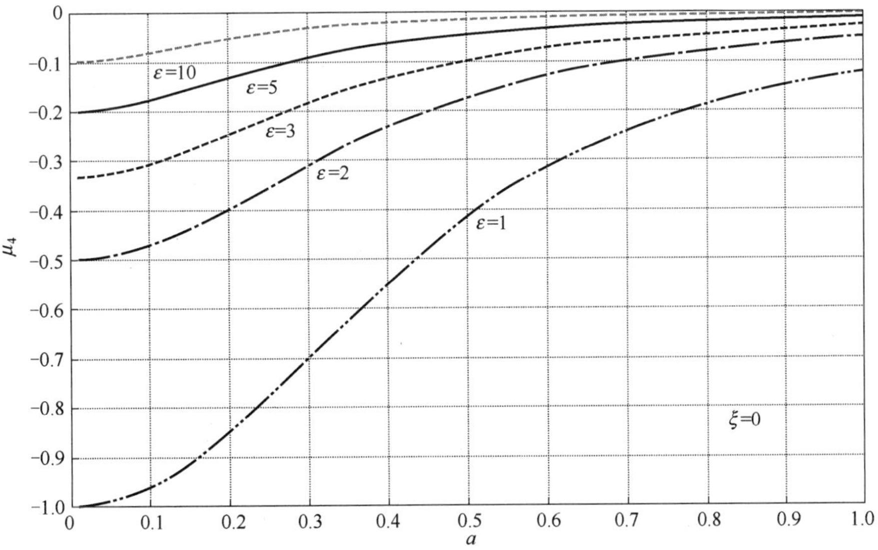

图 12.22 第四恒定频率处簧上质量频率响应函数

案例 495 固有频率和四分之一车辆隔振器。

对于一个现代、典型的乘坐车，两个固有频率的值分别在 1Hz 和 10Hz 附近。前者是由簧上质量的弹跳决定的，后者属于簧下质量。在普通速度下，路面颠簸的波长比车辆的轴距要长，这将会引起车身的上下跳动。然而在高速时，路面颠簸的波长比车辆的轴距要短，这将引起非簧载质量的剧烈颠簸。因此，当车轮撞上路上的一个石头或者凸起时，冲击将会使车轮上下颠簸，其振动的频率为非簧载质量的固有频率 10Hz 左右。相应的，对于簧载质量而言外界的激励频率为非簧载质量的振动频率在 10Hz 左右。由于簧载质量的固有频率在1Hz 左右，所以一个好的簧载质量隔振器的工作频率应该在 10Hz 左右，使得冲击激励对簧载质量的舒适性基本没有影响。当车轮在一个粗糙的起伏路面行驶时，外界的激励频率将包含一个比较宽的频率范围。以上所说的高频激励一般是指在 5～20Hz 这个范围的激励，也就是说将这段高频输入簧载质量时，隔振器应该将其有效地隔离。而低频激励时，隔振器基本不起作用，将会使得簧载质量在其固有频率附近产生共振。

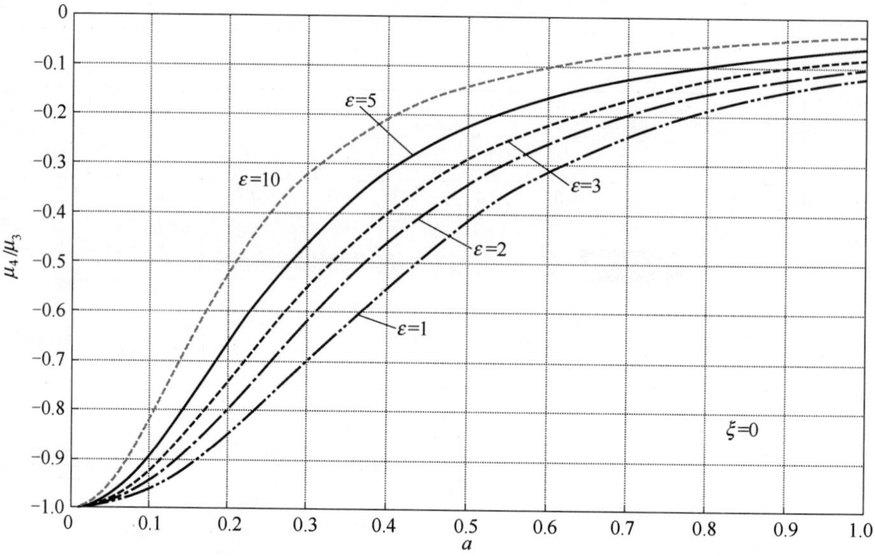

图 12.23 簧上质量频率响应函数μ_4/μ_3比值关系

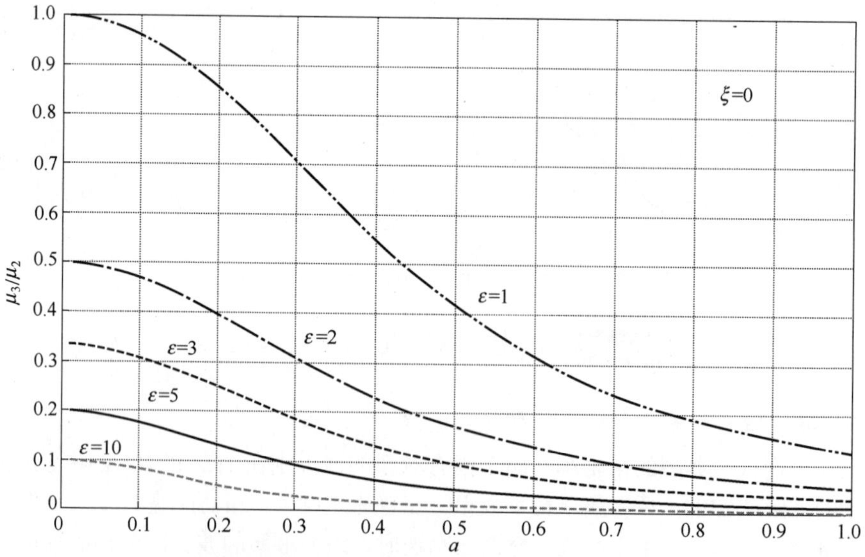

图 12.24 簧上质量频率响应函数μ_3/μ_2比值关系

12.4 均方根优化法

图 12.25 是关于一个底座激励二自由度系统（如四分之一汽车模型）的悬架参数优化设计图。它的水平轴表示簧上质量相对位移的均方根 $S_\eta = \mathrm{RMS}(\eta)$，垂直轴则表示簧上质量加速度的均方根 $S_u = \mathrm{RMS}(u)$。详见脚本 50。

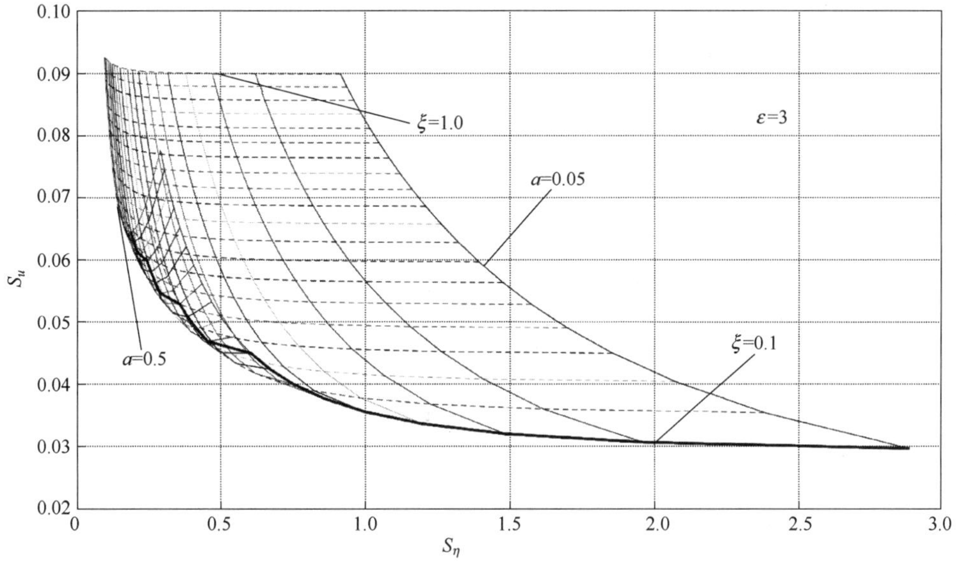

图 12.25　四分之一汽车模型的悬架参数优化设计图

图 12.25 中的两组曲线共同构成了网眼。第一组曲线在其末段几乎都是平行线，它表示的是阻尼比 ξ 为常数的曲线，而第二组曲线是以固有频率比 a 为常数作出的曲线。

这条优化曲线是按照均方根优化策略的结果，其策略为：让 $S_{\ddot{X}}$ 相对于 S_Z 最小化。

这也可以表述为：如果可以将四分之一车辆悬架优化，那么让绝对加速度相对于相对位移最小化。将其转化为数学表达式，也就是求下列最小化问题：

$$\frac{\partial S_u}{\partial S_\eta} = 0 \tag{12-89}$$

$$\frac{\partial^2 S_u}{\partial S_\eta^2} > 0 \tag{12-90}$$

利用这条设计曲线，可以找到系统主悬架的优化刚度 k_s 和阻尼 c_s。首先，估计出 S_η 的值并在水平轴上找到它，并画一条垂直的线，与优化曲线相交。交点也就表示出相对于 S_η 优化的 a 和 ξ 的值。

图 12.26 给出了当 $S_\eta = 1.2$ 时的一个简单例子，图中表示出优化悬架的值为：$\xi \approx 0.1$ 且 $a \approx 0.1211$。有了这两个值，就可以找到优化的弹性刚度 k_s 和阻尼 c_s 的值：

$$k_s = a^2 \frac{m_s}{m_u} k_u \tag{12-91}$$

$$c_s = 2\xi\sqrt{k_s m_s} \tag{12-92}$$

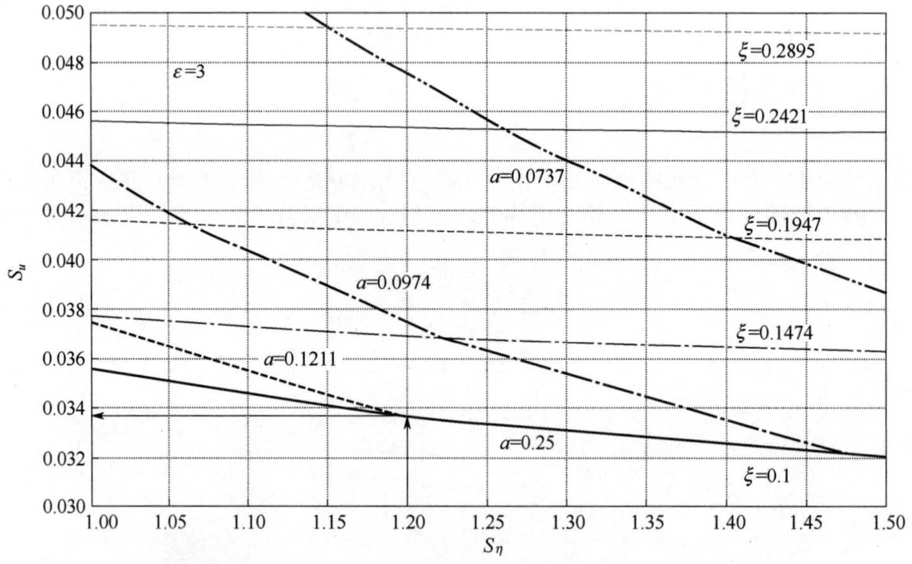

图 12.26　四分之一汽车模型的悬架参数优化曲线使用实例

证明 86：一个函数 $g(a,\xi,\varepsilon,\omega)$ 的均方根定义为：

$$\mathrm{RMS}(g)=\sqrt{\frac{1}{\omega_2-\omega_1}\int_{\omega_1}^{\omega_2}g^2(a,\xi,\varepsilon,\omega)\mathrm{d}\omega} \tag{12-93}$$

其中，$\omega_2\leqslant\omega\leqslant\omega_1$ 称为工作频率范围。假设外界激励频率的工作范围为 $0\leqslant f\left(=\dfrac{\omega}{2\pi}\right)\leqslant 20\,\mathrm{Hz}$，这基本上包含了所有路面车辆、特殊路面行驶车辆。还可以得到 η 和 u 的均方根：

$$S_\eta=\mathrm{RMS}(\eta) \tag{12-94}$$

$$S_u=\mathrm{RMS}(u) \tag{12-95}$$

在实用车辆动力学中，通常测量频率的单位为 Hz，以代替 rad/s，在设计计算时使用的是周期频率 f 和 f_n，单位为 Hz，而在解析计算时使用角频率 ω 和 ω_n，单位为 rad/s。

在工作范围内，计算 S_η 和 S_u 为：

$$S_\eta=\sqrt{\frac{1}{40\pi}\int_0^{40\pi}\eta^2\mathrm{d}r} \tag{12-96}$$

$$S_u=\sqrt{\frac{1}{40\pi}\int_0^{40\pi}u^2\mathrm{d}r}=a^2\sqrt{\frac{1}{40\pi}\int_0^{40\pi}r^4\mu^2\mathrm{d}r} \tag{12-97}$$

这个计算过程十分复杂，但是可以计算。详见脚本 50。

现在，所求的 S_η 和 S_u 的均方根在频率范围 $0<f<20\mathrm{Hz}$，可以通过式（12-96）和式（12-97）分析计算。

式（12-96）和式（12-97）显示 S_η 和 S_u 都是仅有三个变量的函数，这三个参数分别为：ε、a、ξ。

$$S_\eta=S_\eta(\varepsilon,a,\xi) \tag{12-98}$$

$$S_u = S_u(\varepsilon, a, \xi) \tag{12-99}$$

在应用动力学中，ε 一般为固定参数，因此，任意一对设计参数 (a,ξ) 将确定 S_η 和 S_u 的唯一性。这里假设：

$$\varepsilon = 3 \tag{12-100}$$

利用式（12-96）和式（12-97），可以画出当 a 和 ξ 变化时，S_u 相对于 S_η 的曲线。固定 a 变化 ξ，找到可能的 S_u 的最小点相对于 S_η。将这些最小点连成优化曲线，如图 12.27 所示，也就找到了最佳的 a 和 ξ。这条优化曲线是折线，当取更多点时它就变成了曲线。利用优化设计曲线，首先估计一个 S_u 或 S_η 的值，然后找到相应的设计曲线上的点。放大图如图 12.28 所示。

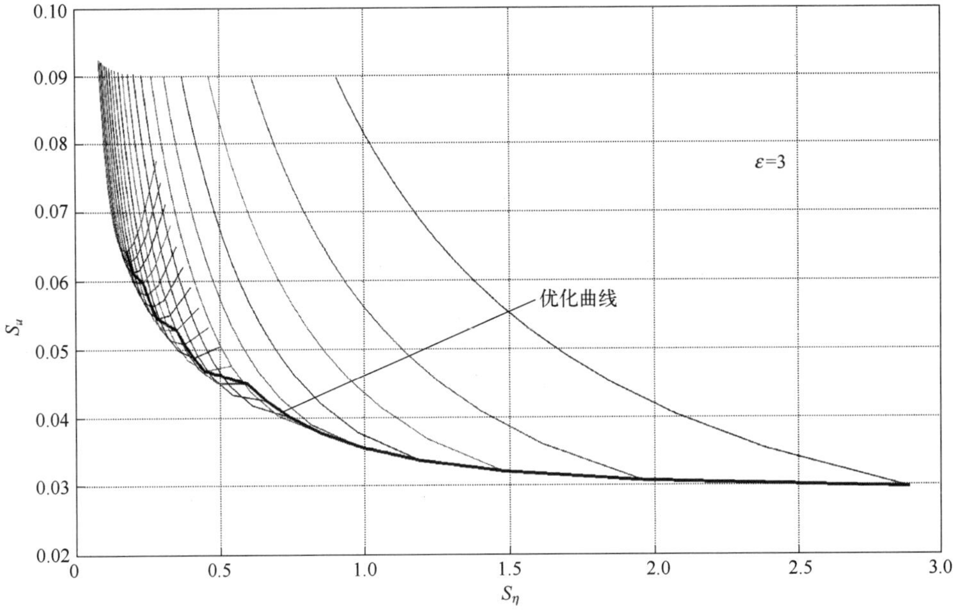

图 12.27　四分之一汽车模型的悬架参数优化曲线生成

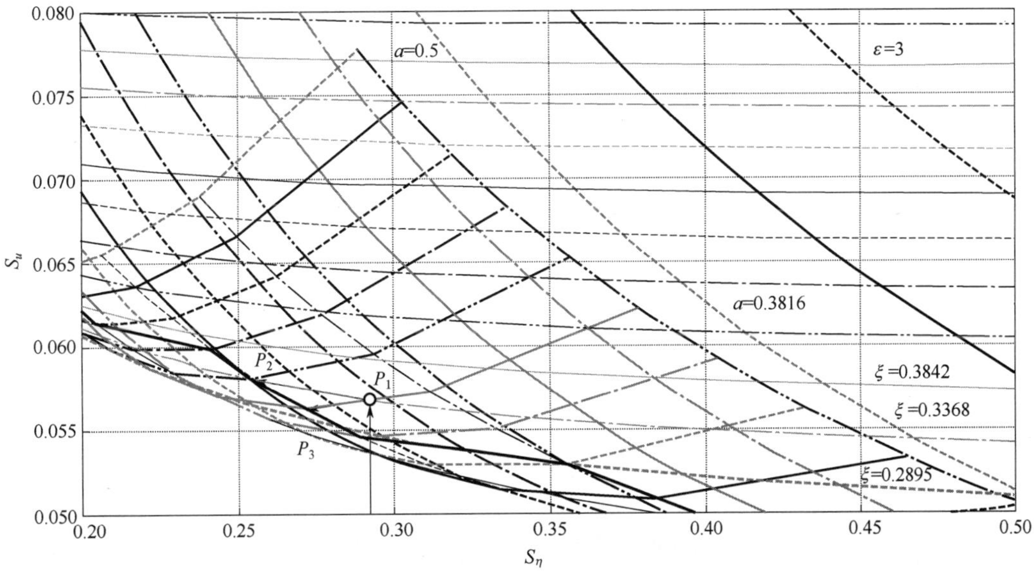

图 12.28　利用四分之一汽车模型的悬架参数优化曲线做优化设计

水平轴表示相对位移的平方根 $S_\eta = \mathrm{RMS}(\eta)$，垂直轴表示绝对加速度的平方根 $S_u = \mathrm{RMS}(u)$。

优化曲线表示一个变软的悬架减小了车身的加速度，但是它要求大的相对位移空间。由于物理上的约束，也就是轮胎轨迹约束，因此必须设计悬架能够充分利用悬架运动的上下止点这段距离，将车身的加速度尽最大可能减小。数学上来说，就是解式（12-89）和式（12-90）。

案例 496 检查优化的四分之一汽车模型优化设计曲线。

为了检验优化设计曲线，对比实际方法对悬架的优化，假设有一个四分之一车辆还未进行优化的悬架，也就是图 12.28 中 P_1 所表示的点。

$$\varepsilon = 3 \tag{12-101}$$

$$a = 0.35 \tag{12-102}$$

$$\xi = 0.4 \tag{12-103}$$

实际的优化过程为：先固定刚度为常数，再改变阻尼调整到相应的优化值，或者是先固定阻尼为常数，再改变刚度到相应的优化值。但是，如果可能将刚度和阻尼两者同时改变，让它们移动到最优化曲线上去，这依赖于现实中的物理约束和要求。

图 12.28 中的点 P_2 与点 P_1 有着相同的 a 值，优化后的阻尼比 $\xi \approx 0.7$。图中的点 P_3 与点 P_1 有着相同的 ξ，优化后的固有频率比 $a \approx 0.3$。因此，点 P_2 和点 P_3 是点 P_1 两个二选一的优化设计点。

图 12.29 对比了点 P_1、P_2、P_3 加速度频率响应 $\ln u$。从图中可以看出，P_3 拥有最小加速度。图 12.30 描述了绝对位移频率响应 $\ln \mu$。图 12.31 对比了点 P_1、P_2、P_3 相对位移频率响应 $\ln\eta$，对比图展示了 P_2 和 P_3 两点的悬架系统要优于点 P_1。虽然悬架 P_2 有更高水平的加速度，但是相对于悬架 P_3 而言，需要的悬架空间相对较小。相反，悬架 P_3 有更低水平的加速度，但是相对于悬架 P_2 而言，需要的悬架空间相对较大。详见脚本 51。

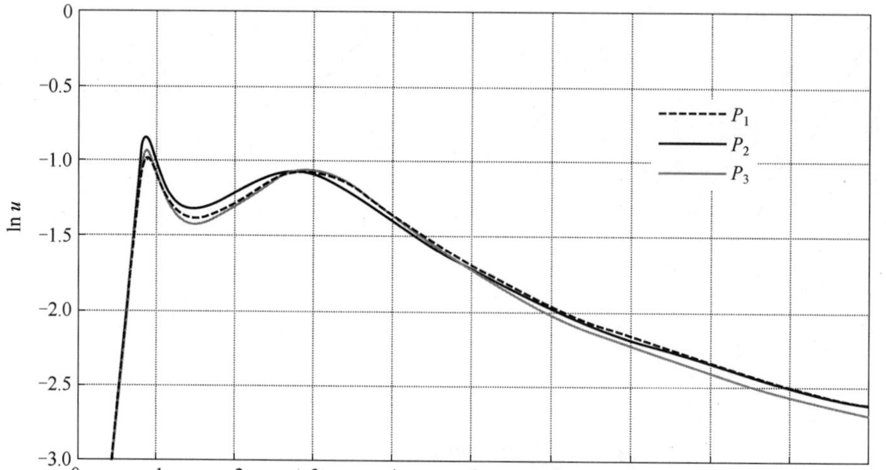

图 12.29 三点加速度优化对比图

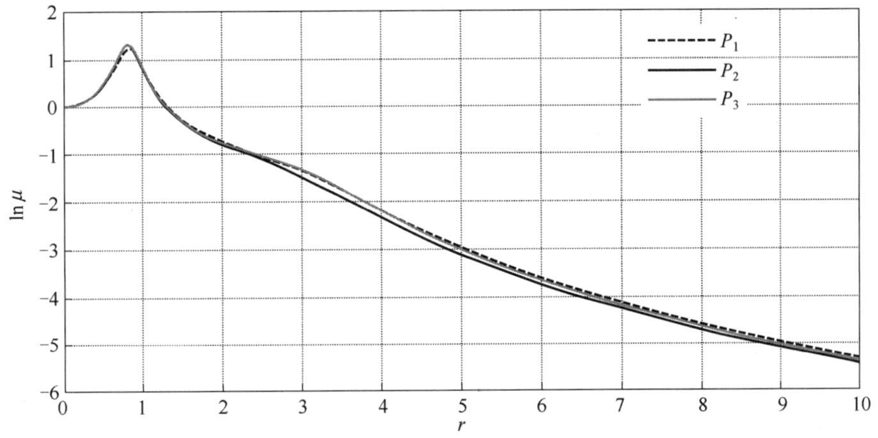

图 12.30 三点绝对位移优化对比图

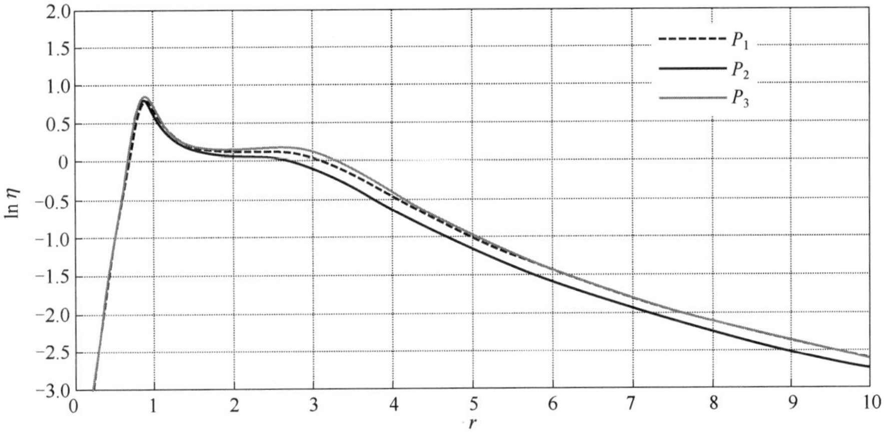

图 12.31 三点相对位移优化对比图

案例 497 优化曲线的拟合。

优化曲线存在的缺点有三个：这条优化曲线是折线，显得十分生硬；区间较窄，不能满足图形区域的全覆盖；通过优化曲线上的点找寻 a 和 ξ 的值比较困难。为了解决这三个问题，用拟合的办法，将这条优化的折线变成优化曲线，同时拟合的还有 a 和 S_η 之间的关系，以及 ξ 和 S_η 之间的关系。这样有助于通过 S_η 找到 a 和 ξ。拟合的过程中，将点的连线变成曲线方程，区间的狭隘性也迎刃而解。拟合的过程如图 12.32～图 12.39 所示（详见脚本 50）。具体拟合步骤如下：

第一步：将存储在 Y1、Y2 里的数据 double 化。

第二步：在命令窗口输入命令，cftool（打开拟合工具窗口）。

第三步：在左上角导入数据。

第四步：在右上方选择拟合方式，power；幂逼近，为了更精确点，在下方选择 2，此时会产生 a、b、c 三个参数输出，如果选择 1，会有 a、b 两个参数输出。

第五步：观察右下方数据拟合图形是否为想要图形。

第六步：查看左下方参数输出，写出拟合结果。

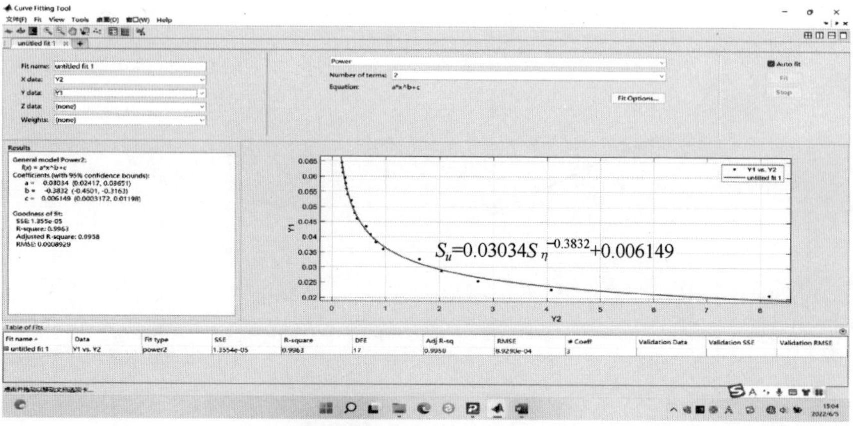

图 12.32 最优化曲线拟合

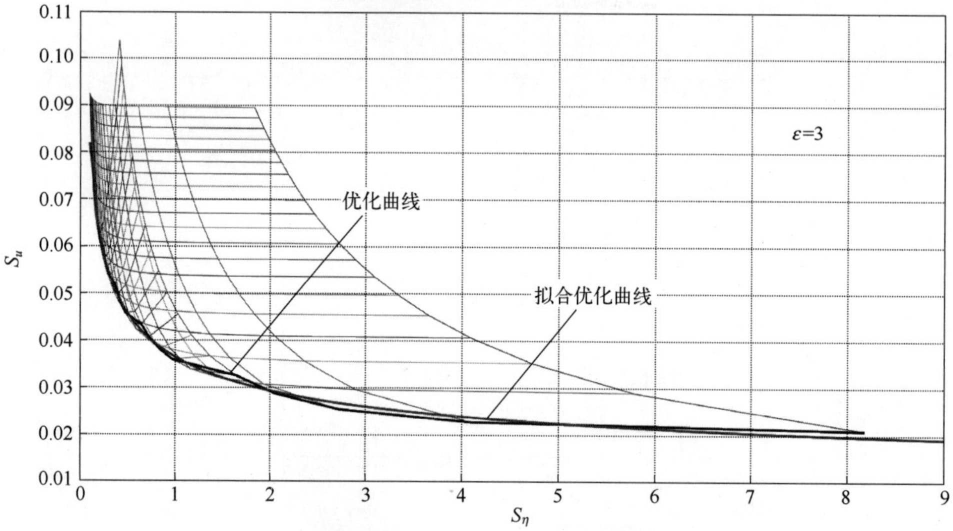

图 12.33 最优化曲线拟合对比图

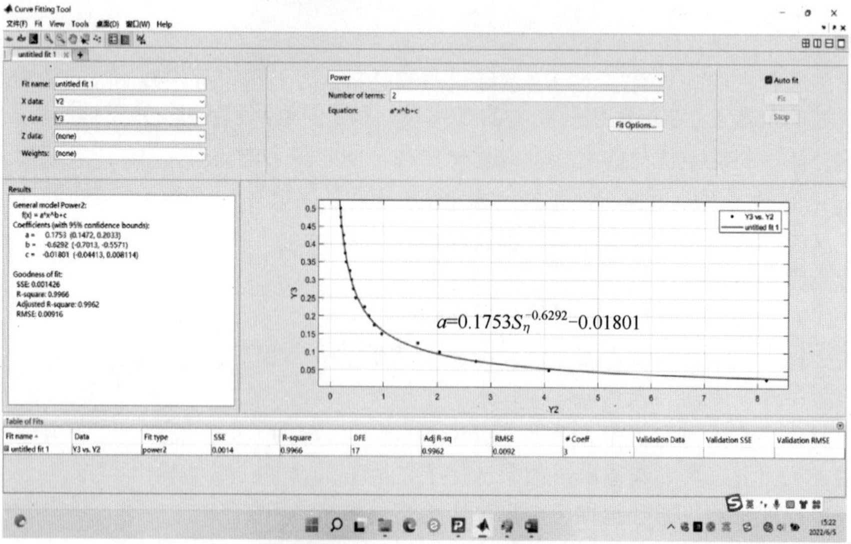

图 12.34 a 与 S_η 关系曲线拟合

最终得到的拟合结果为：

$$S_u = 0.03034 S_\eta^{-0.3832} + 0.006149 \tag{12-104}$$

$$a = 0.1753 S_\eta^{-0.6292} - 0.01801 \tag{12-105}$$

$$\xi = 0.05875 S_\eta^{-0.8058} + 0.02731 \tag{12-106}$$

$$a = 0.05415 \xi^{1.246} + 0.03266 \tag{12-107}$$

案例 498　最优化参数变量。

最佳优化参数 a 和 ξ 的关系如图 12.38 和图 12.39 所示。a 和 ξ 的最佳优化值是随着相对位移的均方根 S_η 的一个减函数。因此，当有了更大可以利用的空间时，可以减小 a 和 ξ，从而得到一个较软的悬架，以便改善乘坐舒适性。图 12.39 展示了最佳的 a 和 ξ 的关系优化曲线。

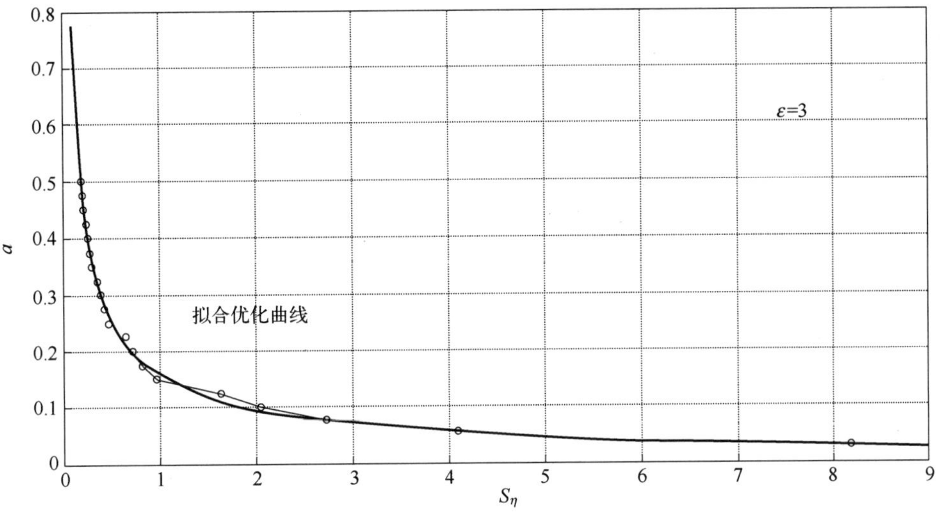

图 12.35　a 与 S_η 关系优化曲线拟合

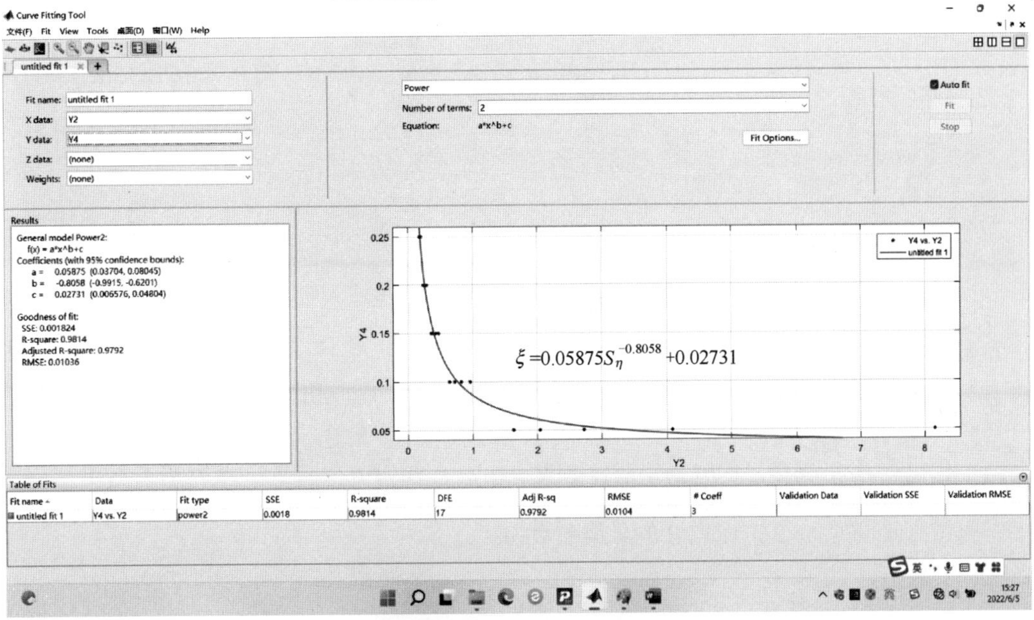

图 12.36　ξ 与 S_η 关系曲线拟合

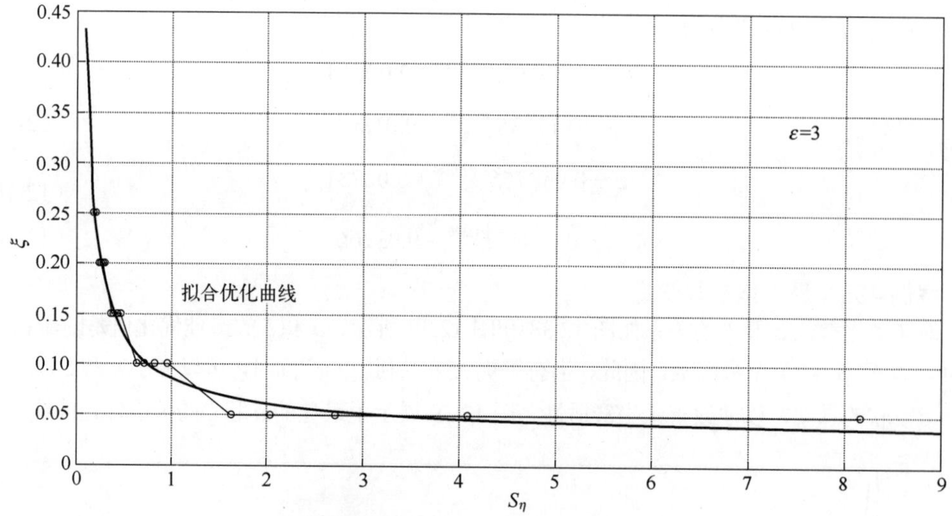

图 12.37　ξ与 S_η关系优化曲线拟合

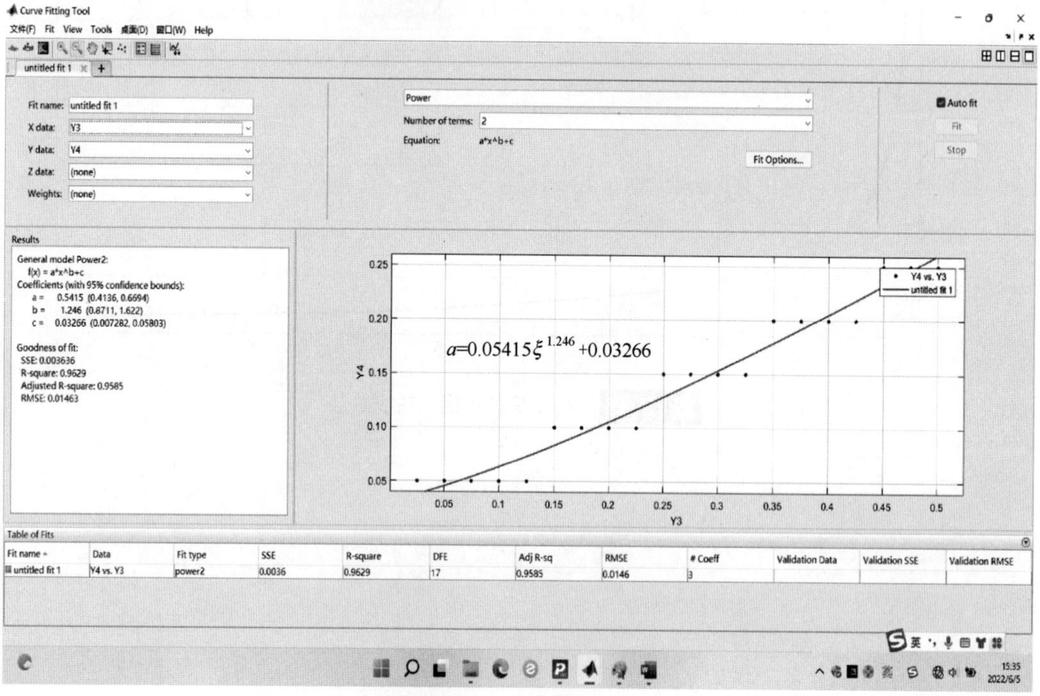

图 12.38　a与ξ关系曲线拟合

案例 499　四分之一汽车模型原始点和三个优化点。

对悬架进行优化的方法有两个，即保持相对位移 S_η 的均方根不变或者保持绝对加速度 S_u 不变，找到相对应的优化曲线上的点。如图 12.40 所示，对未优化点 P_1 进行优化，可以得到两个优化点 P_2 和点 P_3，同时为了对比效果，在点 P_2 和点 P_3 之间取一点 P_4 看看效果。

质量比假设为 $\varepsilon = 3$，而点 P_1 的悬架参数为：

$$a = 0.265 \tag{12-108}$$

$$\xi = 0.0465 \tag{12-109}$$

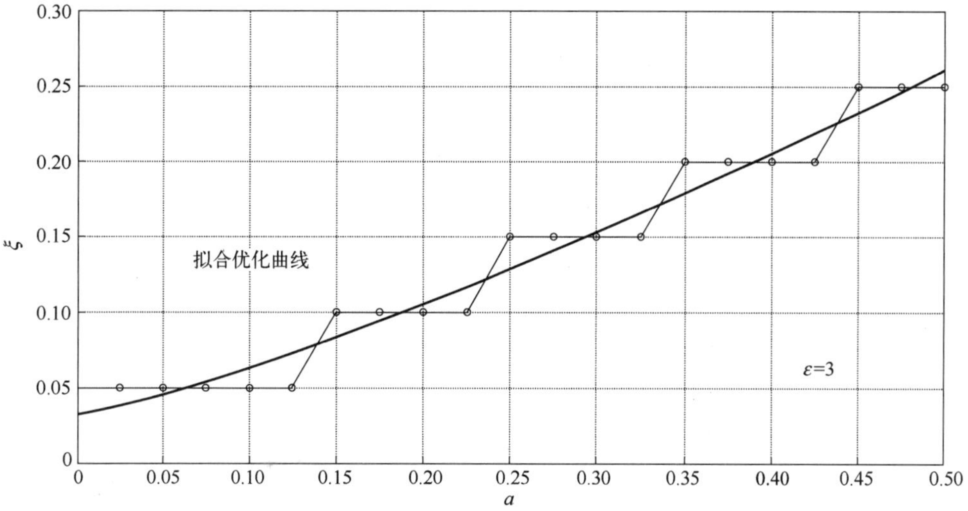

图 12.39 a 与 ξ 关系优化曲线拟合

$$S_\eta = 4 \tag{12-110}$$

$$S_u = 0.05 \tag{12-111}$$

原始点 P_1 与对应的优化点 P_2 有着相同的 S_u，根据前面的拟合方程找到点 P_2 拥有的其他参数为：

$$a = 0.3030 \tag{12-112}$$

$$\xi = 0.1548 \tag{12-113}$$

$$S_\eta = 0.3824 \tag{12-114}$$

$$S_u = 0.05 \tag{12-115}$$

原始点 P_1 对应的优化点 P_3 有着相同的 S_η，点 P_3 拥有的参数为：

$$a = 0.0553 \tag{12-116}$$

$$\xi = 0.0465 \tag{12-117}$$

$$S_\eta = 4 \tag{12-118}$$

$$S_u = 0.0240 \tag{12-119}$$

点 P_4 在优化点 P_2 和 P_3 之间，点 P_4 拥有的参数为：

$$a = 0.0953 \tag{12-120}$$

$$\xi = 0.0609 \tag{12-121}$$

$$S_\eta = 2 \tag{12-122}$$

$$S_u = 0.0294 \tag{12-123}$$

图 12.41 描述了簧上质量振动的振幅 μ，它展示了 P_2 和 P_3 两点的振幅全程都小于未优化前的点 P_1，特别是在第二共振点的振幅。图 12.42 展示了簧上质量和簧下质量的相对位移振幅 η。图 12.43 展示了簧上质量的绝对加速度振幅 u。点 P_4 在优化点 P_2 和 P_3 之间，一般不用于优化。详见脚本 52。

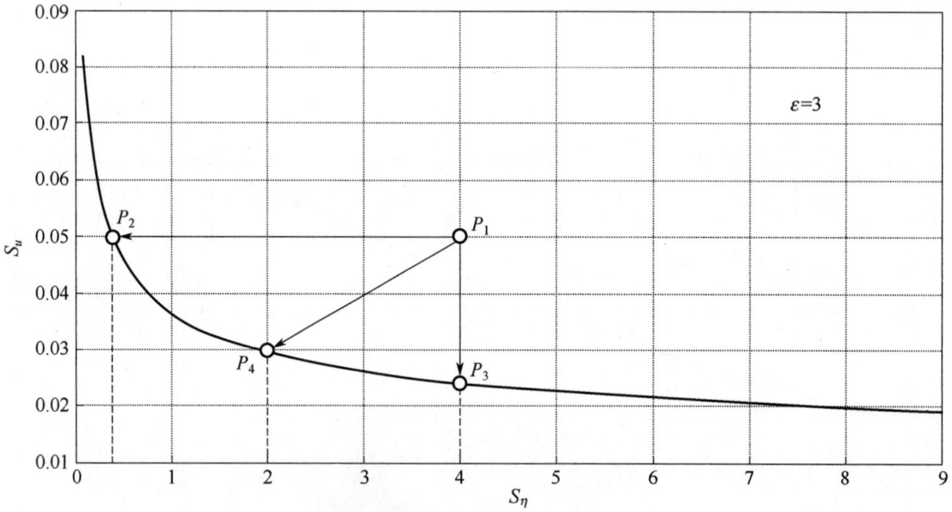

图 12.40 利用最优化曲线优化

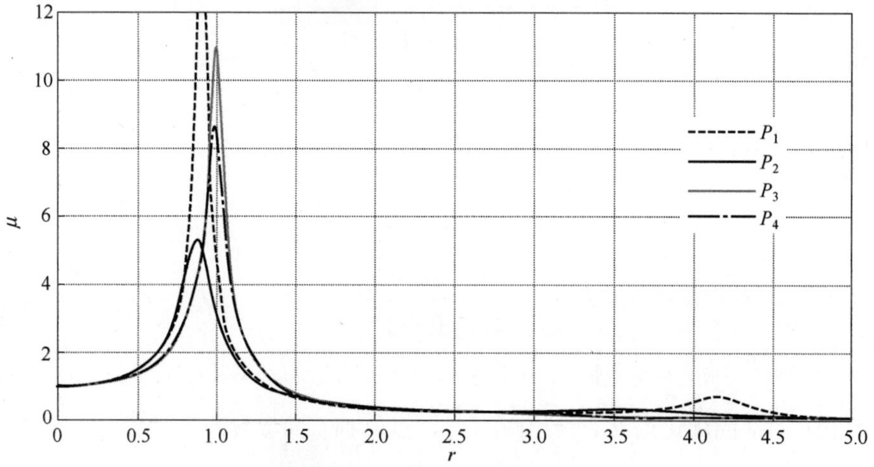

图 12.41 绝对位移曲线优化对比图

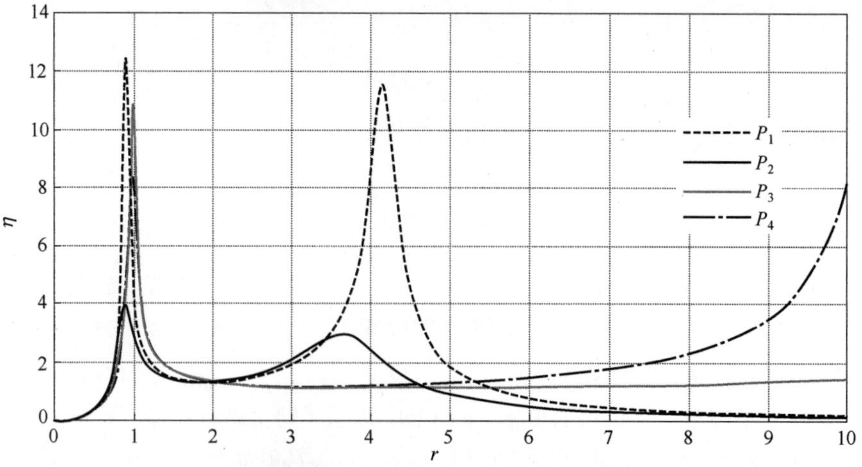

图 12.42 相对位移曲线优化对比图

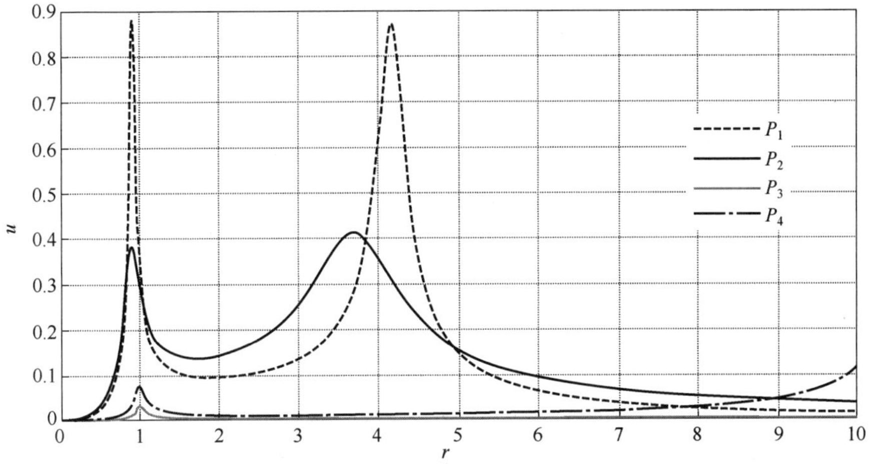

图 12.43　绝对加速度曲线优化对比图

对比图展示了 P_2、P_3 和 P_4 三点的悬架系统要优于点 P_1。虽然悬架 P_2 有更高水平的加速度，但是相对于悬架 P_3 而言，需要的悬架空间相对较小。相反，悬架 P_3 有更低水平的加速度，但是相对于悬架 P_2 而言，需要的悬架空间相对较大。点 P_4 在优化点 P_2 和 P_3 之间，一般不用于优化。这主要是因为点 P_4 既需要改变悬架弹性刚度又要改变悬架的阻尼，有悖我们固定一个调整另一个的优化原则。

案例 500　固有频率和隔振器的要求。

路面的不平整性往往是破坏乘用车的外界激励源。因此，车辆系统的固有频率是传统隔振器在设计时需要考虑的首要因素。支撑车身主悬架的固有频率通常在 0.2～2Hz 之间，而非簧载质量的固有频率称为轮胎弹跳频率，通常在 2～20Hz 之间。更高值的固有频率一般用于军用车辆。

将簧载质量从不平整的道路上隔离，可以通过使用一个较软的弹簧达到较好的效果，这样可以减小第一个固有频率。降低第一个固有频率一般可以改善乘坐舒适性，但是它也会产生设计方面的问题，由于这样做需要有较大的用于簧载质量和非簧载质量相对运动的空间。悬架系统设计者需要考虑的最重要的一个约束就是受相对运动空间约束、所能允许的最大相对位移。其次需要认真考虑的因素包括整车的稳定性、可靠性以及经济性或者说是成本因素。

12.5　一定条件下阻尼比优化

假设一辆车的质量比 ε 和固有频率比 a 都已知，因此固有频率节点的位置也就可以确定下来。那么此时阻尼比 ξ 的一个最优化值为 ξ_y：

$$\xi_y=\frac{\sqrt{Z_3}}{Z_4}\sqrt{\sqrt{Z_5^2-8a^2}+Z_5-\frac{8a^2}{Z_3}} \tag{12-124}$$

其中：

$$Z_3=a^2(1+\varepsilon)+1 \tag{12-125}$$

$$Z_4=4a\sqrt{(1+\varepsilon)} \tag{12-126}$$

$$Z_5=2a^2(1+\varepsilon)+1 \tag{12-127}$$

最优化阻尼比ξ_y源于第二固有频率 r_2 产生的第二共振振幅μ_2。相对位移的值η，在$r=r_2$且$\xi=\xi_y$时，为：

$$\eta_2=\sqrt{\frac{Z_7^2}{a^2\left\{a^2\left[\varepsilon\left(4a^2-Z_6+1\right)+Z_7-2\right]^2+2\xi_y^2Z_7\left[(\varepsilon+1)Z_7-2\right]^2\right\}}} \quad (12\text{-}128)$$

其中：

$$Z_6=\sqrt{Z_5^2-8a^2} \quad (12\text{-}129)$$

$$Z_7=Z_5-Z_6 \quad (12\text{-}130)$$

详见脚本53。

证明 87：簧载质量和非簧载质量的固有频率在前面已经给出，如式（12-51）和式（12-52）所示，它们都是关于ε和a的函数。当ε固定时，可以通过考虑可能得到的最大静态扰度来计算a，以此相应地调整固有频率的值。如果ε和a的值都已经确定了且保持不变，那么，阻尼比ξ的值决定了第二节点的第一次共振振幅，也就可以作为最优化阻尼确定下来。如果阻尼比比这个最优化值大一些或者小一些，都会使得共振的振幅变大。

让最大的μ与对应的频率r求偏导，再将结果等于零，从而得到节点方程：

$$\frac{\partial\mu}{\partial r}=\frac{1}{2\mu}\times\frac{\partial\mu^2}{\partial r}=\frac{1}{2\mu}\times\frac{1}{Z_8^2}(8\xi^2rZ_8-Z_9-Z_{10})=0 \quad (12\text{-}131)$$

$$Z_8=\left[r^2(r^2a^2-1)-r^2a^2(1+\varepsilon)+1\right]^2+4\xi^2r^2\left[1-(1+\varepsilon)r^2a^2\right]^2 \quad (12\text{-}132)$$

$$Z_9=8\xi^2r(4\xi^2r^2+1)\left[3r^2a^2(1+\varepsilon)-1\right]\left[r^2a^2(1+\varepsilon)-1\right] \quad (12\text{-}133)$$

$$Z_{10}=4r(4\xi^2r^2+1)\left[r^2(r^2a^2-1)-r^2a^2(1+\varepsilon)+1\right]\left[2r^2a^2-a^2(1+\varepsilon)-1\right] \quad (12\text{-}134)$$

现在，如果将r_2［式（12-70）］代入频率比r［式（12-131）］，就可以得到最优化ξ_y的值［式（12-124）］。最优化阻尼比ξ_y使得μ在第二固有频率r_2节点上有最大值。图 12.44 给出了一个频率响应μ对不同ξ的振幅图像，其中也包含了$\xi=\xi_y$图像。

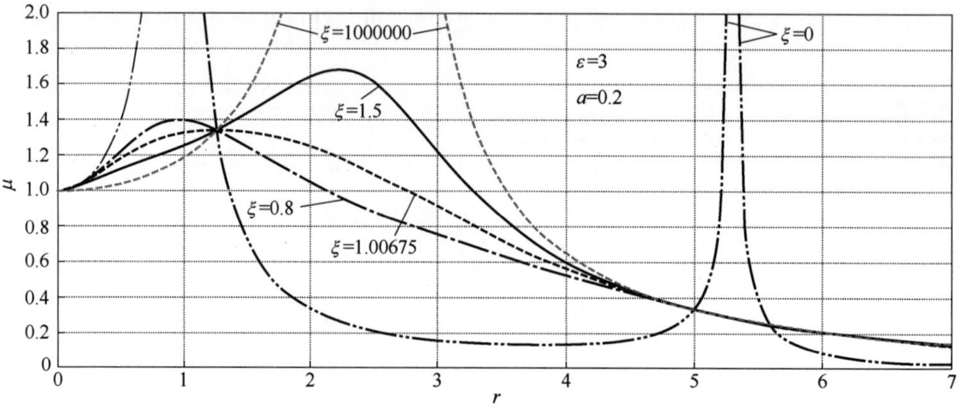

图 12.44 绝对位移μ在不同ξ与ξ_y情况下的对比图

图 12.45 给出了ξ_y与ε和a之间的关系图。详见脚本 54。

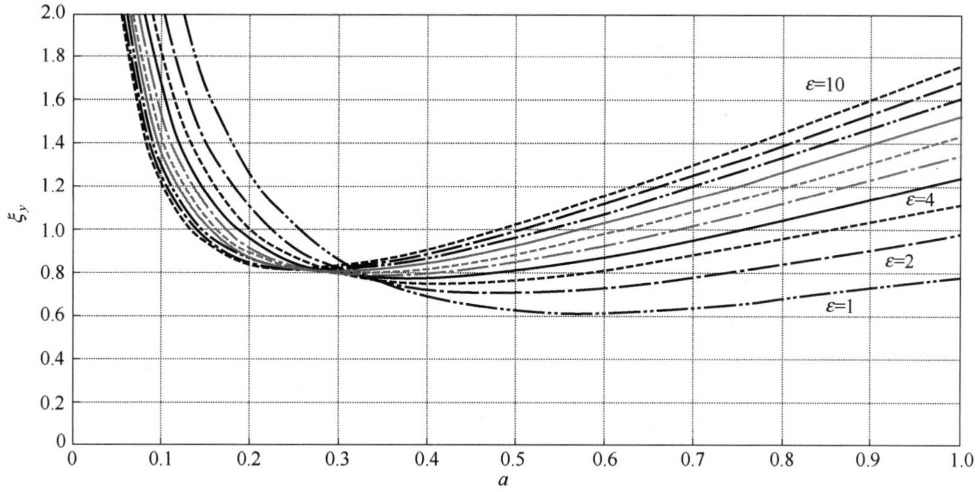

图 12.45　ξ_y与 a 的关系在ε不同的情况下对比图

将 ξ_y 代入 μ 的一般表达式，可得 μ 的最大绝对值为 μ_2，如式（12-57）所示。将 $r=r_2$ 和 $\xi=\xi_y$ 代入式（12-25）得到式（12-128）为 η_2 的表达式。如果悬架固有频率越低，那么其对地面不平的隔离效果将会越明显。因此，主弹簧的刚度应该尽可能小。图 12.46 给出了 η_2 在 $\xi=\xi_y$ 时的图像。详见脚本 54。

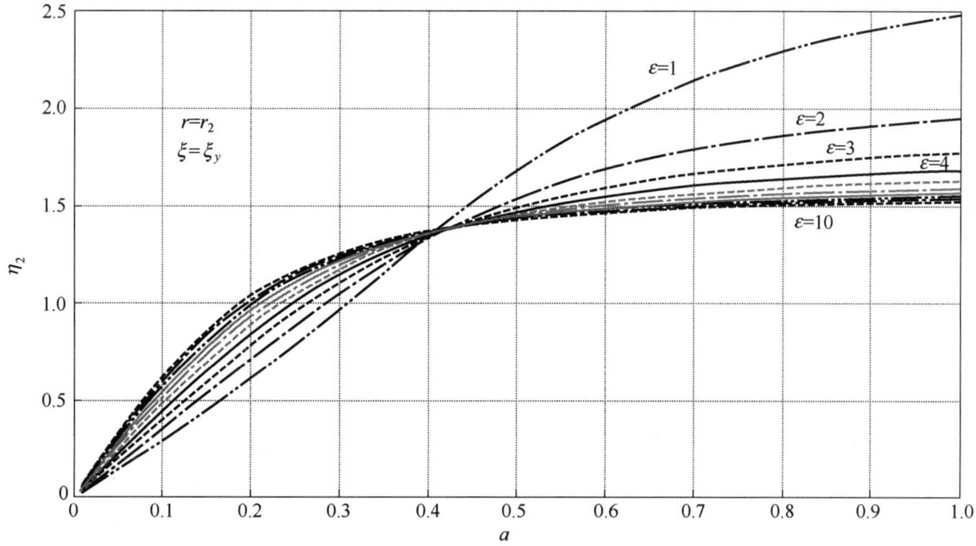

图 12.46　相对位移η_2在ε不同情况下的对比图

案例 501　当 $\xi=\xi_y$ 时，η_2 的节点。

第二节点的相对位移 η_2 是对 a 的一个单调递增函数，并且含有两个固定点，η 的这两个固定点可以通过下列方程找到：

$$\pm r^2\left[r^2a^2-(1+\varepsilon)a^2\right]=\left\{r^2(r^2a^2-1)+\left[1-(1+\varepsilon)r^2a^2\right]\right\}^2+r^2\left[1-(1+\varepsilon)r^2a^2\right] \quad (12\text{-}135)$$

可以得到：

$$r_1 = 0, \quad \eta_1 = 0 \tag{12-136}$$

$$r_{n0} = \frac{1}{a\sqrt{1+\varepsilon}}, \quad \eta_{n0} = 1 + \frac{1}{\varepsilon} \tag{12-137}$$

在 r_{n0} 点 μ 的值为：

$$\mu_{n0} = \frac{a^2}{\varepsilon^2}(1+\varepsilon)^3\left[4\xi^2 + a^2(1+\varepsilon)\right] \tag{12-138}$$

案例 502 η 的最大值。

图 12.4 展示了 η 在 $\xi = 0$ 和 $\xi = \infty$ 时有个节点使得两个曲线相交。在这个节点可能有个特殊的阻尼比使得 η 有最大值。为了找到这个 η 的最大值，首先要解出下列方程中的 r：

$$\frac{\partial\eta}{\partial r} = \frac{1}{2\eta} \times \frac{\partial\eta^2}{\partial r} = \frac{1}{Z_{11}^2}(4r^3 Z_{11} - Z_{12} - Z_{13}) \tag{12-139}$$

其中：

$$Z_{11} = \left\{r^2(r^2a^2 - 1) + \left[1 - (1+\varepsilon)r^2a^2\right]\right\}^2 + 4\xi^2 r^2\left[1 - (1+\varepsilon)r^2a^2\right]^2 \tag{12-140}$$

$$Z_{12} = 8\xi^2 r^5\left[3r^2a^2(1+\varepsilon) - 1\right]\left[r^2a^2(1+\varepsilon) - 1\right] \tag{12-141}$$

$$Z_{13} = 4r^5\left[r^2a^2(1+\varepsilon) + r^2(1 - r^2a^2) - 1\right]\left[a^2(1+\varepsilon) - 2r^2a^2 + 1\right] \tag{12-142}$$

因此，η 的最大值出现在下列方程的解：

$$Z_{14}r^8 + Z_{15}r^6 + Z_{16}r^2 - 1 = 0 \tag{12-143}$$

其中：

$$Z_{14} = a^4 \tag{12-144}$$

$$Z_{15} = 2a^4\xi^2(1+\varepsilon)^2 + a^4(1+\varepsilon) - a^2 \tag{12-145}$$

$$Z_{16} = a^2(1+\varepsilon) - 2\xi^2 + 1 \tag{12-146}$$

当 ξ 小于特殊的阻尼比 ξ_η 时，式（12-143）有两个正根，且其中一个正根大于 ξ_η，这里的 ξ_η：

$$\xi_\eta = \xi_\eta(a, \xi, \varepsilon) \tag{12-147}$$

式（12-143）的两个正根分别为 r_5 和 r_6，相应的相对位移分别为 η_5 和 η_6，这里 $r_5 < r_6$。当 $\xi \geqslant \xi_\eta$ 时，固有频率 r_5 和 r_6 相等，当 ξ 趋近于无穷时，它们趋近于 r_{n0}。只要 $\xi \leqslant \xi_\eta$，固有频率对应的 η_6 大于 η_5，且当 $\xi \geqslant \xi_\eta$ 时，它们相等。相对位移 η_5 和 η_6 是以 ξ 为变量的单调递减函数，且当 ξ 趋近于无穷时，它们接近 η_{n0}。

从式（12-137）可看出，固定点 r_{n0} 的位置与 a 和 ε 的值有关，而 η_{n0} 的值只和 ε 的值有关。如果 ε 已经给出，那么 η_{n0} 也就固定了。因此，相对位移 η 的最大值不会小于 η_{n0}，而且也找不到相应的实数值 ξ，可以使得 η 的最大值出现在 r_{n0} 这个点上。ξ 的最优化值可以通过调整 η_6 达到最大值来找到，这也就等价于让车轮达到最大相对位移。

12.6 小结

车辆的垂直振动可以通过一个二自由度线性系统来建模，而这个二自由度线性系统称为四分之一汽车模型。四分之一的车身质量又称为簧上质量，它通过车辆上刚度为 k_s 和阻尼为 c_s 的主悬架支撑。主悬架的 k_s 和 c_s 骑装在车辆的车轮上，这些又称为簧下质量。车轮与地面接触，轮胎的刚度为 k_u 。

假设车辆在一个正弦波形的路面上行驶，可以找到簧上质量和簧下质量的频率响应，同时可以利用线性系统的特性从而找到相对位移的方程进行解析。簧上质量的频率响应有 4 个节点。第一个和第四个节点产生的共振往往不在车辆的工作频率范围之内。中间的两个节点分别位于 $\mu=1$ 的两侧，因此它们不会相等，这也就使得弗拉姆优化方法无效。

绝对加速度和相对位移的均方根可以通过用均方根优化法得到并进行解析。而这种均方根优化方法是基于最小化的绝对加速度均方根对应于相对位移均方根的。均方根优化的结果将产生一个对应着固定质量比的最优化设计曲线。

第13章 悬架优化

扫码获取脚本文件

本章将检验一个带有振动隔离器的车辆悬架系统，该系统模型为线性、单自由度、底座激励带有振动隔离器系统，为最简单模型。基于一个平方根优化方法，作出一个设计图表来确定最好的振动隔离器和乘坐舒适性所对应的优化的阻尼和弹簧。

13.1 数学模型

图13.1给出了一个单自由度底座激励线性振动系统，它可以作为一辆车的垂直振动模型。

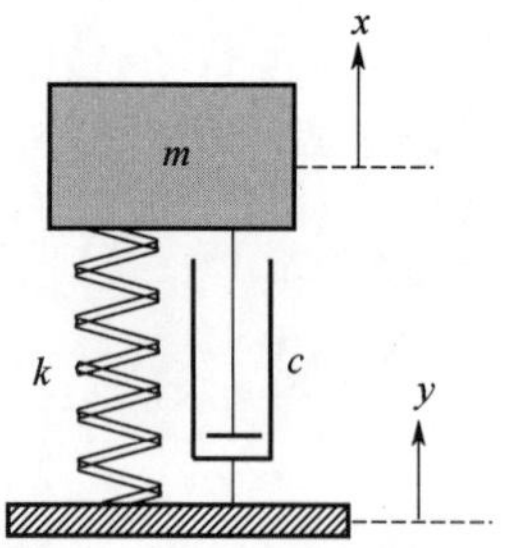

图13.1 运动底座线性悬架系统模型

车身四分之一的质量作为固定物块 m，也就是我们常说的簧载质量。弹簧刚度为 k，减振器黏性阻尼为 c，两者共同支撑着簧载质量并且代表了车辆的悬架系统。悬架参数 k 和 c 等价于从车轮中心处测定的一个车轮的刚度和阻尼。由于忽略了车轮的质量和轮胎的刚度，这个模型有时又称为八分之一车辆模型。

系统的运动方程为：

$$m\ddot{x}+c\dot{x}+kx=c\dot{y}+ky \tag{13-1}$$

也可以将式（13-1）写为相对位移的形式：

$$m\ddot{z}+c\dot{z}+kz=-m\ddot{y} \tag{13-2}$$

其中，相对位移变量 z：

$$z=x-y \tag{13-3}$$

式中，变量 x 表示车身的绝对位移，y 表示地面的绝对位移。

式（13-1）和式（13-2）中的三个决定性参数 $(m，c，k)$ 可以用固有频率 ω_{n} 和阻尼比率 ξ 代替，然后得到以下方程：

$$\xi=\frac{c}{2\sqrt{km}} \tag{13-4}$$

$$\omega_{\mathrm{n}}=\sqrt{\frac{k}{m}}=2\pi f_{\mathrm{n}} \tag{13-5}$$

$$\ddot{x}+2\xi\omega_{\mathrm{n}}\dot{x}+\omega_{\mathrm{n}}^2x=2\xi\omega_{\mathrm{n}}\dot{y}+\omega_{\mathrm{n}}^2y \tag{13-6}$$

$$\ddot{z}+2\xi\omega_{\rm n}\dot{z}+\omega_{\rm n}^2 z=-\ddot{y} \tag{13-7}$$

证明 88：系统的动能、势能以及消散函数分别表示为：

$$K=\frac{1}{2}m\dot{x}^2 \tag{13-8}$$

$$V=\frac{1}{2}k(x-y)^2 \tag{13-9}$$

$$D=\frac{1}{2}c(\dot{x}-\dot{y})^2 \tag{13-10}$$

根据拉格朗日方程：

$$\frac{\mathrm{d}}{\mathrm{d}t}\left(\frac{\partial K}{\partial \dot{x}}\right)-\frac{\partial K}{\partial x}+\frac{\partial D}{\partial \dot{x}}+\frac{\partial V}{\partial x}=0 \tag{13-11}$$

可以找到运动方程：

$$m\ddot{x}+c(\dot{x}-\dot{y})+k(x-y)=0 \tag{13-12}$$

由于：

$$z=x-y \tag{13-13}$$

那么：

$$\dot{z}=\dot{x}-\dot{y} \tag{13-14}$$

$$\ddot{z}=\ddot{x}-\ddot{y} \tag{13-15}$$

将它们代入运动方程可以得到：

$$m\left(\ddot{z}+\ddot{y}\right)+c\dot{z}+kz=0 \tag{13-16}$$

即：

$$m\ddot{z}+c\dot{z}+kz=-m\ddot{y} \tag{13-17}$$

$$\ddot{z}+\frac{c}{m}\dot{z}+\frac{k}{m}z=-\ddot{y} \tag{13-18}$$

$$\ddot{z}+2\xi\omega_{\rm n}\dot{z}+\omega_{\rm n}^2 z=-\ddot{y} \tag{13-19}$$

而：

$$m\ddot{x}+c(\dot{x}-\dot{y})+k(x-y)=0 \tag{13-20}$$

$$m\ddot{x}+c\dot{x}+kx=c\dot{y}+ky \tag{13-21}$$

$$\ddot{x}+\frac{c}{m}\dot{x}+\frac{k}{m}x=\frac{c}{m}\dot{y}+\frac{k}{m}y \tag{13-22}$$

可得：

$$\ddot{x}+2\xi\omega_{\rm n}\dot{x}+\omega_{\rm n}^2 x=2\xi\omega_{\rm n}\dot{y}+\omega_{\rm n}^2 y \tag{13-23}$$

案例 503　前后轮的簧载质量的计算。

假设一辆车的参数如下：

$$m_{\rm v}=3000\mathrm{kg} \tag{13-24}$$

$$m_{\rm w}=60\mathrm{kg} \tag{13-25}$$

$$F_{z_1}=7400\mathrm{N} \tag{13-26}$$

$$F_{z_2} = 7300\text{N} \tag{13-27}$$

这里的 F_{z_1} 和 F_{z_2} 分别表示前后轮的负载。八分之一车辆模型中前轮的簧载质量为：

$$m_{u1} = \frac{F_{z_1}}{F_{z_1} + F_{z_2}} \times (3000 - 60 \times 4) = 1389.39\text{kg} \tag{13-28}$$

后轮的簧载质量为：

$$m_{u2} = \frac{F_{z_2}}{F_{z_1} + F_{z_2}} \times (3000 - 60 \times 4) = 1370.61\text{kg} \tag{13-29}$$

案例 504 倾斜的弹簧。

假设一个弹簧-物块系统中，弹簧与物块的平移轴线有一定夹角，假设该夹角为 α，如图 13.2（a）所示。如果用一个与物块平移平行的等价弹簧代替这个倾斜的弹簧，如图 13.2（b）所示，那么该等价弹簧的等价刚度 k_{eq} 应该为：

$$k_{\text{eq}} = k\cos^2\alpha \tag{13-30}$$

当物块 m 运动起来后，如图 13.3 所示，它的受力如图 13.3（b）所示，如果物块 m 运动的位移 $x \ll 1$，可以忽略随着位移变化而带来的 α 角度的变化，如图 13.3（c）所示，弹簧的伸长率为：

$$\delta \approx x\cos\alpha \tag{13-31}$$

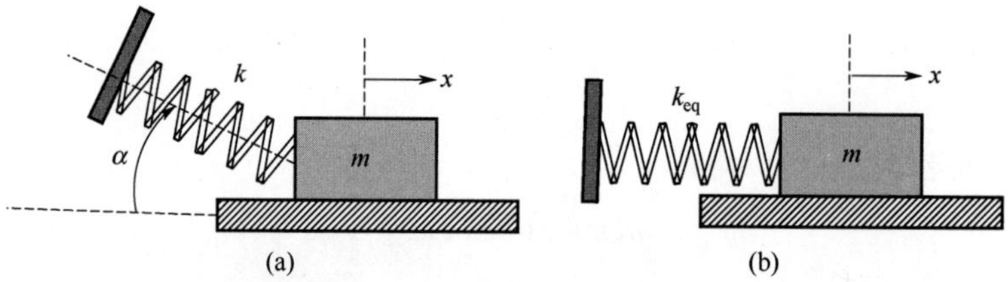

图 13.2 倾斜弹簧与等效弹簧对比图（1）

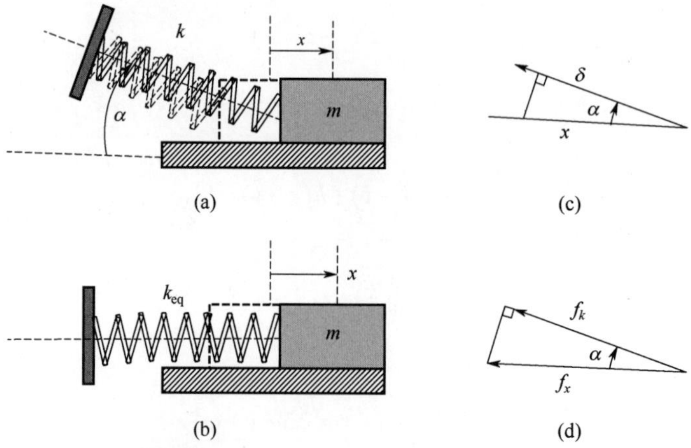

图 13.3 倾斜弹簧与等效弹簧对比图（2）

因此，弹簧的弹力 f_k 为：

$$f_k = k\delta \approx kx\cos\alpha \tag{13-32}$$

由弹簧弹力 f_k 与等价弹簧弹力 f_x 之间的关系，可以找到作用于物块 m 上的等价弹力 f_x：

$$f_x = f_k \cos\alpha \approx (k\cos^2\alpha)x \tag{13-33}$$

由此可知，倾斜一定角度有弹性刚度 k 的弹簧可以被在 x-轴线上有弹性刚度 k_{eq} 的等价弹簧所代替。此时，两个弹簧在物块运动量相同时，有着相同的 x-轴方向上的力 f_x：

$$f_x = k_{eq}x \tag{13-34}$$

$$k_{eq} \approx k\cos^2\alpha \tag{13-35}$$

案例 505　另一种证明倾斜弹簧的等价弹簧方法。

假设一个弹簧和运动方向的夹角为 α，如图 13.2（a）所示。当物块平移 x 时，弹簧的伸长量为：

$$\delta \approx x\cos\alpha \tag{13-36}$$

那么弹簧的势能可以写成：

$$V = \frac{1}{2}k\delta^2 = \frac{1}{2}(k\cos^2\alpha)x^2 \tag{13-37}$$

等价的弹簧刚度 k_{eq} 也可以写成在同样位移下的势能形式：

$$V = \frac{1}{2}k_{eq}x^2 \tag{13-38}$$

因此，等价的弹簧刚度 k_{eq} 为：

$$k_{eq} = k\cos^2\alpha \tag{13-39}$$

案例 506　弹簧位移。

图 13.4（a）给出了一个质量为 m 的物块，连接在无质量棒的右端，棒子长度为 b。棒子可以绕与墙的连接点做旋转，弹簧 k 与这个连接点之间有一段距离。

当物块振动时，它的位移 $x \ll 1$，弹簧的伸长率 δ 为：

$$\delta \approx \frac{a}{b}x \tag{13-40}$$

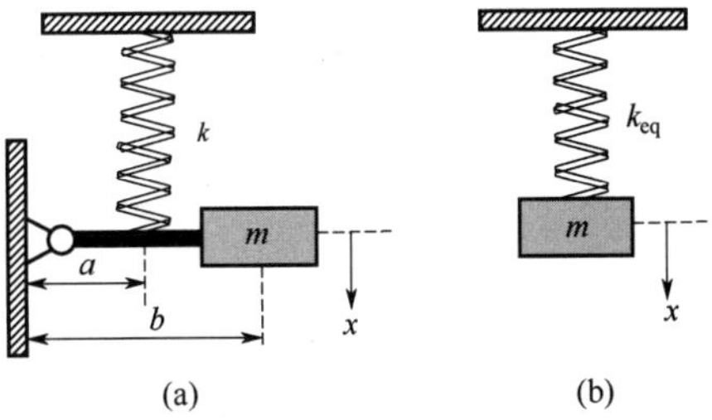

图 13.4　拉杆悬挂物块的等效弹簧模型

可以用一个垂直的物块-弹簧系统来代替这样的一个系统，如图 13.4（b）所示。新系统有着同样的物块 m 和一个等价的弹簧。

刚度 k_{eq}：

$$k_{eq} = \left(\frac{a}{b}\right)^2 k \tag{13-41}$$

当物块移动时，等价弹簧蕴含的势能和原弹簧一致：

$$V = \frac{1}{2}k_{eq}x^2 = \frac{1}{2}k\delta^2 = \frac{1}{2}k\left(\frac{a}{b}x\right)^2 = \frac{1}{2}k\left(\frac{a}{b}\right)^2 x^2 \tag{13-42}$$

案例 507 麦弗逊悬架的等价弹簧和阻尼。

图 13.5 给出了一个麦弗逊悬架的结构，它们可以等价为一个振动系统。

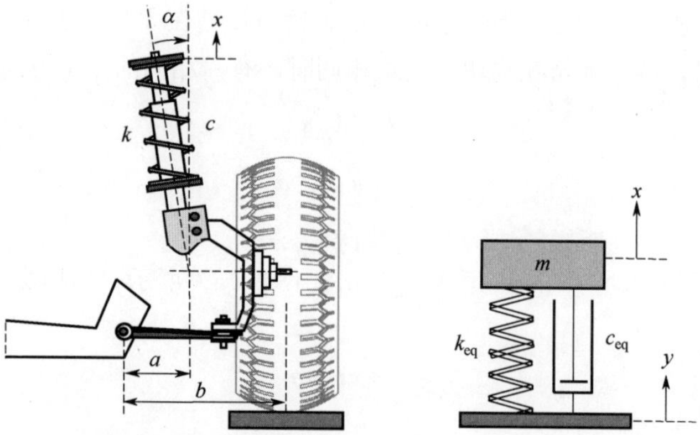

图 13.5 麦弗逊悬架与等价振动模型转换图

假设轮胎是刚性的，因此轮胎的中心有相同的位移 y，并且假设轮胎和车身只有垂直位移。

为了找到八分之一振动模型的参数，需要用车身质量的四分之一作为 m。弹簧 k 和阻尼 c 相对于车轮的运动方向有一个夹角 α 。它们同样有着 $b-a$（车轮中心线到弹簧底部的几何抽象模型的距离）相对于车轮中心的距离。因此，等价弹簧 k_{eq} 和阻尼 c_{eq} 分别为：

$$k_{eq}=k\left(\frac{a}{b}\cos\alpha\right)^2 \tag{13-43}$$

$$c_{eq}=c\left(\frac{a}{b}\cos\alpha\right)^2 \tag{13-44}$$

案例 508 假设对悬架进行设计优化后的刚度和阻尼为：

$$k_{eq}=10000\text{N}/\text{m} \tag{13-45}$$

$$c_{eq}=90\text{N}\cdot\text{s}/\text{m} \tag{13-46}$$

然而，实际中的麦弗逊悬架具有以下参数：

$$a=20\text{cm} \tag{13-47}$$

$$b=30\text{cm} \tag{13-48}$$

$$\alpha=30^\circ \tag{13-49}$$

由此可计算出实际所需要的刚度和阻尼为：

$$k=30000\text{N}/\text{m} \tag{13-50}$$

$$c=270\text{N}\cdot\text{s}/\text{m} \tag{13-51}$$

案例 509 波形路面和激励频率。

图 13.6 给出了八分之一车辆模型以速度 v 在一个波形路面上运动的情形。波峰-波峰间的路面长度为 d_1，高度为 d_2。假设一个刚性轮胎拥有一个相对于路面的波形的小半径，用 y 来表示路面的起伏。

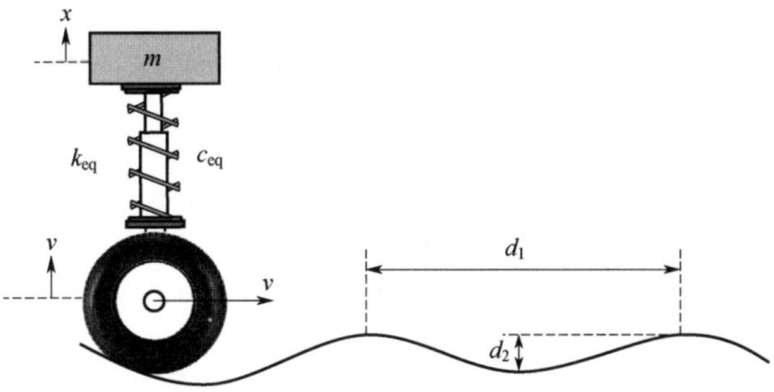

图 13.6　八分之一车辆模型在波形路面以速度 v 行驶

那么通过该路段的时间周期可以表示为：

$$T = \frac{d_1}{v} \tag{13-52}$$

借此可以找到外界的激励频率：

$$\omega = \frac{2\pi}{T} = \frac{2\pi v}{d_1} \tag{13-53}$$

因此，外界激励 $y = Y\sin(\omega t)$ 为：

$$y = \frac{d_2}{2}\sin\frac{2\pi v}{d_1}t \tag{13-54}$$

案例 510　隔振器的作用。

隔振器用于减少振动系统从基座传到其他系统的运动的数量级，它还可以减少从装备到底座传递力的数量级，这些功能的实现都是以时间和频率起主导作用为基础的。

案例 511　橡胶底座。

分析悬架的最简单方法，是将参数 m、k、c 都视为常数，它们不依赖于外界激励的频率或是基座的运动。这样的假设等于说是用到一个刚度和质量无限大的基座。对于橡胶底座而言，它的阻尼系数通常随着激励频率的增加而减小，而刚度系数随着激励频率的增加而增加。此外，发动机和车身即使是在高频的情况下也不能被视为刚度无限大的刚体。

13.2　频率响应

八分之一车辆模型的频率响应是最重要的频率响应，如图 13.1 所示，其中，绝对位移为 G_0，相对位移为 S_2，绝对加速度为 G_2，那么：

$$G_0 = \left|\frac{X}{Y}\right| = \frac{\sqrt{1+(2\xi r)^2}}{\sqrt{(1-r^2)^2+(2\xi r)^2}} \tag{13-55}$$

$$S_2 = \left|\frac{Z}{Y}\right| = \frac{r^2}{\sqrt{(1-r^2)^2+(2\xi r)^2}} \tag{13-56}$$

$$G_2 = \left|\frac{\ddot{X}}{Y\omega_{\mathrm{n}}^2}\right| = \frac{r^2\sqrt{1+(2\xi r)^2}}{\sqrt{(1-r^2)^2+(2\xi r)^2}} \tag{13-57}$$

其中：

$$r = \frac{\omega}{\omega_{\mathrm{n}}} \tag{13-58}$$

$$\xi = \frac{c}{2\sqrt{km}} \tag{13-59}$$

$$\omega_{\mathrm{n}} = \sqrt{\frac{k}{m}} \tag{13-60}$$

证明 89：对系统施加一个正弦外界激励：

$$y = Y\sin(\omega t) \tag{13-61}$$

式（13-7）可写成：

$$\ddot{z} + 2\xi\omega_{\mathrm{n}}\dot{z} + \omega_{\mathrm{n}}^2 z = \omega^2 Y\sin(\omega t) \tag{13-62}$$

现在，可以假设一个正弦的解如下：

$$z = A_3\sin(\omega t) + B_3\cos(\omega t) \tag{13-63}$$

将这个解代入原运动方程可以得到：

$$\begin{aligned}&-A_3\omega^2\sin(\omega t) - B_3\omega^2\cos(\omega t) + 2\xi\omega_{\mathrm{n}}[A_3\omega\sin(\omega t) - B_3\omega\cos(\omega t)] + \\ &\omega_{\mathrm{n}}^2[A_3\sin(\omega t) + B_3\cos(\omega t)] = \omega^2 Y\sin(\omega t)\end{aligned} \tag{13-64}$$

由此可以找到计算 A_3 和 B_3 的方程组：

$$\begin{bmatrix}\omega_{\mathrm{n}}^2-\omega^2 & -2\xi\omega\omega_{\mathrm{n}} \\ 2\xi\omega\omega_{\mathrm{n}} & \omega_{\mathrm{n}}^2-\omega^2\end{bmatrix}\begin{bmatrix}A_3 \\ B_3\end{bmatrix} = \begin{bmatrix}Y\omega^2 \\ 0\end{bmatrix} \tag{13-65}$$

该方程组的第一行是所有正弦系数平衡的结果，第二行是余弦系数平衡的结果。由此可以解出系数 A_3 和 B_3：

$$\begin{bmatrix}A_3 \\ B_3\end{bmatrix} = \begin{bmatrix}\omega_{\mathrm{n}}^2-\omega^2 & -2\xi\omega\omega_{\mathrm{n}} \\ 2\xi\omega\omega_{\mathrm{n}} & \omega_{\mathrm{n}}^2-\omega^2\end{bmatrix}^{-1}\begin{bmatrix}Y\omega^2 \\ 0\end{bmatrix} = \begin{bmatrix}\dfrac{\omega_{\mathrm{n}}^2-\omega^2}{(2\xi\omega\omega_{\mathrm{n}})^2+(\omega_{\mathrm{n}}^2-\omega^2)^2}Y\omega^2 \\ \dfrac{-2\omega\omega_{\mathrm{n}}\xi}{(2\xi\omega\omega_{\mathrm{n}})^2+(\omega_{\mathrm{n}}^2-\omega^2)^2}Y\omega^2\end{bmatrix} \tag{13-66}$$

式（13-66）的形式比较复杂，可以写成由 r 和 ξ 共同表达的简单形式：

$$\begin{bmatrix}A_3 \\ B_3\end{bmatrix} = \begin{bmatrix}\dfrac{1-r^2}{(1-r^2)^2+(2\xi r)^2}r^2 Y \\ \dfrac{-2\xi r}{(1-r^2)^2+(2\xi r)^2}r^2 Y\end{bmatrix} \tag{13-67}$$

相对位移的振幅 Z 也就等于：

$$Z = \sqrt{A_3^2 + B_3^2} = \frac{r^2}{\sqrt{(1-r^2)^2+(2\xi r)^2}}Y \tag{13-68}$$

由此可得：

$$S_2=\left|Z/Y\right|=\frac{r^2}{\sqrt{(1-r^2)^2+(2\xi r)^2}} \tag{13-69}$$

为了找到绝对位移频率响应 G_0，可以假设：

$$x=A_2\sin(\omega t)+B_2\cos(\omega t)=X\sin(\omega t-\varphi_x) \tag{13-70}$$

而：

$$z=x-y \tag{13-71}$$

$$A_3\sin(\omega t)+B_3\cos(\omega t)=A_2\sin(\omega t)+B_2\cos(\omega t)-Y\sin(\omega t) \tag{13-72}$$

平衡正弦和余弦的系数可得：

$$A_2=A_3+Y \tag{13-73}$$

$$B_2=B_3 \tag{13-74}$$

绝对位移的振幅为：

$$X=\sqrt{A_2^2+B_2^2}=\sqrt{(A_3+Y)^2+B_3^2}=\frac{\sqrt{1+(2\xi r)^2}}{\sqrt{(1-r^2)^2+(2\xi r)^2}}Y \tag{13-75}$$

由此可得：

$$G_0=\left|X/Y\right|=\frac{\sqrt{1+(2\xi r)^2}}{\sqrt{(1-r^2)^2+(2\xi r)^2}} \tag{13-76}$$

绝对加速度的频率响应：

$$\ddot{x}=-X\omega^2\sin(\omega t-\varphi_x)=-\ddot{X}\sin(\omega t-\varphi_x) \tag{13-77}$$

如果用 $\ddot{X}$ 来定义绝对加速度的振幅，那么可以得到：

$$\left|\frac{\ddot{X}}{Y\omega_{\mathrm{n}}^2}\right|=\frac{r^2\sqrt{1+(2\xi r)^2}}{\sqrt{(1-r^2)^2+(2\xi r)^2}} \tag{13-78}$$

因此，可得 G_2：

$$G_2=\left|\frac{\ddot{X}}{Y\omega_{\mathrm{n}}^2}\right|=\frac{r^2\sqrt{1+(2\xi r)^2}}{\sqrt{(1-r^2)^2+(2\xi r)^2}} \tag{13-79}$$

案例 512 求绝对位移的主要方法。

为了找到绝对频率响应 G_0，可以将

$$y=Y\sin(\omega t) \tag{13-80}$$

以及绝对位移的谐波解

$$x=A_2\sin(\omega t)+B_2\cos(\omega t) \tag{13-81}$$

代入方程（13-6）：

$$\ddot{x}+2\xi\omega_{\mathrm{n}}\dot{x}+\omega_{\mathrm{n}}^2x=2\xi\omega_{\mathrm{n}}\dot{y}+\omega_{\mathrm{n}}^2y \tag{13-82}$$

以便解出 $X=\sqrt{A_2^2+B_2^2}$。

$$\begin{aligned}&-\omega^2A_2\sin(\omega t)-\omega^2B_2\cos(\omega t)+2\xi\omega_{\mathrm{n}}\omega[A_2\cos(\omega t)-B_2\sin(\omega t)]+\\&\omega_{\mathrm{n}}^2[A_2\sin(\omega t)+B_2\cos(\omega t)]=2\xi\omega_{\mathrm{n}}\omega Y\cos(\omega t)+\omega_{\mathrm{n}}^2Y\sin(\omega t)\end{aligned} \tag{13-83}$$

由平衡方程两边正弦和余弦的系数可得方程组：

$$\begin{bmatrix} \omega_n^2-\omega^2 & -2\xi\omega\omega_n \\ 2\xi\omega\omega_n & \omega_n^2-\omega^2 \end{bmatrix}\begin{bmatrix} A_2 \\ B_2 \end{bmatrix}=\begin{bmatrix} Y\omega^2 \\ 2Y\xi\omega_n\omega \end{bmatrix} \tag{13-84}$$

可解出：

$$\begin{aligned}\begin{bmatrix} A_2 \\ B_2 \end{bmatrix}&=\begin{bmatrix} \omega_n^2-\omega^2 & -2\xi\omega\omega_n \\ 2\xi\omega\omega_n & \omega_n^2-\omega^2 \end{bmatrix}^{-1}\begin{bmatrix} Y\omega^2 \\ 2Y\xi\omega_n\omega \end{bmatrix}\\ &=\begin{bmatrix} \dfrac{(\omega_n^2-\omega^2)\omega_n^2+(2\xi\omega\omega_n)^2}{(2\xi\omega\omega_n)^2+(\omega_n^2-\omega^2)^2}Y \\ \dfrac{-2\xi\omega\omega_n^3}{(2\xi\omega\omega_n)^2+(\omega_n^2-\omega^2)^2}Y \end{bmatrix}=\begin{bmatrix} \dfrac{(2\xi r)^2-(1-r^2)}{(1-r^2)^2+(2\xi r)^2}Y \\ \dfrac{-2\xi r^3}{(1-r^2)^2+(2\xi r)^2}Y \end{bmatrix}\end{aligned} \tag{13-85}$$

由此可知，X的振幅和式（13-75）一样。

案例 513　$G_0 \neq S_2+1$。

我们试图通过S_2找到绝对频率响应$G_0=|X/Y|$。频率响应S_2为：

$$S_2=\frac{Z}{Y} \tag{13-86}$$

然而：

$$S_2 \neq \frac{X}{Y}-1 \neq G_0-1 \tag{13-87}$$

这主要是因为相对位移Z不等于绝对位移X减去路面激励振幅Y。

$$Z \neq X-Y \tag{13-88}$$

案例 514　频率响应的一个实例。

假设一辆车有着以下的固有频率f_n和阻尼比率ξ：

$$f_n=9\text{Hz} \tag{13-89}$$

$$\xi=0.1 \tag{13-90}$$

该车的绝对位移和相对位移频率响应如图 13.7 所示。相对位移开始于 0，结束于 1；而绝对位移开始于 1，结束于 0。

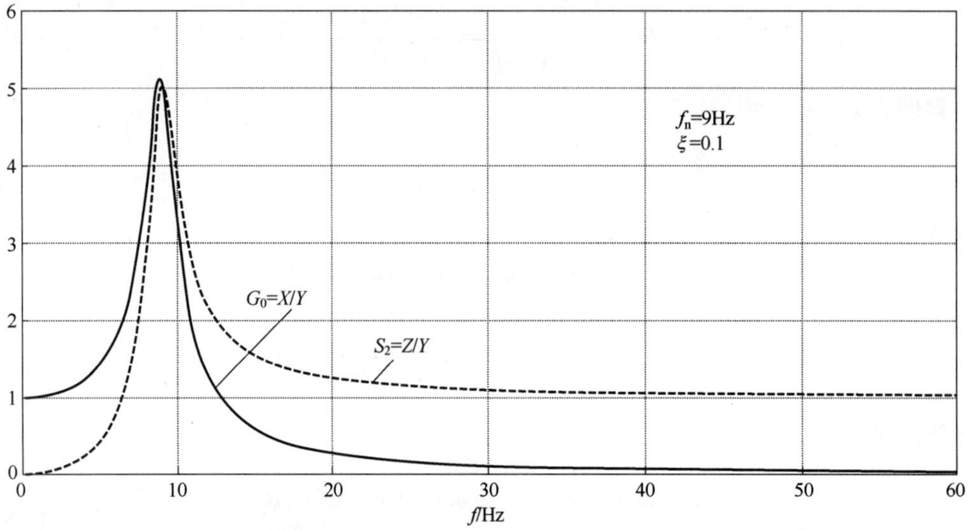

图 13.7　绝对位移与相对位移频率响应对比图

13.3 均方根优化

图 13.8 是一种对基础响应系统的优化悬架参数设计表，图 13.9 是其放大图。水平轴表示相对位移的平方根，$S_Z = \mathrm{RMS}(S_2)$，垂直轴表示绝对加速度的平方根，$S_{\ddot{X}} = \mathrm{RMS}(G_2)$。图中的两组数据组成了网状结构，第一组数据在结束的右端几乎都是平行的，它表示了一定固有频率 f_n 下的情况。第二组数据从 $S_Z = 1$ 开始向外扩散，它表示了在一定阻尼比率 ξ 下的情况。图中还有一条曲线，称为优化设计曲线，它给出了优化的悬架参数。

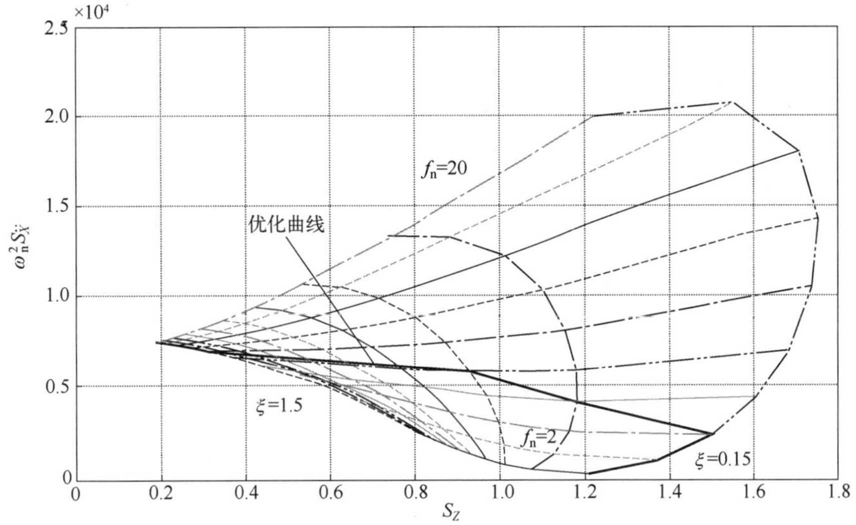

图 13.8 优化悬架参数设计表

绝大部分骑装在车辆上的装备的自然振动频率一般在10Hz 左右，而车辆主要的自然频率要求在1Hz 左右。因此，用图 13.9 来设计悬架上的骑装设备，用图 13.10 来设计车辆悬架。

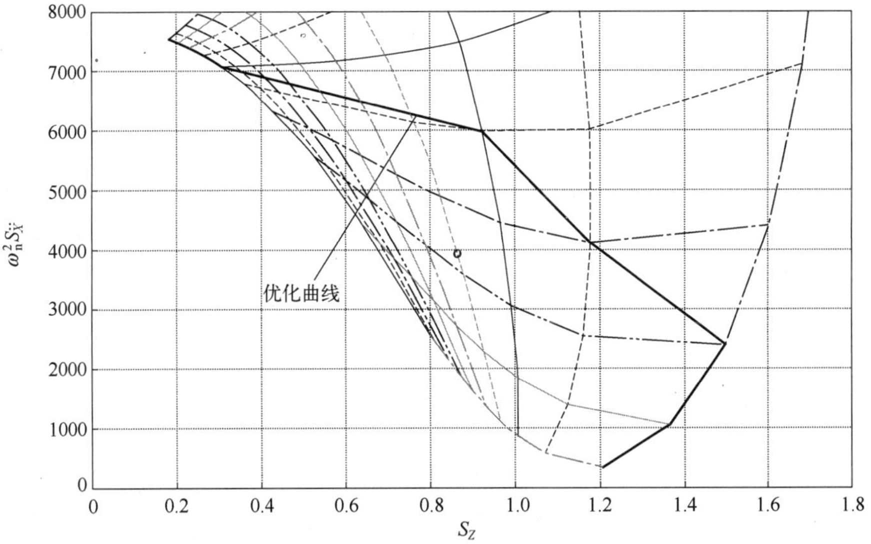

图 13.9 优化悬架参数设计表放大图

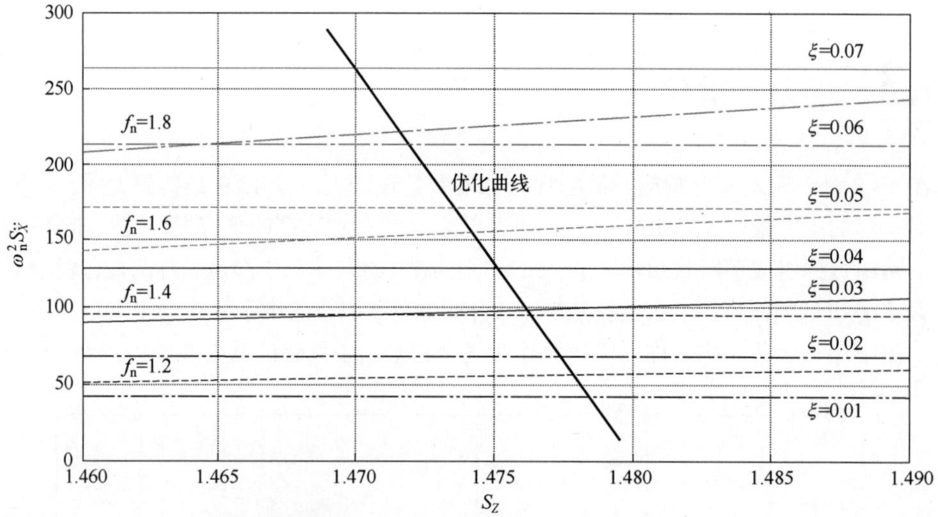

图 13.10 优化阻尼比与固有频率关系拟合图

优化设计曲线是按照以下优化策略优化的结果：相对于 S_Z 找到最小的 $S_{\ddot{X}}$。

也就是说，在任何情况下，最小的绝对加速度相对于相对位移，使得悬架优化。这也就等价于求最小化问题，其数学模型为：

$$\frac{\partial S_{\ddot{X}}}{\partial S_Z}=0 \tag{13-91}$$

$$\frac{\partial^2 S_{\ddot{X}}}{\partial S_Z^2}>0 \tag{13-92}$$

为了找到优化刚度 k 和阻尼 c，首先在垂直的坐标轴上找到 S_X 估计值，然后画一根垂直的线与优化曲线相交。交点表示出与 S_X 相对应的优化的固有频率 f_n 和阻尼比 ξ，它们对应着最好的隔振效果。

图 13.11 给出了当 $S_Z=1$ 时的一个实例，它表示出 $\xi\approx 0.4$ 和 $f_n\approx 10\text{Hz}$ 时可以得到最优化的悬架。通过 f_n、ξ 和装备的质量又可以找到 k 和 c 的优化值。

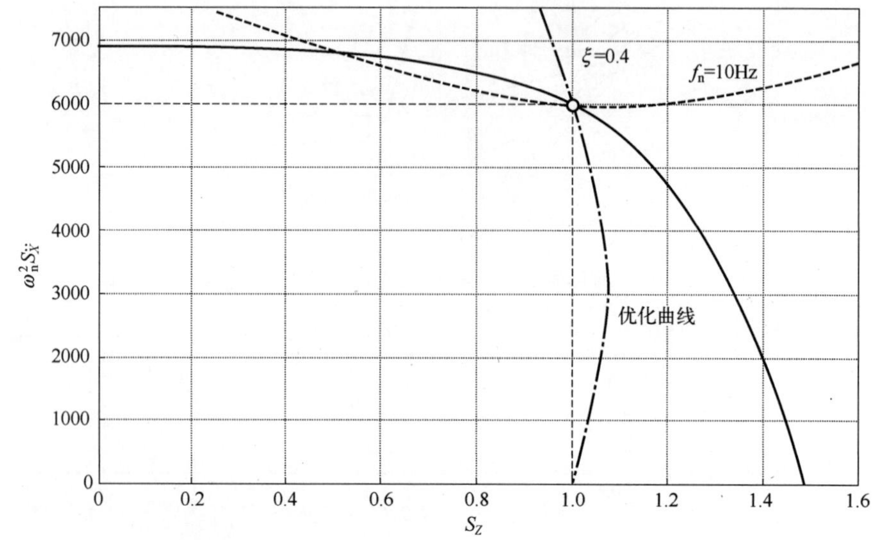

图 13.11 优化图中重要点位 S_Z=1 时，ξ = 0.4 且 f_n=10Hz

证明 90：首先定义一下工作频率范围 $0<f<20\text{Hz}$，这个范围几乎包含了所有全地形车辆，特别是道路行驶的车辆。此时，S_2 和 G_2 的均方根可以表示为：

$$S_Z = \text{RMS}(S_2) \tag{13-93}$$

$$S_{\ddot{X}} = \text{RMS}(G_2) \tag{13-94}$$

在实际的车辆动力学中，通常用 Hz 作为频率的单位，而不是 rad/s。它们的区别在于，一般在设计过程中用的是基于圆频率的 f 和 f_{n}，单位是 Hz，而分析计算过程中用的是角频率 ω 和 ω_{n}，单位是 rad/s。

通过工作频率的范围可以计算出 S_Z 和 $S_{\ddot{X}}$：

$$S_Z = \sqrt{\frac{1}{40\pi}\int_0^{40\pi} S_2^2 \text{d}\omega} \tag{13-95}$$

$$S_{\ddot{X}} = \sqrt{\frac{1}{40\pi}\int_0^{40\pi} G_2^2 \text{d}\omega} \tag{13-96}$$

此处，用：

$$r = \frac{\omega}{\omega_{\text{n}}} = \frac{\omega}{2\pi f_{\text{n}}} \tag{13-97}$$

其中，ω 为积分对象，$\omega_{\text{n}} = 2\pi f_{\text{n}}$ 中的 ω_{n} 与 f_{n} 为一一对应线性关系，可以看作同一个未知参数。

因此，S_Z 和 $S_{\ddot{X}}$ 在频率范围 $0<f<20\text{Hz}$ 可以解析计算出式（13-95）和式（13-96）。

S_Z 和 $S_{\ddot{X}}$ 都可以表示成两个变量 ω_{n} 和 ξ 的函数：

$$S_{\ddot{X}} = S_{\ddot{X}}(\omega_{\text{n}}, \xi) \tag{13-98}$$

$$S_Z = S_Z(\omega_{\text{n}}, \xi) \tag{13-99}$$

因此，任意一对设计参数 (ω_{n}, ξ) 都决定了一对独一无二的 $S_{\ddot{X}}$ 和 S_Z。从理论上来说，也可以用变量 $S_{\ddot{X}}$ 和 S_Z 来定义 ω_{n} 和 ξ：

$$\omega_{\text{n}} = \omega_{\text{n}}(S_{\ddot{X}}, S_Z) \tag{13-100}$$

$$\xi = \xi(S_{\ddot{X}}, S_Z) \tag{13-101}$$

因此，当给定了 $S_{\ddot{X}}$ 和 S_Z 的值，就可以求出 ω_{n} 和 ξ 的值。

利用式（13-98）和式（13-99）可以画出图 13.12，详见脚本 55。从而得到当 f_{n} 和 ξ 变化时，$S_{\ddot{X}}$ 相对于 S_Z 的运动规律。如果保持 f_{n} 为常数，而 ξ 变化，从而可以找到可能的相对于 S_Z 最小的 $S_{\ddot{X}}$。将这些最小的点连起来就可以得到优化曲线，定出最佳的 f_{n} 和 ξ。通过计算拟合，找到优化曲线方程为：

$$y = 7731x^4 - 2.896\times10^4 x^3 + 2.917\times10^4 x^2 - 1.068\times10^4 x + 8680$$

使用优化的设计曲线的关键在于调整、决定或是估计 $S_{\ddot{X}}$ 和 S_Z 的值，在设计曲线上找到相关联的点。为了证明相对于 S_Z 找到最小的 $S_{\ddot{X}}$ 是最优化的原理，画出在取不同的 ξ 值时，$\omega_{\text{n}}^2 S_{\ddot{X}} / S_Z$ 相对于 f_{n} 的曲线，如图 13.13 所示。从图中可以看到，当两个变量 f_{n} 和 ξ 中的任意一个值增加时，$\omega_{\text{n}}^2 S_{\ddot{X}} / S_Z$ 的值都是增加的。即当悬架更硬时，会使加速度增长，或者说使相对位移减少。相反，当两个变量 f_{n} 和 ξ 中的任意一个值减小时，$\omega_{\text{n}}^2 S_{\ddot{X}} / S_Z$ 的值都是减小的，也就等价于悬架更软的情况。

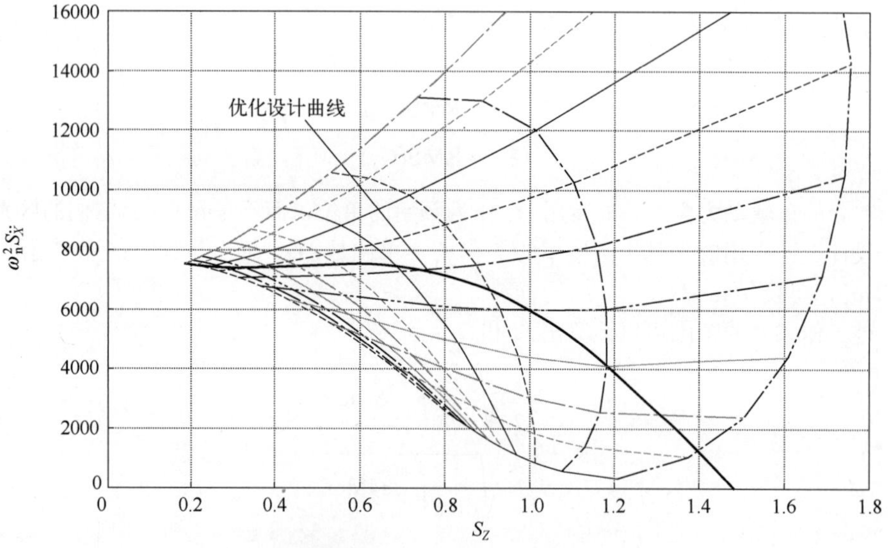

图 13.12 优化设计曲线的绘制

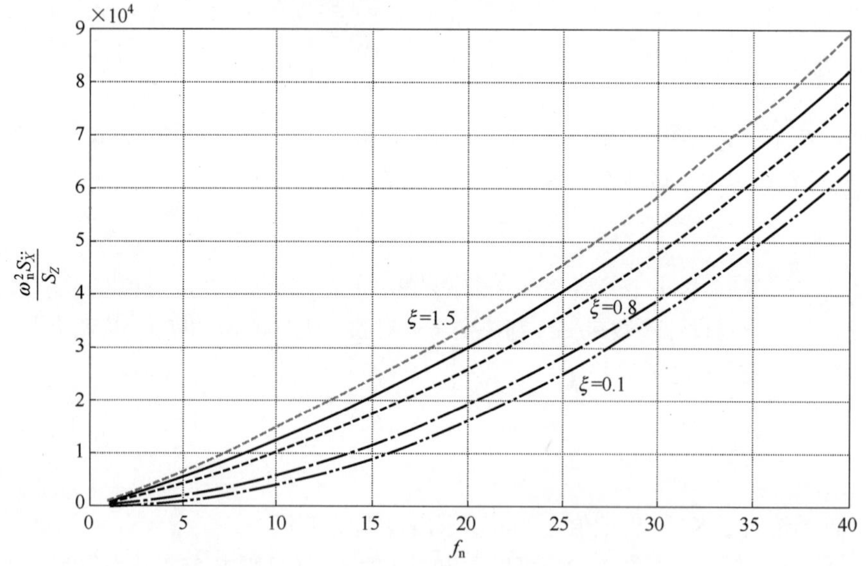

图 13.13 不同 ξ 取值情况下，$\frac{\omega_n^2 S_{\ddot{X}}}{S_Z}$ 相对 f_n 的关系图

变软的悬架就会使得车身的加速度减小，但是它就要求有更大的空间来满足更大相对位移的要求。由于物理上对轮胎轨迹的限制，车轮运动是有极限的，因此，设计悬架时必须充分利用车轮可以运动的空间，使得车身的加速度越小越好，数学建模上等价于式（13-91）和式（13-92）。

案例 515 车轮运动的计算。

图 13.14（a）给出了一个双 A 臂悬架机构在其平衡位置的情况。为了限制车轮先归于车身的运动，必须有两个限位块。对于限位块的种类和位置有很多种，但是，大部分限位块是用橡胶制成有一定刚度的球块状限位块，它们骑装在车身或者悬架系统上，或者两个上面都装。还有可能将阻尼器作为一个限位器。图 13.14（a）就是一个很好的例子。

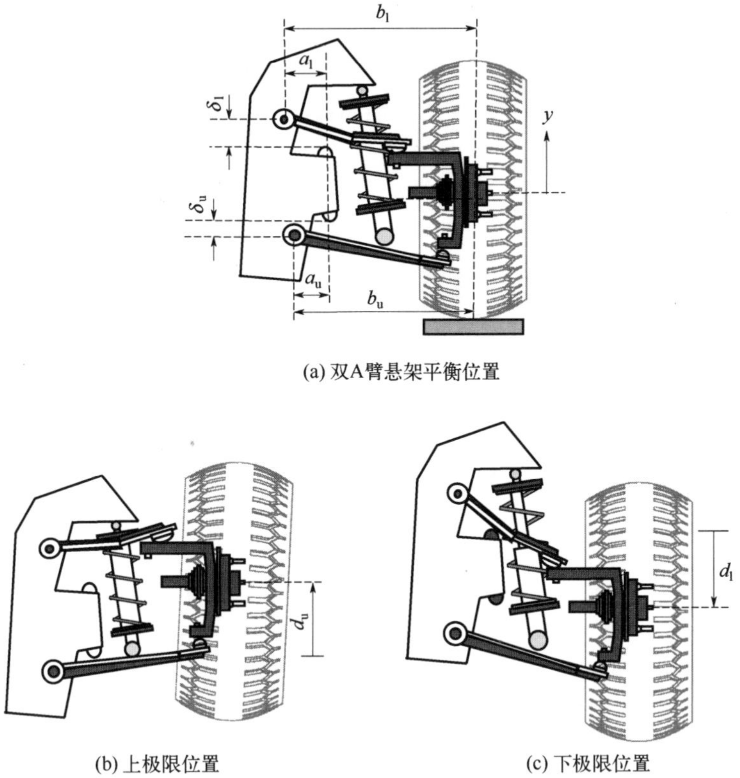

(a) 双A臂悬架平衡位置

(b) 上极限位置　　(c) 下极限位置

图 13.14　双 A 臂悬架平衡位置、上极限位置以及下极限位置示意图

间隙距离 δ_{u} 和 δ_{l} 表示了该机构能上下运动的距离，但是车轮最大的运动必须以车轮中心为基准进行计算。因此需要将间隙距离 δ_{u} 和 δ_{l} 转变为车轮中心的运动位移 d_{u} 和 d_{l}：

$$d_{\mathrm{u}} \approx \frac{b_{\mathrm{u}}}{a_{\mathrm{u}}}\delta_{\mathrm{u}} \tag{13-102}$$

$$d_{\mathrm{l}} \approx \frac{b_{\mathrm{l}}}{a_{\mathrm{l}}}\delta_{\mathrm{l}} \tag{13-103}$$

图 13.14（b）和（c）分别给出了该机构在上下极限位置时的情况。距离 d_{u} 称为车轮运动上止点位移，而 d_{l} 称为车轮运动下止点位移。车轮运动上止点位移对于乘坐舒适度影响很大，而车轮运动下止点位移对于车辆安全性影响很大。为了得到好的乘坐舒适性，车轮上止点位置应该安排得尽可能高一些，使得悬架尽可能软一些。

虽然上下止点车轮位移的长度可能不一样，但是为了实践的目的，假设 $d_{\mathrm{l}} = d_{\mathrm{u}}$，并且对于不同的车，它们的上下止点车轮位移的长度都是独一无二的，这是悬架设计的基础。车轮位移也可以称为悬架位移、悬架空间或是悬架间隙。

案例 516　软悬架和硬悬架。

假设两种设备：A 和 B，在基础激励下，它的平均增幅 $Y = 1\mathrm{cm}$。装备 A 拥有的悬架间隙 $d_{\mathrm{A}} = 1.2\mathrm{cm}$，而装备 B 拥有间隙 $d_{\mathrm{B}} = 0.8\mathrm{cm}$，假设 $S_Z = d_{\mathrm{u}} / Y$，可得：

$$S_{Z_{\mathrm{A}}} = 1.2 \tag{13-104}$$

$$S_{Z_{\mathrm{B}}} = 0.8 \tag{13-105}$$

利用设计图 13.15，可以找到 A 和 B 的优化悬架参数为：

$$f_{n_A} \approx 8.53\text{Hz} \tag{13-106}$$

$$\xi_A \approx 0.29 \tag{13-107}$$

$$f_{n_B} \approx 10.8\text{Hz} \tag{13-108}$$

$$\xi_B \approx 0.56 \tag{13-109}$$

假设物块质量为：

$$m = 300\text{kg} \tag{13-110}$$

计算出优化后的弹簧和阻尼器参数如下：

$$k_A = (2\pi f_{n_A})^2 m = 8.6175\times10^5 \text{N/m} \tag{13-111}$$

$$k_B = (2\pi f_{n_B})^2 m = 13.814\times10^5 \text{N/m} \tag{13-112}$$

$$c_A = 2\xi_A\sqrt{k_A m} = 9325.7\text{N}\cdot\text{s/m} \tag{13-113}$$

$$c_B = 2\xi_B\sqrt{k_B m} = 22800\text{N}\cdot\text{s/m} \tag{13-114}$$

装备 B 是一个相对于装备 A 而言硬的悬架。这是由于装备 B 所拥有的悬架空间较小所决定的，因此，它的加速度水平 $\omega_n^2 S_{\ddot{X}}$ 较高。图 13.15 说明了：

$$\omega_n^2 S_{\ddot{X}_A} \approx 4700.1/\text{s}^2 \tag{13-115}$$

$$\omega_n^2 S_{\ddot{X}_B} \approx 6650.1/\text{s}^2 \tag{13-116}$$

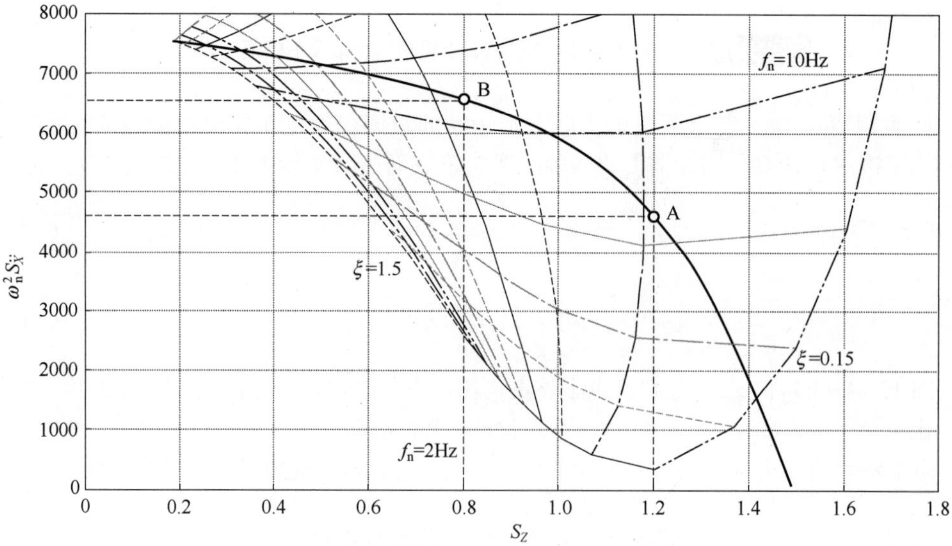

图 13.15 优化设计曲线的绘制

案例 517 软和硬的车辆悬架。

假设车辆 A 和车辆 B 都在颠簸路面上行驶，颠簸路面的平均振幅为 $Y = 10\text{cm}$。

车辆 A 拥有悬架空间 $d_A = 14.772\text{cm}$，而车辆 B 拥有悬架空间 $d_B = 14.714\text{cm}$，假设 $S_Z = d_u / Y$。因此：

$$S_{Z_A} = 1.4772 \tag{13-117}$$

$$S_{Z_B} = 1.4714 \tag{13-118}$$

利用设计图 13.15，可以得到车辆 A 和车辆 B 的最优化悬架参数为：

$$f_{n_A} \approx 0.7\text{Hz} \tag{13-119}$$

$$\xi_A \approx 0.023 \tag{13-120}$$

$$f_{n_B} \approx 1.85\text{Hz} \tag{13-121}$$

$$\xi_B \approx 0.06 \tag{13-122}$$

假设物块的质量为：

$$m = 300\text{kg} \tag{13-123}$$

可以计算出最优化弹簧和阻尼器的参数如下：

$$k_A = (2\pi f_{n_A})^2 m \approx 5803\text{N/m} \tag{13-124}$$

$$k_B = (2\pi f_{n_B})^2 m \approx 40534\text{N/m} \tag{13-125}$$

$$c_A = 2\xi_A \sqrt{k_A m} = 60.7\text{N}\bullet\text{s/m} \tag{13-126}$$

$$c_B = 2\xi_B \sqrt{k_B m} = 418.5\text{N}\bullet\text{s/m} \tag{13-127}$$

这些等价的阻尼器和弹簧是安装在车轮的中心，而实际悬架参数依赖于悬架的类型以及安装弹簧和阻尼器的位置。由于 $k_B > k_A$ 并且 $c_B > c_A$，因此，车辆 B 的悬架比车辆 A 的悬架硬一些。这是由于车辆 B 拥有的车轮位移较小，因此，它的加速度水平 $\omega_n^2 S_{\ddot{X}}$ 较高。图 13.15 说明了：

$$\omega_n^2 S_{\ddot{X}_B} \approx 220 \tag{13-128}$$

$$\omega_n^2 S_{\ddot{X}_A} \approx 28 \tag{13-129}$$

案例 518　一般车辆悬架设计。

大部分道路行驶的车辆都有较好的乘坐舒适性，也就是说它们的固有频率等于或略低于 1Hz。这样车的最优化参数为：

$$f_n \approx 1\text{Hz} \tag{13-130}$$

$$\xi \approx 0.028 \tag{13-131}$$

$$S_Z \approx 1.47644 \tag{13-132}$$

$$\omega_n^2 S_{\ddot{X}_A} \approx 66 \tag{13-133}$$

因此：

$$k = (2\pi f_{n_B})^2 m \approx 4\pi^2 m \tag{13-134}$$

$$c = 2\xi\sqrt{km} = 4\pi\xi m \approx 0.112\pi m \tag{13-135}$$

其中，k 和 c 都是与车的质量 m 成一定比例关系。因此，作为一种好的估计方法，用图 13.16 和图 13.17 来设计一辆车的悬架。

例如，当一辆车的质量为 $m = 300\text{kg}$ 且固有频率为 $f_n = 1\text{Hz}$ 时，它的最优化悬架参数 k 和 c 分别为：

$$k = 11843.5\text{N/m} \tag{13-136}$$

$$c = 105.6\text{N}\bullet\text{s/m} \tag{13-137}$$

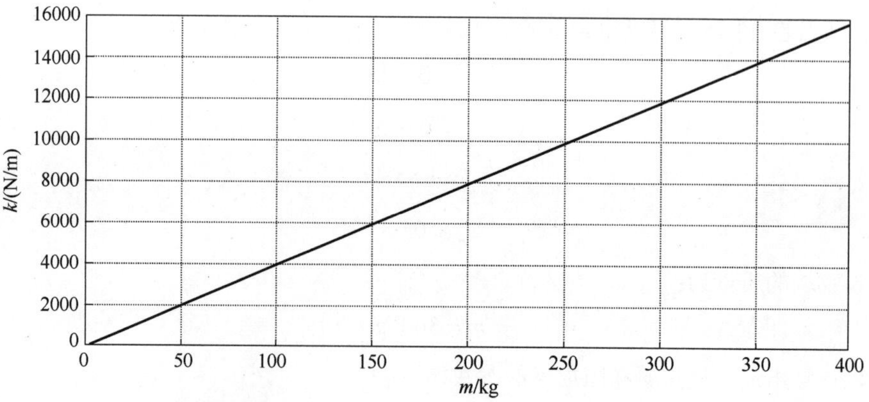

图 13.16　在 f_n=1 条件下优化弹簧与质量关系曲线

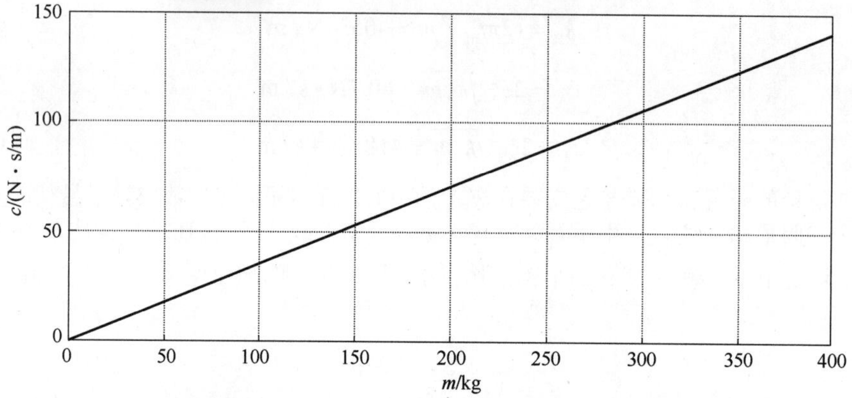

图 13.17　在 f_n=1 条件下优化阻尼与质量关系曲线

案例 519　图解法表示最优化参数。

为了形象地表示出最优化参数之间的变化规律，需要画出不同的坐标系。图 13.18 表示出在平面 $(S_{\ddot{X}}, S_Z)$ 内的最优化曲线。图 13.19 则表示出最优化参数 f_n 和 ξ 随着 S_Z 的变化情况。图 13.20 展示了最优化参数 f_n 和 ξ 相互间的变化情况。最优化参数 ξ 在固有频率 $f_n \leqslant 10\text{Hz}$ 的情况下，增长缓慢，在固有频率 $f_n \geqslant 10\text{Hz}$ 后增长速度突然加快。因此，作为一般性的原则，当将最优化悬架的弹簧更换为一个更硬的弹簧时，同时还需要换上一个更硬的阻尼器。

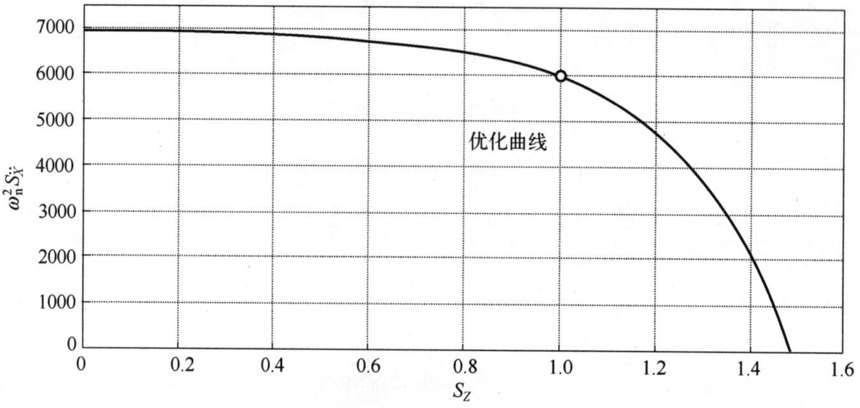

图 13.18　优化曲线

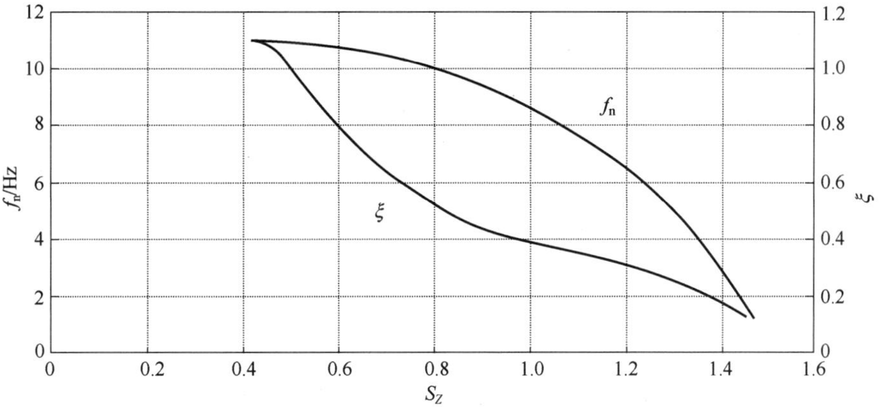

图 13.19　优化参数 f_n、ξ与 S_Z关系曲线

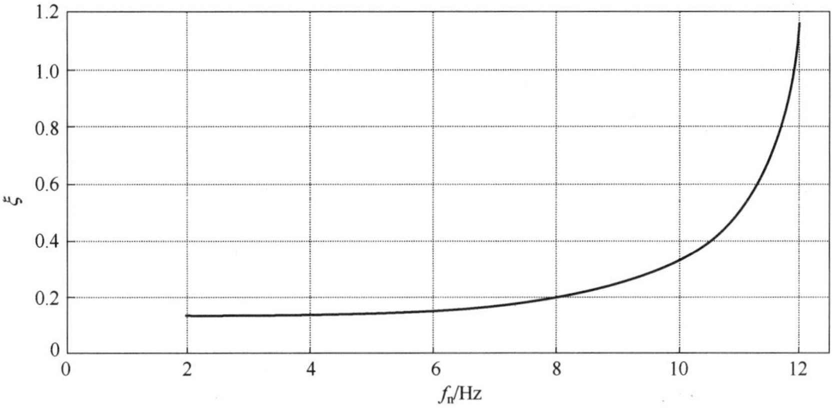

图 13.20　优化参数 f_n与ξ关系曲线

案例 520　检验最优化设计曲线。

为了检验最优化设计曲线和实践方法所做出的悬架哪个更好，假设有个设备的悬架参数在优化曲线的一侧，如图 13.21 的 P_1 点所示。

$$f_n = 10\text{Hz} \tag{13-138}$$

$$\xi = 0.15 \tag{13-139}$$

在实际优化悬架的过程中，先保持刚度不变，再去找到一个对应的最优化的阻尼值，或者是先保持阻尼不变，再去找到一个对应的最优化的刚度值。然而，如果有可能的话，也可以将刚度值和阻尼值同时改变而找到最优化的值，但这完全依赖于物理上的约束条件。

图 13.21 中的点 P_2 和点 P_1 的 f_n 值是一样的，优化后的阻尼比率为$\xi \approx 0.4$ 。点 P_3 和点 P_1 的ξ 值是一样的，优化后的阻尼比率为 $f_n \approx 5\text{Hz}$ 。因此，点 P_2 和点 P_3 是对于在优化曲线一侧的点 P_1 任意二选一优化设计点。

图 13.22 对比了三个点 P_1、P_2 和 P_3 相对的加速度频率响应 G_2 ，点 P_2 有最小的加速度频率响应。图 13.23 描述了绝对位移频率响应 G_0 三点对比的情况，而图 13.24 描述了相对位移频率响应 S_2 三点对比的情况。这些图都展示出点 P_2 有比点 P_1 和点 P_3 更好的悬架特性。详见脚本 56。

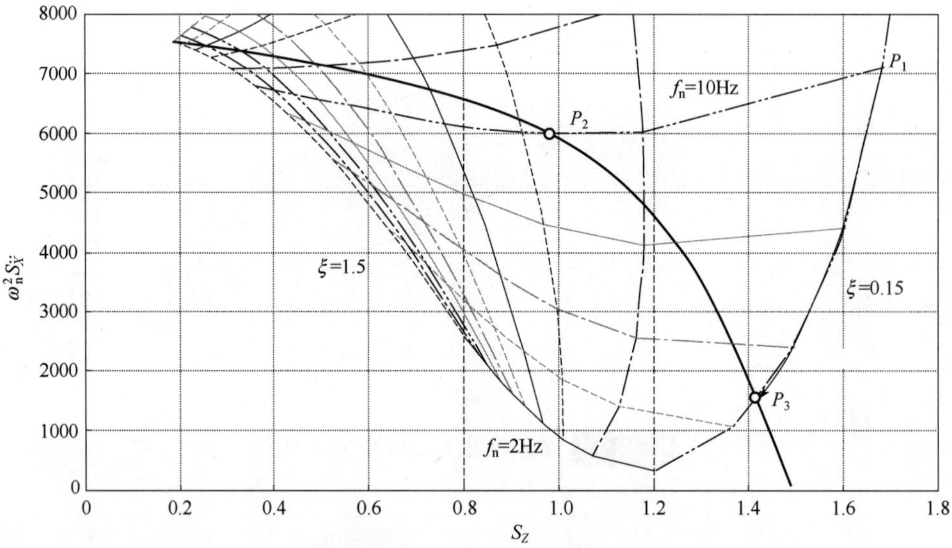

图 13.21　优化设计曲线的绘制

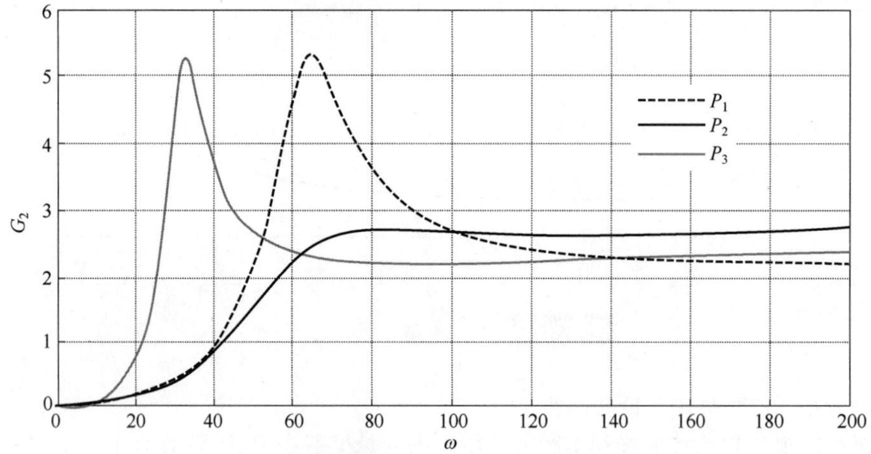

图 13.22　三点加速度对比图

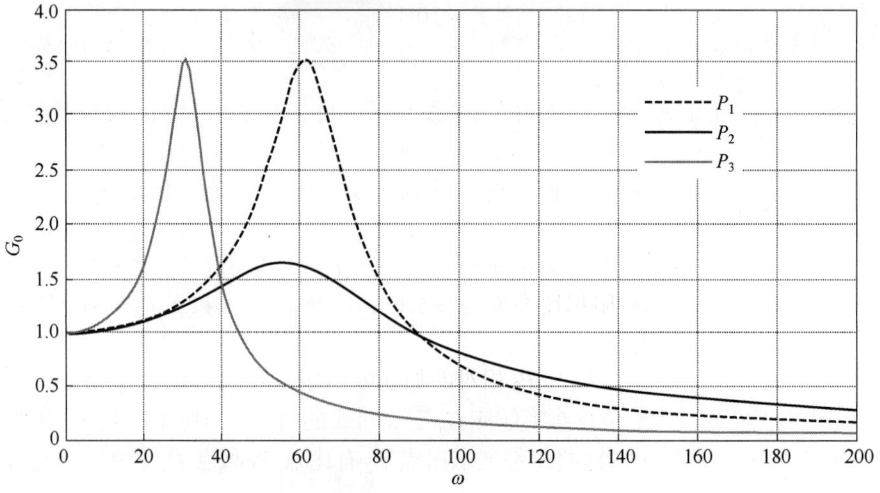

图 13.23　三点绝对位移对比图

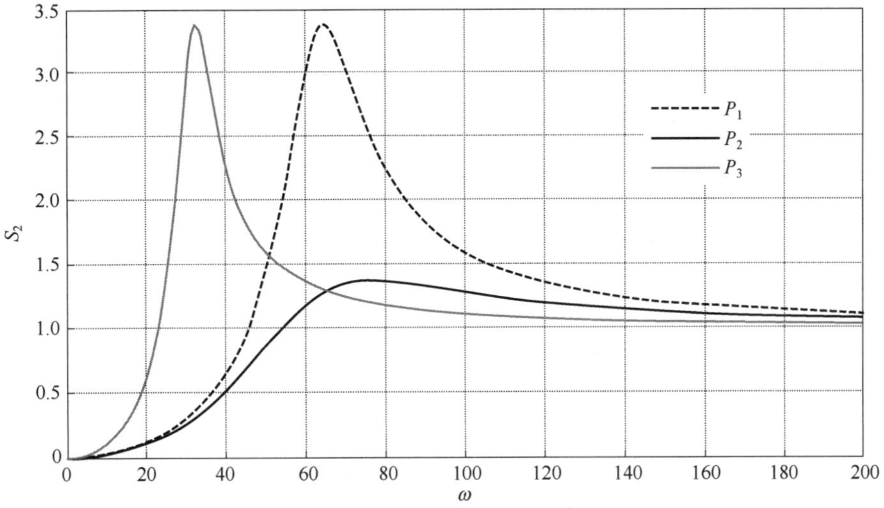

图 13.24 三点相对位移对比图

案例 521 优化曲线上的 $S_{\ddot{X}}$ 和对应的 S_Z 的敏感度。

由于 $S_{\ddot{X}}$ 在优化曲线上取得最小值，加速度的均方根和对应的相对位移的均方根在最优化曲线上取得最小值。因此，对于一个优化悬架而言，它拥有对于质量变化的最小敏感度，也就是说，如果悬架在有一名乘客的情况下被优化后，那么当拥有多名乘客时，它的悬架也是接近优化的，这时变化的仅仅是车身的质量。

案例 522 优化图的使用。

选择一个需要的相对位移的值作为悬架空间，或者找到一个需要的最大绝对加速度。再从优化曲线上找到对应的水平和垂直的交点，以确定其所对应的 ω_n 和 ξ 值。

案例 523 悬架优化的矛盾与不需要优化的状态。

减小绝对加速度是悬架优化的主要目的，因为它代表了悬架与车身间传递的力。振动隔离器通过增加隔离器的挠度来减少绝对加速度。相对挠度为隔振器的工作空间，它可以通过测量间隙的大小测得。这个间隙的大小必须在满足安全以及物理约束的情况下设计得尽可能小。

案例 524 另一种优化方法。

我们有多种方法对振动隔振器进行优化，具体采用哪种主要依赖于实际情况。但是，没有一种通用的方法以适应各种实际情况。每种优化策略都可以转换为一种函数的最小值问题，这种函数称为成本函数。人们将大部分精力用在找到最小的绝对位移，大家将其称为主要特性，但是对于一个振动隔振器而言，成本函数应该需要包括诸如绝对和相对位移、速度、加速度甚至冲击力等各种状态变量。

约束条件将决定主要的可以接受的设计参数，而这些参数又直接控制着 ω_n 和 ξ 的大小。对于车辆的悬架而言，一般首要的目标是选择好 ω_n 和 ξ，使得由它们所决定的整个系统的绝对加速度最小化，同时使得相对位移不超过一个规定的范围。最常用的优化策略如下：

极小化极大的绝对加速度 $S_{\ddot{X}}$ 对应着规定的相对位移 S_{Z_0}。举出了相对位移的允许范围，再找出极小化极大的绝对加速度。

$$\frac{\partial S_{\ddot{X}}}{\partial \omega_n} = 0 \tag{13-140}$$

$$\frac{\partial S_{\ddot{X}}}{\partial \xi}=0 \tag{13-141}$$

$$S_Z=S_{Z_0} \tag{13-142}$$

极小化极大的相对位移 S_Z 对应着规定的绝对加速度 $S_{\ddot{X}}$。举出了绝对加速度的允许范围，再找出极小化极大的相对位移。

$$\frac{\partial S_Z}{\partial \omega_\mathrm{n}}=0 \tag{13-143}$$

$$\frac{\partial S_Z}{\partial \xi}=0 \tag{13-144}$$

$$S_{\ddot{X}}=S_{\ddot{X}_0} \tag{13-145}$$

案例 525 更多设计图表的应用。

最优化标准：

$$\frac{\partial S_{\ddot{X}}}{\partial S_Z}=0 \tag{13-146}$$

$$\frac{\partial^2 S_{\ddot{X}}}{\partial S_Z^2}>0 \tag{13-147}$$

是基于在工作频率范围内的 S_2 和 G_2 的均方根。

$$S_Z=\sqrt{\frac{1}{40\pi}\int_0^{40\pi}S_2^2\mathrm{d}\omega} \tag{13-148}$$

$$S_{\ddot{X}}=\sqrt{\frac{1}{40\pi}\int_0^{40\pi}G_2^2\mathrm{d}\omega} \tag{13-149}$$

最优化曲线是在最优化条件下的基座激励悬架系统，可以用下面的函数表示出来：

$$S_2=\frac{Z_\mathrm{B}}{Y} \tag{13-150}$$

$$G_2=\frac{\ddot{X}_\mathrm{B}}{\omega_\mathrm{n}^2 Y} \tag{13-151}$$

但是，由于：

$$S_2=\frac{\ddot{X}_\mathrm{F}}{F/m}=\frac{Z_\mathrm{B}}{Y}=\frac{X_\mathrm{E}}{e\varepsilon_\mathrm{E}}=\frac{Z_\mathrm{R}}{e\varepsilon_\mathrm{R}} \tag{13-152}$$

$$G_2=\frac{\ddot{X}_\mathrm{B}}{\omega_\mathrm{n}^2 Y}=\frac{F_{\mathrm{T_B}}}{kY}=\frac{F_{\mathrm{T_E}}}{e\omega^2 m_\mathrm{e}}=\frac{F_{\mathrm{T_R}}}{e\omega^2 m_\mathrm{e}}\left(1+\frac{m_\mathrm{a}}{m}\right) \tag{13-153}$$

最优化设计曲线也可以表示为一个任意其他 G_2 函数相对于一个任意其他 S_2 函数的最小化条件，如对于一个偏心激励系统 $\frac{X_\mathrm{E}}{e\varepsilon_\mathrm{E}}$ 对应的底座 $\frac{F_{\mathrm{T_E}}}{e\omega^2 m_\mathrm{e}}$ 的传递力。这个最小化问题等价于发动机作为底盘构件的最优化问题。

13.4 时间响应最优化问题

案例 526　瞬态响应最优化依赖于瞬态激励的种类，即取决于成本函数条件。图 13.25 给出了一个八分之一车辆模型和单位阶跃位移输入。

$$y=\begin{cases}1, & t>0\\ 0, & t\leqslant 0\end{cases}\tag{13-154}$$

如果瞬态激励是一个阶跃函数，并且最优化条件是将加速度峰值相对于相对位移峰值最小化，那么最理想的参数 ξ_y 对于八分之一车辆模型的任意 f_n 而言都将会得到最好的瞬态行为。这样的行为如图 13.25 所示。

$$\xi_y=0.4\tag{13-155}$$

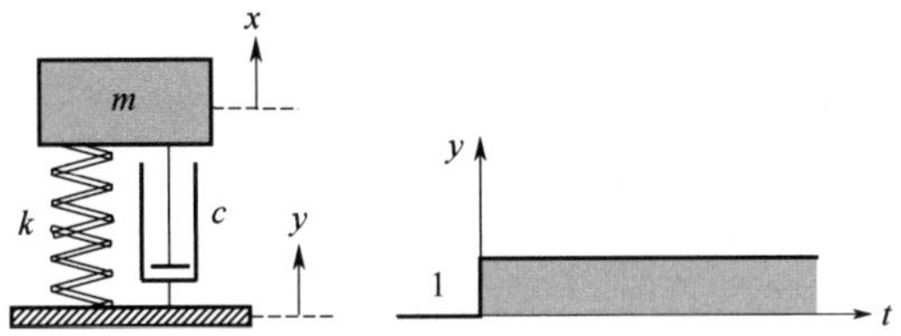

图 13.25　单位阶跃输入八分之一车辆模型

证明 91：如图 13.25 所示底座激励单自由度系统的运动方程可以表示为：

$$\ddot{x}+2\xi\omega_{\mathrm{n}}\dot{x}+\omega_{\mathrm{n}}^2x=2\xi\omega_{\mathrm{n}}\dot{y}+\omega_{\mathrm{n}}^2y\tag{13-156}$$

代入 $y=1$ 得到以下初值问题，这个解取决于物块的质量 m：

$$\ddot{x}+2\xi\omega_{\mathrm{n}}\dot{x}+\omega_{\mathrm{n}}^2x=\omega_{\mathrm{n}}^2\tag{13-157}$$

$$y(0)=0\tag{13-158}$$

$$\dot{y}(0)=0\tag{13-159}$$

解出零初始条件下的微分方程，结果为：

$$x=1-\frac{1}{2}\times\frac{A}{ib}\mathrm{e}^{-A\omega_{\mathrm{n}}t}+\frac{1}{2}\times\frac{\overline{A}}{ib}\mathrm{e}^{-\overline{A}\omega_{\mathrm{n}}t}\tag{13-160}$$

其中，A 和 $\overline{A}$ 为两个共轭复数：

$$A=\xi+i\sqrt{1-\xi^2}\tag{13-161}$$

$$\overline{A}=\xi-i\sqrt{1-\xi^2}\tag{13-162}$$

当 x 已知，且 y=1 时，可以计算出相对位移 z：

$$z=x-y=-\frac{1}{2}\times\frac{A}{ib}\mathrm{e}^{-A\omega_{\mathrm{n}}t}+\frac{1}{2}\times\frac{\overline{A}}{ib}\mathrm{e}^{-\overline{A}\omega_{\mathrm{n}}t}\tag{13-163}$$

物块 m 的绝对速度和加速度也就可以得到：

$$\dot{x}=\frac{1}{2}\times\frac{A^2\omega_n}{ib}e^{-A\omega_n t}-\frac{1}{2}\times\frac{\overline{A}^2\omega_n}{ib}e^{-\overline{A}\omega_n t} \tag{13-164}$$

$$\ddot{x}=-\frac{1}{2}\times\frac{A^3\omega_n^2}{ib}e^{-A\omega_n t}+\frac{1}{2}\times\frac{\overline{A}^3\omega_n^2}{ib}e^{-\overline{A}\omega_n t} \tag{13-165}$$

相对位移的峰值为：

$$z_P=\exp\frac{\arccos(2\xi^2-1)}{\omega_n\sqrt{1-\xi^2}} \tag{13-166}$$

其峰值时刻发生在当 $\dot{z}=0$ 的时刻，此时 t_1 为：

$$t_1=-\xi\frac{\arccos(2\xi^2-1)}{\sqrt{1-\xi^2}} \tag{13-167}$$

加速度的峰值为：

$$a_P=\omega_n^2\exp\left[-\xi\frac{2\arccos(2\xi^2-1)-\pi}{\omega_n\sqrt{1-\xi^2}}\right] \tag{13-168}$$

这不仅可能发生在外界激励的初始时刻，即 $t_1=0$ 时，也可能发生在 $\ddot{x}=0$ 时，此时如果为 t_2 时刻，那么：

$$t_2=\frac{2\arccos(2\xi^2-1)-\pi}{\omega_n\sqrt{1-\xi^2}} \tag{13-169}$$

图 13.26 给出了对应不同 ξ 和 f_n 情况下的 a_P 对应于 z_P 的情况。详见脚本 57。当 $\xi=0.4$ 时，对于每个 f_n 曲线都取到了最小值。要优化 ξ，可以通过分析找到最小的 a_P 对应于 z_P 来得到。优化 ξ 也就是要去解以下超越方程：

$$2\xi\arccos(2\xi^2-1)-\pi-4\xi\sqrt{1-\xi^2}=0 \tag{13-170}$$

当 $\xi=0.4$ 时，绝对加速度相对于相对位移的最小峰值取决于固有频率 f_n 的值。

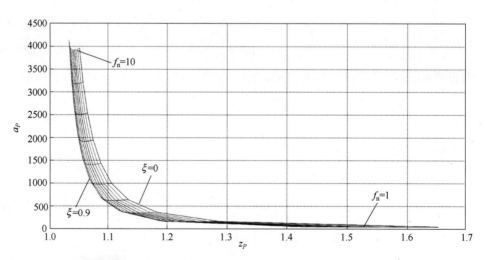

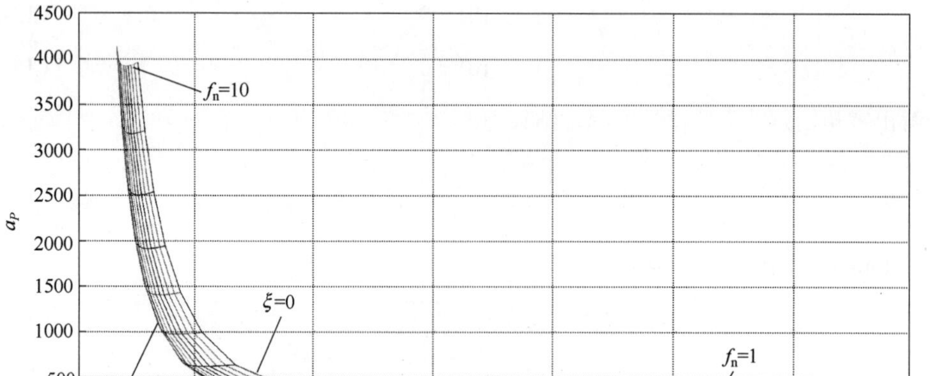

图 13.26 在不同的 ξ 和 f_n 情况下加速度峰值和相对位移峰值比较

此处，给大家留一个思考题，求优化设计曲线上点的时间响应应该是什么样子？

案例 527　为了检验悬架的优化设计曲线对应的瞬态响应，对比一个底座激励设备在悬架非优化曲线上的点 P_1 与悬架在优化曲线上的两个点 P_2 和 P_3 的情况，如图 13.21 所示，点 P_1 位于：

$$f_n \approx 10\text{Hz} \tag{13-171}$$

$$\xi \approx 0.15 \tag{13-172}$$

点 P_2 和 P_3 是相对于点 P_1 的两个任意二选一的优化点。点 P_2 拥有 $\xi = 0.4$ 并且有着和点 P_1 相同的固有频率，而 P_3 拥有 $f_n \approx 5\text{Hz}$ 并且有着和点 P_1 相同的阻尼比率。

图 13.27 给出了一个单自由度底座激励系统以及一个正弦平方的阶跃输入。

$$y = \begin{cases} d_2 \sin^2\left(\dfrac{2\pi v}{d_1} t\right), & 0 < t < 0.1 \\ 0, & t \leqslant 0,\ t \geqslant 0.1 \end{cases} \tag{13-173}$$

$$d_2 = 0.05\text{m} \tag{13-174}$$

$$v = 10\text{m/s} \tag{13-175}$$

$$d_1 = 1\text{m} \tag{13-176}$$

系统在点 P_1、P_2 和 P_3 的绝对、相对位移时间以及加速度响应应该是什么样子？

图 13.28～图 13.30 的出图程序详见脚本 58、脚本 59、脚本 60。

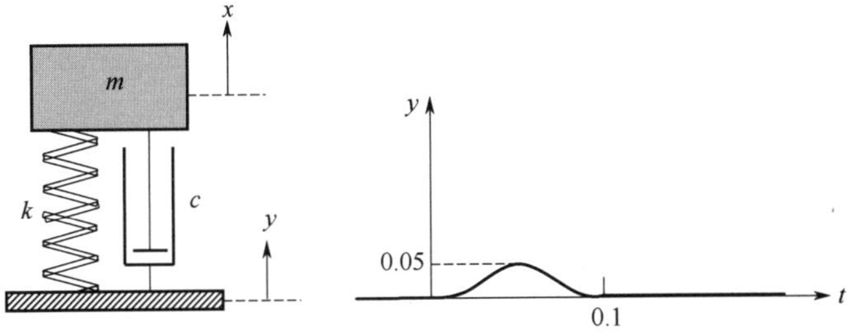

图 13.27　单自由度底座激励系统以及正弦平方阶跃输入八分之一车辆模型

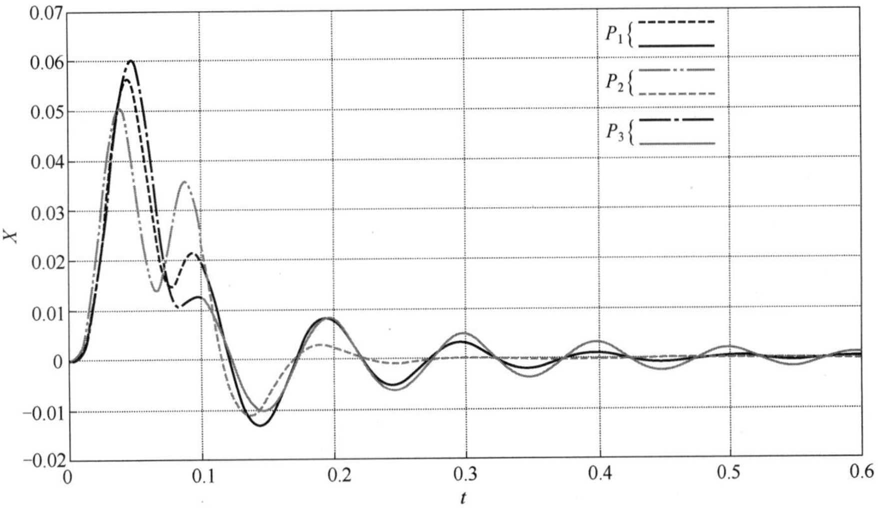

图 13.28　八分之一车辆模型 P_1、P_2、P_3 绝对位移对比

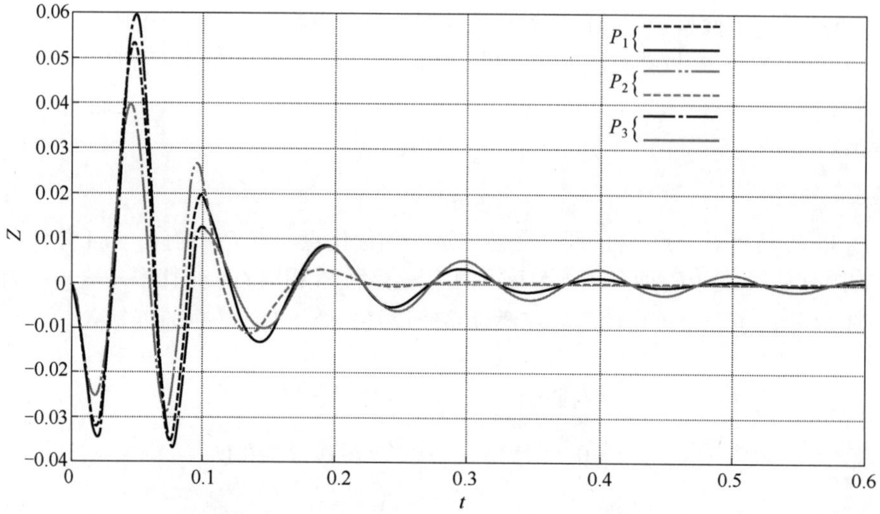

图 13.29 八分之一车辆模型 P_1、P_2、P_3相对位移对比

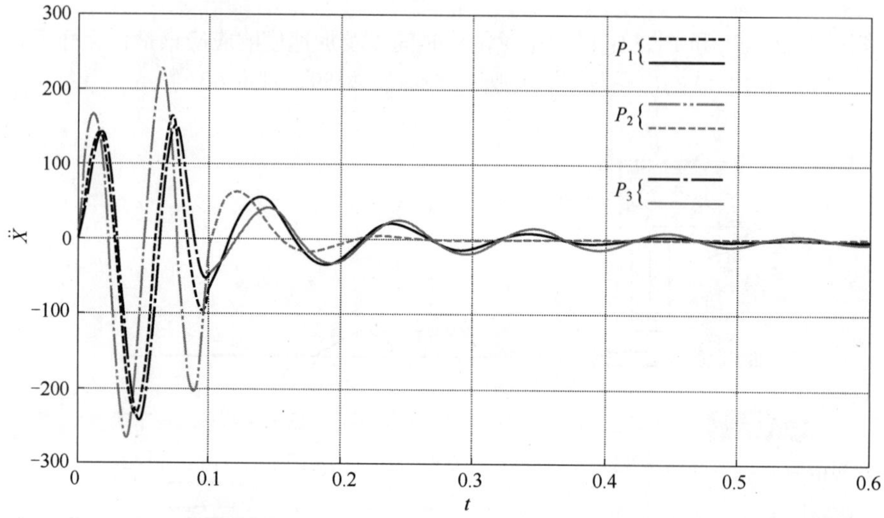

图 13.30 八分之一车辆模型 P_1、P_2、P_3加速度对比

13.5 小结

一个单自由度底座激励系统拥有以下运动方程：

$$\ddot{x}+2\xi\omega_{\mathrm{n}}\dot{x}+\omega_{\mathrm{n}}^{2}x=2\xi\omega_{\mathrm{n}}\dot{y}+\omega_{\mathrm{n}}^{2}y \tag{13-177}$$

这是一个对于装备骑装在一个振动底座上的实用模型，也对应了一个垂直振动的车辆模型。假设有一个变化的外界激励频率，可以确定相对位移 $S_2=\left|Z/Y\right|$ 以及绝对加速度 $G_2=\left|X/(Y\omega_{\mathrm{n}}^{2})\right|$ 频率响应来优化系统，优化的标准为：

$$\frac{\partial S_{\ddot{X}}}{\partial S_{Z}}=0 \tag{13-178}$$

$$\frac{\partial^2 S_{\ddot{X}}}{\partial S_Z^2} > 0 \tag{13-179}$$

式中，S_Z 和 $S_{\ddot{X}}$ 为在工作频率范围内 S_2 和 G_2 的均方根：

$$S_Z = \sqrt{\frac{1}{40\pi}\int_0^{40\pi} S_2^2 \mathrm{d}\omega} \tag{13-180}$$

$$S_{\ddot{X}} = \sqrt{\frac{1}{40\pi}\int_0^{40\pi} G_2^2 \mathrm{d}\omega} \tag{13-181}$$

这个优化标准表示出最小的绝对加速度的均方根相对于相对加速度的均方根，用以优化一个悬架。优化的结果是，可以从设计图表中形象地找到需要优化的参数 ξ 与 ω_n 之间的关系。

参考文献

[1] 肖启瑞，樊明明，黄学翾．车辆工程仿真与分析:基于 MATLAB 的实现[M]．北京：机械工业出版社，2012．

[2] 喻凡，林逸．汽车系统动力学[M]．北京：机械工业出版社，2005．

[3] 喻凡．车辆动力学及控制[M]．北京：机械工业出版社，2010．

[4] 黄志刚，杨士德．Cre Parametric 6.0 从入门到精通[M]．北京：人民邮电出版社，2020．

[5] 胡寿松．自动控制原理[M]．北京：科学出版社，2007．

[6] 刘豹，唐万生．现代控制理论[M]．北京：机械工业出版社，2006．

[7] 尚涛，谢龙汉，杜如虚．MATLAB 工程计算与分析[M]．北京：清华大学出版社，2011．

[8] 崔胜明．基于 MATLAB 的车辆工程仿真实例[M]．北京：化学工业出版社，2020．

[9] 崔胜明．基于 MATLAB 的新能源汽车仿真实例[M]．北京：化学工业出版社，2020．

[10] 李献，骆志伟，于晋臣．MATLAB/Simulink 系统仿真[M]．北京：清华大学出版社，2017．

[11] 史文库，姚为民．汽车构造 [M]．6 版．北京：人民邮电出版社，2019．

[12] 杨启凡，康旭升，赵亚囡．数学建模[M]．北京：高等教育出版社，2019．

[13] 哈尔滨工业大学理论力学教研室．理论力学[M]．北京：高等教育出版社，2016．

[14] 同济大学数学系．高等数学 [M]．7 版．北京：高等教育出版社，2014．

[15] 同济大学数学系．工程数学线性代数[M]．6 版．北京：高等教育出版社，2014．

[16] 余志生．汽车理论[M]．北京：机械工业出版社，2018．

[17] [德]波普. 地面车辆动力学[M]．吴光强，译．北京：人民交通出版社，2019．

[18] Giordano F R，Fox W P，Horton S B，等．数学建模[M]．叶其孝，姜启源，译．北京：机械工业出版社，2014．

[19] Lay D C，Lay S R，McDonald J J，等．线性代数及其应用[M]．刘深泉，张万芹，陈玉珍，等译．北京：机械工业出版社，2021．

[20] Jazar R N．Vehicle Dynamics；Theory and Application[M]．New York：Springer，2008．

[21] Bixel B C，et al．Developments in vehicle centre of gravity and inertial parameter estimation and measurement[J]．Transactions of SAE，1995．

[22] Maurice J P．Short Wavelength and Dynamic Tyre Behaviour under Lateral and Combined Slip Conditons[D]．Delft：Delft University of Technology，2000．

[23] Zegelaar P W A．The Dynamic Response of Tyres to Brake Tyres to Brake Torque Variations and Road Un-evennesses [D]．Delft：Delft University of Technology，1998．

[24] Pacejka H B．Tyre and Vehicle Dynamics[M]．Burlington：Butterworth-Heineremann，2002．

[25] Genta G，Morello L．The Automotive Chassis Volume．2：System Design[M]．New York：Springer，2009．

[26] Schemeitz A J C，et al．Extending the Magic Formula and SWIFT tyre models for inflation pressure changes[C]．Hannover：the Conference on Tire–chassis road，Hannover，2001．

[27] Bolles B．Advanced Race Car Chassis Technology[M]．New York：HPBooks，2010．

后 记

编撰至此倍感欣慰，本书内容是对车辆专业基础理论的探讨。它不求解决读者心中的疑问，反而会带给读者更大的疑问。它就像打开的一扇窗，看见的是无尽的原野和广阔的天地。写这本书的初衷在于把车辆工程专业当作一栋大楼来建，一点一点分析车辆的构造，一点一点研究车辆直线运动与旋转运动，一点一点利用前轮定位建立合适的车辆模型，一点一点将车辆模型分类，一点一点将振动引入悬架系统，一点一点解析在不同输入情况下模型的时间响应。这是一个漫长而愉快的旅程，不急不躁、举一反三，成长自然孕育其中。本人非常喜爱此书，特与大家共享。

本书最大的特点是每个公式可推，每个图可画，对错可以做出自我判断。它是一本演算手稿，从零开始一点点引向深入。阅读本书不需要担心看不懂，只需要耐心。每个重点、难点都有详细严谨的证明，并且大部分是两个证明过程。就陈述顺序而言，大部分内容采用倒叙的形式，先给结论再给证明。因此，有看不懂的内容不要急，请在后文中查找证明过程。注意，本书中绝大部分重要图都是由 MATLAB 程序出图，程序由本人设计，经过本人电脑运行出图后，再经复制粘贴到脚本汇总，仅供参考（可扫描本书封底二维码下载）。如果读者是 MATLAB 零基础，可先阅读参考文献[1]，做几个例题再阅读程序，会省力不少。程序的编写过程也是本人不断进步的过程，后期程序整体比前期程序好得多，很多前期没有解决的难点问题在后期会找到一定的解决方案。

由于本人能力有限，计算的过程难免出错，包括最后优化曲线的刻画也不尽如人意，希望大家认真阅读，认真计算，找出书中疏漏之处超越我。学习不就是为了超越吗？加油，同学们！

最后，感谢我周围所有人，没有大家在生活、工作、学习上对我的关心和支持，就不会有这本书。

感谢专教室全体战友对本书提供的宝贵专业建议。

感谢各位领导和同事对我的关爱和帮助。

感谢驻兰州办事处全体同志对我工作的支持。

感谢家人的关爱和支持，让我家庭美满、生活幸福。

祝愿双亲及所有人身体健康！

编者

于驻兰州办事处

2022 年 10 月 1 日